Heinrich Grupe
Naturkundliches Wanderbuch

Heinrich Grupe

Naturkundliches Wanderbuch

Mit einem Vorwort von Jürgen Dahl

MANUSCRIPTUM

Nachdruck der Originalausgabe von 1963

ISBN 3-933497-48-5

© Manuscriptum Verlagsbuchhandlung
Thomas Hoof KG · Waltrop und Leipzig 2000
Einbandgestaltung: CDE Köln

Geleitwort

„Schön ist, Mutter Natur, deiner Erfindung Pracht."
(Klopstock)

Wer früher auf seinen Wanderungen die Schönheiten der Natur kennenlernen wollte, war auf wissenschaftliche Bestimmungsbücher angewiesen.

Mein Vater, Heinrich Grupe, unternahm 1927 den Versuch, durch ein volkstümliches Bestimmungsverfahren das Bestimmen zu erleichtern und damit dem Laien zu helfen, die Pflanzen- und Tierwelt kennenzulernen.

Sein „Naturkundliches Wanderbuch" war so angelegt, daß der interessierte Wanderer durch auffällige Merkmale zu den Objekten hingeführt wurde. Dabei sollten der Fundort, die Wuchsform, die Blütenfarbe, die Früchte und andere Auffälligkeiten die Bestimmung erleichtern. Schon das Inhaltsverzeichnis zeigt die Vielfalt der möglichen Beobachtungen. Ergänzt werden die Bestimmungstabellen durch einige Farbtafeln, zahlreiche Schwarzweißtafeln und Einzelabbildungen.

Ich wünsche dem „Naturkundlichen Wanderbuch", das in seiner im besten Sinne volkstümlichen Darstellung so vielseitige Möglichkeiten der Bestimmung von Pflanzen und Tieren bietet, in seiner Neuauflage eine weite Verbreitung und allen Naturfreunden, die das Werk benutzen, viel Freude und Erfolg.

Heinz Grupe

Vorwort

In zweifacher Hinsicht ist dies ein „Wanderbuch": Wir sollen es auf Wanderungen mitnehmen – und wir können in dem Buch selbst herumwandern, um Hinweise, Anregungen, Verlockungen zu empfangen, die uns unfehlbar alsbald nach draußen treiben; wenn wir Glück haben, stoßen wir dort auf dasjenige, was Heinrich Grupe vor siebzig Jahren für uns beobachtet und beschrieben und was sein Sohn Heinz Grupe immer wieder ergänzt und erweitert hat.

Jenseits der praktischen Brauchbarkeit ist das „Naturkundliche Wanderbuch" aber auch ein historisches Zeugnis: Vieles von dem, was hier dem aufmerksamen Wanderer zur Beachtung und oft auch zum Schutz anempfohlen wird, ist in den siebzig Jahren seit dem ersten Erscheinen dieses Buches verschwunden, es ist ausgerottet und zerstört worden, es liegt begraben unter stolzen Industriebauten, auswuchernden Siedlungen, einem immer noch dichter werdenden Straßennetz und unter den Matten einer eintönigen Agrarsteppe, die eher noch weniger „Natur" bietet als ein geschotterter Parkplatz, auf dem wenigstens ein paar Ruderalpflanzen ihr karges Dasein fristen.

Als Heinrich Grupe sein Wanderbuch schrieb, war manches schon im Verschwinden begriffen, vieles gefährdet; aber bei ihm können wir nachlesen, was damals immerhin noch anzutreffen war und heute, nur ein Menschenalter später, in die jährlich länger werdenden Verlustlisten einzutragen ist – nicht nur so anerkannt ehrwürdige Wesen wie die Sumpfohreule und der Wiedehopf, sondern auch zahllose weit weniger spektakuläre wie die Mooshummel oder der Nordische Mannsschild.

Ein weiterer historischer Aspekt des Buches liegt in der Tatsache beschlossen, daß es vor fast vierzig Jahren zum letzten Mal erschienen ist. Um eben diese Zeit nämlich vollendete sich in den Schulen die Abkehr von der Naturbeobachtung zugunsten des Buchstabierens von Desoxyribonukleinsäure und Adenosintriphosphat. Ein „Wanderbuch" hatte da eher etwas Komisches und wurde jedenfalls überflüssig. Wichtiger als die Frage, ob das Nest in den Brennesseln vom Teichrohrsänger oder vom Sumpfrohrsänger sei, wurde das Wissen über die Mechanismen und Chemismen unterhalb der Lebensebene, auf der Heinrich Grupe mit seinen Lesern wanderte. Die „Natur" im Sinne lebender Wesen, von denen wir umgeben sind, geriet mehr und mehr aus dem Blick, und man wird heute nicht leicht einen Halbwüchsigen finden (von den Erwachsenen zu schweigen), der auch nur ein Dutzend Pflanzen beim Namen nennen kann oder weiß, woher die Misteldrossel ihren Namen hat.

Dies sei so schlimm nicht, hört man gelegentlich sagen, denn auf die Kenntnis der Namen komme es nicht an. Aber das Benennen gehört zum Unterscheiden, und das Unterscheiden ist die Voraussetzung dafür, daß man wirklich sieht und durchschaut, was sich da draußen begibt, statt in kindischem Vergnügen darüber zu verharren, daß die Wiesen gelb vom Löwenzahn und die Straßenränder weiß vom Wiesenkerbel sind – beides so hübsche wie skandalöse Indizien für Überdüngung und Artenverarmung.

Gibt es da einen Weg zurück? Wenn überhaupt, dann hätte er jedenfalls über ein neues Einüben von Betrachtung und Benennung zu führen, auch über eine Neugier, die sich nicht begnügt mit Bestimmungstabellen, sondern die Spurensuche im engeren und weiteren Sinne wieder aufnimmt. Dazu leitet Heinrich Grupe an, mit dem didaktischen Geschick des erfahrenen Lehrers, der nicht immer gleich sagt, was er weiß, sondern den Leser dazu verlockt, es selbst herauszufinden.

Als ich zwölf war, durfte ich (samt Freund Günter, aus dem ein begnadeter Gärtner wurde) jeden Mittwoch mit dem Lehrer Schneider eine kleine Exkursion machen, auf der wir das Anschauungsmaterial für den Biologieunterricht am Donnerstag sammelten. Daran muß ich immer denken, wenn ich Heinrich Grupes Wanderbuch zur Hand nehme, um etwas nachzuschlagen oder auch nur, um mir Lust zu machen auf einen Erkundungsgang. Den Lehrer Schneider gibt es längst nicht mehr, aber was er bewirkt hat an naturkundlicher Neugier und an Vertiefung des Erlebens, das müßte jeden Lehrer von heute, der zum Gehorsam gegenüber weithin lebensfernen Stoffplänen genötigt ist, vor Neid erblassen lassen.

Von daher gesehen ist der tätige Umgang mit dem „Wanderbuch"
ein Akt des aktiven Widerstandes gegen die Naturverwüstung. Es
geht darum, die Reste wenigstens kennenzulernen, obwohl dabei
nichts „Neues", sondern immer nur die Vergewisserung des schon
Bekannten zu holen ist – stets in der Hoffnung, daß wir da nicht
(oder nicht nur) die Reste einer täglich weiter bröckelnden, zum
Sterben verurteilten Natur besichtigen, sondern vielleicht doch
auch, durch Hinsehen und Hindeuten, daran mitwirken können,
daß noch etwas von dem Reichtum vorhanden ist, wenn die so
erfolgreichen Verwüster früher oder später an sich selbst scheitern.

Jürgen Dahl

Hinweise für den Gebrauch des Wanderbuches.

Als ich vor nunmehr 40 Jahren begann, mich mit der heimischen Natur zu beschäftigen, war ich fast nur auf wissenschaftliche Bestimmungswerke angewiesen. Ich habe von jeher wohl mehr als 90 v. H. aller von mir bestimmten Pflanzen und Tiere im Freien bestimmt, ohne sie auszureißen oder zu töten. Zu dem Zwecke nahm ich im Rucksack stets eine Reihe von Bestimmungswerken mit hinaus, für die ich dann draußen oft genug keinerlei Verwendung fand. Das Naturkundliche Wanderbuch macht für den Naturfreund, der keine weitergehenden wissenschaftlichen Absichten hat, und auch für den Lehrer auf seinen Lehrwanderungen mit Schülern die Mitnahme von Spezialwerken überflüssig.

Das wissenschaftliche Bestimmungsverfahren ist schwer zu erlernen. Wer ohne Anleitung damit beginnt, gibt es erfahrungsgemäß meistens nach kürzerer oder längerer Zeit wieder auf. Nun sind aber viele Menschen (Studenten im ersten Semester, Lehrer, Förster usw.) beruflich gezwungen, sich eine hinreichende Kenntnis von Tieren und Pflanzen zu verschaffen. Zahlreiche Menschen — man findet sie in allen Volksschichten, namentlich auch in Arbeiterkreisen — haben eine so starke Naturliebe und ein so ausgesprochenes Wissensbedürfnis, daß sie diesen inneren Antrieb befriedigen möchten. Sie alle nehmen, wenn sich ihnen nichts anderes bietet, ein wissenschaftliches Bestimmungswerk zur Hand — und legen es meist wieder enttäuscht zur Seite, weil sie die dafür erforderliche Zeit und Kraft nicht aufbringen können. Alle diese Menschen mußten auf eine Erweiterung ihrer naturkundlichen Kenntnisse verzichten, solange sie nur auf die wissenschaftlichen Bestimmungswerke angewiesen waren. Für sie ist ein volkstümliches Bestimmungsverfahren erforderlich. Der erste Versuch dieser Art liegt vor in dem zweibändigen Werk von Gustav Jäger, Deutschlands Tierwelt nach ihren Standorten eingeteilt; Verlag Kröner, Stuttgart, 1874. Dieser Versuch hat sich nicht durchgesetzt, die in dem Werke vorhandenen Ansätze für ein volkstümliches Bestimmungsverfahren wurden nicht weiterentwickelt, der Gedanke geriet in Vergessenheit. Er wurde 1927 von mir wieder aufgegriffen und in dem vorliegenden „Naturkundlichen Wanderbuch" ausgebaut.

Der volkstümlichen Bestimmung liegt kein wissenschaftliches Tier- oder Pflanzensystem zugrunde. Eine Einordnung jedoch erfolgt

Grupe, Naturkundl. Wanderbuch.

VI Hinweise für den Gebrauch des Wanderbuches.

auch hier. Nur liegt sie nicht von vornherein in einem großen, schwer
überschaubaren Begriffssystem fest, sondern sie wird aus dem jeweiligen Sachverhalt abgeleitet und dann erst festgelegt. Der jeweilige
Sachverhalt ist bedingt durch: Ort, Zeit und irgendein auffälliges
Merkmal des Gegenstandes, das überhaupt erst das Fragebedürfnis
weckt. Ein Beispiel. Wir gehen im Vorfrühling durch die Anlagen
und sehen einen gelbblühenden Strauch. Damit ist für die volkstümliche Bestimmung der Sachverhalt gegeben: der Ort, die Zeit, der
gelbblühende Strauch. Diese drei Tatsachen umschließen für den
Kundigen einen neuen Sachverhalt, nämlich: Es gibt im Vorfrühling
in den Anlagen nur vier gelbblühende Sträucher, mehr nicht! Daraus
ergibt sich der Schluß: Wir haben einen dieser vier gelbblühenden
Sträucher vor uns. In diesem einfachen, scharfumgrenzten Sach-
bereich sind dem Frager unmittelbar gegeben: a) Wir stehen in den
Anlagen, b) es ist Vorfrühling, c) ein Strauch blüht gelb. Darin liegt
für ihn keinerlei Schwierigkeit. Nur die eine Tatsache kann er natürlich nicht wissen: daß (bis heute) im Vorfrühling in den Anlagen
überhaupt nur vier gelbblühende Sträucher vorhanden sind. In dem
Augenblick, wo er diese Tatsache durch das Wanderbuch erfährt,
sagt er sich: Nun, wenn die Sache so einfach liegt, werde ich mit
ihr schon fertig werden. Sein Vertrauen in die eigene Kraft ermutigt
ihn, die Bestimmung vorzunehmen. Auf dieser Grundlage ist das
„Naturkundliche Wanderbuch" aufgebaut. Der grundlegende Unterschied zwischen der wissenschaftlichen und der volkstümlichen Bestimmung ist also dieser: der wissenschaftlichen Bestimmung liegt
ein weitschichtiges, für den Unkundigen schwer durchschaubares
Begriffssystem zugrunde; der volkstümlichen Bestimmung liegt ein
wirklicher Sachverhalt zugrunde, der in den meisten Fällen fest
umrissen und leicht überschaubar ist.

Das Bestimmungsverfahren sei an einigen weiteren Beispielen
dargelegt. Wir gehen im Frühling über eine Waldblöße, ein Vogel
singt im Fliegen. Der Benutzer des Wanderbuches schlägt das Inhaltsverzeichnis auf und sucht unter der Kapitelüberschrift: Waldblöße, Tierleben. Dort steht: Vögel auf Waldblößen, die im Fliegen
singen. Sodann nimmt er diesen Abschnitt vor. Hier findet er vier
Vögel gekennzeichnet, mehr kommen für diesen Fall überhaupt
nicht in Frage. Die jetzt einsetzende genaue Beobachtung des sin-
genden Vogels und der ständige Vergleich mit den in der Bestimmungstabelle angegebenen Merkmalen ermöglichen eine schnelle
und sichere Bestimmung. Wer dabei geschickt verfährt, verschafft
sich zunächst eine Übersicht über die vier möglichen Fälle und ist

Hinweise für den Gebrauch des Wanderbuches. VII

dann in der Lage, den Vogel einzuordnen. Benutzer des „Naturkundlichen Wanderbuches" versicherten wörtlich: dieses Bestimmen sei „lächerlich einfach". Damit sind die Einzelbestimmungen hinreichend gekennzeichnet. Bleibt: die Überschneidung der verschiedenen Lebensräume. Beispiele: An einem Wiesenbach, der aus dem Walde kommt, können Waldpflanzen stehen; Straßenpflanzen wandern in die Wiese ein; Gartenvögel fliegen in die Wiese (Wiesenvögel jedoch nicht in den Garten); Waldmäuse kommen aufs Feld und in Ortschaften (Haus- und Feldmäuse gehen nicht in den Wald); Hochgebirgspflanzen wandern talab in das tieferliegende Vorgelände, Vögel des Ostens stoßen zu gewissen Zeiten vor bis weit nach dem Westen usw. usw. Wie ist zu verfahren? Beispiel: Pflanze am Wiesenbach. Die Bestimmung führt nicht zum Ziel. In dem Fall muß man den Grund zu ermitteln suchen. Er kann sein: die Pflanze wurde nicht ins Wanderbuch aufgenommen oder sie gehört einem benachbarten Lebensraum an. Man bestimmt also noch einmal mit Benutzung des entsprechenden Kapitels aus „Wald" und käme etwa auf Springkraut, Impatiens. Liegt der Wald nahe, so suche man dort nach und wird bald um eine Einsicht klüger sein. — Um Wiederholungen größeren Umfangs zu vermeiden, wurden die auffälligsten Pflanzen des Hochgebirgswaldes in die Kapitel „Im Laubwald" und „Im Nadelwald" mit aufgenommen, obwohl diese beiden Kapitel ursprünglich nur für den Wald der „Mittel- und süddeutschen Hügelregion" bestimmt waren. Für die Zwecke des Wanderbuches ist dadurch kein Fehler entstanden.

Erfüllt das Wanderbuch seine von mir beabsichtigte Aufgabe? Ich habe Hunderte von Zuschriften erhalten, die meisten naturgemäß von Lehrern. Keine von allen hat mich mehr erfreut als der viele Seiten lange Brief eines Arbeiters. Eine Kiesgrube war ersoffen und wurde durch eine Pumpanlage trockengelegt. Der Arbeiter hatte den Motor monatelang täglich von morgens bis abends zu überwachen. Arbeit dabei hatte er nicht. Er langweilte sich zu Tode. Von einem Lehrer erhielt er das Wanderbuch und bestimmte nun alles in der nächsten Umgebung der weit von der Ortschaft gelegenen Kiesgrube, was ihm auffällig war. Es ist erstaunlich, was er alles beobachtet hatte. Das Wanderbuch reichte zuletzt nicht mehr aus. Gerade das ist meine Absicht, alle noch Suchenden so weit zu führen, daß das Wanderbuch nicht mehr ausreicht — von da ab können sie sich selber weiterhelfen.

INHALTSVERZEICHNIS

Die Florenregionen Deutschlands. Seite 1

Pflanzensoziologie. 3

I. Im Laubwald.

A. Pflanzenleben.

1. Der Wald als Lebensgemeinschaft 4
2. Das erste Schneeglöckchen 6
3. Frühblüher des Laubwaldes 7
4. Schützt die Frühblüher! 10
5. Wie die Blüten der Schlüsselblumen bestäubt werden . . 11
6. Der gefleckte Aron 12
7. Eine Lichtmessung im Laubwald 14
8. Bleiche (gelbe oder weiße) Keimlinge 14
9. Lichtbäume und Lichtsträucher . . . . : . . 15
10. Blütezeit der frühblühenden Frühlingsblumen und der Laubausbruch der Waldbäume 16
11. Phänologische Beobachtungen im Laubwald 17
12. Blattformen der Laubbäume 17
13. Bestimmung der Laubbäume nach den Blättern 20
14. Die heutigen Betriebsarten der Forstwirtschaft 25
15. Überhälter 26
16. Blütezeit und Samenreife der Waldbäume 27
17. Die Waldgrenze 28
18. Bestimmung der Sträucher nach den Blättern 29
19. Blutende Bäume 34
20. Träufelspitzen 34
21. Wasserreiser 35
22. Waldblumen im Sommer 36
23. Weiße Waldblumen im Sommer 37
24. Woher kommt die weiße Farbe der Blüten? 42
25. Gelbblühende Waldsträucher 43
26. Gelbe Waldblumen im Sommer 43
27. Rote (purpurn, lila) Waldblumen im Sommer 48
28. Blaue Waldblumen im Sommer 54
29. Grüne und grünlichgelbe Waldblumen im Sommer . . . 58
30. Orchideen des Waldes 59
31. Fäulnisbewohner und Humusbewohner 63

Inhaltsverzeichnis. IX

	Seite
32. Drei gefährliche Giftpflanzen des Waldes	63
33. Doldengewächse des Waldes und der Gebüsche	64
34. Waldgräser	66
35. Wie man die Waldgräser an einem einzigen Merkmal wiedererkennt	70
36. Waldseggen	71
37. Waldschachtelhalme	75
38. Die Lichtnot der Pflanzen in Waldschluchten	76
39. Waldpflanzen zeigen die Güte des Bodens an	76
40. Pflanzengesellschaften des Buchenwaldes	76
41. Pflanzengesellschaften des Eichenwaldes	77
42. Speisepilze	78
43. Giftpilze	88
44. Pilze leben in Symbiose mit den Waldbäumen	91
45. Windfrüchte der Waldbäume	92
46. Laubverfärbung im Herbst	92
47. Blattfall im Herbst	94
48. Frostrisse und Frostleisten	95
49. Blitzschlag in Bäume	96
50. „Drehwuchs"	97
51. Was unter Bäumen liegt	97
52. Wie man unbelaubte Bäume an den Knospen erkennt	98
53. Knospentafel	100
54. Wie erkennt man die Sträucher des Waldes im Winter?	101
55. Wie man die wichtigsten Laubbäume im Winter an einem einzigen Merkmale erkennt	102
56. Das Thermometer im Walde	103

B. Tierleben.

	Seite
1. Die Singvögel des Laubwaldes	103
2. Wann beginnt der Gesang der Singvögel?	104
3. Singvögel des Laubwaldes, die bei uns überwintern	105
4. Singvögel des Laubwaldes, die im Frühling als Zugvögel zu uns zurückkehren	109
5. Frühsänger des Laubwaldes	112
6. Der erste Kuckucksruf	113
7. Laute Rufe im Walde	113
8. Stimmen der Nacht	120
9. Was nachts im Walde fliegt	121
10. Große und mittelgroße Vögel, die durch ihre Färbung auffallen	121
11. Waldfledermäuse	124
12. Vögel, die an Baumstämmen klettern	125
13. Höhlenbrüter	127
14. Große Nester und Horste auf Bäumen	128
15. Nester der Kleinvögel des Waldes	130

X   Inhaltsverzeichnis.

Seite

16. Das Kuckucksei 138
17. Gelege großer Vögel auf dem Waldboden 139
18. Was riecht hier? 140
19. Von welchem Tier ist die Losung? 142
20. Welches Tier lagerte hier? 143
21. Welches Tier bewohnt diesen Bau? 144
22. Wer wühlte oder scharrte hier? 145
23. Von welchem Tier sind diese Fraßspuren und Wunden? . 145
24. Wer benagte diesen Zweig? 147
25. Zerfressene Blätter der Laubbäume 148
26. Waldverderber 150
27. Fraßgänge und Fraßplätze in Blättern 151
28. Gewickelte Blätter 153
29. Raupennester und Gespinste 154
30. Eichengallen 155
31. Die auffälligsten Gallen an unseren Waldbäumen . . . 156
32. Hexenbesen 164
33. Weiße Wolle oder weißer Belag an Buchenstämmen . . . 164
34. Milbenhäuschen unter Lindenblättern. 165
35. Katze oder Marder? 165
36. Die beiden Spitzmäuse des Waldes 166
37. Die beiden Nagemäuse des Waldes. 167
38. Bilche, Schlafmäuse 167
39. Nacktschnecken auf dem Waldboden 168
40. Kleine Schalschnecken an Baumstämmen 169
41. Tiere, die in der Waldstreu leben 170
42. Käfer unter morscher Eichenrinde 172
43. Spinnen im Laubwald 173
44. Schnecken, die unter Steinen leben 175
45. Ansprechen des Rotwildes 176
46. Ansprechen des Rehwildes 177
47. Ansprechen des Damwildes 178
48. Wildfährten und Spuren 178
49. Spur eines verfolgten Waldhasen im Schnee 184

II. Im Nadelwald.
A. Pflanzenleben.

1. Der Nadelwald 185
2. Wie man unsere Nadelbäume erkennt 185
3. Das Alter der Nadeln 187
4. Mißbildungen an Nadelbäumen 187
5. Eine Lichtmessung im Nadelwald 188
6. Gespreizte offene Zapfen von Kiefern und Fichten . . . 188
7. Unterschiede zwischen Laub- und Nadelwald 189
8. Bestimmung der Sträucher nach den Blättern 189
9. Sommerblumen des Kiefernwaldes 195

Inhaltsverzeichnis.

XI

Seite

10. Gräser des trockenen Kiefernwaldes 200
11. Grasartige Pflanzen des Nadelwaldes: Binsen, Simsen,
    Seggen 202
12. Häufig vorkommende Farne 203
13. Die häufigsten Waldmoose 208
14. Schlangenmoose, Bärlapp 213
15. Die Bedeutung der Moose 215
16. Flechten 216
17. Immergrüne Pflanzen 219
18. Versuche an immergrünen Pflanzen 223
19. Der Bau der Kiefernnadel 224
20. Wie alt ist diese Fichtenschonung ? 225
21. Pflanzengesellschaft des Fichtenwaldes 226
22. Pflanzengesellschaft des Kiefernwaldes 226

B. Tierleben.

1. Die Tierwelt des Nadelwaldes 227
2. Vogelgesang im geschlossenen Nadelwald 227
3. Laute Rufe im Nadelwald 229
4. Unter einer Fichte oder einer Kiefer liegen zahlreiche Zweigspitzen 230
5. Unter einem Baum liegen zahlreiche Zapfen. — Wie kommen
   sie dahin ? 231
6. Welches Tier verletzte den Zapfen ? 232
7. Wer benagte das Fichten- oder das Kiefernstämmchen ? . 234
8. Raupen, die an Kiefernadeln fressen 234
9. Lausgallen an Fichtenzweigen 236
10. Weiße Wolle an Nadelbäumen 236
11. Harzgallen an Kiefertrieben 237
12. Große Ameisenhaufen 237
13. Holznester der Ameisen 239
14. Käfer unter morscher Rinde der Nadelbäume 240
15. Spinnen im Nadelwald 242
16. Tiere in der Nadelstreu 244

III. Auf Waldlichtungen.

A. Pflanzenleben.

1. Die Waldlichtung 245
2. Die Pflanzendecke einer Waldblöße zeigt die Güte des Bodens
   an 245
3. Die auffälligsten Blütenpflanzen der Waldblößen 246
4. Glockenblumen 250
5. Wie die Blüten der Glockenblumen bestäubt werden . . 251
6. Disteln im Walde oder auf Waldlichtungen 253
7. Wie alt ist dieser Baum ? 256

XII   Inhaltsverzeichnis.

B. Tierleben.

Seite

1. Vögel auf Waldblößen, die im Fliegen singen 257
2. Eidechsen 259
3. Waldschmetterlinge 261
4. Spinnen auf Waldlichtungen 261
5. Was du sammeln kannst 262
6. Was du nicht sammeln darfst 263
7. Schützt unsern deutschen Wald! 263

IV. An sonnigen Hügeln.

A. Pflanzenleben.

1. Der sonnige Hügel als Lebensgemeinschaft 265
2. Das Buschwerk der sonnigen Hügel 266
3. Frühblüher der sonnigen Hügel 267
4. Erdbeere oder weißes Fingerkraut? 268
5. Weiße Blumen der sonnigen Hügel 269
6. Doldenpflanzen der sonnigen Hügel 273
7. Gelbe Blumen der sonnigen Hügel 275
8. Gelber Klee und gelbe Wicken an sonnigen Hügeln . . . 280
9. Gelbe Fingerkräuter an sonnigen Hügeln 282
10. Rote (purpurn, lila) Blumen der sonnigen Hügel 283
11. Flockenblumen 287
12. Blaue (violette) Blumen der sonnigen Hügel 288
13. Veilchen 291
14. Anemonen und Kuhschellen 292
15. Enziane 293
16. Gräser der sonnigen Hügel 295

B. Tierleben.

1. Die Lebensbedingungen der Tierwelt an sonnigen Hügeln . 298
2. Schlangen der sonnigen Hügel 299
3. Ameisennester unter Steinen 301

V. An Hecken.

A. Pflanzenleben.

1. Die Hecke als Lebensgemeinschaft 303
2. Heckensträucher 303
3. Heckenkräuter 304
4. Wickenarten im Gebüsch 309
5. Zwei Windblütler der Hecke 310
6. Zwei Insektenblütler der Hecke 312
7. Wie die Blüte der Osterluzei bestäubt wird 313
8. Verschiedenartiger Blütenbau der Heckenpflanzen 314

Inhaltsverzeichnis. **XIII**

Seite

9. Lichthunger der Heckenpflanzen 315
10. Früchte, die an den Kleidern hängen bleiben 315
11. Heckengräser 316

B. Tierleben.

1. Die Hecke als Deckung 316
2. Heckenvögel 317
3. Die vier Würger 318
4. Vogelnester in Feldhecken 319
5. Welcher Vogel wurde hier gerupft? 320
6. Wiesel und Marder 323
7. Die beiden Spitzmäuse des Feldes 324
8. Heckenschnecken 325
9. Heckenkäfer 327
10. Heckenfliegen 330
11. Beobachtungen am Netz der Kreuzspinne 334

VI. Im Feld.

A. Pflanzenleben.

1. Das Feld als Lebensgemeinschaft 335
2. Die Kulturpflanzen des Feldes 336
3. Wie unterscheidet man unsere Getreidearten, wenn sie noch
   keine Ähren haben? 336
4. An den Blattspitzen des jungen Getreides hängen Wassertropfen 337
5. Getreidearten, wenn sie Ähren tragen 338
6. Der Bau des Roggenhalmes 338
7. Stäubender Roggen 341
8. Wie das lagernde Getreide sich wieder aufrichtet 342
9. In einer Roggenähre sitzt ein großes, schwarzes Korn . . 343
10. Weizenähren, die durch blaugrüne Färbung auffallen . . . 344
11. Haferrispen, Gersten- oder Weizenähren sind mit schwarzem
    Staub überzogen 344
12. Wie das Getreide auswintert 345
13. Wie erkennt man die Futterpflanzen, wenn sie nicht blühen? 346
14. Wie erkennt man die Futterpflanzen, wenn sie blühen? . . 347
15. Gründüngung 348
16. Blühende Ackerkräuter ohne grüne Laubblätter 348
17. Schmarotzer 350
18. Ackerunkräuter mit weißen Blüten 351
19. Ackerunkräuter mit gelben Blüten 355
20. Kamillen 361
21. Ackerunkräuter mit roten Blüten 361
22. Die Taubnessel- oder Bienensaug-Arten 366
23. Beobachtungen am Bienensaug 367

	Seite
24. Ackerunkräuter mit blauen Blüten	368
25. Ehrenpreis-Arten auf dem Acker	370
26. Vergißmeinnicht-Arten auf dem Acker	372
27. Ackerunkräuter mit grünlichen oder gelbgrünen Blüten	373
28. Ackergräser	376
29. Quecken	378
30. Tiefgehende Wurzeln der Ackerunkräuter	378
31. Ackerunkräuter im ersten Frühling	378
32. Ackerunkräuter des Getreidefeldes	379
33. Ackerunkräuter unter den Hackfrüchten	380
34. Ackerunkräuter des Stoppelfeldes	380
35. Unkrautsamen	381
36. Wie man an manchen Unkräutern die Art des Ackerbodens erkennen kann	383
37. Volkstümliche Namen der Ackerunkräuter	384

B. Tierleben.

1. Wie der Hase sein Lager anlegt	386
2. Wir finden eine tote Maus	388
3. Wir finden in Getreidefeldern Halme, denen die Ähren fehlen	389
4. Wir finden einen toten Maulwurf	390
5. Beobachtungen an lebenden Maulwürfen	391
6. Wir finden eine tote Krähe	392
7. Wie man die Krähen im Fluge unterscheidet	392
8. Wir finden einen toten Raubvogel	393
9. Fliegende Raubvögel	396
10. Gewölle	398
11. Wie man Kleinvögel (Sperlingsgröße) am Fluge erkennt	401
12. Schwalben	404
13. Haussperling und Feldsperling	404
14. Drei Feldvögel, die von Bäumen herab singen	406
15. Vogelrufe aus Getreidefeldern oder von Äckern	406
16. Anhaltender Vogelgesang aus Getreidefeldern	407
17. Ein durchdringender Pfiff ertönt vom Felde	407
18. Vogelstimmen aus der Luft	407
19. Stimmen der Nacht	408
20. Erdnester der Feldvögel	409
21. Nester zwischen Getreidehalmen	410
22. Biene, Hummel oder Wespe?	410
23. Hummeln	413
24. Bienen und Wespen, die in Lehmwände bauen	416
25. Ein Wespennest an dürren Pflanzenstengeln oder Steinen	417
26. Stechfliegen und Stechmücken	417
27. Altweibersommer	420
28. Spinnen im und am Feld	421
29. Die Ackerschnecke	422

Inhaltsverzeichnis.

XV

Seite

30. Regenwürmer 422
31. Von welchem Tier ist dieser Erdhaufen? 422
32. Tiere, die der Pflug auswirft 425

VII. Auf der Wiese.

A. Pflanzenleben.

1. Die Wiese als Lebensgemeinschaft 427
2. Süßgräser und Sauergräser 428
3. Die Futter- oder Süßgräser der Wiese 428
4. Sauergräser 432
5. Die häufigsten Doldenpflanzen der Wiese 433
6. Weiße Wiesenblumen 435
7. Gelbe Wiesenblumen 437
8. Rote Wiesenblumen 443
9. Blaue und violette Wiesenblumen 446
10. Enziane auf Wiesen 449
11. Wie die Wiesensalbei bestäubt wird 451
12. Orchideen der Wiese 452
13. Pilze auf Wiesen 454
14. Wie der Wind die Früchte der Wiesenpflanzen verbreitet . 456
15. Viehweiden 457
16. Verschiedene Formen der Wiesen 457
17. Die Pflanzengesellschaften der Wiesen 458

B. Tierleben.

1. Große Vögel, die über Wiesen fliegen 458
2. Kleine Wiesenvögel 461
3. Laute Rufe in der Wiese 463
4. Stimmen der Nacht 465
5. Nester der Wiesenvögel 466
6. Wiesenvögel nach der Mahd 468
7. Grashüpfer 471
8. Die Musik der Wiese 472
9. Weiße Schaumflocken an Wiesenpflanzen 473
10. Gelbe „Watteflöckchen" an Wiesengräsern 474
11. Insektenbesuch auf Wiesenblumen 474
12. Käfer auf Blüten 475
13. Fliegen auf Blüten 477
14. Ameisenhaufen auf Wiesen 478
15. Spinnen auf Wiesen 479
16. Schlangen in der Wiese 480

VIII. An Gewässern.

A. Pflanzenleben.

Seite

1. Uferpflanzen 481
2. Uferweiden 482
3. Saftleitung in Bäumen 483
4. Uferpflanzen mit gelben Blüten 484
5. Uferpflanzen mit roten Blüten 486
6. Uferpflanzen mit blauen Blüten 490
7. Uferpflanzen mit weißen Blüten 491
8. Doldenpflanzen an und in Gewässern 494
9. Leicht benetzbare Blätter 495
10. Röhricht 496
11. Die Röhrichtgesellschaft 499
12. Die Wasserschwadengesellschaft 499
13. Gedrehte Blätter 500
14. Nicht benetzbare Blätter 501
15. Festgewurzelte Wasserpflanzen 501
16. Wassermoose 505
17. Abgestorbene Pflanzenteile, die im Wasser liegen, sind oft
    kohlschwarz 506
18. Schwimmpflanzen 508
19. Erwärmung der Wasserpflanzen im Sonnenlicht 506

B. Tierleben.

1. Sumpfvögel 509
2. Schwimmvögel der Binnengewässer 513
3. Vögel an Bächen und Flüssen 519
4. Kleine Nester im Röhricht 521
5. Auffällige Vogelstimmen im Röhricht 522
6. Die Rohrsänger 525
7. Wasserfledermäuse 526
8. Schlangen an Gewässern 527
9. Stimmen der Frösche und Kröten an Teichen und Tümpeln 528
10. Frosch oder Kröte? 529
11. Von welchem Frosch ist der Laich? 532
12. Laich an Wasserpflanzen 532
13. Molche 534
14. Fische 535
15. Weißfische oder Karpfenfische 540
16. Fliegende Insekten an Gewässern 544
17. Fliegende Libellen 545
18. Beobachtungen an lebenden Libellen 546
19. Wir finden eine tote Libelle 547
20. Fliegende Insekten mit 2 oder 3 langen Schwanzfäden . . 551
21. Schilfkäfer 553
22. Wasserkäfer 553

Inhaltsverzeichnis.

Seite

23. Kleintiere auf dem Wasserspiegel 555
24. Warum sinken die Wasserläufer nicht ein? 557
25. Wasserwanzen 558
26. Rückenschwimmer 559
27. Larven am Boden der Gewässer 560
28. Der Flußkrebs 564
29. Kleine Wassertiere mit zahlreichen Beinen: Ringelkrebse . 565
30. Spinnen am Gewässer 566
31. Wasserschnecken 568
32. Wasserschnecken, die an der Oberfläche des Wassers kriechen 570
33. Muscheln 571
34. Egel 572
35. Aquarientiere 573
36. Fußspuren im Uferschlamm 575

IX. In Heide und Moor.

1. Die Heide als Lebensgemeinschaft 580
2. Die Zwergsträucher der Heiden und Moore 581
3. Heidegräser 583
4. Sand- und Heideseggen 584
5. Das Tierleben in der Heide 586
6. Laute Vogelstimmen in der moorigen Kiefernheide . . . 587
7. Die auffälligen Singvögel der Heide 587
8. Wespen, die in Erdlöchern leben 589
9. Die gemeine Sandwespe 590
10. Der Ameisenlöwe 591
11. Die Bildung des Flachmoores 592
12. Pflanzengesellschaften der Flachmoore 594
13. Das Tierleben der Flachmoore 595
14. Erlenbruchwälder 595
15. Die Zusammensetzung der Pflanzendecke der Erlenbruch-
    wälder 596
16. Das Tierleben der Bruchwälder 597
17. Auenwälder 597
18. Die Zusammensetzung der Pflanzendecke der Auenwälder 597
19. Das Tierleben der Auenwälder 598
20. Flachmoor — Hochmoor 598
21. Die Bildung eines Hochmoores 600
22. Die Wachstumsverhältnisse im Hochmoor 601
23. Das Torfmoos 602
24. Die Zusammensetzung der Pflanzendecke des Hochmoores 604
25. Moorgräser 605
26. Die Rasenschmiele 606
27. Grasartige Pflanzen der Moore und Sümpfe: Binsen, Simsen,
    Seggen 608

XVIII Inhaltsverzeichnis.

Seite

28. Sumpf-, Moor- und Wiesenseggen 613
29. Gräser mit weißwolligen Köpfen: Wollgras und Haargras 617
30. Das Tierleben im Hochmoor 618
31. Die Kreuzotter 618
32. Moorfrosch und Springfrosch 619
33. Vögel des Hochmoores 619

X. An Straßen und Wegen.

A. Pflanzenleben.

1. Landstraßen 620
2. Straßenbäume 620
3. Lindenarten 622
4. Die beiden Ahornarten an den Landstraßen 624
5. Vogelbeerbäume an den Landstraßen 624
6. Wie man die Straßenbäume an ihrer Form erkennt 625
7. Geeignete und ungeeignete Straßenbäume 625
8. Beschädigungen und Erkrankungen der Straßenbäume . 626
9. Windwirkungen an Straßenbäumen 627
10. „Überpflanzen" 627
11. Straßenbäume als charakteristische Linien im Landschafts-
    bild 628
12. Vom wirtschaftlichen Nutzen der Straßenbäume 628
13. Glänzender Belag auf Ahornblättern 628
14. Gelb- und gelbweißblühende Pflanzen des Wegrandes:
    Korbblüter 629
15. Verletzte Blütenschäfte des Löwenzahns rollen sich spiralig
    auf 632
16. Gelb- und gelbweißblühende Pflanzen des Wegrandes: keine
    Korbblüter 633
17. Das Schellkraut wächst oft an Mauern oder auf Bäumen 637
18. Königskerzen 637
19. Einfache Versuche am Stengel der Königskerze 639
20. Rotblühende Pflanzen des Wegrandes mit Stacheln oder
    Dornen 639
21. Rotblühende Pflanzen des Wegrandes ohne Stacheln und
    Dornen 641
22. Blaublühende Pflanzen des Wegrandes 645
23. Weißblühende Pflanzen des Wegrandes 647
24. Doldenpflanzen des Wegrandes 652
25. Drei Wegericharten 654
26. Gräser des Wegrandes 654
27. Grasähnliche Pflanzen (Binsen) am Wegrande 657
28. Pflanzen zwischen Pflastersteinen 658
29. Pflanzen, die man am Geruch erkennt 660

B. Tierleben.

Seite

1. Straßenvögel 661
2. Vögel, die vor uns über den Weg laufen 665
3. Käfer, die vor uns über den Weg laufen 666
4. Käfer, die an Kuhfladen leben 667
5. Fliegen und Mücken an Kuhfladen 668
6. Was man an Aas findet 670
7. Was man im Pferdekot finden kann 671
8. Bienen, die in Erdlöchern leben 671
9. Wespennester im Erdboden 672
10. Wespennester in Bäumen 674
11. Beobachtungen an Bretterwänden und Holzzäunen . . . 676
12. Kleintiere, die unter Steinen leben 676

XI. Auf Schuttplätzen.

1. Auf Schuttplätzen 680
2. Was man aus einem Brennesselbestand ablesen kann . . 680
3. Schuttpflanzen mit weißen Blüten 681
4. Schuttpflanzen mit gelben Blüten 682
5. Schuttpflanzen mit roten Blüten 684
6. Schuttpflanzen mit blauen Blüten 686
7. Schuttpflanzen mit grünen Blüten 687
8. Schuttpflanzen, die brennen und stechen 690
9. Schuttpflanzen mit Milchsaft 691
10. Ein Versuch mit dem Milchsaft der Wolfsmilch 692

XII. An Eisenbahndämmen.

1. An Eisenbahndämmen 694
2. Wandernde Pflanzen 694
3. Eingewanderte Pflanzen 695

XIII. Gartengelände.

1. Gartengelände 698
2. Beginn der Baumblüte in Frankfurt am Main 698
3. Baumblüte 698
4. Schädliche Insekten an Obstbäumen 701
5. Spinnen in Gärten 702

XIV. In Park und Anlagen.

A. Pflanzenleben.

1. Das Tier- und Pflanzenleben der menschlichen Siedlungen 704
2. Wann beginnen die Vorfrühlingsblüher zu blühen? . . . 704
3. Mittlere Temperaturen der Wintermonate 706

XX Inhaltsverzeichnis.

Seite

4. Sträucher, die im Vorfrühling blühen 706
5. Kräuter, die im Vorfrühling blühen 707
6. Kätzchenträger 711
7. Die Salweide liefert das erste Bienenfutter 715
8. Nadelhölzer der Parkanlagen und Friedhöfe 716
9. Windende oder kletternde Holzgewächse der Parkanlagen 721
10. Laubhölzer der Parkanlagen mit einfachen Blättern — Die Blätter sind ganzrandig und gegenständig 723
11. Laubhölzer der Parkanlagen mit einfachen Blättern — Die Blätter sind ganzrandig und wechselständig 725
12. Laubhölzer der Parkanlagen mit einfachen Blättern — Die Blätter sind gesägt, gezähnt oder gekerbt und gegenständig 726
13. Laubhölzer der Parkanlagen mit einfachen Blättern — Die Blätter sind gesägt, gezähnt oder gekerbt und wechselständig 728
14. Laubhölzer der Parkanlagen mit einfachen Blättern — Die Blätter sind gelappt und gegenständig 735
15. Laubhölzer der Parkanlagen mit einfachen Blättern — Die Blätter sind gelappt und wechselständig 737
16. Laubhölzer der Parkanlagen mit zusammengesetzten Blättern — Die Blätter sind dreizählig oder gefingert . . . 740
17. Laubhölzer der Parkanlagen mit zusammengesetzten Blättern — Die Blätter sind gefiedert und gegenständig . . 741
18. Laubhölzer der Parkanlagen mit zusammengesetzten Blättern — Die Blätter sind gefiedert und wechselständig . 742
19. Abgeworfene Zweige 745
20. Dornen oder Stacheln ? 745
21. Ein Ahornschößling. 746
22. Ungleichblättrigkeit 746
23. Rindenporen 746
24. Blattmosaik 747
25. Pflanzen mit roten Früchten 748
26. Bäume mit roten und bräunlichen Früchten 749
27. Sträucher mit roten Früchten 751
28. Kräuter mit roten Früchten 754
29. Bäume mit schwarzen Früchten 755
30. Sträucher mit schwarzen Früchten 756
31. Kräuter mit schwarzen Früchten 758
32. Pflanzen mit weißen Früchten 760
33. Die Mistel 760
34. Barbarazweige 76

B. Tierleben.

Seite

1. Vögel der Städte und Dörfer 762
2. Vögel von Krähengröße 762
3. Vögel von Taubengröße 763
4. Vögel von Amselgröße 764
5. Vögel von Stargröße 765
6. Vögel von deutlich über Sperlingsgröße 766
7. Vögel von Sperlingsgröße — Das Gefieder ist mehrfarbig 767
8. Vögel von Sperlingsgröße — Das Gefieder ist einfarbig . 769
9. Vögel von deutlich unter Sperlingsgröße 771
10. Dorffledermäuse 773
11. Spinnen in Gebäuden 774

*

Verordnung zum Schutze der wildwachsenden Pflanzen und der
nichtjagdbaren wildlebenden Tiere 776
Erklärung einiger Fachausdrücke 794
Verzeichnis der deutschen Pflanzennamen 799
Verzeichnis der lateinischen Pflanzennamen 810
Verzeichnis der deutschen Tiernamen 818
Verzeichnis der lateinischen Tiernamen 827
Sachverzeichnis: siehe Inhaltsverzeichnis.

Die Florenregionen Deutschlands.

1. Begriffsbestimmungen.

1. Flora ist die Pflanzendecke eines Landes. (Flora: Göttin der Blumen. Daher auch: Flur, Feldflur.) Das Wort wurde ursprünglich ganz allgemein genommen. Der Begriff wird heute eingeschränkt auf die Betrachtung der Pflanzendecke in systematischer Hinsicht. Die Flora bildet also den Gegenstand der floristischen Pflanzengeographie.

2. Vegetation ist die Pflanzendecke eines Landes in physiologischer und ökologischer Hinsicht. Die Vegetation bildet also den Gegenstand der ökologischen Pflanzengeographie.

3. Florenelement ist eine Gruppe von Pflanzenarten, die nach bestimmten floristischen Gesichtspunkten ausgewählt sind, um auf diese Weise Florenreiche, Florengebiete und Florenregionen abzugrenzen.

4. Florenreiche sind die Hauptabteilungen der Flora der Erde. Meist unterscheidet man heute deren sechs. Deutschland liegt·im holarktischen Florenreich (hol: ganz; arktisch: nördlich; weil es sich über das ganze nördliche Gebiet der Erde erstreckt).

5. Florengebiet ist eine durch seine Eigenart gekennzeichnete Unterabteilung eines Florenreiches. Deutschland liegt fast ganz im mitteleuropäischen Florengebiet.

6. Florenregion ist ein durch seine Eigenart der Pflanzendecke gekennzeichneter Bezirk eines Florengebietes. Deutschland hat fünf Florenregionen.

2. Die Florenregionen Deutschlands.

Deutschland gehört dem mitteleuropäischen Florengebiet an. Trotzdem zeigt es floristisch große Unterschiede: einmal zwischen dem Osten und Westen, zum andern zwischen dem Norden und Süden. Der erste Unterschied erklärt sich daraus, daß der Osten nicht durch Gebirge abgegrenzt ist und die Einwanderung fremder Pflanzen in reichem Maße ermöglicht. Der zweite Unterschied ist durch die verschiedene Höhenlage Nord- und Süddeutschlands bedingt.

Man teilt Deutschland auf Grund dieser Unterschiede in 5 Florenregionen ein. (Karte.)

Bis zu einem gewissen Grade zeigt auch die Tierwelt innerhalb dieser fünf Regionen ihre Besonderheiten.

Das „Naturkundliche Wanderbuch" berücksichtigte seither in erster Linie die mittel- und süddeutsche Hügelregion (III in der Karte). Auf Wunsch vieler Benutzer wurden jetzt typische Gebiete der Florenregionen I und II hinzugenommen.

Literatur.

Heinrich Walter, Einführung in die allgemeine Pflanzengeographie Deutschlands. Jena, Gustav Fischer. 458 S.

Paul Graebner, Die Pflanzenwelt Deutschlands. Leipzig, Quelle & Meyer. 374 S.

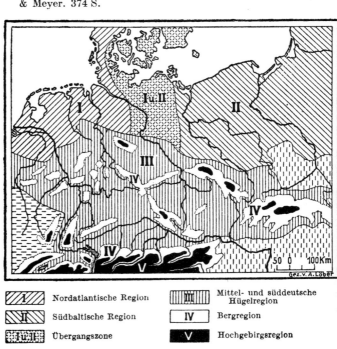

Pflanzensoziologie.

1. Volkstümlich gesehen.

Schon Kindern, die Blumen pflücken oder Beeren sammeln, ist bekannt, daß Maiglöckchen und Veilchen nur an bestimmten Stellen wachsen und dort dann in der Regel truppweise vereinigt stehen. Ein vereinzeltes Maiglöckchen weit seitab von solchen Plätzen findet man nicht. In solchen Trupps oder Gesellschaften wachsen viele Pflanzen:

1. Im Walde: Bärenlauch, Bingelkraut, Waldmeister, Sauerklee, Scharbockskraut, Lerchensporn, Anemonen, Springkraut, Goldnessel, Giersch, Erdbeere, Heidelbeere, Himbeere, Brombeere usw.
2. Ackerunkräuter: Ehrenpreis, Vogelmiere, Ackersenf, Taubnessel . . .
3. Auf der Wiese: Schaumkraut, Wiesenknöterich, Fuchsschwanz . . .
4. Im Sumpf: Schilf, Schwaden, Glanzgras, Seggen, Binsen, Schachtelhalm . . .

Diesen gesellschaftlich zusammenlebenden Pflanzen gegenüber gibt es Einzelgänger.

2. Wissenschaftlich gesehen.

Dieser von jeher bekannte Sachverhalt wird von der wissenschaftlichen Pflanzenkunde vielseitig durchforscht. Dieses Teilgebiet der Pflanzenkunde heißt Pflanzensoziologie oder Vegetationsforschung, das ist die Lehre von den Pflanzengesellschaften oder Pflanzenvereinen. Der Begriff der Pflanzengesellschaft kann weit oder eng gefaßt werden. Weite Fassung: Wald, engere Fassung: Buchenwald, engste Fassung: eine im Einzelfall genau festgestellte Gesellschaft an einem bestimmten Standort innerhalb eines bestimmten Buchenwaldes. Eine Gesellschaft dieser letzten Art ist ein Bestand (Assoziationsindividuum). Bestände können gleich, ähnlich oder unterschiedlich sein. Eine oder zwei vorherrschende Pflanzenarten geben ihnen das Gepräge und damit den Namen. Die Einzelbestände ergeben den Bestandstypus oder die Assoziation: eine Pflanzengesellschaft von bestimmter Zusammensetzung mit einheitlichem Gepräge, die unter einheitlichen Standortsbedingungen lebt. Beispiele: Schilf-Assoziation, Kiefer-Heide-Assoziation usw.

Das Naturkundliche Wanderbuch ordnet den gesamten Stoff im Sinne der Pflanzensoziologie.

Grupe, Naturkundl. Wanderbuch.

IM LAUBWALD.

Pflanzenleben.

1. Der Wald als Lebensgemeinschaft.

Wer die deutschen Lande durchwandert oder von Bergesspitzen weite Waldgebiete überschaut, macht folgende Beobachtungen:

a) Der deutsche Wald ist entweder Nadelwald oder Laubwald.

b) Nadelwald ist mehr vorhanden als Laubwald.

c) Mischwald sieht man selten.

Ein Viertel des gesamten deutschen Bodens ist mit Wald bestanden. Davon nehmen ein:

Kiefer	44%	Buche	16%
Fichte	20%	Eiche	8%
Tanne	3%	Auwald (Pappel, Erle, Weide)	9%
Nadelwald = $2/_3$	67%	Laubwald = $1/_3$	33%

„Über 6000 deutsche Ortschaften führen ihren Namen von Laubbäumen her: 1576 von der Buche, 1467 von der Eiche, 477 von der Birke, 871 von der Linde und 361 von der Hasel, der Rest von anderen. Dem stehen nur 790 Namen gegenüber, die mit Nadelbäumen zusammenhängen." (v. Berg, Geschichte der deutschen Wälder.)

Aus diesen und anderen Angaben ist zu entnehmen, daß der Wald früher anders verteilt gewesen sein muß als heute. Er war früher Mischwald. Der Mensch hat ihm durch die Forstwirtschaft absichtlich ein anderes Gepräge gegeben, er hat ihn in „reine Bestände" (reinen Buchenwald, reinen Kiefernwald usw.) umgewandelt. Der Wald in seiner natürlichen Form ist Mischwald.

Durch die Umwandlung in reine Bestände wurden die Belichtungsverhältnisse im Walde verändert, und damit veränderte sich die Zusammensetzung der Waldflora. Mischwald breitet oben sein Laubdach aus, das aber noch so viel Licht durchläßt, daß darunter Sträucher aufkommen können, die das Unterholz bilden. Das Laubdach läßt nur $1/_{50}$ des Lichtes durch. Davon hält das Unterholz noch einmal die Hälfte zurück, so daß der Waldboden etwa 100 mal

Pflanzenleben.

schwächer belichtet ist als das Laubdach. Diese Lichtmenge reicht jedoch aus für die Pflanzendecke des Waldbodens, für die Kräuter, Gräser, Farne, Moose und Flechten.

In reinem Laubwald und reinem Nadelwald ändern sich diese Beleuchtungsverhältnisse ganz wesentlich. (Siehe Lichtmessung Seite 14 u. 188.)

Der Fichtenwald ist finster und bietet nur den Pilzen günstige Lebensbedingungen; grünen Pflanzen fehlt das Licht zum Assimilieren. Darum ist er arm an Kräutern und Sträuchern, für Moose hingegen ist das Licht noch ausreichend.

Die Kiefer ist sehr lichtbedürftig, daher sterben die unteren Äste wegen Lichtmangels ab. Dadurch werden die Kronen locker und sehr lichtdurchlässig. In älteren Kiefernbeständen entwickelt sich darum eine reiche Bodenflora.

Auch im Laubwalde ist der Boden verschieden besiedelt. Das Blätterdach des Buchenwaldes ist dicht und schattend. Nur im ersten Frühjahr, vor dem Laubausbruch, fällt ausreichend Licht auf den Waldboden, so daß die Frühlingsflora gedeihen kann. Nach der Vollbelaubung ist die Bodenvegetation arm.

Der Eichenwald hat ein weniger geschlossenes Laubdach. Er läßt Kräuter und Sträucher, ja sogar andere Laubbäume aufkommen, die nicht bestandbildend sind, wie Ulmen, Ahorne und Hainbuchen.

Am lichtesten ist der Birkenwald. Wenn der Boden nicht zu mager und trocken ist, findet sich hier ein reicher Bestand an Unterholz, Kräutern und Gräsern ein.

Auch die Bedingungen des Bodens (Nährstoffgehalt, Feuchtigkeitsgrad, Verschiedenheit der Durchlüftung und Erwärmung) bestimmen das Gepräge des Waldes.

Die Auwaldungen halten sich nur in ständiger Feuchtigkeit. Der Buchenwald gedeiht am üppigsten auf Lehm- und Kalkboden. Der Eichenwald will lehmigen Sand. Die Birken- und Kiefernwälder nehmen mit trockenem Sandboden fürlieb. Fichten und Tannen bevorzugen höhere Lagen im Gebirge.

Der Laubwald ist sommergrün, der Nadelwald immergrün. Während der niedrigen Temperatur der Wintermonate setzen die Laubbäume ihre Lebenstätigkeit stark herab. Durch den Laubabwurf schränken sie die Verdunstung auf das geringste Maß ein. Das Laubblatt hält nur einen Sommer aus. Es ist dünn, biegsam und flächig; die Spaltöffnungen liegen auf der Unterseite. Da die Laubwälder die feuchten Böden einnehmen, steht ihnen hinreichend Wasser zur Verfügung.

Besondere Anpassungen an Trockenzeiten besitzt das Blatt nicht. Der Baum nimmt es daher auch nicht mit in den Winter hinein. (S. 94.)

Das Blatt des immergrünen Nadelbaumes hingegen hat weitgehende Anpassungen an die austrocknende Winterperiode. Es ist nadelförmig, hat eine derbe Oberhaut und verschiedene innere Einrichtungen, die seine Verdunstung herabsetzen. (S. 224.)

Nirgends sammelt die Pflanzenwelt auf gleichgroßem Raum so viel Material an wie im Walde. Die übergroße Masse der Waldpflanzen ist ausdauernd. Darum beherbergt der Wald ein reiches Tierleben, dem er Nahrung und Schutz gibt.

Literatur.

M. Buesgen, Der deutsche Wald. 184 S. Quelle & Meyer, Leipzig.
H. Hausrath, Der deutsche Wald. Bd. 153: „Aus Natur und Geisteswelt". Quelle & Meyer, Leipzig.
R. H. Francé, Bilder aus dem Leben des Waldes. 94 S. Kosmos-Verlag, Stuttgart.
Kurt Grottewitz, Unser Wald. 181 S. Dietz Nachfolger, Berlin.
W. Schoenichen, Vom grünen Dom. Ein deutsches Waldbuch. 354 S. Callwey, München.
Bertsch, Geschichte des deutschen Waldes. 120 S. Jena; Fischer.
Feucht, Der Wald als Lebensgemeinschaft. 80 S. Rau, Öhringen (Württbg.).

2. Das erste Schneeglöckchen.

Das erste Schneeglöckchen erscheint nicht in jedem Frühjahr zu gleicher Zeit, in einem Jahre früher, im andern später. Aus langjährigen Beobachtungen (von 1867—1890) hat sich für Frankfurt am Main der 25. Februar als mittlere Blütezeit ergeben.

	Mittlere Blütezeit in Frankfurt a. M.	19	19	19
Schneeglöckchen . .	25. II.			
Kornelkirsche . . .	13. III.			
Buschwindröschen .	24. III.			
Salweide	29. III.			
Schlehe.	12. IV.			

3. Frühblüher des Laubwaldes.

(Vor dem Laubausbruch der Bäume!)

I. Mit weißen Blüten.

A. Blätter ungeteilt, längsnervig.

Blütenblätter 6, alle gleichgroß, an der Spitze grün und knotig verdickt. Staubblätter 6, Griffel keulenförmig. Blätter lineal. [Blüte — Lockapparat.] (S. 709.)

Frühlingsknotenblume.
Leucóium vernum.

B. Blätter geteilt, netznervig.

a) Blätter 3zählig.

1. Blättchen gelappt oder bis zum Grunde geteilt. Blüten einzeln, meist 6blättrig, auf der Unterseite oft rötlich. Viele Staubblätter auf dem Fruchtboden. Griffel viele. Schaft bis 25 cm hoch. [Wurzelstock — vegetative Vermehrung, Vorratsspeicher.]

Busch-Windröschen.
Anemóne nemorósa.

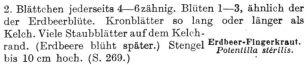

2. Blättchen jederseits 4—6zählig. Blüten 1—3, ähnlich der der Erdbeerblüte. Kronblätter so lang oder länger als Kelch. Viele Staubblätter auf dem Kelchrand. (Erdbeere blüht später.) Stengel bis 10 cm hoch. (S. 269.)

Erdbeer-Fingerkraut.
Potentilla stérilis.

b) Blätter doppelt 3zählig.

1. Einfacher Stengel mit 2 Blättern. Blütentraube reichblütig, mit weißen oder rötlichen Blüten, die einen langen Sporn tragen. Stengel bis 30 cm hoch. [Knolliger Wurzelstock — Vorratsspeicher, Frühblüher.] (S. 9.)

Lerchensporn.
Corýdalis.

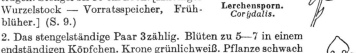

2. Das stengelständige Paar 3zählig. Blüten zu 5—7 in einem endständigen Köpfchen. Krone grünlichweiß. Pflanze schwach nach Moschus duftend. Stengel bis 20 cm hoch.

Bisamkraut, Moschuskraut.
Adóxa moschatellina.

II. Mit gelben Blüten.

A. Blätter nur grundständig, rosettig, länglich-eiförmig, kerbig gezähnt, oberseits runzelig, unterseits behaart.

1. Krone schwefelgelb, am Schlunde mit einem dottergelben Ringe, Zipfel flach ausgebreitet. Kelch an den Kanten grün, mit zugespitzten Zähnen.

Hohe Schlüsselblume.
Prímula elátior.

2. Krone dottergelb, mit 5 orangefarbenen Flecken, Zipfel glockig zusammenneigend. Kelch bleich, bauchig erweitert, mit kurz zugespitzten Zähnen. **Duftende Schlüsselblume.** *Primula officinális.*

B. **Blätter am Stengel verteilt.**

a) Blätter geteilt.

Blätter 3zählig (wie beim Busch-Windröschen!). Blüten meist zu 2, doch auch einzeln, selten zu 3, goldgelb. Viele Staubblätter auf dem Fruchtboden. Schaft bis 25 cm. [Wurzelstock — vegetative Vermehrung.] **Gelbes Windröschen.** *Anemóne ranunculoídes.*

b) Blätter ungeteilt.

1. Kelch und Krone vorhanden. Kronblätter 6—9, Kelchblätter 3. Staubblätter viele auf dem Fruchtboden. Blätter wechselständig, rundlich, die unteren ausgeschweift, die oberen eckig. Stengel liegend, bis 40 cm lang. [Wurzelknollen — Vorratsspeicher, Frühblüher. Brutknollen in den Blattachseln — vegetative Vermehrung.] **Scharbockskraut.** *Ranúnculus ficária.*

2. Ohne Krone; Kelch goldgelb, 4teilig oder 5teilig, 2 Zipfel kleiner. Staubblätter 8, am Rande einer fleischigen Scheibe. Blätter wechselständig, nierenförmig, am Rande tief eingekerbt, mit einzelnen Haaren; grundständige Blätter mit langen Stielen. Stengel bis 20 cm hoch. [Staubbeutel und Narben gleichzeitig reif — Selbstbestäubung.] **Wechselblättriges Milzkraut.** *Chrysosplénium alternifólium.*

C. **Strauch mit gelben Blüten, die vor den Blättern erscheinen.** (S. 30 u. 707.) **Kornel(lus)kirsche, Hartriegel.** *Cornus mas.*

III. **Mit blauen Blüten.**

A. **Blätter längsnervig.**

Blätter grundständig, zu 2, lineal-lanzettlich, zurückgekrümmt. Blüten in einer Traube, sternförmig, mit 6 Blättern. Staubblätter 6, Griffel 1. Schaft bis 20 cm hoch (S. 708). **Zweiblättrige Meerzwiebel.** *Scilla bifólia.*

B. **Blätter netznervig.**

1. Blätter ungeteilt. Grundblätter herzeiförmig oder **lanzettlich**. Blattstiel schmal geflügelt. Blüten erst rot, zuletzt

violett. Krone röhrig, mit 5lappigem Saum, im Schlunde
bärtig behaart. Staubblätter 5. Ganze Pflanze rauhhaarig.
Stengel bis 40 cm hoch. [Ungleiche
Länge von Staubgefäßen und Griffeln **Lungenkraut.**
— siehe Primel S. 11.] (S. 57.) *Pulmonária.*

2. Blätter 3lappig, jeder Lappen eiförmig, ganzrandig.
Blüten himmelblau (auch wohl rot oder weiß), ihre Blätter
am Grunde verwachsen. Staubblätter **Leberblümchen.**
viele. Stengel bis 15 cm hoch. *Anemóne hepática.*

3. Immergrün. (S. 57 u. 223.)

IV. Mit roten Blüten.
  A. Krautpflanzen mit grünen Blättern.
    Blätter doppelt-3zählig. Einfacher Stengel mit 2 Blättern.
    Blütentraube reichblütig, mit roten (oder weißen) Blüten,
    die einen langen Sporn tragen. Stengel bis 30 cm hoch.
    [Knolliger Wurzelstock — Vorrats- **Lerchensporn.**
    speicher, Frühblüher!] (S. 7 u. 40.) *Corýdalis.*
    a) Traube vielblütig.
    1. Deckblätter fingerförmig eingeschnitten. Stengel unten
    mit rinnenförmiger Schuppe. Knollen **Gefingerter**
    nicht hohl. **Lerchensporn.**
    C. sólida.

    2. Deckblätter ganzrandig. Stengel **Hohler Lerchensporn.**
    unten ohne Schuppe. Knollen hohl. *C. cava.*
    b) Traube wenigblütig.
    1. Deckblätter fingerförmig eingeschnit- **Zwerg-Lerchensporn.**
    ten. Krone bleichlila. Sporn meist ge- *C. púmila.*
    rade.
    2. Deckblätter ganzrandig, selten 2- bis **Mittlerer**
    3spaltig. Krone hellpurpurn. Sporn am **Lerchensporn.**
    Ende abwärts gekrümmt. *C. intermédia.*
  B. Krautige Pflanze ohne grüne Blätter. Ganze Pflanze
    hellpurpurn (selten weiß), die Blüten dunkler. Stengel ein-
    fach, mit Schuppen besetzt. Blüten in dichter, einseits-
    wendiger, anfangs nickender Traube; **Schuppenwurz.**
    Krone lippig. Bis 30 cm. Schmarotzer, *Lathráea squamária.*
    besonders auf Haselwurzeln. (S. 349.)

  C. Niedriger Strauch.
    Blüten rosenrot, erscheinen vor den Blättern. Blüten sitzend,
    zu 2—3 zusammen, an den Seiten der Zweige, stark duftend.

Staubblätter 8. Höhe bis 1 m. Giftig! Nicht abreißen, da der Bast sehr zähe ist! Gesetzlich geschützt! [Rinde und Laub giftig — Schutz gegen Tierfraß.] (S. 707 u. 753.)   **Seidelbast.** *Dáphne mezéreum.*

V. Zwei Sträucher mit Kätzchen.
1. Kätzchen lang, walzenrund, schlaff herabhängend. [Strauch beim Blühen noch ohne Blätter — keine Behinderung der Bestäubung.]   **Haselstrauch.** *Córylus avellána.*
2. Kätzchen rundlich, meist gelblich-grün. [Strauch beim Blühen noch ohne Blätter — keine Behinderung der Bestäubung, da Blüten für Insekten sichtbar: Gelbe Farbe, Duft.]   **Salweide.** *Salix cáprea.*

VI. Blühende Bäume.
Siehe Kätzchenträger (S. 713).

4. Schützt die Frühblüher!

Der Winter ist vorüber. Im Gebüsch, an Hecken und Gräben erscheinen die ersten Frühlingsblumen. Wir freuen uns.

Muß aber unsere Freude den Blumen zum Leide werden?

Beachte:

1. Fast alle Frühblüher haben unterirdische Organe, die als Vorratsspeicher dienen: Zwiebel, Knolle, Wurzelstock. Aus diesen Organen entwickelt sich die Pflanze. Die Lebenstätigkeit in diesen unterirdischen Organen beginnt schon früh im neuen Jahr, daher blühen diese Pflanzen schon frühzeitig.

Schont die unterirdischen Teile der Frühblüher!

2. Wer einen Strauß Frühlingsblumen gepflückt hat, wird bemerkt haben, daß sie bald in der Hand welken. Sie halten sich auch zu Hause in der Blumenvase nicht lange. Der welke Strauß fliegt sehr bald in den Mülleimer.

Die reinste Freude hast du an der lebenden Blume in der freien Natur!

3. Fast alle Frühblüher werden heute in solchen Mengen gepflückt, ausgerissen, weggeworfen, mit nach Hause genommen oder auf den Markt gebracht — daß sie alle stark gefährdet sind.

Alle Frühblüher bedürfen heute des Schutzes!

Pflanzenleben. 11

4. Folgende Frühblüher sind heute gesetzlich geschützt: Schneeglöckchen, Zweiblättrige Meerzwiebel, Seidelbast, Salweide, Leberblümchen, Schlüsselblumen.
5. Handel mit Schmuckreisig.
Siehe S. 781!

5. Wie die Blüten der Schlüsselblume bestäubt werden.

1. Welche Insekten finden sich auf den Blüten ein?
2. Man erkennt: Nur Hummeln und Schmetterlinge können mit ihren langen Rüsseln bis zu den Honigdrüsen, die unten in der Kronröhre sitzen.

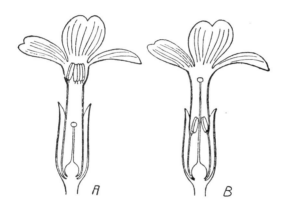

3. Versuche mit einer sehr dünnen Nadel den Weg zu finden, den der Rüssel der Hummel nimmt! Es stellt sich heraus, daß die Nadel nur dicht an dem Griffel entlang geführt werden kann.
4. Öffne die Blüten mit einem Längsschnitt und schaue nach, woher das kommt! Bau der Blüte: Die Staubfäden sind mit dem Innenrand der Kronröhre verwachsen. Die 5 Staubbeutel öffnen sich nach innen. Die Stellung der Staubbeutel und des Griffels zueinander ist verschieden.
1. Fall: In einem Teil der Blüten stehen die Staubbeutel oben in der Kronröhre, der Griffel steht tiefer.
2. Fall: In anderen Blüten stehen die Staubbeutel tief und der Griffel steht höher.
Vergleiche Abb.!

1*

12 Im Laubwald.

5. Der Bestäubungsvorgang ist jetzt deutlich zu erkennen: Befliegt die Hummel zunächst die Blüte A, so pudert sie sich am Eingang in die Kronröhre den Kopf ein. Kommt sie darauf an die Form B, so muß sie die in gleicher Höhe stehende Narbe des Griffels bestäuben.

Befliegt sie jedoch zunächst die Blüte B, so pudert sie eine bestimmte Stelle des Rüssels mit Pollen ein. Kommt sie darauf an die Form A, so muß sie auch diesmal wiederum die in gleicher Höhe stehende Narbe des Griffels bestäuben.

6. Durch diese Verschiedengriffligkeit der Schlüsselblumenblüte wird also die Fremdbestäubung gesichert. Versuche an Ort und Stelle durch Beobachtungen dir darüber Klarheit zu verschaffen!

6. Der gefleckte Aron.

1. An feuchten Stellen unserer Laubwälder findet man von Ende April bis Anfang Juni eine niedrige, etwa 20—40 cm hohe Pflanze, die durch ein großes, ohrförmiges, helles Blatt jedermann schon weithin auffällt. Sieht man näher zu, so zeigt sich, daß dieses einzelne Blatt wie eine Tüte geformt ist und kein Laubblatt sein kann, denn grüne Laubblätter sind auch noch vorhanden.

2. Bestimme! (S. 58.)
   a) Die Laubblätter sind spießförmig oder pfeilförmig, grün, oft braun gefleckt.
   b) Die gelblichgrüne Tüte heißt Blütenscheide und umschließt einen violetten, keulenförmigen Kolben. **Gefleckter Aron.**
   c) Die unterirdischen Teile sind knollenartig. *Arum maculátum.*

3. Untersuche die grünen Laubblätter!
   a) Die Blätter sind fast sämtlich unbeschädigt, einige haben Löcher in der Blattfläche oder am Rande.
   b) Sind keine Schnecken da? Suche in der Umgebung!
   c) Warum werden die Blätter von den Tieren nicht gefressen? Kaue ein ganz kleines Blattstückchen! Es schmeckt zunächst süßlich, verursacht dann aber sehr bald ein heftiges Brennen. (Spucke aus!!)
   d) Erklärung: Das Blattinnere enthält sehr feine, mit bloßem Auge nicht sichtbare Kristallnadeln aus oxalsaurem Kalk (Kleesalz), die sich in die Schleimhäute des Mundes einbohren.
   e) Achte auf die Größe der Blätter und die Belichtung, die das Laubdach der Bäume gestattet! [Wenig Licht — große Blätter.] Sind Unterschiede in der Blattgröße zu erkennen zwischen den Pflanzen, die stärker und schwächer belichtet sind?

f) Wenn Wasser in der Nähe ist, so gieße etwas in die Blattrinne und beobachte, wie es geleitet wird! (Abb. S. 35.)
4. Untersuche die Blütenscheide!
   a) Öffne sie! Meist sind winzige Insekten darin. Man hat schon in solch einem einzigen Kessel rund 4000 Stück gefunden.
   b) Wie kommen sie hinein? Untersuche den Weg an dem Kolben entlang bis in den Kessel!
   c) Rieche an dem Kolben! (Fauliger Geruch.) Schiebe vorsichtig den kleinen Finger von oben her in den Kessel! (Wärme.) Beides, der starke Geruch und die behagliche Wärme locken die Insekten herbei. Schiebt man ein dünnes, empfindliches Thermometer in den Kessel hinein, so beobachtet man, daß die Innentemperatur höher ist als die der Außenluft. Man hat schon Unterschiede von 16° festgestellt.

   d) Die Insekten vollziehen bei ihrem Besuch die Bestäubung. Wenn sie eine Pflanze treffen, die noch nicht bestäubt ist, so finden sie den Weg in den Kessel offen, da die Spitzen der Haarreuse nach unten gerichtet sind. Nachdem sie Blütenstaub von den Staubgefäßen und Honig von den Stempeln genommen haben, wollen sie den Kessel verlassen und fliegen dem belichteten Ausgang zu. Durch die Haarreuse könnten sie wohl hindurch, wenn sie am Kolben hinauf kröchen, da sie jedoch dem Lichte zu fliegen, werden sie zurückgeworfen. Erst wenn der Befruchtungsvorgang stattgefunden hat, verwelken die Haare und lassen den Ausgang frei. Den

K = Kolben, H = Haarreuse, M = männliche Blüten, W = weibliche Blüten.

ihrem Körper anhaftenden Blütenstaub nehmen sie mit in eine andere Blüte, wo sie ihn auf den Stempeln abladen und damit die Bestäubung vollziehen.
5. Schaue dich um! In der Nachbarschaft wirst du im Sommer leuchtend rote Beeren auf einem dicken, grünen Stiel sehen. Es sind die Früchte des Aron. Sie sind giftig!
6. Bestimme nach Tabelle: Kräuter mit roten Früchten. (S. 754!)

7. Eine Lichtmessung im Laubwald.

Die Frühblüher des Waldes erscheinen vor dem Laubausbruch der Bäume; bis dahin ist der Waldboden noch ausreichend belichtet. Die reichste Frühlingsflora weist der Waldrand auf. Laubwald und Nadelwald zeigen darin einen großen Unterschied. Der „Rand" des Nadelwaldes ist außen, der „Rand" des Laubwaldes dagegen zieht sich ein Stück in das Waldinnere hinein.

Eine Lichtmessung mit den einfachsten Mitteln gibt über die verschiedene Belichtung hinreichend Aufschluß. Man lasse photographisches Papier (nicht Gaslichtpapier, sondern Tageslichtpapier) so lange belichten, bis es sich etwas gebräunt hat. Dazu benutze man eine Kassette. Dieses Blatt soll zum Vergleich dienen. Bei der Lichtmessung belichte man ein anderes photographisches Papier so lange, bis es die Farbe des Vergleichsblattes angenommen hat. Dieser Versuch ergibt keine absoluten Werte, ist aber seiner Einfachheit wegen brauchbar.

Ein Beispiel: Vollbelaubter Wald im Juli; Messung 4 Uhr nachmittags bei leichtbewölktem Himmel.

Belichtungsdauer:		Belichtungsstärke:
1. Im Freien . . . . 5 Sek.		
Vorn im Walde (10 m). . 75 „		15 : 1
2. Im Freien . . . . 5 „		
Mitten im Walde (200 m). 7½ Min.		90 : 1

In Worten: Der Boden des „Waldrandes" war 15mal schwächer belichtet als das freie Feld. Der Boden des Waldinnern war 90mal schwächer belichtet als das freie Feld. Der „Waldrand" erhielt jedoch 6mal mehr Licht als das Waldinnere. (S. 188.)

Genauere Ergebnisse erhält man bei Benutzung von Lichtmessern.

8. Bleiche (gelbe oder weiße) Keimlinge.

Beobachtung.

Im Frühjahr sieht man überall am Boden des Waldes bleiche Keimlinge, die sich durch die Laubdecke dem Lichte zurecken. Entfernt man das Laub, so ist man erstaunt über die große Zahl der kleinen, blassen Pflänzchen.

Erklärung.

Sie alle sind im Finstern gewachsen. Ihre Stengel sind übermäßig verlängert, der grüne Farbstoff, das Blattgrün, hat sich nicht entwickeln können. — Diese Erscheinung heißt Vergeilung, auch Bleichsucht oder Gelbsucht. Der gelbe Farbstoff heißt Etiolin. Wenn die in dem Samen, der Knolle oder der Zwiebel aufgespeicherten Nährstoffe verbraucht sind, verhungert die Pflanze. Ohne Blattgrün kann sie nicht leben. — Das allbekannte Beispiel für Vergeilung ist die im finsteren Keller treibende Kartoffel, deren lange, blasse Triebe ("Keime") dem hellen Kellerfenster zustreben. Wenn die alte Kartoffel keine Nahrung mehr liefert, muß der Trieb langsam verhungern. — Die Vergeilung stellt der Mensch in seinen Dienst: Spargel, Kopfsalat, Endiviensalat, Weißkohl . . .

Literatur:

Friedrich Markgraf, Kleines Praktikum der Vegetationskunde. 64 S. Julius Springer, Berlin.

9. Lichtbäume und Lichtsträucher.

Beobachtungen.

1. In dichten Beständen wachsen: Buche, Eiche.
2. In lichten Beständen wachsen: Birke, Esche.
3. An lichten Waldstellen eingestreut stehen: Lärche, Pappel.
4. Am Waldrand oder auf Waldlichtungen wächst der Schwarzdorn. Am Waldrand gedeiht er üppig und reichblütig, im Waldinnern verkümmert er um so mehr, je schattiger er steht.

Lichtmessungen.

I. Schwarzdorn	$1-1/3$	II. Eiche	$1-1/26$
Lärche	$1-1/5$	Feldahorn	$1-1/43$
Esche	$1-1/6$	Spitzahorn	$1-1/55$
Birke	$1-1/9$	Weißbuche	$1-1/56$
Schwarzpappel	$1-1/11$	Rotbuche	$1-1/60$

(Nach J. Wiesner, Der Lichtgenuß der Pflanzen, Leipzig 1907.)

Erklärung.

Der Schwarzdorn gedeiht am besten bei einem normalen Lichtgenuß = 1; bei weniger als $1/3$ des normalen Lichtgenusses geht er zugrunde. Er hat also — im Vergleich zur Rotbuche — sehr viel Licht nötig, um leben zu können: der Schwarzdorn ist ein "Lichtstrauch". Lärche, Esche, Birke, Schwarzpappel sind "Lichtbäume".

16 Im Laubwald.

Aufgaben.

1. Achte auf Weißdorn und andere Waldsträucher, ob sie besser im Licht oder im Schatten gedeihen!
2. Achte auf das Unterholz im Buchen-, Eichen- und Birkenwald!
3. Die Buche ist ein „unverträglicher" Baum. In welchem Sinne?

10. Blütezeit der frühblühenden Frühlingsblumen und der Laubausbruch der Waldbäume.

Frühblüher:	Jan.	Febr.	März	April	Mai	Juni	Juli
Schneeglöckchen . . .							
Haselstrauch							
Frühlingsknotenblume .							
Seidelbast							
Leberblümchen							
Lungenkraut							
Buschwindröschen . . .							
Schlüsselblume							
Lerchensporn							
Scharbockskraut . . .							
Laubausbruch:							
Erle							
Ulme							
Zitterpappel							
Ahorn							
Birke							
Buche							
Hainbuche							
Linde							
Esche							
Eiche							

Beachte:

1. Die Blütezeit der Frühblüher fällt in die Monate Februar, März, April. Dann sind die Waldbäume noch unbelaubt. Der Waldboden erhält Licht und Wärme.
2. Wenn der Laubausbruch der Bäume und damit die Verdunkelung des Waldbodens beginnt, geht die Blütezeit der Frühblüher ihrem Ende entgegen.

11. Phänologische Beobachtungen im Laubwald[1]).

Man bemerkt in jedem Frühjahr, daß einige Bäume des Laubwaldes früher ergrünen als andere. Nicht nur unter den Bäumen der verschiedenen Arten besteht dieser Unterschied, auch bei einzelnen Bäumen der gleichen Art bricht das Laub früher auf als bei den übrigen. Aus langjährigen Beobachtungen (1867—1890) haben sich für Belaubung, Fruchtreife und Laubverfärbung der Wälder bei Frankfurt a. M. ganz bestimmte Mittelwerte ergeben.

Entwicklungsstufe	Mittelzeit für Frankfurt a. M.	19	19	19
Buchenhochwald:				
Erster Laubausbruch	16. IV.			
Allgemeine Belaubung	30. IV.			
Anfang der Fruchtreife	11. IX.			
Allgemeine Laubverfärbung . .	18. X.			
Eichenhochwald:				
Erster Laubausbruch	25. IV.			
Allgemeine Belaubung	5. V.			
Anfang der Fruchtreife	18. IX.			
Allgemeine Laubverfärbung . .	20. X.			

12. Blattformen der Laubbäume.

1. Rotbuche. 2. Grauerle. 3. Schwarzerle. 4. Winterlinde. 5. Sommerlinde. 6. Salweide. 7. Ulme. 8. Birke. 9. Zitterpappel. 10. Roteiche. 11. Stieleiche. 12. Traubeneiche. 13. Bergahorn. 14. Spitzahorn. 15. Feldahorn. 16. Hainbuche. 17. Holzbirnbaum. 18. Holzapfelbaum. 19. Eberesche. 20. Esche. (S. 18.)

---

[1]) Phänologie: Beobachtungen und Untersuchungen der periodischen Lebenserscheinungen an Pflanzen und Tieren.

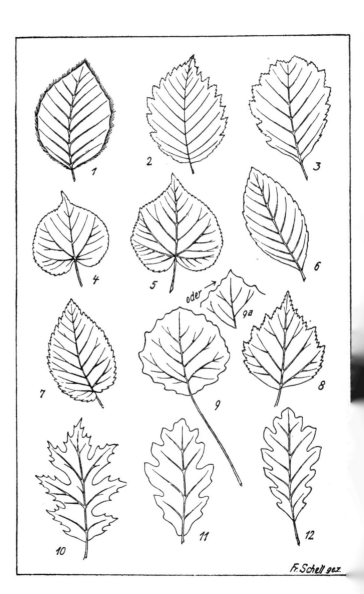

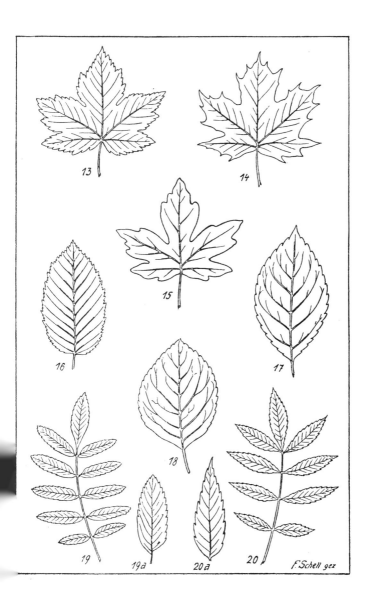

20   Im Laubwald.

13. Bestimmung der Laubbäume nach den Blättern.

Beachte:

1. In diese Tabelle sind nur die häufigsten Laubbäume aufgenommen. In Mischwäldern findet man jedoch noch seltenere Arten eingesprengt. Für deren Bestimmung benutze man die Tabelle: Laubhölzer der Parkanlagen. (S. 723 ff.)

2. Manche Laubbäume kommen nicht nur hochstämmig vor, sondern auch als Unterholz: Gebüsch, Gesträuch, Wasserreiser an Baumstümpfen, Wurzelschößlinge. In Zweifelsfragen ziehe man die Tabelle zu Rate: Bestimmung der Sträucher nach den Blättern. S. 29.

Bestimmungstabelle:

1. Blätter einfach und wechselständig.

I. **Blätter ganzrandig**, häufig undeutlich buchtig, anfangs am Rande bewimpert; männliche Blütenstände kugelig; weibliche Blütenstände zweiblütig, Blüten mit verwachsenblättrigem Kelch und drei Griffeln; Frucht dreikantig, von der stacheligen, mit mehreren Klappen aufspringenden Hülle eingeschlossen; Stamm glatt, mit hellgrauer Rinde, bis 30 m hoch. (Beobachte den Waldboden im Buchenbestand vor und nach der Belaubung!)   **Rotbuche.** *Fagus silvática.*

II. **Blätter gesägt, gezähnt, gekerbt.**

     A. **Blätter vorn abgerundet.**

        1. Blätter fast kreisrund, netznervig, lang gestielt (3 bis 5 cm), buchtig gezähnt, kahl, Blattstiel seitlich stark zusammengedrückt. (Blätter an jungen Pflanzen und Wurzeltrieben herzeiförmig, zugespitzt, klein gesägt und viel größer.) Blüten in hängenden, dicken Kätzchen. Rinde mit längsrissiger, grauer Borke.   **Zitterpappel.** *Pópulus trémula.*

        2. Blätter rundlich bis verkehrt herzeiförmig, mit einem Hauptnerv, am Grunde oft keilförmig, vorn meist ausgerandet, kahl, an den Aderwinkeln unterseits bärtig, in der Jugend klebrig; männliche und weibliche Kätzchen endständig, beide gestielt; Rinde dunkelbraun, im Alter mit schwarzbrauner Tafelborke.   **Schwarzerle.** *Alnus glutinósa.*

Pflanzenleben. 21

B. Blätter vorn mit Spitze.

a) Der Blattstiel teilt sich in 3—5 etwa gleichstarke Nerven; Blätter breitherzförmig, am Grunde schief.

1. Blätter beiderseits kahl, oben dunkelgrün, unten bläulichgrün, in den Nervenwinkeln rostrote Haarbüschel; Blütenstand mit 5—11 stark duftenden Blüten; Früchte mit schwachen Kanten. [Insektenbesuch.] (S. 93, Abb. 4.) **Winterlinde.** *Tilia ulmifólia.*

2. Blätter unterseits weichhaarig, beiderseits gleichfarbig grün, in den Nervenwinkeln weißbärtig; Blütenstand mit 2—5 Blüten; Früchte mit vorspringenden Kanten. Laubausbruch und Blütezeit 14 Tage früher als bei der Winterlinde. [Verbreitung der Früchte durch den Wind.] **Sommerlinde.** *Tilia platyphýllos.*

b) Der Blattstiel setzt sich als Hauptnerv fort, von ihm entspringen zahlreiche Seitennerven.

α) Blätter am Grunde stark ungleichhälftig, die der Zweigspitze zugekehrte Blatthälfte größer; Blattrand meist doppelt gesägt. Früchte glatt, ringsum breit geflügelt. [Flügelfrucht.] (S. 93, Abb. 5.) **Ulme.** *Ulmus.*

1. Blätter breit eiförmig.

° Blätter 5—10 cm lang, oberseits meist glatt, unterseits nur in den Nervenwinkeln bärtig. Blattstiel 1—1½ cm lang. Einjährige Zweige meist kahl. Rinde der Äste oft korkig geflügelt. Blüten fast sitzend. Samen im oberen Teil der Frucht. **Feld-Ulme.** *U. campéstris.*

°° Blätter 10—15 cm lang, oberseits rauh, unterseits behaart. Blattstiel ½ cm lang. Einjährige Äste fein behaart. Blüten fast sitzend. Samen in der Mitte der Frucht. **Berg-Ulme.** *U. scabra.*

2. Blätter elliptisch.

Blätter am Grunde sehr ungleich, unterseits kurzhaarig, oberseits glatt. Blüten lang gestielt. Fruchtflügel zottig gewimpert. **Flatter-Ulme.** *U. effúsa.*

β) Blätter dreieckig-eiförmig, am Grunde abgeschnitten oder breit-keilförmig, am Rande gesägt. Blattstiele von der Seite zusammengedrückt.
Blüten in Kätzchen. Rinde des Stammes rissig. Äste ledergelb. **Schwarz-Pappel.** *Pópulus nigra.*

γ) **Blätter dreieckig-rautenförmig,** lang zugespitzt, ungleich gesägt; männliche Blüten in langen, walzenförmigen Kätzchen, endständig, schon im Herbste vorhanden; weibliche Blüten in kurzen, gedrungenen Kätzchen, seitenständig, im Frühjahr bei der Belaubung erscheinend; Stamm glänzend weiß. **Weißbirke.** *Bétula verrucósa.*

(In den Zellen der Rinde lagert Betulin, d. i. Birkenkampfer, in Form von weißen Kristallen.) (S. 93, Abb. 7.)

δ) **Blätter gleichhälftig,** rundlich bis eiförmig oder elliptisch.

1. Blattzähne drüsig verdickt, umgeschlagen, Blattspitze meist zurückgebogen. Blätter länglich-elliptisch, oberseits anfangs behaart, später meist kahl, dunkelgrün, unterseits graufilzig. Männliche und weibliche Blüten in Kätzchen, auf verschiedenen Bäumen (zweihäusig). **Salweide.** [Erstes Bienenfutter.] (S. 93, Abb. 9.) *Salix cáprea.*

2. Blattzähne nicht drüsig.

† Blattstiel etwa so lang wie die Blattfläche. Blätter rundlich, oberseits glänzend dunkelgrün, unterseits heller, scharf gesägt, anfangs zottig, später kahl. Blüten weiß; Griffel frei. Frucht birnenförmig, grün oder gelb, rötlich überlaufen, sehr herb im Geschmack. Rinde tiefrissig, schwarzgrau. In der Jugend dornig. [Schutz **Holzbirnbaum.** gegen Weidetiere.] *Pirus commúnis.*

†† Blattstiel höchstens ½ der Blattfläche.

§ Die Seitennerven treten nicht in die Blattzähne ein. Blätter spitz-eiförmig, mit wenigen, unterseits hervortretenden Seitenrippen, flach gekerbt oder gesägt, oben kahl, unten filzig. Blüten außen rötlich; Griffel am Grunde verwachsen. Frucht rund, grün bis gelb, sehr herb im Geschmack. Rinde mit hellfarbiger Borke, **Holzapfelbaum.** die in dünnen Schuppen abblättert. *Pirus malus.*

§§ Die Seitennerven endigen in den Blattzähnen.

° Blätter unterseits graufilzig, eiförmig, scharf doppelt gesägt, nicht klebrig. Die kurzgestielten weiblichen Kätzchen stehen an dicht flaumhaarigen Tragzweigen. Rinde glänzend silbergrau, glatt. **Grauerle.** *Alnus incána.*

°° Blätter beiderseits grün, kahl. Weibliche Kätzchen an diesjährigen Zweigen. In höheren Gebirgen. **Grünerle.** *Alnus víridis.*

Pflanzenleben. 23

⚥ Blätter unterseits nicht filzig, längs der Nerven mit anliegenden, längeren Haaren, sonst kahl, länglich-eiförmig, faltig, doppelt bis dreifach gesägt. Männliche Blüten in langen seitenständigen, rötlichgrünen Kätzchen; weibliche Blüten in lockeren, endständigen Ähren. Früchte mit dreilappiger Fruchthülle. [Flugapparat.] Stamm mit glatter, hellgrauer Rinde, wie gedreht aussehend; das schwerste und härteste deutsche Holz. (S. 93, Abb. 8.) **Weißbuche, Hainbuche.** *Carpinus bétulus.*

III. Blätter buchtig-gelappt.
  A. Blätter unterseits weißfilzig oder blaß.
    1. Blätter rundlich-eiförmig, am Rande unregelmäßig ausgeschweift, oft 5lappig, am Grunde mehr oder weniger herzförmig. Blüten in Kätzchen. **Silberpappel.** *Pópulus alba.*

    2. Blätter mit spitzen, ungleichgefügten Lappen, am Grunde leicht herzförmig, oberseits glänzenddunkelgrün, unterseits blaßgrün und flaumig behaart, 3—5 Seitennerven. Blütenstand in weißen Dolden. Früchte bräunlich, gern von Wacholderdrosseln gefressen. (S. 621, 750.) **Elsbeere.** *Pirus torminális.*
  B. Blätter unterseits nicht weißfilzig.
    a) Blattabschnitte rund.
    1. Blätter kurzgestielt, fast sitzend, am Grunde meist geöhrt oder herzförmig, am Zweigende büschelig gehäuft. Weibliche Blüten, also auch später die Früchte langgestielt, zu 2—3 beisammen. Stamm kurz, dick, löst sich stets in starke, knorrige Äste auf, die eine weit ausgreifende Krone bilden. Borke dick, tiefrissig. Diese Eiche bildet Wälder. Stieleiche der langgestielten Früchte wegen. (Sommereiche.) **Stieleiche.** *Quércus róbur.*
    2. Blätter langgestielt, Stiel länger als die halbe Breite des Blattgrundes, am Grunde meist keilförmig verschmälert. Weibliche Blüten, also auch später die Früchte sehr kurzgestielt, zu 2—10 beisammen. Stamm läuft fast bis zur Spitze in die Krone hinein. Borke mit flacheren Rissen. Diese Eiche kommt mehr einzeln vor, bildet nur selten reine Bestände. Traubeneiche der traubig gehäuften Früchte wegen. (Winter- oder Steineiche.) **Traubeneiche.** *Quércus séssilis.*

b) Blattabschnitte spitz.

Blätter beiderseits mit meist 5 Lappen, grob gezähnt, in eine Endborste auslaufend. Im Herbst mit karminroter Verfärbung. Seit 1740 aus Nordamerika eingeführt. (S. 94.) **Roteiche.** *Quércus rúbra.*

2. Blätter einfach und gegenständig.

a) Lappen des Blattes vorn stumpf.

Blätter 3—5lappig; Lappen vorn stumpf, ganzrandig, der Mittellappen vorn wieder schwach 3lappig; unterseits weichhaarig. Buchten zwischen den Lappen spitz. Blattstiel mit Milchsaft. Blüten in stehenden Sträußen. Doppelflügelfrucht. Baum von 2—4 m Höhe. Rinde rissig. **Maßholder, Feldahorn.** *Acer campéstre.*

b) Lappen des Blattes vorn spitz.

1. Blätter 5lappig; Lappen vorn spitz, ungleich gesägt; oben glänzend dunkelgrün, kahl; unterseits mattgrau. Lappen durch spitze Buchten voneinander getrennt. Blattstiel ohne Milchsaft. Blüten in hängenden Trauben. Die beiden Flügelfrüchte unter spitzem Winkel zusammengewachsen. Rinde bleibt lange glatt, später mit breitschuppiger Borke, die abblättert. (S. 93, Abb. 1.) **Bergahorn.** *Acer pseudoplatánus.*

2. Blätter 5—7 lappig; Lappen vorn spitz, 3—5zähnig; beiderseits kahl und glänzend. Lappen durch gerundete Buchten voneinander getrennt. Blattstiel mit Milchsaft. Blüten in stehenden Sträußen. Die beiden Flügelfrüchte unter stumpfem Winkel zusammengewachsen. Rinde mit längsrissiger Borke, die nicht abblättert. **Spitzahorn.** *Acer platanoídes.*

3. Blätter zusammengesetzt, gefiedert.

a) Blätter gegenständig.

Blättchen 9—13, lanzettlich, vorn spitz, gesägt. Dicke, gegenständige, schwarze Knospen. Blüten vor dem Laubausbruch in rötlichen Büscheln. Früchte in Büscheln, flach zusammengedrückt, mit zungenförmigem Flügel [Flugapparat] (S. 93, Abb. 3). **Esche.** *Fráxinus excélsior.*

b) Blätter wechselständig.

1. Blättchen 7—13, lanzettlich, gesägt. Knospen schwarzviolett filzig. Blüten reichblütig, in Trugdolden, weiß. Früchte kugelig, erbsengroß, rot. **Vogelbeere, Gemeine Eberesche.** *Pirus aucupária.*

2. Blättchen 9—17, eiförmig. Weiße Schmetterlingsblüte, zuweilen rötlich überlaufen, in achselständigen, reichen, hängenden Trauben. Hülsen flach zusammengedrückt. Äste meist dornig. Rinde des Stammes rissig. (Falsche Akazie.) **Gemeine Robinie.** *Robinia pseudacácia.*

Literatur.

Jost Fitschen, Gehölzflora. Quelle & Meyer, Leipzig. (Taschenbuch.)
L. Klein, Waldbäume und -sträucher. 100 farbige Tafeln. Carl Winters Universitätsbuchhandlung, Heidelberg.
Feucht, Die Bäume und Sträucher unserer Wälder. Naturwissenschaftliche Wegweiser. Bd. 4. Strecker & Schröder, Stuttgart.

14. Die heutigen Betriebsarten der Forstwirtschaft.

Forst ist der für einen regelmäßigen Wirtschaftsbetrieb eingerichtete Wald. Abgesehen von den Naturschutzgebieten ist der gesamte deutsche Wald heute Forst. Auf jeder Waldwanderung sind wir in irgendeiner durch die Forstwirtschaft herbeigeführten Waldform. Wie heißen sie und an welchen Merkmalen sind sie zu erkennen?

Der Hochwald wird heute im wesentlichen durch folgende Betriebsarten bewirtschaftet:

A. Die Verjüngung erfolgt künstlich, nach dem Schlag: **Kahlschlag.**

B. Die Verjüngung erfolgt natürlich, vor dem Schlag.

  a) Schlagbetriebe:
    1. Schirmschlagbetrieb.
    2. Plenterschlag- oder Femelschlagbetrieb.
    3. Saumschlagbetrieb.

  b) Plenter- oder Femelbetrieb: Plenterwald.

Erklärungen:

1. Der Kahlschlag ist als solcher sofort erkennbar. Der ganze Bestand wird auf einmal abgetrieben, wenn er schlagreif ist. Die Schlagfläche liegt völlig nackt da, allen Witterungseinflüssen preisgegeben. Ein natürlicher Nachwuchs ist nicht möglich. Die Verjüngung muß durch Anpflanzung junger Baumpflanzen erfolgen, die in Forstgärten gezogen werden. Der Kahlschlag ist ein plötzlicher, roher Eingriff in das Leben des Waldes.

2. Der Schirmschlagbetrieb lichtet die ganze zur Verjüngung bestimmte Fläche durch Heraushauen einzelner Stämme gleich-

mäßig aus. Die Durchlichtung darf jedoch nicht so stark sein, daß sich Unkräuter einstellen und die Keimlinge ersticken oder ihr Hochkommen erschweren. Die stehengebliebenen Mutterbäume wachsen nun schneller und überstreuen den Waldboden gleichmäßig mit Samen. Der Jungwuchs kommt als Strauchschicht hoch und gleicht sich im Laufe von 25—30 Jahren in seinen Altersstufen so aus, daß er immer mehr ein gleichförmiges Gepräge annimmt. Die Samenbäume werden später unter möglichster Schonung des Nachwuchses herausgehauen.

3. Der Plenterschlagbetrieb ist eine Form des Schirmschlagbetriebes. Er beschränkt sich auf kleinere Flächen innerhalb eines größeren Bestandes und erfolgt dort, wo erkrankte Bäume oder schlagreife Stämme weggenommen werden sollen. Die verjüngten Flächen liegen unregelmäßig im Bestande und schließen sich bei weiterer Vermehrung im Laufe von etwa 60 Jahren nach und nach zusammen, so daß die Verjüngung schließlich durchgeführt ist.

4. Der Saumschlagbetrieb legt die Schläge saumartig an Wegen oder Waldrändern an, wo das Holz leicht wegzuschaffen ist. Er birgt die Sturmgefahren in sich und darf daher nicht an der Westseite vorgenommen werden, weil bei uns aus dieser Richtung die stärksten Stürme kommen. Saumschläge an der Nordseite haben den Nachteil, daß die Verjüngung im Schatten liegt; Saumschläge an der Südseite geben den Boden der austrocknenden Sonne preis.

5. Der Plenterbetrieb (nicht Plenterschlag, siehe Nr. 3) führt nicht zur Bildung kleinerer oder größerer Schlagflächen; er erfolgt nicht in planmäßig festgelegten Umtriebszeiten, sondern nimmt immer nur die ältesten Stämme einzeln aus einem Bestande heraus, so daß die Verjüngung über den ganzen Bestand hinweg niemals aufhört. Jeder Baum wird dabei nach seiner Holzart, nach Wuchs, Alter und Gesundheit einzeln behandelt. Der Plenterbetrieb ist daher forstwirtschaftlich die schwierigste Betriebsart, aber auch die natürlichste, die das Waldbild am wenigsten stört.

15. Überhälter.

Überhälter sind ältere Bäume, die beim Abtrieb eines Waldschlages stehen bleiben. Durch den Überhälterbetrieb sucht man besonders starke Hölzer zu erzielen.

Für den Überhaltbetrieb eignen sich in erster Linie Lichthölzer: Eiche, Kiefer, Lärche. Man wählt dazu gesunde Bäume mit guter

Blütezeit und Samenreife der Waldbäume.

	Jan	Febr.	März	Apr.	Mai	Juni	Juli	Aug.	Sept	Okt	Nov.	Dez.
Fichte					▨					█		
Tanne									█	█		
Lärche				▨	▨					█		
Eibe			▨	▨					█			
Kiefer					▨					█		
Wachholder					▨					█		
Birke				▨	▨			█				
Ulme			▨	▨	█							
Linde						▨	▨		█			
Esche				▨					█			
Bergahorn					▨				█			
Spitzahorn				▨	▨				█			
Buche					▨					█		
Eiche					▨					█		
Erle			▨	▨						█		
Pappel			▨	▨	█							
Weide			▨	▨	█	█						
Eberesche					▨	▨		█	█			
Hasel			▨						█	█		

Im 2. Jahre (Kiefer, Wachholder)

Form, die allmählich an die Lichtstellung gewöhnt werden. Setzt man sie plötzlich der vollen Belichtung aus, so bedeckt sich der Stamm leicht mit Wasserreisern, namentlich bei schwacher Krone. Der Jungwuchs unter den Überhältern kommt meist nur schlecht vorwärts. Oft halten sie auch nicht bis zur zweiten Umtriebszeit aus und müssen vorher entfernt werden, wobei der Jungwuchs beschädigt wird.

Das Landschaftsbild erhält durch den Überhaltbetrieb ein besonderes Gepräge. Die einzeln stehenden hohen Bäume ziehen die verschiedensten Vogelarten an, die hier gut zu beobachten sind.

16. Blütezeit und Samenreife der Waldbäume.
(S. 27.)

17. Die Waldgrenze.

Die Waldgrenze im Hochgebirge ist die obere Grenze des geschlossenen Waldes. Sie ist keine scharfe Grenzlinie, sondern ein breiter Gürtel, in dem sich der Kampf des Waldes mit den immer härter werdenden Gewalten der Natur abspielt. Er liegt je nach geographischer Breite, Sonnenlage, Bodenuntergrund und Waldart verschieden hoch.

Wer nach stundenlangem Aufstieg ins Gebirge aus dem fernsichtarmen Hochwald in den Grenzgürtel eintritt, ist überrascht von dem Wechsel der Landschaft.

Tabelle.

Holzart	Obere Grenze des Vorkommens in Metern:				
	Harz	Thüringer Wald	Schwarzwald	Bayrische Alpen	Zentralalpen
Traubeneiche	580	580	970	920	1600
Rotbuche . .	650	800	1300	1500	1780
Esche. . . .	600	650	1200	1300	1650
Edeltanne . .	fehlt ganz	812	1300	1500	2000
Fichte . . .	1000	1000	1500	1800	2250
Kiefer . . .	650	780	1200	1600	2000

(Aus Walter, Einführung in die allgemeine Pflanzengeographie Deutschlands, Jena, Fischer.)

18. Bestimmung der Sträucher nach den Blättern.

Beachte:
1. Manche Sträucher kommen auch baumförmig vor. Beispiele: Weißdorn, Schwarzer Holunder.
2. Strauchartiges Unterholz besteht oft aus verkümmerten Bäumen, aus Stockausschlägen alter Stümpfe und Wurzelschößlingen.
3. Wenn du einen Strauch bestimmst, versuche zunächst festzustellen, ob es sich um einen echten Strauch oder um strauchartiges Unterholz der Laubbäume handelt.
4. Wenn die Bestimmung mit der Tabelle für Sträucher nicht zum Ziele führt, so versuche es mit der Tabelle für Laubbäume. (S. 20.)
5. Zur Bestimmung seltener oder verwilderter Sträucher benutze die Tabellen: Holzgewächse der Parkanlagen. (S. 716 ff.)

Bestimmungstabelle.

1. Sträucher mit nadel- oder schuppenförmigen Blättern.

A. Nadelhölzer.
  1. Nadeln zu 3 im Quirl, waagrecht abstehend, lineal-lanzettlich, lang stachelspitzig, unterseits mit schmaler Furche; männliche Blüten in Kätzchen, weibliche Blüten in kleinen Zapfen; Frucht eine schwarze Zapfenbeere, die im 2. Jahre reift. Strauch bis 10 m hoch, schlank, pyramidenförmig. [Stechende Nadeln — Schutz gegen Tierfraß.] **Wacholder.** *Juniperus commúnis.*
  2. Nadeln 2reihig gestellt, oberseits dunkelgrün, glänzend, unterseits hellgrün, matt. Scheinbeeren scharlachrot. Früher häufig, heute selten, an felsigen Hängen. (S. 751.) **Eibe.** *Taxus baccáta.*

B. Laubhölzer.
  1. Blätter lanzettlich-lineal, scharf stachelspitzig, weich behaart; gelbe Schmetterlingsblüten, Frucht eine 2—4samige Hülse, kaum länger als der Kelch. Strauch mit dicht beblätterten, kantigen Zweigen und vierkantigen Dornen. [Blätter stachelspitzig — Schutz gegen Tierfraß.] **Stechginster.** *Ulex euroaépus.*
  2. Blätter klein, schuppenförmig, mit pfeilförmigem Grunde, kahl oder am Rande fein behaart; Blütenkrone 4zählig, Kelch größer als die Krone, hellrot; Frucht eine 4fächerige Kapsel.

30 Im Laubwald.

[Niedriger Strauch, in dichten Beständen, kleine enganliegende Blätter, Rollblätter, Spaltöffnungen in der Furche, mit Haaren verschlossen — Trockenpflanze.] **Heidekraut.** *Callúna vulgáris.*

2. **Sträucher mit einfachen, gegenständigen Blättern.**
A. Blätter ganzrandig.

a) Stengel windend; Blüten in endständigen, gestielten Köpfchen, gelblichweiß, Kronröhre verlängert, rachenförmig; Beeren gelbrot. [Kletterpflanze — Lichtgenuß.] **Wald-Geißblatt.** *Lonícera periclymenum.*

b) Stengel nicht windend.

1. Blätter eiförmig, stumpf, gestielt, behaart; Blüten achsel- und gegenständig, 2blütig, Fruchtknoten am Grunde verwachsen, Krone behaart, gelblich, trichter- oder glockenförmig; Beeren rot. [Blüte innen mit Haaren — Honigschutz.] (S. 752.) **Gemeine Heckenkirsche.** *Lonícera xylósteum.*

2. Blätter elliptisch, lang-zugespitzt. Krone rot. Fruchtknoten bis fast an die Spitze zusammengewachsen. Beeren rot. In höheren Gebirgslagen. (S. 752.) **Alpen-Heckenkirsche.** *Lonícera alpígena.*

3. Blätter oval, zugespitzt, nicht behaart, beiderseits grün; Blattnerven bogenläufig: jede Blatthälfte mit 3—4 Seitennerven, die im Bogen gegen die Blattspitze verlaufen. (S. 707.) **Hartriegel, Kornelkirsche.** *Cornus mas.*

4. Blätter oval, zugespitzt, ganzrandig kurzhaarig, beiderseits grün. Zweige im Sommer rotbraun, im Herbst und Winter blutrot. **Roter Hartriegel.** *Cornus sanguínea.*

5. Blätter länglich lanzettlich, kahl, etwas lederartig, bleiben fast den ganzen Winter hindurch grün. Blüten in endständiger Rispe. Krone weiß. Beere schwarz. (S. 758.) **Liguster, Rainweide.** *Ligústrum vulgáre.*

B. Blätter durch kürzere Einschnitte gesägt oder gezähnt.

1. Zweige und Äste 4kantig, ohne Dornen; Blätter elliptisch gesägt, kahl, kurz gestielt; Blüten in Doldentrauben, blaßgrün. [Kapseln stumpf, 4kantig, rot, mit orangegelbem Samenmantel — Verbreitung der Samen durch Vögel.] (S. 753.) **Pfaffenhütlein oder Spindelbaum,** *Evónymus europǽa.*

Pflanzenleben. 31

2. Zweige und Äste rund, mit gipfel- und gabelständigen Dornen; Blätter eiförmig oder breitelliptisch, kahl, glänzend, gesägt; Blüten 4zählig, grünlichgelb; Steinbeere schwarz. (S. 755. 757.) **Kreuzdorn.** *Rhamnus cathártica.*

3. Zweige grauweißfilzig. Blätter elliptisch, gezähnelt gesägt, unterseits grauweiß-filzig, oberseits flaumig. Blütenstand doldig. Krone weiß. Frucht erst grün, dann rot, zuletzt schwarz. Bergwälder. (S. 753.) **Wolliger Schneeball.** *Vibúrnum lantána.*

C. Blätter durch tiefere Einschnitte gelappt, handförmig 3—5lappig, gezähnt, oberseits kahl, unterseits flaumig behaart; Blüten in dichten Trugdolden, Krone fast glockenförmig, weiß, Randblüten strahlend; Beere rot, 1samig. [Großer Blütenstand — Lockapparat. Früchte leuchtend rot — Anlockung der Vögel.] (S. 753.) **Schneeball.** *Vibúrnum ópulus.*

3. Sträucher mit einfachen, wechselständigen Blättern.

A. Blätter ganzrandig, elliptisch oder verkehrteiförmig, mit 6—8 parallellaufenden Seitennerven; Blüten 5zählig, weiß; Beeren klein, kugelig, schwarz; Rinde braungrau, durch warzenförmige Erhabenheiten gescheckt. [Rindenporen. S. 746, 750.] **Faulbaum.** *Frángula alnus.*

B. Blätter gesägt oder gezähnt.
  a) Sträucher mit Dornen.
   1. Am Grunde der Blätter befinden sich 3teilige, seltener einfache Dornen; Blätter anfangs büschelig, verkehrteiförmig, fein- aber scharfgesägt; Blüten gelb, in gestielten, hängenden Trauben (reizbare Staubgefäße); Beeren rot, länglich. [Zwischenwirt des Getreiderostes.] (S. 313, 751.) **Berberitze oder Sauerdorn.** *Bérberis vulgáris.*

   2. Die Zweigenden sind zu spitzen Dornen umgewandelt; Blätter elliptisch, doppelt gesägt; Blüten weiß, einzeln oder zu 2—3 beisammenstehend; Steinfrucht kugelig, schwarzblau, bereift, herb. [Günstige Nistplätze für Vögel.] (S. 757.) **Schlehe oder Schwarzdorn.** *Prunus spinósa.*

  b) Sträucher dornenlos.
   α) Zweige kantig, grün; Blätter eiförmig, drüsig-gesägt, kahl, abfallend, beiderseits grün, höchstens 4 cm lang; Blütenstiele einblütig, achselständig, nickend; Krone kugelrund, fast ganzrandig; Beeren schwarzblau. Große Bestände bildend. [Kleine lederartige Blätter, niedriger Wuchs — Trockenpflanze.] **Heidelbeere.** *Vaccínium myrtíllus.*

β) Zweige rund, grau oder braun.
1. Blätter rundlich oder verkehrt eiförmig, mit herzförmigem Grunde, zugespitzt, doppelt gesägt, gegen die Spitze oft lappig. Männliche Blüten in zylindrischen Kätzchen, weibliche Blüten in knospenförmigen Köpfchen. Frucht eine Nuß, einsamig, von einer glockigen Fruchthülle eingeschlossen. (S. 311.)   **Haselnuß.** *Córylus avellána.*
2. Blätter länglich bis elliptisch, viel länger als breit, unterseits meist flaumig oder filzig; Blüten zweihäusig, in Kätzchen. [Samen mit Haarschopf — Verbreitung durch Wind.] (S. 712.)   **Weide.** *Salix.*
3. Blätter rund-eiförmig, doppelt gesägt oder am Rande klein gelappt, unterseits weißfilzig; Blütenstand doldig, Krone weiß. Früchte scharlachrot. In Gebirgswäldern.   **Mehlbeere.** *Pirus ária.*

C. Blätter gelappt.
1. Stamm kletternd; Blätter 4—5lappig, eckig, immergrün, glänzend, lederartig; die der blühenden Zweige ungeteilt, eirundlich; Blüten in Dolden, grünlich; Beeren schwarz. [Kletterwurzeln negativ heliotropisch. Blätter sich gegenseitig nicht verdeckend — Lichtgenuß.] (S. 747.)   **Efeu.** *Hédera helix.*
2. Stamm nicht kletternd; Zweige dornig, Blätter 3—5lappig, am Rande buchtig, sommergrün, Lappen gesägt; Blüten weiß, in Doldentrauben; Früchte länglich, rot. [Unangenehmer Geruch der Blüten — bestäubt durch Fliegen und Käfer.]   **Weißdorn.** *Cratǽgus oxyacántha.*
3. Stamm nicht kletternd. Zweige nicht dornig. Blätter 3lappig. Blüten in aufrechten Trauben, gelblichgrün. Beere rot.   **Alpen-Johannisbeere.** *Ribes alpinum.*

4. Sträucher mit zusammengesetzten Blättern.

A. Sträucher mit Stacheln, die aus der Rinde hervorwachsen und sich mit der Rinde abziehen lassen.
a) Blätter mit zwei breiten Nebenblättern, die am Blattstiel angewachsen sind, unpaarig gefiedert, Blättchen einfach- oder doppeltgesägt; Blüte 5zählig, mit zahlreichen Staubgefäßen und Griffeln, meist rosenrot. Frucht krugförmig (Hagebutte).   **Heckenrose, Wilde Rose.** *Rosa.*
Viele Arten! [Schlafäpfel-Rosengallen S. 163.]

Pflanzenleben. 33

b) **Blätter mit zwei freien, fädigen Nebenblättern.**
1. Blätter gefiedert, wenigstens die unteren, die oberen oft 3zählig; Blättchen ungeteilt oder gelappt, unterseits weißfilzig, Stengel ästig, rund, blaugrün bereift, mit borstigen Stacheln besetzt; Blütenblätter kürzer als der Kelch, weiß. [Sammelfrucht rot oder gelb, duftend — Lockmittel für Tiere, die sie verbreiten.] **Himbeere.** *Rubus idáeus.*

2. Blätter gefingert, 3—7zählig, Blättchen gesägt, Stengel mit langen Schößlingen, meist mit kräftigen Stacheln besetzt; Blütenblätter länger als der Kelch, weiß. [Sammelfrucht blau oder schwarz, bei manchen Arten bereift — Lockmittel für Tiere, die sie verbreiten. Bildung von Schößlingen — vegetative Vermehrung. **Brombeere.** *Rubus.*

Sehr viele Arten!

B. **Sträucher ohne Stacheln.**
a) Stamm windend oder kletternd, Blätter gefiedert, gegenständig; Blättchen herzeiförmig, grob-, fast buchtig gezähnt. Blütenhülle 4- und 5zählig, mit zahlreichen Staubgefäßen, Krone fehlt, Blütenhülle gelblichweiß; Schließfrüchte von dem verlängerten, bärtig gefiederten Griffel gekrönt. [Kletterpflanze — Lichtgenuß. Federfrüchte — Verbreitung.] **Echte Waldrebe.** *Clématis vitálba.*

b) **Stamm nicht windend.**
1. Blätter unpaarig gefiedert, Blättchen gesägt, eirund; Zweige mit großem, weißem Mark; Blüten in 5strahliger Trugdolde, weiß, stark duftend; Beeren schwarz. [Wurzelschößlinge — vegetative Vermehrung. Längliche Warzen auf der jungen Rinde — Rindenporen, Atmung.] (S. 746.) **Schwarzer Holunder.** *Sambúcus nigra.*

2. Wie vorige Art. Mark braun; Blüten in endständigen, traubenförmigen, eirunden Rispen, grünlichgelb; Beeren rot. (S. 753.) **Roter Holunder.** *Sambúcus racemósa.*

3. Blätter unpaarig gefiedert, 7—9, verkehrt-eiförmig. Blütenstiele meist 3blütig. Schmetterlingsblüte, Krone gelb. Frucht eine Hülse, stielrund. Bergwälder. **Strauchige Kronwicke.** *Coronílla émerus.*

4. Blätter dreizählig, an den jüngsten Zweigen einfach, umgekehrt eiförmig oder elliptisch, behaart; Zweige rutenförmig,

kantig, grün. Blüten einzeln oder zu zweien in den Blattachseln, gelbe Schmetterlingsblüte. Hülsen schwarz, zottig behaart. [Viele leuchtende, große Blüten — Anlockung der Insekten.] **Besenginster.** *Sarothámnus scopárius.*

19. Blutende Bäume.

1. Aus Frostrissen und anderen Wunden eines Baumes fließt im Frühjahr der aufsteigende Saft, und zwar um so stärker, je weiter die Wunde sich unten am Stamme befindet. Warum?
2. Achte auf die Umgebung solcher Bäume und stelle fest, wie weit der ausfließende Saft den Boden aufgeweicht hat!
3. Am stärksten und häufigsten bluten Ahorn und Birke. Stelle die Erscheinung an anderen Bäumen fest!
4. Achte auf die Stümpfe der im letzten Winter gefällten Bäume, namentlich die der Birken! An ihnen treten oft sehr große Saftmengen aus, da die Wurzeln ihre Tätigkeit noch nicht eingestellt haben.
5. Versuche auf der Schnittfläche des Stumpfes zu ermitteln, wo der Saft austritt! Es geschieht am Rande der Schnittfläche, in den weichen, jüngsten Holzschichten.
6. Je weiter in den Sommer hinein, um so schwächer bluten die Bäume. Warum?
7. Koste den Birkensaft! Er enthält Zucker. Darum läßt sich Birkenwasser in „Birkenwein" vergären. Die Gärung kann man an Birken-, Ahorn- und Ulmenstämmen beobachten.
8. Achte auf die Insekten, die diese „Weinschenke" besuchen! Es sind:
   a) Nachtschmetterlinge;
   b) Käfer, darunter sehr seltene Arten;
   c) Honigbienen, die den Saft lieben;
   d) Fliegen verschiedener Arten, darunter eine Blumenfliege, deren Maden im Saft leben (*Anthomýia betuléti*).

20. Träufelspitzen.

Du wirst im Walde vom Regen überrascht. Unter dem Laubdach eines Baumes suchst du Schutz. Versäume nicht, darauf zu achten, wie die Tropfen von den Blättern der verschiedenen Pflanzen abgeleitet werden!

Pflanzenleben. 35

1. Die Buche hat glatte Blattoberseiten. Die Tropfen klatschen auf und springen ab.
2. Das Lindenblatt leitet das Wasser nach außen und läßt es von der Spitze abträufeln. Solche Spitzen an den Blättern heißen Träufelspitzen. Wir finden sie an vielen Blättern: Ulme, Aronstab ...

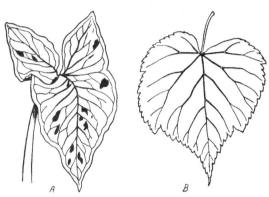

A = Blatt vom Aronstab, B = Blatt der Sommerlinde.

21. Wasserreiser.

1. Beobachte die Stümpfe gefällter Bäume! Sie treiben eine Menge neuer Reiser, sogenannte „Wasserreiser".
2. Solche Wasserreiser bilden sich
    a) an Baumstümpfen: welchen?
    b) an geköpften Bäumen: Weiden ...
    c) an Stämmen der Bäume: Ulme, Pappel ... (Siehe auch Obstbäume: Birne, Apfel ...)
3. Stelle fest, ob solche Wasserreiser mehr an älteren oder jüngeren Bäumen zu finden sind!
4. Stelle fest, an welchen Stellen der Stämme die Wasserreiser auftreten!
5. Die Bildung der Wasserreiser erklärt sich auf zweierlei Weise.
    a) An Baumstämmen. Sie brechen aus vorhandenen Knospen hervor, die weit von der Triebspitze zurückstehen, aus so-

genannten „schlafenden Augen". Diese stehen wohl noch mit der saftführenden Schicht im Innern des Stammes in Verbindung, doch nur durch eine schwache Zuleitungsbahn. Wenn der Stamm in die Dicke wächst, muß diese Zuleitungsbahn sich strecken. Reißt sie ab, stirbt die Knospe. Diese Zuleitungsbahn führt jedoch nicht so viel Saft herbei, daß die Knospe treiben könnte, sie wird nur soeben am Leben erhalten, sie „schläft". Wenn durch Windbruch oder Raupenfraß die Krone sich lichtet, daß Licht auf das „schlafende Auge" fällt, so erwacht es und treibt: es bilden sich Wasserreiser.

b) An Baumstümpfen. Hier treiben die Wasserreiser nicht aus schlafenden Augen, sondern aus neugebildeten Knospen, Adventivknospen (Advent = Ankunft). Im Baumstumpf sind noch reichlich Nahrungsstoffe aufgespeichert, er hat seine Tätigkeit noch nicht eingestellt und treibt aus dem Überwallungsgewebe neues Leben. — Wasserreiser, die auf diese Weise entstanden sind, sieht man auch oft an lebenden Stämmen, nämlich dort, wo vernarbte Wunden sind.

22. Waldblumen im Sommer.

Beobachtungen:

1. Der Wald hat sich belaubt. Die Belichtung des Waldbodens ist jetzt wesentlich geringer als vor der Belaubung. Die verschiedenen Waldarten zeigen verschiedene Bodenbelichtung. Eine Lichtmessung ergibt (S. 14):

	Buchenwald	Eichenwald	Birkenwald	Mischwald
Vor der Belaubung				
Nach der Belaubung				

2. In welchen Waldungen und an welchen Stellen stehen die meisten Waldblumen? Es sind deutliche Unterschiede vorhanden. Vergleiche sie mit den Ergebnissen der Lichtmessung!

3. Alle Waldblumen sind lichthungrig. Solche, die truppweise wachsen (S. 3), stellen ihre Blätter so regelmäßig zueinander

ein, daß jedes eine möglichst große Menge Licht erhält (S. 747). Schöne Beispiele von Blattmosaik sind überall auf dem Waldboden zu finden.
4. Die Waldblumen unter dem Laubdach sind Schattenpflanzen. Wer einen Strauß pflückt, bemerkt bald, daß die Blätter schlaff werden. Ein Strauß vom Wegrande oder von sonnigen Hügeln hält sich länger. Warum? **Es ist daher töricht, Waldblumen zu Beginn einer Wanderung zu pflücken, sie welken in der warmen Hand und werden bald weggeworfen.**

23. Weiße Waldblumen im Sommer.
1. Blätter einfach und gegenständig.
A. Staubblätter 10.
1. Stengel 4kantig, bis $1/3$ m hoch. Blätter sitzend, lanzettlich, lang zugespitzt. Kronblätter 5, bis zur Mitte gespalten, doppelt so lang wie der Kelch. April, Mai.   **Stern-Miere.** *Stellária holóstea.*

2. Stengel stielrund, bis $1/2$ m hoch. Blätter herzeiförmig, zugespitzt, die oberen sitzend, die unteren gestielt. Kronblätter doppelt so lang wie der Kelch. Mai, Juni.   **Hain-Miere..** *Stellária nemórum.*

3. Stengel bis $1/3$ m hoch. Blätter eiförmig, spitz, 3—5nervig, die unteren gestielt. Kronblätter kürzer als der Kelch. Mai, Juni.   **Nabelmiere.** *Moehríngia trinérvia.*

B. Staubblätter 5.
Stengel bis 1 m hoch. Blätter herzeiförmig, spitz, gestielt, ganzrandig. Blüten in Trugdolden in den Blattachseln. Krone radförmig, gelblichweiß. Juni, Juli.   **Schwalbenwurz.** *Vincetóxicum officinále.*

C. Staubblätter 2.
Stengel bis $1/2$ m hoch. Blätter eiförmig, am Grunde herzförmig, am Rande gezähnt, gestielt. Kronblätter 2, jedes tief 2spaltig, oft rötlich, Juni—August.   **Großes Hexenkraut.** *Circáea lutetiána.*

2. Blätter einfach und quirlständig.
A. Staubblätter 4. Blüten klein.
 a) Blumenkronröhre etwa so lang wie die Saumabschnitte. Die ganze Pflanze wohlriechend (Maitrank!). Stengel bis 30 cm

hoch, 4kantig; Blätter lanzettlich, einnervig, borstig, unten zu 4 oder 6, oben zu 8 in Quirlen um den Stengel gestellt. Früchte mit hakigen Borsten. Mai, Juni.   **Waldmeister.** *Aspérula odoráta.*

b) Blumenkronröhre kurz, daher die Blumenkrone radförmig, flach.

1. Stengel stielrund mit 4 feinen Leisten, bis $1^1/_3$ m hoch. Blätter meist zu 8, länglich-lanzettlich, stumpf, stachelspitzig, am Rande rauh. Kronzipfel kurz bespitzt. Früchte kahl, etwas runzelig. Juni—August.   **Wald-Labkraut.** *Gálium silváticum.*

2. Stengel 4kantig, bis $1^1/_4$ m hoch. Blätter vorn verbreitert, stachelspitzig, am Rande rauh. Kronzipfel begrannt, weiß oder gelblichweiß. Früchte kahl, runzelig. Mai—September.   **Gemeines Labkraut.** *Gálium mollúgo.*

3. Stengel mit abwärtsgerichteten Stacheln, sehr rauh, niederliegend oder im Gebüsch kletternd, bis $1^1/_4$ m hoch. Blätter zu 6—8, am Rande rückwärts rauh. Blüten in zusammengesetzten Trugdolden, Krone weiß oder grünlich. Früchte hakig-borstig. [Verbreitung durch Tiere!] Mai—Oktober.   **Kletten-Labkraut.** *Gálium aparine.*

B. Staubblätter 7.

Stengel bis 20 cm hoch. Obere Blätter quirlig zusammengedrängt, sitzend, untere wechselständig. Blüten langgestielt, Krone tief 7teilig, radförmig. Mai, Juni.   **Siebenstern.** *Trientális europáea.*

C. Staubblätter 6.

Stengel kantig, bis $^3/_4$ m hoch. Blätter schmal-lanzettlich, längsnervig. Blütenstände 1—3blütig, Blüte walzenförmig, weiß, vorn grün. Mai, Juni. (S. 754.)   **Quirlblättrige Weißwurz.** *Polygónatum verticillátum.*

3. Blätter einfach und wechselständig.

A. Staubblätter 4.

Stengel bis 15 cm hoch, meist 2blättrig. Blätter tiefherzförmig, spitz. Blütenhülle 4teilig, radförmig. Mai, Juni. (S. 754.)   **Schattenblume.** *Majánthemum bifólium.*

B. Staubblätter 6, alle gleich lang.

1. Stengel kantig, im oberen Teil übergebogen, bis $^1/_2$ m hoch. Blätter 2zeilig, wechselständig, eiförmig oder elliptisch. Blüten einzeln. Blütenhülle am Grunde verschmälert. Mai, Juni.   **Salomonssiegel.** *Polygónatum officinále.*

Pflanzenleben. **39**

2. Stengel stielrund, im oberen Teil übergebogen, bis $^2/_3$ m hoch. Blätter 2zeilig, wechselständig, eiförmig oder elliptisch. Blüten zu 3—5. Blütenhülle am Grunde bauchig. Mai, Juni. (S. 759.) **Vielblütige Weißwurz.** *Polygónatum multiflórum.*

C. Staubblätter 6, davon 4 länger; Kelch und Krone 4blättrig: Kreuzblütler.

1. Stengelblätter gestielt, breit-herzförmig, grob gezähnt. [Blätter reiben: Knoblauchgeruch!] Stengel bis 1 m hoch. (S. 651.) **Knoblauchsrauke.** *Alliária officinális.*

2. Blätter stengelumfassend, länglich, ganzrandig. Stengel steifaufrecht, meist einfach, bis 1¼ m hoch. Krone gelblichweiß. (S. 651.) **Turmkraut.** *Turritis glabra.*

D. Staubblätter 10.

1. Stengel bis 30 cm hoch, armblättrig, ästig-ebensträußig. Untere Blätter nierenförmig, lappig-gekerbt, obere 3—5spaltig. (S. 436.) **Körniger Steinbrech.** *Saxífraga granuláta.*

2. Stengel bis 60 cm hoch, rispig, reichblütig. Grundständige Blätter herznierenförmig, ungleich-grob-gesägt, langgestielt; Stengelblätter eingeschnitten-gezähnt. Kronblätter lanzettlich, sternförmig abstehend, doppelt so lang wie der Kelch, weiß, unter der Mitte goldgelb, über der Mitte purpurrot punktiert. Im Hochgebirge. **Rundblättriger Steinbrech.** *Saxífraga rotundifólia.*

4. Blätter einfach und grundständig.

A. Blüten in Körbchen.

a) Einem großen Gänseblümchen ähnlich, aber viel größer, bis 25 cm hoch. Schaft einköpfig. Blätter spatelförmig, grobgezähnt. Strahlenblüten weiß oder rötlich. **Alpenmaßlieb.** *Bellidiástrum Michélii.*

b) Der Pestwurz ähnlich, bis 30 cm hoch.

1. Blätter rundlich-herzförmig, winklig-buchtig, stachelspitziggezähnt, mit abgerundeten nach abwärts vorgestreckten Lappen, unterseits dünnwollig-filzig, weißgraue Krone gelblichweiß. In höheren Gebirgen. (S. 486.) **Weiße Pestwurz.** *Petasítes albus.*

2. Blätter eiförmig oder fast 3eckig-herzförmig, ungleichgezähnt, unterseits schneeweiß-filzig. Krone rötlichweiß. **Schneeweiße Pestwurz.** *Petasítes níveus.*

Im Laubwald.

B. Blüten nicht in Körbchen.
  a) Staubblätter 6.
    1. Blumenblätter bis zur Mitte glockig verwachsen; Blütenstand traubig; Blütenstielchen mit häutigem Deckblatt, nickend. Blumen angenehm duftend. Blätter elliptisch, meist 2, sich am Grunde scheidenartig umschließend. Mai, Juni. Unterirdische Dauerorgane gesetzlich geschützt! (S. 754.) **Maiblume.** *Convallária majális.*

    2. Blumenblätter nur am Grunde verwachsen, sternförmig ausgebreitet; Blütenstand doldenähnlich. Die ganze Pflanze stark nach Knoblauch riechend. Blätter langgestielt, meist 2, breit lanzettlich. Früchte trocken, 3 seitige Kapseln. Mai, Juni. (S. 141). **Bären-Lauch.** *Állium ursínum.*

  b) Staubblätter 10. Blüten in Trauben oder einzeln. Krone 5 teilig bis 5 blättrig, auch grünlichweiß oder rötlich. Blätter rundlich, lederartig, oberseits glänzend. Bis 30 cm hoch. (6 Arten.) (S. 196.) **Wintergrün.** *Pírola.*

5. Blätter gefingert.

A. Staubblätter 5. Blüten in Dolden. Hülle und Hüllchen fehlen.
  Untere Blätter doppelt 3 zählig, die oberen einfach 3 zählig. Stengel tief gefurcht, hohl, bis 1 m hoch. **Giersch, Geißfuß.** *Aegopódium podagrária.*

B. Staubblätter 6, in 2 Bündeln.
  Krone rachenförmig, oberes Kronblatt gespornt. Blätter doppelt 3 zählig. Stengel bis 30 cm hoch. April, Mai. (S. 9.) **Hohler Lerchensporn.** *Corýdalis cava.*

C. Staubblätter 6 (4 lang, 2 kurz). Stengel 3 blättrig, bis 30 cm hoch. Blätter quirlig, 3 zählig, Blättchen zugespitzt. Traube 5—12 blütig, überhängend. Krone gelblichweiß. Höhere Gebirge. **Neunblättrige Zahnwurz.** *Dentária enneaphýllos.*

D. Staubblätter 10.
  Krone 5 blättrig, weiß, mit rötlichen Adern und gelben Flecken am Grunde. Blätter einfach 3 zählig, Blättchen verkehrt-herzförmig. Mit saurem Geschmack. Vorsicht beim Essen! [Unterirdischer Wurzelstock — Speicherorgan.] April, Mai. (S. 683.) **Hain-Sauerklee.** *Óxalis acetosélla.*

E. Staubblätter viele, auf dem Kelchrand.
  a) Fruchtboden zur Zeit der Reife fleischig (Erdbeere). Blütenblätter an der Spitze nicht ausgerandet. Blätter 3 zählig.

α) Fruchtkelch zur Zeit der Reife (von der Frucht) abstehend oder zurückgeschlagen.
  1. Blütenstiele mit angedrückten Haaren. Stengel und Blattstiele mit abstehenden Haaren. Mai, Juni. (S. 269.) **Wald-Erdbeere.** *Fragária vesca.*
  2. Blütenstiele, Stengel und Blattstiele mit abstehenden Haaren. Mai, Juni. **Zimt-Erdbeere.** *Fragária moscháta.*

β) Fruchtkelch zur Zeit der Reife an die Frucht angedrückt. Behaarung wie bei der Walderdbeere. Mai, Juni. Beere hart, daher der Name. **Knackelbeere, Hügelerdbeere.** *Fragária víridis.*

b) Fruchtboden zur Zeit der Reife nicht fleischig. Blütenblätter an der Spitze ausgerandet. Blätter 3zählig oder 5zählig.
  1. Blätter 3zählig. Stengel 1- bis 3blütig, bis 10 cm hoch. März—Mai. (S. 269.) **Erdbeer-Fingerkraut.** *Potentílla stérilis.*
  2. Blätter 5zählig. Stengel meist 3blütig, bis 25 cm hoch. Mai, Juni. (S. 269.) **Weißes Fingerkraut.** *Potentílla alba.*

F. Staubblätter viele, auf dem Blütenboden.
  1. Grundblätter 3zählig. Blüte weiß, rötlich überlaufen, 2—4 cm breit. Stengel bis 20 cm hoch. [Wurzelstock verlängert — Vorratsspeicher, ungeschlechtliche Vermehrung.] März bis Mai. **Busch-Windröschen.** *Anemóne nemorósa.*
  2. Grundblätter 5zählig. Blüte schneeweiß, 4—7 cm breit, unterseits seidenhaarig. Stengel bis 30 cm hoch. April, Mai. Gesetzlich geschützt! (S. 292.) **Großes Windröschen.** *Anemóne silvéstris.*
  3. Grundblätter 7zählig. Schaft bis 30 cm hoch, mit 2—3 eiförmigen Deckblättern, 1—2blütig. Krone weiß oder rötlich. Blüht von Weihnacht bis Lichtmeß. Alpen. (S. 709.) **Schwarze Nieswurz, Christrose.** *Helléborus niger.*

  4. Blätter 3zählig, Blättchen gefiedert. Blüten in Trauben. Krone gelblichweiß, klein. Stengel ästig, bis 60 cm hoch. Mai, Juni. **Christophskraut.** *Actáea spicáta.*

  5. Blätter 3teilig, mit 3spaltigen Endzipfeln. Stengel ästig, reichblütig, bis 1¼ m hoch. Blüten reinweiß. In Gebirgswäldern. Mai, Juni. **Sturmhutblättriger Hahnenfuß.** *Ranúnculus aconitifólius.*

6. Blätter gefiedert.

A. Staubblätter zahlreich, auf dem Kelchrande. Blätter einfachgefiedert oder doppeltgefiedert.

Ohne Nebenblätter. Blättchen doppelt gesägt. Endblättchen größer. Blüten in langen überhängenden Rispen. Bis 1$^1/_2$ m hoch. Gesetzlich geschützt! (S. 76.) **Geißbart.** *Arúncus silvéster.*

B. Staubblätter 6 (4 lang, 2 kurz), Kreuzblüte, weiß, auch rötlich oder lila.

a) Stengel mit Zwiebelknospen in den Blattachseln, bis 60 cm hoch. Untere Blätter gefiedert, obere ungeteilt, lanzettlich. Blüten in Trauben. (Zwiebelknospen = Brutzwiebeln — ungeschlechtliche Vermehrung, wenn die Fruchtbildung nicht ausreicht.) (S. 52.) **Zwiebel-Zahnwurz.** *Dentária bulbífera.*

b) Stengel ohne Zwiebeln in den Blattachseln. Pflanze vom Bau des bekannten Wiesenschaumkrautes.

α) Kronblätter doppelt oder fast doppelt so lang als der Kelch.

1. Stengel 1—3 blättrig, meist mit zahlreichen aufsteigenden Seitenstengeln und zahlreichen Grundblättern. Staubblätter meist 4. Fruchtstiele aufrecht. (S. 449.) **Rauhhaariges Schaumkraut.** *Cardámine hirsúta.*

2. Stengel meist höher und blattreicher als der vorige, bisweilen ästig, aber mit wenigen Grundblättern, etwas hin- und hergebogen. Staubblätter meist 6. Fruchtstiele abstehend. **Wald-Schaumkraut.** *Cardámine silvática.*

β) Kronblätter fast 3mal so lang als der Kelch. Stengel kantig, markig. Blätter 3—4 paarig. Blättchen der Stengelblätter breiter, eckig-gezähnt. Krone weiß, Staubbeutel violett, zuletzt schwärzlich. **Bitteres Schaumkraut.** *Cardámine amára.*

24. Woher kommt die weiße Farbe der Blüten?

Versuch.

Schnee sieht weiß aus. Gießt man Wasser darauf, erscheint er dunkel. Warum? Das Wasser treibt die Luft, die in den Zwischenräumen lagert, hinaus und setzt sich an ihre Stelle. Schneeflocken sind farblos. Die zwischen ihnen lagernde Luft macht sie weiß, denn die Luft wirft das Licht vollständig zurück.

Gerade so ist auch die weiße Farbe der Blumen (und Blätter) zu erklären. Die Blüte hat keinen weißen Farbstoff. Zwischen ihren Zellen lagert viel Luft, die das Licht vollständig zurückwirft.

Man presse durch Druck zwischen den Fingern die Luft aus den Blütenblättern heraus: sie verlieren die weiße Farbe und werden durchscheinend wie Glas. Dasselbe läßt sich beobachten, wenn man weiße Blüten lange unter Wasser legt. Das Wasser zieht in die Zwischenräume ein, drängt die Luft hinaus und macht das Blütenblatt durchscheinend.

25. Gelbblühende Waldsträucher.
(Schmetterlingsblüten.)

A. Alle Blätter 3zählig. Blüten in Trauben oder kopfigen Dolden. (S. 740.) — **Goldregen.** *Cytisus.*

B. Untere Blätter 3zählig, obere einfach. Blüten einzeln oder zu 2 in den Blattachseln. Strauch bis 1½ m hoch, mit langen, grünen, kantigen Ruten, die zu Besen verwendet werden. — **Besenginster.** *Sarothámnus scopárius.*

C. Alle Blätter einfach.

a) Blätter eiförmig bis lanzettlich. Kelch bis etwa zur Mitte 2lippig. Blüten in endständigen Trauben. (S. 582.) — **Ginster.** *Genísta.*

α) Stengel breit geflügelt, gegliedert, niederliegend, bis 25 cm lang. — **Geflügelter Ginster.** *G. sagittális.*

β) Stengel nicht geflügelt.

1. Stengel ohne Dornen, aufrecht, bis 60 cm hoch. Kelch, Krone und Hülse kahl. — **Färber-Ginster.** *G. tinctória.*

2. Stengel und Äste (wenigstens unten) mit Dornen.

° Junge Triebe, Blüten und Hülsen kahl. Blätter blaugrün. Bis 80 cm hoch. — **Englischer Ginster.** *G. ánglica.*

°° Junge Triebe, Blüten und Hülsen rauhhaarig. Blätter grasgrün. Bis 60 cm hoch. — **Deutscher Ginster.** *G. germánica.*

b) Blätter nadelförmig, steif, stachelspitzig. Kelch bis zum Grunde 2teilig. Ganzer Strauch stark dornig, bis 1½ m hoch. — **Gaspeldorn, Stechginster.** *Ulex europǽus.*

26. Gelbe Waldblumen im Sommer.
1. Blätter längsnervig.

A. Blütenhülle 6blättrig, ein Blatt (die Lippe) größer als die übrigen. Staubblätter 2. (S. 59.) — **Orchideen.**

B. Blütenhülle 6teilig. Staubblätter 6.
   a) Blütenhülle sternförmig ausgebreitet, zu 1—7 Blüten. Nur 1 grundständiges Blatt (andere Arten mit 2 grundständigen Blättern), lineal-lanzettlich, an der Spitze mützenartig zusammengezogen. Bis 30 cm hoch. (S. 357.)   *Gelber Goldstern. Gágea lútea.*
   b) Blütenhülle glockig oder glockig-trichterförmig.
   1. Blütenhülle glockig, einzeln an der Spitze des Stengels, vor dem Blühen nickend, später aufrecht. Blätter lineal-lanzettlich. Bis 45 cm hoch. Auf Waldwiesen.   *Wilde Tulpe. Túlipa silvéstris.*
   2. Blütenhülle glockig-trichterförmig, orange, braunrot gefleckt. Blüten doldig, aufrecht. Blätter wechselständig, die oberen oft mit schwärzlichen Brutzwiebeln in den Achseln. Bis $2/3$ m hoch. In Gebirgswäldern. (S. 49.)   *Feuerlilie. Lílium bulbíferum.*

2. Blätter netznervig.

I. Blüten in Körbchen.

A. Alle Blüten zungenförmig (Beispiel: Löwenzahn).
   a) Pappus vorhanden.
   α) Frucht zusammengedrückt, in einen Schnabel verschmälert. Hüllkelch dachig, 5blättrig. Körbchen mit 5 Blüten. Blätter fiederspaltig, mit großem Endlappen. Stengel rispig, bis 80 cm hoch.   *Mauer-Lattich. Lactúca murális.*
   β) Frucht stielrund, nicht verschmälert.

   1. Untere Blätter fiederspaltig, obere schrotsägig gezähnt, mit herzförmigem Grunde den Stengel umfassend, lang zugespitzt, kahl, unterseits bläulich. Pappus mit einfachen Haaren. Stengel bis 1 m hoch. Nur an sumpfigen Waldstellen.   *Sumpf-Feste, Pippau. Crepis paludósa.*
   2. Blätter nie fiederspaltig. Pappus mit einfachen Haaren. Pflanzen bis 1 m hoch.   *Habichtskraut. Hierácium.*
   b) Pappus fehlt.

   1. Blätter eckig gezähnt, mit großem Endlappen. Körbchen klein, mit nur wenigen Blüten. Stengel rispig, bis 1 m hoch. (Nicht verwechseln mit Lattich! Unterschied: Pappus!)   *Rainkohl. Lámpsana commúnis.*
   2. Blätter grundständig, schrotsägig-fiederspaltig, Endlappen 3eckig bis fast 3lappig. Stengel 1köpfig, bis 20 cm hoch.   *Hainlattich, Hainsalat. Apóseris foétida.*

B. **Nur die Randblüten zungenförmig**, Scheibenblüten röhrig. (Beispiel: Sonnenblume.)

a) Hüllkelch einreihig, mit kürzerem oder längerem Außenkelch.   **Kreuzkraut.** *Senécio.*

α) Blätter fiederspaltig.

1. Strahlblüten zurückgerollt, kurz, hellgelb. Stengel, Blätter und Hüllkelch drüsig behaart, klebrig. Außenkelch locker. Stengel bis $1/2$ m hoch.   **Klebriges Kreuzkraut.** *S. viscósus.*

Blätter spinnwebig wollig, nicht klebrig, Außenkelch angedrückt. Stengel bis $3/4$ m hoch.   **Wald-Kreuzkraut.** *S. silváticus.*

2. Strahlblüten abstehend, lang, goldgelb. Blätter beiderseits zottig kraus. Außenkelch 6—12blättrig, mit schwarzer Spitze. Stengel bis $1/2$ m hoch. Am Waldrande, meist im Felde.   **Frühlings-Kreuzkraut.** *S. vernális.*

Blätter unterseits spinnwebig. Blattzipfel nach vorn gerichtet, gezähnt. Außenkelch 4—6blättrig. Stengel bis $1\,1/4$ m hoch.   **Raukenblättriges Kreuzkraut.** *S. crucifólius.*

β) Blätter ungeteilt, elliptisch bis schmal-lanzettlich, sägezähnig. Strahlblüten meist 5. Stengel oft rot überlaufen, bis $1\,1/2$ m hoch.   **Fuchs-Kreuzkraut, Hain-Kreuzkraut.** *S. Fúchsii.*

b) Hüllkelch 2- oder mehrreihig, dachig.

1. Untere Blätter gestielt, eiförmig, gesägt; obere kurz, lanzettlich, gezähnelt oder ganzrandig. Rispe schmal, gleichseitig. Zungenblüten 5 bis 10. Stengel bis 1 m hoch. (S. 275.)   **Echte Goldrute.** *Solidágo virga áurea.*

2. Blätter lanzettlich, etwas gezähnelt, weichhaarig, obere sitzend. Blättchen des Hüllkelches lanzettlich, haarspitz. Bis 50 cm hoch. Alpen, auf Kalk.   **Rindsauge.** *Buphthálmum salicifólium.*

3. Blätter langgestielt, tiefherzförmig, mittlere mit Ohren am Blattstiele, obere herzförmig den Stengel umfassend. Bis 1,25 m hoch. In Gebirgswäldern. (Mehrere Arten.)   **Echte Gemswurz.** *Donónicum románum.*

II. **Blüten nicht in Körbchen.**

A. Staubblätter 4.

a) Staubblätter gleichlang; Krone radförmig, flach. Blätter zu 4 kreuzständig, mit 3 deutlichen Nerven. Stengel rauhhaarig, bis $1/2$ m hoch.   **Kreuz-Labkraut.** *Gálium cruciátum.*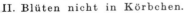

b) Staubblätter ungleich (2 kurz, 2 länger); Krone lippenförmig. Blätter gegenständig.

α) Kelch 5spaltig, mit begrannten Zähnen. Krone 2lippig, am Grunde röhrig (vgl. Taubnessel!). Blätter grob- und tief doppelt gesägt, herzförmig, gestielt. (S. 308 u. 366.)   **Goldnessel.** *Lámium lúteum.*

β) Kelch 4spaltig. Krone rachenförmig, röhrig-glockig, fast vollständig geschlossen. Blätter ganzrandig, lanzettlich bis linealisch. Stengel bis 30 cm hoch.   **Wachtelweizen.** *Melampýrum.*

1. Blüten in allseitswendigen, 4kantigen Ähren. Deckblätter rötlich.   **Kamm-Wachtelweizen.** *M. cristátum.*

2. Blüten in einseitswendigen Ähren. Deckblätter (am Blütenstand!) lanzettlich, grün. Kelch kahl.   **Wiesen-Wachtelweizen.** *M. praténse.*

Deckblätter tief-herzförmig, blauviolett. Kelch rauhhaarig.   **Hain-Wachtelweizen.** *M. nemorósum.*

B. **Staubblätter 5.**

1. Blüten einzeln, in den Blattachseln. Kelch und Krone verwachsenblättrig, 5zählig. Blätter gegenständig, eirund, spitz. Stengel dünn, liegend, bis 30 cm.   **Hain-Felberich, Gilbweiderich.** *Lysimáchia némorum.*

2. Blütenstiele in den Blattachseln, mit 3—4 hängenden Blüten. Krone mit zurückgebogenem Sporn. Blätter wechselständig, langgestielt, grobgezähnt. Stengel knotig, saftig, bis $1^{1}/_{8}$ m hoch. [Reife Früchte berühren! Die Samen werden weit fortgeschleudert.]   **Echtes Springkraut.** *Impátiens noli tángere.*

C. **Staubblätter zahlreich, auf dem Kelchrand angewachsen. Rosenblüte.**

a) Griffel höchstens 5.

Stengel bis $^3/_4$ m hoch. Blätter unterbrochen gefiedert. Blütenstand ährig. Früchte hakig-borstig.   **Odermennig.** *Agrimónia eupatória.*

b) Griffel mehr als 5.

1. Griffel lang, stehenbleibend. Grundblätter unterbrochen gefiedert, obere Blätter 3lappig. Früchte kurzborstig. Stengel bis $^3/_4$ m hoch.   **Echte Nelkenwurz.** *Géum urbánum.*

2. Griffel kurz, meist abfallend. Grundblätter gefingert, 3—5zählig, Stengelblätter 3zählig. Blüten 4zählig. [Wurzelstock fingerdick, innen rötlich: Rotwurz, früher zum Färben gebraucht.]   **Blutwurz, Heidecker, Wald-Fingerkraut.** *Potentílla tormentílla.*

Pflanzenleben. 47

D. **Staubblätter zahlreich, auf dem Blütenboden angewachsen. Hahnenfußblüte.**
 a) Kelch und Krone vorhanden, strahlig.
 α) Kelchblätter meist 3, Kronblätter 8 oder mehr. Stengel liegend, bis 15 cm. Blätter rundlich-herzförmig, glänzend. [Oft Knöllchen in den Blattachseln — ungeschlechtliche Vermehrung.] **Scharbockskraut.** *Ranúnculus ficária.*

 β) Kelchblätter 5, Kronblätter 5.
 1. Grundständige Blätter nierenförmig, ungeteilt oder 3 bis 7spaltig; Stengelblätter fingerig geteilt, sitzend. Krone goldgelb. Bis $^1/_2$ m hoch. **Gold-Hahnenfuß.** *Ranúnculus auricomus.*

 2. Grundständige Blätter und Stengelblätter einander ähnlich, bandförmig geteilt; Stengelblätter gestielt. Stengel und Blattstiele abstehend rauhhaarig. Bis $^3/_4$ m hoch. **Wolliger Hahnenfuß.** *Ranúnculus lanuginósus.*

 b) Kelch und Krone vorhanden, Kelch gelb gefärbt, hinteres Kelchblatt helmartig gewölbt. Die 2 hinteren Kronblätter gespornt, im Helm kreisförmig zusammengerollt. Blätter handförmig gespalten, mit rautenförmigen Lappen. Bis 1,25 m. Gebirgswälder. **Wolfs-Eisenhut.** *Acontium lycóctonum.*

 c) Kronblätter fehlend, Kelch kronenartig gefärbt.
 1. Blätter ungeteilt, herznierenförmig, gekerbt, die unteren langgestielt, die oberen kurzgestielt oder sitzend. Kelchblätter meist 5. Stengel dick und hohl, bis $^1/_2$ m hoch. An sumpfigen Plätzen. **Sumpf-Dotterblume.** *Caltha palústris.*

 2. Blätter geteilt. Pflanze bis 25 cm hoch. Stengel 1—3blütig. Blüte 5blättrig, außen behaart. (Wuchs siehe: Weißes Buschwindröschen, S. 292!) **Gelbes Windröschen.** *Anemóne ranunculoides.*

E. **Staubbeutel in 2 Bündel verwachsen. Schmetterlingsblüte.**
 a) Blätter unpaarig gefiedert (mit Endblättchen). (S. 281.) **Tragant.** *Astrágalus.*

 1. Blättchen 9—15, oberseits kahl. Blüten grünlichgelb. Früchte kahl. Stengel fast kahl, liegend, bis 1 m lang. **Bärenschote.** *A. glycyphýllus.*
 2. Blättchen 17—25, beiderseits behaart. Blüten blaßgelb. Früchte behaart. Stengel behaart, niederliegend, bis 60 cm lang. **Kicher-Tragant.** *A. cicer.*

b) Blätter paarig gefiedert (ohne Endblättchen), 3—5 paarig. Blüten in Trauben, hellgelb. Bis 2 m hoch. (S. 310.) **Erbsen-Wicke.** *Vicia pisiformis.*

F. **Staubbeutel in mehrere Bündel verwachsen.** Blätter einfach, gegenständig oder quirlständig. [Gegen das Licht halten! In den zahlreichen durchscheinenden Punkten und Drüsen der Blätter und Blüten ein roter Farbstoff. Blüten reiben! Johannisblut!] **Hartheu, Johanniskraut.** *Hypericum.*

a) Stengel 4kantig.

1. Stengel 4flügelig, bis 70 cm hoch. Blätter dicht punktiert. Kelchblätter zugespitzt. **Flügel-Hartheu.** *H. acutum.*

2. Stengel schwach 4kantig, bis 50 cm hoch. Blätter zerstreut punktiert. Kelchblätter stumpf. **Kanten-Hartheu.** *H. maculatum.*

b) Stengel rund.

α) Pflanze behaart, bis 1 m hoch. Blätter kurzgestielt, punktiert. **Rauhes Hartheu.** *H. hirsutum.*

β) Pflanze kahl, bis 70 cm hoch.

1. Kelchblätter spitz, mit gestielten Drüsen. Blätter sitzend, eiförmig, punktiert, die oberen weit voneinander entfernt. **Berg-Hartheu.** *H. montanum.*

2. Kelchblätter sehr stumpf, mit fast sitzenden Drüsen. Blätter herzeiförmig, stengelumfassend, punktiert. **Schönes Hartheu.** *H. pulchrum.*

Untersuche:

Springkraut, *Impatiens* (S. 46): Der Stengel des Springkrauts hat sehr große Zellen (kleinste Baubestandteile der Pflanze). Schneide eine Scheibe von 1 mm Dicke heraus und lege sie auf eine schwarze Unterlage. Der Querschnitt sieht aus wie eine Bienenwabe. Jedes Feld ist eine einzelne Zelle, die man ohne Vergrößerungsglas deutlich sehen kann. Benutze die Lupe!

27. Rote (purpurn, lila) Waldblumen im Sommer.

1. Blätter längsnervig.

a) Blütenhülle 6blättrig, ein Blatt (die Lippe) größer als die übrigen. Staubblätter 2. (S. 59.) **Orchideen.**

b) Blütenhülle 6blättrig, Staubblätter 6. **Liliengewächse**

Pflanzenleben. 49

1. Blüten überhängend, mit zurückgerollter Hülle, fleischrot, braun punktiert. Blätter quirlständig. Bis 1 m hoch. In Bergwäldern. (S. 777.) **Türkenbund.** *Lilium mártagon.*
2. Blüten aufrecht, glockig, trichterförmig, feuerrot, braunrot gefleckt. In den Blattachseln oft schwärzliche Brutzwiebeln. Bis $^2/_3$ m hoch. In Gebirgswäldern. (S. 44.) **Feuerlilie.** *Lilium bulbíferum.*

2. Blätter netznervig.

I. Blüten in Körbchen.
  A. Alle Blüten röhrenförmig.
    a) Blätter stachelig gezähnt.
    1. Pappus mit gefiederten Haaren. (S. 456.) **Kratzdistel.** *Círsium.*
    2. Pappus mit einfachen Haaren. (S. 456.) **Distel.** *Cárduus.*
    b) Blätter nicht stachelig gezähnt.
    α) Blättchen des Hüllkelches mit hakiger Spitze. (S. 641.) **Klette.** *Árctium.*

    β) Blätter des Hüllkelches mit trockenhäutigen Fransen und Anhängseln. (S. 287.) **Flockenblume.** *Centauréa.*
    γ) Blätter des Hüllkelches ohne Haken und Fransen.
    1. Korbhülle einfach (1 reihig). Stengel mit rötlichen Schuppen, bis 60 cm. Blüten in dichter Traube. Blätter grundständig, sehr groß. (S. 39.) **Gemeine Pestwurz.** *Petasites officinális.*
    2. Korbhülle einfach, mit schwachem Außenkelch. Stengel mit Blättern, bis 1,25 m hoch. Blätter nieren-herzförmig, grob-ungleich-doppelt-gesägt. Körbchen 3—6 blütig, doldenständig. Krone fleischrot, bisweilen fast weiß. Gebirgswälder. **Graublättrige Pestwurz.** *Adenostýles alliáriae.*

    3. Korbhülle dachziegelig (2—3 reihig). Stengel mit gegenständigen 3—5 teiligen Blättern, bis 1,75 m hoch. Stand der Körbchen doldigrispig. Krone rötlich, zuweilen weiß. (S. 487.) **Wasserdost, Kunigundenkraut.** *Eupatórium cannábinum.* Wasserdost

  B. Alle Blüten zungenförmig. Pappus mit einfachen Haaren. Körbchen meist 5 blütig. Blätter mit herzförmigem Grunde den Stengel umfassend. Stengel rispig verzweigt, bis 1½ m hoch. Bergwälder. **Hasenlattich.** *Prenánthes purpúrea.*

50 Im Laubwald.

II. Blüten nicht in Körbchen.
  A. Staubblätter 4 (2 lang, 2 kurz). Krone 2 lippig. Blätter gegenständig. (Lippenblüter).
    a) Kelch deutlich 2 lippig: Oberlippe 3 zähnig, Unterlippe 2 zähnig.

Oberlippe der Krone flach. Zipfel der Unterlippe gleich. Kelch walzig. (S. 56.) **Quendel.** *Calamintha.*

1. Blütenquirle am Grunde von vielen borstenförmigen Deckblättern umgeben, reichblütig. Krone purpurn. Blüten am Ende der Zweige und in den Achseln der oberen Blätter. Stengel bis 60 cm hoch. **Wirbeldost.** *C. clinopódium.*

2. Blütenquirle ohne borstenförmige Deckblätter, 3- bis 5 blütig, Krone purpurn, 1½ cm lang. Blätter groß, eiförmig, grob gezähnt. Stengel bis 60 cm hoch. **Wald-Quendel.** *C. officinális.*

  b) Kelch fast gleichmäßig 5 zähnig.
    a¹. Unterlippe der Krone mit 3 fast gleichen Zipfeln. Staubblätter zur Blütezeit seitlich unter der Oberlippe hervortretend. Blüten gehäuft, in kugeligen Sträußen. Krone blaßrot. Blätter eiförmig, ganzrandig. Stengel bis 60 cm hoch. (S. 286, 641.) **Echter Dost.** *Origanum vulgáre.*

    b¹. Unterlippe der Krone mit 3 verschieden großen Zipfeln. Staubblätter zur Blütezeit unter der Oberlippe liegend.
      α) Unterlippe mit 3 stumpfen Zipfeln, der mittlere am größten.
        α¹. Kronröhre in ihrem unteren Ende innen mit einem Haarring. An der Stelle ist außen eine Einschnürung zu sehen. Seitenzipfel der Unterlippe zurückgeschlagen. (S. 277, 362.) **Ziest.** *Stachys.*

1. Blütenquirle höchstens 10 blütig. Krone dunkelpurpurn. Blätter gestielt, sehr breit, herz-eiförmig, gesägt, zottig-rauhhaarig. Stengel bis 1¼ m hoch. **Wald-Ziest.** *St. silvática.*

2. Blütenquirle mehr als 10 blütig. Krone blaßrosa. Blätter länglich-eiförmig, am Grunde herzförmig, gekerbt, die oberen sitzend. Stengel bis 1 m hoch. Ganze Pflanze dicht weißwollig. Trockenpflanze. **Woll-Ziest.** *St. germánica.*

3. Blütenquirle mehr als 10 blütig. Krone dunkel-purpurrot. Blätter herz-eiförmig, spitz. Stengel rauhhaarig, oberwärts drüsig-behaart, bis 1,00 m. Gebirgswälder. **Alpen-Ziest.** *St. alpína.*

β¹. Kronröhre ohne Haarring.

1. Mittlerer Abschnitt der Unterlippe am Grunde jederseits ohne Zahn.

Blätter eiförmig-länglich, herzförmig, gekerbt. Blüten in dichter Scheinähre, endständig. Krone purpurn, waagerecht abstehend. Stengel bis 1 m hoch. (Betonie.)   **Gemeiner Ziest.** *St. officinális.*

2. Mittlerer Abschnitt der Unterlippe am Grunde jederseits mit hohlem Zahn. (Von unten her ausgebaucht.) Stengel an den Gelenken knotig verdickt und steifhaarig.   **Hohlzahn.** *Galeópsis.*

§ Stengel überall mit weichen Haaren, die nur unter den Knoten zuweilen noch mit Borsten gemischt sind.

Krone purpurn. Kronröhre unten weiß, oben bräunlich, länger als der Kelch. Blätter eiförmig, zugespitzt. Stengel bis ³/₄ m hoch.   **Weicher Hohlzahn.** *G. pubéscens.*

§§ Stengel besonders unter den Knoten steifhaarig, sonst meist kahl.

Krone rot (auch weiß), Unterlippe mit gelbem Fleck. Stengel bis ²/₃ m hoch.   **Gemeiner Hohlzahn.** *G. tétrahit.*

β) Unterlippe der Krone mit großem Mittellappen und undeutlichen, zahnartigen Seitenzipfeln. Krone purpurn. Unterlippe dunkel gefleckt. Kronröhre mit querlaufendem Haarring. Stengel bis ²/₃ m hoch.   **Gefleckte Taubnessel, Gefleckt. Bienensaug.** *Lámium maculátum.*

γ) Unterlippe 5spaltig (scheinbar: Zipfel der Oberlippe liegen der Unterlippe an). Blütenquirle 6blütig, traubig. Kelch und Deckblätter meist rotbraun. Krone purpurrot, selten weiß. Blätter gestielt, länglich, keilförmig in den Blattstiel zulaufend. Bis 30 cm hoch. (S. 198 u. 277.)   **Gemeiner Gamander.** *Teúcrium chamáedrys.*

B. Staubblätter 5.

a) Blätter geteilt.

Blätter handförmig 5teilig mit 3spaltigen Abschnitten. Blüten rötlichweiß, in unregelmäßig zusammengesetzter Dolde. Döldchen kopfförmig. Früchte hakig-stachelig, wie kleine Kletten. Stengel bis 40 cm hoch.   **Sanikel.** *Sanícula európaea.*

b) Blätter einfach.

1. Blätter wechselständig, rauhhaarig (S. 57). — **Lungenkraut.** *Pulmonária.*

2. Blätter gegenständig, glatt. Blüten zahlreich, in doldenartigem Stand. Krone rosenrot mit 5spaltigem Saum und schlanker Röhre. Blätter eiförmig, grundständige Blätter rosettig. Stengel im Blütenstand verzweigt, bis $1/2$ m hoch. — **Echtes Tausendgüldenkraut.** *Erythráea centaúrium.*

3. Blätter grundständig, langgestielt, rundlich-herz-nierenförmig, wellig-kleingekerbt, unterseits purpurn. Bis 15 cm. Alpen. Topfpflanze. — **Alpenveilchen.** *Cyclámen europáeum.*

C. Staubblätter 6.

1. Staubblätter: 4 lang, 2 kurz. Blätter gefiedert. Kronblätter 4, rötlich oder weiß (S. 42). — **Zwiebel-Zahnwurz.** *Dentária bulbífera.*

2. Staubblätter: 4 lang, 2 kurz. Blätter tief-herzförmig, gezähnt, alle gestielt. Krone lila. Schötchen elliptisch, an beiden Enden spitz. Bis 1 m. — **Mondviole.** *Lunária redivíva.*

3. Staubblätter zu je 3 verwachsen. Blätter 3zählig oder doppelt-3zählig. Krone purpurn (S. 9). — **Lerchensporn.** *Corýdalis.*

D. Staubblätter 8.

Kronblätter 4, rot. Früchte lang, 4fächerig, Samen mit Haarschopf (Flugapparat). Blätter schmal (wie Weidenblätter: Name!). — **Weidenröschen.** *Epilóbium.*

1. Krone flach ausgebreitet. Staubblätter und Griffel abwärts gebogen. Blätter wechselständig, unterseits weißlichgrün, mit hervortretenden Seitennerven. Stengel bis $1^{1}/_{2}$ m hoch. — **Wald-Weidenröschen** *E. angustifólium.*

2. Krone trichterig. Staubblätter und Griffel aufrecht. Untere Blätter gegenständig, zuweilen zu 3 im Quirl, eilanzettlich grob gezähnt. Stengel anliegend behaart, einfach oder wenig verzweigt, bis $3/4$ m hoch. — **Berg-Weidenröschen** *E. montánum.*

E. Staubblätter 10 (9 verwachsen, 1 frei) (S. 280).

a) Blätter 3zählig (Kleeblatt!). Blüten in Köpfchen. (Schmetterlingsblüten.) — **Klee.** *Trifólium.*

α) Kelchröhre außen behaart.
1. Blättchen eiförmig. Kelchröhre 10 nervig. Nebenblättchen eiförmig, plötzlich grannenartig zugespitzt. Krone purpurrot. Stengel bis 40 cm hoch. **Wiesenklee.** *Tr. praténse.*

2. Blättchen lanzettlich. Kelchröhre 20 nervig. Nebenblättchen pfriemlich. Krone tiefer rot als beim Wiesenklee. Stengel bis 30 cm hoch. **Waldklee.** *Tr. alpéstre.*

β) Kronröhre außen kahl.
1. Blättchen elliptisch. Kelch 10 nervig. Köpfe einzeln, kugelig. Stengel aufsteigend, bis 40 cm hoch. **Mittlerer Klee.** *Tr. médium.*

2. Blättchen länglich, zugespitzt. Kelch 20 nervig. Köpfe meist zu 2, länglich-walzenförmig. Stengel steifaufrecht, bis 60 cm hoch. **Purpurklee.** *Tr. rubens.*

b) Blätter gefiedert.
a¹. Blätter mit Endblättchen (unpaarig gefiedert). Blättchen 13—21. Blüten in kopfförmigen Dolden, 10—20 blütig. Krone bunt: Fahne rosa, Flügel und Schiffchen weißlich, Schiffchen mit purpurnem Schnabel. Stengel bis ½ m hoch (S. 249, 446). **Bunte Kronwicke.** *Coronílla vária.*

b¹. Blätter ohne Endblättchen (paarig gefiedert).
α) Staubfadenröhre ist schief abgeschnitten: der freie Teil der oberen Staubblätter ist daher viel länger als der der unteren. Griffel fadenförmig. (Bestimmungstabelle siehe unter Hecke, S. 309!) **Wicke.** *Vícia.*

β) Staubfadenröhre gerade abgeschnitten: der freie Teil aller Staubblätter ist daher gleichlang. Griffel flach. **Platterbse.** *Láthyrus.*

° Blättchen 1 paarig. Mit Wickelranke am Ende des Blattes. Stengel geflügelt, bis 2 m hoch. Fahne auf dem Rücken rötlichgrün, innen am Grunde purpurn, nach oben allmählich fleischfarben. (S. 284.) **Wald-Platterbse.** *L. silvéster.*

°° Blättchen mehrpaarig. Ohne Wickelranke am Ende des Blattes.
1. Blättchen 2—3 paarig.
Stengel 4kantig und 2schneidig, bis ½ m hoch. Blättchen eiförmig, lang zugespitzt. Traube so lang wie das Blatt, meist 4 blütig. Krone purpurn, später blau. **Frühlings-Platterbse.** *L. vernus.*

54 Im Laubwald.

Stengel geflügelt, bis 30 cm hoch. Blättchen länglich-lanzettlich. Traube länger als das Blatt. Krone hellpurpurn, später trübblau. **Berg-Platterbse.** *L. montánus.*

2. Blättchen 4—6 paarig.
Stengel ästig, bis $^3/_4$ m hoch. Blättchen eirund. Traube 4—8-blütig, länger als das Blatt. Krone purpurn, später blau. (Pflanze wird beim Trocknen schwarz.) **Schwarze Platterbse.** *L. niger.*

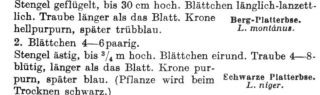

F. Staubblätter 10 (alle frei). Stengel bis 1 m. Blätter unpaarig gefiedert, mit eiförmigen oder lanzettlichen, am Rande feingesägten, durchscheinend-punktierten Blättchen. Blüten in verlängerter Traube, drüsig. Krone rosenrot mit purpurroten Adern, selten weiß. Bergwälder (S. 661.) **Diptam.** *Dictámnus albus.*

28. Blaue Waldblumen im Sommer.

1. Blüten in Körbchen (Korbblüter).

1. Alle Blüten zungenförmig. Pappus mit einfachen Haaren. Blätter gefiedert, mit großem, 3 eckigem Endzipfel; die oberen mit geflügeltem Blattstiel, am Grunde herzförmig, stengelumfassend. Bis $1^1/_4$ m hoch. In höheren Gebirgen. **Alpen-Milchlattich.** *Mulgédium alpínum.*

2. Alle Blüten röhrenförmig, die randständigen größer. Randblüten azurblau, Scheibenblüten violett. Stengel meist breit-geflügelt, dünn-spinnwebig, bis $^3/_4$ m hoch. Blätter länglich-lanzettlich, herablaufend. Gebirgswiesen. **Berg-Flockenblume.** *Centauréa montána.*

2. Blütenstand in Köpfchen.

A. Staubblätter 4. Blätter gegenständig.
  a) Pflanze stachelig. Blätter ungeteilt (S. 645). **Wilde Karde.** *Dípsacus silvéster.*
  b) Pflanze nicht stachelig. Blätter meist fiederspaltig.
  1. Krone 4 spaltig. Kelch 8—16 borstig.
  Stengelblätter fiederspaltig, mit großem Endzipfel, graugrün. Stengel rauhhaarig, bis 80 cm hoch. (S. 447.) **Acker-Skabiose.** *Knaútia arvénsis.*
  Blätter ungeteilt. Stengel fast kahl, am Grunde steifhaarig, bis 1 m hoch. **Wald-Skabiose.** *Knaútia silvática.*

2. Krone 5spaltig. Kelch 5borstig. Randblüten größer. Stengelblätter fiederspaltig (S. 248). **Scabióse.**

B. **Staubblätter 5. Blätter wechselständig.**
1. Blütenköpfchen eiförmig. Krone krallenartig gekrümmt, dunkelviolett. Bis $^1/_2$ m hoch. **Schwarze Teufelskralle.** *Phyteuma nigrum.*

2. Blütenköpfchen halbkugelig. Krone himmelblau, mit 5 schmalen Zipfeln. Blätter am Rande wellig. Stengel meist mehrere, oben blattlos, bis $^1/_2$ m hoch. An sonnigen Waldrändern. **Jasione.** *Jasióne montána.*

3. Blüten nicht in Körbchen oder Köpfchen.

I. **Krone getrenntblättrig.**
  A. **Staubblätter 5. Kronblätter 5, das vordere gespornt.**
  1. Stengel fast niederliegend, mit aufsteigenden Ästen; grundständige Blattrosette fehlend; Blätter länglich-eiförmig, mit herzförmigem oder abgestutztem Grunde, zugespitzt, oft fast dreieckig; Nebenblätter länglich, langgefranst gesägt, 4- bis 5mal kürzer als der Blattstiel; Blüten hellviolett, Sporn gelblichweiß, abgerundet. **Hundsveilchen.** *Víola canína.*

  2. Stengel aufstrebend, hoch, Blattrosette fehlend; Blätter herzeiförmig bis herznierenförmig, etwa so lang wie breit, die oberen kurz zugespitzt, die unteren zuweilen stumpflich; Nebenblätter lang zugespitzt, langborstig gefranst, 2—3mal kürzer als der Blattstiel; Sporn gerade, kegelförmig, stumpf, zusammengedrückt, wie die Krone hellblauviolett. **Waldveilchen.** *Víola silvática.*

  B. **Staubblätter 10. Kronblätter 5.**
  Blätter 7spaltig oder 7teilig. Krone violett, ins Rötliche spielend. Bis 60 cm. **Wald-Storchschnabel.** *Gerániun silváticum.*

  C. **Staubblätter zahlreich, auf dem Kelchrand.**
  1. Kronblätter sämtlich gespornt. Kelchblätter gefärbt. Blüte überhängend. Kronblätter trichterförmig. Sporn gekrümmt. Untere Blätter doppelt 3zählig, mittlere 3zählig, obere 3teilig. Bis $^3/_4$ m hoch. Gesetzlich geschützt! **Gemeine Akelei.** *Aquilégia vulgáris.*

  2. Kelch blauviolett wie die Krone, oberes Kelchblatt helmartig gewölbt. Blüten in dichter Traube. Blätter bis zum Grunde 5—7spaltig, mit länglichen, grobzähnigen Blattabschnitten. Bis $1^1/_2$ m hoch. Gesetzlich geschützt! **Sturmhut, Eisenhut.** *Aconítum napéllus.*

Im Laubwald.

II. Krone verwachsenblättrig.

A. Krone scheinbar 1lippig. Staubblätter 4.

Oberlippe der Krone sehr kurz, 2spaltig. Unterlippe 3lappig. Stengel 4kantig. Blätter einfach, gegenständig. (S. 645.) — **Günsel.** *Ájuga.*

a) Pflanze mit Ausläufern. Grundständige Blätter lang gestielt. Bis 30 cm hoch. — **Kriechender Günsel.** *A. reptans.*

b) Pflanze ohne Ausläufer.

1. Stengel kurz behaart. Grundblätter kurz gestielt. Oberste Deckblätter 2mal länger als die Blüten. — **Pyramiden-Günsel.** *A. pyramidális.*

2. Stengel lang behaart. Grundblätter lang gestielt. Oberste Deckblätter kaum so lang wie die Blüten. — **Zottiger Günsel.** *A. genevénsis.*

B. Krone deutlich 2lippig. Staubblätter 4.

a) Kelch deutlich 2lippig; Oberlippe 3zähnig, Unterlippe 2zähnig.

1. Oberlippe der Krone gewölbt.

Blüten am Ende des Stengels kopfig gehäuft. Stengel 4kantig, bis 30 cm hoch. Blätter eiförmig bis lanzettlich, ganzrandig oder gezähnt. Krone doppelt so lang wie der Kelch, 1—1$\frac{1}{2}$ cm. Zähne der Kelchoberlippe gestutzt. (S. 448.) — **Kleine Brunelle.** *Brunélla vulgáris.*

2. Oberlippe der Krone flach. Kelch walzig.

Blüten zu 6 in den Blattachseln. Krone lila oder blaßviolett. Blätter klein, länglich-rund, zugespitzt, schwach gesägt. Stengel bis zu 30 cm hoch. (S. 50.) — **Stein-Quendel.** *Calamíntha ácinos.*

b) Kelch fast gleichmäßig 5zähnig. Blätter nierenförmig, grob gekerbt. Blüten bis zu 6 in den Blattachseln, Stengel niederliegend, Blütenstengel aufsteigend, bis 60 cm lang. (S. 448 u. 645.) — **Gundermann.** *Glechóma hederácea.*

C. Krone glockenförmig.

Krone 5zipfelig, dem Rand der Kelchröhre angewachsen. Staubblätter 5. Griffel 1. Narbe 3spaltig. Blüten einzeln, in Rispen oder Trauben. (Siehe S. 250.) — **Glockenblume.** *Campánula.*

D. **Krone tellerförmig oder trichterförmig.**

a) Staubblätter 2.

Krone ungleich 4—5lappig, der hintere Abschnitt am größten. Kelch 4—5teilig. Blütenstand in blattwinkelständigen Trauben. Kelch 4teilig. **Ehrenpreis.** *Verónica.*

α) Stengel 2zeilig behaart, bis 25 cm hoch. Blätter gegenständig, fast sitzend, eiförmig, am Grunde herzförmig, gekerbt. **Gamander-Ehrenpreis.** *V. chamáedris.*

β) Stengel zerstreut behaart.

1. Blätter kurz gestielt, verkehrt-eiförmig, länglich, gekerbt. Krone hellblau oder lila. Stengel bis 30 cm hoch. **Echter Ehrenpreis.** *V. officinális.*

2. Blätter lang gestielt, rundlich, runzelig. Krone bläulichweiß mit dunklen Adern. Stengel bis 45 cm hoch. **Berg-Ehrenpreis.** *V. montána.*

b) Staubblätter 5, in die Kronröhre eingeschlossen.

α) Blätter gegenständig.

Blätter elliptisch, lederig, immergrün. Stengel liegend bis 60 cm lang. Blüten einzeln in den Blattachseln. (S. 9 u. 223.) **Immergrün.** *Vinca minor.*

β) Blätter wechselständig.

° Krone stieltellerförmig, am Schlund mit gelben, kahlen Schuppen. (S. 372.) **Vergißmeinnicht.** *Myosótis.*

1. Saum der Krone flach, 5—10 mm im Durchmesser. Kelch mit hakigen Haaren besetzt, tief 5spaltig. Stengel bis 45 cm hoch. **Wald-Vergißmeinnicht.** *M. silvática.*

2. Saum der Krone vertieft, 3—5 mm im Durchmesser. Krone stets blau. Fruchtstiele länger als der Kelch. Stengel bis 50 cm hoch. **Acker-Vergißmeinnicht.** *M. intermédia.*

A. W.

°° Krone trichterförmig, am Schlund mit 5 Haarbüscheln. Stengel bis 30 cm hoch. Blätter länglich. Ganze Pflanze behaart. Blüten blau, violett oder rot. (S. 223.) **Lungenkraut.** *Pulmonária.*

1. Grundständige Blätter am Grunde herzförmig oder abgerundet, plötzlich in den langen Stiel verschmälert, auf der Oberseite mit Borstenhaaren und Stachelhöckern besetzt. (Lupe!) **Gebräuchliches Lungenkraut.** *P. officinális.*

2. Grundständige Blätter allmählich in den Blattstiel verschmälert, auf der Oberseite ohne Höcker.

§ Grundständige Blätter etwa 4 mal länger als breit. Kelch am Grunde bauchig-glockig. Blüten dunkelviolett. **Knolliges Lungenkraut.** *P. tuberósa.*

§§ Grundständige Blätter etwa 8 mal länger als breit. Kelch nicht bauchig. Blüten blau. **Blaues Lungenkraut.** *P. angustifólia.*

29. Grüne und grünlichgelbe Waldblumen im Sommer.

I. Blätter längsnervig.

A. Blütenhülle 6blättrig, ein Blatt (die Lippe) größer als die übrigen (S. 59). **Orchideen.**

B. Blüten anders.

Einbeere

a) Blätter grundständig, pfeil-spießförmig, lang gestielt, oft schwarzbraun gefleckt. Blüten einhäusig, auf einem violetten Kolben zusammengestellt, der von der grünlichen, kapuzenförmigen Hülle eingeschlossen wird (S. 12). **Aronstab.** *Arum maculátum.*

Haselwurz

b) Blätter stengelständig, zu 4 im Quirl. Blüte einzeln, endständig, grün, Blütenhüllblätter 8. Staubblätter 8. Beere schwarz. Stengel bis 30 cm hoch. (S. 759.) **Einbeere.** *Páris quadrifólia.*

II. Blätter netznervig.

A. Blätter zu 2, nierenförmig, an der Spitze eines sehr kurzen Stengels. Am Stengel nur 1 Blüte, glockig, 3spaltig, grünlichbraun. Staubblätter 12. **Haselwurz.** *Ásarum európaeum.*

Waldbingelk.

B. Blätter zu mehreren.

a) Blätter gegenständig, eilanzettlich, gesägt. Blüten 2häusig (männl. Bl. mit 3teiliger Hülle, weibl. Bl. mit 2 federiger Narbe). Meist in dichten Beständen. Bis 30 cm hoch (S. 3 u. 374). **Wald-Bingelkraut.** *Mercuriális perénnis.*

Frauenmant.

b) Blätter wechselständig.

1. Grundblätter nierenförmig-kreisrund, mit 7—9 ringsum gesägten, halbkreisrunden Lappen, in der Jugend gefaltet. Blüten in endständigen, lockeren Trugdolden. Bis 30 cm hoch. **Wiesen-Frauenmantel.** *Alchemilla vulgáris.*

2. Blätter länglich, am Grunde herz-, pfeil- oder spießförmig. Blütenhülle 6teilig, grün oder rot überlaufen. (S. 200.) **Ampfer.** *Rumex.*

Ampfer

Pflanzenleben. 59

3. Blätter herzförmig, zugespitzt, langgestielt. **Blütentrauben locker, in den Blattwinkeln. Blütenhülle 6teilig, grünlich. Staubblätter 6. Stengel windend, bis 2 m hoch.** **Schmerwurz.** Gebüsche. Westdeutschland. (S. 754.) *Tamus communis.*

30. Orchideen des Waldes.

Merkmale:
Blütenstand: meist Ähren oder Trauben.
Einzelblüte: siehe Abb.!

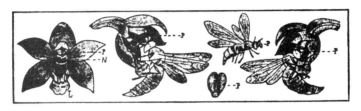

6 blumenkronartig gefärbte Blätter: Perigon.
L = Unterlippe, oft mit Sporn, der Honig enthält.
P = Das einzige Staubgefäß mit seinen 2 Fächern, die den Pollen enthalten.
N = Narbe, über dem Eingang in den Sporn.
Blätter: einfach, wechselständig, längsnervig.

Bestäubung der Orchideenblüten durch Insekten.
Beispiel: Knabenkraut.
1. Hummeln und Bienen werden durch Farbe und Duft zu den Blüten gelockt. Sie setzen sich auf die Unterlippe und senken ihren Rüssel in den Sporn, um den Honig zu saugen. Dabei stoßen sie mit der Stirn an die Pollenbeutel, die ihnen im Wege stehen. Die zarte Haut zerreißt und die Pollenkeule liegt frei. Der Stiel der Pollenkeule trägt unten eine Klebscheibe, die sich am Kopf des Insekts festsetzt und hinweggetragen wird. In der Luft trocknet der Stiel aus und senkt sich. Wenn das Insekt eine neue Blüte anfliegt, stößt die Keule gerade auf die klebrige Narbe, die den Pollen aufnimmt. Damit ist die Bestäubung vollzogen. (Abb.)
2. **Dieser Bestäubungsvorgang kann mit einem spitzen Hölzchen nachgeahmt werden.**

Die meisten Orchideen sind gesetzlich geschützt!

Wer viel wandert, kann immer wieder hören: Hier gab's früher Orchideen — heute sind sie nicht mehr da.

Wo sind sie? Ein Teil liegt getrocknet in den Herbarien der Pflanzensammler, die Handel damit treiben. Der andere Teil wandert alljährlich in die Markthallen der Städte. Was dort nicht verkauft wird, fliegt auf den großstädtischen Müllhaufen. Daher sind die meisten Orchideenarten heute sehr selten, viele stehen vor dem Aussterben. Häufig sind nur noch 2 Arten: Salep-Knabenkraut (*Orchis mório*) und Breitblättriges Knabenkraut (*Orchis latifólius*). Wie lange noch?

Was die Natur in Jahrmillionen geschaffen hat, richtet der Mensch in einigen Jahrzehnten zugrunde.

Bestimmungstabelle. (S. 452.)

I. Pflanzen mit grünen Laubblättern.

  A. Lippe gespornt.

    a) Lippe 3lappig.

    1. Blüten weiß, gelblichweiß oder gelb.

α) Sporn waagerecht oder aufwärts gerichtet, fast so lang wie der Fruchtknoten. Lippe breiter als lang. Ähre eiförmig. Blüten stark riechend, gelb. Stengel bis 30 cm hoch.   **Bleiches Knabenkraut.** *Orchis pallens.*

β) Sporn abwärts gerichtet.

° Blätter gefleckt. Blüten weißlich, meist jedoch hellpurpurn oder lila. Lippe dunkelpurpurn gezeichnet. Stengel bis 60 cm hoch.   **Geflecktes Knabenkraut.** *Orchis maculátus.*

°° Blätter ungefleckt. Blüten schwach duftend, weißlich gelb. Lippe dunkler, rötlich punktiert. Stengel bis 25 cm hoch.   **Holunder-Knabenkraut.** *Orchis sambúcinus.*

    2. Blüten rot, purpurn, héll-lila.

α) Die 3 oberen Blütenhüllblätter helmartig zusammenneigend.

Helm kurz-eiförmig, braunpurpurn, dunkel gefleckt. Lippe weiß oder hellpurpurn, dunkel geadert, mit purpurnen Haarbüscheln. Mittelzipfel der Lippe mit 2 gezähnten Lappen. Seitenzipfel schmal.   **Purpur-Knabenkraut.** Wohlriechend. Stengel bis 80 cm hoch.   *Orchis purpúreus.*

β) Die 2 seitlichen oberen Blütenhüllblätter abstehend oder zurückgeschlagen.

° Sporn waagerecht oder aufwärts gerichtet. Blüten meist geruchlos, purpurn. Lippe innen gefleckt, ihre Lappen kurz, gekerbt. Ähre lang, reichblütig. Blätter zuweilen gefleckt. Stengel bis 60 cm hoch. *Manns-Knabenkraut. Orchis másculus.*

°° Sporn abwärts gerichtet.

Blätter gefleckt. Blütenhülle hellpurpurn. Siehe 1 β! *Geflecktes Knabenkraut. Orchis maculátus.*

b) Lippe ungeteilt, ganzrandig oder an der Spitze kurz 3zähnig.

1. Sporn fadenförmig, viel länger als der Fruchtknoten. Lippe ganzrandig. Blüten weißlich, sehr wohlriechend. Stengel mit 2 großen, gegenständigen Blättern, bis 40 cm hoch. *Zweiblättrige Kuckucksblume. Platanthéra bifólia.*

2. Sporn hinten fast keulenförmig, viel kürzer als der Fruchtknoten. Lippe 3zähnig. Blüten gelblichweiß oder grünlichweiß, fast geruchlos. Stengel bis 60 cm hoch. *Grünliche Kuckucksblume. Platanthéra chlorántha.*

B. **Lippe ungespornt.**

a) Lippe in der Mitte quer eingeschnürt. Laubblätter allmählich in Deckblätter übergehend.

α) Fruchtknoten sitzend, gedreht.

1. Blüten rosenrot.

Untere Blätter länglich, obere lanzettlich. Stengel oben kurzhaarig, bis 45 cm hoch. *Rotes Waldvöglein. Cephalanthéra rubra.*

2. Blüten weiß oder gelblichweiß.

° Deckblätter länger als der Fruchtknoten. Blütenhüllblätter alle stumpf. Blätter eiförmig, mit starken Nerven. Stengel bis 45 cm hoch. *Großblütiges Waldvöglein. Cephalanthéra grandiflóra.*

°° Deckblätter viel kürzer als der Fruchtknoten. Äußere Blütenhüllblätter spitz. Blätter schmal-lanzettlich. Stengel bis 45 cm hoch. *Schwertblättriges Waldvöglein. Cephalanthéra xiphophýllum.*

β) Fruchtknoten gestielt, nicht gedreht (aber der Stiel des Fruchtknotens ist gedreht!)

1. Blüten grün, rötlich oder braun. Lippe ohne oder mit schwachgefurchtem Höcker. Blütenstand einseitswendig. Blätter groß, starknervig, eiförmig. Stengel bis 60 cm hoch. Pflanze grün oder violett überlaufen. **Breitblättrige Sumpfwurz.** *Epipáctis latifólia.*

2. Blüten purpurn. Lippe mit 2 krausen Höckern. Blätter groß, steif, eiförmig. Stengel bis 60 cm hoch. Pflanze dunkelrot überlaufen. **Braunrote Sumpfwurz.** *Epipáctis rubiginósa.*

b) Lippe nicht quer eingeschnürt. Deckblätter von den Laubblättern deutlich unterschieden.

α) Blütenhüllblätter abstehend ausgebreitet.

° Lippe schuhartig aufgeblasen, groß, gelb. Blütenhüllzipfel braun, lang. Blüten 1—2, auffällig. Blätter 4—6, groß, eirund, zugespitzt gefaltet. Stengel bis 45 cm hoch. **Frauenschuh.** *Cypripédium calcéolus.*

°° Lippe gewölbt, samtartig-braun. Die übrigen Blütenhüllzipfel rot, braun, weiß oder grün. Die ganze Blüte sieht einem Insekt (Fliege, Hummel, Biene, Spinne) ähnlich. Stengel bis 40 cm hoch. **Orchis, Ragwurz.** *Ophrys.*

β) Blütenhüllblätter glockig zusammengeneigt. Lippe 2spaltig.

1. Blätter eiförmig. Traube reichblütig, lang. Blütenhülle grün, Lippe fast gelblich. Stengel bis 50 cm hoch. **Großes Zweiblatt.** *Listéra ováta.*

2. Blätter herzförmig. Traube wenigblütig, kurz. Blütenhülle grün, innen violett, Stengel dünn, bis 15 cm hoch. **Kleines Zweiblatt.** *Listéra cordáta.*

II. Pflanzen ohne grüne Laubblätter.

1. Ganze Pflanze gelblich braun, bis 45 cm hoch. Stengel mit 4—5 häutigen Schuppenblättern. Lippe lang, an der Spitze mit 2 zungenförmigen Zipfeln. Wurzelfasern vogelnestartig gehäuft (nicht ausreißen!) (S. 63 u. 196.) **Nestwurz, Vogelnest.** *Neóttia nidus avis.*

2. Ganze Pflanze gelblich grün, bis 25 cm hoch. Stengel 3kantig, mit 2—3 bauchigen Scheiden. Lippe länglich, jederseits mit einem stumpfen Zahn, weißlich, rot punktiert. Wurzelstock korallenartig verzweigt. (Nicht ausreißen!) (S. 63.) **Korallenwurz.** *Corallíorrhiza innáta.*

Pflanzenleben. 63

31. Fäulnisbewohner und Humusbewohner.

Die Fäulnisbewohner (*Saprophyten, sapros* = faul, verdorben; *phyton* = Pflanze) wachsen nur da, wo organische Stoffe in Fäulnis oder Verwesung sind; sie ernähren sich von den organischen Verbindungen, die dabei entstehen.

Fäulnisbewohner im engeren Sinne sind Schimmelpilze und andere kleine Pilze, die an dem Zersetzungsvorgang beteiligt sind. Fäulnisbewohner im weiteren Sinne sind Pflanzen, die nur auf Humusboden wachsen und sich von organischen Verbindungen ernähren, die bei der Verwesung von Pflanzenstoffen entstehen.

Humuspflanzen ohne Blattgrün:

Nestwurz (S. 62), Fichtenspargel (S. 195), Korallenwurz (S. 62), Pilze (S. 78).

Humuspflanzen mit Blattgrün:

Zahlreiche Waldbäume haben an oder in ihren Wurzeln Pilze, mit denen sie vergesellschaftet sind. (Siehe *Mykorrhiza* S. 91!)

32. Drei gefährliche Giftpflanzen des Waldes.

1. Roter Fingerhut, *Digitális purpúrea.* Pflanze über 1 m hoch. Stengel weichhaarig-filzig. Wurzelblätter groß, runzelig, filzig, gekerbt, eiförmig-lanzettlich. Untere Blätter gestielt, obere sitzend. Blüten in endständiger, sehr langer, einseitiger Traube. Blüten: purpurrote, innen behaarte und gefleckte Glocken mit 2 + 2 Staubblättern und einem Griffel. [Großer Blütenstand, leuchtende Krone — Anlockung der Insekten. Auffällige Flecken in der Krone — Wegweiser für Insekten zum Honig. Hängende Blüte — Schutz gegen Regen. Lange Krone — Hummelblüte. Giftig — Schutz gegen Tierfraß. Vorsicht! (Farbtafel I, 2)

2. Tollkirsche, *Átropa belladónna.* Pflanze bis 1½ m hoch. Stengel gabelästig. Blätter einfach, eirund oder lang zugespitzt, kurz gestielt, zu Paaren stehend, das eine kleiner als das andere. Blüten in den Blattachseln, einzeln, gestielt. Krone braunviolett, glockig. Kelch 5teilig. Frucht eine glänzend schwarze Beere im sternförmig ausgebreiteten Kelche. Sehr giftig! (Farbtafel I, 3)

3. Seidelbast, *Daphne mezéreum.* (Farbtafel I, 1)

33. Doldengewächse des Waldes und der Gebüsche.

I. Einfache oder unregelmäßig zusammengesetzte Dolden.
   a) Blätter ungeteilt.

Blätter kreisrund, schildförmig, gekerbt. Dolden 1—3 in den Blattachseln. Blüten sehr klein, weiß bis rötlich. Stengel kriechend, bis 20 cm. An feuchten Waldstellen. **Wassernabel.** *Hydrocótyle vulgáris.*

   b) Blätter geteilt.
      1. Dolde unregelmäßig zusammengesetzt. Grundblätter langgestielt, handförmig-5teilig, mit 3spaltigen Zipfeln. Dolde mit 3—5 Strahlen, jeder Strahl mit einem Köpfchen. Blüten sehr klein. Krone rötlichweiß. Früchte rauh, wie kleine Kletten. Stengel bis 45 cm. **Sanikel.** *Sanícula európea.*

      2. Dolde einfach.
      Grundständige Blätter langgestielt, handförmig-5teilig, gesägt. Hüllblättchen länger als die Dolde, weiß oder rosa mit grünen Streifen. Krone weiß oder rötlich. Stengel bis 1 m. **Strenze.** *Astrántia májor.*

II. Zusammengesetzte Dolden. (Abb. S. 433.)
   A. Blätter einfach fiederteilig.
      a) Hüllchen vielblättrig (Hülle fehlend).

      Blätter rauhhaarig, Blattscheiden aufgeblasen. Krone weiß. Randblätter strahlend, tief 2spaltig. Frucht mit häutigem Rande. Stengel dick, röhrig, gefurcht, mit steifen Borsten besetzt, bis 1½ m hoch. (S. 434.) **Bärenklau.** *Heracléum sphondýlium.*

      b) Hüllchen fehlend. (Hülle fehlend.)
      Blättchen kurzgestielt, gezähnt. Krone weiß oder rötlich. Frucht länglich-eiförmig. Stengel kantig, gefurcht, beblättert, bis 1 m hoch. **Große Bibernelle.** *Pimpinélla magna.*

   B. Blätter 2—3fach gefiedert.
      a) Frucht (auch schon der Fruchtknoten!) mit Borsten oder Stacheln.

      1. Hülle vielblättrig (Hüllchen vielblättrig).
      Blätter 2fach gefiedert, Fiederchen länglich, eingeschnitten-gesägt. Blättchen der Hülle und des Hüllchens borstenförmig. Krone weiß oder rötlich. (Stengel bis 1¼ m hoch. (S. 652.) **Kletten-Kerbel. Borstendolde.** *Tórilis anthríscus.*

2. Hülle fehlend (Hüllchen vielblättrig).
Blätter 3fach gefiedert. Fiederchen mit rauhhaarigen, stachelspitzigen Zipfeln. Dolden 3—7strahlig, blattgegenständig. Frucht mit hakigen Borsten. **Hecken-Kerbel.**
Stengel bis $1/2$ m hoch. (S. 653.) *Anthriscus vulgáris.*

b) Frucht (auch der Fruchtknoten!) kahl.
α) Hülle vielblättrig.
1. Hüllblätter meist 5, zurückgeschlagen, mit häutigem Rand. Hüllchenblätter 3—4, am Grunde verwachsen. Blätter 3fach gefiedert, oberseits dunkelgrün, unterseits heller, beim Reiben unangenehm riechend. Stengel fein gerillt, kahl, am Grunde braunrot gefleckt. Auch die hohlen Blattstiele oft mit roten Flecken. Pflanze bis 2 m hoch. Sehr **Gefleckter Schierling.** giftig!! (Wasser-Sch. S. 494.) *Conium maculátum.*

2. Hüllblätter zahlreich, zurückgeschlagen. Hüllchen borstenförmig, kurz. Krone weiß. Blätter 3zählig-doppelt-fiederteilig. Blattscheiden gedunsen. Bis $1^1/_2$ m hoch. Bergwälder, gern auf Kalk. **Breitblättriges Laserkraut.** *Laserpítium latifólium.*

3. Hülle und Hüllchen mehrblättrig. Krone weiß. Blätter dreifach-fiederteilig, kahl, fast meergrün. Blättchen lanzettlich, ganzrandig, ungeteilt oder 3lappig, mit bogigen, seitlichen Hauptnerven; obere Stengelblätter mit breiter Scheide sitzend. Bis $1^1/_4$ m hoch. Geruch sehr **Berg-Laserkraut.** stark! Rauhe Alb und Alpen. *Laserpítium siler.*

β) Hülle wenigblättrig oder fehlend.
1. Hüllchen vielblättrig.
° Frucht deutlich geflügelt.

△ Kronblätter ohne Läppchen. Stengel stielrund, gestreift, röhrig, weißlich bereift, ästig, bis $1^1/_4$ m hoch. Blätter 3fach gefiedert, sehr groß. Blattscheiden bauchig aufgeblasen. Dolden groß, stark gewölbt, Hauptdolde **Brustwurz.** 30—40strahlig. Krone weiß. (S. 495.) *Angélica silvéstris.*

△△ Kronblätter mit Läppchen. Stengel kantig gefurcht, bis $3/_4$ m hoch. Untere Blätter 3fach gefiedert. Dolden 15—20strahlig. Krone weiß. **Silge.** *Selinum carvifólia.*

°° Frucht schwach oder nicht geflügelt.
△ Frucht kurz geschnäbelt, ungerippt.

Waldkerbel

betäub. K.

K.K.

Giersch

§ Dolden 8—15strahlig, vor dem Blühen überhängend. Hüllchenblätter 5, zottig gewimpert, zurückgeschlagen. Blätter 2—3fach gefiedert, glänzend. Stengel bis 1½ m hoch. Krone weiß. **Wald-Kerbel.** *Anthriscus silvéstris.*

§§ Dolden 3—7strahlig, s. S. 435. **Hecken-Kerbel.** *A. vulgáris.*

△△ Frucht nicht geschnäbelt, stumpf gerippt.

§ Hüllchenblätter gewimpert. Stengel zerstreut rauhhaarig, unter den Knoten etwas verdickt, meist überall rot gefleckt, bis 1¼ m hoch. Blätter 2—3fach gefiedert. Krone weiß. **Betäubender Kälberkropf.** *Chaerophýllum témulum.*

§§ Hüllchenblätter nicht gewimpert. Stengel unten steifborstig, oben kahl, unter den Gelenken stark verdickt, nur unten rot gefleckt, bis 2 m hoch. Krone weiß. (S. 495.) **Knolliger Kälberkropf.** *Chaerophýllum bulbósum*

2. Hüllchen (und Hülle) fehlend.

Dolden groß. Krone weiß. Untere Blätter doppelt 3zählig, obere einfach 3zählig. Blättchen scharf gesägt. Blattscheiden bauchig. Stengel bis 1 m hoch. **Geißfuß, Giersch.** *Aegopódium podagrária.*

Versuch:

Lege die Stengel oder Stengelglieder der Doldenpflanzen in scharfes Sodawasser oder in Kalilauge! Das weiche Grund- und Hautgewebe löst sich auf. Das festere Stranggewebe, das der Wasserleitung dient, bleibt erhalten. Der Stengel ist skelettiert. Der Verlauf der Leitungsbahnen ist deutlich zu erkennen. (S. 654 Wegerich, S. 648 Vogelmiere.)

34. Waldgräser.

(Vgl.: Gräser des Kiefernwaldes S. 200.)

1. Ährengräser.

A. Ährchen einzeln auf den Zähnen der Spindel.

a) Ährchen auf kurzen Stielchen.

Ährchen lang, schmal, vielblütig. Kelchspelzen ungleich lang, 5—7nervig. Halm bis 1 m hoch. **Zwenke.** *Brachypódium.*

Abbildungen: 1. Wald-Haargerste. 1a. Ährchen dazu. 2. Dreizahn. 2a. Ährchen dazu. 3. Einblütiges Perlgras. 3a. Ährchen dazu. 4. Waldschmiele. 4a. Ährchen dazu. 5. Nickendes Perlgras. 5a. Ährchen dazu. 6. Hain-Rispengras. 6a. Ährchen dazu. 7. Flattergras. 7a. Ährchen dazu.

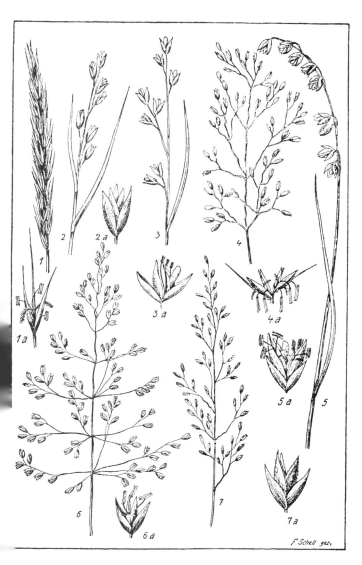

1. Ähre aufrecht. Blätter steif, Blatthäutchen kurz. Granne kürzer als ihre Spelze. Pflanze hellgrün. **Gefiederte Zwenke.** *B. pinnátum.*

2. Ähre überhängend. Blätter schlaff, Blatthäutchen lang. Granne der oberen Blüten länger als ihre Spelzen, dünn, geschlängelt. Pflanze dunkelgrün. **Wald-Zwenke.** *B. silváticum.*

   b) Ährchen sitzend.

   Ährchen mit der breiten Seite der Spindel zugekehrt. Ähre 4kantig, meist überhängend. Kelchspelzen kurz begrannt. Granne der Deckspelze doppelt so lang wie die Spelze. Blätter beiderseits rauh. Halm bis 1 m hoch. **Hunds-Quecke.** *Agropyrum caninum.*

B. Ährchen zu 2—4 auf den Zähnen der Spindel.

Ährchen 1—2blütig, begrannt. Pflanze grasgrün, untere Blattscheiden zottig. Halm bis 1¼ m hoch. (Abb. 1.) **Wald-Haargerste.** *Élymus europáeus.*

2. Rispengräser.

I. Ährchen einblütig.

   a) Ährchen von der Seite zusammengedrückt.

   Kelchspelzen länger als die Blütenspelzen. Blütenspelzen am Grunde von Haaren umgeben. Granne in der Mitte des Rückens, nicht länger als die Spelze. Rispe 15—30 cm lang. Halm bis 1½ m hoch. Pflanze schilfartig. **Sand-Reitgras.** *Calamagróstis epigétos.*

   b) Ährchen vom Rücken her zusammengedrückt.

   1. Ährchen grün.

   Rispe groß, allseitig, weit ausgebreitet. Rispenäste waagerecht abstehend, schlängelig. Blatthäutchen lang, gezähnelt. Blätter breit, am Rande rauh. Halm bis 1¼ m hoch. (Abb. 7.) **Flattergras.** *Milium effúsum.*

   2. Ährchen braunrot.

   Rispe klein, einseitswendig. 4—8 Ährchen. Halm bis ½ m hoch. (Abb. 3.) **Einblütiges Perlgras.** *Mélica uniflóra.*

II. Ährchen mehrblütig.

   A. Kelchspitzen so lang oder fast so lang wie das Ährchen.

      a) Deckspelze begrannt.

      α) Deckspelze auf dem Rücken abgerundet.

1. Blätter borstenförmig. Rispe locker, aufrecht, mit geschlängelten Ästen. Ährchen glänzend, oft violett überlaufen, klein, 2blütig. Kelchspelzen zusammengedrückt. Deckspelze begrannt. Halm bis $^3/_4$ m hoch. Das Gras überzieht oft weite Strecken, die dann besonders im Sonnenschein rötlich schimmern. (Abb. 4.) **Wald-Schmiele.** *Deschámpsia flexuósa.*

2. Blätter flach, oberseits sehr rauh, mit stark vorspringenden Nerven. (Bau der Nerven untersuche mit der Lupe!) Rispe groß, 15—20 cm, pyramidenförmig, mit waagerecht abstehenden Ästen. Ährchen bräunlich weiß. Halm bis $1^1/_2$ m hoch. Pflanze dichtrasig, an moorigen Waldstellen. (S. 606.) **Rasen-Schmiele.** *Deschámpsia caespitósa.*

β) Deckspelze auf dem Rücken gekielt. Ganze Pflanze, namentlich an den Knoten weichhaarig.

1. Halm nur an den Knoten behaart. Obere Blattscheiden kahl. Granne der Staubblüte länger als die Kelchspitzen. Halm bis 60 cm hoch. **Weiches Honiggras.** *Holcus mollis.*

2. Halm an und unter den Knoten behaart. Blattscheiden behaart, die unteren langwollig. Blätter beiderseits weichhaarig. Granne der Staubblüte kürzer als die Kelchspelzen. Halm bis $^1/_2$ m hoch. **Wolliges Honiggras.** *Holcus lanátus.*

b) Deckspelze nicht begrannt.

1. Ährchen meist 2blütig, braunrot. Rispenäste kurz, einseitswendig. Ährchen hängend. Spelzen mit weißem, häutigem Rande. Halm bis $^2/_3$ m hoch. (Abb. 5.) **Nickendes Perlgras.** *Mélica nutans.*

2. Ährchen 3—5blütig, hellgrün. Rispe schmal, wenigährig, oben traubig. Untere Rispenäste mit 2—3, obere mit 1 Ährchen. Kelchspelzen bauchig, alle Blüten einschließend. Deckspelze an der Spitze mit drei Zähnchen. Blätter und Blattscheiden behaart. Halme niederliegend, bis $^1/_2$ m lang. (Abb. 2.) **Dreizahn.** *Sieglíngia decúmbens.*

B. Kelchspelzen kurz, das Ährchen nur am Grunde umfassend.

a) Ährchenachse mit kurzen Haaren.

Halm bis $1^1/_4$ m hoch, mit 1—2 Knoten dicht über der Wurzel, sonst ganz knotenlos, nur am Grunde beblättert. Vom Knoten bis zur Spitze oft 1,20 m! Rispe schmal zusammengezogen. Ährchen blau oder violett. **Pfeifengras.** *Molínia coerúlea.*

W. Sch.

R. Sch.

b) Ährchenachse kahl.
α) Deckspelze auf dem Rücken abgerundet.
1. Rispenachse 4kantig. Rispenäste sind 2 gegenüberliegenden Seiten der Achse eingefügt. Daher die Rispe 2seitswendig. Blattscheiden meist ganz geschlossen. Narben unter der Spitze des Fruchtknotens eingefügt. Rispe sehr lang, schlaff überhängend. Halm bis $1\frac{1}{2}$ m hoch. **Rauhe Trespe.** *Bromus ramósus.*

2. Rispenachse meist 3kantig. 2 Rispenäste, sind 2 anliegenden Seiten der Achse eingefügt. Daher die Rispe einseitswendig. Blattscheiden meist ganz offen. Narben an der Spitze des Fruchtknotens eingefügt. **Schwingel.** *Festúca.*

° Blatthäutchen länglich, abgerundet. Blätter breitlineal. Rispe groß, zuletzt überhängend, ihre Äste rauh. Untere Spelze unbegrannt. Halm bis $1\frac{1}{4}$ m hoch, an den Blattscheiden rauh. **Wald-Schwingel.** *F. silvática.*

°° Blatthäutchen sehr kurz, gestutzt. Blätter breitlineal, unterseits glänzend dunkelgrün, am Rande sehr rauh. Rispe groß, zuletzt überhängend. Untere Spelze mit langer, geschlängelter Granne. Halm bis $1\frac{1}{2}$ m hoch, an den unteren Blattscheiden rauh. **Riesenschwingel.** *F. gigantéa.*

β) Deckspelze auf dem Rücken gekielt.
1. Deckspelze vorn stumpf, unten auf dem Rücken und am Rande behaart. Rispe zart, locker. Rispenäste dünn, rauh. Blätter, besonders die obere, lang, und dieses meist waagerecht abstehend! Halm bis $\frac{3}{4}$ m hoch. (Abb. 6.) **Hain-Rispengras.** *Poa nemorális.*

2. Deckspelze an der Spitze kurz begrannt. Ährchen meist knäuelig gehäuft. Rispenäste einzeln. Blattscheiden geschlossen. Halm bis $1\frac{1}{4}$ m hoch. **Knäuelgras.** *Dáctylis.*

35. Wie man die Waldgräser an einem einzigen Merkmal wiedererkennt.

1. Ährengräser.

1. Ähre ähnlich einer Getreideähre. **Wald-Haargerste.**
2. Ähre deutlich 4kantig. **Hunds-Quecke.**
3. Ährchen lang und spitz, ähnlich einer Buchenknospe. **Zwenke.**

Pflanzenleben. 71

2. Rispengräser.

A. Auffällig durch die **Farbe der Rispe**.
   1. Blau oder violett. Halm ohne Knoten. **Pfeifengras.**
                                          Nickendes Perlgras.
   2. Braunrot. **Einblütiges Perlgras.**
   3. Fuchsrot. **Wald-Schmiele.**
   4. Bräunlich weiß. **Rasen-Schmiele.**
B. Auffällig durch den **Bau der Rispe**.
   1. Rispe einseitswendig mit aufrechten Ährchen. **Einblütiges Perlgras.**
   2. Rispe einseitswendig mit hängenden Ährchen. **Nickendes Perlgras.**
   3. Rispe mit geknäulten Ährchen. **Knäuelgras.**
   4. Rispe sehr zart, ausgebreitet. **Hain-Rispengras.**
   5. Rispe sehr schmal, wenigährig. **Dreizahn.**
C. Auffällig durch die **Höhe des Halms**, bis $1\frac{1}{2}$ m.
   1. Rispe groß, sehr locker, mit abstehenden, später abwärtsgebogenen, schlängeligen Ästen. **Flattergras.**
   2. Rispe groß, pyramidenförmig, mit waagerecht abstehenden Ästen. **Rasen-Schmiele.**
   3. Rispe groß, ausgebreitet, später überhängend.
      a) Rispenäste 4kantig. Blattscheiden geschlossen. **Trespe.**
      b) Rispenäste 3kantig. Blattscheiden offen. **Schwingel.**
   4. Rispe groß, steif, aufrecht. Pflanze schilfartig. **Reitgras.**
D. Auffällig durch die **weiche Behaarung**.
   Ganze Pflanze, besonders die Blattscheiden weichhaarig. **Honiggras.**
E. Auffällig durch die **großen Bestände**.
   Das Gras überzieht weite Flächen, die namentlich im Sonnenschein rötlich schimmern (Rispenäste geschlängelt!) **Wald-Schmiele.**

36. Waldseggen.
(Vgl. S. 202.)

1. Gleichährige.

I. Pflanzen ohne **Ausläufer**.
   A. **Jedes Ährchen an der Spitze mit Staubblüten** (daher die obersten Spitzen zur Fruchtzeit leer). **Pflanzen horstbildend, grasgrün.**

1. Blütenstand bis 10 cm lang, in unterbrochener Ähre, Ährchen weit voneinander entfernt. Früchte zuletzt aufrecht abstehend. Stengel meist scharf 3 kantig, **Grüne Segge.** rauh, schlaff, bis $^2/_3$ m hoch. Mai—Juni. *Carex divúlsa.*

2. Blütenstand meist dicht, in gedrungener Ähre. Früchte zuletzt sperrig-waagerecht abstehend, am Grunde schwammig-korkig. Blatthäutchen länger als breit. Bis **Dichtährige Segge.** $^2/_3$ m hoch. Mai—Juni. *C. contígua.*

B. **Jedes Ährchen am Grunde mit Staubblüten.**

a) Untere Ährchen weit voneinander entfernt, ihre Deckblätter laubartig, die Ähre überragend.

Hellgrüne, dichte Rasen. Stengel sehr dünn, schlaff, scharf 3 kantig, bis oben hin beblättert, oft überhängend. Blätter schlaff, 2 mm breit, länger als der Stengel, **Entferntährige Segge.** bis $^2/_3$ m hoch. Mai—Juni. *C. remóta.*

b) Ährchen einander mehr oder weniger genähert, ihre Deckblätter kurz, meist nur schuppenförmig, die Ähre nicht überragend.

1. Frucht am Rande geflügelt, mit langem, **Hasensegge.** 2 zähnigem Schnabel. Bis 30 cm. (S. 585.) *C. leporína.*

2. Frucht ungeflügelt, länger als die Spelzen, mit sehr kurzem, 2 zähnigem Schnabel. Ährchen 8—12. Pflanze in festen, grasgrünen Horsten. Stengel schlaff, scharf 3 kantig, rauh, bis 80 cm hoch. Blätter weich und schlaff, stark rauh, bis $^1/_2$ cm breit, so lang wie **Verlängerte Segge.** oder länger als der Stengel. Mai—Juni. *C. elongáta.*

II. Pflanzen mit Ausläufern. Früchte am Rande geflügelt.

1. Ähre gedrängt. Ährchen braun, zu 3—6, meist gerade. Flügelrand der Frucht beginnt etwas über **Wegesegge.** dem Grunde. Bis 45 cm hoch. (S. 585.) *C. praécox.*

2. Ähre locker. Ährchen gelb, meist 5, schwach gekrümmt. Flügelrand der Frucht beginnt am Grunde. Stengel dünn, schlaff, stumpf 3 kantig, zur Blütezeit kürzer als die Blätter, bis 60 cm hoch. Blätter sehr schmal, bis 3 mm breit, schlaff, überhängend, scharf rauh. Oft in Massen. **Zittersegge.** Mai—Juni. *C. brizóides.*

2. Verschiedenährige.

I. **Frucht mit einem deutlichen 2 zähnigen oder 2 spaltigen Schnabel, kahl. Spitze des Stengels mit meist nur einer dünnen Staubähre.**

Pflanzenleben. 73

1. Weibliche Ähren sehr schlank, 2—4 cm lang, entfernt stehend, lang und fein gestielt. Pflanze freudig grün, rasenförmig. Stengel glatt, stumpf 3kantig, bis oben hin beblättert, schlaff, an der Spitze oft überhängend, bis 60 cm hoch. Blätter schlaff, bis 8 mm breit, unterseits mit vorspringendem Mittelnerv. Juni. **Waldsegge.** *C. silvática.*

2. Weibliche Ähren kugelig oder eiförmig, einander genähert, die untere gestielt und etwas entfernter. Pflanzen gelbgrün, rasenförmig. Stengel meist nur im unteren Teil beblättert, glatt, bis $1/2$ m hoch. Blätter gelbgrün, bis $1/2$ cm breit. Früchte sperrig abstehend, aufgeblasen, mit rauhem Schnabel. Mai—Juli. **Gelbe Segge.** *C. flava.*

II. **Frucht ohne Schnabel** oder mit einem kurzen (gestutzten oder ausgerandeten), nicht gespaltenen Schnabel.

A. **Deckblätter nicht scheidig** oder unten sehr kurz scheidig.

a) **Früchte kahl**, höchstens etwas rauh (bei *C. flacca*). Endständige Ährchen männlich, die seitlichen weiblich.

1. Pflanzen graugrün, mit unterirdischen Ausläufern. Stengel stumpf, 3kantig, glatt, bis $1/2$ m (und mehr) hoch. Blätter graugrün, bis 6 mm breit, am Rande rauh. Männliche Ähren meist 2, schmal zylindrisch. Weibliche Ähren 2—3, gedrungener, an langen dünnen Stielen, zuletzt überhängend. April—Juni. **Blaugrüne Segge.** *C. flacca.*

2. Pflanzen hellgelbgrün, ohne Ausläufer. Stengel scharf 3kantig, nur oberwärts rauh, länger als die Blätter, bis $1/2$ m hoch. Blätter hellgrün, bis 3 mm breit, zerstreut behaart, schlaff. Männliche Ähre 1, schmal, von dem untersten Deckblatt überragt. Weibliche Ähren 2—3, eiförmig bis länglich, dichtblütig, an steif aufrechten Stielen. Mai—Juni. **Bleiche Segge.** *C. palléscens*

b) **Früchte behaart.**

α) Deckblätter, wenigstens das unterste, laubartig.

1. Weibliche Ähren kugelig bis eiförmig, meist 3, selten 4—5. (S. 585.) **Pillensegge.** *C. pilulifera*

2. Weibliche Ähren walzlich, 1—2, etwas voneinander entfernt. Männliche Ähre 1, endständig, schlank, Stengel starr aufrecht, stumpf 3kantig, nur unten beblättert, bis $1/2$ m hoch. Blätter graugrün, schmal, aufrecht, etwas rauh. Früchte dicht weißfilzig! Mai—Juni. **Filzige Segge.** *C. tomentósa.*

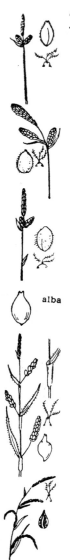

β) Deckblätter trockenhäutig, zuweilen mit laubartiger Spitze.
1. Untere Blattscheiden blutrot. Stengel dünn, starr aufrecht, zur Fruchtzeit überhängend, bis $1/3$ m hoch. Männliche Ähre 1, länglich. Weibliche Ähren 1—2, rundlich, sitzend. Spelzen schwarzbraun, mit hellem Mittelnerv, kürzer als die Frucht. April—Mai.   **Bergsegge.** *C. montána.*

2. Untere Blattscheiden braun. Stengel rauh, zuletzt übergebogen, bis 40 cm hoch. Blätter länger als der Stengel, am Rande scharf rauh. Männliche Ähre dick keulenförmig, gelbbraun. Weibliche Ähren 1—3, länglich, die unterste kurz gestielt. Spelzen rostbraun, mit grünem Mittelnerv. (Unterstes Deckblatt zuweilen laubartig.)   **Schattensegge.** Mai—Juni.   *C. umbrósa.*

3. Untere Blattscheiden braun. Spelzen vorn mit breitem weißen Hautrand, der oft fransig zerschlitzt ist. (S. 586.)   **Heidesegge.** *C. ericetórum.*

B. **Deckblätter langscheidig oder ganzscheidig.**
   a) **Früchte kahl.**
     α) Weibliche Ähren aufrecht, lockerblütig, meist 2.
1. Deckblatt groß, häutig, scheidenförmig, den Stengel und oft auch die weiblichen Ähren ganz einschließend. Stengel dünn, schwachkantig, rauh, bis 40 cm hoch. Blätter 1 mm breit, borstig, zusammengefaltet, scharf rauh, viel kürzer als der Stengel. Spelzen weißlich, glänzend. April—Mai.   **Weiße Segge.** *C. alba.*

2. Deckblatt der untersten Ähre langscheidig, laubblattartig. Stengel fast blattlos, bis $1/2$ m hoch. Blätter bis 1 cm breit, am Rande wimperig behaart. Grundständige Blattscheiden purpurrot. Spelzen grün, braun berandet.   **Behaarte Segge.** April—Mai.   *C. pilósa.*

β) Weibliche Ähren überhängend, dichtblütig, walzenförmig, bis 10 cm lang, meist 4 (bis 7).
Deckblätter der weiblichen Ähren langscheidig, laubblattartig, oft länger als der Blütenstand. Stengel scharf 3 kantig, glatt, bis obenhin beblättert, viel länger als die Blätter, bis $1\frac{1}{4}$ m hoch. Blätter bis 2 cm breit, stark rauh. Männliche Ähre 1, lang, zuletzt bogig überhängend. Juni.   **Hängende Segge.** *C. péndula.*

b) **Früchte behaart.** Weibliche Ähren 2—4, gestielt, fingerförmig gestellt. Ihre Deckblätter langscheidig, rötlich. Spelzen

Pflanzenleben. 75

rotbraun mit grünem Mittelstreifen. Grundständige Blattscheiden purpurrot. Stengel rundlich oder zusammengedrückt, bis $^1/_3$ m hoch. April bis Mai. **Fingersegge.** *C. digitáta.*

37. Waldschachtelhalme.

An schattigen, feuchten oder sumpfigen Waldstellen kann man sehr auffällige Schachtelhalmbestände antreffen. — Schachtelhalme haben einfache oder quirlig verzweigte Stengel mit quirlig gestellten, schuppenartigen Blättern, die zu Scheiden verwachsen sind. Am Ende des Stengels stehen die ährenartigen Fruchtstände; das sind schildartige Blätter, an deren Unterseite die Sporenkapseln sitzen. Fruchttragende und unfruchtbare Stengel können gleichgestaltet sein und gleichzeitig erscheinen, sie können auch verschieden gestaltet sein. (S. 349.)

A. Fruchttragende und unfruchtbare Stengel gleichgestaltet und gleichzeitig. Stengel sehr rauh, meist überwinternd (Name!), mit gefurchten, 2kantigen Leisten, meist einfach, 7—20 Rippen, bis $1^1/_4$ m hoch. Scheiden flachgerippt, walzlich, enganschließend; Zähne mit häutiger Spitze, die abfällt. **Winter-Schachtelhalm.** *Equisétum hiemále.*

B. Fruchttragende und unfruchtbare Stengel verschieden gestaltet.

1. Fruchtbare und unfruchtbare Stengel erscheinen gleichzeitig, Mai bis Juni, bis 60 cm hoch. Fruchttragende Stengel anfangs astlos, später ästig, mit vielen doppelästigen, 4 kantigen Quirlästen. Ästchen 3kantig. Scheiden glockenförmig, mit 4—6 breiten, ungleichen, stumpfen, rötlichen Zähnen. **Wald-Schachtelhalm.** *Equisétum silváticum.*

2. Fruchtbare und unfruchtbare Stengel erscheinen zu verschiedenen Zeiten; die fruchtbaren, meist astlos, sterben nach der Reife ab, sie sind früher da als die unfruchtbaren. Fruchttragende Stengel rötlich, mit genäherten, becherförmigen, an der Spitze tief und vielfach geschlitzten Scheiden. Unfruchtbare Stengel weiß, mit 8kantigen, zu 30 bis 40 quirlig stehenden, zuletzt herabhängenden Ästen. Bis $1^1/_2$ m hoch. Feuchte Waldsümpfe. **Riesen-Schachtelhalm.** *Equisétum máximum.*

3*

38. Die Lichtnot der Pflanzen in Waldschluchten.

Eine Waldschlucht ist lichtarm. Die Pflanzen leiden unter Lichtnot. Die Stämme der Bäume werden übermäßig lang und bleiben bis hoch hinauf astfrei. Die Pflanzen unter dem Kronendach suchen sich in einen möglichst großen Lichtgenuß zu setzen. Das erreichen sie auf folgende Weise: Die Sträucher gehen in die Breite und bilden Blattmosaik, S. 347. — Krautpflanzen schießen in die Höhe, um in belichtetere Bereiche zu gelangen (Geißbart, Engelwurz, Laserkraut usw. — Sie bilden schirmartige Blütenstände (Doldenpflanzen). — Auch Bodenpflanzen bilden Blattmosaik.

39. Waldpflanzen zeigen die Güte des Bodens an.

1. Der Boden ist gut.

Boden: Mulliger Waldhumus, der neutral bis schwach sauer reagiert.

Pflanzen in haubaren Beständen: Sauerklee, Waldmeister, Bingelkraut, Springkraut; hohe Gräser: Flattergras, Riesenschwingel, Waldzwenke, Rohr-Reitgras.

2. Der Boden ist mittelmäßig.

Boden: Übergang vom Mullhumus zum Rohhumus.

Pflanzen in haubaren Beständen: Heidelbeere, Himbeere, Schlängelige Schmiele, Moose: Frauenhaar, Gabelzahnmoos, Hainmoos.

3. Der Boden ist dürftig.

Boden: Rohhumus und Bleichsand.

Pflanzen in lichten Beständen: Kleiner Ampfer, Schlängelige Schmiele, Heidekraut, Schlafmoos, Hainmoos, Gabelzahnmoos, Strauchflechten.

40. Pflanzengesellschaften des Buchenwaldes.

Der Buchenwald kommt auf vielerlei Gesteinsarten vor: Basalt, Kalk, Sandstein, Tonschiefer, Granit und kristallinischen Schiefern. Daher ist die Krautpflanzendecke des Buchenwaldbodens sehr verschiedenartig. Auf Buntsandsteinböden finden wir ganz andere Pflanzengesellschaften als auf Muschelkalkböden. Es ist daher nicht möglich, eine für sämtliche Buchenwälder kennzeichnende Pflanzengesellschaft anzuführen.

Pflanzenleben. **77**

Kennzeichnend für den schattigen Buchenwald ist das Überwiegen der Frühblüher, die ihre Entwicklung vor der Belaubung abschließen. An Sommerblumen ist der Buchenwald arm.

Als Buchenbegleiter können gelten:

Gehölze: Großblättrige Linde, Bergahorn, Süßkirsche, Elsbeere, Efeu, Heckenkirsche, Schwarzer Holunder, Stechpalme, Liguster, Seidelbast, Hainbuche, Traubeneiche.

Frühblüher: Leberblümchen, Buschwindröschen, Lerchensporn, Weiße Pestwurz, Immergrün, Lungenkraut, Hohe Primel, Haselwurz, Seidelbast, Aronstab, Frühlingsknotenblume, Bärenlauch. Platterbse, Maiblume, Waldmeister.

Sommerblumen: Akelei, Christophskraut, Zahnwurz, Waldveilchen, Schwarze Platterbse, Sanikel, Hexenkraut, Waldlabkraut, Teufelskralle, Hain-Felberich, Blasser Fingerhut, Purpur-Knabenkraut, Grünliche Kuckucksblume, Rotes Waldvöglein, Nestwurz.

Gräser: Wald-Haargerste, Waldschwingel, Einblütiges Perlgras.

Seggen: Hängende Segge; Simsen: Waldsimse.

41. Pflanzengesellschaften des Eichenwaldes.

Die Eiche ist durch zwei Arten vertreten: die Traubeneiche und die Stieleiche. Beide gehören zu den anspruchsvolleren Gehölzen. Die Stieleiche ist die bescheidenere, sie hält die Talgebiete der Norddeutschen Tiefebene und die Hügelgebiete besetzt. Die Traubeneiche bevorzugt das Hügel- und Bergland.

Beide Eichen sind Lichtbäume und werfen längst nicht so viel Schatten wie die Buche. Sie lassen daher einen reichen Unterwuchs hochkommen.

Auch die Eiche kommt (wie die Buche) auf verschiedenen Böden vor: auf Sandstein sowohl als auch auf Kalk. Ihre Pflanzengesellschaften zeigen daher ein wechselndes Bild. Eine allgemeingültige Pflanzengesellschaft kann nicht angeführt werden.

Als Eichenbegleiter können gelten:

Gehölze: Winterlinde, Wildapfelbaum, Vogelbeere, Traubenkirsche, Feldulme, Spitzahorn, Weißdorn, Wildrosen.

Frühblüher: Buschwindröschen.

78 Im Laubwald.

Frühlings- und Sommerblumen: Maiglöckchen, Schattenblume, Salomonssiegel, Vielblütige Weißwurz, Hainwachtelweizen, Wiesenwachtelweizen, Waldmeister, Vogelwicke...

Gräser: Hain-Rispengras, Schlängelige Schmiele, Waldzwenke, Nickendes Perlgras, Flattergras, Knäuelgras, Weiches Honiggras.

42. Speisepilze.

Das Wanderbuch bringt nur die häufigsten und wichtigsten Speisepilze und die Giftpilze. Farbtafeln zur Veranschaulichung wurden absichtlich nicht genommen, da die Pilze in der Farbe sehr veränderlich sind. Wohl ändert auch die Form ab, sie ist jedoch zur Kennzeichnung sicherer als die Farbe.

Wer einen Pilz nach diesem Wanderbuche bestimmen will, vergleiche zunächst seine Form mit den Abbildungen. Ist eine Übereinstimmung mit einer der Abbildungen vorhanden, so ziehe man die Beschreibung zu Rate. (S. 454.)

I. **Blätterpilze**: Sie tragen an der Unterseite des Hutes feine, blattartige Gebilde (Blätter oder Lamellen), die wie die Speichen eines Rades vom Hutrand bis an den Stiel laufen.

Unter den Blätterpilzen sind die gefährlichsten Giftpilze (Knollenblätterpilze). Man sammle daher nur solche Pilze, die man sicher als Speisepilze kennt.

1. Dottergelb. Hut 3—8 cm breit, fleischig, erst gewölbt, dann trichterförmig, mit krausem Rande. Stiel 3—6 cm hoch, unten dünner. Blätter am Stiel herab- **Pfifferling,** laufend. In Birken- und Nadelwäldern. **Eierschwamm.** Juni bis August. (Abb. 1.) *Cantharéllus cibárius*

Duft: angenehm; Geschmack: schwach beißend, etwas nach Pfeffer.

Ähnlich: Falscher Pfifferling, *C. aurantíacus*. Mennigrot, Hut kleiner, in der Mitte wenig vertieft, am Rande nicht gewellt.

2. Hut 6 bis 12 cm breit; in der Jugend halbkugelig, durch eine derbe weiße Hüllhaut geschlossen; später ausgebreitet, flach. Blätter erst weißlich, dann rötlich, rosa, zuletzt braunschwarz. Stiel bis 13 cm hoch, hohl, oben mit Ring. Duftet stark nach Anis. In Laub- und Nadel- **Schaf-Champignon.** wäldern. Juni bis Oktober. (Abb. 2.) *Psallióta arvénsis.*

Ähnlich: Feld-Champignon, Egerling, *Ps. campéstris.* Hut dicker, Stiel voll, niedriger. Wächst auf Viehweiden, Wiesen, Äckern, in Gärten und Mistbeeten — nicht in Wäldern.

Beachte: Der Schaf-Champignon wird leicht mit dem weißen und dem gelben Knollenblätterpilz verwechselt, weil alle drei an denselben Örtlichkeiten vorkommen. Vorsicht! (Unterscheidung S. 88.)

3. Hut bis 30 cm breit, graubraun, mit dachziegelartigen, faserigen Schuppen, in der Mitte mit Buckel. Blätter weiß. Stiel dünn, schlank, oft weit über 30 cm hoch, braun gefleckt, rauh, oben mit verschiebbarem Ring. Junger Pilz hat die Form eines Trommelschlegels. Auf lich- **Großer Schirmpilz.** ten Waldplätzen, Waldwiesen, Triften. **Parasolpilz.** Juni bis November. (Abb. 3.) *Lepióta procéra.*

Ähnlich: Safran-Schirmpilz, *L. rhacódes.* Mit großen Hutschuppen und glattem Stiel. Stiel (nach Schnitt!) innen rötlich.

4. Hut bis 15 cm breit, anfangs gelb, später braun, namentlich in der Mitte mit dunkelbraunen, haarigen Schuppen. Blätter weiß, später gelblich, bräunlich. Stiel bis 20 cm hoch, hohl, oft verbogen, oben mit Ring. In Laub- und Nadelwäldern, auf faulendem Holz, auch an lebenden Bäumen, sehr häufig in dichten Büscheln. August bis No- **Hallimasch.** vember. (Abb. 4.) *Armillária méllea.*

5. Milchlinge sind daran kenntlich, daß bei Verletzungen weiße oder farbige Milch fließt, meist sehr stark. Unter ihnen gibt es zahlreiche Speisepilze, jedoch auch ungeneßbare und giftige. Man unterscheidet sie leicht auf **Milchlinge.** folgende Weise: (Abb. 5.) *Lactariae.*

a) Milchlinge mit weißer Milch.
Eßbar: wenn die Milch mild und angenehm schmeckt.
Zu meiden: wenn die Milch scharf, brennend schmeckt.

b) Milchlinge mit farbiger Milch.
Eßbar: wenn die Milch rot gefärbt ist.
Zu meiden: wenn die Milch gelb oder violett gefärbt ist. Bei der Geschmacksprobe betupfe man die Zunge mit etwas Milch; die Probe ist ungefährlich, auch bei den ungenießbaren oder giftigen Milchlingen.

Pflanzenleben. 81

II. **Röhrenpilze.** Sie tragen an der Unterseite des Hutes eine Schicht mit vielen sehr feinen Röhren, die sich ohne Verletzung leicht ablösen läßt. Von den Röhrenpilzen sind die zu meiden, die an der Unterseite der Röhrenschicht rosa oder rot gefärbt sind oder bei denen der kräftige, nach unten sich verdickende Stiel eine lebhaft rot gefärbte Netzaderung zeigt. Alle anderen (mit weißer, grauer, gelber, grüner Unterseite sowie alle mit einem Ring um den Stiel) sind eßbar.

1. Hut bis 20 cm breit und darüber, halbkugelig, kahl, hell- oder dunkelbraun. Röhren gelb, später grünlich. Fleisch weiß. Stiel bis 15 cm hoch, voll, in der Jugend dick und knollig, später mehr walzig, netzförmig gerippt, weißlich- braun. In Laub- und Nadelwäldern.   **Steinpilz.** Mai bis Oktober. (Abb. 9.)   *Bolétus edúlis.*

Im Buchenwald: der Pilz kommt weiß aus der Erde und färbt sich allmählich gelbbraun.

Im Kiefernwald: der Pilz kommt ebenfalls weiß aus der Erde und färbt sich dunkelbraun wie verwitterter Sand- stein; Hut verbeult.

Im Eichenwald: der Pilz kommt dunkel aus der Erde und färbt sich schwarzbraun bis schwarz, hat dunklen Stiel und im Alter rötlichen Schimmer an der Unterseite.

Ähnlich: Dickfußröhrling, *B. pachypus* und Gallen- röhrling, *B. félleus.* Siehe unter Giftpilze.

2. Hut 5—12 cm breit, nach Standort verschiedenfarbig: dunkelbraun, rotbraun, graubraun, grau, weißgrau; an- fangs halbkugelig gewölbt, später flach. Röhren anfangs weiß, dann grau, Röhrenschicht vom Stiel scharf abgesondert. Stiel schlank, bis 20 cm hoch, weiß mit schwärzlichen Schuppen, rauh. In Birkenwäldern. Juni   **Birkenpilz.** bis Oktober. (Abb. 10.)   *Bolétus scaber.*

Ähnlich: Rothäubchen, *B. rufus.* Hut größer, rot, braun oder orange; Oberhaut am Rande umgeschlagen. Stiel dicker und stärker beschuppt. In Nadel- und Birken- wäldern. Juni bis Oktober.

3. Hut 5—12 cm breit, mit dickem, bräunlichem Schleim; wenn trocken: braungelb, gelb oder gelbgrün. Röhren erst buttergelb, dann schmutziggelb oder braungelb. Stiel bis 10 cm hoch, oben mit Ring, oberhalb des Ringes mit feinen

82   Im Laubwald.

gelben oder braunen Punkten. Auf Waldwegen und Waldwiesen, in jungen Kiefernbeständen. **Butterpilz.**
Juni bis Oktober. (Abb. 11.) *Bolétus lúteus.*

Ähnlich: Schmerling, *B. granulátus.* Hut kleiner, rotgelb, mit schmierigem Schleim; Röhren hellgelb, später
braungelb; Stiel ohne Ring, oben mit braunen Pünktchen.
Standort wie Butterpilz. Juni bis Oktober.

Schöner Röhrling, *B. élegans.* Hut lebhaft goldgelb,
mit dickem Schleim. In der Jugend an der Unterseite mit
gelbem Schleim. Röhren gelb, später braun. Stiel mit Ring,
oben gelb punktiert. In Laub- und Nadelwäldern. Achte
darauf, ob in der Nähe eine Lärche steht! Häufiger Begleiter der Lärche. Juni bis Oktober.

4. Hut 6—12 cm breit, gelbbraun, bei feuchtem Wetter schleimig; anfangs gewölbt, später in der Mitte muldenartig vertieft, sehr biegsam, ohne zu brechen. Röhren sehr weit
und eckig, erst weißgelb, dann graugelb, zuletzt braungelb.
Stiel bis 10 cm hoch, gelblich. In Nadelwäldern und auf
sandigen Waldwegen. Juli bis Oktober. **Kuhpilz.**
(Abb. 12.) *Bolétus bovínus.*

Ähnlich: Sandpilz, *B. variegátus.* Hut braungelb, meist
trocken, mit haarigen dunklen Schüppchen. Röhren sehr
fein, braungelb. Stiel walzig, heller als der Hut. In sandigen
Nadelwäldern.

5. Hut 6—12 cm breit, kastanienbraun, anfangs halbkugelig,
später flach und am Rande aufgebogen. Röhren mit eckiger
Mündung, graugelb, später braungelb, färben bei Finger-
druck sofort dunkelgrün. Stiel bis 10 cm hoch, gelbbraun,
hell bereift. In Nadel- und Laub- **Maronenpilz.**
wäldern. Juni bis Oktober. (Abb. 13.) *Bolétus bádius.*

Ähnlich: Steinpilz, *B. edúlis.*

III. **Stachelpilze:** Sie tragen an der Unterseite eine Schicht von
Stacheln. Alle Stachelpilze sind ungiftig.

1. Hut 6—20 cm breit, mit dunkelbraunen, ringförmig an
geordneten Schuppen (die eine gewisse Ähnlichkeit mit einem
Vogelgefieder haben: Habicht). Unterseite dicht besetzt mit
weichen, rehbraunen Stoppeln, die noch etwas am Stiel
herablaufen (und einem Rehfell ähneln). In trockenen Nadel
wäldern, meist gesellig, in Reihen oder **Habicht-**
in Kreisen. August bis November. **oder Rehpilz.**
(Abb. 16.) *Hýdnum imbricátum*

Ähnlich: Der schwarze Schuppenröhrling, *Strobilomýces strobiláceus*. Schuppen schwärzlich, dicht und flockig. Unterseite mit Röhren, deren Mündung graugrün. Fleisch beim Zerbrechen rotbraun, zuletzt schwärzlich.

2. Hut 5—15 cm breit, in der Jugend rotgelb oder dottergelb, später semmelgelb, am Rande gelappt. Oberfläche gebuckelt. Unterseite dicht besetzt mit weichen, gelben Stoppeln, die noch etwas am Stiele herablaufen. In Nadel- und Laubwäldern, meist gesellig, oft in langen Reihen oder in Ringen. Nahe zusammenstehende Pilze, oft mit den Hüten, gelegentlich auch mit den Stielen verwachsen. Juli bis Spätherbst. (Abb. 17.)

Stoppelpilz, auch Semmelpilz. *Hýdnum repándum.*

IV. **Morcheln und Lorcheln:** Sie besitzen einen Stiel mit vertieften Gruben und eine vielfach gefaltete, krause Mütze oder einen spitzen Hut. Alle Morcheln und Lorcheln sind nach kurzem Abbrühen eßbar.

1. Hut rundlich-eiförmig, 5—15 cm hoch, hohl, ockergelb bis braun, mit tiefen, faltigen Gruben. Stiel bis 10 cm hoch, hohl. An Waldrändern, auf Waldlichtungen und Gebirgswiesen, auch in Gärten und Parkanlagen. Ende März bis Juni (zuweilen im Herbst), nach warmen Regenfällen. (Abb. 18.)

Speise-Morchel. *Morchélla esculénta.*

2. Hut 4—8 cm hoch, kegelförmig, spitz, hohl, gelbbraun bis dunkelbraun, auf der Oberfläche mit zahlreichen wabenartigen, tiefen Gruben. Stiel bis 6 cm hoch, hohl. In Nadel- und Mischwäldern, auf Bergwiesen und Holzschlägen, auch in Gärten. Ende März bis Juni, nach warmen Regenfällen.

Spitzmorchel. *Morchélla cónica.*

3. Hut hohl, bis 8 cm im Durchmesser, sehr unregelmäßig gefaltet, wie Darmwindungen, hellbraun bis kaffeebraun. Stiel bis 10 cm hoch, mit Kanten, Falten, Gruben und Höckern. In Nadelwäldern, an Gräben und Wegrändern. März bis Mai, selten im Herbst. Lorchel ist giftig! Unter allen Umständen ist die Brühe wegzuschütten. (Bei anderen Pilzen nicht!) (Abb. 19.)

Speise-Lorchel. *Gyromítra esculénta.*

V. **Stäublinge:** Kugelige, eiförmige oder birnförmige Gebilde von sehr verschiedener Größe (wie Haselnuß, Walnuß, Kartoffel Kegelkugel und noch größer). In der Jugend innen fest und weiß, im Alter mit großen Mengen grünschwarzen Staubes an

gefüllt, der aus einer Öffnung oben auf dem Pilz in dichten Wolken austritt. Die Stäublinge (Boviste) sind eßbar, solange sie noch jung sind und beim Durchschneiden eine gleichmäßig weiße Fläche zeigen. Der Kartoffelbovist zeigt eine schwarze Schnittfläche, er ist zu meiden. (S. 141.)

Stäublinge (im engeren Sinne): Oben auf dem Pilz bildet sich zur Zeit der Reife eine runde Öffnung, aus der der Staub (Pilzsporen) entweicht.

Boviste: Die Haut platzt unregelmäßig auf, wenn die Sporen reif sind.

1. Form einer dickbauchigen Flasche, deren Hals im Boden steckt; bis 15 cm hoch. Oberhaut dicht mit zerbrechlichen Stacheln besetzt und mehligen Körnchen überpudert. Das Innere in der Jugend weiß (solange eßbar), später olivbraun und breiig, zuletzt mit dichten dunklen Staubmassen angefüllt, die durch eine runde Öffnung am Scheitel entweichen. In Wäldern, auf Heiden und Triften. Juni bis November. Der trockene, noch nicht vollständig entleerte Flaschenstäubling. Pilz überdauert den Winter. (Abb. 20.) *Lycopérdon gemmátum.*

2. Birnförmig, bis 8 cm hoch, gelbbraun bis dunkelbraun. Oberhaut feinrissig gefeldert. Solange das Innere weiß, genießbar. Staub entweicht durch eine runde Öffnung am Scheitel. In Wäldern und Gebüsch an alten Baumstümpfen, meist truppweise. Juli bis Oktober. Die entleerte trockene Hülle überdauert Birnenstäubling. oft den Winter. (Abb. 21.) *Lycopérdon piriforme.*

3. Eiförmig oder kegelförmig, bis 20 cm hoch und 15 cm breit, mit kurzem Fuß. Oberhaut anfangs weiß und glatt, dann mit zahlreichen, pyramidenförmigen Warzen, im Alter glatt und bräunlich. Solange das Innere weiß, eßbar. Staub entweicht durch eine runde Öffnung am Scheitel. An Waldrändern, auf Wiesen, Triften und Brachäckern. Im Sommer und Herbst. Die entleerten Pilze über- Hasenstäubling. dauern den Winter. (Abb. 22.) (S. 456.) *Lycopérdon caelátum.*

4. Rund, von der Größe einer Kegelkugel, zuweilen 50 cm Durchmesser, 1—9 kg schwer. Ohne Stiel. Oberhaut anfangs weißlich und glatt, später gelblich und rissig; löst sich ab; nun wird die innere Hülle frei, die bei der Reife am Scheitel aufplatzt. Solange das Innere weiß, eßbar. In Gebüsch, auf Triften, Viehweiden und Riesenstäubling. Brachäckern. Mai bis Oktober. (Abb. 23.) *Lycopérdon bovísta.*

Pflanzenleben. 87

5. Eiförmig, bis 5 cm im Durchmesser. Ohne Stiel. Oberhaut glatt, pergamentartig, weiß, löst sich bei der Reife des Pilzes ab; darunter die innere Hülle, erst weiß und glatt, später braun bis schwarz. Solange das Innere weiß, eßbar. Sporen entweichen durch eine gefranste Öffnung am Scheitel. Auf Weiden und Triften. Oft herdenweise. Sommer bis Herbst. (Abb. 24.) (S. 455.)   **Eierbovist.** *Bovista nigréscens.*

VI. **Strauchpilze:** Sie sehen aus wie winziges Strauchwerk oder besser noch wie Korallenstöcke in mancherlei Farben. Alle Strauchpilze sind unschädlich.

1. (Auch: Hahnenkamm, Hirschschwamm, Korallenpilz.) Aussehen: wie lebhaft gefärbte Korallenstöcke. Gelbe, rötliche oder weiße strauchartige Pilze von 5—20 cm Höhe. In Laub- und Nadelwäldern meist gesellig, in Reihen oder Ringen. Juni bis Herbst. (Abb. 6.)   **Ziegenbärte.** *Claváriae.*

2. (Auch: Ziegenbart, Pilzkönig.) Aussehen: wie ein braungelber großer Badeschwamm. 10—20 cm hoch, 15—30 cm breit, 2—5 kg schwer. Oberfläche mit zahlreichen krausen Windungen und Lappen. In Kiefernwäldern, meist einzeln, an alten Baumstämmen. August bis Oktober. (Abb. 7.)   **Krause Glucke.** *Sparássis ramósa.*

3. Aussehen: in der Jugend wie eine kleine Trompete, später mehr wie ein Füllhorn mit lappigem Rand. 5—20 cm hoch, aschgrau oder blaugrau. In Laub- und Nadelwäldern, an feuchte Stellen, truppweise. August bis November. (Abb. 8.)   **Totentrompete.** *Crateréllus cornucopioídes.*

VII. **Becherpilze:** Sie sitzen ohne Stiel in Form von kleinen Bechern oder Schüsseln auf der blanken Erde, meist in Gruppen zusammen. Ihre Farbe ist rot, orange, gelb, blau, grau oder weiß. Alle Becherpilze sind unschädlich.

1. Aussehen: wie kleine Schüsseln. 1—10 cm breit, leuchtend rot oder gelb, dünnfleischig. In Wäldern, an Gräben und auf Feldwegen, am liebsten auf Waldwegen, truppweise. Frühjahr bis Herbst. (Abb. 14.)   **Orange-Becherpilz.** *Peziza aurántia.*

2. Aussehen: wie ein längliches Ohr. 3—10 cm hoch, 2—5 cm breit, fleischfarben, zerbrechlich. In Laub- und Nadelwäldern, truppweise. Sommer bis Herbst. (Abb. 15.)   **Hasenohr.** *Peziza leporína.*

43. Giftpilze.

1. **Stiel:** unten knollig verdickt, mit einer weit abstehenden Scheide umgeben; oben meist ein zarthäutiger weißer Ring.

   Unterseite des Hutes: Blätter (Lamellen) rein weiß.

   Oberseite des Hutes: olivgrün, in der Mitte meist dunkler als am Rande; spielt auch ins Grau-, Gelb- und Braungrün; ohne Warzen, völlig kahl. Geruch unangenehm.

   Giftwirkung: frühestens 9 Stunden nach dem Genuß, meist tödlich; gefährlichster Giftpilz; sehr häufig, wird leicht mit anderen Pilzen verwechselt. (Abb. 25.)

   Grüner Knollenblätterpilz. *Amanita phalloides.*

2. **Stiel:** wie bei voriger Art.

   Unterseite des Hutes: wie bei voriger Art. Geruch süßlich.

   Oberseite des Hutes: weiß, meist kahl.

   Giftwirkung: wie bei voriger Art.

   Weißer oder Frühlings-Knollenblätterpilz. *Amanita verna.*

3. **Stiel:** unten kugelig verdickt, mit Scheide; oben meist ein zarter weißgelblicher Hautring.

   Unterseite des Hutes: wie bei den vorigen Arten.

   Oberseite des Hutes: gelblich, gelblichgrün oder gelblichweiß; meist mit gelblichen Warzen, die leicht abzuwischen sind. Riecht nach Kartoffeltrieben.

   Giftwirkung: wie bei voriger Art.

   Gelber Knollenblätterpilz. *Amanita mappa.*

4. **Stiel:** unten knollig verdickt, oben mit einem gelblichen oder weißen Hautring.

   Unterseite des Hutes: Blätter (Lamellen) weiß oder gelblich.

   Oberseite des Hutes: leuchtend rot, mit weißen Fetzen oder Warzen auf der klebrigen Haut. (Märchenpilz!)

   Giftwirkung: sehr giftig! (Abb. 26.)

   Fliegenpilz. *Amanita muscária.*

5. Ein Pilz, der erst seit kurzem als sehr gefährlicher Giftpilz erkannt wurde. Hauptmerkmal: sehr veränderlich in der Färbung, kann sowohl rein weiß als auch mit gelben und rötlichen Tönen vorkommen; die Verfärbung ins Rote zeigt sich fast immer. In der Jugend selbst mit dem Egerling zu verwechseln, da er auf der Unterseite auch rötlich sein kann. Hut bis 6 cm breit, kegelig-glockig. Rand erst ein-, dann abgebogen, oft eingerissen. (Name!) In lichten Laubwäldern, meist unter Buchen, immer

gesellig; auch in Parkanlagen und Gärten. Hauptsächlich im Mai und Juni. (Nach Angabe von Herrn Quilling, Frankfurt: häufig im Frankfurter Stadtwald.) (Abb. 27—29.)

Ziegelroter Rißpilz.
Inócybe laterária.

6. **Stiel:** unten dickbauchig; unten dunkelrot, oben gelb; Oberfläche rot oder gelb geädert.

Unterseite des Hutes: Mündungen der Röhren blutrot oder orange; durch Druck werden sie dunkelblau.

Oberseite des Hutes: lederartig, grauweiß bis graubraun.

Giftwirkung: sehr giftig!

Beachte: Fleisch weißlich, läuft beim Durchschneiden blau an. (Abb. 30.)

Satanspilz.
Bolétus sátanas.

7. **Stiel:** erst dickknollig, dann keulenförmig, zuletzt mehr walzig; unten rot, oben gelb oder gelbgrün; mit einem roten oder gelben Adernetz überzogen.

Unterseite des Hutes: Mündungen der Röhren gelb oder graugelb, im Alter grünlich; laufen bei Druck blaugrün an.

Oberseite des Hutes: lederartig, trocken, hell graubraun oder graurot, in der Jugend filzig, später kahl.

Giftwirkung: giftig! Geschmack bitter.

Beachte: Röhren-Pilze mit roten Stielen und roter Unterseite des Hutes lasse man stehen, dann ist man vor dem Satanspilz und dem Dickfuß-Röhrling gesichert. (Abb. 31.)

Dickfuß-Röhrling.
Bolétus páchypus.

Für Schulen.

Die Knollenblätterpilze sind die gefährlichsten aller Giftpilze. Durch ihren Genuß erfolgen die häufigsten und schwersten Vergiftungen. Darum sollte in allen Schulen jedes Kind diese Pilze kennenlernen.

Regeln für Pilzsammler.

1. Sammle nur solche Pilze, die du sicher kennst.

2. Merke dir die giftigen Pilze sehr genau, vor allem die gefährlichen Knollenblätterpilze.

3. Sammle nur solche Pilze, die noch gut erhalten sind; jungen Pilzen gib den Vorzug. Ein Schnitt mit dem Messer zeigt, ob Stiel und Hut madenfrei sind.

4. Pilze, die dir nicht zusagen, zertritt nicht mit dem Fuß.

5. Reiß den Stiel nicht aus dem Boden, sondern drehe ihn gelind heraus, damit die unterirdischen Teile nicht beschädigt werden.
6. Netze, Rucksäcke und Taschen sind zum Transport ungeeignet. Nimm Körbe oder Pappschachteln!
7. Nach der Rückkehr vom Sammeln reinige die Pilze sofort und bereite sie zu. Willst du sie über Nacht aufbewahren, so lege sie in einem kühlen Raum auseinander mit dem Stiel nach oben, ohne daß sie sich berühren.

Literatur:

Gramberg, Die Pilze der Heimat. 2 Bände. 116 farbige Tafeln. Verlag Quelle & Meyer, Leipzig.

E. Michael, Führer für Pilzfreunde. Neubearbeitet von R. Schulz. 3 Bände mit 386 farbigen Tafeln. Quelle & Meyer, Leipzig.

L. Klein, Gift- und Speisepilze und ihre Verwechselungen. Mit 96 Tafeln. Verlag Winter, Heidelberg. Taschenformat.

L. Hinterthür, Praktische Pilzkunde. Mit 140 Abb. Verlag Amthor, Braunschweig. Taschenformat.

44. Pilze leben in Symbiose mit den Waldbäumen.

Jedem Pilzsammler ist bekannt, und dem Anfänger fällt es bald auf, daß gewisse Pilze mehr im Laubwald, andere mehr oder nur im Nadelwald vorkommen, daß einzelne sogar immer nur in der Nähe bestimmter Baumarten am ehesten gefunden werden.

Beispiele: Birkenpilz gern unter Birken, Schöner Röhrling häufiger Begleiter der Lärche (man könnte ihn Lärchenpilz nennen).

Im Nadelwald: Butterpilz, Kuhpilz, Habichtpilz, Speiselorchel, Krause Glucke . . .

Im Birkenwald: Birkenpilz, Fliegenpilz.

In Laub- und Nadelwäldern: Steinpilz, Pfifferling, Schaf-Champignon, Hallimasch, Stoppelpilz . . .

Wie ist dieses Verhalten zu erklären?

Die Pilze leben in Symbiose mit den Waldbäumen. Symbiose = Gesetzmäßiges Zusammenleben verschiedenartiger Pflanzen (und Tiere), die sich dabei wechselseitig Nutzen bringen und aneinander angepaßt sind. Die Symbiose zwischen Pilzen und Waldbäumen heißt Mykorrhiza (Pilzwurzel, Mykor-Pilz, Rhiza-Wurzel). Eingehende Untersuchungen ergaben:

Pilzart:	Mykorrhizabildung bei den Baumarten:
Maronenpilz, *Boletus badius*	Gemeine Kiefer
Schmerling, *Boletus granulatus*	Gemeine Kiefer, Bergkiefer
Sandpilz, *Boletus variegatus*	Gemeine Kiefer, Bergkiefer, Lärche
Butterpilz, *Boletus lutesus*	Gemeine Kiefer, Bergkiefer, Lärche
Schöner Röhrling, *Boletus elegans*	Lärche
Birkenpilz, *Boletus scaber*	Birke, Espe
Rothäubchen, *Boletus rufus*	Birke, Espe
Fliegenpilz, *Amanita muscaria*.	Birke, Lärche, Kiefer, Fichte.

45. Windfrüchte der Waldbäume.

(Seite 93.)

1. Bergahorn. 2. Spitzahorn. 3. Esche. 4. Linde. 5. Ulme. 6. Pappel. 7. Birke. 8. Hainbuche. 9. Weide. Beobachte ihre Verbreitung!

46. Laubverfärbung im Herbst.

Die Laubverfärbung im Herbst ist eine der schönsten Erscheinungen des deutschen Waldes.

1. Schaue von einem erhöhten Platz aus, der einen Überblick gestattet, auf ein größeres Waldstück und unterscheide: **Laubwald bunt** — **Nadelwald einfarbig grün.** Im Laubwald: **Waldinneres einfarbig** — **Waldrand bunt.** Buchenwald anders verfärbt als Eichenwald, Mischwald am buntesten. Wie erklären sich diese Verschiedenheiten?

2. Beobachte ein einzelnes Blatt, wie es sich verfärbt! Wähle Roßkastanie und Spitzahorn!

   a) Blatt der Roßkastanie: Die Vergilbung beginnt meist am Blattrande und schreitet nach innen fort. Ebenso erfolgt hinter der Vergilbung her die Vertrocknung.

   b) Blatt des Spitzahorns: Die Vergilbung erfolgt meist von innen nach außen, die danach einsetzende Vertrocknung jedoch umgekehrt von außen nach innen.

   Ergebnis: Die Vergilbung erfolgt also von außen nach innen oder von innen nach außen — die Vertrocknung jedoch immer von außen nach innen.

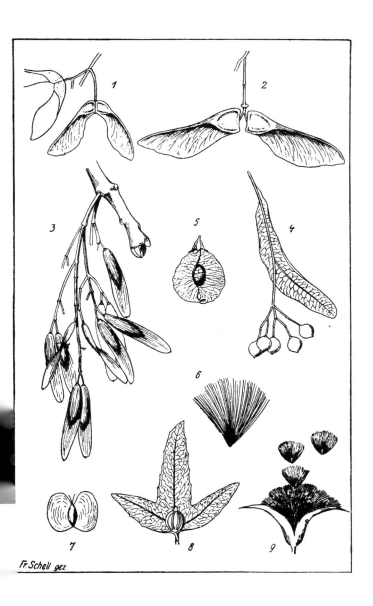

94   Im Laubwald.

Überlege: Ehe der Baum das Blatt nach der Vertrocknung
fallen läßt, zieht er die noch darin vorhandenen Nährstoffe
durch die Leitungsbahnen (Adernetz!) ein. Nehmen wir an,
die Vertrocknung erfolgte in der Mitte des Blattes, die Haupt-
ader trocknete zuerst ein, so wäre der Weg versperrt.

3. Die Gelbfärbung: Das Chlorophyll (das ist der grüne Farbstoff
in den Blattzellen) zersetzt sich. Die wertvollen Stoffe werden in
den Stamm zurückgezogen, ehe das Blatt abfällt; es bleibt eine
gelbliche, zerflossene Masse in der Zelle zurück.

4. Die Rotfärbung: Wenn aus Blaukraut (Rotkraut) Salat zubereitet
wird, gießt man etwas Essig dazu. Sofort färbt sich das Blaukraut
rot. Mit dieser Küchenerfahrung ist der Vorgang der Rotfärbung
im herbstlichen Wald zu erklären. In der Zelle des Blattes tritt
im Herbst ein blauer Farbstoff auf (das Anthozyan), derselbe,
der im Rotkraut vorhanden ist. Je nachdem nun die Blattzellen
Säuren enthalten, tritt eine stärkere oder schwächere Rotfärbung
ein. So behalten manche Blätter ihr ursprüngliches Gelb, andere
färben sich orange, hellrot, dunkelrot oder violett. Die Färbung
hängt ab von der Anwesenheit oder dem Fehlen von Zellsäuren
und Anthozyan.

5. Welche Verfärbung zeigen die einzelnen Bäume und Sträucher?
Buche — braungelb, Birke — hellgelb, Ahorn — sattgelb, Zitter-
pappel — orange, Eiche — graubraun. Die bestandbildenden
Bäume zeigen also die gelbe Farbe.

Wo ist das Rot? — Am Waldrand, dort sehen wir es an drei
verschiedenen Sträuchern: Traubenkirsche, Hartriegel, Pfaffenhütlein.

Neuerdings wird auch viel Roteiche angepflanzt, ihre Blätter
färben sich leuchtend rot (S. 24 u. 738).

Literatur:

H. Molisch, Botanische Versuche ohne Apparate. Jena, Fischer.
200 S.

47. Blattfall im Herbst.

1. Wer wirft das viele Blattwerk von den Bäumen? Der Herbststurm
kann es nicht sein — denn die Gewitterstürme im Sommer haben
es auch nicht vermocht. Versuche ein Blatt von einem noch grünen
Baume abzureißen — der Blattstiel sitzt fest. Probiere dasselbe
mit einem vergilbten Blatt an einem Baume, der schon angefangen
hat, das Laub fallen zu lassen — es sitzt lose. Ergebnis: Die
Ursache muß also im Baume selbst liegen.

2. Diese Abbildung verdeutlicht den Vorgang des Blattfalls. Am Grunde des Blattstieles bildet sich eine frische Zellschicht, die Trennungsschicht. Hier lockert sich das Gewebe, der Wind beschleunigt den Blattfall. Die Wunde wird durch eine Korkschicht geschlossen. Auf der Narbe sind die Gefäßbündelspuren (Saftleitungsbahnen) zu sehen. Manche Bäume und Sträucher sind im Winter an den Besonderheiten dieser Blattnarben zu erkennen.

3. Die Entlaubung geht nicht bei allen Bäumen gleichartig vor sich. Es gibt solche, die beginnen mit dem Abwurf in der Spitze, andere fangen unten an, noch andere zeigen keine Regelmäßigkeit. Sieh die Bäume daraufhin an!

4. Manche Bäume behalten einen kleineren oder größeren Teil ihres Laubes bis in den November hinein. Versuche festzustellen, ob es die jüngsten Blätter sind! (Junge Zweige sind Johannistriebe, die jüngste Stelle ist die Stelle des Wachstums: die Spitze der Zweige.)

5. Es gibt Bäume, die ihr dürres Laub den ganzen Winter hindurch behalten. Erst der aufsteigende Saftstrom im Frühling stößt es ab. So kann man im Mai an Eichen beobachten, wie sie altes und frisches Laub nebeneinander tragen.

6. Nach Nachtfrost erfolgt der Blattfall besonders stark. Eine Zählung während $1/2$ Std. ergab bei Bergahorn 16518 Blätter (in 1 Sek. = 9 Blätter); bei Roßkastanie 6256 Blätter (in 1 Sek. = 3 Blätter).

I Längsschnitt durch den Blattstiel der Roßkastanie. *a—a* Trennungsschicht. *II* Mikroskopisches Bild der Trennungsschicht. *a—a* Trennungsschicht. *III* Blattstielnarbe.

48. Frostrisse und Frostleisten.

Beobachtung: An den Stämmen mancher Bäume (Ulme, Roßkastanie, Pappel, Linde, Kirsche ...) sieht man Längsrisse, die bis ins Holz reichen und hier Fäulnis hervorgerufen haben. Oft sind diese Risse nur schmal und an den Seiten mit dicken Wülsten bewachsen.

Erklärung: Es sind Frostrisse und Frostleisten. Bei langanhaltendem, starkem Frost dringt die Kälte durch den schützenden Korkmantel in den Holzteil des Stammes. Dabei werden die äußeren Schichten stärker abgekühlt als die inneren. Die Abkühlung und Besonnung ist an den verschiedenen Seiten des Stammes verschieden stark. Infolge der Spannung reißt der Stamm an einer schwachen Stelle. Durch vermehrtes Dickenwachstum sucht er die Wunde zu schließen. An den Wundrändern bilden sich Wülste, auch die Wunde selbst wird oft überwachsen, reißt aber bei neuem Frost leicht wieder auf und läßt Fäulniserreger eindringen, die das Holz zerstören. — Auch beim plötzlichem Auftauen der Stämme können Frostrisse entstehen. (S. 633, Querspannung.)

49. Blitzschlag in Bäume.

Beobachtungen: Blitzwunden an Bäumen sind verschiedenartig. Eine vollständige oder teilweise Verbrennung kommt nur ausnahmsweise vor; starke Zersplitterung an Stamm und Ästen sieht man gelegentlich; oft läuft die Wunde spiralig den Stamm herab.

Richte dich danach!

1. Am liebsten schlägt der Blitz in die höchsten Bäume und in solche, die frei stehen.
2. Bei einer Gruppe von Bäumen schlägt er nicht immer in den höchsten.
3. Am häufigsten werden vom Blitz getroffen: Pappeln, Eichen, Weiden, Ahorne, Ulmen, Eschen und Nadelhölzer (sogenannte „Stärkebäume").
4. Weniger häufig werden getroffen: Buche, Walnuß, Linde, Birke. (Sogenannte „Fettbäume", sie sind reich an fettem Öl, da sie Stärke in Öl umwandeln.)
5. Bäume mit glatter Rinde werden leicht naß und leiten ab. Bäume mit rauher Rinde werden nicht leicht naß und leiten schlecht ab. Also: Buchen leiten ab („Buchen sollst du suchen"); Eichen leiten schlecht ab („Eichen sollst du weichen").

  Eine Zählung der Blitzspuren und Blitzschäden hatte folgendes Ergebnis: Fichte und Tanne 32%, Eiche 19%, Pappel 15% Kiefer 14%, Buche 2,6%.
6. Ganz verschont vom Blitz ist keine Baumart.

Pflanzenleben. 97

50. „Drehwuchs".

1. Der Stamm der Hainbuche zeigt häufig auffällige Drehungen. Wie erklärt sich der Drehwuchs?
2. Suche nach anderen Bäumen, die gleichfalls Drehwuchs zeigen! Die Erscheinung ist häufig.
3. Wann ist Drehwuchs leicht zu erkennen? — Wenn die Bäume Längsrisse oder Längswülste besitzen, die dann spiralig um den Stamm verlaufen.
4. Der Drehwuchs kann verschiedene Ursachen haben:
   a) Der Wind hat ihn dadurch hervorgerufen, daß er die eine Seite der Baumkrone stärker traf als die andere.
   b) Wenn an einer Seite des Baumes besonders kräftige Äste wachsen, so findet hier eine stärkere Saftzufuhr statt. Dafür aber sind mehr Leitungsbahnen notwendig, die ein stärkeres Wachstum an dieser Stelle zur Folge haben.
   c) Unter der Rinde liegt die Zellschicht, in der das Wachstum vor sich geht. Die Zellen darin teilen sich in der Regel längs (von oben nach unten), so daß ein Dickenwachstum des Stammes erfolgt. Teilen sich die Zellen dieser Bildungsschicht aber gelegentlich quer, so erfolgt an der betreffenden Stelle ein starkes Längenwachstum mit vermehrter Holzbildung, die Faserstränge finden in der Längsrichtung nicht Platz, weichen aus und laufen schief.
5. Versuche nach diesen Angaben festzustellen, welche der drei Ursachen für den Drehwuchs der verschiedenen Bäume in Frage kommt!

51. Was unter Bäumen liegt.

Unter den Bäumen liegt in der Regel nur das, was von dem betreffenden Baume heruntergefallen ist: Blätter, angefressene Blätter, angefressene Nadeln, Blüten, Früchte, Gallen, Raupenkot, Vogelnester, aus dem Nest gefallene Eier oder Vögel, Hauspäne vom Specht.

Vieles davon ist allgemein bekannt und kann hier unerwähnt bleiben, anderes jedoch ist unbekannt und überrascht uns. Nur dieses soll hier aufgenommen werden.

Vergleiche:

Angefressene Blätter: S. 148. — Angefressene Nadeln: S. 234. — Fraßspuren an Früchten: S. 168. — Verletzte Fichtenzapfen: S. 232.

98 Im Laubwald.

— Gallen: S. 160. — Raupenkot: S. 234. — Vogelnester: S. 130. —
Aus dem Nest gefallene Vögel: S. 130. — Kätzchen: ·S. 711. —
Früchte: S. 93. — Große Mengen von Zapfen: S. 231. Gewölle:
S. 398. — Große Mengen Triebspitzen von Nadelbäumen: S. 230.

52. Wie man unbelaubte Bäume an den Knospen erkennt.

1. Seitenknospen gegenständig.

1. Mit einer einzelnen Gipfelknospe.
   Viele kahle, gelbgrüne Knospenschuppen   **Bergahorn.**
   mit schwarzbraunem Saum. Blattstielnarben   *Acer*
   hufeisenförmig, berühren sich nur wenig.   *pseudoplátanus.*

2. Mit einer größeren Gipfelknospe, die von mehreren kleinen umstellt ist. Viele kahle gelb- bis rotbraune Knospenschuppen.
   Blattstielnarben hufeisenförmig, stoßen deut-   **Spitzahorn.**
   lich zusammen.   *Acer platanoídes.*

3. Mit einer sehr großen Endknospe und dicken Seitenknospen. Alle
   schwarz, wie verbrannt. (Mit dem Finger   **Esche.**
   darüberstreichen!)   *Fráxinus excélsior.*

2. Seitenknospen nicht gegenständig.

A. Mit einer einzelnen Gipfelknospe.
   a) Seitenknospen vom Zweige abstehend.
   1. Mit einer Knospenschuppe.
      Gipfelknospe kegelförmig, zusammengedrückt, mittelgroß.
      Knospenschuppe rotbraun, glänzend, kahl, kapuzenförmig.
      Blattstielnarbe halbmondförmig, mit 3 Ge-   **Salweide.**
      fäßbündeln.   *Sálix cáprea.*
   2. Mit 2 Knospenschuppen.
      Große Schuppe 2lappig. Grünbraun oder rotbraun, kahl.
      Blattstielnarbe groß, herzförmig, mit 3 Ge-   **Winterlinde.**
      fäßbündeln.   *Tília ulmifólia.*
   3. Mit 3 Knospenschuppen.
      Schuppen dunkelbraun, violett, bläulich-   **Schwarzerle.**
      weiß bereift, oft klebrig. Gipfelknospe ver-   *Alnus glutinósa.*
      kehrt eiförmig.
   4. Mit vielen Knospenschuppen.
      α) Knospen spindelförmig, sehr spitz, stechend, weit vom
      Zweige abstehend. Schuppen zimtbraun,   **Rotbuche.**
      mit feinem Filz.   *Fagus silvática.*

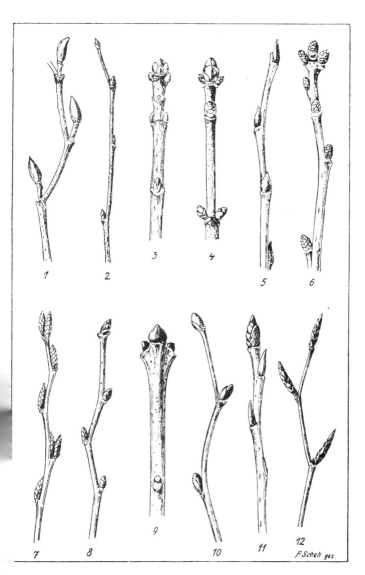

β) Knospen eirund, zugespitzt. Knospenschuppen schwarzbraun, mit feinem Flaum, etwas ausgerandet. Blattstielnarbe groß, herzförmig, mit 3 Gefäßbündeln.
Ulme.
Ulmus.

γ) Knospen eirund, klein. Knospenschuppen grünbraun oder rotbraun, lederartig, klebrig. Blattstielnarbe klein, rund mit 3 Gefäßbündeln.
Weißbirke.
Bétula verrucósa.

b) Seitenknospen an den Zweig angedrückt.

1. Knospenschuppen schwarzviolett, lederartig, mit weißseidigem Flaum. Blattstielnarbe dreieckig, mit 5 Gefäßbündeln.
Vogelbeere, Eberesche.
Pirus aucupária.

2. Knospenschuppen hellbraun, glänzend, mit klebrigem Überzug. Blattstielnarbe groß und herzförmig, mit 3 Gefäßbündeln.
Espe, Zitterpappel.
Pópulus trémula.

3. Knospenschuppen hellbraun, viele Knospen etwas nach innen gekrümmt, zuweilen zwei zusammen. Blattstielnarben klein, halbkreisförmig, mit 3 Gefäßbündeln.
Hainbuche.
Carpinus bétulus.

B. Mit einer großen Gipfelknospe, die von mehreren kleinen umstellt ist.

Viele Knospenschuppen, hellbraun, kahl. Blattstielnarbe herzförmig, mit vielen Gefäßbündeln, die in 3 Gruppen stehen.
Stieleiche.
Quércus róbur.

Literatur:

E. A. Roßmäßler, Flora im Winterkleide. 126 S. Klinkhardt, Leipzig.

Cornel Schmitt, Zwiesprache mit der Natur. 209 S. Datterer & Cie., Freising-München.

53. Knospentafel.

(S. 99.)

1. Erle. 2. Birke. 3. Spitzahorn. 4. Bergahorn. 5. Salweide 6. Stieleiche. 7. Hainbuche. 8. Ulme. 9. Esche. 10. Winterlinde 11. Pappel. 12. Rotbuche.

54. Wie erkennt man die Sträucher des Waldes im Winter?

I. **Im Winter grün.**

1. Wacholder: Scharfe Nadeln, die in 3zähligen Quirlen stehen, jede Nadel oberseits mit bläulichweißem Mittelstreif. Erbsengroße, schwarze, blaubereifte Beeren mit 3 Samen.
2. Efeu: 5lappiges, lederartiges Blatt.
3. Stechginster: Äste gefurcht, mit stechender Spitze. Blätter lineal.
4. Besenginster: Blätter 3zählig. Zweige grün, kantig, rutenförmig.
5. Brombeere: Blätter 3- und 5zählig. Schößlinge mit Stacheln.

II. **Im Winter entlaubt.**

a) Ohne Stacheln und Dornen.

1. Haselstrauch: Knospen abwechselnd, vielschuppig. 5 Gefäßbündelspuren in 3 Gruppen. Mark rund. Junge Triebe behaart.
2. Weide: Knospen abwechselnd, nur 1 Knospenschuppe.
3. Holunder: Weites Mark. Warzen auf der Rinde.
4. Schneeball: Trägt oft den ganzen Winter hindurch die roten Beeren.
5. Faulbaum: Holz sehr brüchig, im Kern leuchtend gelbrot. Knospen ohne Knospenschuppen. Rinde junger Zweige weiß getüpfelt.
6. Pfaffenhütlein: Oft noch im Winter einige von den roten Früchten zu sehen. Vierkantige grüne Zweige.
7. Waldrebe: Stengel 5—6 m lang, kantig, daumendick. Früchte mit langer federartiger Granne.
8. Hartriegel: Rote Zweige.

b) Mit Stacheln oder Dornen.

1. Heckenrose: Früchte = Hagebutten. Stacheln.
2. Kreuzdorn: Dornige Zweigspitzen. Holz im Kern orangerot geflammt.
3. Berberitze: Dreiteilige Dornen. Holz gelb.
4. Weißdorn: Rote Früchte, weißliche Rinde.
5. Schwarzdorn: Schwarze Früchte, schwarze Rinde.
6. Robinie: mit einzelnen, trockenen erbsenartigen Hülsen.

55. Wie man die wichtigsten Laubbäume im Winter an einem einzigen Merkmal erkennt.

1. **Unechte Akazie**, *Robínia pseudacácia*. Krone den ganzen Winter über mit einzelnen vertrockneten erbsenartigen Hülsen behangen.

2. **Bergahorn**, *Acer pseudoplatánus*: Auf dem Baume hängen noch einzelne Früchte (kleine Nasen!), deren Flügel spitzwinklig zusammenstoßen. Rinde des Stammes löst sich in großen Schuppen ab.

3. **Spitzahorn**, *Acer platanoídes*: Gleichfalls noch vereinzelte Früchte (große Nasen!), deren Flügel stumpfwinklig zusammenstoßen. Rinde des Stammes fein längsrissig.

4. **Birke**, *Bétula*: Weißer Stamm.

5. **Rotbuche**, *Fagus silvática*: Gekniete Zweige mit sehr spitzen Knospen.

6. **Weiß- oder Hainbuche**, *Carpinus bétulus*: Gedrehter Stamm.

7. **Eiche**, *Quercus*: In der Krone noch dürres Laub, Blätter gebuchtet.

8. **Erle**, *Alnus*: In der Krone noch viele kleine schwarze holzige Zapfen.

9. **Esche**, *Fráxinus excélsior*: Langgeflügelte Früchte, schwarze Knospen.

10. **Linde**, *Tilia*: In der Krone hängen noch vereinzelt die Fruchtstände: mehrere kleine kugelförmige Früchte an einem gemeinsamen Stiel mit langem, zungenförmigem Blatt.

11. **Schwarzpappel**, *Pópulus nigra*: Sehr hoher Baum, dessen weitausladende Äste mit tiefrissiger schwarzbrauner Rinde überzogen sind. Knospen harzig und glänzend braun.

12. **Silberpappel**, *Pópulus alba*: Den Winter über hängen noch vereinzelte Blätter (silberhelle Unterseite!) im Baum. Knospen groß, braun, schwachfilzig.

13. **Spitzpappel**, *Pópulus itálica*: Sehr hoher, schlanker Wuchs.

14. **Zitterpappel**, *Pópulus trémula*: Oft hängen noch einzelne der langgestielten rundlichen Blätter in der Krone. Knospen harzig und glänzend braun.

15. **Platane**, *Plátanus*: Hellfleckiger Stamm. In der Krone hängen zahlreiche kugelrunde, langgestielte Bombeln (Fruchtstände. Juckpulver).

16. **Ulme, Rüster**, *Ulmus*: Knospen an den Langtrieben 2zeilig angeordnet. (Hebt sich von dem hellen Himmel deutlich ab!)

17. **Roßkastanie**, *Aesculus hippocástanum*: Auffällig dicke Knospen.
18. **Walnuß**, *Juglans régia*: Ungestielte, von mehreren Knospenschuppen umhüllte Knospen. Schneide ein Zweigstück längs durch! Das Mark ist gefächert.
19. **Gleditschie**, *Gleditschia triacántha*: Lange braune Hülsen (fast wie Johannisbrot). Dornen.

56. Das Thermometer im Walde.

Durch Temperaturmessungen im Walde lassen sich mancherlei Einsichten gewinnen.

1. Lufttemperatur im Walde und auf dem angrenzenden freien Felde.
2. Bodentemperatur in den verschiedenen Jahreszeiten im Walde und auf dem angrenzenden freien Felde.
3. Die Temperatur über und unter der Laubdecke im Winter.
4. Die Wintertemperatur in hohlen Bäumen.
5. Die Temperatur in großen Ameisenhaufen.
6. Die Temperatur unter besonnten Steinplatten, unter denen Ameisennester sind.
7. Die Temperatur in der Blütenscheide des gefleckten Aron, *Arum maculátum*. (Abb. S. 13.)

Tierleben.

Der Wald erzeugt große Mengen Pflanzenmaterial. Daher bietet er zahlreichen Tieren Nahrung, Schutz und Wohngelegenheiten.

1. Die Singvögel des Laubwaldes.

Das erwachende Vogelleben ist eine auffällige Erscheinung im Frühling. Eine Bestimmung der Vögel nach ihrem Gesang ist schwierig. Wer Vogelstimmen kennenlernen will, versuche folgenden Weg:

1. Man beginne mit dem Studium der Vogelstimmen schon im Januar oder Februar, wenn die Zugvögel noch nicht zurück sind.
2. Man beobachte zunächst die schon bekannten Vögel und präge sich Gesang, Locktöne und Fluglaute fest ein.
3. Wer über diesen Anfang hinaus ist, wähle seine Gänge immer wieder nach denselben Plätzen und suche hier Sicherheit zu gewinnen.
4. Die Anleitung in diesem Buche ist so gedacht: Man suche zunächst den Sänger mit den Augen (am besten Fernglas) zu

ermitteln. Gegen das Licht sehen alle Vögel einfarbig grau aus, die Farbenunterschiede verschwinden. Der Beobachter stelle sich zwischen Sonne und Vogel.

Wenn einwandfrei feststeht, daß der ermittelte Vogel tatsächlich der Sänger ist, dann erst achte man auf die Eigentümlichkeit des Gesanges.

Die drei Übersichten (2, 3, 4) sind nebeneinander zu benutzen.

5. Als Ausrüstung für ein weitergehendes Studium der Vogelstimmen sei empfohlen:

a) ein Fernglas;

b) Alwin Voigt, Exkursionsbuch zum Studium der Vogelstimmen. Verlag Quelle & Meyer, Leipzig;

c) O. Kleinschmidt, Die Singvögel der Heimat. (Sehr gute Abbildungen.) Verlag Quelle & Meyer, Leipzig.

d) Otto Fehringer, Vögel Mitteleuropas. Bd. I u. II. Verlag C. Winter, Heidelberg.

2. Wann beginnt der Gesang der Singvögel?

	Singvögel, die bei uns überwintern	die im Frühjahr als Zugvögel zurückkehren
An schönen Januartagen	Blaumeise, Schwanzmeise, Haubenmeise	—
Im Februar	Kohlmeise, Graumeise, Kleiber, Amsel, Star, Grünfink	Star
In der ersten Märzhälfte	Buchfink, Goldammer, Hänfling, Singdrossel, Weidenlaubvogel (in vereinzelten Stücken)	Singdrossel, Weidenlaubvogel
In der zweiten Märzhälfte	Rotkehlchen	Rotkehlchen
In der ersten Aprilhälfte	Zaunkönig, Stieglitz, Dompfaff, Baumläufer	Gartenrotschwanz, Mönchsgrasmücke, Fitislaubsänger
In der zweiten Aprilhälfte	—	Nachtigall, Waldschwirrvogel, Trauerfliegenfänger
Anfang Mai	—	Pirol, Gartengrasmücke, Gartenlaubsänger

3. Singvögel des Laubwaldes, die bei uns überwintern.

I. **Gesang und Rufe hört man schon an schönen Januartagen.**
  1. Erkennungszeichen: Vogel von kaum Sperlingsgröße. Unterseite gelb, Oberkopf hellblau. (Abb. 2)
     Gesang: Strophen von 6—8 Tönen. Häufig in dieser Weise: 2 oder 3 lange Töne, denen eine Reihe kurzer, tiefer liegender folgt. Etwa so: zizizirrr, zizizirrr, zizizirrr. In Zeichen:
     — — ..... — — .....; oder auch:
     — — . . . . . — — . . . . .
     Gezeter: zerrrrrretet. Lockruf: dünn und scharf — — . oder — —   **Blaumeise.** *Párus caerúleus.*
  2. Erkennungszeichen: Unter Sperlingsgröße. Kopf und Unterseite weiß, Oberseite dunkel, Schwanz sehr lang. Meist gesellig in Trupps umherstreifend. (Abb. 4)
     Gesang: selten, unbedeutend.
     Pfeiflaute: hoch, titititi oder ganz kurz ti oder tiefer, schnurrend zerrr.   **Schwanzmeise.** *Aegíthalos caudátus.*
  3. Erkennungszeichen: Unter Sperlingsgröße. Auf dem Kopfe eine spitze, aufgerichtete Haube, schwarze Kehle, helle Unterseite. Meist in geselligen Trupps umherstreifend.
     Gesang: ähnlich wie Blaumeise zickzickgürr, nur etwas rollender und gebundener. In Zeichen: (Abb. 5)
     — — .....
     Gezeter: weich schnurrend zerr.   **Haubenmeise.** *Párus cristátus.*

II. **Der Gesang beginnt im Februar.**
  1. Erkennungszeichen: Sperlingsgröße. Gelbe Unterseite mit dunklem Mittelstrich, schwarzer Kopf mit weißen Wangen. (Abb. 1)
     Gesang: Sitzida, Sitzida! oder Spitz die Schar! Spitz die Schar! oder Spinn dicke! Spinn dicke!

106 Im Laubwald.

Rufe: helle kurze pink, einmal oder öfter.

Gezeter: ein lautes, meckerndes dzedzedzedze oder trärrärrärrärrärrärr. **Kohlmeise.** *Párus májor.*

2. Erkennungszeichen: Kaum Sperlingsgröße. Kopf oben schwarz, schwarzer Kehlfleck, übriger Körper schmutzig hellgrau. (Abb. 3)

Gesang: djiffe djiffe djiffe djiffe djiffe **djiffe**, oft etwas klappernd, 6—8 mal hintereinander, ein andermal wieder weich.

Rufe: szizi oder zidä (das i hinaufgezogen). **Graumeise.** *Párus palústris.*

Gezeter: dädädädädädä.

3. Erkennungszeichen: Sperlingsgröße. Kurzer, abgestumpfter Schwanz, langer Schnabel, Oberseite blaugrau, Unterseite bräunlichweiß.

Gesang: Lautes, klangvolles Pfeifen, das weit durch den Wald schallt; es klingt etwa, als wenn Knaben einander zupfeifen. Aus hohen Baumwipfeln heraus.

Lockton: Lauter, kurzer Ruf sitt oder twitt, auch tuit. **Kleiber.** *Sítta cáesia.*

4. Erkennungszeichen: Schwarzes Gefieder, gelber Schnabel.

Gesang: Lautes, feierliches Flöten, meist jede Strophe von der vorhergehenden verschieden.

Rufe der Unruhe oder Angst: Ein scharfes gigiggigigigiggik, das schreiend und kreisend klingt und im Abflug zu hören ist. Außerdem ein gedämpftes dakdakdak oder dökdökdökdök.

Einzelruf: Ein gedehntes, hohes, sehr scharfes Zieh oder Siie. **Amsel.** *Túrdus mérula.*

5. Erkennungszeichen: Etwas kräftiger als Sperling. Ganzer Körper grüngelb, am Flügel gelber Fleck, Schwanzende dunkel. Nie mitten im Walde, nur am Waldrande.

Gesang: Klingelnde, weiche Dauerstrophen in verschiedener Höhenlage, etwa klingklingklinggirrr tjo tjo tjo tjo djuldjuldjul, in buntem Wechsel vorgetragen.

Lockton: Gjick, klar und hell ausgestoßen.

Fluglaute: Gickgickgick.

Ein auffälliger Kreischlaut: Sehr häufig vom ruhig sitzenden Vogel zu hören. Ein halb kreischender, halb zischender, langgezogener Ton, der in der Mitte deutlich höher ist als am

Anfang und Ende: ⌢. Volkstümliche Bezeichnung dafür: Schwunsch. (Man versuche, den Ton nachzuahmen, indem man das sch anhaltend stimmhaft spricht und mit ü verbindet.)

Grünfink.
Chloris chloris.

III. Der Gesang beginnt im März.
1. Erkennungszeichen: Sperlingsgröße. Rotbraune Brust, schieferblauer Oberkopf, grüner Bürzel, weiße Flügelbinden.

Gesang: Tititi, 's ist Frühjahr — Fritze, Fritze, magst du Krüzebeeren? — Ich, ich, ich schreibe an die Regierung! Der Ton liegt auf der vorletzten oder der drittletzten Silbe. Die Strophe läßt sich leicht durch die Zähne nachpfeifen.

 oder

Wo, wo ist das würzige Bier?

Lockton: Pink, pink.
Fluglaute: Jüb, jüb.
„Regenruf": Trief (das i sehr lang.)

Buchfink.
Fringilla coelebs.

2. Erkennungszeichen: Sperlingsgröße. Unterseite und Kopf gelb, Rücken braun. (S. 406.)

Gesang: Wie hab ich dich so lieb! — Es ist, es ist noch früh! In Zeichen ...... —. Der Ton liegt auf der letzten Silbe.

 oder

Einzelrufe: Zick oder zickzick oder zipzizie.
Fluglaute: helles zick.

Goldammer.
Emberiza citrinella.

3. Erkennungszeichen: Sperlingsgröße. Brust und Stirn rot, Rücken braun.

Gesang: Zartes Pfeifen und Flöten, von knäckenden Tönen durchsetzt, wohlklingend und voll Abwechslung.
Lockrufe: Gegege.
Fluglaute: Gegege.

Hänfling.
Acanthis cannabina.

108   Im Laubwald.

4. Erkennungszeichen: Sperlingsgröße. Gelbrote Brust, braune Oberseite. Locktöne: Schnick. Häufig zu hören, oft auch mehrfach, meist vom Boden aus. Man verwechsele den Ton nicht mit dem ebenso scharfen Zeck des Zaunkönigs. (Vereinzelte Rotkehlchen überwintern.)   **Rotkehlchen.** *Erithacus rubécula.*

IV. Der Gesang beginnt im April.

1. Erkennungszeichen: Sperlingsgröße. Kopf schwarzweißrot, Flügel schwarzgelb.

Gesang: Sehr schnelle, kurze Liedchen nach dem Rhythmus Pickelnicki pickelneia.

Lockruf: Didlit didlit (daher der Name Stigelit, Stieglitz).

Fluglaut: Didlit.

Stieglitze trifft man nie mitten im Walde, nur an Waldrändern, wenn Obstanlagen, Ulmen oder Pappeln nahe sind.   **Distelfink.** *Carduélis carduélis.*

2. Erkennungszeichen: Kräftiger und derber als Sperling. Rote Unterseite, schwarze Kappe.

Gesang: Selten zu hören.

Lockton: Diü, ein sehr weicher, wehmütiger Ton „wie von einem verirrten Küchlein". Am Ende abwärts gezogen, sehr leicht nachzupfeifen.   **Gimpel, Dompfaff.** *Pyrrhula pyrrhula.*

3. Erkennungszeichen: Wesentlich kleiner als Sperling. Aufgerichteter Schwanz, braunes Gefieder.

Gesang: Meist nur eine einzige, kurze Liedstrophe von immer gleicher Länge mit einem hellen frischen Roller.

Lockton: Längeres Schnurren, das aus kurzen, harten Tönen besteht und wie das Aufziehen einer Uhr klingt: Zerrrrrrrrr.   **Zaunkönig.** *Troglodytes troglodytes.*

4. Erkennungszeichen: Kleiner als Sperling. Weiße Unterseite, brauner Rücken. An Baumstämmen laufend.

Gesang: Kurze Strophe von 6—7 Tönen, vorletzter Ton am höchsten: Titi tirroíti.

Lockton: tit, tsit, dsied, oder twi twi.

Der Ton klingt ähnlich wie der Ruf des Kleibers, nur nicht so laut.   **Garten-Baumläufer.** *Cérthia brachydáctyla.*

5. Erkennungszeichen: Kleiner als Sperling. Weiße Unterseite, brauner Rücken. An Baumstämmen laufend. Schwer von dem Garten-Baumläufer zu unterscheiden!

(Garten-Baumläufer: Stirn mit undeutlichen Längsflecken; Unterflügeldecken mit großem dunklem Fleck.)

Tierleben.

Wald-Baumläufer: Stirn mit scharfen Längsflecken; Unterflügeldecken ohne dunklen Fleck. Unterseite weißer, Oberseite heller als beim Garten-B.
Gesang: sisisi sississ iss iss issi ssissi hu it.
Lockton: Scharfe, hohe Pfiffe srieh oder s(i)rrsd, z(i)rrsd. (S. 127.)

Wald-Baumläufer.
Cérthia familiáris.

4. Singvögel des Laubwaldes, die im Frühling als Zugvögel zu uns zurückkehren.

I. Vögel, die im Februar zurückkehren.
Erkennungszeichen: Kleiner als Amsel. Stahlblaues, hell gesprenkeltes Gefieder.
Stimme: Ein sehr vielgestaltiges Pfeifen, Flöten, Schnalzen, Schrillen, häufig Anklänge an andere Vogelstimmen.

Star.
Stúrnus vulgáris.

II. Vögel, die in der ersten Märzhälfte zurückkehren.
1. Erkennungszeichen: Fast Amselgröße. Oberseite braun, Unterseite hell, mit dunklen Tupfen.
Gesang: Einer der lautesten Gesänge des Laubwaldes. Abwechslungsreiches, klangvolles Flöten mit Einzelmotiven, die mehrfach wiederholt werden. Oft klingt es wie Philipp Philipp Philipp (Ton auf der ersten oder zweiten Silbe) oder wie Tratü Tratü (Ton auf der letzten Silbe).

Singdrossel
Túrdus músicus.

Lockruf: Zip (daher ihr Name Zippe).

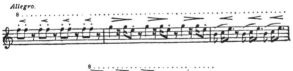

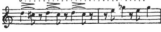

2. Erkennungszeichen: Kleiner als Sperling. Oben olivgrau, unten hell.
Gesang: Ein gleichmäßiges, nicht zu schnelles Zilpzalp zilpzalp zilpzalp zilpzalp oder Dilmdelmdilmdelmdilmdelm. Oft eine halbe Minute lang.

Einzellaut: Huid, ein weicher, pfeifender Ruf, den man gut nachpfeifen kann. Der zweite Ton wird eine Terz hinaufgezogen. (S. 588.)   **Weidenlaubvogel.**
Phylloscopus collybita.

III. **Vögel, die in der zweiten Märzhälfte zurückkehren.**
Erkennungszeichen: Sperlingsgröße. Gelbrote Brust, braune Oberseite.

Gesang: Feierlich, schwermütig, mit flötenden und trillernden Strophen; eingestreute dünne, sehr scharfe und hohe Töne, die anscheinend mühsam herausgepreßt werden und den Eindruck des Liedes stören, sind kennzeichnend für den Rotkehlchengesang."

Locktöne: Schnick, häufig zu hören, oft auch mehrfach. Meist vom Boden aus. Man verwechsle den Ton nicht mit dem ebenso scharfen Zeck des Zaunkönigs.   **Rotkehlchen.**
Erithacus rubécula.

IV. **Vögel, die in der ersten Aprilhälfte zurückkehren.**
1. Erkennungszeichen: Sperlingsgröße. Rote Brust, schwarze Kehle, weiße Stirn.

Gesang: Abwechslungsreiche, kurze Liedchen, die alle den gleichen Anfang haben: auf den ersten, langgezogenen Ton folgen zwei kurz angeschlagene, die etwas tiefer liegen.

Lockton: Fuid teck teck teck. Oft das Fuid nur allein und mehrfach wiederholt, die zweite Silbe wird hinaufgezogen; es läßt sich nachpfeifen. Oft auch das Teck teck nur allein, das sich mit der Zunge nachahmen läßt.   **Gartenrotschwanz.**
Erithacus phoenicurus.

2. Erkennungszeichen: Sperlingsgröße. Einfarbig grau, mit schwarzer Kappe.

Gesang: Deutlich zwei Teile erkennbar; im ersten Teil ein rauhes, eiliges Gezwitscher, das ohne Pause in ein lautes, klangvolles Flöten übergeht.

Einzellaute: Tze tze, hart und scharf. Es klingt wie das Aneinanderschlagen zweier Steine oder das Zusammenschlagen einer Heckenschere und wird bei Beunruhigung ausgestoßen.   **Mönchsgrasmücke.**
Sylvia atricapilla.

3. Erkennungszeichen: Etwas unter Sperlingsgröße. Oben graubraun, unten hellgrau.

Gesang: Wie weicher Buchfinkenschlag, etwa so: Fit fit die düe düe dea dea deidada. **Fitislaubsänger.**
Lockton: Huid, ein aufwärts gezogener *Phyllóscopus tróchilus.*
Pfiff. (S. 588.)

V. **Vögel, die in der zweiten Aprilhälfte zurückkehren.**

1. Erkennungszeichen: Sperlingsgröße. Oben rostbraun, unten hellgrau. (S. 521.)

    Gesang: Meist aus niederem Gebüsch, am häufigsten frühmorgens. Melodische Schlagweisen voll Kraft und Wohllaut, die mit keinem Vogelgesang, der aus niederem Gebüsch ertönt, verwechselt werden können.

    Lockton: Hüit, hinaufgezogen. **Nachtigall.** *Erithacus luscinia*

    Angstrufe: Ein tiefes Knarren: Karrrr.

2. Erkennungszeichen: Etwas unter Sperlingsgröße. Oben graugrün, unten hell.

    Gesang: Zwei unterschiedliche Teile; im ersten Teil 4—7 scharfe, kurze Schläge, die in einen schwirrenden, abwärtsgezogenen Triller übergehen. Etwa so: Ipp sipp sipp sipp sipp sirrrrr.

    Oder: ⎯⎯⎯⎯⎯ djü, eine weiche, abwärtsgerichtete Strophe.

    Lockton: Hüid hüid oder Djü djü, **Waldschwirrvogel.** sanfte, aufwärtsgezogene Flötentöne. *Phyllóscopus sibilátor.*

VI. **Vögel, die Anfang Mai zurückkehren.**

1. Erkennungszeichen: Amselgröße. Goldgelb mit schwarzen Flügeln.

    Gesang: Ein lautes, klangvolles Flöten, das von dem hohen Anfangston allmählich 4—6 Töne abwärts gleitet. Etwa: Düdelüo oder gidleo oder liukiu. Bier hol'n — aussaufen — mehr hol'n.

    Kreischlaute: Krääk oder gwääk, ein einzelner, kwätschender Ton, der häufig aus dem dichten **Pirol.** Laub der Baumkronen zu hören ist. *Oriolus oriolus.*

2. Erkennungszeichen: Sperlingsgröße. Oben olivbraun, unten heller.

    Gesang: Wohlklingende, lange, in schnellem Fluß vorgetragene Strophen von gleichmäßiger Tonstärke, die fast immer aus niederem, dichtem Gebüsch ertönen.

Angstlaute: Wädwädwäd oder gätt- **Gartengrasmücke.**
gättgätt, hart ausgestoßen bei Beunruhi- *Sylvia borin.*
gung.

3. Erkennungszeichen: Sperlingsgröße. Oben olivgrün, unten schwefelgelb.

Gesang: Hastiger Gesang, in dem schneidend scharfe Töne mit weichen Motiven wechseln, oft lange Strophen mit viel Abwechslung. Der Vogel singt meist aus hohem Gebüsch oder von mäßig hohen Bäumen herab. Ein fast regelmäßig wiederkehrendes Motiv:

(Aus Voigt.)

Warnrufe: Tze, harter Schmatzlaut, **Gartenlaubsänger,**
auch Tzeck. Im Zorn: Errrr. **Gartenspötter.**
Hippoláis icterina.

Literatur:

Friedrich von Lucanus, Die Rätsel des Vogelzuges. 243 S. Beyer & Söhne, Langensalza.

5. Frühsänger des Laubwaldes.

Den Ruf der Meisen oder den frischen Roller des Zaunkönigs hört man gelegentlich den ganzen Winter hindurch. Sie sind Standvögel. In milden Wintern bleiben auch Singdrosseln und Rotkehlchen bei uns und beginnen neben Schwarzamseln und Buchfinken schon sehr früh mit ihrem Gesang. Nach eigenen Beobachtungen ertönte ihr erstes Lied im Jahre 1920, als in einem Frankfurter Walde die Hasel schon am 17. Januar stäubte, an folgenden Tagen:

	Erster Gesang 1920	19	19	19
Schwarzamsel	19. I.			
Singdrossel	11. II.			
Rotkehlchen	16. II.			
Buchfink	16. II.			

6. Der erste Kuckucksruf.

Der volkstümlichste Vogel des Laubwaldes ist der Kuckuck. Jedermann ist erfreut über seinen ersten Ruf. Die Rückkehr der Zugvögel ist am leichtesten und sichersten an ihrem ersten Gesang festzustellen. Nach eigenen Beobachtungen im Jahre 1920 sangen in einem Walde bei Frankfurt zum ersten Male:

	Erster Gesang 1920	19	19	19	19	19
Weidenlaubvogel	1./III.					
Heckenbraunelle	26./III.					
Gartenrotschwanz	26./III.					
Plattmönch	28./III.					
Fitislaubsänger	11./IV.					
Kuckuck	16./IV.					
Trauerfliegenfänger . . .	25./IV.					
Waldschwirrvogel	25./IV.					
Pirol	1./V.					
Gartengrasmücke	2./V.					
Gartenlaubsänger	7./V.					

7. Laute Rufe im Walde.

Der Wald hat tausend Stimmen, vom feinen Fiepen der Maus im Laube bis zum weithin schallenden Schrei des Raubvogels.

Die Vogellieder haben nach Klangfarbe, Rhythmus, Stärke und Länge ein deutliches Gepräge, sie sind leicht zu unterscheiden. Viel schwerer ist es, die mancherlei Rufe, Einzelrufe, Schreie, Pfiffe und Rufreihen auseinanderzuhalten, die man in der freien Natur hört. Das ist eine ausgezeichnete Hörübung.

In der folgenden Tabelle sind nur die lautesten Rufe aufgeführt, die jedermann auffallen müssen. Laut ist ein dehnbarer Begriff. Es sind solche Rufe gemeint, die der Landmann, der auf einem Acker nahe am Walde arbeitet, aus dem Innern des Waldes hört.

Als Beispiel für Einzelrufe gelte der bekannte Ruf des Kuckucks, als Beispiel für eine Rufreihe das Geschrei einer beunruhigten, abfliegenden Schwarzamsel. (S. 229.)

114   Im Laubwald.

I. Laute Einzelrufe, einsilbig oder zweisilbig.

1. Kuckuck.

Rufer: Etwas über Taubengröße.
Oben aschgrau, unten heller, mit braunen
Querlinien.

Kuckuck.
Cúculus canórus.

2. Upup, auch úpupup, in Zeitmaß und Klang wie der Kuk-
kucksruf.

Rufer: Fast Taubengröße. Kopf, Hals, Brust rotbraun,
Bauch hell, mit dunklen Längsflecken, Flügel und Schwanz
schwarz, mit weißen Querbinden. Auf
dem Kopfe ein hoher, beweglicher Feder-
busch.

Wiedehopf.
Úpupa épops.

3. Tüit, ein weithin schallender Pfeiflaut aus hohen Baumkronen, etwa so, wie Jungen einander zupfeifen.

Rufer: Etwas über Sperlingsgröße. Oberseite graublau,
Unterseite weiß oder rostgelb, schwarzer
Augenstrich. An Baumstämmen klet-
ternd (S. 127).

Klelber.
Sitta cáesia.

4. Hiäh, ein gezogener Pfeiflaut, am Ende fallend, voll und
laut. Etwa wie: Miau.

Rufer: Der Ton erschallt in der Luft, über den Baumkronen. Großer Raubvogel, über Krähengröße. Oberseite
dunkelbraun. Unterseite hell, mit dunk-
len Flecken, Schwanz mit 12 schmalen,
dunklen Querbinden (S. 396 u. 397).

Mäusebussard.
Búteo búteo.

Oder: Der Ton kommt aus dichtem Laubwald, ist auch etwas
weicher. Vogel von fast Taubengröße. Graurötlich, Spiegel mit
schwarzen, blauen und weißen Quer-
binden, Gefieder des Kopfes hollenartig.

Elchelhäher.
Gárrulus glandárius.

5. Kjick, scharf und kurz ausgestoßen.

Rufer: Kletternde Spechte, meist
vom Männchen, seltener vom Weibchen.
(S. 126).

Großer Buntspecht.
Dendrócopos májor.

6. Kwää, ein rauher, gequetschter Kreischlaut aus dichtem
Laubwerk, etwa so, wie man ihn zuweilen von Katzen hört.

Rufer: Amselgröße. Gelb, Flügel und Schwanz schwarz.
Weibchen auf der Oberseite grün, Unterseite weißlich, mit
dunklen Schaftflecken. Beide Vögel stoßen den Ruf aus.
Meist aber so: Erst hört man das flötende
Liukiu des Männchens, sogleich danach
das Kwää des Weibchens.

Pirol.
Oríolus oríolus.

Tierleben. 115

7. Grääh, ein sehr lauter, kreischender Ruf, bei dem man zusammenfährt, wenn er in nächster Nähe erschallt.

   Eichelhäher.
   Gárrulus glandárius.

   Rufer: Siehe unter Nr. 4.

8. Chuhk chuchuk, ein lauter, durchdingend harter Ruf, der vereinzelt durch den Wald erschallt, mehr Gekreisch als Ton. Man könnte ihn auch als gok gok oder chöck chöck bezeichnen. Man hört ihn ein- oder zweisilbig, bei mehrfachen Rufen auch dreisilbig.

   Rufer: Großer Vogel, hühnerartige Gestalt, mit langem Schwanz; Gefieder des Rumpfes rostbraun mit schwarzen Flecken, Kopf und Oberhals glänzend grünblau. (S. 465.)

   Jagdfasan.
   Phasiánus cólchicus.

9. Kak, kak, man hört deutlich, daß der Ruf vom Boden aus erfolgt.

   Jagdfasan.
   Henne.

10. Kräick, zweisilbig, ein rauher, kreischender Ton, ähnlich wie ein Gänseschrei. Meist in der Luft, auch nachts. Vielleicht ist eine Reiherkolonie im Walde.

    Rufer: Vogel von fast Storchgröße. Fliegt mit zurückgelegtem, S-förmig gebogenem Hals. (S. 459.)

    Fischreiher.
    Árdea cinérea.

11. Kliäb oder Kliä. Einzeln oder in Rufreihen.

    Rufer: Männlicher Schwarzspecht, er ruft es im Sitzen oder im Abfliegen.

    Schwarzspecht.
    Dryócopus mártius.

12. Í-ĕ oder ī-ĕ. Einzeln oder mehrfach.

    Rufer: Fiepen eines Rehkitz. Auf Geräusch bleibt es unbeweglich und lautlos stehen. Nach etwa 5 Minuten ruft es wieder, bis die Mutter da ist. Von Zeit zu Zeit tut es sich nieder und klagt leise vor sich hin. Der Eichelhäher ahmt das Fiepen nach.

    Rehkitz.

II. Rufreihen.

1. Gixgixgixgixgix^{jiek}, laut und gellend herausgestoßen, namentlich am Schluß.

   Rufer: Zankende, sich jagende Amseln. Ebenso wenn sie von Katzen oder sonstwie beunruhigt werden.

   Amsel.
   Túrdus mérula.

   Zeit: Zu allen Jahreszeiten.

2. Gikgikgikgikgik, 5—8mal, rasch hintereinander, schreiend, quiekend, pfeifend, nicht immer gleichklingend.

116 Im Laubwald.

Rufer: Der Ruf ertönt bald von diesem Baum, bald von jenem, in lichtem Laubgehölz, vom Männchen sowohl wie vom Weibchen (S. 126).

Zeit: Oft und lebhaft im Frühling, zu andern Jahreszeiten seltener.

Kleinspecht.
Dendrócopos minor.

3. Kikikikikik, nicht immer in gleicher Tonhöhe, die Reihe kann höher liegen und hört sich an wie gihgihgih, sie kann tiefer liegen und hört sich an wie gegegege.

Rufer: Der Ruf ertönt über den Baumkronen oder in hohen Baumkronen, in der Nähe des Nestes. Vogel von reichlich Taubengröße. Oberseite roströtlich, Unterseite gelblich mit schwarzen Tropfenflecken. Der Vogel fliegt während des Rufens nicht sehr hoch, bei Schwenkungen ist die rostrote Farbe der Oberseite deutlich zu erkennen (S. 397).

Zeit: Das Schreien ist am häufigsten im April und Mai zur Zeit der Brutpflege zu hören.

Turmfalk.
Cérchneis tinnúnculus.

4. Gigigigigigigigig, lange Reihen, oft mehr als 20mal nacheinander. Die sämtlichen Gigi können die gleiche Tonhöhe haben, es können aber auch Hebungen und Senkungen in der Reihe sein. Man achte auch auf den andern Ruf: Hiäh.

Rufer: Über Krähengröße. Oberseite aschgrau, Unterseite weiß, mit schwärzlichen Querwellen, Schwanz mit fünf dunklen Querbinden (S. 397).

Zeit: Das Schreien ertönt über den Baumkronen oder in hohen Bäumen am Horst zur Zeit der Brutpflege: Juli.

Habicht.
Astur palumbárius.

5. Gigigigigigigigig, ganz ähnlich wie beim Habicht. Aber kein Hiäh-Ruf dabei.

Rufer: Zwischen Tauben- und Krähengröße. Oberseite bläulichgrau, Unterseite weiß mit dunklen Querwellen, Schwanz mit fünf dunklen Querbinden (S. 397).

Zeit: Über Baumkronen am Horst, zur Zeit der Brutpflege im Juli.

Sperber.
Accipiter nisus.

6. Gigigigigigigig, scharf und gellend, fast wie bei der Amsel, der hochgezogene Schrei am Ende der Reihe fehlt jedoch.

Rufer: Jagende Buntspechte. Wo diese Gigig-Reihen ertönen, hört man sicher auch eine tiefere, kreischende Reihe Grägrägrägrä oder das Trommeln (S. 126).

Zeit: Im Frühling.

Großer Buntspecht.
Dendrócopos májor.

7. Jip jip, jip, jip, das i lang, die Reihe steigt an und fällt wieder, etwa so: . . . . · · · . Man kann das täuschend ähnlich zwischen den Zähnen hindurch nachpfeifen und den Vogel damit locken.

Rufer: Aus niederen Bäumen, mehr noch in Obstbaum-geländen und Gärten als im Walde. Lichte Waldungen, Wald-rand. Vogel von mehr als Sperlingsgröße. Oberseite hell-grau, dunkel gestrichelt, vom Kopf bis zum Rücken ein dunkler Längsstreifen; Unterseite gelblichweiß, mit dunklen Flecken; Schwanz mit fünf dunklen Querbinden. Farbe wie die Baumrinde, gut geschützt.

Zeit: Von Mitte April bis Anfang Sommer.

Wendehals.
Jynx torquilla.

8. Kwickwickwickwickwick oder kükükükük. Die Reihe hebt sich in der Mitte etwas und wird gegen das Ende hin ver-langsamt. Der Ruf laut, überaus klangvoll.

Rufer: Kicherndes Kuckucksweibchen, das den Ruf im Fliegen ertönen läßt. (Verf. hat diesen Ruf nie anders als von fliegenden Kuckucksweibchen, mehrfach in nächster Nähe gehört.) Vogel über Taubengröße.

Zeit: Anfang Mai bis in den Früh-sommer.

Weiblicher Kuckuck.
Cúculus canórus.

9. Kwickwickwickwickwick, die Reihe hält von Anfang bis zu Ende die gleiche Tonhöhe, 10—20 Kwick-Rufe reihen sich deutlich und klangvoll aneinander, die letzten werden oft von unten heraufgezogen.

Rufer: Männlicher Schwarzspecht, er ruft es im Sitzen und im Abfliegen. (S. 125).

Zeit: Frühling.

Schwarzspecht.
Dryócopus mártius.

10. Glückglückglückglückglück, eine lange Rufreihe, die weithin schallt. Sie hält sich oft auf der gleichen Höhe, kann aber am Ende auch etwas absinken. Jeder einzelne Laut in der Reihe wird von oben nach unten gezogen, etwa so: glüe glüe)))) \ \ \

Rufer: Paarungsruf des Grünspechtes. Die Reihen des Weibchens sind kürzer, etwas tiefer und klingen nicht so hell (S. 125).

Zeit: Frühling bis tief in den Sommer hinein.

Grünspecht.
Picus víridis.

11. Dü dü dü dü dü dü dü dü, eine deutlich abfallende, klangvolle Reihe, die sich durch Pfeifen so täuschend nachahmen läßt, daß man den Vogel dadurch anlocken kann.

Rufer: In lichten Laubwaldungen. Paarungsruf des Männchens, der zuweilen vom Weibchen durch eine kurze Reihe gleichhoher Töne beantwortet wird (S. 126).

Zeit: Im Frühling.

Grauspecht.
Picus cánus
viridicánus.

12. Tüit tüit tüit tüit, weithin schallende Pfeiflaute aus hohen Baumkronen, etwa so, wie Jungen einander zupfeifen. (Siehe unter I 3 u. S. 127.) Oder auch die Pfeiflaute abwärts gezogen: wiewie-wiewie . . .

Kleiber.
Sitta caésia.

13. Gägägägägä oder Djetjetjetjetjet, die Rufreil e hat wechselnde Tonhöhe und Tonstärke.

Rufer: Rufe beim Platzwechsel, wenn die Spechte sich jagen (S. 126).

Zeit: Im Frühling.

Mittelspecht.
Dendrócopos
médius.

14. Rih$_a$ rih$_ä$ rihä rih$_ä$ rih$_ä$^{i} rah^i$_ä$ iha rih$_a$ rih$_ä$ rihe (nach Voigt), gezogene, kreischende, unreine, quäkende Töne von wechselnder Höhe und Stärke, von denen die meisten am Schlusse heruntergezogen werden. „Das Ganze klingt, als schrie ein Halberdrosselter in Todesangst" (Voigt).

Rufer: Paarungsruf (S. 126).

Zeit: März bis Mai.

Mittelspecht.
Dendrócopos médius.

15. Hachachachachach, heiser, aber nicht sehr laut herausgestoßen.

Männlicher Kuckuck.
Cúculus canórus.

16. Rrrrrrrrrrrrrrrrrr, die Lippen sind auf u zu stellen und dann ist in möglichst tiefer Tonlage das Zungen-r zu sprechen. so daß das u deutlich durchklingt. Das Ganze hat etwas Glukkerndes. Der Ton liegt in Höhe des Kuckucksrufes, und zwar bei dem oberen Ton, bei f.

Rufer: Diesen Ruf hat Verf. von einem Kuckucksmännchen gehört, das in 10 m Entfernung auf dem Ast einer Eiche auffußte, die Flügel wie ein balzender Haushahn schräg nach unten abspreizte und sehr aufgeregt sich benahm. Nach einer ganz kurzen Pause wiederholte sich der Vorgang. Dann strich der Vogel ab.

Kuckuck.
Cúculus canórus.

Tierleben.   **119**

17. Schackackackack, auch räckäckäckäck. Namentlich die Schack-Reihe ist häufig zu hören, wo der Vogel vorkommt. Das Schack ist deutlich herauszuhören, aber kaum so schnell zu sprechen, wie der Vogel die Laute ausstößt.

Rufer: Fast Krähengröße. Schwarz, mit metallischem Schiller; Rücken, Schulter, Brust und Innenfahne der Schwingen weiß; Schwanz lang. Auf hohen Bäumen am Waldrand.

Elster.
Pica pica.

18. Turr ^{turr turr} oder Turr turr turr, die Turr können verschieden hoch oder in gleicher Höhe liegen, es reihen sich meist mehrere aneinander, oft bis zu fünf.

Rufer: Taubengröße. Oberseite rostbraun, Kopf graublau, Halsseiten mit schwarzweißen Feldern, Brust weinrot, übrige Unterseite bläulich rotgrau. Gutes Kennzeichen: Der ausgebreitete Schwanz an der Spitze mit weißem Saum. (S. 464.) Zeit: Mai bis Sommer.

Turteltaube.
Turtur turtur.

19. Terr terr terr — oder: zäck zäck zäck — oder: tzeck tzetzetzetzeck — oder: zär zär zär — oder weich: duck duck oder: dack dack, am häufigsten: schack schack und **tärr tärr**.

Rufer: Etwa Amselgröße. Oberseite dreifarbig: Rücken und Flügeldecken braun, Schwanz schwarz, Oberkopf und Nacken, Bürzel und Oberschwanzdecke grau. Unterseite hell, dunkel gefleckt. Zeit: Zugzeiten. Vereinzelt auch im Sommer.

Wacholderdrossel,
Krammtsvogel.
Turdus piláris.

20. Rack rack rack und Räh, rähräh, rrhä rrä usw.

Rufer: Bei den Flugspielen während der Brutzeit neben dem brütenden Weibchen. Fast Dohlengröße, auch Gestalt dohlenähnlich. Kopf, Hals und Unterseite blaugrün; Rücken hellnußbraun; Schwingen schwarz, mit blauer Unterseite; Schwanz blau. Ostdeutschland. (S. 123.)

Blauracke,
Mandelkrähe.
Corácias gárrulus.

III. Trommeln der Spechte.

Arrrrrrrrrr, ein weithin schallender, rollender, kräftiger Ton von verschiedener Länge und Höhe. Sehr auffällig.

Trommler: Spechte, die mit schnellen, kräftigen Schnabelhieben einen dürren Ast, eine geeignete Stelle am Stamm oder einen Nistkasten bearbeiten, daß es schallt wie ein tiefer Trommelwirbel. Das Trommeln geschieht im Frühjahr zur Paarungszeit (S. 125).

Spechte.

IV. Pfeifen des Eichhörnchens.

Ein scharfes, helles Pfeifen, das man nur ganz gelegentlich hört. Im Vorfrühling, zur Paarungszeit der Eichhörnchen, wenn sie ihre Paarungsspiele treiben. Das Männchen jagt hinter dem Weibchen her, rennt über den Boden, am Stamme hoch, verhofft, drückt sich nieder, schmeichelt, dringt heftig auf das Weibchen ein, murkst, pfeift, faucht und pfeift abermals durchdringend schrill. Wer den Ton zum erstenmal in nächster Nähe hört, ist überrascht von seiner Schärfe.

8. Stimmen der Nacht.

1. Lauter, klangvoller Gesang aus niederem Gebüsch. (Singt auch am Tage.) — **Nachtigall.**

2. Laute, durchdringende Rufe wie: Juik Juik Juik. — **Waldkauz.**

3. Lautes, pfeifendes Heulen, in der Mitte höher, am Ende abfallend, etwa: ⌒ Huuk. — **Waldohreule.**

4. Langgezogener, weicher, sehnsuchtsvoller Ruf wie: Huuuuuu. Nur im Frühling zu hören; Balzruf der — **Waldohreule.**

5. Langgezogenes Heulen, das in der Mitte um etwa zwei Töne steigt und dabei anschwillt. Wer sehr tief pfeifen kann, vermag es nachzuahmen, wenn er die Huhu mehr bindet als stößt: Huhu$^{hu^{huhu}hu}$huhu. Im Frühling zu hören, Paarungsruf vom — **Waldkauz.**

6. Buark, tiefer, dumpfer Kehlton. Pssieb, pssieb, hoher, scharfer Pfeifton. Den tiefen Ton nennt der Jäger „Quorren oder Murksen", den hohen Ton „Schiepen". Die Töne sind zur Balzzeit im Frühling zu hören. — **Waldschnepfe.**

7. Einförmiges, anhaltendes Schnurren oder Spinnen mit lang ausgehaltenen, hohen Errrrrrr und einem kurzen, tieferen örr. Also so: Errrrrrr$_{örr}$ Errrrrrr$_{örr}$ Errrrrrr$_{örr}$ Errrrrrr$_{örr}$. Oft 5 bis 10 Minuten lang im Frühling zu hören, Paarungsruf der — **Nachtschwalbe, Ziegenmelker.**

8. Lautes Bellen, ähnlich wie vom Hund, in kalten Nächten. (vor Frost und Hunger). — **Fuchs.**

9. Ein dumpfes, tiefes Bö! oder: Bö! böbö! bö! Schmälen vom — **Rehbock.**

10. Ein helleres Bä-u, Bä-u! (ä und u gebunden). Schmälen der — **Ricke.**

Tierleben. 121

11. Lautes, grobes Schreien mit tiefem Ton, oder auch ein tiefes Knören, das man einigermaßen nachahmen kann, wenn man in das Ansatzrohr einer leeren Gießkanne bläst. Von September bis Oktober zu hören; Brunftschrei vom **Hirsch.**

12. Starkes Knacken und Brechen in den Zweigen rührt her von **ziehendem Wild.**

9. Was nachts im Walde fliegt.

I. Große Vögel.

1. Zwei Eulen: Waldohreule und Waldkauz. Lassen sich locken, wenn man das feine Mäusefiepen mit den Lippen oder auf einer Bleistifthülse nachahmt. Beide Eulen haben leisen, unhörbaren, etwas schwankenden Flug. In mondhellen Nächten ist eine Unterscheidung möglich.

Körper gedrungen mit fast so dickem Kopf wie der Rumpf. **Waldkauz.**

Körper schlanker, Kopf kleiner. Auf dem Kopf zwei lange Federohren. **Waldohreule.**

2. Vogel von Eulengröße, mit dick aufgeblähtem Gefieder und mattem Flügelschlag. Mit langem, abwärtsgerichtetem Schnabel. Oft mehrere Vögel beieinander. Balzflug. Dabei ein hoher, scharfer Pfeifton: pssieb, pssieb; oder ein tiefer, dumpfer Kehllaut: buark. **Waldschnepfe.**

II. Ein mittelgroßer Vogel.

Ähnlich wie Schwalbenflug (daher der Name Nachtschwalbe): in Windungen, abwechselnd schwebend, rüttelnd, schießend, mit den Flügeln klatschend. Während des geräuschlosen Fluges läßt der Vogel ein leises hait hören. **Ziegenmelker, Nachtschwalbe.**

III. Ein kleineres Tier.

Flug flatternd, im Zickzack mit scharfen Wendungen. (S. 124.) **Fledermaus.**

10. Große und mittelgroße Vögel, die durch ihre Färbung auffallen.

I. Gefieder einfarbig schwarz.

a) Vogel über Krähengröße.

Kolkrabe, *Corvus corax.* Sehr selten und sehr scheu. Hier und da in Norddeutschland, in den östlichen Provinzen und in den Alpen. Nest auf sehr hohen Bäumen oder an Felsen.

122 Im Laubwald.

b) Vögel von Krähengröße.
   1. Rabenkrähe, *Corvus coróne*. S. 392.
   2. Nebelkrähe, *Corvus cornix*. S. 392.
   3. Saatkrähe, *Corvus frugilegus*. S. 392.
c) Vögel von Dohlengröße.
   1. Deutsche Dohle, Turmdohle, *Lycos monédula spermólogus*. S. 763.
   2. Alpendohle, *Pýrrhocorax gráculus*. Etwas größer als vorige. Schnabel gelb, Füße rot. Helle, hohe Stimme. Im Hochsommer an schroffen Felswänden oft zu mehr als 50 Stück fliegend. Bayrische und Österreichische Alpen.
d) Vogel von Amselgröße: Amsel, Schwarzdrossel.

II. Gefieder schwarz — mit Weiß.

1. Elster, *Pica pica*. Kopf und Hals schwarz, Flügel schwarz mit grünlich violettem Glanze, Unterleib und Schultergegend weiß. Auffällig langer Schwanz. S. 762.
2. Ringamsel, Ringdrossel, *Turdus torquátus*. Schwarz, mit hellem Brustschild (beim Weibchen wenig hervortretend). Riesengebirge, Bayrischer Wald, Alpen, in der Zugzeit auch anderwärts. Brütet in Höhen von 1000 m und darüber.

III. Gefieder schwarz — Kopf rot.

Schwarzspecht, *Dryócopus mártius*. Gefieder schwarz, beim Männchen Oberkopf vom Schnabel bis zum Hinterkopf rot, beim Weibchen nur Hinterkopf rot. S. 125.

IV. Gefieder schwarz-weiß-rot.

1. Großer Buntspecht, Rotspecht, *Dendrócopus májor*. Gefieder vorwiegend schwarz-weiß, Bauch und Hinterkopf hochrot. S. 126.
2. Mittlerer Buntspecht, *Dendrócopus médius*. Gefieder vorwiegend schwarz-weiß, Unterseite rosenrot, ganzer Scheitel hochrot. S. 126.

V. Gefieder goldgelb — Flügel schwarz.

Pirol, *Oriolus oriolus*. S. 111.

VI. Gefieder grünlich.

Pirol-Weibchen. S. 114.

VII. Gefieder grün — Kopf rot.

1. **Grünspecht**, *Picus viridis.* Gefieder vorwiegend grün, ganzer Oberkopf rot. S. 125.
2. **Grauspecht**, *Picus canus viridicánus.* Gefieder graugrün, Kopf grau, beim Männchen roter Vorderscheitel, Weibchen ohne Rot. S. 126.

VIII. Gefieder blaugrün — Rücken braun.

Blauracke, Mandelkrähe, *Corácias gárrulus.* Gestalt dohlen· ähnlich. Östlich der Elbe. Kiefernheiden, alte Eichen, Waldlichtungen. Nest in Spechtlöchern. (S. 119, 230.)

IX. Gefieder blaugrau — ohne Weiß.

Hohltaube, *Colúmba oenas.* Kleiner als Ringeltaube. Gefieder blaugrau, ohne Weiß, am Halse bunt schimmernd, Brust violett. Nest in Spechthöhlen. (S. 230.)

X. Gefieder blaugrau — mit Weiß.

Ringeltaube, *Colúmba palúmbus.* Größer als Haustaube. Blaugrau, auf den Flügeln ein weißes Feld, am Halse alter Vögel jederseits ein weißer Fleck (wie ein Ring), Hals grünlich schimmernd. S. 229.

XI. Gefieder aschgrau — mit Weiß.

Kuckuck, *Cúculus canórus*, Oberseite aschgrau, Bauch weißlich mit braunen Querbändern (gesperbert). S. 118.

XII. Gefieder braun — mit weißen Tropfenflecken.

Tannenhäher, *Nucifraga caryocatáctes.* Größer als Eichelhäher, Schwanz weiß gesäumt. Rufe schnarrend. Östliche Provinzen. Mittelgebirge, Alpen. In manchen Jahren während der Zugzeit häufig. Geht den Nüssen nach.

XIII. Gefieder (Oberseite) rostig braungrau — Schwanz mit weißer Binde am Ende.

Turteltaube, *Turtur turtur.* Kleiner als Ringeltaube. Oberseite rostig braungrau mit dunkleren Schaftflecken, Kopf und Hinterhals blau, an den Halsseiten kurzes Querband aus schwarzen, weißspitzigen Flecken. S. 119.

XIV. Gefieder rostbraun — mit Schwarz und Weiß.

Wiedehopf, *Úpupa épops.* Kleiner als Eichelhäher. Kopf mit beweglicher Holle, Schnabel lang. S. 114.

11. Waldfledermäuse.

Fledermäuse können einwandfrei nur nach ihren körperlichen Merkmalen bestimmt werden (Größe, Flughaut, Schwanz, Nase, Ohrmuschel, Zähne). Die Gelegenheit zu einer solchen Bestimmung ergibt sich nur sehr selten. Die nachfolgende Übersicht (Flugart, Flugzeit, Größe) will nur zeigen, welche Fledermäuse etwa im Walde in Frage kommen. Im Freien sind am leichtesten zu erkennen: 1. Gemeine Fledermaus als die größte deutsche Art, 2. Zwergfledermaus als die kleinste deutsche Art. S. 526, 773.

I. Die Fledermaus fliegt schnell und hoch.

a) Große Tiere: Spannweite der Flughaut über 30 cm, Körperlänge über 5 cm.

1. **Frühfliegende Fledermaus, Speckmaus,** *Vesperúgo nóctula.* Spannweite 37 cm, Körperlänge 7—8 cm. Von April an. Schon vor Sonnenuntergang. Bei jedem Wetter. Um die höchsten Baumwipfel und darüber hinaus; auch über nahen Gewässern, wie Schwalben dicht über dem Wasserspiegel. Waldblößen, Schneisen, Waldwege. Fliegt von allen Arten abends am frühesten. Auch in Ortschaften. In ganz Deutschland.

2. **Rauharmige Fledermaus,** *Vesperúgo Leisleri.* Spannweite 30 cm, Körperlänge bis 6 cm. Von März an. In der frühen Dämmerung, auch am Tage. Um hohe Baumwipfel. Nur in Wäldern. Süd- und Mitteldeutschland.

3. **Zweifarbige Fledermaus,** *Vesperúgo discolor.* Unterseite weißlich. Spannweite 30 cm, Körperlänge bis 6 cm. In Bergwäldern. Selten.

b) Kleine Tiere: Spannweite unter 30 cm, Körperlänge bis 4 cm.

1. **Mopsfledermaus, Breitohr,** *Synótus barbastéllus.* Spannweite 27 cm, Körperlänge 4 cm. Ab Februar. Bei Beginn der Dämmerung. Am meisten in Waldgebirgen. Auf Blößen und Schneisen. Meist sehr hoch, bei nassem Wetter niedrig. Ganz Deutschland. Häufig.

2. **Zwergfledermaus,** *Vesperúgo pipistréllus.* Spannweite 16 cm, Körperlänge 3—3,7 cm. Ab Februar, oft schon an warmen Januartagen; die erste im Frühjahr, die letzte im Spätjahr. Schon vor der Dämmerung. Bei jedem Wetter. An Waldrändern, auch in Ortschaften. Ganz Deutschland. Sehr häufig.

Tierleben. 125

II. Die Fledermaus fliegt schnell und niedrig.

Zwergfledermaus: Siehe oben. Oft nur einige Meter über dem Boden oder über dem Wasserspiegel.

III. Die Fledermaus fliegt nicht schnell.

1. Langohrige Fledermaus, Großohr, *Plecótus aurítus.* Ohren über 3 cm lang! Spannweite 24 cm, Körperlänge 4—5 cm. Fliegt hoch, mit flatterndem Flügelschlag, oft über gewissen Stellen schwebend und rüttelnd: April bis September. In vorgerückter Abenddämmerung. Auf Waldlichtungen und Wegen, um mittelhohe und hohe Bäume. In ganz Deutschland. Häufig.

2. Großohrige Fledermaus, Breitohr, *Vespertilio Bechsteini.* Stellt die großen Ohren gerade aus! Spannweite 27 cm, Körperlänge 5 cm. Fliegt langsam, schwerfällig und niedrig. Ab Ende April. In vorgerückter Abenddämmerung. In ganz Deutschland. Selten.

3. Gefranste Fledermaus, *Vespertilio Nattéreri.* Spannweite 25 cm, Körperlänge 4¹/₂ cm. Fliegt langsam, schwerfällig und niedrig. In später Dämmerung. In ganz Deutschland. Nicht häufig.

Alle Fledermäuse sind Insektenvertilger. Sie stehen unter Naturschutz!

12. Vögel, die an Baumstämmen klettern.

I. Der Vogel klettert nur aufwärts.

1. Vogel von fast Krähengröße, schwarz.

Männchen vom Schnabel bis Hinterkopf rot. Weibchen **nur** am Hinterkopf mit rotem Fleck. (Abb. 1)

Stimme: ein lautes Kliäh oder Krikrikrikri oder ein abfallendes Quiquiquiquiqui.

Trommeln: sehr kräftig, rollend, nicht so **Schwarzspecht.** rasch wie der Buntspecht (S. 117). *Dryócopus mártius.*

2. Vogel von fast Taubengröße, grün oder grau.

a) Gefieder grün. Stirn bis Hinterkopf rot. Backen schwarz und rot. (Abb. 2)

Stimme: ein öfteres Glückglückglückglückglück.

Trommeln: wie das des Buntspechtes, **Grünspecht.** aber selten. (S. 117.) *Picus víridis.*

b) Gefieder grau. Stirn bis Scheitelmitte rot.

Stimme: eine absinkende Tonreihe Düdüdüdüdüdüdü.

Trommeln: wie das des Buntspechtes, nur schwächer. (S. 118.)

Grauspecht.
Picus canus viridi-
cánus.

3. Vogel von Amselgröße, schwarz-weiß-rot.

Unterschwanzdeckfedern und das angrenzende Bauchgefieder lebhaft rot, sehr scharf gegen das Weiß abgesetzt. Männchen mit rotem Querfleck auf dem Hinterkopf. (Abb. 3)

Stimme: ein gellend scharfes Gigigigigigigi oder ein kurzes scharfes Kgick oder im Streit ein kreischendes Grägrägrägrä.

Trommeln: ein lautes, kräftiges, weithin schallendes Arrrrrrrr, zur Paarungszeit im Frühjahr häufig. Es geschieht an trockenen Ästen, Baumstämmen, Nistkästen. (S. 116.)

Großer Buntspecht.
Dendrócopos májor.

4. Vogel von Stargröße, schwarz-weiß-rot.

An den Seiten stark gefleckt. Unter dem Schwanz und am Bauch verwaschen rot, nicht scharf gegen das Weiß abgesetzt. Brust gelbrot. Stirn bis Hinterkopf bei Männchen und Weibchen rot. (Abb. 4)

Stimme: ein gemäßigtes Gägägägägägä (S. 118).

Trommeln: wie das des Buntspechtes, nur schwächer.

Mittelspecht.
Dendrócopos médius.

5. Vogel von Sperlingsgröße, schwarz-weiß-rot oder nur schwarz-weiß. Männchen ähnlich gefärbt wie Mittelspecht. Weibchen ohne alles Rot. (Abb. 5)

Stimme: eine Reihe scharfer, gleichhoher Töne in rascher Folge Kikikikiki.

Trommeln: wie das des Buntspechtes, nur schwächer.

Kleiner Buntspecht.
Dendrócopos minor.

6. Vogel von weniger als Sperlingsgröße, grau.

a) Oberseite dunkelgrau, mit weißen Tropfenflecken. Unterseite weiß. Schnabel dünn, säbelförmig gebogen. (Abb. 6)

Stimme: hohes scharfes Pfeifen Ti ti ti oder sit sit oder sisi sisi. Auch kurze Liedstrophen nach dem Tonfall Ti ti tirroiti oder ähnlich.

(Anmerkung: Nach den Literaturangaben läuft der Baumläufer den Stamm der Bäume nur hinauf. Im März 1928 beobachtete ich im Günthersburgpark zu Frankfurt a. M., daß ein Garten-Baumläufer 2 m an einem senkrechten Stamme abwärtslief. Grp.)

Garten-Baumläufer.
Cérthia brachydáctyla.

b) Oberseite gelbbraun. Unterseite weiß. Stirn mit heller Strichelung. Krallen länger, Schnabel kürzer als bei der vorigen Art. (Abb. 7)

Stimme: Lieder länger als beim Garten- **Wald-Baumläufer.** Baumläufer. (S. 109.)   *Cérthia familiáris.*

II. Der Vogel klettert am Stamme auf- und abwärts.

Sperlingsgröße. Oberseite graublau, Unterseite weiß oder rostgelb, durch die Augen ein schwarzer Strich. (Abb. 8)

Stimme: ein laut schallendes Tüit tüit, wie **Kleiber, Spechtmeise.** Knaben einander zupfeifen. Oder: Wie wie.   *Sitta caésia.*

13. Höhlenbrüter.

I. In Nistkästen.

1. Mit großem Flugloch.   **Star, Kleiber, Wendehals.**
2. Mit kleinem Flugloch.   { **Meisen.** { **Trauerfliegenschnäpper.**
3. In halb offenem Kasten.   { **Gartenrotschwanz und Grauer** { **Fliegenschnäpper.**

II. In selbstgezimmerten Höhlen
(bei neu angelegten Höhlen Holzspäne unter dem Flugloch).

1. O-förmige Öffnung, meist hoch, in Eichen oder glattstämmigen Buchen und Kiefern.   **Schwarzspecht.**

2. ◯-förmige Öffnung.
   a) Niedrig, 2—4 m hoch, meist in alten Obst- **Großer Buntspecht.** bäumen oder in Weichhölzern: Weiden,   **Grauspecht.** Pappeln.   **Grünspecht.**
   b) Hoch, 10—12 m, in alten, hohen Obst- **Mittelspecht** bäumen, Erlen, Pappeln, Weiden.   **und Kleinspecht.**

III. In verlassenen Spechthöhlen.

Hohltaube, Wiedehopf, Blauracke, Schellente, Wendehals, Star, Meisen, Kleiber. Wenn die Fluglöcher zu groß sind, klebt der Kleiber sie in der Regel mit Erde enger. (Daher der Name Kleiber.)

IV. In natürlichen Öffnungen der Bäume.

1. Mit großem Flugloch.   **Waldkauz u. Steinkauz.**
2. Mit kleinem Flugloch.   **Star und Meisen.**
3. In Rindenspalten.   **Baumläufer.**

128   Im Laubwald.

Bezugsquellen für Nistkästen:
1. Deutscher Bund für Vogelschutz. Stuttgart.
2. Berlepsch'sche Nisthöhlen: Herm. Scheid, Büren in Westfalen.
3. Hermann Bunnemann in Adelebsen bei Göttingen.
4. M. Behr, Steckby b. Zerbst in Anhalt.

14. Große Nester und Horste auf Bäumen.

Nester aus dünnerem oder dickerem Reisig. Nur mit Sicherheit
zu bestimmen, wenn der Vogel beobachtet oder das Gelege eingesehen
werden kann.

I. Einzeln stehend.

A. Große Nester, Horste.

1. In hohen, alten Bäumen, nahe am Stamm; rund, von etwa
   1 m Durchmesser; innen grünes Fichten- und Tannenreisig;
   außen starke Grundlage aus dicken Rei-
   sern; 2—4 Eier, kalkweiß, mit grünlichem   **Habicht.**
   Anflug.   *Ástur palumbárius.*

2. Horst kleiner als beim Habicht, mehr länglich; nahe am
   Stamm, auch in Stangenholz, gern in mittelhohen Nadelbäumen; meist gut verborgen; Eier 2—7,   **Sperber.**
   grünlichweiß, mit rostbraunen Spritzern.   *Accipiter nisus.*

3. Auf hohen Waldbäumen, in Eichen, Fichten und Buchen,
   oft altes Krähennest mit dicken Reisern als Unterlage, innen
   mit dünnen Reisern, Moos, Haaren, Fe-
   dern ausgepolstert; Eier 3, grünlich-weiß,   **Bussard.**
   hellbraun gefleckt.   *Búteo búteo.*

4. Auf hohen Waldbäumen, so groß wie der Horst des Habichts,
   mit heraushängenden Zeuglappen und   **Gabelweihe.**
   Papierfetzen; Eier 3—4, weißlich, mit röt-   (Roter Milan.)
   lichen Flecken.   *Milvus milvus.*

5. Auf hohen Waldbäumen, Horst kleiner, etwa $^3/_4$ m im Durchmesser; im Innern stets Fischgräten; Eier   **Schwarzer Milan.**
   3—4, gelblich, braun marmoriert.   *Milvus migrans.*

6. Auf hohen Bäumen, kleiner als die vorigen, oft am Waldrande, als Unterlage häufig altes Krähen-   **Baum-**
   nest; Eier 4—5, rötlich-weiß, mit bräun- **oder Lerchenfalk.**
   lichen Flecken.   *Falco subbúteo.*

7. Wie Horst des Baumfalken (jedoch auch auf Türmen, in
   Ruinen und Felsklüften); Eier 4, weißlich,   **Turmfalk.**
   gelblich, dicht braunrot bespritzt.   *Cérchneis*
                                         tinnúnculus.

Tierleben.
129

8. In Raubvogelhorsten oder in Krähen- und Wildtaubennestern; 4 weiße, runde Eier.

Waldohreule.
Ásio ótus.

B. Kleinere Nester.

1. Grundlage aus dünnen Reisern und Dornen, wirr durcheinander; darin das eigentliche, gut gebaute Nest; oben Dach aus Reisig und dichtem Dorngestrüpp; seitlich ein Schlupfloch; oft in hohen Pappeln, zuweilen auch niedrig im Gestrüpp (auch in der Nähe menschlicher Wohnungen, auf Platanen oder in Obstbäumen); 5—8 Eier, auf grünem Grunde braun gesprenkelt.

Elster.
Pica pica.

2. Auf Laub- oder Nadelbäumen, 2—10 m über der Erde; Grundlage aus dürren Reisern, darauf Heidekraut, innen feine Würzelchen; Eier 5—9, weißlich-gelb oder weißlich-grün, mit grauen Punkten bespritzt.

Eichelhäher.
Gárrulus glandárius.

3. Auf sehr hohen, einzeln stehenden Bäumen; aus dürren Reisern, innen mit Erde, Moos, Haaren gepolstert; 3—5 Eier, auf grünlichem Grund braun und grau gefleckt.

Rabenkrähe.
Córvus coróne.

4. Im Geäst von Laub- und Nadelbäumen; 2—30 m hoch über dem Boden; oft gut versteckt, bald freistehend; schlecht gebaut; 2 Eier, glanzlos-weiß, dünn- und rauhschalig, an beiden Enden gleichmäßig gerundet.

Ringeltaube.
Colúmba palúmbus.

5. Im Baumdickicht, 3—10 m hoch; schlecht gebaut; oft auf einem dicken Ast; Eier 2, glänzend-weiß, kurz-oval.

Turteltaube.
Túrtur túrtur.

C. Eichhörnchennest.

Im Astquirl eines Baumes; auf einer Unterlage von dürren Reisern, zuweilen auf Vogelnestern (Elsternnest); Nest kugelrund, oben etwas oval; Äste und Zweige mit in die dicke Wandung eingeflochten; innen mit Moos, Wolle und Haaren gut gepolstert; ein nach Osten oder Südosten gerichtetes rundes Eingangsloch.

Eichhörnchen.
Sciúrus vulgáris.

II. In Kolonien.

1. Im Hochwalde, auf sehr hohen Bäumen; viele Nester beisammen; Nest 1 m im Durchmesser, flachmuldig, auf einer Unterlage von

Reisern, mit Stroh und Federn ausgefüttert; Eier 3—4, grün-
spanfarbig, etwas größer als Hühnereier; Bäume mit dem
weißen kalkartigen Geschmeiß (Kot) weit- **Fischreiher.**
hin kenntlich. *Árdea cinérea.*

2. In Feldhölzern und Baumpflanzungen; auf einem Baume 10—20
   Nester und mehr; Nest aus Reisig; Eier: 3—5, **Saatkrähe.**
   länglich, wie Rabenkräheneier, nur heller. *Corvus frugilégus.*

3. In Reiherhorsten brütet gern der Kormoran, **Kormoran.**
   der am Donaulauf vorkommt. (Scharbe.) *Phalacrócorax carbo.*

15. Nester der Kleinvögel des Waldes.

Diese Bestimmungstabelle soll nicht dazu verleiten, nach Nestern
zu suchen und die Vögel zu stören. Sie will nur Anleitung geben,
solche Nester zu bestimmen, auf die man zufällig aufmerksam wird.

I. Das Nest sitzt auf Bäumen.

A. Das Nest hängt frei in der Luft.

1. Das Nest hat die Form eines Körbchens und ist tief napf-
   förmig.
   Auf jungen, schlanken Bäumen, bis 15 m hoch über dem
   Boden. In der Gabel eines waagerecht abstehenden Zweiges.
   Kunstvoll gebaut aus trockenen Grasblättern, Bast, Spinnen-
   webe, Wolle, auch Papier.
   Eier: 4—5, rein weiß, mit rosafarbenem **Pirol.**
   Schein. Ende Mai, Anfang Juni. *Oriolus oriolus.*

2. Das Nest hat eine aufrechtstehend-ovale Gestalt und seitlich
   oben ein kleines Flugloch (das oft durch Federn geschlossen ist).
   Bis 20 m hoch über dem Boden. Oft in dicken Astgabeln,
   auch im dichten herabhängenden Gezweig alter Fichten (oder
   auch dicht am Stamm auf einen Ast gestellt). 15 cm hoch,
   10 cm breit. Kunstvoll gewebt aus Flechten, Moosen, Birken-
   rinde, Spinnweb.
   Eier: 9—12, weiß mit feinen rötlichen Pünktchen. Ende
   April, Anfang Mai. Zweite Brut im **Schwanzmeise.**
   Juni. *Aegithalos caudátus.*

3. Nest fast kugelförmig, außen glatt, aus Flechten und grünem
   Moos fest geflochten, mit dicker Wand; innen tief napfförmig
   mit Federn, Haaren und Pflanzenwolle gefüttert; oben mit
   kleinem Schlupfloch.

Tierleben.

Nur in Nadelbäumen, von Manneshöhe bis in die höchsten Gipfel, stets an der freien Sonnenseite, sehr versteckt. (Nester in Wacholdersträuchern hängen nicht, sondern stehen.)

Eier: 6—11, glanzlos, weiß, gelblich gewölkt oder mit gelblichen Flecken. Ende April. Die 2. Brut Ende Juni.

Gelbköpfiges Goldhähnchen.
Régulus régulus.

Eier: 6—9, weiß-rötlich, mit rostroten Flecken.

Feuerköpfiges Goldhähnchen.
Régulus ignicapillus.

B. Das Nest steht auf Ästen, in Astgabeln oder in Zweigquirlen.

a) Größere Nester (aber kleiner als Horste. S. 128).

α) Nest flach, aus Reisern als Unterlage, dürren Halmen, Heidekraut und Moos. Vom Aussehen eines kleinen Horstes. Auf hohen Bäumen, besonders auf Eichen (auch in Obstbäumen), meist weit vom Stamme entfernt, zuweilen auch in einer Gabelung dicht am Stamm.

Eier: 5—6, gelblichweiß, mit braunen oder grauen Flecken überstreut. Ende April, Anfang Mai.

Raubwürger.
Lánius excúbitor.

β) Nest halbkugelförmig, ohne Reiserunterlage; außen mit feinen Reisern, Wurzeln, Heidekraut, Flechten, Moos; darauf eine Lage Lehm oder andere Erde.

1. Erdlage innen nackt, mit einem Brei aus Holzmulm ausgeschmiert, vermischt mit dem Speichel des Vogels, oft auch mit Kuhdünger vermengt. Dieser Ausputz dünn. Auf Bäumen, die noch zu biegen sind. Wenn auf größeren Bäumen, dann dicht am Stamm, da, wo er Zweigbüschel besitzt. Auch in Unterholz. 1—6 m über dem Boden.

Eier: 4—5, glänzend, grünblau, mit rundlichen schwarzbraunen Flecken.

Singdrossel.
Turdus músicus.

2. Erdlage nicht nackt, innen stets mit Würzelchen oder Hälmchen ausgelegt. Größer als das Nest der Singdrossel, meist etwas länglich.

Nistplatz sehr verschieden: Bäume, Unterholz, Hecken, Kopfweiden, Holzhaufen (in der Nähe menschlicher Wohnungen: Efeuwände, Lauben . . .)

Eier: 4—5, in Größe, Form und Farbe sehr veränderlich; Grundfarbe weißbläulich, weißgrünlich, blaugrünlich bis dunkelgrün; darauf rostfarbene Flecke. April. Bis 3 Bruten.

Amsel.
Turdus mérula.

G r u p e . Naturkundl. Wanderbuch.

3. Erdlage nicht nackt, innen stets mit Hälmchen und Würzelchen gefüttert.

In Nadelwäldern, selten in reinen Laubwäldern. Im Gipfel kleinerer oder größerer Nadelbäume, 3—12 m hoch über dem Boden.

Eier: 4—5, grünlich, mit violettgrauen Flecken. Ende März, Anfang April. 2. Brut im Juni.

Misteldrossel.
Turdus viscivorus.

b) **Kleinere Nester.**

α) **Vorwiegend auf Laubbäumen.**

1. Nest auf den unteren, waagrechten Ästen, nicht über die Hälfte der Krone hinauf. Nur auf kleinen Bäumen in den Gabelzweigen des Gipfels. 3—15 m über dem Boden. Halbkugelförmig, 10 cm breit, 6 cm hoch. Aus Moosen, Würzelchen kunstvoll hergestellt, innen mit Roßhaaren, Federn, Wolle. Bindemittel Insektengespinste und Spinnfäden. Außen mit den Flechten des Nistbaumes, daher schwer zu sehen.

Eier: 5—6, Grundfarbe blaugrünlich, blaugrau oder rötlich; grau gewölkt; mit bräunlichen Flecken und Strichen und runden Brandflecken, die rötlich umrandet sind. Ende April, Anfang Mai. Die 2. Brut im Juni.

Buchfink.
Fringilla coelebs.

2. Nest nahe am Stamm im Astwinkel, 2—6 m hoch, besonders auf Pappeln, Ulmen und Linden. (Auch auf Obstbäumen, in Efeuranken, Lebensbäumen, in hohen Büschen und Hecken.)

Nest ziemlich groß, nicht tief; aus Hälmchen, Quecken, Moos, Flechten; innen mit Wolle, Federn und Haaren.

Eier: 5—6, Grundfarbe silbergrau; mit grauroten Flecken und blutroten Punkten. April. 2. Brut im Juni oder Juli.

Grünfink.
Chloris chloris.

3. Nest im dichtbelaubten Gezweig am Rande der Krone, auf kleineren Bäumen im Gipfel, 4—15 m hoch. In Obstbäumen oft in den äußeren Zweigspitzen.

Nest gut gebaut, halbkugelig; aus Flechten, Moos, Fasern, Hälmchen; innen mit Wolle und Haaren ausgepolstert, ohne Federn, häufig mit Pflanzenwolle.

Eier: 5, Grundfarbe grünlich blauweiß; mit violettgrauen Flecken und rotbraunen Strichen; gelber Dotter durchscheinend. Ende April, Anfang Mai. Die 2. Brut Ende Juni, Anfang Juli.

Stieglitz, Distelfink.
Carduélis carduélis.

Tierleben. **133**

4. Nest auf kleinen Bäumen (oder in hohen Büschen), in 2—5 m Höhe. Inmitten großer Laubwaldungen, jedoch nur in jüngeren Schlägen, Stangenholz, nicht im alten, finstern Hochwald.

Nest aus feinen Reiserchen, Halmen, Flechten und Moos; innen meist mit Haaren und Wolle gefüttert.

Eier: 4—5, glänzend, grünblau, mit violettgrauen und purpurbraunen Flecken und Punkten. Anfang Mai. Die 2. Brut im Juni.

Gimpel, Dompfaff.
Pyrrhula pyrrhula.

5. Nest dicht am Stamm auf alten Ästen (auch an den verschiedensten andern Plätzen: auf dem Kopf der Weiden, in weiten Baumlöchern, in Lauben, in Mauerlöchern an Hauswänden usw.). In Laubwäldern, Parkanlagen und Obstgärten.

Nest aus Wurzeln, Halmen, Flechten, Moos; innen mit Wolle, Haaren und Federn gefüttert.

Eier: 4—6, Grundfarbe grünlichweiß oder hellgrün; darauf einzelne rotviolette und rostbraune Flecke. Juni. Nur eine Brut.

Grauer
Fliegenschnäpper.
Muscicapa grisola.

6. Nest in Astgabeln nahe am Stamm, auf unteren Ästen alter Bäume, in aufrechtstehenden Gabelzweigen, 1—5 m hoch, meist über Manneshöhe, gut im Laube versteckt.

Nest außen aus weißen Birkenhäuten, im übrigen aus Hälmchen, Fasern, Samenwolle, Gespinsten, Puppenhüllen; innen mit Tierhaaren und Federn gefüttert. Fest mit den Zweigen verflochten.

Eier: 4—5, rosenrot, mit braunschwarzen Punkten. Ende Mai und Juni. Eine Brut.

Gartenlaubsänger,
Gartenspötter.
Hippolais icterina.

β) Nur auf Nadelbäumen.

Nest sehr hoch in alten, hohen Fichten, versteckt. Außen aus Tannenreisern, Heidekraut und Grashalmen; innen aus Moos und Flechten; mit Federn ausgelegt. Sehr dickwandig, Boden gegen 5 cm dick, weil Brutzeit schon im Januar bis April. Von dichten Fichtenzweigen überdacht: Schutz gegen Schnee.

Eier: 3—4, grünlichweiß, mit violettgrauen und rotbraunen Flecken.

Fichten-
Kreuzschnabel.
Loxia curvirostra.

II. Das Nest sitzt in Sträuchern und Gebüsch.

A. Große Nester: Siehe unter I B a.

Amsel, Singdrossel.

134   Im Laubwald.

B. Kleine Nester.

a) **Nest oben überwölbt, Eingang zur Seite, so groß, daß die Eier zu sehen sind.** Ein länglich runder Moosballen mit Gras und Hälmchen, innen mit viel Federn, Haaren und Pflanzenwolle gepolstert. Zuweilen fehlt auch das Moos.

In dichtem Gestrüpp, meist nahe über dem Boden, doch auch bis 1 m hoch.

Eier: 5—7, weiß, rotbraun punktiert. **Weidenlaubsänger.**
Mai, Juni.   *Phyllóscopus collýbita.*

b) **Nest kugelförmig, 1—2 m über dem Boden, aus Grashalmen, Moos und Tierhaaren.** Sommernest. Im August mit 3—4 nackten Jungen, die gesäugt werden.   **Haselmaus.**
Winternest gleichfalls kugelig; aus Gras,   *Muscárdinus*
Moos, Blättern, Reisern; im Bodenlaub.   *avellanárius.*

c) **Nest oben offen, napfförmig.**

α) Nester meist dickwandig.

1. Nest ein großer, lockerer Klumpen dürren Laubes als Grundlage, darin ein Geflecht aus Graswurzeln, Halmen und Rispen, innen oft Haare.

In niederem Gebüsch, dichten Hecken, dornigem Gestrüpp, wo viel dürres Laub liegt (das beim Herannahen eines Feindes raschelt. Schutzmittel). Dicht über oder auf dem Boden.

Eier: 4—5, glänzend, bräunlich oder **Nachtigall.**
olivengrau, dunkel gewölkt. Mai, Juni.   *Erithacus luscinia.*
Eine Brut.

2. Nest dickwandig, außen eine Menge groben Materials: Halme, Ranken, Heu, Strohhalme; innen fein verflochten mit Grasblättern, Würzelchen, einigen Roßhaaren (nie mit Federn). (S. 410, 467.)

In niedrigem Gesträuch, dicht über dem Boden; wenn auf dem Boden, dann unter Erdüberhängen oder an Steinen.

Eier: 3—6, trübweiß, rötlich, mit schwarzbraunen, verschlungenen Haarzügen und Punkten.   **Goldammer.**
April bis August. 2 oder 3 Bruten.   *Emberiza citrinélla.*

3. Nest dickwandig, außen Halme, Quecken, Ranken, Würzelchen, Heidekraut, Moos; innen viel Tier- und Pflanzenwolle (zuweilen Federn).

In Büschen und Sträuchern, Hecken, Efeuwänden, Lebensbäumen, Fichtenschonungen, $\frac{1}{2}$ bis 2 m hoch, auch auf dem Boden.

Eier: 5—6, hellbläulichgrün, mit violettbraunen Flecken und rostroten Schnörkeln. März bis **Bluthänfling.** August. 2—3 Bruten. *Acánthis cannábina.*

4. Nest dickwandig (selten dünnwandig), groß, außen Wurzeln, Quecken, Halme, Gras, Moos; innen feine Hälmchen und Pflanzenwolle.

In verwilderten Hecken, am Waldrand oder im Felde, meist in Weiß- und Schwarzdornsträuchern, $^1/_2$—2 m hoch, oft dicht am Wege.

Eier: 4—7, grünlich, gelblich oder röt- **Rotrückiger Würger,** lich, mit einem Kranz rotbrauner und **Neuntöter.** grauer Flecken. Mai bis Juli. Eine Brut. *Lánius collúrio.*

5. Meist dickwandig, als Grundlage Reisig und Stengel, dicht aus viel Moos geformt, innen mit Hälmchen, Wolle und Federn.

In dichten Gebüschen, Hecken, Brombeergestrüpp, Fichten- und Kiefernschonungen, meist am Waldrand.

Eier: 4—6, blaugrün. April, Anfang **Heckenbraunelle.** Mai. Die 2. Brut im Juni. *Accéntor moduláris.*

β) Nester dünnwandig: Grasmücken.

Nester und Eier der Grasmücken sind einander sehr ähnlich. Nester aus feinen Hälmchen und Würzelchen, durch Insektengespinste lose verbunden. Meist so dünnwandig, daß sie durchsichtig sind. Sehr lose ins Gesträuch eingebaut.

1. Nest: meist in Brombeeren, Himbeeren, Brennesseln, dicht über dem Boden, bis mannshoch. Sehr leicht und locker, durchsichtig, nachlässig eingebaut. Innen fast nie Haare.

Eier: 4—6, bräunlichweißlich, mit bräunlichen Flecken. 20 × 15 mm. Mai **Gartengrasmücke.** bis Juli. 2 Bruten? *Sýlvia simplex.*

2. Nest: In dichten Hecken, Brombeergestrüpp, Unterholz. $^1/_2$ m bis einige Meter über dem Boden. Napf tief und glatt, innen wenig Haaren.

Eier: 4—5, wie die der Gartengras- mücke, etwas dunkler. 19 × 15 mm. Mai **Mönchsgrasmücke.** bis Juli. 2 Bruten. *Sýlvia atricapílla.*

3. Nest: Am Waldesrand, in Dornbüschen und Nesseln, die von hohem Gras umwuchert sind (auch im Getreide). Dicht über dem Boden. Etwas dichter gebaut als die beiden vorigen Nester, außen oft Gespinste, Weiden- und Pappelwolle, innen meist einige Pferdehaare.

136　　　　　　　Im Laubwald.

Eier: 4—6, grünlich, mit olivbraunen Punkten überspritzt. 18 × 13 mm. Mai bis Juli. 2 Bruten.　　　**Dorngrasmücke.** *Sylvia commúnis.*

4. Nest: In Schwarzdorn- und Weißdornsträuchern, Brombeeren, Himbeeren, Stachelbeerbüschen, 1 bis einige Meter über dem Boden. Sehr leicht und durchsichtig. Innen oft Pferdehaare, Zwirnsfäden und Borsten.

Eier: 4—6, weißlich, mit grauen und braunen Flecken. 16 × 12 mm. Mai, Juni. Eine Brut.　　　**Zaungrasmücke.** *Sylvia currúca.*

(Siehe auch: I B b Grünfink, Gimpel, Gartenspötter.)

III. Das Nest sitzt auf dem Boden.

A. Nest oben überwölbt, Eingang zur Seite.

1. Nest ein runder Moosballen mit Halmen und trockenen Blättchen. Eingang so eng, daß die Eier nicht zu sehen sind. Innen mit Federn, Wolle und Pferdehaaren ausgepolstert.

Auf dem. Boden unter Gebüsch, Gestrüpp, Baumwurzeln, langem Gras. Sehr versteckt.

Eier: 5—7, gelblichweiß, mit blaßroten Punkten. Anfang Mai. 2. Brut Juni, Juli.　　　**Fitislaubsänger.** *Phyllóscopus tróchilus.*

2. Nestbau wie der des Fitislaubsängers. Eingang so groß, daß die Eier zu sehen sind. Innen mit Wolle und Haaren ausgepolstert, Federn sollen nicht darin sein.

Auf dem Boden an lichten Stellen des Hochwaldes, wo Heidelbeeren, Heidekraut und Gras stehen.

Eier: 5—7, weißlich, mit vielen braunen Flecken. Ende Mai, Juni. Eine Brut.　　　**Waldlaubsänger.** *Phyllóscopus sibilátor.*

3. Brutnest eine dicke Kugel aus Moos und Laub. Am unteren Rand vor dem Eingang einige quergelegte Reiserchen eingebaut als Sitzstange beim Einschlüpfen. Innen mit vielen Federn ausgepolstert.

Außerdem noch ,,Schlaf- oder Spielnester": Nur aus Moos, innen ohne Federn.

An Grabenrändern und Böschungen, unter überhängenden Baumwurzeln, zwischen den Wurzeln umgefallener Bäume. Auch in Efeuwänden.

Eier: 6—7, weiß, mit bräunlichen Punkten. Ende April. Anfang Mai.　　　**Zaunkönig.** *Troglodýtes troglodýtes.*

Tierleben.

B. Nest oben offen, napfförmig.

1. Nest aus Moos, Flechten und Halmen. Außerdem dürre Blätter, innen Haare und Federn. Mulde tief.

   An Böschungen und Waldwegen, zwischen dicken Wurzeln, in Erdlöchern, an alten Baumstümpfen.

   Eier: 5—7, gelblichweiß, mit bräunlichen Punkten, Flecken oder Wolken. 1. Brut Ende April, Anfang Mai. 2. Brut Juli.   **Rotkehlchen.** *Erithacus rubécula.*

2. Nest außen aus Moos, innen aus Halmen und Würzelchen, mit Wolle und Haaren ausgelegt.

   Auf Waldblößen, an Wegrändern und Böschungen. In Gras oder Heidekraut versteckt. Meist von oben sichtbar, doch auch unter überhängenden Grasbüscheln an Abhängen.

   Eier: 4—6, sehr verschieden gefärbt, Grundfarbe: grauweiß, violettgrau, fleischfarbig, schokoladenbraun; gesprenkelte Zeichnungen rötlichbraun oder graubraun. 1. Brut Anfang Mai. 2. Brut Juni, Juli.   **Baumpieper.** *Anthus triviális.*

3. Nest aus Moos, Halmen und Wurzeln locker gebaut, zuweilen mit Haaren ausgelegt.

   Auf Waldblößen, an Waldrändern; zwischen Gräsern, Farnkräutern, Heidelbeeren, meistens in Bodenvertiefungen, von oben sichtbar.

   Eier: 4—5, Grundfarbe weißlich oder rötlichweiß, Flecken fein und dicht, grau und bräunlich. 1. Brut Anfang April. 2. Brut Juni, Juli.   **Heidelerche.** *Lullula arbórea.*

4. Nest aus Wurzeln und Grashalmen, innen die feinsten, meist mit Roßhaaren ausgelegt.

   An Waldrändern, in Hecken und Gebüsch, in Gärten, Wiesen und an Feldrainen. In Bodenvertiefungen unter Grasbüscheln.

   Eier: 5, Grundfarbe rötlichgrauweiß, darauf sparsame schwarzbraune Flecken und Striche. Eine Brut. Ende Mai, Anfang Juni.   **Gartenammer, Ortolan.** *Emberíza hortulána.*

5. Nest aus grünem Moos, innen mit Haaren und Federn ausgepolstert.

   In Nadelwäldern; in Laubwäldern nur dort, wo auch Nadelbäume stehen. In Erdlöchern, hohlen Baumstümpfen, Ast- und Mauerlöchern, oft auch recht hoch.

138 Im Laubwald.

Eier: 6—11, weiß mit kleinen rötlichen
Punkten. 1. Brut Ende April, Anfang Mai.
2. Brut Juni.

Tannenmeise.
Parus ater.

(Siehe auch II B b: Nachtigall, Goldammer, Bluthänfling,
Dorngrasmücke.)

16. Das Kuckucksei.

1. **In welchen Nestern findet man ein Kuckucksei?**
Der Kuckuck baut kein eigenes Nest, er legt seine Eier in fremde
Nester. Seither wurden Kuckuckseier in den Nestern von etwa
150 verschiedenen Vogelarten gefunden, in vielen sehr selten,
in andern häufig. In manchen Gegenden werden die Nester bestimmter Vögel bevorzugt, bei uns: Rotkehlchen, Grasmücken,
Laubsänger, Zaunkönige, Pieper, Neuntöter.

2. **Woran ist zu erkennen, ob ein Kuckucksei in einem
Neste liegt?**
Die Kuckuckseier sind in Größe, Form und Färbung sehr ver-
schieden.
Größe: Etwa so groß wie Sperlingseier. Durchschnittsmaße:
22,5 × 16,5 mm.
Form: Eiförmig, länglich, gedrungen, bauchig.
Färbung: Glatt, glänzend, Schale härter und fester als die der
anderen Nesteier. Grundfarbe: weiß, grau, grün, gelblich, rötlich,
bräunlich. Einfarbig oder mit Zeichnungen: grau, grünlich,
bräunlich, rötlich, schwarz. Charakteristisch: scharf abgesetzte
schwarze Punkte sehr oft vorhanden!
Unterscheidung von den nesteigenen Eiern: ,,Von 214
Kuckuckseiern, die ich im Laufe der letzten zwölf Jahre ent-
deckte, konnte man hinsichtlich der Farbe nur 6 den Nesteiern
,sehr ähnlich' nennen; eine ziemliche Anzahl war den Nesteiern
,im ganzen ähnlich'; der bei weitem größte Teil der Kuckuckseier
hat aber ,gar keine Ähnlichkeit' mit den Nesteiern." (A. Walter,
Zeitschr. f. ges. Ornith. 1886, Heft 1.)
In den meisten Fällen ist das Kuckucksei etwas größer als die
Nesteier.

3. **Woran ist der junge Kuckuck im Nest zu erkennen?**
Man findet den jungen Kuckuck fast immer nur allein im Nest.
Waren Nestjunge da, so hat er sie aus dem Nest geworfen.

Tierleben. 139

Der junge Kuckuck: sehr klein, nackt, blind, Haut dunkel, violett. Nach 3 Tagen: doppelt so groß, dicker Kopf, vorstehende Augäpfel. Nach 6 Tagen: offene Augen, blauschwarze Federstoppeln. Nach 11 Tagen: füllt das ganze Nest aus, braune Flügeldeckfedern. Nach 15 Tagen: Rücken höher als das Nest, befiedert. Nach 20 Tagen: verläßt das Nest.

Stimme des hungrigen Kuckucks im Nest: ziß, zissiß, zississiß, fein und scharf.

Stimme des ausgeflogenen Kuckucks, der nach Futter schreit und von den Zieheltern noch gefüttert wird: zirk, zirk-zirk.

17. Gelege großer Vögel auf dem Waldboden.

1. Eier: 8—15, olivengrün bis graubraun, glänzend. 4,5 cm lang, 3,5 cm breit.

Nest: Im Dickicht, unter Sträuchern und Gestrüpp. Kleine Mulde, mit Halmen, Moos und Laub ausgelegt. Zuweilen findet man auch ein einzelnes Fasanenei auf offenem Waldboden.

Zeit: Zweite Hälfte im Mai. Brutzeit 25 Tage.

Jagdfasan.
Phasiánus cólchicus.

2. Eier: 4, zuweilen auch nur 3, rostgelb mit dunkleren Flecken und Punkten. 4,5 cm lang, 3 cm breit, stark bauchig.

Nest: Auf einsamen, freien Plätzen, hinter kleinen Sträuchern, kleine Mulde, mit Moos und welkem Blattwerk ausgelegt.

Zeit: April und Mai. Brütezeit 3 Wochen.

Waldschnepfe.
Scólopax rustícola.

3. Eier: 7—12, glänzend, lehmgelb, ohne Flecken. 3,5 cm lang, 2,5 cm breit. (Sind mehr als 17 Eier vorhanden, so nimmt man an, daß ein anderes Weibchen seine Eier hinzugelegt hat, weil es auf dem eigenen Nest gestört wurde.)

Nest: Nie tief im Walde. In kleinen Feldgehölzen und am Waldrand. Kleine Mulde, gut versteckt, mit Pflanzenteilen ausgelegt.

Zeit: Ende April, Mai. Brütezeit 21 Tage.

Rebhuhn.
Perdix perdix.

4. Eier: 2, schmutzigweiß, bräunlich-marmoriert. 3 cm lang, 2 cm breit.

Ohne Nest. Eier liegen auf einem Grasbusch, auf Moos, auch wohl auf niedrigen bemoosten Baumstümpfen.

Zeit: Juni. Brütezeit 16 Tage.

Ziegenmelker.
Nachtschwalbe.
Caprimúlgus europáeus.

18. Was riecht hier?
(Siehe auch S. 600.)

Auf Waldwanderungen werden wir oft durch aufdringliche Gerüche überrascht. Folgen wir unserer Nase, so können wir uns mancherlei erschnüffeln, an dem wir sonst vorübergelaufen wären.

I. **Es riecht faul und stinkig: Aas- oder Leichengeruch.**
  1. In der Nähe liegen Tierleichen: verendetes Wild; Beute, die der Fuchs verschleppte (dann ist auch meist der Fuchsbau in der Nähe). **Aas.**
  2. Im nahen Gebüsch oder auch an freien Plätzen wächst ein Pilz, der den Aasgeruch verbreitet: Stiel 10—30 cm hoch, bis 4 cm dick. Hut klein, mit grünlichem Schleim, der abtropft. In dem Schleim die Sporen, die durch die Aasinsekten verbreitet werden: Roßkäfer, rotbrüstige Aaskäfer, Fliegen. Jugendform des Pilzes: Hühnereigroße Bälle („Teufelseier"), die im Längs- und Querschnitt den vorgebildeten Stiel und Hut zeigen. Wer an einem feuchtwarmen Sommertag diese „Teufelseier" im Walde findet, kann ihre Entwicklung zum fertigen Pilz beobachten. Während eines warmen Augustregens sah ich innerhalb 2 Stunden auf einem freien Platz von etwa 1 Ar im Frankfurter Stadtwald weit über 100 dieser Pilze sich entwickeln. Vorkommen: Wälder, Gebüsch, Gärten, Parkanlagen, Friedhöfe. Juni bis Oktober. Ungenießbar! **Stinkmorchel.** *Phállus impúdicus.*

  3. Ein fauler, stinkiger Fischgeruch schlägt uns mitten im Hochwald entgegen. Hohe, dickstämmige Bäume sind weiß übertüncht mit Vogelkot. Unter den Bäumen Gräser und Kräuter durch den ätzenden Kot abgestorben. In den hohen Kronen große Horste, $3/4$—1 m im Durchmesser, oft 15—20 beieinander. Auf dem Boden Fische, die herabfielen und faulen.

  Erste Eier im Nest Anfang April, Brütezeit 24—26 Tage, Junge im Nest 5 Wochen. Fütterzeit also Anfang Mai bis in den Juni. **Fischreiher.** *Árdea cinérea.*

II. **Es riecht stinkig nach Tieren: Bocksgeruch.**
  1. Bei stehender Luft in Walddickungen schlägt uns ein durchdringender Geruch wie vom Ziegenbock entgegen: Brunft-

geruch des Hirsches. Brunftzeit: September—Oktober. Man sehe nach Trittsiegeln! (S. 180), Schäl- **Hirsch.** stellen (S. 146), Wimpelschlagen (S. 145). *Cervus élaphus.*

2. Blattzeit (d. i. Brunft) des Rehes Ende **Reh.** Juli bis Mitte August. *Cervus capréolus.*

3. Bei stehender Luft in Dickungen schlägt uns ein stinkiger Geruch entgegen wie vor einem Wolfskäfig im zoologischen Garten. Wenn weicher Boden in der Nähe ist (auch auf Maulwurfshaufen), **Fuchs.** so sehe man nach Fußabdrücken. (S. 180.) *Vulpes vulpes.*

III. Es riecht nach Knoblauch oder Zwiebeln.
Im Mai und Juni stehen auf lichten Stellen im Laubwald oft große Bestände einer Pflanze: Blätter wie Maiglöckchenblätter, Blüten weiß. Der Zwiebelgeruch wird noch **Bärenlauch.** mehr bemerkbar, wenn man die Pflanze *Állium ursínum.* reibt. (S. 40.)

IV. Es riecht nach Lysol.
Pappel-, Espen- und Weidengebüsch riecht im Frühjahr und Frühsommer oft nach Lysol, das Blattwerk ist dann zerfressen. Der Geruch rührt her von der Larve des Pappelblattkäfers. Käfer: $1/2$—1 cm lang, Flügeldecken rot, Halsschild blau. Larve: 1—2 cm lang, länglich-oval, Rücken gewölbt. Bei Berührung (mit Grashalm) preßt sie auf beiden Seiten des Körpers kleine helle Bläschen hervor, die den scharfen **Pappelblattkäfer.** Lysolgeruch abgeben. (S. 149.) *Melasóma pópuli.*

V. Es riecht widerlich scharf nach Rettich.
Auf sandigen Waldwegen oder an Gräben in Nadelwäldern (auch auf Moorboden, Triften und Sandhügeln) schlägt einem zuweilen ein widerlich scharfer Rettichgeruch entgegen. Man suche am Boden. Ein aufgeplatzter Pilz von der Größe und dem Aussehen einer Kartoffel: Haut derb und warzig, junge Pilze innen markig und weiß, alte Pilze innen **Kartoffel-Bovist.** faserig-flockig und schwarz. Sommer und *Sclerodérma vulgáre.* Herbst. Giftig! (S. 86.)

VI. Es riecht nach Holzessig.
Eine Holzraupe frißt zwischen Rinde und Holz und verrät sich durch einen säuerlichen Geruch. Später **Weidenbohrer.** bohrt sie sich tiefer ins Holz. Raupe: bis *Cossus cossus.* fingerlang, schmutzig-fleischfarben.

19. Von welchem Tier ist die Losung?

I. Losung breiig.
   1. Breiig-dick, wie beim Hausschwein. **Wildschwein.**
   2. Breiig-fladig, wie bei einer Kuh. **Hirsch (im Herbst zur Brunftzeit).**
   3. Breiig, in Löchern vor Dachsbauten. Man findet Dachslosung weit vom Bau entfernt, ebenfalls in Löchern. **Dachs.**

II. Losung länglich-runde, eichelförmige Knollen, am einen Ende etwas eingebaucht, am andern Ende in ein Zäpfchen ausgezogen.
   1. Einzeln liegend, hart. **Hirsch (im Winter).**
   2. Aneinanderhängend, weich. **Hirsch (im Frühjahr).**
   3. Traubig, fest, schleimig. **Hirsch (im Sommer).**

III. Losung beerenartig, wie beim Schaf.
   1. Größere Losung, an beiden Enden ausgezogen. **Hirschkuh („Tier").**
   2. Kleinere Losung. **Reh.**

IV. Losung länglichrund, wie beim Stallhasen.
   1. Von der Größe einer Sauerkirsche, einzeln oder in Haufen. In frischem Zustand: grünbraun; alt: gelb. Etwas abgeplattet. **Hase.**
   2. Etwas kleiner und dunkler, weniger abgeplattet. **Kaninchen.**
   3. Kugelrund, nur einige Millimeter im Durchmesser. **Eichhörnchen.**

V. Losung deutlich walzenförmig.
   1. Wie beim Hund. Grau, oft stark mit Mäusehaaren durchsetzt. **Fuchs.**
   2. Stark mit blauen Resten von Mistkäfern oder von braunen Resten der Maikäfer, im Sommer von Schalen und Beerenkernen durchsetzt. **Dachs.**
   3. Mit Fischgräten und Schuppen stark durchsetzt, mit tranigem Geruch. Losung am Wasser. **Fischotter.**
   4. Kleiner als Fuchslosung, oft mit Kirschsteinen oder Kernen von Weintrauben durchsetzt.
      a) Sehr unangenehm riechend. **Steinmarder.**
      b) Nach Moschus duftend. **Edelmarder.**

5. Walzenförmig, etwas gekrümmt, am Vorderende glatt und weiß.
   a) Oberfläche glatt. **Birkhühner.**
   b) Oberfläche rauh, mit Nadelresten durchsetzt. **Auerhahn.**
6. Walzenförmig, von Bleistiftstärke, einige Zentimeter lang, blauschwarz, von Samenkörnern und Insektenresten durchsetzt. **Igel.**
7. Walzenförmig, von Bleistiftstärke, mit weißer Haut, am Ende hakenförmig umgebogen, aus Ameisenresten zusammengesetzt, auf oder in der Nähe von Ameisenhaufen. **Grünspecht und Grauspecht.**
8. Walzenförmig, $1/2$—1 cm lang, etwa 2 mm dick, grau. **Mäuse.**
9. Sehr dünn und walzenförmig. Auf Blättern, unter Pflanzen auf dem Boden. **Raupen.**

VI. Losung nicht mehr deutlich walzenförmig.
   „Wie ein Stück feiner Kautabak." In der Nähe von Gemäuer und Steinhaufen am häufigsten. **Wiesel.**

VII. Losung birnenförmig, am dicken Vorderende weiß. **Fasan.**

VIII. Losung dünnflüssig.
   1. In der Nähe von Bächen und Teichen, schwarz und schmierig wie Teer. **Iltis.**
   2. Schwärzlich, teerartig, dickflüssig, mit Gräten, Fischschuppen und Krebsschalen durchsetzt. Auf Maulwurfshügeln oder andern erhöhten Plätzen an Flußufern, wohl auch auf Steinen im Wasser. **Fischotter.**
   3. An Flüssen, Bächen und Teichen in langen, weißen Streifen. **Fischreiher.**
   4. Hohe Laubbäume (Buchen) im Walde über und über weiß beschmutzt. (Horste im Baum!) **Fischreiher.**
   5. Auch Raubvögel spritzen dünnen, weißen Kot. Der Kot der Vögel wird weiß vom gleichzeitig mitentleerten, milchigen Harn.

20. Welches Tier lagerte hier?

1. Suhle des Wildschweins.

Durchwühlte, schlammige Wasserstellen; Körpereindrücke im Boden; am Rande der Suhle: Fährten, Losung, Borsten; in der

Nähe der Suhle ein Malbaum, an dem die schmutzigen Sauen sich reiben. Sauen und Hirsche suhlen an heißen Tagen, um sich abzukühlen. Zugleich schützen sie die Haut durch einen Dreckpanzer vor Fliegen und Ungeziefer. Am Malbaum reiben sie den Schlamm fest auf die Haut.

2. Suhle des Hirsches.

Ebensolche Stelle. Am Rande der Suhle: Hirschfährten, Haare, zuweilen Abdrücke der Geweihstangen. Das Mal am Malbaum höher als bei Sauen.

3. Bett von Hirschen und Rehen.

Wo das Wild ruhte, sind Laub und Pflanzen niedergedrückt.

4. Lager des Hasen.

Flache, an einem Ende vertiefte Mulde, für Hasengröße passend.

5. Kessel der Wildsau.

Ein großes Lager aus Reisern, Gras und Moos. In sumpfigen Gegenden an trockenen Stellen der Dickichte. Im Gebirge stets in den geschlossenen Nadelholz-Dickungen. Im Kessel wirft die Bache (Sau) die Frischlinge (Jungen).

Wurfzeit: März, oft liegt noch Schnee. Der Kessel ist so angelegt, daß das Schneewasser nicht hinein kann.

21. Welches Tier bewohnt diesen Bau?

I. Unbewohnt.

Gras und Kräuter oder Spinnennetze vor der Röhre.

II. Bewohnt.

1. Kaninchenlosung oft in Mengen vor der Röhre. **Kaninchen.**

2. In dem vor der Röhre aufgeworfenen Erdreich eine tiefe Rille. Viele kleine Pfade vom Bau nach allen Seiten auslaufend. In kleinen, unten zugespitzten Löchern vor dem Bau Losung mit Resten von blauen Mistkäfern oder Maikäfern. Solche Löcher trifft man auch weit entfernt vom Dachsbau an. **Dachs.**

3. Keine Rille in dem vor der Röhre aufgeworfenen Erdreich. Vor dem Bau Federn von Hühnern oder Federwild, Knochen, Hasenläufe. **Fuchs.**

Tierleben. 145

22. Wer wühlte oder scharrte hier?

I. Wer wühlte hier?

1. Größere Stellen des Bodens tief umgebrochen und durchwühlt, im Walde oder auf Äckern am Waldrande, Losung und Fährten oft erkennbar (wie Schweine auf dem Bauern-hofe). **Wildschwein.**

2. Boden nur an einer Stelle tief aufgekratzt (wie von einem Hund, der nach Mäusen sucht). **Fuchs.**

3. Muldenförmige Vertiefungen, oft mehrere beieinander, Löcher unten rund, meist runde Losung daneben. **Kaninchen.**

4. Ähnlich große Löcher wie von Kaninchen, aber unten spitz. **Dachs.**

5. Aufgeworfene Haufen. **Maulwurf.**

II. Wer scharrte hier?

1. Im Herbst (Brunftzeit): von Laub, Nadeln und Moos entblößte Stellen im Walde, zerkratzter Boden. (Der Hirsch „plätzt".) **Hirsch.**

2. Kleinere „Plätz"-Stellen als die vom Hirsch; Laub, Nadeln, Moos, Gras bis auf den blanken Boden weggekratzt, oft vor Bäumen und jungen zartrindigen Stämmchen, deren Rinde dann meist Risse zeigt. Im Boden findet man oft ein rundes Loch von Haselnuß- bis Walnußgröße; es sieht aus, als sei ein rundes Steinchen ausgekratzt worden. In der Vertiefung hat ein fast kugelrunder, hartschaliger, graubrauner Pilz gesteckt, der von den Rehen geäst wird: Hirschbrunst (*Elaphómyces cervinus*). Man findet ihn gelegentlich auf Waldboden. **Rehbock.**

3. Weit auseinandergeschlagene Ameisenhaufen, namentlich im Herbst (Wimpelschlagen). **Hirsch.**

4. Mehr oder weniger tiefe Löcher oder Tunnel in Ameisenhaufen. **Erdspechte.** (Grün- u. Grauspecht.)

5. Scharrstellen im Laub, wie von Hühnern. **Fasan, Amsel.**

23. Von welchem Tier sind diese Fraßspuren und Wunden?

I. An Früchten.

1. Eicheln: Risse und Schrammen, Schnabel-hiebe. **Eichelhäher.**

2. „ : Unter Baumwurzeln, angenagt. **Mäuse.**

3. „ : Unter Baumwurzeln, gut erhalten. **Eichhörnchen.**

4. Eicheln: Mit kreisrunden Löchern. Larven vom	**Eichelbohrer.**
5. Bucheckern: Zertrümmert.	**Kleiber. Meisen.**
6. „ : Mit kreisrunden Löchern. Raupe vom	**Buchenwickler.**
7. Haselnüsse: Zertrümmert.	**Häher, Spechte.**
8. „ : Angenagt.	**Eichhörnchen.**
9. „ : Mit kreisrundem Loch. Larve vom	**Haselmaus.** **Haselnußbohrer.**

II. An Blättern.

1. Blatt vom Rande aus zerfressen.	**Meist Raupen.**
2. Blatt mit Löcherfraß (s. S. 149).	**Meist Käfer.**

3. Blatt zwischen den beiden Häuten zerfressen, so daß flächenartige oder gangartige durchscheinende Stellen (Minen) entstehen (s. S. 151). **Minierraupen.**

III. An Zweigen.

A. Nagespuren an Zweigen mit zarter Rinde. (S. 147.)

1. Sehr feine und zarte Spuren (an Erle und Weide). (S. 675.)	**Hornissen.**
2. Zarte Zahnspuren, meist paarig.	**Mäuse.**
3. Derbere und breitere Zahnspuren, ebenfalls paarig.	**Hasen.**

B. Durch Verbeißen beschädigte Zweige an Wildwechseln.

1. Die Verbeißungen sitzen hoch.	**Hirsch.**
2. Die Verbeißungen sitzen tief.	**Reh.**

C. Durch Brechen und Schlagen beschädigte Zweige an Wildwechseln.

1. Bruchstellen hoch, an stärkeren Zweigen, auch an jungen Stämmchen.	**Hirsch.**
2. Bruchstellen tief, an schwächeren Zweigen oder ganz kleinen Stämmchen.	**Reh.**

IV. An Stämmen.

A. Geschälte Stämme, d. h. die Rinde ist mit den Zähnen abgezogen, namentlich im Sommer (geschieht aus Langeweile, „Unart" einzelner Tiere).

1. Schälstellen hoch, 1 m hoch und höher. An Fichten, Tannen, Kiefern, Eichen, Buchen, Ahorn ...	**Hirsch.**
2. Schälstellen tief. Nur an Laubholzstämmchen, vor allem an Eschen.	**Reh.**

B. **Gefegte Stämme**, d. h. Rinde mit dem Geweih verletzt zumeist an freistehenden Bäumen. Risse und Kratzer sind deutlich zu sehen.

1. Frische oder vernarbte Rißwunden an starken Stämmen, hoch sitzend. **Hirsch.**

2. An schwachen Stämmen und tief sitzend. **Reh.**

V. An Pilzen.

Pilze werden von Schnecken gefressen, meistens von den Nacktschnecken des Waldes.

24. Wer benagte diesen Zweig?

Nach strengen Wintern kann man an Sträuchern und jungen Stämmen starke Beschädigungen der Rinde sehen. Sie ist bis auf das Splintholz abgenagt. Wer war der Täter? (S. 146.)

Solche Beschädigungen fallen auch einem wenig aufmerksamen Wanderer auf. Es gibt jedoch auch feinere Nagespuren an der Rinde, nach denen man erst suchen muß, ehe man sie wahrnimmt.

1. Derbe Nagespuren, unten an der Pflanze, meist rings um das Stämmchen oder den Zweig. Paarige, breite Zahnspuren deutlich zu sehen. Bei hohem Schnee reichen die Nagestellen oft hoch am Stamm hinauf. Im Winter sind sie frisch, später alt. Bei Schnee verrät sich der Täter sogleich durch seine Fußspur und die meist reichlich danebenliegende Losung. Im Frühjahr und Sommer liegt oft noch alte Losung in der Nähe. **Hase und Kaninchen.** *Lepus.*

2. Zahnspuren, ebenfalls meist paarig. Die Fraßstellen sitzen an Weichhölzern (Hasel, Weide, Holunder...) oder an jungen Pflänzchen von Esche, Buche und Ahorn.

   a) Die Nagespuren gehen bis höchstens in die Mitte des Strauches oder des Stämmchens. Sie sitzen rings um den Zweig und reichen bis in das Splintholz. (S. 167.) **Waldwühlmaus.** *Hypudáeus glaréolus.*

   b) Die Nagespuren gehen bis oben in das Gezweig. Sie sitzen meist nur an einer Seite des Zweiges, gehen selten ringsum und reichen auch meist nicht bis in das Splintholz hinein, sondern bleiben in der Rindenschicht. Die fleckigen Nagestellen sind sehr fein gezähnelt. Tier: Kleiner als Hausmaus. Schwanz so lang wie der Körper, in der ganzen Länge anliegend behaart. Pelz einfarbig rötlich. (S. 168.) **Haselmaus.** *Muscárdinus avellanárius.*

3. Sehr feine Nagespuren, wie von einer Nadel, meist an der zarten Rinde junger Erlen- und Weidenzweige. Solche Spuren findet man häufig in Obst- und Weinbaugegenden an den Pfählen der jungen Bäume und der Reben. Hier sind es vor allem die Wespen, die die verwitterten Holzschichten abnagen und daraus ihr Nest bauen. (S. 675.) **Hornissen.** *Vespa crabro.*

25. Zerfressene Blätter der Laubbäume.

I. Der Blattstiel wurde abgefressen.

Darum fallen die Blätter herunter und liegen oft massenhaft unter Eichen oder Buchen. Meist ist das Mittelstück des Blattes mit Stiel und Mittelrippe weggefressen, während die Spitze und der Blattrand erhalten geblieben sind. Oft ist auch das Blattinnere mit den Seitenrippen verschwunden, nur die Mittelrippe steht noch und bildet mit dem noch vorhandenen Blattrand einen deutlichen Anker („Ankerfraß").

1. Ankerfraß im Juni oder anfangs Juli unter Buchen und Eichen. Raupen 4—5 cm, grau, spärlich behaart, mit schwarzer Rückenzeichnung. (S. 150.) **Nonne.** *Lymántria mónacha.*

2. Ankerfraß im August unter alten Buchen. Raupen bis 4,5 cm lang; grünlichgelb oder bräunlichrot; auf dem Rücken 4 gelbe Haarbürsten, dazwischen sammetschwarze Einschnitte; hinten ein langer, rückwärts gerichteter, roter Haarpinsel. (S. 150.) **Buchenrotschwanz.** *Dasychira pudibúnda.*

II. Der Blattstiel wurde nicht abgefressen.

Die Blätter sind darum nicht abgefallen. Randfraß stammt meist von Raupen, Löcherfraß von Käfern. Skelettierte Blätter sind solche, bei denen das Blattfleisch zwischen den Blattrippen weggefressen ist, so daß nur noch das „Skelett" steht.

A. Randfraß.

Randfraß

1. An Birkenblättern, manche auch mit deutlichem „Ankerfraß", aber ohne abgebissenen Stiel. Raupe: 5 cm lang, schwarz oder schwarzbraun, mit zwei Reihen rotgelber Flecken, die aus kurzen Sammethaaren bestehen, dazu drei weiße Punkte. **Birkenwollafter.** *Eriogáster laméstris.*

Tierleben.

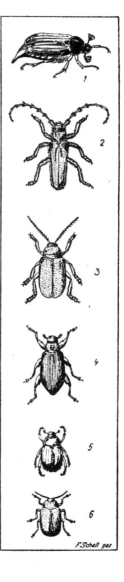

2. An Pappelblättern findet man rotgefärbte, kugelige Käfer mit schwarzem Halsschild; sie sehen aus wie große Marienkäfer ohne Punktzeichnung auf den Flügeldecken. Ihre Larven zerfressen die Blätter (Randfraß und Löcherfraß). (Abb. 6.) **Pappelblattkäfer.** *Melasóma pópuli.*

3. An Eichenblättern starker Kahlfraß.

a) Im Mai (unter dem Baume liegen die Käfer). (Abb. 1.) **Maikäfer.** *Melolóntha vulgáris.*

b) Mai bis Juli. Raupe: braun mit schwarzen Flecken, dicht mit Haaren besetzt; wandern abends zum Fraß, vorn eine Führerin, danach je zwei, drei oder vier Raupen nebeneinander; kehren morgens in ihr Nestgespinst zurück. Suche danach in einer Astgabel! **Eichenprozessionsspinner.** *Thaumatopóea processiónea.*

c) Mai. Raupe „spannt", indem sie den Hinterleib in Bogenform nachzieht; hält sich mit den Afterfüßen fest und streckt den Körper frei in die Luft. Die ausgewachsene Raupe läßt sich an einem Faden zur Erde herab, um sich zu verpuppen. **Kleiner Frostspanner.** *Cheimatóbia brumáta.*

B. Löcherfraß.

1. An Buchenblättern findet man Ende Juni kleine, kreisrunde Löcher. Oft findet sich auf demselben Blatt eine lange, von der Mittelrippe ausgehende, ge-

schlängelte Gangmine, die am Blattrand plötzlich in eine breit ausgefressene Platzmine übergeht. Die Mine wurde im Mai von der Larve angelegt, die sich in dem Endstück verpuppte. Im Juni erschienen die Käfer und fraßen die Löcher. (Abb. 4. Natürliche Größe 2—2,5 mm.) **Buchenspringrüsselkäfer** *Rhynchaenus fagi.*

2. An Eichenblättern frißt Löcher die ältere Raupe, die in ihrer Jugend kurze geschlängelte Gangminen auf der Oberseite anlegte, von **Motte.** *Bucculatrix ulmella.*

3. An Pappelblättern stammt der Löcherfraß von Käfern, meistens von Blattkäfern, jedoch auch vom (Abb. 2 u. 5) **Pappelbock.** *Saperda charcharias.* **Junikäfer.** *Phyllopertha horticola.*

C. Skelettierte Blätter.

1. Buchenblätter werden skelettiert von den jungen Raupen, die später „Ankerfraß" verursachen. **Buchenrotschwanz.** *Dasychira pudibunda.*

2. Buchenblätter skelettiert ferner die Raupe (3 cm lang, hellbraun, rötlich, auf dem Rücken eine dunkle Mittellinie und ein heller Sattelfleck) vom **Buchen-Sichelflügel.** *Drepana cultraria.*

3. Ulmenblätter skelettieren die Raupen (7 cm lang, schwarzblau mit rostbraunen Längsstreifen, je vier rostgelbe Dornen auf einem Körperring, dazwischen weiße Härchen) **Großer Fuchs.** *Vanessa polychloros.*

4. Eichenblätter sieht man oft auf der Oberseite derart skelettiert, daß größere Blattflächen so weit abgenagt sind, daß die Blattrippen deutlich hervortreten. Es geschieht von den Larven eines winzigen Käfers. (Abb. 3. Natürl. Größe 4—5 mm.) **Eichenerdfloh.** *Haltica quercetorum.*

26. Waldverderber. (Farbtafel II)

1 Nonne ♀. 1a Raupe. 2 Buchenrotschwanz. 2a Raupe. 3 Birkenwollafter. 3a Raupe. 4 Eichen-Prozessionsspinner. 4a Raupe. 5 Kleiner Frostspanner. 5a Raupe. 6 Buchen-Sichelflügel. 7 Großer Fuchs. 7a Raupe. 8 Kiefernspinner. 8a Raupe. 9 Kiefern-Prozessionsspinner. 9a Raupe. 10 Forleule. 10a Raupe. 11 Kiefernspanner. 11a Raupe.

27. Fraßgänge und Fraßplätze in Blättern.

1. Manche Insekten legen ihre Eier auf die Blätter der Kräuter und Bäume ab. Die Larve kriecht an der Unterseite des Eies aus und frißt sich durch die dünne Oberhaut in das Innere des Blattes hinein. Hier im „Blattfleisch" frißt sie langsam weiter, ohne die beiden Oberhäute zu verletzen. Es entstehen „Minen". Daher heißen diese Larven Minierer.

2. Die minierten Stellen des Blattes sind deutlich zu erkennen. Da das Blattgrün von der Larve verzehrt wurde, sehen die Minen infolge der durchscheinenden Oberhäute weiß aus. Sind die Oberhäute trocken geworden, so erscheinen die Minen braun. Überzeuge dich mit Hilfe einer Nadel, daß zwischen den beiden Oberhäuten tatsächlich ein Hohlraum ist!

3. Untersuche solche Minen! Du findest in ihnen die feinen Kotkrümel der Larve, oft auch die Larve selbst, häufig sind sie leer.

4. Achte auf die mancherlei Formen der Minen! Manche sind flächenartig, andere zeigen sich als lange, gewundene Gänge von der Gestalt einer Peitschenschnur. (Siehe Abb.)

5. An den langen Minen ist deutlich zu ersehen, wo die Larve begonnen hat zu minieren und wo sie aufgehört hat: zu Beginn ihrer Tätigkeit war sie noch klein, daher ist auch anfangs der Gang eng; als sie heranwuchs, wurde der Gang zunehmend weiter.

6. Versuche in Einmachgläsern, die mit Gaze zugebunden sind, aus minierten Blättern die betreffenden Insekten zu ziehen!

7. Lege dir eine Sammlung von minierten Blättern an! (Siehe Birke, Buche, Kirschbaum . . .!)

8. Ein sehr geeignetes Beispiel für die Verschiedenartigkeit der Minen bietet das Eichenblatt, das von etwa 20 verschiedenen Schmetterlingsraupen und 4 Käfern zerstört wird.

Minierte Eichenblätter.
I. Platzminen.

1. Runde vergilbte oder weiße Flecke auf der Oberseite des Blattes von dem Kleinschmetterling

Tischéria complanélla.

152   Im Laubwald.

2. Runde braune Flecke mit konzentrischen Ringen, auch auf der Oberseite des Blattes, jedoch seltener, von *Tischéria dodonáea.*

3. Eine große, das halbe Blatt überziehende Blase, die am Grunde des Blattes mit einer kurzen, wirr geschlängelten Gangmine beginnt; späterhin bräunt sich die Blase und verkrüppelt das Blatt vollkommen, von der Raupe   *Coriscium brongniardéllum.*

II. Gangminen.

A. **Auf der Oberseite des Blattes.**

1. Feine geschlängelte, durchscheinende Minen mit einer schwarzen Kotlinie, die von vier verschiedenen Räupchen unserer kleinsten Schmetterlinge stammen.   *Nepticola.*

2. Eine kurze geschlängelte Gangmine von der Raupe   *Bucculátrix ulmélla.*

B. **Auf der Unterseite des Blattes.**

1. Eine ziemlich breite Mine an der Mittelrippe des Blattes stammt von der Raupe   *Lithocollétis robóris.*

2. Eine schmalere Gangmine im Winkel zwischen Mittel- und Seitenrippe stammt von der Raupe   *Lithocollétis quercifoliélla.*

3. Eine lange, schmale, sehr weiße Gangmine an den Blättern junger Eichenbüsche stammt von der Raupe   *Lithocollétis lautélla.*

4. Eine lange, schmale, sehr weiße Gangmine an den Blättern hochstämmiger Eichen stammt von der Raupe   *Lithocollétis amyotélla.*

5. Eine geschlängelte Mine, die an der Mittelrippe beginnt, nach dem Blattrand verläuft und in einer größeren Platzmine endigt, stammt von vier verschiedenen Käferlarven der Springrüßler.   *Rhyncháenus.*

C. **Im Blattrand.**

1. Der Blattrand ist umgeklappt und mit Gespinst angefüllt, in dem sich die Raupe verpuppt.   *Lithocollétis heegeriélla.*

2. Der Blattrand ist umgeklappt und mit Kotkörnern angefüllt, zwischen denen sich die Raupe verpuppt.   *Lithocollétis cramerélla.*

28. Gewickelte Blätter.

I.

1. Untersuche Birkenblätter am Grunde des Blattes! Manche Blätter sind von beiden Blatträndern her bis dicht an die Mittelrippe eingeschnitten. Die Schnittlinien sind gewunden. Sie stammen von einem blauen **Rüsselkäfer.** *Rhynchites bétulae.*

2. Suche nach weiteren Blättern, bei denen die beiden Blatthälften von der Schnittlinie an bis zur Blattspitze um die Mittelrippe herum zusammengewickelt sind! Der Rüsselkäfer fliegt von Mai bis Juli und legt seine Eier in die Blattwickel. Die Larven ernähren sich von den welkenden Pflanzenteilen im Innern des Wickels. Das Welken wird dadurch gefördert, daß der Rüsselkäfer den Blattstiel halb durchnagt (nicht ganz!). Schaue nach!

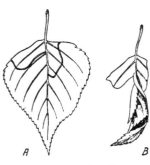

A = Geschnittenes Blatt, B = Gewickeltes Blatt.

II.

1. Suche nach anderen Birkenblättern, die auf der Mitte des Blattes eine fast gerade Schnittlinie von beiden Blatträndern her bis zur Mittelrippe aufweisen! Der Schnitt stammt von einem roten **Rüsselkäfer.** *Attelábus nitens.*

2. Suche nach weiteren Blättern, bei denen die obere Blatthälfte zu einem Wickel zusammengerollt ist! Untersuche den Wickel!

III.

1. Untersuche die Blätter an jungem Eichengebüsch! Man findet oft zahlreiche Blätter, die alle einen knopfartigen Wickel in der oberen Blatthälfte haben. **Rüsselkäfer.** *Attelábus nitens.*

2. Andere Eichenblätter sind zigarrenartig ganz zusammengerollt. Diese Wickel stammen von den Raupen eines Schmetterlings, der der zahlreichen Familie der Wickler angehört: **Eichenwickler.** *Tórtrix viridána.*

IV.

Suche nach Blattwickeln dieser beiden Rüsselkäfer und der Wicklerraupen!

Rhynchítes an: Birken, Buchen, Erlen, Pappeln, Linden, Hasel, Obstbäumen.

Attelábus an: Birken, Erlen, Weiden, Hasel, am häufigsten auf jungen Eichentrieben.

Tortrix an: Birken, Eichen ...

29. Raupennester und Gespinste.

1. Ein Beispiel für Raupennester.

An Eichen und anderen Laubbäumen findet man oft mehrere bauchig zusammengesponnene Blätter, die einigermaßen sorgfältig übereinandergelegt sind. Darin überwintern die Raupen des Goldafters. Raupe $3^1/_2$ cm lang, dunkelgrau, mit langen gelbbraunen Haaren, die in Büscheln stehen, auf dem Rücken zwei rote Linien, an den Seiten weiße Striche, vorn viele rote Querflecke. (S. 702.)

Goldafter.
Eupróctis chrysorhóea.

2. Ein Beispiel für Gespinste.

Am Waldrand sieht man den Strauch Pfaffenhütlein, *Evónymus* (Merkmal: Zweige vierkantig und grün!), oft vollständig von sehr lockeren weißen Gespinsten überzogen. Der Strauch ist vollständig entblättert. In den Gespinsten leben viele kleine Räupchen, sie verpuppen sich darin und entwickeln sich zu einem sehr kleinen, hellgefärbten Schmetterling.

Gespinstmotte.
Hyponoméuta evonymélla.

Eine Bestimmungstabelle.

I. Nester.

1. Große Nester, aus mehreren Blättern bauchig zusammengesponnen.

   An Eichen, Buchen, Ahorn, Ulmen, Pappeln, Weiden, Ebereschen, Schlehen, Weißdorn, Hasel, Rosen, auch an Obstbäumen, besonders an Birnen und Pflaumen. Die Nester sind je nach den Blättern der verschiedenen Pflanzen verschieden groß.

   Goldafter.
   Eupróctis chrysorhóea.

2. Nester aus mehreren Blättern wirr versponnen, schwer lösbar.

   An Eichen, Buchen, Birken, Eschen, Pappeln, Espen, Rosen, Brombeeren, Himbeeren. Die Nester stammen von Wicklerraupen. An den genannten Pflanzen lebt eine große Menge der verschiedensten Arten.

   Wickler.
   Tortriciden.

3. Zwei Blätter flach aufeinander geheftet.

An Eichen, Buchen, Birken, Pappeln, Espen, Rosen, Weißdorn, Brombeeren, Himbeeren. Zwischen den **Buchenmotte.**
Blättern sitzen die Raupen der *Chimabácche fagélla.*

4. Ein einzelnes Blatt, bauchig zusammengebogen und an den
gegenüberliegenden Rändern verleimt.

An Eichen und Birken zu sehen. Bewohnt **Wickler.**
von den Raupen verschiedener *Tortriciden.*

5. Ein einzelnes Blatt, tütenförmig zusammengebogen.

An Eichen, Eschen, Pappeln, Espen. Wird **Motten.**
bewohnt von den Raupen verschiedener *Gracilária*-Arten.

6. Umgebogene Blattränder, z. B. bei Birken. **Wickler.**
Raupen verschiedener *Tortriciden.*

II. Gespinste.

1. Leichte Gespinste an der Blattunterseite.

Bei Eiche, Buche, Brombeere, Himbeere. **Eichenblatteule.**
Darin lebt die Raupe der *Dichónia convérgens.*

2. Große beutelartige Gespinste an Stämmen und Ästen der Eiche.

Oft 1 m lang und 30 cm breit, dicht mit leeren Raupenhäuten
und Kotkrümeln überzogen. Hier häuten sich die Raupen, hier
ruhen sie, von hier ziehen sie abends zum Fraß aus, zum Neste
kehren sie morgens zurück. Raupe an den **Eichen-**
Seiten graublau, Unterseite hellgrau, breiter **Prozessionsspinner.**
dunkler Rückenstreifen mit kurzen Härchen *Thaumatopóea*
besetzt; richtet großen Schaden an. *processiónea.*

3. Auffällige Gespinste, die Zweige, ganze Sträucher, ja Bäume
überziehen.

a) An Pfaffenhütlein und Traubenkirsche **Gespinstmotte.**
kleine, gesellig lebende Raupen mit *Hyponoméuta*
16 Füßen. *evonymélla.*

b) Gespinste von anderen Gespinstmotten findet man an Erlen,
Ebereschen, Traubenkirschen, an den Zweigenden vom Weißdorn. (Der Apfelbaum ist oft ganz davon überzogen: Apfel-
gespinstmotte, *Hypon. malinélla.* An Zwetschen lebt wieder
eine andere Art.)

30. Eichengallen.

1. An Blättern, Blattstielen, Knospen, Zweigen, Blütenständen und
Wurzeln der Eiche findet man auffällige Wucherungen. Es sind
„Gallen". Schneide den schönen dicken Gallapfel, der an der

Unterseite des Blattes sitzt, auf und lecke an der Schnittfläche!
(Gallenbitter, Gerbsäure.) Untersuche das Innere verschiedener
Gallen!

2. Die Gallen sind durch Gallwespen verursacht. Die Weibchen legen
mit ihrer stachelartigen Legeröhre die Eier an die genannten
Stellen, wodurch die mannigfaltigsten Wucherungen entstehen;
an dem Eichenblatt allein findet man schon folgende Formen:
kugelige, linsenförmige, knospenartige, nierenförmige, kegelförmige, walzige. Suche solche Gallen und stelle sie zu einer
Sammlung zusammen! Die kleinen und trockenen Gallen werden
mit den zugehörigen Pflanzenteilen zwischen Löschpapier oder
Zeitungspapier leicht gepreßt und dann auf Papptafeln auf-
geklebt. Fleischige, saftreiche Gallen bewahrt man in Formalin
auf.

3. Beachte beim Sammeln: Die verschiedenen Gallen sitzen stets an
ganz bestimmten Stellen. Versuche die Regelmäßigkeit festzustellen!

4. Lege dir eine Zucht von Gallwespen an! Man nimmt dazu ge-
wöhnliche Einmachgläser, die mit Gaze zugebunden werden, für
jede Gallenart ein besonderes Glas. Aus manchen Gallen schlüpft
nur ein einziges Insekt, aus anderen tausende. Manche Gallen
beherbergen nur die betreffende Gallwespe, die die Galle erzeugt
hat. In anderen dagegen leben außer den dazugehörigen Gallwespen auch noch „Einmieter" und Schlupfwespen.

5. Die häufigsten Eichengallen s. S. 159!

Literatur:

H. Roß, Pflanzengallen Mittel- und Nordeuropas. Fischer, Jena.
Mehr systematisch gehalten!

E. Küster, Die Gallen der Pflanzen. Hirzel, Leipzig. Vorwiegend
biologisch gehalten!

31. Die auffälligsten Gallen an unseren Waldbäumen.

In dem Bestimmungsbuche von Prof. Dr. Roß, Die Pflanzengallen Mittel- und Nordeuropas, Verlag Fischer, Jena 1927 (348 S.
mit 266 Abb.) sind 2991 verschiedene Pflanzengallen angegeben. Sie
finden sich an zahlreichen Holz- und Krautgewächsen, und zwar an
allen Teilen der Pflanzen. Erreger der Gallen können sein:

Aus dem Tierreich: Fadenwürmer, Milben, Käfer, Gallwespen,
Blattwespen, Zehrwespen, Wanzen, Zirpen, Blattflöhe, Blattläuse,
Schildläuse, Gallmücken, Fliegen, Schmetterlinge, Blasenfüße.

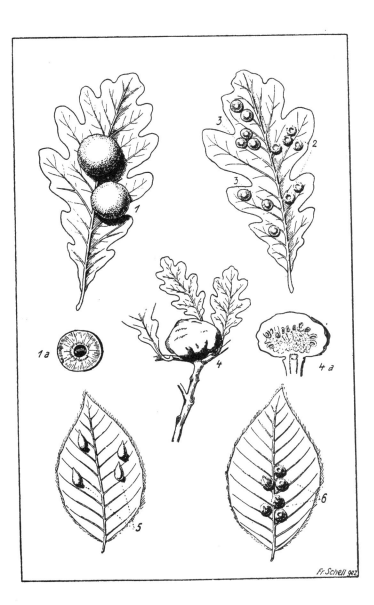

Aus dem Pflanzenreich: Spaltpilze, Schleimpilze, Algenpilze, Schlauchpilze, Brandpilze, Rostpilze.

Gallwespen und Gallmücken, die gewöhnlich genannt werden, bilden also nur einen Teil der zahlreichen Gallenerreger.

1. An Ahorn, *Acer.*

1. Auf der Blattoberseite:

Zahlreiche hornförmige, rote Beutelgallen, bis 3 mm lang.

Gallmilbe.
Eriophyes macror-rhynchus typicus.

2. Auf der Blattoberseite:

Schwarze Flecke, wie mit Tinte bespritzt, bis 2 cm im Durchmesser. Hervorgerufen durch einen Schlauchpilz. (S. 163.)

Ahornrunzelschorf.
Rhytisma acerinum.[1]

3. Auf der Blattunterseite:

Gelbliche oder rötliche, kugelige Gallen, bis 8 mm groß, mit einer Kammer. Oft von Schmarotzern bewohnt und dann größer und unregelmäßig.

Gallwespe.
Pediaspis aceris.

2. An Birke, *Betula.*

Auf beiden Seiten des Blattes:

1. Gelbliche, weißliche, bräunliche oder rötliche Filzmassen; auf der Blattfläche oder in den Nervenwinkeln.

Verschiedene Arten Gallmilben.
Eriophyes

2. Kleine, glatte, rötliche oder bräunliche Knötchen; ihre Öffnung auf der Oberseite. Lupe!

Gallmilbe.
Eriophyes laevis lionotus

3. An Buche, *Fagus.*

Auf der Blattoberseite:

1. Glatte, eiförmige Gallen, oben zugespitzt, oft rot, fallen bei der Reife ab, Längsschnitt! (Abb. 5 S. 157.)

Buchengallmücke.
Mikiola fagi.

2. Behaarte Gallen, bis 2$\frac{1}{2}$ mm lang, meist am Mittelnerv entlang. Lupe! Längsschnitt! (Abb. 6 S. 157.)

Gallmücke.
Hartigiola annulipes.

---

[1] Dr. R. Laubert, Die Schwarzfleckenkrankheit des Ahorns. Flugblatt Nr. 29, März 1927. Biologische Reichsanstalt für Land- und Forstwirtschaft.

Tierleben.

4. An Eiche, *Quercus.*

1. **An Knospen:**

   a) Stark vergrößerte Knospe, die aussieht wie eine Hopfenblüte oder ein Lärchenzapfen, bis 1¹/₂ cm lang. In dieser Hülle steckt die eigentliche Galle, die eiförmig und hart ist. „Eichenrose". — **Gallwespe.** *Andrícus fecundátor.*

   b) Gelblicher oder rötlicher Apfel, bis 4 cm groß, schwammig weich, mit zahlreichen Kammern. Reife im Juni, fällt nicht ab, wird nach dem Ausschlüpfen der Insekten hart. „Eichapfel". (Abb. 4 S. 157.) — **Gallwespe.** *Biorrhíza pállida.*

   c) Kugelige glatte Galle, bis 3 cm groß; erst grün und kurz behaart, später braun und glatt. Querschnitt! — **Gallwespe.** *Cynips kollári.*

2. **An Blättern, meist an der Unterseite:**

   a) Kugelrunde Gallen.

   Bis 2 cm groß, gelblich, auf der Sonnenseite rot. Oberhaut glatt, Wand schwammig, innere Schicht fest. Eine Kammer. Querschnitt! „Gallapfel". (Abb. 1 u. 1a S. 157.) — **Gallwespe.** *Diplolépis quercus fólii.*

   Bis 1 cm groß, gelb, oft mit roten ringförmigen Streifen. Gallen auf den Seitennerven. Eine Kammer. — **Gallwespe.** *Diplolépis longiventris.*

   Bis ¹/₂ cm groß, kahl, weinbeerenartig. — **Gallwespe.** *Neurólerus quercusbaccárum.*

   b) Länglichrunde Gallen.

   Bis 8 mm lang, gelblich oder bräunlich, rot angelaufen, glatt. Oft zahlreich, an Mittel- und Seitennerven. (Abb. 2 S. 157.) — **Gallwespe.** *Diplolépis divísa.*

   Bis 4 mm lang, grün oder gelb, später rot gefleckt oder punktiert. — **Gallwespe.** *Andrícus ostréus.*

   c) Nierenförmige Gallen.

   Bis 4 mm lang, hellgrün und rötlich, hart und glatt. An Seitennerven, meist in Reihen. — **Gallwespe.** *Trigonáspis megáptera.*

   d) Scheibenförmig.

   Bis 6 mm Durchmesser, anfangs rötlich, später braun. Rand flach, nach der Mitte zu gewölbt. Oberseite mit rostbraunen Sternhaaren, Rand mit weißen Flecken. (Abb. 3 S. 157.) — **Gallwespe.** *Neurólerus quercusbaccárum.*

   Bis 3 mm Durchmesser, in der Mitte gewölbt, bräunlich oder rötlich, mit rostbraunen Sternhaaren, Rand nicht weiß gefleckt.

Die Gallen fallen im Spätsommer in großen Mengen ab, sie liegen dann wie gesät unter manchen Eichen. (S. 98.)

Gallwespe.
Neuróterus tricolor.

Bis 3 mm Durchmesser, in der Mitte stark vertieft, dicht mit braunen Haaren bedeckt.

Gallwespe.
Neuróterus numismális.

Bis 5 mm Durchmesser, in der Mitte schwach gewölbt, gelb bis dunkelrot, kahl oder mit wenigen Sternhaaren.

Gallwespe.
Neuróterus álbipes.

5. An Erle, *Alnus.*

1. **Auf der Blattoberseite:**

Beutelgallen, 1—2 mm groß, rund, kahl, rötlich, meist zahlreich. Eingang auf der Unterseite des Blattes, innen Haare. Lupe!

Gallmilbe.
Eriophyes laevis típicus.

2. **In den Nervenwinkeln:**

Ausstülpungen am Mittelnerv entlang, 2 bis 3 mm groß, erst gelb, später schwarz. Eingang auf der Unterseite des Blattes, mit Haaren. Lupe!

Gallmilbe.
Eriophyes laevis inángulis.

3. **Über die Blattfläche verstreut:**

Weiße, gelbliche, rostfarbene oder rote filzige Überzüge: Filzgallen.

Gallmilben.
Eriophyes-Arten.

6. An Hainbuche, *Carpinus.*

1. **Der Mittelnerv ist unterseits angeschwollen.**

Die Blatthälften nach oben zusammengebogen. Untersuche die Kammern zwischen je zwei Seitennerven: in jeder eine Larve.

Gallmücke.
Zygióbia carpíni.

2. **Die Blattfläche ist längs der Seitennerven wellig gefaltet, die Falten sind auf der Oberseite des Blattes geöffnet.**

Gallmilbe.
Eriophyes macrotrichus.

7. An Linde, *Tilia.*

1. **Hornförmige Beutelgallen.**

Bis 1½ cm lang, glatt, gelblich oder hellbraun. Eingang an der Unterseite, behaart. Längsschnitt! Lupe!

Gallmilbe.
Eriophyes tiliae.

2. **Rundliche Beutelgallen.**

Bis 3 mm groß, fein behaart, auf beiden Seiten des Blattes, meist zahlreich.

Gallmilbe.
Eriophyes tetratrichus.

3. Rundliche Gallen, geschlossen.

Bis 8 mm groß, auf beiden Seiten des Blattes hervortretend, oben etwas kegelförmig.

Gallmücke.
Didymómyia
Reaumuriána.

4. Filzige Behaarungen.

Weißlich, rötlich, bräunlich, violett. Auf beiden Seiten des Blattes, auf der Blattfläche oder in den Nervenwinkeln. Erreger sind verschiedene Gallmilbenarten. Die Haarbüschel in den Nervenwinkeln heißen ,,Milbenhäuschen``. Lupe! (S. 165.)

Gallmilben.
Erióphyes-Arten.

5. Umrollung des Blattrandes.

Der Blattrand ist nach oben umgerollt, rot oder violett gefärbt, knorpelig verdickt und behaart.

Gallmücke.
Dasyneúra
tiliamvólvens.

Der Blattrand ist nach unten umgerollt, knotig gewellt, innen behaart.

Gallmilbe.
Erióphyes tetratríchus.

6. Der Rand des bleichen, zungenförmigen Blättchens, das an dem Blütenstiel sitzt, ist umgeschlagen.

Gallmilbe.
Erióphyes tíliae.

8. An Pappel, *Populus.*

1. Am Blattstiel.

Der Blattstiel ist stark verbreitert und spiralig gedreht.

Blattläuse.
Pemphígus-Arten.

Runde Galle, $\frac{1}{2}$ cm groß, rötlich und behaart, bei der Reife mit runder Öffnung.

Gallmücke.
Syndiplósis petíoli.

Kegelförmige Galle, bis $1\frac{1}{2}$ cm groß, holzig, rötlich, an der Spitze mit Öffnung.

Blattlaus.
Pemphígus bursárius.

2. An der Blattfläche.

Große rundliche Galle neben dem Mittelnerv, bis 2 cm lang und 1 cm breit. Auf der Blattunterseite eine spaltenförmige Öffnung.

Blattlaus.
Pemphígus filagínis.

Länglichrunde Galle, meist neben einem Nerv, bis $\frac{1}{2}$ cm groß, rötlich. Der größere Teil der Galle liegt an der Blattunterseite, Öffnung oberseits.

Gallmücke.
Harmándia
cavernósa.

Rundliche Galle, bis $\frac{1}{2}$ cm groß, am Grunde stark eingeschnürt, dickwandig, meist dunkelrot.

Gallmücke.
Harmándia löwi.

Rundliche Galle, bis $2\frac{1}{2}$ mm groß, am Grunde nicht eingeschnürt, dünnwandig, meist dunkel-karminrot.

Gallmücke.
Harmándia glóbuli.

Blasige Auftreibungen auf der Blattfläche.	**Blattläuse.**
Lockere Randrollungen.	**Gallmücken.**
Enge Randrollungen.	**Gallmilben.**
Filzige Stellen auf beiden Seiten des Blattes, weißlich, bräunlich oder rötlich.	**Gallmilben.**

9. An Ulme, *Ulmus.*

1. Große, unregelmäßige, blasige Auftreibungen, oft bis 8 cm groß. Meist auf der Oberseite des Blattes. Blasen blaßgrün oder rötlich, runzelig, behaart. Die Gallen fallen im Herbst beim Laubfall nicht ab und sind während des Winters im kahlen Geäst sehr auffällig. Achte auf die Mißbildungen der zugehörigen Zweige! (Volkstümlicher Name: „Klinkern".) — **Blattlaus.** *Eriosóma lanuginósum.*

2. Das Blatt ist von der Seite her eingerollt, meist nur bis zur Hälfte. Die Aufrollung ist blasig, runzelig und gelblich. — **Blattlaus.** *Eriosóma ulmi.*

3. Hellgrüne oder rot angelaufene, bis 1 cm große Gallen. Eiförmig, keulenförmig oder unregelmäßig. Öffnung auf der Blattunterseite. Oft zahlreiche Gallen, dann das Blatt gekrümmt und mißgestaltet. — **Blattlaus.** *Tetraneúra ulmi.*

4. Auf den Blättern der Feldulme: Auf dem Mittelnerv am Grunde der Blattfläche eine große runde Galle, bis 1½ cm groß, rötlich, behaart, dickwandig. Eingang auf der Unterseite. — **Blattlaus.** *Gobaíshia pállida.*

10. An Weide, *Salix.*

1. Am Blattstiel oder am Mittelnerv.

   Gallen gefärbt wie das umgebende Gewebe. Verschieden dicke Anschwellungen des Blattstieles, die zuweilen auf den Mittelnerv übergehen. — **Blattwespen.** *Euúra-Arten.*

   Gallen anders gefärbt: heller, gelb oder rot. Längliche, rundliche, eiförmige oder spindelförmige Anschwellungen auf dem Mittelnerv. — **Gallmücken.** *Rhabdopfhága-Arten.*

2. Auf der Blattfläche.

   a) Die Gallen sind allseitig geschlossen. Sie treten auf beiden Seiten des Blattes oder nur auf der Unterseite hervor. Sie sind rundlich, bohnenförmig, eiförmig, nierenförmig, behaart oder kahl. Größe bis 2 cm. Färbung verschieden. — **Blattwespen.** *Zahlreiche Pontánia-Arten.*

b) Die Gallen haben eine größere oder kleinere Öffnung. Sie sind rundlich oder verschieden gestaltet, einige Millimeter groß, behaart oder kahl.

Gallmücken oder Gallmilben. *Iteomẏia* *Erióphyes.*

c) Auf der Blattfläche sind größere, schwarze Flecke mit pockigen Anschwellungen; die orangefarbenen Staubmassen, die später darauf liegen, sind die Sporen.

Rostpilz. *Melampsóra.*

d) Außer diesen schwarzen Flecken kommen noch andere vor, deren Erreger ein Schlauchpilz ist. Sie heißen „Weidenschorf" und sind keine Gallbildung. Siehe „Runzelschorf" S. 158.

Schlauchpilz. *Rhytísma salicínum.*

e) Der Blattrand ist nach unten breit umgerollt, verdickt oder nicht verdickt.

Blattwespen. *Potánia-Arten.*

f) Der Blattrand ist nach unten schmal umgerollt.

Gallmücken oder Gallmilben. *Dasyneúra.*

3. An Knospen.

a) Die Knospen sind zu kleinen Blattrosetten ausgewachsen, bis $\frac{1}{2}$ cm groß,

über $\frac{1}{2}$ cm groß.

Gallmücke. *Rhabdophága rosaríella.*

Gallmilbe. *Eriophyes gémmarum.*

b) Keulenförmig angeschwollene und stark behaarte Knospen an der Zweigspitze.

Gallmücke. *Rhabdophága clávifex*

c) Unbehaarte Mißbildungen an Knospen, oft stark geschwollen. Teils von

teils von

Gallmücken. *Rhabdophága-Arten.*

Blattwespen. *Enúra-Arten.*

4. An Zweigen.

a) Mißbildungen der Zweigspitze.

Gallmücken. *Rhabdophága-Arten.*

b) Anschwellungen an anderen Stellen der Zweige meist von

oder von

Gallmücken. *Rhabdophága-Arten.*

Blattwespen. *Enúra-Arten.*

II. An Rose, *Rosa.*

1. Schlafapfel.

Krauswollige, rote Bälle, die aussehen, als wären sie mit Moos umwachsen. Größe bis 5 cm. Meist an Zweigspitzen, auch an Blattstielen und auf Blattrippen. Längsschnitt!

Rosengallwespe. *Rhodítes rosae.*

2. Auf der Blattfläche.

Glatte rundliche Gallen, meist auf der Blattunterseite, bis 8 mm groß, dünnwandig, mit einer Kammer.

Gallwespe. *Rhodítes eglantériae.*

G r u p e , Naturkundl. Wanderbuch.

Glatte, meist rundliche Gallen, zuweilen mit Stacheln, 3—5 mm groß, bisweilen größer. Auf beiden Seiten des Blattes sichtbar.

Gallwespe.
Rhodites spinosissimae.

Stachelige, rundliche Gallen, bis 2 cm groß, Stacheln zahlreich, Galle sehr hart, gelblich.

Gallwespe.
Rhodites mayri.

Stachelige, rundliche Galle, bis $1/2$ cm groß, nur einige wenige harte Stacheln. Galle rötlich oder gefleckt.

Gallwespe.
Rhodites rosárum.

12. An Brombeere und Himbeere, *Rubus.*

An den Stengeln rundliche Anschwellungen, meist an der Seite bis 2 cm dick und einige Zentimeter lang. Rinde an diesen Stellen rauh und zerrissen. Namentlich nach dem Laubfall im Winter auffällig. Längs- und Quer- schnitte!

Gallmücke.
Lasióptera rubi.

Gallenbildungen an Fichten und Kiefern siehe S. 236 u. 237. (Angaben nach H. Roß.)

32. Hexenbesen.

Hexenbesen, Donner- oder Wetterbüsche sind stark verstruppte Zweigbüschel im Geäst mancher Bäume. Sie haben oft eine gewisse Ähnlichkeit mit großen Vogelnestern und fallen namentlich im Winter auf, wenn das Blattwerk sie nicht verdeckt. Manche er- reichen eine ansehnliche Größe (über 1 m im Durchmesser) und dauern viele Jahre aus. Als Erreger der Hexenbesen kennt man:

1. Schlauchpilze, *Taphrina*-Arten: Erle, Birke, Hainbuche, Rot- buche, Zwetsche, Kirsche.

2. Rostpilze, *Melampsorélla*: Tanne.

3. Gallmilben, *Erióphyes*-Arten: „Wirrzöpfe" an Weiden.

4. Erreger unbekannt: Fichte, Kiefer, Apfel, Birne, Pappel.

33. Weiße Wolle oder weißer Belag an Buchenstämmen.

An Buchenstämmen sehen wir nicht selten einen schneeweißen, wollartigen Belag. Die Stämme sehen aus wie angeschimmelt. Der Belag kann durch den Wind auf andere Stämme übertragen werden. Forstschädling. (S. 236.)

Buchen-Wollaus.
Lachnus fagi.

Tierleben. 165

34. Milbenhäuschen unter Lindenblättern.
(S. 161.)

1. Untersuche ein Lindenblatt auf der Unterseite! Dort, wo der Stiel in die Blattfläche eintritt, zweigen mehrere starke Rippen von der Hauptrippe ab. In den Winkeln sitzen feine Haarschöpfe, das sind die Milbenhäuschen. Auch in mehreren anderen Nervenwinkeln sehen wir sie, diese sind jedoch kleiner, weil die Nerven dünner sind.

   Untersuche ein Milbenhäuschen mit der Lupe und beobachte die Milben!

2. Die Milbenhäuschen hat die Pflanze selbst gebildet, sie sind nicht durch einen Reiz der Milben verursacht wie die Gallen. Diese Milben schädigen die Pflanze nicht, da sie ihr keine Nährstoffe entziehen. Man nimmt an, daß sie ihr sogar einen gewissen Nutzen bringen, denn sie reinigen die Blattoberfläche von schädlichen Pilzsporen.

3. Milbenhäuschen als Haarschöpfe finden sich am häufigsten an den Blättern von Erle, Buche, Ulme, Hasel, Ahorn, Linde.

4. Sie sitzen immer auf der Blattunterseite, dort haben sie Schutz, der Regen spült sie nicht ab.

5. Es gibt auch noch andere Formen von Milbenhäuschen: Täschchen, Grübchen, Umrollung des Blattrandes.

35. Katze oder Marder?

Wildkatze und Hauskatze, Edelmarder und Steinmarder kann man unverhofft im Walde antreffen. Man ist überrascht. Im nächsten Augenblick ist das Tier verschwunden. Was war es?

I. Achte auf die Größe!
   A. Die beiden Katzen sind groß.
      1. Wildkatze, *Felis catus*, 70—90 cm lang.
      2. Hauskatze, *Felis domésticus*, kleiner.
   B. Die beiden Marder sind klein.
      1. Edelmarder, *Mustéla martes*, 48 cm lang.
      2. Steinmarder, *Mustéla foina*, 46 cm lang.

II. Achte auf die Farbe des Felles!
   A. Die beiden Katzen sind grau.
      1. Wildkatze bräunlichgrau mit schwärzlichen Querstreifen.
      2. Hauskatze grau mit dunklen Streifen. (Wenn gelb, weiß, schwarz oder mehrfarbig, dann sofort kenntlich.)

B. Die beiden Marder sind braun.
   1. Edelmarder gelblichbraun.
   2. Steinmarder graubraun.
III. **Achte auf die Brust!**
   A. **Die Wildkatze hat einen weißen Kehlfleck.**
   B. **Die beiden Marder haben einen hellen Brustfleck.**
   1. Edelmarder mit einem dottergelben Brustfleck.
   2. Steinmarder mit einem weißen Brustfleck, der immer kleiner ist als der des Edelmarders.
   (Eine Hauskatze mit weißem Brustfleck ist sofort an der Gesamtfarbe zu erkennen.)
IV. **Achte auf den Schwanz!**
   1. Hauskatze: Schwanz länger als die halbe Körperlänge, nach der Spitze hin kürzer behaart und daher dünn.
   2. Die beiden Marder: Schwanz von halber Körperlänge.
   3. Wildkatze: Schwanz kürzer als die halbe Körperlänge, schwarz geringelt, Spitze schwarz, überall gleich lang behaart und daher am Ende dick.

Anmerkungen:
1. Erkennt man das Tier sofort als Katze, so achte man sogleich auf den Schwanz.
2. Erkennt man das Tier sofort als Marder, so achte man sogleich auf den Brustfleck.
3. Verwilderte Hauskatzen halten sich mehr in Feldern auf als im Walde, man trifft sie aber auch hier an. — Steinmarder lieben die Nähe menschlicher Wohnungen. Ich traf sie schon tief im Walde, sie waren am steinigen Ufer eines Baches entlang gewandert.
4. Wo zerklüftetes Gestein im Walde ist, achte auf! Das Raubzeug hat darin seinen Unterschlupf.

36. Die beiden Spitzmäuse des Waldes.

1. Spitzmäuse trifft man im Walde gelegentlich lebend an, häufiger jedoch tot. Grund: Spitzmäuse haben einen starken moschusartigen Geruch, sie werden von Raubtieren (Füchsen und Mardern) wohl getötet, aber nicht gefressen.
2. Erkennungsmerkmale: vom Aussehen der Mäuse; Unterschiede: lang zugespitzter Rüssel mit Raubtiergebiß, Zähne mit braunen Spitzen; Pelz oben fast schwarz, dunkler als bei Mäusen, Moschusgeruch.

	Waldspitzmaus, *Sorex vulgáris*	Zwergspitzmaus, *Sorex pygmáeus*
Körperlänge . . .	6,5 cm	4 cm
Schwanzlänge . .	kürzer als der Rumpf	so lang wie der Rumpf
Oberseite	schwarzbraun	graubraun
Unterseite	grauweiß	grauweiß

Die Zwergspitzmaus ist das kleinste Säugetier unserer Heimat.

37. Die beiden Nagemäuse des Waldes.

Im Walde leben nur 2 Nagemäuse: Die Waldmaus und die Waldwühlmaus. Hausmaus und Feldmäuse trifft man nie im Walde an, wohl aber die beiden Waldmäuse in Feldhecken, Obstgärten und im Winter sogar in menschlichen Wohnungen. Wenn man im Walde eine Maus sieht, achte man sofort auf Schwanzlänge und Kopfform.

1. Schwanz lang — Kopf spitzschnauzig.   **Waldmaus.**
2. Schwanz kurz — Kopf stumpfschnauzig.   **Waldwühlmaus.**

	Waldmaus, *Mus silválticus*	Waldwühlmaus, *Hypudáeus glaréolus*
Schwanz .	so lang wie der Körper (K. = 11 cm, Schw. = 11 cm)	kürzer als der Körper (K. = 10 cm, Schw. = 5cm)
Schwanz .	spärlich behaart	an der Wurzel kürzer, an der Spitze lang behaart
Kopf . . .	spitzschnauzig	stumpfschnauzig
Oberseite .	gelblichgrau	braunrot
Unterseite.	weiß	weiß

38. Bilche, Schlafmäuse.

Beobachtungen.

Es ist der reine Zufall, wenn man auf Wanderungen einen Bilch zu Gesicht bekommt. Am Tage schlafen sie in ihren Verstecken, in der Abenddämmerung kommen sie hervor und in der Morgendämmerung verschwinden sie wieder. In Gegenden, wo sie häufiger sind, hat der Kundige hin und wieder Gelegenheit, sie in den Dämmerstunden oder im hellen Mondlicht zu beobachten.

168 Im Laubwald.

Man kann ihre Anwesenheit in einer Gegend feststellen durch genaue Beobachtung der an Waldrändern gelegenen Obstgärten und Nußbäume. Man sehe morgens regelmäßig die reifenden Frühäpfel oder Frühbirnen nach, namentlich das an warmen Hauswänden gezogene sehr frühe Spalierobst. War ein Bilch da, so sieht man es an der angerichteten Verwüstung: die Früchte sind angefressen, und unter den Bäumen liegen zahlreiche Nagereste, die aussehen, als hätte ein Leckermaul das halb zerkaute Obst wieder ausgespien. Oder man stelle sich spät abends oder nachts unter einen Walnußbaum mit reifenden Früchten. Wenn der Bilch da ist, hört man ihn über sich an der Arbeit, und am andern Morgen sieht man die halb oder ganz leer gefressenen Nußschalen unter dem Baume liegen.

Vorkommen.

Bilche lieben den trockenen Laubwald. In Astlöchern und hohlen Stämmen haben sie ihre Nester, außerdem in Erdlöchern, Steinklüften oder auch in großen, verlassenen Horsten. Sie bewohnen das Mittelgebirge. — Bilche sind Winterschläfer.

Bilch-Arten.

Merkmale: Nagetiere. Kleiner als Eichhörnchen, Schwanz buschig behaart, Ohren fast unbehaart.

A. **Schwanz nur am Ende buschig behaart.** Körperlänge 12 cm, Schwanz 9 cm. Oberseite braun, Unterseite weiß. Um das Auge ein schwarzer Ring, der sich als schwarzer Streifen bis zum Halse fortsetzt. In Gehölzen der Mittel- **Gartenschläfer.** gebirge, meist nicht häufig. *Eliomys quercinus.*

B. **Schwanz in der ganzen Länge buschig behaart.**
1. Ohr $^1/_2$ Kopflänge. Körper 9 cm, Schwanz 9 cm. Oberseite braungrau, Unterseite weiß. Nur in **Baumschläfer.** Schlesien, selten. *Eliomys (Myóxus) dryas.*
2. Ohr kürzer. Körper bis 18 cm, Schwanz bis 14 cm. Oberseite gelbgrau, Unterseite weiß. Laubwälder **Siebenschläfer.** der Mittelgebirge, auch in Parks. Selten. *Myóxus glis.*

C. **Schwanz anliegend behaart. (S. 147.)** **Haselmaus.**

39. Nacktschnecken auf dem Waldboden.

Auf Waldwegen trifft man zweierlei Arten Nacktschnecken an, die durch ihre Größe und Farbe jedermann auffallen. (Abb. *i* u. *k.*)

	Egelschnecke, *Limax* (Abb. *i*, S. 170)	Wegschnecke, *Arion* (Abb. *k*)
Größe . . .	10—15 cm	10—15 cm
Farbe . . .	weißgrau bis schwarz	rot, dunkelbraun oder schwarz
Form	nach hinten lang und spitz ausgezogen	vorn und hinten abgerundet
Rücken . . .	hinten gekielt	stark gewölbt
Haut	feine runzelige Längsmaschen	grobe runzelige Längsmaschen
Schild . . .	vorn rund, hinten spitz, wellig gerunzelt	vorn und hinten rund, stark gekörnelt
Atemloch . .	hinter der Mitte der rechten Schildseite	vor der Mitte der rechten Schildseite
Sohle	3 deutliche Längsfelder	3 undeutliche Längsfelder
Verhalten . .	lebhaft	träge
Berühre sie! .	ziehen sich bei der Berührung von hinten nach vorn zusammen	ziehen sich bei der Berührung von vorn nach hinten zusammen
Nahrung . .	Pilze, frische Pflanzen, auch Schnecken, sogar solche von der eigenen Art	Pilze, frische Pflanzen

40. Kleine Schalschnecken an Baumstämmen.

I. Turmförmiges Gehäuse, viel höher als breit.

1. Gehäuse 1—2 cm hoch, sehr schlank, spindelförmig. (S. 326.)

9—14 Windungen, links gewunden, Mündung innen gefaltet. Das sich zurückziehende Tier schließt die Öffnung mit einem Deckelchen. (Abb. *f*.) **Schließmundschnecken.** *Clausilia.*

2. Gehäuse ½—1 cm hoch, etwas bauchig.

7 Windungen, rechts gewunden. Mundsaum scharf, ohne Falten oder Zähne. Das Tier besitzt keinen Deckel. Gehäuse oft mit Erde überzogen. (Abb. *h*.) **Kleine Turmschnecke.** *Buliminus obscúrus.*

3. Gehäuse bis ½ cm hoch, tönnchenartig.

Zahlreiche Windungen, rechts gewunden. Mündung zuweilen durch Zähne oder Falten verengt. (Abb. *g*.) **Tönnchenschnecken.** *Pupa.*

II. **Flaches Gehäuse, breiter als hoch. (S. 325.)**
Durchmesser nicht über 1 cm. Verschiedene Arten von (Abb. a—e.) **Schnirkelschnecken.** *Helix.*

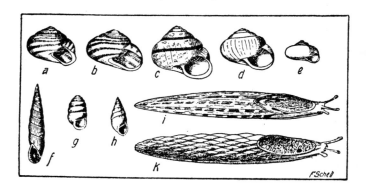

41. Tiere, die in der Waldstreu leben.

Das große Heer dieser Tiere bemerkt man am Tage nicht, sie lieben das Dunkle und Verborgene und sind nur nachts tätig. Aber hebe die Laubschicht, das Genist und Moos nur ab, so zeigt sich schon etwas von dem Leben der Dunkelleute. Noch besser ist es, die Streu mit der oberen Bodenschicht über einem ausgebreiteten Tuch auszusieben. Wir finden Tiere, die davonlaufen und solche, die liegen bleiben. Auf die davonlaufenden achte zunächst!

I. Tiere, die davonlaufen.

A. Käfer (6 Beine).
1. Die große Mehrzahl von ihnen ist schwarz, blau oder violett; sie sind einige Millimeter bis 2 cm lang; alle laufen schnell davon. **Laufkäfer.** *Carabiden.*
2. In den oberen Bodenschichten stecken kleine Käfer mit kurzen Flügeldecken; sie biegen den Hinterleib nach oben. **Kurzdeckflügler.** *Staphyliniden.*

B. Ohrwürmer (6 Beine).
Zu erkennen an den beiden großen Afterzangen. **Ohrwurm.** *Forficula auriculária.*

Tierleben.   **171**

C. Tausendfüßler.

Tiere mit sehr vielen Beinen, laufen sehr schnell davon, einige gelb oder braun, andere schwarz.

a) Rumpf mit 9 Beinpaaren. Rücken mit 6 Platten. Körperlänge bis 1,5 mm.   **Wenigfüßler.** *Pauropus.*

b) Rumpf mit 12 Beinpaaren. Rücken mit 15 Platten. Körperlänge bis 8 mm.   **Zwergfüßler.** *Scolopendrélla.*

c) Rumpf mit 13 bis über 100 Beinpaaren. Körperlänge bis 4 cm.

    1. Jedes Beinpaar an einem Körperring, entfernt stehend. Körper flach. Schnell laufende Tiere, die räuberisch leben.   **Hundertfüßler.** *Chilopoden.*

    2. Je 2 Beinpaare an Doppelringen, dicht stehend. Körper meist drehrund oder halbrund. Langsame Tiere mit friedlicher Lebensweise.   **Doppelfüßler.** *Diplopoden.*

D. Spinnen.

Beachte: vier Paar Beine!   **Spinnen.**
Es kommen viele verschiedene Arten vor.   *Arachnoiden.*
(S. 173.)

II. Tiere, die nicht davonlaufen.

A. Nacktschnecken. (S. 168.)

    1. Atemloch hinter der Mitte der rechten Mantelseite, Mantel wellig gerunzelt; Sohle drei deutlich verschiedenfarbige Längsstreifen (schwarz—weiß—schwarz).   **Egelschnecken.** *Limax.*

    2. Atemloch vor der Mitte der rechten Mantelseite, Mantel gekörnelt; Sohle hinten und vorn abgerundet, verwaschen dreifarbig.   **Wegschnecken.** *Arion.*

B. Gehäuseschnecken. (S. 175.)

    1. Turmförmige Gehäuse, viel höher als breit.

      a) 1—2 cm hoch, geformt wie die Knospen der Buche, 9—14 Windungen, links gewunden.   **Schließmundschnecken.** *Clausilia.*

      b) 1 cm hoch, etwas bauchig, sieben Windungen, rechts gewunden.   **Kleine Turmschnecke.** *Buliminus obscúrus.*

      c) Einige Millimeter hoch, Gehäuse wie ein Bienenkorb.   **Puppen-, Tönnchen-, Windelschnecke.** *Pupa.*

    2. Flache Gehäuse, nicht höher als breit. Eine ganze Reihe verschiedener Arten.   **Schnirkelschnecken.** *Helix.*

6*

172   Im Laubwald.

C. **Raupen und Larven.** (Mit Beinen!)
  1. In der Regel acht Beine.   **Schmetterlingsraupen.**
  2. In der Regel sechs Beine.   **Käferlarven.**
D. **Maden.** (Ohne Beine!)
     Maden mit walzenförmigem Körper sind Fliegen- oder Mücken-
     maden.
  1. Bräunliche Maden, die gesellig leben, mit   **Haarmücken**
     deutlichem Kopf.   **und Schnaken.**
  2. Larven glasigweiß, mit glänzend schwarzem Kopf, etwa
     1 cm lang und 1 mm dick. Die Larven wandern oft, Nahrung
     suchend, in großen Massen (Juli, August). Dabei vereinigen
     sie sich zu einer oft meterlangen Kolonne, die schnecken-
     artig langsam weiterkriecht und einen schmalen Schleim-
     streifen hinter sich zurückläßt. Das ist der ,,Heerwurm",
     dessen Erscheinen in früheren Zeiten als   **Trauermücke.**
     unheildrohend gedeutet wurde.   *Sciára militáris.*
E. **Milben.**
     Winzig kleine Tiere mit gedrungenem Körper von 0,5 bis 1 mm
     Größe.
  1. Blutrot, fast viereckig.   **Gemeine Samtmilbe.**
                                                 Trombídium
     a) Hinten mit einem Ausschnitt (Lupe!).   *holoseríceum.*
     b) Hinten gleichmäßig gerundet, ohne   **Erd-Samtmilbe.**
        Ausschnitt.   *Trombídium*
                                                 fuliginósum.
  2. Blaßgelb.
     a) Schmarotzt auf Käfern und Spinnen.   **Käfermilbe.**
        Rücken mit einer Querlinie.   *Gámasus*
                                                 coleoptratórum.
     b) Lebt im Waldmoos.   **Moosmilbenarten.**
                                                 Gámasus.

42. Käfer unter morscher Eichenrinde.

Unter morscher Eichenrinde leben Dutzende verschiedener Käfer.
Aus der großen Zahl lassen sich leicht die Angehörigen einiger Familien
unterscheiden. (S. 240.)

I. Lebende Käfer.

1. Käfer mit langen Beinen, die beim Abheben   **Laufkäfer.**
   der Borke schnell davonlaufen.   *Carabiden.*
2. Käfer, die ruckweise laufen, nur sehr kurze
   Flügeldecken besitzen und den Hinterleib steil   **Kurzdeckflügler.**
   emporheben.   *Staphyliniden.*

3. Käfer, die nicht davonlaufen, sondern sich tot stellen. Legt man sie auf den Rücken, so schnellen sie nach einiger Zeit mit einem Ruck in die Höhe.	**Schnellkäfer.** *Elateriden.*
4. Käfer mit rüsselartig verlängertem Kopf.	**Rüsselkäfer.** *Curculioniden.*
5. Käfer von 3—5 cm Länge, mit sehr langen Fühlern. Flügeldecken schwarz, an der Spitze rotbraun. Mitte Juni bis Mitte Juli auf alten Eichen. (Man findet Reste toter Käfer auch im Winter in den großen Larvengängen.)	**Heldbock, Riesen- oder Eichenbock.** *Cerámbyx cerdo.*

II. Larvengänge.

Daumengroße Larvengänge unter der Rinde im Splintholz, oft in großer Zahl. Darin bis 8 cm lange, gelblich-weiße Larven. Ihre Entwicklung mehrere Jahre.	**Heldbock.** *Cerámbyx cerdo.*

43. Spinnen im Laubwald.

Echte Spinnen sind Gliedertiere mit 8 Beinen, schon dadurch von den Insekten unterschieden. Die Kopfbrust ist deutlich vom Hinterleib getrennt, mit ihm durch einen dünnen Stiel verbunden, also scheiden hier sowohl die Weberknechte, wie die Milben, z. B. die Rote Spinne, aus. Am Ende des Hinterleibs sitzen die Spinnwarzen.

Bei den Spinnen sind Zeichnung und Farbe sehr veränderlich und darum unsichere Bestimmungsmerkmale. Zuverlässiger sind Augenstellung und Bestachelung. Entscheidend für die Bestimmung der Art sind die mit den Geschlechtsorganen zusammenhängenden Bildungen: die Tasterkolben beim ♂, die Vulvaplatte und gegebenenfalls die darunter liegenden inneren Teile beim ♀. Jedoch geben Aufenthalt und Lebensweise oft gute Anhaltspunkte für die Bestimmung.

Da so gut wie alle deutschen Spinnen für den Menschen ungefährlich sind, kann man sie einzeln fangen und in einem Tablettengläschen betrachten. Reiche Fänge ergeben sich beim Ketschern im Grase und beim Abklopfen von Buschwerk. Durch Aussieben erreicht man viele der im und am Boden lebenden Tierchen. Spinnen können vorteilhaft nur in Alkohol (72 %) aufbewahrt werden.

I. Über dem Boden.

a) Im Radnetz eine der mehr als 3 Dutzend Kreuzspinnenarten. Bei allen ist der Hinterleib breit eiförmig, meist mit

blattartiger Zeichnung versehen. Die Kreuzzeichnung ist nicht immer vorhanden. Ganz grün. **Kürbisfarbene Kreuzspinne.** *Aránea (Epéira) cucurbitina.*

b) Im Baldachinnetz, d. i. eine horizontale Decke, von der nach oben kaum sichtbare Fangfäden gespannt sind. An der Unterseite des Gewebes hängen die bis 8 mm langen Spinnen mit etwas gestrecktem Hinterleib. Kopfbrust mit Gabellinie, auf dem Hinterleib braune Zackenbinde, die nicht selten in dreieckige Flecken aufgelöst ist. **Berg-Weberspinne.** *Linýphia montána.*

c) In Säckchen in zusammengerollten Blättern, die die silbergrauen Spinnen erst nach Sonnenuntergang verlassen. Hinterleib langgestreckt, seidenhaarig. An Fuß und Ferse dichte, bürstenartige Behaarung, die das Tier befähigt, auf glatten Flächen geschickt zu laufen. **Atlasspinne.** *Clubíona.*

II. Auf dem Boden.

a) Im Frühjahr über das dürre Laub sich ruckartig bewegend, Augen in 3 Querreihen, deren 1. Querreihe die 4 kleinsten aufweist. **Wolfspinne.** *Lycósa.*

b) Beim Aussieben von Laub fallen winzige Spinnen auf. Viele Männchen (mit dicken Kolben an den Tastern) zeichnen sich durch auffallende Auswüchse des Kopfes aus, die manchmal die Augen tragen. **Zwergspinnen.** *Micryphántidae.*

Literatur.

Roewer, C. F., 1929, *Araneae*. Echte oder Webespinnen, in dem 3. Band von Brohmer, Ehrmann, Ulmer, Die Tierwelt Mitteleuropas. Leipzig, Quelle & Meyer. — Dahl, F., u. a., 1926ff., Die Tierwelt Deutschlands. 3., 5., 23., 33. Teil. Jena, Fischer.

Gerhardt, U., 1923, *Araneina*. Echte Spinnen. Teil 48 von Biologie der Tiere Deutschlands. 37 S. Berlin, Borntraeger. — Reukauf, E., 1918, Körperbau und Lebensweise der Spinnen. 34 S. Leipzig, Th. G. Fischer & Co. — Ellis, R. A., 1913, Im Spinnenland. Stuttgart, K. G. Lutz. — Lock, F., 1939, Aus dem Leben der Spinnen. 160 S. mit 245 Bildern. Öhringen, Hohenlohesche Buchh. 4,50 RM.

Anmerkung: Die Bestimmungstabellen über Spinnen bearbeitete R. Graul in Bautzen (S. 242, 261, 421, 479, 566, 702, 774).

Tierleben. 175

44. Schnecken, die unter Steinen leben.

I. Gehäuseschnecken.

A. Gehäuse langgestreckt, spindelförmig (wie eine Buchenknospe). Länge 10—17 mm. Mundrand nach
außen gebogen. Gehäuse glatt oder fein gestreift.

*Schließmund-
schnecken.
Clausília.*

B. Gehäuse eiförmig, walzig, bienenkorbähnlich, tönn-
chenförmig. Länge 3—7 mm. Mündung
meist mit Zähnen.

*Puppen-, Tönnchen-,
Windelschnecken.
Pupa.*

C. Gehäuse scheibenförmig.

a) Gehäuse ohne Haare.

1. Gehäuse sehr klein, 3 mm lang, weißlich glänzend, im
frischen Zustand durchsichtig. Mundsaum zurückgebogen,
Lippe weiß. Gemein, im Genist der Flüsse
in Mengen.

*Niedliche Schnecke.
Vallónia pulchélla.*

2. Gehäuse klein, 4 mm, 4½—5 regelmäßig zunehmende Umgänge, sehr zart, durchsichtig (!), fast
farblos, mit grünlichem Schein. Mündung
mondförmig.

*Kristallschnecke.
Crystállus
crystallinus.*

3. Gehäuse 6—7 mm, Umgänge gekielt, gelbbraun, mit rotbraunen Flecken, fein gerippt. Unterseite
schüsselförmig!

*Kreisrunde
Nabelschnecke.
Pátula rotundáta.*

b) Gehäuse mit Haaren besetzt.

1. Gehäuse 1 cm, mit 6 dicht aufgerollten Umgängen, dunkelrotbraun, festschalig; Mundsaum dreibuchtig, Lippe braunrötlich. Verschließt im Winter ihr Gehäuse
mit einem Pergamentdeckel, auch im
Sommer bei anhaltender Dürre.

*Eingerollte Schnecke.
Helicodónta obvolúta.*

2. Gehäuse 7 mm, mit 6 Umgängen, hornfarbig bis hellrotbraun; Nabel offen,
Mundsaum mit weißer Wulst.

*Borstige
Laubschnecke.
Fruticícola híspida.*

D. Gehäuse linsenförmig. 2 cm breit, festschalig, scharf gekielt,
gelblich hornfarben, oben mit rostbraunen Flecken, unten mit
rostbraunen Streifen, Mündung schief, Mund-
saum zurückgeschlagen, weiß.

*Steinpicker.
Chilotréma lapícida.*

II. Nacktschnecken.

(S. 168, 422.)

45. Ansprechen des Rotwildes.

In der Jägersprache heißt „ansprechen": ein Stück Wild nach Geschlecht, Alter, Stärke, Jagdbarkeit und Gesundheit richtig bezeichnen. Das geschieht: 1. direkt, wenn das Stück sichtbar ist; 2. indirekt, wenn aus Fährte, Losung, Schälstellen, Fegespuren, Wimpelschlagen, Suhlstellen, Malbäumen und aufgefundenen Geweihstangen die entsprechenden Schlüsse gezogen werden können.

Die Färbezeit ist zweimal im Jahre: im April und Mai fallen Winterhaare und Wolle aus, die Decke färbt sich rotbraun (daher Rotwild); im September und Oktober bekommt die Decke ein kurzes schmutziggraues Wollhaar mit bräunlichen Spitzen, die Wolle, über die das eigentliche Langhaar hinausragt.

Ansprechen des Geschlechts.

1. Mit Geweih: Hirsch ($\male$). Starke Hirsche werfen im Februar die Stangen ab, schwache Hirsche etwas später. Sie sind dann kurze Zeit kahl und bleiben im Gefühl ihrer Wehrlosigkeit unsichtbar. Der Hirsch setzt bald wieder auf. Das neue Geweih ist zunächst mit Bast (Haut) überzogen, der im Sommer allmählich verhärtet und vertrocknet und schließlich durch Fegen (Reiben an starkem Gestrüpp oder Stangenholz) entfernt wird. In der 17. oder 18. Woche (bei gefangenen Hirschen) nach dem Abwurf ist das Geweih wieder vollständig ausgereckt (ausgewachsen). Durch die in der Rinde der Holzarten enthaltene Lohe wird das Geweih gebeizt und färbt sich, zunächst weißgelb, nach und nach dunkelbraun bis schwarzbraun.

2. Ohne Geweih: Alttier, Tier, Kahlwild ($\female$). Von Dezember an heißt das Wildkalb ($\female$) Schmaltier. Nach der nächsten Brunft (Begattung), sofern es aufgenommen hat (befruchtet ist), heißt es beschlagenes oder hochbeschlagenes Tier. Hat es nicht aufgenommen, heißt es Gelttier. Brunftzeit: Ende September bis Anfang Oktober.

Ansprechen des Hirsches.

1. Hirschkalb ($\male$): Es wird Mitte Mai bis in den Juni hinein in entlegenen Dickungen gesetzt (geboren). Gegen Ende des Geburtsjahres (Dezember) treten auf den Stirnzapfen die Rosenstöcke (Träger der Geweihstangen) auf, ihre Länge 4—5 cm.

2. Spießer: Im achten oder neunten Monat (Vorfrühling) entwickeln sich auf den Rosenstöcken die Anfänge des Geweihes:

kegelförmige Horngebilde, die nach hinten gebogen sind, die Spieße, daher Spießhirsch.

3. **Gabler:** Mit Beginn des dritten Jahres bilden sich an den Stangen dicht über der Rose die Augsprossen. Stangenspitze und Augsprosse bilden das gabelförmige Geweih.

Von jetzt an wird die Altersbestimmung nur nach dem Geweih unsicher, da die weitere Vermehrung der Sprosse mit dem zunehmenden Alter durchaus nicht immer Schritt hält. Die Ausbildung des Geweihes nach Stärke und Form richtet sich nach der Veranlagung des einzelnen Hirsches und den Umweltbedingungen (Boden, Äsung usw.).

Ansprechen nach Anzeichen.

Fährten S. 180. — Losung S. 142. — Schälen und Fegen S. 146. — Plätzen und Wimpelschlagen S. 145. — Suhlstellen 144. — Malbäume S. 144.

46. Ansprechen des Rehwildes.

(Siehe Rotwild, Seite 176.)

Ansprechen des Geschlechts.

1. **Mit Gehörn:** Bock. Der gute Bock wirft sein Gehörn im November ab, der Spießbock im Dezember. Er ist dann kurze Zeit kahl, hat aber im Frühling ein neues Gehörn aufgesetzt.

2. **Ohne Gehörn:** Geiß, Ricke, Altgeiß, Schmalreh. — Junges Reh: Kitz, männlich: Kitzbock, weiblich: Kitzgeiß. Färbung in den ersten Wochen: dunkelrotbraun, reihenweise weißliche Flecken.

Ansprechen des Bockes.

1. **Kitzbock:** Von der Ricke im Mai gesetzt. Im fünften Monat auf den Stirnzapfen knopfartige Erhöhungen, die im Nachwinter gefegt und abgeworfen werden. (S. 115.)

2. **Spießbock:** Danach bildet sich das erste Gehörn, die bis zu 10 cm langen Spieße. (Die gleichaltrige Schwester heißt jetzt Schmalreh.) Abwurf der Spieße im Dezember des zweiten Lebensjahres.

3. **Gabelbock:** Mit Beginn des dritten Lebensjahres wird ein neues Gehörn aufgesetzt, das mit einem Ende nach vorn vereckt, während die Endsprossen der Stangen nach hinten umbiegen, so daß eine Gabel entsteht. Abwurf im November.

178   Im Laubwald.

4. **Guter Bock:** Im zeitigen Vorfrühling erscheint das neue Gehörn, das mit Beginn des vierten Lebensjahres an jeder Stange mit drei Enden vereckt. Der Bock heißt jetzt aber nicht Sechsender oder Sechser, sondern guter Bock.
5. **Kapitalbock:** Der noch ältere Bock, stark an Gehörn und Leib, heißt starker Bock oder Kapitalbock.

Von dieser Regel weicht die Gehörnbildung vielfach ab. Mißbildungen der Gehörne kommen häufig vor.

Ansprechen nach Anzeichen.
(Siehe Rotwild, S. 177.)

47. Ansprechen des Damwildes.
(Siehe Rotwild, S. 176.)

Vorkommen.

Heimisch in Südwestasien, durch den Menschen nach Mitteleuropa verpflanzt, hier zunächst in fürstlichen Wildparks, dann in freie Wildbahn ausgesetzt.

Ansprechen der Art.

Wesentlich kleiner als Rotwild, aber größer als Rehwild. Farbe: im Sommer braunrötlich, oben weiß gefleckt, unten weiß; im Winter oben braunschwärzlich, unten aschgrau. Hält sich in stärkeren Rudeln als das Rotwild, ältere Damhirsche mit schaufelförmigem Geweih.

Ansprechen des Geschlechts.

Weidmännische Benennungen für beide Geschlechter siehe Rotwild.

Ansprechen des Hirsches.

Am Ende des dritten Jahres setzt der Damhirsch ein Geweih auf, das einige stumpfe Enden hat: geringer Damhirsch. — Im vierten und fünften Jahr entstehen die Schaufeln: geringer Schaufelhirsch oder geringer Damschaufler; später: starker Schaufler oder Kapitalschaufler.

48. Wildfährten und Spuren.

1. **Fährten und Spuren** finden Förster und Jäger zu jeder Jahreszeit; das nicht geschulte Auge sieht sie nur im Schnee. Wer nach ihnen das Stück Wild oder das Tier bestimmen will, von dem sie stammen, beobachte zunächst die Spuren der Haustiere im Schnee

Tierleben.

oder auf weicher Erde sehr genau. Noch besser: Sieh dir den Abdruck deines eigenen nackten Fußes auf dem Fußboden an, wenn du gebadet hast!

2. **Der Fußabdruck des Menschen** zeigt, daß nicht die ganze Sohle in allen ihren Teilen aufgelegen hat. Es zeichnen sich ab: ein großer Hinterballen, der Außenrand, ein großer Vorderballen, fünf Zehenballen, von denen die vier kleinen Zehen punktartig vor dem Vorderballen stehen. So zeigt auch der Fußabdruck eines Tieres in weicher Erde oder im Schnee starke und schwache Druckstellen, aus deren Form man einen Rückschluß auf Art und Größe des Tieres machen kann.

3. **Fußabdrücke der Haustiere.**

Pferd: Der Abdruck ist hufeisenförmig, ohne Spalt in der Mitte. Das Pferd ist ein Unpaarzeher, es hat eine Zehe, das ist der Huf

Kuh, Ziege, Schaf: Der Abdruck ist in der Mitte gespalten. Diese Tiere treten mit zwei Zehen auf, sie sind Paarzeher. Die zwei hinteren Zehen sind kleiner und sitzen so hoch, daß sie den Boden nicht berühren.

Schwein: Der Abdruck ist wie bei Kuh, Ziege und Schaf. Aber es stehen hinten noch zwei kleine Abdrücke seitwärts; sie stammen von den beiden Hinterzehen, die tief sitzen und sich darum mit abzeichnen. Das Schwein ist ein Paarzeher.

Hund, Katze: Bei beiden zeigt der Fußabdruck fünf Ballen; beim Hunde vorn noch vier Kralleneindrücke, er zieht die Krallen beim Gehen nicht ein. Der Katzenfuß drückt die Krallen nicht mit ab, da sie beim Gehen eingezogen werden. Hund und Katze sind Raubtiere.

Huhn, Taube, Sperling: Sie drücken nach vorn drei und nach hinten eine Zehe ab.

4. Wie man beim menschlichen Fußabdruck unterscheiden kann, ob er vom linken oder rechten Fuß stammt, so ist das auch bei Tieren möglich. Versuche es!

5. Fußabdrücke der Haustiere und der wild lebenden Tiere haben **Ähnlichkeit.**

Kuh, Ziege, Schaf = Hirsch, Reh ⎫
Hausschwein = Wildschwein ⎬ Paarzeher,

Hund = Fuchs ⎫
Katze = Marder ⎬ Raubtiere,

Huhn = Rebhuhn ⎫
Taube = Wildtaube ⎬ Vögel
Sperling = Finkenvögel und andere Kleinvögel ⎭

6. **Jagdausdrücke.** Der Jäger bezeichnet als

Schalen: die hornigen Teile der Füße von Hirsch, Reh, Wildschwein.

Geäfter: die Abdrücke der beiden Hinterzehen des Wildschweines.

Tritt: den einzelnen Schalen- oder Pfotenabdruck.

Trittsiegel: den in Schnee oder weicher Erde scharf ausgeprägten Fußabdruck.

Trittebild: die Figur der zusammengehörigen vier Fußabdrücke.

Spur: die ganze Reihe der Fußabdrücke des Wildes, das zur niederen Jagd gehört (Hase, Fuchs, Marder . . .).

Fährte: die ganze Reihe der Fußabdrücke des Wildes, das zur hohen Jagd gehört (Elch, Hirsch, Reh, Wildschwein).

Schnüren: eine Trittreihe, die in einer geraden Linie liegt, wie an der Schnur aufgezogen.

Schränken: eine Trittreihe, die im Zickzack steht.

Geläufe: die Trittreihe der Vögel.

7. **Fährten, Spuren und Geläufe. (S. 575.)**

a) Rotwildfährte. Länge des Schrittes etwa 30—60 cm. Sprungweite des flüchtigen Hirsches bis 7 m. Breite des Trittes 3,5 bis 6,5 cm. Länge des Trittes 6—10 cm. Schließe aus der Größe des Trittes auf die Größe des Wildes!

b) Rehwildfährte. Die Fährte hat Ähnlichkeit mit der Rotwildfährte, aber alle Maße sind entsprechend kleiner. Sprungweite bis 4 m. Tritt kaum 3 cm breit und etwa 4 cm lang.

c) Wildschweinfährte. Etwa so wie die Fährte des zahmen Schweines. Hinter den beiden großen vorderen Eindrücken des (einzelnen) Trittes stehen noch zwei seitlich auseinanderweisende kleinere. Das ist bei Rotwildfährten nicht der Fall, denn die Hinterzehen des Rotwildes sitzen hoch, die des Wildschweines dagegen tief und drücken sich mit ab („Geäfter" nennt sie der Jäger).

d) Fuchsspur. Sie hat Ähnlichkeit mit der Hundespur. In beiden Fällen drücken sich die vier Zehenballen mit den Krallen ab, jedoch stehen die beiden mittleren Zehen des Fuchses weiter nach vorn als die des Hundes. Wenn man um den ganzen Tritt eine Linie zieht, so entsteht bei dem Fuchstritt eine Ellipse

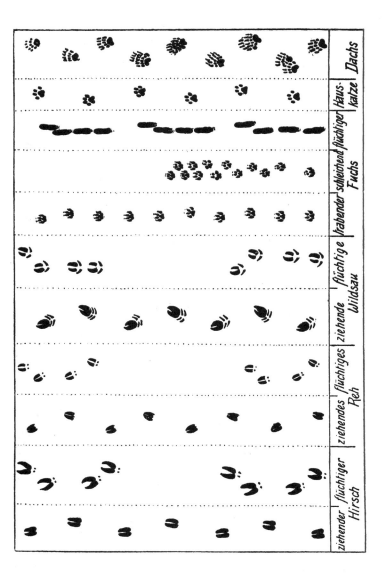

(Langrund), bei dem Hundetritt fast ein Kreis. Man verbinde die beiden Eindrücke der hinteren Krallen durch eine gerade Linie: sie läuft beim Hund mitten durch die Vorderballen, beim Fuchs liegen die Vorderballen fast ganz vor dieser Linie. Der Tritt eines alten Fuchses ist etwa 3 cm breit und 5 cm

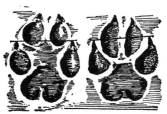

Fuchs.   Hund.

lang. Beim Traben setzt der Fuchs die Läufe in eine schnurgerade Linie hintereinander (der Jäger sagt: er schnürt); in der Flucht dagegen setzt er sie nebeneinander.

e) Dachsspur. Der Dachs hat sehr lange Grabkrallen (baut seine Höhle selbst!). Beim Gehen setzt er seinen Plattfuß mit der ganzen Sohle auf. So drückt sich der breite Ballen mit fünf großen Zehen sehr deutlich ab. Der Tritt ist etwa 4 cm breit und 5 cm lang.

f) Marderspur. Der Tritt des Baummarders hat Ähnlichkeit mit dem Tritt der Hauskatze. Ballen und Zehen sind undeutlich abgedrückt. Wenn der Marder hüpft, setzt er die Läufe schräg, auf der Flucht mehr gerade.

g) Hasenspur. Der Hase überspringt mit den Hinterläufen die Tritte der Vorderläufe und setzt sie vor. Die Tritte der Hinterläufe sind stärker als die der Vorderläufe.

h) Eichhörnchenspur. Sie ist ähnlich wie die Hasenspur. Die Tritte der Vorderfüße sind kleiner als die der Hinterfüße. Sie stehen paarweise nebeneinander, die großen vorn, weil das Eichhörnchen hüpft. Das flüchtige Eichhörnchen hinterläßt dieselbe Spur wie das hoppelnde.

i) Vogelgeläufe. Wo ein Vogel aufgeflogen ist oder sich niedergelassen hat, sieht man links und rechts von den Fußabdrücken einen Wischer im Schnee. Sie wurden mit den Flügelspitzen geschlagen. Namentlich die Krähen machen solche Wischer; man sieht an ihnen deutlich, wie die gespreizten Schwungfedern auf den Schnee aufschlagen. Auch Rebhühner machen Wischer

Literatur:

Brandt, Fährten- und Spurenkunde. 162 S. Mit 108 Abb. Verlag Parey, Berlin.

Heinz Scheibenpflug, Fährten und Spuren am Wanderweg. Verlag Bermühler, Berlin-Lichterfelde.

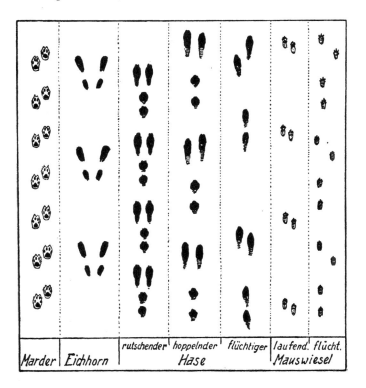

49. Spur eines verfolgten Waldhasen im Schnee.

I. Erstes Lager, aus dem der Hase aufgejagt wurde.
II. Zweites Lager, in der Nähe des ersten, wohin er bei der Verfolgung zurückkehrte.
III. Drittes Lager, wiederum in der Nähe des ersten. Auf der zweiten Flucht kreuzte er die erste Spur viermal, die zweite einmal. Da wir ohne Hund waren, mußten wir lange suchen, bis wir die richtige Spur fanden.
IV. Viertes Lager. Nach abermaligem Aufjagen kreuzte der Hase die beiden ersten Spuren wieder viermal und verließ das Lagergebiet.
V. Abermals aufgejagt, lief er durch dichtes Brombeergestrüpp.
VI. Eine Menge sich kreuzender alter und frischer Hasenspuren, aus denen die verfolgte Spur nicht herauszufinden war. Entfernungen: Zwischen I, II, III je etwa 50 m, zwischen III und IV etwa 1000 m.

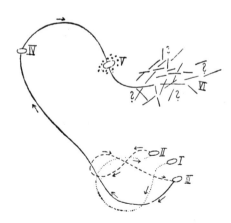

IM NADELWALD.

Pflanzenleben.

1. Der Nadelwald.
(Siehe S. 4. Der Laubwald.)

Der Nadelwald ist immergrün. Durch den Bau der Nadel (S. 224) wird die Verdunstung des Wassers durch das Blatt so stark herabgesetzt, daß die Nadelbäume den Winter auch mit ihrer Belaubung überstehen können. Dadurch erfährt der Boden des Nadelwaldes jahraus jahrein eine gleichmäßige, wenn auch schwache Belichtung. Die Folge davon ist, daß es hier nicht wie im Laubwald Perioden mit vielen blühenden Pflanzen gibt. Wohl aber ist die Zahl der immergrünen Pflanzen besonders groß.

2. Wie man unsere Nadelbäume erkennt.

In unseren Wäldern werden oft ausländische Nadelhölzer angepflanzt. Wo die nachfolgende Tabelle nicht reicht, nehme man: Nadelhölzer der Parkanlagen und Friedhöfe S. 716.

1. Nadeln quirlständig oder gegenständig.

1. Nadeln zu 3 quirlständig, abstehend, stechend. Beeren schwarz, bläulich bereift. Strauch, in der Ebene bis 10 m hoch. **Gemeiner Wacholder.** *Juniperus communis.*

2. Nadeln wie vorher, Beeren desgleichen. Aus der hochwüchsigen Talform ist beim Aufstieg ins Hochgebirge ein niederliegender, weichnadeliger Zwergstrauch geworden (Abart, Varietät, keine andere Art). Steigt von allen Holzpflanzen Europas am höchsten. **Zwergwacholder.** *J. comm. var. nana.*

2. Nadeln in Büscheln.

Nadeln an älteren Zweigen in Büscheln von 5—40, 2—3 cm lang, nur sommergrün, im Herbste abfallend, nicht stechend und starr wie bei den übrigen Nadelhölzern. Zapfen 3 cm lang. Bis 54 m hoch. Krone hoch angesetzt, licht, pyramidenförmig; Borke dick, braunrot. **Lärche.** *Larix decidua.*

3. Nadeln zu 2 oder 5 in einer Scheide.

1. **Nadeln zu 2.** Nadeln 4—5 cm lang, zweifarbig, auf der ebenen Fläche blaugrün, auf der gewölbten dunkelgrün, Baum daher von weitem bläulich schimmernd. Zapfen 3—7 cm lang, hängend, glanzlos. Rinde im oberen Teil des Baumes rötlich. Bis 48 m hoch, anfangs mit kegelförmiger, zuletzt mit schirmförmiger Krone. Ebene, Bergland, in den Alpen in höheren Lagen vereinzelt. — **Föhre, Gemeine Kiefer.** *Pinus silvéstris.*

2. **Nadeln zu 2.** Nadeln beiderseits dunkelgrün, Baum daher von düsterem Aussehen. Zapfen aufrecht, waagrecht oder schief abwärts gerichtet, glänzend. Baum bis 10 m hoch, Rinde überall schwarz, Krone kegelförmig, niemals schirmförmig. In höheren Gebirgslagen. — **Bergkiefer.** *Pinus montána.*

Im Hochgebirge tritt die Bergkiefer als niederliegende Krummholzform auf und heißt dann: Latsche, Legföhre, Krummholzkiefer, Knieholz.

3. **Nadeln zu 5.** Nadeln 4—8 cm lang, dreikantig, an der Innenseite bläulichgrün. Zapfen aufrecht oder abstehend, nicht ganz doppelt so lang als dick. Samen flügellos, groß, eßbar. Baum bis 20 m hoch, Krone oben abgewölbt, Rinde rissig, dunkel. In den höheren Lagen der Alpen, steigt mit der Lärche am höchsten. — **Zirbelkiefer, Arve.** *Pinus cembra.*

4. Nadeln spiralig gestellt.

1. Borke grauweiß. Nadeln flach, unterseits mit 2 weißen Längsstreifen, an der Spitze stumpf oder ausgerandet (ähnlich wie bei Eibe zweireihig gestellt). Zapfen walzig, steif aufrecht gestellt. Bis 60 m hoch. Krone pyramidenförmig, zuletzt oben abgewölbt. Mittelgebirge. — **Edeltanne. Weißtanne.** *Ábies alba.*

2. Borke rötlich. Nadeln vierseitig, spitz. Zapfen walzig, hängend. Bis 60 m hoch. In der Ebene meist in Ostpreußen, Mittelgebirge, im Hochgebirge bis an die Baumgrenze. — **Fichte.** *Picea excélsa.*

5. Nadeln zweireihig gestellt.

Nadeln sind durch Drehung zweiteilig in eine waagrechte Ebene gerichtet, beiderseits dunkelgrün, glänzend, unterseits hellgrün, matt, kurz-stachelspitzig. (Tanne: Unterseite der Nadel 2 weiße Längsstreifen! Eibe: keine Längsstreifen!). Beere rot, Samenmantel nicht giftig, Samen giftig! Baum oder Strauch, meist mehrgipfelig. Rinde braun, abblätternd. Zerstreut, an felsigen Hängen. — **Eibe.** *Taxus baccáta.*

Fichte im Freistand

Das Alter der Nadeln.

Kiefer: 3—4 Jahre. Die einjährigen, zweijährigen und dreijährigen Triebe tragen Nadeln (in Heidegegenden die dreijährigen Triebe nicht mehr). Fichte: 8—13 Jahre. Lärche: 1 Sommer.

Literatur.

Jost Fitschen, Gehölzflora. Ein Buch zum Bestimmen der in Deutschland und den angrenzenden Ländern wildwachsenden und angepflanzten Bäume und Sträucher. Leipzig, Quelle & Meyer.

Elbe

3. Blühende Nadelbäume (Farbtafel III)

1 Fichte. 2 Kiefer. 3 Lärche. 1a, 2a, 3a männlicher Blütenstand. 1b, 2b, 3b weiblicher Blütenstand. 2c junger Kiefernzapfen.

4. Mißbildungen an Nadelbäumen.

Jede Pflanze zeigt bestimmte, nur ihr zukommende Merkmale, durch die sie sich von anderen Pflanzen derselben Art unterscheidet, Veränderungen, die so stark sind, daß die Pflanze sich von dem Typus der Art auffällig entfernt, heißen Mißbildungen. Die Ursachen der Veränderung können äußere und innere sein. Wir nennen hier einige Mißbildungen, die durch äußere Ursachen hervorgerufen sind.

1. **Zwieselbildung.** Der Leittrieb des obersten Astquirls wurde zerstört. Zwei gegenüberstehende Seitentriebe übernahmen die Führung, von denen keiner die Oberhand zu gewinnen vermochte. Es entstand die in Nadelwäldern häufig zu sehende Zwillings- oder Zwieselbildung.

2. **Bajonettwuchs.** Der Leittrieb des obersten Astquirls wurde zerstört. Einer der Seitentriebe übernahm die Führung und wuchs unter einer bajonettförmigen Ausbuchtung in die Stammrichtung hinein.

3. **Verbißfichten.** Junge Fichten im Freistand werden vom Wild oder von Weidevieh häufig sehr stark verbissen. Die nachwachsenden jüngsten Triebe sind zart und werden immer erneut geäst. Die Fichte geht dann unten meist sehr in die Breite und bildet einen Kegel mit breiter Grundfläche.

5. Eine Lichtmessung im Nadelwald.

(Siehe S. 14.)

Bei dem Laubwald zieht sich das Gebüsch des Waldrandes ein Stück in den Wald hinein, bei dem Fichtenwald nicht. Die Außenwand eines Fichtenwaldes hält Licht und Pflanzen zurück.

Beispiel einer Lichtmessung: Dünnstämmiger Fichtenbestand, der noch nicht ausgehauen war. Zeit: Juli, 4 Uhr nachmittags. Himmel leicht bewölkt.

Belichtungsdauer:	Belichtungsstärke:
Im Freien 5 Sek.	360 : 1
2 m im Walde 30 Min.	

In Worten: Das Innere des Fichtenwaldes erhielt 360 mal weniger Licht als das freie Feld.

6. Gespreizte offene Zapfen von Kiefern und Fichten.

Beobachtung.

Zu Tausenden liegen die Kiefernzapfen im Kiefernwalde umher. An heißen Sommertagen sind die Schuppen weit auseinandergespreizt. Bei Regenwetter hingegen sind sie geschlossen und liegen fest zusammen.

Erklärung.

Legt man die trockenen Zapfen in Wasser, so schließen sich die offenen Schuppen nach einiger Zeit. Sie saugen sich langsam an. Die Außenseite quillt stärker als die Innenseite, die Schuppen neigen sich daher der Achse des Zapfens zu und schließen sich. — Der gleiche Vorgang zeigt sich bei Fichtenzapfen. Diese Bewegungen sind Quellungsbewegungen.

An heißen Tagen lösen sich die Schuppen der Kiefernzapfen mit einem deutlichen Knistern, das man aus der Spitze des Baumes hört.

Ein Stück Zucker ist von zahllosen Hohlräumen durchsetzt. Legt man es in Wasser, so dringt das Wasser in die Hohlräume ein. Der Rauminhalt des Zuckerstückchens vergrößert sich dabei nicht. (Kapillarität, Haarröhrchenanziehung). — Bei der Quellung hingegen muß sich das Wasser den Hohlraum erst schaffen, es dringt ein und vergrößert dabei den Rauminhalt.

7. Unterschiede zwischen Laub- und Nadelwald.

Laubwald.	Nadelwald.
Sommergrün:	Immergrün:
nicht dauernde Belaubung	dauernde Belaubung
ungleichmäßige Belichtung	gleichmäßige Belichtung
Frühlingsflora	keine Frühlingsflora
reich an Blütenpflanzen	arm an Blütenpflanzen
weniger immergrüne Sträucher und Kräuter	mehr immergrüne Sträucher und Kräuter
zarte Blätter	derbe Blätter
weniger reiche Moosflora	reichere Moosflora
Laubstreu:	Nadelstreu:
Laubstreu liegt locker	Nadelstreu liegt fest
bessere Durchlüftung des Bodens	schlechtere Durchlüftung des Bodens
bessere Atmungsmöglichkeit der Wurzeln	schlechtere Atmungsmöglichkeit der Wurzeln
Wurzeln tiefer	Wurzeln flacher
schnellere Verwesung	langsamere Verwesung
viele Bodentiere	weniger Bodentiere.

8. Bestimmung der Sträucher nach den Blättern.

Beachte:

1. Manche Sträucher kommen auch baumartig vor. Beispiele: Weißdorn, Schwarzer Holunder.
2. Strauchartiges Unterholz besteht oft aus verkümmerten Bäumen, aus Stockausschlägen alter Stümpfe und Wurzelschößlingen.
3. Wenn du einen Strauch bestimmst, versuche zunächst festzustellen, ob es sich um einen echten Strauch oder um strauchartiges Unterholz der Laubbäume handelt.
4. Wenn die Bestimmung mit der Tabelle für Sträucher nicht zum Ziele führt, so versuche es mit der Tabelle für Laubbäume. (S. 723.)
5. Zur Bestimmung seltener oder verwilderter Sträucher benutze die Tabellen: Holzgewächse der Parkanlagen. (S. 723.)

Bestimmungstabelle.

1. Nadelhölzer.

(Siehe Nadelwald! Seite 185.)

2. Sträucher mit Stacheln.
(Vergleiche: Dornen oder Stacheln? S. 745.)

A. **Die Stacheln sitzen an den Holzteilen der Pflanzen:** Stamm, Zweigen, Blattstielen.
  1. Blätter gefiedert: **Rosen**.
  2. Blätter 3zählig oder gelappt: **Brombeeren**.
  3. Blätter 3 (bis 5-)lappig: **Stachelbeeren**.

B. **Die Blätter sind stachelspitzig.**
  1. Blätter lanzettlich-lineal, scharf stachelspitzig, weich behaart; gelbe Schmetterlingsblüten; Frucht eine 2—4samige Hülse, kaum länger als der Kelch. Zweige und Dornen vierkantig. (Schutz gegen Tierfraß.) **Stechginster.** *Ulex europaéus.*
  2. Blätter eiförmig, stachelspitzig gezähnt und wellig, glänzend, lederartig. Blüten in den Blattachseln, 1—3blütige Trugdolden; Krone weiß. Früchte rot. **Stechpalme, Hülse.** *Ilex aquifólium.*

3. Sträucher mit Dornen.

I. **Dornen dreiteilig** (seltener einfach), am Grunde der Blätter. Blätter anfangs büschelig, verkehrt eiförmig, fein, aber scharf gesägt; Blüten gelb, in gestielten, hängenden Trauben. (Reizbare Staubgefäße.) Beeren rot, länglich. (Pflanze ist Zwischenwirt des Getreiderostes.) (S. 751.) **Berberitze, Sauerdorn.** *Bérberis vulgáris.*

II. **Dornen zweiteilig**, gabelästig am Ende der gegenständigen Zweige. Blätter eiförmig, kahl, glänzend, gesägt. Blüten 4zählig, grünlichgelb, Steinbeere schwarz. (S. 755.) **Kreuzdorn.** *Rhamnus cathártica.*

III. **Dornen einfach.**
  A. **Blätter einfach, gesägt oder gekerbt.**
    1. Blätter elliptisch, doppelt gesägt. Blüten weiß, einzeln oder zu 2—3 beisammenstehend. Steinfrucht kugelig, schwarzblau, bereift, herb. (Günstige Nistplätze für Vögel. S. 319.) **Schwarzdorn, Schlehe.** *Prunus spinósa.*
    2. Blätter rundlich oder eiförmig, kurz zugespitzt, klein gesägt, anfangs dünn-spinnwebig-filzig, später ganz kahl, so lang wie ihr Stiel. Dornästig. **Holzbirne.** *Pirus commúnis.*

3. Blätter eiförmig oder elliptisch, kerbig-klein-gesägt, doppelt so lang als ihr Stiel, kahl. Dornästig. **Holzapfel.** *Pirus malus.*

B. **Blätter einfach, gelappt oder fiederteilig.**
1. Blätter seicht 3—5lappig, mit vorwärtsgerichteten, ungleich gesägten Lappen, beiderseits fast gleichfarbig, glänzend, kahl, Krone weiß. Griffel meist 2. Frucht mit 2 oder 3 Steinen, kugelig, rot. **Zweigriffeliger Weißdorn.** *Crataegus oxyacantha.*
2. Blätter fiederspaltig bis fiederteilig, mit mehr abstehenden, wenig gezähnten Zipfeln, unterseits etwas weißlichgrün. Blütenstiele meist behaart. Krone weiß. Griffel meist 1. Frucht meist nur mit 1 Stein, länglich, rot. **Eingriffeliger Weißdorn.** *Crataegus monógyna.*

C. **Blätter zusammengesetzt, gefiedert.**
(Siehe: Bestimmung der Laubbäume nach den Blättern! S. 25.) **Gemeine Robinie.** *Robinia pseudacácia.*

4. Schlinggewächse.

A. **Blätter einfach.**
  a) **Blätter gegenständig.**
   1. Blätter elliptisch, ganzrandig. Blüten in endständigen, gestielten Köpfchen; Krone gelblichweiß, seltener purpurn, Kronröhre verlängert. Beeren gelbrot. (Legt sich oft so fest um die Baumstämme, daß tiefe, spiralige Einschnürungen entstehen, wie unter einem Würgegriff. Diese so entstandene Schraubenzieherform an Hainbuchen heißt Ziegenhainer, der ehemals als Wanderstab viel benutzt wurde.) **Wald-Geißblatt.** *Lonicera periclymenum.*
   2. Blätter tief 3—5lappig. Siehe Hopfen! (S. 308, 309.)
  b) Blätter wechselständig, 4—5lappig, eckig, immergrün, glänzend, lederartig; die der blühenden Zweige nicht gelappt. Blätter stellen sich so ein, daß sie möglichst alle in den möglichst größten Lichtgenuß kommen (= Blattmosaik). **Efeu.** *Hédera helix.*

B. Blätter zusammengesetzt, gefiedert, gegenständig; Blättchen herzeiförmig, grob-, fast buchtiggezähnt. Blütenhülle 4- und 5zählig, mit zahlreichen Staubgefäßen; Krone fehlt, Blütenhülle gelblichweiß. Schließfrüchte von dem verlängerten, bärtig gefiederten Griffel gekrönt. (Federfrüchte — Verbreitung durch Wind.) **Echte Waldrebe.** *Clemátis vitálba.*

5. Sträucher mit einfachen, gegenständigen Blättern.

A. Blätter ganzrandig.
   a) Blätter herzförmig, breit-eiförmig, zugespitzt. **Gemeiner Flieder.** *Syringa vulgaris.*
   b) Blätter länglich-lanzettlich, etwas lederartig. Blüten in endständiger, gedrängter Rispe. Krone weiß. Beere schwarz, seltener weiß, gelb oder grün. **Liguster, Rainweide.** *Ligústrum vulgáre.*
   c) Blätter eiförmig oder elliptisch.

   1. Blätter stumpf, gestielt, behaart. Blüten gegenständig, 2blütig. Fruchtknoten am Grunde verwachsen. Krone trichter- oder glockenförmig, gelblichweiß, am Grunde oft rötlich. Früchte scharlachrot. **Heckenkirsche.** *Lonícera xylósteum.*

Schn.

   2. Blätter rundlich, eiförmig oder elliptisch, unterseits blaugrün. Blüten in endständigen, unterbrochenen Träubchen, rötlich. Früchte weiß (Knallerbsen). **Schneebeere.** *Symphoricárpus racemósus.*

Hartr.

   3. Blätter zugespitzt, nicht behaart. Blattnerven bogenförmig gegen die Blattspitze verlaufend. Blüten gelb, vor den Blättern erscheinend. Frucht hängend, länglich, kirschrot, glänzend. **Hartriegel, Kornel(ius)kirsche.** *Cornus mas.*

   4. Blätter zugespitzt, kurzhaarig. Zweige im Herbst und Winter blutrot. Blüten weiß. Frucht kugelig, schwarz, weiß punktiert. (S. 758.) **Roter Hartriegel.** *Cornus sanguínea.*

   5. Blätter zugespitzt. Zweige im Herbst und Winter blutrot. Blüten weiß. Frucht kugelig, weiß. **Weißer Hartriegel.** *Cornus stonolífera.*

B. Blätter gesägt.
   1. Blätter elliptisch, kahl, kurz gestielt. Zweige 4kantig. Blüten in Doldentrauben, blaßgrün. Kapsel rosa, Samenmantel orange, den ganzen Samen umschließend, Samen weiß. (Verbreitung der Samen durch Vögel.) **Pfaffenhütlein, Spindelbaum.** *Evónymus europáea.*
   2. Blätter elliptisch, gezähnelt-gesägt, unterseits graufilzig. Blüten in Trugdolden, weiß, wohlriechend. Steinfrüchte erst rot, später schwarz. **Wolliger Schneeball.** *Vibúrnum lantána.*

C. Blätter gelappt.
   a) Blüten in dichten Trugdolden. Krone glockenförmig, weiß, Randblüten strahlend. Beere rot, 1samig. Blätter 3—5-

Pflanzenleben. 193

lappig, gezähnt, oberseits kahl, unterseits flaumig behaart.
(Großer Blütenstand — Lockapparat.
Früchte leuchtend rot — Anlockung der **Schneeball.**
Vögel.) *Viburnum ópulus.*

b) Blüten in Doldentrauben. Früchte geflügelt.
   1. Blätter 3—5lappig. Blüten in aufrechten Doldentrauben.
   Flügel der Frucht fast waagrecht ab- **Feldahorn.**
   stehend. *Acer campéstre.*
   2. Blätter 3lappig. Blüten in hängenden **Felsenahorn.**
   Doldentrauben. Flügel der Frucht auf- *Acer*
   recht-abstehend. Im Rheingebiet. *monspessulánum.*

6. Sträucher mit einfachen, wechselständigen Blättern.

A. Blätter ganzrandig.
   1. Blätter elliptisch oder verkehrt-eiförmig, mit 6—8 parallellaufenden Seitennerven. Blüten 5zählig, weiß. Beeren klein,
   kugelig, schwarz. Rinde braungrau, durch
   warzenförmige Erhabenheiten gescheckt. **Faulbaum.**
   (Rindenporen = Rindenatmung. S. 746.) *Frángula alnus.*
   2. Blätter lanzettlich, meist zu 3 an den Seiten der Äste.
   Blüten rosenrot. Früchte erbsengroß, rot. **Seidelbast.**
   S. 63. *Daphne mezéreum.*

B. Blätter gekerbt oder gesägt.
 a) Blätter rundlich (eirund oder elliptisch).
   1. Blätter rundlich oder elliptisch, mit zurückgekrümmter   Hasel
   Spitze, schwachwellig-gekerbt, oberseits
   dunkelgrün, unterseits bläulichgrün und **Salweide.**
   filzig. *Salix cáprea.*
   2. Blätter rundlich, verkehrt-eiförmig,
   doppelt-gesägt bis eckig-gelappt, zu- **Hasel.**
   gespitzt. *Córylus avelléna.*

   3. Blätter rundlich-eiförmig, ungleich-doppelt-gesägt, beiderseits mit 7—10 Seitennerven, unterseits weißfilzig. Blüten
   in Doldentrauben. Frucht kugelig, braun- **Mehlbeere.**   Mehlb.
   rot oder gelbbraun, mehlig. *Pirus ária.*
   4. Blätter rundlich-eiförmig oder elliptisch, zugespitzt, fast
   doppelt-gesägt, unterseits blaugrün. Blü-
   ten in kurzen Doldentrauben, weiß. Frucht **Weichselkirsche.**
   erbsengroß, schwarz. (S. 756, 759.) *Prunus máhaleb.*

Weichs.K.

Sp.

Sü.

Tr.

5. Blätter rundlich-verkehrt-eiförmig, gekerbt-gesägt. Frucht blauschwarz. **Heidelbeere.** *Vaccinium myrtillus*

b) Blätter länglich bis lanzettlich.

1. Blätter länglich-lanzettlich bis fast eirund, ungleich gesägt. Blütenstand dicht-rispig. Krone weiß bis rötlich. **Spierstrauch.** *Spiraea salicifólia.*

2. Blätter länglich-elliptisch, grob-stumpflich-gesägt, bis 15 cm lang, oberseits etwas runzlig, unterseits mehr oder weniger bleibend behaart. Blattstiele mit 2 Drüsen. (S. 756.) **Süßkirsche.** *Prunus ávium.*

3. Blätter länglich-verkehrt-eiförmig. Blattstiel mit 2 Drüsen. Blütentrauben hängend, weiß. Frucht erbsengroß, schwarz, mit runzligem Stein. **Traubenkirsche.** *Prunus padus.*

4. Blätter elliptisch: Weiden. (S. 712.)

C. Blätter gelappt.

1. Blätter 3—5 lappig. Blüten in Trauben. **Johannisbeere.** *Ribes.*

2. Blätter breit-eiförmig, mit je 3—5 Seitennerven, Lappen ungleich- und scharfgesägt, zugespitzt, beiderseits kahl. Blüten in Doldenrispen. Frucht braun. **Elsbeere.** *Pirus tormínális.*

7. Sträucher mit zusammengesetzten Blättern.

A. Blätter 3 zählig.

1. Hoher Strauch. Blüten in Trauben oder kopfigen Dolden. Krone gelb. Frucht eine Hülse (wie bei Erbse). **Goldregen, Bohnenstrauch.** *Cytisus labúrnum.*

2. Niedriger Strauch. Stengel und rutenförmige Äste kantig. Blüten einzeln oder zu 2 in den Blattachseln, gelb. Hülsen an den Nähten abstehend behaart. **Besenginster.** *Sarothámnus scopárius.*

B. Blätter 3—7 zählig. Blättchen scharf-gesägt, unterseits weißfilzig, selten beiderseits grün und fast kahl. Blüte weiß. Frucht rot. **Himbeere.** *Rubus idáeus.*

C. Blätter gefiedert (unpaarig).

a) Blätter wechselständig.

1. Knospen filzig, trocken. Blättchen ungleich-stachelspitziggesägt. Blüten in Doldentrauben, weiß. Frucht kugelig, erbsengroß, rot. **Eberesche, Vogelbeere.** *Pirus aucupária.*

2. Knospen fast kahl, klebrig. Blättchen scharf-gesägt. Blüten in Doldentrauben, weiß. Frucht birnförmig, kirschengroß, rot.   **Speierling.** *Pirus doméstica.*

b) Blätter gegenständig.

1. Blütenstand schirmförmig, meist 5strahlig. Krone weiß. Frucht schwarz. Mark der Äste schneeweiß.   **Schwarzer Holunder.** *Sambúcus nigra.*

2. Blütenstand schirmförmig, meist 3strahlig. Krone rötlichweiß. Frucht schwarz, selten grünlich oder weiß. Stengel krautartig. (S. 958.)   **Zwergholunder.** *Sambúcus ébulus.*

3. Blütenstand in eiförmiger Rispe. Krone grünlichgelb. Früchte scharlachrot, selten goldgelb. Mark der Äste gelblichbraun.   **Traubenholunder.** *Sambúcus racemósa.*

Beachte:

Trockener Kiefernwald hat wenig oder gar kein Unterholz. Erst dort, wo die Feuchtigkeit zunimmt, wird der Bestand an Sträuchern reicher. Sie können an geeigneten Stellen so zahlreich und verschiedenartig auftreten wie im Laubwald.

Im trockenen Kiefernwald steht den Sträuchern nur wenig Wasser zur Verfügung. Die Mehrzahl schützt sich gegen zu starke Verdunstung durch sehr schmale Blätter, die nicht viel Wasser abgeben.

9. Sommerblumen des Kiefernwaldes.

Trockener Kiefernwald ist sehr arm an Blumen. Vereinzelte Moosrasen, verstreute Gräser, hin und wieder ein Habichtskraut geben dem Boden das Gepräge. Waldblumen stellen dort erst sich ein, wo die Feuchtigkeit zunimmt. Ist der Kiefernwald stark mit Unterholz bestanden, so daß er fast die Form des Laubwaldes annimmt, treten neben den eigentlichen Blumen des Kiefernwaldes noch manche des Laubwaldes auf. (In diesem Falle benutze man auch die entsprechenden Tabellen auf S. 37ff.)

1. Pflanzen ohne grüne Blätter. (Siehe auch S. 62.)

A. Staubblätter 10. Blüten in kurzer endständiger Traube, Gipfelblüte 5zählig, die andern 4zählig. Stengel strohgelb, an der Spitze übergeneigt, bis 20 cm hoch. (S. 63.)   **Fichtenspargel.** *Monótropa hypópitys.*

Im Nadelwald.

B. Staubblätter 1, dessen Staubbeutel 2fächerig. Blüten in vielblütiger Traube. Lippe 2spaltig. Ganze Pflanze braungelb, bis 45 cm hoch. (S. 62.) **Vogelnest.** *Neóttia nidus avis.*

2. Pflanzen mit grünen Blättern.

I. Blüten weiß.

A. Blätter grundständig.

a) Blütenhülle 6blättrig, schneeweiß, sternförmig. Blütenstand einfach, traubig, unverzweigt.
Blätter lineal, grasähnlich. Bis 60 cm hoch. **Astlose Graslilie.** *Anthéricum liliágo.*

Blütenstand verzweigt. **Ästige Graslilie.** *A. ramósum.*

b) Blütenhülle 5blättrig, glockig. Staubblätter 10. Blätter rundlich, lederartig, immergrün, oberseits glänzend. **Wintergrün.** *Pirola.*

α) Blüten einzeln, nickend, endständig, groß. Bis 10 cm hoch. **Einblütiges Wintergrün.** *P. uniflóra.*

β) Blüten in allseitswendigen Trauben.

1. Krone offen, glockig.

. Stengel stumpfkantig. Krone rötlich-weiß. Kelchzipfel zugespitzt. Bis 30 cm hoch. **Großes Wintergrün.** *P. rotundifólia.*

unifl.

.. Stengel unten scharfkantig, meist rot. Krone grünlich-weiß. Kelchzipfel rundlich-eiförmig. Bis 25 cm hoch. **Bleiches Wintergrün.** *P. chlorántha.*

2. Krone geschlossen, kugelig, weiß oder hellrosa. Kelchzipfel dreieckig-eiförmig. Bis 20 cm hoch. **Kleines Wintergrün.** *P. minor.*

γ) Blüten in einseitswendigen Trauben, vielblütig grünlich. **Nickendes Wintergrün.** *P. secúnda.*

Secun.

c) Krone verwachsenblättrig, 5zipfelig, am Schlunde gelb. Staubblätter 5. Blüten in endständigen Dolden. Blätter einfach, gezähnt. Bis 30 cm hoch. Gesetzlich geschützt! **Nordischer Mannsschild.** *Andrósace septentrionális.*

B. Blätter stengelständig.

a) Blätter gegenständig.

α) Staubblätter 10 oder 5. Kronblätter 5.

1. Kelch verwachsenblättrig, 5zähnig, von Deckschuppen umgeben. Griffel 2. Staubblätter 10. Krone weiß, am Grunde

mit grünlichem Fleck und roten Haaren. Blätter lineal, spitz. Stengel meist 1 blütig, bis 30 cm hoch. **Sandnelke.** *Diánthus arenárius.*

2. Kelch freiblättrig, am Rande trockenhäutig. Griffel 5. Blätter quirlig-büschelig, pfriemlich. Stengel schlaff, liegend, bis 20 cm lang. (S. 351.) **Spark.** *Spérgula.*

. Staubblätter 10. **Sandspark.** *Sp. morisónii.*

.. Staubblätter 5. **Lenzspark.** *Sp. pentándra.*

β) Staubblätter 4. Krone lippig. Unterlippe mit 2 Höckern. Oberlippe am Rande zurückgeschlagen. Laubblätter ganzrandig. (S. 46.) **Wachtelweizen.** *Melampýrum.*

b) Blätter wechselständig.

α) Blüten in Körbchen. Röhrenblütige mit Haarkrone.

1. Blätter einfach. Hüllblätter trockenhäutig. Pflanze filzig. Grundblätter spatelförmig, Stengelblätter lineal-lanzettlich, unterseits weißfilzig. Blüten 2häutig: Hüllblätter der männlichen Blüten weiß, die der weiblichen rosa. Pflanze mit wurzelnden Ausläufern. Stengel einfach, bis 20 cm hoch. (S. 198.) **Gemeines Katzenpfötchen.** *Antennária dioéca.* Katzenpföt.

2. Hüllblätter grün, dachig. Pflanze bis 1 m hoch. (S. 352.) **Berufskraut.** *Erígeron canadénsis.*

β) Blüten in Dolden. Hülle und Hüllchen mehrblättrig. Kelchsaum 5zähnig. Frucht geflügelt, linsenförmig. Blätter 2—3fach gefiedert. Stengel stielrund, fein gerillt, markig, bis 1 m hoch (S. 495.) **Bergsilge.** *Peucédanum oreoselinum.* Be.

II. Blüten gelb.

A. Blüten in Körbchen.

1. Alle Blüten röhrenförmig, mit Haarkrone. Körbchen goldgelb, in Sträußen. Blätter wechselständig, die unteren verkehrt-eiförmig, die oberen lanzettlich. Ganze Pflanze wollig-filzig. Stengel zahlreich, meist einfach, bis 30 cm hoch. Silge **Sand-Strohblume.** *Helichrýsum arenárium.*

2. Siehe S. 44: Habichtskraut, Lattich usw.

B. Blüten nicht in Körbchen.

a) Pflanzen mit Milchsaft (S. 691.) **Wolfsmilch.**
b) Pflanzen ohne Milchsaft. *Euphórbia.*

α) Krone lippig. Staubblätter 4. Blätter gegenständig.

198   Im Nadelwald.

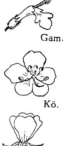
Gam.

1. Oberlippe tief gespalten. Blüten in end- und achselständigen Trauben, einheitswendig, grünlichgelb. Kelch 2lippig, Oberlippe ungeteilt, Unterlippe 4zähnig. Blätter runzelig, eiförmig, gekerbt. Bis 50 cm hoch.   **Waldgamander.** *Teúcrium scoródonia.*

Kö.

2. Oberlippe am Rande zurückgeschlagen. Unterlippe mit 2 Höckern. Blätter ganzrandig. (S. 46.)   **Wachtelweizen.** *Melampýrum.*

β) Krone radförmig. Staubblätter 5. Ganze Pflanze wollig, bis $1^1/_2$ m hoch. (S. 637.)   **Königskerze.** *Verbáscum.*

Na.

γ) Kronblätter 4. Staubblätter 8. Kelch mit langer Röhre. Bis $1^1/_2$ m hoch (S. 634.)   **Nachtkerze.** *Oenothéra biénnis.*

III. **Blüten rot.**
A. Blüten doldig, von einer häutigen, lang zugespitzten, scheidigen Hülle umgeben. Blütenstand mit Brutzwiebeln, oft ohne Blüten. Blätter stielrund, rinnig. Bis 60 cm hoch. Lauchgeruch! (S. 364.)   **Weinbergslauch.** *Állium vineále.*

W.

B. Blüten in Körbchen. (S. 197.)   **Gemeines Katzenpfötchen.** *Antennária dioéca.*

C. Blüten nicht in Dolden und nicht in Körbchen.
a) Krone verwachsenblättrig.
α) Staubblätter 4 (davon 2 länger), Stengel fadenförmig, kriechend. Blätter rundlich. Blüten glockig, nickend, langgestielt, zu 2. Krone außen rosa, innen dunkel gestreift. Stengel bis $1^1/_4$ m lang.   **Moosglöckchen.** *Linnáea boreális.*

Mo.

β) Staubblätter 8. Krone verwachsenblättrig. Stengel holzig.

1. Blätter eirund. Blüten einzeln. Krone 5zipflig, grünlich, rot überlaufen. Stengel scharfkantig, bis $1/_2$ m hoch.   **Heidelbeere, Blaubeere.** *Vaccínium myrtíllus.*

Hb.

2. Blätter nadel- oder schuppenförmig.
° Krone tief 4spaltig, kürzer als der gefärbte Kelch. Blüten in einseitswendiger, dichter Traube, hellrot. Blätter in 4 Reihen, dachziegelartig. Bis 1 m hoch.   **Heide.** *Callúna vulgá*

Cal.

°° Krone 4zähnig, länger als der Kelch krugförmig. Blätter zu 4 im Quirl.   **Heide.** *Eríca.*

Pflanzenleben. 199

Er.

. Blüten in einheitswendigen Trauben. Staubbeutel aus der Krone hervorragend. Blätter kahl, am Rande scharf. Bis 30 cm hoch. In Süddeutschland. **Frühlingsheide.** *E. cárnea.*

.. Blüten in doldigen Köpfchen. Staubbeutel in die Krone eingeschlossen. Blätter steifhaarig gewimpert, am Rande umgerollt. Bis 45 cm hoch. In Norddeutschland. **Glockenheide.** *E. tétralix.*

γ) Staubblätter 10. Krone glockig.

1. Blüten in Trauben. Blätter rundlich. (S. 196.) **Kleines Wintergrün.** *Pirola minor.*

Wintergrün

2. Blüten in Dolden, rosenrot. Blätter lanzettlich, keilförmig, scharf gesägt, dick, glänzend, fast quirlig, immergrün. Bis 15 cm hoch. Gesetzlich geschützt! **Winterlieb.** *Chimáphila umbelláta.*

b) Krone freiblättrig.

α) Staubblätter 8. Griffel 1. Fruchtknoten unterständig Blätter wechselständig, weidenartig. (S. 52.) **Weidenröschen.** *Epilóbium.*

β) Staubblätter 10. Griffel 2. Blätter gegenständig. **Nelke.** *Diánthus.*

Winterlieb

1. Kelch mit Deckschuppen.

. Blüten kopfig gehäuft, klein, purpurn, dunkler punktiert. Blätter lineal, weichhaarig. Bis 60 cm hoch. **Rauhe Nelke.** *D. arméria.*

.. Blüten rispig. Kronblätter fiederspaltig eingeschnitten, am Schlunde rotbärtig. Blätter lineallanzettlich, zugespitzt. Bis 60 cm hoch. **Prachtnelke.** *D. supérbus.*

arm.

2. Kelch ohne Deckschuppen. Krone rötlich oder weiß. Blätter lineal, an beiden Enden verschmälert. Stengel fast kriechend, oben ästig, weichhaarig, bis 40 cm lang. **Haariges Gipskraut.** *Gypsóphila fastigiáta*

IV. Blüten blau.

a) Blätter gegenständig. Staubblätter 2. Krone tellerförmig oder trichterförmig. (S. 57.) **Ehrenpreis.** *Verónica.*

sup.

b) Blätter wechselständig. Staubblätter 5. Krone stieltellerförmig, mit gelben Schlundschuppen. (S. 57.) **Vergißmeinnicht.** *Myosótis.*

Gipskraut

200 Im Nadelwald.

Wg.

V. Blüten grünlich.
  A. Blütenhülle 6blättrig, ein Blatt (die Lippe) größer als die anderen. Laubblätter längsnervig. (S. 62.)   **Zweiblatt.** *Listéra.*

  B. Blüten anders. Laubblätter netznervig.
    α) Blätter grundständig, lang gestielt, rundlich. Krone und Kelch je 5blättrig. Staubblätter 10. **Bleiches Wintergrün.** *Pirola chlorántha.* (S. 196.)

Leimk.

    β) Blätter gegenständig. Staubblätter 10. Griffel 3. Kronblätter 2spaltig. Blüten traubig, mit 1—3blütigen Ästen. Bis 60 cm hoch. **Grünliches Leimkraut.** *Siléne chlorántha.*

    γ) Blätter wechselständig, am Grunde spieß- oder pfeilförmig, von saurem Geschmack. Blütenhülle 6teilig. Blüten 2häusig. (S. 374.)   **Ampfer.** *Rumex.*

♂   ♀

    1. Stengel bis 90 cm hoch. Innere Blätter der Blütenhülle am Grunde mit einer Schwiele, die äußeren zurückgeschlagen.   **Sauerampfer.** *R. acetósa.*

S. a.   k. A.

    2. Stengel bis 25 cm hoch. Innere Blätter der Blütenhülle ohne Schwiele, die äußeren angedrückt.   **Kleiner Ampfer.** *R. acetosélla.*

Literatur:

Leick, Die Pflanzendecke der Provinz Pommern. Enthalten im Pommerschen Heimatbuch, herausgegeben von der Staatlichen Stelle für Natur-Denkmalpflege in Preußen. Verlag Emil Hartmann, Berlin 1926.

10. Gräser des trockenen Kiefernwaldes.

(Vergleiche auch: Gräser des Laubwaldes, S. 66.)

1. Ährengräser. (S. 67, Abb. 1—3.)

In dichten Rasen, graugrün. Halm dünn, nur am Grunde beblättert. Blätter zusammengerollt, borstenförmig, steif aufrecht. Ährchen oft bläulich. Bis 25 cm hoch. (S. 584.)   **Borstengras.** *Nardus stricta.*

B. gr.

2. Ährenrispengräser. (S. 431, Grastafel Wiese, Abb. 2.)
a) Ährchen einblütig.

1. Ähre walzig. Halm oben blattlos, bis ½ m hoch. Blätter kurz, das obere nur 2—3 cm lang. Rispenähre 2—6 cm lang, an beiden Enden verschmälert. Hüllspelzen abgestutzt. **Boehmers Lieschgras.** *Phleum boehméri.*

2. Ähre nicht walzig. Ährenrispe locker. Ganze Pflanze riecht nach Waldmeister! (S. 429, 584.) **Wohlriechendes Ruchgras.** *Anthoxántum odorátum.*

Liesch

b) Ährchen mehrblütig. (Hüllspelzen so lang wie das Ährchen, untere Spelze am Rücken gekielt.) **Schillergras.** *Koeléria.*

α) Blätter blaugrün, schmal, zum Teil gefaltet, kahl. Ährchen grünlichweiß oder bräunlichweiß. Äußere Spelze stumpf. Bis 60 cm hoch. (S. 584.) **Graugrünes Schillergras.** *K. glauca.*

β) Blätter grasgrün, am Rande rauh. Äußere Spelze zugespitzt. Ährchen silberglänzend.

Ru. gr.

1. Ährchen 2blütig, 3—5 mm lang. Rispe sehr schmal und locker. Blätter schmal, gefaltet oder eingerollt, weichhaarig. Halm niedrig. **Schlankes Schillergras.** *K. grácilis.*

2. Ährchen 2—5blütig, 6 mm lang. Rispe derb und dicht. Blätter flach, am Rande gewimpert. Bis 70 cm hoch. **Pyramiden-Schillergras.** *K. pyramidáta.*

3. Rispengräser. (S. 66.)

A. Halm ohne Knoten! (An diesem Merkmal sofort zu erkennen. Nur dicht über der Wurzel hat der Halm 1—3 stark genäherte Knoten, S. 69, 584.) **Pfeifengras.** *Molinia coérúlea.*

Schill. g.

B. Halm mit Knoten.

a) Hüllspelzen so lang wie das Ährchen.

α) Deckspelze begrannt.

1. Ganze Pflanze fuchsrot! Oft in großen Beständen. (S. 69.) **Waldschmiele.** *Deschámpsia flexuósa.*

2. Ganze Pflanze graugrün! Dichtrasig, Höhe bis 30 cm. Blätter borstlich. Rispe silberfarben, während des Blühens ausgebreitet, vorher und nachher ährig zusammengezogen. Granne am oberen Ende keulenförmig verdickt, in der Mitte gekniet und mit einem Haarkranz. **Keulenschmiele.** *Corynéphorus canéscens.*

β) Deckspelze nicht begrannt. Dichtrasig, Blätter und Blattscheiden gewimpert, Rispe sehr schmal mit wenigen Ästen. (S. 69.) **Dreizahn.** *Sieglíngia decúmbens.*

Keu.

b) Hüllspelzen kurz, das Ährchen nur am Grunde umfassend. (Siehe Waldgräser S. 66. Hier soll noch ein Schwingel genannt werden, der im Kiefernwald vorkommt.)

Blätter borstenförmig zusammengefaltet. Blatthäutchen kurz mit 2 den Stengel umfassenden Öhrchen. Blattscheiden nur ganz unten geschlossen. Rispe kurz mit nur wenigen Ährchen. Pflanze dicht- **Schafschwingel.** rasig, bis 60 cm hoch. (S. 657.) *Festúca ovína.*

11. Grasartige Pflanzen des Nadelwaldes: Binsen, Simsen, Seggen.

Durch den ganzen Wald sind sie verbreitet, an feuchten Stellen häufen sie sich. Da sie keine farbigen Blüten tragen, werden sie wenig beachtet. Das Wild frißt sie nicht, denn sie sind zu zähe und zu sauer. Nur Kinder wissen mit den schlanken, biegsamen Halmen etwas anzufangen, sie flechten allerlei Spielzeug daraus: kleine Matten, Körbchen, Hüte, Stühlchen usw. (S. 608.)

pilos.

nem.

Silv.

I. Stengel stielrund. Ohne Knoten! (Mit Knoten: Gräser!) Blütenhülle 6 blättrig. Staubblätter 6.

A. Stengel ohne Blätter. **Binse.** *Juncus.*

B. Stengel mit Blättern.

a) Blätter stielrund oder rinnig, kahl. **Binse.** *Juncus.*

b) Blätter grasartig, mit langen Wimperhaaren. **Simse.** *Lúzula.*

α) Blütenstand doldenähnlich. Blüten einzeln. Blütenhüllblätter dunkelbraun. Samen mit sichelförmigen Anhängseln. Grundständige Blätter lanzettlich, 5 bis 10 mm breit. Bis 30 cm hoch. Blütezeit **Haarsimse.** März bis Mai. *L. pilósa.*

β) Blüten zu 2—5, büschelig. Blütenstand dolden- oder rispenähnlich.

1. Blütenstand kürzer als die Deckblätter, locker, ausgebreitet. Blüten weißlich oder kupfer- **Schmalblättrige** rot. Bis 60 cm hoch. Blütezeit Juni bis **Simse.** Juli. *L. nemorósa.*

2. Blütenstand länger als die Deckblätter. Blüten braun. Blätter 10—15 mm breit. Bis 80 cm hoch. **Waldsimse.** Blütezeit Mai bis Juli. *L. silvática.*

Pflanzenleben. 203

γ) Blüten in kleinen rundlichen Ähren. Blütenstand dolden- oder rispenähnlich. Blätter bis 2$^1/_2$ cm breit. Wurzelstock mit kurzen Ausläufern. Pflanze sehr veränderlich. Blütezeit April bis Mai. **Gemeine Simse.** *L. campéstris.*

II. Stengel 3kantig, markig, nie hohl. Ohne Knoten! Blätter grasartig, aber meist steifer und härter als bei den Gräsern, vielfach von saurem Geschmack. Daher die Namen Halbgräser und Sauergräser. (S. 432.)

  A. Blütenstand in Rispen, Blüten zwitterig, mit 3 Staubblättern und 1 Griffel. Ährchen in einer endständigen Rispe. Stengel beblättert. (S. 612.) **Simse.** *Scirpus.*

  Stengel stumpf 3kantig, bis 1 m hoch. Blätter 8—12 mm breit. Blütenstand mit 16—20 cm langen Ästen. An feuchten Stellen. (S. 613.) **Waldsimse.** *S. silváticus.*

  B. Blütenstand in Ähren, Blüten eingeschlechtig, einhäusig. Stengel beblättert. (S. 71.) **Segge, Riedgras.** *Carex.*

Waldsimse

12. Häufig vorkommende Farne.

(Nach O. Burck, aus Heft 1 der Sammlung „In freier Natur auf Wegscheide", Verlag M. Diesterweg, Frankfurt a. M.)

1. Fruchtbare[1]) und unfruchtbare Wedel verschieden gestaltet (Abb. 1 u. 2).

  1. Wedel kurz gestielt, im Umriß länglich-lanzettlich, einfach fiederteilig[2]) mit ganzrandigen Fiedern. Unfruchtbare Wedel (Abb. 1) auf der Erde liegend, ihre Fiedern lanzettlich-linealisch, am Ende abgerundet mit sehr kurzem Spitzchen, dicht aufeinanderfolgend. Fruchtbare (Abb. 2) Wedel viel länger, aufrecht; ihre Fiederchen schmal-lineal, am ganzen Rand mit Sporenhäufchen besetzt (Abb. 3.). Laub lebhaft grün, lederartig, überwinternd. Gesetzlich geschützt! **Rippenfarn.** *Blechnum spicant.*

---

[1]) Fruchtbare Wedel sind solche mit Sporenhäufchen.

[2]) Fiederteilig heißen die Abschnitte dann, wenn die Teilung nicht bis zur Rippe durchgeht, die einzelnen Abschnitte also noch durch einen schmalen Blattsaum zusammenhängen.

204   Im Nadelwald.

2. Fruchtbare Wedel stark zusammengezogen, mit zurückgerolltem Rande; Schleier seitlich angeheftet, taschenförmig.
Unfruchtbare Wedel einen Trichter bildend, doppelt-fiederspaltig, nach dem Grunde hin stark ver- **Deutscher Straußfarn.**
schmälert. Bis 1½ m hoch. Feuchte Wäl·   *Struthiópteris*
der. Sehr zerstreut. Gesetzlich geschützt!   *germánica.*

II. **Fruchtbare und unfruchtbare Wedel gleich gestaltet.**
A. **Sporenhäufchen rundlich (Abb. 7, 8, 10, 12).**
   a) **Sporenhäufchen mit Schleier (Abb. 7.).**
     1. **Wedel einfach gefiedert,** Fiedern ungeteilt, am Rande
dornig gesägt, unterseits sowie Stiel und Spindel rostfarben-
spreublättrig. Bis ½ m hoch. Schattige **Scharfer Schildfarn.**
Abhänge in höheren Gebirgen.   *Aspídium lonchítis.*

     2. **Wedel einfach gefiedert mit fiederteiligen Fie-
dern.**

     α) **Wedelstiel mit zwei bandförmigen Gefäßbündeln**
(Abb. 6). Schleier klein, bald verschwindend, Wedelstiel mit
kleinen, braunen Schuppen besetzt. Wedel nach oben und
unten stark verschmälert; Fiedern fiederteilig (Abb. 4), genähert, die untersten sehr klein, dreieckig,
die oberen (Abb. 4) lanzettlich; ihre Ab-   **Berg-Schildfarn.**
schnitte **stumpf, flach, ganzrandig**   *Aspídium*
oder schwach geschweift.   *montánum.*

     β) **Wedelstiel meistens mit sieben Gefäßbündeln**
(Abb. 9). Schleier bleibend. Blattfläche groß (bis 1 m), nach
dem Grunde zu nur wenig schmäler, Blattstiel mit derben,
braunen Schuppen besetzt. Fiedern lanzettlich, tief-fieder-
teilig, zugespitzt, dicht gedrängt. Fiederchen (Abb. 7 u. 8)
aus breitem Grunde länglich, am Rande   **Wurmfarn.**
gekerbt-gezähnt.   *Aspídium filix mas.*

     3. **Wedel zwei- bis dreifach gefiedert (Abb. 22).**

     α) **Schleier nierenförmig, in der Mitte mit einer
Falte auf dem Sporenhäufchen angeheftet (Abb. 7).**
Wedel lang gestielt, 50—60 cm hoch, im Umriß länglich-
elliptisch, etwas schlaff, daher oben meist zurückgebogen.
Fiedern kurzgestielt, fast gegenständig, länglich-lanzettlich.
Fiederchen wechselständig, länglich, fiederspaltig oder
fiederteilig; die einzelnen Abschnitte mit   **Dorniger Schildfarn.**
nach vorn gerichteten, stachelspitzigen   *Aspídium*
Zähnen besetzt (Abb. 22).   *spinulósum.*

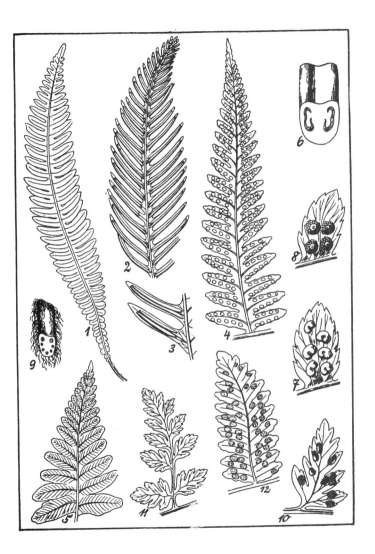

β) Schleier rundlich, nur an einer Seite unter dem Sporenhäufchen angeheftet (Abb. 10). Wedel 10—25 cm lang, lanzettlich, gegen die Spitze hin stark verschmälert, gegen den Grund nur wenig verschmälert, doppelt gefiedert. Stiel etwa so lang wie die Spreite, zart (2 mm) und zerbrechlich, auf der Rückseite mit einer tiefen Rinne. Fiedern (Abb. 11) aus breitem Grunde lanzettlich. Fiederchen sitzend, untere eiförmig, obere länglich, fiederspaltig oder fiederteilig, nach dem Grunde zu keilig verschmälert (Abb. 11). **Blasenfarn.** *Cystópteris frágilis.*

b) **Sporenhäufchen ohne Schleier (Abb. 12).**

1. **Wedel einfach fiederteilig, im Umriß lanzettlich.** Fiedern lineal-länglich, mit breitem Grund sitzend, an der Spitze abgerundet, schwach gekerbt oder ganzrandig. Sporenhäufchen groß, zu beiden Seiten des Hauptnervs der Fiedern in je einer Reihe. Laub überwinternd. Sporen reifen im Winter. **Tüpfelfarn oder Engelsüß.** *Polypódium vulgáre.*

2. **Wedel einfach gefiedert, mit fiederteiligen Fiedern, im Umriß dreieckig-eiförmig, fast pfeilförmig, lang zugespitzt, das unterste Fiederpaar meist abwärts gerichtet.** Wedelstiel lang, mit zwei eiförmigen Gefäßbündeln. **Buchenfarn.** *Aspídium phegópteris.*

3. **Wedel doppelt gefiedert, im Umriß breit und kurz dreieckig; unterstes Fiederpaar fast so groß wie der übrige Teil des Blattes.** Fruchthäufchen stets getrennt (Abb. 12). **Eichenfarn.** *Aspídium dryópteris.*

B. **Sporenhäufchen randständig (Abb. 14) oder länglich-linealisch, zuweilen haken- oder hufeisenförmig. Schleier seitlich angeheftet (Abb. 16).**

a) **Sporenhäufchen randständig, vom umgerollten Rand bedeckt (Abb. 14).** Wedel bis 1,50 m hoch, langgestielt; bei einem Querschnitt durch seinen bodenständigen Teil erkennt man, daß die durchschnittenen Gefäßbündel in Gestalt eines Doppeladlers angeordnet sind. Wedel im Umriß dreieckig, dreifach gefiedert. Fiederchen länglich oder lanzettlich, stumpf, mit ganzem, zurückgerolltem Rand (Abb. 13 u. 14). **Adlerfarn.** *Pterídium aquilínum.*

b) **Sporenhäufchen über die Wedelfläche verteilt.**

1. **Wedel groß (30—100 cm hoch). Wedelstiel unten mit zwei Gefäßbündeln, die nach oben zu einem**

halbzylindrischen, randständigen verschmelzen. Wedel zwei- bis dreifach gefiedert, im Umriß elliptisch-länglich, zugespitzt, aus der Mitte nach dem Grund und der Spitze an Breite abnehmend. Fiedern länglich-linealisch; Fiederchen länglich, eingeschnitten-gesägt, Zipfel länglich, zwei- bis dreizähnig. Sporenhäufchen länglich, oft hufeisenförmig. Schleier bleibend, gewimpert (Abb. 15 u. 16).

Frauenfarn.
Athýrium fílix fémina.

2. Wedel klein (höchstens bis 30 cm hoch). Wedelstiel mit einem Gefäßbündel.

α) Wedel einfach gefiedert, 5—15 cm hoch. Fiederblättchen sitzend, rundlich, am Grunde keilförmig, am Rande fein gekerbt. Stiel und Spindel bis zur Spitze glänzend schwarzbraun, hornartig. Sporenhäufchen meist bis gegen den Rand der Abschnitte ausgedehnt (Abb. 17 u. 18).

Braunstieliger Milzfarn.
Asplénium trichómanes.

β) Wedel zwei- bis dreifach gefiedert, 3—15 cm hoch, unten am breitesten, verhältnismäßig lang gestielt. Stiel grün, nur am Grunde braunschwarz. Fiederchen sehr verschieden gestaltet: rundlich oder rautenförmig bis lineal, meist keilförmig in den Stiel zusammengezogen, am oberen Ende fein gekerbt. Sporenhäufchen zuletzt die Rückseite der Fiederchen ganz bedeckend. Schleier gefranst. Laub mattgrün (Abb. 19 u. 20).

Mauerraute.
Asplénium rula murária.

γ) Wedel aus zwei bis vier gestielten, linealischen Fiedern zusammengesetzt, 8—15 cm hoch. Stiel kaum vom Wedel gesondert, gefurcht. Fiedern linealisch oder linealisch-lanzettlich, meist etwas gekrümmt, an der Spitze meist ungleich eingeschnitten — dreizähnig. Sporenhäufchen zusammenfließend. Laub dunkelgrün, matt, lederartig (Abb. 21).

Nördlicher Streifenfarn.
Asplénium septentrionále.

13. Die häufigsten Waldmoose.

I. **Astmoose:** Hauptstengel kriechend, mehr oder weniger gefiederte Zweige aussendend, stets verzweigte, zusammenhängende Rasen; die Fruchtträger entspringen stets kurzen Seitentrieben des Hauptstengels und seiner Zweige.

A. **Zweige scheinbar zweizeilig beblättert,** sie erscheinen verflacht, breitgedrückt; Blätter zugespitzt, rippenlos oder

Pflanzenleben.

mit kurzer Doppelrippe; Stengel wenig verzweigt; Blattzellen viel länger als breit, Sporenkapsel walzenförmig, wenig geneigt, sich bei der Reife krümmend. **Flachmoos.** *Plagiothécium.*
Deckel mit kurzer Spitze, Fruchtzeit im Frühling.

a) Stark glänzend, hellgrün. — **Gezähntes Flachmoos.** *Plagiothécium denticulátum.*

b) Wenig glänzend, dunkelgrün (Abb. 5). — **Wald-Flachmoos.** *Plagiothécium silváticum.*

B. Zweige gerundet, die Blätter sind allseitig um den Stengel gestellt.

a) Rasen und Blätter glanzlos, Blattzellen klein, rundlich quadratisch; Stengel holzig, dreifach gefiedert, wedelartig, gelbgrün; Blätter lanzettlich, mit dreieckigem Grund, Rand gezähnt, Rippe bis vor die Spitze; Sporenkapsel wie vorher; Früchte sehr selten (Abb. 4). — **Tamariskenähnliches Thujamoos.** *Thuídium tamaríscinum.*

b) Rasen und Blätter glänzend, Blattzellen gestreckt, viel länger als breit.

α) Zweigspitzen hakig gebogen; Blätter eiförmig, mit feinen sichelförmigen Spitzen, hohl; Rippe kurz und doppelt; Büchse wie vorher. Sporenkapseln stets reichlich vorhanden. Winter und Frühling. Das gemeinste aller Astmoose (Abb. 2). — **Zypressenförmiges Schlafmoos.** *Hypnum cupressifórme.*

β) Stengelspitzen gerade, knospig geschlossen.

1. Stengel niederliegend, im Bogen auf- und absteigend, holzig, bis 15 cm lang, Zweige stufenartig übereinanderstehend, doppelt- bis dreifach-gefiedert, am Grunde unverästelt, Fiederwedel breitlanzettlich; Rasen breit, gelblich oder olivengrün; Blätter breit-eiförmig, mit langer Spitze, rippenlos, Rand schwach gesägt, Sporenkapsel länglich eiförmig, anfangs aufrecht, später stark gekrümmt; Deckel lang geschnäbelt. Frühjahr (Abb. 1). — **Glänzendes Hainmoos.** *Hylocómium spléndens.*

2. Stengel einfach, aber regelmäßig gefiedert Stengel bis 15 cm lang, starr, rot durchschimmernd Blätter dachziegelig, sehr hohl, etwas faltig, breit-eiländlich, abgerundet, an der Spitze gekerbt, rippenlos; Sporenkapseln wie vorher, Spätwinter. Oft Massen-vegetation in Nadelwäldern. — **Schrebers Hainmoos.** *Hylocómium schréberi.*

3. Stengel gelbgrün durchschimmernd, bis 15 cm lang, ebenso wie die Äste durch die Beblätterung gedunsen walzenförmig, kätzchenförmig; Rasen ausgedehnt, blaßgrün, schwellend, weich; Blätter dachziegelig, breit-eiförmig, vorn abgerundet, mit zurückgebogenem Spitzchen, hohl, faltig, an der Spitze gesägt, Rippe einfach bis zur Mitte oder doppelt und kürzer; Sporenkapseln wie vorher, Winter, selten. Massenvegetation (Abb. 3).

Reines Schlafmoos.
Scleropódium purum.

γ) Stengelspitzen pinsel- oder schopfartig gelöst Rasen kräftig, locker, schwellend, gelbgrün, Astspitzen weißlichgrün; Stengel unregelmäßig gefiedert, 5—8 cm lang; Blätter breit-eiförmig, kurz zugespitzt, hohl, mehrfaltig, Ränder flach, entfernt gesägt; Rippe schwach, bis über die Mitte; Sporenkapsel kurz, gedrungen, plump, geneigt, gekrümmt, Deckel kurz gespitzt, Fruchtstiel warzig. Frühling.

Gemeines Federmoos.
Brachythécium rutábulum.

II. **Gipfelmoose.** Stengel aufrecht, einfach oder gabelig verzweigt; Sporenkapseln stets am Gipfel der Hauptsprosse.

A. Rasen weiß- oder graugrün, derb, strohartig anzufühlen, bis 10 cm hoch, oft halbkugelig gewölbt; Stengel gabelig verzweigt; Blätter aufrecht-abstehend, ganzrandig, ei-lanzettlich, stumpf; sehr selten fruchtend. Fruchtzeit im Herbst (Abb. 7).

Weißmoos.
Leucóbryum gláucum.

B. Rasen hell- oder dunkelgrün, weich und locker.

a) Fruchtstiel an der Spitze hakig gebogen, Sporenkapseln hängend oder nickend.

1. Gipfelblätter rosettenförmig ausgebreitet, bis 15 mm lang, 1—3 mm breit, Blattzellen groß, sechseckig, Sporenkapsel eiförmig, fast ohne Hals; Rand meist einfach- oder doppeltgezähnt, wulstig.

Sternmoos.
Mnium.

α) Blätter stumpf, zungenförmig, 4—8-mal so lang wie breit (Abb. 8).

Wellenblätteriges Sternmoos.
Mnium undulátum.

β) Blätter stumpf, eiförmig, 2mal so lang wie breit.

Punktiertes Sternmoos.
Mnium punctátum.

γ) Blätter zugespitzt, schmal-lanzettlich, 3mal so lang wie breit.

Schwanhalsiges Sternmoos.
Mnium hornum.

δ) Blätter zugespitzt, breit-eiförmig, 3-mal so lang wie breit.

Zugespitztes Sternmoos.
Mnium cuspidátum.

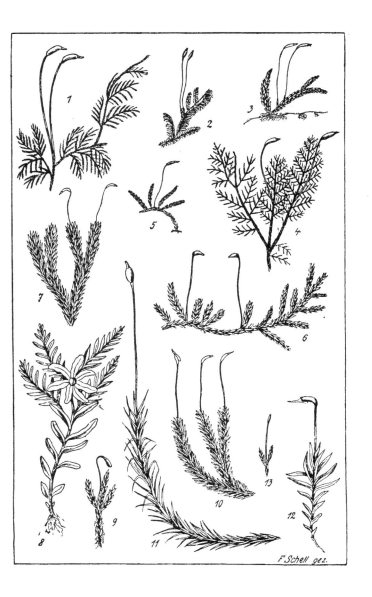

2. Blätter aufrecht-abstehend, in eine feine Spitze ausgezogen, lineal-lanzettlich, viel kleiner als bei *Mnium*; Blattzellen gestreckt, rhomboidal, Sporenkapsel birnförmig, mit deutlichem Hals. — **Birnmoos.** *Bryum.*

α) Blätter mit Glashaarspitze (Abb. 9). — **Haarblätteriges Birnmoos.** *Bryum capilláre.*

β) Fruchtstiel gelb, schwanenhalsartig gebogen, Rasen hell- oder graugrün, bis 4 cm hoch, Sporenkapsel fast keulenförmig. — **Hellgrünes Birnmoos.** *Bryum crudum.*

γ) Fruchtstiel rot, Rasen grün oder gelblichgrün, bis 4 cm hoch, Sporenkapsel fast walzig, nickend oder hängend. — **Nickendes Birnmoos.** *Bryum nutans.*

b) Fruchtstiel gerade, nicht gekrümmt (Sporenkapsel aber oft geneigt und gekrümmt).

1. Blätter glänzend, sichelförmig, einseitswendig, stets straff und elastisch, 10 mm lang, 1—2 mm breit, lanzett-pfriemlich; Sporenkapsel ohne Hals, walzenförmig, geneigt und gekrümmt; Deckel mit pfriemlichem Schnabel, Stämmchen 5—10 cm hoch, unten filzig. — **Gabelzahnmoos.** *Dicranum.*

α) Blätter gelbgrün, stark querwellig, bis 5 Fruchtstiele aus dem Gipfel entspringend. — **Wellenblättriges Gabelzahnmoos.** *Dicranum undulátum.*

β) Blätter dunkelgrün, flach, nur 1 Fruchtstiel aus dem Gipfel entspringend (Abb. 10). — **Besenstrauchliebendes Gabelzahnmoos.** *Dicranum scopárium.*

2. Blätter im trockenen Zustand glanzlos, allseitig um den Stengel gestellt.

* Sporenkapsel kantig, prismatisch, mit filziger Haube und scheibenförmigem Halsansatz; Sporenkapsel durch eine trommelfellartige Haut geschlossen, Kapselrand mit 64 zungenförmigen Zähnen, Blätter lineal-pfriemenförmig, scharf gesägt. — **Widerton.** *Polýtrichum.*

α) Deckel kegelförmig, Haube $3/4$ der Sporenkapsel bedeckend. — **Schöner Widerton.** *Polýtrichum formósum.*

β) Deckel flachgewölbt mit aufgesetztem, kurzem, pfriemlichem Schnabel, Haube die Sporenkapsel ganz bedeckend (Abb. 11). — **Gemeiner Widerton.** *Polýtrichum commúne.*

** Sporenkapsel walzenförmig.

α) Blätter groß, 5—8 mm lang, 1 mm breit, zungenförmig, mit wellenförmigem, scharfgesägtem Rand; Sporenkapsel 5 mm lang, 1 mm dick, leichtgekrümmt und geneigt (Abb. 12).

Wellenblättriges Katharinenmoos.
Catharínea unduláta.

β) Blätter klein, bis 2 mm lang, lanzettlich, gekielt, Rand umgerollt, Blattzellen quadratisch; Fruchtstiel rot; Sporenkapsel geneigt, 3 mm lang, braunrot, bei der Reife kantig (Abb. 13).

Purpurstieliger Hornzahn.
Cerátodon purpúreus.

Literatur:

G. Lützow, Die Laubmoose Norddeutschlands, Eugen Köhlers Verlag, Gera-Untermhaus.

Dr. W. Lorch, Die Laubmoose, Julius Springer, Berlin

P. Kummer, Der Führer in die Mooskunde. 3. Aufl. 1891. Julius Springer, Berlin. (Nur noch antiquarisch. Für Anfänger gut geeignet.)

14. Schlangenmoos, Bärlapp.

Auf dem Boden des feuchten Kiefernwaldes sind folgende 5 Moosarten am häufigsten vertreten:

Schlafmoos *Hýpnum cupressifórme*, Hainmoos *Hylocómium schréberi*, Gabelzahnmoos *Dícranum scopárium*, Widerton *Polýtrichum* und Weißmoos *Leucóbryum glaucum* (S. 215).

Zwischen diesen Moosen kriechen oft die über 1 m langen Stengel einer moosähnlichen Pflanze umher, die an manchen Orten den Namen Schlangenmoos führt. Da sie sich gut zum Winden von Kränzen und Girlanden eignet, wird sie in Mengen ausgerissen. Um sie vor Ausrottung zu bewahren, mußte man sie unter Naturschutz stellen.

I. Stengel am Boden kriechend, über 1 m lang, mit zahlreichen Ästen, spärlich bewurzelt. Sporenbehälter in endständigen Ähren.

A. Stengel rundlich. Blätter spiralig.

1. Ähren langgestielt, zu 2 oder 3. Stengelblätter in eine lange, weiße Haarspitze auslaufend (Abb. S. 214).

Kolben-Bärlapp.
Lycopódium clavátum.

annotinum

complan.

selago

2. Ähren sitzend, einzeln. Stengelblätter mit stechender Spitze (nicht mit Haarspitze), waagerecht abstehend, fein gesägt. **Sprossender Bärlapp.** *L. annótinum.*

B. Stengel zusammengedrückt. Blätter 4reihig. Ähren langgestielt, zu 2—6. **Flacher Bärlapp.** *L. complanátum.*

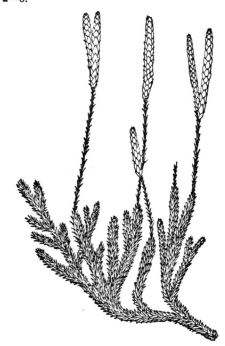

II. Stengel aufsteigend, meist gabelästig. Äste gleichhoch genähert in dichtem Büschel. Blätter schmal, steif, zugespitzt, 8zeilig geordnet. Sporenbehälter nicht in Ähren. **Tannen-Bärlapp.** *L. selágo.*

Wer noch Schlangenmoos im heimischen Walde hat, schütze es!

15. Die Bedeutung der Moose.

Beobachtungen und Versuche.

1. Wo kommen mehr Moose vor, im Laubwald oder im Nadelwald?
   a) Achte auf die Gleichmäßigkeit der Belichtung in beiden Waldungen! (Im Laubwald verschieden — im Nadelwald sehr gleichmäßig.)
   b) Achte auf die Verschiedenheit der Austrocknung! (Im Laubwald sind die Moospolster meist trocken — im Nadelwald feucht. Man setze sich darauf oder greife tief in das Polster hinein.)
   c) Achte darauf, wie Laubstreu und Nadelstreu die Moospolster verschieden dicht zudecken! (Laubstreu deckt die Polster zu — Nadelstreu nicht.)
   Der Nadelwald bietet den Moosen günstigere Lebensbedingungen als der Laubwald, daher gedeihen sie dort üppiger.

2. Untersuche die Dicke der Moospolster im Nadelwald!
   a) Sie sind oft reichlich $1/2$ m dick.
   b) Die Polster sterben unten ab.
   c) In den Polstern stecken andere Pflanzen: Gräser, Labkraut, junge Holzgewächse ... Man sieht, wie sie im Wachstum behindert sind.
   d) Die dicken Moospolster verhindern die Luftzufuhr in den Boden.

3. Untersuche den Wassergehalt eines Moospolsters!
   a) Sehr geeignet sind die halbkugelförmigen Polster des Weißmooses *Leucóbryum glaucum.* Man drücke ein solches Polster kräftig aus: es enthält auch in Trockenzeiten auffällig viel Wasser.
   b) Untersuche den Boden unter dicken Moospolstern (nicht an sumpfigen Standorten!). Sie halten die Feuchtigkeit fest und lassen sie nicht in den Boden, der daher austrocknet. Wo dicke Moospolster sind, leiden die Wurzeln der Pflanzen oft an Wassermangel.
   c) Nach Regenfällen sind die Moospolster wie Schwämme vollgesaugt. Sie halten einen großen Teil der Wassermassen zurück und geben sie allmählich ab. Dadurch speisen sie jahraus, jahrein Quellen und Flüsse und regeln deren Wasserstand.

4. Untersuche Kiefernstämme, die am Grunde von dicken Moospolstern umgeben sind!

216 Im Nadelwald.

Die Moospolster erschweren die Luftzufuhr nach den Wurzeln und den unteren Stammteilen. Dadurch wird die Atmung behindert. Die Atmung des Stammes erfolgt durch Rindenporen (Lentizellen. Man sieht sie sehr gut an Holunderzweigen, auch am Faulbaum!). Bei herabgesetztem Gasaustausch vergrößern sich die Rindenporen, oft bis zu 1 cm; das Gewebe wird schwammig und fällt zusammen. Dadurch entstehen Wunden, durch die Krankheitserreger eindringen und den Baum schädigen können.

16. Flechten.

Formen der Flechten. An Felsen und Mauern, alten Bretterzäunen und Planken, an der Rinde alter Bäume findet man graue, gelbe, graugrüne oder grüngelbe krustenartige Überzüge, die fest an ihrer Unterlage haften: Krustenflechten.

Andere Flechten haben buchtige, unregelmäßig geformte Lappen, die vielfach zerschlitzt und zerrissen erscheinen: Laubflechten.

Wieder andere Flechten sind strauchartig verzweigt, bilden an den Ästen der Bäume lange, graue Bärte oder, wenn sie auf der Erde wachsen, dichte Rasen: Strauchflechten.

Vermehrungsorgane sind die becher-, teller- oder flaschenförmigen Gebilde, in denen die Sporen wachsen.

Die häufigsten Flechten.

I. An Steinen und Felsen.

Landkartenflechte, *Rhizocárpon geográphicum*, eine dünne Krustenflechte mit zierlichen grüngelben Feldern, die schwarz umsäumt sind. Steine und Felswände sind oft weithin schwefelgelb von ihr überzogen (Abb. 1).

II. An Stämmen und Ästen der Bäume.

A. Krustenflechten.

1. Schriftflechte, *Gráphis scripta*. An Stämmen mit glatter Rinde. Auf der sehr dünnen Kruste sitzen feine, kommaförmige schwarze Striche, die eine gewisse Ähnlichkeit mit Schriftzeichen haben; es sind die Fruchtkörper (Abb. 2).

2. Braune Scheibenflechte, *Lecanóra subfúsca*. An Baumstämmen häufig. Dünne, graue Krusten; darauf die kleinen, runden, braun gefärbten Fruchtkörper, die weiß umsäumt sind (Abb. 3).

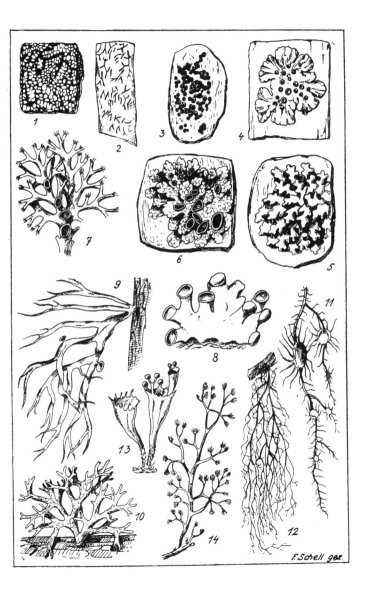

218 **Im Nadelwald.**

B. Laubflechten.

1. Wandflechte, *Xanthória pariétina.* Sehr häufig an Baumstämmen, Bretterwänden und Steinen. Die dottergelbe Flechte löst sich mit buchtigen, blattartigen Lappen von ihrer Unterlage. Nach der Mitte zu stehen die kleinen schüsselartigen, orangefarbenen Fruchtkörper (Abb. 4).

2. Schildflechte, *Parmélia physódes.* Sehr häufig an Stämmen und Zweigen, die oft ganz davon überzogen sind. Lappen tief eingeschnitten, Oberseite grau, Unterseite schwarz (Abb. 5).

3. Felsen-Schildflechte, *Parmélia saxátilis.* Häufig an Bäumen, Brettern und Steinen. Lappen tief eingeschnitten, oben grauweiß oder grünlich, unten schwarzbraun. Fruchtkörper rundlich, dunkelbraun, hell umsäumt (Abb. 6).

4. Wimperflechte, *Hagénia ciliáris.* An Laubbäumen, namentlich Pappeln. Lappen tief eingeschnitten, am Rande fein zerschlitzt, daher von büschelartigem Aussehen. Fruchtkörper rund und schwarz (Abb. 7).

5. Hundsflechten, *Peltigera.* An Baumstümpfen und auf dem Boden. Ausgebreitete, flächenförmige, derbe Lager mit wellig gebogenen Rändern. Oberseits lederartig, grau, grün oder braun; unterseits heller und fein geädert. Sie hängen mit vielen feinen Fäden an ihrer Unterlage fest. Fruchtkörper am Rande des Flechtenlagers (Abb. 8).

C. Strauchflechten.

1. Astflechte, *Ramalina calýcaris.* An Bäumen. Etwa fingerlange, schmale, nach dem Ende zu vielfach verzweigte Bänder, die schlaff hängen (Abb. 9).

2. Bandflechte, *Evérnia.* An Bäumen. Runde Büschel von einigen Zentimetern Länge. Die schmalen Äste mehrfach verzweigt und starr (Abb. 10).

3. Gemeine Bartflechte, *Úsnea barbáta.* An Waldbäumen, namentlich Nadelbäumen sehr häufig. Aus einem gemeinsamen Anheftungspunkt entspringen einige dünne, fadenartige, grüne Äste, die sich vielfach verzweigen. An den Verzweigungen runde, schildförmige Fruchtkörper mit Wimpern am Rande (Abb. 11).

4. Moosbart, *Bryópogon jubátus.* Noch häufiger als die gemeine Bartflechte an Waldbäumen. Sehr fein und faden-

Pflanzenleben. 219

artig verzweigt von den Ästen lang herabhängend. Von den Büscheln ließe sich für Weihnachtsaufführungen ein guter Zwergenbart machen (Abb. 12).

III. Am Boden.
A. Laubflechten. Siehe unter II, 5: Hundsflechten.
B. Strauchflechten.

1. **Becherflechten, *Cladónia*.** Sehr häufig, in mehreren Arten. Längere oder kürzere Säulchen endigen in einen kleinen Becher oder Trichter, auf dessen Rande braune oder rote Knöpfchen, die Fruchtkörper, stehen (Abb. 13).

2. **Renntierflechte, *Cladónia rangiferína*.** Häufig auf Waldboden. Handhohe, reich verästelte, graugrüne Büsche, die oft größere Bodenflächen rasenartig überziehen. Bei feuchtem Wetter weich und biegsam, bei längerer Dürre unter dem Fuß wie Glas zerspringend (Abb. 14).

Literatur.

E. A. Roßmäßler, Flora im Winterkleid. Klinkhard, Leipzig.
Möbius, Kryptogamen (Algen, Pilze, Flechten, Moose und Farnpflanzen). 164 S. Quelle & Meyer, Leipzig.
G. Lindau, Die Flechten. Eine Übersicht unserer Kenntnisse. Sammlung Göschen. Nr. 683.

17. Immergrüne Pflanzen.

Wer an schneefreien Wintertagen Laub- und Nadelwald nacheinander durchquert, kann deutlich beobachten, daß der Nadelwald viel mehr immergrüne Pflanzen aufweist als der Laubwald. Nicht nur verschiedene Sträucher und Halbsträucher haben ihre Blätter behalten, sondern auch eine ganze Reihe von Kräutern, die den Waldboden überziehen. Meist sind sie grün, oft jedoch auch durch die Kälte rot gefärbt (S. 92). Das wintergrüne Blatt ist lederartig, zäh und derb (S. 223). Als Erklärung für diese Erscheinungen nimmt man die gleichmäßige, dauernde Beschattung des Waldbodens in Nadelwäldern an.

I. Immergrüne Holzgewächse.
A. Blätter nadelförmig oder schuppenförmig.

1. Blätter nadelförmig: einzeln, zu 2, zu 3 im Quirl oder zu 5. (S. 185.)   **Nadelhölzer.** *Coniferen.*

2. Blätter lanzettlich-lineal, scharf stachelspitzig, weich behaart. (S. 190.) **Stechginster.** *Ulex európaeus.*
3. Blätter klein, schuppenförmig, mit pfeilförmigem Grunde. (S. 198.) **Heidekraut.** *Callúna vulgáris.*
B. Blätter laubförmig.
a) Blätter zusammengesetzt.
1. Blätter 3zählig. Äste rutenförmig, kantig. (S. 194.) **Besenginster.** *Sarothámnus scopárius.*
2. Blätter 3—7zählig. Blättchen gesägt (Abb. 3). Stengel mit langen Schößlingen, meist mit kräftigen Stacheln besetzt. **Brombeere.** *Rubus.*
b) Blätter einfach.
α) Blätter stachelspitzig gezähnt, wellig, glänzend, lederartig. (Abb. 1.) (S. 190.) **Stechpalme.** *Ilex aquifólium.*
β) Blätter nicht stachelspitzig gezähnt.
° Stengel niederliegend.
1. Blätter wechselständig, lederartig, 5lappig, die oberen eirundlich. (Abb. 7 a u. 7 b.) **Efeu.** *Hédera helix.*

Kr. b.

2. Blätter fast quirlständig, lederartig, lineal, am Rande zurückgerollt. Stengel dicht beblättert, bis 50 cm lang. Moorige Wälder und Torfmoore. (S. 756.) **Krähenbeere, Rauschbeere.** *Émpetrum nigrum.*
3. Blätter gegenständig, verkehrt-eiförmig, ganzrandig, netzaderig, unterseits blaßgrün. Stengel bis 60 cm lang. (S. 753.) **Bärentraube.** *Arctostáphylos uva ursi.*
°° Stengel aufrecht.

Bärentr.

1. Blätter wechselständig, länglich-rund, oberseits dunkel-, unterseits hellgrün, dunkel punktiert. Zweige stielrund. Bis 15 cm hoch. (S. 582.) **Preißelbeere.** *Vaccínium vitis idáea.*

2. Blätter wechselständig, lineal, am Rande stark umgerollt, unterseits rostrotfilzig. Bis 1¼ m hoch. (S. 582.) **Porst.** *Ledum palústre.*
3. Blätter gegenständig, länglich-lanzettlich, ganzrandig, kahl. (S. 30.) **Rainweide, Liguster.** *Ligústrum vulgáre.*

Porst

II. Immergrüne Krautgewächse.

A. Moose und moosähnliche Pflanzen. (S. 208, 213.) **Moose und Bärlapp.**

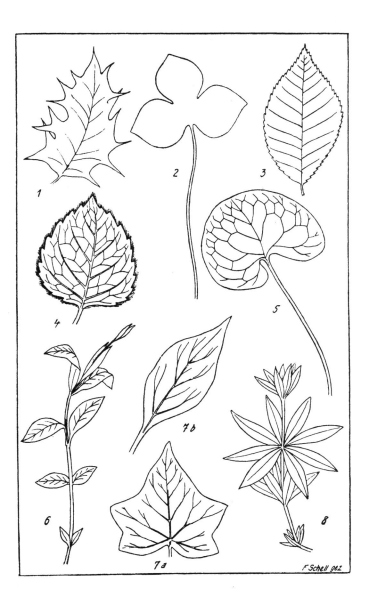

B. **Farne.** (S. 203.)
1. Wedel 20—60 cm lang, lanzettförmig, fiederspaltig, lederartig, kahl. — **Rippenfarn.** *Blechnum spicant.*
2. Wedel 2—3fach gefiedert, langgestielt, bis 60 cm hoch. — **Dorniger Schildfarn.** *Aspídium spinulósum.*
3. Wedel einfach fiederteilig, im Umriß lanzettlich. Fiederchen länglich, mit breitem Grunde sitzend. — **Tüpfelfarn oder Engelsüß.** *Polypódium vulgáre.*

C. **Schachtelhalm.** (S. 75.)
Stengel mit 15—25 Längsriefen, Rippen flach, rauh. Scheiden eng anliegend, vielzähnig, mit schwärzlichen, abfallenden Spitzen und mit schwärzlicher Querbinde. Stengel fast stets astlos, bis $1^{1}/_{3}$ m hoch. — **Winter-Schachtelhalm.** *Equisétum hiemále.*

D. **Gräser und grasartige Pflanzen.**
a) Stengel durch Knoten in Abschnitte gegliedert, hohl, ohne Mark (Halm). (S. 200.) — **Gräser.** *Gramineen.*
b) Stengel ohne Knoten, rund. (S. 202.)
1. Stengel mit Blättern. Blätter grasartig, mit langen Wimperhaaren. — **Simse.** *Lúzula.*
2. Stengel ohne Blätter, markig. — **Binse.** *Juncus.*
c) Stengel ohne Knoten, 3kantig. Blätter sehr lang und schmal. — **Segge.** *Carex.*

E. **Kräuter.**

a) Blätter zusammengesetzt.
1. Blätter 3zählig. — **Kleearten.** *Trifólium.*
2. Blätter doppelt-3zählig. Blättchen schief-herzförmig, wimperig gesägt. Bis 30 cm hoch. — **Sockenblume.** *Epimédium alpínum.*
b) Blätter einfach.
α) Blätter stachelig gezähnt. — **Disteln.**
β) Blätter nicht stachelig gezähnt.
. Blätter 3lappig, Lappen eiförmig, ganzrandig (Abb. 2). — **Leberblümchen.** *Anemóne hepática.*
.. Blätter nierenförmig, zu zwei. Stengel sehr kurz (Abb. 5). — **Haselwurz.** *Ásarum europáeum.*
.·. Blätter länglich, eiförmig, herz-eiförmig oder elliptisch.
1. Blätter grundständig.
Blätter groß, stark wollig behaart, rosettig. — **Königskerze und Fingerhut.**

Pflanzenleben. 223

Blätter klein, rundlich, lederartig, glänzend. (S. 196.) — **Wintergrün.** *Pírola.*

2. Blätter quirlständig.

Blätter dick, glänzend, keilförmig, scharf gesägt. Bis 15 cm hoch. (S. 199.) — **Winterlieb.** *Chimáphila umbelláta.*

Blätter zu 6 oder 8 im Quirl, lanzettlich, am Rande rauh, mit Stachelspitze. Stengel 4 kantig, bis 30 cm hoch (Abb. 8). — **Waldmeister.** *Aspérula odoráta.*

3. Blätter gegenständig.

Blätter elliptisch, lederartig, ganzrandig. Stengel kriechend, bis 60 cm lang (Abb. 6). — **Immergrün.** *Vinca minor.*

Blätter herz-eiförmig, ungleich grob gesägt. Stengel 4 kantig. (S. 366.) — **Taubnessel.** *Lámium.*

Blätter eirund, schwach herzförmig, ungleich gekerbt-gezähnt. Stengel 4 kantig (Abb. 4). — **Goldnessel.** *Lámium lúteum.*

Blätter eiförmig, gekerbt-gesägt, fast sitzend. (S. 57.) — **Ehrenpreis.** *Verónica.*

4. Blätter wechselständig, eiförmig, weichborstig. Bis 30 cm hoch. (S. 57.) — **Lungenkraut.** *Pulmonária.*

18. Versuche an immergrünen Pflanzen.

1. Als immergrüne Pflanzen sind bekannt: Efeu, Buchsbaum, Stechpalme, Immergrün, Nadelbäume.

2. Beobachte diese Pflanzen in und nach strengen Wintern! Nur nach starkem, lange anhaltendem Frost werden die Blätter an den Zweigspitzen von Buchs und Efeu braun. Befühle sie! Sie sind vertrocknet, nicht erfroren.

3. Versuche, die Blätter immergrüner Pflanzen durchzureißen! Sie sind zähe und derb wie Leder.

4. Tauche die Blätter an kalten Frosttagen draußen im Freien in Alkohol oder Äther! Es zeigt sich an ihnen keinerlei Farbenveränderung. Schluß: Die Flüssigkeit ist nicht in das Blatt eingedrungen, weil in der Kälte die Spaltöffnungen geschlossen sind.

5. Welche Bedeutung hat es für die Pflanze, daß in der Kälte die Blätter ihre Spaltöffnungen schließen?

6. Gegenversuch: Nimm Blätter immergrüner Pflanzen mit ins warme Zimmer, tauche sie jetzt in Alkohol oder Äther! Sie ver-

färben sich. Schluß: Die Flüssigkeit konnte in das Innere des Blattes eindringen, weil die Spaltöffnungen in der Wärme sich geöffnet haben.
7. Ergebnis: Der Verschluß der Spaltöffnungen bei Kälte ist eine Schutzeinrichtung gegen das Austrocknen. Wenn der Boden gefroren ist, stockt die Wasserzufuhr zu der Pflanze. Dann muß auch die Wasserabgabe verhindert werden, damit die Pflanze nicht austrocknet.
8. Eine vollkommen sichere Schutzeinrichtung besitzt die Pflanze damit jedoch nicht, sie reicht nur bis zu einer bestimmten Grenze.

19. Der Bau der Kiefernnadel.

Die Kiefernnadel ist ein immergrünes Blatt. Sie wird 2—3 Jahre alt, übersteht also 2 oder 3 Winter. Alljährlich im September fällt ein größerer Teil der älteren Nadeln ab, ein kleinerer Teil im Oktober und November. Im Winter, wenn der Boden gefroren ist, verringert sich der Saftstrom. Daher muß auch die Wasserabgabe, die hauptsächlich durch die Blätter erfolgt, herabgesetzt werden. Dafür hat die Kiefernnadel Einrichtungen, die zum Teil ohne starke Vergrößerungen schon im Freien erkannt werden können. (Lupe!)

1. Die Nadeln stehen zu 2 in einer Scheide. Beide zusammen sind stielrund, der Querschnitt der einzelnen Nadel bildet einen Halbkreis.

Bedeutung: Dadurch wird die verdunstende Oberfläche des Blattes verhältnismäßig klein.
2. Zieht man die Nadel zwischen den Fingern durch, so erkennt man, daß sie mit einer Wachsschicht überzogen ist.

Bedeutung: Die Wachsschicht hält das Wasser zurück, das sonst verdunsten würde.
3. Die Nadel hat Längsrillen. In der Tiefe liegen die Spaltöffnungen (Sp).

Bedeutung: Die Spaltöffnungen liegen in einem windstillen Raum und geben daher nicht so viel Wasser ab, als wenn sie dem austrocknenden Winde unmittelbar ausgesetzt wären.
4. Versucht man die Nadel durchzureißen, so bemerkt man einen erheblichen Widerstand. Sie hat eine lederartige, zähe Oberhaut (O).

Bedeutung: Ein Leder- oder Gummimantel verhindert die Verdunstung, der Schweiß wird zurückgehalten.

Pflanzenleben. 225

5. Die Nadel zeigt keine äußerlich sichtbaren Nerven oder Adern wie die breitflächigen Blätter.
   Bedeutung: Die Adern leiten den Saft. Die Saftleitungsbahnen (G) der Nadel sind nicht sichtbar, sie liegen also im Innern und sind von isolierenden Schichten umgeben (Harzgänge: H).
6. Zerreißt man die Nadel, so bemerkt man an den Rißstellen feine weiße Fäden. (Lupe!) Sie liegen dicht unter der Oberhaut und sind besonders zäh (F).
   Bedeutung: Dieses Festigungsgewebe (F) verstärkt die schon derbe Oberhaut noch in ihrer verdunstungshemmenden Wirkung.

20. Wie alt ist diese Fichtenschonung?

Wir stehen vor einer Fichtenschonung und möchten wissen, wie alt sie ist.

Eine Beobachtung im Frühling zeigt, daß die Fichte nicht nur an der Spitze, sondern auch am Ende eines jeden Zweiges neuen Zuwachs bekommt, der durch seine hellgrüne Farbe sogleich kenntlich ist. In jedem Jahre bildet sich ein neuer Astquirl. Die Zahl dieser Astquirle gibt also das Alter der Fichte an. Man zählt dabei am besten von der Spitze des Stammes abwärts. Man kann jedoch auch an irgendeiner erreichbaren Zweigspitze beginnen, indem man auf dem kürzesten Wege nach der Erde hin zählt.

Kurz vor dem Ausbruch der Frühjahrstriebe kann man den äußersten Astquirl mitzählen, weil er ein Jahr alt ist. In den Frühlings- und Sommermonaten ist er noch so jung, daß man ihn nicht mitzählt.

Wer eine Reihe solcher Durchzählungen an einer regelmäßig gewachsenen Fichte vornimmt und dann die Ergebnisse in einer Zeichnung festlegt, gewinnt einen Einblick in den Bauplan des Baumes, der quirlige Stand der Äste bewirkt eine gleichmäßige Gewichtsverteilung.

Diese Altersbestimmung gelingt aber nur bis zu einem gewissen Alter der Fichte. Wenn der Fichtenstamm im geschlossenen Bestand sich entastet hat, ist die Zählung am untersten Stammteil nicht mehr möglich, und die Zweige sind nicht mehr erreichbar.

21. Pflanzengesellschaft des Fichtenwaldes.

Die Fichte nahm ursprünglich wohl nur die höheren Lagen unserer mittel- und süddeutschen Gebirge ein. Seit einem Jahrhundert wurde sie durch die Forstwirtschaft zu unserem wichtigsten Waldbaum und wird heute überall dort gezogen, wo sie gedeiht.

Die Fichte ist ein Schattenbaum. Sie duldet andere Gehölze nicht neben sich und läßt unter sich Blütenpflanzen wenig oder gar nicht hochkommen. Die Fichtenwälder gehören daher zu den einförmigsten Pflanzengesellschaften. Der Bodenwuchs hängt ab von der Bewirtschaftungsweise, die die Belichtung bedingt, und dem Boden, dessen Nadelstreu sich schwer zersetzt und in Rohhumus übergeht. Daher siedeln sich im Fichtenwald in erster Linie Rohhumusbewohner an.

Rohhumusbewohner:

Heidelbeere, Hainmoose, Schlafmoose, Flachmoose, Pilze.

Gehölze:

Vogelbeere, Buche, Himbeere.

Krautschicht:

Heidelbeere, Roter Fingerhut, Sauerklee, Wald-Wachtelweizen, Einblütiges Wintergrün, Fichtenspargel, Wohlverleih (Arnika), Goldrute, Fuchs-Kreuzkraut, Wald-Vergißmeinnicht, Teufelskralle, Berg-Weidenröschen, Taubenkropf, Schattenblume, Breitblättrige Sumpfwurz, Quirlblättrige Weißwurz, ... Gräser: Schlängelige Schmiele.

Bodenschicht:

Schlafmoose, Hainmoose, Flachmoose, Pilze.

22. Pflanzengesellschaft des Kiefernwaldes.

Die Kiefer ist im norddeutschen Flachland heimisch und hält dort die nährstoffarmen Böden besetzt, die nicht für die Landwirtschaft genutzt werden. Im Berglande finden wir sie auf den Buntsandsteinböden. Mit ihren reichverzweigten und tiefgehenden Wurzeln vermag sie das Wasser noch aus erheblichen Tiefen heraufzuholen. Im Hochgebirge bildet sie den Übergang der Waldgebiete zu den waldfreien Gebieten. Im Flachland ist sie der Baum der Heide.

Kiefernwälder sind meist licht. Auch in geschlossenen Beständen schließt der Schirm der Kronen nicht völlig. Daher ist der Boden

für die Strauch-, Kraut- und Bodenschicht hinreichend belichtet. Die Kiefernstreu reagiert im allgemeinen sauer.

Die Kiefernwälder werden heute durchweg durch Kahlschlag mit künstlicher Verjüngung bewirtschaftet.

Gehölze:

Wacholder, Vogelbeere, Mehlbeere, Schwarzer Goldregen (*Cýtisus nígricans*: Trauben aufrecht, endständig. Blüten goldgelb. Blätter 3zählig. Bis 80 cm hoch), Liguster, Strauchige Kronwicke, Stieleiche, Buche, Goldregen, Hasel, Weißdorn, Heckenkirsche.

Krautschicht:

Nickendes Leimkraut, Dornige Hauhechel, Maiblume, Roter Wiesenklee, Große Brunelle, Berg-Ziest, Blutroter Storchschnabel, Breitblättrige Sumpfwurz, Bergklee, Wiesenplatterbse, Echter Gamander, Weißer Steinklee, Alant, Adlerfarn.

Tierleben.

1. Die Tierwelt des Nadelwaldes.

Der Nadelwald ist meist Fichtenwald oder Kiefernwald. Der finstere Fichtenwald ist arm an Tieren. Er bietet ihnen nur zwei Wohnräume: unten die dichte Nadelstreu und oben das Dickicht der Wipfel. Die dazwischenliegende Säulenhalle mit den glatten Stämmen ist fast unbewohnt.

Der lichtere Kiefernwald dagegen hat drei Wohnräume: unten die Nadelstreu und das Moospolster, in der Mitte das Stockwerk des Unterholzes und oben die lockeren Kronen, die von den rissigen Stämmen getragen werden. Daher ist die Tierwelt des Kiefernwaldes reicher als die des Fichtenwaldes.

2. Vogelgesang im geschlossenen Nadelwald.

I. Längerer, anhaltender, abwechslungsreicher Gesang.

1. Der Vogel sitzt in dem Wipfel hoher Bäume. Ähnlich wie der Gesang der Schwarzamsel, jedoch gedämpfter und nur mit kurzen Strophen von 3—5 Tönen. (Amsel und Singdrossel meiden den geschlossenen Nadelwald!)

Misteldrossel. *Túrdus viscívorus.*

Grupe, Naturkundl. Wanderbuch.

228 Im Nadelwald.

2. Der Vogel sitzt tiefer. Weicher, anhaltender Gesang, sehr ruhig und von großer Klangschönheit. Zwischendurch sehr hohe, oft recht scharfe und mühsam herausgepreßte Töne. Hinter diesen her absinkende, klangvolle, perlende Triller. **Rotkehlchen.** *Erithacus rubécula.*

3. Der Vogel hält sich in den Wipfeln hoher Fichtenbestände der Bergwälder auf. Längere oder kürzere Liedchen, munter vorgetragen, oft recht ausgedehnt, meist mit langgezogenen Kreischlauten untermischt. Etwa so: dididlidlidlidäde dididlidlidäde ... und Kreischlaute: deä, oft zweisilbig, auch bio ib. — Vogel von Distelfinkgröße: Brust grünlichgelb, Oberseite ebenso, mit schwarzen Schaftflecken, Kopfplatte und Kehle schwarz. **Erlenzeisig.** *Chrysomítris spinus.*

II. **Eine einzelne, deutlich in sich abgeschlossene Liedstrophe, die meist unverändert und nur einmal vorgetragen wird.**

1. Der Vogel sitzt im Wipfel niedriger Bäume. Ein einförmiges Liedchen von etwa 10 Tönen, die sich im ganzen auf gleicher Höhe halten, in der Mitte ein, zwei oder drei Hebungen haben und am Schlusse deutlich absinken. (Ähnlich dem Lied des Zaunkönigs, nur leiser und ohne den lauten Triller.) Besonders in den frühen Morgenstunden. **Heckenbraunelle.** *Accéntor moduláris.*

2. Der Vogel hält sich meist unter den Baumkronen auf. Eine einzige, frische, helle Liedstrophe ertönt ganz plötzlich hier, dann dort. Das Lied beginnt mit einigen kräftigen, laut herausgeschmetterten Tönen, hat in der Mitte einige Hebungen und am Ende einen kräftigen Roller. **Zaunkönig.** *Troglodýtes troglodýtes.*

3. Finkenschlag nach dem Rhythmus: Fritze, Fritze, magst du Würzgebier? **Buchfink.** *Fringílla cóelebs.*

4. Meisenruf nach dem Rhythmus: Spitz die Schar! Spitz die Schar! **Kohlmeise.** *Párus májor.*

5. In lichten Föhrenbeständen ertönt das klangvolle Flöten der Goldamsel nach Tonfall und Rhythmus: Liukiu. **Pirol.** *Oríolus oríolus.*

6. Ein kurzes, sehr zartes Liedchen, das an das Lied der Blaumeise erinnert, nur noch feiner ist; zunächst mehrere Töne auf gleicher Höhe, dann eine sinkende Tonreihe: — — . . . **Waldbaumläufer.** *Cérthia macrodáctyla.*

Am Schluß der Strophe ein deutliches hu[i].

III. Leise, hohe Meisenstimmen.

1. Aus den Spitzen hoher Tannen ein leises, zartes: ßi ßi oder die
verschiedenen Formen des Frühlingsrufes: **Tannenmeise.**
sifisifisifisifi, auch so: divīdivīdivī. *Párus áter.*

2. Aus dem unteren Teil des Baumes oder aus niedrigen Fichten-
dickungen ein sehr feines: ßi ßi (wie von
Mäusen) oder auch ganz kurze Liedchen mit **Goldhähnchen.**
derselben feinen Stimme. *Régulus.*

3. Laute Rufe im Nadelwald.
(S. 113.)
I. Einzelrufe, einsilbig oder zweisilbig.

1. Kliäh, scharf und laut schallt es weithin durch den Wald. Der
Ton sinkt am Ende etwas ab.
Rufer: Fast Krähengröße. Schwarz, Scheitel und Nacken
rot. Zeit: Frühjahr bis Herbst. **Schwarzspecht.**

2. Kjick, kurz und scharf ausgestoßen. **Großer Buntspecht.**

3. Hiäh, ein gezogener Pfeiflaut, der am Ende
absinkt, etwa wie Miau. **Mäusebussard.**

II. Rufreihen.

1. Kwickwickwickwick, laut und schnell, mit 10—20 gleichhohen
Lauten. **Schwarzspecht.**

2. Gickgickgickgickgick, scharf und gellend, **Großer Buntspecht.**
fast wie bei einer schreienden Amsel.

3. Gigigigigig .... Wenn der Ruf über den
Baumkronen erschallt, stammt er von einem **Sperber, Habicht,**
Raubvogel. **Turmfalk.**

4. Gru ^{gruh} grugru gru, gru ^{gruh} grugru gru ... Das Gru liegt
tiefer als der tiefere Ton im Kuckucksruf.
Rufer: Auf hohen Bäumen, gut im Gezweig verdeckt. In
Mischwald und Nadelwald am meisten, in reinem Laubwald
seltener. Vogel von mehr als Taubengröße. Beachte: Weißer
Halsring, weiße Streifen an den Flügeln, Abflug mit lautem,
klatschendem Flügelschlag.
Zeit: In den Frühlingsmonaten, nament- **Ringeltaube.**
lich morgens und abends. (S. 464.) *Colúmba palúmbus.*

5. Hu ^{hu} ^{hu} ^{hu} huhuhuhu Die Reihe steigt zunächst langsam an
und hält sich dann ziemlich auf gleicher Höhe, jeder Ton wird
dabei von unten her heraufgezogen.

Rufer: Taubengröße. Blaugrau, kein Weiß! Überall nur dort, wo der Schwarzspecht Nistgelegenheit geschaffen hat. *Hohltaube.* *Colúmba óenas.*

6. Särrrrr särrrr särrrrr. Schnärrlaute, die von einem fliegenden Vogel einzeln oder mehrfach nacheinander ausgestoßen werden.

Rufer: Etwas mehr als Amselgröße. Oberseite olivengrau. Unterseite hell, mit dunklen Flecken. Man hört den Ruf am meisten von Schnärrern, die über Waldblößen hinwegfliegen. *Misteldrossel.* *Túrdus viscívorus.*

7. Gäck-gäck-gäck . . . oder räh rähräh . . . oder krähkrähkräh . . . oder absinkende Gaga-Reihen.

Rufer: Etwa Dohlengröße. Gefieder größtenteils blaugrau, Flügelbug, Unterrücken und Oberschwanzdecke blau, Rücken braun. (S. 123.) *Blauracke.* *Corácias gárrulus.*

III. Trommeln der Spechte. (S. 125.)

Im Nadelwald trommeln Schwarzspecht und Großer Buntspecht. Beide trommeln laut und kräftig. Wer sie beim Trommeln beobachtet hat, kann sie am Trommelton unterscheiden.

Das Arrrrrrr des Buntspechtes klingt knarrend. Er schlägt viel schneller zu als der Schwarzspecht, darum ist der Ton wirbelnd.

Das Arrrrrr des Schwarzspechtes ist mehr ein tiefes Rollen, die Schnabelhiebe erfolgen wesentlich langsamer.

4. Unter einer Fichte oder einer Kiefer liegen zahlreiche Zweigspitzen.

Wir finden unter einer Fichte oder unter einer Kiefer zahlreiche Zweigspitzen. Der Forstmann nennt sie Absprünge. Sie liegen in vielen Fällen wie ein grüner Teppich auf dem Boden ausgebreitet. Wer war der Täter? — Bevor ein Urteil abgegeben werden kann, sind die Absprünge zu untersuchen.

1. Wir finden die frischen Absprünge im Vorsommer unter einer Fichte. Der Wald bietet noch keine Sämereien, Hunger tut weh. *Eichhörnchen.*

2. Wir finden die frischen Absprünge nach Herbststürmen unter einer Kiefer. An der Absprungstelle zeigt sich ein Loch, das die Mündung eines Ganges bildet, der im Mark des Absprunges hochführt. In einzelnen Absprüngen kann man einen kleinen schwarzen

Käfer von $3^1/_2$—$4^1/_2$ mm Größe finden (er ist zuweilen auch braun). Er lebt unter der Rinde der Kiefer und gehört zu den Bastkäfern. Wenn er seine Entwicklung zum fertigen Käfer beendet hat, bohrt er sich an der Ansatzstelle der Zweigspitzen in den Trieb ein, frißt sich in der Markröhre hinauf und überwintert darin. Die dünneren der so befallenen Triebe werden vom Herbststurm abgeworfen, da sie am Bohrloch abbrechen. Die stärkeren Gipfeltriebe kommen wohl durch, bleiben aber verkürzt und entwickeln zum Ersatz der verletzten Gipfelknospe seitlich neue Knospen, wodurch sie buschig werden.

Kiefernmarkkäfer.
Waldgärtner.
Blastóphagus
pinipérdi.

3. Wir finden die frischen Absprünge im Winter unter einer Fichte. Durch einen harten Frost sind die Zweigspitzen erstarrt, der Sturm bricht sie ab.

5. Unter einem Baum liegen zahlreiche Zapfen. — Wie kommen sie dahin?

1. Zahlreiche Lärchen-, Fichten- oder Kiefernzapfen liegen unter einem Baum verstreut. Im Nadelwald ist das nicht auffällig, im Laubwald dagegen wird auch der Unkundige stutzen. Oft findet man die Zapfen gerade unter alten Eichen, zuweilen Körbe voll.

2. Wie kommen sie dahin?

   a) Schau dich um, wo die Samenbäume stehen!

   b) Untersuche einige Zapfen! Sie sind alle verletzt. Von der Spitze her wurde wie mit einem spitzen Messer hineingehackt. (Abb. S. 232.)

   c) Untersuche die verletzten Zapfen an den Stellen, wo die Schuppen klaffen! — Der Same ist heraus.

   d) Ein Buntspecht hat die Zapfen aufgehackt, nachdem er sie in die Rinde des Baumes einklemmte.

   e) Hat der Baum geeignete Stellen dafür? Wo? Wo die meisten Zapfen liegen, muß eine solche Stelle zu finden sein. Man suche den Stamm ab. Vielleicht steckt noch ein Zapfen in einem Rindenspalt.

3. Eine solche Fundstelle heißt „Spechtschmiede".

4. Vergleiche auch folgendes Kapitel I C! Sind die Zapfen so behandelt, so schleppten Kreuzschnäbel sie herbei.

232   Im Nadelwald.

6. Welches Tier verletzte den Zapfen?

I. Die Zapfen sind äußerlich stark verletzt.

A. Der Zapfen ist vom Grunde her verletzt.
  1. Schuppen vom Grunde her stark abgenagt. Spitze unbeschädigt. **Eichhörnchen.**

Lärchenzapfen in Rindenspalten einer Schwarzkiefer.
(Phot. W. Petry, Bad Kreuznach.)

Tierleben. 233

2. Schuppen vom Grunde her stark abgerissen. — Eichhörnchen.

3. Zapfen bis zur Spitze gerissen oder abgenagt. — Eichhörnchen.

B. Der Zapfen ist nur von der Spitze her verletzt (meist bei Kiefernzapfen).

Schuppen zerrissen und gespalten, wirr durcheinanderstehend. — Großer Buntspecht.

C. Der Zapfen ist weder von der Spitze noch vom Grunde her verletzt. Schuppen in der Mitte faserig quer abgebissen oder der Länge nach gespalten. Am Grunde des Zapfens ist immer noch ein zentimeterlanger Stiel vorhanden. — Kreuzschnabel.

D. Oft sind Zapfen von Mäusen angenagt.

II. Die Zapfen sind äußerlich wenig oder gar nicht verletzt.

1. Trockene Fichtenzapfen mit braunem Mehl am Grunde der fein benagten Schuppen. Raupe vom — Fichtenzapfenzünsler.
2. Zerfressene Spindel der Fichtenzapfen. — Käferlarven.
3. Ein kreisrundes Loch in einem Kiefernzapfen. — Rüsselkäfer.

Eine Samenfichte mit gutem Behang trägt 800 bis 1000 Zapfen. Im Sommer 1929 fand ich 435 frisch benagte Zapfen unter einer Fichte. Das Eichhörnchen nagte ruhig weiter, als ich den Platz verließ. Wenn die Eichhörnchen zahlreich auftreten, schießt der Förster sie ab.

Eichhörnchen abgenagt.

Vom Kreuzschnabel zerfetzt.

Vom großen Buntspecht zerhackt.

Von Mäusen angenagt.

7. Wer benagte das Fichten- oder das Kiefernstämmchen?

Im Vorsommer sieht man ab und zu, daß die Stämmchen junger Fichten, Kiefern oder Lärchen spiralig oder auch rechteckig benagt sind. — Täter: Eichhörnchen. — Grund: Hunger, der Wald bietet noch keine Sämereien.

8. Raupen, die an Kiefernadeln fressen.

Beobachtung	Raupe (siehe Farbtafel II)	Schmetterling
(Nach Angaben von K. Eckstein.)		
1. Nadel: Am Rande befressen. Kot: Kotballen trokken, sechsmal gefurchte Säulen mit Querfurchen; Oberfläche rauh; grün.	Bis 8 cm lang; grau, rot behaart, braun gefleckt, oben am 2. u. 3. Ring stahlblau. Frühling bis August.	**Kiefernspinner** *Dendrolimus pini.*
2. Nadel: Es liegen Nadelspitzen unter dem Baum. Kot: Fahl, gelbgrün oder bräunlichgrün; Nadelteile deutlich zu sehen, liegen glatt aneinander.	Junge Raupen im Frühling: schmutziggelb, mit schwarzem Kopf; ausgewachsen: 4—5 cm; Rücken bräunlichgrün, auch weißgrau und schwarz gemischt. Schwarze, weiße oder blaue größere Warzen. Kleinere rote Warzen behaart. Frühling bis Juli.	**Nonne** *Lymántria monácha.*
3. Nadel: Aus der von der Spitze her angefressenen Nadel schaut ein dünner Faden. Zweige: Mit Gespinstfäden, an denen grüner Kot zu sehen ist. Kot: Grünlich, später bräunlich; doppelt so lang als breit, 2 mm lang, die einzelnen Nadelreste wirr aneinandergereiht.	Jung: schwärzlichgrün; später: hellgrün; nach 8 Wochen: Unterseite gelbgrün, Kopf schwarz, Rücken behaart, mit einem breiten graugrünen Streifen und zwei schwarzen, gelb gesäumten Flecken. Frühling bis August.	**Kiefernprozessionsspinner** *Thaumatopöea pinivóra*

Tierleben.

Beobachtung	Raupe	Schmetterling
4. Nadel: Bis zur Scheide abgefressen; auf dem Stumpf ein Harztropfen.	Schlank, grün, 3 weiße Rückenlinien, eine gelbe oder rote Seitenlinie. Juli, August.	**Forleule** *Panólis griseovariegáta.*
5. Nadeln: Am Rand terrassenförmig befressen, fallen nicht ab, verfärben sich grau.	Raupe spannt: sie kriecht, indem sie abwechselnd sich bogenförmig krümmt und wieder streckt. 5 Paar Füße, klein, grün, mit weißen Linien, spärliche Behaarung.	**Kiefernspanner** *Búpalus piniárius.*
6. Nadeln: Nicht ganz abgefressen, kleine Stümpfe bleiben übrig. Mittelrippe bleibt stehen. Kot: Rhombische Form.	Afterraupe: 22 Füße, über jedem Fußpaar ein schwarzes liegendes Semikolon (.—). Nackt, dunkelgrün, mit rotbraunem Kopf.	**Kleine Kiefernblattwespe** *Lophýrus pini.*
7. Nadeln: Werden abgebissen. Bäume unten kahl gefressen, Zweigspitzen u. Krone noch benadelt. Kot: In einem Gespinst in den Zweigen.	Afterraupe: Vorn 6 Füße, am letzten Ring 2 auswärts gerichtete Spitzen. Körper rötlichgrau, mit einer Reihe dunkler Rückenflecken, Kopf rot.	**Große Kiefernblattwespe** *Lyda praténsis.*

Literatur:

K. Eckstein, Die Schmetterlinge Deutschlands mit Berücksichtigung ihrer Biologie. 4 Bde. 64 farbige Tafeln. K. Lutz, Stuttgart.

K. Eckstein, Die Kiefer. Berlin, Parey.

K. Eckstein, Tierleben des deutschen Waldes. 126 S. Stuttgart, Strecker & Schröder.

Kiefernblattwespe.
Unten Kokon.

9. Lausgallen an Fichtenzweigen.

1. Im Frühling sieht man an jungen Fichten oft helle (zuweilen auch rote) Wucherungen von der Größe und Form einer Erdbeere. Zuweilen ist ein Bäumchen ganz damit übersät. Es sind die Gallen der Tannenlaus. Alte Gallen sind braun und stark verholzt.
2. Das ungeflügelte, mit weißer Wolle bedeckte Tier sticht beim Eierlegen mit seinen Saugborsten in eine Knospe und saugt. Ein Teil der in Bildung begriffenen Nadeln wandelt sich an der Saugstelle zu breiten, fleischigen Schuppen um, die sich  zu der zapfenartigen Gallenbildung zusammenschließen. Die den Eiern entschlüpfenden Larven kriechen währenddes hinter die noch offenen Schuppen und saugen in der Galle, häuten sich zweimal und verpuppen sich. Allmählich trocknet die Galle ein, die Schuppen klaffen und die geflügelten Männchen und Weibchen fliegen aus. Das Weibchen legt sein Ei, aus dem noch im Herbst das sandkorngroße, flügellose Tier („Amme" der Tannenlaus genannt) ausschlüpft, das dann wieder im nächsten Frühling durch seinen Stich neue Gallen erzeugt.
3. In den leergewordenen Lausgallen kann man winzige Raupen von Kleinschmetterlingen finden (Spanner, *Geométra*).
4. Unterscheide:
   a) Aus der meist lebhaft hell gefärbten Galle ragt die gesunde Spitze des Fichtentriebes ein weites Stück hervor. Jede Schuppe der Galle hat einen Stachel. **Grüne Fichtenlaus.** *Chérmes abiétis.*
   b) Galle meist ohne grüne Triebspitze und Gallenschuppen ohne Stacheln. Farbe oft lebhaft gelb. (Ananasgalle.) **Rote Fichtenlaus.** *Gnaphalódes strobilóbius.*

10. Weiße Wolle an Nadelbäumen.

1. An Nadeln.
   Die Lärchen sind oft über und über wie mit weißem Puder bestreut. Bei genauerem Hinsehen zeigt sich, daß die weißen Wollfläusche in dem Winkel eingeknickter Nadeln sitzen, die später vergilben. **Lärchenlaus.** *Chérmes láricis.*
2. An der Rinde. (S. 164.)
   a) der Weymouthskiefer **Kiefernlaus.** *Chérmes stróbi.*
   b) der Weißtanne **Tannenlaus.** *Chérmes píceae.*

Tierleben. 237

11. Harzgallen an Kiefertrieben.

Dicht unter dem Triebquirl der Kiefer findet man eiförmige Harz-gallen. Sie werden durch eine Wicklerraupe hervorgebracht. Die Galle ist kirschengroß und umfaßt den Trieb fast ganz, oder sie ist kleiner und umfaßt den Trieb nur teilweise. Das **Kiefernharzgallen-wickler.** freie Zweigende ist stark aufgetrieben. *Evétria resinélla.*

12. Große Ameisenhaufen.

1. Zwischen den großen „Ameisennestern" sind Unterschiede. Es gibt sehr hohe und niedrige, regelmäßig gewölbte und unregel-mäßig ausgebreitete; solche, die nur am Waldesrand vorkommen, und solche im Waldinnern, allerdings auch hier so gebaut, daß möglichst viel Sonne heran kann. Alle diese Nester stammen von Waldameisen, *Formica*. Von welchen?
2. Die Artmerkmale gewinnt man durch eine Bestimmungsübung derjenigen Waldameise, bei der keine Ver-wechslung möglich ist: sie baut die höchsten **Rote Waldameise.** Nester, bis $1\frac{1}{2}$ m hoch. *Formica rufa.*

	Weibchen	Männchen	Arbeiter
Gemeinsame Merkmale	Stirnfeld scharf abgegrenzt, Hinterleibsstiel mit einer großen, aufrecht stehenden Schuppe		
Größe . . .	9—10 mm	9—10 mm	5—7 mm
Farbe . . .	rotbraun	schwarz, behaart	rotbraun
Zur Flugzeit (Mai, Juni)	gelblich getrübte Flügel	gelblich getrübte Flügel	keine Flügel

3. Die anderen nestbauenden Arten der Waldameisen haben den gleichen Körperbau. Sie unterscheiden sich (nach Escherich) in folgender Weise:

Bestimmungstabelle.

I. Hinterrand des Kopfes tief ausgebuchtet.

Größe 5—7 mm; Farbe rot und schwarz; **Schwarzrote** Nest am Waldrand, flach gewölbt, nicht **Waldameise.** hoch. *Formica exsécta.*

I. Hinterrand des Kopfes gerade.
  A. Vorderrand des Kopfschildes in der Mitte ein-geschnitten.

Größe 6—9 mm; Farbe: Kopf braunschwarz, Rücken und Stiel rot, Hinterleib schwarz; Nest an Waldrändern, unregelmäßig, nicht hoch. (Überfällt in großen Scharen die Nester einer kleineren schwarzen Ameisenart und macht sie zu Sklaven.)

Blutrote Raubameise.
Formica sanguinea.

B. Vorderrand des Kopfschildes nicht eingeschnitten, nur schwach gerundet.

Stirnfeld glatt und stark glänzend, hebt sich daher von der matten Umgebung scharf ab.

1. Eine hellrote Rasse.

Farbe: Kopf, Rücken, Stielchen und erster Hinterleibsring hellrot; Größe 4—9 mm; Nest meist an alten Baumstämmen und Wurzeln, unregelmäßig.

Hellrote Waldameise.
Formica truncicola.

2. Eine rote Rasse.

Farbe: Rücken und Stielchen rot, Hinterleib schwarz; Größe 6—9 mm; Nest: baut die höchsten Haufen, stumpfkegelförmig, bis 1½ m hoch.

Rote Waldameise.
Formica rufa.

3. Eine dunkle Rasse.

Farbe: Vom Vorderrücken bis über den Hinterleib schwarz; Größe 4—9 mm; Nest: niedriger und flacher als das der vorigen Rasse.

Wiesenameise.
Formica praténsis.

Beobachtungen am Ameisenhaufen:

a) Temperaturmessungen im Haufen mit einem am Stock befestigten Thermometer; Vergleich mit der Lufttemperatur. Ergebnis: der Ameisenhaufen als Wärmespeicher. Brutpflege!

b) Die Arbeit der Ameisen; Ameisenstraßen; wie weit sie in die Umgebung gehen; was sie herbeischleppen; ihre Bedeutung: Insektenvertilger.

c) Laß die Ameisen auf ein Tuch kriechen und schüttle sie dann ab. Geruch: Ameisensäure.

> Ameisenbauten sind Kunstwerke. Zerstöre sie nicht!

Literatur:

K. Escherich, Die Ameise. 232 S. Braunschweig, Vieweg & Sohn. (Wissenschaftlich.)

H. Viehmeyer, Bilder aus dem Ameisenleben. 159 S. Leipzig, Quelle & Meyer. (Volkstümlich, auch für Kinder.)
Karl Sajo, Krieg und Frieden im Ameisenstaat. Stuttgart, Kosmos-Verlag.
R. Bruhn, Das Leben der Ameisen. Teubner 1924.

13. Holznester der Ameisen.

I. Holznester. In den Baumstümpfen der Kiefer und Fichte haben Ameisen ihre Nester.

1. Das Nest. Die weicheren Holzteile sind senkrecht ausgehöhlt, die härteren Zwischenwände bleiben stehen. Ringförmige Anordnung der Kammern. Im Innern Querverbindungen. (Erklärung: Jahresringe mit weichem Frühjahrsholz und hartem Herbstholz!)

Roßameise, Riesenameise. *Camponótus lignipérdus.*

2. Die Ameisen.

	Weibchen	Männchen	Arbeiter
Gemeinsames Merkmal	Größte deutsche Ameise, schwarz, Hinterleibsstiel mit einer aufrecht stehenden Schuppe.		
Größe . . .	15—17 mm	9—11 mm	8—14 mm
Zur Flugzeit (Mai, Juni)	braungelbe Flügel mit dunklen Adern	hellgelbe Flügel	keine Flügel
Nach der Flugzeit. . .	Flügel fallen ab	♂ sterben!!!	
Fühler . . .		rotgelb	rotbraun
Beine . . .		an den Gelenken rotgelb	rotbraun

3. Wo solche von Ameisen bewohnte Baumstümpfe stehen, suche in der Umgebung die Stämme der Kiefern und Fichten ab. Findest du an ihnen Öffnungen mit aus- und einlaufenden Roßameisen oder herausgeworfene feine Nagespäne (ich fand schon so hohe Haufen, die mein Rucksack nicht ganz faßte!), so haben die Ameisen im Innern ihre Nester, die sich oft bis zu 10 m Höhe im Stamme hinaufziehen und den Baum stark schädigen. An solchen Stämmen sind oft tiefe Spechtlöcher. (Abb. S. 240: *A* Männchen, *B* Weibchen, *C* Arbeiter.)

Im Nadelwald.

II. **Kartonnester.** In hohlen Eichen- oder Lindenstämmen oder in ausgehöhlten Baumstümpfen, meist in der Nähe der Wurzeln, findet sich noch eine andere Form des Nestbaus: ein Labyrinth von Kammern und Gängen mit dünnen, festen Scheidewänden.

Dieses Nest ist nicht in das Holz hineingefressen, es ist auf die gleiche Weise hergerichtet wie die Wespen- und Hornissennester (Papierbereitung!). Untersuche es darauf hin!

Wo du ein solches Kartonnest findest, stecke eine Flasche (mit durchsichtigem Glas!) in den Bau. Nach einem oder zwei Jahren schaue nach: Die Ameisen haben hineingebaut.

Die Ameisen: Größe 4—5 mm, Farbe tiefschwarz, mit starkem Glanz, scharfer Geruch, volkreiche Kolonie, Nahrung vorwiegend Blattlaushonig. (Beobachtung am Nest!)   **Glänzendschwarze Holza.** else. *Lasius fuliginosus.*

14. Käfer unter morscher Rinde der Nadelbäume.

Birkensplintkäfer

Eichensplintkäfer

1. Schäle von einer morschen Fichte und auch von einer Kiefer die Rinde ab. Sie zeigt viele kleine, kreisrunde Löcher. Auf dem Stamm bemerkt man ein Gewirr von Gängen, die alle mit „Wurmmehl" angefüllt sind. Die Verwüstung stammt von Borkenkäfern. (S. 172.)

2. Wir untersuchen die Gänge und finden bei der Fichte nebenstehendes Bild:

3. Wie ist das Bild entstanden?

Der gemeine Fichtenborkenkäfer oder Buchdrucker (*Ips typográphus*) ist ein winziger Käfer von 4—5 mm Länge. Er hat einen walzigen Körper, schwarzen Kopf und braune Flügeldecken. Nach der Schwarmzeit im Frühjahr fliegen die Weibchen die Fichtenstämme an, in erster Linie gefällte und kranke, und fressen sich in die dickborkigen Teile der Rinde hinein. Es entstehen kleine, runde Löcher. Nun frißt das Weibchen unter der Rinde

Tierleben. 241

am Holze entlang einen in der Stammrichtung laufenden Längsgang. Es ist der Muttergang, der Forstmann nennt ihn Lotgang. Der Käfer legt dabei bis 100 Eier. Die auskommenden fußlosen, weißen Larven fressen rechts und links Gänge, die rechtwinklig oder spitzwinklig vom Lotgang abgehen. Es sind die Larvengänge, der Forstmann nennt sie Waagegänge, weil sie sich waagerecht abzweigen. Sie sind anfangs dünn, weiterhin verbreitern sie sich rasch und enden in eine kleine Mulde, die Wiege, in der die Larven sich verpuppen. Nach mehreren Wochen kriecht der Käfer aus, bohrt sich durch die Rinde nach außen und verläßt durch das Flugloch die Wiege. Diese Ausflugslöcher sind kleiner als das Bohrloch, das der Mutterkäfer anlegte. Die Rinde solcher „Wurmbäume" sieht aus wie von einem Schrotschuß durchlöchert.

gr. Kiefernmarkkäfer

kl. Eichenborkenkäfer

4. Wir untersuchen weitere Teile des Stammes, sehen auch an anderen Fichten und Kiefernstämmen nach.

Es zeigt sich:

a) Die Bohrgänge zeigen mancherlei Formen. Manche sind so, wie der Fichtenborkenkäfer seine Gänge anlegt, andere sind sternförmig. Jede Art der vielen Bohrkäfer legt die Gänge auf eigene Weise an.

gem. Fichtenborkenkäfer

b) Manche Käfer bohren nur in der Borke, es sind die Borkenkäfer. Andere bohren im Bast, sie heißen Bastkäfer. Noch andere bohren bis in das Splintholz hinein.

5. Diese vielen Holzschädlinge haben mancherlei Feinde. Die Vögel, die an Baumstämmen klettern, namentlich Spechte, vertilgen eine Menge. Auch unter den Insekten sind Schädlingsvertilger. Es sind vor allem Schlupfwespen, Libellen und der Borkenkäferwolf, *Thanásimus formicárius*, die ihnen nachstellen. Wir wollen den Wolf aufsuchen. Im Frühjahr, wenn der Anflug der Borkenkäfer stattfindet, läuft ein schöngefärbter Käfer auf dem Stamm umher. Er ist 1 cm lang, seine schwarzen Flügeldecken zeigen 2 weiße, stark gebuchtete Querbinden, der Kopf ist schwarz, das Halsschild rot, die ganze Unterseite einfarbig rot. Der Borkenkäferwolf jagt auf Kieferstämmen nach kleinen Borkenkäfern, denen er den Kopf abbeißt und die Eingeweide verzehrt. Seine Larve suchen wir unter und in der Rinde gefällter Kiefernstämme. Sie

furchenflügl. Fichtenbork.

Fichtenkupferstecher

ist schlank, ausgewachsen etwa 2 cm lang und an der hellroten Farbe leicht zu erkennen. Sie macht sich eine ovale Puppenwiege, in der sie sich verpuppt. In den Larvengängen der Borkenkäfer stellt sie deren Larven nach.

15. Spinnen im Nadelwald.

I. An den Bäumen.

a) Radnetz mit einem Durchmesserstreifen von Fremdkörpern (Reste von Beutetieren und Pflanzenteile). Diese Umgebung bildet für die in der Warte sitzende Spinne eine gute Tarnung.

Vorderleib dunkel, auf der Endhälfte des Hinterleibs eine braune Blattzeichnung. Hinterleib über die Spinnwarzen hinaus kegelförmig verlängert. **Buckelspinne.** *Cyclósa cónica.*

b) Sektornetz zwischen Fichten, etwa 1 m über dem Boden. 4 Speichen schließen einen Winkel von 60° ein, der Haltefaden wird von der Spinne, die am Stamme sitzt, gespannt gehalten.

Sie ähnelt täuschend einer Fichtenknospe. Die 4 großen Hinteraugen stehen in einer schwach nach vorn gekrümmten Reihe. Der Hinterleib trägt rechts und links in der Mitte seiner Länge je 1 Höcker. **Spanner- oder Dreiecksspinne.** *Hyptiótes paradóxus.*

c) An Stämmen jagend laufen kleinere Spinnen wie Krabben auch seitwärts und rückwärts äußerst behend und schmiegen sich verfolgt in Spalten. Die ziemlich gleich langen Beine werden in der Ruhe seitwärts flach ausgebreitet. Kopfbrust meist so breit wie lang, Augen fast gleich groß. Durch eigenartige Fleckenzeichnung hebt sich das Tier kaum von der Umgebung ab. **Flachstrecker.** *Philodrómus.*

d) Unter Rinde eine wanzenartig plattgedrückte Spinne. Kopfbrust braunrot, auf dem Hinterleib laufen mehr oder weniger parallele braune Falten, die Zwischenräume sind gelb. Die hintere Augenreihe ist stark nach vorn gekrümmt. **Platte Wanzenspinne.** *Coriaráchne depréssa.*

Eine 6äugige Spinne in dichter, seidenartiger Röhre. Kiefer lang, nach vorn hin fast horizontal ausgestreckt. Der länglicheiförmige Hinterleib ist oben rötlichgrau. Über ihn läuft eine braune Zackenbinde. **Kellerspinne.** *Segéstria senoculáta.*

In Säckchen (vgl. Laubwald!) mit 2 Ausgängen Spinnen mit länglichem, silbergrauem oder rotbraunem Hinterleib. Im Herbst oft in Kolonien unter loser Rinde. **Sackspinnen.** *Clubíona.*

Se.

Tierleben. 243

II. Im Unterholz.

a) Radnetze von Kreuzspinnen. Das größte mit 30 Speichen und bis zu 40 Fangfäden in jedem Sektor baut auch hier die wohlbekannte **Gartenkreuzspinne.** *Aránea (Epeira) diademáta.*

Die Farbe des Hinterleibs ändert nach der Umgebung stark ab: von gelb über rötlichbraun, grau bis schwärzlich. Das Kreuz in Schulterhöhe des Hinterleibs bleibt meist deutlich.

Kreuzspinnentyp: Hinterleib mit 2 größeren, stumpfen Schulterhöckern (der Hinterleib der Gartenkreuzspinne ist an dieser Stelle nur etwas eckig), bleichgelb, mit brauner Blattzeichnung, deren Zacken spitz und deren Einbuchtungen stumpf sind; an den Seiten des Hinterleibs dunkle Schiefflecken. **Eckige Kreuzspinne.** *Aránea (Epeira) anguláta.*

Kreuzspinnentyp: Hinterleib ohne Höcker, gelb, ein dunkler pyramidenartiger Rückensattel nimmt nur die Endhälfte des Hinterleibs ein. **Pyramiden-Kreuzspinne.** *Aránea raji var. bétulae.*

Die zahlreichen Kreuzspinnenarten unterscheiden sich durch den Bau ihres Radnetzes. Um die Verschiedenheiten weiß auf schwarz zu haben, rüste man sich mit Stücken von schwarzem Karton aus, die etwas die Größe eines Radnetzes überragen sollen, sowie mit einem Zerstäuber, den man mit einer Lösung von weißem Schellack in Alkohol gefüllt hat. Mit einer sicheren Bewegung bringe man die Karte von hinten her durch das Gewebe. Die schellackgetränkten Fäden haften auf dem Karton und bilden das Netz genau ab. Eine oben angeklebte Papierdecke oder Zellophanhaut schützt für immer. **Weberspinne.**

b) Baldachinnetz (vgl. Laubwald! S. 173). *Linýphia.*

III. Am Boden.

a) Netze zwischen niedrigen Pflanzen, engmaschige Decken, von denen eine gewundene Röhre (Labyrinth!) schräg nach unten führt. Hinterleib braun, gelbliche ⋀ Striche. Spinnwarzen wie Schwänzchen. **Labyrinthspinne.** *Agaléna labyrínthica.*

b) Auf dem Nadelboden jagend, dabei ruckartig sich bewegend. Meist mittelgroße Spinnen mit 8 Augen in 3 Reihen: 4 kleine Vorderaugen, je 2 groß. Mittel- und Hinteraugen. Die Kopfbrust fällt an den Seiten und am Vorderrand des Kopfes steil ab (von oben gesehen!). Das 4. Beinpaar ist das längste, oft auffallend lang. **Wolfspinnen.** *Lycósa.*

Meist größere Tiere von demselben Typ. Kopf von vorn gesehen mit schrägen Seitenwänden. An den fast durchweg stark behaarten Beinen fallen die langen Tasthaare auf. Die Wohnung ist eine fingerhutförmige, seidige Höhlung, an deren Eingang die Spinne auf Insekten lauert. Diese Spinnen laufen stets sehr eilig. **Taranteln.** *Taréntula.*

c) Im Moos (s. Laubw.! S. 173) u. a., winzige Spinnen. **Zwergspinnen.** *Micryphántidae.*

16. Tiere in der Nadelstreu.

1. **Im Kiefernwald.** Untersuche die Nadelstreu nach der auf S. 170 gegebenen Anweisung und bestimme die Tiere nach der Tabelle!
2. **Im Fichtenwald.** Wiederhole dasselbe auch mit der Nadelstreu im Fichtenwald!
3. Welche Unterschiede ergeben sich?
4. Durch Beobachtungen stelle folgende Beziehungen fest:
   a) In der Bodendecke leben: Laufkäfer, Kurzdeckflügler, Tausendfüßler, Spinnen, Milben, Springschwänze, Waldregenwurm, Nacktschnecken.
   b) In der Bodendecke überwintern die Feinde der Baumkronen: Raupen und Puppen von Kiefernspinner, Kiefernspanner, Kieferneule . . .
   c) In der Bodendecke finden ihre Nahrung: Kröten, Waldmäuse, Spitzmäuse, Igel, Wildschweine, Spechte, Krähen, Waldhühner. — Beachte: Aufgebrochener Boden durch Wildschweine; Scharrstellen der Waldhühner; Hackstellen der Spechte und Krähen im Boden. Achte auf die Losung dieser Tiere!

AUF WALDLICHTUNGEN.

Pflanzenleben.

1. Die Waldlichtung.

Waldlichtungen entstehen durch Abholzung oder durch Windbruch. Ist das den Boden schützende Laubdach abgedeckt, so haben Licht, Wind, Regen, Wärme und Kälte freien Zutritt. Dieser plötzliche Wechsel der Lebensbedingungen verändert den seitherigen Pflanzenbestand sehr schnell. Ein Teil der Pflanzen stirbt ab, weil die Belichtung zu stark ist: Schattenpflanzen, Moose, Farne, Frühblüher. Ein anderer Teil geht zugrunde, weil die seitherige Humusdecke des Waldbodens sich allmählich in Rohhumus umwandelt, in dem sich dann die Heide ansiedelt. Für viele Pflanzen jedoch bedeutet der Kahlschlag eine Verbesserung der Lebensbedingungen. Sie vermehren sich plötzlich sehr stark und überziehen die Lichtung in dichten Beständen: Waldschmiele, Weidenröschen, Fingerhut, Kreuzkraut, Hohlzahn, Berufskraut, Walddistel. Da der Verkehr nach den Holzabfuhrplätzen sehr stark ist, so schleppen Holzhauer und Fuhrleute an ihren Schuhen und die Wagen an den Rädern mancherlei Samen der Weg- und Schuttpflanzen (Ruderalpflanzen) ein: Brennessel, Vogelknöterich, Löwenzahn, Wegerich usw. Manche dieser Einwanderer halten sich, bis der Wald neu erstanden ist — und man wundert sich dann, wenn man einen üppigen Brennesselbestand mitten im Walde antrifft.

2. Die Pflanzendecke einer Waldblöße
zeigt die Güte des Bodens an.

1. Der Waldboden ist gut.

Boden: Mulliger Waldhumus, der neutral bis schwach sauer reagiert.

Pflanzendecke: Massenhafter Wuchs von Sträuchern, hohen Kräutern und hohen Gräsern. Es ist ohne weiteres ersichtlich, daß ein üppiger Pflanzenwuchs einen guten Boden voraussetzt.

Pflanzen: Himbeere, Wald-Kreuzkraut, Flattergras . . .

2. Der Boden ist mittelmäßig.

Boden: Übergang vom Mullhumus zum Rohhumus.

Pflanzendecke: Strauchwuchs niedriger und spärlicher, Himbeere häufig, größere Kräuter und Gräser seltener.

Pflanzen: Heidelbeere häufig, Schlängelige Schmiele (*Deschámpsia flexuósa*) häufig.

3. Der Boden ist dürftig.

Boden: Rohhumus und Bleichsand.

Pflanzendecke: Niedrig und spärlich.

Pflanzen: Heidekraut vorherrschend, Kleiner Ampfer massenhaft, Schlängelige Schmiele massenhaft, Schlafmoos, Gabelzahn, Strauchflechten.

3. Die auffälligsten Blütenpflanzen der Waldblößen.

1. Blüten weiß.

A. **Pflanzen nur mit grundständigen Blättern**; Blätter langgestielt, dreizählig, Blättchen sitzend, eiförmig, scharf gesägt; Blüten fünfzählig, Kelch mit Nebenkelch, Fruchtknoten und Staubfäden zahlreich; Fruchtboden wird bei der Reife fleischig, saftig und trägt die zahlreichen Früchte. Nüßchen (Scheinfrucht). [Lange Ausläufer, die Wurzeln schlagen und zahlreiche junge Pflanzen bilden — vegetative Vermehrung.] (S. 268.)   **Erdbeere.** *Fragária.*

B. **Pflanzen mit grund- und stengelständigen Blättern.**
  a) Blätter einfach, quirlständig.
    α) Blätter zu 4—8, lanzettlich, am Rande rückwärts rauh. (S. 307.)   **Klebkraut.** *Gálium aparíne.*
    β) Blätter zu 6—10, nicht rauh.
      1. Stengel stielrund, bis $1^1/_3$ m hoch. (S. 38.)   **Wald-Labkraut.** *Gálium silváticum.*
      2. Stengel 4kantig, bis $1^1/_3$ m hoch. Zipfel der Krone haarspitzig. (S. 38.)   **Gemeines Labkraut.** *Gálium mollúgo.*
  b) Blätter gefiedert. Blüten in Dolden. (S. 64.)   **Doldenpflanzen.** *Umbellíferen.*

2. Blüten gelb.

A. Blätter einfach, ungeteilt.
  a) Blätter wechselständig.
    1. Krone röhrig, Staubblätter 4 (2 längere und 2 kürzere). Blätter länglich, klein gesägt. Stengel bis $^3/_4$ m hoch. Gesetzlich geschützt!   **Gelber Fingerhut.** *Digitális lútea.*

2. Krone 5zipflig, 2 Zipfel kleiner. Staub- **Königskerze,**
blätter 5. Ganze Pflanze wollig, bis 1½ m **Wollkraut.**
hoch. (S. 637.) *Verbáscum.*

3. Blüten in Körbchen, gelblichweiß. Körbchen klein, walzig.
Blätter lineal-lanzettlich, borstig ge- **Kanadisches**
wimpert. Stengel bis 1⅓ m hoch. **Berufskraut.**
Erígeron canadénse.

b) Blätter gegenständig. Blüten regelmäßig mit fünfteiligem
oder fünfblätterigem Kelch und fünfblättriger Blumenkrone;
Staubgefäße zahlreich, in 3—5 Bündel verwachsen, Griffel 3
oder 5 mit kopfförmigen Narben; Frucht 3fächerige Kapsel;
Blätter mit zahlreichen Drüsenzellen, daher wie punktiert
erscheinend [Herabsetzung der Ver- **Johanniskraut.**
dunstung]. (S. 48.) *Hypericum.*

c) Blätter quirlständig, zu 6—12, am Rande umgerollt. Blüten
in endständigen Trugdolden. Stengel rund
mit 4 vorstehenden Rippen, bis 60 cm **Echtes Labkraut.**
hoch. (S. 437.) *Gálium verum.*

B. Blätter einfach, fiederspaltig. Blüten in Körbchen. Hüllkelch einreihig, mit schwarzen Spitzen. **Kreuzkraut.**
Strahlenblüten zurückgerollt. (S. 45.) *Senécio.*

1. Pflanze drüsenhaarig, klebrig, äußere
Hüllblätter locker, halb so lang wie die **Klebriges Kreuzkraut.**
Hülle. *S. viscósus.*

2. Pflanze spinnwebig-weichhaarig, nicht
klebrig. Äußere Hüllblätter angedrückt, **Wald-Kreuzkraut.**
⅕ so lang wie die Hülle. (S. 357.) *S. silváticus.*

vi.　si.

C. Blätter zusammengesetzt.

a) Blätter gefingert, 3—5zählig.

1. Blüten 5zählig, Kelch mit Nebenkelch, Fruchtknoten
und Staubfäden zahlreich, Fruchtboden **Fingerkraut.**
nicht fleischig werdend. (S. 282.) *Potentilla.*

2. Blüten 4zählig, sonst wie Nr. 1. [Wurzel rot, früher
als blutstillendes Mittel benutzt, auch **Blutwurz.**
heute wieder Arzeneipflanze.] *Potentilla tormentilla*

b) Blätter unterbrochen gefiedert.

1. Staubblätter 12—18. Griffel 2. Krone 5blättrig. Kelch
dicht rauhhaarig, bei der Reife stachelig. Blüten in ährenförmiger Traube. Stengel rauhhaarig, bis **Odermennig.**
80 cm hoch. *Agrimónia eupatória.*

248   **Auf Waldlichtungen.**

2. Staubblätter 20 und mehr, die auf dem Kelchrande stehen, Griffel viele. Krone 5blättrig. Früchtchen kurzborstig. Blätter mit großen Nebenblättern, die oberen 3lappig oder 3zählig, die unteren leierförmig-gefiedert. Bis 60 cm hoch.   **Echte Nelkenwurz.** *Geum urbánum.*

3. Blüten blau oder violett.

A. Krone verwachsenblättrig.

  a) Krone regelmäßig, glockenförmig, 5zipfelig. (S. 250.)   **Glockenblume.** *Campánula.*

  b) Krone unregelmäßig, 2lippig. Staubblätter 4 (2 lang, 2 kurz).

    α) Oberlippe sehr kurz, 2spaltig. Unterlippe 3lappig. (S. 448.)   **Günsel.** *Ájuga.*

    β) Krone deutlich 2lippig.

    1. Kelch fast regelmäßig 5zähnig. Blätter nierenförmig. (S. 448.)   **Gundermann.** *Glechóma hederácea.*

    2. Kelch deutlich 2lippig; Oberlippe des Kelches 3zähnig, Unterlippe 2zähnig. Blüten in Scheinähren, am Grunde mit einem Blattpaar. (S. 448.)   **Brunelle.** *Brunélla vulgáris.*

B. Krone getrenntblättrig.

  1. Kronblätter 5, ungleich, eins gespornt. Blätter herzförmig. (S. 291.)   **Veilchen.** *Víola.*

  2. Krone 5blättrig, sehr unregelmäßig (Schmetterlingsblüte). Blätter paarig gefiedert. (S. 309.)   **Wicke.** *Vícia.*

4. Blüten rot oder bräunlich.

A. Zahlreiche Blüten in einer gemeinsamen Hülle, daher der Blütenstand kopfförmig oder körbchenartig.

  a) Einzelblüte mit 4 Staubblättern. Krone 4—5spaltig.

    1. Pflanze stachelig, distelartig. (S. 645.)   **Wilde Karde.** *Dipsacus silvéster.*

    2. Nicht stachelig. Blätter ungeteilt, selten am Grunde eingeschnitten, länglich, lebhaft grün. Stengel am Grunde steifhaarig, bis 1 m hoch.   **Wald-Skabiose.** *Knaútia silvática.*

  b) Einzelblüte mit 5 Staubblättern, deren Staubbeutel miteinander verwachsen.

    1. Pflanze stachelig. (S. 253.)   **Distel u. Kratzdistel.**

Pflanzenleben. 249

2. Pflanze nicht stachelig. Alle Blüten des Körbchens röhrig, Randblüten größer, trichterig, strahlend. **Flockenblume.** Ohne Pappus. Blätter zerschlitzt. (S. 287). *Centauréa.*

B. Blüten nicht in Körbchen oder Köpfchen.

a) Krone getrenntblättrig.

1. Staubblätter 8. Blätter schmal-lanzett- **Weidenröschen.** lich, wie Weidenblätter. (S. 52.) *Epilóbium.*

2. Staubblätter 10 (9 Staubfäden verwachsen, der zehnte frei). Schmetterlingsblüte, weiß, Fahne rot. Blüten in kopfförmiger Dolde, bis 25 zusammen. Blätter gefiedert. **Kronwicke.** Blättchen 11—23. (S. 281.) *Coronílla vária.*

b) Krone verwachsenblättrig.

α) Blüten zweilippig.

1. Unterlippe jederseits mit 1 zahnförmigen, hohlen Höcker, Blüten hellrot. Staubbeutel 2 fächerig, sich der Quere nach mit einer Klappe öffnend, Kronröhre ohne Einschnürung und ohne Haarkranz, Oberlippe helmförmig; Stengel aufrecht, unter den Gelenken angeschwollen; Blätter gegenständig, länglich - eiförmig, gesägt; Blütenquirle **Gemeiner Hohlzahn.** oben dichter gestellt. *Galeópsis tétrahit.*

2. Unterlippe ohne Höcker, Blüten dunkelrot. Staubbeutel sich der Länge nach öffnend. Krone innen mit Haarring. Blüten in Scheinquirlen. Unterlippe mit geschlängelten weißen Linien. Blätter herz-eiförmig, gesägt, rauh- **Waldziest.** haarig. *Stáchys silvática.*

β) Blüten röhrig-glockig.

1. Blütenkrone purpurrot, mit dunkleren, weiß eingefaßten Punkten gefleckt, schief abgestutzt, bauchig; am Grunde in eine kurze Röhre verengt. Kelch fünfteilig, das obere Blättchen kleiner, Staubfäden 4, 2 längere und 2 kürzere; Blütenstand in langer Traube. Stengel sowie die Unterseite der Blätter graufilzig; Blätter eilänglich, in den Blattstiel verschmälert, gekerbt, runzelig. Kapselfrucht 2 klappig. **Roter Fingerhut.** Sehr giftig! (S. 63.) *Digitális purpúrea.*

2. Blütenkrone bräunlich, innen schmutzig hellgrün, mit dunkleren Adern; Blüten gestielt, zu 1—2 in den Achseln der Blätter; Stengel ästig; Blätter wechselständig, breit- eiförmig, beiderseits zugespitzt, ganzrandig. Beerenfrucht schwarz, von der Größe einer Kirsche, **Tollkirsche.** vom bleibenden Kelch umhüllt. Sehr *Átropa belladónna.* giftig!! (S. 63, 759).

4. Glockenblumen.

I. **Blüten sitzend, in endständigen oder seitenständigen Knäueln.**
   1. Kelchzipfel stumpf.

   Ganze Pflanze sehr rauh, stechend steifhaarig (wie die Blätter des Natternkopfes). Die unteren Blätter in den Blattstiel verschmälert länglich; die oberen lanzettlich. Krone hellblau, 40—80 cm hoch. In Wäldern und Gebüschen, auf Hügeln und lichten Waldstellen. Juli, August. Zerstreut. **Borstige Glockenblume. Campánula cervicária.**

   2. Kelchzipfel spitz.

   Ganze Pflanze kurzhaarig oder kahl. Die unteren Blätter langgestielt, am Grunde abgerundet oder herzförmig; die oberen den Stengel umfassend. Krone violettblau, 30—80 cm hoch. An Waldrändern und Abhängen, auf trockenen Hügeln und Grasplätzen, gern auf Kalkboden. Juli bis September. Häufig. **Geknäuelte Glockenblume. C. glomeráta.**

II. **Blüten gestielt, in Trauben oder Rispen.**
   A. **Stengelblätter breit und rauhhaarig.**
      1. Blüten einseitswendig.

      Stengel stumpfkantig und kurzhaarig. Blätter ungleich gesägt, die oberen länglich und sitzend, die unteren herzförmig und langgestielt. Blüten in einseitswendigen Trauben. Krone am Rande gewimpert, hellviolett. 30—80 cm hoch. Äcker, Gebüsch, Zäune und Hecken. Juli bis September. Meist häufig. (Wurzel kriechend.) **Acker-Glockenblume. C. rapunculoídes.**

      2. Blüten allseitswendig.

      Stengel scharfkantig und rauhhaarig. Die unteren Blätter herz-eiförmig, langgestielt; die oberen länglich und sitzend. Blüten in den Blattachseln zu 1—3; Krone blaulila, zuweilen weiß. 60—100 cm hoch. In Wäldern und Gebüschen. Juli bis September. Häufig. **Nesselblätterige Glockenblume. C. trachélium.**

   B. **Stengelblätter schmal und glatt.**
      1. Kelchzipfel lanzettlich, die Buchten zwischen den Zipfeln spitz.

Stengel mit wenigen Blüten. Blätter kleingesägt, länglich, ähnlich den Blättern des Pfirsichbaumes. Krone groß, weitglockig, hellblau, seltener weiß. 50—80 cm hoch. An lichten Waldstellen, in Gebüschen, auf grasigen Hügeln. Juni bis September. Häufig.   **Pfirsichblättrige Glockenblume.** *C. persicifólia.*

2. Kelchzipfel pfriemlich, die Buchten zwischen den Zipfeln stumpf.

a) Grundblätter in den Blattstiel verschmälert, länglich, verkehrt-eiförmig. Krone trichterförmig, 5spaltig. Fruchtkapsel aufrecht, an der Spitze oder dicht unter der Spitze sich öffnend.

α) Stengelblätter schmal. Blütenrispe ästig, ausgebreitet. Krone blaulila. 30—60 cm hoch. In Wäldern, Gebüschen und auf Wiesen. Mai bis Juli. Häufig.   **Wiesen-Glockenblume.** *C. pátula.*

β) Stengelblätter schmal, am Rande etwas wellig. Blütenrispe mit kurzen, aufrechten Ästen, schmal. Krone blau oder rötlichblau. 50 bis 80 cm hoch. Auf trockenen Wiesen, an Wegrändern und auf Hügeln. Juni bis August. Zerstreut.   **Rapunzel-Glockenblume.** *C. rapúnculus.*

b) Grundblätter langgestielt, rundlich, herzförmig oder nierenförmig. Krone glockig, 5lappig. Fruchtkapsel überhängend, am Grunde sich öffnend. Stengelblätter schmal, ganzrandig. Blüten nickend, blau. 15—40 cm hoch. In trockenen Wäldern, an Rainen und Wegrändern, auf Wiesen und Triften. Mai bis Oktober. Häufig.   **Rundblättrige Glockenblume.** *C. rotundifólia.*

5. Wie die Blüten der Glockenblumen bestäubt werden.

I. Als Beispiel wählen wir die nesselblättrige Glockenblume, *Campánula trachélium*, die, wenn unbekannt, nach der Bestimmungstabelle ermittelt werden kann. (Sie erinnert in ihrem Bau an die Brennessel.)

II. Achte auf folgendes:
1. Die ganze Pflanze ist überall borstig behaart.
2. Auch die Kronglocken sind behaart. Ihre 5 Lappen tragen an der Außenseite eine stark hervortretende Mittelrippe, die mit Borsten besetzt ist. Ebenso ist die Glocke innen überall mit Haaren versehen.

3. Nun untersuche eine Reihe von Blüten, geöffnete wie auch Blütenknospen! Du findest folgenden Tatbestand:

a) In der Blütenknospe liegen die Staubbeutel dicht an den Griffel angeschmiegt, sie entleeren Pollen, der in die Haare des Griffels hineingedrückt wird. (Abb. *A*.)

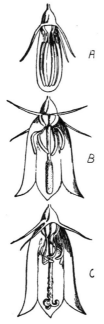

b) Aufspringende Knospen tragen den entleerten Blütenstaub auf der Oberfläche des Griffels. Die leeren Staubgefäße liegen unten im Grunde der Glocke. (Abb. *B*.)

c) Eine Untersuchung des Stempels zeigt, daß die Narben noch geschlossen sind; sie sind also noch nicht reif.

d) Wenn jetzt Insekten die Blüte besuchen, so streifen sie mit ihrem Rücken den Pollen von dem Griffel ab (nicht von den Staubgefäßen, die ja schon leer sind!).

e) Nun erst, so zeigen noch ältere Blüten, wird der Griffel reif und bildet 3 Narben, die bogig nach außen gekrümmt sind. Sie werden von erneut herzufliegenden Insekten mit fremdem Pollen bestäubt. (Abb. *C*.)

4. Den gleichen Bestäubungsvorgang zeigen alle Glockenblumen. Erst ist der Pollen reif und wird zur Bestäubung fremder Blüten von den Insekten hinweggetragen. Dann erst entwickelt der Griffel seine Narben. Man sagt: eine solche Blüte stäubt vor, sie hat Vorstäubung.

5. Wenn nun aber nach der Pollenreife plötzlich ungünstiges Wetter einsetzt, so fliegen keine Insekten. Der Staub liegt auf dem noch nicht reifen Griffel und müßte verderben, falls nicht ein anderer Vorgang einsetzte. Die Glocke neigt ihre Kronzipfel zusammen und schließt sich. Das tut sie nicht nur bei Regen, sondern auch jeden Abend. Dabei kommen die Haare an der Innenwand der Glocke so nahe an den mit Staub behafteten Griffel, daß sie etwas davon abbürsten. Wenn sich die Glocke später wieder öffnet, so ist sie an der Innenwand mit Pollen eingepudert. Jetzt erst entwickeln sich die 3 Narben und krümmen ihre Innenseite bogig nach

außen. Schließt die Glocke sich abermals, so kommen die Narben mit dem Staub an der Glockenwand in Berührung. Sie bestäuben sich dann mit dem Staub der eigenen Blüte. Es findet Selbstbestäubung statt.

6. Disteln im Walde oder auf Waldlichtungen.

Disteln leben an den verschiedensten Standorten: auf Äckern und Schuttstellen, an Wegen und Rainen, auf feuchten und trockenen Wiesen, auf Triften, an Waldrändern und im Walde. Ihre Samen werden durch den Wind leicht verbreitet. Daher treffen wir sie auf Waldschlägen, am Waldrande und auch tiefer im Walde häufig an. Sie sollen daher hier übersichtlich zusammengestellt werden.

I. Distel, *Cárduus*.

Merkmale: Pappus haarförmig, sehr fein gezähnelt. Stengel dornig geflügelt. Blätter am Stengel herablaufend, dornig-gesägt. Blüten purpurrot. (Abb. S. 456.)

A. **Blättchen des Hüllkelches angedrückt oder bogenförmig abstehend. Körbchen rundlich oder kugelig.**

a) Stengel und Äste bis fast an die Körbchen beblättert.

1. Körbchen gehäuft, ziemlich klein, selten einzeln. Körbchenstiele kurz, dornig oder an der Spitze nackt. Blätter herablaufend, länglich, buchtig-fiederspaltig, unterseits wollig-filzig. Bis 1,50 m. Wiesen, Flußufer, feuchte Wälder. Häufig. **Krause Distel.** *Cárduus crispus.*

2. Körbchen gehäuft, mittelgroß, klettenähnlich. Blätter herablaufend, untere breit-eiförmig, bis zur Mittelrippe gefiedert, obere ei- oder lanzettförmig, ungeteilt, alle ungleichdornig gewimpert, unterseits grau-spinnwebig-wollig. Bis 1,25 m. Wiesen, feuchte Waldstellen höherer Gebirge. **Klettendistel.** *Cárduus personáta.*

3. Körbchen meist einzeln, mittelgroß. Körbchenstiele kurz, gekräuselt, dornig. Blätter herablaufend, tief-fiederspaltig, mit meist 2 lappigen, gezähnten, dornig-gewimperten Fiedern, beiderseits grün, meist kahl. Bis 1 m. Wege, Raine, Ackerränder. **Stachel-Distel.** *Cárduus acanthoídes.*

b) Stengel und Äste unter den langgestielten Körbchen blattlos. Körbchen einzeln, nickend. Blätter herablaufend, lanzettlich, dornig-gewimpert, gezähnt-gesägt, unterseits meergrün oder beiderseits gleichfarbig. Bis 60 cm. An felsigen Orten auf Kalk, im Gebirge. **Bergdistel.** *Cárduus deflorátus.*

cri.

per.

ac.

defl.

B. **Blättchen des Hüllkelches mit stechender, zurück-geknickter Spitze.** Körbchen einzeln, rundlich, nickend. Blätter herablaufend, tief-fiederspaltig, Fiedern eiförmig, fast 3spaltig und gezähnt, dörnig-gewimpert. Bis 1 m. Triften, Raine, Wege, Gemein. **Nickende Distel.** *Cárduus nutans.*

II. Kratzdistel, *Cirsium.*

Merkmale: Pappus federig. Stengel nicht geflügelt, Blätter bei einigen Arten herablaufend, bei anderen nicht. Blüten purpurrot, bei einer Art gelblichweiß. Bis 2 m hohe, stachelige Pflanzen, bilden zahlreiche Mischlinge. (Abb. S. 456.)

1. Blätter herablaufend, Blüten purpurrot.

A. **Blätter oberseits stachelig-kurzhaarig,** tief-fiederspaltig, Seitenzipfel 2spaltig, mit lanzettlichen, in einen starken Dorn endigenden Zipfeln, unterseits grün, meist aber mit dünner, spinnwebiger Wolle besetzt. Äste bogig-aufrecht-abstehend. Körbchen einzeln, eiförmig. Bis 1,25 m, im Walde oft bis 3 m hoch. Triften, Wege, Waldränder. **Lanzettliche Kratzdistel.** *Cirsium lanceolátum.*

B. **Blätter oberseits nicht stachelig-kurzhaarig.**

1. Stengel bis oben beblättert. Äste an der Spitze vielköpfig. Körbchen traubenförmig-geknäuelt. Blätter tief-fiederspaltig, mit 2spaltigen, stachelspitzigen Zipfeln, zerstreut behaart. Bis 2 m. Nasse Wiesen, sumpfige Stellen. Häufig. **Sumpf-Kratzdistel.** *Cirsium palústre.*

2. Stengel oben blattlos, 1köpfig oder mit einigen langen einköpfigen Ästen. Blätter länglich-lanzettlich, buchtig-gezähnt bis fiederspaltig, die unteren herablaufend, unterseits grauspinnwebig-wollig. Bis 1 m. Moorige Wiesen. Ostdeutschland. **Graue Kratzdistel.** *Cirsium canum.*

3. Stengel von der Mitte ab blattlos, 1—3köpfig. Blätter eiförmig oder länglich-lanzettlich, ganzrandig oder feinzähnig, die oberen kurz-herablaufend, halb-stengelumfassend. Bis ½ m. Gebirgswiesen, Ostdeutschland. **Ungarische Kratzdistel.** *Cirsium pannónicum.*

2. Blätter nicht herablaufend.

A. **Blätter oberseits stachelig-kurzhaarig,** tief-fiederspaltig, stengelumfassend, unterseits filzig. Körbchen

Pflanzenleben. 255

einzeln, sehr groß, kugelförmig, spinnwebig-wollig. Blüten purpurn. Wege, Triften. Kalkige Berge in Mittel- und Süddeutschland. **Wollköpfige Kratzdistel.** *Cirsium eriophorum.*

eriophorum

B. **Blätter oberseits nicht stachelig-kurzhaarig.**
  a) Blüten purpurn.
    α) Pflanze mit Stengel.
      1. Stengel reichblättrig, bis 1 m hoch, 1—3 köpfig (blühende Köpfe etwa 5 cm lang). Blätter stengelumfassend, lanzettlich, lang zugespitzt, ungeteilt oder die mittleren mit vorwärts gerichteten Zipfeln. Feuchte Wiesen in Gebirgen. **Verschiedenblättrige Kratzdistel.** *Cirsium heterophyllum.*

het.

      2. Stengel oben blattlos, bis 1 m hoch, mit 2—4 gehäuften Körbchen. Blätter fiederspaltig, stengelumfassend, zerstreut-weichhaarig, spärlich-gezähnt, die unteren in einen flügeligen, gezähnten, am Grunde verbreiterten Stiel zusammengezogen. Feuchte Wiesen der Gebirge und Ebenen. **Bach-Kratzdistel.** *Cirsium rivuláre.*
      3. Stengel von der Mitte an blattlos, bis $1^{1}/_{4}$ m hoch, 1—3 köpfig. Blätter tief-fiederspaltig, dornig-gewimpert, unterseits etwas spinnwebig-wollig, Fiedern mit 2—3 lanzettlichen Zipfeln. Wiesen, Triften. (Wurzelfasern in der Mitte verdickt, daher der Name.) **Knollen-Kratzdistel.** *Cirsium bulbósum.*

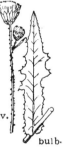

riv.

bulb.

    β) Pflanzen ohne Stengel. Blätter lanzettlich-buchtig-fiederspaltig, Zipfel eiförmig, fast 3 spaltig, dornig-gewimpert. Körbchen einzeln oder zu 2—3 auf der Wurzel sitzend. Trockene Wiesen, Triften, Waldränder. (Abart: Stengel verlängert, 5—30 cm hoch, 1—4 köpfig.) **Stengellose Kratzdistel.** *Cirsium acaúle.*
  b) Blüten gelblichweiß (sehr selten purpurn).
    1. Körbchen endständig, gehäuft, von großen, breit-eiförmigen, gelblichen Deckblättern umhüllt; Blättchen des Hüllkelches in einen kurzen, weichen Dorn ausgehend. Blätter kahl oder mit zerstreuten Härchen besetzt, stengelumfassend, untere fiederspaltig, obere ungeteilt, gezähnt. Bis 1,50 m. Feuchte Wiesen, Gräben, sumpfige Waldstellen. Häufig. **Kohl-Kratzdistel, Wiesenkohl.** *Cirsium oleráceum.*

    2. Körbchen endständig, gehäuft, von schmalen, dornig-fiederspaltigen Deckblättern umhüllt; Blättchen des Hüllkelches in einen langen Dorn zugespitzt. Blätter kahl oder zerstreut-behaart, länglich oder lanzettlich, alle fiederspaltig-

gelappt, dornig-gewimpert, mit einem langen, starken Dorn endigend. Bis ³/₄ m. Häufig auf Alpenwiesen. **Dornige Kratzdistel.** *Cirsium spinosissimum.*

3. Blätter wenig herablaufend.

Stengel blattreich, ästig, fast kahl, bis 1½ m. Körbchen klein, eiförmig, rispig-ebensträußig, Krone purpurn. Blätter länglich-lanzettlich, dornig-gewimpert, ungeteilt oder fiederspaltig-buchtig. Äcker, Wege, wüste Plätze. Gemein. Ändert ab. **Acker-Kratzdistel.** *Cirsium arvénse.*

III. Eselsdistel, *Onopórdon.*

Merkmale: Pappus federig. Fruchtboden bienenzellig-grubig. Stengel und Äste durch die herablaufenden graugrünen, spinnwebig-wolligen Blätter breit-geflügelt, bis 2 m hoch. Blätter elliptisch-länglich, buchtig, stachelspitzig, Krone purpurrot. Wege, unbebaute Orte. Häufig. (S. 640.) **Eselsdistel.** *Onopórdon acánthium.*

Anmerkung: Pflanzen von distelartigem Aussehen sind Eberwurz (S. 276) und Mannstreu oder Männertreu (S. 652).

7. Wie alt ist dieser Baum?

Im Walde liegt ein gefällter Stamm. Auf der Schnittfläche sieht man helle und dunkle Ringe. Sie heißen Jahresringe. Je zwei, ein heller und ein dunkler Ring, gehören zusammen, sie sind der Holzzuwachs eines Jahres. Im Frühjahr entsteht der helle Ring mit weicherem, großporigem Holz: Frühholz oder Frühlingsholz. Späterhin entsteht der dunkle Ring mit festerem, engporigem Holz: Spätholz oder Herbstholz. (Siehe Abb.) (S. 257.)

Aus dem Querschnitt kann man die Lebensgeschichte eines Baumes ablesen:

1. Ungefähres Alter. (Warum nicht auf ein Jahr genau?)
2. Standort: ob am Rande des Waldes, in dichtem Bestand oder ganz allein stehend.
3. Das Wetter in den verschiedenen Jahren, ob günstig oder ungünstig.
4. Oft liegt das Mark des Stammes nicht im Mittelpunkt des Querschnittes. Der Volksglaube meint, die kleinere Seite mit den engeren Jahresringen läge nach Norden und die größere Seite mit den weiten Ringen nach Süden, das Wachstum habe sich in

Pflanzenleben. — Tierleben. 257

die Nord-Süd-Richtung eingestellt. Darum werden in manchen Gegenden die umzupflanzenden Obstbäume vor dem Verpflanzen gezeichnet und gerade so gesetzt, daß die Nordseite wieder nach Norden gerichtet ist. Genauere Untersuchungen haben seither ergeben, daß eine solche Nord-Süd-Orientierung nicht zutrifft.

5. Ein alter Baum, eine vielhundertjährige Eiche z. B., hat alte und junge Teile. Alles, was wir an ihr lebendig sehen, ist jung: Blätter, Triebe und Rinde. Die alten Teile sind zum Teil abgestoßen, wie die erste Rinde, oder abgestorben, wie die Borke, oder liegen im Inneren des Stammes versteckt, wie Mark und Kernholz. Nur die Wachstumszellen (embryonale Zellen) der ursprünglichen Wachstumspunkte bleiben lebendig, alle Körperzellen (somatische Zellen) des Dauergewebes sterben ab.

Tierleben.

1. Vögel auf Waldblößen, die im Fliegen singen.

Unter den mancherlei Vögeln der Waldlichtungen fallen einige dadurch auf, daß sie im Fluge singen.

1. Der Vogel erhebt sich meist vom Boden aus (jedoch auch von Bäumen aus) in die Luft, oft so hoch, daß man ihn aus den Augen verliert.

Vogel: Kleiner als Feldlerche. Oberseite erdgrau, mit dunklen Streifen. Unterseite heller. Am Flügel 2 weiße Flecken.

Gesang: In Strophen mit Zwischenpausen, Strophen verschieden: Lullen und Trillern, das oft am Schlusse absinkt: Lu$_{lu_{lu_{lu_{lu_{lu}}}}}$.

Verhalten: Gesang beginnt erst in Baumhöhe (bei der Feldlerche schon dicht über dem Boden). Oft auch am Boden ihre Stimme vernehmbar: Didli oder didlü oder didlü oder di$_{de}$liht. (S. 402.)

Heidelerche.
Lúllula arbórea.

2. Der Vogel erhebt sich meist vom Baume aus ein Stück in die Luft und kehrt in schrägem Gleitflug auf seinen Platz zurück.

Vogel: Kleiner und schlanker als Feldlerche. Oberseite graubraun, dunkel gefleckt. Unterseite rostgelb, mit schwarzen Flecken.

Gesang: Abwechslungsreich, meist mit 4 deutlich erkennbaren Teilen. 1. Teil: Schmettertour oder Schlagtour aus etwa sieben Schlägen; 2. Teil: eine unreine Tonreihe oder auch eine Schmettertour; 3. Teil: ein Roller; 4. Teil: eine lange Reihe weicher, herabgezogener dia dia dia dia dia dia dia oder auch zia zia zia zia zia zia zia. Der 2. Teil kann ausfallen, der 1. Teil kann sich wiederholen, der 4. Teil kann wegfallen, und noch andere Veränderungen sind möglich.

Verhalten: Am Gleitflug ist der Vogel sofort zu erkennen und von jedem andern zu unterscheiden. Während des Gleitfluges singt er das absinkende zia zia zia. (S. 402.)

Baumpieper.
Anthus triviális.

3. Der Vogel erhebt sich aus Dornhecken oder Brombeergestrüpp etwa baumhoch (meist jedoch niedriger) in die Luft.

Vogel: Sperlingsgröße. Oberseite graubraun. Unterseite weißlich. Flügel rostbraun!

Gesang: Im Rhythmus Didudidóidida. Eilig und in rauhem Gezwitscher vorgetragen. Das Lied ertönt während des kurzen Fluges.

Verhalten: Fleißiger Sänger. Meist im Dickicht der Hecken und des Gestrüpps, fliegt für einen Augenblick auf Strauchspitzen oder Telegraphenleitungen. Im Dickicht zu hören: woid woid woid oder wäd wäd wäd oder woidid woidid. Oft ein hartes scharfes Tze (wie von einer zusammengeschlagenen Heckenschere). Dann wieder ein rauhes Gräh gräh. Das Tze und Gräh sind Laute, die in der Erregung ausgestoßen werden; man erkunde die Ursache: Katzen, Hunde, Eulen, Würger, Menschen . . . (S. 462.)

Dorngrasmücke.
Sýlvia commúnis.

4. Der Vogel erhebt sich vom Baume aus und fliegt ähnlich wie eine Fledermaus im Zickzack oder in Windungen um Baumkronen oder auch von einem Baume zum andern.

Vogel: Kleiner als Sperling. Einfarbig gelbgrün. Stirn, Bürzel und Unterseite gelber.

Gesang: Einförmiges Gezwitscher sisisisi^sisisisi_sisisisi^sisisisi · · ·
Der Girlitz ist ein Garten- und Parkvogel. Auf Waldblößen trifft man ihn nur, wenn die Blöße nach Garten- und Parkgelände hin geöffnet ist.

Girlitz.
Serinus serinus.

2. Eidechsen.

Eidechsen sind Sonnentiere. Sie gehen nicht in den schattigen Wald. Man kann sie bestimmen, ohne sie zu fangen. Beim Fangen bricht oft der Schwanz ab.

I. Rücken lebhaft grün.
1. Länge 35—40 cm. Größte deutsche Eidechse. Vorkommen: In den Tälern der Nahe, Lahn und Mosel. Sonst nur an ganz vereinzelten Stellen in Deutschland.

Männchen: Rücken vom Kopf bis zur Schwanzspitze schimmernd grün. Unterseite einfarbig hellgelb. Kehle blau. Schwanz doppelt so lang wie der Körper.

Weibchen: Weniger lebhaft gefärbt. Schwanz etwas kürzer als beim Männchen.

Smaragd-Eidechse.
Lacerta viridis.

2. Siehe Zauneidechse ♂.

II. Rücken braun.
1. Schwanz das 2fache der Körperlänge.
Gesamtlänge bis 25 cm. Zweitgrößte deutsche Eidechse. Vorkommen: Im Rheingebiet.

Männchen: Rücken rötlichbraun. An den Seiten ein dunkler Streifen mit wolkig aufgelösten Flecken. Bauch weißlich oder gelblich.

Weibchen: Weniger lebhaft gefärbt.

Mauereidechse.
Lacerta muralis.

2. Schwanz das 1½fache der Körperlänge.
Gesamtlänge bis 20 cm. Vorkommen: Gemeinste deutsche Eidechse; am häufigsten im Berglande, dort jedoch in den niedrigen Bergen; in höheren Lagen (über 500 m) die Bergeidechse.

Männchen: Rücken graubraun, Seiten grün, oft bis zum Rücken hinauf; meist bleibt jedoch auch bei sehr lebhafter Grünfärbung ein schmaler brauner Rückenstreifen erhalten. Bauch grünlich mit kleinen schwarzen Flecken oder Punkten.

Grupe, Naturkundl. Wanderbuch.

Weibchen: Rücken graubraun. Seiten bräunlich. Bauch weißlich.

Zauneidechse.
Lacérta ágilis.

3. Schwanz von reichlich Körperlänge. Gesamtlänge bis 15 cm. Vorkommen: Höhere Lagen der Gebirge, über 500 m.

Männchen: Rücken braun, oft mit Bronzeschimmer. Seiten mit dunklem Längsband, das von weißen Punktreihen umsäumt wird. Bauch gelb oder rot, schwarz gesprenkelt.

Weibchen: Rücken und Seiten wie beim Männchen. Bauch weißlich, nicht gesprenkelt.

Bergeidechse.
Lacérta vivípara.

Beachte:

1. Smaragdeidechse und Mauereidechse kommen nur in der Rheingegend vor, die Bergeidechse in Höhen über 500 m.
2. Achte beim Bestimmen darauf, ob der Schwanz unverletzt ist!

Beobachtungen.

Beim Fangen der Eidechsen bricht der Schwanz leicht ab. Dasselbe geschieht, wenn sie von verfolgenden Feinden am Schwanze ergriffen werden.

Die Schwanzwirbel sind stark verlängert und haben in der Mitte eine Naht, in der sie leicht abbrechen. Auch Blutadern und Nerven sind so eingerichtet, daß sie den Riß ertragen können.

Bedeutung: Rettung vor Verfolgern, die sich durch das abgebrochene, zuckende Schwanzende ablenken lassen.

Die gleiche Beobachtung macht man bei Blindschleichen, *Ánguis frágilis.* (Körper: walzenrund, ohne Gliedmaßen. Länge: bis 50 cm. Färbung: oben braun in verschiedenen Abtönungen, unten dunkel. Unterschied von jungen Schlangen: Auge der Blindschleiche durch Lider verschließbar, bei Schlangen nicht.)

Bei Eidechsen wächst der Schwanz wieder nach, jedoch nicht bis zu der ursprünglichen Länge. Bei Blindschleichen wächst er nicht wieder nach.

Beobachte die Bewegung der Tiere mit verstümmeltem Schwanz!

Literatur.

R. Sternfeld, Die Reptilien und Amphibien Mitteleuropas. 80 S. 30 Farbtafeln. Quelle & Meyer, Leipzig.

> Das beste Terrarium ist die freie Natur!

3. Waldschmetterlinge. (Farbtafel IV)

Waldblößen und Waldwege werden von auffällig bunten Schmetterlingen beflogen. Aus den verschiedenen Gattungen je ein Vertreter:

1. Gatt. Schillerfalter: Großer Schillerfalter, *Apatúra iris.*
2. Gatt. Samtfalter: Großer Waldportier, *Sátyrus hermióne.*
3. Gatt. Eisfalter: Großer Eisvogel, *Limenítis pópuli.*
4. Gatt. Eckflügler: Trauermantel, *Vanéssa antíopa.*
5. Gatt. Scheckenfalter: Kleiner Maivogel, *Melitáea matúrna.*
6. Gatt. Perlmutterfalter: Großer Perlmutterfalter, *Argýnnis aglája.*
7. Gatt. Schwärzlinge: Schwärzling, *Erébia medúsa.*
8. Gatt. Scheckaugen: Rispenfalter, *Parárge maera.*
9. Gatt. Heufalter: Perlgrasfalter, *Coenonýmpha arcánia.*
10. Gatt. Bläulinge: Bläuling, *Lycáena ícarus.*
11. Gatt. Widderchen: Widderchen, *Zygáena filipéndulae*

> Eine Schmetterlingssammlung ist kein Zimmerschmuck!

4. Spinnen auf Waldlichtungen.

I. Auf und zwischen Gebüsch und jungen Kiefern.

a) Radnetz, nicht höher als 50 cm über dem Boden, meist stark geneigt bis zur Waagerechten. — Kreuzspinnentyp, mittelgroß, Hinterleib meist rotbraun, doch auch lehmfarben. 2 stark seitlich gerichtete Höcker, die bis zur Spitze vorn dunkel und hinten hell und durch eine scharfe dunkle Linie geteilt sind, die von einem Höcker zum andern läuft.   **Dromedar-Radspinne.** *Aránea bituberculáta (dromedária).*

b) Baldachinnetz, an dessen Unterseite eine längliche Spinne hängt (s. Laubwald! S. 173).   **Baldachinspinne.** *Linúphia.*

c) Ohne Gewebe auf Blättern, leicht herabzuklopfen. Kleinere Spinnen, kenntlich an dem breit abgestumpften Vorderrand der Kopfbrust und an der Augenstellung: von den 4 großen Vorderaugen sind die mittleren auffallend groß, dahinter 2 oft sehr kleine, in der 3. Reihe 2 weitere Augen. Beine kräftig, aber kurz, annähernd gleichlang. Haarbüschel an den Füßen ermöglichen ein geschicktes Laufen auf glatten Flächen. Diese Spinnen beschleichen ihre Beute katzenartig und erhaschen sie im Sprung.   **Springspinnen.** *Áttidae (Salticidae).*

II. Auf niedrigen Pflanzen.

a) Über Heidelbeersträucher u. dgl. huscht eine im Sommer an Vorder- und Hinterleib grasgrüne, im Herbst mehr rötlich-gelbe, langgestreckte größere Spinne. Wenn sie, die Beine nach der Seite gestreckt, auf den Blättern sitzt, ist sie schwer auffindbar. Hinterleib des ♂ rot mit 2 gelben Streifen. **Grüne Huschspinne.** *Micrommata viridissima.*

b) An Heidekraut „Feenlämpchen", „dieser auffallendste aller in Deutschland sich findenden Spinnenkokons". Er sieht aus wie ein umgestürztes, winziges Weinglas und besteht aus 2 Kammern, von denen die obere die Eier enthält, während die untere den eben ausgeschlüpften Jungen bis zu ihrer ersten Häutung als Aufenthalt dient. Einen zum Erdboden gehenden Faden benutzt die Spinne als Weg, um die weiße Seide vollständig mit Lehm zu verkrusten. Trotz all solcher Sorge finden wir die Eier oft von Schlupfwespenlarven heimgesucht. Die mittelgroße Spinne lebt sonst im Moose und ähnelt mit den 4 Winkeln auf dem gelbroten Hinterleib etwas der Haus-Winkelspinne. **Braune Feldspinne.** *Agroéca brúnnea.*

III. Unter Steinen.

In Säckchen Spinnen mit länglichem, flachgedrücktem Leib mit anliegenden Haaren. Das 4. Beinpaar ist am längsten. Hafthaarbüschel an den Füßen ermöglichen rasches Laufen auf glatten Flächen, da Glieder der Familie auch auf Blättern leben. Farbe unauffällig. Die vorderen Spinnwarzen laufen auseinander. **Greifspinnen.** *Drássidae.*

IV. Im Boden.

Im Boden des Waldrandes versenkter Wohnschlauch, der sich im Gras etwa 10 cm weit fortsetzt und sich durch zeltartig darüber ins Gras gespannte Fäden verrät. Körper dunkelbraun. Das Augenfeld nimmt nur einen kleinen Teil der Kopfbreite ein. Die Oberkiefer sind nach vorn gerichtet, die Giftklauen schlagen nach unten ein. In Deutschland die einzige Verwandte der 1450 ausländischen Vogelspinnen. **Tapezierspinne.** *Átypus píceus.*

5. Was du sammeln kannst.

Es gibt Menschen, die gerne sammeln. Für jeden Sammler gelte die Regel: Sammle so, daß der heute stark gefährdeten Natur kein Schaden durch deine Sammeltätigkeit erwächst!

Vorschläge: Blattformen, immergrüne Pflanzen, Samen und Früchte, Fraßspuren an Blättern, Samen für Vogelfutter im Winter, Teepflanzen, Giftpflanzen, Gallenbildungen, Gehäuseschnecken (leere Schalen!).

6. Was du nicht sammeln darfst.

Wir haben kein Recht zu töten — weder Tiere noch Pflanzen! Du darfst nicht sammeln: Schmetterlinge, Käfer, Libellen, Molche, Kröten, Schlangen, Vögel, Vogeleier, seltene Pflanzen.

7. Schützt unsern deutschen Wald!

In der Flora von Fresenius aus dem Jahre 1832 sind für das damalige Frankfurter Stadtgebiet 150 Pflanzenarten angeführt, die heute, 100 Jahre später, hier nicht mehr vorkommen. Das sind 17 % des Gesamtbestandes, die untergingen[1]). Dasselbe oder ein noch schlimmeres Ergebnis würde sich herausstellen, wenn jemand eine solche Untersuchung über das Zurückgehen der Tierwelt innerhalb des Frankfurter Stadtgebietes anstellte.

Die Ursachen dieser Schädigungen der Tier- und Pflanzenwelt sind: die dauernde Ausdehnung der Stadt, die Vermehrung der Straßen und Eisenbahnlinien, die Kanalisierung der Flüsse, die immer stärkere Bewirtschaftung der Felder, Wiesen und Wälder. Daran wird sich wenig oder nichts ändern lassen. Die Menschenmassen wollen wohnen und leben. Das ist eine Notwendigkeit.

Ein großer Teil der 150 verschwundenen Arten jedoch ist nachweislich durch den Unverstand der Menschen ausgerottet worden. Das aber läßt sich ändern. Die Menschenmassen der kommenden hundert Jahre dürfen nicht wieder wahllos ausreißen und vernichten was ihnen vor die Fäuste kommt, Sonntag für Sonntag in den Abteilen der Eisenbahnzüge das welke Grün der Wälder haufenweise liegen lassen und alle Landstraßen mit weggeworfenen Blumen überstreuen. Das gehört weder zu den Notwendigkeiten noch zu den Schönheiten des Lebens.

---

[1]) Otto Burck, Veränderungen in der Flora Frankfurts seit hundert Jahren. Aus Natur und Museum. 1925. Heft 11. 55. Bericht der Senckenbergischen Naturforschenden Gesellschaft, Frankfurt a. M.

Es gibt Menschen mit Scham — auch einer in den Staub geworfenen Blume gegenüber, und es gibt Menschen ohne Scham. Stelle jeder sich dahin, wohin er gehört!

Literatur.

Günther, Der Naturschutz. Fehsenfeld, Freiburg.

Naturschutz-Bücherei. Hugo Bermühler, Berlin-Lichterfelde.

Zeitschrift: Freude am Leben. Bebilderte Monatsschrift des Reichsbundes für Biologie. Verlag Hugo Bermühler, Berlin-Lichterfelde.

Naturschutz, Monatsschrift für alle Freunde der deutschen Heimat. Verlag Neumann, Neudamm. (Sehr geeignet für Schulbüchereien.)

Schoenichen, Vom Umgang mit Mutter Grün. Verlag Bermühler, Berlin-Lichterfelde.

H. Wille, Heimatschutz und Heimatpflege. Verlag Bermühler, Berlin.

AN SONNIGEN HÜGELN.

Pflanzenleben.

1. Der sonnige Hügel als Lebensgemeinschaft.

Während und nach der Eiszeit waren weite Gebiete Deutschlands Steppe. Wald und Ackerbau drängten sie nach und nach zurück. Ihre Pflanzengemeinschaft hat sich bis heute auf dem diluvialen Mergel und Lehm der Norddeutschen Tiefebene erhalten, namentlich an den steilen, trockenen Abhängen der Flußtäler.

Aber auch im mittel- und süddeutschen Berglande sind Reste der diluvialen Steppe zurückgeblieben. Sie finden sich hier an den waldlosen Abhängen der Berge und Hügel, die für den Ackerbau ungeeignet sind. Es sind meist Kalkgeröllhänge (Muschelkalk der Trias, Jurakalk, Kreide, Tertiärkalk) mit trockenen Grastriften, Buschwerk oder lichten Hainen. Man nennt diese Plätze „Sonnige Hügel", oder auch Steppentriften oder Steppenheide. (Mit Heide ist hier nicht die Callunaheide oder die Erikaheide gemeint, also nicht eine einzelne Pflanze, sondern eine Pflanzengemeinschaft: die der Steppe.)

Diese sonnigen Hügel werden von der Sonne stark ausgedörrt, das Regenwasser läuft schnell ab. Die Pflanzen sind diesen Boden- und Klimaverhältnissen weitgehend angepaßt:

1. Das Strauchwerk ist stachelig, dornig oder hat lederartige Blätter: Wildrosen, Brombeeren, Berberitze, Weißdorn, Schwarzdorn, Robinia . . .

2. Viele Pflanzen sind durch starke Behaarung vor zu großer Wasserabgabe geschützt: Königskerze.

3. Andere Pflanzen haben schmale oder zerschlitzte Blätter: Gräser, Wicken, Fingerkraut . . .

4. Wieder andere Pflanzen senden ihre Wurzeln sehr tief in den Boden: Esparsette, Sichelmöhre . . .

5. Manche Gräser haben büschelige Wurzeln: Federgras, Blaugras . . .

6. Noch andere Pflanzen überdauern die Trockenzeit durch ihre unterirdischen Organe, Zwiebeln oder Knollen; sie blühen schon

im Vorfrühling oder im Frühsommer, vor den heißen Sommermonaten: Goldstern, Milchstern, Träubel, Zweiblättrige Meerzwiebel, Orchideen ...

Die Pflanzengemeinschaft der sonnigen Hügel ist nicht nur botanisch sehr interessant, sondern auch historisch. In den Gebieten dieser Steppentriften hat man die reichsten urgeschichtlichen Funde gemacht, hier hat der diluviale Mensch gesiedelt. Die pflanzengeographische Forschung kann hier die Siedlungsgeschichte unterstützen.

Die nachfolgenden Bestimmungstabellen bringen nur die Leitpflanzen der sonnigen Hügel (das sind die für diese Plätze typischen Pflanzen); außer diesen Leitpflanzen dringen vom nahen Walde, vom Wege, von der Wiese oder auch vom Acker her zahlreiche andere Pflanzen ein. Für die Bestimmung dieser Begleitpflanzen benutze man die entsprechenden Tabellen. Durch diese Unterscheidung wird sich der Blick für das Typische der Steppenflora bald schärfen.

Literatur.

Gradmann, Pflanzenleben der Schwäbischen Alb.

H. Deppe, Die Verbreitung der Steppentriften und Steppenhaine im ostfälischen Berg- und Hügellande und ihre Beziehung zu urgeschichtlichen Siedlungen. Sonderabdruck aus dem „Niedersächsischen Jahrbuch, Bd. III", 1926. 65 Seiten. (Nicht im Handel.) Verfasser war Mittelschullehrer in Göttingen.

H. Walter, Einführung in die allgemeine Pflanzengeographie Deutschlands. 458 S. Fischer, Jena.

2. Das Buschwerk der sonnigen Hügel.

An den ausgedörrten, sonnigen Hängen steht sehr viel struppiges, dorniges und stacheliges Strauchwerk: Schwarzdorn, Weißdorn, Sauerdorn, Kreuzdorn, Robinie, Haferschlehe, Holzapfel, Holzbirne, Rose, Brombeere, Hauhechel, Ginster u. a. Selbst der Liguster sieht hier oft so struppig aus wie ein Dornbusch. (Bestimmung nach Tabelle S. 189.)

Einige Nadelhölzer sind hier typisch: Wacholder, Schwarzkiefer und Eibe. Ursprünglich wächst die Eibe eingestreut unter Laubhölzern. Da sie hier jedoch schon seit langem verdrängt ist, hat sie an den oft unzugänglichen steilen Kalkhängen ihren letzten Unterschlupf gefunden. (Bestimmung nach Tabelle S. 185.)

Pflanzenleben. 267

Von Laubbäumen dringen auf diese trockenen Standorte vor: Feldahorn, Zitterpappel, Schwarzpappel, Birke, Feldulme, Eiche, Elsbeere. Häufig genug bleiben sie hier jedoch nur buschartig. (Bestimmung nach Tabelle S. 20.)

Folgende Laubsträucher sind typisch in dieses Buschwerk eingestreut: Hartriegel, Pfaffenhütlein, Liguster, Goldregen, Weichselkirsche, Strauchkirsche, Zwergkirsche, Zwergmispel, Felsenmispel, Strauch-Kronwicke (in Süddeutschland), Waldrebe. (Bestimmung nach Tabelle S. 29.)

3. Frühblüher der sonnigen Hügel.

(Vergleiche: Frühblüher des Waldes S. 7, des Feldes S. 378, der Wiese S. 435, des Wegrandes S. 629, der Anlagen S. 706!)

1. Mit weißen Blüten.

I. Blätter längsnervig, schmal, mit weißem Mittelstreif. Blütenstand doldenähnlich. Blumenblätter rein weiß, außen mit grünem Mittelstreif. Bis 20 cm hoch. — **Doldiger Milchstern.** *Ornithógalum umbellátum.*

II. Blätter netznervig.

A. Blätter zusammengesetzt, 3 zählig. Blüten zu 1—3, ähnlich der Erdbeerblüte. (S. 268.) — **Erdbeer-Fingerkraut.** *Potentílla stérilis.*

B. Blätter einfach.

a) Blätter in grundständiger Rosette. Bis 10 cm hoch. (S. 351.) — **Hungerblümchen.** *Eróphila verna.*

b) Blätter quirlständig, geteilt. (S. 292.) — **Windröschen.** *Anemóne.*

c) Blätter gegenständig, Kronblätter 5. Staubblätter 10.

1. Kronblätter bis zur Mitte gespalten. Griffel 5. Ganze Pflanze gelbgrün, drüsigklebrig. (S. 649.) — **Sand-Hornkraut.** *Cerástium semidecándrum*

2. Kronblätter ausgerandet; Griffel 4. Ganze Pflanze blaugrün, kahl. Blätter lineal-lanzettlich. Stengel meist einfach, 1—2 blütig, bis 10 cm hoch. — **Vierling.** *Moénchia erécta.*

3. Kronblätter vorn gezähnt. Blüten in Dolden. Stengel einfach, oben mit 2 entfernten Blattpaaren, unter den Blütenstielen drüsenhaarig. Pflanze bläulichgrün, bis 20 cm hoch. — **Spurre.** *Holósteum umbellátum.*

2. Mit gelben Blüten.

I. Blätter längsnervig, lineal. Blüten doldig. Bis 20 cm hoch. (S. 358.) — **Goldstern.** *Gágea.*

II. Blätter netznervig.

A. Blätter zusammengesetzt oder geteilt.

1. Blätter 3teilig, quirlständig zu 3. (S. 293.) — **Gelbes Windröschen.** *Anemóne ranunculóides.*

2. Blätter 5—7zählig. Stengel niederliegend, sehr ästig. Bis 15 cm lang. (S. 283.) — **Frühlings-Fingerkraut.** *Potentílla vérna.*

B. Blätter ungeteilt.

1. Blätter grundständig, rosettig. (S. 7.) — **Schlüsselblume.** *Prímula.*

2. Blätter wechselständig am Stengel, lanzettlich. Kronblätter 4, mit den Kelchblättern abwechselnd gekreuzt (daher Kreuzblüte). Staubblätter 6, davon 2 kurz. Bis $^1/_4$ m hoch. — **Berg-Steinkraut.** *Alýssum montánum.*

3. Mit blauen (violetten) Blüten.

I. Blätter längsnervig. Blüten in Trauben. (S. 288.) — **Träubel.** *Muscári.*

II. Blätter netznervig.

1. Blätter einfach. (S. 291.) — **Veilchen.** *Víola.*

2. Blätter 3lappig. (S. 293.) — **Leberblümchen.** *Anemóne hepática.*

3. Blätter vielfach geteilt, quirlständig. Blüten violett. (S. 292.) — **Kuhschelle.** *Anemóne.*

4. Erdbeere oder weißes Fingerkraut?

Früh im März blüht im Gebüsch der Hügel und Waldränder mancher Gegenden ein Fingerkraut, das einer Erdbeerpflanze zum Verwechseln ähnlich sieht, das Erdbeerfingerkraut *Potentílla stérilis*. Erst bei der Fruchtreife im Sommer zeigt sich der Unterschied: es ist unfruchtbar, d. h. es hat keine Erdbeerfrucht, ist insofern also steril geblieben. Eine Erdbeere hingegen bildet eine fleischige Frucht aus.

Wie unterscheidet man Erdbeeren und weiße Fingerkräuter, wenn sie blühen? Auf den ersten Blick ist die Blüte bei beiden gleich: 5 weiße Kronblätter, 10 Kelchblätter, zahlreiche Staubblätter auf dem Kelchrand.

Pflanzenleben. 269

I. **Kronblätter vorn rund!** *Erdbeere.*
  Fragária.

  A. **Blätter stets 3zählig.**

    a) Blütenstiele, Blattstiele und Stengel abstehend behaart. Blättchen alle kurz gestielt. Blüten reinweiß. Höhe 15—30 cm. Zur Zeit der Reife: Fruchtkelch von der   *Zimt-Erdbeere.* Frucht abstehend oder zurückgeschlagen.   *F. moscháta.*

    b) Blütenstiele anliegend behaart — Blattstiele und Stengel abstehend behaart. Höhe bis 15 cm.

      1. Blüten reinweiß. Blättchen sitzend. Höhe 5—10 cm. Zur Zeit der Reife: Kelch abstehend oder   *Wald-Erdbeere.* zurückgeschlagen.   *F. vesca.*

      2. Blüten gelblichweiß. Seitenblättchen sitzend, Mittelblättchen kurz gestielt, seidenhaarig. Höhe 10—15 cm. Mai—Juni. Zur Zeit der Fruchtreife: Kelch der Frucht angedrückt. (Beim Beißen knackt die Frucht, sie   *Knackelbeere.* ist härter als die der anderen.)   *F. víridis.*

  B. **Untere Blätter gefiedert, obere 3zählig.** Stengel bis $^2/_3$ m hoch, oben verästelt, meist rot. Blüten weiß oder gelblichweiß. (Kronblätter vorn *Felsen-Fingerkraut.* rund: wie bei der Erdbeere.) Juni—Juli. *Potentilla rupéstris.*

II. **Kronblätter vorn ausgerandet!**

  A. **Blätter stets 3zählig (wie bei den Erdbeeren!).**

    1. Auch die Stengelblätter 3zählig. Blättchen jederseits mit 4—6 Zähnen, vorn breit. Stengel schwach, *Erdbeer-Fingerkraut.* 1—3blütig, bis 10 cm hoch. März—Mai. *P. stérilis.*

    2. Stengelblätter meist einfach. Blättchen jederseits mit 6—11 Zähnen, vorn breit. Kelchblätter *Kleinblütiges* innen im Grunde rot. Stengel schwach, *Fingerkraut.* 1—4blütig. Bis 10 cm hoch. April—Mai. *P. micrántha.*

  B. **Blätter überwiegend 5zählig.** Blättchen unterseits silberhaarig, länglich-lanzettlich, im oberen Teile jederseits mit 1—5 Zähnen. *Weißes Fingerkraut.* Stengel kriechend, 1—3blütig, kurz. Mai *P. alba.* bis Juni.

5. Weiße Blumen der sonnigen Hügel.

I. Siehe Frühblüher mit weißen Blüten! (S. 267.)

II. Blütenstand in Dolden. (S. 273.)   *Doldenpflanzen.*
  Umbelliféren.

270   An sonnigen Hügeln.

III. Blütenstand in Köpfchen. Blätter 3zählig.

    1. Stengel kriechend, wurzelnd, bis 40 cm   **Weißklee.**
    lang, die Köpfchenstiele aufrecht. (S.436.)   *Trifólium repens.*

    2. Stengel fast aufrecht, behaart, bis $1/2$ m hoch. Blättchen
    länglich lanzettlich, unterseits behaart, kleingesägt. Blüten-
    stiele $1/3$—$1/2$ so lang wie die Kelchröhre.   **Bergklee.**
    Kelchzähne gleichlang. Mai—August.   *Trifólium montánum.*

IV. Blütenstand in Körbchen.

    a) Randblüten zungenförmig, Scheibenblüten röhrig.
    (Beispiel: Sonnenblume.) Strahlenblüten nur 4—5. Blätter
    2—3fach fiederteilig. Bis $1/2$ m hoch.

        1. Mittelstreifen des Blattes zwischen den Fiedern gezähnt.
        Strahlblüten zurückgebogen, etwa $1/4$ so   **Edelgarbe.**
        lang wie die Hülle. Juli—August.   *Achilléa nóbilis.*

        2. Mittelstreifen des Blattes zwischen den Fiedern nicht ge-
        zähnt. Strahlblüten waagerecht abstehend, etwa $1/2$ so lang
        wie die Hülle. Juni—Oktober. (S. 437   **Schafgarbe.**
        u. 651.)   *Achilléa millefólium.*

    b) Alle Blüten röhrig. (Beispiel: Kornblume.) Ganze Pflanze
    weiß- oder graufilzig, mit schmalen Blättern und geknäuelten
    Köpfchen.

        α) Köpfe 5kantig. Äußere Hüllblätter auf dem Rücken
        wollig. Stengel ästig, mit endständigen
        Knäueln. Juli—August. (Mehrere Arten,   **Filzkraut.**
        S. 352).   *Filágo.*

        β) Köpfchen halbkugelig oder walzlich. Alle Hüllblätter
        trockenhäutig. Stengel meist einfach.

        1. Wurzelblätter spatelig. Stengel mit
        Ausläufern. Köpfchen doldig. Mai—Juni.   **Katzenpfötchen.**
        (S. 197.)   *Antennária dióeca.*

        2. Alle Blätter lineal oder lanzettlich. Stengel ohne Aus-
        läufer. Köpfchen im oberen Teil des Stengels in verlängerter,
        meist etwas ästiger Ähre angeordnet. Blätter meist 1nervig,
        oberseits kahl werdend. Ganze Pflanze   **Wald-Ruhrkraut.**
        seidenfilzig. Juli—September.   *Gnaphálium silváticum.*

V. Blüten nicht in Dolden, Körbchen oder Köpfchen.

    A. Blätter quirlständig. Krone verwachsenblättrig, meist
    4spaltig.

Pflanzenleben.

a) **Krone glockig oder trichterförmig.**
Blätter schmal, fast borstlich. (S. Waldmeister S. 38.)

Meier.
Aspérula.

1. Pflanze blaugrün. Untere Blätter zu 8, am Rande umgerollt. Bis ²/₃ m hoch. Mai—Juli.

Lab-Meier.
A. glauca.

2. Pflanze grasgrün. Untere Blätter zu 6, obere zu 4. Krone 3spaltig. Bis ²/₃ m hoch. Juni—Juli.

Färber-Meier.
A. tinctória.

3. Pflanze grasgrün. Blätter meist zu 4. Krone meist 4spaltig. Stengel zahlreich, ausgebreitet. Bis ¹/₃ m hoch. Juni—August.

Hügel-Meier.
A. cynánchica.

b) **Krone radförmig, flach, ohne deutliche Röhre.**

1. Blätter zu 4, mit 3 Nerven. Rispe reichblütig, dicht. Stengel steif aufrecht. Bis ¹/₂ m hoch. Juli—August.

Nordisches Labkraut.
Gálium boreále.

2. Blätter meist zu 8, mit 1 Nerv, am Rande oft umgerollt, kürzer als die Stengelglieder, nicht rauh. Rispe sehr ästig, mit aufrechten Blütenstielen. Stengel 4kantig. Bis ¹/₂ m hoch. Juni—August.

Heide-Labkraut.
Gálium ásperum.

B. **Blätter gegenständig.**

a) **Krone lippig. Staubblätter 4.**

1. Griffel 1. Kelch 2lippig, seine Oberlippe 3zähnig, seine Unterlippe 2spaltig. Blüten in Ähren, gelblichweiß, von 2 verlängerten Blättern gestützt. Zipfel der Unterlippe des Kelches mit steifen Borsten gewimpert. Bis 15 cm hoch. Juli—August. (S. 56.)

Weiße Brunelle.
Brunélla alba.

2. Griffel 2. Unterlippe der Krone mit 3 tief ausgerandeten Zipfeln, weiß, mit gelbem Fleck und violetten Linien. Bis 30 cm hoch. Juni—Oktober. Verschiedene Arten. (S. 362.)

Augentrost.
Euphrásia.

b) **Krone 5spaltig. Staubblätter 5.** Blüten in blattwinkelständigen Dolden. Blätter herz-eiförmig, zugespitzt, ganzrandig. Bis 1 m hoch. Juni—Juli. (S. 37.)

Schwalbenwurz
(Hundswürger).
Vincetóxicum officinále.

c) **Krone 5blättrig. Staubblätter 5.** Blüten sehr klein. Stengel fadendünn, oben mehrfach gabelästig. Bis 20 cm hoch. Juni—August.

Wiesen-Lein.
Linum cathárticum.

d) **Krone 5blättrig. Staubblätter 10. Kelch verwachsenblättrig, mit 5 Zähnen. Kronblätter 2spaltig.**

1. Griffel 3. (S. 436.) **Leimkraut.** *Siléne.*

2. Griffel 5. (S. 436.) **Weiße Lichtnelke.** *Melándryum album.*

e) **Krone 5blättrig. Staubblätter 10** (seltener 3, 5 oder 8). **Kelch freiblättrig, in der Regel 5blättrig.**

1. Kronblätter 2spaltig.
Griffel 3. (S. 436.) **Miere** *Stellária.*

Griffel 5. (S. 649.) **Hornkraut.** *Cerástium.*

2. Kronblätter vorn gezähnt. Staubblätter 3—5! Blütenstand doldig. (S. 649.) **Spurre.** *Holósteum umbellátum.*

3. Kronblätter ausgerandet.

α) Griffel 4. Staubblätter 4. Kelchblätter weißhäutig berandet. Stengel meist einfach, 1—2blütig. Bis 10 cm hoch. Pflanze blaugrün, kahl. April—Mai. **Vierling.** *Möenchia erécta.*

β) Griffel 3 oder 2. Kelchblätter 3nervig!

1. Blätter 3—5nervig, die unteren gestielt. Bis ⅓ m hoch. (S. 37.) **Nabelmiere.** *Moehríngia trinérvia.*

2. Blätter 1nervig, sitzend. Stengel sehr ästig. Bis 12 cm hoch. (S. 649.) **Quendel-Sandkraut.** *Arenária serpyllifólia.*

C. **Blätter wechselständig.**

a) **Krone 1blättrig, trichterig. Staubblätter 5. Blätter einfach. Ganze Pflanze rauhhaarig.** — Stengel dicht beblättert. Bis ⅔ m hoch. Blätter mit hervortretenden Seitennerven. Krone klein, weißlich oder grünlichgelb. (S. 353 u. 650.) **Echter Steinsame.** *Lithospérmum officinále.*

b) **Krone mehrblättrig. Staubblätter zahlreich. Blätter zusammengesetzt: gefingert oder gefiedert.**

1. Pflanze bis ⅔ m hoch. Blätter lang und schmal im Umriß, einfach gefiedert, meist unten am Stengel. Am Grunde des Blattstiels ein Nebenblatt, mit dem Stiel verwachsen. Blüten am Ende des Stengels in dichter Rispe, weiß oder rötlich. Mai—Juli. (S. 494.) **Kleines Mädesüß.** *Filipéndula hexapétala.*

2. Kleine Pflanzen, meist vom Aussehen der Erdbeere. Blätter gefingert, 3—5zählig. Siehe Erdbeere und Fingerkraut. (S. 268.)

Pflanzenleben. 273

D. **Blätter grundständig.** Blütenblätter 6 (ohne Kelch).
Staubblätter 6. Blütenstand traubig oder rispig. Blätter
schmal. Stengel schaftartig. Bis $^2/_3$ m hoch.

  1. Schaft einfach, astlos. Griffel abwärts   **Astlose Graslilie.**
gekrümmt. Kapsel eiförmig. Mai—Juni.   *Anthéricum liliágo.*

  2. Schaft ästig, Griffel gerade. Kapsel   **Ästige Graslilie.**
rundlich. Juni—Juli.   *Anthéricum ramósum.*

6. Doldenpflanzen der sonnigen Hügel.

(**Beachte** den Unterschied zwischen Dolde und Trugdolde! Schafgarbe wird oft als Doldenpflanze angesehen: sie blüht weiß, wie die
meisten Doldenpflanzen, ihr Blütenstand ist doldig und ihre Blätter
sind gefiedert. Siehe Abb. S. 433.

I. **Pflanze von distelartigem Aussehen,**   **Männertreu.**
sparrig ausgebreitet, weißgrün. (S. 652.)   *Erýngium campéstre.*

II. **Pflanze nicht distelartig.**

  A. **Blätter einfach, ungeteilt, ganzrandig.** Blüten gelb,
Kronblätter eingerollt.

    1. Blätter, wenigstens die oberen, vom Stengel durchwachsen,
eiförmig oder rundlich. Hülle fehlt. Hüll-   **Rundes Hasenohr.**
chen aus 3—5 rundlichen Blättchen be-   *Bupleúrum rotundi-*
stehend. Bis $^1/_2$ m hoch. Juni—August.   *fólium.*

    2. Blätter nicht durchwachsen. Obere Blätter am Grunde ver-
schmälert, die unteren langgestielt. Döldchen vielblütig.
Hülle und Hüllchen aus mehreren lan-   **Sichel-Hasenohr.**
zettlichen Blättchen bestehend. Bis 1 m   *Bupleúrum falcátum.*
hoch. Juli—Oktober. (S. 654,)

  B. **Blätter 3zählig oder mehrfach 3zählig.** Blüten weiß
    a) Hülle und Hüllchen fehlen (oder nur aus 1—2 unbestän-
digen Blättchen bestehend). Blätter groß, die oberen 3zählig,
die unteren 3fach-3zählig. Blättchen groß, rundlich, gekerbt,
meist 3lappig, unterseits bläulichgrün.
Blattscheiden bauchig. Bis 2 m hoch.   **Roßkümmel.**
Mai—Juni.   *Siler trílobum.*

    b) Hülle und Hüllchen 3- bis mehrblättrig.
    1. Blätter 3zählig, das mittlere Blättchen 3spaltig, die seit-
lichen 2—3spaltig. Die einzelnen Blätt-   **Sichelmöhre.**
chen sichelförmig, scharf gesägt. (S. 354.)   *Falcária vulgáris.*

2. Blätter 3zählig-doppeltgefiedert. Blättchen groß, eiförmig, gesägt, am Grunde herzförmig. Blattscheiden aufgeblasen. Bis 1½ m hoch. Juli—August.

Breites Laserkraut.
Laserpilium latifólium.

C. Blätter einfach gefiedert. Blüten weiß. Hülle und Hüllchen fehlen oder nur aus 1—2 unbeständigen Blättchen bestehend.

1. Stengel kantig gefurcht, beblättert. (S. 434.)

Große Bibernelle.
Pimpinélla magna.

2. Stengel stielrund, oben nicht beblättert. (S. 434.)

Kleine Bibernelle.
Pimpinélla saxífraga.

D. Blätter 2—3fach gefiedert. Blüten weiß oder rötlich oder gelblich.

a) Hülle fehlend, Hüllchen mehrblättrig. Kelchsaum 5zähnig. Kelchzähne kurz, dick, 3eckig.

1. Blätter des Hüllchens fast bis Spitze verwachsen, becherförmig. Dolden 9—12strahlig. Grundblätter 3fach gefiedert, oben am Stengel nur blattlose Scheiden. Bis ½ m hoch. Juli—September.

Pferde-Sesel.
Séseli hippomárathrum.

2. Blätter des Hüllchens nicht verwachsen, breithäutig berandet, länger als das Döldchen. Dolde 15—30strahlig. Ganze Pflanze kurzflaumig behaart, oft violett angelaufen. Bis ⅔ m hoch. Juli—August.

Starrer Sesel.
Séseli ánnuum.

b) Hülle und Hüllchen mehrblättrig.

α) Frucht ungeflügelt, eiförmig, gestreift, kurzhaarig. Dolde meist 20—30strahlig. Stengel scharfkantig gefurcht. Bis 1¼ m hoch. Juli—August.

Hellwurz.
Séseli libanótis.

β) Frucht am Rande geflügelt, linsenförmig.

§ Hülle zurückgebogen. Krone weiß. Stengel stielrund, gestreift.

1. Verzweigungen des Blattstiels spitzwinklig abstehend. Blättchen eiförmig, scharf gesägt, unterseits graugrün, fast lederartig. Bis 1 m hoch. Juli—September.

Hirschwurz.
Peucédanum cervária.

2. Verzweigungen des Blattstiels rechtwinklig abstehend oder zurückgebogen. Blättchen fiederspaltig, mit länglichen Zipfeln, glänzend. Bis 1 m hoch. Juli—August. (S. 197.)

Bergsilge.
Peucédanum oreoselínum.

§§ Hülle abstehend. Krone gelblich. Stengel kantig gefurcht, mit rutenförmigen Ästen. Blätter 3fach gefiedert. Blättchen tief fiederspaltig, mit weißspitzigen Zipfeln. Bis 1¹/₄ m hoch. Juli—September. In Mitteldeutschland sehr selten. *Elsässischer Haarstrang. Peucédanum alsáticum.*

7. Gelbe Blumen der sonnigen Hügel.

I. Siehe Frühblüher mit gelben Blüten! (S. 268.)

II. Gelbblühende Sträucher. (S. 43.)

III. Blütenstand in Dolden. (Siehe Hasenohr S. 273.)

IV. Blütenstand in Körbchen.

A. Randblüten zungenförmig, Scheibenblüten röhrig. Beispiel: Kamille.

a) Hüllblätter dachziegelartig.

α) Strahlenblüten 5—8. (S. 45.) *Goldrute. Solidágo virga áurea.*

β) Strahlblüten zahlreich.

1. Stengel meist 1 (—3-)köpfig, von abstehenden Haaren rauh, bis ¹/₂ m hoch. Strahlblüten gelb, länger als die Scheibenblüten. Blätter länglich, sitzend, gezähnt, rauhhaarig oder unterseits filzig. Juni—Juli. *Rauher Alant. Ínula hirta.*

2. Stengel vielköpfig, behaart, bis ²/₃ m hoch. Köpfe klein (bis 1 cm lang), doldenrispig, gedrängt. Strahlblüten gelb, kaum länger als die Scheibenblüten. Blätter länglich, am Grunde etwas herzförmig, behaart. Juli—August. *Deutscher Alant. Ínula germánica.*

3. Stengel vielköpfig, dünnfilzig, bis 1¹/₄ m hoch. Köpfe klein, doldentraubig, Strahlblüten rötlich, fast röhrig, 3spaltig, nicht länger als die Hülle. Scheibenblüten hellbräunlich. Blätter länglich, unterseits filzig, die oberen mit verschmälertem Grunde sitzend. Juli—Oktober. *Dürrwurz. Ínula conýza.*

b) Hüllblätter 1reihig, an der Spitze meist schwärzlich. Strahlblüten oft zurückgerollt. Köpfchen klein, rispig oder doldentraubig. Blätter leierförmig-fiederteilig. (S. 45). *Jakobs-Kreuzkraut. Senécio Jacobáea.*

B. Alle Blüten zungenförmig. Beispiel: Löwenzahn. An sonnigen Hängen häufig: *Hierácium, Leóntodon, Picris, Tragópogon, Lactúca, Taráxacum.* Bestimmung nach Tabelle S. 629.

276 An sonnigen Hügeln.

C. **Alle Blüten röhrig.** Beispiel: Kornblume.

a) **Blüten ohne Pappus.** Köpfchen in dichten Doldentrauben. Blätter gefiedert. Starker Geruch! (S. 485 u. 631.) — **Rainfarn.** *Tanacétum vulgáre.*

b) **Blüten mit Pappus.**

α) Pflanze distelartig. Äußere Hüllblätter dornig gezähnt. Innere Hüllblätter einfach, gelb oder weißlich, trockenhäutig.

1. Ohne Stengel. Der einzige, große Blütenkorb sitzt dicht am Boden in der Blattrosette. Innere Hüllblätter silberweiß. Blütenscheibe gelb, später rötlich. Blätter tief fiederspaltig, die Fiedern stachelspitzig. Juli—September. Gesetzlich geschützt! — **Große Eberwurz, Silberdistel.** *Carlína acaúlis.*

2. Zuweilen dieselbe Pflanze mit kurzem Stengel. — *Carlína acaúlis var. Cauléscens.*

3. Stengel bis ½ m hoch, 2- bis vielköpfig. Blätter länglich lanzettlich, buchtig-dornig gezähnt. Hülle spinnwebig. Innere Hüllblätter strohgelb. Juli—August. — **Kleine Eberwurz.** *Carlína vulgáris.*

β) Pflanze nicht distelartig. Blätter einfach, wechselständig.

1. Hüllblätter krautig, grün, nicht wollig. Köpfchen doldenrispig. Blätter lineal, sitzend, meist 1nervig. Stengel einfach, dicht beblättert, bis ½ m hoch. August—September. — **Goldhaar.** *Aster linósyrus.*

2. Hüllblätter trockenhäutig oder wollig. Pflanze weiß- oder graufilzig. Hüllblätter zitrongelb, zuweilen orange. Scheibe orange. Köpfe dicht doldentraubig. Blätter verkehrt eiförmig, die oberen spitz. Stengel einfach, filzig (wie auch die Blätter), bis ⅓ m hoch. Juli-Oktober. — **Sand-Strohblume.** *Helichrýsum arenárium.*

(Siehe auch Ruhrkraut, Filzkraut und Katzenpfötchen! S. 270.)

V. **Blütenstand nicht in Dolden oder Körbchen.**

A. **Blätter quirlständig.**

1. Blätter zu 4, mit 3 Nerven. Stengel rauhhaarig-zottig, bis ½ m hoch. (S. 634.) — **Kreuz-Labkraut.** *Gálium cruciátum.*

2. Blätter zu 6—12, sehr schmal, mit nur einem stark hervortretenden Nerv. Stengel rund, mit 4 feinen Rippen, bis ½ m hoch. (S. 634.) — **Echtes Labkraut.** *Gálium verum.*

Pflanzenleben. **277**

B. **Blätter gegenständig.**

  a) **Krone verwachsenblättrig.**

    α) Krone radförmig, 5teilig, ihre Zipfel lanzettlich, 3mal länger als die Röhre. Blütenstand in den Blattachseln und an der Spitze des Stengels quirlig gehäuft. Auffällige, kräftige Pflanze, bis 1¼ m hoch. In Süddeutschland auf hohen Bergtriften vereinzelt, sonst in den Alpen. Juli—August. (S. 295.)   **Gelber Enzian.** *Gentiána lútea.*

    β) Krone lippig. Staubblätter 4 (2 lang, 2 kurz).

    § Krone scheinbar 1lippig.

    1. Oberlippe sehr kurz, 2lappig; Unterlippe 3spaltig. Kronröhre innen mit einem Haarring. Blüten einzeln oder zu 2 in den Blattachseln. Blätter tief 3teilig, mit linealen Zipfeln. Stengel am Grunde verzweigt, zottig, bis 15 cm hoch. Juni—August.   **Gelber Günsel.** *Ájuga chamáepitis.*

    2. Oberlippe tief gespalten, ihre Zipfel der Unterlippe anliegend, so daß diese 5lappig erscheint. Kronröhre innen ohne Haarring. (S. 51 u. 198.)   **Gamander.** *Teúcrium.*

    Kelch fast gleichmäßig 5zähnig. Blüten in einen endständigen Kopf zusammengedrängt. Blätter lineal-lanzettlich, am Rande umgerollt, unterseits graufilzig. Stengel niederliegend, bis ¼ m lang. Juni bis August.   **Berg-Gamander.** *T. montánum.*

    Kelch 2lippig, Oberlippe ungeteilt, Unterlippe 4zähnig. Krone hell grünlichgelb. Blüten einzeln in den Blattwinkeln, zu lockeren Ähren vereinigt. Blätter gestielt, am Grunde herzförmig, gekerbt, runzelig. Juni—September.   **Wald-Gamander.** *T. scorodónia.*

    §§ Krone deutlich 2lippig.

    1. Fruchtknoten 4teilig (Lippenblütler. Krone entfernen und mit der Lupe in den offenen Kelch sehen! Sehr gut zu sehen bei Taubnessel). — Kelch gleichmäßig 5zähnig, röhrig-glockig. Kronröhre innen mit Haarring. (S. 50.)   **Ziest.** *Stachys.*

    Blütenquirle 6—10blütig, etwas entfernt. Blätter kurzhaarig, untere gestielt, obere sitzend. Kelchzähne mit kahler Stachelspitze. Bis ⅔ m hoch. Juni bis Oktober.   **Berg-Ziest.** *St. recta.*

Blütenquirle 4—6blütig, Blätter meist kahl, gestielt. Kelchzähne mit weichhaariger Stachelspitze. Bis $\frac{1}{3}$ m hoch. Juli—Oktober.

Sommer-Ziest.
St. ánnua.

2. Fruchtknoten 2teilig (Rachenblütler). Kelch röhrig, 4zähnig.

Laubblätter (Laubblätter grün, Hochblätter gefärbt!) ganzrandig. (S. 46.)

Wachtelweizen.
Melampýrum.

Laubblätter schwach gesägt (die oberen ganzrandig); Krone goldgelb, bärtig gewimpert. Deckblätter kürzer als die Blüten. Bis 40 cm hoch. Juli—September. (S. 271 u. 362.)

Gelber Augentrost.
Euphrásia lútea.

b) **Krone freiblättrig.**

1. Krone 5blättrig, Kelch 5blättrig. Staubblätter zahlreich. Kleine, halbverholzte Pflanzen. 15 bis 30 cm hoch.

Sonnenröschen.
Heliánthemum.

Blätter mit Nebenblättern (Pflanze veränderlich: Blätter eiförmig oder länglich, flach oder am Rande umgerollt, beiderseits grün oder unterseits graubehaart). Juni—Sept.

Gemeines Sonnenröschen.
H. nummulárium.

Blätter ohne Nebenblätter, länglich oder eiförmig, unterseits grau- bis weißfilzig. Mai—Juni.

Graues Sonnenröschen
H. canum.

2. Krone 5blättrig, Kelch 5blättrig. Staubblätter in 3—5 Bündel verwachsen. Pflanzen $\frac{1}{2}$—1 m hoch. (S. 48.)

Hartheu (Johanniskraut).
Hypéricum.

C. **Blätter wechselständig.**

a) **Krone verwachsenblättrig.**

1. Krone radförmig mit fast regelmäßig 5teiligem Saume, der Vorderlappen größer. Staubblätter 5. Steife, kräftige Pflanzen, bis 2 m hoch, meist filzig oder wollig. (S. 637.)

Königskerze (Wollkraut).
Verbáscum.

2. Krone röhrig-glockig, mit schiefem, 4- oder 5spaltigem, fast 2lippigem Saume. Staubblätter 4, ungleich lang, dem Grunde der Krone eingefügt. Bis $1\frac{1}{4}$ m hoch. Alle Pflanzenteile giftig! Gesetzlich geschützt! (S. 63.) Juni—Juli.

Fingerhut.
Digitális.

Pflanze oberwärts weichhaarig. Krone 3—$4\frac{1}{2}$ cm lang.

Blasser Fingerhut.
D. ambigua.

Pflanze oberwärts kahl. Krone 2 cm lang.

Gelber Fingerhut.
D. lútea.

Pflanzenleben. 279

3. Krone trichterig, am Schlunde mit Schuppen. Staubblätter 5, der Kronröhre eingefügt. Pflanze rauhhaarig. Schlundschuppen kahl, gelb. (S. 57.)

Buntes Vergißmeinnicht.
Myosótis versícolor.

Schlundschuppen behaart. (S. 650 u. 353.)

Echter Steinsame.
Lithospérmum officinále.

b) Krone freiblättrig.

α) Blätter ungeteilt.

1. Krone 4 blättrig, mit den 4 Kelchblättern ins Kreuz gestellt. Staubblätter 6 (4 lang, 2 kurz). Frucht ein Schötchen (etwa so breit wie lang), rundlich, behaart. Blätter weißfilzig oder grauhaarig.

Steinkraut.
Alýssum.

Blüten goldgelb. Kelch zur Fruchtzeit abfallend. Bis ¹/₄ m hoch. März—Mai.

Berg-Steinkraut.
A. montánum.

Blüten bleichgelb, zuletzt weiß. Kelch zur Fruchtzeit noch vorhanden. Bis ¹/₄ m hoch. Mai—August.

Kelch-Steinkraut.
A. calýcinum.

2. Krone 4 blättrig, bis 2¹/₂ cm lang. Staubblätter 8. Bis 1 m hoch. Juni—August. (S. 198 u. 634.)

Nachtkerze.
Oenothéra biénnis.

3. Krone verschiedenblättrig, Staubblätter 8, ihre Fäden verwachsen. Blätter elliptisch, stachelspitzig, lederartig, immergrün. Stengel holzig, ästig, bis 20 cm hoch. April—Juni. (S.449.)

Kreuzblume, Zwergbuchs.
Polýgala chamaebúxus.

4. Krone und Kelch 4—6 blättrig, zerschlitzt. Staubblätter 12. (Blüten sehr klein, Lupe! Auffälligstes Merkmal der Pflanze: zahlreiche Blütchen sehr dicht um den Stengel gestellt, daher Blütenstand schwanzartig).

Wau.
Reséda.

Alle Blätter ungeteilt. Blüten blaßgelb. Krone und Kelch 4 teilig. Stengel steif-aufrecht, bis 1¹/₄ m hoch. Juni—September. (S. 634.)

Färber-Wau.
R. luteóla.

Alle Blätter 3 spaltig bis doppelt 3 spaltig. Blüten hellgelb. Krone und Kelch 6 teilig. Bis ¹/₂ m hoch. Juli—August.

Gelber Wau.
R. lútea.

β) Blätter geteilt.

1. Krone 5- bis vielblättrig. Staubblätter zahlreich auf dem Blütenboden.

Grundblätter 3 zählig, mit gestielten Blättchen. Kelch zurückgeschlagen. Blütenstiele gefurcht. Honigdrüse (am

Grunde der Kronblätter) mit einer Schuppe verdeckt. Stengel am Grunde knollig verdickt, behaart, bis $^1/_3$ m hoch. Mai—Juni. Giftig! (S. 439 u. 636.)

Knolliger Hahnenfuß.
Ranúnculus bulbósus.

Blätter 2—3fach fiederteilig, mit linealen Zipfeln. Ohne Honigdrüsen. Kronblätter 12—16, länglich, glänzend hellgelb. Bis $^1/_2$ m hoch. April—Juni.

Frühlings-Teufelsauge
(Adonisröschen).
Adónis vernális.

2. Krone 5- (oder 4-) blättrig. Staubblätter zahlreich auf dem Kelchrande. Blätter gefingert oder gefiedert. Kleine Kräuter, oft mit liegendem Stengel. (Siehe S. 282!)

Fingerkraut.
Potentilla.

3. Krone 5blättrig: Schmetterlingsblüte (wie Erbse oder Bohne). Staubblätter 10, meist verwachsen. Blätter 3zählig (wie bei Klee) oder gefiedert (wie bei Wicken). (Siehe S. 280!)

Klee u. Wicken.

D. **Pflanzen ohne grüne Laubblätter.** Sogleich auffällig durch ihre Farbe: bleich, bleichgelb, braungelb, fleischfarben, rötlich. (Siehe S. 349!)

Sommerwurz.
(Würger.)
Schuppenwurz.

8. Gelber Klee und gelbe Wicken an sonnigen Hügeln.

I. Blätter 3zählig.

A. **Blüten in lockeren kopfförmigen Dolden,** meist 5blütig, beim Aufblühen blutrot überlaufen. Schiffchen (mittleres Kronblatt) geschnäbelt (spitz), rechtwinklig aufsteigend. Stengel kantig, niederliegend oder aufsteigend, bis $^1/_3$ m lang. Mai—September.

Hornklee.
Lotus corniculátus.

B. **Blüten in kleinen, dichten Köpfchen.** Schiffchen nicht geschnäbelt.

a) Köpfe etwa 10blütig, klein, locker. Krone hellgelb: Nebenblätter (2 kleine Blätter am Grund des Stiels) am Grunde verbreitert. Stengel niederliegend, bis $^1/_3$ m lang. Mai—September.

Kleiner Klee.
Trifólium dúbium.

b) Köpfe 20—40blütig. Flügel auseinandertretend. Krone goldgelb.

1. Alle drei Blättchen (nicht Blatt!) kurz gestielt. Nebenblätter lanzettlich, am Grunde nicht breiter. Stengel aufsteigend oder aufrecht, bis 40 cm hoch. Juni—Juli.

Goldklee.
Trifólium strepens.

Pflanzenleben. 281

2. Mittleres Blättchen länger gestielt als die seitlichen. Nebenblätter am Grunde breiter. Stengel nieder- **Feldklee.**
liegend oder aufsteigend. Juni–September. *Trifólium campéstre.*

II. Blätter unpaarig gefiedert (mit Endblättchen!).

A. Blüten in doldigen Köpfchen

a) Schiffchen stumpf. Gelbe Krone oft rot überlaufen. Kelch
bauchig, filzig. Unter dem kugeligen Köpfchen ein fingerförmig geteiltes Deckblatt. Obere Blätter **Wollklee,**
1—7 paarig. Stengel mehrere, bis $^1/_3$ m **Wundklee.**
hoch. Mai—Oktober. *Anthýllis vulnerária.*

b) Schiffchen zugespitzt. Hülsen gegliedert.

1. Hülsen stielrund oder 4 kantig, ge- **Kronwicke.**
gliedert. *Coronílla.*

Dolden 15—20 blütig. Blütenstiele 3 mal so lang wie die
Kelchröhre. Blättchen meist 5 paarig. Nebenblätter klein, die
unteren zusammengewachsen. Bis $^1/_2$ m **Berg-Kronwicke.**
hoch. Juni—Juli. *C. coronáta.*

Dolden 5—10 blütig. Blütenstiele so lang wie die Kelchröhre.
Blättchen 3—4 paarig. Nebenblätter groß,
scheidig zusammengewachsen. Bis $^1/_4$ m **Scheiden-Kronwicke.**
hoch. Mai—Juli. *C. vaginális.*

(Siehe auch S. 33: *Coronilla emerus*!)

2. Hülsen zusammengedrückt, hufeisenförmig gekrümmt.
Dolden 4—10 blütig. Blätter 5—7 paarig, **Hufeisenklee.**
lang gestielt. Bis 20 cm hoch. Mai—Juli. *Hippocrépis comósa.*

B. Blüten in Trauben.

a) Schiffchen stumpf, ohne Spitze. **Tragant.**
  Astrágalus.

Blättchen 9—15, oberseits kahl. Blüten grünlichgelb.
Früchte kahl. Stengel fast kahl, liegend, **Bärenschote.**
bis 1$^1/_4$ m lang. Juni—August. *A. glycyphýllus.*

Blättchen 17—25, beiderseits behaart. Blüten blaßgelb.
Früchte behaart. Stengel behaart, liegend, **Kicher-Tragant.**
bis $^2/_3$ m lang. Juni—August. *A. cicer.*

b) Schiffchen pfriemlich zugespitzt. Ganze **Fahnwicke.**
Pflanze zottig behaart. Bis $^1/_3$ m hoch *Oxýtropis pilósa.*
Juni—Juli.

III. Blätter paarig gefiedert
(ohne Endblättchen! Blattstiel endet in eine Wickelranke!).

a) Blättchen 3—5paarig, rundlich-eiförmig, das unterste Paar dem Stengel angedrückt, dadurch die halbpfeilförmigen Nebenblätter verdeckt. Blüten hellgelb, in gedrungener Traube. Bis 2 m hoch. Juni—August. **Erbsenwicke.** *Vicia pisiformis.*

b) Blättchen 1paarig.

1. Stengel deutlich geflügelt (mit Längsleisten). Krone gelblichgrün, rot überlaufen. Trauben mehrblütig, etwas länger als ihr Blatt. Bis 2 m hoch. Juli—August. **Waldplatterbse.** *Láthyrus silvéstre.*

2. Stengel nicht geflügelt. Krone gelb. Stengel weichhaarig, bis 1 m hoch. Juni—August. **Wiesenplatterbse.** *Láthyrus praténsis.*

9. Gelbe Fingerkräuter an sonnigen Hügeln.

Die Fingerkräuter fallen in die Augen durch ihre leuchtend gelben (selten weißen) Blüten und ihre gefingerten (selten gefiederten) Blätter. Einige blühen schon früh im Jahre und werden daher nicht übersehen, obgleich sie nur niedrige Kräuter sind. Blütenmerkmale: Krone 5- (selten 4-) blättrig, Staubblätter zahlreich auf dem Kelchrand.

I. Blütenteile meist 4zählig (Kronblätter 4, Kelchzipfel 8). Stengelblätter 3zählig, sitzend. Blüten einzeln oder zu 2. Bis $^1/_3$ m hoch. Juni—August. (*Tormentum*: Geschoß, Strick, Folter, Schmerz (Leibschmerz) — die „rote" Wurzel diente früher gegen die („rote" Ruhr, auch sonst als blutstillendes Mittel). **Wald-Fingerkraut. Blutwurz, Heidecker.** *Potentilla tormentilla.*

II. Blütenteile 5zählig (Kronblätter 5, Kelchzipfel 10). Blätter 5—7zählig. Blütenstand trugdoldig.

A. Blätter unterseits filzig.

a) Stengel niederliegend, zahlreich, filzig, bis 30 cm lang. Untere Blätter 5zählig, unterseits dünn graufilzig. Blättchen beiderseits mit 2—4 spitzen Zähnen. Mai bis Juni. **Hügel-Fingerkraut.** *P. collina.*

b) Stengel aufsteigend bis aufrecht.

1. Blättchen unterseits weißfilzig, am jederseits mit meist 3 Zähnen. Blüten hellgelb. Bis 30 cm hoch. Juni—Oktober. Rande umgerollt, **Silber-Fingerkraut.** *P. argéntea.*

Pflanzenleben.

2. Blättchen unterseits graufilzig, am Rande nicht umgerollt, jederseits mit 5—7 Zähnen.
Blüten goldgelb. Bis 30 cm hoch. Mai **Graues Fingerkraut.**
bis Juli.   *P. canéscens.*

B. **Blätter unterseits nicht filzig** (wohl aber mehr oder
weniger behaart).

a) Untere Blätter 5—7zählig.

1. Stengel bis $^2/_3$ m hoch, steif aufrecht, langhaarig (nie
filzig); Blütenstengel endständig. Blüten
2—$2^1/_2$ cm breit, blaßgelb oder goldgelb. **Hohes Fingerkraut.**
Juni—Juli.   *P. recta.*

2. Stengel bis 15 cm hoch, von abstehenden Haaren rauh;
Blütenstengel seitenständig. Blättchen   **Frühlings-**
an jedem Rande mit meist 4 Zähnen, der   **Fingerkraut.**
Endzahn kürzer. März—Mai.   *P. verna.*

b) Untere Blätter meist 7—9zählig. Stengel bis 15 cm hoch,
dünn, meist rötlich, von abstehenden Haaren rauh. Blättchen
keilförmig verschmälert, fast stielartig.
Blüten 1 cm breit, leuchtend gelb. Mai **Rötliches Fingerkraut.**
bis Juni.   *P. rubens.*

10. Rote (purpurn, lila) Blumen der sonnigen Hügel.

1. Pflanze mit Stacheln oder Dornen.

A. **Blätter einfach, oft fiederspaltig: Disteln.**

a) Pappus mit einfachen Haaren. (S. 253.)   **Distel.**
                                               Cárduus.
b) Pappus mit gefiederten Haaren.   **Kratzdistel.**
                                              Cirsium.

1. Stengel hoch, $^1/_2$—3 m. (S. 253.)

2. Stengel sehr kurz (scheinbar fehlend), einkopfig.
Blätter rosettig, am Boden ausgebreitet, fiederspaltig mit
meist 3lappigen, dornigen Zipfeln, unter- **Erd-Kratzdistel.**
seits kurzhaarig. Juli—September.   *C. acáule.*

B. **Blätter 3zählig. Äste mit Dornen.**

1. Stengel aufrecht. Dornen zahlreich, meist **Dornige Hauhechel**
zu zwei.   *Onónis spinósa.*

2. Stengel niederliegend, am Grunde wur-   **Kriechende**
zelnd, mit wenig Dornen oder dornenlos.   **Hauhechel.**
(S. 640.)   *Onónis repens.*

2. Pflanze ohne Stacheln und Dornen.

I. Blätter längsnervig: Orchideen. (S. 59.)
Sonnige Hügel sind Orchideengebiet!

II. Blätter netznervig.

A. Blätter 3zählig: Klee.

a) Kelchröhre außen behaart.

1. Kelchröhre 10nervig. Blättchen eiförmig oder elliptisch.
  Wiesenklee.
  Trifólium praténsis.

2. Kelchröhre 20nervig. Blättchen lanzettlich.
  Waldklee.
  Tr. alpéstre.

b) Kelchröhre außen kahl, nur die Zähne bewimpert.

1. Kelchröhre 10nervig. Blättchen elliptisch. Köpfchen einzeln, kugelig.
  Mittlerer Klee.
  Tr. médium.

2. Kelchröhre 20nervig. Blättchen länglich-lanzettlich. Köpfe meist zu zwei, länglich-walzenförmig.
  Purpurklee.
  Tr. rubens.

B. Blätter 5—7teilig oder 5—7lappig.

1. Staubblätter viele, in eine Röhre verwachsen. Kelch und Krone 5teilig. Stengelblätter tief geteilt. (S. 644.)
  Malven.
  Malva.

2. Staubblätter 10, am Grunde verwachsen. Blütenstiele einblütig, in den Blattachseln. Blätter tief 7teilig, mit gespaltenen Zipfeln. Bis $1/2$ m hoch. Juni—August. (S. 643.)
  Blutroter Storchschnabel.
  Geránium sanguineum.

C. Blätter gefiedert.

a) Blätter unpaarig gefiedert (mit einem Endblättchen). Blüten in einer langgestielten Traube. (S. 347.)
  Esparsette.
  Onobrýchis viciaefólia.

b) Blätter paarig gefiedert (am Ende mit oder ohne Wickelranke).

1. Stengel geflügelt (d. h. die Kanten auffällig verlängert). (S. 53.)
  Platterbse.
  Láthyrus.

2. Stengel nicht geflügelt. (S. 309.)
  Wicke.
  Vicia.

D. Blätter fiederspaltig oder 2—3fach fiederspaltig.

a) Korbblütler. Alle Blüten röhrig. Beispiel: Kornblume.

α) Früchte mit Pappus. Blütenboden mit Streublättern oder Borsten besetzt.

Pflanzenleben. 285

1. Randblüten meist größer als die inneren, trichterig. (S. 287.) **Flockenblume.** *Centauréa.*

2. Randblüten nicht größer als die inneren. Köpfe doldentraubig, Kronen purpurnlila. Blätter eiförmig, ungeteilt oder fiederspaltig, scharf gesägt, die oberen sitzend. Bis 1 m hoch. Juli—September. **Färberscharte.** *Serrátula tinctória.*

β) Früchte ohne Pappus. (Blätter reiben! Geruch!)

1. Blätter einfach fiederteilig, unterseits weißfilzig, Zipfel lanzettlich. Köpfchen eiförmig oder länglich, filzig. Bis 1³/₄ m hoch. Aug.—Sept. (S. 631.) **Gemeiner Beifuß.** *Artemisia vulgáris.*

2. Blättchen 2—3fach fiederteilig, seidenhaarig, später fast kahl, Zipfel lineal. Köpfchen eiförmig, kahl. Stengel ästig, bis ³/₄ m hoch, die niederliegenden nicht blühend. August—September. **Feld-Beifuß.** *Artemisia campéstris.*

b) **Lippenblütler.** Krone nicht deutlich 2lippig, scheinbar nur mit einer Lippe. Oberlippe tief gespalten, ihre Zipfel der Unterlippe anliegend, daher diese scheinbar 5spaltig. Blätter doppelt fiederspaltig, gegenständig. Pflanze zottig behaart, bis ¹/₃ m hoch. Juli—September. (S. 277.) **Trauben-Gamander.** *Téucrium botrys.*

E. **Blätter einfach.**

a) **Blätter gegenständig.**

α) Krone röhrig, glockig oder trichterförmig, mit 4- bis 9spaltigem Saum. Staubblätter 5.

1. Krone mit 5teiligem Saum. Griffel fadenförmig. (S. 444.) **Tausendgüldenkraut.** *Erythráea centaúrium.*

2. Krone mit 4—9spaltigem Saum. Griffel kurz. (S. 293.) **Enzian.** *Gentiána.*

β) Krone lippig. Staubblätter 4, davon 2 länger. (Lippenblütler.)

1. Krone undeutlich lippig, scheinbar nur 1lippig. Kelch fast gleichmäßig 5zähnig.

Blätter gestielt, in den Blattstiel verschmälert. Blütenquirle in endständigen Scheinähren. Bis ¹/₄ m hoch. Juli—Sept. (S. 277.) **Echter Gamander.** *Téucrium chamáedrys.*

2. Krone deutlich 2lippig.

§ Oberlippe der Krone deutlich gewölbt.
Kelch 5zähnig, röhrig-glockig. Blütenquirle vielblütig. (S. 50.)

Ziest.
Stachys.

§§ Oberlippe der Krone wenig gewölbt.
△ Staubblätter unter der Oberlippe der Krone hervorragend.

Kelch 5zähnig. (S. 50.)

Echter Dost.
Origanum vulgáre.

Kelch 2lippig. (S. 642.)

Feld-Thymian.
Thymus serpýllum.

△ △ Staubblätter nicht unter der Oberlippe hervorragend.
Kelch 2lippig. (Oberlippe 3spaltig, Unterlippe 2spaltig.) (S. 50.)

Quendel.
Calamíntha.

γ) Krone getrennt-blättrig, mit 4 oder 5 Blättern. Kelch verwachsen-blättrig. Staubblätter 10.

§ Griffel 5. Blütenstand traubig-rispig. Blätter lanzettlich. Stengel unter den Knoten klebrig, bis $^2/_3$ m hoch.

Pechnelke.
Viscária vulgáris.

§§ Griffel 2.

1. Kelch mit trockenhäutigen Streifen, am Grunde von Hüllschuppen umgeben. Blüten klein, in rispenförmigen Trugdolden, jede von Hüllschuppen umschlossen. Blätter lineal. Stengel niederliegend ästig, bis $^1/_3$ m lang. Juli—August. (S. 363.)

Felsnelke.
Túnica saxífraga.

2. Kelch ohne trockenhäutige Streifen, am Grunde von Hüllschuppen umgeben. Blüten über 1 cm breit. Blüten in köpfchenartigen Büscheln. Hüllschuppen trockenhäutig, braun. Blätter lineal. Blattscheiden 3- bis 4mal so lang wie die Breite der Blätter. Bis $^1/_2$ m hoch.

Karthäuser-Nelke.
Diánthus carthusianórum.

3. Blüten in köpfchenartigen Büscheln. Hüllschuppen krautig. Blattscheiden etwa so lang wie die Breite des Blattes. Pflanze behaart, bis $^2/_3$ m hoch.

Rauhe Nelke.
Diánthus arméria.

4. Blüten einzeln oder in lockeren Blütenständen. Krone karminrot, mit dunklerem Ring und weißen Punkten. Pflanze rauhhaarig, bis $^1/_2$ m hoch.

Heide-Nelke.
Diánthus deltoídes.

b) Blätter wechselständig.

1. Blütenstand: Körbchen (wie Kornblume). Ganze Pflanze filzig, bis 20 cm hoch. (S. 270.)

Gemeines Katzenpfötchen.
Antennária dióeca.

Pflanzenleben. 287

2. Blütenstand: Köpfchen (wie Klee). Blätter grasartig, 1 nervig, mit schwachen Seitennerven. Innere Hüllblätter durch den austretenden Mittelnerv stachelspitzig. Stengel bis 40 cm hoch. Mai—Juli. **Gemeine Grasnelke.** *Arméria vulgáris.*

3. Blütenstand: lange, endständige Traube. Blüten oft rot, meist jedoch blau. (S. 279.) **Kreuzblume.** *Polýgala.*

4. Blütenstand: Wickel (wie Vergißmeinnicht). Krone trichterförmig, erst rot, dann himmelblau, 1—1½ cm breit. Nichtblühende Stengel niederliegend, an der Spitze wurzelnd. Bis ²/₃ m hoch. Mai—Juni. (S. 279.) **Berg-Steinsame.** *Lithospérnium purpúreo-coerúleum.*

11. Flockenblumen.

I. Hüllblätter (des Körbchens) ohne Dorn.

A. Alle Blätter fiederspaltig.

1. Körbchen einzeln am Ende der Stiele, über 2 cm lang. Hüllkelch kugelig. Haarkrone so lang wie die Frucht. Blattzipfel lanzettlich. Bis 1 m hoch. Juli—August. **Grind-Flockenblume.** *Centauréa scabiósa.*

2. Körbchen rispig gehäuft, kleiner. Hüllkelch rundlich-eiförmig. Haarkrone halb so lang wie die Frucht. Blattzipfel lineal, am Rande abwärts gerollt. Bis ³/₄ m hoch. **Rispige Flockenblume.** *C. rhenána.*

B. Untere Blätter oft fiederspaltig, obere ungeteilt. (S. 641.) **Gemeine Flockenblume.** *C. jacéa.*

C. Alle Blätter ungeteilt, lanzettlich.

a) Die fiederig gefransten Anhängsel der Hüllblätter zurück-gekrümmt. Randblüten größer als die inneren.

1. Anhängsel der 3 inneren Reihen der Hüllblätter die äußeren überragend. Körbchen eiförmig. Bis ²/₃ m hoch. Juli—August. **Fransen-Flockenblume.** *C. phrýgia.*

2. Anhängsel der 3 inneren Reihen der Hüllblätter von den Fransen der nächstunteren bedeckt. Körbchen rundlich. Bis 1 m hoch. Juni bis August. **Wald-Flockenblume.** *C. pseudophrýgia.*

288   An sonnigen Hügeln.

b) Die borstig gefransten Anhängsel der Hüllblätter aufrecht, lanzettlich, meist schwarz. Randblüten nicht größer als die inneren. Blätter rauhhaarig. Bis 1 m hoch. Juli—Oktober.
Schwarze
Flockenblume.
C. nigra.

II. Hüllblätter in einen langen Dorn auslaufend.

Untere Blätter unterbrochen-fiederteilig, ihre Zipfel stachelspitzig gezähnt, obere Blätter lineal, sitzend, stachelspitzig. Bis $^2/_3$ m hoch. Juli—August. (S. 691.)
Stern-
Flockenblume.
C. calcitrapa.

12. Blaue (violette) Blumen der sonnigen Hügel.

1. Blätter längsnervig.

A. Blütenhülle verwachsen-blättrig, kugelig oder walzig. Staubblätter 6. Blüten in Trauben. Blätter grundständig, lineal, rinnig.
Träubel.
Muscári.

a) Traube gedrungen, 3—6 cm lang. Blüten nickend, alle Blüten blau. Pflanzen klein.

1. Blätter 3—6, schmal, rinnig, schlaff, bogig zurückgekrümmt. Blüten dunkelblau, weiß gesäumt. Bis 25 cm hoch. April—Mai.
Großes Träubel.
M. racemósum.

2. Blätter 2—3, vorn verbreitert, aufrecht. Blütenhülle himmelblau, weiß gesäumt. Bis 15 cm hoch. April—Mai.
Kleines Träubel.
M. botryoídes.

b) Traube locker, 10—25 cm lang. Untere Blüten waagerecht abstehend. Pflanzen groß.

1. Untere Blüten grünbraun mit weißgrünen Zähnen, ihre Mündung weit offen; obere Blüten lang gestielt. Bis 70 cm hoch. Mai—Juni.
Schopf-Träubel.
M. comósum.

2. Untere Blüten grünlichweiß, mit schwarzbraunen Zähnen, ihre Mündung eingeschnürt; obere Blüten so lang wie ihre Stiele. Bis 50 cm hoch. Mai—Juni.
Röhren-Träubel.
M. tenuiflórum.

B. Blütenhülle getrenntblättrig, die zurückgeschlagenen Zipfel dicht behaart. Blüten violett, am Grunde gelblichweiß, braun geadert. Staubblätter 3. Blätter schwertförmig. Stengel mehrblütig, bis $^2/_3$ m hoch. Mai.
Deutsche
Schwertlilie.
Iris germánica.

Pflanzenleben.

2. Blätter netznervig.

I. Blätter gegenständig.

A. Blüten zu einem Köpfchen mit einer Hülle (wie bei den Korbblütlern) vereinigt. Blätter ungeteilt oder fiederspaltig.

a) Blütenboden ohne Deckblättchen, nur mit Haaren besetzt. Krone 4spaltig.

   1. Blätter ungeteilt, länglich, selten am Grund eingeschnitten. (S. 54.) — **Wald-Skabiose.** *Knautia silvática.*

   2. Blätter fiederspaltig. (S. 54.) — **Acker-Skabiose.** *Knautia arvénsis.*

b) Blütenboden mit Deckblättchen.

   1. Krone 4spaltig. Randblüten nicht strahlend. (S. 448.) — **Teufels-Abbiß.** *Succísa praténsis.*

   2. Krone 5spaltig. Randblüten strahlend.

° Krone meist bläulichrot. Kelchborsten braun oder rot, 3—4mal so lang wie der Saum des Außenkelchs. (S. 447.) — **Tauben-Skabiose.** *Scabiósa columbárium.*

°° Krone meist hellblau. Kelchborsten bleichgelb, doppelt so lang wie der Saum des Außenkelchs. Bis ¹/₂ m hoch. Juli—Oktober. — **Wohlriechende Skabiose.** *Sc. canéscens.*

B. Blüten nicht in Köpfchen.

a) Krone röhrig, glockig oder trichterförmig, mit 4—9spaltigem Saum. Staubblätter 5. Blätter einfach. (S. 294.) — **Enzian.** *Gentiána.*

b) Krone teller- oder trichterförmig, ungleich 4—5lappig. Blütenstand in blattwinkelständigen Trauben. (Ehrenpreisarten des Waldes S. 57, der Wiese S. 446.) — **Ehrenpreis.** *Verónica.*

c) Krone lippig. Staubblätter 2 oder 4.

   1. Staubblätter 2. Krone und Kelch deutlich 2lippig. Blütenquirle bis 10blütig. Stengel mit wenigen Blätterpaaren, mit grundständiger Rosette. Deckblätter grün. Bis ²/₃ m hoch. Mai—Juli. (S. 451.) — **Wiesen-Salbei.** *Sálvia praténsis.*

   Blütenquirle bis 10blütig, violett oder rosa. Stengel dicht beblättert, ohne grundständige Rosette. Deckblätter purpurn. Bis ²/₃ m hoch. Juli—September. — **Wald-Salbei.** *Sálvia silvéstris.*

   Blütenquirle 15—30blütig, fast kugelig, kornblumenblau. Blätter 3eckig-herzförmig, Blattstiel mit 2 Öhrchen. Bis ²/₃ m hoch. Juli—Aug. — **Quirl-Salbei.** *Sálvia verticilláta.*

290 An sonnigen Hügeln.

2. Staubblätter 4. Krone und Kelch **Brunelle.**
deutlich 2lippig. (S. 56.) *Brunélla.*

3. Staubblätter 4. Krone nicht deutlich **Günsel.**
2lippig, scheinbar 1lippig. (S. 56.) *Ájuga.*

II. Blätter wechselständig.
A. Krone verwachsen-blättrig.

a) Krone glockig, mit 5spaltigem Saum. **Glockenblume.**
Staubblätter 5. Blätter ungeteilt. (S. 250.) *Campánula.*

b) Krone röhrig, mit 5lappigem Saum. Staubblätter 5, in der Kronröhre befestigt. Blätter ungeteilt. Ganze Pflanze von borstigen Haaren rauh.

1. Krone trichterförmig, 1—1½ cm breit, anfangs rot, dann blau. Nichtblühende Stengel niederliegend, an der Spitze wurzelnd. Bis ²/₃ m hoch. Mai—Juni. **Berg-Steinsame.**
(S. 287.) *Lithospérmum purpúreo-coerúleum.*

2. Krone stieltellerförmig, mit gelben **Vergißmeinnicht.**
Schuppen am Schlunde. (S. 57.) *Myosótis.*

3. Krone mit ungleich-5lappigem Saum. **Natterkopf.**
(S. 687.) *Echium.*

c) Krone unregelmäßig, 3blättrig. Kelch scheinbar 3blättrig, da die beiden seitlichen Kelchblätter blumenkronartig gefärbt sind. Blüten in Trauben.

1. Mittlere Deckblättchen länger als der Blütenstiel, vor dem Aufblühen die Blütenknospen überragend, die Traube daher schopfig. Blüten kleiner als bei **Schopfige**
vulgare, trüb-rosenrot, selten bläulich **Kreuzblume.**
oder weiß. Bis 25 cm hoch. *Polýgala comósa.*

2. Mittlere Deckblätter kürzer als der **Wiesen-Kreuzblume.**
Blütenstiel. Traube daher nicht schopfig. *Polýgala vulgáre.*
(S. 449.)

B. Krone getrennt-blättrig.

a) Blätter gefiedert. Blüte Schmetterlingsblüte (Erbse).

1. Stengel häufig geflügelt. (S. 53.) **Platterbse.**
Láthyrus.

2. Stengel nie geflügelt. (S. 309.) **Wicke.**
Vícia.

b) Blätter vielteilig, Grundblätter und unter der Blüte 3
quirlständige Hüllblätter. Staubblätter **Windröschen.**
viele auf dem Fruchtboden. (S. 292.) *Anemóne.*

c) Blätter ungeteilt. Kronblätter 5, un- **Veilchen.**
gleich, das vordere gespornt. Staub- *Viola.*
blätter 5. (S. 291.)

13. Veilchen.

I. Pflanzen ohne entwickelten Stengel, Blätter und Blüten entwickeln sich aus dem Wurzelstock.

A. Narbe in ein schiefes Scheibchen ausgebreitet; Blütenstiele zur Fruchtzeit aufrecht: Sumpf-, Torf- und Moorveilchen.

B. Narbe in ein hakiges Schnäbelchen verlängert. Blütenstiele zur Fruchtzeit niederliegend.

a) Pflanze mit kriechenden Ausläufern. Blütenstiele in oder über der Mitte mit 2 schuppenförmigen Blättchen. Blätter rundlich-nierenförmig. Blüten dunkelviolett, wohlriechend. März—April. **März-Veilchen.** *Viola odoráta.*

b) Pflanze ohne kriechende Ausläufer. Blätter und Blattstiele behaart.

1. Blätter am Grunde mit einer tiefen, engen Bucht. Nebenblätter lang gefranst. Blüten hellblau, wohlriechend. April—Mai. **Hügel-Veilchen.** *Viola collína.*

2. Blätter am Grunde mit einer seichten, weiten Bucht. Nebenblätter kurz gefranst. Blüten hellviolett, geruchlos. April—Mai. **Rauhes Veilchen.** *Viola hirta.*

II. Pflanzen mit deutlichem Stengel, stets ohne Ausläufer. Blüten endständig oder achselständig.

A. Stengel und Blattstiele 1reihig behaart. Blätter breit-herzförmig. Pflanze zunächst ohne entwickelten Stengel, der entwickelte Stengel aufrecht. Blüten blaßlila, wohlriechend. April—Juni. **Wunder-Veilchen.** *Viola mirábilis.*

B. Stengel und Blattstiele kahl oder behaart, jedoch niemals mit einer einzigen Haarleiste.

a) Grundständige Blätter vorhanden, langgestielt, breitherz-eiförmig. Pflanze 10—25 cm hoch. Blüten geruchlos.

1. Sporn weiß oder violett angehaucht, dick, gefurcht, 3 mm lang. Blüten hellblau. April—Mai. **Rivins Veilchen** *Viola Riviniána.*

2. Sporn violett, schlank, 6 mm lang. (S. 55.) **Waldveilchen.** *Viola silvática.*

b) Grundständige Blätter fehlen. (S. 55.) **Hunds-Veilchen.** *Viola canína.*

Grupe, Naturkundl. Wanderbuch.

14. Anemonen und Kuhschellen.

Anemonen sind seit alters her Jedermannsblumen. Ein Teil von ihnen, z. B. das Buschwindröschen *Anemóne nemorósa*, sind Frühblüher und daher — wie alle anderen Frühblüher — jedermann bekannt. Jede deutsche Landschaft hat einen besonderen Namen für sie: *Anemone* (griechisch *ánemos* = Wind, also Windling), *nemorosa* (lat. *nemus* = Hain, Busch, also Hain- oder Buschröschen), Buschwindröschen, Märzblume, Märzglöckchen, Osterblume, Ziegenblume, Geißblume, weißes Holzkatterle (Kathrin), Vorwitzchen (weil sie schon blüht, wenn das Wetter noch unsicher ist).

Die violetten Anemonen heißen Kuhschellen oder Küchenschellen (eigentlich: Kühchenschelle, Kühchen = kleine Kuh). Die bekannteste ist *Anemone pulsatilla* (*pulsare* = schlagen, stoßen, läuten — der Wind läutet die Schelle, die Ähnlichkeit hat mit einer Kuhschelle). Eine andere Deutung lautet so: lat. *cucu, cuculla* = Kapuze, deutsch: *gugel* = Narrenkappe, Gugelschellen = Narrenschellen, also: Kuchel- oder Kuchenschelle (so hieß die Pflanze im Mittelalter) = Narrenschelle — die dichtbehaarte Blume ähnelt einer mittelalterlichen Narrenschelle. Im Kanton Bern in der Schweiz heißt sie heute noch Guggelblume.

Anemonen und Kuhschellen sind auch heute noch Jedermannsblumen — denn jedermann fällt darüber her und reißt aus, was die Hände nur fassen können. Deshalb stehen alle Kuhschellen und die meisten Anemonen unter Naturschutz.

I. Weiße Anemonen.

A. Hüllblätter (das sind die 3 quirlständigen Blätter unter der Blüte, das Kennzeichen für alle Anemonen) gestielt, 3zählig.

    a) Wurzelblätter fehlend oder nur ein einziges 3zähliges Blatt. Stengel 1—2blütig. Bis 25 cm hoch. März bis April.   **Busch-Windröschen.** *Anemóne nemorósa.*

    b) Wurzelblätter mehrere, Stengel nur 1blütig.

        1. Wurzelblätter 5teilig, mit länglichen 3spaltigen Zipfeln. Oberer Teil der Pflanze weißwollig. Bis 30 cm hoch. Mai—Juni. (S. 41.)   **Großes Windröschen.** *A. silvéstris.*

        2. Wurzelblätter 3zählig, doppelt gefiedert, den Hüllblättern gleich. Hüllblätter mit kurzem, breitem Stiel. Früchte mit langgeschwänztem Federbusch! Bis 30 cm hoch. Mai—August. (Brocken und Riesengebirge: Brockenblume.)   **Teufelsbart.** *A. alpína.*

B. Hüllblätter sitzend.
1. Wurzelblätter gefiedert, mit 2- oder 3spaltigen Blättchen, von den Hüllblättern verschieden. Blüten innen weiß, außen meist violett. Ganze Pflanze bräunlich- **Frühlings-** gelb behaart. Bis 15 cm hoch. Mai—Juni. **Windröschen.** *A. vernális.*
2. Wurzelblätter handförmig 3—5teilig, Zipfel 2—3spaltig, den Hüllblättern ähnlich. Blüten innen weiß, außen oft rötlich überlaufen, in 3—8blütiger Dolde. Ganze **Berghähnlein.** Pflanze behaart. Bis 60 cm hoch. Mai bis *A. narcissiflóra.* Juli. Riesengebirge, Jura.

II. Gelbe Anemonen.

Hüllblätter 3, quirlständig, 3zählig. Wurzelblätter fehlen oder nur ein einziges 3zähliges Blatt. Stengel 1—3- **Gelbes Windröschen.** blütig. Bis 25 cm hoch. April—Mai. *A. ranunculoídes.*

III. Violette Anemonen, Kuhschellen.

A. Die 3blättrige Hülle sitzt dicht unter der Blüte und stellt scheinbar den Kelch dar. Blätter 3lappig. Blüten **Leberblümchen.** blau. März—April. *A. hepática.*

B. Die quirlständigen, ungestielten Hüllblätter sitzen ein Stück unter der Blüte und sind vielteilig lineal aufgespalten.
a) Wurzelblätter rundlich, 3zählig oder bis auf den Grund 3teilig, mit 3spaltigen Lappen. Blüten sternförmig, hellviolett. Bis 20 cm hoch. **Heide-Kuhschelle.** April—Mai. Ostdeutschland. *Anemóne pátens.*
b) Wurzelblätter 3fach gefiedert, mit linealen Blättchen.
1. Blüten aufrecht, etwas ausgebreitet, hellviolett. Blütenblätter doppelt so lang wie die Staub- **Echte Kuhschelle.** blätter. Bis 30 cm hoch. März—Mai. *A. pulsatílla.*
2. Blüten überhängend, dunkelviolett. Blütenblätter an der Spitze zurückgebogen, gerade so lang oder nur wenig länger als die Staubblätter. Bis 40 cm hoch. April **Nickende Kuhschelle.** bis Juni. *A. praténsis.*

15. Enziane.

Das eigentliche Gebiet der Enziane sind die Alpen. Aber auch im Berg- und Flachland wachsen gegen zwei Dutzend Arten: die meisten auf Bergtriften, einige auch auf feuchten oder torfigen Wiesen. Die nachfolgende Tabelle bringt Arten der trockenen Triften. (S. 449.) Viele Enziane sind gesetzlich geschützt!

294   An sonnigen Hügeln.

I. **Krone azurblau, 4spaltig.** Eingang zur Blumenkronröhre kahl.

  1. Zipfel der Krone gefranst. Blüten endständig. Stengel 1blütig oder mit einigen 1blütigen Ästen, bis $1/4$ m hoch. August—Oktober.   Fransen-Enzian. *Gentiána ciliáta.*

  2. Zipfel der Krone nicht gefranst, außen graublau, innen himmelblau. Kronröhre keulenförmig. Blüten quirlig gehäuft. Blätter am Grunde in eine Scheide verwachsen. Stengel dicht beblättert, bis 50 cm hoch. Juli bis September.   Kreuz-Enzian. *G. cruciáta.*

II. **Krone violett.** Eingang zur Blumenkronröhre bärtig.

  a) **Krone 4spaltig.** Kelch fast bis zum Grunde 4teilig.

    1. Grundblätter eiförmig oder lanzettlich. Auf Hügeln und kurzrasigen oder sandigen Strandweiden in Nord- und Mitteldeutschland. Bis 20 cm hoch. August—Oktober.   Baltischer Enzian. *G. báltica.*

    2. Grundblätter spatelig (nach der Spitze zu am breitesten). Stengel am Grunde mit häutigen, bräunlichen Resten vor-jähriger Blätter. Bis 30 cm hoch. Juli bis September.   Feld-Enzian. *G. campéstris.*

  b) **Krone 5spaltig.**

    α) Kelch kahl.

    1. Krone klein, 1—2 cm lang, nach oben wenig erweitert. Kelchzipfel meist nicht umgerollt. Grundblätter zungenförmig oder spatelförmig. Stengel einfach oder verästelt, bis 30 cm hoch. Aug.—Okt.   Bitterer Enzian. *G. amarélla.*

    2. Krone größer, 2—4 cm lang, nach oben erweitert, violett, oft mit weißlicher Röhre. Kelchzipfel am Rande oft umgerollt, länger als die Kelchröhre, ihre Ränder als grüne Rippen herablaufend. Unterste Blätter spatelförmig bis länglich, oft rosettenähnlich gehäuft. Stengel einfach oder vom Grunde an mit langen Zweigen, bis $1/3$ m hoch. August—Oktober.   Deutscher Enzian. *G. germánica.*

    β) Kelch flaumhaarig, wenigstens an den Kanten, seine Zipfel mit scharf zugespitzten Buchten zusammenstoßend, 3eckig, lang zugespitzt, die Ränder an der Röhre als grüne Kanten herablaufend. Krone $2^1/_2$—$4^1/_2$ cm lang. Stengel meist vom Grunde an mit langen Ästen, bis 30 cm hoch. Juni—September.   Rauher Enzian. *G. áspera.*

Pflanzenleben.   **295**

III. **Krone gelb**, radförmig, fast bis zum Grunde 5—6teilig.
Blätter bläulich, bis 12 cm breit. Weithin auffällige Pflanze,
$^1/_2$—1$^1/_2$ m hoch. Alpen, vereinzelt auch auf   **Gelber Enzian.**
Bergtriften in Süddeutschland. Juli—Aug.   *G. lútea.*

16. Gräser der sonnigen Hügel.

(Vgl.: Gräser des Laubwaldes S. 66, Gräser des Kiefernwaldes S. 200,
Wiesengräser S. 428.)

1. Ährengräser.

Ährchen 2zeilig einzeln auf den Zähnen der   **Gefiederte Zwenke.**
Spindel. Pflanze hellgrün, bis 1 m hoch. (S. 66.)   *Brachypódium*
                                                        pinnátum.

2. Ährenrispengräser.

A. Scheinähre dicht walzenförmig. (Wie ein Zylinderputzer!
Vgl. Abb. 2 S. 431!)
  1. Scheinähre bleibt beim Umbiegen gleichförmig zylindrisch.
  Hüllspelzen gerade abgestutzt, am Kiel   **Wiesen-Lieschgras.**
  steifhaarig gewimpert. Bis 1 m hoch.   *Phleum praténse.*
  2. Scheinähre bleibt beim Umbiegen nicht zylindrisch, sondern
  wird lappig. Hüllspelzen schief abgestutzt,   **Böhmers-**
  nur am Kiel rauh. Bis $^1/_2$ m hoch.   **Lieschgras.**
                                                  Phleum Boehméri.
B. Scheinähre einseitswendig. (S. 429.)   **Kammgras.**
                                                 Cynosúrus cristátus.
C. Scheinähre 2zeilig. (S. 68.)   **Gefiederte Zwenke.**
                                                Brachypódium
                                                   pinnátum.
D. Scheinähre allseitswendig, locker.   **Ruchgras.**
  a) Ährchen 1blütig. (S. 429.)   *Anthoxánthum*
  b) Ährchen 2—vielblütig.   *odorátum.*
    1. Untere Deckspelze an der Spitze 3—5zähnig. Scheinähre
    rundlich bis länglich, oft bläulich überlaufen. Blätter starr,
    am Rande rauh, lineal, plötzlich kurz zu-   **Blaues Kopfgras.**
    gespitzt. Bis $^1/_2$ m hoch.   *Seslária caerúlea.*
    2. Untere Deckspelze stachelspitzig, am Rücken kurz ge-
    wimpert. Scheinähre grünlichweiß oder   **Graugrünes**
    bräunlichweiß. Blätter blaugrün. Bis 60 cm   **Schillergras.**
    hoch. (S. 201.)   *Koeléria glauca.*
    3. Untere Deckspelze spitzlich, am Rande dicht zottig ge-
    wimpert. Scheinähre dicht walzlich. Blät-   **Gewimpertes**
    ter schmal, trocken etwas eingerollt. Bis   **Perlgras.**
    60 cm hoch. (S. 69.)   *Mélica ciliáta.*

3. Rispengräser.

I. Jedes Ährchen mit nur 1 Blüte.

Granne bis 30 cm lang, gedreht, am Grunde gegliedert. — *Pfriemengras. Stipa.*

1. Granne 30 cm und länger, durch abstehende weiche Haare federartig, überhängend. Blätter borstlich. Bis ²/₃ m hoch. Gesetzlich geschützt! — *Federiges Pfriemengras. St. pennáta.*

2. Granne bis 15 cm lang, kahl, von vorwärts gerichteten Zähnen rauh. Bis ³/₄ m hoch. — *Haarförmiges Pfriemengras. St. capilláta.*

II. Jedes Ährchen mit 2 bis mehr Blüten.

  A. Hüllspelzen so lang oder fast so lang wie das ganze Ährchen.

    a) Spelzen ohne Grannen. Untere Spelze an der Spitze 3zähnig. (S. 201.) — *Dreizahn. Sieglíngia decúmbens.*

    b) Spelzen mit Grannen. Untere Spelze an der Spitze 2zähnig oder 2spaltig, auf dem Rücken meist mit langer, geknieter und gedrehter Granne. Hüllspelzen 1—3nervig. — *Hafer. Avéna.*

      1. Rispe zusammengezogen, ihre Äste einzeln oder zu 2. Untere Blätter zusammengefaltet, kahl, aber nebst den Blattscheiden sehr rauh. Beide Hüllspelzen 3nervig. Bis 80 cm hoch. (S. 430.) — *Wiesenhafer. A. praténsis.*

      2. Rispe ausgebreitet, ihre unteren Äste zu 4—5. Untere Blätter nebst den Blattscheiden zottig. Untere Hüllspelze 1nervig. Bis 80 cm hoch. — *Flaumhafer. A. pubéscens.*

  B. Hüllspelzen kürzer als die zunächststehenden Blüten.

    a) Untere Spelze auf dem Rücken gekielt.

    α) Untere Spelze an der Spitze stachelspitzig oder begrannt. Ährchen geknäuelt, in einseitswendiger Rispe. (S. 430.) — *Knäuelgras. Dáctylis.*

    β) Untere Spelze weder stachelspitzig noch begrannt. Ährchen 3—7blütig, in ausgebreiteter Rispe. Untere Rispenäste meist zu 2—5, zweizeilig (d. h. sie sind in 2 Reihen am Halm angewachsen). (S. 430.) — *Rispengras. Poa.*

      1. Halm 2schneidig zusammengedrückt, mit langen Ausläufern. Oberste Scheide länger als ihr Blatt. Äußere Blüten-

spelze undeutlich 5nervig. Rispe schmal, meist einseitswendig, ihre Äste rauh. Pflanze graugrün, am Grunde geknickt, bis 40 cm hoch.

Zusammen-gedrücktes Rispengras.
P. compréssa.

2. Halm rund (oder nur schwach zusammengedrückt).

° Äußere Blütenspelze mit 5 starken Nerven. Untere Rispenäste zu 5. Pflanze mit langen Ausläufern. (S. 430.)

Wiesen-Rispengras.
P. praténsis.

°° Äußere Blütenspelze undeutlich 5nervig. Rispenäste meist einzeln. Halm und Blättertriebe am Grunde zwiebelig verdickt. Alle Blatthäutchen verlängert. Blätter sehr schmal, graugrünlich. Rispe zusammengezogen. Bis 40 cm hoch.

Knolliges Rispengras.
P. bulbósa.

b) Untere Spelze auf dem Rücken abgerundet.

α) Spelzen ohne Grannen. Ährchen hängend, herzförmig, von der Seite zusammengedrückt. (S. 432.)

Zittergras.
Briza média.

β) Spelzen begrannt oder zugespitzt.

1. Rispenäste einseitswendig (d. h. 2 Seiten der meist 3kantigen Hauptachse eingefügt). Äußere Blütenspelze an. der Spitze begrannt oder unbegrannt. Alle Blätter oder doch die grundständigen zusammengefaltet, daher borstenförmig. (Vgl. S. 70 u. 432.)

Schwingel.
Festúca.

° Grundständige Blätter stielrund (Querschnitt ↳). Stengelblätter gleichfalls borstlich zusammengefaltet.

Schaf-Schwingel.
F. ovína.

°° Grundständige Blätter 5kantig, grobborstlich. Stengelblätter flach. Pflanze graugrün, lockerrasig, mit Ausläufern, bis 80 cm hoch.

Roter Schwingel.
F. rubra.

2. Rispenäste 2seitswendig (d. h. 2 gegenüberliegenden Seiten der 4kantigen Hauptachse eingefügt). Äußere Blütenspelze unterhalb der Spitze begrannt oder unbegrannt. Untere Hüllspelze 1nervig, obere 3nervig.

Trespe.
Bromus.

° Rispe sehr locker, weit abstehend, zuletzt überhängend. In schattigen Laubwäldern. (Vgl. S. 70!)

Rauhe Trespe.
B. ramósus.

°° Rispe ziemlich dicht, aufrecht.

Grannen sehr kurz oder fehlend. Blätter und Blattscheiden kahl, flach, rauh. Pflanze mit Ausläufern, bis 80 cm hoch.

Unbegrannte Trespe.
B. inérmis.

Grannen halb so lang wie die Spelzen. Untere Blätter borstenförmig zusammengefaltet, untere Blattscheiden behaart. Pflanze dicht rasenförmig, bis 80 cm hoch. (S. 432.)

Aufrechte Trespe.
B. eréctus.

Tierleben.

1. Die Lebensbedingungen der Tierwelt an sonnigen Hügeln.

Die Tierwelt der sonnigen Hügel ist abhängig von den hier herrschenden Standortsbedingungen, die vom steinigen, kahlen, strauchlosen Hang bis zum lichten Hain alle möglichen Übergänge zeigen.

Als strauchloser Hang ist der Boden jahraus jahrein der vollen Einwirkung von Licht, Wärme, Kälte, Wind, Feuchtigkeit und Dürre mit all ihren Schwankungen ausgesetzt. Die Krautflora entwickelt nur wenig Pflanzenmaterial und hinterläßt daher keine schützende Laubstreudecke. Großtiere halten sich hier nur vorübergehend auf, und für Kleintiere bieten nur Erdhöhlen, Klüfte und Steine geringen Schutz.

Auf kalkreichem Boden leben zahlreiche Arten von Schalschnecken.

Da die Krautflora in wechselnder Folge vom Vorfrühling bis in den Spätherbst einen Blumenflor nach dem andern entwickelt, ist der sonnige Hügel ein bevorzugter Platz für blütensuchende Insekten.

Ist der sonnige Hügel mit Gesträuch bewachsen, so siedeln sich gerade hier zahlreiche Heckenvögel an, denen das Heer der Insekten reichlich Nahrung bietet. Auch größere Tiere stellen sich jetzt ein: Wiesel, Igel, Dachs und Fuchs.

Das reichste und mannigfaltigste Tier- und Pflanzenleben zeigt der sonnige Hügel in seiner Form als „Lichter Hain". Ein lockerer Baumbestand mit buschigem Unterholz läßt auch die Krautflora noch zur Entwicklung kommen. Hier stellen sich die Buschvögel zahlreicher ein als in geschlossenen Waldbeständen.

Tierleben.　　　299

Das Wanderbuch bringt:

Waldvögel S. 103ff. — Vögel auf Waldlichtungen S. 257. —
Heckenvögel S. 317 ff. — Vogelnester S. 319. — Eidechsen S. 259.
Schnecken S. 325. — Heckenkäfer S. 327. — Heckenfliegen S. 330. —
Kleintiere unter Steinen S. 175. — Bienen, die in Erdlöchern leben
S. 671. — Im übrigen sind die Kapitel Wald, Waldlichtung und
Hecke nachzuschlagen.

2. Schlangen der sonnigen Hügel.

An sonnigen, steinigen Hängen, die mit Gebüsch bestanden sind,
und auf warmen Waldblößen halten sich mehrere Arten unserer
deutschen Schlangen auf: Nattern und Vipern (Ottern). Alle Nattern
(siehe auch Ringelnatter und Würfelnatter, S. 527) sind harmlose
Tiere, die keinerlei Schaden anrichten. Sie stehen unter Naturschutz.

Unterschied zwischen Nattern und Vipern.

Natter: Pupille (Sehloch, das Schwarze im Auge, die Öffnung in
der Mitte der Regenbogenhaut) kreisförmig.

Viper: Pupille senkrecht elliptisch. (S. 530.) Ihr Körper ist im
Vergleich zu dem der Nattern kurz und dick, der Kopf ist scharf
vom Halse abgesetzt. Daran sind sie auf den ersten Blick als Vipern
zu erkennen. Sie besitzen zwei Giftzähne, die Nattern nicht. Aber
auch die Vipern richten keinen Schaden in der Natur an.

Übersicht.

I. Pupille kreisförmig; Afterschild geteilt.

　1. Schuppen deutlich gekielt: Ringelnatter, Würfelnatter.

　2. Schuppen glatt oder fast glatt: Schlingnatter, Äskulap-
　　natter. Zornnatter.

II. Pupille senkrecht; Afterschild ungeteilt.

　1. Schnauze ohne hornartige Erhebung: Kreuzotter, Spitz-
　　kopfotter, Viper.

　2. Schnauzenspitze mit einer hornartigen Erhebung: Sand-
　　otter.

Zur Bestimmung.

1. Schlingnatter, Glattnatter, *Coronélla austriaca*. Länge bis
75 cm. Oberseite braun (♂) oder grau (♀), auf dem Rücken entlang eine Doppelreihe dunkelbrauner oder rotbrauner Flecke, die
auf dem Schwanze allmählich verschwinden; auf dem Hinterkopfe ein dunkler, fast herzförmiger Fleck (das „Krönchen"

10*

Coronella, daher der Gattungsname); Unterseite in der Jugend einfarbig rot, später wolkig gefleckt und dunkel marmoriert. Bevorzugt höhere Lagen, wo im Berglande schon die Bergeidechse vorkommt, ihre liebste Beute.

2. **Zornnatter,** *Zamenis gemonénsis.* Länge in den östlichen Verbreitungsgebieten (Balkan, Südrußland) bis 2,50 m und bis zur Stärke eines Handgelenks dick, auf deutschem Boden nicht so groß. Färbung sehr veränderlich. Oberseits grün oder schwärzlich mit gelben Flecken oder Längsstreifen, Schwanz immer mit Längsstreifung; Unterseite gelb, einfarbig oder an den Seiten schwarz gefleckt. Alte Tiere oft schwarz. Böhmer Wald, Wiener Wald, Kärnten, Krain. Zornnatter: beißt beim Fangen wütend um sich.

3. **Äskulapnatter,** *Colúber longíssimus.* Länge bis 1,50 m, in Deutschland meist kürzer. Oberseite olivenbraun, von vorn nach hinten immer dunkler werdend; Unterseite hellgelb. In den österreichischen Alpenländern, Böhmen und Mähren; im Altreich nur bei Schlangenbad im Taunus. Man glaubt, sie sei bei Schlangenbad, das von ihr seinen Namen erhalten hat, von den Römern ausgesetzt worden; sie kann jedoch auch im Rheintal aufwärts eingewandert sein. Ihre eigentliche Heimat ist Südeuropa.

4. **Kreuzotter,** *Vipera berus.* Länge bis 75 cm. — Rücken: breites, dunkles Zickzackband. — Unterseite: dunkelgrau, Kehle hell. — Kopf: breit, dick, geschwollene Backen. — Körper: gedrungen. — Schwanz: kurz. — Pupille: senkrecht. — Verhalten: zornig, setzt sich zur Wehr und beißt, wenn angegriffen. Kein Landreptil bewohnt ein so weites Gebiet wie die Kreuzotter: Europa, Nord- und Mittelasien. Sie hat sich den verschiedenartigsten Örtlichkeiten angepaßt: der ausgedörrten Steppe sowohl wie den Mooren der Ebene und den trockenen, sonnigen Höhen der Mittelgebirge.

5. **Viper,** *Vipera aspis.* Länge bis 70 cm. Kopf breit, Schnauze vorn scharfkantig aufgeworfen. Farbe sehr veränderlich, wie bei der Kreuzotter. Auf dem Rücken eine Doppelreihe dunkler Flecken; auf dem Hinterkopfe ein winkelförmiges Abzeichen, an den Schläfen ein dunkles Band; Unterseite grau, schwärzlich oder gelblich; Schwanzspitze rotgelb. Heimat: Südwesteuropa, Italien, Balkan. Von Frankreich her eingewandert in Elsaß-Lothringen und Schwarzwald.

6. Sandotter, *Vipera ammodýtes*. Länge bis 1 m. Schnauzenspitze mit einem Hörnchen. Oberseite braun, rötlich oder grau, mit einem schwarzen oder tiefbraunen, gewöhnlich schwarzgeränderten Rückenband; an den Seiten eine Fleckenreihe; Unterseite grau oder rötlich, oft schwarz gepudert. In Kärnten, Steiermark, Krain.

3. Ameisennester unter Steinen.

Viele Ameisen legen ihre Nester mit Vorliebe unter Steinen an. Gründe für diese Bauweise: 1. Steine sind Wärmespender. Sie dürfen nur nicht zu klein und dünn, aber auch nicht zu groß und dick sein. Platten von 2—15 cm Dicke regulieren die Wärme am besten. 2. Der Stein bietet den Tieren Schutz gegen Witterung und Feinde (z. B. Erdspechte, die den Ameisen gern nachstellen). 3. Der Nestbau unter Steinen bedeutet eine Arbeitsersparnis.

I. Hinterleibstielchen (die tiefe Einschnürung zwischen dem Vorder- und Hinterteil des Körpers) eingliedrig.

    A. Kiefer sichelförmig. Hell- oder dunkelrotbraun. Länge 6—8 mm. Lebt als Sklavenhalterin anderer Ameisen in den Erdnestern der Sklavenameise *Formica fusca*, deren Puppen sie raubt.   **Amazone.** *Polýergus ruféscens.*

    B. Kiefer dreieckig.

      a) Große Ameisen, 8—14 mm lang. Nisten meist in Bäumen, auch in lebenden (S. 239), zuweilen jedoch auch in Erdnestern und unter Steinen.   **Roßameise, Riesenameise.** *Camponótus herculeánus.*

      b) Mittelgroße Ameisen, 4—9 mm lang. (Vgl. Waldameisen S. 237, von denen die Arten hier aufgeführt werden, die auch unter Steine bauen.)

      α) Vorderrand des Kopfschildes in der Mitte dreieckig ausgeschnitten. (S. 238.)   **Blutrote Raubameise.** *Formica sanguinea.*

      β) Vorderrand des Kopfschildes nicht ausgeschnitten, nur schwach gerundet.

      § Stirnfeld glatt und stark glänzend, hebt sich daher von der matten Umgebung scharf ab.

      Kopf, Rücken, Stielchen und erster Hinterleibsring hellrot; Hinterleib braunschwarz. (S. 238.)   **Hellrote Waldameise.** *Formica truncícola.*

      §§ Stirnfeld feingerunzelt und matt.

302　　　　　　　An sonnigen Hügeln.

1. Einfarbig schwarz oder braunschwarz mit schwachem Glanz. — *Schwarze Sklavenameise. Formica fusca.*

2. Mittelleib rot, Kopf und Hinterleib schwarz oder braunschwarz. — *Rotbärtige Sklavenameise. Formica rufibárbis.*

Beide Arten werden von den Amazonen und den blutroten Raubameisen als Sklaven benutzt.

c) Kleine Ameisen, 2—5 mm lang. (Vgl. S. 479!)

1. Gelb. — *Gelbe Wiesenameise. Lásius flavus.*

2. Schwarzbraun oder schwarz. — *Schwarze Wegameise. Lásius niger.*

II. Hinterleibstielchen zweigliedrig. Fühler 11gliedrig, ihr vorderes, keulenförmig verdicktes Ende 3- oder mehrgliedrig.

a) Mittelgroße Ameisen, $3^{1}/_{2}$—$8^{1}/_{2}$ mm lang.

1. Hinterrücken ohne Dornen, nur mit 2 stumpfen Höckern. Fühlerkeule 5gliedrig. Rotbraun. 7—$8^{1}/_{2}$ mm lang. Sticht unter allen deutschen Ameisen am empfindlichsten. — *Große Knotenameise. Mýrmica rúbida.*

2. Hinterrücken mit 2 Dornen. Fühlerkeule 4- oder 3gliedrig. Rotbraun. $3^{1}/_{2}$ bis 6 mm lang. — *Rote Knotenameise. Mýrmica rubra.*

b) Kleine Ameisen, 2—$3^{1}/_{2}$ mm lang.

1. Vorderecken des Rückens eckig, Rücken kurz und breit, grob und tief längsgerunzelt. Braun bis schwarzbraun; Oberkiefer, Fühler und Gelenke der Beine stets heller. — *Rasenameise. Tetramórium cáespitum.*

2. Vorderecken des Rückens gerundet, Rücken lang und schmal, feiner gerunzelt. Gelbrot oder braunrot. Lebt meist unter Rinde, jedoch auch unter Steinen. — *Schmalbrüstige Ameise. Leptothórax.*

Ameisenhaufen.

Große Ameisenhaufen S. 237. — Kleine Ameisenhaufen S. 478.

AN HECKEN.

Pflanzenleben.

1. Die Hecke als Lebensgemeinschaft.

Die Hecke tritt in den verschiedensten Formen auf: als Naturhecke und Kulturhecke. Zwischen beiden kommen alle möglichen Zwischenformen vor.

Die Naturhecke in ihrer schönsten Ausprägung findet man heute nur noch seitab von den Kulturformationen. Sie setzt sich aus den verschiedensten Sträuchern zusammen, aus deren Dickicht hin und wieder ein Baum hervorragt. Unter dem Gesträuch haben allerlei Kräuter aus der Nachbarschaft Unterschlupf gefunden. Aus der Tierwelt stellen sich Vögel, Insekten, Spinnen und Schnecken ein. Sie alle, Pflanzen und Tiere, sind in ihrem Zusammenleben aufeinander abgestimmt.

Diese Naturhecken geben der Landschaft ein eigenes Gepräge. Leider fallen sie den neuzeitlichen „Flurbereinigungen" immer mehr zum Opfer. Das R. N. G. will sie erhalten wissen.

2. Heckensträucher.

1. Die Naturhecke.

Sie setzt sich aus den verschiedensten Sträuchern zusammen. Für deren Bestimmung wird in den meisten Fällen die Tabelle für die Waldsträucher auf S. 29 ausreichen.

Wenn die Heckensträucher vom Spätsommer ab Früchte tragen, benutze man die Tabellen auf S. 751 ff.

2. Kulturhecken.

Die Kulturhecken hat der Mensch angepflanzt. Sie bestehen meist aus einer einzigen Strauchart: Weißdorn, Liguster, Weißbuche, Hartriegel, Fichte ... Gelegentlich findet man auch: Rotbuche, Eiche, Eibe, Buchs, Scheinkerrie ...

Für die Bestimmung der Sträucher in den Kulturhecken benutze man die Tabellen auf S. 723 ff.

304 An Hecken.

3. Heckenkräuter.

Aus dem angrenzenden Gelände (Wald, Wiese, Feld, Acker, Weg, Schuttstellen) siedeln sich zahlreiche Kräuter in der Hecke an, manche nur zufällig und vorübergehend, andere als typische Heckenbewohner.

Bei der Bestimmung benutze man auch die Tabellen der angrenzenden Gebiete.

1. Blüten weiß.

I. **Doldenpflanzen. (433.)**

  A. **Blätter einfach gefiedert oder fiederteilig.** Stengel bis 1¹/₂ m hoch, dick, gefurcht, mit steifen Borsten, hohl. Blätter rauhhaarig, Blattscheiden aufgeblasen. Dolden groß, 10—20strahlig. Frucht linsenförmig, am Rande geflügelt.   **Bärenklau.** *Heracléum sphondýlium.*

  B. **Blätter doppelt 3zählig, obere einfach 3zählig.** Stengel bis 1 m hoch, tief gefurcht, hohl. Blattscheiden bauchig, Blättchen scharf gesägt. Dolde groß, ohne Hülle und Hüllchen.   **Giersch.** *Aegopódium podagrária.*

  C. **Blätter 2—3fach gefiedert.**

    a) Frucht mit Stacheln besetzt. Stengel bis 1¹/₄ m hoch, rauh. Blätter doppelt gefiedert. Dolde vielstrahlig. Hülle und Hüllchen vielblättrig. Blüten weiß oder rötlich.   **Klettenkerbel. Hecken-Borstendolde.** *Tórilis anthríscus.*

    b) Frucht ohne Stacheln.

    α) Hülle vielblättrig (meist 5). Hüllchen vielblättrig (3—5 Blättchen).

    Stengel bis 2 m hoch, kahl, fein gerillt, am Grunde oft braunrot gefleckt. (Blätter reiben! Unangenehmer Geruch.) Dolden 10- bis 20strahlig. Sehr giftig!   **Gefleckter Schierling.** *Conium maculátum.*

    β) Hülle wenigblättrig. Hüllchen vielblättrig.

    ° Frucht kurz geschnäbelt.

    1. Dolden 8—15strahlig. Stengel bis 1²/₃ m hoch, hohl, unten rauh. Blätter 2—3fach gefiedert, glänzend.   **Waldkerbel, Kälberrohr.** *Anthríscus silvéstris.*

    2. Dolden 3—7strahlig. Stengel bis ²/₃ m hoch, kahl. Blätter 3fach gefiedert. Dolden blattgegenständig. Frucht dicht mit kurzen Borsten besetzt.   **Heckenkerbel.** *Anthríscus vulgáris.*

Pflanzenleben. 305

°° Frucht nicht geschnäbelt.

1. Hüllchenblätter gewimpert.

Stengel bis 1¼ m hoch, feinriefig, unter den Knoten etwas verdickt, zerstreut rauhhaarig, rot gefleckt. Blätter 2—3fach gefiedert, mit stumpfen Zipfeln.

Betäubender Kälberkropf. *Chaerophýllum témulum.*

2. Hüllchenblätter nicht gewimpert.

Stengel bis 2 m hoch, unter den Knoten stark verdickt, unten rot gefleckt und steifborstig, oben kahl. Blätter 3—4fach gefiedert, mit spitzen Zipfeln.

Knolliger Kälberkropf. *Chaerophýllum bulbósum.*

γ) Hülle fehlend. (Nachtrag S. 334)

Hundspetersilie.

II. Keine Doldenpflanzen.

A. Blätter längsnervig, nur grundständig.

1. Die inneren Blütenblätter viel kürzer als die äußeren. Staubblätter 6. Schaft 1blütig.

Schneeglöckchen. *Galánthus nivális.*

2. Alle Blütenblätter gleich, an der Spitze grün und knotig verdickt. Staubblätter 6. Schaft 1-, selten 2blütig.

Frühlings-Knotenblume. *Leucóium vernum.*

B. Blätter netznervig, stengelständig.

a) Blätter wechselständig.

α) Stengel windend oder rankend.

° Blätter pfeilförmig. Stengel windend.

Blüten groß, trichterig, einzeln in den Blattwinkeln. (S. 313, 492.)

Zaun-Winde. *Convólvulus sépium.*

°° Blätter herzförmig, 5lappig. Stengel bis 4 m lang, rankend.

1. Blüten einhäusig (Staubblüten und Stempelblüten auf derselben Pflanze, aber als verschiedene Blüten. Beeren schwarz. (Früher wurde die Wurzel als Alraun benutzt[1]).)

Schwarzbeerige Zaunrübe. *Bryónia alba.*

2. Blüten zweihäusig (Staubblüten und Stempelblüten auf verschiedenen Pflanzen). Beeren rot. (S. 696, 754.)

Rotbeerige Zaunrübe. *Bryónia dioéca.*

β) Stengel nicht windend.

1. Blätter geteilt, doppelt - 3zählig. Krone rachenförmig, oberes Kronblatt gespornt. Blüten seltener weiß, meist purpurn oder violett, bei einer Art auch goldgelb. (S. 9.)

Lerchensporn. *Corýdalis.*

---

[1] H. Marzell, Der Alraunglaube als kulturgeschichtliches Zeugnis. In „Der Naturforscher", Jahrg. V, S. 465ff. Berlin-Lichterfelde 1928.

2. Blätter ungeteilt, breit herzförmig, grob gekerbt oder gezähnt. Blüte eine Kreuzblüte: 4 Kronblätter, kreuzweise gestellt; 4 Kelchblätter; Staubblätter 6, davon 4 lang und 2 kurz. Ganze Pflanze riecht stark nach Knoblauch. (S. 682.)

Knoblauchsrauke, Lauchhederich.
Alliária officinális.

b) Blätter gegenständig.

α) Blüte eine Lippenblüte: Krone deutlich 2lippig, Staubblätter 4 (2 lang, 2 kurz).

1. Stengel bis $^1/_2$ m hoch, 4kantig. Blätter herz-eiförmig, grob gesägt.

Weiße Taubnessel, Weißer Bienensaug.
Lámium album.

2. Stengel unter den Gelenken deutlich verdickt, bis $^2/_3$ m hoch. Blätter länglich-eiförmig, grob gesägt. Blüte weiß oder rot, Unterlippe meist gelb gefleckt.

Gemeiner Hohlzahn.
Galeópsis tétrahit.

β) Blüte 5teilig. Staubblätter 10.

° Kelch verwachsen-blättrig, röhrig bis bauchig. Kronblätter tief 2spaltig. Griffel 5. Untere Blätter länglich, obere lanzettlich. Stengel zottig, bis $^3/_4$ m hoch. (S. 351.)

Weiße Lichtnelke,
Meládryum album.

°° Kelch freiblättrig. Griffel 3.

1. Kronblätter 2spaltig.

Stengel 4kantig, bis 40 cm hoch. Blätter schmal, rauh, sitzend. Kronblätter länger als die Kelchblätter, bis zur Mitte 2teilig. (S. 436.)

Stern-Miere.
Stellária holóstea.

Stengel 4kantig, bis 50 cm hoch, schlaff, meist ästig. Blätter schmal, wie Grasblätter. Kronblätter so lang wie Kelchblätter oder kürzer.

Gras-Miere.
Stellária gramínea.

Stengel rund, bis 30 cm, einreihig behaart, stark verzweigt. Blätter eiförmig. Staubblätter 5, seltener 10.

Vogel-Miere.
Stellária média.

(Zerreiße die Stengel. Es hängen lange Fäden heraus = Gefäßbündel. S. 654.)

2. Kronblätter nicht gespalten.

Stengel bis 30 cm. Blätter eiförmig, mit 3 kräftigen Nerven. Kelchblätter spitz, ebenfalls 3nervig.

Nabelmiere.
Moehríngia trinérvia.

c) Blätter quirlständig.

α) Blätter zu 6—8, einfach.

Krone verwachsen-blättrig, radförmig, flach 4spaltig. Staubblätter 4.

Pflanzenleben. 307

1. Stengel bis 1 m hoch, 4kantig, mit rückwärtsgerichteten Borsten besetzt, mit deren Hilfe kletternd. Blätter zu 6 oder 8, schmal-lanzettlich [Frucht mit hakigen Borsten — Verbreitung durch Tiere und Menschen]. (S. 351.)

Klebkraut.
Kletten-Labkraut.
Gálium aparíne.

2. Stengel nicht borstig, rauh, bis 1¹/₄ m hoch, dann schlaff und kletternd, 4kantig. Blätter meist zu 8, verkehrt-eilänglich. Blüten in Rispen, reichblütig. Frucht kahl.

Gemeines Labkraut.
Gálium mollúgo.

β) Blätter zu 3, handförmig geteilt.

Krone getrennt-blättrig. Staubblätter zahlreich auf dem Blütenboden. Blüte an der Unterseite oft rötlich überlaufen, meist 6blättrig. Stengel bis 25 cm hoch.

Buschwindröschen.
Anemóne nemorósa.

2. Blüten gelb.

A. Blätter wechselständig.

a) Pflanze mit weißem Milchsaft.

Dolde vielstrahlig. Strahlen wiederholt 2teilig. Blätter sitzend. Stengel bis ¹/₂ m hoch. (S. 633.)

Zypressen-Wolfsmilch.
Euphórbia cyparíssias.

b) Pflanze mit gelbem Milchsaft.

Blüten doldig, Kronblätter 4, Blätter buchtig-fiederspaltig. Stengel ästig, bis 1 m hoch. (S. 633.)

Schellkraut.
Chelidónium május.

c) Pflanzen ohne Milchsaft.

α) Blätter ungeteilt.

1. Blüte mit Kelch und Krone. Kelchblätter meist 3, Kronblätter 8 oder mehr. Staubblätter zahlreich, auf dem Blütenboden. Blätter rundlich, oft Knöllchen in den Achseln tragend. Stengel meist liegend, bis 15 cm lang.

Scharbockskraut, Feigwurz.
Ranúnculus ficária.

2. Blütenhülle nicht in Kelch und Krone getrennt, röhrig am Grunde bauchig, grünlichgelb. Staubblätter mit dem Stempel verwachsen. Blüten gebüschelt in den Blattachseln. Blätter tief herzförmig. Bis 1 m hoch. (S. 313.)

Osterluzei.
Aristolóchia clematítis.

β) Blätter geteilt. Viele Staubblätter auf dem Kelchrande.

308 **An Hecken.**

   1. Griffel höchstens 5.

     Blätter unterbrochen gefiedert, Blättchen länglich, gesägt, behaart. Blüten in ährenförmiger Traube.

     Kelch rauhhaarig, bei der Reife gefurcht **Kleiner Odermennig.** und mit Stacheln besetzt. Stengel bis *Agrimónia* 80 cm hoch. *eupatória.*

   2. Griffel mehr als 5.

     Untere Blätter leierförmig gefiedert, die oberen 3zählig; Blätter mit großen Nebenblättern. Früchte in sitzenden Köpfchen, kurzborstig. Stengel bis 60 cm **Echte Nelkenwurz.** hoch. *Géum urbánum.*

B. Blätter gegenständig.

   1. Stengel windend, 2—6 m hoch, mit ankerartigen Klimmhaken. Blätter tief 3—5lappig. Auf einer Pflanze nur männliche, auf der andern nur weibliche Blüten: **Hopfen.** 2häusig. (Siehe unter 5.) *Húmulus lúpulus.*

   2. Stengel nicht windend. Blätter grob- und tief doppeltgesägt, herz-eiförmig, gestielt. Kelch 5spaltig, mit begrannten Zähnen. Krone 2lippig. Staubblätter 4, Stengel bis **Goldnessel.** 50 cm hoch. (S. 46.) *Lámium lúteum.*

C. Blätter quirlständig.

   a) Krone verwachsen-blättrig, radförmig, flach. Staubblätter 4.

     1. Blätter mit 1 deutlichen Nerv, zu 6—12 im Wirtel, schmal, stachelspitzig, am Rande umgerollt, unterseits weichhaarig. Stengel stielrund, mit 4 feinen Rippen, **Echtes Labkraut.** bis 60 cm hoch. *Gálium vérum.*

     2. Blätter mit 3 deutlichen Nerven, zu 4 im Wirtel, rauhhaarig. Blütenstand rispig, in den Blatt- **Kreuz-Labkraut.** achseln. Stengel rauhhaarig, bis 50 cm *Gálium cruciátum.* hoch.

   b) Krone getrennt-blättrig. Staubblätter zahlreich, auf dem Blütenboden.

     Stengelblätter zu 3, handförmig geteilt. **Gelbes Windröschen.** Stengel bis 25 cm hoch. *Anemóne ranunculoídes.*

3. Blüten rot oder braunrot.

Siehe Tabelle: Rotblühende Pflanzen des Wegrandes! (S. 639ff.) Fast alle dort angeführten Pflanzen wachsen auch in Hecken, außer diesen kommen noch einige Waldpflanzen vor: Lerchensporn, Lungenkraut, auch Tollkirsche und Haselwurz.

Pflanzenleben. 309

4. Blüten blau.

Siehe Tabelle: Blaublühende Pflanzen des Wegrandes! (S. 645.)
Die Mehrzahl der dort angeführten Pflanzen findet sich auch in
Hecken. An Waldpflanzen kommen häufiger noch hinzu: Lungen-
kraut, Leberblümchen.

5. Blüten grünlich.

a) Stengel windend, bis 6 m hoch, mit ankerartigen Klimmhaken.
   Blätter tief 3—5lappig, am Grunde herzförmig. Blüten 2häusig,
   d. h. auf einer Pflanze nur männliche Blüten (in lockeren Rispen),
   auf einer anderen Pflanze nur weibliche   **Hopfen.**
   Blüten (in zapfenförmigen Ähren).   *Húmulus lúpulus.*

b) Stengel nicht windend. Ganze Pflanze mit Brennhaaren.

   1. Stengel bis 1½ m hoch. Blätter herz-eiförmig, länglich, grob
      gesägt. Blütenrispen nur mit Staub- oder nur mit Stempel-
      blüten (2häusig), länger als der Blattstiel. **Große Brennessel.**
      (S. 680, 690.)   *Úrtica dioéca.*

   2. Stengel bis ½ m hoch. Blätter eiförmig, eingeschnitten-
      gesägt. Blütenrispen mit Staub- und   **Kleine Brennessel.**
      Stempelblüten (einhäusig), kürzer als der *Úrtica urens.*
      Blattstiel.

4. Wickenarten im Gebüsch.

I. Gemeinsamer Blütenstiel kurz, 1—5blütig.

  A. Blättchen 2—3paarig. Blüten klein, einzeln, fast sitzend.
    Krone hellviolett. Stengel niederliegend, **Platterbsen-Wicke.**
    bis 25 cm lang.   *Vícia lathyroídes.*

  B. Blättchen 4—8paarig.

    1. Blüten einzeln oder zu 2 in den Blatt-   **Feldwicke.**
    achseln. Krone purpurn.   *V. angustifólia.*

    2. Blüten zu 3—5 in kurzen Trauben.   **Zaunwicke.**
    Krone trüb-lila. Stengel bis 80 cm hoch.   *V. sépium.*
    (Siehe S. 310: Ameisen.)

II. Gemeinsamer Blütenstiel lang.

  A. Blütenstiel mit 1—6 Blüten.

    1. Blättchen 2—4paarig. Blütenstiel mit 1—3 Blüten. Krone
    blaßviolett. Hülse meist 4samig. Bis **Viersamige Wicke.**
    60 cm hoch.   *V. tetraspérma.*

310 An Hecken.

2. Blättchen 4—8 paarig. Blütenstiel mit 2—6 Blüten. Krone bläulichweiß. Hülse meist 2 samig, weichhaarig. Bis 60 cm hoch. — **Rauhhaarige Wicke.** *V. hirsúta.*

B. **Blütenstiel mit vielen Blüten.**

  a) Blättchen 3—5 paarig.

    1. Blüten gelb. Bis 2 m hoch. (S. 48.) **Erbsen-Wicke.** *V. pisifórmis.*

    2. Blüten rotviolett, später schmutzig-hell. Bis 2 m hoch. **Hecken-Wicke.** *V. dumetórum.*

  b) Blättchen 6—12 paarig.

    α) Krone weißlich, violett gestreift. Bis 2 m hoch. **Waldwicke.** *V. silvática.*

    β) Krone bläulich oder rötlich.

     ° Blättchen eiförmig, 9—12 paarig. Blütentraube kürzer als das Blatt. Bis 60 cm hoch. **Kassuben-Wicke.** *V. cassúbica.*

     °° Blättchen lineal oder lineal-lanzettlich. Blütentraube länger als das Blatt. Blättchen meist 10 paarig.

      1. Platte der Fahne etwa so lang wie ihr Nagel. Krone blauviolett. Stiel der Hülse kürzer als die Kelchröhre. Stengel weichhaarig, bis 1¼ m hoch. **Vogel-Wicke.** *V. cracca.*

      2. Platte der Fahne doppelt so lang als ihr Nagel. Krone hellblau. Stiel der Hülse so lang wie die Kelchröhre. Stengel meist kahl, bis 1½ m hoch. **Feinblättrige Wicke.** *V. tenuifólia.*

Ameisen auf Zaunwicken.

Auf der Zaunwicke treiben sich Ameisen umher. Was wollen sie hier? — Am Grunde des 4—8 paarig gefiederten Blattes stehen zwei kleine purpurn gefärbte Nebenblätter, die auf ihrer Rückseite Honigdrüsen haben. Morgens früh, wenn die Verdunstung noch gering ist, kann man einen glashellen Tropfen an den Nektarien hängen sehen. Diesem Honig stellen die Ameisen nach. Andere „Ameisenpflanzen" sind Saubohne und Ackerwinde.

5. Zwei Windblütler der Hecke.

In der Hecke wachsen einige Pflanzen, deren Blüten für Windbestäubung eingerichtet sind. Blütenbau und Bestäubungsvorgang lassen sich an ihnen im Freien gut beobachten.

Pflanzenleben. 311

Wie der Haselnußstrauch stäubt. (S. 32.)

Günstige Beobachtungszeit: An warmen Vorfrühlingstagen, bei Sonnenschein und leichtem Wind.

Die männlichen Kätzchen: Das lang herabhängende Kätzchen ist ein Blütenstand, der aus vielen Einzelblüten zusammengesetzt ist. Jede Einzelblüte besteht aus einer gewölbten Schuppe, die an der Unterseite die Staubblätter trägt. Untersuche ein Kätzchen (*M*)!

Die weiblichen Blüten: Die eirunden Knospen mit den purpurroten Pinselchen an der Spitze sind die weiblichen Blüten. Öffnet man eine solche Knospe, so findet man im Innern die Fruchtknoten mit je 2 roten Fädchen, die also die Narben darstellen (*W*).

Eine einhäusige Pflanze: Da Staubblüten und Stempelblüten getrennt auf einer Pflanze vorkommen, ist die Hasel eine einhäusige Pflanze.

Bei der Bestäubung beachte folgendes:

1. Die Bestäubung erfolgt durch den Wind. Die Hasel ist ein Windblütler.
2. Die Bestäubung erfolgt vor der Belaubung. Vorteil?
3. Sie erfolgt im ersten Frühling, wenn die Frühjahrswinde wehen.
4. Die Hasel wächst in Hecken und am Waldrande. Bedeutung für die Windbestäubung?
5. Die Kätzchen sind lang. Bedeutung?
6. Sie hängen an dünnen Zweigen. Bedeutung?
7. Es werden große Mengen von Blütenstaub erzeugt. Bedeutung?
8. Der Staub ist sehr trocken. Bedeutung?
9. Die Kätzchen haben keine leuchtenden Farben, keinen Duft und keinen Honig. Insektenbestäubung findet nicht statt.

Wie die Brennessel stäubt. (S. 309.)

Die männlichen Blüten sind in hängenden Ähren vereinigt. Die einzelne Blüte ist sehr klein und hat eine 4 blättrige Hülle. Vor dem Stäuben findet man unter den 4 Blättern 4 Staubgefäße, deren Fäden nach innen gebogen sind und von den Blättern in dieser gespannten Lage gehalten werden.

Versuch: Man entferne mit einer Nadel eins der Blättchen. Der Staubfaden wird frei und schnellt hervor. Dabei platzt der Staubbeutel und entläßt eine kleine Staubwolke.

Versuch im Zimmer: Man stelle noch nicht aufgeblühte Brennesselzweige in Wasser und beobachte, wie die Blüten in der warmen Sonne aufplatzen.

Beobachtung im Freien: Ein aufmerksamer Beobachter kann den Vorgang auch im Freien beobachten, am besten in der ersten Morgensonne.

Die weiblichen Blütenstände sind den männlichen ähnlich. Die einzelne Blüte ist eiförmig und trägt an der Spitze die hervorstehenden, pinselförmigen Narben.

Eine zweihäusige Pflanze: Männliche Blüten wachsen auf einer Pflanze, weibliche Blüten auf einer andern. Die große Brennessel ist zweihäusig.

Bei der Bestäubung beachte folgendes:
1. Die Bestäubung erfolgt durch den Wind. Die Brennessel ist ein Windblütler.
2. Die Blütenstände sind oben an der Pflanze, sie sind also dem Winde ausgesetzt.
3. Die Pflanze hat einen hohen Wuchs, sie drängt sich aus dem Heckendickicht heraus an die freie Luft.
4. Die Blütenstände hängen lang herab und können vom Winde leicht erfaßt und bewegt werden. (Kätzchen bei Hasel, Erle, Pappel ...)
5. Die große Brennessel wächst in dichten Beständen, männliche und weibliche Pflanzen stehen nahe beieinander. Bedeutung für die Windbestäubung?
6. Die Blüten haben keine leuchtenden Farben, keinen Duft und keinen Honig. Insektenbestäubung findet nicht statt.

6. Zwei Insektenblütler der Hecke.

In der Hecke, die viele Insekten beherbergt, gibt es naturgemäß auch zahlreiche Pflanzen, deren Blüten von Insekten bestäubt werden. Es sind Insektenblütler. Solche, die von Taginsekten bestäubt werden, nennt man „Tagblumen", während diejenigen, deren Bestäubung durch Nachtschmetterlinge erfolgt, „Nachtfalterblumen" heißen. Für beide bietet die Hecke gute Beispiele.

Tagblumen: Weißer Bienensaug, Heckenrose, Doldenpflanzen ...

Pflanzenleben. 313

Nachtfalterblumen: Zaunwinde, Wald-Geißblatt, Nacht-Licht-nelke, Nickendes Leinkraut.

Die Bestäubung der Berberitzenblüte. (S. 31.)

1. Anlockungsmittel: Blüten in Trauben, Kelchblätter innen auch gelb, Duft. Am Grunde jedes Blütenblattes 2 orangefarbene Honigdrüsen.
2. Schutz des Blütenstaubes: Blütentraube anfangs aufrecht, nach dem Aufblühen hängend. Kronblätter löffelförmig, sie überdachen die Staubblätter, die sich ihnen dicht anschmiegen.
3. Bestäubungsvorgang: Man berühre einen Staubfaden mit einer Nadel — er schnellt nach innen. Die Honigdrüsen liegen tiefer als die reizbare Stelle des Staubfadens. Wenn ein Insekt den Faden berührt, schnellt er zur Seite und lädt den Staub auf dem Rücken des Tieres ab, das ihn auf die Narben anderer Blüten überträgt.

Die Bestäubung der Windenblüte. (S. 305.)

1. Anlockungsmittel: Blüte groß, weiß, abends offen und duftend.
2. Blütenbau: Am Grunde der tiefen Kronröhre die Honigdrüse ringsum von den 5 Staubgefäßen eingeschlossen, deren unterstes Stück stark verbreitert ist. Auf der breiten Scheibe der Honigdrüse der Fruchtknoten mit dem langen Griffel. Etwa in der Mitte des Griffels eine starke Einbiegung der Staubfäden nach innen, so daß 5 enge Zugänge nach dem Honig frei bleiben.
3. Bestäubungsvorgang: Kronröhre sehr tief. Nur Insekten mit langem Rüssel können den Honig erreichen. Beim Saugen beladen sie sich mit Blütenstaub, den sie auf die Narben anderer Blüten übertragen.

Blütenbesucher sind Nachtfalter, namentlich der Windenschwärmer. Sie schweben während des Saugens mit schwirrendem Flügelschlag vor der seitwärts gerichteten Blüte, die sich nachts nicht schließt, und senken ihren langen Rüssel in den Trichter.

7. Wie die Blüte der Osterluzei bestäubt wird.

1. Man öffne die Hülle einer jungen Blüte: meist sind winzig kleine Fliegen und Mücken darin, sie sind die Bestäuber. (S. 307.)
2. Warum kriechen die Insekten in die Blüte hinein? Sie finden: Wärme, Obdach, Blütenstaub, Saft an den Wänden des Kessels.

3. Bau der Blüte: Blüte zuerst aufrecht, später nach unten gerichtet, sie kann sich nicht mit Wasser füllen. Röhre mit nach innen gerichteten Haaren, die den Insekten wohl den Zugang gestatten, den Ausgang jedoch zunächst versperren, bis die Haare schrumpfen und den Rückweg freigeben. Unten im Kessel eine knotige Erhöhung, auf der Staubblätter und Narbe verwachsen sind. Die Narben reifen zuerst.

4. Bestäubungsvorgang: Die gefangenen Insekten werden einige Tage festgehalten. Enthält die Blüte gerade reifen Pollen, so pudern sie sich ein und tragen ihn, wenn die eingeschrumpfte Reuse den Ausgang freigibt, in eine andere Blüte, die vielleicht gerade reife Narben hat. So ist die Fremdbestäubung gesichert. (Zum Vergleich: Aronstab S. 12.)

8. Verschiedenartiger Blütenbau der Heckenpflanzen.

An vielen Hecken kann man auf kleinem Raum die verschiedenen Blütenformen nahe beieinander finden.

1. Vollständige Blüte: Sie hat Kelch, Blumenkrone, Staubgefäße und Stempel. Beispiele: Heckenrose, Bienensaug ...

2. Unvollständige Blüte: Einer der 4 Blütenteile fehlt. Beispiele: Windröschen (mit einfacher Blütenhülle), Hasel (nur Staubblüten oder nur Stempelblüten) ...

3. Perigonblüte: Kelch oder Blumenkrone fehlt, also Blüten mit einfacher Hülle. Beispiel: Windröschen.

4. Zwitterblüte: Staubgefäße und Stempel stehen in derselben Blüte, sie ist also zweigeschlechtig. (Zwitter = zwei.) Beispiele: Heckenrose, Bienensaug ...

5. Eingeschlechtige Blüte: Sie hat nur Staubgefäße (männliche Blütenteile) oder nur Stempel (weibliche Blütenteile). Beispiele: Haselstrauch, Brennessel ...

6. Einhäusig: Männliche und weibliche Blüten sitzen getrennt auf einer Pflanze. Beispiele: Hasel, Kleine Brennessel ...

7. Zweihäusig: Männliche und weibliche Blüten sitzen auf verschiedenen Pflanzen. Beispiele: Hopfen, Große Brennessel ...

8. Windblütler: Pflanzen mit Blüten, die für Bestäubung durch den Wind eingerichtet sind. Beispiele: Haselnußstrauch, Brennessel ...

Pflanzenleben. 315

9. **Insektenblütler:** Pflanzen mit Blüten, die für Bestäubung durch Insekten eingerichtet sind. Beispiel: Bienensaug.
10. **Nachtfalterblumen:** Pflanzen mit Blüten, die für Bestäubung durch Nachtfalter eingerichtet sind. Beispiele: Zaunwinde, Nacht-Lichtnelke ...
11. **Blüten mit Selbstbestäubung:** Blüten mit Staubgefäßen und Stempeln, ohne Anlockungsmittel für Insekten (Farbe, Duft, Honig). Beispiel: Wohlriechendes Veilchen. Es hat große, prächtig gefärbte, duftende Frühlingsblüten mit einem Sporn, der Honig enthält; sie werden durch Insekten bestäubt. Später erscheinen die Sommerblüten; sie sind klein und unscheinbar, ohne Farbe, Duft und Honig; sie bleiben geschlossen und bestäuben sich selbst in der eigenen Blüte (Kleistogamie).

9. Lichthunger der Heckenpflanzen.

Viele Heckenpflanzen streben aus dem dichten, beschattenden Gestrüpp empor zum Licht.

Beobachtungen.

1. Gute Beispiele: Hopfen, Waldrebe, Zaunwinde, Zaunrübe ... Suche andere, ebenso gute Beispiele!
2. Die Heckenpflanzen haben Einrichtungen, durch die sie sich in den Lichtgenuß setzen.
   a) Windender Stengel: Hopfen, Zaunwinde ...
   b) Ranken: Zaunrübe, Wicken ...
   c) Klimmhaken: Hopfen.
   d) Borsten: Klebkraut ...
   e) Verstärktes Längenwachstum: Große Brennessel, Kälberkropf ...
3. Das Innere der Hecke ist beschattet. Was wächst dort?
4. Das Blattwerk der Hecke wendet sich dem Lichte zu, es stellt sich so ein, daß möglichst kein Blatt das andere verdeckt. (Blattmosaik S. 747.)

10. Früchte, die an den Kleidern hängen bleiben.

Wir sind auf der Wanderung mehrfach in das Gebüsch der Hecke eingedrungen: in unseren Kleidern hängen kleine rauhe Früchte, die sich nur schwer daraus entfernen lassen. Man nennt sie „Bettlerläuse". Solche „Bettlerläuse" bleiben in den Strümpfen hängen, wenn wir die Pflanzen des Wegrandes streifen. Wir erhalten sie auf einer Wanderung am Bach entlang oder quer durch den Wald. Bei manchen Arbeiten auf dem Felde heften sie sich in Menge an die Kleider.

Ebenso hängen sie sich den Tieren ins Fell, werden mitgenommen und irgendwo wieder abgestreift. Finden sie einen günstigen Ort zum Keimen, so siedeln sie sich an. Auf diese Weise wird eine große Anzahl von Pflanzen verbreitet.

Man kann an den Klebfrüchten aber auch erkennen, wo jemand war.

An Hecken und Wegen: Klette, Klebkraut (2), Möhre, Borstendolde (3), Nelkenwurz (4), Odermennig (5), Hundszunge (6), Igelsame..

Im Walde: Hexenkraut (7), Waldmeister, Sanikel (8), Klette.

Auf dem Acker: Klebkraut, Haftdolde (1), Ackerhahnenfuß (9).

Im Ufergebüsch: Zweizahn (10).

11. Heckengräser.

Unter den Gräsern gibt es einige, die sich mit Vorliebe in Hecken ansiedeln. Es sind: Jähriges Rispengras, Mäusegerste, Taube Trespe, Weiche Trespe.

Ihre Bestimmung versuche man nach Tabelle: Gräser des Wegrandes. (S. 654.)

Tierleben.

1. Die Hecke als Deckung.

Achtung! Gehe vorsichtig auf die Hecke zu!

1. Für die Verfolgten. Kleinvögel suchen in der Hecke Schutz vor dem Sperber. Hasen, Kaninchen und Rebhühner finden im Winter dort warme Lagerplätze.

Tierleben. 317

2. **Für die Verfolger.** Der Sperber benutzt die Hecke in einem andern Sinne als Deckung. Er streicht dicht an der Hecke entlang und stürzt sich plötzlich über sie hinweg an die andere Seite auf die ahnungslosen Vögel oder unter die Feldtauben. Daß sein Verfahren nicht ohne Erfolg bleibt, zeigen die häufigen Rupfstellen an Feldhecken. (S. 320.)

Auch die beiden Wiesel, Igel und Spitzmäuse halten sich gern in Hecken auf. (S. 323 u. 324.)

2. Heckenvögel.

Die Hecken an Waldrändern sind reich an Vogelarten; denn hier treffen die Vögel des Waldes und des offenen Landes zusammen. Der Häufigkeit nach könnte etwa folgende Reihenfolge gelten: Dorngrasmücke, Neuntöter, Zaunkönig — Goldammer, Hänfling, Distelfink — Zaungrasmücke, Gartengrasmücke, Plattmönch — Meisen, Girlitz, Raubwürger.

Die Feldhecken sind artenarm, denn die eigentlichen Feldvögel (Feldlerche, Haubenlerche) sind keine Hüpfvögel, sie setzen sich nicht auf Zweige. Nur die Vögel der Feldhecken sollen hier gekennzeichnet werden.

I. **Auffällig durch freien Sitz und lebhafte Färbung.**

1. Vogel von Amselgröße, Unterseite weiß, Oberseite aschgrau, Flügel schwarz mit mehreren weißen Flecken. (S. 318.) **Raubwürger.** ♂ *Lánius excúbitor.*

2. Vogel über Sperlingsgröße, Bauch weiß, Rücken braunrot, Kopf aschgrau, schwarzer Augenstrich. (S. 318.) **Rotrückiger Würger.** *Lánius collúrio.*

3. Vogel über Sperlingsgröße, Oberseite rostfarben mit dunklen Flecken. Unterseite, Kopf und Hals gelb. (S. 406.) **Goldammer.** *Emberíza citrinélla.*

4. Vogel von Sperlingsgröße, Oberseite zimtbraun, dunkel gefleckt. Unterseite weißlich. Brust und Scheitel karminrot. **Hänfling.** ♂ *Acánthis cannábina.*

5. Vogel unter Sperlingsgröße. Kopf schwarzweißrot! Flügel schwarz mit gelber Binde. Unterseite weißlich, Rücken bräunlich. **Stieglitz, Distelfink.** *Carduélis carduélis.*

318 An Hecken.

II. **Auffällig durch die 'große Anzahl.**

1. Vögel mit einfarbig grauem Gefieder, die namentlich während der Erntezeit in großen Schwärmen sich in der Nähe der Feldhecken aufhalten. (S. 404.) **Haussperlinge und Feldsperlinge.**

2. Vögel mit lebhaft gefärbtem Gefieder, die vom Herbst ab den Winter hindurch in kleineren oder größeren Flügen über die Felder streichen. **Goldammern, Hänflinge, Stieglitze.**

III. **Auffällig durch kurze, scharfe Rufe.**

1. Gäck gäck gäck — oder däck und ähnlich. (S. 319.) Der Rufer ist leicht festzustellen. **Neuntöter.** *Lánius collúrio.*

2. Ein weiches, gedämpftes Woidwoidwoidwoid oder auch wädwädwäd. Bei Beunruhigung: ein rauhes dschrä dschrä oder auch ein kurzes, schmatzendes tze. Der Vogel hält sich sehr versteckt. **Dorngrasmücke.** *Sýlvia commúnis.*

IV. **Auffällig durch kurze Liedstrophen.**

1. Der Vogel erhebt sich beim Singen ein Stück in die Luft und singt etwa so: Diudidóidida. **Dorngrasmücke.**

2. Der Vogel singt sein Lied im Sitzen, im Volksmund nach dem Rhythmus: „Wie wie hab ich dich so lieb!" (S. 406.) **Goldammer.**

3. Zartes Pfeifen und Flöten, von knäckenden Tönen durchsetzt. (S. 403.) **Hänfling.**

4. Sehr schnelle, kurze Liedchen nach dem Rhythmus: Pickelnick pickelneia oder Didlit didlit hi sitz i! (S. 403.) **Stieglitz.**

5. Ein lerchenfarbener, derber, träger Vogel mit dickem Schnabel. Lied sehr einfach: Zick zick zick schnirrrp. (S. 406.) **Grauammer.** *Emberíza calándra.*

6. Steht ein Baum in der Hecke, ist hier auch der Baumpieper anzutreffen. (S. 258.)

3. Die vier Würger.

Beobachtungen:

1. Auf Strauchspitzen der Hecken, vorstehenden Zweigen einzeln stehender Feldbäume oder auf Telegraphenleitungen sieht man oft hell gefärbte, kräftige Vögel sitzen, die durch ihre Ruhe und

den freien Sitz auffallen. Wenn sie ihren Platz wechseln, fliegen sie zunächst in einem Bogen abwärts, streichen dann flach über die Erde hin und zeigen sich erst wieder am neuen, sicheren Auslug. Es sind Würger.

2. Auf freiem Felde (nicht zu weit von Bäumen entfernt) sieht man gelegentlich einen schwarzweißen Vogel in der Luft rütteln wie einen Raubvogel, um auf Beute zu stoßen. Es ist der große Würger.

3. Aus dem Dickicht der Dornhecken ertönt oft ein rauher, kurzer Ruf; etwa so: gäck gäck gäck gäck, oder ga ga, oder gwä gwä gwä oder kräw kräw, oder grä grä grä. Während der Brutzeit, wenn die Alten am Nest gestört werden: däck (kurz und hart) oder Zäckäckäckäckäck. Es sind Neuntöter.

4. Wer an Dornhecken entlanggeht, sieht gelegentlich auf Dornen aufgespießte Käfer, Heuschrecken, Hornissen, auch wohl kleine Vögel, Frösche oder Eidechsen. Wer war der Täter? Der Neuntöter, Dorndreher.

Erkennungsmerkmale der Würger.

I. Gemeinsame Merkmale.
  1. Alle Würger sind an der Unterseite weiß.
  2. Alle Würger haben einen schwarzen Augenstrich.
  3. Alle Würger haben einen starken, an der Spitze abwärtsgekrümmten Oberschnabel (wie die Raubvögel).

II. Unterschiede.
  A. Rücken aschgrau.
    1. Amselgröße. Stirn weiß. Flügel schwarz mit mehreren weißen Flecken. **Großer Würger, Raubwürger.** *Lánius excúbitor.*
    2. Stargröße. Stirn schwarz. Flügel schwarz mit einem weißen Fleck. **Schwarzstirnwürger.** *Lánius minor.*
  B. Rücken schwarz oder rot.
    1. Etwas unter Stargröße. Hinterkopf und Nacken braunrot. Rücken schwarz, Schultern weiß. Flügel schwarz mit weißem Fleck. **Rotkopfwürger.** *Lánius senátor.*
    2. Deutlich über Sperlingsgröße. Rücken und Flügeldecken braunrot. Kopf aschgrau. **Rotrückiger Würger, Neuntöter.** *Lánius collúrio.*

4. Vogelnester in Feldhecken.
(Siehe S. 130, 468.)

In Feldhecken, die weit genug vom Walde entfernt sind, brüten nur einige Vögel: Neuntöter, Dorngrasmücke, Goldammer, Hänfling.

Die drei letzteren bauen sehr versteckt. Am häufigsten stößt man auf das Nest des Neuntöters. (S. 135, 468.)

Andere Vögel, die Feldhecken aufsuchen (Sperlinge, Stieglitze, Grauammern), haben ihre Nistplätze in Bäumen oder auf dem Erdboden.

5. Welcher Vogel wurde hier gerupft?[1]

An Feldhecken und Waldrändern, in kleinen Feldgehölzen und auf stillen Waldwegen, auf Felsen, in Gartengeländen und Parks findet man manchmal eine kleinere oder größere Anzahl Federn, die beisammenliegen. Wir haben eine Rupfung („Federkranz") vor uns. Betrachten wir einige Großfedern! Ist der Kiel wie mit einer Schere abgeschnitten, so biß ein Raubtier seinem Opfer die Federn ab, um es danach besser verzehren zu können. Sind dagegen die Federn alle ausgerupft, so bereitete ein Raubvogel seine Beute zum Mahle zu. Wird er dabei nicht gestört, so entfernt er wohl das gesamte Gefieder, das dann schön zusammenliegt.

Findet man solche Rupfstellen an stillen, versteckten Plätzen, so waren meistens Sperber und Habicht die Täter; liegen sie aber auf freistehenden Felsen, so wird es der Wanderfalk gewesen sein.

Welcher Vogel wurde gerupft?

Die nachstehende Tabelle dient zur Bestimmung der am häufigsten vorkommenden, vollständigen Rupfungen. Die großen Flügelfedern — Schwungfedern oder Schwingen (S.) — sind alle mehr oder weniger gebogen und ziemlich fest; im allgemeinen nehmen sie von außen nach innen an Länge ab. Doch ist manchmal die 3. S. die längste bzw. die 1. S. sehr klein. Bei Piepern, Stelzen und Lerchen sind die innersten S. verlängert. Doch sind diese an den breiten, helleren Säumen gut kenntlich. Die äußere S. ist an der schmalen, gleichmäßigen Außenfahne leicht erkennbar. Die Außenfahne ist immer schmäler als die Innenfahne.

---

[1]) Diese Tabelle wurde mir von Wilhelm Petry, Bad Kreuznach, überlassen.

Die Schwanz- oder Steuerfedern (St.) sind durchweg gerade und weicher. Die äußersten sind an ihrer geschwungenen Form und dem etwas abgebogenen Spulenteil gut zu erkennen.	

Die Schwanz- oder Steuerfedern (St.) sind durchweg gerade und weicher. Die äußersten sind an ihrer geschwungenen Form und dem etwas abgebogenen Spulenteil gut zu erkennen.

Zum Bestimmen ordne man die S. hintereinander und lege jede so, daß die Spule nach innen und die Biegung nach vorn zeigt.

Bestimmungstabelle.

I. Steuerfedern über 15 cm lang.

   A. Steuerfedern alle einfarbig.

      a) Schwarz.

      1. Gesamtgefieder schwarz.

α) Steuerfedern fast alle gleich lang.	**Rabenkrähe.**
β) Äußerste Steuerfedern bedeutend (über 2 cm) kürzer.	**Saatkrähe.**
2. Kleingefieder aschgrau.	**Nebelkrähe.**

      3. Kleingefieder zum größten Teil weinrot. St. am Anfang heller, öfter noch schmale Binden in dem Teil. Deckfedern der vorderen großen Schwingen mit schwarzen, blauen und weißen Querbinden.   **Eichelhäher.**

      b) Weiß: Weißes Hausgeflügel (Taube, Huhn, Gans).

   B. Steuerfedern nicht alle einfarbig.

      a) Mit dunkler Endbinde.

         Grundfarbe aschgraublau, mit hellem Band vor der dunklen Endbinde, am deutlichsten an der Unterseite.   **Ringeltaube[1]).**

b) Gelbbraun mit dunklen Querbinden. Mittlere sehr lang.	**Fasan.**

II. Steuerfedern kürzer als 15 cm.

   A. Steuerfedern alle einfarbig.

      a) Schwarz.

      1. Über 10 cm lang.

α) Gesamtgefieder schwarz.	**Amsel. ♂**
Gesamtgefieder schwarzbraun, hauptsächlich im Kleingefieder.	**Amsel. ♀**

[1]) **Beachte:** Die Haustaube wurde wegen ihrer vielen Färbungsmöglichkeiten nicht aufgenommen. Die wildfarbene, normale hat graue St. mit schwarzer Endbinde, die äußerste St. ist bis zur Endbinde weiß gesäumt.

322 An Hecken.

β) Kleingefieder nicht schwarz. Außenfahne der St. am Anfang heller, oliv-hellschieferfarben; äußerste St. mit schmalem, weißlichem Saum. **Wacholderdrossel.**

2. Unter 10 cm lang. Schön stahlblau glänzend. **Dompfaff.**

b) Braun.

1. Länge über 10 cm, an den Spitzen mit schmalen, die äußerste mit breiteren, trübweißen Säumen. **Misteldrossel.**

2. Länge über 9 cm, hellbraun. Innenfahne der meisten Armschwingen gelbbraun. **Singdrossel.**

3. Länge 8—9 cm, Innenfahne der meisten Armschwingen hellgraubraun. **Rotdrossel Wintergast.**

4. Länge etwa 6 cm.

α) Federn breit, dunkel, mit hellbraunen Säumen. **Star.**

β) Federn schmal.

° Dunkelbraun (schwärzlich scheinend). Am Beginn der Außenfahne der äußeren S. ein dunkel-rostbrauner Fleck. Die Innenfahne der S. grauweiß, nach innen zu allmählich heller werdend. **Haussperling.**

Dunkelbraun (grau scheinend). Federschäfte der St. oben braun, unten weiß. St. mit kleinen hellen Spitzen. S. ohne Flecken. Unterflügeldecken gelb. **Gartengrasmücke.**

°° Hellbraun. Der helle Teil der S. deutlich abgesetzt (vgl. Haussperling). **Feldsperling.**

Hellbraun, mit olivfarbenen Rändern. Innenfahne der S. mit gelblichgrauen, Außenfahne mit olivfarbenen Säumen. **Rotkehlchen.**

c) Blau. Außenfahne der St. und S. leuchtend blau. **Blaumeise.**

d) Rostrot (nur die 4 mittleren der 16—18 St. dunkelbraun, gesprenkelt). Länge etwa $7^1/_2$ cm. S. graubraun mit helleren Querbinden. **Rebhuhn.**

B. Steuerfedern nicht alle einfarbig.

a) Alle St. deutlich ganz gesäumt. Säume weiß, bei den mittleren St. bräunlich überhaucht. **Hänfling.**

b) Äußerste St. außen mit breitem, weißem Saum.

1. Grundfarbe aller St. schwarz. Die innersten, stark verlängerten S. mit breitem, weißem Saum an der Außenfahne. **Weiße Bachstelze.**

Tierleben. 323

2. Grundfarbe aller St. dunkelbraun. Die inneren, verlängerten S. hellbraun gesäumt. **Feldlerche.**

3. Grundfarbe aller St. graubraun.

α) Innere S. breit rotbraun gesäumt. **Dorngrasmücke.**

β) Innere S. einfarbig graubraun. **Zaungrasmücke.**

4. Grundfarbe aller St. schieferfarben. Außenfahne aller inneren St. blaugrau. **Kohlmeise.**

c) Äußerste St. mit schrägem, weißem Band. (Dadurch ist der größte Teil der Außenfahne und der kleinere Teil der Innenfahne weiß.) Die 2. St. mit weißem Keilfleck an der Spitze.

1. Grundfarbe der St. schwarz.

Federn nach der Mitte zu gelb gerandet. S. mit auffälligem, weißem Fleck am Anfang der Außenfahne. **Buchfink.**

2. Grundfarbe der St. schwarzbraun.

α) St. kürzer als 7,2 cm. Das Weiß rauchbraun überlaufen. Innerste S. verlängert.

Der Federschaft im weißen Teil braun. **Baumpieper.**

Der Federschaft im weißen Teil weiß. **Wiesenpieper.**

β) St. länger als 7,5 cm. **Goldammer.**

d) Wurzel- und Spitzenhälfte der St. verschieden gefärbt. Wurzelhälfte gelb (mit Ausnahme der mittelsten Federn). Das Schwarz der Spitzenhälfte oft am Schaft emporziehend.

1. St. über 5 cm lang, bei den Weibchen die Federn mehr schwarz. **Grünfink.**

2. St. unter 5 cm, bei den Weibchen die Federn mehr schwarz. **Erlenzeisig.**

e) St. blauschwarz mit tropfenförmigem, weißem Fleck. Äußerste St. stark verlängert. **Rauchschwalbe.**

6. Wiesel und Marder.

Wer aufmerksam durch die Gemarkung geht, trifft zu allen Jahreszeiten Wiesel und Marder oder ihre Spuren an. (S. 182.) Hecken, Waldränder, dichtes Gesträuch eines verlassenen Steinbruches, Holzstapel oder Steinhaufen bieten ihnen sicheren Unterschlupf. Von hier aus unternehmen sie ihre Raubzüge ins Feld. Oft sind Wiesel in Mengen an Steinhaufen zu finden, die am Rande

G r u p e , Naturkundl. Wanderbuch.　　　　11

324 An Hecken.

einer überschwemmten Wiese liegen. Auf den Iltis oder auf seine Spur trifft man gelegentlich an Gräben, Wasserläufen oder einsamen Feldbrücken.

Das Wiesel ist der beste Mäusejäger des Feldes. Tötet es nicht!

Bestimmungstabelle.

I. **Die beiden Marder des Feldes.** Im Sommer halten sie sich im Freien auf, im Winter kommen sie in die Nähe der menschlichen Wohnungen. Schlanke Tiere von fast Katzengröße, die in Bogensprüngen laufen.

  1. Körperlänge bis 50 cm. Schwanz von halber Körperlänge. Farbe graubraun mit einem weißen Fleck vor der Brust. (Edelmarder mit einem größeren rotgelben Brustfleck.) — **Steinmarder, Hausmarder.** *Mustéla foina.*

  2. Körperlänge bis 45 cm. Schwanz kürzer als die halbe Körperlänge. Farbe oben hellbraun, unten dunkelbraun bis schwarz. Lippen, Kinn und Kopfseiten weißlich. — **Iltis, Ratz.** *Putórius putórius.*

II. **Die beiden Wiesel.** Sie sind ausgesprochene Feldtiere. Ihr schlanker, schlangenartiger Körper befähigt sie, sich mit größter Gewandtheit zu bewegen, sie sind hervorragende Schlüpfer. Sie laufen in Bogensprüngen.

  1. Körperlänge bis 28 cm. Schwanz bis 6 cm lang. Sommerkleid: Oberseite braunrot, Unterseite weißlich. Winterkleid: ganzer Pelz weiß bis auf die schwarze Schwanzspitze. — **(Großes Wiesel) Hermelin.** *Putórius ermíneus.*

  2. Körperlänge bis 17 cm. Schwanz 4 cm lang. Oberseite braunrot, Unterseite weiß. (Im Winter selten weiß.) — **(Kleines Wiesel) Heermännchen.** *Putórius nivál015.* *Putórius nivális.*

7. Die beiden Spitzmäuse des Feldes.

Die beiden Spitzmäuse des Feldes gehen nicht in das Waldinnere, wohl aber die Waldspitzmaus aufs Feld. Die Hausspitzmaus kommt mehr auf Feldern als im Hause vor. Wenn wir an Feldhecken eine tote Spitzmaus finden, so wurde sie sicher von Raubtieren (Füchsen, Katzen, Hunden, Mardern) getötet, ihres Moschusgeruches wegen aber nicht gefressen. Welche ist es?

Tierleben. 325

Die Spitzmäuse sind sehr gefräßige Tiere. Sie brauchen an einem Tage so viel Nahrung, wie ihr eigenes Körpergewicht beträgt. Darum sind sie in Gefangenschaft schwer zu halten, sie verhungern leicht. Sie fressen Insekten und Mäuse. Wer sie tötet, ist dumm oder roh — oder beides.

I. Ohren deutlich sichtbar. Zähne mit weißen Spitzen. Im Felde.

1. Schwanz länger als der halbe Körper. Oberseite graubraun, Unterseite grau, beide Farben gehen allmählich ineinander über. Körperlänge 7 cm. **Hausspitzmaus.** *Crocidúra aránea.*

2. Schwanz kürzer als der halbe Körper. Oberseite dunkelbraun, Unterseite weiß, beide Farben scharf voneinander geschieden. Körperlänge bis 10 cm. **Feldspitzmaus.** *Crocidúra leúcodon.*

II. Ohren im Fell verborgen. Zähne mit braunen Spitzen. Im Walde. (S. 166.) Oberseite schwarzbraun, Unterseite weiß. Körperlänge 6,5 cm. **Waldspitzmaus.** *Sorex vulgáris.*

8. Heckenschnecken.
(Siehe auch S. 169!)

Nach Regen oder nach einer taufrischen Nacht sieht man an der Hecke zahlreiche Schnecken. Sie haben ihre schützenden Verstecke verlassen und suchen sie bei eintretender Trockenheit wieder auf. Überall auf dem Boden, an Steinen und am Gesträuch glänzen die Schleimspuren. Leere Schneckenhäuser, farbig gebänderte und einfarbige, liegen oft in Mengen umher.

I. Gehäuseschnecken.

A. Gehäuse kugelförmig oder scheibenförmig.

a) Gehäuse groß, bis 4 cm breit und hoch. Bräunlich-hornfarbig, mit dunklen Bändern. Größte deutsche Landschnecke. **Weinbergschnecke.** *Helix pomátia.*

b) Gehäuse höchstens halb so groß.

1. Gehäuse ohne Nabel, kugelig, lebhaft rötlich oder gelb gefärbt oder gebändert, Durchmesser 2—3 cm. Mundsaum zurückgebogen. **Garten-Bänderschnecke.**

α) Mundsaum weiß. (Abb. a S. 170.) *Tachéa horténsis.*

β) Mundsaum schwarzbraun. (Abb. b.) **Hain-Bänderschnecke.** *Tachéa nemorális.*

2. Gehäuse mit tiefem Nabel, kugelig, $1\frac{1}{2}$—2 cm Durchmesser. Mundsaum scharf, am Nabel zurückgeschlagen, mit weißer Lippe.

α) Gehäuse einfarbig weiß, gelblich, rötlich oder rotbraun. Nabel weit, bis zur Spitze offen. Mundsaum nach außen etwas zurückgebogen, besonders stark nach dem Nabel zu. (Abb. d.) **Buschschnecke.** *Eulóta frúticum.*

β) Gehäuse rötlich bis dunkelbraun, mit einem hellen, durchscheinenden Kielstreifen. Nabel eng. Mundsaum zurückgebogen, außen mit braunrotem Saum, innen mit fleischroter Lippe. (Abb. e.) **Rötliche Laubschnecke.** *Fruticicola incarnáta.*

3. Gehäuse mit weitem Nabel, flachkugelig, 7—9 mm breit, 4—5 mm hoch, hornfarbig, kurz behaart. **Borstige Laubschnecke.** *Fruticicola hispida.*

4. Nabel fast durch den verstärkten Rand des Mundsaumes verdeckt. Gehäuse kugelig, $1\frac{1}{2}$—3 cm Durchmesser. Lippe weiß. Gehäuse kastanienbraun, mit zahlreichen gelben Flecken, unregelmäßig gesprenkelt, meist läuft ein dunkles Band über die Mitte der Windungen. (Abb. c.) **Baumschnecke.** *Ariánta arbustórum.*

B. Gehäuse turmförmig oder spindelförmig.

1. Gehäuse 2 cm hoch, 1 cm breit, weiß, mit 7 Windungen. **Weiße Turmschnecke.** *Bulíminus detrítus.*

2. Gehäuse 1—2 cm hoch, sehr schlank, spindelförmig, mit 9—14 Windungen. Das sich zurückziehende Tier schließt das Gehäuse mit einem Deckelchen. (Abb. S. 170.) **Schließmundschnecken** *Clausília.*

II. Nacktschnecken.

Nacktschnecken, die in Hecken auffällig sind, gehören entweder zu den Egelschnecken oder zu den Wegschnecken. Ihre Bestimmung versuche nach den Angaben auf S. 168! Dort ist von jeder Art nur die größte Schnecke gekennzeichnet, es gibt noch verschiedene kleinere Arten.

Literatur.

D. Geyer, Unsere Land- und Süßwassermollusken. 155 S. und 18 Tafeln. Lutz, Stuttgart.

9. Heckenkäfer.

Im Mai und Juni blühen die Heckensträucher. Dann ist die Käferzeit. Aus vielen Familien sind sie da, vereinzelt oder in Massen. (S. 475.)

1. Fühler auffällig lang, so lang oder länger als der Leib.

Körper gestreckt, fast walzig. Beine schlank. Die größeren Käfer halten sich an Bäumen auf (Eichen, Pappeln, Weiden, Nadelhölzern), die kleineren leben auf Blüten. — **Bockkäfer.** *Cerambyciden.*

1. Flügeldecken mit gelben Querbinden. 1—1½ cm lang. Z. B. mit einer geraden und mehreren gebogenen gelben Binden. Halsschild schwarz, am Vorderrande gelb. Auf Rosen (*Cl. ariétis*). — **Zierbock. Widderbock.** *Clytus.*

2. Flügeldecken gelbbraun, nach hinten stark verschmälert. Beine rötlichgelb. 1 cm lang. — **Spitzdeckenbock.** *Stenópterus rufus.*

3. Flügeldecken gelb, jede mit 2 großen schwarzen Flecken. 1—2 cm lang. — **Vierfleckbock.** *Pachýta quadrimaculáta.*

4 Flügeldecken gelbbraun mit schwärzlicher Spitze und Naht 6—9 mm lang. Auf Weißdorn, Kreuzdorn, Eberesche. — **Blütenbock.** *Grammóptera.*

2. Fühler kürzer, nicht so lang wie der Leib.

I. Kopf in einen Rüssel verlängert. Fühler fast immer gekniet, am Ende verdickt. Hinterleib meist eiförmig. Träge Tiere, die sich bei Gefahr sofort auf den Boden fallen lassen. — **Rüsselkäfer.** *Curculioniden.*

Von den Rüsselkäfern gibt es zahlreiche Arten. Hier sollen nur diejenigen gekennzeichnet werden, die durch ihre Lebensweise auffallen. Es sind die Blattwickler. (Siehe S. 153.)

1. Der Blattwickel hängt am Haselstrauch. Käfer rot, Kopf, Fühler und Schildchen schwarz. 7 mm lang. — **Haselnußwickler.** *Apóderus córyli.*

2. Der Blattwickel hängt an jungen Eichenblättern, namentlich an Stockausschlägen. Käfer etwas kleiner, Färbung fast so wie bei dem vorigen. Unterschied: Kopf hinter den Augen nicht verengt, beim vorigen hinter den Augen halsartig verengt. — **Eichenwickler.** *Attélabus nitens.*

3. Der Blattwickel hängt an Birken (Haseln, Erlen, Hainbuchen). Käfer blau oder grün, 6—7 mm lang. — **Trichterwickler.** *Rhynchítes bétulae.*

328 An Hecken.

4. Die „Würmer" in den Haselnüssen sind die Larven eines kleinen Rüsselkäfers. Rüssel sehr dünn und lang, oft so lang wie der ganze Körper. Flügeldecken länglich-herzförmig, grau beschuppt. 6 bis **Haselnußbohrer.**
7 mm lang. *Balanínus nucum.*

II. Kopf nicht rüsselförmig verlängert.

A. Flügeldecken verkürzt, den Hinterleib größtenteils frei-lassend. Die meisten Käfer dieser Familie leben am Boden unter Steinen, Moos, faulenden Stoffen, an Mist, Tierleichen, Pilzen. Wenn man sich ihnen nähert, schlagen sie den Hinter-leib hoch. Einige Arten leben auch auf **Kurzflügler.**
Blüten. *Staphyliníden.*

1. Flügeldecken gelb, lassen etwa $1/2$ des Hinterleibes frei. 3—5 mm lang. Auf Gesträuch und Blüten, **Blumenraubkäfer.**
namentlich im Gebirge. *Anthóphagus.*

2. Flügeldecken schwarz, braun, gelblich; lassen nur die Spitze des Hinterleibes frei. Auf Ge-sträuch und Blüten, namentlich im Ge- **Blütenkurzflügler.**
birge. *Anthóbium.*

B. Flügeldecken nicht verkürzt.

a) Körper kugelrund. Oberseite gelb mit dunklen Flecken, oder Oberseite dunkel mit gelben oder roten Flecken. Fühler keulenförmig, vor den Augen eingefügt. Die Käfer und ihre Larven nähren sich von Blattläusen, sie sind nützlich. Es gibt zahlreiche Arten, die auf Nadel- **Kugelkäfer,**
hölzern, Sumpfpflanzen und Kräutern **Marienkäfer,**
Sonnenkälbchen.
leben. An Hecken der Siebenpunkt. *Coccinellíden.*

b) Körper gestreckt.

1. Fühler fadenförmig. Körper länglich-eiförmig, glatt, meist metallisch gefärbt. (Sehr häufig: An Pappeln und Weiden der Pappelblattkäfer *Melasóma*: Flügel- **Blattkäfer.**
decken ziegelrot, Halsschild blauschwarz.) *Chrysomelíden.*

2. Fühler am Ende verdickt, keulen- **Keulenhörnige.**
förmig. *Clavicórnia.*

α) Kleine rundliche Käfer, 2—5 mm lang. Oberseite bunt-gefleckt. Halsschild nach hinten ausgebuchtet. Im Frühling oft in großen Mengen auf Blüten, nament- **Blütenkäfer.**
lich auf Doldenpflanzen. *Anthrénus.*

β) Sehr kleine Käfer, 1—3 mm lang. Länglich rund. Die Flügeldecken lassen den letzten Hinterleibsring frei. Halsschild hinten gerade. Metallisch blau, grün oder violett. Oft in Mengen auf Blüten.   **Glanzkäfer.** *Meligéthes.*

3. Fühler gesägt, gekämmt oder mit verlängerten Endgliedern. Körper schlank.   **Sägehörnige.** *Serricórnia.*

α) Die Käfer können sich aus der Rückenlage knipsend in die Höhe schnellen (S. 476). Vorderbrust hinten mit einem Fortsatz, der in eine Aushöhlung der Mittelbrust paßt. Viele Arten auf Blüten: Oberseite grau, braun, kupferfarbig, schwarz, rot.   **Schnellkäfer.** *Elateríden.*

β) Die Käfer können sich nicht in die Höhe schnellen.

. Vorderbrust mit einem Fortsatze, der in eine Aushöhlung der Mittelbrust eingreift. Flügeldecken nach hinten verschmälert. Prächtig gefärbte Käfer, die an Holz und Blüten leben.   **Prachtkäfer.** *Bupréstiden.*

.. Vorderbrust ohne Fortsatz.

Körper walzig und rauhhaarig, $^1\!/_2$—2 cm lang. Prächtig gefärbte Käfer auf Blüten und an Baumstämmen, stellen Insekten nach. (S. 241 Borkenkäferwolf!)   **Buntkäfer.** *Cleríden.*

Körper weich, $^1\!/_2$—2 cm lang, schlank, Flügeldecken einfarbig schwarz, blau, violett, braun, gelb, rot (bei einigen Arten an der Spitze gelb oder rot). Auf Blumen und Gesträuch häufig.   **Weichkäfer.** *Cantharíden.*

4. Fühler kurz, gekniet, mit Blätterkeule. (Beispiel: Maikäfer. Blätterkeule beim Männchen meist größer als beim Weibchen.)   **Blatthörnige.** *Lamellicórnia.*

α) Krallen der Füße ungleich.

. Vorderfüße mit 2 ungleichen Krallen. Hinterfüße mit 1 Kralle (die eingeschnitten sein kann). Körper gedrungen, 5—10 mm lang, mit glänzenden Schuppen besetzt. Häufig auf Sträuchern und Blüten.   **Blatthornkäfer.** *Hóplia.*

.. Die größere Kralle nur an den vier vorderen Füßen oder an allen Füßen gespalten. Körper gedrungen, 10 mm lang, behaart. Flügeldecken gelbbraun. Halsschild und Kopf grünlichblau. Unterseite metallisch grün, blau oder schwarz. Auf Sträuchern, oft in Mengen.   **Gartenkäfer (Junikäfer).** *Phyllopértha horticola.*

β) Krallen der Füße gleich.

Fühlerkeule mit 4—7 Blättern.

Hinterleib mit abwärts gerichteter Spitze.   **Maikäfer.** *Melolóntha.*

Hinterleib rund. Länge 25—35 mm. Flügeldecken mit vielen, weißen Flecken.   **Walker.** *Polyphýlla fuilo.*

.. Fühlerkeule mit 3 Blättern.

Körper braun, grau behaart, 10 bis 18 mm lang. (Auf Feldern.)   **Junikäfer.** *Amphimállus.*

Körper schwarz, graugelb, pelzig behaart, 10—13 mm lang. Flügeldecken gelb, mit 3 schwarzen Quer-flecken. Auf Blüten.   **Pinselkäfer.** *Trichius fasciátus.*

Körper goldglänzend, meist kahl, 10 bis 30 mm lang. Auf Blumen. (Mehrere Arten.)   **Goldkäfer, Rosenkäfer.** *Cetónia.*

Körper metallisch grün, 15—18 mm lang. Unterseite oft kupferrot. Brust (beim Weibchen auch Bauch) grau behaart. Auf Blüten.   **Edelmann.** *Gnórimus nóbilis.*

Literatur:

E. Hofmann, Der Käfersammler. 141 S. 500 Abbildungen in Farbendruck auf 20 Tafeln. Stuttgart.

10. Heckenfliegen.

Die Sonne sticht. Es ist Fliegenwetter. Wir gehen an der Hecke entlang. Das Gesträuch ist übersät von Fliegen. (Stechfliegen S. 417, Blütenfliegen S. 477.) Hier sollen die Fliegen, die auf Blättern sitzen, gekennzeichnet werden. Sie erregen unsere Aufmerksamkeit durch ihre glänzenden Farben, durch merkwürdige Bewegungen, durch die Menge ihres Auftretens oder durch auffällige Körper-formen. Sicheres Erkennungsmerkmal: Fliegen und Mücken haben 2 häutige Flügel.

I. Die Fliegen sind auffällig durch ihre Färbung.

    A. Der ganze Körper ist metallisch glänzend (grün, blau oder schwarz).

       a) Glänzend grün oder blau.

       1. Über 1 cm lang.

          Augen behaart, auf der Stirne zusammenstoßend. Metal-lisch-grün. Schlanke Gestalt. Sehr leb-haft.   **Goldfliege.** *Chrysomýia.*

Tierleben. 331

Augen nackt, getrennt. Metallisch-
grün. Schlanke Gestalt, sehr lebhaft.

Metallfliege.
Sargus geosárgus.

2. Etwa 1 cm lang, schwarzblau, rauhborstig.

Schöne Fleischfliege.
Sarcóphaga sepulchrális.

3. Unter 1 cm lang.

Schwarz-metallgrün. Flügel gelblich.

Lauxánia.

Schwarzblau oder schwarzgrün. Mit vorstehender Legeröhre. Körper plump, Flug träge.

Lonchǽa.

b) Glänzend schwarz.

1. Körper schlank, über 1 cm lang. Schienen der Hinterbeine keulenförmig verdickt. Flügel zum Teil dunkel gefärbt. Im Gesicht ein Knebelbart. Die
Fliege sitzt auf Zweigspitzen und lauert
auf Beute.

Raubfliege.
Holopógon.

2. Körper gedrungen, unter 1 cm lang.
Füße gelb.

Kugelfliege.
Pachygáster.

B. Der Hinterleib ist farbig gefleckt oder gebändert.

1. Über 1 cm lang. Schillernd stahlblau. Kopf dick. Hinterleib metallisch schwarz oder grün mit
hellen Binden.

Schwebfliege.
Syrphus.

2. Etwa 1 cm lang. Hinterleib abwärts
gebogen.

Singfliege. .
Piptza.

3. Unter $^1/_2$ cm lang. Schwarzgelb gefärbt.

Halmfliege.
Chlorops.

C. Der Hinterleib ist einfarbig rotgelb.

1. Mittelgroße Fliegen. Rückenschild mit
4—8 Dornen.

Holzfliege.
Beris.

2. Kleine Fliegen, die schnell umherrennen. Schenkel dick. Stirn mit Borsten.

Buckelfliege.
Phora.

D. Die Flügel sind auffällig gefärbt.

a) Flügel gelblich. Fliege schwarz-metallgrün.

Lauxánia.

b) Flügel schwarz oder braun. Fliege
dünnleibig, 15 mm lang.

Habichtsfliege.
Dióctria.

c) Flügel glashell mit dunklen Querbinden oder Flügel lichtbraun mit weißen Tropfen. Die Fliegen
zittern im Sitzen mit den Flügeln.

Schmuckfliege.
Ortális.

d) Flügel schwarz-weiß gescheckt.

1. Untergesicht am Mundrand sehr stark
aufgeworfen. Bauch gelb. Träge Tiere.

**Breitmund-
Schmuckfliege.**
Platýstoma.

11*

2. Schlanke Fliegen, die mit den Flügeln schwingen. Kopf gelb. — **Schwingfliege. *Pallóptera.***

3. Glänzend schwarze Fliegen. Weibchen mit vorstehender Legeröhre. Die Tiere verstecken sich gern. — **Bohrfliege. *Trypeta.***

e) Flügel am Vorderrande tiefschwarz. Hinterleib schwarz behaart, mit silbrigen Flecken und Binden. — **Trauerschweber. *Argyramóeba.***

II. Die Fliegen sind auffällig durch ihre Bewegungen.

A. Bewegungen in der Luft. Schwebeflug: Die Fliegen stehen einen Augenblick auf einem Punkt in der Luft, dann schießen sie plötzlich blitzschnell weiter.

1. Wespen- oder bienenartige Fliegen. Hinterleib meist schwarz mit gelben Binden. Fast haarlos. — **Schwebfliegen. *Syrphiden.***

2. Hummelartige Fliegen mit farbigen Flügeln. Manche Arten mit sehr langem Rüssel. Behaart. — **Hummelfliegen. *Bombyliiden.***

3. Eine große Mücke mit sehr langen Beinen, die ihre Flügel weit spannt. (II B 3.) — **Zuckmücke. *Chirónomus.***

B. Bewegungen auf den Blättern.

1. Die Flügel sind in zitternder Bewegung.

Flügel glashell mit dunklen Querbinden oder Flügel lichtbraun mit weißen Tropfen. — **Schmuckfliege. *Ortális.***

Flügel schwarz-weiß gescheckt. Kopf gelb. — **Schwingfliege. *Pallóptera.***

2. Die Flügel werden im Sitzen gespreizt.

Hinterleib abwärts gebogen, farbig gefleckt. — **Singfliege. *Pipiza.***

3. Die Vorderbeine zucken im Sitzen. Körper schlank. Beine lang. Fühler gebüschelt. — **Zuckmücke. *Chirónomus.***

4. Kleine schwarze Fliegen mit grünen Augen, die sehr schnell im Kreise umherrennen. — ***Platypéza.***

5. Kleine Fliegen mit einem rotgelben Hinterleib, die sehr schnell geradeaus rennen. — **Buckelfliege. *Phora.***

6. Große graue Fliegen mit schlankem Körper und kräftigen Beinen, dolchartigem Rüssel und einem Knebelbart im Ge-

sicht. Sie warten auf Insekten, die sie überfallen. Wenn sie sich sonnen, legen sie ihren Körper etwas auf die Seite. **Raubfliege.** *Asilus.*

III. **Die Fliegen sind auffällig durch ihre Menge.**
1. Ein Mückenschwarm: Siehe unter II B! **Zuckmücke.** *Chirónomus.*
2. Ein Fliegenschwarm:
    Kräftige Fliegen mit langem Rüssel, der auf die Brust zurückgeschlagen wird. **Tanzfliege.** *Empis.*

    Eine Mücke von fliegenartigem Aussehen, über 1 cm groß, schwarz, dicht behaart. Oft in großen Mengen auf dem Gesträuch. Im Fliegen hängen die Hinterbeine lang herab. **Haarmücke.** *Bíbio.*

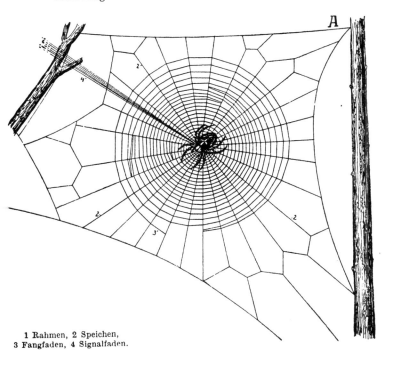

1 Rahmen, 2 Speichen,
3 Fangfaden, 4 Signalfaden.

11. Beobachtungen am Netz der Kreuzspinne.

1. Das Netz sitzt im Gesträuch einer Feldhecke. Achte auf seine Lage und Stellung!
2. Stelle mit Hilfe der Abbildung die einzelnen Teile des Netzes fest!
3. Betrachte die verschiedenen Fäden durch die Lupe!
4. Welche Beutetiere hängen im Netz?
5. Wohin führt der Signalfaden?
6. Suche die Spinne aus ihrem Versteck hervorzulocken, indem du eine lebende Fliege in das Netz bringst!
7. Betrachte die Spinne genau, wie sie gebaut und gefärbt ist!
8. Nimm sie vorsichtig zwischen die Finger und betrachte die Spinnwarzen am Hinterleibe durch die Lupe! (Nicht drücken!)
9. Am schönsten ist das Netz nach einer Taunacht.

Abb. S. 333.

Nachtrag

(zu S. 305, 355, 653, 681.)

Hülle fehlend. Hüllchen 3blättrig, zurückgeschlagen, einseitswendig, meist länger als die Döldchen. Dolde 10—20strahlig. Frucht kugelig-eiförmig. Blätter glänzend. 30—80 cm, auf Stoppelfeldern 5—10 cm hoch. Giftig!

Hundspetersilie, Gleisse.

Aethúsa cynápium.

IM FELD.

Pflanzenleben.

1. Das Feld als Lebensgemeinschaft.

Auf Feldern, die am Waldesrande liegen, kann man beobachten, daß zahlreiche Samen von Waldbäumen hinaus aufs Feld verweht oder verschleppt werden, die teilweise keimen und junge Stämmchen bilden. Bliebe das Feld längere Zeit unbearbeitet liegen, so würde der Wald nach und nach weiter vordringen und Besitz davon nehmen. Das geschieht jedoch nicht. Pflug, Hacke und Sense verhindern das Aufkommen des Waldes.

Die Feldpflanzen werden vom Menschen angebaut. Er nimmt sie in Schutz und Pflege. Es sind Kulturpflanzen. Nur die Unkräuter sind gegen seinen Willen da, sie verbreiten sich auf natürliche Weise. Aber der Mensch führt einen dauernden Kampf gegen sie.

Fast alle Kulturpflanzen des Feldes sind kurzlebig. Ihre Lebensdauer von der Aussaat bis zur Ernte erstreckt sich über einen oder zwei Sommer (Vegetationsperioden). Nur einige (Klee und Luzerne) haben eine längere Lebensdauer. Darum sind alle Kulturpflanzen des Feldes Krautpflanzen oder Gräser. Der Mensch bestimmt ihre Auswahl und Verteilung.

Auch die Unkräuter sind in ihrem Vorkommen und in ihrer Lebensweise von der Art der Arbeit des Menschen auf dem Felde abhängig. Auch sie sind ein- oder zweijährige Pflanzen. Ihre Samen beginnen mit denen der Kulturpflanzen zu keimen. Ihre Reife jedoch ist schon vor der Ernte beendet. Sie beeilen sich gewissermaßen, früher fertig zu sein als die Kulturpflanzen und ihre Samen auszustreuen, ehe die Ernte beginnt. Von den ausdauernden Unkräutern aber können sich nur diejenigen erhalten, die ihre unterirdischen Teile so tief legen, daß der Pflug sie nicht erreichen kann.

Auch die Tierwelt des Feldes ist von der Arbeit des Menschen abhängig. Zu gewissen Zeiten sind die Felder üppig bestanden und bieten reichlich Nahrung und Schutz: dann ist ein reiches Tierleben in voller Entwicklung anzutreffen. Zu andern Zeiten hingegen sind die Felder leer: viele Tiere (Insekten) sind dann mit ihrer Entwicklung zu Ende, andere wandern ab.

Der Mensch bestimmt also die Auswahl der Kulturpflanzen. Von wildwachsenden Pflanzen und Tieren können sich nur solche im

Im Feld.

Felde dauernd halten, die sich den durch den Menschen geschaffenen Lebensbedingungen anzupassen vermögen. Darum ist das Feld eine künstliche Lebensgemeinschaft.

2. Die Kulturpflanzen des Feldes.

In Deutschland lebt heute mehr als die Hälfte seiner Bewohner in Städten. Von diesen gewaltigen Menschenmassen ist ein sehr großer Teil der Natur entfremdet. Sie kennen das Brotgetreide auf dem Felde nicht mehr.

Wir bauen auf dem Acker:

1. Getreidearten: Alle sind Gräser mit Halm und Ähre oder Rispe: Roggen, Weizen, Spelz oder Dinkel, Gerste, Hafer.
2. Hackfrüchte: Kartoffeln und Rüben.
3. Hülsenfrüchte: Bohnen, Erbsen und Linsen.
4. Futterpflanzen: Alle sind Schmetterlingsblütler: Roter Klee, Inkarnatklee, Luzerne, Esparsette, Wicken, Serradella, Lupine.
5. Für Gründüngung: Blaue und gelbe Lupine, Serradella, Inkarnatklee.
6. Handelsfrüchte: Rübsen, Raps, Mohn — Flachs, Hanf — Hopfen — Tabak.

3. Wie unterscheidet man unsere Getreidearten, wenn sie noch keine Ähren haben?

I. Blattbildung.

	Weizen *Triticum*	Gerste *Hórdeum*	Roggen *Secále*	Hafer *Avéna*
Drehung der Blattspreite	rechts gedreht	rechts gedreht	rechts gedreht	links gedreht
Blatthäutchen	länglich rundlich	länglich spitz	kurz halbrund	kurz eiförmig
Zähne des Blatthäutchens	pfriemlich haarförmig	breit dreieckig	kurz dreieckig	pfriemlich haarförmig
Die zwei Blattröhrchen	deutlich: bei manchen Arten groß, bei manchen klein	sehr groß: mondförmig, größer als bei anderem Getreide	klein, abgerundet	fehlen
Sporn	lang, behaart	lang, unbehaart	kurz, behaart	ohne Sporn

Pflanzenleben. 337

II. Überlegungen:

1. Im Herbst wird gesät: Roggen, Weizen, Wintergerste = Wintergetreide, weil es überwintert, also zwei Vegetationsperioden dauert.
2. Im Frühjahr wird gesät: Hafer, Sommerweizen und Sommergerste = Sommergetreide, weil es nur im Sommer, also eine Vegetationsperiode dauert.

Daraus lassen sich auf die Art des Getreides Schlüsse ziehen, z. B.: Roggen wird im Herbst gesät, entwickelt den längsten Halm, kann im Frühjahr nach der Winterruhe sofort weiterwachsen, muß also im Mai z. B. höher sein als jedes andere Getreide. Usw.

Wintergerste steht im Winter meist sehr dicht und hat ein gelbgrünes Blatt.

4. An den Blattspitzen des jungen Getreides hängen Wassertropfen.

Beobachtung.

Wenn die junge Saat etwa einen halben Finger lang ist, sieht man oft in der Morgenfrühe, daß an den Blattspitzen Wassertropfen hängen. Das ganze Feld scheint von Tau zu triefen. So lange die Luft noch feucht ist, hält die Erscheinung an. Wenn die Sonne das Feld bescheint, verschwinden die Tropfen.

Erklärung.

Das ist kein Tau. Der Vorgang heißt Guttation (Gutta = Tropfen), Tropfenausscheidung.

Die Wasserleitungsbahnen der Pflanze beginnen in der Wurzel, laufen durch den Stengel in den Blattstiel, durchziehen die Blattfläche und endigen in den Wasserspalten der Blattspitze und in den Zähnen des Blattrandes. Durch Saftdruck von unten her, den Wurzeldruck, wird das Wasser in die Wasserleitungsröhren gehoben und aus den Wasserspalten herausgepreßt, wo es abtropft wie aus einem Wasserhahn.

Die Guttation kann man überall in Feld und Wiese, an Wegen und im Walde beobachten. Die auffälligsten Beispiele sind: Gräser, Schellkraut, Frauenmantel, Springkraut, Doldenpflanzen, Korbblüter.

5. Getreidearten, wenn sie Ähren tragen.

1. Mit Ähren.

A. Ährchen einzeln auf den Zähnen der Spindel.

a) Ährchen mit zwei fruchtbaren Blüten. Reife Ähre nickend. Halm bis 2 m hoch. Deckspelze kürzer als die Ährchen. Untere Blütenspelze mit langer Granne. Die ausgefallenen Körner nicht von einer Schale (Deckspelzen) umhüllt. (Abb. 1 u. 5.)   **Roggen, Korn.**

b) Ährchen meist vierblütig. Halm bis 1¹/₂ m hoch. Ähre vierseitig, dicht dachig. Deckspelzen bauchig, eiförmig. Einige Sorten begrannt. Die ausgefallenen Körner nicht von einer Schale (Deckspelzen) umhüllt. (Abb. 2.)   **Weizen.**

B. Ährchen zu dreien auf den Zähnen der Spindel. Ährchen einblütig.

Halm niedriger als bei Weizen. Untere Deckspelze mit langer Granne. Die Körner bleiben meist von einer Schale (den Deckspelzen) eingeschlossen. (Abb. 3.)   **Gerste.**

2 Mit Rispe.

Halm etwa von der Höhe des Weizenhalms. Ährchen zweiblütig. Deckspelze der unteren Blüte mit einer Rückengranne. Die Körner bleiben stets von einer Schale (Spelzen) umschlossen. (Abb. 4.)   **Hafer.**

6. Der Bau des Roggenhalmes.

1. Eine Messung:
   Höhe 2 m = 2000 mm (mit Zentimetermaß gemessen).
   Durchmesser oben = 2 mm (mit Zirkel gemessen).
   Durchmesser unten = 5 mm.
   Durchmesser mitten = 3 mm.

2. Eine Rechnung:
   Mittlerer Durchmesser = $(2 + 5 + 3) : 3 = 3^1/_3$ mm.
   Höhe: Durchmesser = $2000 : 3^1/_3 = 600 : 1$, das heißt: der Halm ist 600mal höher als dick.

3. Ein Vergleich:

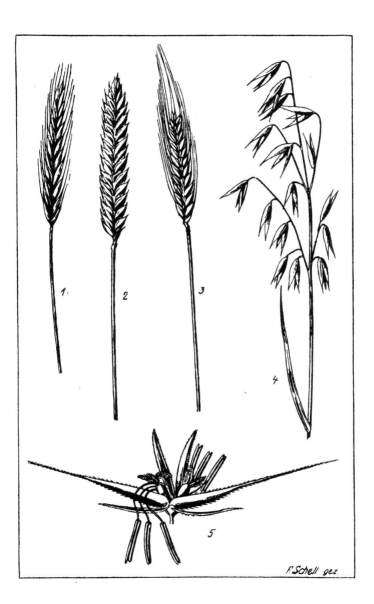

Bauwerke	Höhe	Untere Breite	Verhältnis
Schornstein	30 m	2,50 m	12 : 1
Turm des Frankfurter Doms	96 m	18,00 m	5 : 1
Cheops-Pyramide . . .	137 m	233,00 m	1 : 2 (breiter als hoch)
Eiffelturm	300 m	130,00 m	3 : 1
Roggenhalm	2000 mm	5 mm	400 : 1

4. Bestimmung des Schwerpunktes:

Die Halme werden über den Finger gelegt. Fast bei allen liegt der Schwerpunkt in der Mitte. Oben auf dem dünnen Halm sitzt die schwere Ähre. Der Halm wird vom Winde bewegt, ohne zu knicken.

5. Welche Einrichtungen festigen den Halm?

Beachte:

a) Der Halm ist gegliedert wie ein mehrstöckiges Gebäude. Die Knoten entsprechen den Balkenlagen.

b) Der Halm wird von dem unteren Teil der Blätter scheidenartig umgeben. Löst man die Blattscheiden ab, so knickt er zusammen.

c) Am Ende der Blattscheide versperrt das festanliegende Blatthäutchen dem herablaufenden Wasser den Weg, daß es nicht zwischen Blattscheide und Halm eindringen und Fäulnis bewirken kann.

d) Beim Betasten oder beim Betrachten durch die Lupe kann man eine feine Längsstreifung am Halme feststellen, die beim Aufreißen noch deutlicher erkennbar wird. Diese festen Stränge (Festigungsgewebe) sind Versteifungen. (Siehe den Stengel von Flachs, Hanf, Brennessel!)

e) Spaltet man der Länge nach den Schaft einer Zwiebel, so sieht man an der Innenwand die Gefäßbündel wie Säulen angelagert. Beim Abreißen eines Blattes vom großen Wegerich hängen die Gefäßbündel wie lange Fäden heraus, die eine große Festigkeit aufweisen. (Der Querschnitt eines Grashalms unter dem Mikroskop zeigt die Anordnung des Festigungsgewebes.)

Pflanzenleben.

f) Der Halm ist hohl. Hohle Träger zeigen eine große Druck-, Zug- und Drehfestigkeit.

g) Die Blätter sind gedreht. (S. 500.)

6. Wozu dieser ganze Aufwand? Warum strebt der Halm so in die Höhe? Der Roggen ist ein Windblütler; er strebt danach, die Ähren dem Wind auszusetzen, damit die Bestäubung erfolgen kann. Dieses Bestreben nutzt die Züchtung aus und erzielt die langen Halme.

7. Stäubender Roggen.

1. An einem feuchtwarmen Morgen im Mai oder Juni kann man über dem Roggenfeld hier und da kleine helle Wölkchen aufsteigen sehen, die im leichten Windhauch schnell wieder verwehen. Erhebt sich der Wind stärker, so treibt er dichte Staubwolken über das Ährenfeld hinweg, die der Unkundige für Straßenstaub halten könnte. Der Roggen stäubt.

2. Der Blütenstand des Roggens ist eine zusammengesetzte Ähre. An einer flachen Spindel, die sich als Hauptachse im Zickzack durch die Mitte der Ähre zieht, sitzen zwei Reihen kleiner Vorsprünge. Auf jedem Vorsprung steht ein kurzgestieltes Ährchen. Löse die Ährchen ab, so wird der Bau der Ähre sichtbar!

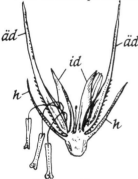

Stäubender Roggen.

3. Jedes Ährchen hat mehrere häutige Blätter, die Spelzen heißen. Außen stehen zwei kleine schmale, spitze Hüllspelzen. Entferne sie! (Siehe Abb. *h*.)

Jetzt ist deutlich zu erkennen, daß das Ährchen noch zwei gleich gebaute Teile enthält: die beiden Blüten. Biege sie seitlich auseinander: zwischen ihnen steht ein dünnes Stielchen. Entferne eine der beiden Blüten: sie hat zwei Spelzen. Sie heißen Deckspelzen (*ad* u. *id*). Die äußere Deckspelze (*äd*) trägt eine lange Granne. Die beiden kahnförmigen Deckspelzen umschließen die inneren Blütenteile: drei Staubblätter und einen Fruchtknoten. Die reifen Staubblätter hängen mit langen Fäden aus der Blüte

342 Im Feld.

heraus und haben am Ende einen röhrenförmigen Staubbeutel. Der Fruchtknoten hat zwei federartige Narben, die gleichfalls aus der Blüte hervorschauen.

4. Wenn der Pollen reif ist, platzen die Staubbeutel mit einem Längsriß auf und entleeren sich. Der Wind treibt die Pollenmassen in dichten Wolken über das Ährenfeld hinweg an die federartigen Narben. Es erfolgt die Bestäubung und Befruchtung. Der Roggen ist ein Windblütler.

> Schont die Getreidefelder;
> denn dort wächst unser Brot!

8. Wie das lagernde Getreide sich wieder aufrichtet.

Beobachtung.

Über das Feld ist ein starker Regen hinweggegangen und hat die Halme an den Boden geschlagen. Das Getreide „lagert". Häufig bleibt es am Boden liegen. Bestäubung und Fruchtentwicklung sind dann stark behindert. Der Körnerertrag ist gering.

Das lagernde Getreide richtet sich mehr oder weniger wieder auf. Die Halme sind dann gekniet.

Erklärung.

Wenn der Halm waagerecht liegt, beginnt alsbald an der Unterseite der Knoten ein verstärktes Wachstum. Hatte der Knoten das Wachstum bereits eingestellt, so erwacht es von neuem. Er wirkt jetzt wie ein Gelenk und richtet den Halm wieder auf. Dieses natürliche Streben des Halmes (der Stengel und Stämme), sich senkrecht einzustellen, heißt Geotropismus. Überall in der freien Natur kann man ähnliche Einrichtungen wie am Roggenhalm beobachten: alle Gräser, Hohlzahn, Labkraut, Springkraut, Doldenpflanzen besitzen an den Stengeln Knoten, oft auffällig dick, die wie Gelenke wirken.

Eine Feststellung während der Ernte.

Eine genaue Körnerzählung von 30 unentwickelten Ähren einer Lagerstelle und 30 vollentwickelten Ähren einer nicht lagernden Stelle eines Roggenfeldes ergab:

	Lagerstelle	Nichtlagernde Stelle
Zahl der Ähren	30 g	30 g
voll entwickelt	—	30 g
unentwickelt	14 g	—
vollständig taub	16 g	—
Zahl der Körner	147 g	1672 g
Durchschnitt je Ähre	10 g	56 g
Körnergewicht	7 g	76 g

Verhältnis des Körnerertrages:
nach der Menge . . . 1672 : 147 oder 12 : 1
nach dem Gewicht . . 76 : 7 oder 11 : 1.

9. In einer Roggenähre sitzt ein großes, schwarzes Korn.

Wenn der Roggen reift, findet man zuweilen in den Ähren ein großes, holzig-hartes, schwarzes Korn. Es ist das **Mutterkorn** (*Cláviceps purpúrea*). Bei der Ernte fällt es zu Boden und überwintert auf oder in der Erde. Im Frühling treibt es langgestielte, rötliche Fruchtkörper mit Sporen, die der Wind verweht. Gelangen sie auf eine Ähre, so entwickeln sie sich im Fruchtknoten weiter, der dann einen süßen Saft ausscheidet. Der Fruchtknoten ist von Pilzfäden durchzogen, die nach außen Sporen abschnüren. Sie werden von honigsuchenden Insekten auf andere Ähren verschleppt. Wenn im Sommer die Saftzufuhr nach der Ähre stockt, legt der Pilz seine Fäden im Fruchtknoten zu einer festen Masse zusammen: das ist das Mutterkorn. Es enthält ein starkes Gift, das, wenn es mit dem Brote genossen wird, schwere Erkrankungen hervorruft; in der Hand des Arztes dagegen ist es ein wichtiges Heilmittel.

Literatur:
Dr. Rudolf Aderhold, Über das Mutterkorn des Getreides und seine Verhütung. Flugblatt Nr. 21. Biologische Reichsanstalt für Land- und Forstwirtschaft. Verlag Parey, Berlin.

344 **Im Feld.**

10. Weizenähren, die durch blaugrüne Färbung auffallen.

Schon bald nach der Blütezeit des Weizens kann man Ähren finden, die durch ihre blaugrüne Färbung auffallen. Bei einigen Weizensorten sind sie kürzer, bei anderen jedoch länger als die gesunden Ähren. Häufig sind auch die Halme kürzer.

Diese Ähren sind vom **Stinkbrand** (*Tillétia*) befallen. Statt der Weizenkörner enthalten sie blaugrüne oder schmutziggraue Brandkörner, die meist kugelförmig, kürzer und dicker als Weizenkörner sind. Zerdrückt man die unreifen Brandkörner, so bemerkt man eine schmierige, stinkende Masse. Daher heißt die Krankheit Schmierbrand oder Stinkbrand. Der Brandbefall verursacht bedeutenden Schaden; er wird durch verschiedene Beizverfahren bekämpft.

Literatur:

Dr. E. Riehm, Der Stinkbrand des Weizens und seine Bekämpfung. Flugblatt Nr. 26. Biolgische Reichsanstalt für Land- und Forstwirtschaft in Berlin-Dahlem. Parey, Berlin.

11. Haferrispen, Gersten- oder Weizenähren sind mit schwarzem Staub überzogen.

Zur Zeit der Fruchtreife sieht man oft an den Rispen des Hafers oder verschiedener Wiesengräser, sowie an den Ähren von Gerste und Weizen einen brandigen Anflug. Die schwarzen Staubmassen sind die Sporen von Brandpilzen: **Flug-** oder **Staubbrand** (*Ustilâgo*-Arten). Die befallenen Pflanzen erkranken, bleiben im Wachstum zurück und liefern einen geringen oder gar keinen Körnerertrag. Der Ernteausfall ist oft bedeutend.

Literatur.

Dr. Appel und Dr. Riehm, Der Brand des Hafers und seine Bekämpfung. Flugblatt Nr. 38.

Dr. Appel und Dr. Riehm, Bekämpfung des Flugbrandes von Gerste und Weizen. Flugblatt Nr. 48.

Biologische Reichsanstalt für Land- und Forstwirtschaft, Berlin-Dahlem, Königin-Luise-Str. 19.

Einzelpreis der Flug- und Merkblätter 10 Pf., von 10 Stück an 5, von 100 Stück an 4, von 1000 Stück an 3 Pf. bei freier Zusendung.

12. Wie das Getreide auswintert.

Im Frühjahr sieht man in manchen grünen Getreidefeldern kleinere oder größere kahle Stellen; man sagt: das Getreide ist ausgewintert. Diese ausgewinterten Stellen liegen meist auf Bodenerhebungen oder in Bodensenkungen. Das Auswintern hat folgende Ursachen:

1. Es geschieht in kalten, trockenen Wintern, wenn längere Zeit kein Schnee fällt, oder wenn der Wind den Schnee von den Feldern genommen hat. Kalter, trockener Wind fördert die Verdunstung. (An einem windigen Tag trocknet die Wäsche auch im Winter ziemlich schnell.) Bodenerhebungen im Acker, die dem Winde ausgesetzt sind, trocknen stark aus. Die Wurzeln des Getreides haben bald keine Feuchtigkeit mehr, die Spitzen der Blätter werden welk, und die Pflanzen sterben ab, wenn eine solche Kälteperiode längere Zeit anhält.

2. Das Auswintern kann aber auch in nassen Wintern geschehen. In den Bodensenkungen steht die Saat dann oft unter Wasser, die Wurzeln stecken in dem kalten feuchten Boden und faulen zuletzt ab, weil der Sauerstoff der Luft sie nicht erreichen kann. Wenn aber unter Sauerstoffabschluß organische Stoffe verwesen, bilden sich Säuren. Diese Säurebildung wird noch dadurch verstärkt, daß auch der untergepflügte Stalldünger sich zersetzt. In einem solchen Boden müssen die Pflanzen sterben.

3. Ferner kann das Auswintern des Getreides in schneereichen Wintern geschehen. Eine hohe dichte Schneedecke liegt auf der Saat. Die Sonne scheint darauf und schmilzt die oberen Schichten, die in den kalten Nächten zu einer harten Eisdecke gefrieren. Nun ist die Saat von dem Sauerstoff der Luft vollständig abgeschlossen und erstickt. Je üppiger sie im Herbst stand, um so mehr verwesende Pflanzenmassen liegen unter der Schneedecke. Sie lagern sich auch auf die noch gesunden Pflanzen und bringen sie gleichfalls zum Faulen.

4. Wenn der Winter schon fast zu Ende ist, kann die Saat noch empfindlich geschädigt werden: sie friert auf. Das Auffrieren geschieht auf folgende Weise: Im Spätwinter sind die Tage warm und die Nächte kalt. In der Nacht gefriert zunächst eine dünne Schicht des feuchten Bodens und schließt den Wurzelhals der Pflanze fest ein. Nimmt jetzt die Kälte noch zu, so gefriert eine tiefere Bodenschicht, die sich ausdehnt. (Wenn Wasser sich in Eis verwandelt, so nimmt es einen größeren Raum ein als vorher.)

346   Im Feld.

Der Widerstand, den diese zweite gefrorene Bodenschicht nach unten hin findet, ist größer als nach oben. Sie drückt daher die obere Schicht hinauf. Weil in diese Schicht aber die Wurzeln mit eingefroren sind, werden sie mit gehoben. Dabei müssen die unteren Teile der Wurzeln aus dem noch nicht gefrorenen feuchten Boden herausgezogen werden. Ist diese untere Bodenschicht aber zu fest, so reißen sie ab. Am Tage taut die Sonne die obere Erdschicht wieder auf, die jetzt herabsinkt. Die eingefrorene Pflanze aber sinkt nicht mit, der obere Teil der Wurzel ragt nun frei in die Luft, die Pflanze legt sich um und geht zugrunde.

13. Wie erkennt man die Futterpflanzen, wenn sie nicht blühen?

I. Die Blätter sind dreizählig.

1. Blättchen eiförmig oder elliptisch. Stengel angedrückt behaart. Bis 40 cm hoch.   **Roter Wiesenklee.** *Trifólium praténse.*

2. Blättchen verkehrt-eiförmig, Nebenblätter eiförmig. Stengel und Blätter zottig. Bis 40 cm hoch.   **Inkarnatklee.** *Trifólium incarnátum.*

3. Blättchen länglich, verkehrt-eiförmig bis lineal-keilförmig. Stengel meist kahl. Bis 80 cm hoch.   **Luzerne.** *Medicágo satíva.*

II. Die Blätter sind 5—9zählig.

1. Blättchen verkehrt-eiförmig, länglich. Ganze Pflanze weichhaarig. Bis 120 cm hoch.   **Blaue Lupine.** *Lupínus angustifólius.*

2. Blättchen länglich. Pflanze bis 60 cm hoch.   **Gelbe Lupine.** *Lupínus lúteus.*

III. Die Blätter sind gefiedert.

A. Paarig gefiedert.

1. Blättchen 1—3paarig, am Ende mit weicher Stachelspitze. Stengel steif aufrecht, stark, kantig, bis $1\frac{1}{4}$ m hoch.   **Saubohne, Pferdebohne.** *Vícia faba.*

2. Blättchen 4—8paarig. Blättchen verkehrt-eiförmig, länglich, ausgerandet oder gestutzt, stachelspitzig. Am Ende mit Wickelranke. Pflanze bis 80 cm hoch. (S. 309.)   **Saat-Wicke.** *Vícia satíva.*

Pflanzenleben. 347

B. **Unpaarig gefiedert.**

1. Blättchen zu 19—25, meist schmal länglich bis lanzettlich. Stengel behaart. Bis 60 cm hoch.

Esparsette.
Onobrýchis viciaefólia.

2. Blättchen ebenfalls zahlreich, klein, elliptisch bis länglich. Bis 60 cm hoch.

Serradella.
Orníthopus satíva.

14. Wie erkennt man die Futterpflanzen, wenn sie blühen?

I. **Mit roten Blüten.**

  A. **Blätter dreizählig.**

1. Kelch 10 nervig. Blütenköpfchen kugelig. Krone blaßrot.

Roter Wiesenklee.
Trifólium praténse.

2. Kelch zottig. Blütenköpfchen walzig. Krone blutrot.

Inkarnatklee.
Trifólium incarnátum.

  B. **Blätter unpaarig gefiedert.**

1. Blüten in einer langgestielten Traube. Krone rosenrot, dunkler gestreift. (S. 446.)

Esparsette.
Onobrúchis viciaefólia.

2. Blüten in kopfförmigen Dolden. Krone rosa.

Serradella.
Orníthopus satíva.

II. **Mit blauen oder violetten Blüten.**

1. Blätter 3zählig. Blüten in länglichen Trauben. Krone blau oder violett, dunkler geädert.

Luzerne.
Medicágo satíva.

2. Blätter 5—9zählig. Blüten in Trauben. Krone himmelblau.

Blaue Lupine.
Lupínus angustifólius.

3. Blätter paarig gefiedert, 4—7paarig, am Ende mit Wickelranken. Blüten einzeln oder zu zweien. Fahne violett, Flügel rot.

Saat-Wicke.
Vícia satíva.

III. **Mit gelben Blüten.**

Blätter fünf- und mehrzählig. Blütentrauben am Ende der Zweige mit quirlständigen Blüten.

Gelbe Lupine.
Lupínus lúteus.

IV. **Mit weißen Blüten.**

Blätter paarig gefiedert, 1—3paarig, am Ende mit weicher Stachelspitze. Krone weiß, beide Flügel mit schwarzem Fleck.

Saubohne, Pferdebohne.
Vícia faba.

15. Gründüngung.

1. Es kommt häufig vor, daß Spaziergänger aus der Stadt bei einem Gange durchs Feld sehen, wie ein Bauer einen üppig grünenden Acker mit Futterpflanzen unterpflügt, und nicht wissen, warum das geschieht.
2. Man untersuche die Wurzeln der untergepflügten Pflanzen und achte auf die Knöllchen, die daran verstreut sitzen. Solche Wurzelknöllchen haben: Puffbohne, Feldbohne, Bohne, Erbse, Lupine, Klee. Sie werden durch Spaltpilze hervorgerufen, die in der Erde leben. Diese Bakterien dringen durch die dünnen Wände in die Wurzelhaare ein und vermehren sich im Innern der Wurzel sehr schnell. Sie entnehmen der atmosphärischen Luft, die im Boden vorhanden ist, den Stickstoff und wandeln ihn in eiweißhaltige Baustoffe um. Die genannten Schmetterlingsblütler entziehen nun den Spaltpilzen einen Teil des Stickstoffs und speichern ihn auf. Sie sind Stickstoffsammler.
3. Die Getreidepflanzen verbrauchen große Mengen Stickstoff, mehr als der Boden auf die Dauer herzugeben vermag. Durch die Düngung (Stallmist und künstliche Düngemittel) wird dem Boden der entzogene Stickstoff wieder zugeführt. Untergepflügte Schmetterlingsblütler machen den Boden also wieder stickstoffreicher. Als bester Stickstoffsammler gilt die gelbe Lupine, die darum auch weniger als Futterpflanze als vielmehr zur Gründüngung angebaut wird.

16. Blühende Ackerkräuter ohne grüne Laubblätter.

Fruchtbarer Frühjahrstrieb. Unfruchtbarer Sommertrieb.

In der Regel trägt eine blühende Pflanze auch Blätter. Wir sind überrascht, wenn wir im ersten Frühjahr auf einem Acker leuchtend-gelbe Blumen finden, die keine Blätter haben, oder wenn wir im Sommer auf einem Kleefelde lange, seidig glänzende Fäden sehen, an denen wohl Blüten, aber keine Blätter sitzen.

I. Die Pflanzen blühen im Frühjahr: März, April.

a) Der Stengel ist durch Knoten in Abschnitte gegliedert, bis $1/2$ cm dick und unverzweigt.

Pflanzenleben.

An den Knoten häutige, schwärzliche Blättchen, die zu einer Scheide verwachsen sind. An der Spitze des Stengels eine Sporenähre, die bei der Reife blaugrünen Staub entläßt, der vom Winde auf den noch kahlen Feldern leicht gefaßt und hinweggeführt werden kann. Die Staubmassen sind Sporen, aus denen neue Pflanzen erwachsen. Grabe einen Stengel aus und achte auf die unterirdischen Teile: verzweigt, kleine Knollen als Vorratskammern, tief im Boden, vom Pflug nicht zu erreichen. (Es sind die fruchtbaren Frühjahrstriebe; die Sommertriebe sind grün, ästig, knotig gegliedert, unfruchtbar und sehen aus wie kleine Tannenbäumchen.) (Abb. S. 348.)

Acker-Schachtelhalm.
Equisétum arvénse.

b) Der Stengel ist nicht durch Knoten in Abschnitte gegliedert.

1. Blüten leuchtend-gelb, Korbblüte. Schaft bis 20 cm hoch, filzig, 1 köpfig. Achte auf die Blüten: alle deutlich der Sonne zugewendet, am Abend geschlossen und nickend. Achte auf die Fruchtstände: Blütenschaft stark verlängert, die behaarten Früchte vom Winde leicht zu erreichen, der sie hinwegführt. Achte auf den Boden, auf dem die Pflanze wächst: feucht, lehmig, tonig. Achte auf die mächtigen Wurzelstöcke, die sich tief und weit im Boden ausbreiten!

Huflattich.
Tussilágo fárfara.

2. Blüten purpurrot oder fleischfarben, Korbblüte. Schaft 20—40 cm hoch. Blüten in Sträußen: eiförmig (nur mit Staubblüten), oder verlängert (nur mit Stempelblüten). Grabe nach den Wurzelstöcken! (S. 486.)

Pestwurz.
Petasites officinális.

II. **Die Pflanzen blühen im Sommer: Juni bis September.**

a) Der Stengel ist windend, fadenförmig und blaß, er hält sich mit Saugwarzen an anderen Pflanzen fest, auf denen er schmarotzt. Die Pflanze hat keine Wurzeln, mit denen sie im Boden steht. Auf Klee, Luzerne, Flachs, Brennessel.

Seide.
Cuscúta.

b) Der Stengel steht steif aufrecht.

1. Stengel bis 20 cm hoch, mit gegenständigen, fleischigen Schuppen. Ganze Pflanze blaß-rosenrot. Blüten dunkler, in dichter Traube. (Meist im Walde.) (S. 9.)

Schuppenwurz.
Lathráea squamária.

2. Stengel bis 40 cm hoch, mit wechselständigen, häutigen Schuppen. Blüten in allseitswendigen **Sommerwurz.** Trauben, bräunlich. *Orobánche.*

Schuppenwurz und Sommerwurz schmarotzen auf den Wurzeln der verschiedensten Pflanzen.

Literatur:

Dr. Heinrich Pape, Die Kleeseide und ihre Bekämpfung. Flugblatt Nr. 43, April 1927. Biologische Reichsanstalt für Land- und Forstwirtschaft. Parey, Berlin.

17. Schmarotzer.

Schmarotzer (Parasiten) sind Pflanzen, die ihre Nahrung ganz oder teilweise anderen lebenden Pflanzen unmittelbar entziehen. Die vom Schmarotzer befallene Pflanze heißt Wirt oder Wirtspflanze.

Untersuchungen:

1. Wer eine Schuppenwurz oder eine Sommerwurz findet, untersuche vorsichtig ihre im Boden stehenden Teile. Sie sind nicht mit Wurzeln im Boden befestigt, sondern ihrer Nährpflanze in organischer Verbindung aufgewachsen.

2. Die Seidenarten sind Schlingpflanzen, deren langer, fadendünner Stengel sich um die Wirtspflanzen (Klee, Flachs, Hopfen, Brennnessel ...) windet und mit diesen an vielen Stellen durch kleine Saugwarzen verwachsen ist, durch die der Schmarotzer dem Wirt die Nahrung entzieht.

3. Man untersuche vorsichtig das Wurzelwerk der folgenden Pflanzen: Klappertopf, Wachtelweizen, Augentrost, Läusekraut. An einzelnen Punkten stehen ihre Wurzeln mit benachbarten Pflanzen in Verbindung. Diese Verbindungsstellen sind durch Anschwellungen kenntlich. Sie stellen Saugorgane (Haustorien) dar, durch die den Wirtspflanzen Wasser und Salze entzogen werden.

Schmarotzer:

1. Ganzschmarotzer: Seide (S. 349), Schuppenwurz (S. 349), Sommerwurz (S. 350).

Sie bilden keine grünen Blätter mit Blattgrün und können sich ihre Nahrung daher nicht selber zubereiten, müssen sie vielmehr ihrer jeweiligen Wirtspflanze entnehmen.

Pflanzenleben. 351

2. Halbschmarotzer: Klappertopf (S. 439), Wachtelweizen (S. 360), Augentrost (S. 271), Läusekraut (S. 446), Mistel (S. 760).
Sie bilden grüne Blätter mit Blattgrün, können daher assimilieren und entnehmen ihren Wirtspflanzen nur Wasser und Salze.

18. Ackerunkräuter mit weißen Blüten.

1. Blätter einfach.

I. **Blätter grundständig.**
  1. Blütenhülle sternförmig ausgebreitet, 6blättrig, am Rücken mit grünem Mittelstreifen. Blätter lineal, rinnig, mit weißem Mittelstreifen. Stengel bis 20 cm hoch. **Doldiger Milchstern.** *Ornithógalum umbellátum.* April—Mai. (S. 435.)
  2. Krone 4blättrig, Blättchen gespalten. Blätter rosettig, lanzettlich, ganzrandig oder gezähnt. **Hungerblümchen.** *Eróphila verna.* Stengel bis 10 cm hoch. März—Mai.
  3. Krone 4blättrig, Blättchen nicht gespalten. Blätter rosettig, leierförmig-fiederspaltig. Bis 20 cm hoch. **Bauernsenf.** *Teesdália nudicaúlis.* Auf Sandboden. April—Mai.

II. **Blätter quirlständig.**
  1. Blätter zu 6—8 im Quirl, am Rande rückwärts-stachelig-rauh. Stengel bis 1¼ m lang, niederliegend. Früchte rauh. bleiben an den Kleidern hängen! Juni bis Oktober. (S. 647.) **Klebkraut.** *Gálium aparíne.*
  2. Blätter quirlbüschelig, lineal-pfriemlich, unterseits von einer Furche durchzogen. Stengel schlaff, niederliegend, ausgebreitet, bis 50 cm lang. Juni—September. (S. 197, 649.) **Feld-Spark.** *Spérgula arvénsis.*

III. **Blätter gegenständig** (Nelkengewächse: 10 Staubblätter).
  A. **Blätter pfriemlich-borstenförmig.**
   1. Stengel niederliegend, bis 5 cm lang, oft wurzelnd. Blätter am Grunde scheidig verbunden. Mai—September. **Mastkraut.** *Sagína procúmbens.*
   2. Stengel aufstrebend, ästig, bis 15 cm hoch. Mai—Juli. **Miere.** *Alsíne.*

  B. **Blätter breiter, flächig.**
   a) Kelch verwachsen-blättrig, röhrig bis bauchig. Blätter lanzettlich. Stengel unten zottig, oben drüsenhaarig, bis 80 cm hoch. Blüten öffnen sich am Nachmittage. Juni—September. (S. 436.) **Weiße Lichtnelke.** *Melándı yum álbum.*

b) Kelch freiblättrig.

α) Kronblätter 2spaltig.

1. Kronblätter bis über die Mitte gespalten. Blätter eiförmig, spitz. Stengel liegend, einreihig behaart, bis 30 cm lang. Dauerblüher. (S. 648.)   **Vogel-Miere.** *Stellária média.*

2. Kronblätter nicht bis über die Mitte gespalten. Blätter rauhhaarig. Stengel bis 40 cm hoch. Ganze Pflanze blaßgrün oder gelblich- grün. März—Juni. (S. 649.)   **Hornkraut.** *Cerástium.*

β) Kronblätter nicht gespalten.

1. Kronblätter ganzrandig. Blätter eiförmig, zugespitzt, sitzend. Stengel sehr ästig, bis 10 cm hoch. Juni—Oktober. (S. 649.)   **Sandkraut.** *Arenária serpyllifólia.*

2. Kronblätter gezähnelt. Blätter eiförmig, kahl, oben am Stengel 2 entfernte Blattpaare. Bis 20 cm hoch. März—Mai. (S. 649.)   **Spurre.** *Holósteum umbellátum.*

IV. Blätter wechselständig.

A. Blüten in Körbchen.

1. Hohe Pflanze, bis 1 m hoch. Köpfe sehr klein und zahlreich, in länglicher Rispe, schmutzig-weiß, Zungenblüten sehr klein. Blätter lineal-lanzettlich, borstig gewimpert. Juli — Oktober. (S. 696.)   **Kanadisches Berufskraut.** *Erígeron canadénsis.*

2. Niedrige Pflanze, bis 30 cm. Köpfe sehr klein, bis 5 mm lang, gelblich-weiß. Ganze Pflanze weiß- wollig oder weiß-filzig. Juli—September.   **Acker-Filzkraut.** *Filágo arvénsis.*

B. Blüten nicht in Körbchen.

a) Blätter am Grunde mit häutiger Scheide, die den Stengel tütenförmig umgibt; elliptisch. Stengel oft niederliegend, meist sehr ästig, bis 50 cm lang. Blüten grünlich-weiß, rot gerandet. Juni bis Herbst. (S. 651, 687.)   **Vogel-Knöterich.** *Polýgonum aviculáre.*

b) Blätter am Grunde ohne Scheide.

α) Krone verwachsen-blättrig (zieht man sie ab, so hat man 1 Blatt in der Hand).

§ Stengel windend, bis 70 cm lang. Blätter pfeil- oder spießförmig. Sehr tiefliegende Wurzeln. Juni—Herbst. (S. 650.)   **Acker-Winde.** *Convólvulus arvénsis.*

§§ Stengel nicht windend.

1. Blätter schmal-lanzettlich. Krone trichterig mit regelmäßigem Saum, Schlund mit behaarten Längsfalten. Stengel aufrecht, einfach oder oben verzweigt, borstig, bis 60 cm hoch. April—Juni. **Acker-Steinsame.** *Lithospérmum arvénse.*

2. Blätter eirautenförmig, buchtig-gezähnt. Krone radförmig, 5zipflig, Stengel vom Grunde an ästig, bis 80 cm hoch. Beeren schwarz, giftig! (S. 681.) **Schwarzer Nachtschatten.** *Solánum nigrum.*

β) Krone getrennt-blättrig (4 einzelne Blätter).

§ Frucht eine Schote: mehrmal so lang wie breit.

1. Schoten dünn, bogig-aufrecht. Blätter länglich-lanzettlich, behaart, die unteren rosettig. Stengel wenigblättrig, unten rauhhaarig, bis 30 cm hoch. Mai—Herbst. **Gänse-Rauke.** *Stenophrágma Thaliánum.*

2. Schote perlschnurförmig gegliedert. Untere Blätter leierförmig, die oberen lanzettlich sägezähnig. Stengel bis 60 cm hoch. (Blüten meist gelb, oft auch weiß.) Juni—August. **Hederich.** *Ráphanus raphanístrum.*

§§ Frucht ein Schötchen: etwa so lang wie breit.

1. Schötchen dreieckig-verkehrt-herzförmig, einem Täschchen ähnlich. Untere Blätter schrotsägig-fiederspaltig, die oberen ganzrandig, stengelumfassend. Stengel bis 50 cm hoch. März—Herbst. (S. 682.) **Hirtentäschelkraut.** *Capsélla bursa pastóris.*

2. Schötchen fast kreisrund, ringsum breit geflügelt, tief ausgerandet. Stengelblätter sitzend, pfeilförmig, buchtig-gezähnt, grasgrün. Stengel kantig, bis 40 cm hoch. Mai bis Herbst. (S. 682.) **Acker-Hellerkraut.** *Thlaspi arvénse.*

3. Schötchen eiförmig, flach ausgerandet, von der Mitte an breit geflügelt. Untere Blätter am Grunde gezähnt, die oberen gezähnelt. Stengel ästig, Äste unten beblättert, bis 30 cm hoch. Juni bis Juli. (S. 682.) **Feld-Kresse.** *Lepídium campéstre.*

4. Schötchen herzförmig, flügellos, mit aufgedunsenen Klappen. Blätter länglich, geschweift-gezähnt, unterste in den Blattstiel verschmälert, obere mit pfeilförmigem Grunde stengelumfassend. Pflanzen grau, bis 50 cm hoch. Mai—Juni. **Pfeilkresse.** *Lepídium draba.*

2. Blätter zusammengesetzt.

I. **Blüten in Köpfchen.** Köpfchen länglich-walzenförmig, zottig. Krone weißlich, später rötlich. Blätter 3zählig. Stengel bis 30 cm hoch. Ganze Pflanze zottig behaart. Juli—September.

Ackerklee.
Trifólium arvénse.

II. **Blüten in Rispen.** Blätter 3- oder 5zählig, Seitenblättchen sitzend. Schößlinge niederliegend, mit kleinen Stacheln. Früchte schwarz, blau bereift.

Brombeere.
Rubus.

III. **Blüten in Dolden.** (S. 433.)

   A. **Blätter 3zählig oder doppelt-3zählig.**

   1. Das mittlere Blättchen 3spaltig, die seitlichen 2—3spaltig, die Zipfel lineal-lanzettlich, sichelförmig gekrümmt, scharf gesägt. Stengel bis 60 cm hoch. Juli—August.

Sichelmöhre.
Falcária vulgáris.

   2. Blätter doppelt-3zählig, obere einfach-3zählig. Blättchen scharf gesägt. Dolde groß und flach. Stengel gefurcht, hohl, bis 1 m hoch. Juni—Juli.

Giersch.
Aegopódium podagrária.

   B. **Blätter gefiedert.**

   a) Früchte mit Stacheln

   1. Dolde meist 3strahlig. Hülle (am Grunde der Hauptstrahlen!) wenigblättrig oder fehlend. Stacheln der Frucht an der Spitze hakig. Stengel bis 30 cm hoch. Juni—Juli.

Möhren-Haftdolde.
Cáucalis daucoídes.

   2. Dolde vielstrahlig, zur Blütezeit flach, zur Fruchtzeit nestförmig. Hülle vielblättrig. Stacheln der Frucht auf den Nebenriefen am längsten. Stengel bis 1 m hoch. (Leichte Erkennungsmerkmale: in der Mitte der Dolde oft eine schwarzrote Blüte, außerdem Geruch!) Juni—September.

Möhre.
Daucus caróta.

   b) Früchte ohne Stacheln.

   α) Hülle (am Grunde der Hauptstrahlen!) vielblättrig. Siehe unter III A: Blätter 3zählig. Juli bis August.

Sichelmöhre.
Falcária vulgáris.

   β) Hülle wenigblättrig oder fehlend.

   1. Hüllchen (am Grunde der Nebenstrahlen!) vielblättrig. Dolden 1—3strahlig. Frucht mit sehr langem Schnabel, bis 6 cm lang, 2reihig behaart. Stengel bis 30 cm hoch. Mai—Juli.

Nadelkerbel.
Scandix pecten véneris.

Pflanzenleben. 355

2. Hüllchen fehlend, auch Hülle fehlend.
Siehe unter III A: Blätter doppelt-3zählig. Juni—Juli. **Giersch.** *Aegopódium podagrária.*
3. Hüllchen 3blättrig. (Nachtrag S. 334) **Hundspetersilie.**

19. Ackerunkräuter mit gelben Blüten.

1. Korbblütler. (Beispiel: Sonnenblume.)

I. Alle Blüten zungenförmig. (Beispiel: Löwenzahn.)

A. Blüten mit Pappus. Pflanzen mit Milchsaft.

a) Pappus mit gefiederten Haaren. (Lupe!)

1. Pflanze rauhhaarig (Lupe: Haare widerhakig!), bis 60 cm hoch. Blätter länglich-lanzettlich, meist buchtig. Äußere Hüllblätter abstehend, mit stechender Granne. Juli—Herbst. **Bitterich.** *Picris hieracioides.*

2. Pflanze kahl, bis 30 cm hoch. Stengel fast blattlos, oben mit 1—2 Zweigen. Grundblätter rosettig. Juli—August. **Kahles Ferkelkraut.** *Hypochóeris glabra.*

b) Pappus mit einfachen Haaren. (Abb. 456.)

α) Stengel blattlos, hohl, einköpfig, bis 25 cm hoch. Blätter gezähnt, schrotsägig oder fiederspaltig. Fruchtstand kugelig, Pusteblume. Verbreitung durch Wind, daher Klee- und Luzernefelder oft voller Löwenzahn. Mai—Herbst. **Löwenzahn.** *Taráxacum officinále.*

β) Stengel beblättert.

§ Köpfe wenigblütig, klein (5—15 Blüten).

1. Blätter mit großem Endlappen, gezähnt oder gelappt. Rispe mit abstehenden Ästen. Stengel bis 80 cm hoch. Milch! Juli—August. **Mauer-Lattich.** *Lactúca murális.*

2. Grundblätter schrotsägig, Stengelblätter lineal. Stengel bis 1 m hoch, mit rutenförmigen Ästen. Köpfchen klein, einzeln oder zu 2—3. Juli—August. **Großer Krümmling.** *Chondrilla júncea.*

§§ Köpfe vielblütig.

° Blätter stachelig-gezähnt, die unteren schrotsägig-fiederspaltig, die oberen den Stengel herzförmig umfassend. (S. 691.) **Gänsedistel.** *Sonchus.*

∪ Stengel ästig, Hüllkelch kahl.

1. Ährchen der Stengelblätter zugespitzt, pfeilförmig. Früchte querrunzelig. 1 m. Juni bis Herbst. **Gemeine Gänsedistel.** *S. oleráceus.*

Grupe, Naturkundl. Wanderbuch. 12

356 Im Feld.

2. Öhrchen abgerundet, herzförmig, Zähne stechend. Früchte glatt. $^3/_4$ m. Juni—Herbst.   **Rauhe Gänsedistel.** *S. asper.*

∪∪ Stengel unten einfach, oben kurzästig. Hüllkelch dicht drüsig-behaart. Öhrchen am Grunde der Stengelblätter abgerundet. Drüsenhaare gelb. $1^1/_2$ m. Juli bis August.   **Acker-Gänsedistel.** *S. arvénsis.*

°° **Blätter** nicht stachelig gezähnt. Stengel ästig.   **Feste.** *Crepis.*

1. Blätter am Rande umgerollt, buchtig-gezähnt, den Stengel pfeilförmig-umfassend. Griffel braun. Stengel bis 60 cm hoch. Mai—Juni.   **Grund-Feste.** *C. tectórum.*

2. Blätter am Rande nicht umgerollt, am Grunde öhrig-gezähnt, fiederspaltig. Griffel gelb. Stengel bis $1^1/_4$ m hoch. Juni—Oktober.   **Wiesen-Feste.** *C. biénnis.*

B. **Blüten ohne Pappus.** Pflanzen ohne Milchsaft. Hüllkelch einreihig.

1. Blätter grundständig, verkehrt-eiförmig, gezähnt. Stengel 1—3köpfig, bis 25 cm hoch.   **Lammkraut.** *Arnóseris mínima.*

2. Untere Blätter leierförmig mit großem Endzipfel, die oberen lanzettlich. Stengel rispig, bis 1 m hoch. Juli—Herbst.   **Rainkohl.** *Lámpsana commúnis.*

II. **Alle Blüten röhrenförmig.** (Beispiel: Kornblume.)

1. Blüten mit Pappus. Blätter buchtig-fiederspaltig, kahl oder spinnwebig-wollig. Blätter des Außenkelches mit schwarzen Spitzen. Stengel bis 30 cm. Fast das ganze Jahr. (S. 357, 682.)   **Gemeines Kreuzkraut.** *Senécio vulgáris.*

2. Blüten ohne Pappus. Köpfchen sehr klein (auch mit weißem Strahl). Blätter gegenständig, eiförmig gezähnelt. Stengel sehr ästig, bis 50 cm hoch. Juli—August. (S. 631, 696.)   **Knopfkraut.** *Galinsóga parviflóra.*

III. **Scheibenblüten röhrenförmig, Randblüten** (Strahlenblüten) **zungenförmig.** (Beispiel: Sonnenblume.)

A. **Blüten mit Pappus.**

a) Stengel ohne Laubblätter. Blüten erscheinen vor den Blättern. Stengel 1köpfig, bis 20 cm hoch. März—April.   **Huflattich.** *Tussilágo fárfara.*

b) Stengel mit Laubblättern, fiederspaltig. Zungenblüten gelb. Blättchen des Hüllkelches mit schwarzer Spitze. (S. 45, 275, 356, 631.)

Kreuzkraut. Senécio.

α) Strahlenblüten kurz, hellgelb, zurückgerollt.

1. Pflanze drüsenhaarig-klebrig. Außenkelch locker. Stengel bis 50 cm hoch. Juni—Oktober.

Klebriges Kreuzkraut. S. viscósus.

2. Pflanze spinnwebig-weichhaarig, nicht drüsig. Außenhülle angedrückt. Stengel bis 80 cm hoch. Juli—August.

Wald-Kreuzkraut. S. silváticus.

β) Strahlenblüten länger, abstehend, goldgelb. Blätter beiderseits zottig, Blattzipfel eiförmig, gezähnt. Stengel bis 50 cm hoch. Mai—Juni und September.

Frühlings-Kreuzkraut. S. vernális.

B. Blüten ohne Pappus.

a) Blätter gegenständig. Siehe unter II 2!

Knopfkraut. Galinsóga parviflóra.

b) Blätter wechselständig.

1. Strahlenblüten gelb. Blätter kahl, länglich, verkehrteiförmig bis lanzettlich, vorn breiter, 3 spaltig eingeschnitten, die oberen stengelumfassend. Stengel bis 60 cm hoch. Juli—Oktober.

Saat-Wucherblume. Chrysánthemum ségetum.

2. Strahlenblüten und Scheibenblüten gelb. Blätter meist doppelt-fiederteilig, graubehaart, Fiederchen kammförmig gestellt, gesägt. Bis 50 cm hoch. Juli.

Färber-Hundskamille. Ánthemis tinctória.

3. Strahlenblüten weiß. Siehe S. 361!

Kamillen.

2. Keine Korbblüter.

I. Pflanzen mit Milchsaft. Siehe S. 633 u. 692!

Wolfsmilch. Euphórbia.

II. Pflanzen ohne Milchsaft.

A. Krone getrennt-blättrig (aus mehreren Blättern bestehend). Laubblätter meist wechselständig.

a) Blütenhülle nicht in Kelch und Krone geschieden. Staubblätter 6. Blätter grundständig, lineal. Blüten in einer Dolde. Stengel bis 20 cm hoch. (S. 44.)

Goldstern. Gágea.

358 Im Feld.

1. Grundständige Blätter 2, rinnig, die oberen fast gegenständig. Blütenstiele behaart. Blüten zu 2—10. März—April. **Acker-Goldstern.** *G. arvénsis.*

2. Grundständiges Blatt scharf gekielt, die beiden Blätter am Grunde der Blüte gegenständig. Blütenstiele kahl. Blüten zu 1—5. April—Mai. (S. 438.) **Wiesen-Goldstern.** *G. praténsis.*

b) Blütenhülle in Kelch und Krone geschieden.

1. Staubblätter viele, auf dem Blütenboden. Blätter geteilt oder gespalten. (S. 439.) **Hahnenfuß.** *Ranúnculus.*

§ Blütenstiele gefurcht. Früchtchen kahl. Blätter 3zählig oder doppelt-3zählig. Stengel mit Ausläufern, bis 45 cm lang. Mai bis September. **Kriechender Hahnenfuß.** *R. repens.*

§§ Blütenstiele stielrund. Früchtchen stachelig mit langem, etwas gekrümmtem Schnabel. Blätter 3zählig oder 3spaltig. Stengel ästig, behaart, bis 60 cm lang. Mai—Juli. **Acker-Hahnenfuß.** *R. arvénsis.*

2. Staubblätter 5. Kronblätter 5, einsgespornt, gelb oder 3farbig. Blätter eiförmig bis lanzettlich, Nebenblätter leierförmig-fiederspaltig mit großem Endzipfel. Stengel bis 30 cm, ästig. Mai bis Herbst. **Stiefmütterchen.** *Viola tricolor.*

3. Staubblätter 6 (4 lange, 2 kurze). Kronblätter 4, mit den 4 Kelchblättern abwechselnd.

§ Frucht eine Schote: mehrmal so lang wie breit.

△ Stengelblätter sämtlich ungeteilt, länglich-lanzettlich, gezähnt oder ganzrandig (oben mit 3spaltigen Haaren. Lupe!). Stengel bis 60 cm hoch. (S. 634.) Mai—Juni und Herbst. **Acker-Schotendotter.** *Erýsimum cheiranthoídes.*

△△ Alle Blätter (oder ein Teil) gelappt, fiederspaltig oder gefiedert.

° Stengelblätter herzförmig, stengelumfassend, blaugrün. **Kohl.** *Brássica.*

°° Stengelblätter gestielt oder am Grunde verschmälert, nicht stengelumfassend, behaart.

Pflanzenleben. 359

⌣ Schoten quer gegliedert, perlschnurförmig. Untere Blätter leierförmig, die oberen lanzettlich, sägezähnig. Stengel bis 60 cm hoch. Blüten meist gelb, oft auch weiß. (Hederich hebt den Kelch!) Juni bis August.

Hederich.
Ráphanus raphanístrum.

⌣⌣ Schoten nicht quer-gegliedert, deutlich geschnäbelt.

⌒ Schnabel 2schneidig, Klappen der Schoten mit 3 starken Nerven. Untere Blätter fast leierförmig, die oberen grob gezähnt. Stengel bis 80 cm hoch. Kelch abstehend. („Senf senkt den Kelch!") Juni bis Juli.

Ackersenf.
Sinápis arvénsis.

⌒⌒ Schnabel 2schneidig. Schoten beiderseits 5nervig, steifhaarig. Schnabel sichelförmig gekrümmt. Blätter fiederteilig.

Weißer Senf.
Sinápis alba.

⌒⌒⌒ Schnabel walzig, Klappen der Schoten 1nervig. Blätter fiederspaltig.

† Samen in jedem Fache 2reihig. Blätter meist kahl. Stengel ästig, bis 60 cm hoch.

Rampe.
Diplotáxis.

†† Samen in jedem Fache 1reihig. Blätter meist behaart. Stengel bis 60 cm hoch.

Hundsrauke.
Erucástrum.

§§ Frucht ein Schötchen: etwa so lang wie breit.

° Schötchen kugelig, 1samig. Blätter lanzettlich, die oberen den Stengel pfeilförmig umfassend, die unteren gestielt. (Lupe: Haare gegabelt.) Stengel schlank, oben ästig, bis 60 cm hoch. Mai—Juli.

Finkensame.
Vogélia paniculáta.

°° Schötchen birnförmig, mehrsamig. Blätter lanzettlich, ungeteilt oder die unteren fiederspaltig, den Stengel pfeilförmig umfassend. Stengel bis 90 cm hoch. Juni bis Juli.

Dotter.
Camelína.

°°° Schötchen kreisrund. Krone blaßgelb, verbleichend. Blätter lanzettlich, untere verkehrt-eiförmig, von sternfilzigen Haaren grau. Bis 25 cm hoch. Mai—Juni und Herbst.

Kelch-Schildkraut.
Alýssum calýcinum.

4. Staubblätter 8—12. Blätter länglich, keilförmig, fleischig. Stengel niederliegend, ausgebreitet. Blüten zu 1, 2 oder 3. Krone 5blättrig. Kelch 2teilig. Juni—Sept.

Portulak.
Portuláca olerácea.

5. Staubblätter 10. Blätter 3zählig (wie Kleeblätter). Stengel bis 30 cm hoch. Juni—Oktober. (S. 683.)

Steifer Sauerklee.
Óxalis stricta.

6. Staubblätter viele, die auf dem Kelchrande stehen. Blätter gefingert oder gefiedert. Stengel dünn, fadenförmig, an den Gelenken wurzelnd, bis 60 cm lang. (S. 282.)

Fingerkraut.
Potentilla.

a) Blätter 5zählig, Blättchen verkehrt-eiförmig, gekerbt-gesägt. Mai—August.

Kriechendes Finger-kraut.
P. reptans.

b) Blätter unterbrochen-gefiedert, an der Unterseite seiden-haarig-weißfilzig. Blättchen gesägt. Mai bis Juli und Herbst.

Gänse-Fingerkraut.
P. anserina.

7. Staubfäden verwachsen (9 verwachsen, 1 frei). Blüten einzeln oder zu zweien in den Blattachseln, Schmetterlings-blüte (wie bei Erbse). Blätter gefiedert, Blättchen 5—8paarig. Stengel bis 60 cm hoch. Juni—Juli. (S. 309.)

Gelbe Wicke.
Vicia lútea.

B. Krone verwachsenblättrig (aus einem Blatt bestehend), lippenförmig. Staubblätter 4 (2 lang, 2 kurz).

a) Blätter gegenständig, Stengel 4kantig.

α) Kelch fast gleichmäßig 5zähnig.

1. Stengel an den Knoten verdickt und steifhaarig, bis 1 m hoch. Krone schwefelgelb, Mittelzipfel der Unterlippe violett mit weißer Umrandung. Juli—August. (S. 362, 683.)

Bunter Hohlzahn.
Galeópsis speciósa.

2. Stengel an den Knoten nicht verdickt, ästig, oberwärts mit kurzen, rückwärtsgekrümmten Haaren, bis 30 cm hoch. Scheinquirle 4—6blütig; Krone hellgelb; Kelch weich-behaart. Juli—Oktober.

Sommerziest.
Stachys ánnua.

β) Kelch 4zähnig.

1. Kelch aufgeblasen, seitlich zusammengedrückt. Oberlippe der Krone helmförmig, stark zusammen-gedrückt. Stengel zottig behaart, bis 50 cm hoch. Mai bis Juli.

Hahnenkamm,
Zottiger Klappertopf.
Alectorólophus hirsútus.

2. Kelch nicht aufgeblasen. Unterlippe der Krone mit zwei Höckern am Gaumen. Blüten in einseitswendigen Ähren. Oben am Stengel purpurrote Deckblätter. Juni—September.

Acker-Wachtelweizen.
Melampýrum arvénse.

b) Blätter wechselständig, Stengel rund, dicht beblättert, bis 50 cm hoch. Blüten in dichter Traube, Krone am Grunde mit langem Sporn. Juni—Herbst. (S. 634.)

Frauenflachs.
Linária vulgáris.

20. Kamillen.

Scheibenblüten röhrig, gelb. Randblüten zungenförmig, **weiß**. Blüten ohne Pappus. Blätter wechselständig, 2—3fach fiederteilig. (S. 631, 632.)

I. Blütenboden hohl, verlängert kegelförmig, kahl. Blätter des Hüllkelches wenigreihig, mit Hautrand. Ganze Pflanze von stark aromatischem Geruch. **Echte Kamille.** *Matricária chamomílla.*

II. Blütenboden nicht hohl. „Falsche Kamillen."

a) Blütenboden flach, halbkugelförmig, ohne Spreublättchen. Geruch schwach. **Falsche Kamille.** *Matricária inodóra.*

b) Blütenboden verlängert-kegelförmig, mit Spreublättchen.

1. Spreublättchen lanzettlich, stachelspitzig. Geruch schwach. **Acker-Hundskamille.** *Ánthemis arvénsis.*

2. Spreublättchen lineal, borstenförmig. Geruch unangenehm. **Stinkende Hundskamille.** *Ánthemis cótula.*

21. Ackerunkräuter mit roten Blüten.

1. Blätter einfach.

I. Blätter gegenständig.

A. Staubblätter 4 (2 lang, 2 kurz), Krone 2lippig.

a) Krone verlarvt: eine wulstige Auftreibung der Unterlippe verschließt den Eingang der Blüte (Blüte seitlich drücken! Sie öffnet sich wie ein Maul. Löwenmaul.)

Krone klein, blaßrot. Blätter lanzettlich bis lineal. Stengel bis 30 cm hoch. Juli—Oktober. **Feld-Löwenmaul.** *Antirrhinum oróntium.*

b) Krone nicht verlarvt, offen.

α) Kelch 4zähnig.

1. Unterlippe der Krone mit 2 Höckern am Gaumen, Oberlippe am Rande zurückgeschlagen. Krone purpurn, am Gaumen gelb. Blüten in allseitswendigen Ähren. Obere Deckblätter purpurrot. Laubblätter ganzrandig. Stengel bis 30 cm hoch. Juni bis September. **Acker-Wachtelweizen.** *Melampýrum arvénse.*

2. Unterlippe der Krone ohne Höcker. Laubblätter gezähnt, lanzettlich. Stengel bis 50 cm hoch. Juni bis September. **Roter Augentrost.** *Euphrásia serótina.*

β) Kelch 5 zähnig.

° Unterlippe der Krone mit einem großen ausgerandeten Mittellappen und 2 kleinen zahnförmigen Seitenzipfeln.

1. Obere Blätter stengelumfassend, sitzend, nierenförmig, die unteren gestielt, alle tief gekerbt. Krone dunkelpurpurn. Stengel bis 30 cm hoch. März—Oktober. **Stengelumfassende Taubnessel.** *Lámium amplexicáule.*

2. Obere Blätter nicht umfassend, kurzgestielt, eiförmig, spitz; die unteren langgestielt, rundlich, stumpf; alle gekerbt. Krone hellpurpurn. Stengel bis 30 cm lang. März—Herbst. (S. 366.) **Rote Taubnessel.** *Lámium purpúreum.*

°° Unterlippe der Krone mit 3 stumpfen Lappen.

§ Unterlippe mit 2 aufrechten, hohlen Zähnen. Kronröhre innen ohne Haarring. **Hohlzahn.** *Galeópsis.*

☐ Stengel an den Gelenken knotig verdickt.

1. Stengel überall mit weichen angedrückten Haaren. Bis 70 cm hoch. Krone purpurn, ihre Röhre weiß, oben bräunlich, viel länger als der Kelch. Juli bis August. **Weicher Hohlzahn.** *G. pubéscens.*

2. Stengel ziemlich kahl, unter den Gelenken mit steifen abstehenden Haaren, bis 60 cm hoch. Krone rot oder weiß, Unterlippe oft gelb gefleckt. Juli bis August. **Gemeiner Hohlzahn.** *G. tétrahit.*

☐☐ Stengel an den Gelenken nicht knotig verdickt, überall mit weichen, abwärts angedrückten Haaren besetzt, bis 30 cm hoch. Krone hellpurpurn. Juli—Oktober. **Acker-Hohlzahn.** *G. ládanum.*

§§ Unterlippe der Krone ohne Zähne. Kronröhre innen mit Haarring. (S. 50 u. 642.) **Ziest.** *Stachys.*

1. Krone doppelt so lang wie der Kelch, schmutzig-rosa. Scheinquirle 6—10 blütig. Blätter schmal, spitz, klein gekerbt, die oberen sitzend, die unteren kurzgestielt. Stengel bis 60 cm hoch. Auf feuchten Äckern. Juli—August. (S. 488.) **Sumpf-Ziest.** *St. palústris.*

Pflanzenleben. 363

2. Krone kaum länger als der Kelch, blaßrosa. Scheinquirle meist 6 blütig. Blätter rundlich-eiförmig, gekerbt, gestielt, die oberen sitzend. Stengel mit aufwärts gerichteten Ästen, steifhaarig, niederliegend oder aufsteigend, bis 30 cm hoch. Mai—Oktober. **Acker-Ziest.** *St. arvénsis.*

B. Staubblätter 5. Krone radförmig, 5teilig.

Blüten einzeln in den Blattwinkeln. Blätter sitzend, eirund. Stengel bis 15 cm hoch. Juni bis Oktober. **Roter Gauchheil.** *Anagállis arvénsis.*

C. Staubblätter 10. Krone 5blättrig.

a) Kelch verwachsen-blättrig, röhrig, 5zähnig.

α) Griffel 2.

1. Kelch von Deckschuppen umgeben.

Blüten kopfförmig gehäuft, Krone klein, bleichrot. Blätter lineal-pfriemlich. Stengel aufrecht, meist einfach, bis 45 cm hoch. Juli—Herbst. **Sprossen-Nelke.** *Túnica prolífera.*

2. Kelch ohne Deckschuppen.

Äste 1 blütig. Krone rosa, dunkler geadert. Blätter lineal, 1 mm breit. Stengel aufrecht, von unten an gabelästig, bis 12 cm hoch. Juli bis Oktober. **Mauer-Gipskraut.** *Gypsóphila murális.*

β) Griffel 5 oder 3.

1. Kronblätter kürzer als die Kelchzähne, violettrot, innen dunkel gestreift. Blätter lineal, spitz. Stengel sparrig verzweigt, graufilzig, bis 1 m hoch. **Kornrade.** *Agrostémma githágo.*

2. Kronblätter länger als die Kelchzähne, hellpurpurn. Blüten 2häusig! Untere Blätter eiförmig, obere länglich, zugespitzt. Stengel weichhaarig, bis 80 cm hoch. April—August. (S. 445.) **Rote Lichtnelke.** *Melándryum rubrum.*

Blüten zwitterig! Griffel 3. Krone blaßrosa oder weiß. Kelch bauchig-röhrig. Untere Blätter verkehrt-eiförmig, obere lanzettlich, kurzhaarig. Stengel unten rauhhaarig, oben weichhaarig, bis 45 cm hoch. Juli bis September. (Die Blüte öffnet sich gegen Abend.) **Nacht-Lichtnelke.** *Melándryum noctiflórum.*

b) Kelch freiblättrig.

Blätter stachelspitzig, lineal-fadenförmig. Stengel niederliegend, bis 15 cm lang. Mai—September. **Roter Spärkling.** *Spergulária rubra.*

12*

364 Im Feld.

II. Blätter wechselständig.

A. Blätter stachlig gezähnt. Blüten in Körbchen, purpurn mit haarförmigem Pappus. (Abb. S. 456.)

1. Pappus mit gefiederten Haaren. **Kratzdistel.** *Círsium.*

2. Pappus mit einfachen Haaren. **Distel.** *Cárduus.*

B. Blätter nicht stachlig gezähnt.

a) Blätter stielrund, schmal, rinnig, hohl. Blüten in Dolden, mit lang zugespitzter Blütenscheide, rosenrot oder grünlich. (Meist ohne Blüten.) Stengel bis gegen die Mitte beblättert, bis 60 cm hoch. Juni—Juli. (S. 198.) **Weinbergs-Lauch.** *Állium vineále.*

b) Blätter flach.

α) Blüten mit Kelch und Krone.

1. Blätter spieß- oder pfeilförmig. Krone trichterig, rosa oder weiß. Stengel windend. bis 60 cm lang. Juni—Oktober. **Acker-Winde.** *Convólvulus arvénsis.*

2. Blätter verkehrt-eiförmig. Krone rad-förmig mit 5 Zipfeln, purpurn. Stengel aufrecht, bis 25 cm hoch. Juni—Juli. **Unechter Frauenspiegel.** *Legoúsia .hýbrida.*

β) Blütenhülle nicht in Kelch und Krone geschieden. (Siehe: Ackerunkräuter mit grünlichen Blüten! S. 373.)

2. Blätter geteilt:
tief gelappt, fiederspaltig oder gefiedert.

I. Die Staubblätter stehen frei.

A. 10 Staubblätter.

a) Alle 10 Staubblätter mit Staubbeutel. Blätter handförmig gelappt. (S. 643.) **Storchschnabel.** *Geránium.*

α) Blätter 3—5zählig, mit fiederspaltig eingeschnittenen Blättchen, Stengel mit roten Gelenken, bis 40 cm hoch. Von widrigem Geruch. Juni—Herbst. (S. 643.) **Ruprechtskraut.** *G. robertiánum.*

β) Blätter 5teilig, tief eingeschnitten. Die Lappen der Blätter 3—5spaltig.

1. Blütenstiele viel länger als das Blatt. Früchte meist un-behaart. Stengel angedrückt behaart, bis 60 cm hoch. Mai—Herbst. **Stein-Storchschnabel.** *G. columbínum.*

Pflanzenleben.   365

2. Blütenstiele meist kürzer als das Blatt. Früchte behaart. **Schlitzblättriger Storchschnabel.** Stengel abstehend behaart, bis 30 cm hoch. Mai—Herbst. *G. disséctum.*

b) Nur 5 Staubblätter mit Staubbeutel. Blätter gefiedert. Blüten in Dolden. Beachte die Frucht: Teilfrucht mit langer Granne, die bei trockenem Wetter sich korkzieherartig aufrollt und bei Feuchtigkeit sich streckt. Schleudervorrichtung. Früchte mit Widerhaken: Einbohren und Verankern in der Erde. Bis $1/2$ m hoch. **Reiherschnabel.** *Eródium cicutárium.* März—Herbst. (S. 643.)

B. **20 und mehr Staubblätter.**

Blätter einfach- bis doppelt-fiederspaltig. Stengel bis 80 cm hoch. **Mohn.** *Papáver.*

a) Kapsel (auch schon der Fruchtknoten) kahl. Staubfäden oben und unten gleichdick.

1. Kapsel verkehrt-eiförmig. Ganze Pflanze abstehend behaart. Krone scharlachrot. Juli bis Herbst. **Klatschmohn.** *P. rhóeas.*

2. Kapsel keulenförmig, länglich. Pflanze abstehend behaart, nur die Blütenstiele anliegend behaart. Krone scharlachrot. Mai—Juli. **Saatmohn.** *P. dúbium.* .

b) Kapsel (und Fruchtknoten) borstig. Staubfäden oben dicker.

1. Kapsel rundlich, mit weit abstehenden, aufwärts gekrümmten Borsten. Krone ziegelrot. Mai bis Juli. **Bastardmohn.** *P. hýbridum.*

2. Kapsel keulenförmig, mit aufrechten Borsten. Krone dunkelrot, am Grunde schwarz. Mai bis Juli. **Sandmohn.** *P. argemóne.*

II. **Die Staubblätter sind verwachsen.**

a) **Blätter einfach gefiedert, 1 paarig mit Endranke.** Blütentraube meist 5 blütig, purpurrot, wohlriechend. Stengel kantig, bis 1 m hoch. **Erdnuß.** *Láthyrus tuberósus.* Juli—August. (S. 644.)

b) **Blätter 2—3 fach fiederspaltig.** Blüten klein, rot mit dunkler Spitze. Stengel sehr ästig, bis 40 cm hoch. **Erdrauch.** *Fumária.*

1. Krone rot mit schwarzer Spitze. Kelchblätter $1/3$ so lang wie die Krone. Stengel bis 40 cm lang. Mai—Herbst. **Echter Erdrauch.** *F. officinális.*

366   **Im Feld.**

2. Krone blaßrot oder weißlich mit purpurner Spitze. Kelch ¹/₆ so lang wie die Krone. Stengel bis **Buschiger Erdrauch.** 25 cm, ausgebreitet. Juni—September.   *F. Vaillánti.*

3. Krone dunkelrot. Kelchblätter sehr klein. Stengel bis 20 cm lang. Juni bis **Dunkler Erdrauch.** September.   *F. Schleichéri.*

22. Die Taubnessel- oder Bienensaugarten.

Alle Taubnesseln haben den gleichen Blütenbau: Krone röhrig, mit zwei deutlichen Lippen; Kelch gleichmäßig fünfzähnig; Staubblätter 4 (2 lang, 2 kurz), unter der helmförmigen Oberlippe liegend; Griffel 1, mit zweispaltiger Narbe; Fruchtknoten am Grunde der Blüte tief vierteilig. (Weiße Flecken auf den Blättern des roten Bienensaugs und der Goldnessel: S. 92.)

I. Blüten weiß.

Blüten in Scheinquirlen. Kelchzähne abstehend, länger als die Röhre. Blätter herz-eiförmig, ungleich grob gesägt. Stengel vierkantig, hohl, bis 50 cm hoch. Hecken, Ge- **Weißer Bienensaug.** büsche, Schuttstellen. Gemein. April bis   *Lámium album.* Oktober.

II. Blüten rot.

1. Kronröhre gerade.

a) Alle Blätter gestielt, die unteren lang-, die oberen kurzgestielt; die unteren rundlich, die oberen oft dreieckig. Blüten klein. Kronröhre innen mit Haarring. Stengel bis 30 cm hoch. Äcker, Gärten, Schutt- **Roter Bienensaug.** plätze. Gemein. März bis Herbst.   *Lámium purpúreum.*

b) Obere Blätter sitzend, den Stengel umfassend, untere gestielt; herz-eiförmig oder rundlich, alle tief gekerbt. Blüten teils klein, oft kaum aus dem Kelche hervortretend; teils mit langer, dünner Kronröhre; Kronröhre innen ohne Haarring. Stengel bis 30 cm hoch. Auf bebautem Boden. Häufig. (Die kleinen Blüten bleiben geschlossen, **Stengelumfassender** sie befruchten sich selbst. Kleistogamie.) **Bienensaug.** März—Oktober.   *Lámium amplexicaúle.*

2. Kronröhre gekrümmt.

Blätter weißlich gefleckt, herz-eiförmig, am Rande gekerbt. Blüten hellpurpurn, Unterlippe dunkler gefleckt; Kronröhre innen mit querlaufendem Haarring. Stengel bis 60 cm hoch. Hecken, Gebüsch, Laubwälder. Häufig. März bis Herbst.   **Gefleckter Bienensaug.** *Lámium maculátum.*

III. Blüten gelb. In Laubwäldern und Gebüschen. Mai—Juni. (S. 46 u. 308.)   **Goldnessel.** *Lámium lúteum.*

23. Beobachtungen am Bienensaug.

1. **Truppweises Auftreten:** Unterirdische Ausläufer, vegetative Vermehrung. (Siehe Abb.)
2. **Regenleitung:** Blätter mit der Spitze schräg nach unten gerichtet. Gieße etwas Wasser darauf und stelle fest, wohin die Tropfen fallen. Dort grabe nach und untersuche, wie weit die Wurzeln sich ausbreiten!
3. **Schutz gegen Tierfraß:** Haare, Geruch.
4. **Einfluß des Standortes:** Weißer B. an schattigen Stellen hoch, mit schlafferen Stengeln und zarten großen Blättern; an sonnigen Plätzen kleiner und derber. Ebenso die anderen Arten.

Unterirdischer Stengel der Taubnessel.   Blüte im Längsschnitt.

5. **Bestäubung:** Hummelblume, Blüten mit großer Unterlippe als Anflugstelle, mit sehr langer Kronröhre und tiefliegendem Honig, nur erreichbar für den langen Rüssel. Beobachte saugende Hummeln!
6. **Honigschutz:** Haarring in der Kronröhre wehrt kleine Insekten ab. Schaue nach!
7. **Honigraub:** Löcher am Grunde der Kronröhre. Sauge und stelle fest, ob diese angefressenen Blüten noch Honig besitzen!

368 Im Feld.

24. Ackerunkräuter mit blauen Blüten.

1. Blätter einfach und längsnervig.

Blätter grundständig, lineal. Blüten in Trauben. Blütenhülle glockig. Staubblätter 6. Griffel 1. Zwiebelgewächse.

1. Blätter zahlreich, etwa 2 mm breit, schlaff, zuletzt bogig zurückgekrümmt. Blüten dunkelblau mit weißem Saume. Bis 30 cm hoch. April—Mai. (S. 288.)

Große Traubenhyazinthe. *Muscári racemósum.*

2. Blätter 2—3, breit-lineal, nach dem Grunde verschmälert, aufrecht-abstehend. Blüten himmelblau mit weißem Saume. Bis 15 cm hoch. April bis Mai.

Kleine Traubenhyazinthe. *Muscári botryoídes.*

2. Blätter einfach und netznervig.

I. Blätter quirlständig.

Obere Blätter zu 4, die unteren zu 6, lanzettlich, stachelspitzig. Krone radförmig. Staubblätter 4. Stengel ästig, meist liegend, stachelig, bis 20 cm hoch. Mai bis Herbst.

Ackerröte. *Sherárdia arvénsis.*

II. Blätter gegenständig.

A. 2 Staubblätter. Krone radförmig, 4spaltig. Blüten in den Blattachseln. (S. 370.)

Ehrenpreis. *Verónica.*

B. 3 Staubblätter. Krone trichterförmig, förmig. Stengel gabelästig, bis 30 cm hoch. April—Mai.

Blätter zungenförmig. **Rapünzchen.** *Valerianélla olitória.*

C. 4 Staubblätter.

a) Alle Staubblätter gleichlang. Blüten in Köpfchen. Blätter fiederspaltig, graugrün. Stengel behaart, bis 1 m hoch. Mai—August.

Acker-Skabiose. *Knáutia arvénsis.*

b) 2 Staubblätter lang, 2 kurz.

α) Krone 2lippig, mit Sporn.

1. Blüten in endständigen Trauben, hellblau, dunkel gestreift. Pflanze kahl, bis 30 cm hoch. Juli—August.

Ackerleinkraut. *Linária arvénsis.*

2. Blüten blattachselständig, in lockeren Trauben, hellviolett mit gelbem Gaumen. Pflanze behaart, bis 20 cm hoch. Juli—Oktober.

Kleines Leinkraut. *Linária minor.*

β) Krone 2lippig, ohne Sporn.

1. Blätter nierenförmig, gekerbt. Blüten in Scheinquirlen in den Blattachseln, violett. Blütentragende Zweige aufsteigend. Stengel kriechend, bis 60 cm lang. März—Mai. (S. 448.)   **Gundermann.** *Glechóma hederácea.*

2. Blätter gestielt, eiförmig, gesägt oder ganzrandig. Krone glockig. Blüten in blattwinkelständigen Quirlen. Stengel einfach oder ästig, niederliegend oder aufsteigend, bis 25 cm hoch. Juli bis August.   **Acker-Minze.** *Mentha arvénsis.*

D. 5 Staubblätter.

Krone radförmig. Blüten einzeln in den Blattwinkeln. Blätter sitzend, eirund. Stengel bis 15 cm hoch. Juni—Oktober.   **Blauer Gauchheil.** *Anagállis coerúlea.*

III. Blätter wechselständig.

A. Blüten in Körbchen.

1. Alle Blüten röhrenförmig, Früchte mit haarförmigem Pappus. Blätter linealisch, spinnwebig, die unteren gezähnt oder fiederspaltig. Stengel verzweigt, bis ²/₃ m hoch. Juni—Herbst.   **Kornblume.** *Centauréa cýanus.*

2. Alle Blüten zungenförmig, Früchte ohne haarförmigen Pappus. Grundblätter rosettig, schrotsägig; die oberen lanzettlich, mit breitem Grunde stengelumfassend. Stengel verzweigt, rauhhaarig, hohl, bis 1¹/₂ m hoch. Juli—August.   **Wegwarte.** *Cichórium íntybus.*

B. Blüten nicht in Körbchen. Staubblätter 5.

a) Krone glockenförmig. (S. 250.)   **Glockenblumen.** *Campánula.*

b) Krone radförmig mit 5 Zipfeln, violett. Blätter sitzend, länglich. Stengel meist sparrig-ästig, bis 30 cm hoch. Juli—Herbst.   **Frauenspiegel.** *Legoúsia spéculum.*

c) Krone röhrig mit 5lappigem Saume, Schlund der Krone meist durch größere Schuppen verschlossen. Ganze Pflanze mit steifen, borstigen Haaren besetzt.

α) Krone mit gleichen Zipfeln. Schlund durch größere Schuppen geschlossen.

1. Schlundschuppen ausgerandet, kurz. Krone mit spitzen Zipfeln, 1—2 cm breit. Staubgefäße aus der Röhre hervorragend. Blätter elliptisch. Stengel ästig, bis ²/₃ m hoch. (Verwilderte Gartenpflanze.) Juni—Juli. (S. 686.)   **Boretsch.** *Borrágo officinális.*

370 Im Feld.

2. Schlundschuppen gewölbt.

§ Schlundschuppen weiß und behaart.

. Röhre der Krone gekrümmt. Blätter länglich bis lanzettlich, am Rande wellig, ausgeschweift gezähnt. Stengel sparrig-ästig, bis 30 cm hoch. Mai—Oktober. (S. 646.)
Ackerkrummhals.
Lycópsis arvénsis.

.. Röhre der Krone gerade. Krone rötlich-violett bis blau. Schlundschuppen samtartig. Blätter lanzettlich. Stengel bis 80 cm hoch. Mai bis Oktober. (S. 687.)
Echte Ochsenzunge.
Anchúsa officinális.

§§ Schlundschuppen gelb und kahl. (S. 372.)
Vergißmeinnicht.
Myosótis.

β) Krone mit ungleichen Zipfeln, violett-blau, am Grunde ohne Schuppen. Staubblätter und Griffel aus der Blüte weit hervorragend. Blätter lanzettlich, sitzend, steifhaarig. Stengel starr, bis 1 m hoch. Juni—September. (S. 646, 687.)
Natterkopf.
Échium vulgáre.

3. Blätter zusammengesetzt.

A. Blätter 3zählig, Blättchen in schmale Zipfel zerspalten. Blüte mit Sporn. Staubblätter zahlreich, auf dem Fruchtboden. Stengel stark verzweigt, bis ½ m hoch. Mai—September.
Feld-Rittersporn.
Delphinium consólida.

B. Blätter 2—3fach fiederteilig. Blüten bläulich, grün geadert. Staubblätter zahlreich, auf dem Fruchtboden. Stengel bis 30 cm hoch. Juli—September.
Acker-Schwarzkümmel.
Nigélla arvénsis.

C. Blätter paarig gefiedert (ohne Endblättchen, an dessen Stelle eine Wickelranke). Blüte eine Schmetterlingsblüte (wie bei Erbse und Bohne), violett. Stengel dünn, schlaff, hält sich mit den Wickelranken an anderen Pflanzen aufrecht. (S. 309.)
Wicken.
Vicia.

25. Ehrenpreis-Arten auf dem Acker.

I. Alle Blätter gleichgestaltet, gestielt. Stengel mit niederliegenden Ästen. Blüten in den Blattachseln.

A. Blätter 3- oder 5- oder 7lappig, ähnlich wie Efeublätter, gekerbt. Krone klein, blaßblau. März—Mai.
Efeublättriger Ehrenpreis.
Verónica hederifólia.

Pflanzenleben. 371

B. Blätter eiförmig, gekerbt-gesägt, nicht lappig.

a) Blätter am Grunde herzförmig, tief gekerbt-gesägt. Blütenstiele deutlich länger als die Blätter.
Blüten himmelblau. Stengel bis 30 cm
lang. März—Herbst.

**Tourneforts
Ehrenpreis.**
Verónica Tournefórtii.

b) Blätter am Grunde nicht herzförmig, etwas dicklich.
Blütenstiele etwa so lang wie die Blätter.

1. Blätter länglich-eiförmig, gelblichgrün oder hell-oliven-
grün, spärlich behaart. Krone bläulich- oder rötlichweiß,
dunkler geadert. Kelchzipfel länglich.
Stengel bis 30 cm lang. April—Mai und
Herbst.

Acker-Ehrenpreis.
Verónica agréstis.

2. Blätter rundlich-eiförmig, hellgrün, glänzend. Krone
dunkelblau. Kelchzipfel breit. Stengel
bis 30 cm lang. Mai—Herbst.

**Glänzender
Ehrenpreis.**
Verónica políta.

**II. Blätter verschieden gestaltet, die oberen anders als die
unteren.** Blüten in den Blattachseln, bei vollständiger Entwicklung traubig.

A. Stengel meist einfach. Blätter ungeteilt.

Blätter sitzend, kahl, länglich oder eiförmig, ganzrandig
oder schwach gekerbt. Traube vielblütig. Krone bläulichweiß, gestreift. Stengel am Grunde
niederliegend, bis 20 cm lang. Mai bis
September.

**Quendelblättriger
Ehrenpreis.**
Verónica serpyllifólia.

B. Stengel ästig. Blätter ungeteilt oder geteilt.

a) Blätter ungeteilt.

1. Blätter herz-eiförmig, kerbig-gesägt. Krone hellblau.
Pflanze behaart, bis 30 cm hoch. Mai bis
Oktober.

Feld-Ehrenpreis.
Verónica arvénsis.

2. Obere Blätter lanzettlich, rundlich-eiförmig, die unteren
herz-eiförmig, eingeschnitten gekerbt.
Krone dunkelblau. Stengel bis 20 cm
hoch. April—Mai.

Früher Ehrenpreis.
Verónica praecox.

b) Blätter geteilt.

1. Mittlere und obere Blätter fingerförmig, 3—7teilig,
sitzend; untere Blätter eiförmig, gestielt.
Krone dunkelblau. Stengel bis 15 cm
hoch. März—April.

Finger-Ehrenpreis.
Verónica triphýllos.

372   Im Feld.

2. Mittlere Blätter fiederteilig. Blütenstiele kürzer als der Kelch.

α) Blätter dünn, grasgrün. Krone 2—3 mm breit, blau. Kapselfächer 6—8 samig. Pflanze oben kurzhaarig, bis 30 cm hoch. April—Mai. **Frühlings-Ehrenpreis.** *Verónica verna.*

β) Blätter etwas fleischig, trübgrün. Krone 4—6 mm breit, blau. Kapselfächer 9—13 samig. Pflanze oben zottig, bis 30 cm hoch. April—Mai. **Dicklicher Ehrenpreis.** *Verónica Dillénii.*

Ein anderer Teil der Ehrenpreisarten wächst im Wasser oder an sumpfigen Stellen: Bachbunge, Schild-E. (S. 490.)

Andere Arten stehen auf Wiesen und an Wegrändern. (S. 447.)

Noch andere Arten sind im Walde heimisch. (S. 57.)

26. Vergißmeinnicht-Arten auf dem Acker.

I. **Krone blau.**

A. **Krone hellblau.** Fruchtstiele kürzer als der Kelch; fast aufrecht stehend. Blütentraube am Grunde beblättert. Stengel bis 20 cm hoch. April—Juni. **Sand-Vergißmeinnicht.** *Myosótis arenária.*

B. **Krone dunkelblau.** Fruchtstiele so lang oder länger als der Kelch, waagerecht abstehend. Blütentraube am Grunde blattlos.

1. Fruchtstiele etwa so lang wie der Kelch. Kelch zur Fruchtzeit offen. Stengel bis 25 cm hoch. Mai—Juli. **Rauhes Vergißmeinnicht.** *Myosótis hispida.*

2. Fruchtstiele etwa doppelt so lang wie der Kelch. Kelch zur Fruchtzeit geschlossen. Stengel bis 50 cm hoch. Juni—August. **Acker-Vergißmeinnicht.** *Myosótis intermédia.*

II. **Krone erst gelb, dann violett, zuletzt blau.**

Kronröhre zuletzt doppelt so lang wie der Kelch. Fruchtstiele kürzer als der Kelch. Blütentraube am Grunde blattlos. Stengel bis 25 cm hoch. Mai—Juni. **Buntes Vergißmeinnicht.** *Myosótis versícolor.*

Die Vergißmeinnicht-Arten auf dem Acker sind alle mehr oder weniger stark behaart, sie sind Bewohner trockener, sandiger Böden. Einige andere Arten wachsen in Gräben und auf feuchten Wiesen, sie sind schwächer behaart. (S. 448, 491.) Andere Arten stehen im Walde. (S. 57.)

27. Ackerunkräuter mit grünlichen oder gelbgrünen Blüten.

1. Pflanzen mit Milchsaft.

Blütenstand in einer Trugdolde. Blüten in Bechern, auf dem Saum des Bechers runde oder halbmondförmige, gelblichgrüne Drüsen. Blätter einfach.

A. Drüsen der Becherhülle rundlich-quer-oval oder dreieckig.

1. Kapsel glatt. Samen grubig. Trugdolde meist 5strahlig. Hüllblätter der Trugdolde den Laubblättern gleich. Bis 30 cm hoch. Juni bis Herbst. — *Sonnenwendige Wolfsmilch.* *Euphórbia helioscópia.*

2. Kapsel warzig. Trugdolden 5 (3-)strahlig. Warzen der Kapsel fast halbkugelig. Blätter lanzettlich, mit herzförmigem Grunde sitzend. Bis 60 cm hoch. Juli—September. — *Breitblättrige Wolfsmilch.* *Euphórbia platyphýllos.*

B. Drüsen der Becherhülle halbmondförmig oder 2hörnig.

a) Kapseln glatt. Samen grubig oder höckerig.

1. Blätter gestielt, verkehrt-eiförmig, stumpf, ganzrandig. Hüllblätter stachelspitzig. Äste der 3strahligen Trugdolde wiederholt 2faltig. Bis 25 cm hoch. Juli—Oktober. — *Garten-Wolfsmilch.* *Euphórbia peplus.*

2. Blätter mit breitem Grunde sitzend lineal. Sonst wie vorige. Bis 20 cm hoch. Juni—Oktober. — *Kleine Wolfsmilch.* *Euphórbia exígua.*

b) Kapseln fein-punktiert-rauh. Samen glatt. Blätter am Grunde keilförmig verschmälert, über der Mitte am breitesten. Bis 60 cm hoch. Mai—Juni. — *Scharfe Wolfsmilch.* *Euphórbia ésula.*

2. Pflanzen ohne Milchsaft.

I. Blätter nur grundständig.

Blätter schmal-lineal. Blüte gelblichgrün. Kronblätter 5, Kelchblätter 5, Staubblätter 5. Fruchtstand ährenförmig verlängert, wie ein Mäuseschwänzchen. Stengel 2—10 cm hoch. Mai—Juni. — *Mäuseschwänzchen.* *Myosúrus mínimus.*

II. Blätter stengelständig.

A. Blätter gegenständig.

374   **Im Feld.**

1. Blätter pfriemlich, stachelspitzig. Blüten blattwinkelständig, grün. Staubblätter 3. Stengel ästig ausgebreitet, bis 25 cm lang. Juli bis September. **Knorpelkraut.** *Polycnémum arvénse.*

2. Blätter schmal-lineal, unten verbunden. Blüten in den Blattwinkeln knäuelig gehäuft, grün. Kelchzipfel weißlich berandet. Staubblätter 10. Stengel ästig ausgebreitet, bis 20 cm lang. Mai bis Oktober. **Grüner Knäuel.** *Scleránthus ánnuus.*

3. Blätter elliptisch. Blüten gelbgrün, in dichtgedrängten Knäueln, blattwinkelständig. Staubblätter 5. Stengel sehr ästig, niederliegend, bis 15 cm lang. Juni bis Oktober. **Kahles Tausendkorn.** *Herniária glabra.*

4. Blätter eiförmig bis lanzettlich, langgestielt. Blüten grün, geknäuelt, in den Blattachseln. Stengel ästig, vierkantig, bis 50 cm hoch.

Diese Pflanze ist zweihäusig, d. h. auf einer Pflanze stehen nur männliche Blüten, auf der andern nur weibliche.

Männlich: Blüten geknäuelt, auf langen dünnen Stielen. Blätter hell.

Weiblich: Blüten zu 2—3, kurzgestielt. Blätter dunkel. Juni—Herbst. (S. 58 u. 687.) **Schutt-Bingelkraut.** *Mercuriális ánnua.*

B. Blätter wechselständig.

a) Blätter handförmig-dreiteilig. Lappen 3—5zähnig. Blüten geknäuelt, blattwinkelständig. Stengel bis 30 cm hoch. Mai—Herbst. **Acker-Frauenmantel.** *Alchemílla arvénsis.*

b) Blätter nicht geteilt. Blütenhülle nicht in Kelch und Krone geschieden.

α) Blätter am Grunde mit einer tütenförmigen Scheide, die den Stengel an den Knoten umgibt.

§ Blütenhülle 6teilig, meist grünlich. Staubblätter 6. Frucht 3kantig. (S. 687.) **Ampfer.**

Blätter am Grunde spieß- oder pfeilförmig, von saurem Geschmack. Stengel bis 40 cm hoch. Mai bis August. **Kleiner Ampfer.** *Rumex acetosélla.*

§§ Blütenhülle 5teilig, innen gefärbt. Staubblätter 8. Frucht 3kantig. (S. 687.) **Knöterich.** *Polýgonum.*

Pflanzenleben. 375

1. Stengel aufrecht ästig, an den Knoten verdickt, bis 1 m hoch. Blätter lanzettlich, Oberseite oft schwarz gefleckt. Blüten in dichten walzenförmigen Scheinähren an der Spitze des Stengels und der Zweige, grünlich, weiß, rosa. Juli—Sept.

Floh-Knöterich.
P. persicária.

2. Stengel niederliegend, dünn, sehr ästig, bis 50 cm lang. Blätter klein, elliptisch. Blüten einzeln oder büschelweise in den Blattachseln, grünweiß, rot gerandet. Juli—Oktober.

Vogel-Knöterich.
P. aviculáre.

3. Stengel windend, kantig, bis 1 m lang. Blätter herzpfeilförmig. Blüten in den Blattachseln, in kleinen Büscheln, überhängend, weißlichgrün. Juli—Oktober.

Winden-Knöterich.
P. convólvulus.

β) Blätter am Grunde ohne Scheide. Blüten in grünen Knäueln oder Scheinähren.

§ Blätter stumpf, vorn ausgerandet, in der Ausrandung eine Stachelspitze, ei-rautenförmig, lang gestielt. Stengel ästig, ausgebreitet, bis 45 cm lang. Juli bis August.

Roter Heinrich.
Albérsia blitum.

§§ Blätter spitz.

° Blütenstand mit spitzen stechenden Deckblättchen. Blätter länglich-eiförmig. Stengel aufrecht, bis 1 m hoch, rauh behaart. (Des Blütenstandes wegen Fuchsschwanz. In Gärten stehen 2 rotblühende Arten: Roter F. *Amarántus caudátus,* mit schlaff überhängendem Blütenstand, blutroter F. *Amarántus sanguineus,* mit aufrechtem Blütenstand.) Juli — Sept.

Rauhhariger Amarant.
Amarántus retrofléxus.

°° Blütenstand nicht stechend.

1. Blüten zwitterig: Jede Blüte mit Staubblättern und Stempel. Staubblätter 5. Blütenhülle zur Fruchtzeit zuweilen fleischig und rot. Blätter meist mit mehligem Überzug, dreieckig oder rautenförmig. (S. 688.)

Gänsefuß.
Chenopódium.

2. Blüten 1- oder 2häusig: Blüten entweder nur Staubblätter oder nur Stempel. Blätter meist gezähnt. Pflanzen von $\frac{1}{4}$—$1\frac{1}{2}$ m Höhe. (S. 689.)

Melde.
Átriplex.

28. Ackergräser.

Auch die Ackergräser können recht lästige Unkräuter sein. Manches Getreidefeld ist fuchsrot von den weitschweifigen Rispen des Windhalms, der in vielen Gegenden seines Aussehens wegen Fuchsschwanz genannt wird. Die Roggentrespe ist sehr unempfindlich gegen Kälte. Wenn der Roggen auswintert, breitet sie sich oft derart aus, daß der Schaden erst bemerkt wird, wenn die Rispen der Trespe erscheinen. Das ist der Anlaß zu dem Glauben, in schlechten Getreidejahren wandle sich Roggen in Trespe um. Am lästigsten ist die Quecke. Die Spitzen ihrer unterirdischen Ausläufer sind so starr, daß sie damit auch den härtesten Boden durchbohrt. Der Acker ist oft weithin von einem Geflecht dieser zähen Schnüre durchzogen. So wird der Ernteertrag durch wuchernde Ackergräser wesentlich vermindert.

I. Ährengräser: Die Ährchen sitzen ungestielt auf den Zähnen der Spindel. (Beispiele: Roggen, Gerste, Weizen.)

A. Eine einzige Ähre an der Spitze des Halmes.

1. Ährchen mit der schmalen Seite der Spindel zugekehrt. Ähre wie gewalzt, bis 30 cm lang. Halm bis 80 cm hoch.   **Taumel-Lolch.** *Lólium temuléntum.*

2. Ährchen mit der breiten Seite der Spindel zugekehrt. Ähre vierkantig, bis 10 cm lang. Blätter oberseits rauh, oft mit einzelnen, langen Haaren. Halm bis 1¹/₄ m hoch. (S. 378.)   **Gemeine Quecke.** *Agropýrum repens.*

3. Siehe auch unter Abteilung II: Ährenrispengräser, die oft ein ähnliches Aussehen haben!

B. Mehrere fingerartig gestellte Ähren an der Spitze des Halms.

1. Ährchen einzeln auf den Zähnen der Spindel, sehr kurz gestielt. Ähren 3—6, fingerig gestellt. Blätter graugrün, an der Unterseite behaart. Halm niederliegend, bis 45 cm lang.   **Hundszahn.** *Cýnodon dáctylon.*

2. Ährchen zu 2 auf den Zähnen der Spindel, das eine sitzend, das andere gestielt. Ähre meist violett überlaufen. (Mehrere Arten.)   **Hirse.** *Pánicum.*

3. Siehe auch unter Abteilung II: Fennich oder Borstenhirse!

Pflanzenleben. 377

II. **Ährenrispengräser:** Ährchen mit kurzem Stiel auf der Spindel, daher das Aussehen einer Ähre (Scheinähre.).

1. Scheinähre walzenförmig, an beiden Enden verschmälert. Untere Spelze auf dem Rücken begrannt, daher die ganze Scheinähre rundum begrannt und bleich-grün. Halm bis 50 cm hoch.   **Acker-Fuchsschwanz.** *Alopecúrus myosuroídes.*

2. Scheinähre rispig-locker, borstig, oft rötlich oder violett. Halm bis 60 cm hoch.   **Borstenhirse.** *Setária.*

III. **Rispengräser:** Ährchen mit langem Stiel auf der Spindel. (Beispiel Hafer.)

  A. **Ährchen 1blütig.**

    Rispe groß, weitschweifig, Äste schlängelig, der untere Quirl bis zu 15. Grannen lang. Halm bis 100 cm hoch.   **Acker-Straußgras, Windhalm.** *Agróstis spica venti.*

  B. **Ährchen 2- bis vielblütig.**

    a) Hüllspelzen so lang oder fast so lang wie das ganze Ährchen.

    1. Granne an ihrem oberen Ende keulenförmig verdickt Rispe silbergrau. Blätter borstlich, graugrün. Halm bis 30 cm hoch, dichtrasig.   **Keulenschmiele.** *Corynéphorus canéscens.*

    2. Granne am Ende spitz. Rispe allseitswendig, haferähnlich. Halm bis $1^1/_4$ m hoch.   **Flug-Hafer.** *Avéna fátua.*

    b) Hüllspelzen kurz, das Ährchen nur am Ende umfassend.

    α) Deckspelzen am Rücken gekielt. Rispe locker, meist einseitswendig. Untere Rispenäste einzeln oder zu 2. Halm etwas zusammengedrückt, bis 25 cm hoch.   **Jähriges Rispengras.** *Poa ánnua.*

    β) Deckspelzen am Rücken gewölbt.

    ° Blätter und Blattscheiden kahl. Rispe groß mit abstehenden Ästen, die nach der Blüte überhängen. Halm 40—80 cm hoch.   **Roggen-Trespe.** *Bromus secalínus.*

    °° Blätter und Blattscheiden behaart.

    1. Rispenäste lang, abstehend, zur Fruchtzeit überhängend. Deckspelze meist violett. Halm bis 1 m hoch.   **Acker-Trespe.** *Bromus arvénsis.*

    2. Rispenäste kurz, aufrecht, zur Fruchtzeit zusammengezogen, nicht überhängend. Ganze Pflanze weichhaarig, graugrün, bis $1/_2$ m hoch.   **Weiche Trespe.** *Bromus hordeáceus.*

29. Quecken.

1. Die Quecke ist eins der häufigsten und lästigsten Unkräuter. Ihre unterirdischen Teile sind im allgemeinen bekannt. Sie heißen wohl Queckenwurzeln, sind in Wirklichkeit aber Stengel und Äste, werden oft meterlang und durchziehen den Boden in einem dichten Gewirr. Ihre Enden laufen in eine scharfe Spitze aus, die selbst harte Erde durchbohren kann. An den Knoten hat sich der Ausläufer bewurzelt. Wenn Pflug oder Egge die Ausläufer in kleine Stücke zerreißen und verschleppen, so können aus Teilstücken, die sich bewurzeln, neue Pflanzen entstehen. Darum ist sie schwer auszurotten. Diese Art der Vermehrung heißt ungeschlechtliche (vegetative) Vermehrung.

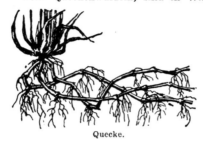

Quecke.

2. Legt man die Ausläuferteile in feuchte Erde oder zwischen feuchtes Löschpapier, so kann man die Bewurzelung beobachten.
3. Die oberirdischen Teile der Quecken sind weniger bekannt. Wenn man jedoch die Ausläufer auszieht, so wird man bald die zugehörige Pflanze finden. Sie ist ein Grashalm mit einer kantigen Ähre.

30. Tiefgehende Wurzeln der Ackerunkräuter.

1. Grabe eine Ackerdistel aus und achte darauf, wie tief ihre Wurzel in den Boden hinabreicht!
2. Ackerunkräuter mit sehr tiefliegenden Wurzeln: Ackerdistel, *Cirsium arvénse*, die gelbblühende Gänsedistel, *Sonchus arvénsis*, Ackerwinde, *Convólvulus arvénsis*, Sichelmöhre, *Falcária vulgáris*.

Erkenntnis: So tief wie die Wurzeln mancher Ackerunkräuter liegen, reicht kein Pflug. Sie sind dadurch vor Ausrottung geschützt.

31. Ackerunkräuter im ersten Frühling.

Im März und April findet man auf noch unbestellten Äckern vorwiegend folgende blühende Unkräuter:

Pflanzenleben. 379

1. Mit roten Blüten: Roter Bienensaug, Stengelumfassender Bienensaug.
2. Mit blauen Blüten: Ehrenpreis, Gundermann.
3. Mit gelben Blüten: Gemeines Kreuzkraut, Goldstern, Huflattich.
4. Mit weißen Blüten: Vogelmiere, Hirtentäschel, Hungerblümchen, Milchstern.
5. Hellbraune oder rötliche Stengel ohne grüne Laubblätter: Acker-Schachtelhalm.

Bestimme sie nach den Tabellen auf S. 348 ff.!

32. Ackerunkräuter des Getreidefeldes.
(Felder mit Herbstbestellung.)

Felder mit Herbstbestellung sind Roggen, Weizen und Wintergerste. Die Ackerunkräuter des Getreidefeldes streuen ihren Samen bereits im Sommer aus. Er keimt im Herbst, wenn die Felder für die Wintersaat bestellt werden, und geht mit dem Getreide auf. Noch vor dem ersten Frost bilden sie eine Blattrosette und verharren während des Winters auf dieser Wachstumsstufe. Hochragende Stengel würden erfrieren. An milden Wintertagen wächst die Blattrosette weiter. Ist der Winter zu naß oder zu kalt, daß das Getreide auswintert, so gewinnt das Unkraut Raum und nimmt den freigewordenen Platz ein, denn es ist weniger empfindlich als die Kulturpflanzen. Schon in den ersten warmen Frühlingstagen schießen die Unkräuter schnell in die Höhe und bilden Stengel, Blüten und Früchte, bevor das Getreide ihnen Licht und Luft nimmt. Ehe das Getreide geschnitten wird, hat das Unkraut seinen reifen Samen ausgestreut. Es hat sich den Lebensbedingungen des Getreidefeldes angepaßt.

Zu diesen Unkräutern gehören:
1. Hohe Kräuter: Mohn, Rade, Kornblume, Rittersporn, Lichtnelke, Erdnuß, Wicke, Grundfeste, Hohlzahn, Trespe, Windhalm, Distel, Klebkraut, Nachtlichtnelke, Besenrauke, Ackerwinde, Acker-Skabiose, echte Kamille, Rainkohl, Berufskraut.
2. Niedrige Kräuter: Hungerblümchen, Hirtentäschel, Vogelmiere, Ehrenpreis, Bienensaug, Knäuel, Spurre, Sandkraut, Spärkling, Mäuseschwänzchen, Steinsame, Stiefmütterchen, Ackerhahnenfuß, kriechender Hahnenfuß, Ackerwachtelweizen, roter Augentrost, Ackerminze, Ackervergißmeinnicht.

Bestimme sie nach den Tabellen auf S. 348 ff.!

33. Ackerunkräuter unter den Hackfrüchten.

(Felder mit Frühjahrsbestellung.)

1. Die Felder mit Frühjahrsbestellung haben den Winter über brach gelegen. Das Unkraut hatte die Alleinherrschaft und konnte sich üppig entwickeln. Auf solchen Feldern findet man im Frühjahr einen reichen Pflanzenwuchs. (Siehe Kapitel: Ackerunkräuter im ersten Frühling S. 378.)

2. Aber nun kommt der Pflug und vernichtet den gesamten Bestand. Man sollte annehmen, diese Äcker müßten den Sommer über von Unkraut frei sein. Sie sind es jedoch nicht, denn im Boden ruhen noch Samen von anderen Unkräutern, die jetzt erst zu keimen beginnen. Zu ihrer Entwicklung steht ihnen nicht viel Zeit zur Verfügung, sie sind kurzlebig und schnellwüchsig. Häufig werden sie mitten in ihrer Entwicklung auch noch gestört, denn Kartoffel- und Rübenfelder werden mehrfach gehackt. Unter den Hackfrüchten können sich nur noch wenige Unkrautarten halten, und je mehr der Boden im Laufe des Sommers bearbeitet wird, um so artenärmer wird er. Auf solchen Äckern sieht man nur noch Ackersenf, Hederich, Melde, Gänsefuß und das Schutt-Bingelkraut. In einigen Gegenden treten noch zwei Unkräuter hinzu, die aus Amerika zu uns gekommen sind: Knopfkraut und Berufskraut. Alle diese Arten können nur darum auf den mit großer Sorgfalt bearbeiteten Kartoffel- und Rübenäckern sich halten, weil sie erst dann keimen, wenn die letzte Arbeit mit der Hacke auf diesen Feldern getan ist. Dann aber schießen sie mit großer Schnelligkeit in die Höhe und entwickeln ungeheure Mengen von Samen.

Siehe Kapitel: Unkrautsamen S. 381!

Versuche eine solche Samenzählung an einem dieser Unkräuter!

34. Ackerunkräuter des Stoppelfeldes.

1. Manche der mit dem Getreide geschnittenen Unkräuter schlagen wieder aus und treiben Blüten. Ihren normalen Wuchs erreichen sie meist nicht wieder. Sie haben eine „Sensenform". Bestimme sie nach den Tabellen auf S. 348 ff.!

2. Wenn der Halmenwald gefallen ist, erhalten die kleinen Unkräuter plötzlich Licht und Luft. Alle, die nicht von der Sense getroffen wurden, können sich nun kräftigen und ihre Entwicklung zu Ende führen.

Bestimme sie nach den Tabellen auf S. 348 ff.!

35. Unkrautsamen.

Der Ackersenf.

1. Ein Feld steht voll Ackersenf. Das Unkraut macht sich breit, die Saat wird unterdrückt.

2. Woher kommt die ungeheure Verbreitung? Eine Berechnung erklärt sie. Etwa 35 Schüler stehen vor dem Acker, jeder zieht eine abgeblühte ganze Pflanze aus und zählt die Anzahl der Schoten. Als Durchschnittszahl ergibt sich 200. Darauf zählt jeder Schüler an einer Reihe von Schoten verschiedener Größe die Samen. Als Durchschnittswert ergibt sich die Zahl 10. Jetzt wird die Anzahl der Senfpflanzen auf 1 qm in derselben Weise festgestellt. Es wachsen rund 10 Pflanzen darauf. Die Größe des Ackers wird auf 10 a geschätzt. Also lautet jetzt die Rechnung:

an 1 Pflanze = 2000 Samen,
auf 1 qm = 10 Pflanzen = 20 000 Samen,
auf 1 a (100 qm) = 2 000 000 Samen,
auf 10 a = 20 000 000 Samen.

Erkenntnis: Der Ackersenf entgeht der Gefahr der Ausrottung dadurch, daß er ungeheure Samenmengen erzeugt.

Die Möhre.

1. Wir finden eine gut entwickelte Möhre mit Früchten. Sie hat 5 Dolden. Wieviel Früchte trägt sie?

2. Voranschlag:
1 Dolde = 100 Strahlen.
1 Strahl = etwa 10 Früchte.
Insgesamt = 1000 · 5 = 5000 Früchte.

3. Wir schneiden die Dolden ab und verteilen die Strahlen an die Schüler, die die Früchte genau abzählen.
Additionsergebnis: 6437 Früchte.

4. Die Möhre entwickelt also 6437 Samen. Nehmen wir an, ein Teil sei unreif und daher nicht keimfähig, so bleibt ein keimfähiger Rest von vielleicht 5000 Stück.

Die Möhre ist eine zweijährige Pflanze. Aus einem Samenkorn entwickelt sich nach 2 Jahren eine Pflanze mit abermals 5000 Samen. Wieviel Samen könnten diese wieder im günstigsten Falle erzeugen?

Im 1. Jahr = 5000,

„ 3. „ = 5000 · 5000 = 25 000 000,

„ 5. „ = 5000 · 5000² = 125 000 000 000,

„ 7. „ = 5000 · 5000³ = 625 000 000 000 000.

5. Nein, so viel Unkraut gibt es nicht. In wenigen Jahren müßten nur noch wilde Möhren am Wegrand und auf dem Acker stehen. Die Erfahrung lehrt: es kommt nur ein geringer Teil der Samen zur Entwicklung. Es ist dafür gesorgt, daß die Bäume nicht in den Himmel wachsen.

Die Acker-Kratzdistel.

1. Wir kommen an ein Haferfeld, das voller Disteln steht. Es ist arg! Ein Windstoß fährt hinein. Er nimmt ganze Wolken reifer Distelsamen mit. Sie fahren über die Felder dahin, getragen von ihrem wolligen Haarschopf (Pappus). Wir wollen einmal rechnen!

2. Wir messen die Größe des Ackers aus = 15 a.

Wir ziehen die Disteln am Rande des Ackers in einer Breite von 1 m und in einer Länge von 10 m aus = 10 qm Fläche.

Wir zählen die Pflanzen = fast 200 Stück!

Wir geben den 40 Schülern je eine Pflanze in die Hand, zählen die Köpfe und errechnen den Durchschnitt = 20 Köpfe.

Jeder Schüler zählt die Samen eines Kopfes, dann errechnen wir den Durchschnitt = 100 Samen.

1 Pflanze hat also = 20 · 100 = 2000 Samen.

Auf 10 qm Fläche = 200 · 2000 = 400 000 Samen.

Auf 1 a = 10 · 400 000 = 4 000 000 Samen.

Auf 15 a = 15 · 4 000 000 = 60 000 000 Samen!!

Und in diese 60 000 000 Samen fährt der Wind! „Ein getreuer Nachbar!"

Noch einige andere Unkräuter.

Ein Löwenzahnköpfchen = 150 Früchte. Geruchlose Kamille = 30000—50000 Früchte. Ackersenf an besonderen Plätzen = 20000 Samen. Franzosenkraut = 300 000 Früchte.

Wo bleiben diese ungeheuren Samenmassen?

Beobachtungen: Viele Samenflocken der Disteln hängen im benachbarten Gesträuch, an hohen Pflanzen, im Grase ... Sie gelangen nicht in den Boden. An den Köpfen der Disteln sitzen Distelfinken und fressen sich satt. Wir finden die Flocken auf Feld-

Pflanzenleben.

wegen und Landstraßen, wo sie zertreten werden. Andere sehen wir auf dem Wasser schwimmen. Es sind große Mengen, die alle nicht zur Vermehrung gelangen.

Wozu dann aber diese ungeheuren Samenmassen?

Nur so sichern die Pflanzen ihren Bestand. Der Roggen bildet große Staubmassen (auch Hasel, Erle, Kiefer . . .). Aber längst nicht jedes Staubkorn gelangt auf eine weibliche Blüte, die meisten gehen zugrunde, ohne ihre Aufgabe zu erfüllen. Bildete die Pflanze nicht mehr Staub, als sie gerade zur Bestäubung gebraucht, so blieben die meisten weiblichen Blüten unbestäubt. Der Reichtum an Früchten und Blütenstaub ist also keine Verschwendung.

Im Tierreich ist es ebenso. Heringsrogen enthält Tausende von Eiern. Der Karpfen erzeugt jährlich im Durchschnitt 500 000 Eier. Der Lachs soll 10 000 000 Eier hervorbringen. Eingeweidewürmer erzeugen unglaubliche Eiermengen; der Menschenspulwurm soll deren jährlich 64 Millionen bilden. Mäuse sind fruchtbar, Meisen haben eine zahlreiche Brut. Hingegen: Der Adler legt jährlich nur 2—3 Eier; der Elefant wirft nur ein Junges.

Wir erkennen: Die Schwachen werfen der Gefahr die Masse entgegen; das ist ihre wirksamste Waffe.

Literatur:

Dr. H. Pape, Die Bekämpfung der Ackerunkräuter. Flugblatt Nr. 23, April 1928, der Biologischen Reichsanstalt für Land- und Forstwirtschaft.

36. Wie man an manchen Unkräutern die Art des Ackerbodens erkennen kann.

Der Landmann weiß aus langer Erfahrung, daß an gewissen Stellen im Acker ganz bestimmte Unkräuter vorkommen, die dort nicht auszurotten sind, soviel Mühe er sich auch geben mag. In jedem Jahre erscheinen sie aufs neue in unverminderter Menge und Üppigkeit. Schon sein Vater hat sich mit ihnen geplagt, ja sein Großvater schon, und wer weiß, wie viele Generationen vor ihm. Mit größter Hartnäckigkeit behaupten sie ihren Platz. Meist sind es solche Unkräuter, deren unterirdische Teile sehr tief in den Boden reichen. (Siehe S. 378.)

Auch der aufmerksame Wanderer kann auf manchen Äckern leicht solche Stellen entdecken.

384   Im Feld.

Die Mehrzahl der Ackerunkräuter jedoch wächst überall, sie sind
an keinen bestimmten Standort gebunden.

Auf feuchtem Boden: Pestwurz, Schilf, Acker-Hahnenfuß,
Acker-Minze, Mastkraut, Ruhrkraut, Zahntrost.

Auf tonigem Boden: Huflattich, Ackerröte.

Auf sandigem Boden: Feld-Spark, Spärkling, Sandkraut,
Knäuel, Tausendkorn, Knorpelkraut, Gipskraut, Miere, Hohlzahn,
Reiherschnabel, Lammkraut, Grundfeste.

Literatur:

Prof. Dr. Eichinger, Die Unkrautpflanzen des kalkarmen Acker-
bodens. 101 S. Kalkverlag, Berlin W 62.

37. Volkstümliche Namen der Ackerunkräuter.

Durch den naturkundlichen Unterricht in den Schulen wird die
Namengebung immer mehr vereinheitlicht; die seit alters her ge-
bräuchlichen Namen für Tiere und Pflanzen verschwinden aus dem
Wortschatz unserer Sprache, die innerhalb dieses Gebietes früher
reicher war. Das „Wanderbuch" möchte dieser Verarmung nicht Vor-
schub leisten, im Gegenteil: es will helfen, daß die bodenständigen
Namen erhalten bleiben.

Der Löwenzahn (*Taráxacum officinále*) hat in den verschiedenen
Gegenden Deutschlands folgende Namen: Kettenblume, Kuhblume,
Pusteblume, Butterblume, Ringelblume, Krötenblume, Teufels-
blume, Mönchsplatte. Jeder dieser Namen hat seine Geschichte.
Wenn in den Schulbüchern die Pflanze auch einheitlich Löwenzahn
heißt, so sollte sie im Unterricht mit ihrem ortsüblichen Namen genannt werden. Es genügt zur Verständigung, wenn die wissenschaftlichen (lateinischen) Namen einheitlich sind.

Wer nach diesem Wanderbuch also eine Pflanze bestimmt hat und
dabei feststellt, daß sie in seiner Heimat einen anderen Namen trägt,
setze diesen an der betreffenden Stelle ein.

Es sind benannt:

1. Nach dem Gesamtaussehen: Hungerblümchen, Filzkraut, Spark
   (sparrig), Spärkling, Erdrauch. (Blätter und Blüten haben die
   Eigentümlichkeit, den Staub des Ackers festzuhalten, der an
   trockenen Tagen wie Rauch aufwirbelt, wenn die Pflanze er-
   schüttert wird.)

Pflanzenleben. 385

2. Nach der Ähnlichkeit mit anderen Pflanzen: Taubnessel, Leinkraut, Sichelmöhre.

3. Nach Merkmalen des Blattes: Huflattich, Löwenzahn, Hasenohr, Gänsefuß, Fingerkraut, Frauenmantel, Hahnenfuß, Ochsenzunge, Sichelmöhre, Kreuzkraut (der kreuzweis zerschnittenen Blätter wegen), Grundfeste (kräftige Blattrosette).

4. Nach Merkmalen des Stengels: Winde, Schachtelhalm, Knöterich.

5. Nach der Farbe der Blüten: Milchstern, Goldstern, Ackerröte, Schotendotter, Erdrauch (Spitze der Blüte rauchschwarz).

6. Nach der Form der Blüte oder des Blütenstandes: Löwenmaul, Glockenblume, Frauenspiegel, Rade, Krummhals, Natternkopf, Hohlzahn, Knopfkraut, Fuchsschwanz, Straußgras, Knäuel.

7. Nach Merkmalen der Frucht: Hellerkraut, Hirtentäschel, Storchschnabel, Nadelkerbel, Mäuseschwänzchen, Klebkraut, Haftdolde, Tausendkorn, Kreuzkraut (von Greiskraut: graue Haare an den Früchten).

8. Nach der Verwendung: Pestwurz, Ruhrkraut, Augentrost (diese drei gegen Krankheiten), Gänsedistel, Lammkraut, Ferkelkraut, Vogelmiere, Finkensamen (werden von den betreffenden Tieren gern gefressen).

9. Nach dem Standort: Sandkraut, Kornblume.

10. Nach ihren lateinischen Namen: Rauke (*eruca*); Senf (*sinapis*); Kamille (*chamomilla* = griechischer Name: *chamai* = am Boden, *melon* = Apfel, also Erdapfel, wegen der Form und des Geruchs); Wicke (*vicia*, von *vincire* = binden, weil die Pflanze mit ihren Wickelranken sich an anderen festbindet); Rapunzel (*Brassica rapa* hieß früher der Kohl, aus dem zweiten Teil des Namens ist Rapunzel entstanden: *rapa* = Rübe, Raps, Räps; Rapunzel = Rübchen).

Literatur:

Franz Söhns, Unsere Pflanzen. Ihre Namenerklärung und ihre Stellung in der Mythologie und im Volksaberglauben. Teubner, Leipzig.

Heinrich Marzell, Die heimische Pflanzenwelt im Volksbrauch und Volksglauben. Leipzig 1922.

Heinrich Marzell, Die Pflanzen im deutschen Volksleben. Jena 1925.

W. Schoenichen, Deutschkunde im naturgeschichtlichen Unterricht. 205 S., 140 Abbildungen. 1928. Verlag Diesterweg, Frankfurt a. M.

Tierleben.

1. Wie der Hase sein Lager anlegt.

(Ein Beispiel für bewußtes Wandern.)

Beobachtungen:

1. Wer querfeldein geht, stößt gelegentlich auf einen Hasen im Lager. Man hätte fast den Fuß daraufgesetzt. Der Hase jedoch bleibt im „Pott" sitzen und drückt sich fest an den Boden. Die graubraune Farbe seines Felles ist der Bodenfarbe gut angepaßt. Er weiß aus vielfacher Erfahrung, daß er in den meisten Fällen vor Gefahr geschützt ist, wenn er sitzenbleibt. Erst im letzten Augenblick „geht er hoch".

2. Stelle am Hasenlager fest:

   a) Liegt es frei oder liegt es hinter Erdschollen oder Misthaufen gegen den Wind geschützt? (In dem kalten Winter 1928/29 fand ich auch bei sehr starkem Frost unter zahlreichen Lagern nicht ein einziges hinter Erd- oder Misthaufen.)

   b) Oft jedoch ist das Lager an Baumstämme oder Buschwerk angelehnt.

   c) Das Lager liegt stets so, daß der Hase freien Absprung hat. Wenn möglich, liegt es hinter einer Bodenwelle, hinter der er beim Absprung verschwindet. Er nutzt das Gelände aus.

   d) Das Lager ist an einem Ende breit, am andern schmal, am einen Ende tief, am andern flach. Wie sitzt der Hase darin?

   e) Wie steht das Lager zur Windrichtung? Stößt der Wind seitlich, von vorn oder von hinten auf das Lager? (Überlege: Haare nach hinten gerichtet, ebenso die Federn der Vögel. Käme der Wind von hinten, so würde er in das Fell oder in das Gefieder hinein blasen und den Körper stark abkühlen.)

   f) Der Hase setzt sich möglichst tief ins Lager, damit der Wind über ihn hinweg streicht und keine oder doch nur möglichst wenig Witterung mitnimmt (Fuchs!). Es kommt vor, daß er im Wind hoch liegt, im Sturm jedoch liegt er stets tief.

   g) Die Löffel sind angelegt und nach hinten gerichtet.

Überlegungen:

1. Wollte der Hase sich vor dem Winde schützen, so könnte er sein Lager hinter einem hinreichend hohen Erdhaufen anlegen. Es wären dann drei Fälle möglich: Lager I, Lager II, Lager III.

Tierleben. 387

2. Die Sinne des Hasen:
   a) Der Hase ist ein „Ohrentier", d. h. von allen Sinnesorganen ist das Gehör am besten ausgebildet. Die Gehörgänge sind nach hinten gerichtet, er hört also nach hinten am schärfsten (Abb. *Hö*).
   b) Auch der Geruchssinn ist gut. Der Hase „wittert" seinen Feind schon von weitem. Dazu ist notwendig, daß der Wind von vorn kommt (Abb. *Wi*).
   c) Der Gesichtssinn ist am schwächsten ausgebildet. Die Augen sind seitwärts gestellt und haben große Sehfelder, die sich vorn überschneiden (Abb. *Se*).
   d) Die Sinnesfelder verteilen sich etwa so, wie die Abbildung zeigt. Der Hase ist von diesem Sinnes-Schutzmantel (Abb. *Si*) umgeben. Die Sicherung ist jedoch nicht überall gleichmäßig, die Sehfelder sind am schwächsten.

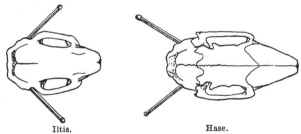

Iltis.   Hase.

3. Man lege den Sinnes-Schutzmantel um den Hasen in Lager I, II und III.
   a) Wieviel Witterung erhält er in jedem Lager?
   b) Wie groß ist sein Hörfeld?
   c) Wie groß ist sein Sehfeld?

Ergebnis:

Der Hase verliert hinter einem warmen Erdhaufen so viel an Sicherheit, daß er sein Lager lieber im freien Felde anlegt.

Grupe, Naturkundl. Wanderbuch.

2. Wir finden eine tote Maus.

I. **Langer Schwanz** (so lang oder länger als der Körper), spärlich behaart. Kopf spitzschnauzig.

A. Das Ohr reicht, an die Kopfseiten angedrückt, bis zum Auge.

a) Pelz einfarbig; Schwanz so lang wie der Körper.
Pelz gelblich-grauschwarz, unten etwas heller. Füße und Zehen gelblichgrau. Körperlänge 9,5 cm, **Hausmaus.** Schwanz ebenso lang. *Mus músculus.*

b) Pelz zweifarbig; Schwanz etwas kürzer als der Körper.
Pelz oben bräunlich-gelbgrau, unten scharf abgesetzt weiß. Körperlänge 12 cm, **Waldmaus.** *Mus silváticus.* Schwanz ebenso lang (S. 167).

B. Das Ohr reicht, an die Kopfseiten angedrückt, nicht bis zum Auge.

a) Pelz zweifarbig; Schwanz so lang wie der Körper.
Pelz oben gelblich-braunrot, unten scharf abgesetzt weiß. Füße weiß. Körperlänge 6,5 cm. Schwanz **Zwergmaus.** 6,5 cm. *Mus minútus.*

b) Pelz dreifarbig; Schwanz nur wenig kürzer als der Körper.
Pelz oben braunrot, über dem Rücken ein schwarzer Längsstreifen, unten scharf abgesetzt weiß. Füße weiß. Körperlänge 10,5 cm, **Brandmaus.** *Mus agrárius.* Schwanz 8,5 cm.

II. **Kurzer Schwanz** (kürzer als der Rumpf), dichter behaart. Kopf stumpfschnauzig.

A. Ohren halb so lang wie der Kopf; Schwanz an der Spitze länger behaart als an der Wurzel.

Pelz oben braunrot, an den Seiten heller, unten weiß. Füße weiß. Das Ohr trägt inwendig einen **Waldwühlmaus.** Streifen langer Haare. Körperlänge 16 cm, **Rötelmaus.** Schwanz 7—8 cm. (S. 167.) *Hypudáeus glaréolus.*

B. Ohren sehr kurz; Schwanz gleichmäßig behaart.

a) Pelz deutlich zweifarbig. Körper kürzer als 12 cm.

1. Oberseite rostgrau, Unterseite weißlich, Schwanz weißlich. Körperlänge 9 cm, **Kurzohrige Erdmaus.** *Arvícola* Schwanz 3 cm. *subterráneus.*

Tierleben.

2. Oberseite gelbgrau, Unterseite weißgrau, Schwanz mit zerstreuten weißen Haaren. Körperlänge **Gemeine Feldmaus.** 10,5 cm, Schwanz 3,5 cm. *Arvicola arvális.*

3. Oberseite dunkel-graubraun, Unterseite grauweiß, Schwanz zweifarbig wie der Pelz. Körperlänge **Erdmaus.** 11 cm, Schwanz 4 cm. *Arvicola agréstis.*

b) Pelz fast einfarbig. Körper länger als 12 cm.

Oberseite braun bis schwarzbraun, allmählich übergehend in die hellere Färbung der Unterseite, **Wasserratte,** jedoch unten nicht weiß. Körperlänge **Scheermaus, Hamaus.** 16 cm, Schwanz 8 cm. *Arvicola amphibius.*

Literatur:

Brohmer, Fauna von Deutschland. Ein Bestimmungsbuch unserer heimischen Tierwelt. Quelle & Meyer, Leipzig.

Ernst Schäff, Die wildlebenden Säugetiere Deutschlands. J. Neumann, Neudamm.

Dr. Hans Sachtleben, Die Bekämpfung der Feldmäuse. Flugblatt Nr. 13 der Biologischen Reichsanstalt für Land- und Forstwirtschaft. Januar 1927.

3. Wir finden in Getreidefeldern Halme, denen die Ähren fehlen.

Beobachtung.

Wir finden in Getreidefeldern zahlreiche Halme, denen die Ähren fehlen. Wer war der Täter?

Der Hamster, *Cricétus cricétus.*

Länge 30 cm. Schwanz kurz. Körper gedrungen. Behaarung glatt und glänzend. Bunt gefärbt: Oberseite bräunlichgelb, Bauch schwarz, an den Seiten weißlichgelbe, am Kopf rostbraune Flecken.

Sein Bau.

Der Bau des Hamsters ist an folgenden Merkmalen zu erkennen. Er besitzt 2 Öffnungen, das eine Rohr führt senkrecht in die Erde und hat keinen Erdaufwurf vor dem Eingange; das andere verläuft schräg in den Boden und hat einen Erdhaufen vor dem Eingang. Beide Eingänge liegen 1—4 m auseinander. Das schräge Rohr wurde von außen nach innen gegraben, das senkrechte von innen nach außen. Ob der Bau bewohnt ist, erkennt man an den glatten, saubereren Rändern der Öffnungen. Das senkrechte Fallrohr mißt etwa 10 cm im Durchmesser. Die geräumige Wohnkammer liegt 1—2 m tief im Boden und ist mit trockenem Gras gut ausgepolstert. Von hier aus führen mehrere Röhren zu den Vorratskammern, die wieder durch gewundene Gänge miteinander verbunden sind. Jede ist so groß, daß sie mehrere Liter Frucht faßt.

Literatur:

Anweisung für die Vertilgung des Hamsters gibt das Flugblatt Nr. 10, Dezember 1920, der Biologischen Reichsanstalt für Land- und Forstwirtschaft: Dr. Martin Schwarz, Der Hamster.

4. Wir finden einen toten Maulwurf.

A. Der Körper ist schon in Verwesung übergegangen. Siehe S. 670: Was man an Aas findet.

B. Der Körper ist noch gut erhalten.

1. Der walzenförmige Leib: Vorn kräftiger als hinten. Bedeutung beim Graben?

2. Die Grabfüße: Breit wie Hände, die Scharrkralle am „Daumen", die scharfen Nägel an den „Fingern".

3. Das dichte, weiche Fell: Es hat keinen Strich, keine bestimmte Richtung, legt sich nach allen Seiten glatt an; behindert also nicht in der Bewegung. Es ist sauber, man findet keine Erde darin.

4. Die sehr kleinen, im Pelz versteckten Augen: In der dunklen Erde ist der Maulwurf auf den Gesichtssinn nicht angewiesen.

5. Ohrmuscheln sind nicht vorhanden: Sie würden nur hinderlich sein, die im Pelz versteckten Ohröffnungen sind verschließbar. Der Maulwurf hört gut; wenn man ihn beim Stoßen beobachten will, muß man sehr ruhig stehen. (Die dichte Erde ist ein guter Leiter des Schalles.)

C. Skelettieren des Maulwurfes. Will man das Skelett kennenlernen, so lege man den Körper in eine kleine Schachtel, verschließe sie fest und versehe sie mit kleinen Öffnungen. Stellt man sie in einen Ameisenhaufen, so werden alle Weichteile sehr sauber von den Knochen entfernt.

5. Beobachtungen an lebenden Maulwürfen.

1. Bei Hochwasser ist oft gute Gelegenheit, die Schnelligkeit zu bewundern, mit der ein Maulwurf vor dem steigenden Wasser flüchtet. (Ich beobachtete einmal, wie ein flüchtender Maulwurf seinen Gang dicht unter der Grasnarbe im weichen Wiesenboden zog. Das Wasser stieg zusehends. Mehrmals stieß der Kopf durch die dünne Decke in die freie Luft, wurde aber immer sofort zurückgezogen. Der Gang war überall deutlich sichtbar und wurde mit unglaublicher Schnelligkeit nach einer erhöhten, trockenen Stelle hin weitergeführt. Eine Strecke von 10 m durchgrub der Maulwurf in etwa einer Minute.)

2. Wenn der Maulwurf „stößt", muß man sehr still stehen. Erschütterungen des Bodens scheuchen ihn zurück, ein Zeichen, daß er gut hört.

3. Ein Maulwurf läßt sich lebend sehr schwer halten, weil er unersättlich ist. Fütterungsversuche ergaben, daß er täglich das $1\frac{1}{2}$fache seines Lebendgewichtes, das gegen 80 g beträgt, an Regenwürmern oder Engerlingen verzehrt.

4. An milden Wintertagen sieht man überall frisch aufgeworfene Maulwurfshaufen, oft liegen sie sogar auf dem Schnee. Der Maulwurf hält keinen Winterschlaf. Wenn strenge Kälte eintritt, geht er tiefer in den Boden, kommt aber bei Tauwetter sogleich wieder hoch.

Gewölluntersuchungen.

(Seite 398.)

In den Gewöllen der Raubvögel findet man neben Mäuseknochen auch Knochen von Maulwürfen. Aus umfangreichen Gewöll- und Magenuntersuchungen hat sich ergeben, daß Bussarde den Maulwürfen nachstellen; sie lauern ihnen auf, wenn sie stoßen, und greifen sie. In Eulengewöllen findet man Maulwurfsreste, hauptsächlich in denen vom Waldkauz.

Auch Fuchs und Iltis, namentlich aber das Große und Kleine Wiese stellen ihm nach. Die beiden Wiesel verfolgen ihn in seinen eigenen Gängen.

Literatur:

Dr. G. Rörig, Der Maulwurf. Flugblatt Nr. 24, Juli 1914. Biologische Reichsanstalt für Land- und Forstwirtschaft.

6. Wir finden eine tote Krähe.

	Saatkrähe, *Córvus frugilégus*	Rabenkrähe, *Córvus coróne*	Nebelkrähe, *Córvus córnix*
Länge . .	47—50 cm	47—50 cm	47—50 cm
Flügel . .	35 cm, Flügel erreicht die Schwanzspitze	30 cm, Flügel erreicht die Schwanzspitze nicht	30 cm, Flügel erreicht die Schwanzspitze nicht
Farbe . .	Gefieder stark blauviolett glänzend	weniger stark glänzend	Rumpf grau, übriges Gefieder schwarz
Schnabel	gestreckt	gebogen	—
Schnabelgrund .	bei alten Vögeln nackt und grindig	mit Federborsten	mit Federborsten

7. Wie man die Krähen im Fluge unterscheidet.

	Saatkrähe	Rabenkrähe	Nebelkrähe
Farbe . .	Stark blauviolett glänzend	Weniger glänzend	Aschgrau und schwarz, wie mit Reif überzogen
Stimme .	1. *Kraa kraa*, oder *Gaarb gaarb*. Tiefer und angenehmer als bei der Rabenkrähe. 2. Ein hohes *Kürr kurr kroa*	1. *Kraa kraa*, tief und rauh, aber etwa eine Sexte höher als bei der Saatkrähe. 2. Ein hohes *Krü krü krü*	Wie Rabenkrähe
Gestalt .	schlank	gedrungener	—
Flug . .	leichter als bei der Rabenkrähe, öfter schwebend	mit langsamen Flügelschlägen	—
Vorkommen . .	ganz Deutschland	westlich der Elbe	Brutvogel nur östlich der Elbe. Westdeutschland nur im Winter

Beobachtungen:
1. Man versuche, sich einer Schar Krähen zu nähern, und beobachte ihr Verhalten. Wenn der Bauer mit dem Pfluge sich nähert oder ein harmloser Spaziergänger vorübergeht, benehmen sie sich anders, als wenn der Jäger kommt. Rabenkrähen und Saatkrähen zeigen dabei Unterschiede. Welche?
2. Saatkrähen nisten in Kolonien, sie haben in hohen Bäumen viele Nester beieinander stehen. Rabenkrähen nisten einzeln. Einzelnester in Parks und auf großen Friedhöfen gehören der Rabenkrähe.
3. Die großen Krähenflüge im Oktober und November unternimmt die Saatkrähe, die dann nach Süden auswandert. Die Züge sind immer nach Westen gerichtet.
4. Die Nebelkrähen kommen im Winter nach Westdeutschland.
5. Welche Krähen sind im Winter bei uns?
6. Welche Krähe ist es, die in großen Gesellschaften übernachtet?

Literatur:

Hermann Löns, Aus Forst und Flur. Voigtländer, Leipzig.
Kurt Floericke, Taschenbuch zum Vogelbestimmen. 260 Seiten. Kosmos-Verlag, Stuttgart.

8. Wir finden einen toten Raubvogel.

Kennzeichen: Raubvögel haben einen abwärts gekrümmten Oberschnabel mit hakig übergreifender Spitze; die Nasenlöcher sind von einer Wachshaut umgeben; die Krallen sind stark, sehr spitz und gekrümmt.

I. Die Befiederung der Beine reicht bis an die Krallen (K).

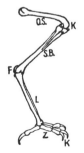

A. Kopf mit 2 Ohrbüscheln: Ohreulen. Eulen.

(Suche nach den Ohröffnungen an der Seite des Kopfes!)

1. Ohrbüschel sehr groß; Körperlänge 60 bis 64 cm. Iris rotbraun. Uhu. *Bubo bubo.*

2. Ohrbüschel groß, aus 6 Federn bestehend; Körperlänge 34—36 cm; Oberseite rostgelb, Unterseite hellrostgelb mit

schwarzbraunen Schaftflecken, die in feine Querwellen auslaufen. Iris gelb.

Wald-Ohreule.
Asio otus.

3. Ohrbüschel kurz, aus 3—4 Federn bestehend; Körperlänge 36—40 cm; Gefieder wie das der Waldohreule, Schaftflecken ohne Querwellen. Iris hellgelb.

Sumpf-Ohreule.
Asio accipitrinus.

B. Kopf ohne Ohrbüschel: **Käuze.**

1. Körperlänge 45 cm; Gefieder sehr locker, Unterseite heller mit dunklen Schaftflecken. Iris schwarzbraun.

Waldkauz.
Syrnium alúco.

2. Körperlänge bis 35 cm; Oberseite aschgrau, Unterseite rostgelb mit dunklen Flecken; um die Augen ein weißer Federkranz (Schleier). Iris braun.

Schleiereule.
Strix flámmea.

3. Körperlänge bis 25 cm; Oberseite dunkel mit kleinen weißen Flecken, Unterseite hell mit dunklen Längsflecken. Iris gelb.

Steinkauz.
Athéne nóctua.

II. **Die Befiederung der Beine reicht bis an die Zehenwurzel (Z).**

1. Körperlänge bis 60 cm. Gefieder wie beim Mäusebussard, sehr abändernd, Schwanz am Ende mit einer dunklen Binde, bei älteren mit mehreren. Nasenlöcher waagrecht (Wintergast). Iris nußbraun.

Rauhfußbussard.
Archibúteo lagópus.

2. Körperlänge bis 65 cm. Gefieder dunkelbraun, Schwanz mit 12—14 Querbinden. Nasenlöcher schief. (Nur in Ostdeutschland.) Iris in der Jugend grau, im Alter gelb.

Schreiadler.
Aquila pomarina.

3. Körperlänge bis 90 cm. (Fast ausgerottet.)

Steinadler.
Aquila chrysáëtos.

III. **Die Befiederung der Beine reicht bis an das Fersengelenk (F). Der Lauf (L) ist fast ganz frei.**

A. **Körperlänge 85—100 cm.**

Gefieder dunkelbraun, Schwanz weiß. (Jugendkleid: Schwanz hell mit breiter, dunkler Binde am Ende.) Iris gelb.

Seeadler.
Haliáëtus albicilla.

B. **Körperlänge 30—70 cm.**

a) Wachshaut bleigrau. Oberseite dunkelbraun, Unterseite weiß, Schwanz mit 6 dunklen Querbinden. Iris gelb.

Fischadler.
Pandion haliáëtus.

Tierleben. 395

b) Wachshaut gelb oder rot.
α) Schwanz gegabelt: Milane.
1. Schwanz tief ausgeschnitten. Gefieder braunrot.   **Roter Milan, Gabelweihe.** *Milvus milvus.*
2. Schwanz wenig ausgeschnitten. Gefieder schwarzbraun. (Schwarzer Milan.)   **Brauner Milan.** *Milvus migrans.*
β) Schwanz nicht gegabelt.
§ Die Flügelspitzen reichen nur bis zur Mitte des Schwanzes. Iris gelb: Habichte.
1. Körperlänge bis 40 cm. Oberseite schiefergrau, Unterseite weiß, dunkle Querwellen (Männchen: Querwellen braun. Weibchen: Querwellen schwarzgrau), Schwanz mit 5 dunklen Querbinden.   **Sperber.** *Accipiter nisus.*
2. Körperlänge über 50 cm. Alterskleid wie beim Sperber. Jugendkleid: Unterseite hell gelbbraun mit dunklen Längsflecken.   **Habicht.** *Astur palumbárius.*
§§ Die Flügelspitzen reichen bis an das Ende des Schwanzes.
° Schnabel mit scharfem Zahn (Ausbuchtung im vorderen Teil des oberen Schnabelrandes. Iris braun: Falken.
△ Füße und Wachshaut gelb.
† Körperlänge über 40 cm.

Oberseite dunkelbraun, im Alter schieferblau. Unterseite hell mit dunklen Querwellen. Auf den weißen Wangen ein dunkler Backenstreif.   **Wanderfalk.** *Falco peregrinus.*

†† Körperlänge unter 40 cm.
1. Die Flügelspitzen reichen etwas über die Schwanzspitzen hinaus.

Wangen weiß mit schwarzem Backenstreif. Oberseite blauschwarz, Unterseite hell mit schwarzen Längsflecken. Hosen rostrot.   **Baumfalk, Lerchenfalk.** *Falco subbúteo.*
2. Die Flügelspitzen erreichen die Schwanzspitze nicht ganz, Schwanz mit dunkler Endbinde und weißem Saum.

* Oberseite schieferblau, Unterseite rostgelb mit braunen Längsflecken.   ♂ **Merlinfalk.** *Falco régulus.*
** Oberseite rostbraun, dunkel gefleckt.
1. Schwanz graubraun mit 5—6 dunklen Querbinden.   ♀ oder junges ♂ **Merlinfalk.**
2. Schwanz rostbraun mit mehr als 6 schmalen dunklen Querbinden.   ♀ und junges ♂ **Turmfalk.** *Cérchneis tinnúnculus.*

13*

396 Im Feld.

3. Schwanz einfarbig aschgrau mit einer breiten dunklen Endbinde. — Altes ♂ **Turmfalk.**

△△ Füße und Wachshaut rot.
°° Schnabel ohne scharfen Zahn. — **Rotfußfalk.** *Cérchneïs vespertína.*

△ Lauf bis zur Hälfte befiedert.
Oberseite braun; Unterseite weiß mit braunen Querflecken. Schwanz mit 3 breiten dunklen Querbinden, dazwischen schmale. (Weibchen an der Unterseite immer dunkler als das Männchen.) Iris gelb. Zügel (zwischen Schnabel und Auge) mit kurzen Federn schuppig bedeckt. — **Wespenbussard.** *Pernis apívorus.*

△△ Lauf nicht befiedert.
† Schwanz mit 10—12 schmalen dunklen Querbinden. Färbung sehr veränderlich. Oberseite dunkelbraun. Unterseite: braun mit hellen Querflecken oder hell mit dunklen Querbinden oder auch fast rein weiß. Iris braun, grau oder gelb. — **Mäusebussard.** *Búteo búteo.*

†† Schwanz mit 3—5 dunklen Binden. Iris in der Jugend braun, im Alter gelb.

1. Oberseite blaugrau. Ohne schwarze Flügelbinde alte ♂ und ♀. — **Kornweihe.** *Circus cyáneus.*

Mit schwarzer Flügelbinde altes ♂. — **Wiesenweihe.** *Circus pygárgus.*

2. Oberseite braun. Unterseite braun. Altes ♀. — **Wiesenweihe.**

Unterseite hell. Junge Stücke der beiden Weihen.
††† Schwarz ohne Binden. Gefieder schwarzbraun, Kopf und Nacken hell. — **Rohrweihe.** *Circus aeruginósus.*

9. Fliegende Raubvögel.

Fliegende Raubvögel sind eine auffällige Erscheinung. Die sichere Bestimmung jedes einzelnen nach dem Flugbilde erfordert sehr viel Übung. Nach folgenden Angaben und Überlegungen ist eine (wenn auch in manchen Fällen nur annähernde) Bestimmung möglich.

I. Schwanz gegabelt (Milane). — **Roter Milan.** Gabelweihe. *Mílvus mílvus.*

1. Tief gegabelt. (Abb. 1 auf S. 399.)

2. Flach gegabelt. (Abb. 2.) — **Schwarzer Milan.** *Mílvus migrans.*

Die Milane sind (außer Adlern) unsere größten Raubvögel. Sie lieben große Waldgebiete. Der schwarze M. hält sich gern

Tierleben.   397

in der Nähe solcher Wälder auf, die an Ströme und Seen stoßen. Flug sehr elegant, schnell; kreisen in großen Bogen, oft in gewaltigen Höhen.

II. Schwanz nicht gegabelt.

1. Schwanz lang, Flügel lang und spitz (Falken).

a) Kleiner Raubvogel, der gern über Feldern jagt, meist nicht hoch fliegt, öfter anhält und an ein und derselben Stelle in etwa Baumhöhe „rüttelt". Daher sein Name Rüttelfalk. Er ist überall sehr häufig. (Schwanz kann gefächert werden und ist dann breit wie ein Bussardschwanz.) **Turmfalk.** (Abb. 4.) *Cérchneis tinnúnculus.*

b) Der Baumfalk (Abb. 6) ist kleiner und viel seltener; der Wanderfalk (Abb. 5) kommt nur noch vereinzelt vor.

2. Schwanz lang, Flügel kurz, breit und stumpf (Habichte).

a) Ein großer Raubvogel von Bussardgröße, der an vielen Orten selten geworden ist. Flugbild: schwirrender Flügelschlag, versteckter Kopf, langer Schwanz, **Habicht.** kurze, stumpfe Flügel. (Abb. 7.) *Astur palumbárius.*

b) Ein kleiner Raubvogel von der Größe des Turmfalken; häufig; fliegt ungestüm, sehr schnell und stürzend („Stößer"!), oft dicht über der **Sperber.** Erde hin. (Abb. 8.) *Accipiter nisus.*

3. Schwanz kurz und stark ausgebreitet, Flügel breit (Bussarde).

a) Ein großer Raubvogel, sehr verbreitet. Flugbild: Langsamer Flügelschlag, versteckter Kopf, kurzer, ausgebreiteter Schwanz, breite **Mäusebussard.** Flügel. (Abb. 9.) *Búteo búteo.*

b) Der andere deutsche Bussard ist ebenso groß, aber viel seltener. Sein Flugbild: Schwanz länger und Flügel schmäler, Kopf vorgestreckt! **Wespenbussard.** (Abb. 3.) *Pérnis aplvorus.*

Beachte:

1. Nach der Häufigkeit geordnet: 1. Mäusebussard, Turmfalk und Sperber, 2. Milan, 3. Habicht, Wespenbussard, Baumfalk.

2. Der Größe nach geordnet: 1. Milan, 2. Bussard und Habicht, 3. Sperber, 4. Turmfalk, Baumfalk.

3. Art des Fluges: a) Große Kreise in der Luft ziehen die großen Raubvögel: Milan, Bussard, Habicht. b) Rütteln in Baumhöhe: Turmfalk. c) Ungestüm durch Baumkronen oder dicht über der Erde dahinschießend: Sperber.

Anmerkung: Außer den Milanen, Falken, Habichten und Bussarden gehören noch die Weihen zu den Raubvögeln. Ihr Vorkommen ist aber an ganz bestimmte Gebiete gebunden.

1. Die **Rohrweihe** lebt nur an großen, schilfreichen Gewässern. In Größe und Färbung sieht sie dem Mäusebussard ähnlich, hat aber eine schlankere Gestalt, namentlich einen längeren Schwanz. Sie steigt auch sehr hoch in die Luft, bei ihrem gaukelnden Fluge stürzt sie herab, überschlägt sich, zieht weite Bogen und Windungen. Dabei stößt sie kläglich quäkende Schreie aus.

2. **Korn- und Wiesenweihe** leben in weitem Wiesengelände. Beide sind von Sperbergröße. Sie haben einen möwenartigen, schaukelnden Flug. (S. 510.)

Literatur:

Demandt, Unsere Raubvögel auf der Jagd. Anleitung zum richtigen Ansprechen unserer Raubvögel. Verlag Bermühler, Berlin-Lichterfelde.

Kleinschmidt, Die Raubvögel der Heimat. Quelle & Meyer, Leipzig.

10. Gewölle.

1. Am Fuße von Grenzsteinen, Erdhaufen, Bäumen oder Felswänden findet man oft knollige oder längliche Gebilde, die Hundekot ähnlich sehen. Ein genaueres Zusehen zeigt, daß sie stark mit Haaren, Federresten, Knochensplittern oder Insektenteilen durchsetzt sind. Es sind Gewölle von Raubvögeln, so benannt, weil sie oft ein wolliges Aussehen haben.

2. Die Raubvögel verschlingen ihre Beute zum Teil mit Haut und Haaren. Die unverdaulichen Teile (Haare, Federn, Krallen, Knochen) ballen sich im Magen zusammen. Der Vogel würgt sie wieder aus. Manche Raubvögel bevorzugen dabei bestimmte Plätze, die sie immer wieder aufsuchen, wo man die Gewölle dann in Menge findet. (Raubvögel in der Gefangenschaft, die Fleisch ohne Haare und Knochen als Fraß bekommen, gehen bald ein.)

3. Der Inhalt der Gewölle zeigt, welche Tiere dem Raubvogel zur Beute fielen. An den Haaren, Krallen, Zähnen und Knochenresten lassen sich die Beutetiere bestimmen. Krähengewölle enthalten Spelzen von Getreidekörnern.

4. Dagegen ist es schwieriger zu sagen, von welchem Raubvogel die Gewölle stammen. Doch ist durch folgende Überlegungen eine annähernde Bestimmung möglich. Etwa so: Wo liegt das Gewölle?

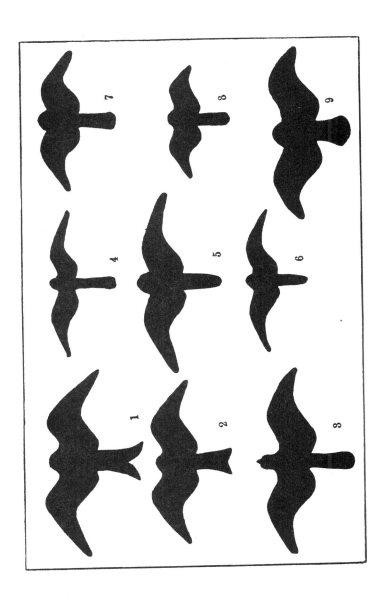

Von welchen Tieren enthält es Überreste? Die Ergebnisse dieser Fragen sind zueinander in Beziehung zu setzen.

Wo liegt das Gewölle?

Im Walde: Waldkauz, Waldohreule.

Im Dorfe oder nahe dabei: Schleiereule.

Baumgärten, am Rande von Feldgehölzen: Steinkauz.

Waldlichtungen, Waldrand, Feld: Tagraubvögel.

Was fressen die einzelnen Raubvögel?

Waldkauz: Alle Mäusearten, Maulwürfe, Frösche, Insekten, Raupen, kleinere Vögel bis Taubengröße.

Waldohreule: Die gleiche Nahrung.

Steinkauz: Mäuse aller Arten, Fledermäuse, Sperlinge, kleine Amphibien, Insekten.

Schleiereule: Mäuse aller Arten, Ratten, Fledermäuse, große Insekten.

Turmfalk: Mäuse, Frösche, Eidechsen, große Insekten.

Hühnerhabicht: Mäuse, Hamster, Eichhörnchen, Wiesel, Hasen, kleine Vögel, Feldhühner, Tauben, Krähen, Fasan.

Sperber: Vorwiegend Vögel bis Taubengröße, in der Not auch Mäuse und Insekten.

Roter Milan: Mäuse, Hasen, Maulwürfe, Frösche, Schlangen, Eidechsen; zur Brutzeit auch Enten und Hühner.

Schwarzer Milan: Vorwiegend Fische und Frösche, auch Mäuse, Hamster, junge Hasen und Vögel.

Mäusebussard: Vorwiegend Mäuse, Hamster, Maulwürfe, Ratten, ferner Frösche, Kröten, Schlangen; in der Not Engerlinge, Raupen, Käfer, Regenwürmer; zur Brutzeit auch Hasen, Rebhühner, Krähen und Kleinvögel.

Wespenbussard: Namentlich Wespen, Bienen, Hummeln, Raupen, Käfer; zur Brutzeit auch Kleinvögel, Mäuse und kleinere Säugetiere.

Wer wurde gefressen?

I. Die Gewölle bestehen aus Haaren und Knochen, sind meist filzig und ziemlich fest.

   A. Unterkiefer mit geschlossener Zahnreihe. Backenzähne alle scharfspitzig.

      1. Der vorderste Schneidezahn jedes Unterkieferastes waagerecht stehend, langgestreckt. Schädel ohne Jochbögen. (Jochbogen = Wangenknochen.)   **Spitzmaus.**

      2. Die vorderen Schneidezähne senkrecht stehend, klein.

Schädel mit Jochbögen.

a) Unterkiefer über 2 cm lang. Länge des Oberkiefers mehr als das Doppelte seiner Breite. **Maulwurf.**

b) Unterkiefer unter 2 cm lang. Oberkiefer ungefähr so lang wie breit. **Fledermaus.**

B. Unterkiefer mit nichtgeschlossener Zahnreihe (an den Seiten große Lücken). Backenzähne nicht scharfspitzig. Schneidezähne breit: Nagezähne.

1. Backenzähne mit Höckern und immer mit Wurzeln.

a) Unterkiefer kürzer als 2 cm. Schädelknochen schwach, sehr zerbrechlich. **Echte Mäuse.**

b) Unterkiefer länger als 2 cm. **Haus- u. Wanderratte.**

2. Backenzähne mit prismatischen Schmelzleisten, meistens wurzellos. Schädelknochen ziemlich fest. **Wühlmäuse.**

II. In den Gewöllen sind deutlich Federkiele zu erkennen. **Vögel.**

Literatur:

Ernst Schäff, Die wildlebenden Säugetiere Deutschlands. Neumann, Neudamm.

O. Uttendörfer, Die Ernährung der deutschen Raubvögel und Eulen und ihre Bedeutung in der heimischen Natur. Verlag Neumann, Neudamm. 412 S.

11. Wie man Kleinvögel (Sperlingsgröße) am Fluge erkennt.

I. Einzeln fliegende, steil in die Luft aufsteigende Vögel, die im Fluge singen.

A. Sie steigen hoch in die Luft.

a) Auf völlig freiem Felde.

1. Steigt singend in steilschräger Linie an. — Der aufgestörte Vogel fliegt niedrig, wie vom Winde gejagt, in gerader Richtung über die Felder dahin. (S. 404.) **Feldlerche.** *Alauda arvénsis.*

2. Steigt beim Singen träger, mehr schwebend, oft fledermausartig flatternd. Ihr Flug ist schwankend, abwechselnd steigend und fallend. **Haubenlerche.** *Galerída cristáta.*

b) Es müssen Bäume und Gebüsch da sein.

Steigt beim Singen von der Erde, oft auch von der Spitze eines Baumes auf. Gesang beginnt erst in Turmhöhe. Flug ruckweise flatternd, schwankend, oft schwebend. Stürzt nach beendetem Gesang vielfach wieder mit angelegten Flügeln auf die Baumspitze zurück. (S. 257.)   **Heidelerche.** *Lúllula arbórea.*

B. **Sie steigen nur etwa baum- oder turmhoch in die Luft.**
1. An Feldhecken.

Erhebt sich beim Singen stets aus Hecken, niederem Gestrüpp oder gelegentlich von niederen Bäumen; steigt dabei nur wenig hoch. Ihr Gesang eine kurze Strophe, etwa: Didudidóidida. (Man spreche oder pfeife das sehr schnell und betone dabei die vierte Silbe: 1 2 3 4 5 6 7!) (S. 258.)   **Dorngrasmücke.** *Sýlvia commúnis.*

2. Es muß etwas Baumbestand da sein.

Erhebt sich von der Spitze eines Baumes singend ein Stück in die Luft und kehrt in schrägem Gleitflug auf seinen Platz zurück. (S. 258.)   **Baumpieper.** *Ánthus triviális.*

II. **Einzeln, in Windungen fliegende Vögel, die im Fluge zwitschern (die gelegentlich über dem Felde fliegen).**
1. Einfarbig, schwarzrußig. Sehr schneller Bogenflug mit lautem, scharfen: Brißrißri. Flugbild wie eine Mondsichel.   **Segler.** *Cýpselus apus.*
2. Zweifarbig, oben dunkel, unten hell oder weiß. Flug nicht so stürmisch wie beim Segler; oft mit einem gemütlichen, plauschenden Gezwitscher. Flugbild: Schwanz gegabelt.   **Schwalben.**

III. **Einzeln, geradeaus fliegende Vögel, die im Fluge oft kurze Pfeiflaute ausstoßen.**

1. Flugbahn mit langen, tiefen Bogenlinien. Vögel sehr schlank und langschwänzig.

a) Unterseite des Vogels weiß, Kehle schwarz. Fluglaute ziziss oder zütit.   **Weiße Bachstelze.** *Motacílla alba.*

b) Unterseite des Vogels gelb, Kehle gelb. Fluglaute: sip sip oder psüjip. — **Schafstelze.** *Motacilla flava.*

2. Flugbahn mit kurzen, tiefen Bogen. Vögel klein und kurz. In nicht zu weiter Entfernung ist ein deutliches Schnurren des schnellen Flügelschlages bemerkbar. Es handelt sich um Kohlmeise, Graumeise und Blaumeise, die aber aus Furcht vor Raubvogeln nicht gern weite Strecken über offenes Gelände fliegen, sondern schnell von einer Baumgruppe zur nächsten eilen. Fluglaute: sit sit. — **Meisen.**

3. Flugbahn mit mittellangen, kräftig ziehenden Bogen.

a) Vogel mit gefächertem Schwanz.

Fluglaute: zitz zürr. — **Goldammer.** *Emberiza citrinélla.*

Fluglaute: zick zick zick. — **Grauammer.** *Emberiza calándra.*

b) Vögel mit ungefächertem Schwanz.

Fluglaute: jüp jüp weich. — **Buchfink.** *Fringilla cóelebs.*

Fluglaute: gigigigig weich. — **Grünfink.** *Chloris chloris.*

Fluglaute: didlit didlit. — **Stieglitz.** *Carduélis carduélis.*

Fluglaute: geckgeckgeck. — **Bluthänfling.** *Acánthis cannábina.*

4. Flugbahn mit flachen Bogen. Schwirrender Flügelschlag Schwerfälliger, geradeaus gerichteter Flug.

Fluglaute: djieb djieb. — **Haussperling.** *Passer doméstic us.*

Fluglaute: kurze ge ge oder gä. — **Feldsperling.** *Passer montán us.*

5. Flatternder Flug mit unregelmäßigem Flügelschlag, oder ein reißendschneller Flug mit langen weiten Bogenlinien und kräftig ausholendem Flügelschlag. **Feldlerche.**
Fluglaute: trieh, tididrieh. (S. 401, 409.) *Aláuda arvénsis.*

IV. In Schwärmen fliegende Vögel.

1. Der Schwarm fliegt schnurgeradeaus, die einzelnen Vögel halten gut Abstand und schwenken gleichmäßig ein. **Sperlinge.**

2. Der Schwarm fliegt durcheinander, die **Finken.** einzelnen Vögel fliegen in Bogenlinien. **Ammern, Meisen.**

12. Schwalben.

Es gibt Gegenden, wo alle drei Schwalbenarten nebeneinander vorkommen. Unkundige halten auch den Segler für eine Schwalbe. Sie unterscheiden sich in folgender Weise. (Siehe Tabelle S. 405.)

13. Haussperling und Feldsperling.

	Haussperling, *Passer doméstcus*	Feldsperling, *Passer montánus*
Größe . . .	Bekannt	Kleiner als Haussperling
Artmerkmal .	Kopfmitte grau; ohne schwarzen Wangenfleck; ohne weiße Halsbinde; eine weiße Flügelbinde	Kopf rostrot; mit schwarzem Wangenfleck; mit weißer Halsbinde; zwei weiße Flügelbinden
♂ und ♀ . .	Verschieden gefärbt: ♂ Kehle schwarz, ♀ Kehle grau	Gleich gefärbt
Vorkommen .	Bei menschlichen Wohnungen; streift weit in die Felder hinaus	Im Sommer auf Feldern und Wiesen, im Winter auch in Dörfern und Städten
Nistplatz . .	An Häusern, in Mauerlöchern, Efeuwänden	In Baumhöhlen
Eier	5—6; weißlich, dunkel gefleckt	5—6; ähnlich gefärbt, etwas kleiner.

	Rauchschwalbe, *Hirúndo rústica*	Mehlschwalbe, *Délichon úrbica*	Uferschwalbe, *Ripária ripária*	Segler, *C' pselus ápus*
Vorkommen .	In Dörfern, Viehställen	In Ortschaften	Meist in der Nähe von Gewässern	In Ortschaften
Farbe	Oberseite glänzend blauschwarz. Unterseite rötlichweiß. Stirn und Kehle rostrot	Oberseite glänzend blauschwarz. Unterseite und Bürzel weiß	Oberseite graubraun, Unterseite weiß	Der ganze Vogel rauchschwarz, Kinn hell
Schwanz .	Sehr tief gegabelt	Schwach gegabelt	Ausgerandet	Schwach gegabelt
Größe . . .	Bekannt	Kleiner	Kleinste Schwalbe	Größer als alle Schwalben
Nistplatz .	Im Innern von Ställen	An der Außenwand von Gebäuden	In steilen Uferwänden	In Mauerlöchern
Gesang . . .	Zwitschernd	Zwitschernd	Zwitschernd, selten zu hören	Singt nicht
Fluglaute . .	Weiche Laute: *witt witt ziwitt widewitt*	Harte Stoßlaute: *schier srüh trtₗtr*	Kurze Reihen: *dschrdschrdschr grgrgr*	Harte Laute: *srih srih*

Im Feld.

Literatur:

O. Kleinschmidt, Die Singvögel der Heimat. Quelle & Meyer, Leipzig. Mit sehr guten Abbildungen!

14. Drei Feldvögel, die von Bäumen herab singen.

1. Ein Vogel von mehr als Sperlingsgröße, einfarbig, erdgrau. Läßt vom März bis in den Hochsommer von Straßenbäumen, Telegraphenstangen und Feldscheunen herab seinen kunstlosen Gesang hören: Zick zick zick schnirrrrp, ein „Strumpfwirkerstückchen". In den meisten Fällen läßt der Vogel den Beobachter sehr nahe an sich herankommen, ehe er mit schwerfälligem Fluge abfliegt. **Grauammer.** *Emberiza calándra.*

2. Vogel von Sperlingsgröße, Kopf und Hals gelb, Bürzel rostrot. Singt von Bäumen und Telegraphenleitungen herab: eine Reihe von kurzen, gleichklingenden Tönen mit einem langgezogenen, etwas höher liegendem Schlußton; etwa: ......· Im Volksmund: „Wie, wie hab' ich dich so lieb!" oder: „Weißt nicht, wo mein Nestchen stéht?" **Goldammer.** *Emberiza citrinélla.*

3. Größe und Gestalt wie Goldammer. Kopf und Hals grau; Gesicht und Kehle blaßgelb; Rücken rotbraun, schwarz gestrichelt; Unterseite hell-rostfarben. Gesang ähnlich wie bei Goldammer, Schlußtöne sinken ab. **Gartenammer, Ortolan.** *Emberiza hortulána.*

15. Vogelrufe aus Getreidefeldern oder von Äckern.

1. Ein helles, frisches „Pickwerwick", vereinzelt oder mit Unterbrechungen öfter nacheinander, einmal hier, dann wieder dort. Volkstümliche Übersetzung des Rufes: Bück den Rück! (S. 465.) **Wachtel.**

2. Ein lautes Girhick oder Girhäck, vereinzelt oder mit kurzen Unterbrechungen öfter nacheinander, am häufigsten frühmorgens oder spätabends. (S. 465.)
   Girhick: Ruf der Henne.
   Girhäck: Ruf des Hahns. **Rebhuhn.**

Beobachtungen:

Wer Wachteln im Freien sehen will, muß seinen Beobachtungsplatz so wählen, daß er einen Feldweg oder ein leeres Ackerstück zwischen zwei Getreidefeldern der Länge nach überschauen kann. Wenn die Vögel von einem Saatfeld ins andere wollen, müssen sie das freie Gelände überqueren.

16. Anhaltender Vogelgesang aus Getreidefeldern.

Anhaltender Gesang aus hohen Getreide- (Roggen-, Weizen-) oder Bohnenfeldern oder auch von kleinen Obstbäumen herab, die in Getreidefeldern stehen (jedoch nie von hohen Bäumen). Ein wechselvolles Lied, sehr schnell vorgetragen mit klangvollem Pfeifen, jubelnden Wirbellauten und hellem Schlagen. Kleines braunes Vögelchen mit heller Unterseite, von Sperlingsgröße.

Eine Verwechslung ist nicht möglich, da nur dieser eine Vogel im Ährenfeld singt. Der Vogel kommt weit häufiger in Getreidefeldern vor als im Röhricht der Sümpfe und Gewässer. (S. 525.)

Sumpfrohrsänger. Getreiderohrsänger. Acrocéphalus palústris.

17. Ein durchdringender Pfiff ertönt vom Felde.

Vom Felde ertönt ein durchdringender Pfiff, ähnlich dem scharfen Lockton des Kernbeißers. Der Ziesel ist in Gefahr und stößt seinen Warnruf aus.

Größe: Fast wie ein Hamster, aber schlanker, Schwanz im Endteil buschig behaart. Farbe: Oberseite gelbgrau mit Wellen, Unterseite rötlichgelb. Lebensweise: Lebt gesellig, jedes Tier gräbt seinen eigenen Bau: trägt Getreidekörner und Früchte ein, wird dadurch schädlich, unterwühlt die Felder. Feinde: Raubvögel, Marder, Iltis, Wiesel. Beobachtung an den Bauten möglich. Nur in Ostdeutschland.

Ziesel. Spermóphilus citíllus.

18. Vogelstimmen aus der Luft.

I. Laute Rufe von ziehenden Vogelscharen.

1. Raben u. Krähen: Rab Rab.

2. Kraniche, im Herbst und Frühjahr: Laute Trompetenrufe.

3. Wildgänse, im Herbt und Frühjahr: Wie das Schnattern der Gänse, nur lauter und schärfer.
Flugbild: wie beim Kranich.

Flugbild der Kraniche.

408   **Im Feld.**

II. **Laute Rufe von einzelnen großen Vögeln.**
1. **Bussard:** Wie das Miauen der Katze, oft und schnell: hiäh hiäh.
2. **Baumfalk:** Hell und hoch: gäth gäth gäth.
3. **Turmfalk:** Hell und laut: Klih klih klih.
4. **Habicht:** Langgezogenes Iwiäh Iwiäh.
5. **Sperber:** Hell und schnell: Kir kir kir.
6. **Fischreiher:** Wie eine kreischende Säge: Kräik kräik kräik, mit kleinen Pausen dazwischen.

III. **Gesang von kleinen Vögeln.**
1. **Feldlerche:** Lied sehr hoch in der Luft, von langer Dauer, ohne Unterbrechungen. Etwa: Lirilililiri. Beginnt sofort beim Aufsteigen in die Luft zu singen.
2. **Heidelerche:** Lied gleichfalls hoch in der Luft. Ihr Gesang besteht aus Strophen mit Zwischenpausen. Etwa: dli didlidlidlidlidlidl — lililylylylülülü — dadidldadidldadidldadideda — lüllüllüllüllullullull. Beginnt beim Aufsteigen in die Luft erst in etwa Baumhöhe zu singen.
3. **Haubenlerche:** Steigt nur zu kurzen Flügen in die Luft, nicht so hoch wie die Feldlerche. Gesang kurze Strophen, oft von Pausen unterbrochen, der Lockton diedirieh ist deutlich herauszuhören.
4. **Baumpieper:** Lebt dort, wo das Feld mit Baumpflanzungen wechselt. Von der Spitze eines Baumes aus erhebt sich der Vogel 5—10 m in die Luft, beginnt nun erst sein Lied, das er während des Gleitfluges allmählich in langgezogenen zia zia zia zia zia zia zi ausklingen läßt. Diese Sturzflüge wiederholt der Vogel unermüdlich.

19. Stimmen der Nacht.

I. **In der Luft.**
A. **Nur im Frühjahr und Herbst zur Zugzeit.**
1. Laute Trompetenrufe, im Herbst und Frühjahr.   **Ziehende Kraniche.**
2. Lautes, scharfes Gänseschnattern, im Herbst und Frühjahr.   **Ziehende Wildgänse.**
B. **Auch zu anderen Zeiten.**
1. Ein weithin schallender, schriller, kreischender Ruf wie

Tierleben.   409

von einer Säge: Kräik kraik kraik, mit   **Ein später**
kleinen Pausen dazwischen.   **Fischreiher.**
2. Ein helles Kuwitt kuwitt oder auch kwiut. „Komm mit!"
Ruf des Totenvogels oder Leichhuhns.   **Steinkauz.**
Auch ein tiefes guhk.
3. Lautes, heiseres Kreischen. Etwa: Chrüich.
In der Nähe von Ortschaften.   **Schleiereule.**

II. An der Erde.

1. Ein helles, frisches Pickwerwick.   **Wachtel.**
2. Ein lautes Girhick oder Girhäck.   **Rebhühner.**

20. Erdnester der Feldvögel.

1. Feldlerche:
Nest: Lockerer Bau aus Halmen, Wurzeln und Pferdehaaren.
Nistplatz: Auf Äckern und Wiesen, dort wo niedriger Pflanzenwuchs ist, in einer kleinen Vertiefung hinter Erdschollen gut versteckt. Eier: 3—5, grau und braun gewölkt, oft kranzförmig gefleckt. April—Juli. 2—3 Bruten.

2. Haubenlerche:
Nest: Lockerer Bau aus Wurzeln und Halmen.
Nistplatz: An trockenen und unbebauten Stellen, gern bei Ort-
schaften, Ziegeleien, an Wegen.
Eier: 4—5, auf hellem Grunde feine oder gröbere braune Flecken.
April—Juni. 2 Bruten.

3. Grauammer:
Nest: Außen grobe, innen feine Halme und Pferdehaare.
Nistplatz: In Kleefeldern, auf Wiesen, an Rainen und Graben-
rändern.
Eier: 4—7, bräunlichweiß, mit braunen Flecken und Linien.
April—Juli. 2 Bruten.

4. Rebhuhn:
Nest: Lockerer, flacher Bau aus Halmen.
Nistplatz: In Erdmulden in Getreidefeldern, gern an Hecken
oder Waldrändern.
Eier: 7—12, glänzend, lehmgelb, ohne Flecken. März bis Juli.
2 Bruten.

5. Wachtel.
Nest: Kunstlos zusammengelegte Grashälmchen.

410　　　　　　　　**Im Feld.**

Nistplatz: Erbsenäcker, Bohnen- und Weizenfelder. In einer kleinen Vertiefung gut versteckt.

Eier: 8—14, birnförmig; graugelb, bräunlichgelb oder olivenbraun, mit schwarzbraunen Flecken und tiefen, gefärbten Poren. Mai—August. Hauptbrutzeit im Juni und Juli.

6. Siehe Goldammer S. 134!
7. Siehe Baumpieper S. 137!

21. Nester zwischen Getreidehalmen.

1. In Roggen- und Bohnenfeldern findet man nicht selten ein Vogelnest zwischen drei zusammengezogene Halme gebaut. Es sitzt $^1/_4$ bis 1 m über der Erde und ist aus trockenen, feinen Grashalmen und -blättern erbaut. Die Nestmulde ist schön gerundet, oben offen, mit feinen Hälmchen ausgelegt und bietet einem Vogel von Sperlingsgröße Platz. Die 4 bis 5 Eier zeigen auf grün- oder blauweißem Grunde unregelmäßig verteilte violettgraue und olivgrüne Flecke, sowie über die ganze Oberfläche verstreute feine, kleine Punkte von bräunlicher Färbung. (S. 522.)

Getreiderohrsänger.
Acrocéphalus palústris.

2. An Getreidehalmen (auch an der Spitze einiger Gras- und Schilfhalme) hängt ein rundes Nest mit seitlicher Öffnung. Das Tier hat die oberen Blätter zerfasert, die Faserbüschel zu einer Kugel zusammengeflochten und mit anderen Halmen und Blättern ausgefüttert. — Das Tier: 6 cm lang, Oberseite rötlichbraun. Kleiner als Hausmaus.

Zwergmaus.
Mus minútus.

22. Biene, Hummel oder Wespe?

Über Kleeäckern und an Wegrändern summen Bienen und Hummeln. Sehen wir näher hin, so erkennen wir, daß sie verschiedenen Arten angehören. Auf festgetretenen Feldwegen fliegen kleine Wespen und Bienen dicht über dem Boden und verschwinden in strohhalmweiten Löchern, die von einem Erdwall umgeben sind. Vor einem Mauseloch ist lebhafter Verkehr. Hummeln und Wespen fliegen aus und ein, sie haben in der Tiefe ihr Nest. An blühenden Feldhecken treiben sich Blattwespen, Schlupfwespen und Gallwespen umher. Alle lieben die Sonne.

Bienen, Hummeln und Wespen haben 4 häutige Flügel. Sie sind Hautflügler. (Auch die Ameisen gehören zu dieser Tierordnung, sie haben nur zur Paarungszeit Flügel, S. 237, 239.)

Eine genaue Bestimmung der Hautflügler ist nur nach dem Geäder der Flügel möglich (S. 548). Hier sollen nur einige Familien mit solchen Merkmalen gekennzeichnet werden, die draußen im Felde ausreichen. Dabei ist nicht notwendig, das Tier zu töten. Man setze es während der Untersuchung in ein Glasröhrchen.

I. Zwischen Brust und Hinterleib ist eine tiefe Einschnürung (Wespentaille!).

A. Vorderflügel reich geadert. Flügel kräftig. Am Hinterrand der Hinterflügel 1 oder 2 Einschnitte.

a) Vorderflügel in Ruhe einmal der Länge nach gefaltet. Körper meistens nackt. Augen nierenförmig. Fühler gekniet (beim Männchen am Ende verdickt). Weibchen mit Giftstachel. (S. 672.) **Wespen.** *Vespiden.*

b) Vorderflügel nicht gefaltet.

α) Beine lang, d. h. Schenkel der Hinterbeine reichen bis an die Spitze des Hinterleibes oder darüber hinaus. Schwarz, braun oder bunt gefärbt. Weibchen mit Giftstachel, jagen auf sandigen Wegen den Spinnen nach, die sie durch einen Stich lähmen und den Larven als Futter zutragen. Sitzen oft auf Bärenklau, Engelwurz und Pastinak. **Wegwespen.** *Psammochariden.*

β) Beine kürzer, d. h. Schenkel der Hinterbeine reichen nicht bis an die Hinterleibsspitze.

° Körper metallisch, blau, grün, kupferrot, goldrot. Flügel an der Spitze nicht geädert. Fühler nahe am Munde, widderhornartig nach unten gebogen. Weibchen mit Legestachel, der an der Spitze verhornt ist. Schmarotzer bei Lehm- und Grabwespen. **Goldwespen.** *Chrysididen.*

°° Körper nicht metallisch gefärbt.

§ An der Unterseite des Hinterleibes (zwischen dem 2. und 3. Ring) eine tiefe Einschnürung. An dieser Stelle kann der Hinterleib nach unten umgebogen werden.

△ 1. Hinterfußglied mit Putzbürste. (S. 590.) **Sand- oder Grabwespen.** *Sphegiden.*

△△ 1. Hinterfußglied ohne Putzbürste.

1. Auge nierenförmig. Körper gedrungen, lebhaft gefärbt. Weibchen mit Giftstachel. Die Wespe sticht Käferlarven an und legt ihre Eier an die getöteten Tiere, die den Wespenlarven als Nahrung dienen. **Dolchwespen.** *Scoliiden.*

HR Hüftring,
SR Schenkelring,
S Schenkel,
SCH Schiene,
F Fuß,
B Bürste,
K Körbchen.

2. Auge nicht nierenförmig. Ameisenähnliche Wespen, die im Sande und an Lehmwänden kriechen. Schwarz und rotbunt gefärbt, borstig behaart. Weibchen mit Giftstachel. Schmarotzer in Hummelnestern. **Bienenameisen.** *Mutilliden.*

§§ An der Unterseite des Hinterleibes (zwischen dem 2. und 3. Ring) keine Einschnürung. Körper meistens stark behaart..

1. Fußglied der Hinterbeine meist deutlich verbreitert und stark behaart. Weibchen mit Giftstachel. (S. 413.) **Bienen u. Hummeln.** *Apiden.*

B. **Flügel wenig geadert, schmal und zart.** Am Hinterrand des Hinterflügels keine Einschnitte.

a) Fühler gekniet.

1. Hinterleibsstiel (zwischen Brust und Hinterleib) mit 1 aufrechtstehenden Schuppe oder mit 2 Knoten. Die Tiere haben nur zur Paarungszeit Flügel. (S. 237, 478.) **Ameisen.** *Formiciden.*

2. Hinterleibsstiel ohne Schuppen und Knoten. Meist metallisch gefärbt, grün, blau oder golden. Schmarotzer an den Eiern, Larven und Puppen anderer Insekten (so wie Schlupfwespen). **Zehrwespen.** *Chalcididen.*

b) Fühler nicht gekniet.

1. Hinterleib seitlich zusammengedrückt. Vorderflügel ohne Randmal. Fühler gerade und fadenförmig. Weibchen mit Legestachel. (S. 156.) **Gallwespen.** *Cynipiden.*

2. Hinterleib nicht seitlich zusammengedrückt. Vorderflügel mit deutlichem Randmal. Fühler lang und gerade. Weibchen mit oft sehr langem Legestachel. Schmarotzer an den Eiern, Larven und Puppen anderer Insekten. **Schlupfwespen.** *Ichneumoniden.*

II. **Zwischen Brust und Hinterleib ist keine Einschnürung.** (Abb. S. 235.) Weibchen mit Legestachel. **Blattwespen.**

A. **Vorderschienen mit 2 Enddornen. Hinterleib breit angewachsen.**

a) Fühler am Ende keulenförmig verdickt. Körper kräftig, gedrungen, über 2 cm lang, unbehaart. Färbung lebhaft.

sehr verschieden. Hinterrand der Flügel oft gefärbt. **Keulenwespen.** *Cimbiciden.*

b) Fühler nicht keulenförmig verdickt.

α) Fühler länger als Kopf und Mittelleib.

1. Fühler borstenförmig. **Blattwespen.** *Tenthrediniden.*

2. Fühler fadenförmig. (Körper schwarz, Beine gelblichweiß, Randmal der Vorderflügel braun. Länge 7—8 mm, Larve grün, an den 3 ersten und letzten Ringen gelb, Kopf schwarz, 6 Längsreihen schwarzer Wärzchen. Stachelbeerblattwespe (*Pteronidea ribésii*).

β) Fühler kürzer, beim Männchen beiderseits gekämmt. Körper gedrungen. Weibchen 8—9 mm lang, schmuzziggelb. Männchen 6 mm lang, schwarz, Hinter- leibsspitze rötlich. (S. 235.) **Kiefern-Blattwespe.** *Lophýrus pini.*

B. **Vorderschienen mit 1 Enddorn.**

1. Fühler gegen das Ende nicht verdickt. Legestachel lang, vor der Mitte des Bauches entspringend. Fühler lang, viel länger als Kopf und Mittelleib. Färbung verschieden. Länge 1—4 cm. In Fichten- und Tannenwäldern. **Holzwespen.** *Siriciden.*

2. Fühler gegen das Ende verdickt. Legestachel kurz. Körper gestreckt, schwarz, gelb geringelt. Flug- zeit Mai—Juni. Larve lebt in Getreide- halmen als Schädling. **Halmwespe.** *Cephus pygmáeus.*

Literatur:

H. Friese, Die Bienen, Wespen, Grab- und Goldwespen. 188 S. 8 farbige Tafeln. Franck'sche Verlagsanstalt, Stuttgart.

23. Hummeln.

(Vergleiche: S. 410!)

Blütenbestäuber.

1. Das blühende Kleefeld ist ein geeigneter Platz, um das Leben der Hummeln zu beobachten. Sie sind die Bestäuber der Kleeblüten. Der erste Schnittklee wird stets vom Landmann an das Vieh ver- füttert, weil er aus Erfahrung weiß, daß er als Samenklee nicht ergiebig ist. Erst wenn die Hummeln das Feld befliegen, findet eine hinreichende Bestäubung der Blüten statt.

2. Blüten, die durch Hummeln bestäubt werden: Klee, Wachtel- weizen, roter und weißer Bienensaug, Salbei, Eisenhut, Günsel. Gundermann, Bohnen, Flockenblumen, Sonnenblumen . . .

414 Im Feld.

3. Bei allen diesen Blüten liegt der Nektar tief unten in einer Röhre.
4. Beobachte die verschiedenen Hummeln! Alle haben einen langen Rüssel, bei einigen Arten ist er besonders lang. Den längsten Rüssel hat die Gartenhummel (21 mm).
5. Ein sehr geeignetes Beobachtungsbeispiel bietet der blaue Wiesensalbei. Wenn seine Blüte von der Hummel besucht wird, sieht man deutlich, wie die beiden Staubbeutel sich neigen und die Pollen auf dem Rücken des Tieres abladen. (Abb. S. 452.)
6. Von August ab auf Korbblütlern: Flockenblumen, Disteln, Kohl-Kratzdistel . . .

Hummelnester.

Die Nestbauten der Hummeln sind unterirdisch oder oberirdisch.

Unter der Erde bauen: Gartenhummel, Steinhummel, Waldhummel, Obsthummel u. a.

Über der Erde bauen: Ackerhummel, Mooshummel, Wiesenhummel, Rajs-Hummel, Irreführende Hummel u. a.

Unterirdisch und oberirdisch bauen: Erdhummel.

Die Nistorte erkennt man an dem Ein- und Ausflug der Hummeln in Erdlöcher. Ein geübtes Auge findet auch die schwer erkennbaren oberirdischen Nester, die in kleinen Erdmulden angelegt sind. Der Rasen oder das Moos wölbt sich an solchen Stellen. Schaut man nach, so zeigt sich unter einer Decke von zusammengetragenen, feinen Hälmchen und Moos das rundliche Nest, das Ähnlichkeit mit einem Mäusenest hat. Zum Schutze gegen Nässe ist oft ein Wachsdach angelegt, das die unterirdischen Nester vielfach nicht haben.

In dem Neste liegen traubenartige Zellhaufen aus Wachs und Harz. Die runden sind „Honigtöpfe". In manchen Nestern sind außerdem noch längliche vorhanden, die „Pollenzylinder", die Blütenstaub enthalten, der bei ungünstiger Witterung verzehrt wird.

Außer diesen Zellen sind noch Puppentönnchen vorhanden: große für die Weibchen, mittelgroße für die Männchen und kleine für die Arbeiter. Diese Tönnchen wurden von den erwachsenen Larven aus erhärtetem Spinndrüsensaft hergestellt.

Wer ein Hummelnest zerstört, beweist damit seine Dummheit. Die Hummeln bestäuben unsere Kleefelder.

Bestimmungstabelle.

In der folgenden Zusammenstellung sollen einige häufigere Hummeln nach der Farbe ihres Pelzes gekennzeichnet werden. Allerdings ändern die Farben stark ab. M = Männchen, W = Weibchen, A = Arbeiter.

Tierleben. 415

I. Grundfärbung schwarz.

  A. Hinterleibsspitze weiß. Oberseite mit gelben Querbinden.

    1. Mit 3 gelben Querbinden. Weibchen 20—30 mm, Männchen 18—22 mm, Arbeiter 15—22 mm. Flugbeginn: W. Anfang Mai, M. Anfang Aug.   Garten-Hummel. *Bombus hortórum.*

    2. Mit 2 gelben Querbinden. W. 28 mm, M. 12—20 mm, A. 9—18 mm. Flugbeginn: W. Anfang April, M. Ende Juli.   Erd-Hummel. *B. terréstris.*

  B. Hinterleibsspitze rot.

    a) Oberseite mit gelben Querbinden.

    1. Mit 2 gelben Querbinden. Pelz struppig. W. 16—20 mm, M. 14—16 mm. A. 9—15 mm. Flugbeginn: W. Ende März, M. Ende Mai.   Wiesen-Hummel. *B. pratórum.*

    2. Mit 1 gelben Binde. 15—18 mm. Flugbeginn Juli.   Männchen der Stein-Hummel. *B. lapidárius.*

    b) Oberseite ohne gelbe Querbinden.

    α) Die 4 letzten Hinterleibsringe sind rot behaart. W. 20 bis 24 mm, M. 18—20 mm, A. 15—18 mm. Flugbeginn: W. Anfang Mai, M. Ende Mai.   Obst-Hummel. *B. pomórum.*

    β) Die 3 letzten Hinterleibsringe sind rot behaart.

    1. Auf dem 4. Hinterleibsringe ein runder kahler Eindruck, der sich deutlich abhebt. W. 24—27 mm, A. 12—18 mm. Flugbeginn: W. Ende April.   Weibchen u. Arbeiter Stein-Hummel. *B. lapidárius.*

    2. In der Farbe wie die Steinhummel, aber kürzer behaart. W. 16—24 mm, M. 15—20 mm, A. 12 bis 16 mm. Flugbeginn: W. Mitte Mai, M. Ende August.   Irreführende Hummel. *B. confúsus.*

    3. Körbchenhaare (an den Schienen der Hinterbeine!) fuchsrot. Der schwarze Pelz der Männchen mit hellen oder bräunlichen Haaren durchsetzt. W. 18—20 mm, M. 15—18 mm, A. 14—15 mm. Flugbeginn: W. Anfang April, M. Mitte Juli.   Rajs-Hummel. *B. rajéllus.*

II. Grundfärbung gelb oder braun.

    1. Pelz kurzgeschoren, gelb bis rötlich, an den Seiten heller. W. 20—22 mm, M. 12—16 mm, A. von schwankender Größe. Flugbeginn: W. Anfang Mai, M. Anfang August.   Moos-Hummel. *B. muscórum.*

2. Der Moos-Hummel sehr ähnlich. Grundfarbe gelb, Kopf und Brustrücken braunrot. Hinterleib struppig behaart, zuweilen mit schwacher Bindenzeichnung. W. 18—22 mm, M. 15 bis 18 mm, A. 12—15 mm. Flugbeginn: W. Ende April, M. August. **Acker-Hummel.** *B. agrórum.*

3. Grundfarbe gelblichgrau. Oberseite mit 2 schwarzbraunen Querbinden. Hinterleibsspitze rot behaart. W. 18—22 mm, M. 15—18 mm, A. 10—16 mm. Flugbeginn: W. Anfang Mai, M. Anfang August. **Wald-Hummel.** *B. silvárum.*

Literatur:

R. Scholz, Bienen und Wespen, ihre Lebensgewohnheiten und Bauten. 208 S. Quelle & Meyer, Leipzig. (Für weitergehende Arbeit gut geeignet.)

H. Friese, Die europäischen Bienen. Das Leben und Wirken unserer Blumenwespen. Verlag Wissensch. Verleger, Berlin u. Leipzig 1923.

24. Bienen und Wespen, die in Lehmwände bauen.
(Vergleiche S. 589, 671!)

I. **Vorderflügel in Ruhe einmal der Länge nach gefaltet.** Körper kahl. Hinterleib meist schwarzgelb geringelt. Bauten mit einem wurstförmigen, nach unten gerichteten Ansatzrohr. In den Bauten Raupen, die durch Stiche gelähmt wurden. Sie sind die Nahrung für die Wespenlarve. Die anfliegenden Wespen tragen keine Pollen ein. **Lehmwespe.** *Odynérus.*

II. **Vorderflügel in Ruhe nicht gefaltet.**

A. **Hinterleib meist langgestielt, kann nach unten umgebogen werden.** Bauten mit einem Lehmverschluß. Im Nest abgetötete Spinnen, an die die Wespe, bevor sie das Nest verschließt, ein Ei ablegt. Die Spinnen sind die Nahrung der Wespenlarve. Die anfliegenden Wespen tragen keinen Pollen ein. (Leicht kenntlich: Töpferwespe *Trypóxylon* ist einfarbig schwarz.) **Grabwespen.** *Sphegiden.*

B. **Hinterleib nicht langgestielt. Körper behaart.** Im Nest Kügelchen aus Blütenstaub, die den Larven zur Nahrung dienen. Die anfliegenden Tiere sind sogleich als Bienen an den „Höschen" zu erkennen (die farbigen Pollenmassen an den Hinterbeinen). Andere haben eine „Bauchbürste", mit der sie die Pollen eintragen.

1. Körper gedrungen, hummelartig, dicht behaart. Beinsammler.	**Pelzbiene.** *Anthóphora.*
2. Hinterleib mit weißen Binden. Letzter Hinterleibsring mit kahler Längsfurche. (Furchenbiene!)	**Schmalbiene.** *Halíctus.*
3. Die Nester sind mit runden Blattstückchen ausgefüttert. Bauchsammler.	**Blattschneidebiene.** *Megáchile.*

25. Ein Wespennest an dürren Pflanzenstengeln oder Steinen.

(Vergleiche: Seite 672!)

An Stengeln und Zweigen niedriger Gewächse oder an Grenzsteinen, Felsen, Mauern und Häusern fällt uns gelegentlich ein Wespennest auf, das aus einer einzigen Wabe besteht, die mit einem Stiel angeheftet ist und keinerlei Umhüllung besitzt. Die Wabe mißt im Durchmesser 3—10 cm und steht so, daß die Zellen waagerecht oder doch fast waagerecht gerichtet sind.

Die Wespe: Schwarz mit gelben Zeichnungen, Hinterleib eiförmig, Fühler braungelb. Flugbeginn: Weibchen im Mai, Männchen im Juli. Oft auf Doldenblüten. Friedliche Tiere.

Feldwespe.
Polistes gállica.

26. Stechfliegen und Stechmücken.

Eine Fliege sticht uns — klapps! da fällt sie tot zur Erde nieder. Wir sehen wohl, daß es nicht immer dieselbe Art ist, die uns peinigt, nennen jedoch alle ohne Unterschied Fliegen.

An Weide- und Zugvieh können wir die verschiedenen Arten der Viehfliegen gut beobachten. Wir sehen winzig kleine von einigen Millimetern Größe, andere von der Größe und dem Aussehen einer Stubenfliege, noch andere, die an Bienen erinnern, und endlich solche, die so groß und gedrungen sind wie Hummeln. Trotz dieser deutlichen Unterschiede nennen auch Fuhrleute und Hirten alle Stechfliegen schlechthin Fliegen. Man hört jedoch auch, daß nach der Größe unterschieden wird: die großen Arten heißen Bremsen oder Bremen, die kleineren Fliegen.

Alle feingliedrigen Blutsauger nennt der Volksmund Schnaken, sehr kleine heißen Gnitten oder Gnitzen.

418 Im Feld.

Untersuchungen.

Wollen wir eine Fliege, die uns sticht, bestimmen, so müssen wir einige Untersuchungen mit der Lupe vornehmen.

I. **An den Flügeln.** Alle Insekten, die uns in der freien Natur stechen, gehören zwei großen Gruppen an:
1. Insekten mit 4 häutigen Flügeln: Wespen, Hornissen, Bienen, Hummeln (Hautflügler).
2. Insekten mit 2 häutigen Flügeln: Fliegen und Mücken (Zweiflügler).

II. **An den Schwingern oder Schwingkölbchen.** Sie stehen dicht hinter den Vorderflügeln, es sind die verkümmerten Hinterflügel: kleine gestielte Knöpfchen.
1. Die Schwinger stehen frei: Mücken.
2. Die Schwinger sind meist von einem Schüppchen bedeckt: Fliegen.

III. **An den Fühlern.**
1. Die Fühler sind lang, 6- bis vielgliedrig: Mücken (Langhörner).
2. Die Fühler sind kurz, in der Regel 3gliedrig und kürzer als der Kopf: Fliegen (Kurzhörner).

IV. **An dem Rüssel.**
1. Die Mundwerkzeuge sind spitz und stechend (Stechrüssel): Mücken und ein Teil der Fliegen.
2. Der Rüssel hat am Ende einen fleischigen Lappen (Saugrüssel): Echte Fliegen.

Bestimmungstabelle.

I. **Fühler lang. Schwinger nicht von einem Schüppchen bedeckt.**   **Mücken.**

A. Mücken von Flohgröße. Fühler der Männchen büschelförmig behaart, die Weibchen nicht.
1. Tiere plump, rundlich, schwarz, sie setzen sich dem Vieh massenweise in die Augenwinkel, Nasenlöcher und Ohren. (Ohrenklappen für die Zugtiere!)   **Kriebelmücke.** *Simúlium reptans.*
2. Flügel weiß, braun punktiert. Diese Mücken stechen den Menschen empfindlich.   **Gnitzen.** *Ceratópogon.*

B. Mücken von Schnakengröße: Leib schmal, Fühler und Beine lang, Stechrüssel lang und schief vorstehend. Im Sitzen werden die Hinterbeine stets aufwärts in die Luft gestreckt. Beim Fliegen hört man einen scharfen Summton.

Stechmücken, Schnaken.
Culex.

1. Hinterleib hellgrau, Beine blaß. Flügl glashell. Länge 6 mm.

Gemeine Stechmücke.
C. pipiens.

2. Hinterleib und Beine weiß geringelt. Flügel mit braunen Punkten. Länge 7 bis 9 mm.

Geringelte Stechmücke.
C. annulátus.

II. **Fühler kurz. Schwinger von einem Schüppchen bedeckt.**

Fliegen.

A. **Fliegen von der Größe und dem Aussehen einer Stubenfliege.** (Stubenfliege: Länge 6—8 mm, Hinterleib schwarz gewürfelt, Mittelleib oben mit 4 schwarzen Streifen, Bauch gelblich, Rüssel mit breiter Saugfläche, Untergesicht bewimpert.)

1. Länge 6 mm. Hinterleib schwarz gefleckt. Rüssel waagerecht vorstehend, mit kleiner Saugfläche. Untergesicht nicht bewimpert. Im Sitzen sind die Flügel weiter gesperrt als bei der Stubenfliege. (Wenn sich die Stubenfliege auf die Haut setzt, so empfindet man es; beim Waden-stecher dagegen nicht, dafür aber sogleich den Stich. Die Stubenfliege sticht nicht.)

Gemeine Stechfliege, Wadenstecher.
Stomóxys cálcitrans.

2. Länge 7—9 mm. Glänzend hornbraun, Mittelleib oben dunkel mit gelben Zeichnungen. Beine braun geringelt. Hinterleib und Mittelleib etwa gleichlang. Flügel mit schwarzbraunen Adern, länger als der Hinterleib. — An Pferden und Rindern, namentlich an den haarlosen Stellen des Körpers, am After, am Bauch und an den Flanken. Verursacht ein solches Jucken, daß die Tiere sehr aufgeregt werden.

Pferde-Lausfliege.
Hippobósca equina.

B. **Fliegen, die größer sind als eine Stubenfliege:** 10—25 mm lang.

a) Rüssel lang, Körper schlank, Augen regenbogenfarben. — Nur die Weibchen sind Blutsauger, die Männchen findet man auf Doldenblüten.

Bremsen.

1. Flügel rauchgrau, dicht weißfleckig, in der Ruhelage dachig zusammengelegt. Die Augen nehmen den ganzen Kopf ein, daher heben sie sich nicht ab und werden ganz übersehen, die Fliegen gelten als blind. Länge etwa 10 mm.

Blinde Fliege, Regenbremse.
Haematópoda pluviális.

Grupe, Naturkundl. Wanderbuch.

420 Im Feld.

2. Flügel mit schwarzbraunem Querband und brauner Spitze. Körper schwarz, Mittelleib an den Seiten rotgelb behaart, Hinterleib mit einem rotgelben Seiten- **Blindbremse.** fleck. Körperlänge etwa 10 mm. *Chrysops caecútiens.*

3. Flügel glasartig einfarbig, etwas bräunlich getrübt. Körper schwarzbraun, Mittelleib gelblich behaart, Hinterleibsringe am Hinterrande rötlich, auf dem Rücken **Gemeine Rinderbremse.** ein helles Dreieck. Länge 20—25 mm. *Tabánus bovínus.*

4. Flügel glasartig mit einem wolkigen Fleck. In Größe und Aussehen der vorigen Art ähnlich. Sel- **Große Rinderbremse.** tener. *Tabánus gigas.*

5. Flügel glasartig. Hinterleib grau mit 4 Reihen dunkler, schiefer Flecken. Länge **Gemeine Viehbremse.** etwa 15 mm. *Tabánus autumnális.*

b) Rüssel verkümmert, Körper gedrungen.

1. Flügel getrübt, rauchbraun, mit braunen Adern. Hinterleib schwarz, an der Spitze rotgelb behaart. Mittelleib oben mit 4 schwarzen, glänzenden Längsstreifen und 2 schwarzhaarigen Querbinden. Länge 13—15 mm.

Die Larven dieser Fliege schmarotzen unter der Rückenhaut der Rinder und des Rotwildes und verursachen die Dasselbeulen. Wenn das Weidevieh an schwülen Sommertagen die Nähe der Fliege merkt, rast es aufgeregt davon, es „biest". Daher die verschiedenen Namen: Hautbremse, Dasselfliege, Bies- **Rinder-Biesfliege.** fliege. *Hypodérma bovis.*

2. Flügel glashell, mit rauchgrauer Querbinde und einem rauchigen Wisch an der Spitze. Körper pelzig behaart, schwarz und gelb. Länge 12—15 mm. Die Weibchen legen die Eier an die Haare der Pferde, die jungen Larven werden abgeleckt, gelangen in den Magen der Pferde, ent- **Magenbremse.** wickeln sich hier weiter und werden mit *Gastróphilus.* dem Kot entleert.

27. Altweibersommer.

1. An sonnigen, windstillen Herbsttagen ist das Feld mit einem Schleier feiner Spinnfäden überzogen. In Flocken und langen Strängen schweben sie durch die Luft, steigen am Mittag oft hoch empor und fallen am Nachmittag oder gegen Abend wieder herab.

Tierleben. 421

Diese Fäden werden bezeichnet als Herbstfäden, fliegender Sommer, Mädchensommer, Altweibersommer, Mariengarn.

2. Die Erklärungsversuche für diese Erscheinung haben eine lange Geschichte. Sie reicht vom Altertum bis auf unsere Tage. Wer die Lösung selbst versuchen will, verfahre in folgender Weise:

a) Man beobachte am Morgen. Es ergibt sich: Die Fäden und Netze spannen sich in einer gewissen Lage über dem Boden aus. Sie werden von kleinen Spinnen angefertigt, die man an der Arbeit sehen kann. Überall laufen sie an Steinen und Halmen umher. Das ist jedoch nur zu beobachten, wenn man sich längere Zeit an einem Ort sehr still verhält. Erschütterungen übertragen sich weithin auf das Fadengewirr und vertreiben die Spinnen in ihre Verstecke.

b) Die Fäden werden vom Winde fortgetragen, oft mit den Spinnen darauf. Sie ballen sich in der Luft zu Flocken zusammen.

c) Gegen Mittag, wenn es warm wird, nehmen die erwärmten, aufsteigenden Luftströmungen die Fäden mit empor, oft hoch hinauf.

d) Mit der abgekühlten, niedergehenden Luft kommen sie am Nachmittag wieder herab.

Literatur:

William Marshall, Spaziergänge eines Naturforschers. 382 S. Seemann, Leipzig.

28. Spinnen im und am Feld.

a) Altweibersommer.

„Mädchensommer" im Frühling.

Die Luftschiffer sind meist junge Spinnen, die schwer oder gar nicht zu bestimmen sind, aus verschiedenen Familien, z. B. Wolf-, Krabben-, Kugel- und Zwergspinnen. Nach Dahl ist es namentlich die Zwergspinne *Erigone,* „die an schönen Herbsttagen unsere Felder und Wiesen mit dichten Fäden überzieht". Im Tau werden die Fäden schön sichtbar.

b) An Getreidefeldern gelegentlich ein Radnetz, dessen Nabe etwa 50 cm über dem Boden liegt. Der Hinterleib der betreffenden Kreuzspinnenart ragt, von der Seite gesehen, vorn und hinten über; auf der Oberseite eichblattähnliche Zeichnung, auf der Bauchseite besitzt der dunkle Mittelteil einen breiten gelben Längsfleck.

Eichblatt-Radspinne.
Aránea ceropégia.

422 **Im Feld.**

c) **Weghecken** sind im Herbst ein Eldorado für Spinnen. Meist sind dies recht bunte

Kreuzspinnenarten.
Aránea (Epeira).

d) **Radnetze mit deutlich offener Nabe** gehören einer Kreuzspinnenverwandten. Scheitel- und Stirnaugen sind gleichgroß und stehen nahezu im Quadrat (nicht im Trapez wie bei den eigentlichen Kreuzspinnen). Beine stark bestachelt, die vorderen bedeutend länger als die hinteren. Im Netz sitzend hält die Spinne die vorderen Beinpaare nach vorn, die hinteren nach hinten gestreckt.

Herbstspinnen.
Meta.

29. Die Ackerschnecke.
(Siehe S. 168!)

In unsern Gärten finden wir an Kopfsalat, Erdbeeren, Fallobst nackte graue Schnecken, die beträchtlichen Schaden anrichten. Auf dem Acker verwüsten sie das junge Getreide.

Kennzeichen: Länge bis 6 cm. Körper nach hinten lang und spitz ausgezogen. Grundfarbe weiß bis dunkelgrau, mit dunklen Flecken und Strichen. Sohle gelblichweiß. Schleim milchigweiß.

Ackerschnecke,
Gartenschnecke.
Limax agréstis.

Literatur.

Dr. Rörig, Die Ackerschnecke. Flugblatt 54. Biologische Reichsanstalt für Land- und Forstwirtschaft. Berlin-Dahlem.

30. Regenwürmer.
(Siehe nebenstehend.)

31. Von welchem Tier ist dieser Erdhaufen?

I. Große Erdhaufen.

A. Der Erdhaufen liegt vor einem offenen, befahrenen Loch.

1. Das Loch ist etwa armdick, so daß ein Tier von Rattengröße einfahren kann. (S. 389.)   *Hamster.*

2. Ebenso. Mehrere Löcher beisammen. Starker Geruch in der Umgebung (Urin). Ostdeutschland. (S. 407.)   *Ziesel.*

3. Das Loch ist größer, so daß etwa eine Katze einfahren kann. Vor dem Loch runde Hasenlosung. (S. 144).   *Kaninchen.*

Tierleben.

	Großer Regenwurm, *Lumbricus herculeus*	Roter Regenwurm, *Lumbricus rubellus*	Dungwurm, *Eisénia foetida*	Kleiner Regenwurm, *Eisénia rósea*
Fortsatz des hinteren Kopflappens	reicht bis an den	2. Körperring	reicht nicht bis an den	2. Körperring
Größe	Bis 36 cm	Bis 12 cm	Bis 9 cm	Bis 6 cm
Anzahl der Ringe	180	120	105	150
Gürtel	Vom 32. bis 37. Ring	—	Vom 27. bis 32. Ring	—
Borsten	Bei allen 4 Arten stehen die Borsten streng paarig			
Farbe	Gelbbraun	Rotbraun, Unterseite heller	Fleischfarben, in jedem Ring breiter Querstreif	gelb fleischfarben, durchscheinend
Vorkommen . .	Acker-, Gartenerde	Acker-, Garten-, Walderde	Faulende Pflanzen, Misthaufen	Gartenerde
Kriechspuren nach Regen .	Beide Arten kommen abends und in Regennächten heraus. Von ihnen stammen die Kriechspuren		Kommen nicht heraus. Keine Kriechspuren	
Verhalten nach Klopfen . .	Lassen sich durch Klopfen aus der Erde heraustreiben[1]		Lassen sich durch Klopfen nicht heraustreiben	
Wurmlöcher . .	Alle 4 Arten ziehen Blätter, Halme, Federn, Papierfetzen, Wollfäden, usw. in ihre Löcher			

[1] Man steckt einen Stock tief in den Boden und klopft kräftig daran. (S. 537.)

424 Im Feld.

B. Vor dem Erdhaufen ist kein Loch zu sehen.

1. Der Erdhaufen ist regelmäßig aufgeworfen, meist halbkugelig, die aufgewühlte Erde ist fein zerteilt. Ein unterirdischer Gang, der sich vom Erdhaufen aus dicht unter der Erdoberfläche hinzieht, ist meist nicht zu sehen. **Maulwurf.**

2. Der Erdhaufen ist unregelmäßig aufgeworfen, die aufgewühlte Erde besteht aus groben und feinen Stücken. Vom Erdhaufen führt ein deutlich sichtbarer, unterirdischer Gang weg. (S. 389). **Wühlratte.**

C. Der Erdhaufen ist von Ameisen aufgeworfen. Er besteht dann aus sehr feiner Erde und ist häufig von Gras durchwachsen.

1. In dem Erdhaufen lebt eine kleine, schwarzbraune Ameise von $2^1/_2$—$3^1/_2$ mm Länge. Ihre Oberkiefer, Fühler, Beingelenke und Füße sind heller. Sehr große (6—8 mm) Ameisen in demselben Bau sind die Männchen und Weibchen, die kleinen sind die Arbeiter. **Rasenameise.** *Tetramórium cáespitum.*

2. Bauten mit kleinen Ameisen, deren Kopf und Hinterleib schwarz oder schwarzbraun gefärbt sind, die Brust dagegen bräunlich. Nest mit vielen Gängen und Kammern, oft führen lange Ameisenstraßen in die Umgebung zu Blattläusen. **Schwarzbraune Wegameise.** *Lásius.*

3. Bauten von etwas größeren Ameisen (5—10 mm), deren einfarbig schwarzer oder braunschwarzer Körper von einem matten Glanz überzogen ist. (Die Bauten der verwandten „Roten Waldameise" sind hohe Haufen aus Tannennadeln im Walde. S. 237.) **Braune Waldameise.** *Formíca.*

II. Kleine Erdhaufen von etwa Nußgröße und noch kleiner.

1. Ein Loch auf dem Häufchen oder in der Nähe ist nicht zu bemerken. Erdhäufchen vom Umfang einer kleinen Taschenuhr. Beim Nachgraben findet man Mistkäfer darunter, die eine Mistkugel eingegraben haben, um ihr Ei daran abzulegen. (S. 667.) **Mistkäfer.**

2. Kleine gewundene Häufchen, die etwa einen Fingerhut füllen würden. Unter ihnen oder dicht daneben finden sich strohhalmdicke, senkrechte Röhren, in denen oft Federn, Papierfetzen, Blattstiele, Blätter oder Grashalme stecken. (S. 423.) **Regenwurm.**

Tierleben. 425

3. Kleine Erdhäufchen auf Wegen oder festgetretenen Plätzen, kegelförmig zugespitzt, oben ein strohhalmdickes Loch. Meist mehrere solcher Häufchen beieinander, von kleinen Bienen umflogen, die in der Öffnung verschwinden. Sehr häufig werden diese Kolonien von den Schmal- oder Furchenbienen *Halictus* angelegt. (S. 672.) Das Rohr führt etwa 10 cm tief in den Boden. Dann erweitert es sich etwas. An dieser Stelle führen mehrere Brutkammern waagerecht seitwärts. Das senkrechte Rohr reicht noch ein Stück tiefer. Diese Anlagen liegen meist an abschüssigen Plätzen, die das Wasser ableiten. (Vgl. Öl-

Wegbienen.

käfer S. 667!)

Literatur.

Zur Bestimmung der Ameisenarten siehe Escherich, Die Ameise. Verlag Vieweg, Braunschweig. — Für Bienen siehe Scholz, Bienen und Wespen. Verlag Quelle & Meyer, Leipzig.

32. Tiere, die der Pflug auswirft.
(Vergleiche Seite 170!)

Der Ackerboden wird durch die Bearbeitung bis in eine gewisse Tiefe jährlich mehrmals umgebrochen, dadurch werden alle Bodentiere, die in dieser Schicht leben, gestört. Im Laufe der Zeit sind alle diejenigen vom Acker verschwunden, die die Störung nicht vertragen können; nur eine beschränkte Zahl von Arten hat sich den Lebensverhältnissen des Kulturbodens angepaßt.

I. Tiere, die davonlaufen.

1. Mäuse. Siehe S. 388!
2. Spitzmäuse. Siehe S. 324!
3. Käfer, Ohrwürmer, Tausendfüßler. Siehe S. 170!
4. Käferlarven. (6 Füße! Nicht zu verwechseln mit Tausendfüßlern, die viele Beine haben!)

    a) Körper walzig, steif und hornig (daher „Drahtwurm"), dunkelbraun. Mehrere Arten in Gärten, Wiesen und auf Äckern. Oft in großen Mengen, fressen die Wurzeln des keimenden Getreides ab und richten großen Schaden an. (In einigen Gegenden nennt der Landmann diesen Wurzelfraß „meken".) Die Käfer, die sich aus diesen Larven entwickeln, sind die Saat-Schnellkäfer; man findet sie oft auf den Blüten der Dolden-

    Drahtwurm.
    Agriótes lineátus.

    pflanzen. (S. 476.)

426 **Im Feld.**

b) Körper flachgedrückt, bis 2 cm lang. 2 Fußklauen.
Schnell laufende Tiere. Larven mehrerer
Laufkäfer, die alle nützlich sind.

Laufkäfer-Larven.
Carabiden.

c) Ähnliche Larven wie die der Laufkäfer, aber nur mit 1 Fußklaue. Gleichfalls nützliche Tiere.

**Kurzdeckflügler-
Larven.**
Staphyliniden.

II. Tiere, die nicht davonlaufen.

1. Würmer. Siehe S. 423!

2. Käferlarven. (In der Regel 6 Beine.)
Larve weiß, bis fingerdick, Kopf und
Beine gelb. Großer Schädling!

Engerling.
Larve des Maikäfers.

3. Raupen, 16 füßig. Viele verschiedene Arten: behaart oder
nackt, meist erdfarben. Alle in der gleichen Weise schädlich
wie der Engerling. Aus ihnen entwickeln
sich als Schmetterlinge die Erdeulen.

Erdraupen.
Agrótis.

Jeder Acker hat einen Eigentümer.
Du hast kein Recht, fremdes Eigentum zu betreten.

AUF DER WIESE.

Pflanzenleben.

1. Die Wiese als Lebensgemeinschaft.

Auf solchen Wiesen, die am Waldesrande liegen, kann man — geradeso wie beim Felde — beobachten, daß zahlreiche Samen der Waldbäume hinausgetrieben werden, von denen ein Teil keimt und junge Pflanzen bildet. Bald würden die aufschießenden Bäume und Sträucher die Oberhand gewinnen und die Wiese nach und nach in Wald umwandeln, wenn — die Sense nicht jedes Jahr ein- oder zweimal käme und das Vordringen des Waldes verhinderte. Zahn und Fuß des Weideviehes verhindern gleichfalls den Waldwuchs. Nasse Wiesen werden entwässert, trockene berieselt, damit die Grasarten und -mengen erzielt werden, die der Mensch wünscht. Solche Wiesen sind künstliche Wiesen.

Außer diesen gibt es Wiesen, die sich auf natürliche Weise erhalten. Sie liegen an den Flußufern und sind regelmäßiges Überschwemmungsgebiet. Die alljährlichen, mehrfachen Überflutungen, namentlich aber der Eisgang der Flüsse im Winter, lassen hier Baumwuchs nicht aufkommen. Nur die widerstandsfähigen Gräser vermögen auszuhalten. So entstehen die Überschwemmungs- oder Niederungswiesen.

Aufmerksame Beobachtung zeigt, daß feuchte, sumpfige Wiesen einen anderen Pflanzenbestand aufweisen als trockene Wiesen. Sumpfige Wiesen haben viel Sauergräser, die als Viehfutter ungeeignet sind. Werden sie entwässert, so gedeihen die als Viehfutter geeigneten Süßgräser. Der Mensch kann durch sein Eingreifen den Pflanzenbestand der Wiese also teilweise bestimmen, jedoch längst nicht in dem Maße wie den des Feldes.

Den wichtigsten Bestandteil der Wiesenpflanzen bilden die Gräser. Von allen Pflanzenfamilien bedecken sie den größten Teil der Erdoberfläche. In den großen Grassteppen aller fünf Erdteile, im Walde und auf dem Felde, an Wegen und zwischen Pflastersteinen, überall sind sie zu finden. Den Steppen, Wiesen und Weiden geben sie das Gepräge.

Wenn die Getreidegräser gemäht sind, sterben die Stoppeln und Wurzeln ab. Sie bilden keine Grasnarbe. Die Wiesengräser dagegen sind ausdauernd. Sie werden in jedem Sommer ein- oder mehrmal gemäht oder durch das Vieh abgeweidet. Diese dauernden Verletzungen schädigen sie nicht. Durch Sprossung der unterirdischen Teile bildet sich eine dichte Grasnarbe. So ist der Fortbestand der Wiesengräser in erster Linie durch vegetative Vermehrung gesichert, viel weniger durch Samen, denn die Wiese wird meistens vor der Samenreife schon gemäht.

Dem Wechsel zwischen Fülle und Leere ist das Tierleben angepaßt. Vor der Mahd findet das große Heer der Honigsucher reiche Kost. Für größere vierfüßige Tiere reicht die Deckung nicht aus, wohl aber für die Vögel, von denen eine Anzahl in der Wiese heimisch ist. Nach der Mahd ist das Tierleben arm.

Literatur:

A. Koelsch, Von Pflanzen zwischen Dorf und Trift. Kosmos-Verlag, Stuttgart.

2. Süßgräser und Sauergräser.

Auf den Wiesen wachsen zwei große Gruppen von Gräsern: Süßgräser und Sauergräser.

Die Süßgräser oder Futtergräser sind die echten Gräser. Sie haben einen runden, hohlen Stengel, der durch Knoten gegliedert ist. Er heißt Halm. Das Blatt umfaßt in seinem unteren Teil den Halm scheidenartig. Wo die Blattscheide (*SCH*) aufhört, ist das Blatthäutchen (*BH*), das den Halm so fest umfaßt, daß kein herablaufendes Regenwasser eindringen kann. Die Süßgräser wachsen auf gut entwässerten Wiesen und liefern gutes Viehfutter.

Die Sauergräser (S. 432) oder Riedgräser sind Halbgräser. Sie sind den echten Gräsern sehr ähnlich. Ihr Stengel ist in der Regel dreikantig und knotenlos. Die Blattscheide ist ganz geschlossen, ein Blatthäutchen ist nicht vorhanden. (Unterschiede im Blütenbau sind gleichfalls vorhanden.) Die Sauergräser wachsen auf feuchten, sumpfigen Wiesen und sind als Viehfutter ungeeignet, wohl aber kann man sie als Streu verwenden.

3. Die Futter- oder Süßgräser der Wiese.

Erkennungsmerkmale:
1. Stengel durch Knoten in Abschnitte gegliedert, hohl, ohne Mark. **Süßgräser.**
2. Stengel ohne Knoten, mit Mark. **Sauergräser.**

Pflanzenleben. **429**

I. **Ährengräser.** Die Ährchen sitzen ungestielt auf den Zähnen der Spindel. (Beispiele: Roggen, Gerste, Weizen.) Ähre 2seitig, wie gewalzt, weil die Ährchen mit der schmalen Seite der Spindel zugekehrt sind. **Lolch.** *Lólium.*

1. Halm glatt, bis 60 cm hoch. Kelchspelze 1½ mal so lang wie die anliegende Blütenspelze. Ährchen glatt, wenig zerbrechlich, unbegrannt. **Englisches Raygras.** *Lólium perénne.*

2. Halm oben rauh, bis 80 cm hoch. Kelchspelze etwa so lang wie die anliegende Blütenspelze. Ährchen rauh, leicht zerbrechlich, meist begrannt. **Italienisches Raygras.** *Lólium multiflórum.*

II. **Ähren-Rispengräser.** Sie sehen aus wie Ährengräser. Ihre kurzgestielten Ährchen stehen zu mehreren an gemeinsamen, verästelten Stielchen. Scheinähre umbiegen!

A. **Ährchen am Grunde ohne Hülle.**

a) Scheinähre walzenrund (wie ein Zylinderputzer!).

1. Ährchen oben gestutzt, 2spitzig. Scheinähre bis 10 cm lang, an beiden Enden stumpf. Staubbeutel anfangs violett, später gelb. Halm bis 1 m hoch. (Abb. 2.) **Wiesen-Lieschgras.** *Phléum praténse.*

2. Ährchen oben spitz. Scheinähre oben stumpf, unten spitz auslaufend. Staubbeutel anfangs violett, später fuchsrot. Halm bis 1 m hoch. (Abb. 3.) **Wiesen-Fuchsschwanz.** *Alopecúrus praténsis.*

b) Scheinähre nicht walzenförmig.

Länglich, ziemlich locker, am Grunde verschmälert, bräunlichgelb. Beim Blühen die Ährchen stark gespreizt, der Wind kann Staubbeutel und Narben besser erreichen. Ganze Pflanze riecht stark nach Waldmeister: Heugeruch! Halm bis 50 cm hoch. (Abb. 4.) **Ruchgras.** *Anthoxántum odorátum.*

B. **Ährchen am Grunde mit einem kammartigen Blättchen.**

Dadurch erhält die einseitswendige Scheinähre ein bürstenartiges Aussehen. Achse stark zickzackförmig. Halm bis 60 cm hoch. (Abb. 5.) **Kammgras.** *Cynosúrus cristátus.*

III. **Rispengräser.** Die Ährchen sind langgestielt. (Beispiel: Hafer.)

A. **Ährchen 1blütig.**

Ährchen von der Seite zusammengedrückt, sehr klein (3—5 mm). 2 ungleiche Hüllspelzen ohne Grannen, auch

Blütenspelzen grannenlos. Ganze Rispe im Umriß länglich, eiförmig, ausgebreitet, glattästig, **Gemeines**
violett überlaufen. Halm bis 80 cm hoch. **Straußgras.**
(Abb. 6.) *Agróstis vulgáris.*

B. **Ährchen zwei- bis vielblütig.**

a) **Hüllspelzen so lang oder fast so lang wie das
ganze Ährchen.**

1. Deckspelze an der Spitze begrannt, auf dem Rücken
gekielt. Rispe abstehend, rötlich überlaufen. Ganze Pflanze
weichhaarig. Halm bis 50 cm hoch. **Wolliges Honiggras.**
(Abb. 7.) *Hólcus lanátus.*

2. Deckspelze auf dem Rücken eine gekniete Granne, auf
dem Rücken abgerundet. Rispe lang, oft violett überlaufen.
Untere Hüllspelze 1-, obere 3nervig. **Wiesen-Hafer.**
Halm bis 1 m hoch. (Abb. 8.) *Arrhenathérum elátius.*

3. Deckspelze mit gknieter Rückengranne. Rispe zusammengezogen, Äste einzeln oder zu 2. Hüllspelzen beide 3nervig.
Die unteren Blätter zusammengefaltet, **Wiesen-Hafer.**
die oberen rauh. Halm bis 80 cm hoch. *Avéna praténsis.*

b) **Hüllspelzen kurz, das Ährchen nur am Grunde
umfassend.**

1. **Deckspelze am Rücken gekielt.**

a) Deckspelze vorn stumpf. Ährchen 3—5blütig, eiförmig
oder länglich. Untere Rispenäste zu 3—5. Blüten weißwollig. Untere Hüllspelze 5nervig, obere 3nervig. Staubbeutel rötlichgelb. Wurzel mit langen Ausläufern. Halm
zusammengedrückt, bis 80 cm hoch. **Wiesen-Rispengras.**
(Abb. 9.) *Poa praténsis.*

b) Deckspelzen vorn spitz. Ährchen knäuelig gehäuft. Rispenäste einzeln, dick und rauh, fast einseitswendig. Deckspelze
5nervig. Blattscheiden rückwärts rauh. **Gemeines Knäuelgras.**
Halm bis 120 cm hoch. (Abb. 10.) *Dáctylis glomeráta.*

2. **Deckspelzen am Rücken abgerundet.**

a) **Hoher Halm, $1/_2$—1 m hoch.**

α) Rispenäste einseitswendig, sie stehen an 2 Seiten der
3kantigen Achse. Narben auf der Spitze des Fruchtknotens.
Rispe zusammengezogen, die unteren Äste zu 2, wovon der
eine Ast meist nur 1 Ährchen trägt, der andere jedoch 3—4

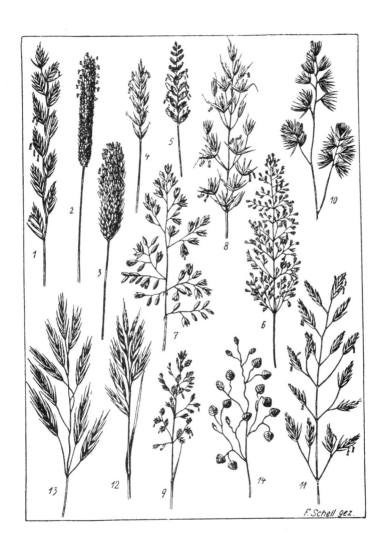

432 **Auf der Wiese.**

Ährchen 5—10blütig. Deckspelze 5nervig. Halm und Blätter glatt, bis 1 m hoch. (Abb. 11.)   **Wiesen-Schwingel.** *Festúca elátior.*

β) Rispenäste zweiseitswendig, sie stehen an 2 gegenüberliegenden Seiten der 4kantigen Achse. Narben unter der Spitze des Fruchtknotens.

△ Hüllspelzen fast gleich, die untere mit 3—5 Nerven, die obere mit 7—9 Nerven. Rispe aufrecht. Ganze Pflanze weichhaarig, bis 60 cm hoch. (Abb. 12.)   **Weiche Trespe.** *Bromus hordeáceus.*

△△ Hüllspelzen ungleich, die kleinere untere mit 1, die obere mit 3 Nerven. Rispe mit 3—6 Ästen, dicht und aufrecht, die oberen Äste oft geneigt. Ährchen nach der Spitze zu verschmälert und deutlich begrannt. Blätter etwas rauh. Halm bis 1 m hoch. (Abb. 13.)   **Aufrechte Trespe.** *Bromus eréctus.*

b) Niedriger Halm, 20—40 cm.

Rispe sehr locker, pyramidenförmig. Ährchen seitlich zusammengedrückt, herzförmig, hängen an sehr dünnen Stielen und erzittern bei der geringsten Erschütterung. (Abb. 14.)   **Zittergras.** *Briza média.*

Literatur:

C. A. Weber, Schlüssel zum Bestimmen der landwirtschaftlich wichtigsten Gräser Deutschlands im blütenlosen Zustande. Berlin 1924.

Strecker, Erkennen und Bestimmen der Wiesengräser. 7. Aufl. Berlin 1918.

4. Sauergräser.

Erkennungsmerkmale:

1. Stengel durch Knoten in Abschnitte gegliedert, hohl, ohne Mark. (S. 428.)   **Süßgräser.**
2. Stengel ohne Knoten, mit Mark. (S. 497.)   **Sauergräser.**

I. Stengel 3-kantig, mit Blättern.

1. Blüten eingeschlechtig, in Ähren. Ähren mit männlichen Blüten und Ähren mit weiblichen Blüten auf einer Pflanze oder auf verschiedenen Pflanzen: einhäusig oder zweihäusig. Blätter lang-lineal, an der Ansatzstelle ohne Blatthäutchen,

meist scharf schneidend. Etwa 100 Arten. (S. 613.)	**Seggen.** *Carex.*

2. Blüten zwitterig, mit 3 Staubblättern, in einer endständigen Rispe. (S. 608.) — **Simsen.** *Scirpus.*

II. **Stengel stielrund, meist ohne Blätter.** (S. 608.)

1. Blüten klein, mit 6 grünen, kelchartigen Blättern; Staubblätter 6 oder 3. Blütenstand eine seitliche Rispe. Stengel fein gerillt, bis ³/₄ m hoch. (S. 608.) — **Binsen.** *Juncus.*

2. Blüten klein, in vielblütigen Ährchen. Staubblätter 3. Ährchen einzeln an der Spitze des Stengels. (S. 498.) — **Sumpf-Binse.** *Heleócharis.*

5. Die häufigsten Doldenpflanzen der Wiese.

(Siehe auch S. 494.)

I. **Mit gelblichen Blüten.**

1. Blätter einfach gefiedert, oberseits glänzend, unterseits flaumig; Blättchen länglich, am Grunde eingeschnitten, gelappt, vorn grob gesägt. Hülle und Hüllchen fehlend. 8—10 ungleich-lange Doldenstrahlen. Stengel kantig gefurcht, bis 1 m hoch.

Die fleischige Wurzel zuckerhaltig und eßbar. Ausziehen! — **Pastinak.** *Pastináca satíva.*

H Hülle, h Hüllchen.

2. Wurzelblätter 2—3 fach gefiedert, mit linealen, feingesägten Zipfeln. Hülle 1—2 blättrig oder fehlend, Hüllchen vielblättrig. 6—10 Doldenstrahlen. Stengel bis 1 m hoch. — **Silau.** *Silaus praténsis.*

3. Blätter wiederholt 3 zählig, Blättchen lineal. Hülle fehlend oder wenigblättrig, Hüllchen vielblättrig. Dolden groß, flach, 10—40 strahlig. Stengel stielrund, gerillt, bis 1,50 m hoch. Gebirgswiesen, Waldblößen. — **Echter Haarstrang.** *Peucédanum officinále.*

II. **Mit weißen oder rötlichen Blüten.**

A. **Blätter einfach gefiedert. Blättchen gelappt oder fiederspaltig.**

a) Hülle und Hüllchen fehlend (oder nur mit 1—2 unbeständigen Blättchen).

1. Stengel kantig gefurcht, bis 1 m hoch, ganz beblättert. Fiederblättchen kurz gestielt, gesägt. (S. 64, 652.) — **Große Bibernelle.** *Pimpinélla magna.*

2. Stengel stielrund, zart gerillt, bis $^2/_3$ m hoch, oben nicht beblättert. Fiederblättchen der grundständigen Blätter sitzend. — **Kleine Bibernelle.** *Pimpinélla saxífraga.*

b) Hülle fehlend. Hüllchen mehrblättrig.

Frucht linsenförmig, mit geflügeltem Rande. Stengel dick, hohl, gefurcht und mit steifen Borsten besetzt, bis $1^1/_2$ m hoch. Blätter scharf rauhhaarig, gefiedert oder tief fiederspaltig. Blattscheiden aufgeblasen. Blüten weiß, die äußeren größer. (S. 64, 652.) — **Wiesen-Bärenklau.** *Heracléum sphondýlium.*

B. Blätter doppelt 3zählig.

Blättchen breit eiförmig, doppelt gesägt, die seitenständigen 2spaltig, die endständigen 3spaltig. Hülle fehlend, Hüllchen mit wenigen borstlichen Blättchen. Dolde groß, 20—50strahlig. Stengel gestreift, bis 1 m hoch. Gebirgswiesen. — **Meisterwurz.** *Peucédanum ostrúthium.*

C. Blätter 2—3fach gefiedert.

a) Frucht mit Stacheln (auch schon am Fruchtknoten zu sehen!) Kelchsaum 5zähnig.

Blätter 2—3fach gefiedert, Blättchen fiederspaltig mit haarspitzen Zipfeln. Hüllblätter (am Grunde der Doldenstrahlen!) dreispaltig bis fiederspaltig, oft so lang wie die Dolde. Blüten weiß, mittelstes Blütchen oft rot. Stengel steifhaarig, bis $1^1/_2$ m hoch. Wurzel ausziehen: Geruch und Geschmack! Stammform der Gartenmöhre. (S. 653.) — **Wilde Möhre.** *Daucus caróta.*

b) Frucht kahl.

α) Dolde ohne Hülle und Hüllchen.

Blätter sehr feinlaubig, meist doppelt gefiedert und die Blättchen dann noch fiederteilig eingeschnitten. Die Blättchen der beiden untersten Paare erster Ordnung stehen kreuzweise. Stengel ästig, bis 1 m hoch. Blüte weiß. Frucht reiben: Kümmelgeruch! — **Wiesen-Kümmel.** *Cárum cárvi.*

β) Dolde meist ohne Hülle. Hüllchen mehrblättrig. Kelchsaum undeutlich.

1. Frucht (Fruchtknoten) an der Spitze mit kurzem, geripptem Hals. Hüllchenblätter am Rande bewimpert. Blätter

doppelt gefiedert. Die unteren Blättchenpaare kurzgestielt, die oberen sitzend. Die Blättchen der zweiten Fiederung nochmals fiederspaltig. Frucht glatt, glänzend, so lang oder länger als der Fruchtstiel, oben mit kurzem Schnabel. Stengel kantig, unten rauhhaarig, bis $1^1/_2$ m hoch. **Wald-Kerbel.** Schlechte Futterpflanze. (S. 66.) *Anthriscus silvéstris.*

2. Frucht (Fruchtknoten) mit geflügelten Rippen. Hüllchenblätter kahl. Wurzelblätter doppelt gefiedert. Zipfel der Blättchen mit weißer Stachelspitze. **Silge.** Stengel scharfkantig, bis 1 m hoch. *Selinum carvifólia.*

3. Frucht (Fruchtknoten) länglich-eiförmig, ohne Hals, ungeflügelt. Hüllblättchen pfriemlich. Blätter 2- vielfach fiederteilig, mit haardünnen, spitzen, fast quirlständigen Zipfeln. Stengel gestreift, bis 50 cm hock. Ge- **Bärwurz.** birgswiesen. Starker Fenchelgeruch! *Meum athamánticum.*

6. Weiße Wiesenblumen.
(Siehe auch Doldenpflanzen: S. 433.)

I. Blätter längsnervig
1. Stengel mit 2 gegenständigen Blättern, bis 40 cm hoch. (S. 453.)

Zweiblättrige Kuckucksblume. *Platanthéra bifólia.*

2. Blätter grundständig. Blüten weiß, mit grünem Rückenstreifen, in Doldentrauben. Bis 15 cm hoch. (S. 351.)

Milchstern. *Ornithógalum.*

II. Blätter netznervig.

A. Blätter einfach.

a) Blätter grundständig, langgestielt, das stengelständige Blatt sitzend, umfassend, herz-eiförmig. Kronblätter 5, weiß, wasserhell gestreift. Bis 25 cm hoch. **Herzblatt.** Nasse Wiesen. *Parnássia palústris.*

b) Blätter quirlständig zu 6—8.
Blätter länglich, vorn verbreitert, stachelspitzig, am Rande meist aufwärts rauh. Stengel zahlreich, 4kantig. Krone radförmig, klein. Staubblätter 4, Griffel 1. Blüten in Rispen.

Gemeines Labkraut. *Gálium mollúgo.*

c) Blätter nicht quirlständig.
α) Staubblätter 5.
1. Krone verwachsen-blättrig, meist weiß oder schmutzigweiß (auch rötlich-violett). 5 Kronzipfel, zurückgekrümmt.

436 Auf der Wiese.

Blätter breitlanzettlich, lang herablaufend. Stengel ästig, steifhaarig, bis 80 cm hoch. (S. 493.) **Schwarzwurz.** *Sýmphytum officinále.*

2. Krone freiblättrig, mit 5 Blättern. Stengel oben gabelästig. Blätter gegenständig, eiförmig. **Wiesen-Lein.** *Linum cathárticum.*

β) **Staubblätter 10.**

1. **Griffel 2.**

Kronblätter länglich, verkehrt-eiförmig, doppelt so lang wie die Kelchzipfel. Untere Blätter nierenförmig rund, kerbig-gelappt, die oberen 3—5spaltig. Stengel bis 30 cm hoch. (Wurzel mit körnerartigen Knöllchen!) (S. 39.) **Körniger Steinbrech.** *Saxífraga granuláta.*

2. **Griffel 3.**

° Blüten nickend, einseitswendig. Kelch röhrig, spitz gezähnt, mit 10 Nerven. Griffel und Staubblätter aus der Krone hervortretend. Untere Blätter langgestielt, spatelförmig, obere lanzettlich. Stengel flaumig, oben klebrig, bis 60 cm hoch. (S. 648.) **Nickendes Leimkraut.** *Siléne nútans.*

°° Blüten sternförmig. Kronblätter bis zur Mitte gespalten, doppelt so lang wie der Kelch. Blätter lanzettlich, sämtlich sitzend. Stengel kantig, bis 30 cm hoch. Wiesenrand, Gebüsch. (S. 306.) **Sternmiere.** *Stellária holóstea.*

3. **Griffel 5.**

Kronblätter tief 2spaltig, mit sehr langem Nagel. Kelch verwachsen-blättrig, röhrig bis bauchig. Untere Blätter länglich, obere lanzettlich. Stengel unten zottig, oben drüsenhaarig, bis 80 cm hoch. (Gegen Abend öffnen sich die Blüten, wohlriechend!) (S. 351, 648.) **Weiße Lichtnelke.** *Meládryum álbum.*

B. Blätter drei- bis mehrzählig (wie Kleeblätter).

1. Stengel kriechend, bis 40 cm lang, wurzelnd, die Köpfchenstiele aufrecht. Blättchen verkehrt-herzförmig, kleingezähnt. Nebenblätter trockenhäutig, eiförmig, plötzlich in eine Granne zugespitzt. Kleeblüte. Krone nach dem Abblühen braun. (S. 651.) **Weißklee.** *Trifólium repens.*

2. Stengel aufrecht, bis 1½ m hoch. Blättchen scharf gesägt, untere eiförmig, obere länglich. Nebenblätter ganzrandig und borstig. Kleeblüte. Geruch! **Weißer Steinklee.** *Melilótus albus.*

Pflanzenleben. 437

C. **Blätter fiederspaltig.**

Stengel bis 1¹/₄ m hoch. Blätter stengelumfassend. Fiederlappen gesägt, dornig gewimpert. Blüten in Körbchen, gelblichweiß. Körbchen endständig, von **Wiesenkohl,** bleichen Hochblättern umhüllt. Ganze **Kohl-Kratzdistel.** *Cirsium oleráceum.* Pflanze hellgrün. (S. 255.)

D. **Blätter 2—3fach gefiedert.**

Stengel zottig behaart, bis ¹/₂ m hoch. Körbchen in schirmartigen Trugdolden. Blütenkörbchen klein, mit 4—5 waagerecht abstehenden Strahlenblüten, die kürzer sind als der Hüllkelch. Wurzel- **Schafgarbe.** *Achilléa milléfólium.* stock mit Ausläufern.

7. Gelbe Wiesenblumen.

I. **Die Staubblätter stehen frei.**

A. **4 Staubblätter.**

Krone verwachsen-blättrig, radförmig, mit sehr kurzer Röhre. Griffel 2spaltig. Frucht 2knotig. Blütenrispe endständig, dichtblütig, stark nach Honig riechend. Blätter zu 6—12 im Wirtel, schmal, stachelspitzig, am Rande umgerollt, oberseits glänzend, unterseits weichhaarig. Stengel stielrund, mit 4 feinen Rippen, bis 60 cm **Echtes Labkraut.** *Gálium vérum.* hoch.

B. **5 Staubblätter.** Kelch und Krone verwachsen-blättrig, 5zähnig.

1. Blätter nur grundständig, rosettig. Blüten in endständigen Dolden. Krone mit ausgebrei- **Schlüsselblumen,** tetem Saum, Kronröhre lang. (S. 7.) **Primeln.** *Primula.*

2. Blätter stengelständig, rundlich. Blüten einzeln oder zu zwei in den Blattwinkeln. Krone groß, goldgelb, 5teilig. Kelchlappen breit. **Pfennigkraut.** Stengel kriechend, an den Knoten *Lysimáchia* wurzelnd, bis 50 cm lang. *nummulária.*

C. **6 Staubblätter.**

1. Blüten groß, aufrecht, vor dem Aufblühen nickend. Blütenhüllblätter zugespitzt. Blätter längsnervig. Schaft einblütig, 30—45 cm **Wilde Tulpe.** *Túlipa silvéstris.* hoch.

438 Auf der Wiese.

2. Blüten klein, zu 1—5 in einer Dolde. Ein Wurzelblatt, schmal, scharf gekielt. Die zwei Blätter am Grunde der Blüten gegenständig. **Wiesen-Goldstern.** Stengel 8—15 cm hoch. (S. 358.) *Gágea praténsis.*

D. 20 und mehr Staubblätter, die auf dem Kelchrande stehen. Krone 5blättrig.

a) Griffel höchstens 5.

Blätter unterbrochen gefiedert. Blättchen länglich, gesägt, behaart. Blüten gelb, in ährenförmiger Traube, Kronblätter eiförmig. Kelch rauhhaarig, bei **Kleiner** der Reife gefurcht und mit Stacheln **Odermennig.** besetzt. Stengel bis 80 cm hoch. (S. 635.) *Agrimónia eupatória.*

b) Griffel mehr als 5.

1. Griffel lang, stehenbleibend. Grundblätter unterbrochen gefiedert. Kronblätter verkehrt-eiförmig. Früchtchen kurzborstig, in sitzenden Köpfchen. Blätter mit großen Nebenblättern. Untere Blätter leierförmig ge- **Echte** fiedert, obere dreizählig. Stengel bis **Nelkenwurz.** 60 cm hoch. Wiesenrand, Gebüsch. *Géum urbánum.*

2. Griffel kurz, abfallend. Blätter gefingert oder gefiedert. Blätter gefingert, 5zählig, gestielt, Blättchen länglich, verkehrt-eiförmig, gesägt. Stengel kriechend, einfach oder wenig ästig, bis 60 cm lang. (Außer **Kriechendes** diesem auch noch andere Fingerkräuter **Fingerkraut.** in der Wiese.) (S. 635.) *Potentilla réptans.*

E. 20 und mehr Staubblätter, die auf dem Blütenboden stehen.

a) Kelchblätter 5, Kronblätter nicht vorhanden. (Die 5 goldgelben Kelchblätter sehen aus wie Kronblätter.)

Blätter dunkelgrün, glänzend, ungeteilt, herznierenförmig, wechselständig, die unteren gestielt, die oberen fast sitzend. Stengel oben **Sumpfdotterblume.** ästig, bis 40 cm hoch. *Cáltha palústris.*

b) Kelch und Krone vorhanden. Kelch 3—5blättrig, Krone 5—10blättrig. Hahnenfußgewächse.

1. Alle Blätter ungeteilt.

α) Kelchblätter 3, selten mehr. Kronblätter 6—9, langrund, glänzend gelb. Blätter rundlich, glänzend, oft Knöllchen in den Achseln tragend. Stengel liegend oder aufsteigend, bis 15 cm lang. (Wurzelknollen-Vorratsspeicher, daher Frühblüher. — Brutknollen in den Blattachseln, oft durch Regen weggeschwemmt — ungeschlechtliche Vermehrung.) (S. 47.)

Scharbockskraut, Feigwurz.
Ranúnculus ficária.

β) Kelch- und Kronblätter 5. Blätter lanzettlich, die unteren mehr elliptisch, die oberen lineal-lanzettlich. Blüten klein, hellgelb. Stengel bis 50 cm hoch. Giftig! Feuchte Wiesen. (S. 47.)

Brennender Hahnenfuß.
Ranúnculus flámmula.

2. Blätter alle oder die meisten geteilt oder gespalten.

α) Blütenstiele gefurcht.

Kelch der Krone anliegend oder angedrückt. Krone goldgelb. Blätter 3zählig; die unteren mit gestielten, 3teiligen Blättchen; die oberen mit länglichen, ungeteilten Blättchen. Stengel aus liegendem Grunde aufsteigend, bis 45 cm hoch. Mit kriechenden Ausläufern! Feuchte Wiesen.

Kriechender Hahnenfuß.
Ranúnculus répens.

β) Blütenstiele stielrund.
Kelch der Krone anliegend oder angedrückt. Krone goldgelb. Untere Blätter 5teilig mit fast rautenförmigen, eingeschnitten-gezähnten Zipfeln; die oberen 3teilig, mit lanzettlichen Zipfeln. Stengel bis 80 cm hoch. Giftig! Auf Wiesen die gemeinste Hahnenfußart. (S. 47, 636.)

Scharfer Hahnenfuß.
Ranúnculus ácer.

3. Blätter handförmig 5teilig, mit 3spaltigen Zipfeln. Kelchblätter hellgelb, 10—15, kugelig zusammenschließend. Stengel meist einblütig, bis 50 cm hoch. Gesetzlich geschützt!

Trollblume.
Tróllius európaeus.

F. 2 lange und 2 kurze Staubblätter. Kelch aufgeblasen und seitlich etwas zusammengedrückt. Oberlippe der Krone helmförmig, an der Spitze mit 2 Zähnen, stark zusammengedrückt. Blätter gegenständig, länglich, gesägt. Blüten in den Blattwinkeln.

Hahnenkamm, Klappertopf.
Alectorólophus.

1. Kronröhre gerade. Oberlippe mit 2 kurzen, bläulichen oder weißlichen Zähnen. Deckblätter grün. Bis 40 cm hoch.

Kleiner Klappertopf.
Alectorólophus minor.

2. Kronröhre aufwärts gekrümmt. Zähne der Oberlippe lang, violett, Deckblätter bleichgrün. Großer Klappertopf. Bis 50 cm hoch. *Alectorólophus majór.*

II. Die Staubfäden sind verwachsen.

A. In 1 Bündel. (Alle 10 Staubfäden verwachsen.)

Blätter unpaarig gefiedert, mit 5—13 länglichen Fiederblättchen, Endblättchen größer. Blüten in kopfförmigen Dolden, umhüllt von tiefzerteilten Deckblättern, goldgelb. Kelch bauchig, von langen, weißen Haaren bedeckt (Wollklee). Stengel viele, bis 30 cm hoch. (S. 636.) **Wundklee.** *Anthýllis vulnerária.*

B. In 2 Bündeln. (9 Staubfäden miteinander verwachsen, der 10. frei. (Schmetterlingsblütler, S. 280.)

a) Blätter 3zählig (Kleeblatt).

1. Blüten in kopfförmigen Dolden. In den Blattachseln meist 5blütig, langgestielt. Kelchzähne 3eckig. Nebenblätter eiförmig, groß, den 3 Blättchen des Hauptblattes ähnlich, daher die Blätter scheinbar gefiedert. Stengel kantig, 10—30 cm. (Siehe: *Lotus uliginósus* S. 485.) **Wiesen-Hornklee.** *Lotus corniculátus.*

2. Blüten in Köpfchen,

α) Hülsen kürzer als der Kelch. Kronblätter nach dem Abblühen verwelkend, die Hülse einschließend.

° Köpfchen 20—40blütig. Endblättchen länger gestielt als die seitlichen. Nebenblättchen eiförmig, kürzer als der Blattstiel. Stengel niederliegend oder aufsteigend, 15—30 cm hoch. **Feld-Klee.** *Trifólium campéstre.*

°° Köpfchen 5—15blütig. Endblättchen gestielt. Stiel der Köpfchen doppelt so lang wie das Blatt. Köpfchen locker, sehr klein. Stengel fadenförmig, ausgebreitet, liegend. **Kleiner Klee.** *Trifólium dúbium.*

β) Hülsen länger als der Kelch. Kronblätter nach dem Abblühen abfallend.

Blüten in einem dichten, gelben Köpfchen. Blättchen verkehrt-eiförmig, an der Spitze gezähnt. Hülsen mit einer Windung, nierenförmig, mit kreisförmig eingerollter Spitze. Stengel 20 bis 50 cm hoch. **Hopfen-Klee.** *Medicágo lupulína.*

Pflanzenleben. 441

3. Blüten in verlängerten Trauben.

Krone goldgelb. Flügel so lang wie die Fahne. Hülse quer-runzlig, weichbehaart, zuletzt schwarz. Stengel 1—1½ m hoch. Wohlriechend! Waldmeistergeruch. (S. 637.) — **Hoher Steinklee.** *Melilótus altíssimus.*

4. Blüten einzeln oder zu zweien in den Blattachseln; schwefelgelb. Stengel niederliegend oder aufsteigend, am Grunde ästig, bis 30 cm hoch. Frucht 4flügelig. — **Spargelbohne.** *Lotus tetragonólobus.*

b) Blätter einpaarig gefiedert.

Nebenblätter breit-lanzettlich, mit zugespitzten Öhrchen. Blütentrauben lebhaft gelb, 5—10-blütig. Stengel kantig, schlaff, weichhaarig, verzweigt, bis 80 cm hoch. (S. 636.) — **Wiesen-Platterbse.** *Láthyrus praténsis.*

C. Die zahlreichen Staubfäden sind am Grunde verwachsen.

Kronblätter 5, goldgelb. Griffel 3, Kapsel 3fächerig. Blätter länglich, elliptisch. Man halte sie gegen das Licht: sie sind durchscheinend punktiert, wie durchlöchert. Stengel derb, mit 2 einander gegenüberstehenden Leisten besetzt, daher 2kantig. Bis 60 cm hoch. (An feuchten Stellen: *H. maculátum.*) (S. 483.) — **Hartheu, Johanniskraut.** *Hypericum perforátum.*

III. Die Staubbeutel sind verwachsen. (Blüten in Körbchen, von einer gemeinsamen Hülle umgeben: Korbblütler.)

A. Alle Blüten des Körbchens sind zungenförmig.

Jede einzelne Blüte besitzt statt des Kelches einen Haarkranz (Pappus), der nach dem Abblühen auf dem Früchtchen stehen bleibt. (Pusteblumen! Verbreitung der Samen durch Wind.)

a) Pappus mit einfachen Haaren.

1. Die Frucht ist geschnäbelt. Der Pappus sieht daher gestielt aus. Blätter schrotsägeförmig oder fiederspaltig. Schaft hohl (die Kinder machen Ketten daraus), bis 30 cm hoch. — **Löwenzahn, Kettenblume.** *Taráxacum officinále.*

2. Die Frucht ist nicht geschnäbelt. Der Pappus sitzt ihr auf und erscheint daher ungestielt (Abb. 442).

α) Der Pappus ist weiß und hat weiche, biegsame Haare. Der Hüllkelch besitzt noch einen Außenkelch. Blätter meist fiederspaltig.

Stengel bis 120 cm hoch, unten oft rot, fast vom Grunde an verästelt. Obere Blätter ungeteilt, lanzettlich; die unteren fiederspaltig; auf den Nerven mit kurzen, steifen Haaren besetzt. Die äußeren Hüllblätter mit häutigem Rand, die inneren an der Innenseite seidig behaart. Frucht mit 13 Riefen. (S. 630.)   **Zweijährige Grundfeste.** *Crépis biénnis.*

β) Der Pappus ist graugelb und hat steife, zerbrechliche Haare. Der Hüllkelch besitzt meist keinen Außenkelch. Blätter nie fiederspaltig. (S. 630.)   **Habichtskraut.** *Hierácium.*

b) **Pappus mit gefiederten Haaren.**

1. Die Fiederchen des Pappus sind ineinander verwebt.

Hüllkelch einreihig, mit 8 Blättern, am Grunde verwachsen. Früchte sehr lang geschnäbelt, so daß der Pappus gestielt erscheint. Krone an der Spitze abgeschnitten, 5zähnig. Die Körbchen öffnen sich bei schönem Wetter bei Sonnenaufgang und schließen sich kurz vor Mittag. Blätter lang, lanzettlich, oft an der Spitze zurückgebogen und eingerollt, am Rande wellig. Stengel kahl, knotig, bis 60 cm hoch. (S. 629.)   **Wiesen-Bocksbart.** *Tragopógon praténsis.*

2. Die Fiederchen des Pappus sind frei.

α) Die Blätter stehen in einer grundständigen Rosette.

° Stengel zwei- bis mehrköpfig, ästig, blattlos, grün, bis 50 cm hoch. Blütenkörbchen immer aufrecht. Köpfchenstiel nach oben verdickt. Randblüten außen rotgestreift. Grundblätter lang, buchtig-gezähnt oder fiederspaltig, kahl oder schwach behaart. Blütezeit im Herbst.   **Herbst-Löwenzahn.** *Leóntodon autumnális.*

°° Stengel stets 1 köpfig, unverzweigt, nur mit 1—2 schuppenförmigen Blättern besetzt, grün, bis 40 cm hoch. Blütenköpfe vor dem Aufblühen nickend. Randblüten unterseits oft blaugrün gestreift. Blätter länglich-lanzettlich, gezähnt

oder fiederspaltig, mit geflügeltem Stiel, **Rauher**
Blätter kahl oder mit gegabelten Haaren **Löwenzahn.**
besetzt. *Leóntodon hispidus.*

β) Die Blätter stehen am Stengel, mit herzförmigem Grunde umfassend, länglich, die unteren buchtig gezähnt, die oberen ganzrandig. Äußere Hüllblätter abstehend, mit steifborstigem Mittelstreifen. Ganze Pflanze rauh- **Bitterich.** haarig. Stengel bis ²/₃ m hoch. (S. 629.) *Picris hieracioides.*

B. **Nur die Randblüten des Körbchens sind zungenförmig, sie heißen Strahlenblüten. Die Scheibenblüten sind röhrig.**

a) **Strahlenblüten weiß, Scheibenblüten gelb. Ohne Pappus.**

1. Stengel blattlos, unverzweigt. Schaft bis 10 cm hoch. Blätter spatelig, schwach gezähnt oder **Gänseblümchen.** gekerbt. *Bellis perénnis.*

2. Stengel beblättert, unverzweigt oder verzweigt, bis 60 cm hoch. Untere Blätter eirund oder spatelförmig, lang gestielt, gekerbt; die oberen sitzend, **Weiße** gesägt. Köpfchen groß, am Ende des **Wucherblume.** Stengels und der Zweige. (S. 632.) *Chrysánthemum leucánthemum,*

b) **Strahlenblüten gelb. Scheibenblüten gelb. Mit Pappus.**

Stengel einfach, mit 1—5 leuchtend gelben, großen Blütenköpfchen, bis 50 cm hoch. Blätter gegenständig, verkehrt-eiförmig, mit starken Nerven. Auf **Berg-Wohlverleih.** Bergwiesen. Gesetzlich geschützt! *Árnica montána.*

8. Rote Wiesenblumen.

I. **Blätter längsnervig oder bogennervig.**

A. **Die Pflanzen blühen im Sommer (Mai bis Juni).**

Die Blüten stehen in einer endständigen Ähre. 6 Blütenblätter, 3 äußere und 3 innere. Von den 3 äußeren 2 seitlich gerichtet und einander gleich, eins nach hinten gerichtet. Von den 3 inneren das mittlere nach vorn gerichtet, es heißt die Lippe und ist dreilappig. Fruchtknoten **Knabenkraut.** gedreht. (S. 452.) *Orchis.*

B. **Die Pflanze blüht im Herbst.**

Sie treibt im Frühjahr die Blätter und Früchte, die als aufgeblasene Kapseln zwischen den 3—4 großen, glänzenden,

breitlanzettlichen Blättern sitzen. (Zeitlose!) Im Herbst erscheinen die fleischroten Blüten ohne Blätter auf den kahlen
Wiesen. Blüte mit langer Röhre und trichterförmigem,
sechsteiligem Saum. Staubblätter 6, **Herbstzeitlose.**
Griffel 3, sehr lang. Giftpflanze! *Cólchicum
autumnále.*

II. Blätter netznervig.

A. Blätter einfach.

a) Staubblätter 5.

Blüten in einer Doldenrispe. Krone rosenrot, mit fünfspaltigem Saum und schlanker Röhre. Kelch fünfspaltig.
Grundständige Blätter rosettig, Stengel- **Echtes**
blätter länglich, mit 3—5 Nerven. **Tausendgüldenkraut.**
Stengel einfach, im Blütenstand ver- *Erythráea
centáurium.*
zweigt, bis ¹/₂ m hoch.

b) Staubblätter 6.

Blüten zweihäusig, in langen roten Rispen, die drei inneren
Blütenhüllblättchen rund, ganzrandig, häutig, am Grunde
mit einem schuppenartigen Anhängsel. Die drei äußeren zurückgeschlagen. Die drei Narben rosenrot. Blätter spieß- oder
pfeilförmig, mit 3—5 Nerven. Neben- **Sauerampfer.**
blätter zerschlitzt. Stengel bis 1 m hoch. *Rumex acetósa.*

c) Staubblätter 5—8.

1. Blütenhülle unvollständig (Perigon), 4—5teilig, innen und
außen gefärbt. Blütenstand eine walzige Scheinähre. Blätter
länglich-eiförmig bis lanzettlich, am Rande wellig, am Grunde
abgestutzt oder herzförmig; die unteren mit geflügeltem Blattstiel, die oberen sitzend oder kurzgestielt.
Stengel einfach, mit Knoten, bis 1 m **Wiesen-Knöterich.**
hoch. (S. 489, 687.) *Polýgonum bistórta.*

2. Blüten mit Kelch und Krone. Krone hellrot, Kronblätter 4, flach ausgebreitet. Blütenstand eine verlängerte
Traube. Blätter wechselständig, schmal, lanzettlich, wie
Weidenblätter, unterseits bläulich, mit **Wald-**
hervortretenden Seitennerven. Stengel **Weidenröschen.**
bis 1¹/₂ m hoch. (S. 52, 488.) *Epilóbium
angustifólium.*

d) Staubblätter 10. Kelch verwachsen-blättrig.

1. Kronblätter ungeteilt. Stengel kahl, unter den oberen
Knoten klebrig, bis 50 cm hoch. Blätter gegenständig, lanzett-

Pflanzenleben. 445

lich, zugespitzt. Blütenstand rispig, fast quirlig. **Pechnelke.** *Viscária vulgáris.*

2. Kronblätter 2spaltig. Stengel weichhaarig, bis 60 cm hoch. Blätter eiförmig, plötzlich zugespitzt. Blüten am Tage geöffnet. (S. 363.) **Rote Lichtnelke.** *Melándryum rubrum.*

3. Kronblätter 4spaltig oder ungeteilt. Stengel rauhhaarig, bis 80 cm hoch. Blätter schmal lanzettlich, die grundständigen spatelförmig. Blütenstand in lockeren Trugdolden. (Untersuche den Schaum an dem Stengel, den sog. Kuckucksspeichel! S. 473.) **Kuckucks-Lichtnelke.** *Lychnis flos cucúli.*

e) Staubblätter 12, davon 6 länger.

Blüten mit Kelch und Krone. Krone freiblättrig, purpurrot. Kelch röhrig, 8—12zähnig. Blütenstand eine verlängerte, aus Scheinquirlen bestehende Ähre. Blätter gegenständig oder zu 3 quirlig, lanzettlich, mit herzförmigem Grunde, ähnlich den Blättern der Weide. Ganze Pflanze behaart, bis 1½ m hoch. (S. 488.) **Blut-Weiderich.** *Lýthrum salicária.*

f) Staubblätter unter sich verwachsen. Korbblüter. Kronen aller Blüten röhrig. (Beispiel: Kornblume.) **Wiesen-Flockenblume.** *Centauréa jácea.*

1. Randblüten meist größer. (S. 641.)

2. Randblüten nicht größer. Kronen purpurn. Blätter eiförmig, scharf gesägt, ungeteilt oder fiederspaltig, untere langgestielt, obere sitzend. Köpfe fast doldentraubig. Bis 1 m hoch. **Färberscharte.** *Serrátula tinctória.*

B. Blätter 3teilig (Kleeblatt).

Blüten in kugeligen Köpfchen, meist zu 2, am Grunde von Blättern umhüllt. Krone länger als der Kelch, Kelchröhre außen behaart, 10nervig. Nebenblätter eiförmig, plötzlich in eine Granne übergehend, rotbraun geadert. Stengel behaart, bis 40 cm hoch. (S. 347.) **Wiesenklee.** *Trifólium praténse.*

C. Blätter 5—7spaltig.

Blütenstände zweiblütig. 5 Kronblätter, doppelt so lang wie der Kelch, verkehrt-eiförmig, purpurrot. Blütenstiele mit rückwärts gerichteten Haaren. Staubblätter 10. Stengel behaart, bis 1 m hoch. (S. 487, 643.) **Sumpf-Storchschnabel.** *Geránium palústre.*

446 **Auf der Wiese.**

D. Blätter fiederspaltig oder gebuchtet.

Blüten lippig. Oberlippe helmförmig, seitlich zusammengedrückt. Staubblätter 4 (2 lang, 2 kurz). Blätter fiederteilig bis gefiedert, wechselständig.

1. Kelch 2spaltig, mit krausen gezähnten Lappen. Stengel von der Mitte an mit Blüten, bis 50 cm hoch. **Sumpf-Läusekraut.** *Pediculáris palústris.*

2. Kelch 5zähnig, mit blattartigen Zähnen. Stengel von unten an mit Blüten, 5—15 cm hoch. Mit niederliegenden Nebenstengeln. **Wald-Läusekraut.** *Pediculáris silvática.*

E. Blätter gefiedert.

a) Blättchen 5—11, gesägt.

Blüten rotbraun, in eiförmigen Köpfchen. Staubblätter 4. Stengel bis 1 m hoch. **Großer Wiesenknopf.** *Sanguisórba officinális.*

b) Blättchen 11—25.

1. Blüten in einer langgestielten Traube. Schmetterlingsblüte. Krone rosenrot, dunkler gestreift. Blättchen bis zu 21. Stengel bis ½ m hoch. (S. 347.) **Esparsette.** *Onobrýchis viciaefólia.*

2. Blüten in 10—20blütigen kopfförmigen Dolden. Flügel und Schiffchen weißlich, letzteres mit dunkler Spitze. Fahne rosenrot. Blättchen länglich, 11—23. Stengel bis ¾ m hoch. Geruch! (S. 53.) **Bunte Kronwicke.** *Coronílla vária.*

9. Blaue und violette Wiesenblumen.

I. Blätter einfach (oder: untere einfach, obere fiederteilig).

A. Staubblätter 2.

a) Krone und Kelch zweilippig. Oberlippe der Krone ganzrandig. Staubblätter unter ihr verborgen. Blütenstand in Scheinquirlen, meist sechsblütig. Blätter länglich-eiförmig, runzlig, kerbig-gezähnt. Stengel 30 bis 60 cm hoch. (S. 289, 451.) **Wiesen-Salbei.** *Sálvia praténsis.*

b) Krone rad- oder tellerförmig mit vier etwas ungleichen Zipfeln, von denen der obere der größte, der untere der kleinste ist. (S. 370.) **Ehrenpreis.** *Verónica.*

α) Blüten in blattwinkelständigen Trauben.

° Kelch 4teilig.

1. Stengel 2reihig behaart. Blätter eiförmig, gekerbt-gesägt. Bis 25 cm hoch. **Gamander-Ehrenpreis.** *V. chamáedris.*

Pflanzenleben. **447**

2. Stengel zerstreut behaart. Blätter länglich, derb, Stengel kriechend, rauhhaarig, bis 30 cm lang. **Echter Ehrenpreis.** *V. officinális.*

°° Kelch 5teilig. Blätter sitzend, eingeschnitten gesägt. Bis 45 cm lang. **Breitblättriger Ehrenpreis.** *V. teúcrium.*

β) Blüten in endständigen und seitenständigen Trauben.

° Trauben dichtblütig. Deckblätter schmal und klein.

1. Blätter gekerbt-gesägt, an der Spitze ganzrandig. Bis 40 cm hoch. **Ähriger Ehrenpreis.** *V. spicáta.*

2. Blätter bis zur Spitze scharf doppeltgesägt, gegenständig oder zu 3—4 quirlständig. Bis 1¼ m hoch. **Langblättriger Ehrenpreis.** *V. longifólia.*

°° Trauben locker. Deckblätter groß, Blätter eirund oder länglich, leicht gekerbt. Stengel am Grunde kriechend, bis 20 cm lang. **Quendelblättriger Ehrenpreis.** *V. serpyllifólia.*

B. Staubblätter 4.

a) Alle Staubblätter gleich lang.

Blütenstand kopfförmig, ähnlich einer Korbblüte. Unterschied: vier freie Staubblätter, Einzelblüte mit doppeltem Kelch.

α) Blütenboden rauhhaarig, ohne Spreublättchen. Randblüten strahlend. Krone 4spaltig. Kelch mit 8 Borsten. Außenkelch nicht gefurcht. Blätter rauhhaarig, die unteren ungeteilt, die oberen fiederspaltig. Stengel bis 80 cm hoch. (S. 54, 647.) **Acker-Skabiose.** *Knáutia arvénsis.*

β) Blütenboden mit Spreublättchen. Kelch mit fünf Borsten. Außenkelch gefurcht.

1. Randblüten strahlend. Krone meist 5spaltig. Außenkelch mit glockigem oder radförmigem, trockenhäutigem Saum. Grundblätter länglich, meist ganzrandig, untere Stengelblätter leierförmig, obere fiederspaltig eingeschnitten, alle fein behaart. Stengel bis 60 cm hoch. (S. 646, 647.) **Tauben-Skabiose.** *Scabiósa columbária.*

2. Randblüten nicht strahlend. Krone 4spaltig. Außenkelch mit 4spaltigem, krausem Saum. Blütenköpfchen zuerst halbkugelig, später kugelig. Blätter länglich-eiförmig bis lanzettlich, die unteren gestielt, die oberen sitzend. Stengel bis 80 cm hoch. (Wurzelstock kurz, wie abgebissen. Soll nach dem Volksglauben vom Teufel abgebissen sein, weil

er ihre Heilkräfte den Menschen nicht gönnte.) (S. 289.) **Teufels-Abbiß.** *Succisa praténsis.*

b) Staubblätter ungleich lang, 2 lange und 2 kurze.

α) Krone nicht deutlich 2lippig.

Blüten in Scheinquirlen. Oberlippe sehr kurz, 2spaltig; Unterlippe 3lappig. Kronröhre innen mit Haarring. Blätter länglich, verkehrt-eiförmig, schwach gekerbt. Stengel an 2 Seiten behaart, bis 30 cm hoch. Pflanze mit kriechenden Ausläufern. (S. 56.) **Kriechender Günsel.** *Ájuga reptans.*

β) Krone deutlich 2lippig.

° Kelch 2lippig, seine Oberlippe 3zähnig, seine Unterlippe 2spaltig. (S. 56, 642.) **Brunelle.** *Brunélla.*

1. Krone doppelt so lang wie der Kelch (bis 15 mm). Blätter eiförmig, gezähnt oder ganzrandig. 10 bis 30 cm hoch. **Kleine Brunelle.** *B. vulgáris.*

2. Krone 3—4mal so lang wie der Kelch (über 15 mm). 5—25 cm hoch. **Große Brunelle.** *B. grandiflóra.*

°° Kelch gleichmäßig 5zähnig. Blüten in Scheinquirlen in den Blattachseln. Blätter nierenförmig, gekerbt. Stengel kriechend, bis 60 cm lang. (S. 56 und 645.) **Gundermann.** *Glechóma hederácea.*

C. Staubblätter 5.

1. Krone glockenförmig, mit dreieckigen Zipfeln. 5 Staubblätter, ein Griffel. Blätter wechselständig. (S. 250.) **Glockenblumen.** *Campánula.*

2. Krone röhrig, mit 5lappigem Saum. Schlund durch gelbe Schuppen geschlossen. Kelch 5zähnig, angedrückt behaart. Blätter länglich-lanzettlich. Stengel kantig. (Mit stielrundem Stengel: Rasiges V., *M. caespitósa.*) (S. 491.) **Sumpf-Vergißmeinnicht.** *Myosótis palústris.*

3. Krone trichterförmig oder glockig, mit 4—9spaltigem Saum. Griffel kurz oder fehlend. Pflanzen bis 30 cm hoch. Viele Arten gesetzlich geschützt! (S. 293, 449.) **Enzian.** *Gentiána.*

D. Staubblätter 8, zu je 4 verwachsen.

Kronblätter 3—5, unter sich und mit den Staubblättern verwachsen. Das obere Kronblatt mit kammförmigem Anhängsel. Kelchblätter 5, davon zwei gefärbt, groß und flügelartig. Blütentraube zehn- bis vielblütig. Seitennerven der flügelartigen Kelchblätter mit dem Mittelnerv maschig verbunden. Blätter lineal-lanzettlich, die untersten kleiner und breiter, alle wechselständig. Stengel niederliegend oder aufsteigend, bis 20 cm hoch. (S 279.)

Wiesen-Kreuzblume.
Polýgala vulgáre.

II. Blätter dreizählig (Kleeblatt).

Blüten in länglicher Traube, meist blau gefärbt (jedoch auch violett). Schmetterlingsblüte. Hülse mit zwei oder drei Windungen. Blättchen länglich, verkehrt-eiförmig, oben gezähnt, das mittlere Blättchen gestielt. Stengel bis 80 cm hoch. (S. 347.)

Luzerne.
Medicágo satíva.

III. Blätter siebenteilig.

Kronblätter 5, groß, blau. Staubblätter 10. Griffel 5. Blütenstiele zweiblütig, nach dem Verblühen abwärtsgerichtet, zottig. Blätter siebenteilig mit fiederspaltigen Zipfeln. Stengel bis 80 cm hoch. (S. 364, 445, 643.)

Wiesen-Storchschnabel.
Geránium praténse.

IV. Blätter gefiedert.

1. **Unpaarig gefiedert** (an der Spitze ein Endblättchen).

Kreuzblüte. Grundblätter in einer Rosette, Fiederblättchen rundlich, das endständige bedeutend größer. Stengelblätter mit lanzettlichen Fiederblättchen. Stengel bis 40 cm hoch. (Untersuche den Schaum an den Stengeln! Larve der Schaumzikade. S. 473.)

Wiesen-Schaumkraut.
Cardámine praténsis.

2. **Paarig gefiedert** (an der Spitze ohne Endblättchen).

Blüten violett, in Trauben. Schmetterlingsblüte. Kelch 5zähnig. Blättchen 2—12paarig. (Die Anzahl der Blättchenpaare ist bei den einzelnen Wickenarten verschieden: 4- bis 8paarig, 3—5paarig, 10paarig, 6—12paarig usw.) Stengel bei den einzelnen Arten verschieden hoch, bis $1^1/_2$ m, aber stets schwach, kletternd mit Wickelranken. (S. 309.)

Wicken-Arten.
Vícia.

10. Enziane auf Wiesen.

Auf feuchten und trockenen Wiesen, Weiden und Triften kommen die folgenden Enziane vor. (S. 293.)

I. Krone blau. Eingang zur Kronröhre kahl.

A. Zipfel der Krone gefranst, Krone 4spaltig. Stengel bis 25 cm hoch, einblütig oder mit ein-

450   Auf der Wiese.

blütigen Ästen. Blätter lineal. August   **Fransen-Enzian.**
bis Oktober. Kalkboden.   *Gentiána ciliáta.*

B. **Zipfel der Krone nicht gefranst.**

    a) Blüten in den Blattachseln und an der Spitze des Stengels
quirlig gehäuft. Krone 4spaltig, außen grünviolett, innen
himmelblau. Untere Blätter am Grunde in eine Scheide verwachsen. Bis 50 cm hoch. Juni—August.   **Kreuz-Enzian.**
Trockene Wiesen.   *G. cruciáta.*

    b) Blüten in den Blattachseln einzeln oder zu zweien und
endständig.

    ° Krone keulenförmig-glockig, oben erweitert.

    1. Blätter lineal-lanzettlich, bis $1/2$ cm breit, meist einnervig,
Krone außen mit 5 grünen Streifen. Bis   **Lungen-Enzian.**
50 cm hoch. Juli—September. Torfwiesen.   *G. pneumonánthe.*

    2. Blätter eiförmig-lanzettlich, meist 5nervig. Blüten meist
zahlreich zu 1—3 in den Blattachseln. Bis
60 cm hoch. Juli—September. Berg-   **Würger-Enzian.**
triften.   *G. asclepiadéa.*

    °° Krone stieltellerförmig, mit walziger Röhre. Grundblätter
rosettig, 3nervig.

    1. Kelch aufgeblasen, mit breitgeflügelten Kanten. Stengel
bis 20 cm hoch, mehrblütig-ästig. Mai bis   **Schlauch-Enzian.**
Juni. Süddeutschland.   *G. utriculósa.*

    2. Kelch röhrig, mit schmalgeflügelten Kanten. Stengel bis
10 cm hoch, einblütig. April—August. Ge-   **Frühlings-Enzian.**
birgswiesen.   *G. verna.*

II. **Krone violett oder rötlich-lila. Eingang zur Kronröhre bärtig.**

    A. **Kelch fast bis zum Grunde 4teilig. Krone 4spaltig.**

       1. Stengel bis 20 cm hoch, zur Blütezeit noch mit den Keim-
blättern und nur wenigen großen eiförmigen Grundblättern;
untere Stengelblätter eiförmig-lanzettlich, spitz. August bis
Oktober. Kurzrasige Wiesen, sandige **Baltischer Enzian.**
Strandweiden.   *G. báltica.*

       2. Stengel bis 30 cm hoch, am Grunde mit braunen, häutigen
Blattresten. Untere Stengelblätter und Grundblätter zungenförmig oder spatelförmig. (Sommerform: 3—5 Stengelglieder,
mittlere Stengelblätter stumpf. Herbstform: 4—11 Stengel-

Pflanzenleben. **451**

glieder, mittlere Stengelblätter spitz.) Hochgelegene Triften und Wiesen in Mitteldeutschland. Sommer—Herbst.   **Feld-Enzian.** *G. campéstris.*

B. Kelch und Krone meist 5spaltig.

a) Krone klein (1—2 cm lang), walzlich, oben wenig oder nicht erweitert.

1. Untere Stengelblätter lanzettlich, spitz. Kelchzipfel ungleich, über doppelt so lang wie die Kelchröhre, die längeren den Grund der Kronzipfel erreichend oder etwas überragend. Bis 20 cm hoch. August—Oktober. Feuchte Wiesen und Triften in Nord- und Mitteldeutschland.   **Sumpf-Enzian.** *G. uliginósa.*

2. Untere Stengelblätter zungenförmig oder spatelig, stumpf. Kelchzipfel fast gleich, lineal oder zwei mehr lanzettlich. Krone rötlich-lila. Bis 30 cm hoch. (Sommerform Juni bis Juli: Mittlere Stengelblätter stumpf. Herbstform August bis Oktober: Mittlere Stengelblätter spitz.) Wiesen, Triften, Kalkberge in Nord- und Mitteldeutschland.   **Bitterer Enzian.** *G. amarélla.*

b) Krone größer (2—2½ cm lang), oben erweitert.

1. Buchten zwischen den Kelchzipfeln scharf zugespitzt. Kelchzipfel dreieckig, lang zugespitzt, am Rande oft umgerollt, länger als die Kelchröhre, ihre Ränder als grüne Rippen herablaufend. Krone violett, oft mit weißlicher Röhre. Bis 25 cm hoch. August—Oktober. Triften, Wiesen und Kalkhügel in Mittel- und Süddeutschland.   **Deutscher Enzian.** *G. germánica.*

2. Buchten zwischen den Kelchzipfeln abgerundet. Kelchzipfel so lang wie die ungeflügelte Röhre. Bis 40 cm hoch. August—Oktober. Wiesen und Triften im Riesengebirge.   **Karpaten-Enzian.** *G. carpática.*

Die meisten Enziane sind gesetzlich geschützt!

11. Wie der Wiesensalbei bestäubt wird.

1. Vorbemerkung. Ich habe den Bestäubungsvorgang beim Salbei im Freien mit einer Klasse von 25 Schülern beobachtet. Der Rand einer Wiese war auf eine weite Strecke hin dicht mit Salbei bestanden. Die Sonne schien brennend heiß. Hummeln flogen in großer Zahl von Blüte zu Blüte. Die Knaben mußten sich in 1 m

Grupe, Naturkundl. Wanderbuch.   15

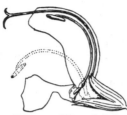
Blüte vom Wiesen-Salbei.

Abstand am Rand der Wiese entlang legen und abwarten, bis eine Hummel eine Blüte anflog. Ich selbst ging hinter der Reihe von Schüler zu Schüler und kontrollierte. Innerhalb einer halben Stunde hatte jeder den Bestäubungsvorgang sowohl wie auch den Blütenbau gut gesehen. Diese halbe Stunde war wirkungsvoller als der beste Demonstrationsunterricht an großen Anschauungstafeln im Klassenzimmer.

2. Versuche mit Hilfe der Abbildung dir den Blütenbau und den Bestäubungsvorgang deutlich zu machen! Beobachte dabei aber die Tätigkeit der Hummeln und ahme sie nach mit einem Hälmchen oder Bleistift!

12. Orchideen der Wiese.
(Vgl. Orchideen des Waldes. S. 59!)

Erkennungsmerkmale: Blätter längsnervig, Blütenstand eine endständige Ähre oder Traube, Blütenhülle 6teilig, eins der 6 Blättchen (die Lippe) auffällig gestaltet. Blütezeit: Mai—Juli.

I. Lippe mit einem Sporn.

  A. Lippe 3teilig oder 3lappig.

    a) Sporn walzenförmig. Blüten meist rot, purpurn oder lila.   **Knabenkraut.** *Orchis.*

    α) Alle Blütenhüllblätter (außer der Lippe) helmartig zusammenneigend.

° Stengel bis oben beblättert. Lippe 3lappig, Mittellappen ungeteilt.

1. Sporn etwa von Länge des Fruchtknotens. Ähre dicht und vielblütig. Blüten grün, braun und purpurn gefleckt, nach Wanzen riechend. Bis 30 cm hoch.   **Wanzen-Knabenkraut.** *O. corióphorus.*

2. Sporn von etwa halber Länge des Fruchtknotens. Ähre locker und wenigblütig. Blüten dunkelpurpurn, rosa oder weiß. Bis 25 cm hoch.   **Salep-Knabenkraut.** *O. mório.*

°° Stengel oben blattlos. Lippe 3teilig, Mittellappen 2teilig.

Pflanzenleben.   **453**

1. Helm eiförmig-lanzettlich, außen rötlich oder lila, heller
als die Lippe. Mittelzipfel der Lippe vorn **Helm-Knabenkraut.**
plötzlich verbreitert. Bis 50 cm hoch.   *O. militáris.*

2. Helm halbkugelig, stumpf, außen schwarzpurpurn. Ähre
vor dem Erblühen wie verbrannt. Lippe **Brand-Knabenkraut.**
weißlich, rot punktiert. Bis 30 cm hoch.   *O. ustulátus.*

β) Die 2 seitlichen oberen Blütenhüllblätter abstehend oder
zurückgeschlagen.

° Obere Deckblätter 1nervig. Sporn waagerecht oder auf-
wärts gerichtet. Blüten purpurrot bis hellrot, in langer
Ähre. Blätter zuweilen etwas gefleckt. **Manns-Knabenkraut.**
Bis 60 cm hoch.   *O. másculus.*

°° Obere Deckblättchen drei- und mehrnervig. Sporn abwärts.

1. Stengel hohl, bis $\frac{1}{2}$ m hoch, mit 4—6 Blättern, die unteren
oval, die oberen lanzettlich. Blüten pur-   **Breitblättriges**
purrot, Lippe mit roten Punkten und   **Knabenkraut.**
Linien.   *O. latifólius.*

2. Stengel markig, bis $\frac{1}{2}$ m hoch, mit meist 10 Blättern,
die unteren länglich, die mittleren lanzettlich, die oberen
pfriemenförmig. Blüten hellila, Lippe mit   **Geflecktes**
Punkten, Linien und Flecken. Blätter   **Knabenkraut.**
schwarz gefleckt.   *O. maculátus.*

b) Sporn fadenförmig, $1\frac{1}{2}$mal so lang wie der Fruchtknoten. Blüten hell-purpurn, in walzen-
förmiger Ähre. Blätter lanzettlich-lineal. **Große Händelwurz.**
Bis 60 cm hoch.   *Gymnadénia conopéa.*

B. Lippe ungeteilt, ganzrandig. Sporn fadenförmig, länger
als der Fruchtknoten. Blüten weiß, wohl-
riechend. Blätter meist 2, gegenständig,   **Zweiblättrige**
elliptisch. Bis 40 cm hoch.   **Kuckucksblume.**
                                             Platanthéra bifólia.

II. Lippe ohne Sporn.

A. Lippe in der Mitte quer eingeschnürt, weißlich, rot
gestreift. Äußere Blütenhüllblätter bräunlich-grün, innere
rötlich-weiß. Blätter lanzettlich, länger **Weiße Sumpfwurz.**
als die Stengelglieder. Bis 50 cm hoch.   *Epipáctis palústris.*

B. Lippe nicht quer eingeschnürt, abwärts gerichtet.
1. Blütenhüllblätter abstehend. Lippe   **Ragwurz,**
oberseits meist sammetartig, braun. Bis   **Insektenorchis.**
40 cm hoch. (S. 62.)   *Ophrys.*

454 — Auf der Wiese.

2. Blütenhüllblätter zusammengeneigt, grün, später gelblichgrün. Lippe gelblich, lang, 2spaltig. Blät-
ter 2, gegenständig, eiförmig. Bis 50 cm   **Großes Zweiblatt.**
hoch. (S. 62.)   *Listéra ováta*

13. Pilze auf Wiesen.

Pilze sind Waldbewohner (S. 78). Einige Arten jedoch kommen
auch auf Wiesen vor. Hier fallen sie uns besonders als „Hexenringe"
auf. Diese Pilzringe entstehen auf folgende Weise. Das unterirdische
dichte Fadengeflecht (Myzel), aus dem sich der Pilz mit Stiel und Hut
entwickelt, wächst kreisförmig weiter. Das älteste Pilzlager im Mittelpunkt stirbt allmählich ab, weil hier die Nährstoffe aufgebraucht
sind. Daher bildet das unterirdische Lager von einem gewissen Zeit-
punkt an nicht mehr eine Kreisfläche, sondern einen Ring, dessen
Durchmesser jährlich bis $1/_2$ m zunehmen kann. Man findet „Hexenringe" von mehr als 10 m Durchmesser.

Auf Wiesen wachsen hauptsächlich zwei Pilze: Feld-Champignon
(*Psallióta campéstris*) und der Eier-Bovist (*Bovista nigréscens*).
Werden die Wiesen aber beweidet, so nimmt infolge der reichlicheren
Dungstoffe die Zahl der Pilze zu.

I. **Pilze mit Stiel und Hut.** Die Fruchtschicht liegt frei an der
   Unterseite des Hutes.

1. **Feld-Champignon** (*Psallióta campéstris*). Hut: Flach gewölbt.
   Oberhaut weiß, gelblichweiß oder bräunlich. Bis 20 cm breit.
   Unterseite: Blätter bei geschlossenem Hut blaßrosa, später
   fleischfarben, zuletzt bei der Sporenreife schwarzbraun oder
   schwarz. Stiel: Bis 10 cm hoch, voll und glatt, nach unten
   etwas dicker, oben mit einem abstehenden Ring. Juni bis
   Oktober. Auf Viehweiden, Wiesen, an Wegrändern, auf
   Feldern, in Gärten und Mistbeeten. Vorzüglicher Speisepilz.
   Ähnlich: Schaf-Champignon (*Ps. arvénsis*). (S. 78.)

2. **Suppenpilz** (*Marásmius caryophýlleus*). Hut: Bis 6 cm breit.
   Dünnfleischig, glatt, anfangs glockig, dann flach, in der Mitte
   erhöht. Blaßbraun oder rötlich, im Alter bleich. Der Pilz
   schrumpft bei trockenem Wetter zusammen (Schwindling!),
   quillt bei Regen wieder auf. Unterseite: Blätter dick, weitläufig, verschieden lang, blaß. Stiel: Bis 10 cm hoch, dünn,
   zähe, mit feinem Filz überzogen (Dürrbein!). Guter Gewürz-
   pilz für Suppen und Tunken.

Pflanzenleben. 455

Ähnlich: Filziger Schwindling und Waldfreund, die aber im Walde wachsen.

3. **Echter Tintenpilz** (*Coprinus atramentárius*). Hut: Bis 10 cm breit, dünnfleischig, erst weißgrau, dann aschgrau, am Scheitel mit mehligen Schuppen. Im Alter am Rande zerschlitzt. Unterseite: Blätter sehr dicht, erst weiß, dann rotbraun, zuletzt schwarz. Bei alten Pilzen lösen sich die Blätter vom Hutrande her in eine zuerst weiche Masse, dann in eine tintenartige Flüssigkeit auf, die durch die Sporen schwarz gefärbt ist. Stiel: Bis 15 cm hoch, dünn, weiß, glatt. Der Pilz wächst meist in dichten Haufen beieinander, er entwickelt sich schnell.

Ähnlich: Schopf-Tintenpilz (*Coprinus porcellánus*). Hut anfangs walzenförmig, später kegelförmig, am Rande zerschlitzt, mit abstehenden Schuppen. Beide Tintenpilze auf Wiesen, gedüngten Grasplätzen, in Gärten, auf Schuttplätzen und Abfallhaufen. Beide in der Jugend gute Speisepilze.

4. **Wiesen-Ellerling** (*Hygróphorus ficoídes*). Hut: Bis 10 cm breit, in der Mitte gebuckelt, glatt, braungelb oder hellgelb, am Rande heller. Unterseite: Blätter dick, lang am Stiele herablaufend. Stiel: Bis 10 cm lang, nach oben verdickt. Speisepilz.

5. **Maipilz** (*Trichóloma gambósum*). Hut: Bis 10 cm breit, auch darüber. In der Jugend hoch gewölbt, später ausgebreitet, höckerig, oft hufeisenförmig, weiß, weißgelb, glatt, im Alter rissig. Unterseite: Blätter sehr dicht, schmal, brüchig, weiß. Stiel: Bis 10 cm hoch, weiß, am Fuße gelblich. Im Mai und Juni auf Grasplätzen und Wiesen. Oft gruppenweise oder in Kreisen. Guter Speisepilz.

II. **Pilze ohne Hut.** Die Fruchtschicht ist in den Fruchtkörper eingeschlossen.

a) Fruchtkörper ohne Stiel, rund.

1. **Eier-Bovist** (*Bovista nigréscens*). Bis zur Größe eines Hühnereis. Breiter als hoch. Äußere Hülle glatt, pergamentartig, weiß. In der Jugend innen markig, weiß, dann eßbar. Im Alter innen mit dunkelbraunen Staubmassen (Sporen), die durch eine runde Öffnung an der Spitze des Pilzes austreten. (S. 87.)

2. **Riesen-Bovist** (*Lycopérdon bovista*). Kugelig. Durchmesser bis 40 cm. Gewicht bis 9 kg. Äußere Hülle glatt, erst weiß

lich, dann gelblich, zuletzt sich bröckelig ablösend. In der Jugend innen markig, weiß, dann eßbar. Im Alter breiig, zuletzt trocken, mit mächtigen braunen Sporenmassen.

3. **Hasen-Bovist** (*Lycopérdon caelátum*). Eiförmig, kegelförmig, kugelig, meist höher als breit. Höhe bis 20 cm, Durchmesser bis 10 cm. Äußere Hülle erst weiß, dann ockerfarbig, mit spitzen Warzen, die im Alter schwinden. In der Jugend innen weiß und markig, dann eßbar. Im Alter innen mit braunen Sporen. Die federleichten, braunen, leeren Bälle findet man den ganzen Winter hindurch bis in den Sommer hinein. (S. 86.)

b) Fruchtkörper mit Stiel, birnförmig oder flaschenförmig.

Flaschen-Bovist (*Lycopérdon gemmátum*). Fruchtkörper verkehrt flaschenförmig, bis 15 cm hoch und bis 7 cm dick. Oberhaut zuerst weiß, später gelblich, mit Stacheln und Körnchen besetzt. In der Jugend innen weiß, dann eßbar. Im Alter innen mit braunen Sporen, die durch eine Öffnung an der Spitze entweichen. Auf Heiden, Wiesen, Triften, Grasplätzen, auch in Wäldern. Juni bis November. (S. 86.)

14. Wie der Wind die Früchte der Wiesenpflanzen verbreitet.

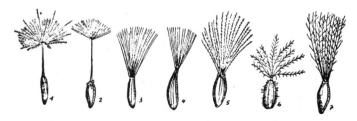

Die Wiese ist grauweiß von den zahllosen Fruchtständen des Löwenzahns. Der Wind fährt hinein. In dichten Wolken erheben sich die behaarten Früchte und schweben über die Wiese dahin. Den schönsten Anblick gewähren die Fallschirme des Bocksbartes.

Wiesenpflanzen mit Flugvorrichtungen: Bocksbart (1), Löwenzahn (2), Habichtskraut (3), Grundfeste (4), Distel (5), Bitterich (6), Kratzdistel (7).

15. Viehweiden.

Durch den Fraß des Weideviehes wird der Pflanzenbestand der Weide auffällig verändert. Schafweiden sind stets sehr scharf befressen und daher artenarm. Wenn sie am Hange liegen, sind sie sogleich an den vielen schmalen ausgetretenen Pfaden kenntlich, die den Hang entlanglaufen. Auch Rinder fressen scharf aus, lassen aber viele Pflanzen unberührt. Am wenigsten gierig frißt das Pferd. Durch den schweren Tritt der Kühe und Pferde werden viele Pflanzen vernichtet, daher sieht man auf solchen Weiden stets kahle Stellen. Über die ganze Weide verstreut sind die ,,Geilstellen", dort ist der Pflanzenwuchs besonders üppig, aber vom Zahn der Weidetiere völlig unberührt, weil hier früher ein Dunghaufen lag, dessen Geruch das Tier abstößt.

I. Futterkräuter: Süßgräser, Kleearten ...
   Alle Futterkräuter werden scharf angegriffen. Sie gehen daher in ihrer Artenzahl zurück.

II. Pflanzen, die das Weidevieh nicht frißt. Sie nehmen ständig an Artenzahl zu. Das Weidevieh schleppt sie durch Fell und Hufe ein.
   1. Pflanzen der ,,Geilstellen". Das Vieh wird durch den Geruch ferngehalten.
   2. Giftpflanzen: Bilsenkraut, Stechapfel. Diese und andere Schuttpflanzen siedeln sich gern auf den kahl getretenen Stellen der Viehweiden an. Das zur Weide getriebene Vieh nimmt die Samen und Früchte von Wegrändern und Schuttplätzen an den Hufen oder am Fell mit und streift sie auf der Weide ab.
   3. Stachelige Pflanzen: Nickende Distel (*Cárduus nutans*), Lanzettblättrige Distel (*Cirsium lanceolátum*), Gemeine Karde (*Dipsacus silvéster*).
   4. Pflanzen mit scharfen Blättern: Große und kleine Brennnessel, Rasenschmiele (S. 606), Seggen (S. 608).
   5. ,,Sauergräser": Seggen (*Carex hirta* und *C. muricáta*). Binsen (*Juncus effúsus, J. conglomerátus, J. compréssus*) (S. 658.)
   6. Schuttpflanzen: Kletten, Taube Trespe ...

16. Verschiedene Formen der Wiesen.

I. Naturwiesen: Auf landwirtschaftlich nicht genutzten Flächen.
   1. Triften: Trockener Boden, geringer Graswuchs. Keine Schafweide.

2. **Sumpfwiesen:** Sumpfiger Boden, der keine Nutzung zuläßt.

II. **Halbkulturwiesen:** Geringe landwirtschaftliche Nutzung.
1. **Triften:** Trockener Boden, geringer Graswuchs, Schafweide.
2. **Streuwiesen:** Feuchter oder sumpfiger Boden. Streunutzung der Sauergräser.

III. **Kulturwiesen:** Landwirtschaftliche Nutzung.
A. **Dauerwiesen:** Ständige Grasnutzung.
1. **Magerwiesen:** Mäßiger Graswuchs. Einmalige Mahd im Jahr.
2. **Frischwiesen:** Guter Graswuchs. 2(3) malige Mahd im Jahr. Oder einmalige Mahd, hinterher Viehweide.
B. **Wechselwiesen:** Alle 8—10 Jahre vorübergehend als Ackerland genutzt.

17. Die Pflanzengesellschaften der Wiesen.

Die Wiesengesellschaften der Kulturwiesen stehen fast völlig unter dem Einfluß der Wiesenbewirtschaftung und können daher kein einheitliches Gepräge haben, sie wechseln von Fall zu Fall. Sie setzen sich mehr oder weniger so zusammen, daß der größtmögliche wirtschaftliche Nutzen erzielt wird.

Anders ist es mit den Wiesengesellschaften der Naturwiesen.

Triften: Siehe Sonnige Hügel S. 265.

Sumpfwiesen: Siehe Gewässer und Moore S. 481 und 580.

Tierleben.

1. Große Vögel, die über Wiesen fliegen.

Die eigentlichen Wiesenvögel kann man am leichtesten inmitten eines weiten Wiesengeländes kennenlernen, dort sind sie nicht mit zugezogenen Vögeln anderer Gebiete vermengt. Wo die Wiese feucht und sumpfig ist, stellen sich Sumpfvögel ein: Kiebitze, Bekassinen, Rotschenkel, Schnepfen... Sie halten sich auch überall an den zahlreichen Gräben auf, die die Wiese durchziehen. Trockene Stellen werden von Feldvögeln aufgesucht: Rebhühnern, Wachteln, Trappen... Aus dem Ufergebüsch benachbarter Gewässer kommen gleichfalls Vögel in die Wiese. So ist der Bestand der eigentlichen Wiesenvögel vielfach durchsetzt von Vögeln anderer Gebiete.

Tierleben. 459

Ein Teil der Wiesenvögel zeigt sich ungescheut: Alle Kleinvögel (S. 461); Würger, die an Wiesenhecken leben (S. 318); Raubvögel, die über der Wiese kreisen (S. 396); Storch und Brachvogel, die wegen ihrer Größe im Grase keine Deckung finden. Ein anderer Teil lebt versteckt im hohen Grase: Wiesenknarrer, Rallen, Wachteln. Man sieht sie nur zufällig einmal.

I. **Vor dem Auffliegen erfolgt ein Anlauf mit Luftsprüngen.**
   1. Gefieder weiß und schwarz. Schnabel und Füße rot. — **Weißer Storch.** *Cicónia cicónia.*
   2. Gefieder aschgrau. Größer als der Storch. — **Kranich.** *Grus grus.*
   3. Oberseite okerbraun, mit schwarzen Flecken und Bändern. Unterseite weiß. Flügel mit weißer Querbinde. Schwanz mit schwarzer Querbinde. Vogel weiter Ackergelände. — **Große Trappe.** *Otis tarda.*

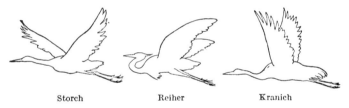

Storch   Reiher   Kranich

II. **Der Vogel fliegt im Schwebeflug, d. h. er hält sich längere Zeit ohne Flügelschlag schwebend in der Luft.**
   1. Hals und Beine sind lang ausgestreckt. — **Weißer Storch.** *Cicónia cicónia.*
   2. Der Hals ist S-förmig zurückgebogen. Kopf mit Federschopf. Gefieder grau. (S. 115.) — **Fischreiher.** *Árdea cinérea.*
   3. Der Vogel kreist lange in der Luft. (S. 396.) — **Raubvögel.**

III. **Der Vogel rüttelt, d. h. er hält sich für längere Zeit mit schnellem Flügelschlag und schräg gestelltem Körper an einer Stelle in der Luft.**
   1. Ein mittelgroßer Raubvogel. (S. 397.) — **Turmfalk.** *Cérchneis tinnúnculus.*

15*

460   Auf der Wiese.

2. Ein weißgrauer Vogel von Amselgröße. Nur dort, wo Bäume in der Wiese stehen. (S. 318.)

Großer Würger.
Lánius excúbitor.

IV. **Der Vogel wirft sich im Fluge von der einen Seite auf die andere.**

1. Oberseite metallisch grün. Unterseite weiß und schwarz. Kopf mit schwarzem Federschopf.

Kiebitz.
Vanéllus vanéllus.

2. Raubvögel, die im niedrigen Fluge das Gelände absuchen und dabei die Spitzen der Flügel hoch halten.

a) In Größe und Färbung dem Mäusebussard ähnlich, aber schlanker und mit längerem Schwanz. Kopf hell. An schilfreichen Gewässern und Sümpfen. (S. 398.)

Rohrweihe.
Circus aeruginósus.

b) Etwas größer und schlanker als ein Sperberweibchen. Bürzel weiß. (S. 398.)

Wiesen- u. Kornweihe.
Circus.

V. **Der Flug ist laut schnurrend, geradeaus gerichtet und nur von kurzer Dauer.**

1. Ein auffällig großer Vogel. (S. 459.)

Große Trappe.
Otis tarda.

2. Großer Vogel mit auffällig langem Schwanz. (S. 115.)

Jagdfasan.
Phasiánus cólchicus.

3. Meist zu 2 oder in einer „Kette" zu vielen. Gefieder braun. Fast Taubengröße. (S. 406.)

Rebhuhn.
Perdix perdix.

4. Vogel von Stargröße. Gefieder der Oberseite braun, Unterseite hell.

Wachtel.
Cotúrnix cotúrnix.

VI. **Der Vogel läßt im Fluge die Beine lang herunterhängen.**

Rallen.

1. Vogel von fast der Größe und dem Aussehen eines Rebhuhns. Auf dem Kopf dunkle Längsstreifen. (Unterschied: Das Rebhuhn hat Gangbeine, d. h. die Schienen sind bis zur Ferse befiedert; der Wiesenknarrer hat Watbeine, d. h. die Schienen sind über der Ferse nackt. S. 464.)

Wiesenknarrer.
Crex crex.

2. Vogel von der Größe eines Rebhuhns. Schnabel rot, gerade, länger als der Kopf. Gefieder dunkel. (S. 523.)

Wasseralle.
Rallus aquáticus.

3. Vogel von der Größe einer Amsel. Oberseite olivbraun. Unterseite schiefergrau. Schnabel und Füße grün.

Gesprenkeltes Sumpfhuhn.
Ortygométra porzána.

4. Vogel von etwa Taubengröße. Oberseite olivbraun. Unterseite schieferfarben. Stirn rot. (S. 523.)

Grünfüßiges Teichhuhn.
Gallínula chlóropus.

5. Vogel von der Größe einer Krähe. Gefieder schwarz. Stirn weiß. (S. 523.)

Bläßhuhn.
Fúlica atra.

VII. Der Vogel steigt plötzlich dicht vor uns auf, schießt niedrig dahin und macht dabei blitzschnelle Wendungen. Achte sofort auf den langen, schräg nach unten gerichteten Schnabel! Oberseite schwarzbraun, mit 3 hellen Längsstreifen. Unterseite in der Mitte weiß. Etwas mehr als Amselgröße. (S. 465.)

Bekassine.
Gallinágo gallinágo.

VIII. Der Vogel steigt mit reißend schnellem Flug in beträchtliche Höhen hinauf. Dann zieht er sehr weite waagrechte Kreise. Von Zeit zu Zeit läßt er sich in ziemlich steilen Abstürzen ein Stück fallen. Dabei ist ein „meckerndes Huhuhuhuhuhuhuhuhu" zu hören, dessen Tonhöhe in der Mitte ansteigt. Darauf steigt der Vogel wieder empor. Dieser „Balzflug" kann ununterbrochen eine Stunde lang dauern. (S. 465.)

Bekassine.
Gallinágo gallinágo.

IX. Der Vogel fliegt mit angezogenem Hals und ausgestreckten Füßen. Sein Flug ist schwimmend und vor dem Niederlassen schwebend. Schnabel lang und gebogen. Gefieder bräunlich, Unterrücken weiß. (S. 464, 511.)

Großer Brachvogel.
Numénius arquátus.

Siehe auch Fischreiher S. 459!

2. Kleine Wiesenvögel.

Wenn Feld und Gartengelände in der Nähe sind, fliegen von dort her Vögel über die Wiese hinweg oder halten sich auch wohl kürzere oder längere Zeit darin auf. Meist sind es Goldammern, Hänflinge, Distelfinken, Buchfinken, Girlitze, Stare ... Man suche zunächst diese Gäste von den eingesessenen Wiesenvögeln zu unterscheiden.

I. Am auffälligsten durch den lange anhaltenden guten Gesang in der Luft. (S. 408.)

Feldlerche.
Aláuda arvénsis.

462 Auf der Wiese.

II. Am auffälligsten durch kurze Liedstrophen.

1. Der singende Vogel erhebt sich aus einer Hecke etwa baumhoch singend in die Luft und fällt gleich wieder zurück. Die Liedstrophe zwitschernd vorgetragen, etwa so: Didudidóidida. Mehr noch ertönt die Strophe aus dem Gebüsch, wo der Vogel hin und her schlüpft. Man kann seine Stimme auch aus hohem Wiesengras hören. Sehr gutes Kennzeichen: woidwoidwoidwoid, das aus dem Gebüsch ertönt, oder ein hartes, schmatzendes Tze. (S. 258.) **Dorngrasmücke.** *Sylvia commúnis.*

2. Der singende Vogel sitzt an einem hohen Krautstengel oder, wenn solche nicht vorhanden, auf niederem Gebüsch, kleinen Bäumen oder Telegraphenleitungen. Liedstrophen meist sehr kurz, wie abgebrochen, mit nur 3—7 Tönen, die zum Teil gepreßt und gequetscht herauskommen, wie beim Hausrotschwanz. Lockton: harte Teck teck oder weiche Dü. Erkennungsmerkmal: Kopfseiten mit schwarzem Fleck, der oben und unten mit weißen Streifen eingefaßt ist; gelbe Brust, weißer Flügelstrich. **Braunkehlchen.** *Pratincola rubétra.*

3. Der Vogel sitzt plump und träge auf einem Baum oder einer Telegraphenstange (wo solche nicht in der Nähe, an kräftigen Stengeln von Wiesenpflanzen) und singt unermüdlich: Zick zick zick zick schnirrrrps. Erkennungsmerkmal: Einfarbig grau, derbe Gestalt. **Grauammer.** *Emberíza calándra.*

III. Am auffälligsten durch kurze, scharfe Rufe.

1. Von der Spitze einer höheren Krautpflanze, eines Pfahles oder Busches ertönt ein sehr oft wiederholtes ein- oder zweisilbiges Psüib, psieb. Eine Liedstrophe hört man von dem Vogel fast nie. Erkennungsmerkmal: Gelbe Unterseite, langer Schwanz. (S. 520.) **Schaf- oder Wiesenstelze.** *Budýtes flavus.*

2. Kurze Rufe: Ist ist oder Zirp zilip oder Dzi dzi. (Außerdem singt der Vogel auch, indem er sich in die Luft erhebt und einförmige Strophen in häufiger Wiederholung vorträgt: dzi dzi dzi ... djill djill djill ... dipp dipp dipp ...) Erkennungsmerkmal: Grau, Unterseite hell, mit dunkler Längsstrichelung. (S. 588.) **Wiesenpieper.** *Anthus praténsis.*

3. Kurze, rauhe Rufe: Gä oder gwä oder kräw, oder mit hartem Schlag: däck oder zäck oder zäckäckäckack. Alle diese Rufe

Tierleben. 463

tönen aus Hecken heraus oder von einem Feldbaume herunter. Erkennungsmerkmal: Mehr als Sperlingsgröße, rotbrauner Rücken, helle Unterseite mit rötlichem Anflug, grauer Oberkopf, schwarzer Augenstreif. (Weibchen mehr einfarbig.) (S. 319.) **Rotrückiger Würger, Neuntöter.** *Lánius collúrio.*

4. Kurze, schnalzende Rufe: Teck teck, oft mit einem weichen Dü oder Diu vorweg, das am Schluß betont ist. Siehe II 2! **Braunkehlchen.** *Pratíncola rubétra.*

IV. Am auffälligsten durch das Gefieder.

Schon aus der Ferne zu erkennen: Vogel macht oft Verbeugungen, bewegt den Schwanz langsam auf und ab; im Fortfliegen leuchten der kreideweiße Bürzel und Unterschwanz weithin. Körpermerkmale: Sperlingsgröße; Oberseite hell-aschgrau, Unterseite rost-gelblichweiß; schwarzer Augenstrich. Vorkommen: Berghalden, öde Steinfelder und Steinbrüche liebster Aufenthalt; aber auch in der Ebene, an Dämmen, hohen Ufern, in Viehweiden und Wiesen. (S. 589.) **Steinschmätzer.** *Saxícola oenánthe.*

3. Laute Rufe in der Wiese.

I. Laute Rufe aus der Luft. (Flugbilder siehe S. 396!)

1. Hoch in den Lüften kreisender Vogel. Rufe: langgezogene Hiäh hiäh oder gedehnte Miau miau; am Ende abfallend. **Mäusebussard.** *Búteo búteo.*

2. In der Luft kreisender Vogel. Schwanz tief gegabelt. Farbe rötlich. Rufe: Ein hohes „.Hiäh, hi-hi-hia"; Freudengeschrei ein trillerndes Pfeifen; Hungerruf: „Fiiiii-ih ih ih". **Roter Milan.** Gabelweihe. *Milvus milvus.*

3. Balzflugspiele eines Vogels von Bussardgröße in bedeutender Höhe: weite Kreise, Schlangenlinien, Abstürze mit Überschlägen bei angezogenen Flügeln. Rufe: kläglich quäkende Kuäh, Kuih, Quih, hinaufziehend und wieder absinkend. In der Nähe von Sümpfen und Gewässern. April und Mai. **Rohr- oder Sumpfweihe.** *Circus aeruginósus.*

4. Balzflugspiele eines Vogels von Sperbergröße, ähnlich denen der Rohrweihe. Rufe: ähgri gä gä gä gä gä, am Ende absinkend, oder gege-gegege. Im Frühling. **Kornweihe und Wiesenweihe.** *C. cyáneus* u. *pygárgus.*

464 Auf der Wiese.

5. Großer grau gefärbter Vogel mit langen Beinen und S-förmig zurückgebogenem Hals. Fast Storchgröße. Rufe: laute, kreischende Schreie, wie verunglückte Trompetentöne oder wie eine kreischende Säge Kräik kräik kräik, oder chroä chroä, oder chräth chräth, oder chrüth chrüth. (S. 459.)

Fischreiher.
Árdea cinérea.

6. Großer Vogel mit langem, gebogenem Schnabel. Gefieder bräunlich, Unterrücken weiß. Balzflug bis haushoch, dann im Gleitflug abwärts mit schräg nach oben gehaltenen Flügeln. (Siehe Baumpieper S. 258!) Dabei klangvolle Flötentöne: thloit oder tläü; ein-, zwei- oder drei-silbig, am Schluß 3—5 Töne hinauf-gezogen. (S. 461.)

Großer Brachvogel.
Numénius arquátus.

7. Hoch in der Luft kreisender Vogel von Amselgröße. Ruf: huhuhuhuhuhuhuh. (S. 461.)

Bekassine.
Gallinágo gallinágo.

II. Laute Rufe aus Wiesenbäumen.

1. Kuckuck kuckuck.

Kuckuck.
Cúculus canórus.

2. Turrr turrr, einzeln oder in Touren zu 3—5, die alle in gleicher Tonhöhe liegen oder ansteigen können. (S. 119.)

Turteltaube.
Turtur turtur.

3. Gru gruh grugru gru. Ringeltauben halten sich gern in Feldgehölzen auf, auch in hohen Wiesen-bäumen. (S. 229.)

Ringeltaube.
Colúmba palúmbus.

4. Murrkurruh oder mahurkukuh — murrkuckurruuh. Ver-wilderte Rasse, die in Färbung und Lebensweise der Felsen-taube (Stammform der Haustaube) gleicht, hat sich vom Menschen fort-gewöhnt.

**Feldtauben,
Feldflüchter.**

5. Ghuk ghuk, gedehnt. Oder Kuit kuit, laut und gellend. Oder Kuwiff kuwiff („Komm mit! Komm mit!" Ruf des Leichhuhns oder Totenvogels). Oder Gwiwkuck gwiwkuck, lebhaft. (S. 465.)

Steinkauz.
Athéne nóctua.

III. Laute Rufe aus hohem Wiesengras.

1. Rerrrp rerrrp, auffällig laut und knarrend, am Tage ver-einzelt, abends lebhafter, in der Nacht oft stundenlang ununterbrochen. (S. 465.)

Wiesenknarrer.
Crex crex.

2. Pickwerwick pickwerwick, frisch und überraschend. (Vom Landmann übersetzt in „Bück den

Rück!") Der Ruf ertönt einmal hier, einmal da. (S. 406.)

Wachtel.
Cotúrnix cotúrnix.

3. Girrää oder girrhäk oder gärhik oder girhik. Paarungsruf im Frühling. (S. 406.)

Rebhuhn.
Perdix perdix.

4. Gaaaack, einsilbig, ein lautes, schnarrendes, weithin hörbares Krähen. Meist im Walde. Doch auch aus angrenzenden Wiesen. (S. 115.)

Jagdfasan.
Phasiánus cólchicus.

4. Stimmen der Nacht.

I. Aus der Luft.

1. Ein summendes Meckern, wie von einer Ziege („Himmelsziege", „Himmelsgeiß"). Etwa: Huhuhuhu oder Dudududu, aber sehr schnell ausgestoßen. Das Meckern rührt her von dem balzenden Vogel, der in der Luft seine Sturzflüge macht und beim Absturz seine Schwingen und die Steuerfedern des Schwanzes in ein surrendes Zittern geraten läßt. Der Absturz dauert jedesmal einige Sekunden und wird oft eine Viertelstunde lang wiederholt.

Bekassine.
Gallinágo gallinágo.

2. Ein helles Kuwitt kuwitt oder auch kwiutt oder kuück oder huuugh; auch wohl guuhk. Der Ruf Kuwitt wird vom Volke als „Komm mit!" gedeutet, d. i. der Ruf des Totenvogels oder Leichhuhns.

Steinkauz.
Athéne nóctua.

3. Ein weithin schallender, schriller, kreischender Ruf wie von einer Säge: Kräik kraik kraik, mit kleinen Pausen dazwischen. Der Reiher fliegt seinem Neste zu. Aus dem leiser werdenden Ruf läßt sich die Flugrichtung erkennen: von einem größeren Gewässer nach einem Walde.

Fischreiher.
Ardea cinérea.

II. Aus hohem Wiesengras.

1. Ein lauter, weithin hörbarer, rauher zweiteiliger Ton, etwa: Rärp-rärp. „Er gleicht dem Tone, den man erhält, wenn man mit einem Schachtelspan über die Zinken eines großen Kammes nicht zu rasch einmal hin- und herfährt" (Voigt). Volkstümliche Namen des Vogels: „Wiesenknarrer", „Schnerz". Der Vogel kommt im Frühjahr gleichzeitig mit den Wachteln zurück, lebt an denselben Örtlichkeiten und hat ähnliches Aussehen, ist aber viel größer. Daher sein volkstümlicher Name.

Wiesenknarrer, Wachtelkönig.
Crex crex.

2. Ein helles, frisches Pickwerwick, bald hier, bald dort.

Wachtel.
Cotúrnix cotúrnix.

3. Ein einförmiges Sirren: Sirrrrrrrrrrrr ... Hat große Ähnlichkeit mit dem Sirren der Heuschrecken. Merke: Heuschrecken sirren im Hochsommer, dieses Vogelsirren ertönt im Vorsommer. Dauer: einige Sekunden, aber auch über 2 Minuten. Am sichersten am Abend und frühen Morgen, doch auch mitten in der Nacht, seltener am Tage. In Auelandschaften, Luch und Marschen Norddeutschlands, im Berglande im Weidicht der Bach- und Flußufer, auf Waldwiesen. Gestalt und Größe wie Teichrohrsänger; Oberseite grünlich braungrau mit ovalen braunschwarzen Flecken.

Heuschreckensänger.
Feldschwirl.
Locustélla naévia.

4. Im Osten lebt neben dem Feldschwirl der Flußschwirl. Sein Gesang liegt nicht auf einem Ton (dem i) wie der des Feldschwirls, er zirpt oder schlägt zweisilbig auf den Grundton e: sesesesesesesesese, goldammerartig. Vogel etwas größer als Feldschwirl, Oberseite einfarbig grüngrau.

Flußschwirl.
Locustélla fluviátilis.

5. Nester der Wiesenvögel.

I. Auf der Erde.

1. **Feldlerche.**

Nest: Lose zusammengefügter Bau aus Halmen, Wurzeln und Pferdehaaren.

Nistplatz: Auf Äckern und Wiesen, dort wo niedriger Pflanzenwuchs ist, in einer kleinen Vertiefung hinter Erdschollen gut versteckt.

Eier: 3—5, grau und braun gewölkt, oft kranzförmig gefleckt. April bis Juli: 2—3 Bruten.

2. **Wiesenpieper.**

Nest: Aus Hälmchen und Moos halbkugelartig geformt, innen mit Kuh- und Pferdehaaren ausgepolstert.

Nistplatz: Immer auf der Erde in einer kleinen Bodenvertiefung: hinter einem Stein, einem Grasbüschel, einem Binsenhorst oder einer Erdscholle sehr gut versteckt und außerordentlich schwer aufzufinden. (Nach eigenen Beobachtungen: Da der Vogel auch auf ganz kahlen Grasplätzen nistet, so achte man scharf auf die Stelle, wo der fütternde Vogel sich

Tierleben. 467

niederläßt, der oft erst dann auffliegt, wenn die Schnauze der
weidenden Kuh den Nesteingang verdunkelt.)

Eier: 4—6, auf grauweißem Grunde überall dicht mit
graubraunen Punkten und Flecken bedeckt. Mai bis Juli:
2 Bruten.

3. Schafstelze.

Nest: Aus Würzelchen, Halmen und Moos, innen mit
Haaren, Distelflocken, zuweilen auch einigen Federn ausgepolstert.

Nistplatz: Im Wiesengras, auf Äckern, in Kleefeldern,
an grasreichen Grabenufern, immer auf dem Boden.

Eier: Meist 5, auf weißlichem Grunde über und über mit
rötlichen oder graubraunen Punkten, Strichen und Flecken
marmoriert. Mai bis Juli: Eine Brut.

4. Braunkehlchen.

Nest: Aus Würzelchen, Halmen und Moos, innen mit
Haaren ausgekleidet.

Nistplatz: Im Wiesengras, stets am Boden, in einer kleinen
Vertiefung, oft unter einem Laubbusch. Sehr gut versteckt und
ungemein schwierig aufzufinden. (Das Braunkehlchen fliegt
einfach nicht aufs Nest, sowie es sich beobachtet weiß. Noch
vorsichtiger ist darin das Schwarzkehlchen.)

Eier: 4—6, dunkel grünblau, zuweilen rötlich überspritzt.
Mai bis Juli.

5. Grauammer.

Nest: Derb und massig, außen grobe Halme, Stoppeln,
Blätter und Stengel, innen feine Hälmchen, Pferdehaare, nur
sehr selten Federn.

Nistplatz: In Wiesen und Kleefeldern, an Grabenrändern
und Wegen. Meist auf dem Boden, aber auch dicht über der
Erde.

Eier: 4—7, auf bräunlichweißem Grunde mit violetten
Punkten und Flecken, dunkelbraunen Schnörkeln und Haarzügen verziert. April bis Juli: 2 Bruten.

6. Goldammer.

Nest: Derb und massig.

Nistplatz: Unter kleinen Erdüberhängen, an Steinen, im
langen Grase, gelegentlich auch völlig ungedeckt. (S. 410.)

7. Wachtel.

Nest: Kunstlos zusammengelegte Grashälmchen.

468 Auf der Wiese.

Nistplatz: Meist auf Äckern, doch auch in Wiesen. In einer kleinen Bodenvertiefung gut versteckt.

Eier: 8—14, birnförmig; graugelb, bräunlich-gelb oder olivenbraun, mit schwarzbraunen Flecken und tiefen, gefärbten Poren. Mai bis August, namentlich Juni und Juli.

II. In Hecken.

1. Rotrückiger Würger, Neuntöter.

Nest: Aus Wurzeln und Moos, innen mit Pflanzenwolle ausgepolstert.

Nistplatz: In Dornbüschen, meist niedrig, selten hoch.

Eier: 4—7, grünlich, gelblich oder rötlich, mit olivenbraunen Flecken und grauen Punkten. Mai bis Juli.

2. Dorngrasmücke.

Nest: Aus Halmen, Fasern, Grasrispen, Wolle, Gespinsten von Raupen und Spinnen; der Napf tief, innen mit feinerem Material, auch Pferdehaaren.

Nistplatz: Meist dicht über dem Boden, höchstens $^1/_2$ m hoch. In Dornbüschen, Brombeergerank, Brennesselbeständen, zuweilen in hohem Gras. Gut versteckt und von Blattwerk oder altem Gras überdacht.

Eier: 4—6, auf grünlichem oder bläulichweißem Grunde mit braunen Punkten und Flecken bespritzt; am stumpfen Ende oft ein grauer Fleckenkranz.

6. Wiesenvögel nach der Mahd.

1. Beobachtungen an Wiesenvögeln während der Heuernte.

In den ersten Tagen aufgeregt — gewohnte Deckung verloren, suchen daher jeden stehengebliebenen Grasbüschel —, ziehen sich zum Teil in das Ufergebüsch der Gräben und Bäche zurück.

2. Unterschiedliches Verhalten der einzelnen Arten. Als Beispiel diene: Braunkehliger Wiesenschmätzer und Grauammer.

a) Der Wiesenschmätzer: Erkennungsmerkmale: gelbbraune Brust, schwarzer Querfleck unter dem Auge, ein blendendes Weiß darüber. (Auch Braunkehlchen genannt.)

Benehmen: fliegt aufgeregt hin und her, hält sich in der Nähe noch stehender Grasbüschel, fliegt an die Stengel kräftiger Wiesenpflanzen, die hier und da noch stehen. Man merkt ihm deutlich das Unbehagen an.

Rufe: Mehrere weiche, klagende Dü dü dü, die meist einsilbig erklingen und am Schluß abwärtsgezogen werden. Diesem mehrmaligen Dü folgt dann das schmatzende (daher der Name Schmätzer!) Teck teck.

b) **Die Grauammer.** Erkennungsmerkmale: einfarbig **grau,** derber Vogel, dicker Schnabel.

Benehmen: ändert sein bisheriges ruhiges Verhalten nicht, zwirnt unverdrossen sein kurzes Liedchen auf Telegraphendrähten und Buschspitzen auch weiterhin ab.

Lied: zick zick zick zick schnirrrrrps, oder auch so: zickzick zick zick zick zerrrieh.

3. Den Gesang der **Dorngrasmücke** hört man jetzt nur noch aus Ufergebüsch und Hecken, während er vor der Mahd auch häufig aus hohem Wiesengras zu hören war. Sie streicht jetzt über die kahle Wiese dahin und stößt im Fluge Bruchstücke ihres Liedchens aus.

Erkennungsmerkmal: braune Flügel. Ganze Liedstrophe: Didudidóidida. Wer Klangfarbe und Rhythmus dieses Liedes im Ohr hat, hört deutlich, welche Bruchstücke davon der fliegende Vogel ausstößt.

4. **Wiesenstelzen** oder **Kuhstelzen,** auch **Schafstelzen·** genannt, halten sich nicht mehr an das frühere Brutrevier, sie machen weitere Flüge.

Erkennungsmerkmale: gelbe Unterseite, langer Schwanz, Bogenflug. Fluglaute: sehr scharfes psiëb, ein- oder zweisilbig.

5. **Feldlerchen** lassen im Singen nach. Sie halten sich mehr am Boden.

Erkennungsmerkmal: Schwanz an jeder Seite blendendweiß gefärbt, beim Auffliegen des Vogels gut zu sehen.

Benehmen am Boden: sitzt oft auf Grenzsteinen, Erdschollen, erhöhten Plätzen, die Umschau gewähren; duldet hier keinen andern Vogel, vertreibt ihn mit Schnabelhieben; läuft gewandt, oft auch in kurzen Absätzen.

Benehmen im Fluge: lange Flügel, Flug bald schnell, bald langsam, oft flatternd über einer Stelle, dann wieder in stürmender Eile in großen weiten Bogen dahinschießend.

6. **Erdsucher.** Auf der abgeernteten Wiese stellen sich zahlreiche Vögel des Waldes und des Feldes ein, die nach Bodentieren suchen, die nun leichter zu erreichen sind als vorher im hohen Grase.

I. Rabenschwarze Vögel.

a) **Raben-** und **Saatkrähen** erscheinen zunächst einzeln und suchen nach Engerlingen, Erdraupen, Drahtwürmern, Tausendfüßlern, Regenwürmern usw. Späterhin gesellen sie sich zu großen Zügen zusammen.

b) **Dohlen** kann man nur dort auf den leeren Wiesen erwarten, wo sie in Ruinen und Türmen der Nachbarschaft heimisch sind. Erkennungsmerkmale: Taubengröße, also bedeutend kleiner als Krähen. Ihr Flug viel schneller und gewandter als der Krähenflug, etwa so lebhaft wie Taubenflug.

Fluglaute: laute helle Kjä Kjä oder Kja.

c) **Amseln** und **Stare** sind die kleinsten der schwarzen Erdsucher. Beide unterscheiden sich leicht.

Amsel: sucht immer einzeln, gelber Schnabel (Weibchen schwarzbraun).

Star: meist in Schwärmen, kleiner als Amsel, metallisch schimmerndes Gefieder, zitternder Flug.

II. Schwarz-weißer Vogel.

Die **Elster** kann mit keinem einheimischen Vogel verwechselt werden.

Erkennungsmerkmale: schwarz mit grünem Schiller; Unterrücken, Schulter, Unterbrust und Innenfahne der großen Schwingen weiß. Schwanz sehr lang.

Fluglaute: Schackackackack oder räckäckäck. Mit diesen Lauten geht der Vogel hoch, wenn er beunruhigt wird.

III. Einfarbig graue Vögel.

a) **Von Amselgröße.**

Sing- und **Misteldrosseln,** wenn Wald in der Nähe ist. Beide sind an ihrem Benehmen leicht zu unterscheiden. Die Misteldrossel ist die größte einheimische Drossel, sie ist sehr unruhig, sitzt alle Augenblicke auf einem Erdhaufen, um zu sichern. Im Fluge läßt sie häufig das Schnärren hören; man kann den Ton nachahmen, wenn man mit den Zähnen eines Kammes über den Rand einer leeren Streichholzschachtel fährt.

b) **Von mehr als Amselgröße.**

Grauspecht und **Grünspecht** heißen Erdspechte, weil sie ihr Futter auf der Erde suchen. Auf leeren Wiesen hacken sie die Ameisenhügel auf und holen sich die Rasenameisen und die gelben Wiesen-

Tierleben. 471

ameisen mit der langen, klebrigen Zunge heraus. Suche auf den auf-
gehackten Ameisenhügeln nach dem Kot der Erdspechte! Er liegt
oft in bleistiftdicken, halbfingerlangen Enden darauf und enthält
die Chitinreste der verzehrten Ameisen.

IV. Bunter Vogel.

Häher: Taubengröße; graurötlich, Spiegel (S. 514) mit schwarzen,
blauen und weißen Querbinden, auf dem Kopfe ist das Gefieder
hollenförmig verlängert.

Fluglaute: ein kreischendes Rääätsch oder Räh oder gräh gräh.

Der Häher wagt sich nie weit hinaus auf Wiesen oder Felder,
er ist kein gewandter Flieger und fürchtet die Raubvögel. Er bleibt
am Waldrand. Der auffliegende Vogel ist sofort an dem weißen
Bürzel zu erkennen.

7. Grashüpfer.

Grashüpfer, Heuschrecken oder Heupferdchen sind auffällig durch
die langen Sprünge, die sie machen, und durch ihr Zirpen. Auf den
Wiesen leben zwei Arten: Laubheuschrecken und Feldheuschrecken.
Laubheuschrecken findet man auch häufig in Getreidefeldern, im Ge-
büsch und auf Bäumen. Außer den Heuschrecken springt noch das
Heer der Zirpen oder Zikaden im Gras herum.

I. Grashüpfer mit langen Hinterbeinen. Leib langgestreckt
   und schlank. Die meisten Arten mit Flügeln, die dachartig zusammengelegt sind.   **Heuschrecken.**

1. Fühler kürzer als der Körper. Legescheide des Weibchens
   kurz. Körperfarbe grau oder braun. Gehörorgan im ersten
   Hinterleibsring. Das Zirpen erfolgt durch Reiben der Hinterschenkel an den Flügeldecken. Nahrung: Pflanzen. Häufige
   Art: *Stenobóthrus*.   **Feld-Heuschrecke.**

2. Fühler länger als der Körper. Legescheide des Weibchens
   lang, Körperfarbe grün. Gehörorgan in den Schienen der
   Vorderbeine. Das Zirpen erfolgt durch Reiben der Flügel-
   decken aneinander. Nahrung: tierische Kost, Fliegen,
   Schmetterlinge, Raupen . . . Häufige
   Art: *Locústa*.   **Laub-Heuschrecke.**

Anmerkung: Die Eier werden in Klümpchen in die Erde
gelegt. Im Frühjahr erscheinen die jungen Tiere, die Larven,
die sich mehrfach häuten. Sie sind zunächst flügellos. Bei der

dritten Häutung erhalten sie Flügel. In diesem Larvenzustand bedecken die Hinterflügel die Vorderflügel. Bei den ausgewachsenen Heuschrecken bedecken die Vorderflügel die Hinterflügel. Dadurch kann man beide leicht unterscheiden.

II. Grashüpfer mit kurzen Hinterbeinen. Leib gedrungen. Fühler kurz und borstenförmig. Mund mit Saugrüssel. Flügel dachförmig, die oberen lederartig und meist sehr bunt gefärbt. Nahrung: Pflanzensäfte. Alle Zirpen (außer der großen Singzikade und der Bergzikade) sind kleiner als die kleinsten Heuschrecken. (S. 474.) **Zirpen, Zikaden.**

8. Die Musik der Wiese.

In den Sommermonaten ertönt ein vielstimmiges Zirpen aus dem Gras der Wiese. Feldgrillen und Heuschrecken sind die Musikanten. Es erfordert Geduld und Aufmerksamkeit, den einzelnen Spieler zu finden. Zunächst stelle man durch das Ohr die Richtung fest, aus der das Zirpen kommt. Man wende dabei den Kopf nach verschiedenen Seiten und vergleiche den Unterschied in der Tonstärke. In der Richtung des stärksten Tones suche man sodann mit dem Auge.

Das Zirpen der Feldgrillen.

Es ertönt von Mai ab bis tief in den Sommer hinein, während die Feld- und Laubheuschrecken erst im Sommer beginnen und bis in den Herbst hinein musizieren. Die Feldgrille, *Gryllus campéstris*,

bewohnt auf Wiesen und Weiden, an Feldrainen und Grabenrändern selbstgegrabene kleine Höhlen. Kennzeichen: 2 bis 3 cm lang, Kopf glänzend schwarz, Flügeldecken braun, an der Wurzel gelb, Unterseite der Hinterschenkel rot. Nach der Eiablage, spätestens im Juli, sterben die Grillen. Wenn das Zirpen der Heuschrecken beginnt ist das der Grillen also bereits verstummt. Es wird dadurch hervorgebracht, daß eine starke, sehr fein quergefurchte Ader an der Unterseite der Vorderflügel schnell auf dem darunterliegenden Hinterflügel gerieben wird. Der Ton ist laut und schrill.

Das Zirpen der Laubheuschrecken.

Es ertönt erst im Spätsommer. Die großen Arten der Laubheuschrecken werden fast 5 cm lang. An gefangenen Tieren ist leicht festzustellen, daß nur die Männchen (ohne Legestachel) zirpen, die

Weibchen (mit Legestachel) dagegen nicht.
Das zirpende Männchen streicht die linke
Flügeldecke wie einen Geigenbogen schnell
über die darunterliegende rechte Decke.
Auf der rechten Decke ist eine zarte,
feinhäutige Stelle, die mit starken Leisten
umsäumt ist, über die eine starke, fein-

gerippte Ader der linken Decke hinwegstreicht. Der Ton ist laut,
eintönig und anhaltend und ertönt am Tage sowohl wie in der Nacht.
Man hört ihn aus hohem Wiesengras, aus Buschwerk und von Bäumen
herab. Kenner vermögen die verschiedenen Arten am Ton zu unterscheiden.

Das Zirpen der Feldheuschrecken.

Es ertönt erst im Spätsommer. Das meiste Gezirp auf den Wiesen
wird von den zahlreichen kleinen Arten der Feldheuschrecken verursacht. Wer darauf achtet, bemerkt bald mancherlei Unterschiede
des Zirpens. Sucht man die Tierchen auf, so sieht man, daß sie in
Größe und Färbung unterschiedlich sind, also verschiedenen Arten zugehören müssen. Es geht: rrt
rrt rrt rrt oder: zck zck zck zck oder: zzzzzzzzzz
oder suisju suisju suisju suisju oder psrrr psrrr
psrrr. Eine genauere Beobachtung zeigt aber auch, wie das Zirpen
hervorgebracht wird. Die Männchen streichen mit den feingezähnten
Schenkeln der Hinterbeine über eine vorspringende Ader der Flügeldecke hinweg und versetzen sie in tönende Schwingungen.

Durch das Zirpen suchen die männlichen Grillen und Heuschrecken
die Weibchen anzulocken.

Literatur:

R. Tümpel, Die Gradflügler Mitteleuropas. Perthes, Gotha. (325 S.,
20 farbige Tafeln. Eingehende Biologie, Systematik und Beschreibung des Körperbaues.)

9. Weiße Schaumflocken an Wiesenpflanzen.

Im Frühling und Sommer findet man an Wiesenpflanzen (auch
an Krautpflanzen im Walde und an Wegen) weiße Schaumflocken,
die wie Speichel aussehen, oft in solchen Mengen, daß sie auch einem
unaufmerksamen Wanderer auffallen. Im Volksmund heißen sie
Kuckucksspeichel.

Man entferne den Schaum vorsichtig! Am Stengel sitzt eine kleine weißlichgrüne Larve, die ihren Schnabel in das saftige Fleisch gebohrt hat. Sie saugt den Saft. (Lupe!)

Zur Schaumbildung wird der flüssige Darminhalt benutzt, in den die Larve den Hinterleib eintaucht. Durch die Hinterleibsöffnung treibt sie in Abständen von etwa einer Sekunde so lange Luftblasen in die Flüssigkeit, bis sie ganz in Schaum eingehüllt ist. Die Schaumbildung wird dadurch gefördert, daß aus dem 7. und 8. Hinterleibsring ein Wachs abgesondert wird, das mit der laugigen Flüssigkeit eine Seifenlösung bildet.

Die Larve lebt also in ihrem eigenen schaumigen Kot, der sie gegen Vögel und Raubinsekten schützt.

 Nach mehrfachen Häutungen entwickelt sie sich zum fertigen Insekt, der fast 1 cm langen Schaumzirpe, *Philaenus spumárius*. Die Schaumzirpen sehen aus wie kleine Heuschrecken, sie können mit ihren Hinterbeinen weite Sprünge machen, ihre vier Flügel sind gleichartig gebildet.

Literatur:

K. Schultz, Über Respiration, Tracheensystem und Schaumproduktion der Zikadenlarven. Zeitschr. f. wissenschaftl. Zoologie. Bd. 59. S. 147—188. Verlag Engelmann, Leipzig 1911.

10. Gelbe „Watteflöckchen" an Wiesengräsern.

Im Spätsommer und Herbst kann man auf feuchten Wiesen an Gräsern und Seggen hellgelbe, dichte, flockige Gespinste von Haselnußgröße sehen. Sie ähneln den Kokons von Spinnen. Es sind die Gespinste von Braconiden (*Apánteles congéstus* und verwandte Arten), die aus Raupen ausgekrochen sind und ein gemeinsames Gespinst anfertigen. Oft sieht man neben dem Gespinst noch die leere Raupenhaut, die später abfällt. Braconiden sind Verwandte von Schlupfwespen.

11. Insektenbesuch auf Wiesenblumen.

Einen großen Teil des Pflanzenbestandes der Wiese bilden die Gräser; sie werden durch den Wind bestäubt. Bei zahlreichen Wiesenblumen dagegen findet Insektenbestäubung statt.

Tierleben. 475

Beobachtungen:
1. Über den vorherrschenden Farbton.
   a) Große Wiesenflächen leuchten weithin goldgelb: Scharfer Hahnenfuß und Löwenzahn.
   b) Die Wiese erscheint wie von Wasser überflutet: Lila-Farbe vom Wiesenschaumkraut.
   c) Das Weiß leuchtet weithin: Doldenpflanzen, Margareten.
   d) Blumen mit dunkleren Farben leuchten nicht so weit hin: Blauer Wiesensalbei, Roter Wiesenklee.

2. Über Insektenbesuch.
   a) Am meisten werden Blüten mit leuchtenden Farben besucht, Weiß- und Gelbblüher. Die dunkelblühenden Pflanzen haben weniger Besuch.
   b) Honigreiche und stark duftende Blüten werden gut besucht.
   c) Die besuchtesten Blüten sind die der Doldenpflanzen; auf ihnen treffen wir die zahlreichsten Insektenarten an. (Geruch!)
   d) Dann folgen die Korbblütler.
   e) Viel weniger Besuch empfangen die Schmetterlingsblütler und die Lippenblütler, sie werden fast nur von Hummeln und Bienen beflogen.

Im Vogelsberg sagt man: „Der weiße Hund muß dreimal durch die Wiesen laufen, dann ist's gut." (Gemeint ist: Schaumkraut im April — Wucherblume oder Margarete im Mai — Doldenpflanzen im Juni.)

12. Käfer auf Blüten.

Honigsaft und Blütenstaub locken ein Heer von Insekten an: Schmetterlinge, Käfer, Blattwespen, Wanzen und Fliegen. Diesen friedlichen Blütensitzern folgt eine Bande von Mördern und Räubern, die eine Möhrendolde zum Schlachthaus machen: Mordwespen, Raubfliegen, Raubwanzen, Spinnen u. a.

Bienen, Hummeln und Schmetterlinge sind Blütenbesucher, sie fliegen nach kurzem Aufenthalt weiter. Die meisten übrigen Insekten, die man auf Blüten findet, sind Blütensitzer, sie nehmen längeren Aufenthalt. Wir können sie daher bestimmen, ohne ihnen die Freiheit zu nehmen.

Käfer sind Blütensitzer. Sie fressen an den Blüten. Die Weichkäfer sind Raubinsekten. (S. 327.)

Achtung! Viele Käfer lassen sich bei der geringsten Störung sofort fallen. Halte die Hand unter die Blüte!

I. **Käfer, die sich aus der Rückenlage in die Höhe schnellen können** (S. 329). Körper schmal, $1/2$—2 cm lang. Flügeldecken schwarz, braun, rot, gelbbraun oder metallisch.
Schnellkäfer.
Elateriden.

II. **Käfer, die nicht schnellen können.**

A. **Fühler meist so lang oder länger als der Körper**, ohne Endknopf, fadenförmig, in der Regel 11 gliedrig. Körper schlank. Viele Arten mit verschiedener Färbung.
Blütenbockkäfer.
Cerambyciden.

B. **Fühler am Ende keulenförmig verdickt**, meist 11 gliedrig.

1. Kleine Käfer (2—4 mm), mit seitlich gebuchteten Flügeldecken, die weiß gezeichnet sind. Oft in Mengen auf Blüten.
Blütenkäfer.
Anthrénus.

2. Kleine Käfer (2 mm) von eirunder Gestalt. Die Flügeldecken lassen den letzten Hinterleibsring frei. Oft in Massen auf Blüten.
Glanzkäfer.
Melighéthes.

C. **Fühler am Ende mit Blätterkeule** (wie beim Maikäfer).

1. Körper glänzend, flach gedrückt. Flügeldecken den Hinterleib nicht ganz bedeckend. Größe 1 bis 3 cm. Verschiedene Arten.
Goldkäfer,
Rosenkäfer.
Cetónia.

2. Kleine Käfer (1 cm) mit braunen Flügeldecken. Körper mit glänzenden Schuppen. Fühlerkeule mit 3 Blättern. Besonders auf Doldengewächsen.
Blatthornkäfer.
Hóplia.

3. Kleine Käfer (1—$1^1/_2$ cm) mit gelben Flügeldecken, die schwarze Binden und Zeichnungen tragen, Körper vorn zottig behaart.
Pinselkäfer.
Trichius.

D. **Fühler gesägt oder gekämmt.** Vorderbrust mit einem Fortsatze, der in eine Vertiefung der Mittelbrust eingreift. Der Käfer kann sich mit dieser Vorrichtung nicht knipsend in die Höhe schnellen (wie die Schnellkäfer). Prächtig gefärbte Tiere: blau, grün, metallisch, purpurrot. Sie fliegen nur in der Mittagshitze.
Prachtkäfer.
Buprestiden.

E. **Fühler fadenförmig, kürzer als der Körper.**

1. Körper langgestreckt, rechteckig, $1/2$—$1^1/_2$ cm lang, weich. Flügeldecken einfarbig braun, gelb, rot, blau. Die Käfer leben

auf Gebüschen, Blüten, Gräsern und Getreideähren und
ernähren sich teils von Säften, teils vom **Weichkäfer.** *Canthariden.*
Raube.

2. Körper langoval, 7—9 mm lang, hell- **Schwefelkäfer.**
gelb, schnell laufend. *Cteniópus sulphúreus.*

3. Körper langoval, 4—6 mm lang, meist schwarz, Hinterleib
in eine abwärts gerichtete Spitze ausgezogen. Die gefangenen
Käfer hüpfen und purzeln auf der Hand
herum, lange Hinterbeine (,,Purzel- **Stachelkäfer.**
käfer"). *Mordelliden.*

13. Fliegen auf Blüten.

Auf Blüten hält sich eine große Anzahl verschiedener Fliegen auf.
Sie sind auf den ersten Blick daran kenntlich, daß sie zwei häutige
Flügel haben. (S. 330 u. 668.)

I. **Auffällig durch die metallische Farbe.**

  a) Einfarbig metallisch-grün oder metallisch-blau gefärbt.

   1. Von der Größe und Gestalt einer **Goldfliege.**
   Stubenfliege. *Lucilia.*

   2. Kleiner als Stubenfliegen, schlank **Langbeinfliegen.**
   und dünnleibig, mit langen Beinen. *Dolíchopus.*

   3. Kleiner als Stubenfliege, mit flachem **Kerbfliege.**
   Hinterleib. *Chrysogáster.*

  b) Metallisch-grün mit gelben Binden. Fliegen, die über den
  Blüten schweben. Ihre egelartigen Lar- **Schwebfliegen.**
  ven ernähren sich von Blattläusen. *Syrphus.*

II. **Auffällig durch die Wespenfarbe:** schwarz mit gelben
Binden oder Flecken.

   1. Hinterleib eiförmig, glatt, gelb ge- **Schwebfliegen.**
   ringelt. Die Fliegen schweben über den *Syrphus.*
   Blüten.

   2. Hinterleib hakig abwärtsgebogen. Die **Singfliege.**
   Fliege schwebt über den Blüten. *Pipiza.*

   3. Rückenschild mit zwei Dornen. **Waffenfliegen.**
   Stratiomys.

III. **Auffällig durch den weiß geringelten Hinterleib.**
Stahlblaue Schwebfliegen mit 3 weißen **Schwebfliege.**
Monden auf dem Hinterleib. *Syrphus lunulátus.*

Hinterleib hakig abwärtsgebogen. **Singfliege.**
Pipiza.

IV. Auffällig durch die hummelähnliche Gestalt.

1. Von der Größe einer Hummel, rauhborstig, schwarz, mit rothaarigem Kopf. **Stachelfliege.** *Echinomýia grossa.*

2. Von der Größe einer Fleischfliege, Hinterleib rotbraun mit dunkler Mittelbinde. **Stachelfliege.** *Echinomýia virgo.*

3. Große, dicht behaarte Fliegen mit rotgelben Haaren an der Hinterleibsspitze oder mit hellgelben Haaren an der Brust. **Federfliegen.** *Volucélla.*

V. Auffällig durch bienenähnliche Gestalt.

Fast von der Größe einer Honigbiene, plump, Hinterleib schwarz und braungelb gezeichnet. Larve dick, walzig, mit langem Schwanz, oft in Jauche. **Schlammfliege.** *Eristalis.*

VI. Auffällig durch Färbung der Flügel.

1. Plumpe, wollig behaarte Fliegen mit sehr langem, geradeaus gerichtetem Rüssel. Vorderrand der Flügel schwarzbraun. **Hummelfliegen.** *Bombyliiden.*

2. Flügel schwarz gescheckt. **Bohrfliegen.** *Trypetinen.*

3. Flügel wolkig getrübt, Hinterleib kurz und flachgedrückt, rotbraun mit schwarzem Mittelstrich. Kopf dick. Träge Tiere. **Wanzenfliegen.** *Phásia.*

VII. Auffällig durch den langen Rüssel.

1. Rüssel senkrecht abwärts, oft etwas nach hinten gerichtet. Körper meist schlank, schwarz, grau oder rötlichgelb. Beine lang. **Tanzfliegen.** *Empidinen.*

2. Rüssel waagerecht geradeaus gerichtet. Körper plump, wollig behaart. Flügel scheckig. **Hummelfliegen.** *Bombyliiden.*

3. Rüssel sehr fein und gekniet. Rötlichgraue Fliegen mit langen Beinen. Ihre Larven leben im Körper von Raupen. **Raupenfliegen.** *Tachiniden.*

14. Ameisenhaufen auf Wiesen.

Auf manchen Wiesen findet man die mit einer Rasendecke überzogenen Erdhügel der Ameisen in solchen Mengen, daß das Mähen dadurch behindert wird. Es sind in der Hauptsache vier Ameisenarten, von denen die Nester herrühren. (S. 237.)

I. **Hinterleibstielchen** (die tiefe Einschnürung zwischen dem Vorder- und Hinterteil des Körpers) **eingliedrig.**

Tierleben. 479

1. Kleine Ameisen von 3—4 mm Länge. (Weibchen mehrfach größer als die Arbeiter und Männchen.) Kopf und Hinterleib schwarz oder schwarzbraun, Brustteil bräunlich. Fühlerschaft und Schienbeine mit abstehenden Borstenhaaren besetzt. Die gemeinste aller einheimischen Ameisen.

    Nistplatz in Gärten, Feldern, Wäldern und Wiesen. Nest unterirdisch, unter Steinen. Errichtet dauerhafte Erdhügel, die von Kammern und Gängen durchzogen sind. Grashalme sind dabei wie stützende Träger eingebaut.

    Schwarzbraune Wegameise. *Lásius niger.*

2. Kleine Ameisen von 2—4 mm Länge. (Weibchen größer als Arbeiter und Männchen.) Ganzer Körper einfarbig gelb, Kopf und Hinterleib oft etwas bräunlich.

    Nistplatz auf Wiesen und Wegrändern. Nest unter einer Erdkuppel, die keine Öffnung hat. Die Ameisen leben rein unterirdisch und verlassen den Bau nicht.

    Gelbe Wiesenameise. *Lásius flávus.*

II. Hinterleibstielchen zweigliedrig.

1. Kleine Ameisen von 2—3½ mm Länge. (Männchen und Weibchen 6—8 mm.) Braun oder schwarzbraun gefärbt, Oberkiefer, Fühler und Gelenke der Beine heller. Rücken kurz und breit, grob und tief längsgerunzelt.

    Nest unterirdisch, von einer Erdkugel überwölbt.

    Rasenameise. *Tetramórium caespitum.*

2. Mittelgroße Ameisen von 4—8 mm Länge. Heller oder dunkler rotbraun gefärbt. Verschiedene Arten; Stich sehr empfindlich.

    Knotenameisen. *Mýrmica.*

15. Spinnen auf Wiesen.

a) In Blüten.

Spinne mit krabbenartig verkürztem, breitem Hinterleib, der weißlich, gelblich oder grünlich je nach der Blüte die Farbe abändert. Die 2 vorderen Beinpaare sind auffallend lang und dick, in Ruhe nach der Seite gerichtet, als Fangarme in Bereitschaft, die kürzeren hinteren Beinpaare dienen dann zum Festhalten. Hinter- und Vorderseitenaugen sitzen auf gemeinsamem Hügel. Die Spinne überwältigt sogar Hummeln und Schmetterlinge.

Gelbe Krabbenspinne. *Misuména calýcina.*

Hier auch andere Krabbenspinnen.

b) An Grasrispen.

Grasrispen sind mit eingesponnen in sackförmige Wohngewebe. Darin hausen tagsüber langgestreckte, seidenhaarige Spinnen. Das 4. Beinpaar ist das längste.

Sackspinnen.
Clubiona.

c) Zwischen Gräsern.

Zwischen Gräsern Deckennetze mit gekrümmter Trichterröhre (S. 243).

Labyrinthspinne.
Agaléna labyrinthica.

d) Auf dem Boden.

Auf dem Boden besonders feuchter Wiesen jagende Spinnen, deren 8 Augen in 3 Reihen stehen (4-2-2). Auf der Kopfbrust zwischen 2 dunklen ein heller Streifen; Beine flammig geringelt. ♀ trägt einen gelblichgrauen, fast kugeligen Eiersack am Hinterleib. Die Arten sind schwer zu unterscheiden.

Wolfspinnen.
Lycósa.

e) An Pfählen.

An Pfählen von Viehweiden Radnetze, stark exzentrisch, d. h. hier, die Nabe liegt nahe dem Schlupfwinkel der Spinne unter der Rinde der Pfähle.

Auffallend flachgedrückte Spinnen; Hinterleib dunkel, in das „Wappen" sind 6—8 Punkte eingedrückt; ein ausgesprochenes Nachttier.

Schatten-Kreuzspinne.
Aránea sexpunctáta.

16. Schlangen in der Wiese.

Wo Wiesen an Gewässern liegen oder von Wassergräben durchzogen sind, streicht wohl eine der Wassernattern (S. 527) ein Stück in die Wiese hinein. In Moorgegenden geht die Kreuzotter in angrenzende Wiesen. Es gibt in Deutschland jedoch eine Schlange, die sich nur in Wiesen aufhält: Spitzkopfotter, *Vipera Ursinii.* Ihr bekanntester Fundort in Deutschland sind die weiten Wiesen bei Laxenburg in der Nähe Wiens.

Merkmale:

Länge: bis 50 cm. — Oberseite: hellbraun oder gelbbraun; auf der Mitte des Rückens ein dunkles Band, das sich aus schwarz gerandeten Flecken zusammensetzt. — Seiten: grau oder dunkelbraun, jede Seite mit einer Reihe dunkler Flecken. — Unterseite: schwarz mit Querreihen weißer Flecken oder weißlich mit kleinen dunklen Flecken. — Kopf: klein, vorn stark zugespitzt, oben mit dunkler Zeichnung; vom Auge zum Mundwinkel ein dunkler Streif. Mit Giftzähnen!

AN GEWÄSSERN.

Pflanzenleben.

1. Uferpflanzen[1]).

1. **Uferpflanzen, die in dichten Beständen vorkommen und dadurch sehr auffällig sind:** Schilf, Glanzgras, Süßgras; Simsen, Binsen, Seggen; Rohrkolben, Igelkolben, Schachtelhalm.

 Diese Bestände heißen Röhricht. Viele dieser Pflanzen haben röhrige Stengel. (Siehe Schilf!)

2. **Begleitpflanzen des Röhrichts:** Solche, die nicht in dichten Beständen wachsen, sondern nur einzeln vorkommen. Sie sind auffällig durch ihre farbigen Blüten.

3. **Die Uferpflanzen sind in Bau und Lebensweise ihrem Standort angepaßt.**

 a) **Hoher schlanker Wuchs:** Schilf, Rohrkolben, Binsen — keine Beschädigung durch die Schwankungen des Wasserstandes.

 b) **Lange, schmale, leicht bewegliche Blätter:** Schilf, Rohrkolben — keine Beschädigung durch den Wind, der auf dem Wasser häufig und scharf weht.

 c) **Besonderer Bau des Stengels:** Schilf (siehe Bau des Roggenhalms S. 338) und Teich-Simse, *Scirpus lacústris*, deren Stengel oft $2^1/_2$ m hoch und sehr biegsam ist — Schutz gegen Einknicken bei starkem Wind.

 d) **Unscheinbare Blüten ohne Duft und Honig:** Schilf, Rohrkolben u. a. — Windblütler.

 e) **Früchte oder Samen mit Haarschopf:** Rohrkolben, Schilf, Weidenröschen u. a. — Verbreitung der Früchte durch Wind.

 f) **Früchte und Samen mit Luftmantel und anderen Einrichtungen, die sie schwimmfähig machen:** Schwertlilie, Schwanenblume und andere — Verbreitung durch das Wasser.

 g) **Weitkriechender Wurzelstock:** Schilf, Rohrkolben u. a. — Verbreitung: vegetative Vermehrung.

---

[1]) Die nachfolgenden Tabellen eignen sich auch zur Bestimmung der Pflanzen in feuchten Gräben.

h) Blätter und Stengel mit Lufthöhlen: Rohrkolben, Pfeilkraut, Froschlöffel u. a. — Durchlüftung.

Literatur:

A. Koelsch, Der blühende See. Kosmos-Verlag, Stuttgart.

2. Uferweiden.

An den Ufern der Gewässer wachsen an Weiden vorzugsweise folgende Arten: Purpurweide, Silberweide, Korbweide, Mandelweide u. a. (Bestimmungstabelle S. 712.)

3. Saftleitung in Bäumen.

I. Beobachtung: Der Stamm einer alten Weide ist seitlich aufgerissen und das Kernholz herausgefault. Hütejungen haben ein Feuer in dem hohlen Baum angezündet, er ist innen vollständig ausgekohlt. Trotzdem steht die Weide in Saft, sie hat zahlreiche grüne Äste und Zweige.

Schluß: Der Saft wird nicht in den inneren Holzschichten geleitet.

II. Versuch: Wir ringeln einige Weidenruten desselben Baumes. Erreichbare Ruten ziehen wir herab (nicht abschneiden!) und schneiden vorsichtig die Rinde ringsum ein, legen in kurzer Entfernung zu diesem Schnitt noch einen zweiten und lösen den Ring ab, so daß das Splintholz freiliegt. Zwischen diesem Ring und der Spitze des Zweiges steht noch eine Anzahl Blätter. Sie müßten verwelken, wenn der Saftstrom durch die Rinde ginge. Wir schauen uns diese geringelten Zweige von Zeit zu Zeit an. Ihre Blätter bleiben grün.

Schluß: Der Saft wird nicht durch die Rinde geleitet.

III. Ergebnis: 1. Der Saft wird nicht in den inneren Holzschichten geleitet. 2. Der Saft wird nicht in der Rinde geleitet.

Schluß: Der Saft wird in der äußeren Holzschicht geleitet

IV. Beweis: Schneide eine Weidenrute ab und stelle sie in rotgefärbtes Wasser. Auf Querschnitten in verschiedener Höhe sieht man an dem roten Ring, daß der Saft in der äußeren Holzschicht geleitet wird. (S. 256.)

Pflanzenleben. **483**

4. Uferpflanzen mit gelben Blüten.

I. **Blätter zur Blütezeit fehlend.**

Stengel bis 30 cm hoch, oben mit einem eiförmigen Blütenstrauß. Blüten in Körbchen. Blütezeit April. Später die großen Blätter; 2- oder 3lappig, Lappen des Blattgrundes einwärts gekrümmt. (S. 486.)

Filzige Pestwurz.
Petasítes tomentósus.

II. **Blätter längsnervig.**

Blätter lang, schwertförmig. Blüten mit 3 breiten äußeren und 3 schmalen inneren Zipfeln. 3 blattartige Narben, unter jeder von ihnen ein Staubblatt. Stengel rundlich, etwas zusammengedrückt, mehrblütig, bis 1 m hoch.

Wasser-Schwertlilie.
Iris pseudácorus.

III. **Blätter netznervig.**

A. **Blätter ungeteilt.**

a) **Blätter gegenständig.**

α) **Staubblätter 5.**

1. Blüten in endständigen Rispen. Kronblätter 5. Kelchblätter 5, rot berandet. Blätter gegenständig oder zu 3—5 im Quirl, ei-lanzettlich, mit schwarzpunktierter Oberseite und blaßgrüner Unterseite. Stengel zottig behaart, bis 1½ m hoch.

Felberich, .
Gilbweiderich.
Lysimáchia vulgáris.

2. Blüten einzeln oder zu 2 in den Blattwinkeln. Blätter rund (daher Pfennigkraut). Stengel niederliegend, an den Knoten wurzelnd, bis ½ m lang.

Pfennigkraut.
Lysimáchia nummulária.

β) Staubblätter 15—18, zu 3 Bündeln miteinander verwachsen. Kronblätter 5. Kelchblätter 5. Stengel 4kantig.

1. Stengel schwach vierkantig, bis 50 cm hoch. Kelchblätter stumpf. Blätter mit zerstreuten groben Punkten (gegen das Licht halten!). (S. 441, 635.)

Kanten-Hartheu.
Johanniskraut.
Hypericum maculátum.

2. Stengel geflügelt. 4kantig, bis 60 cm hoch. Kelchblätter zugespitzt. Blätter mit zahlreichen feinen Punkten (gegen das Licht halten!)

Flügel-Hartheu.
Johanniskraut.
Hypericum acútum.

b) **Blätter wechselständig.**

α) **Pflanzen mit Milchsaft.**

Stengel bis 1½ m hoch, meist mit nichtblühenden Ästen. Blätter lanzettlich, sitzend, kahl, nur vorn sehr klein ge-

Grupe, Naturkundl. Wanderbuch. **16**

zähnt. Blüten in vielstrahligen Dolden. Blüten 1 häusig, in eine becherförmige Hülle eingeschlossen, die am Rande 4 rundliche braune Drüsen trägt. Frucht warzig. **Sumpf-Wolfsmilch.** *Euphórbia palúster.*

β) Pflanzen ohne Milchsaft.

1. Blüten in Körbchen, mit zungenförmigen Strahlblüten.

° Hüllblätter dachziegelartig, Strahlblüten zahlreich, Köpfe klein. Untere Blätter kurz gestielt, obere sitzend. Stengel oben zottig. (S. 632.) **Kleines Flohkraut.** *Pulicária vulgáris.*

°° Hüllblätter 1 reihig, 12—20 Strahlblüten. Außenkelch meist 10 blättrig, halb so lang wie der Hüllkelch. Stengel bis 1³/₄ m hoch, hohl, dicht beblättert. Blätter verlängert-lanzettlich, scharf gesägt, unterseits filzig oder kahl, sitzend, die unteren ge-stielt. (S. 357.) **Sumpf-Kreuzkraut.** *Senécio paludósus.*

2. Blüten mit 5 Kelchblättern und meist 5 Kronblättern. Staubblätter 20 und mehr auf dem Blütenboden.

° Stengel bis 1 m hoch, steif aufrecht, kräftig. Blätter lineal-lanzettlich, lang und zungenförmig. Blüten groß, goldgelb glänzend. **Großer Hahnenfuß.** *Ranúnculus língua.*

°° Stengel bis ¹/₂ m hoch, schwach, am Grunde meist nieder-liegend und wurzelnd. Untere Blätter elliptisch, obere lanzettlich. Blüten klein, hellgelb. (Schar-fer, brennender Geschmack; giftig — Schutz gegen Tierfraß.) **Brennender Hahnenfuß.** *Ranúnculus flámmula.*

3. Blüten mit 5 gelbgefärbten Kelchblättern. Kronblätter fehlen. Staubblätter 20 und mehr auf dem Blütenboden. Stengel dick, hohl, bis 40 cm hoch. Blätter herz-eiförmig bis nierenförmig, dunkelgrün, glänzend, gekerbt, die unteren gestielt, die oberen fast sitzend. Blüten groß. **Sumpfdotterblume.** *Caltha palústris.*

B. Blätter geteilt.

a) Blätter 3- und 5zählig.

1. Blätter wechselständig. Blättchen länglich, verkehrt-eiförmig, tief gesägt, kahl oder behaart. Kronblätter 5, Staubblätter 20 und mehr auf dem Kelchrande. Stengel kriechend, fadenförmig, von Glied zu Glied wurzelnd, bis 60 cm lang. **Kriechendes Fingerkraut.** *Potentílla réptans.*

2. Blätter wechselständig, Blättchen oval. Blüte eine Schmetterlingsblüte. Blütenstand in Köpfchen, 10—12-

blütig. Stengel weitröhrig, bis 60 cm **Sumpf-Hornklee.** hoch. (S. 440.) *Lotus uliginósus.*

3. Blätter gegenständig, Blattstiel kurz geflügelt. Blattzipfel mit groben Sägezähnen. Blüten in Körbchen, Kronen gelbbraun. Früchte mit 2 oder 3 gezähnten Grannen (die in den Kleidern oder im Fell der Tiere hängenbleiben!). Stengel bis 1 m hoch, **Dreiteiliger Zweizahn.** *Bidens tripartitus.* ästig. (S. 632.)

b) Blätter fiederspaltig oder untere Blätter fiederspaltig und obere ungeteilt.

α) Blüten in Körbchen. Alle Blüten zungenförmig, Pappus mit einfachen Haaren.

1. Blätter stachelig gezähnt, sitzend, am Grunde pfeilförmig, mit zugespitzten Öhrchen, die unteren Blätter fiederspaltig. Frucht stark zusammengedrückt. Blüten in vielköpfigen Doldentrauben. Köpfe 3 cm im Durchmesser. Hülle mit schwärzlichen Drüsenhaaren. Sten- **Sumpf-Gänsedistel.** gel bis 2 m hoch. *Sónchus palúster.*

2. Blätter nicht stachelspitzig gezähnt, schrotsägig gezähnt, die oberen eiförmig-lanzettlich, mit herzförmigem Grunde stengelumfassend, an der Spitze ganzrandig, die unteren länglich, fiederspaltig, am Grunde verschmälert. Frucht stielrund, 10rippig. Pappus gelblichweiß, unten bräunlich. Hülle mit schwärzlichen Drüsenhaaren. **Sumpf-Grundfeste.** Stengel bis 1 m hoch. (S. 356.) *Crépis paludósa.*

β) Blüten in Körbchen. Ohne Pappus. Körbchen ohne Strahl, in flachen Doldentrauben. Blätter doppelt fiederspaltig. Stengel bis 1¹/₃ m hoch. Starker **Rainfarn.** Geruch! (S. 631.) *Tanacétum vulgáre.*

γ) Kreuzblüte (4 Kron- und 4 Kelchblätter, abwechselnd kreuzweise gestellt. Staubblätter 6, davon 4 länger). Obere Blätter am Grunde verschmälert, nicht stengelumfassend.

1. Kronblätter länger als die Kelchblätter, hochgelb.

° Blätter fiederteilig bis gefiedert, gestielt, am Grunde geöhrt; Fiedern lineal, gezähnt bis fiederspaltig. Schoten etwa halb so lang wie ihr Stiel. Stengel **Wald-Kresse.** sehr ästig, ausgebreitet, bis ¹/₂ m hoch. *Róripa silvéstre.*

°° Blätter oben ungeteilt, unten fiederteilig, länglich oder lanzettlich, gezähnt oder gesägt, sitzend, unten gestielt, oft kammförmig-fiederspaltig. Schoten rundlich, 3—4mal kürzer als ihr Stiel. Stengel am Grunde kriechend, wurzelnd, meist hohl, bis 1 m hoch.

Wasser-Kresse.
Róripa amphíbium.

2. Kronblätter so lang oder fast so lang wie die Kelchblätter, blaßgelb.

Blätter fiederspaltig, die unteren fast leierförmig; Blattzipfel länglich, gezähnt. Schoten etwa so lang wie ihr Stiel. Stengel ästig, aufrecht oder niederliegend, bis ½ m hoch.

Sumpf-Kresse.
Róripa palústre.

c) Blätter ein- bis mehrfach gefiedert.

1. Kronblätter 5, Kelch mit 10 zweireihigen, abwechselnd kleineren Zipfeln. Staubblätter 20 und mehr auf dem Kelchrande. Blüten einzeln, lang gestielt. Blätter unterbrochen gefiedert, mit zahlreichen Blättchen, scharf gesägt, unterseits, oft auch beiderseits graufilzig. Stengel kriechend, von Glied zu Glied wurzelnd, bis ½ m lang.

Gänse-Fingerkraut.
Potentílla anserína.

2. Kronblätter fehlend. Kelchblätter kronenartig gefärbt. Staubblätter zahlreich, auf dem Fruchtboden. Blüten in Büscheln. Blätter doppelt gefiedert. Blättchen viel länger als breit, vorn 3spaltig. Stiele der unteren Blätter mit Nebenblättern. Stengel gefurcht, bis 1⅓ m hoch.

Gelbe Wiesenraute.
Thalíctrum flávum.

5. Uferpflanzen mit roten Blüten.

I. Blätter zur Blütezeit (März, April) fehlend.

Stengel bis 40 cm hoch, Blütenstrauß eiförmig (männliche Blüten) oder verlängert (weibliche Blüten). Später erscheinen die großen Blätter: herzförmig, mit abgerundeten Lappen, ungleich gezähnt, unterseits graufilzig. (S. 39 u. 710.)

Rote Pestwurz.
Petasítes officinále.

II. Blätter längsnervig.

Blätter grundständig, lang, schilfartig, 3kantig, rinnig, steifaufrecht. Blüten in endständiger Dolde. Kelch und Krone 6blättrig, rötlich-weiß, dunkler geadert. Staubblätter 9. Griffel 6, ½—1½ m hoch. [Lange, schmale Blätter, mit Lufthöhlen — Anpassung an den Standort.]

Wasserliesch,
Schwanenblume.
Bútomus umbellátus.

Pflanzenleben. 487

III. Blätter netznervig, geteilt oder sehr gefiedert.

1. Alle Blätter 3zählig.

Blätter grundständig, langgestielt, 3zählig. Blüten in endständiger, langer Traube, rötlichweiß. Krone trichterförmig, mit 5 zurückgebogenen Zipfeln, innen mit zottigen Haaren. Kelch 5teilig. Schaft bis 60 cm hoch. [Blätter von sehr bitterem Geschmack, Heilmittel — **Fieberklee, Bitterklee.** Schutz gegen Tierfraß.] *Menyánthes trifoliáta.*

2. Obere Blätter 3zählig, untere Blätter gefiedert. Blättchen 5—7, länglich, scharf gesägt, unterseits bläulichgrün. Kelch innen dunkel, größer als die Krone. Kronblätter schwarzpurpurn, lanzettlich. Staubblätter viele. Stengel kriechend, aufsteigend, bis ½ m hoch. **Blutauge.** *Cómarum palústre.*

3. Blätter 3—5teilig.

Blätter gestielt, gegenständig; Abschnitte lanzettlich, gesägt, der mittlere länger. Blüten in Körbchen. Körbchen meist 5blütig, in Ebensträußen. Kronblätter röhrig, hellrot. Griffel weit hervorragend, gespalten. Stengel bis 2 m hoch. (S. 49.) **Wasserdost.** *Eupatórium cannábinum.*

4. Blätter 5—7spaltig. (S. 445.) **Sumpf-Storchschnabel.** *Gerǎnium palústre.*

5. Mittlere und obere Blätter fiederteilig, mit großem Endblättchen gegenständig; Blätter der Ausläufer eiförmig, langgestielt. Stengel gefurcht, bis 30 cm hoch. Staubblüten rötlich, Stempelblüten weiß, sehr klein. **Kleiner Baldrian.** *Valeriána dioéca.*

6. Alle Blätter unpaarig gefiedert, gegenständig; Fiederblättchen 15—21, lanzettlich, gesägt. Blüten in Trugdolden, hellrötlich. Bis 1 m hoch. Wurzel übelriechend. Heilmittel. **Großer Baldrian.** *Valeriána officinális.*

IV. Blätter netznervig, ungeteilt.

A. Blätter gegenständig.

a) Staubblätter 12 (6 lange und 6 kurze).

Blüten quirlig-ährig, blutrot. Kelchröhre 8—12zähnig, Zähne abwechselnd länger. Blätter unten gegenständig oder zu 3 im Quirl, fast sitzend, lanzettlich. Stengel bis 1⅓ m hoch. [Achte auf die schmalen, weidenartigen Blätter dieser und auch anderer Pflanzen am Wasser: Weiderich, Weidenröschen, Weide u. a. — Anpassung an den Standort.] (S. 445.) **Blutweiderich.** *Lythrum salicária.*

b) Staubblätter 8 (4 lang, 4 kurz). Krone trichterig. Untere Blätter gegenständig, obere wechselständig, lanzettlich-eiförmig. Stengel meist ästig. Samen mit Wollschöpfen. **Weidenröschen.** *Epilóbium.*

1. Blätter stengelumfassend. Blüten groß. Stengel sehr ästig, zottig, bis 1¼ m hoch. **Zottiges Weidenröschen.** *E. hirsútum.*

2. Blätter sitzend. Blüten klein. Stengel weichhaarig, bis ³/₄ m hoch. **Bach-Weidenröschen.** *E. parviflórum.*

3. Blätter sitzend, ganzrandig. Blüten klein. Narbe keulenförmig! Stengel mit Ausläufern, bis ½ m hoch. **Sumpf-Weidenröschen** *E. palústre.*

4. Mittlere Blätter sitzend, mit jedem ihrer beiden Ränder bis zum nächsten Paar herablaufend. Stengel vierkantig (!), bis 1,25 m hoch. **Kanten-Weidenröschen.** *E. adnátum.*

c) Staubblätter 4 (2 lange und 2 kurze).

1. Krone deutlich 2lippig, doppelt so lang wie der Kelch, die Unterlippe mit heller Zeichnung. Kelch gleichmäßig 5zähnig. Kronröhre innen mit Haarring. Blüten in Scheinquirlen zu 6—12. Blätter lanzettlich, spitz, gekerbt, am Grunde herzförmig, fein behaart; die unteren kurz gestielt, die oberen sitzend. Stengel einfach oder wenig ästig, steifhaarig, hohl, bis ³/₄ m hoch. (S. 362.) **Sumpf-Ziest.** *Stáchys palústris.*

2. Krone 2lippig, fast kugelig; Oberlippe vorgestreckt, Unterlippe mit 3 kurzen Lappen. Blüten bräunlich. Ganze Pflanze kahl, Blütenstand meist drüsig behaart. **Braunwurz.** *Scrophulária.*

α) Stengel scharf 4kantig, ungeflügelt. Krone grünbraun. Kelchzipfel schmalhäutig berandet. Bis 1 m hoch. **Knotige Braunwurz.** *Sc. nodósa.*

β) Stengel und Blattstiele breit geflügelt. Kelchzipfel mit breitem häutigem Rande.

° Blätter herzförmig-länglich, stumpf gekerbt, Krone purpurbraun, am Grunde grün. Ansatz des 5. Staubfadens rundlich-nierenförmig. Bis 1,50 m hoch. **Wasser-Braunwurz.** *Sc. aquática.*

°° Blätter länglich-eiförmig, scharf gesägt, am Grunde ver-

Pflanzenleben. 489

schmälert. Krone grünlich-rotbraun. Ansatz des 5. Staubfadens verkehrt-herzförmig, 2 lappig. Bis **Schatten-Braunwurz.**
1 m hoch. *Sc. umbrósa.*

3. Krone fast gleichmäßig 4—5 spaltig, Zipfel fast gleich,
der oberste etwas breiter, ausgerandet. Staubblätter aus
der Krone weit hervorragend. Blätter
nie gespalten, stark aromatisch riechend. **Minze.**
(Pfefferminzgeruch!). (S. 491.) *Mentha.*

α) Blüten in einem endständigen rundlichen Köpfchen,
darunter noch 1—2 entfernte Quirle. Kelch mit gefurchter
Röhre und pfriemlichen Zähnen. Blätter **Wasser-Minze.**
länglich-eiförmig. Stengel bis 1 m hoch. *M. aquática.*

β) Blüten in einer endständigen verlängerten Ähre. Blätter
2—3 mal so lang wie breit, oberseits
graufilzig, unterseits weißfilzig. Stengel **Roß-Minze.**
bis 1 m hoch. *M. longifólia.*

d) Staubblätter 10.
Kronblätter plötzlich in einen langen Nagel zusammen-
gezogen, fleischfarben, mit Schlundschuppen. Blüten kurz-
gestielt, in Büscheln. Kelch walzig, oft etwas bauchig.
Blätter eirundlich-lanzettlich, mit 3—5 starken Nerven.
Stengel bis $^2/_3$ m hoch. [Wurzel enthält Bitterstoff, die zer-
stoßene Wurzel schäumt im Wasser — **Seifenkraut.**
Schutz gegen Tierfraß.] (S. 641.) *Saponária officinális.*

B. Blätter wechselständig. (Am Grunde mit einer Scheide!)
a) Blüten in Ähren am Ende der Äste. Einzelblüte klein,
4—5 teilig, innen und außen gefärbt. Staubblätter 5—8.
(S. 444.)

α) Ähren locker und schlank. **Knöterich.**
Polýgonum.

1. Tute (am Grunde des Blattes!) fast kahl, kurz gewimpert.
Blätter mit scharfem Geschmack! Blüten **Wasserpfeffer.**
rot oder grün. Bis $^1/_2$ m hoch. *P. hydrópiper.*

2. Tute behaart, lang gewimpert. Blüten **Kleiner Knöterich.**
rot oder weiß, bis 30 cm hoch. *P. minus.*

β) Ähren dicht und gedrungen, walzig.

1. Tute kahl, sehr fein gewimpert. Blütenstiele drüsig-
rauh. Blüten rot oder grün. Bis 1 m **Ampfer-Knöterich.**
hoch. *P. lapathifólium.*

490   An Gewässern.

2. Tute rauhhaarig, lang gewimpert. Blütenstiele drüsenlos. Blüten rot bis weiß. Bis 1 m   **Floh-Knöterich.**
hoch.   *P. persicária.*

3. Siehe S. 504.   **Wasser-Knöterich.**
                                      P. amphíbium.

b) Blüten in blattwinkel-ständigen Büscheln. Einzelblüte
klein, 6teilig, grün oder rot überlaufen. Staubblätter 6.
1. Stengel bis 2 m hoch. Blätter sehr groß, die unteren
oft 60 cm lang und 35 cm breit, lanzettlich, am Grunde
verschmälert. Stengel und Blattstiele teilweise rotbraun
Blütenstand mächtig, bis über die Mitte   **Fluß-Ampfer.**
mit schmalen, grünen Blättern durch-   *Rúmex*
setzt. (S. 687.)   *hydrolápathum.*

2. Stengel bis 2 m hoch. Blätter ebenfalls sehr groß, untere
Blätter am Grunde aber herzförmig, im Umfange eirund,
vorn zugespitzt. Blattstiel rinnig. Die dicht unter dem
Blütenstand stehenden Blätter kurzgestielt. Blütenstand
gar nicht oder nur unten mit grünen   **Wasser-Ampfer.**
Blättern durchsetzt.   *Rúmex aquáticus.*

6. Uferpflanzen mit blauen Blüten.

I. Blätter gegenständig.

   A. Staubblätter 2. Blüten in blattwinkel-ständigen Trauben.

Krone und Kelch 4teilig. Stengel und   **Ehrenpreis.**
Blätter kahl. Bis 60 cm hoch.   *Verónica.*

a) Blütentrauben gegenständig.

α) Stengel stielrund. Blätter kurz ge-   **Bachbungen-**
stielt, länglich. Krone himmelblau.   **Ehrenpreis.**
                                  V. beccabúnga.

β) Stengel kantig.

1. Stengel markig. Krone weiß, bläulich   **Blasser Ehrenpreis.**
geadert.   *V. anagallioídes.*

2. Stengel hohl. Krone bläulich-lila.   **Gauchheil-**
                                  Ehrenpreis.
                                  V. anagállis.

b) Blütentrauben nicht gegenständig. Blätter lineal-
lanzettlich, sitzend, rückwärts gesägt.
Stengel schlaff. Krone weißlich, bläulich   **Schild-Ehrenpreis.**
geadert.   *V. scutelláta.*

[Vergleiche diese Ehrenpreisarten mit denen auf der Wiese
(S. 446) und auf dem Acker (S. 370)!]

Pflanzenleben. **491**

B. Staubblätter 4 (2 lang, 2 kurz).
1. Krone 2lippig. Kelch 2lippig. Stengel 4kantig, einfach
oder ästig, bis 60 cm hoch. Blätter länglich oder lanzettlich,
am Grunde herzförmig, kerbig gesägt.
Blüten einzeln oder zu 2 in den Blatt- **Kappen-Helmkraut.**
winkeln. *Scutellária*
galericuláta.
2. Krone regelmäßig 4spaltig. Kelch 5- **Minze.**
zähnig. (S. 489.) *Mentha.*

II. Blätter wechselständig.
a) Stengel mehr oder weniger verholzt, liegend oder bis 3 m
hoch kletternd.
Blätter herz-eiförmig, am Grunde oft mit 1—2 tiefbuchtig
abgetrennten Lappen. Blüten in langgestielten Wickeln.
Krone violett, jeder Zipfel mit 2 grünen Flecken. Staubblätter
5, Griffel 1. [Beeren kugelig, rot, erst bitter, dann süß, nicht
giftig. Wenn sie platzen, werden die kleb- **Bittersüß.**
Solánum
rigen Samen fortgeschleudert.] (S. 752.) *dulcamára.*
b) Stengel krautig, nicht kletternd.
1. Blätter länglich-lanzettlich. Krone röhrig, mit 5lappigem
Saum, himmelblau mit gelben Schlundschuppen. Kelch
5zähnig, angedrückt-behaart. Staubblätter 5. Griffel 1.
Stengel fast kahl, etwas kantig, bis 40 cm hoch. [Vergleiche
Sumpf-V. mit den Vergißmeinnichtarten **Sumpf-**
trockener Standorte hinsichtlich ihrer **Vergißmeinnicht.**
Myosótis palústris.
Behaarung!] (S. 372.)
Rasiges
2. Stengel stielrund. Kelch 5spaltig. **Vergißmeinnicht.**
Myosótis caespitósa.
3. Siehe auch Schwarzwurz, *Sýmphytum officinále*! (S. 493.)

7. Uferpflanzen mit weißen Blüten.

(Einige Pflanzen haben oft auch rötlich überlaufene Blüten.)

I. Blätter längsnervig.
1. Blätter eiförmig, in Größe und Gestalt den Blättern des großen
Wegerichs ähnlich, am Grunde herzförmig, ganzrandig, mit
5—9 bogenförmigen Adern; Blattstiel rinnig. Blüten in quirlständigen Rispen. Blüte mit 3 weißen oder rötlichen Blättern
und 6 Staubgefäßen. Pflanze bis 1 m hoch. [Untergetauchte,
im Wasser flutende Blätter sind schmal und riemenförmig.
Anpassungserscheinung. Siehe auch:

16*

Pfeilkraut, Wasserhahnenfuß, Flutender Hahnenfuß, Tausendblatt u. a.]

Froschlöffel.
Alisma plantágo.

2. Blätter pfeilförmig, langgestielt. Blüten zu 3 im Quirl, weiß, am Grunde rot. Obere Blüten männlich, die unteren weiblich. Pflanze bis 1 m hoch. [Blätter unter dem Wasser grasartig, schmal, riemenförmig — Anpassung an den Standort.]

Pfeilkraut.
Sagittária sagittifólia.

3. Blätter herzförmig, grundständig. Blütenscheide (wie bei Aronstab) innen weiß, außen grün, mit einem kurzen Kolben (wie bei Aronstab). Beeren rot. Bis 30 cm hoch. Sumpfige Orte, Torfbrüche.

Schlangenkraut.
Calla palústris.

II. Blätter netznervig.

A. Blätter ungeteilt, nicht gefingert oder gefiedert.

a) Blätter gegenständig.

α) Staubblätter 2.

Blätter derb, länglich-eiförmig, grob-buchtig-gezähnt, am Grunde oft fiederspaltig, kurz gestielt. Blüten klein, in dichten Scheinquirlen, die in den Blattwinkeln stehen. Krone weiß, innen rot punktiert. Kelch 5 spaltig, mit spitzen Zähnen. Stengel ästig, bis 90 cm hoch.

Ufer-Wolfstrapp.
Lýcopus europáeus.

β) Staubblätter 10. Kronblätter 2 spaltig.

1. Griffel 3. Kelchblätter 3 nervig. Blätter zart, lanzettlich, ganzrandig, sitzend. Stengel 4 kantig, meist niederliegend, bis 30 cm lang.

Sumpf-Miere.
Stellária uliginósa.

2. Griffel 5, Kronblätter bis auf den Grund 2 spaltig. Blätter herz-eiförmig, zugespitzt, sitzend. Stengel schlaff, liegend oder klimmend, bis 1¹/₃ m hoch.

Wasserdarm.
Maláchium aquáticum.

b) Blätter wechselständig.

α) Stengel windend, kletternd, bis 3 m hoch. Blätter am Grunde pfeilförmig, mit abgestumpften Öhrchen. Krone groß, glockig-trichterförmig, schneeweiß. Blüten einzeln in den Blattwinkeln. Kelch 5 teilig. Staubblätter 5. Griffel 1. [Stengel windend — Lichthunger. Blüte abends offen — Bestäubung durch Dämmerungsfalter.] (S. 305, 650.)

Zaun-Winde.
Convólvulus sépium.

β) Stengel nicht windend.

1. Blüten in Körbchen. Blätter lineal-lanzettlich, am Grunde fein, über der Mitte tief gesägt. Stengel bis ²/₃ m hoch.   **Sumpf-Garbe.**   *Achilléa ptármica.*

2. Krone weiß (auch purpurn oder violett), röhrig-glockig, mit 5 kleinen zurückgebogenen Zähnen. Staubblätter 5. Griffel 1. Stengel ästig, steifhaarig, bis 80 cm hoch. Blätter breit-lanzettlich, die unteren in den Blattstiel verschmälert, die oberen lang herablaufend. [Blattstellung: Die unteren gestielt, die oberen sitzend — Lichtgenuß. Blätter rinnig, schräg aufwärts gerichtet, am Stengel herablaufend — Regenleitung nach innen, zu der Wurzel.] (S. 436, 646.)   **Schwarzwurz. Beinwell.** *Sýmphytum officinále.*

c) Blätter quirlständig.

1. Blätter meist zu 6 im Wirtel, lineal-lanzettlich, spitz, stachelspitzig. Stengel bis ¹/₂ m hoch, schlaff. Krone radförmig, flach. Staubblätter 4, Staubbeutel rot. Frucht glatt oder körnig-rauh.   **Moor-Labkraut.** *Gálium uliginósum.*

2. Blätter meist zu 4, lineal, stumpf, ohne Stachelspitze. Rispe ausgebreitet. Staubbeutel rot. Stengel liegend bis aufsteigend, zart, bis 60 cm hoch.   **Sumpf-Labkraut.** *Gálium palústre.*

B. Blätter gefingert, 3zählig.

Blätter 3zählig, langgestielt, grundständig. Blättchen verkehrt-eiförmig, fast sitzend. Krone weiß (auch rötlichweiß), mit 5 bärtigen Zipfeln. Kelch 5teilig. Staubblätter 5, Griffel 1. Pflanze bis 30 cm hoch. [Blätter von bitterem Geschmack — Schutz gegen Tierfraß. Verschiedengrifflig — Siehe Primel S. 11.]   **Bitterklee, Fieberklee.** *Menyánthes trifoliáta.*

C. Blätter gefiedert.

1. Blätter quirlständig. Grundständige Blätter rosettig. Blätter kammförmig-fiederteilig. Blüten in endständiger, lockerer Traube. Krone mit kurzer Röhre und ausgebreitetem, 5teiligem Saum. Schlund der Röhre gelb. Staubblätter 5. Griffel 1. Pflanze bis ¹/₂ m hoch.   **Sumpfprimel, Wasserfeder.** *Hottónia palústris.*

2. Blätter wechselständig. Blättchen groß, eiförmig, unterseits weißfilzig, ungeteilt; das endständige Blättchen

größer, handförmig, 3—5spaltig. Blüten weiß oder gelblich-weiß, von starkem Geruch, in rispigen **Mädesüß,** Trugdolden. Kronblätter 5. Staubblätter **Spierstaude.** viele. Stengel bis 1½ m hoch. (S. 272.) *Filipéndula ulmária.*

8. Doldenpflanzen an und in Gewässern.
(Siehe auch S. 433!)

I. **Alle Blätter einfach gefiedert.**

1. Stengel stielrund, gestreift, bis ³/₄ m hoch. Dolden blattgegenständig, kurz gestielt. Blätter gefiedert, untere mit eiförmigen, obere mit lanzettlichen, gesägten Blättchen. Hülle und Hüllchen **Berle.** mit lanzettlichen Blättern. *Bérula angustifólia.*

2. Stengel kantig gefurcht, bis 1¼ m hoch. Dolden endständig, 20—30strahlig. Blätter gefiedert, Blättchen schieflanzettlich, scharf gesägt; die untergetauchten Blätter oft vielfach gespalten. Hülle und **Merk.** Hüllchen vielblättrig. *Sium latifólium.*

II. **Stengelblätter einfach, Wurzelblätter 2—3fach gefiedert.**

Stengel, Blattstiel und Doldenstrahlen röhrig. Bis ²/₃ m hoch. Endständige Dolde 3strahlig, mit Früchten; seitenständige Dolden 3—5strahlig, ohne Früchte. Hülle **Hohle Pferdesaat.** fehlend. Wurzeln zum Teil knollig verdickt. *Oenánthe fistulósa.*

III. **Alle Blätter mehrfach gefiedert.**

A. **Hülle vorhanden, 3- bis mehrblättrig. Hüllchen vorhanden, 3- bis mehrblättrig.**

1. Stengel bis 2 m hoch, sehr ästig, fein gerillt, kahl, glänzend, am Grunde rotbraun gefleckt. Auch Blattstiele oft rot gefleckt. Blätter 3fach gefiedert, Fiedern tief eingeschnitten, gesägt, stachelspitzig; oben dunkelgrün, unten heller. Dolden 10—20strahlig. Hüllblätter 3—5, meist 5, am Rande häutig, lanzettlich, zurückgeschlagen. Hüllchen aus 3—4 Blättern, am Grunde ver- **Gefleckter Schierling.** wachsen. Sehr giftig! (S. 65.) *Conium maculátum.*

2. Stengel bis 1½ m hoch, mit weit abstehenden Ästen, kantig, gefurcht. Blätter 3fach gefiedert, Zipfel stachelspitzig. Dolden groß, 20—40strahlig. Hülle zurückgeschlagen

oder abstehend; Blätter der Hülle und des Hüllchens lanzettlich, mit häutigem Rand. (S. 197.)	**Ölsenich.** *Peucédanum palústre.*

B. **Hülle fehlend oder wenigblättrig**, leicht hinfällig. Hüllchen vorhanden, 3- bis mehrblättrig.

1. Stengel unter den Knoten stark angeschwollen, gerieft, mit zerstreuten Haaren besetzt, unten oft rot gefleckt, bis 2 m hoch. Blätter 3—4fach gefiedert. Hüllchenblätter 5—6, mit häutigem Rand. Wurzel rübenförmig- knollig. (S. 66.)	**Knolliger Kälberkropf.** *Chaerophýllum bulbósum.*

2. Stengel gefurcht, kahl, bis 2 m hoch. Blätter 3fach gefiedert, Fiederblättchen eiförmig, am Grunde schief, scharf gesägt. Blattscheiden bauchig aufgeblasen. Dolden stark gewölbt, 20—30strahlig. Doldenstrahlen mehlig-weichhaarig. Blätter des Hüllchens pfriemlich, herabgeschlagen. (S. 65.)	**Brustwurz.** *Angélica silvéstris.*

3. Stengel gabelästig, bis 1¼ m hoch. Blätter 2—3fach gefiedert, mit scharf gesägten, lanzettlichen Blättchen. Dolden gewölbt. Hüllchen vielblättrig, zuletzt zurückgeschlagen. Grundachse hohl, querfächerig. Sehr giftig! (Gefleckter Sch. S. 65, 494.)	**Wasserschierling.** *Cicúta virósa.*

4. Stengel sperrig-ästig, kahl, am Grunde sehr dick, zwischen den untersten Knoten hohl, bis 1½ m hoch. Blätter 2—3fach fiederteilig, die untergetauchten in vielspaltige Zipfel aufgeteilt. Dolden flach, vielstrahlig, kurzgestielt, blattgegenständig. Hüllblättchen pfriemlich.	**Wasserfenchel, Roßkümmel.** *Oenánthe aquática.*

5. Stengel stielrund, gerillt, bis 2 m hoch. Blätter doppeltfiederteilig, Blättchen herz-eiförmig, ungleich gesägt, die endständigen 3-, die seitenständigen meist 2lappig. Obere Blattstiele bauchig-aufgeblasen. Dolden vielstrahlig; Doldenstiele mehlig behaart. Blüten grünlichweiß.	**Brustwurz, Engelwurz.** *Archangélica officinális.*

9. Leicht benetzbare Blätter.

Beobachtung.

Die ersten Regentropfen fallen auf die großen Blätter der **Pestwurz**. Sie breiten sich rasch aus und verlaufen. Die benetzte Stelle ist bald wieder trocken. — Es regnet auf ein Kohlblatt. Das Wasser läuft rasch ab.

Das Blatt der Pestwurz verhält sich wie ein Löschblatt (ungeleimtes Papier). Das Kohlblatt hingegen verhält sich wie blankes Schreibpapier (geleimtes Papier). Versuch!

Erklärung.

In beiden Fällen wird die schnelle Beseitigung des Tau- und Regenwassers erreicht. — Die Botaniker Stahl, Jungner und Molisch stellten fest, daß in den feuchtwarmen Tropengebieten zahlreiche Pflanzen leicht benetzbare Blätter haben. Molisch fand unter 200 wahllos geprüften Pflanzen an einem regenreichen Orte Niederösterreichs 75 v. H. mit benetzbaren Blättern.

Prüfe die Benetzbarkeit der Blätter an Wasserpflanzen!

10. Röhricht.

I. **Stengel durch Knoten in Abschnitte gegliedert, hohl, ohne Mark (Halm).**

  A. **Halm an den Knoten fest.** (Längs- und Querschnitt durch den Knoten machen! Ziehen!) Blätter lang, schmal, längsnervig. **Gräser.**

    a) Ährchen einblütig.

      Halm bis $1\frac{1}{2}$ m hoch. Blätter breit, graugrün. Blatthäutchen spitz. Rispe abstehend mit büschelig gestellten Ähren, gelblichgrün, oft rotbunt. Das Gras bildet oft größere dichte Bestände.

        Rohrartiges Glanzgras. *Phálaris arundinácea.*

    b) Ährchen mehrblütig.

      1. Halm bis 3 m hoch, größtes deutsches Gras. Blätter graugrün, schneidend scharf. Rispe sehr ästig, ausgebreitet, braunrot; später überhängend, fast einseitswendig, grau, Ährenspindel mit seidenartigen Haaren besetzt. [Schilfhalme aus dem Schlamm ziehen: lange Ausläufer mit Sprossen, vegetative Vermehrung, dichte Bestände.]

        Schilf. *Phragmites commúnis.*

      2. Halm bis 2 m hoch. Blätter bis 1 cm breit, gelbgrün. Blatthäutchen abgestutzt. Rispe sehr ästig, allseitig ausgebreitet, mit zahlreichen Ährchen.

        Wasser-Schwaden. *Glycéria aquática.*

3. Halm bis 80 cm hoch. Rispe einseitswendig, sehr lang und schmal. Ihre Äste zur Blütezeit abstehend, vorher und nachher angedrückt, die unteren meist zu 2.

Mannagras.
Glycéria flúitans.

B. Halm an den Knoten nicht fest verwachsen. (An den Knoten ziehen: sie reißen aus. Dasselbe an den quirlständigen Ästen tun: auch sie reißen in den Knoten aus.) Schachtelhalme. (S. 75 u. 349.)

1. Stengel dünn, bis 3 mm dick, tief gefurcht, 6—10streifig, etwas rauh, ästig, $1/2$ m hoch. Zähne der Scheiden breit, mit breithäutigem Rand. Ähre oben stumpf. [Pflanze aus dem Schlamm herausnehmen: weitkriechende Ausläufer mit Sprossen — vegetative Vermehrung, dichte Bestände.]

Sumpf-Schachtelhalm.
Equisétum palústre.

2. Stengel dick, bis 8 mm, glatt, vielstreifig, oft astlos, bis $1^1/2$ m hoch. Zähne der Scheiden eng anliegend, kurz, schwärzlich, mit schmalhäutigem Rand. Ähre oben stumpf. [Unterirdische Ausläufer: vegetative Vermehrung, dichte Bestände.]

Teich-Schachtelhalm.
Equisétum heleócharis.

II. Stengel ohne Knoten, hohl.

Stengel 1—2 m hoch, stielrund oder stumpf 3kantig. Blätter oberwärts scharf gekielt, in eine lange 3kantige Spitze verschmälert, am Rande und am Kiel von nach vorn gerichteten Stacheln rauh. Rispe groß, endständig. Unter der Rispe Hüllblatt mit stielrunder Spitze.

Schneidgras.
Cládium mariscus.

III. Stengel ohne Knoten, mit Mark. Die Knoten jedoch oft strichförmig angedeutet. (S. 202 u. 432.)

A. Stengel stielrund.

a) Stengel mit Blättern.

α) Stengel 1—2 m hoch. Blüten in einem endständigen, walzenförmigen Kolben.

1. Blätter lang-lineal, so lang oder länger als der Stengel, höchstens 1 cm breit, am Rücken gewölbt, grasgrün. Männlicher (oberer Teil des Kolbens!) und weiblicher (unterer Teil des Kolbens!) Blütenstand getrennt (Zwischenraum 3—5 cm).

Schmalblättriger Rohrkolben.
Typha angustifólia.

498 An Gewässern.

2. Blätter ebenso lang, aber 1—2 cm breit, meist blaugrün. Männlicher und weiblicher Kolbenteil sich berührend. — **Breitblättriger Rohrkolben.** *Typha latifólia.*

β) Stengel unter 1 m hoch. Blüten in kugeligen Köpfchen.

1. Stengel oben ästig. Jeder Ast mit 1—2 weiblichen und mehreren männlichen Köpfchen. Blätter lang-lineal, am Grunde 3kantig, an den Seiten vertieft. — **Aufrechter Igelkolben.** *Spargánium eréctum.*

2. Stengel einfach. Oben mehrere männliche und weibliche Köpfchen in einer Traube. Blätter lang-lineal, am Grunde 3kantig, an den Seiten nicht vertieft. — **Einfacher Igelkolben.** *Spargánium símplex.*

b) **Stengel ohne Blätter.**

α) Blüten klein, mit 6 grünen, kelchartigen Blättern. Staubblätter 6 oder 3. Blütenstand eine seitliche Rispe. Stengel fein gerillt, bis ³/₄ m hoch. — **Binsen.** *Juncus.*

β) Blüten klein, in vielblütigen Ährchen. Staubblätter 3.

1. Blütenstand ein einzelnes, braunes Ährchen an der Spitze des Stengels. Stengel blaugrün, im Wasser bis ²/₃ m hoch. (S. 433, 610.) — **Sumpf-Binse.** *Heleócharis palústris.*

2. Blütenstand eine braune, büschelige Rispe, nicht weit unter der Spitze des Stengels. Stengel grasgrün, sehr schlank und biegsam, oft über 2 m hoch. (S. 610.) — **See-Simse.** *Scirpus lacústris.*

B. **Stengel 3kantig.** (S. 202 u. 432.)

a) Blüten zwitterig, mit 3 Staubblättern und 1 Griffel. Spelzen der Ährchen mehrreihig angeordnet. Ährchen vielblütig, in einer endständigen Rispe. Stengel knotenlos, scharf 3kantig, beblättert.

1. Rispe ohne Verzweigung. Ährchen in Büscheln. Ährchen groß, 1—2 cm lang, einzeln oder zu mehreren. Spelzen ausgerandet, stachelspitzig, braun. Blätter gekielt. Stengel bis 1 m hoch. — **Meer-Simse.** *Scirpus marítimus.*

2. Rispe mit verzweigten Ästen, doldentraubig. Ährchen klein, bis ¹/₂ cm lang, büschelig. Spelzen stumpf, mit feiner Stachelspitze, schwärzlich. Blätter gekielt. Stengel bis 1 m hoch. (S. 613.) — **Wald-Simse.** *Scirpus silváticus.*

b) Blüten eingeschlechtig. Männliche und weibliche Blüten auf einer Pflanze: einhäusige Pflanzen. Blüten in Ähren-

Blätter lang-lineal. Stengel knotenlos, 3kantig, beblättert.	**Seggen.** *Carex.*

C. Stengel plattgedrückt.

Stengel bis 1 m hoch, flachgedrückt, auf der einen Seite scharfkantig; die andere Seite mit Rinne, aus der der Kolben hervorwächst. Blätter lang, schilfartig.

Blüten in einem kurzen, gelblichgrünen Kolben.	**Kalmus.** *Ácorus cálamus.*

11. Die Röhrichtgesellschaft.

Am Steilhang eines Sees oder am Prallhang eines Flusses (Außenbogen einer Flußwindung) kann sich kein ausgedehnter Pflanzenwuchs entwickeln, wohl aber dort, wo die Ufer flach und versumpft sind. Die hier auftretenden Pflanzen leben gesellig. Sie sind das auffälligste Anzeichen der fortschreitenden Verlandung. Zu dieser Pflanzengesellschaft gehören:

Schilf	*Phragmites communis*
Rohr-Glanzgras	*Phalaris arundinacea*
Schmalblättriger Rohrkolben	*Typha angustifolia*
Breitblättriger Rohrkolben	*Typha latifolia*
See-Simse	*Scirpus lacustris*
Großer Hahnenfuß	*Ranunculus lingua*
Wasserliesch	*Butomus umbellatus.*

12. Die Wasserschwadengesellschaft.

Die Röhrichtgesellschaft reicht bis zu einer gewissen Tiefe in das Wasser hinein. Schon wo das Wasser flacher wird, mischen sich Vertreter einer anderen Pflanzengesellschaft dazwischen. Sie sind auffallend üppiger in ihrer Blattentwicklung als die hohen, feingliedrigen Röhrichtpflanzen; ihre Blätter sind breit und derb, ihre Blütenstände oft recht massig entwickelt. Der Schwadenrasen tritt nicht selten als Schwingmoor (S. 593) auf, das sich gegen das offene Gewässer vorschieben und es zur Verlandung bringen kann, wenn die Wasserfläche nicht zu groß ist. Die beiden kennzeichnenden Gräser dieses Ufergürtels sind: Wasserschwaden und Mannagras.

Wasserschwaden	*Glyceria aquatica*
Mannagras	*Glyceria fluitans*
Wasserampfer	*Rumex aquaticus*

Flußampfer	*Rumex hydrolapathum*
Wasserschierling	*Cicuta virosa*
Merk	*Sium latifolium*
Berle	*Berula angustifolia*
Pfeilkraut	*Sagittaria sagittifolia*
Bachbunge	*Veronica beccabunga*
Sumpfziest	*Stachys palustris*
Wasserminze	*Mentha aquatica*
Blutweiderich	*Lythrum salicaria*
Schwarzwurz	*Symphytum officinale*
Ufer-Wolfstrapp	*Lycopus europaeus*
Sumpf-Vergißmeinnicht	*Myosotis palustris*
Wasserkresse	*Roripa amphibium*
Froschlöffel	*Alisma plantago*
Wasserliesch	*Butomus umbellatus*
Sumpf-Schachtelhalm	*Equisetum palustre*
Teich-Schachtelhalm	*Equisetum heleocharis*
Igelkolben-Arten	*Sparganium*

13. Gedrehte Blätter.

Beobachtung.

Die langen Blätter des Rohrkolbens drehen sich im Winde. Wir beobachten diese Erscheinung noch an vielen anderen Röhrichtpflanzen.

Erklärung.

Das Blatt des Rohrkolbens hat 2—3 Schraubengänge, die die Drehung erleichtern. Das gedrehte Blatt ist fester als das nicht gedrehte und kann sich daher leichter aufrecht halten. (Versuch mit einem langen Papierstreifen, den man spiralig aufrollt.)

Das gedrehte Blatt kann vom Winde nicht so leicht beschädigt werden wie das nicht gedrehte. Der Wind mag wehen, woher er will, er trifft stets nur auf einen Teil der Blattfläche, aber auf ein langes Stück des Blattrandes.

Das gedrehte Blatt wird gleichmäßiger belichtet als das nicht gedrehte. Wenn der Wind es bewegt, erhält es auf allen Seiten Licht.

Untersuche:

Solche gedrehten Blätter sieht man bei den Getreidearten und bei Wiesengräsern. Wieviel Drehungen hat der Roggen? Weizen? Hafer? Gerste? Welches Wiesengras hat die meisten Drehungen?

14. Nicht benetzbare Blätter.

Beobachtung.

In Wassergräben sieht man die langen, schmalen, untergetauchten Blätter des Süßgrases (*Glyceria*) silbern glänzen. Woher kommt das?

Erklärung.

Das Blatt ist mit einer Wachsschicht überzogen und hält eine dünne Luftschicht fest, die das Licht vollständig zurückwirft (totale Reflexion). Wischt man die Wachsschicht ab, so verschwindet die Erscheinung. Solche Blätter heißen „bereift".

Andere Pflanzen mit bereiften Blättern: Schellkraut, Kohlarten, Springkraut ... Pflanzen mit „bereiften" Früchten: Pflaume, Kirsche, Schlehe, Weinbeere ... — Bedeutung: Schutz gegen Durchnässung und Fäulnis.

15. Festgewurzelte Wasserpflanzen.

Die untergetauchten Blätter der Wasserpflanzen erzeugen durch ihre Assimilation große Mengen Sauerstoff, der sich im Wasser löst und Fischen und anderen Wassertieren zum Atmen dient. Man beachte die zahlreichen Blasen, die in den wattigen Algenmassen festgehalten werden. In dem grünen Dickicht der untergetauchten Pflanzen halten sich zahlreiche Tiere gern auf.

I. **Untergetauchte Wasserpflanzen.** Blätter meist sehr schmal, lanzettlich oder fadenförmig[1]).

A. **Blätter quirlständig.**

1. Blätter zu 3—4 im Quirl, länglich-lanzettlich, $1\frac{1}{2}$ cm lang, feingesägt, ungestielt. Stengel untergetaucht, langgestreckt, schlaff, verzweigt, wurzelnd, bis 1 m lang. [Stammt aus Kanada. Einhäusige Pflanze, bei uns nur Pflanzen mit Stempelblüten vorhanden, die also nicht fruchten. Aber sehr starke vegetative Vermehrung, ein kurzes Stengelstück genügt schon als Ableger — beliebte Aquarienpflanze.] (S. 697.) **Wasserpest.** *Helódea canadénsis.*

2. Blätter zu 4 im Quirl, kammförmig-fiederspaltig; Fiederblättchen sehr fein und zahlreich (Name!). Blüten in Quirlen, rot; die oberen männlich, mit 8 Staubblättern, die unteren

---

[1]) Siehe auch Wassermoose! S. 505.

weiblich, mit 4 Narben. Stengel aus dem Wasser aufragend, bis $^1/_4$ m hoch. **Ähriges Tausendblatt.** *Myriophýllum spicátum.*

3. Blätter zu 8—12 im Quirl, lineal, ungestielt. Stengel vom Aussehen des Schachtelhalms, hohl, rund, bis 1 m hoch, am Grunde liegend, der obere blütentragende Teil aus dem Wasser hervorragend. Blüten in den Blattachseln, sehr klein, mit 1 Staubblatt. **Tannenwedel.** *Hippúris vulgáris.*

4. Seitenäste des Stengels in dichten Quirlen. Stengel durch Knoten in Abschnitte gegliedert. Seitenäste fadenförmig, einfach, oder gleichfalls durch Knoten in Abschnitte gegliedert, an diesen Knoten dann wieder kurze Ausstrahlungen zweiter Ordnung. Aufbau der Pflanze armleuchterartig. An der Unterseite der Äste kleine kugelförmige Gebilde: Vermehrungsorgane (Lupe!). Pflanze mit feinen Fäden am Boden angeheftet, starr, leicht zerbrechlich, von widrigem Geruch. Bis 30 cm hoch. **Armleuchter.** *Chára.*

B. **Blätter gegenständig.** (Siehe auch unter II C!)

1. Blätter sehr schmal, fadenförmig, am Grunde einer Scheide entspringend. Stengel bis 40 cm lang, fadenförmig, flutend, stark verästelt. Blüten einhäusig, männliche 1 Staubblatt, weibliche mit 4 Fruchtknoten. **Teichfaden.** *Zannichéllia palústris.*

2. Blätter lineal oder verkehrt-eiförmig, 3 nervig; die oberen Blätter sternförmig gestellt, schwimmend, die unteren gegenständig. Blüten einzeln, achselständig, einhäusig; männliche Blüten 1 Staubblatt. (S. 504.) **Wasserstern.** *Callítriche.*

3. Untergetauchte Blätter gegenständig, lineal, hinfällig, an ihrem Grunde fiederförmig verzweigte Wurzeln; schwimmende Blätter rosettig, langgestielt, rautenförmig, gezähnt, lederig. Blattstiele in der Mitte oft aufgeblasen. Blüten einzeln in den Blattachseln. Krone klein, weiß. Frucht 4 dornig, schwarzgrau. Stehende Gewässer, selten, im Schwinden begriffen. Bis 1 m hoch. Gesetzlich geschützt! **Wassernuß.** *Trapa natans.*

C. **Blätter wechselständig.**

a) Blätter ungeteilt, längsnervig, fettig glänzend (von Öltropfen in der Oberhaut), lederartig, bleichgrün, häufig ver-

Pflanzenleben. 503

fault (oft mit Schneckenlaich beklebt). Stengel langflutend. Blüten gelblich oder braungrün, in Ähren, die aus dem Wasser herausragen und durch den Wind **Laichkraut.** bestäubt werden. Mehrere Arten. *Potamogéton.*

Verbreitet: Krauses Laichkraut, *P. crispus.* Stengel zusammengedrückt, 4 kantig, meist rötlichweiß, bis 80 cm lang. Blätter lineal-länglich, wellig-kraus, fein gezähnt, sitzend! Quernerven der Blätter entfernt.

b) Blätter geteilt, netznervig.

α) Blüten in weißen Dolden.

1. Stengel stielrund, gestreift, aus dem Wasser aufsteigend, bis ³/₄ m hoch. Blätter gefiedert, die Abschnitte der unteren Blätter eiförmig, der oberen länglich oder lanzettlich, gesägt. Dolden kurzgestielt, **Berle.** blattgegenständig. *Bérula angustifólia.*

2. Stengel kantig, gefurcht, aus dem Wasser aufsteigend, bis 1¹/₄ m hoch. Blätter gefiedert, Blättchen schief-lanzettlich, scharf gesägt; untere Blätter vielfach gespalten. Dolden endständig, mit 20 bis **Merk.** 30 Strahlen. *Sium latifólium.*

β) Blüten nicht in Dolden.

1. Stengel oft bis 7 m lang, in kleinen fließenden Gewässern flutend. Einerlei Blätter, meist alle untergetaucht, in viele pfriemliche, gleichlaufende Zipfel zerschlitzt. Blüten weiß. Krone mit 5—12 länglichen Blättern. Staubblätter 20 und mehr auf dem Blütenboden, nicht länger als die Griffel. [Vielfach zerteilte Blätter — Anpassung **Flutender Hahnenfuß.** an fließendes Wasser; Lichtgenuß.] *Ranúnculus* (S. 439.) *flúitans.*

2. Stengel bis 1¹/₂ m lang, flutend. Zweierlei Blätter: die untergetauchten vielfach aufgespalten, schlaff, außerhalb des Wassers pinselförmig zusammenfallend; die schwimmenden nierenförmig oder rundlich, meist mit 3—5 gekerbten Lappen. Blüten weiß, langgestielt; Krone meist 5 blättrig. Staubblätter 20 und mehr, länger als die Griffel. [Zweierlei Blätter: die untergetauchten zerschlitzt, die schwim- **Wasserhahnenfuß.** menden flächig — Anpassung an den *Ranúnculus* Standort, Lichtgenuß, Arbeitsteilung.] *aquátilis.*

II Pflanzen mit Blättern, die auf der Wasseroberfläche schwimmen. Schwimmblätter breit und flächig. (Nicht verwechseln mit den nichtwurzelnden Schwimmpflanzen, S. 506.)

**A. Schwimmblätter groß und rund, am Grunde tief
eingeschnitten.**

1. Blattstiel stielrund.

Blüten weiß, groß, duftend, ohne Honiggrübchen, so lang
wie der Kelch. Kelch 4blättrig, außen
grün, innen weiß. Gesetzlich geschützt!

Weiße Seerose.
Nympháea alba.

2. Blattstiel mit 2 Kanten.

Kelch 5blättrig, groß, gelb. Kronbblätter
gelb, mit Honigdrüsen, kürzer als der
Kelch. Gesetzlich geschützt!

Gelbe Teichrose.
Núphar lúteum.

**B. Schwimmblätter mittelgroß, langrund, am Grunde
nicht eingeschnitten.**

1. Stengel ästig, jeder Ast am Ende mit einer Scheinähre,
bis 1½ m hoch, im Wasser flutend, außerhalb aufrecht.
Blätter netznervig, länglich bis lanzettlich, am Grunde
schwach herzförmig, am Rande rauh, lederartig. Blüten
in rosaroten, dichten, gedrungenen, walzenförmigen Scheinähren, die sich auf kurzem Stiel über das Wasser erheben.
[Landform: Stengel kürzer, aus liegendem Grunde aufsteigend oder ganz aufrecht; Blätter schmal, behaart, mit
kurzen, steifen Stielen — Wechsel des
Standortes bedingt eine Veränderung
der Gestalt.]

Wasser-Knöterich.
*Polýgonum
amphíbium.*

2. Stengel einfach, bis 1½ m lang, nur im Wasser flutend.
Blätter bogennervig, mit zahlreichen Quernerven, elliptisch
oder länglich, am Grunde schwach herzförmig, lederartig.
Blüten in dichten, walzenförmigen grünen Ähren. Staubbeutel 4, Narben 4. [Auf der Unterseite
der Blätter gallertartige Klümpchen,
länglich oder gekrümmt — Schneckenlaich.]

**Schwimmendes
Laichkraut.**
*Potamogéton
nátans.*

C. Schwimmblätter groß, rosettig.
Siehe I B 3!

Wassernuß.
Trapa natans.

D. Schwimmblätter klein, rundlich oder länglich.

1. Sehr kleine eiförmige Blättchen, gegenständig oder (die oberen) sternförmig.
(S. 502.)

Wasserstern.
Callítriche.

2. Etwas größere Blätter, rundlich oder
nierenförmig, wechselständig. (S. 503.)

Wasserhahnenfuß.
*Ranúnculus
aquátilis.*

16. Wassermoose.

In stehenden und fließenden Gewässern findet man an Steinen, Wasserfällen und Mühlenwehren Moose, die durch ihre dicken Polster oder durch ihre langen, flutenden Zweige auffällig sind. Sie gehören zu den Astmoosen. Unter den zahlreichen Arten sind folgende häufig.

I. Zweige mit scharf 3kantiger Spitze, Blätter 3zeilig gestellt, der Stengelspitze dicht anliegend. Zweige oft über 20 cm lang, in dunkelgrünen Büscheln. Büchse ungestielt. **Brunnenmoos.** *Fontinális antipyrética.*

II. Zweigspitzen nicht 3kantig, Blätter nicht 3zeilig.

   A. Blätter an den Spitzen der Zweige hakig gekrümmt.

      1. Blätter lang zugespitzt, meist nur an der Stengelspitze sichelförmig gebogen, mit starker Rippe. Stengel fiederästig, schlaff, flutend, oft über 30 cm lang. Rasen grün, gelblichgrün oder bräunlich. **Flutendes Schlafmoos.** *Hypnum flúitans.*

      2. Blätter kurz gespitzt, ganzrandig, kaum 1 mm lang, einseitswendig. Rippe etwa bis zur Blattmitte. Zweige büschelig geteilt, ihre Spitzen oft kurzhakig gekrümmt. Rasen trübgrün, kriechend, weich. In Gebirgen häufig. **Echtes Sumpfschlafmoos.** *Limnóbium palústre.*

   B. Blätter an der Spitze der Zweige nicht hakig gekrümmt.

      1. Büchse kurz-eiförmig. Deckel lang geschnäbelt. Zweige flachgedrückt, scheinbar 2zeilig beblättert. Blätter scharf gesägt. Rasen sehr derb und starr, dunkelgrün. Stämmchen fingerlang, unten blattlos, von den hinterlassenen Blattspuren hakigrauh. **Schnabelmoos.** *Rhynchostégium ruscifórme.*

      2. Büchse sehr lang und dünn, eingekrümmt, unter der Mündung stark eingeschnürt. Deckel kurz gespitzt. Rasen mancher Arten fädig verworren und zart, anderer Arten derb, kriechend oder flutend, mit flachen Ästen. **Pfeifenkopfmoos.** *Amblystégium.*

Literatur:

Paul Kummer, Führer in die Mooskunde. 216 S. u. 4 Tafeln. Verlag Springer, Berlin 1891. (Nur antiquarisch zu erhalten, für Anfänger sehr geeignet.)

Otto Burck, Die Flora des Frankfurt-Mainzer Beckens. I. Kryptogamen (Sporenpflanzen). Abhandlung 452 der Senckenbergischen Naturforschenden Gesellschaft in Frankfurt a. Main.

17. Abgestorbene Pflanzenteile, die im Wasser liegen, sind oft kohlschwarz.

Viele Pflanzen enthalten Gerbstoffe. Verbinden diese sich mit den Eisenverbindungen im Wasser oder im Boden, so entstehen schwarze, blauschwarze, blaue oder grüne Verbindungen. Wenn also abgestorbene Pflanzenteile oder Früchte lange im Wasser oder im feuchten Boden liegen, so werden sie allmählich schwarz. Beispiele: Samen der Roßkastanie, Eicheln, Wassernuß (*Trapa natans*) ..., Blätter vom Laichkraut ... Rindenstücke ...

18. Schwimmpflanzen.

Bei der Bestimmung achte man darauf, ob die Pflanzen auch wirklich frei im Wasser schwimmen und nicht etwa im Schlamm wurzeln.

I. **Schwimmende Pflanzen mit flächigen Blättern. Mit Wurzeln, die frei im Wasser hängen.**

1. Blätter herz-eiförmig, rundlich, einige Zentimeter im Durchmesser, auf dem Wasser schwimmend, gestielt. Fingerlange Wasserwurzeln treibend. Blüten zu 1—3 auf gemeinschaftlichem Blütenstiel. Krone weiß. Blüten eingeschlechtig, Staubblätter und Griffel auf verschiedenen Pflanzen, also 2 häusig. Staubblätter 5—12, Griffel 6. [Blätter schwammig, mit Lufthöhlen — Schwimmpflanze. Blätter ordnen sich mosaikartig — Lichtgenuß. Blätter meist angefressen — Wasserschnecken; nicht von Fröschen!] **Froschbiß.** *Hydrócharis mórsus ránae.*

2. Blätter lineal, lang, schwertförmig-dreikantig, stacheliggesägt, dickfleischig, ungestielt, in Rosetten. Blüten 2 häusig, weiß. Staubblätter 12, Griffel 6. [Siehe die Wurzeln von Krebsschere und Froschbiß: Wurzelhaare — Nährwurzeln.] **Krebsschere.** *Stratiótes aloídes.*

3. Blätter bis zum Grunde 2 teilig, mit vielen Würzelchen. Weite Flächen stehender Gewässer sind oft in dicker rötlicher Schicht davon bedeckt. Aus Amerika (Staat Carolina) in die botanischen Gärten eingeführt und von da aus verwildert. [Vegetative Vermehrung.] (S. 697.) **Azolla.** *Azólla caroliniána.*

II. **Untergetauchte Pflanzen mit feinzerteilten Blättern. Ohne Wurzeln.**

1. Blätter in Quirlen, 1—3 fach gabelteilig, Zipfel lineal,

stachelig-gezähnt, starr. Blüten einzeln in den Blattachseln, klein. Blüten eingeschlechtig, männliche und weibliche Blüten auf derselben Pflanze, also 1häusig. Staubblätter 12. [Pflanze ohne Wurzeln — Ernährung durch die Blätter. Feinzerschlitzte Blätter; siehe auch: Wasserschlauch, Tausendblatt, Wasserhahnenfuß — **Hornblatt.** Lichtgenuß.] *Ceratophýllum.*

2. Blätter nicht in Quirlen, vielfach haarfein zerschlitzt. An einzelnen Blattzipfeln rundliche Blasen (Schläuche). Stengel bis 15 cm lang, verzweigt. Blütenstand locker-traubig, über der Wasseroberfläche. Krone 2lippig, dottergelb. Staubblätter 2, Griffel 1. [Pflanze ohne Wurzeln — Ernährung durch die Blätter. Blasen an den Blättern am Eingang gebaut wie eine Fischreuse. Kleine Wassertiere können hinein, nicht wieder heraus. Die Tiere sterben, ihre Weichteile werden verdaut. Untersuche solche Schläuche mit der Lupe!] **Wasserschlauch.** *Utriculária.*

III. Schwimmende Pflanzen ohne Blätter.
   A. Kleine Wasserpflanzen mit linsenähnlichem Stengel, im Durchmesser 3—10 mm, die an der Unterseite Wurzeln tragen. Sie überziehen stehende Gewässer mit einer dichten grünen Schicht.

   a) Wurzeln in Büscheln, Linsen rundlich, eiförmig; oben glatt, Unterseite schwach gewölbt und rötlich gefärbt; Durchmesser 5 mm. **Teichlinse.** Schwimmend. *Spirodéla polyrrhíza.*

   b) Wurzeln einzeln.

   α) Linsen rundlich oder eirundlich, schwimmend.

   1. Linsen oben und unten flach, beiderseits grün, einzeln oder in wenigen Gliedern zusammenhängend. Jedes Glied

mit je einer Wurzelfaser. Durchmesser 3 mm. **Kleine Wasserlinse.** *Lémna mínor.*

2. Linsen oben flach, unten kugelförmig gewölbt, jedes Linsenstück nur mit einer Wurzelfaser, meist einzeln. Durchmesser 3 mm. Oft mit anderen Arten gemischt. **Buckelige Wasserlinse.** *Lémna gíbba.*

β) Linsen länglich-lanzettlich, vielgliedrig, meist kreuzweise zusammenhängend, die einzelnen Glieder an einem Ende verschmälert, mit 3 Furchen, flach, untergetaucht. Jedes Glied mit einer Wurzelfaser. Durchmesser 5—10 mm. **Dreifurchige Wasserlinse.** *Lémna trisúlca.*

B. Grüne oder gelblichgrüne, sehr schlüpfrige, schleimige, freischwimmende Watten. Eine nähere Untersuchung ergibt, daß sie aus zahllosen feinsten Fäden bestehen. **Algen.**

19. Erwärmung der Wasserpflanzen im Sonnenlicht.

Die großen Blätter der Seerosen liegen ausgebreitet auf dem Wasser, am Rande etwas aufgebuchtet, so daß flache Becken entstehen, die oft mit Wasser gefüllt sind. Taucht man die Hand in dieses Wasser und darauf sofort in das offene Wasser, so merkt man deutlich einen Wärmeunterschied. Das Wasser auf den Blättern ist wärmer. Genaue Wärmeunterschiede lassen sich mit dem Thermometer feststellen:

Offenes Wasser = ?   Auf dem Blatt = ?

Oft sieht man in diesen kleinen Blattlachen winzige Tiere schwimmen (niedere Krebse, Fischbrut...), die hier offenbar ein gutes und sicheres Fortkommen finden.

Auch das Blatt selber erwärmt sich in der Sonne stärker als das Wasser. An Laichkrautblättern stellte man Wärmeunterschiede von 6—7° C fest. Vielleicht wird durch diese erhöhte Wärme der Schneckenlaich an der Unterseite der Blätter zu beschleunigter Entwicklung gebracht.

Von der Sonne beschienene Algenrasen sind oft um 7° wärmer als das Wasser. Allerlei Kleintiere suchen hier Unterschlupf und Fortkommen.

Tierleben.

1. Sumpfvögel.

Gewässer, Röhricht, Sumpf, nasse Wiese und trockene Wiese gehen oft ohne feste Grenzführung ineinander über. Die Vogelwelt des Sumpfes ist daher stark vermengt mit Wasser- und Wiesenvögeln. Als eigentliche Wasservögel sollen die Schwimmvögel gelten, sie haben meist eine Schwimmhaut zwischen den Zehen. Die Mehrzahl der Sumpfvögel hat Stelzenbeine, d. h. die Schienen sind über der Ferse nackt, der Lauf ist so lang oder länger als der Rumpf, die Füße besitzen meist keine oder nur eine unvollständige Schwimmhaut. Die hochbeinigen Vögel sind dem Leben im Sumpf gut angepaßt.

Will man in wasserreichen Sumpfgebieten einen Vogel am Flug oder am Ruf ermitteln, so versuche man es zunächst mit der nachfolgenden Tabelle. Kommt man nicht zum Ziel, so ziehe man die Tabelle der Schwimmvögel zu Rate. (S. 519.)

Will man dagegen in wiesenartigem Sumpfgelände einen Vogel am Flug oder am Ruf bestimmen, so benutze man gleichfalls zunächst die nachfolgende Tabelle. Reicht sie nicht aus, so helfen vielleicht die beiden Tabellen der Wiesenvögel. (S. 458 ff.)

I. **Der Vogel ist auffällig durch seine Größe.**

A. Vögel mit langen Beinen, langem Hals und langem Schnabel.

1. Größer als Storch. Gefieder aschgrau, Kehle und Nacken schwarz, Hals an den Seiten hell, Scheitel beim Männchen rot. (S. 459.) **Kranich.** *Grus grus.*

2. Gefieder weiß und schwarz. Füße und Schnabel rot. **Weißer Storch.** *Cicónia cicónia.*

3. Kleiner als Storch. Gefieder aschgrau. Kopf weiß, mit 2 schwarzen Scheitelstrichen und langen, dunklen Genickfedern. **Fischreiher.** *Árdea cinérea.*

B. Ein großer Raubvogel, bedeutend größer als Bussard und Habicht. Oberseite braunschwarz. Unterseite und Nacken weiß. Schwarz mit etwa 6 dunklen Querbinden. **Fischadler.** *Pandion haliáëtus.*

II. **Der Vogel ist auffällig durch seinen Flug.** (S. 459.)

1. Vor dem Auffliegen erfolgt ein Anlauf mit Luftsprüngen.

   a) Gefieder weiß und schwarz. Füße und Schnabel rot. **Weißer Storch.** *Cicónia cicónia.*

510   **An Gewässern.**

    b) Vogel bedeutend größer als Storch.   **Kranich.**
    Gefieder aschgrau.   *Grus grus.*

2. Der Vogel fliegt im Schwebeflug, d. h. er hält sich längere
    Zeit ohne Flügelschlag schwebend in der Luft.
    a) Vögel mit langen Beinen und langem Hals.
    α) Hals und Beine sind lang ausgestreckt.   **Kranich u. Storch.**
    β) Der Hals ist S-förmig zurückgebogen.
    (S. 459.)   **Fischreiher.**
    b) Beine und Hals nicht lang. Der Vogel kreist längere
    Zeit in der Luft. (Siehe Flugtafel S. 399!)   **Schwarzer Milan**
    Über Sümpfen und Gewässern fliegend.   **u. Fischadler.**

3. Der Vogel rüttelt, d. h. er hält sich längere Zeit mit schnellem
    Flügelschlag und schräg gestelltem Körper an einer Stelle
    in der Luft.

        Bauchseite hell. Schwanz kurz. Flügel zugespitzt. Be-
    deutend größer als Bussard. Nach dem Rütteln oft senk-
    rechter Absturz aufs Wasser mit an-
    gelegten Flügeln und ausgestreckten   **Fischadler.**
    Fängen.   *Pandion haliáëtus.*

4. Der Vogel wirft sich im Fluge von der einen Seite auf die
    andere.
    a) Vogel von Taubengröße. Oberseite metallisch-grün. Unter-
    seite weiß und schwarz. Kopf mit   **Kiebitz.**
    schwarzem Federschopf.   *Vanéllus vanéllus.*
    b) Raubvögel von Sperber- bis Bussardgröße, die im nied-
    rigen Fluge das Gelände absuchen und
    dabei die Spitzen der Flügel hochhalten.   **Weihen.**
    (Siehe S. 398, 460!)   *Circus.*

5. Der Vogel läßt im Fluge die Beine lang herunterhängen.
    Vögel von Amsel- bis Rebhuhngröße.
    (S. 517.)   **Rallen.**

6. Der aufgescheuchte Vogel streicht flach ab und macht dabei
    blitzschnelle Wendungen. Nach unten gerichteter langer
    Schnabel. Vogel etwas über Amselgröße,   **Bekassine.**
    oben schwarzbraun, unten heller. (S. 461.) *Gallinágo gallinágo.*

7. Der Vogel steigt mit reißend schnellem Fluge in beträcht-
    liche Höhen hinauf und zieht dort weite, waagerechte
    Kreise, die durch steile Abstürze unterbrochen werden.
    Während des Absturzes ist ein meckern-   **Bekassine.**
    des Huhuhuhuhuhu zu hören. (S. 461.) *Gallinágo gallinágo.*

Tierleben. 511

8. Der mit kräftigen Flügelschlägen ausgeführte Flug ist auf kurze Strecken schwebend. Mittelgroße Vögel.

a) Bräunlicher Vogel mit langem, abwärts gekrümmtem Schnabel. Hals angezogen, Füße ausgestreckt. Klangvolle Flötenrufe. (S.461.)

Großer Brachvogel.
Numénius arquátus.

b) Grauer schlanker Vogel von etwa Krähengröße. Beine und Hals lang. Schnabel lang und gerade. Flügel mit weißer Binde. Schwanz schwarz mit weißer Wurzel.

Schwarzschwänzige Uferschnepfe.
Limósa limósa.

c) Graubrauner Vogel von etwa Taubengröße oder Amselgröße, mit lebhaft weißem Bürzel. Gewandter Flug mit schnellen Wendungen.

Wasserläufer.
Tótanus.

° Etwa Taubengröße. Beine rot. Flügel mit weißer Binde.

Kleiner Rotschenkel.
T. tótanus.

°° Etwa Amselgröße. Beine graugrün. Oberseite olivbraun, Unterseite weiß.

Bruchwasserläufer.
T. glaréola.

d) Vogel von Amsel- bis Taubengröße. Bürzel in der Mitte grau, an den Seiten weiß. Beine gelb bis rotgelb. Männchen im Frühjahr und Sommer mit vielfarbigem Federkragen. Flügel im Flug etwas an den Leib gezogen.

Kampfläufer.
Pavoncélla pugnax.

III. Der Vogel ist auffällig durch seinen Ruf.

A. Rufe aus der Luft. (Vergleiche: Flug des Vogels unter II.!)

1. Ein wieherndes Kihi hihihihihihi. Bei Flugspielen in der Luft zur Paarungszeit im Frühling. Raubvogel mit Gabelschwanz. (S. 396.)

Schwarzer Milan.
Mílvus migrans.

2. Ein schwach kläffendes Käwkäwkäwkäw, wie von einem kleinen Hunde. Abends nach dem Sonnenuntergange. Dabei Abstürze aus geringer Höhe. Weicher Flug. Vogel von der Größe der Waldohreule.

Sumpfohreule.
Ásio accipitrínus.

3. Langgezogenes Knuiii. Während des Balzfluges im Frühjahr, bei dem der Vogel sich gaukelnd von der einen Seite auf die andere wirft. Oder: Kurze zweisilbige Kie-bit. Während des gaukelnden Fluges.

Kiebitz.
Vanéllus vanéllus.

4. Ein meckerndes Huhuhuhuhuhuhuhu, dessen Tonhöhe in der Mitte ansteigt. Hoch in der Luft kreisender Vogel von Amselgröße. (S. 510.)

Bekassine.
Gallinágo gallinágo.

512 An Gewässern.

5. Ein quäkendes Kätsch oder Grätsch oder Grä-itsch, das ein aufgescheuchter Vogel von Amselgröße hören läßt, der mit reißend schnellem Fluge im Zickzack abstreicht. (S. 510.)

Bekassine.
Gallinágo gallinágo.

6. Melodisch flötende Tloiht, deren Schlußton eine Quarte hinaufgezogen wird. Auch tlaüht oder 3silbig tla-ü-it. Außerdem weiche oder härtere Roller kiwiwiwiwiwiwi, hell wie der Roller des Kuckucksweibchens. Großer Vogel mit langem, gebogenem Schnabel. (S. 511.)

Großer Brachvogel.
Numénius arquátus.

7. Eine lange Reihe gleichhoher Gretogretogretogretogretogreto oder auch so: Lodjolodjolodjolodjolodjo. (Siehe unter II 8 b!)

Schwarzschwänzige Uferschnepfe.
Limósa limósa.

8. Flötende Düdüdüdüdüdüdü oder Düwedüwedüwedüwe oder Gibgibgibgibgib oder zur Paarungszeit lange Triller usw., sehr mannigfaltig. (Siehe unter II 8 c!)

Kleiner Rotschenkel.
Tótanus tótanus.

9. Helle Gigigigigigig oder gif gif gif gif oder trillernd witewitewitewite. (Siehe unter II 8 c!)

Bruchwasserläufer.
Tótanus glaréola.

10. Kläglich quäkende Kuäh, kuih, quih von einem hoch in der Luft kreisenden Raubvogel. (S. 510.)

Rohr- oder Sumpfweihe.
Circus aeruginósus.

B. Rufe aus Röhricht oder hohem Wiesengras.

1. Rerrrp rerrrp, laut und knarrend, am Tage vereinzelt, nachts oft stundenlang ununterbrochen. (S. 465.)

Wiesenknarrer.
Crex crex.

2. Ein quiekendes Krruih. (S. 517.)

Wasserralle.
Rallus aquáticus.

3. Scharfe, kurze Pix oder tiefere Köw kröw. (S. 517.)

Bläßhuhn.
Fúlica atra.

4. Ein helles, klangvolles Kürrrk, das in der Mitte ansteigt. (S. 517.)

Grünfüßiges Teichhuhn.
Gallínula chlóropus.

5. Dumpfe Ru oder rur, viele in gleichmäßigen Abständen hintereinander. Zuweilen kommt der Vogel aus dem Röhricht zum Vorschein: etwa Krähengröße, Oberseite schwarz, Unterseite gelb, Schnabel lang und spitz.

Zwergrohrdommel.
Ardétta minúta.

6. Buuuuuü prumbü prumbü prumbü prumb: Paarungsruf, brüllend, ähnlich wie Ochsenstimme. Krauw krauw: Ge-

wöhnliche Stimme, laut und tief, rabenartig. Verwandter vom Fischreiher, etwas kleiner und plumper. Gefieder braunschwarz mit rostgelben Keil- **Große Rohrdommel.** flecken; Unterseite hell. (S. 524.) *Botaurus stellaris.*

2. Schwimmvögel der Binnengewässer.

Hinweise für Beobachtungen.

I. **Beobachtungsplatz:** Im Ufergebüsch — Schutz vor Sicht — freier Blick auf die Wasserfläche — Fernglas.

II. **Zur Feststellung der Art beachte man:**
  1. Körperliche Merkmale: Größe, Gestalt, Farbe.
  2. Gewohnheiten beim Schwimmen:
  Kopfnicken: Wasserhuhn, Teichhuhn, Sumpfhuhn, Wasserralle.
  Halseinziehen: Enten.
  Gründeln (nur Kopf und Hals im Wasser): Schwäne, Gänse und Schwimmenten (Stock-, Knäck-, Krick-, Spieß-, Schnatter-, Löffel- und Pfeifente).
  Kurzes Tauchen (Körper ganz im Wasser), geschieht meist wegen Gefahr: Wasserhuhn, Sumpfhühner, Wasserralle.
  Anhaltendes Tauchen, Auftauchen an derselben Stelle: Teichhuhn und Tauchenten (Tafel-, Moor-, Reiher- und Schellente).
  Anhaltendes Tauchen nach Kopfsprung, geräuschvoll plantschend, Auftauchen bis zu 50 m Entfernung: Säger.
  Anhaltendes Tauchen nach geräuschlosem Kopfsprung, Auftauchen an oft weit entfernter Stelle: Taucher.
  3. Eigentümlichkeiten des Fluges: siehe S. 509!
  4. Stimme: siehe S. 511!

III. **Die Schwimmhaut** beobachte man bei zahmen Schwänen, Gänsen und Enten, wenn sie gehen und schwimmen.
  a) Die 3 vorderen Zehen sind durch vollständige Schwimmhäute verbunden.
    1. Der Schnabel ist breit: Schwäne, Gänse, Enten.
    2. Der Schnabel ist rund: Säger.
    3. Der Schnabel ist seitlich zusammengedrückt: Möwen, Seeschwalben.
  b) Die Zehen besitzen zu beiden Seiten einen häutigen Saum: Schwimmlappen.

1. Die Schwimmlappen sind ganzrandig: **Taucher.**
2. Die Schwimmlappen sind eingekerbt: **Bläßhuhn.**

c) Die Zehen besitzen keine Häute und Lappen: **Sumpfhuhn, Ralle, Teichhuhn.**

IV. **Das Einfetten des Gefieders** sieht man oft bei unserm Hausgeflügel: Schwänen, Gänsen und Enten. Sie holen mit dem Schnabel das Fett aus der Bürzeldrüse (am Ende des Rückens!) und streichen es ins Gefieder, das dadurch gegen Wasser undurchlässig wird. Man beobachte einen Zwergtaucher, der oft und lange taucht: sein Gefieder bleibt in Ordnung, es trieft nicht und liegt auch nicht klatschnaß am Körper. Vergleiche damit einen langhaarigen Hund, der aus dem Wasser kommt oder ein durchgeregnetes Huhn!

Erklärung einiger Ausdrücke.

Gänserich = männliche Gans. Erpel, Enterich = männliche Ente. **Schof** = Trupp Jungenten. Spiegel = die Prachtfedern auf den Flügeln der Enten.

I. **Schwäne:** sogleich kenntlich an der Größe, Länge $1\frac{1}{2}$ m. Gefieder weiß. Schnabel gelbrot, am Grunde mit schwarzem Höcker. Augenstreif schwarz. Vorkommen: auf großen Binnengewässern Norddeutschlands, meist halbwild. (Singschwan: Schnabel vorn schwarz, am Grunde gelb, ohne Höcker. Augenstreif gelb. Nur Durchzugvogel an den deutschen Küsten.)   **Höckerschwan.** *Cygnus olor.*

II. **Gänse:** sogleich kenntlich an der Größe, Länge 90 cm.

1. Im Sommer:

Länge etwa wie die der graugefärbten Hausgänse. Gefieder grau, am Bauche weiß. Schnabel fleischrot mit weißem Nagel. Vorkommen: auf großen Binnengewässern Norddeutschlands, nur im Sommer bei uns, zieht im Herbste in <-förmigen Zügen fort. Stammform unserer Hausgans.   **Graugans.** *Anser anser.*

2. Im Winter:

Länge etwas geringer. Gefieder grau, an der Brust heller. Schnabel schwarz, in der Mitte gelb. Vorkommen: nur im Winter, oft in großen Scharen, im Binnenlande in Trupps auf Saatfeldern. Bei strenger Kälte und tiefem Schnee ziehen sie südlicher. Flug: schräge Linie oder ein hinten offenes Dreieck. (Ackergans, Schneegans.)   **Saatgans.** *Anser fabális.*

Tierleben.	515

III. Säger:

Merkmale: Kleiner als Gans, größer als Hausente; Gestalt entenähnlich. Schnabel lang, rot, vorn spitz, fast walzigrund, an der Spitze hakig nach unten umgebogen (Fernglas!).

1. Männchen: Länge 75 cm, Kopf und Oberhals dunkelgrün schillernd, Brust einfarbig gelbrot, Spiegel rein weiß. (Sommerkleid bräunlich.)

Weibchen: Länge 60 cm, Kopf und Oberhals braun, Brust und Rücken grau. **Großer Gänsesäger.** *Mergus mergánser.*

2. Männchen: Länge 60 cm, Kopf und Oberhals ähnlich wie bei voriger Art, Brust rotbraun gefleckt, Spiegel weiß mit 2 dunklen Querbinden.

Weibchen: Länge 50 cm, im übrigen dem Weibchen der vorigen Art sehr ähnlich. **Mittlerer Säger.** *Mergus serrátor.*

Anmerkung: Als nicht seltener Wintergast auf Flüssen und Seen der Kleine Säger, *Mergus albéllus.* Länge 40—50 cm, Schnabel kürzer und bleigrau, Kopf, Hals, Brust, Schulter weiß, am Auge und Hinterkopf schwarzer Fleck, Rücken tiefschwarz.

IV. Enten:

Merkmale: Entengestalt, Länge zwischen 60 und 30 cm, Kopf und Spiegel lebhaft gefärbt, Schnabel breit, an der Spitze flachgedrückt.

A. Kopf und Oberhals des Erpels einfarbig.

a) Metallisch-grün.

1. Spiegel blaugrün, schwarz und weiß eingefaßt. Hals mit weißem Ring. Schnabel gelbgrün. Länge 60 cm.

Weibchen rötlichgraubraun, mit kleinen dunklen Flecken; Spiegel wie beim Männchen. **Stockente.** *Anas boschas.*

2. Spiegel goldgrün mit weißem Querstreifen, Brust weiß. Schnabel vorn löffelartig verbreitert. Länge 55 cm.

Weibchen graugelb mit dunklen Flecken. Spiegel dunkelgrün, weiß eingefaßt. **Löffelente.** *Spátula clypeáta.*

b) Graubraun.

Spiegel hinten weiß, mitten schwarz, vorn rotbraun. Übriges Gefieder aschgrau. Länge 55 cm.

Grupe, Naturkundl. Wanderbuch.

Weibchen Gefieder etwas heller, ohne Spiegel.

Schnatterente.
Anas strépera.

c) Rotbraun.

1. Spiegel hell aschgrau. Kropf schwarzbraun. **Länge 50 cm.**

Weibchen Kopf, Hals, Kropf und Seiten braun, Rücken grau.

Tafelente.
Nyróca ferina.

2. Spiegel weißer, schmaler Streifen. Kropf rotbraun. Steiß weiß. Kopf mit Holle. Länge 45 cm.

Weibchen dem Männchen ähnlich, Kopf ohne Holle.

Moorente.
Nyróca nyróca.

3. Spiegel dunkelgrün, schwarz eingefaßt, davor weiß. Vorderflügel und Brust weiß. Kropf rostfarben. Länge 50 cm.

Weibchen aschgrau.

Pfeifente.
Anas penélope.

d) Schwarz, mit Reiherschopf.

Spiegel weiß. Hals und Kropf schwarz. Länge 42 cm.

Weibchen dunkelbraun, mit heller Stirn.

Reiherente.
Nyróca fuligula.

B. **Kopf und Oberhals des Erpels mehrfarbig.**

1. Schwarzbraun, auf beiden Seiten vom Scheitel zum Hals ein weißer Streifen.

Spiegel dunkelgrün, hinten schwarzweiß, vorn rostrot eingefaßt. Hals und Kropf weiß. Schwanz lang zugespitzt. Länge 60 cm.

Weibchen einfarbig graubraun.

Spießente.
Anas acúta.

2. Braun, mit weißem Streifen vom Auge bis zum Nacken.

Spiegel dunkelglänzend, weiß eingefaßt. Brust braun. Länge 40 cm.

Weibchen graubraun, Spiegel wie beim Männchen.

Knäkente.
Anas querquédula.

3. Braun, mit grünem Streifen vom Auge bis zum Nacken.

Spiegel metallisch-grün, vorn rostfarbig. Kropf rostgelb. Länge 35 cm.

Weibchen graubraun, Spiegel wie beim Männchen.

Krickente.
Anas crecca.

4. Metallisch-grün, mit weißem runden Fleck zwischen Auge und Schnabel.

Spiegel weiß. Hals, Kropf, Unterseite weiß. Rücken und Schwanz schwarz. Länge 50 cm.

Tafel I

Tafel II

Tafel III

Tafel IV

Tafel V

Weibchen Kopf braun, ohne weißen Fleck. Hals und Brust weißlich. Oberseite grau.

Schellente.
Nyróca clángula.

V. Kormorane:

Größer als Hausente. Rumpf von Entengestalt, jedoch mit langem Schwanz und Schlangenhals. Schnabel schlank, mit hakigem Nagel und weiter Mundspalte. Rücken bräunlich, Kehle weißlich, übriges Gefieder glänzend schwarzgrün. Entlegene Seen Ostdeutschlands, Bodensee, Donau.

Scharbe, Kormoran.
Phalaerocórax carbo.

VI. Wasserhühner:

Merkmale: Kleiner und schlanker als Ente. Dunkle Färbung. Schnabel mittellang und spitz. Stirnplatte nackt!

1. Stirnplatte weiß.

Gefieder schwarz. Länge 40 cm. Auffällige Schwimmbewegung: Kopfnicken.

Bläßhuhn, Schwarzes Wasserhuhn.
Fúlica atra.

2. Stirnplatte rot.

Gefieder dunkel-olivbraun. In der Mitte der Körperseite ein weißer Längsstreifen. Unterseite des Schwanzes weiß. Länge 30 cm.
Auffällige Schwimmbewegung: Kopfnicken und Schwanzwippen.

Grünfüßiges Teichhuhn.
Gallínula chlóropus.

VII. Sumpfhühner oder Rallen.

Merkmale: Kleiner als Ente. Gestalt schlank. Kopf in den Schnabel zugespitzt. Oberseite dunkel-olivbraun, Vorderseite schieferblau.
Auffällige Schwimmbewegung: Kopfnicken.

1. Schnabel länger als der Kopf, an der Wurzel rot. Hals und Brust nicht getüpfelt. Länge 30 cm.

Wasserralle.
Rallus aquáticus.

2. Schnabel kürzer als der Kopf, gelb, vor der Stirn gelbrot. Hals und Brust getüpfelt. Länge 20 cm.

Gesprenkeltes Sumpfhuhn.
Ortygométra porzána.

VIII. Taucher:

Merkmale: Von Enten- bis Rallengröße. Körper gestreckt, Hals dünn, deutlich vom Rumpfe abgesetzt, Kopf in den Schnabel zugespitzt.

Auffällige Schwimmbewegung: Aufrechte oder schwach S-förmige Haltung des Halses, häufiges Tauchen.

1. Kopf mit langer, 2teiliger, zurückliegender Federhaube. Hals mit braunem Federkragen. Länge 60 cm. **Haubentaucher.** *Colýmbus cristátus.*

2. Kopf mit kurzer, schwarzer Federhaube, Wangenfeld hellgrau. Hals rotbraun, ohne Kragen. Länge 45 cm. **Rothalstaucher.** *Colýmbus grisegéna.*

3. Kopf schwarz, an den Seiten mit goldbraunen Federbüscheln. Hals schwarz, ohne Kragen. Länge 30 cm. **Schwarzhalstaucher.** *Colymbus nigricóllis.*

4. Kopf ohne Schopf und Kragen. Wange und Kehle rotbraun (Männchen) oder hell (Weibchen). Mundwinkel hellgelb. Übriges Gefieder dunkel. Länge 25 cm. **Zwergtaucher.** *Colýmbus nigricans.*

IX. Möwen:

Merkmale: Von Enten- bis Taubengröße. Flügel sehr lang und spitz. Schwanz gerade. Schnabel an der Spitze hakig gekrümmt.

Auffällige Bewegungen: Sehr gewandte Flieger, die sich stoßend und halb tauchend auf ihre Nahrung stürzen, gelegentlich auch schwimmen.

Die deutschen Arten sind Küstenvögel. Nur eine Art kommt auch häufig im Binnenlande vor:

Gefieder vorwiegend weiß. Rücken und Flügel grau; Kopf im Sommer braunschwarz, im Winter weiß; Schwingen an der Spitze schwarz; Schnabel und Füße rot. Länge 40 cm. **Lachmöwe.** *Larus ridibúndus.*

Gelegentlich an Binnengewässern noch folgende Arten mit dem gemeinsamen Merkmal: Schnabel und Füße gelb bis graugelb. Sturmmöwe und Silbermöwe: Gefieder weiß, Mantel zart silbergrau (Sommerkleid ♂); Heringsmöwe: Gefieder weiß, Mantel schwarz.

X. Seeschwalben:

Merkmale: Zwischen Tauben- und Amselgröße. Körper sehr schlank. Flügel sehr lang und spitz. Schwanz gegabelt (wie bei Schwalben!). Schnabel lang und spitz, nicht hakig gekrümmt.

Auffällige Bewegungen: Sehr gewandte Flieger, die sich stoßend und halb tauchend auf ihre Nahrung stürzen, gelegentlich auch schwimmen.

Die Seeschwalben sind Küstenvögel, 2 Arten kommen an Binnengewässern vor:

1. Länge 40 cm. Schwanz sehr tief gegabelt. Oberseite aschgrau, Unterseite weiß. Stirn und Oberkopf im Sommer schwarz, im Winter Stirn weiß. Schnabel rot. (S. 520.) **Fluß-Seeschwalbe.** *Sterna hirúndo.*

2. Länge 25 cm. Schwanz schwächer gegabelt. Sommerkleid: Oberseite schiefergrau, Unterseite und Kopf schwarz. Winterkleid: Hinterkopf und Nacken schwarz, Stirn und Unterseite weiß. Schnabel schwarz. (S. 519.) **Trauer-Seeschwalbe.** *Hydrochélidon nigra.*

3. Vögel an Bächen und Flüssen.

Schwimmvögel siehe S. 513, Vögel des Röhrichts und der Ufergebüsche S. 522.)

I. Die Vögel sind auffällig als Dauerflieger über dem Wasser.

A. Vögel von Schwalbengröße. (S. 404.) **Schwalben u. Segler.**

B. Vogel von Amselgröße. Körper sehr schlank. Flügel sehr lang und spitz. Schwanz gegabelt. Gefieder dunkel. Meist in Gesellschaften von 2 bis 10 Stück und mehr. Fliegen stundenlang kreisend und schreiend über dem Wasser. Stimme: Sanft und klagend, ein weiches, kurzes Gik oder Kirr; Lockruf ein langgedehntes Kliiiä. **Trauer-Seeschwalbe.** *Hydrochélidon nigra.*

C. Vögel von mehr als Taubengröße.
1. Sommerkleid: Kopf braun, Rücken aschblau, Hals und Unterseite weiß, Schnabel und Füße rot. Winterkleid: Kopf weiß, vor dem Auge und auf dem Ohr ein dunkler Fleck. Jugendkleid: Kopf braun und weiß, Oberseite braun, Unterseite, Hals und Bürzel weiß. Stimme: Ein heiseres Kriä oder Krrrrr kräk äkä oder kirrr. **Lachmöwe.** *Larus ridibúndus.*

2. Kopf schwarz, Oberseite aschgrau, Unterseite weiß, Füße rot, Schnabel rot mit schwarzer Spitze, Schwanz tief gegabelt. Streicht langsam und in geringer Höhe über dem Wasserspiegel hin; hält sich auch öfter rüttelnd über einer Stelle, nach Nahrung suchend, schießt steil auf die Beute

520 An Gewässern.

herab, taucht aber nur so weit, daß die Flügel über dem Wasser bleiben.

Stimme: Ein krähenartiges Kriäh oder Kreck kreck. **Fluß-Seeschwalbe.** *Sterna hirúndo.*

II. Die Vögel sind auffällig als gewandte Läufer im Bachbett und am Ufer. (Auch gewandte Flieger.)

A. Vögel etwas über Sperlingsgröße.

1. Oberseite aschgrau, Unterseite weiß, Oberkopf schwarz, Stirn weiß, Schwanz schwarz, auffällig lang, immer in wippender Bewegung. **Weiße Bachstelze.**

Stimme: Zie^wit! oder Zississ! *Motacilla alba.*

2. Oberseite aschgrau, Unterseite gelb, Kehle des Männchens im Sommer schwarz. Schwanz sehr lang, beim Laufen wippend.

An Gebirgsbächen, Mühlen, Brük- **Bergstelze.** ken... Jahresvogel. *Motacilla boárula.*

. Stimme: Ziwit oder Zississississ!

3. Oberseite olivgrün, Unterseite lebhaft gelb (Männchen) oder blaßgelb (Weibchen und Junge). Schwanz lang, wippend.

Meist auf Wiesen und Viehweiden.

Zugvogel. (S. 462.) **Schaf- oder Kuhstelze.**

Stimme: Psüib, psüib oder psieb. *Budýtes flavus.*

4. Oberseite olivgrau, Unterseite weiß. Hals mit weißem Band, darunter ein schwarzes.

An kiesigen und sandigen Flußufern mit wenig Vegetation. Sehr schneller Läufer. Flug schnell mit sichelförmig an den Leib gezogenen Flügeln, wobei der Körper bald links, bald rechts auf die Seite geworfen wird.

Stimme: Gewöhnlicher Ruf Tiu, hell und pfeifend. Außerdem lange trillernde Reihen: Gligligi.. **Fluß-Regenpfeifer.** oder gigigi.. oder bibibi.. u. a. *Charádrius dúbius.*

B. Vögel von Stargröße.

1. Kopf und Nacken braun, Kehle und Brust weiß, Rücken grauschwarz, Unterseite braun. Schwanz sehr kurz.

Bewegungen: Fortwährendes Knixen, Wippen des Schwanzes. Stürzt sich kopfüber ins Wasser. Sehr schneller Flug, immer über dem Wasser hin.

Bevorzugte Plätze: Gebirgsflüsse, Wasserfälle Mühlenwehre.

Tierleben. 521

Nahrung: Meist Larven, Wasserinsekten, Würmer. Tut der Fischerei kaum Schaden. — Jahresvogel.

Der Vogel ist eine Zierde unserer Gewässer, er muß überall sorgfältig vor Störungen bewahrt werden.

Wasserstar,
Bachamsel.
Cinclus aquáticus.

2. Oberseite olivbraun, Unterseite weiß, Kehle weiß mit dunklen Schaftstrichen, Schnabel und Beine lang. — Zugvogel. Liebt schlammige Ufer. Wippt mit dem Hinterkörper auf und nieder, auch Kopfnicken. Flug leicht und schnell, meist dicht über dem Wasserspiegel, oft zu mehreren (3—4 Vögel). Stimme: Meist ein hohes, feines Titihidi.

Fluß-Uferläufer.
Tringoídes
hypoleúcos.

III. **Der Vogel ist auffällig durch sein schillerndes, grünblaues Gefieder.**

Oberseite grünblau, Unterseite rostrot. Schnabel schwarz, lang. Schwanz kurz. Größe zwischen Sperling und Star. Jahresvogel. Auslug: Pfahl im Wasser oder überhängende Äste. Flug: Schnell und geradlinig, in der Regel über dem Wasser hin. Stimme: Ein durchdringendes, helles Pfeifen Tiiht tiiht tit tit während des Fliegens.

Eisvogel.
Alcédo íspida.

IV. **Der Vogel ist auffällig durch seine Größe.**

Vogel von fast Storchgröße. Oberseite aschgrau, Unterseite weiß, Kopf mit 2 schwarzen Scheitelstrichen, Nacken mit langem Schopf. Flugbild: Hals S-förmig gekrümmt. Ruf: Kräik. (S. 459.)

Fischreiher.
Árdea cinérea.

V. **Der Vogel ist auffällig durch seinen Gesang.**

Größe und Färbung wie bei Nachtigall, östliche Form. Gesang stärker und schmetternder, im Gebüsch der Flußufer. (S. 111.)

Sprosser.
Erithacus philoméla.

VI. **Die Vögel sind auffällig als gewandte Taucher.**

Siehe: Schwimmvögel an Binnengewässern. (S. 513.)

4. Kleine Nester im Röhricht.

Wenn man am Rande des Röhrichts entlang geht und einen Blick in das Dickicht der Halme wirft, so sieht man wohl das kunstvoll gebaute Nest eines Rohrsängers. Es ist zwischen einige zusammengebogene Schilfstengel so eingeflochten, daß es dazwischen hängt.

522 An Gewässern.

Ebenso gebaute Nester stehen zwischen dickstengeligen Pflanzen im Ufergebüsch. Auch sie sind von Rohrsängern angelegt.

I. Das Nest steht über dem Wasser.

1. Zwischen 3—4 Rohrstengeln. $^1/_3$—1 m über dem Wasserspiegel. Gebaut aus Schilf, Gras, Würzelchen, Rispen, Spinnwebe, etwas Moos. Innendurchmesser des Napfes 4,5 cm, Tiefe 5,5 cm. Eier: 4—6, Grundfarbe grünlich, braun und grau gefleckt. **Teichrohrsänger.** *Acrocéphalus stréperus.*

2. Zwischen 3—5 starken Rohrstengeln. Aus den gleichen Stoffen gebaut, aber größer und derber. Eier: 3—6, Grundfarbe bläulich oder bläulichgrün, mit braunen, grauen und schwärzlichen Flecken. **Drosselrohrsänger.** *Acrocéphalus arundináceus.*

3. Meist in der Astgabel eines überhängenden, dünnen Weidenzweiges über dem Wasserspiegel, seltener im Röhricht. Gebaut aus Bastfasern, Grashalmen, Rispen und Samenwolle von Disteln, Pappeln, Weiden, Schilf; ovaler Beutel, 14—18 cm hoch, 9—10 cm breit, mit angesetztem röhrenförmigem Eingang. Eier: meist 5, reinweiß, zartschalig, Dotter durchscheinend. Ost- und Südostdeutschland. **Beutelmeise.** *Anthóscopus pendulínus*

II. Das Nest steht am Ufer.

1. Zwischen Rohrhalmen, Nessel-, Ampfer- oder Weiderichstengeln. Oberer Nestrand etwas zusammengezogen, etwa so weit und tief wie das Nest des Teichrohrsängers. Eier: 4—5, Grundfarbe grün- oder blauweiß, mit violettgrauen und olivgrünen Flecken und feinen bräunlichen Punkten. (Siehe S. 410!) **Sumpfrohrsänger, Getreiderohrsänger.** *Acrocéphalus palústris.*

2. Zwischen dickstengeligen Pflanzen, nicht höher als $^1/_2$ m über dem Boden, sehr gut versteckt. Napf hoch, unten spitz. Eier: 4—6, Grundfarbe graugrünlich, mit schwarzen Haarlinien. **Ufer-Rohrsänger. Bruchweißkehlchen.** *Acrocéphalus schoenobáenus.*

3. Auch das Nest des Teichrohrsängers kann im Ufergebüsch stehen.

5. Auffällige Vogelstimmen im Röhricht.

I. Rufe. Man hört an den kräftigen rauhen Stimmen, daß die Rufe von größeren Vögeln herrühren, die sich nur auf dem Wasser aufhalten können.

Tierleben. 523

A. Einzelrufe.

1. **Krlik krlik.** Vereinzelte Rufe, die auch mehrfach hintereinander erfolgen können.

Rufer: Kleinste deutsche Ente. Kopf und Hals rotbraun. Hinter dem Auge ein goldgrüner Streif. Spiegel grün, oben und unten schwarz umsäumt. Weibchen einfarbig braun, Spiegel vorn und hinten weiß eingefaßt.

Krickente.
Ánas crécca.

2. **Kröw kröw** oder: **Gägä** oder **Grĕgrĕ.** Oft auch ein lautes, scharfes **Pix.**

Rufer: Entengröße. Schnabel und Stirn blendend weiß. Gefieder schwarz.

Bläßhuhn, Schwarzes Wasserhuhn.
Fúlica átra.

3. **Kurr** oder **Kürrk.** Laut und hell. In der Mitte höher ⌒.

Rufer: Taubengröße. Oberseite schieferfarben. Rote Stirn. Schwanz beim Schwimmen aufrecht getragen, hinten weiß, in zuckender Bewegung.

Grünfüßiges Teichhuhn.
Gallínula chlóropus.

4. **Korruik,** vereinzelt oder mehrfach nacheinander. Ein quiekender Ton, am Ende aufwärts gezogen: ➹.

Rufer: Unter Taubengröße. Oberseite olivbraun, Kehle weißlich. Schnabel an der Wurzel rot. (S. 460.)

Wasserralle.
Rállus aquáticus.

B. Rufreihen.

1. **Gegégegegeg,** weithinschallende Quäkreihen, die gegen das Ende hin absinken. Ähnlichkeit mit dem Ruf der Hausente.

Rufer: Entengröße. Hauptfärbung rostgelbbraun mit dunklen Flecken, Flügel mit violettgrünem Spiegel, Schnabel graugrün.

Weibliche Stockente.
Ánas bóschas.

2. **Räbräbräb** oder **räⁱᵇ räⁱᵇ.** Heiserer Ruf, der oft gleichzeitig mit dem Gegegeg ertönt. — Im Abfliegen: **Waak waak.**

Rufer: Entengröße. Schnabel gelbgrün. Kopf und Hals dunkelgrün, metallisch schillernd. Weißer Halsring. Kropf kastanienbraun, Flügel mit schwarz und weiß eingefaßtem, blauem Spiegel.

Männliche Stockente.
Ánas bóschas.

3. **Jäckjäckjäck** ... oder auch **Gägägägägä,** sehr schnell ausgestoßen, die zweite Silbe betont. Im Abfliegen: **Knäk.**

Rufer: Kleiner als Hausente. Hinter dem Auge ein weißer Streif. Hals und Brust kastanienbraun. Flügel mit dunklem Spiegel und 6—8 weißen Schmuckfedern. Weibchen gefärbt wie das Weibchen der Stockente.

Knäkente.
Ánas querquédula.

17*

524 An Gewässern.

4. Bibibibibibibi. Ein heller, langgezogener Triller, der im Frühjahr auf Teichen ertönt.

Rufer: Amselgröße. Oberseite schwarz, Halsseiten rotbraun. Mundwinkel hellgelb. **Zwergtaucher.** *Colýmbus nígricans.*

5. Buuuuü prumb. (S. 513.) **Große Rohrdommel.** *Botáurus stelláris.*

II. **Gesang.** Kleinere Vögel, die sich an Rohrhalmen festhalten. Beim Suchen achte man auf die sich bewegenden Halme.

1. Kara kara^{kit} kara kara^{kit}. Das Karakit ertönt einmal oder auch oft nacheinander. Die tiefen Töne (kara) klingen so rauh, daß man sie, wenn sie allein ertönen, für das Quarren eines alten Teichfrosches halten könnte.

Sänger: Stargröße. Oberseite einfarbig braun, Unterseite grauweiß. Über dem Auge ein heller Strich. **Drosselrohrsänger.** *Acrocéphalus arundináceus.*

2. Tiri tiri tiri tier tier tier zäck zäck zäck zerr zerr zerr tiri tiri scherk . . . Alles wird sehr gleichmäßig in Tonstärke, Tonhöhe und Takt vorgetragen.

Sänger: Sperlingsgröße. Oberseite einfarbig braun, Unterseite hell. **Teichrohrsänger.** *Acrocéphalus stréperus.*

3. Zrrr djep djep djep djep . . . (acht bis zehn eine kleine Terz abwärts gezogene djep hintereinander). Gute Kennzeichen: Woidwoidwoid-Strophe und langer flötenartiger Triller. Vogel steigt beim Singen oft in schiefer Richtung in die Luft und senkt sich auf seinen Ausgangsplatz zurück (ähnlich wie Baumpieper).

Sänger: Sperlingsgröße. Oberseite olivenbraun, Scheitel mit schwarzbraunen Flecken, Unterrücken rostfarbig, Unterseite gelblichweiß, über dem Auge ein rostgelblich-weißer Streif. **Schilfrohrsänger, Bruchweißkehlchen.** *Acrocéphalus schoenobáenus.*

4. Errr^{dididi}, errr^{düdüdü}, errr⁻⁻⁻⁻, errr^{dididi}. Die Pfeiflaute liegen bis eine Sexte höher als die errr. Gesang rohrsängerartig, schnell vorgetragen; kennzeichnend ein helles Pfeifen zu Beginn des Gesanges.

Sänger: Unter Sperlingsgröße. Oberseite dunkel-rostgelb mit schwarzbraunen Fleckenstreifen; Unterseite gelblichweiß; 3 weißgelbe, 2 schwarze Kopflängsstreifen. **Binsenrohrsänger.** *Acrocéphalus aquáticus.*

5. Siehe Getreiderohrsänger (S. 407), der auch an Gewässern vorkommt.

6. Zje tit tai zississ. Kurze Liedchen. Oder ein einfacher, feiner Lockton: ti$_i$, der herabgezogen wird.

Sänger: Sperlingsgröße. Kopf und Kehle schwarz. Vom Mundwinkel zum Nacken weiß. Oberseite grau, dunkel gestreift. Bauch weiß. **Rohrammer.** *Emberiza schoeniclus.*

7. Schneller, teils flötender, teils schnurrender Gesang, der mit einer Reihe gleich hoher dip dip dip dip-Schläge eingeleitet wird. Lockton: fid fid kkk. Das k wird hart angeschlagen. — Der Vogel singt fast nur in den frühen Morgen- und späten Abendstunden. Gern in vorjährigem Schilf.

Sänger: Sperlingsgröße. Schwanz an der Wurzel gelbrot, mit schwarzer Endbinde. Männchen: blaue **Blaukehlchen.** Kehle mit weißem Fleck. *Erithacus cyanecula.*

6. Die Rohrsänger.

Die Rohrsänger sind in Gestalt, Farbe und Gesang dem Röhricht angepaßt. Der vorn und hinten zugespitzte Körper macht sie auf den ersten Blick als Schlüpfer kenntlich. Das Gefieder ist auf der Oberseite einfarbig bräunlich oder etwas gefleckt, die Unterseite heller und dem Aufenthalt im Röhricht so gut angepaßt, daß die Vögel sich von ihrer Umgebung wenig abheben. Sie haben kräftige, breitsohlige Füße mit kräftigen Krallen, die zum Festhalten an den Halmen gut geeignet sind. Der Gesang fügt sich in Klangfarbe und Zeitmaß dem Rascheln des Schilfes und dem Geräusch des bewegten Wassers stimmungsvoll ein.

Größe:

A. Stargröße (fast Singdrosselgröße): Drosselrohrsänger.

B. Etwas kleiner als Sperling:

Teichrohrsänger, Sumpfrohrsänger oder Getreidesänger, Schilfrohrsänger oder Bruchweißkehlchen, Binsen- oder Seggenrohrsänger.

Aufenthalt:

1. Drosselrohrsänger: Nur im Röhricht, stets am Wasser, wo das Schilf hoch und üppig wächst.

2. Sumpfrohrsänger, Getreidesänger: Nicht in großen Röhrichtbeständen; im Ufergebüsch mit Schilf und hohen Gräsern gemischt, häufig in Getreidefeldern, hier mancherorts häufiger als an Gewässern.

526 An Gewässern.

3. Teichrohrsänger: Vorwiegend im Röhricht, geht aber auch in angrenzendes Hecken- und Parkgelände.

4. Schilfrohrsänger, Bruchweißkehlchen: An Ufern der Gewässer und Sümpfe, geht aber am liebsten in das Ufergesträuch mit niedrigen Weiden und Erlen.

5. Binsen- oder Seggenrohrsänger: An Ufern der Gewässer; am häufigsten in Sümpfen und Morästen, wo wenig Rohr, aber viel Riedgräser und Seggen wachsen.

Bestimmungsverfahren:

A. Zwei der Rohrsänger sind leicht zu bestimmen.

  1. Drosselrohrsänger: Er sitzt beim Singen meist so hoch an einem Schilfhalm, daß er zu sehen ist. Er fällt durch seine Größe und den rauhen Gesang auf, der sich wie Froschquaken anhört.

  2. Getreidesänger: Man verhört und beobachtet ihn am Getreidefeld, da er der einzige Vogel ist, der anhaltend im Getreidefeld singt. (S. 407.)

B. Die drei anderen Rohrsänger.

  1. Schilfrohrsänger, Bruchweißkehlchen: Steigt häufig singend in die Luft, der Gesang hat einen flötenartigen Triller. — Über dem Auge ein rostgelblicher Streif!

  2. Teichrohrsänger: Metronomsänger, Gesang im Zeitmaß sehr gleichmäßig: Tiri tiri tiri tier tier tier zäck zäck zäck zerr zerr zerr tiri tiri scherk scherk scherk . . .

  3. Binsenrohrsänger: 3 weißgelbe, 2 schwarze Kopflängsstreifen wie beim Dachskopf! Gesang: Die sich gleichmäßig wiederholenden Errr werden von Pfeiflauten unterbrochen, die 4 bis 6 Töne höher liegen als das Errr.

7. Wasserfledermäuse.

An Gewässern halten sich drei Fledermausarten auf: Wasserfledermaus, Teichfledermaus und Bartfledermaus. Es kommen jedoch auch noch andere Arten von Ortschaften oder vom Walde her ans Wasser. (S. 124, 773.)

I. Die Fledermaus fliegt dauernd über dem Wasser.

1. Wasserfledermaus, *Vespertilio Daubentóni.* Spannweite 24 cm, Körperlänge 4—5 cm. März bis Oktober. Fliegt meist über fließenden Gewässern. In der ersten Dämmerung. Niedrig, oft

nur handbreit über dem Wasserspiegel. Unter Brückenbogen durch, zwischen bestimmten Punkten hin und her. Von Zeit zu Zeit (15—20 Minuten) hängt die Fledermaus sich an Gegenständen in der Nähe des Wassers zum Ausruhen auf (an Bäumen, Schilf, Brücken, Gebäuden . . .). In ganz Deutschland. In wasserreichen Gegenden häufig.

2. Teichfledermaus, *Vespertilio Dasycnéme.* Spannweite 24 cm, Körperlänge 6 cm. Größer als vorige Art. Fliegt meist über stehenden Gewässern. Flug schwerfällig. Wenig häufig, im Gebirge selten.

II. Die Fledermaus fliegt nicht dauernd über dem Wasser. Sie fliegt auch über anliegende Triften, Wälder, Felder und Ortschaften zurück.

a) Die Fledermaus ist auffällig klein.

1. Bartfledermaus, *Vespertílio mystacinus.* Spannweite 21 cm, Körperlänge 4 cm.. Februar bis Spätherbst. Erste Abenddämmerung. Fließende und stehende Gewässer, anliegende Wiesen und Triften. Ein langsamer Flieger, meist tiefer Flug, am liebsten über Wasser. In Westdeutschland. Selten.

2. Zwergfledermaus, *Vesperúgo pipistréllus.* (S. 124.)

b) Die Fledermaus ist auffällig groß.

Frühfliegende Fledermaus, Speckmaus, *Vespérúgo nóctula.* (S. 124.)

Alle Fledermäuse sind Insektenvertilger. Sie stehen unter Naturschutz!

8. Schlangen an Gewässern.

In der Nähe der Gewässer halten sich zwei Schlangen auf, die unsere Aufmerksamkeit erst erregen, wenn sie bei einem Gang am Ufer entlang plötzlich vor uns ins Wasser gleiten. Wer ihre festen Standorte kénnt, kann sie hier mit einiger Sicherheit immer wieder antreffen. Ich habe früher einmal zwei Ringelnattern einen vollen Sommer hindurch regelmäßig auf einem etwa 1 qm großen Platz beobachten können, wo sie sich sonnten. Vor allem lieben sie solche Stellen, wo sie eine geeignete Gelegenheit für die Eiablage haben: faulende Pflanzenstoffe, Sägemehl, Lohe, Dunghaufen, durch deren feuchte Wärme die Eier ausgebrütet werden. Beide Schlangen sind nicht giftig. Sie stehen unter Naturschutz!

1. Ringelnatter, *Tropidonótus natrix.* Länge bis 1,50 m (1,80 m). Oberseite grau, ins Bläuliche oder Grünliche spielend, vier bis

sechs Längsreihen schwarzer Flecke; Unterseite gelblichweiß.
Auffallendstes Merkmal: Hinterkopf jederseits mit weißem oder
gelblichem Mondfleck, dahinter ein ebensolcher schwarzer Fleck
(das „Krönlein"). Vorwiegend in der Ebene und im Hügellande,
geht im Berglande selten über 500 m hinaus.

2. **Würfelnatter**, *Tropidonótus tesselátus*. Länge bis 70 cm (80 cm).
   Oberseite meist dunkel-olivgrau oder gelblichgrau, selten braun,
   fünf Längsreihen großer viereckiger Flecke, die meist schach-
   brettartig angeordnet sind; Unterseite wechselt zwischen grauweiß und orangerot. Im Rheintal von Bingen bis Koblenz und
   von dort aus an Nahe, Mosel und Lahn hinauf.

9. Stimmen der Frösche und Kröten an Teichen und Tümpeln.

I. **Ein weithin hörbares Quaken oder Quarren.**

1. Das bekannte vielstimmige Quakkonzert an Tümpeln,
   Teichen und Seeufern: dumpfes quarr, uarrr und uörrrrr,
   von hellem brékeke unterbrochen. Von Mitte Mai an, namentlich an Sommerabenden. Oft auch tags-
   über.   **Grüner Teichfrosch.**

2. Helle, kurz abgesetzte, eintönig gellende äpp äpp äpp oder
   gäck gäck gäck . . ., nicht selten im Chor gerufen. Abends
   an Teichen oder von Bäumen herab.
   Von Mitte April an.   **Laubfrosch.**

3. Volltönende, tiefe knurrende Quakrufe, dreimal rasch hintereinander ausgestoßen und in längeren Zwischenpausen
   wiederholt. Ähnliches Quaken wie das
   vom Teichfrosch.   **Knoblauchskröte.**

4. Fortdauerndes, weithin schallendes rrrr$_u$ä-rrrr$_u$ä-rrrrr$_u$ä- und
   ärrrrr-ärrrrr . . . Ein gleichförmig schnarrendes Konzert
   abends von April bis Juni.   **Kreuzkröte.**

5. Hoher, lang anhaltender, sehr rein vibrierender, angenehmer
   Ruf, ein ürrrrrrr, meist mehrstimmig im Chor gebracht, an
   das Zirpen der Maulwurfsgrille erinnernd. An Frühlings-
   abenden und -nächten.   **Grüne Kröte.**

II. **Ein nur in der Nähe vernehmbares Quaken und Murksen.**

1. Rauhe, leise, heisere rua rua rua oder groe groe groe groe
   in ziemlich rascher Folge. Hauptsächlich in der Tiefebene.

Während der Paarung. März und April. Moorfrosch.
2. Halblaute, rasch ausgestoßene korr korr korr..., nicht so dumpf wie das murrr des Grasfrosches. Nur im südwestlichen Deutschland; Ende März. Springfrosch.
3. Quakendes, kurz abgebrochenes öng-öng oder grunzendes uäck-uäck-uäck. Im März und April. Erdkröte.

III. Ein leises Knurren:
1. Dumpfes, sehr tiefes murrrrr, langgezogen, meist in großen Zwischenpausen ausgestoßen. Während der Paarung im März und Anfang April. Brauner Grasfrosch.

IV. Ein melodisches Unken.
1. An kleinen Tümpeln vernehmbares, melancholisches unk-unk-unk... oder öng-öng. Meistens Chorgesang vieler Tiere an milden Abenden. In 1 Sekunde gleichmäßig etwa 2mal unk. Meist mehrere Tiere zugleich, in gleicher Tonhöhe oder 1 Sekunde Unterschied. Unken.
2. Helles, klangvolles Rufen, wie hoher Glöckchenton, oft mehrstimmig, stets in gleichem Takt. Nachts, meist unter Steinen und aus Mauerlöchern, doch auch am Tage. Von März bis in den Sommer hinein. In 1 Sekunde etwa ein Ruf. Tonunterschied größer als bei Unken. Waldteiche in Westdeutschland bis an Harz und Thüringerwald. Geburtshelferkröte.

10. Frosch oder Kröte?

I. Zehen an der Spitze mit einer runden Haftscheibe.

Oberseite des Tieres grün, Unterseite weißlich mit Silberglanz. ♂ mit schwarzbrauner, ♀ mit weißlicher Kehle. Länge 4 cm. [Lebt auf Bäumen und Sträuchern. Nahrung Fliegen, Schmetterlinge... Paarung April—Mai im Wasser.
Laich in Klumpen. Überwinterung im Schlamm der Gewässer.] Laubfrosch. *Hyla arbórea.*

II. Zehen an der Spitze ohne Haftscheiben.
A. Haut glatt. Körper schlank. Beine lang. Bewegungsart auf dem Lande: In weiten Sätzen springend.

a) Pupille waagerecht.

α) Zehen der Hinterfüße mit ganzer Schwimmhaut. Hinterbacken schwarz und hell marmoriert.

Rücken grün oder gelbgrün mit dunklen Flecken und drei hellen Rückenlinien.

    ♂ Schallblasen, Daumenschwiele, ungefleckte Unterseite.
    ♀ graugefleckte Bauchseite. Laichzeit Juni.   **Wasserfrosch.** *Rana esculénta.*

β) Zehen der Hinterfüße mit zwei Drittel Schwimmhaut. Hinterbacken nicht dunkel marmoriert.
1. Bauchseite gefleckt.

    Rücken braun mit dunklen Flecken.

    ♂ Daumenschwiele, in 4 Abteilungen gegliedert. Bauch grauweiß, wenig gefleckt.
    ♀ Bauch gelblich, rotbraun gefleckt. Laichzeit März.   **Grasfrosch.** *Rana temporária.*

2. Bauchseite ungefleckt, rein weiß.

° Gelenkhöcker an der Unterseite der Zehen (Hinterfüße!) sehr stark hervortretend. Hinterbeine sehr lang, Unterschenkel fast ebenso lang wie die vorderen Gliedmaßen. Daher weite Sprünge! Oberseite wie das Hellbraun eines Grasfrosches. Länge 6—7 cm. Laichzeit April, Mai. Nur in Westdeutschland.   **Springfrosch.** *Rana ágilis.*

°° Gelenkhöcker an der Unterseite der Zehen (Hinterfüße!) wenig hervortretend. Rücken braun, oft mit hellem Mittelstreif. Körperlänge 4—6 cm, kleinster deutscher Frosch. Schnauze spitz. Laichzeit März, April.   **Moorfrosch.** *Rana arválís.*

b) Pupille senkrecht.

Oberseite bräunlich- oder gelblichgrau mit großen, unregelmäßigen, dunklen Flecken; an der Seite kleinere, rötliche Flecken. Bauchseite weißlich, mit oder ohne schwärzliche Flecken. Länge 5—7 cm. Laichzeit März, April. Laich in kurzen Schnüren. [Schwacher Knoblauchsgeruch. Mit Hilfe der harten Fersenhöcker gräbt das Tier sich rückwärts ein, auf der Flucht oft mit großer Schnelligkeit.]   **Knoblauchkröte.** *Pelóbates fúscus.*

B. Haut warzig. Körper plump, Beine kurz. Bewegungsart auf dem Lande: Langsam gehend oder in kurzen Sätzen hüpfend.

a) Pupille waagerecht.

α) Mit lebhaft gelber Rückenlinie.
Rücken olivgrün oder olivbraun. Warzenspitzen oft rot gefärbt. Schwefelgelber Rückenstrich (bis über das Kreuz, daher Kreuzkröte) bestes Kennzeichen! Bauchseite weißgrau, mit dunklen Flecken. Schwimmhäute schwach entwickelt. Körperlänge 6—8 cm. ♂ mit gut entwickelter Schallblase an der Kehle. Laichzeit April. Laichschnüre einreihig.   **Kreuzkröte.** *Búfo calamíta.*

β) Ohne gelbe Rückenlinie.
1. Gelenkhöcker an der Unterseite der Zehen (Hinterfüße!) doppelt. Hinterbeine kurz und dick. Füße mit halber Schwimmhaut. Rücken grau, schmutziggrün, graubraun, zuweilen gefleckt. Bauch heller. Iris rot. Körperlänge 10 bis 15 cm. ♂ mit einfarbigem Bauch und schwarzer Daumenschwiele, ♀ mit gefleckten Bauch.
Laichzeit März, April. Laichschnüre doppelreihig.   **Erdkröte.** *Búfo vulgáris.*

2. Gelenkhöcker an der Unterseite der Zehen (Hinterfüße!) einfach. Hinterbeine schlank. Füße mit halber Schwimmhaut. Rücken mit großen, scharf umgrenzten grünen Flecken auf schmutzigweißem Grunde. Warzen mit roten Spitzen. Bauch grauweiß oder gelblich, oft dunkel gefleckt. Iris grünlich, Pupille mit einem schmalen Goldsaum eingefaßt. Körperlänge 7—8 cm. [Farbenwechsel des Tieres nach Jahreszeit, Art der Belichtung und Wohlbefinden.]   **Wechselkröte, Grüne Kröte.** *Búfo víridis.*

b) Pupille senkrecht. Unke.   **Geburtshelferkröte.**

α) Zehen (Hinterfüße!) mit vollständigen Schwimmhäuten; Pupille dreieckig. Haut sehr warzig.
1. Unterseite blauschwarz, mit roten oder orangeroten Flecken. Zehenspitzen schwarzbraun. Körperlänge 4 cm. Laichzeit Juni. Laich in Klumpen.   **Rotbauchige Unke.** *Bombinátor ígneus.*

2. Unterseite gelb, mit blauen Flecken. Finger- und Zehenspitzen gelb. Körperlänge 4 cm. Laichzeit Mai. [Unken leben meist in Tümpeln, gehen auch aufs Land, hüpfen schnell. Beim Angriff sondern sie einen scharfen Saft ab, werfen sich auf den Rücken und zeigen die grell gefärbte Unterseite – „Schreckstellung".]   **Gelbbauchige Unke.** *Bombinátor páchypus.*

532 An Gewässern.

β) Zehen (Hinterfüße!) mit sehr kurzen Schwimmhäuten. Pupille rautenförmig. Haut nur schwach warzig.

Oberseite blaugrau, mit dunkleren Flecken. Die Warzenreihe der beiden Seiten weißlich. Beine gefleckt. Körperlänge 4—5 cm. [Das Männchen wickelt sich die vom Weibchen frischgelegte Eischnur um die Hinterbeine, trägt sie so wochenlang mit sich herum und streift sie schließlich in einem Gewässer ab.] **Geburtshelferkröte.** *Álytes obstéricans.*

Literatur:

R. Sternfeld, Die Reptilien und Amphibien Mitteleuropas. 80 S. und 30 farbige Tafeln. Quelle & Meyer. Leipzig.

K. Floericke, Kriechtiere und Lurche Deutschlands. Kosmos-Verlag, Stuttgart.

11. Von welchem Frosch ist der Laich?

	Brauner Grasfrosch	Grüner Teichfrosch
Laichzeit . .	Februar, März	Mai, Juni
Lage des Laiches . .	Erst am Grunde des Wassers, steigt bald an die Oberfläche	Am Grunde des Wassers
Form des Laiches . .	Dicke, gallertartige Klumpen	Dicke, gallertartige Klumpen
Farbe der Eier . . .	Schwarze Kugeln in durchsichtigen Gallert-hüllen	Gelbliche Kugeln in durchsichtigen Gallert-hüllen

12. Laich an Wasserpflanzen.

I. Laich von Kröten (Abb. S. 533).

Der Laich hängt in dünnen Schnüren zwischen Wasserpflanzen.

A. Länge der Schnüre 1—2 m.

1. Schnüre 2reihig, oft von mehreren Metern Länge, bleistiftdick, gallertartig, mit sehr vielen kleinen, schwarzen Eiern,

die perlschnurartig aneinandergereiht sind. Laichzeit März. Die Kröten sammeln sich an gewissen Tümpeln oft in ungeheuren Mengen, um den Laich abzulegen. Man suche im März und Anfang April Waldtümpel auf! **Erdkröte.**

2. Schnüre 2-, 3- oder 4reihig, 1—2 m lang, glashell. Laichzeit Mai (also mit den Laichschnüren der Erdkröte nicht zu verwechseln, da viel später). **Grüne Kröte.**

B. Länge der Schnüre etwa $1/2$ m.

1. Schnur 1reihig. Laichzeit März, oft auch später. **Kreuzkröte.**

2. Schnur mehrreihig, dick, meist auf dem Bodenschlamm des Gewässers liegend. Laichzeit April. **Knoblauchkröte.**

II. Laich von Unken.

Der Laich hängt in kleinen Klumpen an Wasserpflanzen lehmiger, trüber Tümpel. Gallerthülle des einzelnen Eies etwa erbsendick.

1. In Westdeutschland, im Bergland, Laichzeit Juni bis Juli. Wahrscheinl. Bergunke.

Gelbbauchige Unke.

2. Im Tiefland, Laichzeit Juni bis Juli. Wahrscheinl. Tieflandsunke.

Rotbauchige Unke.

III. Laich von Fischen.

1. Ein aus vielen Eischnüren zusammengewirktes netzförmiges, breites Band von fast 1 m Länge, das an Wasserpflanzen, Holz oder Steinen hängt.

Barsch.

2. Eier einzeln oder in Klümpchen an **Karpfen, Karausche,** Wasserpflanzen angeklebt. **Schleie, Rotauge, Rotfeder, Hecht.**

IV. Laich von Schnecken.

Glashelle oder gelbliche Gallertklümpchen, oft in Form kleiner Würstchen, meist an der Unterseite der Blätter von Schwimmpflanzen (Laichkraut, Seerose, **Schlammschnecken,** Wasserknöterich, Froschbiß ...). **Tellerschnecken.**

Anmerkung: An den Ufern der Gewässer findet man zuweilen sehr auffällige weiße, gallertartige Klumpen, die eine gewisse Ähnlichkeit mit Laich haben. Der Volksmund nennt sie „Sternschnuppengallerte" und will mit diesem Namen ihre Herkunft bezeichnen. Diese Gallertmassen sind tierischen oder pflanzlichen Ursprungs. Es können die Eileiter von Fröschen sein, die im Magen der Vögel aufgequollen sind und dann als unverdaulich ausgespien wurden. (Am 30. 12. 1927 fand ich an einem Graben eine Menge solcher Gallertmassen. Ein fast faustgroßer Klumpen quoll aus dem Bauch eines Frosches. Es war mildes Wetter. Am Graben hielten sich Krähen auf. Sie hatten offenbar die Frösche aus dem sehr seichten Wasser herausgeholt und sie zerhackt, denn es lagen zahlreiche Froschreste umher.) Meist jedoch wird es sich um Schleimalgen handeln, namentlich um *Nostoc*-Arten, deren Gallertmasse durch Regen bedeutend aufquellen kann.

13. Molche.

I. Rücken dunkelbraun oder schieferblau, mit schwarzen Flecken.

1. Unterseite gelb, mit schwarzen Flecken.

Männchen zur Paarungszeit (im Frühjahr): auf dem Rücken ein hoher, zackiger Kamm, der über dem **Kamm-Molch.** After unterbrochen ist. Länge 12—17 cm. *Molge cristáta.*

2. Unterseite orangerot, ohne Flecken.

Männchen zur Paarungszeit: auf dem Rücken eine niedrige ungezackte Leiste. **Alpenmolch, Bergmolch.** Länge 7—10 cm. *Molge alpéstris.*

II. Rücken gelbbraun oder olivbraun, mit schwarzen Flecken.

1. Unterseite gelb, mit schwarzen Flecken.

Männchen zur Paarungszeit: auf dem Rücken ein hoher,

zackiger Kamm, der über dem After nicht **Teichmolch.**
unterbrochen ist. Länge 6—8 cm. *Molge vulgáris.*
2. Unterseite orangerot, ohne Flecken.
Männchen zur Paarungszeit: auf dem Rücken eine niedrige,
ungezackte Leiste. Länge $6^{1}/_{2}$—$8^{1}/_{2}$ cm. (Körper hinten stumpf,
Schwanz zur Paarungszeit mit einem **Fadenmolch.**
kurzen Endfaden!) *Molge palmáta.*

Literatur:

R. Sternfeld, Die Reptilien und Amphibien Mitteleuropas. Quelle & Meyer, Leipzig.

14. Fische.

I. Körper drehrund, schlangenartig.

A. Ohne Brustflossen. Ohne Bauchflossen. Fam. Neunaugen.

Haut glatt, ohne Schuppen. Mund **Fluß-Neunauge.**
kreisförmig. Jederseits 7 Kiemen- *Petromýzon*
öffnungen. Länge 20—50 cm (Abb. 1). *fluviátilis.*

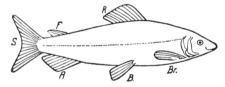

Br = Brustflossen, B = Bauchflossen, A = Afterflosse, R = Rückenflosse, F = Fettflosse, S = Schwanzflosse. Die Linie vom Kopf bis zum Schwanz = Seitenlinie.

B. Mit Brustflossen. Ohne Bauchflossen. Fam. Aale.

Haut glatt, ohne Schuppen. Mund ge- **Flußaal.**
spalten. Jederseits 1 Kiemenspalte. Länge *Anguilla vulgáris.*
$1/_{2}$—$1^{1}/_{2}$ m (Abb. 2).

C. Mit Brustflossen. Mit Bauchflossen. Fam. Schmerlen.

a) Mit 10 Bartfäden, 6 längere an der Oberlippe, 4 kürzere an der Unterlippe. Haut glatt, Schuppen kaum sichtbar. Länge 15—30 cm. [Aquarientier. Beobachtung: **Der Fisch nimmt Luft mit dem Maule auf, die durch** **Schlammpeitzker.**
den After wieder ins Freie tritt! — *Cobítis fóssilis.*
Wetterfisch.] (Abb. 3.)

536 An Gewässern.

b) Mit 6 Bartfäden.

1. Bartfäden kurz, die zwei am Mundwinkel länger. Schwanzflosse hinten gerade oder etwas nach innen ausgebuchtet. Körper vorn drehrund, hinten zusammengedrückt. Länge 10—15 cm (Abb. 4).

Bartgrundel, Schmerle.
Cobitis barbátula.

2. Bartfäden alle kürzer als bei der Schmerle. Schwanzflosse rund. Ganzer Körper seitlich etwas zusammengedrückt. Länge 8—10 cm. [Aquarienfisch!] (Abb. 5.)

Steinbeißer.
Cobitis táenia.

Neunaugen, Aale und Schmerlen sind Bodenfische, sie stecken zum Teil im Schlamm oder halten sich hinter Steinen auf. Beachte: Drehrunder Körper, schwach ausgebildete Flossen, schlängelnde Bewegung, enge Kiemenöffnungen, kleine Augen, bei einigen auch die schwach ausgebildete oder fehlende Seitenlinie (das wichtigste Orientierungsorgan der Fische, die im fließenden Wasser leben!).

II. Körper seitlich zusammengedrückt, fischartig. Stets mit Brust- und Bauchflossen.

A. Mit Fettflosse (eine kleine Flosse ohne Flossenstrahlen hinter der Rückenflosse). Fam. Lachsfische.

a) Maul klein. Rückenflosse groß (19—24 Strahlen).

Rückenflosse violett gefärbt, mit 3—4 dunklen Binden. Ihre Wurzel doppelt so lang wie die der Afterflosse. Vorderrücken scharfkantig. Forellengröße. Nicht die lebhafte Forellenfärbung der drei folgenden Arten. In Bächen, unterhalb der Forellenregion (Abb. 10).

Äsche.
Thymállus thymállus.

b) Maul groß, weit gespalten. Rückenflosse klein (höchstens 15 Strahlen).

α) Großer Fisch, bis 1½ m lang. Rücken blaugrau. Seiten silbrig, meist mit schwarzen Flecken, Unterseite mit silberweißem Glanze, Flossen dunkelgrau (Abb. 15).

Lachs.
Trutta sálar.

β) Kleinere Fische.

° Bauchflossen und Afterflossen mit reinweißem Saum. Rücken mit dunklen, gewundenen Bändern. Lebhaft gefärbt. Im Quellgebiet der Gewässer (Abb. 11).

Amerikanischer Bachsaibling.
Sálmo fontinális.

°° Bauchflossen und Afterflossen ohne weißen Saum.

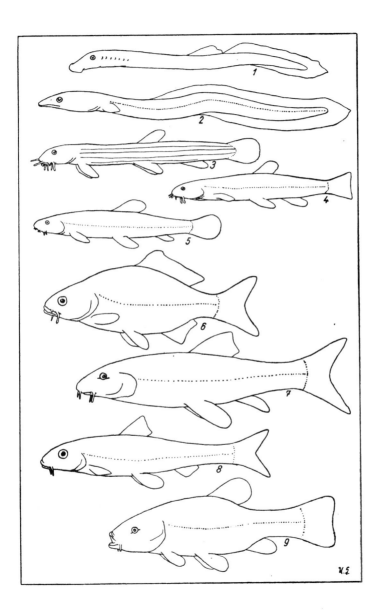

1. An den Seiten ein rötliches Band.
Rücken schwarz gesprenkelt. In Teichen **Amerikanische Regenbogenforelle.**
und im Unterlauf der Flüsse. *Trutta irídea.*

2. Seiten ohne rötliches Band. Rücken olivgrün, Seiten
hell, mit schwarzen und roten Flecken. Jungfische mit
13 dunklen Querbinden. Im Quellgebiet **Bachforelle.**
der Gewässer (Abb. 12). *Trutta fário.*

Lachsfische sind gewandte Schwimmer: Langgestreckter
Körper, zugespitzt, viele Flossen, beweglicher, kräftiger Schwanz.
Raubfische: Bezahnung.

Gewässer mit niedriger Temperatur haben einen hohen Sauerstoffgehalt. Warum? Gewässer mit höherer Temperatur haben
einen niedrigeren Sauerstoffgehalt. Warum?

Fische, die niedrige Temperaturen und hohen Sauerstoffgehalt
lieben, sind Kaltwasserfische.

Fische, die höhere Temperaturen und niedrigeren Sauerstoffgehalt lieben, sind Warmwasserfische.

Zu welchen Fischen gehört die Bachforelle? Beobachte ihren
Standort! Miß die Temperaturen der verschiedenen Gewässer!

Temperatur und Sauerstoffgehalt eines Gewässers sind abhängig von: Klima, Höhenlage, Tiefe, Gefälle, Entfernung von
der Quelle, Beschattung, Untergrund, Bewachsung mit Pflanzen.
Weise nach!

Die verschiedenen Fische bevorzugen verschiedene Gebiete
der Gewässer. Von der Quelle an abwärts unterscheidet man
folgende: Gebiet der Bachforelle, der Äsche, der Barbe, des
Brachsen, des Brackwassers. Es gibt Fische, die in allen Gebieten
vorkommen. Welche?

B. Ohne Fettflosse.

a) An Stelle jeder Bauchflosse ein starker Stachel.
Fam. Stichlinge.

1. Vor der Rückenflosse drei freie Stacheln. Männchen zur
Laichzeit am Bauche rot. Länge 4—7 cm. **Großer Stichling.**
[Beliebter Aquarienfisch: Nestbau, Brut- *Gasterósteus*
pflege.] (Abb. 17.) *aculeátus.*

2. Vor der Rückenflosse 7—12 freie **Kleiner Stichling.**
Stacheln. Länge 4—5 cm. Kleinster *Gasterósteus*
deutscher Fisch (Abb. 13). *pungítius.*

b) Bauchflossen von gewöhnlicher Form, häutig.

α) Bauchflossen bauchständig.

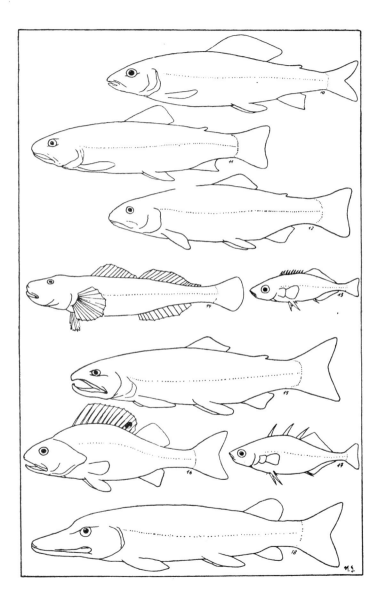

540   An Gewässern.

1. Schnauze entenschnabelartig plattgedrückt. Unterkiefer und Gaumen mit Zähnen. Rückenflosse fast am Ende des Rückens. Afterflosse, Schwanzflosse und Rückenflosse schwarz gefleckt. Länge bis 2 m, Gewicht bis 35 kg. Raubfisch (Abb. 18).   **Hecht.** *Ésox lúcius.*

2. Schnauze nicht plattgedrückt. Maul ohne Zähne. Rückenflosse etwa in der Mitte des Rückens. (S. 540.)   **Karpfenfische.**

β) Bauchflossen brustständig.

1. Körper mit Schuppen. 2 Rückenflossen. **Fam. Barschfische.** Beide Rückenflossen nur durch einen Einschnitt getrennt. Am hinteren Ende der vorderen Rückenflosse ein blauschwarzer Augenfleck. Körper messinggelb, grün schillernd, mit dunklen Querbinden. Länge 15—30 cm. Raubfisch (Abb. 16).   **Flußbarsch.** *Perca fluviátilis.*

2. Körper ohne Schuppen. 2 Rückenflossen. Brustflossen sehr groß. Kopf breit. Körper rundlich. Färbung verschieden, auf bräunlichem Grunde dunkle Flecken. Länge 10—15 cm. Raubfisch. Grundfisch (Abb. 14).   **Dickkopf, Kaulkopf, Groppe.** *Cottus góbio.*

Literatur:

E. Walter, Unsere Süßwasserfische. Mit 50 farbigen Tafeln. Quelle & Meyer, Leipzig.

15. Weißfische oder Karpfenfische.

I. Mit Bartfäden.

A. Mit 4 Bartfäden.

1. Mit langer Rückenflosse, 17—22 Weichstrahlen (Abb. 6).   **Karpfen.** *Cyprinus cárpio.*

2. Mit kurzer Rückenflosse, 8—9 Weichstrahlen (Abb. 7).   **Barbe.** *Barbus fluviátilis.*

B. Mit 2 Bartfäden.

1. Mit großen Schuppen, 40—44 in der Seitenlinie (Abb. 8).   **Gründling.** *Góbio fluviátilis.*

2. Mit sehr kleinen Schuppen, 95—100 in der Seitenlinie (Abb. 9).   **Schleie.** *Tinca vulgáris.*

II. Ohne Bartfäden.

A. Mit kurzer Afterflosse, 5—6 Weichstrahlen (Abb. 19).   **Karausche.** *Carássius vulgáris.*

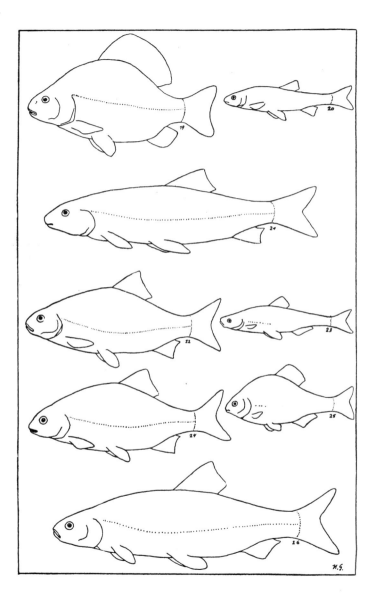

542 An Gewässern.

B. **Mit mittellanger Afterflosse, 7—13 Weichstrahlen.**

a) Schuppen sehr klein, kaum sichtbar, 80—90 in der Seitenlinie (Abb. 20).
Ellritze.
Phoxinus laevis.

b) Schuppen größer, deutlich sichtbar, 40—70 in der Seitenlinie.

α) Seitenlinie unvollständig.

1. Maul oberständig, steil nach oben gerichtet (Abb. 23).
Moderlieschen.
Leucáspius
delineátus.

2. Maul endständig (Abb. 25).
Bitterling.
Rhódeus amárus.

β) Seitenlinie vollständig.

1. Schnauze mit nasenartiger Verlängerung (Abb. 21).
Quermaul, Speler,
Schwarzbauch, Nase.
Chondróstoma násus.

2. Schnauze ohne nasenartige Verlängerung.

° Mit hoher, gedrungener Körperform. Flossen lebhaft rot.

△ Mit großen Schuppen, 40—45 in der Seitenlinie. Flossen lebhaft rot.

§ Auge rot. Mundspalte waagerecht. Bauch gerundet (Abb. 24).
Rotauge, Plötze.
Leuciscus rútilus.

§§ Auge gelb. Mundspalte schräg nach unten. Bauch scharf gekielt (Abb. 22).
Rotfeder.
Scardinius
erythrophthálmus.

△△ Mit kleinen Schuppen, 54—59 in der Seitenlinie. Körperform weniger gedrungen. Flossen weniger rot. Auge nicht rot (Abb. 26).
Orfe, Nerfling,
Kühling, Aland.
Idus melanótus.

°° Mit gestreckter Körperform. Flossen gar nicht oder nur schwach rot.

△ In der Brustflosse 13—14 Weichstrahlen. Zur Laichzeit mit dunkler Längsbinde (Abb. 29).
Rießling,
Grieslauge, Strömer.
Teléstes agassízii.

△△ In der Brustflosse 16—17 Weichstrahlen. Zur Laichzeit ohne Längsbinde.

§ Körper fast rundlich. Kopf breit und dick. Mundöffnung endständig (Abb. 27).
Alet, Möne, Döbel.
Squálius céphalus.

§§ Körper mehr zusammengedrückt. Kopf schmäler. Mundöffnung unterständig (Abb. 28).
Häsling, Füßling,
Hasel.
Squálius leuciscus.

C. **Mit langer Afterflosse, 14—15 Weichstrahlen.**

a) Mit hoher Körperform. Unterer Schwanzlappen länger als der obere.

1. Brust- und Bauchflossen blaugrau (Abb. 30).
Brassen, Blei,
Brachsen.
Abrámis brama.

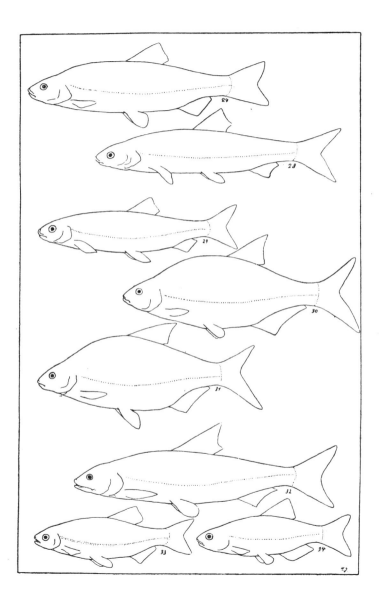

544   An Gewässern.

2. Brust- und Bauchflossen ganz oder nur am Grunde rot oder orange. Halbbrachsen (Abb. 31).   **Gieben, Blicke, Plattfisch, Güster.** *Blicca björkna.*

b) Mit gestreckter Körperform. Beide Schwanzlappen gleichlang.

1. Maulspalte weit, reicht bis unter die Augen (Abb. 32).   **Raape, Rappe, Rapfen.** *Aspius rapax.*

2. Maulspalte eng, reicht höchstens bis an den vorderen Augenrand.

α) Die Afterflosse beginnt hinter der Rückenflosse. Seitenlinie zur Laichzeit schwarz gerändert (Abb. 33).   **Alandblecke, Bambeli, Schneider.** *Albúrnus bipunctátus.*

β) Die Afterflosse beginnt unter der Rückenflosse. Seitenlinie zur Laichzeit nicht schwarz gerändert (Abb. 34).   **Laube, Alve, Uckelei.** *Albúrnus lúcidus.*

Zur Bestimmung der schwer zu unterscheidenden Weißfische wird die Anordnung der Schlundzähne benutzt. Dazu muß jedoch der Fischkopf erst abgekocht werden. In dieser Tabelle wird versucht, ohne dieses Merkmal auszukommen. Als Vorlage diente E. Walter, Unsere Süßwasserfische. Quelle & Meyer, Leipzig.

16. Fliegende Insekten an Gewässern.

(Eine Übersicht.)

I. Insekten mit 2 Flügeln.

A. Hinterleib ohne Schwanzfäden. Die vorhandenen zwei Flügel sind die Vorderflügel, häutig. Hinterflügel zu Schwingkölbchen verkümmert. (S. 418.)   **Zweiflügler.** *Diptéren.*

1. Körper schlank. Beine und Fühler lang. Oft in Schwärmen über dem Wasser. (Senkrecht auf- und abtanzende Mücken sind Schnaken.)   **Mücken.**

2. Körper gedrungen. Beine und Fühler kurz. (Pendeln die Tiere beim Tanzen dicht über dem Wasser waagerecht hin und her, so sind es Tanz-Fliegen.)   **Fliegen.**

B. Hinterleib mit 2 langen Schwanzfäden, weiß, graugelb oder braun. Flügel glasartig, ihre Spannweite 1,5—2,5 cm.   **Eintagsfliege.** *Cloéon.*

II. Insekten mit 4 Flügeln.

A. Hinterleib mit 2 oder 3 langen Schwanzfäden.

1. Hinterflügel viel kleiner als die Vorderflügel. Körper schmal und schlank. (Über dem Wasser scheinen die Tiere

Tierleben. 545

dem Winde entgegengerichtet auf einer Stelle zu stehen, wobei der langgeschwänzte Hinterleib schief nach unten hängt. (S. 552.) **Eintagsfliegen.** *Ephemeríden.*

2. Hinterflügel meist breiter als die vorderen und faltbar. Körper sehr flachgedrückt, mit 2 langen Schwanzfäden. (Flug träge.) (S. 552.) **Steinfliegen.** *Plecoptéren.*

B. Hinterleib ohne Schwanzfäden.

a) Flügel kahl, mit reicher Aderung, die deutlich hervortritt. Flügel in Ruhestellung nach oben zusammengelegt oder waagerecht abstehend. Hinterleib lang, lebhaft gefärbt. Meist schnelle Tiere mit reißendem Flug, die sich schwer fangen lassen.

1. Flügel glashell,
2. Flügel tiefblau oder braun. } (S. 546.) **Libellen.** *Odonáten.*

b) Flügel kahl, mit reicher Aderung, die durch die Färbung etwas verdeckt wird. Flügel in Ruhestellung dachförmig zusammengelegt. Träge Tiere mit schwerfälligem Flug, meist an Pflanzen sitzend.

1. Flügel braun. Adern dunkler. Körper schwarz. 2$^1/_2$—3 cm lang. (S. 562.) **Wasserflorfliege.** *Stalis.*

2. Flügel braun gefleckt. Kopf rotbraun. Augen goldfarbig. 4$^1/_2$ cm lang. **Wasserameisenlöwe.** *Ósmylus chrysops.*

c) Flügel behaart, mit zahlreichen Längsadern und nur einigen Queradern, in Ruhe dachförmig zusammengelegt. Träge Tiere, die meist an Uferpflanzen sitzen. Flug schaukelnd und nur über kurze Strecken. Die Tiere erinnern an Motten. (S. 561.) **Köcherfliegen.** *Phryganéiden.*

d) Flügel mit Schuppen. Aderung verdeckt. Kleinschmetterlinge von der Größe und dem Aussehen einer Motte. Flug rasch und im Zickzack.

Flügel silbrig, dunkel gefleckt. (Eier werden an Laichkraut und Seerosen ab-**Wasserschmetterlinge.** gelegt.) *Nýmphula.*

17. Fliegende Libellen.

I. Langsam fliegende Libellen.

1. Tiere mit nadeldünnem, langem Hinterleib. Flügel blau metallisch schimmernd. Lassen sich oft auf Schilf und anderen

546 An Gewässern.

Pflanzen nieder und sind dann leicht zu
fangen. In Ruhestellung alle 4 Flügel nach
oben zusammengelegt.

Schönjungfern.
Calópterygiden.

2. Tiere mit nadeldünnem, langem Hinterleib. Flügel einfarbig
hell. Körper metallisch glänzend. In Ruhestellung alle 4 Flügel fast waagerecht oder
senkrecht.

Schlankjungfern.
Ágrioniden.

II. Sehr schnell fliegende Libellen.

1. Tiere mit sehr langem, kräftigem Hinterleib. Flügel
lang, glashell, schimmernd. Flug sehr unruhig und stürmisch.
Lassen sich selten nieder. Sehr schwer zu
fangen. In Ruhestellung alle 4 Flügel
waagerecht ausgebreitet.

Schmaljungfern.
Aeschniden.

2. Tiere mit mittellangem Hinterleib. Hinterflügel deutlich größer als Vorderflügel, glashell oder farbig schimmernd.
Flug weniger stürmisch als bei *Aeschna*.
In Ruhestellung alle 4 Flügel waagerecht
abstehend.

Wasserjungfern.
Libelluliden.

Literatur:

R. Tümpel, Die Gradflügler Mitteleuropas. 2. Aufl. 325 S. Mit
20 farbigen Tafeln. Perthes, Gotha.

18. Beobachtungen an lebenden Libellen.

1. Bei hellem Sonnenschein: lebhafter Flug. Warum? (Siehe
Nr. 2 und 3.)

2. Auf der Suche nach Futter.

   a) Die großen, schnell fliegenden Arten. Beobachte, wenn sie sich
   einen Augenblick niederlassen, wie sie ein Insekt ergreifen!
   Sie sind schnelle Flieger und können daher schnell fliegende
   Insekten erbeuten. Sie jagen im Flug.

   b) Die kleinen, langsam fliegenden Arten. Beobachte, wie sie
   Blattläuse von den Blättern absuchen! Sie jagen nicht im Flug.

3. Auf der Suche nach dem Weibchen.

   a) Die großen Arten sind sehr unruhig bei der Suche. Weibchen
   meist nicht zu sehen, hängen an Stengeln oder Blättern des
   Röhrichts. Kampf der Männchen, oft eins dabei verletzt.

   b) Die kleineren Arten sind ruhiger. Weibchen überall neben den
   Männchen, fliehen nicht.

	Tierleben. **547**

4. **In Paarung** (Kopula): 2 Tiere halten sich im Fliegen oder Sitzen gefaßt.

5. **Eiablage.** Gleich nach der Paarung erfolgt die Eiablage durch das Weibchen. Einige Arten lassen die Eier ins Wasser fallen; andere haben einen Legestachel, bohren damit die Pflanzenstengel unter der Wasseroberfläche an und legen in jedes Loch ein Ei. Wer genügend Ausdauer besitzt, kann diese Vorgänge beobachten.

6. **Libellenlarven.** (Siehe S. 562.)

7. **Das Ausschlüpfen der Libellen aus der Larvenhaut** ist gelegentlich im Freien zu beobachten, besser jedoch im Aquarium. Die Larve kriecht an dem Stengel einer Pflanze aus dem Wasser empor. Die Haut platzt auf der Brust. Erst wird der Kopf frei, dann die Beine. Nach einiger Zeit des Ausruhens zieht das Tier den Hinterleib aus der Hülle heraus. Danach dauert es noch mehrere Stunden, bis der weiche Körper so weit erhärtet ist, daß die Libelle ihren ersten, noch unbeholfenen Flug antreten kann. Die trockenen Larvenhäute kann man überall am Wasser finden.

19. Wir finden eine tote Libelle.

(Beispiel einer Insektenbestimmung.)

Was? Du hast noch keine tote Libelle gefunden? Dann hast du noch ein stumpfes Auge. Warte also mit dieser Bestimmungsübung, bis dein Auge geschärft ist!

Der aufmerksame Beobachter mordet sein „Bestimmungsmaterial" nicht, er findet es in hinreichender Menge. Überall an Fluß- und Teichufern liegen tote Libellen mit beschädigten Flügeln oder angefressenem Hinterleib. An kalten Tagen findet man an Schilfblättern oder andern Wasserpflanzen erstarrte Libellen, die sich in diesem Zustande recht gut bestimmen lassen, ohne sie auch nur zu berühren. (Lupe!)

Eine Libellensammlung ist nur dem Museum und dem Forscher gestattet. Eine „Liebhaber-Sammlung" ist ein Unfug. Für den Unterricht in Schulen ist eine biologische Sammlung am lehrreichsten, die nur gefundenes (nicht gefangenes!) Material enthält.

Die folgende Bestimmungstabelle geht nur bis auf die Gattungen. Die Farbtafel V gibt für jede Gattung eine der häufig vorkommenden Arten an.

Grupe, Naturkundl. Wanderbuch.

18

Der Libellenflügel.

I. **Längsadern.**

a) **Hauptadern**, am Flügelgrund beginnend:
   Vorderrandader *Costa* (1),
   Unterrandader *Subcosta* (2),
   Mittelnerv *Nervus medius* oder *Radius* (3),
   Vorderspannader *Cubitus anticus* (4),
   Hinterspannader *Cubitus porticus* (5),
   Hinterrandader *Postcosta* (6).

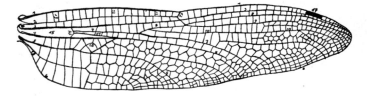

b) **Äste**, aus den Hauptadern entspringend:
   Sector medius (7) [am *Arculus* beginnend],
   Sector primus (8) [aus dem *S. medius* entspringend],
   Sector nodalis (9) ⎫
   Sector subnodalis (10) ⎭ [aus dem *S. primus* entspringend],
   Sector brevis (11) [Verbindung zwischen *Arculus* und *Cubitus anticus*].

II. **Queradern.**

   Nodulus (12) [zwischen *Costa* und dem Ende der *Subcosta*],
   Antecubital-Adern (13) [zwischen *Costa* und *Subcosta*, Anzahl verschieden],
   Arculus (14) [zwischen *Radius* und *Cubitus anticus*].

III. **Felder.**

   Basalzelle *Cellula basalis* (15) [zwischen *Radius*, *Cubitus anticus* und *Arculus*, aderfreies Feld];
   Flügeldreieck *Triangular*-Raum (16) [zwischen *Cubitus anticus* und *Cubitus porticus*, mit Queradern durchzogen].
   Randmal *Pterostigma* (17) [ein farbiger Fleck an der Spitze des Flügels].
   Membranula (18) [ein häutiges Feld am Grunde des Flügels].
   Flügelviereck (bei den Gleichflüglern *Calopteryx* und *Agrion*;

Tierleben. 549

das Viereck liegt da, wo bei den Ungleichflüglern das Dreieck liegt).

Bestimmungstabelle. (Farbtafel V)

I. Vorder- und Hinterflügel gleich oder fast gleich. *Unterordnung: Gleichflügler. Zygóptera.*

A. Viele *Antecubital*-Adern (im Costal-raum). Flügelviereck (*q*) groß, lang-gestreckt, mit zahlreichen Queradern. *Schönjungfern. Fam. Seejungfern. Calopterygiden.*

1. Flügel dunkelblau (beim Männchen) oder bräunlich (Weibchen). Körperlänge fast 5 cm (Abb. 10). *Calópteryx virgo.*

2. Flügel mit einer breiten blauen Querbinde (Männchen) oder ganz grünlich (Weibchen). Körperlänge 4,5 cm (Abb. 9). *Calópteryx splendens.*

Beide Arten sehr häufig, von Mai bis August, September. Langsame Flieger. In Ruhestellung alle 4 Flügel nach oben zusammengelegt.

B. Zwei *Antecubital*-Adern (im Costal-raum). Flügelviereck (*q*) klein, ohne Quer-adern. *Fam. Schlankjungfern Agrioniden.*

a) Flügelzellen (zwischen den feinsten Adern) meist 5eckig. Pterostigma größer als die Zelle.

Häufig von Juni bis September. Langsame Flieger. In Ruhestellung alle 4 Flügel fast waagerecht. Flügel einfarbig hell. Körper metallisch glänzend, 3—5 cm lang. Pterostigma rötlich. 6 Arten (Abb. 13). *Lestes.*

b) Flügelzellen meist 4eckig. Pterostigma etwa so groß wie eine Zelle.

1. Flügelviereck (*q*) rechteckig. Flügel einfarbig. Körper verschiedenfarbig, 3,5 cm lang. Pterostigma bräunlichrot. Flügel in Ruhestellung senkrecht. Langsamer Flieger. Juni bis Aug. Eine Art (Abb. 11). *Platycnémis pénnipes.*

2. Flügelviereck unregelmäßig. Flügel einfarbig. Körper verschiedenfarbig, metallisch glänzend. 2,5—5 cm lang. Flügel in Ruhestellung senkrecht. Langsame Flieger. Mai bis August. Etwa 15 Arten (Abb. 12). *Ágrion.*

II. Vorder- und Hinterflügel ungleich (der Flügelgrund ist verschieden!). *Unterordnung: Ungleichflügler. Anisóptera.*

A. Flügeldreieck im Vorder- und Hinterflügel von fast gleicher Gestalt; in beiden Flügeln Fam. Schmaljungfern. liegt es gleichweit vom *Arculus* entfernt.   *Aeschniden.*

a) Die Augen berühren sich nicht, sie sind durch einen breiten Zwischenraum getrennt.

Flügeldreieck im Vorder- und Hinterflügel gleich, ohne Queradern. Flügel einfarbig hell, mit bräunlichem Pterostigma. Spannweite der Vorderflügel etwa 7 cm. Körperlänge rund 5 cm. Körperfarbe gelb mit schwarzen Flecken oder metallisch-grün. Flügel in Ruhe waagerecht. Schnelle Flieger. Mai bis Sept. 5 Arten (Abb. 2).

Gomphus.

b) Die Augen berühren sich.

α) Die Augen berühren sich in einem Punkte.

Hinterleib schwarz, gelb geringelt, ohne Seitenkanten. Flügeldreieck im Vorder- und Hinterflügel fast gleich, meist von einer Querader durchzogen. Flügel einfarbig hell, mit dunklem Pterostigma. Spannweite etwa 10 cm. Körperlänge 7,5—8 cm. Flügel in Ruhe waagerecht. Schnelle Flieger. Juni bis August. 2 Arten (Abb. 3).   *Cordulegáster.*

β) Die Augen berühren sich in einer längeren Linie.

Hinterleib verschiedenfarbig (blau, braun, gelb), mit Seitenkanten. Flügeldreieck im Vorder- und Hinterflügel fast gleich, von mehreren Queradern durchzogen, so daß 4—5 Zellen entstehen.

1. Der *Sector nodalis* ist dem Pterostigma am äußern Ende am stärksten genähert.

Körper 8 cm lang. Spannweite über 10 cm. Größte deutsche Libelle. Hinterleib blau. Flügel einfarbig, gelblich, mit gelber Vorderrandader. Pterostigma lang, bräunlich. Flügel in Ruhe waagerecht. Sehr schneller und gewandter Flieger, setzt sich selten. An Torflöchern und Seen. Mai bis September. 2 Arten (Abb. 1).   *Anax.*

2. Der *Sector nodalis* ist dem Pterostigma in der Mitte oder am inneren Ende am meisten genähert.

Körper 5—7 cm lang. Spannweite 10 cm. 9 Arten, alle groß. Hinterleib lebhaft gefärbt, am zweiten Segment des Männchens ohrförmige Anhänge. Flügel einfarbig, gelblich bis bräunlich. Pterostigma lang, bräunlich. Flügel in Ruhe waagerecht. Schnelle und gewandte Flieger. Mai bis Oktober (Abb. 4).   *Aeschna.*

B. Flügeldreieck im Vorder- und Hinterflügel von verschiedener Gestalt. Im Vorderflügel: es steht in der Querrichtung des Flügels, weit entfernt vom *Arculus*. Im Hinterflügel: es liegt in der Längsrichtung **Fam. Wasserjungfern.** des Flügels, nahe am *Arculus*.   *Libellulíden.*

1. Hinterleib metallisch-grün, zuweilen gelb gefleckt.

Körperlänge 4—5 cm. Spannweite bis 7 cm. Flügel einfarbig, gelblich. Pterostigma gelblich. Flügel in Ruhe waagerecht. Gute Flieger. Mai bis August.
5 Arten (Abb. 5).   *Cordúlia.*

2. Hinterleib nicht metallisch-grün.

Über 20 Arten, kleinere und größere. Hinterleib verschiedenfarbig: blau, braun, gelb, rot. Flügel einfarbig, bei manchen Arten am Grunde mit einem gelben oder braunen Fleck. Flügel in Ruhe waagerecht. Gute Flieger. Mai bis Sept. (Abb. 6, 7, 8).   *Libéllula.*

Literatur:

R. Tümpel, Die Gradflügler Mitteleuropas. 2. Aufl. 325 S. Mit 20 farbigen Tafeln. Perthes, Gotha.

Hermann Löns, Wasserjungfern. Voigtländer, Leipzig.

20. Fliegende Insekten
mit zwei oder drei langen Schwanzfäden.

An den Ufern der Gewässer fallen uns im Sommer an lauen Abenden Insekten auf, die an ihrem Hinterleibe lange Schwanzfäden tragen. Sie erheben sich mit einigen Flügelschlägen steil in die Luft und lassen sich dann mit den gespreizten Schwanzborsten langsam herab. Unermüdlich werden diese merkwürdigen Luftsprünge wiederholt.

Es ist ein warmer Sommerabend. Die Straßenlaterne auf der Brücke eines Flusses wird von dichten Schwärmen langschwänziger Insekten umflogen. In großen Mengen fallen sie nieder. Am Fuße der Laterne türmt sich der Leichenhaufen fußhoch.

An den Uferpflanzen finden wir gelegentlich zahlreiche Larvenhäute, die von ausschlüpfenden Insekten zurückgelassen wurden.

Eine dieser Beobachtungen oder auch alle drei kann man in jedem Sommer an den Ufern der Gewässer machen. Es sind Beobachtungen aus dem Leben der Eintagsfliegen. Die Schwärme im August nennt man an manchen Orten „Augustfliegen". Sie sind oft so groß, daß

552 An Gewässern.

man schon Äcker mit den Tieren gedüngt hat. Die Larven der Eintagsfliegen leben im Wasser (S. 562). Sie halten sich unter Steinen
oder im Schlamm auf und ernähren sich von anderen Insekten. Die
bei der letzten Häutung zurückgelassenen Häute haften an Uferpflanzen, darum heißen die Eintagsfliegen auch „Hafte".

Bestimmungstabelle.

I. **Hinterflügel viel kleiner als die Vorderflügel.** Körper
schlank und zart. Fühler kurz. (Männchen **Eintagsfliegen.**
mit sehr langen Vorderbeinen.) *Ephemeíden.*

   a) Hinterleib mit 3 Schwanzborsten.

      1. Flügel graubräunlich, ihre Spannweite 4,5—6,5 cm. In
großen Schwärmen im Juli, August an *Palingénia*
größeren Flüssen. *longicaúda.*

      2. Flügel milchweiß, ihre Spannweite 2,5—4 cm. Die ersten
3 Längsadern grau. Im August und September an größeren
Flüssen, oft in großen Schwärmen. *Polymitárcys virgo.*

      3. Flügel glashell, ungefleckt, ihre Spannweite 2,5—3 cm.
Längsadern der Vorderflügel gelb, Queradern braun. Juni
bis August an Flüssen und größeren
Bächen. *Potamánthus lúteus.*

      4. Flügel gefleckt, dunkel geadert, ihre Spannweite 3—5 cm.
Mai bis Juli an stehenden Gewässern. *Ephémera vulgáta.*

   b) Hinterleib mit 2 Schwanzborsten.

      1. Hinterflügel fehlen. Vorderflügel glasartig, Spannweite
1,5—2,5 cm. Hinterleib weiß, graugelb oder braun. An kleineren
stehenden Gewässern. *Cloéon.*

      2. Hinterflügel vorhanden. Queradern zahlreich. Spannweite
der Vorderflügel 1—3 cm. Mai bis Oktober
an Bächen und Flüssen. *Baétis.*

II. **Hinterflügel meist breiter als die vorderen und faltbar.** Hinterleib oft mit 2 langen gegliederten Schwanzfäden.
Körper langgestreckt, sehr flachgedrückt. Flug träge, die Tiere
sitzen meist ruhig an Pflanzen. Larven in fließendem Wasser, am
liebsten in den Gebirgsbächen, wo sie unter **Uferfliegen,**
Steinen oder an Holz sitzen und sich räube- **Steinfliegen.**
risch ernähren. *Plecopterén.*

Tierleben.

21. Schilfkäfer.

Die Seerosen blühen. Im Strahl der Sonne blitzt es farbig auf. Wir schauen schärfer hin. Über den Blättern fliegen goldgrüne, grünblaue und kupferfarbene Käfer. Alle Augenblicke läßt sich einer auf einem Blatt nieder, fliegt aber sogleich wieder auf ein anderes zu. Wir nehmen ein Seerosenblatt aus dem Wasser und untersuchen es. Bald entdecken wir kleine Löcher, etwa so groß, daß man ein Streichholz hindurchschieben kann. Die Löcher sind von oben her durchgefressen. Wir drehen das Blatt um. Zu beiden Seiten des Loches liegen kleine Wülste. Sie sind zu 2 oder 3 Reihen bogenförmig angeordnet. Es sind die Käfereier.

Wir ziehen einen Schilfhalm mit der Wurzel aus und untersuchen ihn. Eine milchweiße Larve hängt daran und nagt. Sie hat einen walzenförmigen Körper und am vorletzten Bauchring zwei lange braune Dornen. Sechs Wochen später finden wir an der Wurzel die Puppe. Sie ruht in einem eiförmigen pergamentartigen Gehäuse. Meist werden Larve und Puppe bei dem Herausziehen der Wurzel abgestreift, wir finden sie dann im Schlamm. Sie halten sich auch an den Wurzeln der Seerose auf.

Larve und Puppe haben keine Kiemen. Sie atmen die Luft, die in den Luftgängen der Pflanze ist.

Bestimmungstabelle.

Die verschiedenen Arten der Schilfkäfer sind auf ganz bestimmte Pflanzen angewiesen, auf „ihre" Pflanzen. Danach sollen hier einige Arten angeführt werden. Alle haben eine metallisch glänzende Oberseite und eine dichte seidenglänzende Behaarung an der Unterseite. Der Körper ist 5—10 mm lang.

Schilfkäfer.
Donácia.

1. Auf den Blättern der Seerose: Metallgrün oder bläulich. Hinterschenkel mit einem Zahn. — **Seerosen-Schilfkäfer.** *D. crássipes.*

2. Auf Pfeilkraut: Hellgrün, goldglänzend, fein behaart. — **Pfeilkraut-Schilfkäfer.** *D. dentáta.*

3. Auf den Blättern von Süßgras: Goldgrün, Halsschild lang. — **Süßgras-Schilfkäfer.** *D. semicúprea.*

Andere Arten leben auf Seggen, Schilf, Igelkolben, Rohrkolben. Die meisten sind häufig.

22. Wasserkäfer.

I. Kleine Käfer, die auf der Oberfläche stehender Gewässer in Kreisen umherschwimmen.

Körpermerkmale: Fühler mit 11 Gliedern, fadenförmig, kürzer als der Kopf. Mittel- und Hinterbeine kurz und breit: Schwimmbeine.

Ernährung: Vorderbeine Greifbeine; rasche Schwimmer, Räuber. Nahrung: allerlei kleine Wassertiere (S. 557).   **Taumelkäfer.**
Gyriniden.

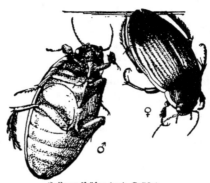

Gelbrandkäfer (nat. Größe).
Rechts Weibchen bei der Erneuerung der Atemluft. Links Männchen.

II. **Käfer, die unter der Wasseroberfläche bleiben und nur zur Luftaufnahme an die Oberfläche kommen.**

1. Die Käfer halten bei der Luftaufnahme die Hinterleibsspitze etwas aus dem Wasser.

Atmung: Unter den Flügeldecken liegen die Atemlöcher. Die Decken werden etwas gehoben, die verbrauchte Luft entweicht, neue wird aufgenommen. Man sieht das silberhelle Luftbläschen an der Hinterleibsspitze glänzen.

Körpermerkmale: Fühler mit 11 Gliedern, fadenförmig, länger als der Kopf. Mittel- und Hinterbeine nicht verkürzt, Hinterbeine mit Schwimmborsten. Vorderfüße beim Männchen mit runder Haftscheibe. Flügeldecken des Männchens glatt, des Weibchens stark gefurcht.

Ernährung: Alle Arten gute Schwimmer, leben räuberisch, fressen alles, was sie bewältigen können.

Größter Schwimmkäfer: Gelbrand.   **Schwimmkäfer.**
Außer ihm noch viele Arten.   *Dytisciden.*

2. Die Käfer halten bei der Luftaufnahme den Kopf etwas aus dem Wasser.

Atmung: Bei den Kolbenwasserkäfern liegen die größeren Atemlöcher vorn (bei den Schwimmkäfern hinten!), darum halten sie den Vorderkörper in die Luft. Die Luft wird in den weichen Körperhaaren festgehalten.

Körpermerkmale: Fühler mit 9 Gliedern, am Ende kolbenförmig verdickt. Brust in einen Bruststachel verlängert.

Ernährung: Langsame Schwimmer, Pflanzenfresser.

Größter Käfer: Pechschwarzer Kolbenwasserkäfer. Außer ihm noch viele andere Arten. **Kolbenwasserkäfer. Hydrophiliden.**

1 Kolbenwasserkäfer. 2a Eierkokon. 2b Eierkokon geöffnet.

23. Kleintiere auf dem Wasserspiegel.

I. 6beinige Tiere, die auf dem Wasserspiegel wie „Schlittschuhläufer" laufen.

a) Die Tiere laufen mit allen 6 Beinen. Beine sehr lang, wie Spinnenbeine, alle gleich lang. Körper stabförmig, sehr dünn,

12 mm lang. Kopf stark verlängert, nadeldünn. Bewegung langsam, mehr schreitend; auf der Flucht in eiligen kurzen Sprüngen davonrennend. **Teichläufer.** *Hydrométra stagnórum.*

b) Die Tiere laufen auf den 4 hinteren Beinen. Das vordere Beinpaar ist viel kürzer, dient als Fangwerkzeug für Insektennahrung. (Siehe Abb.!)

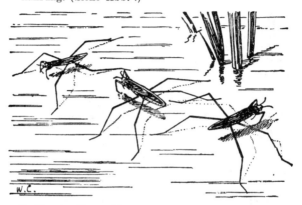

1. Bauch silberweiß.

Halsschild schwarz oder rötlich. Mehrere Arten von 7 bis 18 mm Länge. Meist in größeren Gesellschaften, erwachsene Tiere und Larven durcheinander. Lauf ruckweise, in Stößen von $1/4$—$1/2$ m Länge. **Wasserschneider.** *Gérris.*

2. Bauch gelb.

Beine viel kürzer und dicker als bei den vorigen Arten. Lieben langsam fließende Gewässer. Lauf ruckweise gegen den Strom. **Bachläufer.** *Vélia.*

II. **8beinige Tiere, die über den Wasserspiegel hinweglaufen.** (S. 567.)

Spinnen aus der Familie der Wolfspinnen, *Lycósidae*. Augen in 3 Querreihen (Lupe!). Körper ohne auffällige Färbung. Fertigen keine Fangnetze an, erjagen ihre Beute, laufen dabei auch auf das Wasser. Verschiedene Arten. Eine Art mit folgender Augenstellung ∴ ist im Juli und August häufig. **Wasserjäger.** *Piráta.*

III. Kleine schwarze Käfer, die in blitzschnellen Wendungen und Kurven auf dem Wasserspiegel schwimmen.

Oberseite reinschwarz. Vorderbeine zu Greifarmen verlängert: (Nahrung: Insekten.) Die beiden hinteren Beinpaare kurz, breit, flossenartig. Flügeldecken mit punktierten Streifen. (Andere Arten mit gelbem Seitenrand an den Flügeldecken.) Länge 6 mm. [Betrachte mit der Lupe: 1. den Bau der Schwimmbeine, 2. die Augen, die durch einen Querstreifen in eine obere und untere Hälfte geteilt sind; mit der oberen sieht der Käfer in die Luft, mit der unteren ins Wasser.]

Taumelkäfer.
Gyrinus natátor.

IV. Winzig kleine Tiere, die wie ausgestreutes Schießpulver als schwarzer Belag auf dem Wasserspiegel liegen.

Fährt man mit dem Stock in die schwarze Masse, so springt und hüpft es mit großer Lebhaftigkeit. Größe des Einzeltieres 1 mm. Schwarzblau. 6 Beine. Ohne Flügel. [Hinterleib mit einer einschlagbaren Sprunggabel, die das Springen ermöglicht.] (Lupe!)

Wasser-Springschwanz.
Podúra aquática.

24. Warum sinken die Wasserläufer nicht ein?

Beobachtungen und Versuche:

1. Achte genau auf die Stellen, wo das in Ruhe befindliche Tier mit den Füßen den Wasserspiegel berührt! — Man sieht, daß diese Stellen sich etwas nach unten eindrücken.

2. Achte bei einem ruhenden Wasserläufer auf die Schatten am Grunde des Gewässers! — Rumpf und Beine werfen natürliche Schatten. Die Schatten der Füße erscheinen unnatürlich groß, es sind die Schatten der runden Vertiefungen, die die Füße in den Wasserspiegel eindrücken.

3. Versuche eine Nähnadel flach auf das Wasser in einem Teller zu legen, daß sie nicht untergeht, und beleuchte sie von oben! — Man sieht deutlich die Vertiefung in der Wasseroberfläche.

4. Halte nun eine gleich dicke Nadel dicht über dem Wasser daneben und vergleiche die Schatten der beiden Nadeln! — Der Schatten der auf dem Wasser liegenden Nadel ist viel breiter als der der anderen Nadel. Die Vertiefung in der Wasseroberfläche vergrößert also den Schatten der Nadel. Ebenso ist es mit den Fußschatten der Wasserläufer.

5. Tauche die Hand ins Wasser und spritze feine Wassertropfen auf die Oberfläche! Viele der Tropfen rollen über die Wasserfläche wie über eine feste Ebene hinweg.
6. Streue vorsichtig feine Sandkörner auf das Wasser! Sie bleiben zum Teil darauf liegen.
7. Bringe vorsichtig kleine Luftblasen in das Wasser! Sie steigen hoch, bleiben unter der Oberfläche hängen und wölben sie nach oben.

Ergebnis: Die Wasseroberfläche ist wie eine elastische Haut, die bis zu einem gewissen Grade dehnbar ist, ehe sie reißt. Diese Erscheinung heißt Oberflächenspannung. Die Haut trägt die leichten Wasserläufer. Außerdem sind die Fußenden fein behaart und daher unbenetzbar.

Beobachtung: Achte auf die Wasserläufer, wie sie auf der spiegelglatten Fläche dahinschießen und ihre Beute suchen! Der ruhige Wasserspiegel im Schatten des Ufergebüsches ist ein wahres Schlacht-feld.

25. Wasserwanzen.

1. Auf drei Wasserwanzen wird man an fast allen stehenden Gewässern aufmerksam. Am Boden sieht man die langgestreckte Stabwanze und den platten Wasserskorpion dahinkriechen. An der Wasseroberfläche hängt mit dem Kopf nach unten der Rückenschwimmer.
2. Zieht man mit einem Fangnetz am Boden eines stehenden Gewässers her oder durch das Dickicht der Wasserpflanzen, so hat man sicher unter vielem anderen Getier auch Wasserwanzen im Fang.

Die häufigsten deutschen Wasserwanzen.

I. Die Vorderbeine sind zu Raubbeinen gestaltet, die vorn am Kopf sitzen. (Es sieht aus, als hätte das Tier 4 Beine und 2 Fangarme.)
   1. Körper platt, wie gewalzt, im Umriß eiförmig. Am Hinterleib 2 lange, rinnenförmige Fortsätze, die zu einer Atemröhre zusammengelegt werden können. Körperlänge 1—2 cm. Räuberisch lebende Tiere auf dem Schlamme der Gewässer. Beim Fange Vorsicht, sie stechen empfind-lich! (Abb. a.)   **Skorpion-Wasserwanze.** *Nepa cinérea.*
   2. Körper stabförmig, fast drehrund, dünn und langgestreckt, 3—3$\frac{1}{2}$ cm lang. Hinterleib mit langer Atemröhre. Sieht aus

wie ein von Schlamm überzogenes Stückchen Holz. Abspülen: Hinterleib oben rot, an den Seiten gelb.
Räuberische Lebensweise auf dem Grunde der Gewässer. (Abb. b.) **Stabwasserwanze.** *Ranátra lineáris.*

3. Körper flach, im Umriß eiförmig. Kopf und Rücken grünlichgelb, mit 2 großen braunen Flecken. Beine mit Schwimmborsten. Körperlänge 1½ cm. Geschickte Schwimmer mit räuberischer Lebensweise. Beim Fange Vorsicht, sticht empfindlich! (Abb. c.) **Schwimmwanze.** *Naucoris cimicoídes.*

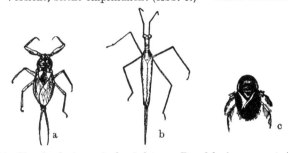

II. Die Vorderbeine sind nicht zu Raubbeinen gestaltet.
a) Das hintere Beinpaar sehr lang, mit Schwimmborsten. Die Tiere schwimmen auf dem Rücken. **Rückenschwimmer.**
1. Das erwachsene Tier 1½ cm lang, Rücken dachförmig. (Abb. S. 560.) *Notonécta.*
2. Das erwachsene Tier 1½ mm lang. *Plea.*
b) Die beiden hinteren Beinpaare sehr lang, sämtliche Beine mit Schwimmborsten. Körper gestreckt, oben fast flach. Die Tiere schwimmen auf dem Bauch. Verschiedene Arten von 3—10 mm Größe. *Coríxa.*

26. Rückenschwimmer.

In stehenden Gewässern sieht man häufig ein Insekt von 1½ cm Länge mit dem Kopf nach unten an der Oberfläche des Wassers hängen. Der Rücken ist silberweiß (durch die anhaftende Luft), die Bauchseite dunkel, die Hinterbeine sehr lang und mit Schwimmborsten versehen. Wenn unser Schatten auf das Tier fällt oder eine andere Störung eintritt, so sinkt es mit einem Ruck in die Tiefe. Dabei schwimmt es auf dem Rücken.

Beim Fangen sei man vorsichtig, das Tier kann empfindlich stechen. Setzt man mehrere Rückenschwimmer in ein Fangglas, so fallen sie bald übereinander her, der Vernichtungskrieg dauert so lange, bis einer als Sieger übrigbleibt. Die Tiere leben räuberisch.

Wenn das Tier an der Wasseroberfläche hängt, wird die Atemluft erneuert, die es auf dem Rücken mit in die Tiefe nimmt. Sie wird durch Haarrinnen den Atemröhren zugeführt.

Wassertiere sind in der Regel oben dunkel und unten hell gefärbt: Vögel, Frösche, Fische, Insekten. Von oben her sieht die Wasseroberfläche dunkel aus, von unten her hell. So sind die Wassertiere einigermaßen gegen ihre Feinde geschützt. Der Rückenschwimmer hat die dunkle Farbe an der Bauchseite, die er nach oben hält.

Rückenschwimmer sind Wasserwanzen. In unsern stehenden Gewässern leben:

1. Rückenschwimmer, die ausgewachsen 1½ cm groß sind. (Abb.) *Notonécta.*
2. Rückenschwimmer, die ausgewachsen 1½ mm groß sind. *Plea.*

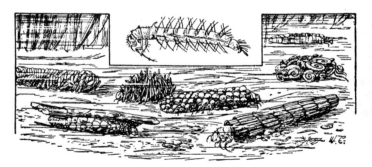

27. Larven am Boden der Gewässer.

I. **Die Larven leben in röhrenförmigen Gehäusen, die sie beim Umherkriechen mit sich tragen. (Abb. oben.)**

Man sieht, wie die Röhren auf dem Grunde des Wassers sich bewegen. Untersuchung: 1. Die Röhren bestehen aus Pflanzenteilen oder Schneckenschalen oder kleinen Steinchen oder Sandkörnchen, die fest verklebt sind. (Manche Larven lassen sich nach der Art des verwendeten Baumaterials unterscheiden. 2. Das Tier steckt lose darin und kann herausgezogen werden. Es hat das Gehäuse also selbst angefertigt. 3. Die Larve hat Gliedmaßen. (Es gibt auch winzig kleine Gehäuse mit Larven ohne Gliedmaßen: einige **Köcherfliegenlarven.** Zuckmücken-Arten.) (Abb. S. 560.) *Phryganiden.*

II. Die Larven leben nicht in Gehäusen. (Abb. S. 563.)

A. Larven ohne Gliedmaßen, wurmförmig. (Meist nahe der Oberfläche.) **Fliegenlarven.**

1. Larven mit deutlich erkennbarem Kopf. Hinterleib scheinbar gegabelt. Der eine Ast ist indes das Atemrohr, mit dem die Larve sich an der Wasseroberfläche **Stechmückenlarven.** den Kopf nach unten, aufhängt. (Abb. 1.) *Culex.*

2. Kopf deutlich erkennbar. Körper bis 1½ cm lang, blutrot, wurmförmig, mit 12 Abschnitten. Am ersten und letzten Abschnitt je 1 Paar „Beinstummel". Die Larven stecken in Schlammröhren. Larven in großen Mengen, für verschiedene Wildfische zu gewissen Zeiten ausschließliche Nahrung. „Rote Würmer" als lebendes Aquariumfutter. Wolkenartige Mückenschwärme, die gelegentlich sich aus dem Wasser erheben, stammen von diesen **Zuckmückenlarven.** Larven. (Abb. 2.) *Chironomus.*

3. Kopf deutlich erkennbar. Körper 1½ cm lang, glashell, durchsichtig, daher schwer zu sehen. Jedoch Auge, Freßwerkzeuge und 2 Luftblasen im vorderen und hinteren Teil des Körpers schwarz. Darm langgestreckt, schimmert schwach durch. Larve wie ein „Glasstab", der waagerecht im Wasser liegt. Am Hinterende ein Büschel feiner Fäden. Die Larve schießt ruckweise durch das Wasser. Sie atmet durch die Haut, kommt nicht an die Oberfläche. (Ihre Puppe mit dickem runden Vorder- **Büschelmückenlarven.** teil.) *Coréthra.*

4. Larve etwa 2 cm lang, dick und rund. Am Hinterende ein langer dünner Fortsatz („Rattenschwanzlarve"): das Atemrohr, das beim Atmen aus dem Wasser gehalten wird. Man sieht diese Larven häufig in Dunggruben **Schlammfliegenlarven** in der Jauche. *Eristalis.*

5. Graubraune Larven. Körper vorn und hinten zugespitzt. Am Hinterende ein Haarkranz, der die Atemöffnung um-

gibt. Beim Atmen hält die Larve (mit dem Kopf nach unten) die Atemöffnung aus dem Wasser. Der Haarkranz schließt sich und nimmt eine Luftblase mit, wenn die Larve sinkt.

Waffenfliegenlarven.
Stratiomys.

B. Larven mit 6 Gliedmaßen.

a) **Larven mit deutlichen Flügelansätzen auf dem Rücken.**

α) Larven mit Fangmaske. (Unten am Kopf der Larve sitzt eine Fangzange, die in Ruhe taschenmesserartig zusammengelegt ist, beim Ergreifen der Beute aber vorgeschnellt werden kann.) (Abb. 5a.)

1. Hinterleib mit 3 langen, blattartigen Anhängen (Schwanzkiemen!). (Abb. 3.)

Schlankjungferlarven.
Agrioniden.

2. Hinterleib ohne Schwanzkiemen.

Wasserjungferlarven.

° Hinterleib kurz und breit. (Abb. 4.)

Libelluliden.

°° Hinterleib lang und schmal. (Abb. 5.)

Schmaljungferlarven.
Aeschniden.

β) Larven ohne Fangmaske.

1. Larven mit 2 langen Schwanzborsten. Brust mit Kiemenfäden. Körper breit und flach, mit dickem Kopf. 2 Paar Flügelansätze. In schnellfließenden Gewässern massenhaft an Steinen. Forellennahrung. (Abb. 6.)

Steinfliegenlarven.
Perliden.

2. Larven mit 3 langen, gefiederten Schwanzborsten. Hinterleib an beiden Seiten mit Kiemenblättchen oder Kiemenbüscheln. 1 Paar Flügelansätze. Die ausschlüpfenden Insekten einiger Arten, besonders im August, in solchen Mengen an Gewässern, daß ihre Leichen zu Haufen sich auftürmen. (Abb. 7.)

Eintagsfliegenlarven.
Ephemeriden.

b) **Larven ohne Flügelansätze.**

α) Hinterleib mit 5 Paar Afterfüßen.

Schmetterlingsraupen.
Lepidóptera.

β) Hinterleib ohne Afterfüße.

1. Hinterleib mit 1 langen, gefiederten Schwanzborste und 7 Paar seitlichen, gegliederten Kiemenfäden. (Abb. 8.)

Wasserflorfliegenlarve
Sialis.

2. Hinterleib mit mehr als 1 Anhang

° Oberkiefer am Innenrand mit Zähnen: Freßzangen. Füße am Ende mit 1 Kralle. Überfallen langsam kriechende Tiere, namentlich gern kleine Wasserschnecken. (Abb. 9.)

Kolbenwasserkäferlarven.
Hydrophiliden.

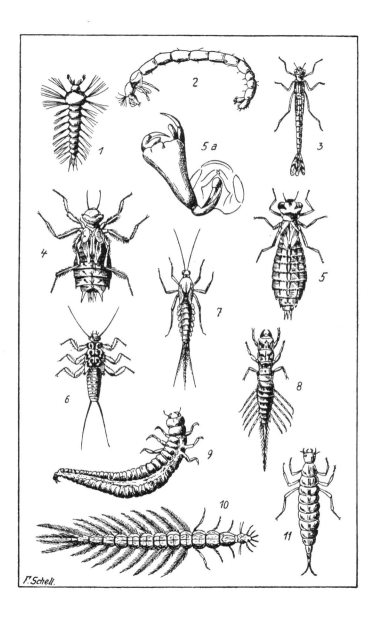

°° Oberkiefer am Innenrand ohne Zähne; vorn spitz: Saugzangen. Füße am Ende mit 2 Krallen. Überfallen freischwimmende Tiere.

△ Sämtliche Hinterleibsringe mit blattartig bewimperten Tracheenkiemen. **Taumelkäferlarven.** (Abb. 10.) *Gyriniden.*

△ △ Hinterleib ohne Tracheenkiemen- **Schwimmkäferlarven.** (Abb. 11.) *Dytisciden.*

Literatur:

Kurt Lampert, Das Leben der Binnengewässer. 892 S. Verlag Tauchnitz, Leipzig.

G. Ulmer, Unsere Wasserinsekten. 166 S. Quelle & Meyer, Leipzig.

A. Brauer, Die Süßwasserfauna Deutschlands. In 19 Heften. Fischer, Jena. (Systematisch.)

28. Der Flußkrebs.

Ob Flußkrebse in einem Gewässer leben, erfährt man am leichtesten von Ortsansässigen — sofern sie zu einer Auskunft bereit sind. Will man die Anwesenheit des Krebses selber feststellen, so achte man auf folgendes:

1. Man suche den Rand des Gewässers sorgfältig nach Krebsresten ab. Die Krähen holen die Krebse aus dem Wasser heraus, verzehren (meist am Ufer) die Weichteile und lassen den zerhackten Panzer und die Scheren zurück.

2. Man suche den Boden des Gewässers nach Kriechspuren ab. Sie sind oft mehrere Meter lang und deutlich im Schlamm sichtbar. Der Krebs lebt in langsam fließenden, klaren Gewässern mit schlammigem Grund und steilen, lochreichen Ufern. Am leichtesten wird man ihn in Bächen feststellen können.

In den deutschen Gewässern leben drei verschiedene Krebsarten:

I. Scheren lang und schlank. (Nach der großen Krebspest 1880—1890 setzte man im Osten Deutschlands einen Krebs aus Rußland aus. Er ist als Speisekrebs minderwertig. Wo er mit dem einheimischen Krebs zusammen- *Potamobius* kommt, verdrängt er ihn.) *leptodáctylus.*

II. Scheren kurz und kräftig.
1. Stirnschnabel (vorderer spitzer Fortsatz des Kopfbrustpanzers, der bis zwischen den Grund der Fühler reicht) groß

mit langer Spitze, Seitenränder parallel, Mittellinie mit Leiste, die vorn sägeartig bezahnt ist. Durch ganz Deutschland verbreitet, in ruhigen Gewässern.

Edelkrebs.
P. ástacus.

2. Stirnschnabel kurz, mit kurzer dreieckiger Spitze, mit kaum bemerkbarer Leiste. In Gebirgsbächen und Seen Süddeutschlands.

Steinkrebs.
P. torréntium.

29. Kleine Wassertiere mit zahlreichen Beinen: Ringelkrebse.

An einer seichten Stelle eines schnellfließenden Gewässers heben wir einen mit Moos bewachsenen Stein auf. Eine Schar kleiner bräunlicher bis gelblichgrüner Tiere fährt auseinander, einige bleiben an dem Stein hängen. Es sind Flohkrebse.

Aus dem Pflanzengewirr eines Teiches oder eines Wiesengrabens ziehen wir eine Handvoll aus. Wir finden sicher darin langsam umherkriechende Tiere mit gerade ausgestreckten Fühlern und zahlreichen Beinen. Es sind Wasserasseln.

Beide Tiere sind Ringelkrebse. Ihr Körper besteht aus vielen Ringen und ist 1—1¹/₂ cm lang. Sie besitzen 19 Paar Gliedmaßen: 2 Paar Fühler, 1 Paar Oberkiefer, 2 Paar Unterkiefer, 1 Paar Kieferfüße, 7 Paar Brustbeine, 6 Paar Hinterleibsbeine. Die Flohkrebse fressen faulende Stoffe und tragen dadurch zur Reinigung der Gewässer bei, sie werden von jungen Raubfischen, namentlich von Forellen, gefressen.

I. **Körper seitlich zusammengedrückt.**
   1. Die drei ersten Hinterleibsringe auf dem Rücken mit einem Dorn. In Flüssen und Seen, liebt ruhiges Gewässer, gern zwischen Wasserpflanzen.

   Flußflohkrebs.
   Carinogámmarus roeseli.

   A Auge, F Fühler.

   2. Die drei ersten Hinterleibsringe ohne Dorn. In Bächen und Flüssen, liebt schnellfließendes Gewässer, gern unter Steinen. (Abb.)

   Gemeiner Flohkrebs.
   Gámmarus pulex.

II. **Körper flach, abgeplattet, dunkelviolett.** In allen Gewässern gemein, gern zwischen Wasserpflanzen in ruhigem Wasser.

   Wasserassel.
   Aséllus aquáticus.

   A Auge, F Fühler.

30. Spinnen am Gewässer.

I. Radnetze.

a) An Uferbäumen und hohem Gebüsch Netze mit Hängebrücken bis 9 m lang, 30 Speichen und 40 und mehr Fangfäden zwischen 2 Speichen.   **Garten-Kreuzspinne.** *Aránea diademáta.*

     Kreuzspinnentyp. Fast kugeliger, gelblicher oder rötlicher Hinterleib mit 4 größeren im Trapez stehenden weißen Flecken. Netz: zwischen den 20 Speichen in jedem Kreisausschnitt 20—25 Fangfäden.   **Réaumurs Radspinne.** *Aránea Reaumúrii.*

b) An Schilf. Mittelgroße Spinne mit stark gewölbtem Hinterleib. In der Mitte seines vorderen Randes beginnt ein dunkler Keilfleck, der weiß umrandet ist. Ein heller Querstreifen teilt die dunkle Mittelfläche der Blattzeichnung etwas vor der Mitte. Ihr Netz ist leicht an dem nach unten offenen, kokonförmigen Schlupfwinkel im zusammengesponnenen Blütenstand zu erkennen.   **Rohrspinne.** *Aránea foliáta.*

c) Unter Brücken und am Geländer speichenarmes Netz (nur bis 20 Speichen), Fangfäden bis 1 cm voneinander entfernt. Hauptfarbe des Körpers helleres oder dunkleres Grau. Die feine helle Umrandung der Blattzeichnung, des Keilflecks usw. wird durch helle Härchen unterstützt (am lebenden Tier sichtbar).   **Brückenspinne.** *Aránea undáta.*

d) An Gräben mit niederem Gesträuch, Rohr, Binsen, Grashalmen Radnetz von einer Spinne aus der zweiten von den drei in Deutschland Radnetze bauenden Familien. Sehr lange, gespreizt stehende Oberkiefer. Hinterleib langgestreckt; auffallend lange Beine. In Lauerstellung an einem Halm sind die vorderen Beinpaare nach vorn, die hinteren Beinpaare nach hinten ausgestreckt, so daß sich die Spinne nicht vom Halm abhebt.   **Strickerspinne.** *Tetragnátha.*

II. Baldachinnetze an (hohlen) Weiden (vgl. Laubwald S. 174!)

Weber- oder Baldachinspinne. *Linýphia.*

III. Säckchen auf Schilfblättern usw.

Längliche Spinne mit graurötlichem Hinterleib (vgl. Laubwald S. 174!).   **Sackspinne.** *Clubíona.*

IV. Ohne Gewebe.

a) **Auf niedrigen Pflanzen, an und unter Steinen.** Kleinere Spinne mit sehr dicken, eiförmigen Oberkiefern, die vom Grund aus fast rechtwinkelig auseinandergesperrt sind. Dunkelbraune Sattelzeichnung mit weißem Mittelfeld.
Dickkiefer-Spinne.
Pachygnátha.

b) **Auf schwimmenden Blättern,** gelegentlich auf dem Wasser laufend, bei Gefahr sogar tauchend. Eine lange Spinne (bis 17 mm). Vorder- und Hinterleib mit weißen Längsbinden, die den dunklen Mittelstreifen einschließen. Augen in 3 Reihen. Die Spinne trägt den kugelförmigen Eikokon zwischen den Kiefern. Augen der zweiten Reihe groß.
Floßspinne.
Dolomédes fimbriátus.

Verwandt mit ihr eine etwas kürzere, braunrote Spinne, kenntlich an der breiten braunen Mittelbinde auf dem Hinterleib, die von einer bleichgelben Mittellinie durchzogen ist. Wie bei den meisten Spinnen ändert die Zeichnung ab: das Tier kann einfarbig braun sein. Der mattgrüne Eikokon wird mit den Oberkiefern festgehalten. Augen der zweiten Reihe klein.
Wasserjäger.
Pisaúra listeri.

Am selben Ort (Biotop) eine weitere Wolfspinnenverwandte mit charakteristischer Zeichnung auf der Kopfbrust: Es ist auf hellem Mittelgrund eine dunkle Gabel, die nach hinten in einen sehr dunklen Strich ausläuft. Der dunkle Hinterleib zeigt vorn eine kurze, gelbe Lanzenbinde. Die Kopfbrust ist von oben gesehen breiter und erscheint größer als der Hinterleib.
Wasserjäger.
Piráta.

V. Im Wasser.

Im Wasser ruhiger Gewässer, besonders auch in Torfgräben, eine nußgroße Taucherglocke, die an Wasserpflanzen verankert ist. Man hält am besten einige Spinnen mit Wasserpest in einem Konservenglas und beobachtet. Von Zeit zu Zeit streckt die Spinne den dicht behaarten Hinterleib über die Oberfläche des Wassers, schwimmt dann rasch zur Glocke und streift die anhaftenden Luftblasen ab. In der luftgefüllten Glocke lauert die Spinne auf Insektenlarven und Wasserasseln; dort ist auch ihre Kinderstube.

Die Färbung der großen Tiere ist braun, am Hinterleib braungrau. ♂ 18 mm, ♀ nur 12 mm lang, ein seltener Ausnahmefall, da sonst durchweg die Spinnenweibchen größer sind.
Wasserspinne.
Argyronéta acquática.

31. Wasserschnecken.

Alle Wasserschnecken besitzen ein Gehäuse, das aus **einem einzigen Stück** besteht und meist gewunden ist. Muscheln dagegen haben eine Schale mit **zwei Klappen.**

Alle Wasserschnecken leben im Wasser. An Teich-, Fluß- und Grabenrändern findet man kleine Gehäuseschnecken an Pflanzen, die aus dem Wasser hervorragen. Sie leben **außerhalb** des Wassers: Gehäuse länglich-eiförmig, mit 3—4 Umgängen, letzter Umgang am größten, bernsteinfarbig, durchscheinend, Mundsaum scharf, Größe $1^{1}/_{2}$—2 cm.

Bernsteinschnecke.
Succínea.

I. **Schnecken, die beim Zurückziehen das Gehäuse nicht mit einem Deckel verschließen können.**

A. **Gehäuse ohne Windungen.**

Winzig kleine Schnecke, fest angepreßt an Pflanzen und Steinen. Gehäuse napfförmig, hornfarbig, 2 mm hoch, 4—5 mm lang.

Napfschnecke.
Áncylus.

B. **Gehäuse mit Windungen.**

a) **Gehäuse flach, scheibenförmig.**

α) Gehäuse groß, 2—3 cm im Durchmesser, 1 cm dick. $5^{1}/_{2}$ Umgänge. Dickwandig, glänzend, rotbraun. (Abb. 4.)

**Posthörnchen,
Große Tellerschnecke.**
Planórbis córneus.

β) Gehäuse kleiner, $1^{1}/_{2}$—2 cm im Durchmesser. Umgänge mit einem scharfen Kiel.

1. Kiel auf der Mitte des letzten Umganges. (Abb. 6.)

**Gekielte
Tellerschnecke.**
Planórbis carinátus.

2. Kiel am unteren Rande des letzten Umganges. (Abb. 5.)

**Gerandete
Tellerschnecke.**
Planórbis planórbis.

γ) Gehäuse noch kleiner. Alle unter 1 cm im Durchmesser.

**Kleine
Planórbis-Arten.**

b) **Gehäuse hoch, spindelförmig.**

α) Gehäuse rechts gewunden. Letzter Umgang sehr groß.

1. Gehäuse groß. Länge 4—6 cm, Breite 2—3 cm. 6—8 Umgänge, lang, spitz ausgezogen, hornfarbig. Mündung sehr groß, etwas höher als das Gewinde. (Abb. 1.)

**Gemeine
Schlammschnecke.**
Limnaea stagnális.

2. Gehäuse klein: Länge höchstens 1 cm, Breite $^{1}/_{2}$ cm. 5—6 Umgänge, die scharf voneinander abgesetzt **sind.**

Tierleben. 569

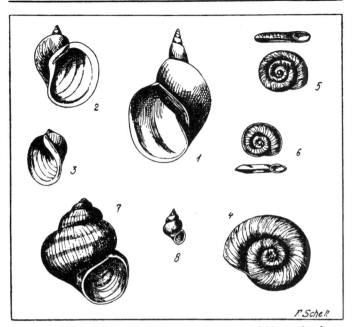

1 Gemeine Schlammschnecke, Spitzhorn. — **2** Ohrförmige Schlammschnecke. — **3** Blasenschnecke. — **4** Große Tellerschnecke, Posthörnchen. — **5** Gerandete Tellerschnecke. — **6** Gekielte Tellerschnecke. — **7** Große Sumpfschnecke, Deckelschnecke. — **8** Kleine Sumpfschnecke.

Mündung eiförmig, nicht so hoch wie das Gewinde. Lebt gern in sehr kleinen Gewässern. **Kleine Schlammschnecke.** *Limnáea truncátula.*

3. Zwischen diesen beiden noch verschiedene andere Arten Schlammschnecken.

β) Gehäuse links gewunden.

1. Gehäuse eiförmig, gelblich bis rötlich hornfarbig. 4 Umgänge, davon der letzte stark aufgeblasen, bildet allein fast die ganze Schale. Gewinde sehr kurz und stumpf. Länge 10—12 mm, Breite 5 bis 6 mm. (Abb. 3.) **Blasenschnecke.** *Physa fontinális.*

2. Gehäuse lang-eiförmig, braun, glän-
zend. 6 Umgänge. Länge 12—15 mm, **Moos-Blasenschnecke.**
Breite 4^1/$_2$ mm. *Apléxa hypnórum.*

II. Schnecken, die beim Zurückziehen das Gehäuse mit
einem Deckel verschließen können.

A. Gehäuse groß, über 2^1/$_2$ cm.

Gehäuse 2^1/$_2$—4 cm hoch, 2—3 cm breit, hornfarbig, oft
mit braunen Längsbinden. Umgänge 5—7, stark gewölbt, mit
tiefer Naht. Genabelt. Deckel mit kon-   **Deckelschnecke,**
zentrischen Zuwachsstreifen. (Abb. 7.)   **Sumpfschnecke.**
                                          Vivíparus.

B. Gehäuse klein, nicht über 1^1/$_2$ cm.

a) Gehäuse fast ohne Gewinde. Letzter Umgang sehr er-
weitert. Gewinde sehr klein und undeutlich. Mündung halb-
kreisförmig. Schale sehr dickwandig, ohne Nabel, auf hellem
Grunde mit dunkelroter Netzzeichnung.   **Fluß-**
Höhe fast 1 cm, Breite fast 1 cm. In   **Schwimmschnecke.**
Flüssen und Seen.   *Neritína fluviátilis.*

b) Gehäuse mit deutlichem Gewinde.

1. Gehäuse kegelförmig, verlängert-eiförmig, horngelb, meist
durchscheinend. Naht tief. Mündung fast so hoch wie das
Gewinde. Höhe etwa 1 cm, Breite etwas   **Kleine**
über ^{1}/$_2$ cm. (Abb. 8.)   **Sumpfschnecke.**
                                          Bythínia.
2. Gehäuse rundlich-kreiselförmig, hornfarbig. Naht tief.
Mündung kreisförmig. Deckel hornig, mit   **Kammschnecke.**
enger Spirale. Höhe bis ^{1}/$_2$ cm.   *Valváta.*

Anmerkung: Wann ist ein Schneckenhaus rechts-, wann ist es
linksgewunden? Man lege die Schnecke mit der Mündung so auf
eine Unterlage, daß die Spitze dem Beschauer zugekehrt ist. Durch
die Spitze des Gehäuses denkt man sich die Längsachse gelegt. Liegt
die Mündung rechts von der Achse, so ist das Gehäuse rechts-
gewunden; liegt die Mündung links von der Achse, so ist das Gehäuse linksgewunden.

32. Wasserschnecken,
die an der Oberfläche des Wassers kriechen.

An Teichen und ruhig fließenden Gewässern sieht man im Sommer
zuweilen Schnecken, die mit nach oben gerichteter Kriechsohle
langsam unter der Wasseroberfläche wie an einer Glasscheibe entlanggleiten. Dabei ist das Gehäuse nach unten gerichtet. Diese Fähigkeit

besitzen wohl alle unsere Süßwasserschnecken, große und kleine Arten, junge und alte Tiere. Manche zeigen ihre Kunst sehr selten, andere dagegen häufig.

Man nehme eine Süßwasserschnecke, kehre ihre Kriechsohle nach oben und setze sie vorsichtig an die Wasseroberfläche. Sie hält sich fest und kriecht davon.

Zur Erklärung siehe: Warum sinken die Wasserläufer nicht ein? (S. 557.) Das Flüssigkeitshäutchen auf der Wasseroberfläche ist so zähe und elastisch, daß kleine Tiere nicht einbrechen, wenn sie darüber hinweglaufen. Es reißt auch nicht, wenn eine Schnecke mit ihrer breiten Kriechsohle daran hängt.

Literatur:

H. Brockmeier, Wie kriechen unsere Wasserschnecken an der Wasseroberfläche? Naturwissenschaftliche Wochenschrift, Jahrgang 1909, Nr. 21. Verlag Fischer, Jena.

33. Muscheln.

Die Schale der Muscheln besteht aus 2 Klappen, beide sind von gleicher Größe und Wölbung. (Schale der Schnecken = 1 gewundenes Gehäuse!)

1. Stelle mit Hilfe der Abbildung an einer größeren Muschel fest: Länge, Höhe, Dicke; Schloßband, Wirbel; linke Klappe, rechte Klappe; Schloß, Zähne, Schließmuskeleindrücke; oben und unten; vorn und hinten!

2. Muscheln, die in schnell fließenden Gewässern leben, haben eine derbe, feste Schale. Solche Muscheln dagegen, die in langsam fließenden Gewässern leben, haben eine dünne Schale. Warum? Achte auf diesen Unterschied bei Fluß- und Teichmuschel!

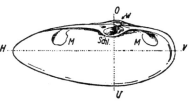

Linke Klappe einer Muschel, H = hinten. V = vorn, O = oben, U = unten, M = Muskeleindruck, Schl = Schloß, W = Wirbel.

3. Die Schalen der großen Muscheln sind ein beliebtes Spielzeug für Kinder. In manchen Gegenden werden sie noch heute im Haushalt benutzt. Sie heißen in Eschbach im Taunus: Storchschüsseln; im Vogelsberg: Froschschälchen; in der Gegend von Mörfelden·

572   An Gewässern.

Schäferschippchen; an der Gersprenz im Odenwald: Häfele-
krätzercher. Erkläre!

Bestimmungstabelle.

I. Große, langgestreckte Muscheln: Länge bis 13 cm, Höhe
   bis 8 cm, Dicke bis 4 cm.

    A. Schloß ohne Zähne.   **Teichmuschel.**
                                Anodónta.

    B. Schloß mit Zähnen.

        1. Schloß mit Haupt- und Nebenzähnen. (Hauptzähne: die
        kurzen Vorsprünge unter den Wirbeln; Nebenzähne: die
        scharfen Leisten, die von den Haupt-   **Flußmuschel.**
        zähnen aus nach hinten verlaufen.)   *Únio.*
                                  Flußperlmuschel.
        2. Schloß nur mit Hauptzähnen.   *Margaritána*
                                    margaritífera.

II. Kleinere, dreikantige Muschel: Länge   **Wandermuschel.**
    2—4 cm, Höhe bis 2 cm, Dicke bis 1¹/₂ cm.   *Dreissénsia*
                                      polymórpha.

III. Kleine, rundliche Muscheln: Länge unter 2 cm.

    A. Wirbel in der Mitte der Schale.   **Kugelmuschel.**
        1. Wirbel rund und flach.   *Spháerium.*
                                Häubchenmuschel.
        2. Wirbel spitz ausgezogen.   *Muscúlium lacústre.*

    B. Wirbel nicht in der Mitte, nach dem   **Erbsenmuschel.**
    Hinterende der Schale gerückt.   *Pisídium.*

Literatur:

D. Geyer, Unsere Land- und Süßwassermollusken. 155 S. 18 Tafeln.
    K. G. Lutz, Stuttgart.

K. Lampert, Das Leben der Binnengewässer. 892 S. Tauchnitz,
    Leipzig.

34. Egel.

Würmer mit deutlich sichtbaren Körperringen, ohne Beine und
ohne Borsten. Vorn mit Saugmund, hinten mit Saugscheibe. Kriech-
bewegung in der senkrechten Ebene. (Wie Spannerraupen! Kriech-
bewegung des Regenwurms in der waagerechten Ebene!)

I. Große Egel, 5—15 cm lang.

    1. Körper oben gewölbt, unten flach. Olivenfarbig bis braun,
       auf dem Rücken dunkle Flecke. Kein Blutsauger. Nahrung:

Würmer, Larven. Kann schwimmen.
Kriecht wie eine Spannerraupe, Bogen oben schlaff.   **Pferdeegel.** *Haemópis sanguisúga.*

2. Körper oben nicht so stark gewölbt, unten flach. Rücken mit 6 rötlichen Längsstreifen. Blutsauger: in der Jugend an Fröschen und anderen Kaltblütern, später an Warmblütern. Kann schwimmen. Kriecht wie eine Spannerraupe, Bogen oben schlaff.   **Blutegel.** *Hirúdo medicinális.*

II. Kleine Egel, unter 5 cm lang.

1. Körper etwas abgeflacht, langgestreckt, fast 5 cm lang. Farbe braungrün, mit heller Ringelung. Nahrung: Kleine Würmer, die er hinunterwürgt. Kann schwimmen. Kriecht wie eine Spannerraupe, Bogen oben straff. Das zusammengezogene Tier bleibt noch langgestreckt. In Ruhe gerollt.   **Rollegel.** *Herpobdélla atomária.*

2. Körper stark abgeplattet, $^{1}/_{2}$—3 cm lang. Graubraune oder gelbliche, buntgefleckte Egel. Nahrung: Schnecken, Würmer. Nichtschwimmer. Oft an der Unterseite von Steinen oder an Wasserpflanzen. Kriechen wie Spannerraupen. Bogen oben straff. In Ruhe die Form eines Pflaumenkerns.   **Plattegel, Schneckenegel.** *Glossosiphoníden.*

3. Körper drehrund, 2—4 cm lang, einige Millimeter dick. Mit breiter Haftscheibe. Grünlich oder gelbgrau. Schmarotzt an der Haut von Fischen. Schwimmt auch frei umher oder sitzt an Wasserpflanzen.   **Fischegel.** *Piscícola geométra.*

35. Aquarientiere.

1. **Molche. Fang:** Im Frühjahr. Ein Pärchen genügt!

Futter: Nur lebendige Nahrung! Kleine Regenwürmer, Wasserflöhe, Mückenlarven.

Beobachtungen: Achte auf die Schwimmbewegungen! Wie atmen die Molche? Welches Futter nehmen sie am liebsten? Das zur Aufzucht bestimmte Aquarium muß bepflanzt sein. Wohin legen die Molche ihre Eier? Bringe die Eier in besondere Gläser und versuche ihre Entwicklung! Achte auf die Häutungen! Wenn die Kiemen schrumpfen, beginnt die Atmung durch Lungen; die Tiere wollen dann auf das Land. Gib ihnen Gelegenheit dazu! Beobachte die Kämpfe der Molche untereinander! Sie verletzen sich dabei oft sehr schwer. Achte auf den Heilungsvorgang der Wunden!

574 **An Gewässern.**

2. **Frösche.** Frösche hält man in Terrarien oder Aquaterrarien, den Laich im Aquarium.

Beobachtungen: Wann findet man den Laich des Grasfrosches? Wann den Laich des Teichfrosches? Wie unterscheidet sich der Laich beider Frösche? — Betrachte ein einzelnes Ei mit der Lupe! Was stellst du fest? — Die Kaulquappen verlassen die Eihülle. Wo halten sich die jungen Tiere in der ersten Zeit auf? Beobachte, wie sie fressen! (An dem grünen Algenbelag der Glaswand.) — Zunächst hat die Kaulquappe jederseits 3 Paar freie Kiemen. Später werden die Kiemen von einer Hautfalte überwachsen. Achte darauf! — Verfolge die Entwicklung der Gliedmaßen!

3. **Stichling. Fang:** Im Frühjahr. Einsetzen in ein gut bepflanztes Aquarium.

Futter: Kleine Würmer, Wasserflöhe, geschabtes, frisches Rindfleisch.

Beobachtungen: 3 Rückenstacheln, die der Fisch aufrichten kann. An Stelle der Bauchflossen je ein Stachel. Färbung!

Nestbau: Männchen oder Weibchen? Nest aus Pflanzenstoffen, etwa walnußgroß.

Brutpflege: Bewachung des Nestes durch das Männchen.

4. **Wasserschnecken:** Tellerschnecken, Schlammschnecken, Deckelschnecken. Eine dieser 3 Arten vernichtet den Pflanzenbestand im Aquarium. Welche? Eine andere Art frißt den grünen Algenbelag an den Glasscheiben und reinigt sie auf diese Weise. Welche? — Schlammschnecke und Tellerschnecke legen gallertartige Eiklumpen. Achte darauf! Die Deckelschnecke ist lebendiggebärend, sie bringt von Zeit zu Zeit ein Junges zur Welt, das schon ein Gehäuse mit vier Umgängen besitzt. — Schlammschnecken können mit der Sohle des Fußes an der Oberfläche des Wassers entlanggleiten, das Gehäuse hängt dabei in das Wasser hinab. Beobachte den Vorgang! Erklärung: Oberflächenspannung, d. h. die Oberfläche des Wassers ist wie eine Haut (S. 558); Absonderung eines Schleimbandes (wie die Landschnecken!), an dem das Tier entlangkriecht; geringes Gewicht der Schnecke, wenig schwerer als Wasser.

5. **Egel.** Aquarium bedecken!

Beobachtungen: Füttere den Pferdeegel mit Regenwürmern! Achte darauf, wie er sie verzehrt! — Beobachte die Kriech-

bewegung des Egels! (Spannerraupe!) Körperbau: vordere und hintere Saugscheibe.
6. **Röhrenwürmer.** Fang: In Gräben mit seichtem Wasser und schlammigem Grund. Erkennungsmerkmal: Feine rote Fäden, die aus dem Schlamm hervorragen und in leichter Bewegung sind; bei Berührung des Schlammbodens verschwinden die Tiere, kommen aber bald wieder hervor. Oft in großer Menge. Die obere Schlammschicht mit den Würmern wird mit einem Netz abgehoben, etwas ausgespült und zu Hause in eine Schale geschüttet. Wasser nur flach darüber!

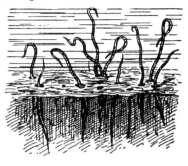

Beobachtungen: Bau der Wohnröhren! Der Hinterteil der Würmer wird hervorgestreckt! Bewegung: damit der Haut frisches Wasser zugeführt wird, der Wurm atmet durch die Haut. — Futter für Aquarienfische! — Untersuchung eines Wurms unter dem Mikroskop.
7. Larven: Siehe Larven am Boden der Gewässer, S. 560!

Literatur:

C. Heller, Das Süßwasseraquarium. Mit zahlreichen Abbildungen und einer Tafel. 190 S. Naturwiss. Bibl. für Jugend und Volk. Quelle & Meyer, Leipzig.

P. Krefft, Reptilien- und Amphibienpflege. 152 S. Quelle & Meyer, Leipzig.

Bade, Praxis der Aquarienkunde. Creutz, Magdeburg. Größeres Werk.

E. Zernecke, Leitfaden für Aquarien- und Terrarienfreunde. Etwa 460 S. Quelle & Meyer, Leipzig.

W. Klingelhöffer, Terrarienkunde. Julius Wagner, Stuttgart.

36. Fußspuren im Uferschlamm.

I. Fußspuren von Säugetieren.
  1. Das Wild kommt zur Tränke: Hirsch, Reh, ... (S. 180.)
  2. Das Wild überspringt auf der Flucht ein Gewässer: Hirsch, Reh, Hase.

An Gewässern.

3. Das Wild suhlt: Hirsch, Wildschwein. (S. 143, 144.)

4. Hunde streichen gern an Gewässern entlang. Trittsiegel: verschieden groß, je nach der Größe des Hundes, rundlich, vier Zehenballen mit dem Nagelabdruck davor, Hinterballen des Vorderfußes am Hinterrand eingebuchtet, Hinterballen des Hinterfußes am Hinterrand ausgebuchtet. (S. 182.)

5. Füchse suchen den Uferrand nach Beute ab. Trittsiegel: schlanker als beim Hunde, Klauen des Fuchses schärfer abgedrückt als die des Hundes, die beiden Mittelklauen des Fuchses weiter vorstehend als beim Hunde. (S. 182.)

6. Steinmarder, Iltis und Wiesel sieht man zuweilen auf Steinen mitten im Bachbett. Trittsiegel: Abdruck von fünf Zehen. (S. 183.)

7. Fischotter kommen ans Land. Trittsiegel: fünf Zehenabdrücke mit rundlichen Ballen. Zehen stark gespreizt, mit Schwimmhaut.

8. Wasserratten laufen häufig über den Uferschlamm hinweg, ihre Spur hat Ähnlichkeit mit der Spur von Mäusen, ist aber größer. Hintere Fußsohle mit 5 Wülsten. Schwanz kurz, hinterläßt keine Schleifspur.

9. Wanderratten halten sich gern am Wasser auf. Vorderfuß mit 4, Hinterfuß mit 5 Zehen. Schwanz lang, hinterläßt eine Schleifspur.

II. Fußspuren von Vögeln. (Abb. S. 577.)

A. Im Trittsiegel sieht man deutlich den Abdruck der Schwimmhaut, die die Zwischenräume der Zehen bis zu den Nägeln ausfüllt.

1. Schwan: Länge des Trittsiegels etwa 15 cm, Breite über 15 cm.

2. Wildgans: Länge etwa 9 cm, Breite etwa 8 cm.

3. Stockente: Länge etwa 7 cm, Breite etwa 6 cm. (1.)

4. Kleine Entenarten und Möwen haben kleinere Füße als die Stockente, die Abdrücke sind nach ihrer Form nicht zu unterscheiden, man kann nur aus der Größe auf den Vogel schließen.

Schwimmvögel haben einen watschelnden Gang, sie richten die Zehen nach innen, die Innenzehe ist die kürzeste. Danach kann man links und rechts unterscheiden.

B. Im Trittsiegel zeigen sich Abdrücke der Schwimmlappen, von denen die Zehen umsäumt sind.
  1. Bläßhühner, die häufig an Land gehen, drücken die Hinterzehe mit ab. (2.)
  2. Zwergtaucher gehen wenig an Land. Ihr Fuß ist klein, sie besitzen keine Hinterzehe. (3.)

C. Im Trittsiegel zeigen sich keine Abdrücke von Schwimmhäuten oder Schwimmlappen.
  a) Große Trittsiegel:
  1. Kranich: Nur die drei Vorderzehen sind abgedrückt, die Hinterzehe ist sehr klein und drückt sich meist nicht mit ab. Der Abdruck mißt in der Mittelzehe 10—12 cm. (4.)

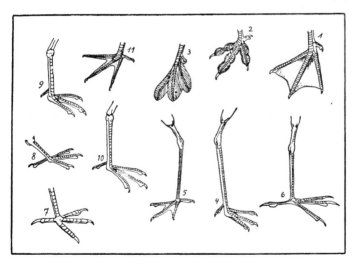

2. Storch: Abdruck fast ebenso groß wie beim Kranich, Zehen nicht so schlank, Seitenzehen kürzer, Hinterzehe mit abgedrückt. (5.)

3. Fischreiher: Abdruck mit langer Hinterzehe (6—7 cm), Mittelzehe etwa 8 cm; alle Zehen sehr schlank, etwa so dick wie ein Bleistift. (6.)

578 An Gewässern

Alle drei Vögel sind Einwärtsgänger, die Innenzehe ist die kürzeste.

b) Mittelgroße Trittsiegel.

α) Die Hinterzehe ist deutlich abgedrückt, weil sie lang ist und tief sitzt.

1. **Krähen** halten sich viel am Wasser auf. Sie schreiten und hüpfen: ihre Tritte stehen also hintereinander oder nebeneinander. Hinterzehe und Vorderzehe fast gleich lang, je 4 cm. Zehenballen und Krallen meist deutlich sichtbar. (7.)

2. **Das grünfüßige Teichhuhn** kommt häufig vom Wasser aufs Land. Es schreitet oder läuft: die Tritte stehen also immer hintereinander. Zehen lang und schlank, Hinterzehe etwa halb so lang wie die Mittelzehe.

3. **Tauben** trippeln oft im feuchten Erdreich der Ufer, sie machen kurze Schritte. (8.)

β) Die Hinterzehe ist nicht oder nur punktartig abgedrückt, weil sie kurz ist und hoch sitzt.

1. **Kiebitz:** Die Zehen stehen sehr weit gespreizt. (Man schlage um den Zehenballen einen Kreis, in dem die Zehen Halbmesser sind. Es entstehen zwei Winkel von je ein Fünftel des Kreisumfanges, also 72°. Zur schnellen Ermittlung der Winkelgröße verlängere man die Zehen nach hinten über den Zehenballen hinaus bis an den Kreisumfang.) (9.)

2. **Bekassine:** Die Zehen stehen sehr eng. (Eine Kreiseinteilung ergibt 10 Radien, also 36° Entfernung zwischen den Zehen.)

3. **Rallen** (10), Regenpfeifer, Uferläufer (11) und deren Verwandte.

c) Kleine Trittsiegel.

Auf dem Uferschlamm laufen auch viele kleine Vögel umher, die dort trinken oder ihr Futter suchen. Baumvögel hüpfen, sie hinterlassen Tritte, die nebeneinander stehen. Tritte, die hintereinander stehen, stammen von den flink laufenden Bachstelzen, Kuhstelzen und Bergstelzen.

III. Kriechspuren.

1. **Kröten** suchen im Frühjahr die Gewässer zum Laichen auf, sie ziehen ihre Spuren in den Uferschlamm. (Frösche hüpfen!)

Tierleben.

2. Die Ringelnatter schlängelt sich vom Ufer ins Wasser und hinterläßt im Schlamm eine fingerbreite, gewundene Spur.
3. Regenwürmer hinterlassen feine Kriechspuren (wie man sie nach jedem Regen im Straßenschlamm sehen kann).
4. Schnecken hinterlassen einen Schleimstreifen.
5. Muscheln ziehen am Grunde des Wassers eine Furche in den weichen Boden. Fällt das Wasser kurz danach, so bleibt eine Spur davon zurück.

Literatur:

E. Teuwsen, Fährten- und Spurenkunde. 132 S. Neumann, Neudamm.

Heinz Scheibenpflug, Fährten und Spuren am Wanderweg. 124 S. Hugo Bermühler, Berlin-Lichterfelde.

Grupe, Naturkundl. Wanderbuch.

IN HEIDE UND MOOR.

1. Die Heide als Lebensgemeinschaft.

In der Heide finden wir Pflanzengesellschaften mit langsam- und schwachwachsenden Pflanzen. Sie entziehen dem nährstoffarmen Boden nur geringe Nährstoffmengen. Daher ist ihre jährliche Stoffbildung nur gering.

Der Nährstoffarmut der heidekrautlosen, trockenen Sandfelder entspricht die Ärmlichkeit der Pflanzendecke. Hier siedeln durchweg nur kleine, kurzlebige, einjährige und einjährig überwinternde Pflanzen.

Wo in den nährstoffarmen Sandböden die Feuchtigkeit zunimmt, sind die Lebensbedingungen für das anspruchslose Heidekraut gegeben, das in einem völlig ausgetrockneten Boden nicht gedeiht. Die Nährstoffarmut hindert das Aufkommen der anspruchsvolleren Pflanzen, namentlich der Holzgewächse. Daher zeigt der Pflanzenbestand eine große Einförmigkeit. Eine Folge des zeitweise eintretenden Wassermangels ist der xerophytische Bau vieler Pflanzen. (Xerophyten: Landpflanzen, die an physiologisch trockenen Standorten leben und wenig Wasser brauchen.) Sie haben kleine, nadelförmige, schuppenartige oder eingerollte Blätter, die oft eine Filzbekleidung tragen. Zahlreiche Pflanzen bleiben niedrig, legen sich dem Boden an, bilden Rasen oder kriechen oberirdisch. Das alles sind Anpassungen an den Standort, wodurch die Wasserabgabe herabgesetzt wird. — Das Heidekraut tritt in verschiedenen Formen auf. Die Blütenfarbe ist veränderlich: zur Zeit der Vollblüte (Ende August) lila-rosenrot, sie ändert ab in dunklere oder hellere Töne bis in ein reines Weiß. Auch der Wuchs ist sehr unterschiedlich.

In weiten Heidegebieten wird der Pflanzenwuchs durch den Heiderohhumus erheblich beeinflußt. Humus entsteht durch die unvollständige Zersetzung organischer, meist pflanzlicher Stoffe. — Gewöhnlicher Humus oder Mullerde bildet sich in einem gut durchlüfteten Boden mit reichem Bakterien- und Tierleben. Anorganische Bodenteile sind hier mit Mull innigst vermengt. Mullerde enthält viel Nährstoffe und bietet den Pflanzen auch günstige physikalische Bedingungen. Manche Pflanzen sind ganz auf Mullerde angewiesen. — Rohhumus (Trockentorf) bildet sich dort, wo durch die Verfilzung

Pflanzenleben. 581

pflanzlicher Organe, besonders der Wurzeln, Sauerstoffmangel entsteht, wodurch die Zersetzung behindert wird. — Torf entsteht dort, wo durch Wasseranreicherung Sauerstoffmangel eintritt und die Zersetzung hindert. — Der Heiderohhumus nun bildet eine saure Schicht, die die Luft abschließt. Durch die abgestorbenen Pflanzenteile hat sich eine gewisse Menge von Nährstoffen darin gesammelt; diese Schicht hat dazu eine große wasserhaltende Kraft. Beides suchen die Pflanzen, namentlich das Heidekraut, für sich auszunutzen, indem sie ihre flachstreichenden Wurzeln in dieser Schicht belassen. Der unter dem Heiderohhumus liegende Bleichsand ist sehr nährstoffarm; wenn in feuchten Zeiten der Rohhumus sich voll Wasser gesogen hat, verhindert er die Durchlüftung der darunter liegenden Sandschicht, die daher sehr wurzelarm ist. Diese Bodenverhältnisse bedingen, daß die Heidepflanzen flachwurzelig sind.

Weiterhin wird der Pflanzenwuchs in weiten Heidegebieten durch den Ortstein beeinflußt. Der Heideortstein findet sich meist 20 bis 30 cm unter der Oberfläche; in seiner ausgebildeten festen Form besteht er aus einer dunkelbraunen, meist deutlich schiefernden Masse, die bis über 10 cm dick sein kann. Dieser Heideortstein ist ein Sandstein, dessen Sandkörner durch Eisenoxydhydrat als Bindemittel verkittet sind. Gehölze, die sich auf der Heide ansiedeln, meist Kiefern, treiben ihre Pfahlwurzel bis auf den Ortstein hinunter, auf der festen Schicht biegt sie rechtwinklig ab, im allgemeinen streichen die Wurzeln ganz flach.

2. Die Zwergsträucher der Heiden und Moore.

1. **Blätter nadelförmig, scharf stechend.**

a) Nadeln zu 3 im Quirl. (S. 185.)
Wacholder.
Juníperus commúnis.

b) Nadeln einzeln, dornig, 4kantig. (S. 190.)
Stechginster.
Ulex europáeus.

2. **Blätter lineal, am Rande stark umgerollt, daher starr, nadelartig.**

A. **Blätter quirlständig oder scheinbar quirlständig.**

  a) Blätter zu 4 im Quirl.

    1. Blätter steifhaarig gewimpert. Blüten zu 5—12 in endständiger Dolde, nickend. Krone glockig, rosa. Staubblätter 8. Bis ¹/₂ m hoch. Juni—September.
Glocken-Heide.
Érica tétralix.

    2. Blätter kahl, am Rande scharf. (Süddeutschland.)
Frühlings-Heide.
Érica cárnea.

582 — In Heide und Moor.

b) Blätter scheinbar quirlständig, Äste dicht beblättert. (S. 220, 756.) — **Krähenbeere.** *Empetrum nigrum.*

B. **Blätter wechselständig.**

1. Blätter unterseits rostrot-filzig. (S. 220.) — **Porst.** *Ledum palústre.*

2. Blätter unterseits weißlich. Blüten in endständigen, wenigblütigen Dolden, nickend. Blütenstiele 3 mal so lang wie die Blüten. Krone glockig-eiförmig, rosa bis weiß. Ästige, aus liegendem Grunde aufsteigende Stengel, bis ⅓ m hoch. Mai—Juni. — **Gränke.** *Andrómeda polifólia.*

3. **Blätter nadelartig, 4reihig, dachziegelartig sich deckend.** Blüten in einseitswendigen Trauben. Krone glockig, blaßrot. Bis 1 m hoch. August—Oktober. (Soll in Deutschland über 25000 qkm Boden bedecken. „Magerkeitsanzeiger": gedeiht nur auf magerstem Sand- und nassem Moorboden, verträgt keine Düngung. Verdrängt andere Holzgewächse. Hauptbestandteil der Zwergstrauchheide.) — **Heide.** *Callúna vulgáris.*

4. **Blätter flächig ausgebreitet.**

I. Blätter 3zählig. (S. 194.) — **Besenginster.** *Sarothámnus scopárius*

II. **Blätter einfach.**

A. **Blätter ganzrandig.**

a) Blätter immergrün, lederartig.

α) Stengel aufrecht. Blätter am Rande umgerollt, unterseits pnnktiert. (S. 220.) — **Preißelbeere.** *Vaccínium vitis idáea.*

β) Stengel niederliegend.

1. Blätter z. T. gegenständig. (S. 220.) — **Bärentraube.** *Arctostáphylos uva ursi.*

2. Blätter wechselständig. (S. 753.) — **Moosbeere.** *Vaccínium oxycóccus.*

b) Blätter sommergrün, dünn, flach.

α) Stengel meist mit Dornen.

1. Blätter grasgrün. (S. 43.) — **Deutscher Ginster.** *Genísta germánica.*

2. Blätter blaugrün. (S. 43.) — **Englischer Ginster.** *Genísta ánglica.*

β) Stengel ohne Dornen.

1. Blätter am Rande gewimpert, mit kurzen Nebenblättern am Blattstiel. (S. 43.) — **Färber-Ginster.** *Genísta tinctória.*

2. Blätter unterseits angedrückt seidenhaarig. — **Behaarter Ginster.** *Genísta pilósa.*

Pflanzenleben. **583**

3. Blätter unterseits blaugrün, oberseits dunkelgrün, eiförmig, stumpflich. Äste stielrund. Krone grünlich bis rötlichweiß. Beere schwarzblau, innen grünlich mit farblosem Saft. (Heidelbeere mit purpurnem Saft.) Mai *Trunkelbeere.* bis Juni. Bis 1 m hoch. (S. 757.) *Vaccínium uliginósum.*

4. Blätter unterseits dicht seidigfilzig oder silbergrau, lineal bis oval, etwas umgerollt, 1—2$^1/_2$ cm lang. Nebenblätter lanzettlich. Kätzchen länglich bis kugelig, *Kriechweide.* rotbraun. Niederliegend, bis $^2/_3$ m hoch. *Salix repens.*

B. **Blätter gesägt oder gekerbt.**

a) Blätter deutlich kurz gestielt.

1. Blätter kreisrund, so breit oder breiter als lang, tief gekerbt, fast sitzend, $^1/_2$—1 cm lang. Meist niederliegend, bis $^3/_4$ m hoch. Torfmoore *Zwerg-Birke.* der höheren Gebirge. *Bétula nana.*

2. Blätter rundlich eiförmig, länger als breit, ungleich-kerbiggesägt, 1$^1/_2$—3 cm lang. Junge Triebe *Niedrige Birke.* klebrig. Bis 1$^1/_4$ m hoch. Torfmoore. *Bétula húmilis.*

3. Blätter eiförmig, spitz, klein gekerbt- *Heidelbeere.* gesägt. Äste scharfkantig. (S. 31.) *Vaccínium myrtíllus.*

b) Blätter in den Blattstiel verschälert, länglich, vorn entfernt gesägt, etwas derb, oberseits dunkelgrün, unterseits blasser und dünnfilzig. Kätzchen vor den Blättern erscheinend, April—Mai. Gesellig wachsender Strauch mit braunen Zweigen, mit gelben Harz- *Gagel.* pünktchen überstreut, aromatisch *Mýrica gale.* riechend. Bis 1$^1/_2$ m hoch.

Beachte:

1. Zahlreiche Heidesträucher sind immergrün und können daher jede, wenn auch nur kurze, Wärmezeit zur Assimilation ausnutzen.

2. Heidesträucher haben durchweg einen xerophytischen Bau: nadel- oder schuppenförmige Blätter, kleine schmale Blätter, die oft eingerollt sind. (Xerophyten: Landpflanzen, die an physiologisch trockenen Standorten wachsen und wenig Wasser brauchen.)

3. Heidegräser.

Das Heidekraut läßt nur wenig Gräser aufkommen. Fast alle haben borstliche oder zusammengerollte Blätter, dadurch wird die Wasserabgabe eingeschränkt.

584   In Heide und Moor.

I. **Ährengräser.** (Ährchen sitzend!)
Ähre sehr locker, einseitswendig. Halm dünn, bis unten
hin knotenlos, am Grunde mit borstlichen   **Borstengras.**
Blättern. (S. 200.)   *Nardus stricta.*

II. **Ährenrispengräser.** (Ährchen kurz gestielt!)
a) Ährchen 1 blütig. Obere Hüllspelzen am Rücken begrannt.
(Vgl. S. 429: Ruchgras!). Scheinähre locker, kürzer. Geruch
schwächer. Granne länger. Bis $1/4$ m hoch. Auf Heideäckern
unter Korn häufig, stumpft die Sensen **Begranntes Ruchgras.**
ab, daher „Sensendüwel".   *Anthoxánthum*
                                  aristátum.
b) Ährchen 2- bis vielblütig.
1. Untere Spelze auf dem Rücken begrannt, an der Spitze
2spitzig. Blätter borstenförmig. Kleine,   **Nelkenhafer.**
zarte Gräser, 5—20 cm hoch.   *Aera.*

2. Untere Spelze grannenlos, abgerundet, stumpflich oder
an der ausgerandeten Spitze kurz stachelspitzig. Blätter
blaugrün, flach oder mit gefalteten untermischt. Untere
Blattscheiden netzig zerfasert, der   **Graugrünes**
Stengelgrund dadurch zwiebelartig ver-   **Schillergras.**
dickt. Bis 60 cm hoch. (S. 201.)   *Koeléria glauca.*

III. **Rispengräser.** (Ährchen lang gestielt!)
1. Halm im ganzen oberen Teil ohne Knoten   **Pfeifengras.**
und Blätter. (S. 201.)   *Molínia coerúlea.*
2. Halm niederliegend. Blätter und Blatt-   **Dreizahn.**
scheiden bewimpert. (S. 201.)   *Sieglíngia decúmbens.*
3. Rispenäste geschlängelt. Rötliches Gras.   **Wald-Schmiele.**
(S. 201.)   *Deschámpsia flexuósa*
4. Rispe silbergrau. Granne in der Mitte
gekniet, am Ende keulenförmig verdickt.   **Keulenschmiele.**
(S. 201.)   *Corynéphorus*
                                canéscens.
5. Alle Blätter borstlich zusammengefaltet. Blatthäutchen
mit 2 den Halm umfassenden Öhrchen.   **Schaf-Schwingel.**
(S. 202.)   *Festúca ovína.*

4. Sand- und Heideseggen.
(Vgl. Grasartige Pflanzen S. 202, 608.)

Standorte: Heiden, Sandplätze, Wege, Triften, Grasplätze, sonnige
Hänge.

I. **Gleichährige.**

A. **Pflanzen ohne Ausläufer.** Dichte Horste bildend. Stengel
steif aufrecht, scharf 3kantig. 10—50 cm hoch. Blütenstand

Pflanzenleben. 585

etwa 3 cm lang, 4—7 ovale Ährchen. Blätter starr aufrecht, 2—3 mm breit, kürzer als der Stengel. **Hasen-Segge.** Mai—Juni. (S. 72.) *Carex leporina.*

B. **Pflanzen mit langem, kriechendem Wurzelstock, der Ausläufer treibt. Früchte am Rande geflügelt.**

1. Blütenstand mit 6—16 Ährchen, obere mit Staubblüten, untere mit Stempelblüten, bis 6 cm lang, ährig-rispig, etwas überhängend. Stengel oberwärts scharf rauh, bis $1/3$ m hoch. Blätter starr. Flügelrand der Frucht **Sand-Segge.** nicht bis zum Grunde hinabreichend. *C. arenária.* Mai—Juni.

2. Blütenstand mit 4—6 Ährchen, am Grunde mit Staubblüten, an der Spitze mit Stempelblüten, etwa 2 cm lang. Stengel nur an der Spitze rauh, etwas schlaff. Flügelrand der Frucht weiter **Französische Segge.** herabreichend. Mai—Juni. *C. ligérica.*

3. Blütenstand mit 3—6 braunen Ährchen, dicht gedrängt, oval, etwa 2 cm lang. Stengel sehr dünn, stumpf 3kantig, nur an der Spitze rauh, bis $1/2$ m hoch. Blätter bis 2 mm breit, scharf rauh. Flügelrand der Frucht bis **Wege-Segge.** zum Grunde herabreichend. April—Mai. *C. praecox.*

II. **Verschiedenährige.**

A. **Frucht mit einem deutlichen, 2zähnigen oder 2spaltigen Schnabel.**

Stengel $1/4$—$2/3$ (1) m hoch, stumpf 3kantig, am Grunde verdickt. Blätter behaart, so lang wie der Stengel. Männliche Ähren 2—3, schlank; weibliche Ähren 2—4, kurz zylindrisch, fast über den ganzen Halm verteilt. Früchte gleichmäßig dicht behaart, ihre Schnabelzähne **Behaarte Segge.** innen sehr rauh. Mai—Juni. (S. 615.) *C. hirta.*

B. **Frucht ohne Schnabel oder mit einem kurzen (gestutzten oder ausgerandeten), nicht gespaltenen Schnabel. Frucht behaart.**

a) Weibliche Ähren dichtblütig.

α) Das unterste Deckblatt laubartig, am Grund nicht verbreitert, das zugehörige Ährchen weit überragend. Pflanzen in dichten Rasen. Stengel dünn, zur Fruchtzeit abwärts gekrümmt, bis $1/2$ m hoch. Weibliche Ähren meist 3 (2—5), kugelig bis eiförmig, sitzend, genähert. Männliche Ähre 1, dünn, bis 1 cm lang. Früchte schwarz- **Pillen-Segge.** braun mit hellen Kanten. April—Mai. *C. pilulífera.*

β) Das unterste Deckblatt trockenhäutig, am Grunde verbreitert, das zugehörige Ährchen nicht überragend.

1. Spelzen vorn breit, mit weißem Hautrand, fransig zerschlitzt. Stengel stumpf 3kantig, etwas rauh, bis $^1/_3$ m hoch. Blätter büschelig, bogig aufrecht. Weibliche Ähren 1—3, kurz-eiförmig, die männliche keulenförmig. April—Mai. (S. 74.) *Heide-Segge.* *C. ericetórum.*

2. Spelzen spitz, ganzrandig. Pflanze mit kurzen Ausläufern. Stengel stumpf 3kantig, schwach rauh, bis $^1/_3$ m hoch. Blätter etwas rinnig, bis $^1/_2$ cm breit, steif, meist zurückgekrümmt. Männliche Ähre keulenförmig, bis 3 cm lang; weibliche Ähren 2—3, eiförmig bis walzlich. Spelzen braun, mit grünem Mittelnerv, länger als die kurzgeschnäbelten dunkelbraunen Früchte. März—April. *Frühe Segge.* *C. caryophýllea.*

b) Weibliche Ähren lockerblütig. Pflanze dichtrasig. Stengel bis 10 cm hoch, dünn, schwach kantig, Blätter borstenförmig eingerollt, starr, graugrün, 10—25 cm lang. Weibliche Ähren fast ganz in die weißhäutigen Deckblätter eingeschlossen. Spelzen braun, mit breitem, trockenhäutigem, silberglänzendem Hautrand. März—April. Sonnige Hügel. *Erd-Segge.* *C. húmilis.*

5. Das Tierleben in der Heide.

In den westdeutschen Heidegebieten, wie in der Lüneburger Heide, sind ausgedehnte offene Flächen, die fast nur mit Heidekraut bestanden sind, oft sogar liegen die Sandfelder nackt da. Im Gegensatz dazu sind die ostelbischen Heiden durchweg Kiefernheide. Eine dritte Form ist die stark vermoorte Heide. Alle drei Formen können auch innerhalb eines Gebietes auftreten. Damit sind die Lebensbedingungen der Heidetiere gekennzeichnet.

In der Calluna-Heide ist die Tierwelt, entsprechend der dürftigen Pflanzendecke, arm, sowohl an Arten- als auch an Stückzahl. Als kennzeichnende Heidetiere sind hier zu nennen: Kaninchen, Baumpieper, Wiesenpieper, Eidechsen, Bienen, Hummeln, Bläulinge, Ameisen und Spinnen.

Wo die Heidekrautflächen mit Kiefer-, Wacholder- und Birkenbeständen wechseln, treten die beerentragenden Sträucher auf. Hier wohnt das Birkhuhn, das die Beeren liebt.

Im Heidemoor lebt die bedürfnislose Kreuzotter, für deren Lebensunterhalt die hier vorkommenden Mäuse, Eidechsen, Kröten und Moorfrösche genügen.

Die meist recht nahrungsarmen Torflöcher bergen nur ein geringes Tierleben: einige Wasserinsekten und an Fischen das Moderlieschen.

Auf den Kalkheiden Mitteldeutschlands leben die Heideschnecken: Moostönnchen (*Pupa*) und Heideschnecke (*Xeróphila ericetórum*).

Die Kiefernheide birgt ein Tierleben, wie wir es auch in den übrigen Kiefernwäldern antreffen.

Für die Bestimmung benutze man die Tabellen für Nadelwald, Waldlichtung, Feld, Sonnige Hügel, Gewässer.

6. Laute Vogelstimmen in der moorigen Kiefernheide.

1. Großer Brachvogel S. 461, 464, 511.

2. Bekassine S. 461, 464, 465.

3. Nachtschwalbe S. 120, 121.

4. Triel, *Oedicnémus oedicnémus*. Größer als Kiebitz. Oberseite sandgelb mit dunklen Schaftstrichen. Augen auffällig groß. Dämmerungsvogel. In Kiefernschonungen und auf Ödländereien. Auffällig ist seine des Nachts vernehmbare Stimme, die sehr verschiedenartig ertönt: krärlitt, kurlitt, türid, kurlivi, dillit.

5. Birkhahn, *Lyrúrus tetrix*. Weithin hörbare, klangvolle Stimme. Balzruf des Birkhahns zur Paarungszeit im Frühjahr, in den frühen Morgenstunden, bis gegen 8 Uhr. Tonhöhe und Klangfarbe etwa so wie das Gruhgrugru des Ringeltaubers. Das „Kollern" bis 1 km Entfernung hörbar; in der Nähe hört man auch das leisere Zischen, etwa so: tschuhuischschd, das in der Mitte in der Tonhöhe absinkt und dann wieder ansteigt. — Hahn: Gefieder glänzend schwarzblau, Flügel mit weißer Querbinde, Schwanz beiderseits nach außen gebogen, über den Augen rot. Körperlänge 60 cm. Huhn: kleiner, rostbraun, Federn schwarz gebändert.

Siehe: Laute Rufe im Nadelwald. S. 229.

7. Die auffälligen Singvögel der Heide.

A. Auf offenen Heideflächen. Vögel singen im Fliegen.

1. Feldlerche. Die Feldlerche ist überall anzutreffen, nur nicht im Walde, in Ortschaften und auf hohen Bergen. Auf offenen

588 In Heide und Moor.

Heideflächen ist sie meist zahlreicher als irgendein anderer Singvogel. (S. 401, 404.)

2. **Heidelerche.** Sie bewohnt die Plätze, wo die offene Heide durch einen kleinen Baumbestand unterbrochen wird. (S. 257, 402.)

3. **Baumpieper.** Er hält sich dort auf, wo die offene Heide an Birkenbestände stößt oder kleine Baumgruppen aufweist. (S. 258, 402.)

Diese drei Sänger beleben die stille Heide mit ihren Liedern, die hier zu ihrem vollen Ausdruck kommen. Auf Waldblößen oder an Waldrändern ist die Stimme der Heidelerche oder des Baumpiepers eine Stimme unter vielen anderen. Inmitten der weiten Heide singen die drei Sänger allein.

4. **Wiesenpieper.** Er hält sich dort auf, wo die offene Heide nicht ganz trocken ist. Baumbestände liebt er nicht. Der Vogel wird schon auffällig durch seine ewige Unruhe. Wenn er nicht auf dem Boden hinrennt, erhebt sich bald hier, bald dort in die Luft und singt seine langen, eintönigen Liedstrophen. (S. 462.)

5. **Brachpieper,** *Anthus campéstris.* Auf offenen Sandflächen, halbnackten Feldern, dürren Brachen an Waldrändern. Er wird auffällig durch seine ewige Unruhe: läuft auf dem Boden, steht still, bewegt den Schwanz und den Hinterteil des Körpers wie eine Bachstelze auf und ab. Flug: Der Vogel fliegt schnell und leicht in auf- und absteigenden Bogen, oft sehr hoch aufsteigend, singt dabei unaufhörlich zirüh dazida zirüh dazida und stürzt mit angelegten Flügeln schnell wie ein Stein herab oder schwebt langsam hernieder. Körpermerkmale: Gestalt und Farbe des Baumpiepers und Wiesenpiepers, etwas heller. Nest: Versteckt hinter Erdschollen, im Heidekraut. Eier: meist 5, trübweiß, mit gelblichen oder bräunlichen Flecken und Strichen.

B. In Birkenbeständen der Heide.

1. **Fitislaubsänger.** Er liebt auch in Laubwäldern die lichten Birkenbestände. In den Birkenbeständen der Heide ist er oft häufig zu hören. (S. 111.)

2. **Weidenlaubsänger.** Er heißt wohl Weidenlaubsänger, kommt aber in den Kiefernschonungen und Birkenbeständen der Heide häufig vor. (S. 110.)

C. In Kiefernwäldern.

Siehe Nadelwald: S. 227 ff.

D. Im Heidemoor.

1. **Schwarzkehliger Wiesenschmätzer, Schwarzkehlchen,** *Pratincola rubicula.* Aufenthaltsorte: Fehlt in Ostdeutschland, im Westen nicht selten. Auf brachen Waldblößen der Heidewälder, auf trockenen Moorstellen, in Mitteldeutschland auch an Talhängen, die in Wiesenland übergehen. Der einsam und verschwiegen lebende Vogel wird auffällig: sitzt gern auf Telegraphenleitungen, Strauchspitzen, hohen Schilfhalmen, Ampferstengeln, ist daher an diesen einsamen Plätzen leicht wahrzunehmen. Körpermerkmale: Oberseite dunkel, Brust rostrot, Kopf und Kehle schwarz, Halsseiten und Bürzel weiß; etwas kleiner als Haussperling. Lock- und Warnrufe: etwa wie Hausrotschwanz, fit-kr kr oder fit fit … tzrtzr oder wid wid tek tek oder fitkerr. Gesang: sehr selten zu hören, etwa so wie Braunkehlchen (S. 462). Nest: in Seggenbulten, kleinen Bodenvertiefungen, im Grase, sehr schwer aufzufinden; Vogel füttert nicht, wenn ein Beobachter in der Nähe ist. (Ich habe das Nest erst einmal aufgefunden, indem ich den Platz, wo der fütternde Vogel sich niederließ, von zwei Seiten her anpeilte. Das somit gefundene, etwa tischgroße Rasenstück mit Seggenbulten suchte ich dann vorsichtig, ohne die Seggen zu knicken, mühsam ab. Dauer der Suche: mehrere Stunden.)

2. **Raubwürger.** S. 319.

3. **Steinschmätzer.** S. 463.

8. Wespen, die in Erdlöchern leben.

Beobachtung.

Wir sehen, daß eine Wespe in einem Erdloch verschwindet oder daß sie sich auf dem Boden an einer Raupe zu schaffen macht. Oder ist es eine Biene? Wir bestimmen also zunächst, ob Biene, Wespe oder Grabwespe.

Bestimmung.

1. **Bienen:** Erstes Fußglied der Hinterbeine mehr oder weniger verbreitert, plattgedrückt und dicht behaart. Körperbehaarung meist lang und pelzig. Flügel mit kräftigem, vollem Geäder, nicht faltbar.

   a) **Soziale Bienen:** Honigbienen und Hummeln. (S. 410 ff.)

   b) **Solitärbienen** (einzeln lebend). (S. 671.)

   c) **Schmarotzerbienen:** schmarotzen bei den Erdbienen.

2. **Echte Wespen oder Faltenwespen:** Erstes Fußglied der Hinterbeine mehr oder weniger walzenförmig (nicht zusammengedrückt noch besonders behaart). Körper gewöhnlich nicht behaart. Vorderflügel im Ruhezustand der Länge nach gefaltet. (S. 672.)
3. **Grabwespen:** Erstes Fußglied der Hinterbeine mehr oder weniger walzenförmig (nicht zusammengedrückt noch besonders behaart). Körper kahl und wespenartig. Flügel im Ruhezustand nicht gefaltet. (S. 416.)

Grabwespen.

Die Grabwespen ernähren sich nur von Blumennektar. Ihre Larven erhalten Fleischnahrung: Raupen, Fliegen, Käfer, Bienen, Schmetterlinge, Heuschrecken, Blattwanzen, Blattläuse und Spinnen. Diese Tiere werden von den Grabwespen durch einen Stich mit dem Stachel gelähmt und in den Bau eingetragen.

Eine Gruppe der Grabwespen ist leicht zu erkennen: die Zitterwespen. Sie laufen mit ständig zitternden Flügeln flink über den Boden und fliegen meist nur in kurzen Absätzen. Färbung durchweg schwarz, Hinterleib spitz, rot. Nahrung der Larven: Spinnen, die durch einen Stich gelähmt und in die einkammerige Bruthöhle eingeschleppt werden.

9. Die gemeine Sandwespe.
(Vgl. S. 410.)

Auf Sandwespen werden wir nur zufällig aufmerksam. Es könnte jedoch sein, daß wir auf einem Wege in der Kiefernheide einer langbeinigen Wespe mit langgestieltem Hinterleibe begegnen, die sich abmüht, eine mittelgroße Raupe weiterzuschleppen. Wer so glücklich ist, nehme sich Zeit. Die Wespe steht über der Raupe, hält sie mit den Kiefern gefaßt und zerrt sie weiter. Dabei hält sie eine bestimmte Richtung inne. Wir folgen ihr vorsichtig. Langsam geht es weiter durch Gestrüpp. Unsere Ausdauer wird belohnt. Die Wespe ist endlich am Ziel. Ein anhaltendes Summen sagt es uns. Sie nimmt ein flaches Steinchen von seinem Platze hinweg. Wir sehen eine Röhre, etwa so weit und tief, daß ein Kinderfinger hineinpaßte. Die Wespe kriecht hinein und untersucht das Rohr, das sie schon vorher selbst

gegraben hat. Dann schafft sie die Raupe hinein und legt ihr
Ei daran ab, wobei noch einmal das Summen ertönt. Zum Schluß
wird die Röhre mit Steinchen und was sonst geeignet ist, gefüllt
und dann mit Sand zugescharrt. Die Wespe fliegt davon.

Ein noch größerer Zufall wäre es, wenn wir dieser Wespe gerade
begegneten, wenn sie mit ihrem Stachel die Raupe lähmt. Solche
Beobachtungen sind so selten, daß der Beobachter (in diesem und
in ähnlichen Fällen) sofort den genauen Verlauf des Vorganges nieder-
schreiben sollte.

Wohl aber ist es nicht gerade selten, daß man den Summton der
Wespe vernimmt. Vielleicht gelingt es, die Wespe danach aufzufinden.

Kennzeichen der Wespe: Größe 2 cm. Hinterleib langgestielt, die
erste Hälfte rot, der verdickte hintere Teil schwarz mit bläulichem
Schimmer. Beine lang und gedornt. Flugzeit **Gemeine Sandwespe.**
Juni bis September. *Ammóphila sabulósa.*

Literatur:

R. Scholz, Bienen und Wespen, ihre Lebensgewohnheiten und
Bauten. 208 S. Quelle & Meyer, Leipzig.

J. H. Fabre, Bilder aus der Insektenwelt. 3. Reihe. 104 S. Kosmos-
Verlag, Stuttgart.

Friese, Die Bienen, Wespen, Grab- und Goldwespen. 192 S.
Franckhscher Verlag, Stuttgart.

10. Der Ameisenlöwe.

Auf Waldblößen und sonnigen Waldwegen oder an Waldrändern
findet man im Sande kreisrunde Trichter, die eine Tiefe von 5 cm
und einen Durchmesser von 3 cm haben können. Wo man solche
Trichter antrifft, nehme man sich Zeit zu Beobachtungen.

Der Ameisenlöwe (Larve).

1. Am Grunde des Trichters sind die beiden gezähnten Saugzangen
   eines Tieres sichtbar, dessen Körper vollständig im Sande steckt.
2. Ameisen und andere kleine Insekten, die dem Rand des Trichters
   zu nahe kommen, gleiten ab und stürzen hinein. Unten werden sie
   von den Zangen erfaßt und ausgesaugt.
3. Entrinnen sie der Gefahr und versuchen an der Trichterwand
   emporzuklettern, so rutschen sie mit dem herunterrieselnden
   Sande ab. Der Sand fällt in die Tiefe und deckt den Räuber zu,
   der ihn mit Kopf und Hals hoch wirft. Dabei wird das flüchtende
   Tier oft getroffen und am Entkommen gehindert.

4. Wo solche Trichter sind, leben stets kleine Ameisenarten in der Nähe. Wir können also den Vorgang leicht selbst veranlassen.

5. Wir heben das Tier aus dem Sande heraus: Körper eiförmig, mit Borstenkränzen und 6 Beinen.

6. Wir legen das Tier auf den feinkörnigen Sand. Es bohrt sich mit der Hinterleibspitze in den Sand, macht zuckende Bewegungen und gleitet rückwärts tiefer, da die Borstenkränze nach vorn gerichtet sind.

Die Puppe.

Die ausgewachsenen Larven spinnen einen festen, kugelförmigen Kokon, in dem sie sich verpuppen. Diese Kugel ist außen mit Sand verklebt. Sie liegt unter dem Trichter im Sande.

Die Ameisenjungfer.

Nach kurzer Puppenruhe entschlüpft dem Kokon das fertige Insekt. Es hat große Ähnlichkeit mit einer Libelle, ist aber durch lange keulenförmige Fühler und den schwerfälligen Flug leicht zu unterscheiden. Man trifft es im Sommer an Baumstämmen in Nadelholzwaldungen. Da sitzt es träge mit zusammengelegten Flügeln.

Körperlänge 2—3 cm. Vorderflügel 3—3½ cm lang, braun gefleckt, mit weißem Randmal. Hinterflügel an der Spitze mit kleinem schwärzlichem Fleck.

Ameisenjungfer.
Myrmeleon formicárius.

11. Die Bildung des Flachmoores.

Flachmoore bilden sich auf verschiedene Weise. Danach sind zu unterscheiden: Das Seemuldenmoor, das Talmoor, das Talstufenmoor und das Quellmoor.

1. Das Seemuldenmoor.

Die Verlandung eines Sees kann auf zweifache Weise vor sich gehen: a) durch allmähliche Abnahme der Tiefe, b) durch Bildung von Schwingrasen. In beiden Fällen bildet sich ein Flachmoor.

Zu a) Wenn das Wasser sich allmählich senkt und schließlich ganz verschwindet, folgt vom Ufer her ein Sumpfgürtel mit seinen ihm eigentümlichen Pflanzengesellschaften nach. Wir sehen dann vom offenen Wasser her das folgende Bild: Schwimmpflanzen, die nicht wurzeln — Schwimmpflanzen, die im Boden wurzeln —

Pflanzenleben. 593

Röhrichtgürtel mit seinen Begleitpflanzen — Flachmoor, das nach dem Lande zu in Wiese übergeht.

Diese gegenwärtige Gesellschaftsfolge war auch früher vorhanden. Sie läßt sich durch Untersuchung der einzelnen Bodenschichten, auf denen das Flachmoor ruht, nachweisen. Die Folge von unten nach oben ist: 1. Schlammschichten (Gyttja-Schichten) — sie entsprechen den Wasserpflanzen-Gesellschaften; 2. Schilftorf — er entspricht den Sumpfpflanzen-Gesellschaften; 3. Radizellentorf (Radizellen oder Rhizoiden = Wurzeln der Moose) — er entspricht den Flachmoor-Gesellschaften.

Zu b) Der Röhrichtgürtel zwischen dem Flachmoor und den Wasserpflanzengesellschaften kann jedoch auch fehlen. Das Flachmoor, das sich schon in früheren Zeiten am Seeufer gebildet hatte, grenzt unmittelbar an tieferes Wasser an, während der Röhrichtgürtel weiter vorgeschoben ist. Vom Rande des Moores her ragen schwimmende Wurzeln und Ausläufer in das Wasser hinein, die sich miteinander verflechten und allmählich eine feste Decke bilden, auf der sich wurzelnde Wasserpflanzen ansiedeln: Froschlöffel, großer Hahnenfuß, Ampfer-Arten, Schierling, Sumpfdotterblume, Seggen-Arten u.a. Abgestorbene Pflanzenreste lagern sich auf der Decke ab, die dadurch immer tragfähiger wird und weiter ins Wasser vorstößt. Schließlich kann sie von Tieren und Menschen betreten werden, wobei sie in schwingende und schwappende Bewegung gerät. Daher ihr Name: Schwingrasen oder Schwappmoor.

Die großen Moore des norddeutschen Flachlandes sind Seemuldenmoore.

2. Das Talmoor.

Talmoore liegen an Fluß- und Bachläufen. Sie bilden sich, wo flache Ufer durch Hochwasser regelmäßig überschwemmt werden. Die vom Wasser abgesetzten Sinkstoffe führen zur Torfbildung. Das Hochwasser überschottert die Torfschichten mit Sand, Kies oder Geröllen, so daß ein Talmoor Torf-, Sand- und Kiesschichten in unregelmäßigem Wechsel zeigt. Das von den Talhängen her absickernde Quellwasser kann sich vor den erhöhten Flußufern stauen und die Talsohle vernässen, wodurch gleichfalls eine Flachmoorbildung eintritt. Beide Vorgänge können jedoch auch im gemeinsamen Zusammenwirken zur Talmoorbildung führen. Derartige Flachmoore sind die Riede in Süddeutschland und die Moore an Donau, Rhein und Untermain.

3. Das Talstufenmoor.

Diese Form des Flachmoores kann man an Gebirgsflüssen finden. Ein Gebirgsfluß fließt schnell zu Tal; wird sein Lauf auf einer ebenen Talstufe plötzlich verlangsamt, so staut sich hier das Wasser, vernäßt den Boden und veranlaßt die Bildung eines Talstufenmoores.

4. Das Quellmoor.

Quellmoore trifft man auf Wanderungen in großer Anzahl an. Sie entstehen dort, wo der Boden durch Quellwasser vernäßt wird. Tritt das Wasser an einer Stelle zutage, so nimmt das Moor eine mehr rundliche Form an und kann durch eine Quellmoorkuppe überhöht sein. Tritt es dagegen in einem Quellhorizont aus, so bilden sich langgestreckte Hangmoore.

Die Verschiedenartigkeit der Flachmoorbildungen läßt erkennen, daß ihre Pflanzendecke nicht einheitlich sein kann. Ein großes Seemuldenmoor zeigt andere Bestände als ein weit kleineres Talmoor oder ein Quellmoor von oft sehr geringer Ausdehnung.

12. Pflanzengesellschaften der Flachmoore.

Die Flachmoore ohne Holzwuchs weisen zahlreiche, deutlich voneinander zu unterscheidende Pflanzengesellschaften auf. Drei sollen hier angeführt werden. Bestimmungstabellen S. 481 ff.

Mädesüß-Sumpfstorchschnabel-Gesellschaft.

Leitpflanzen: Mädesüß, Sumpfstorchschnabel — Kantenhartheu, Sumpfgarbe, Sumpfziest, Trollblume, Natternfarn (*Ophioglóssum vulgátum*: 5—25 cm hoch; Stengel 1 blättrig; Laub eiförmig oder länglich, stumpf, am Grunde stengelumfassend; Ähre endständig, lineal).

Begleiter: Schilf, Sumpfschachtelhalm, Rasenschmiele, Straußgras, Wolliges Honiggras, Wiesenhornklee, Blutwurz, Blutweiderich, Brustwurz, Gemeiner Ziest, Gemeines Labkraut, Sumpfsegge, Zaunwinde, Kohldistel, Wasserdost u. a.

Seggenbulten.

An den Flachmooren der Ebene fällt eine weitverbreitete Groß-Segge durch ihre Bultenbildung auf: Steife Segge, *Carex hudsonii* (*C. stricta*). Aus der Ferne sehen ihre dichten Bestände aus wie eine Wiese; kommt man näher, so ist man überrascht von dem Wechsel im Aussehen: was vorher als eine gleichmäßige Rasenfläche erschien,

Pflanzenleben. 595

löst sich auf in zahllose Bulten, die in den feuchten Zeiten des Jahres unter Wasser stehen und bei niedrigem Wasserstand stark austrocknen, so daß Braunkehlchen und Schwarzkehlchen eine gute Niststätte darin finden.

Andere Groß-Seggen in dichten Beständen: *Carex rostrata, C. vesicaria, C. riparia, C. paniculata, C. pseudocyperus, C. gracilis* ...

In diesen Seggen-Beständen finden wir als Begleiter: Sumpf-Labkraut, Haarstrang, Helmkraut, Lauch-Gamander, Blutweiderich, Wolfstrapp, Sumpfziest, Wasserschwertlilie, Sumpfdotterblume, Gilbweiderich, Froschlöffel, Sumpf-Schachtelhalm, Wasserminze ...

Pfeifengrasbulten.

Das Pfeifengras (*Molinia coerulea*) bildet oft ausgedehnte Bestände, die durch ihre Bultenbildung gekennzeichnet sind. Wo dieses Gras nicht zur Streugewinnung gemäht wird, wachsen die Halme bis zur Brusthöhe heran. Die volle Entfaltung dieser Bestände erfolgt erst im Spätsommer und Herbst.

In diesen Pfeifengras-Beständen finden wir als Begleiter: Wiesenknopf, Gelbe Wiesenraute, Sumpfenzian, Lungenenzian, Silge, Flohkraut, Sibirische Schwertlilie (*Iris sibirica*: Blüten violett; Stengel stielrund, hohl, meist 2blütig, bis 60 cm hoch) u. a.

13. Das Tierleben der Flachmoore.

Siehe: 1. Tierleben an Gewässern. S. 509 ff. — 2. Tierleben in der Wiese. S. 458.

14. Erlenbruchwälder.

Bruch (Mehrzahl: Brücher), auch Luch, Ried, Moos genannt, ist feuchtes, sumpfiges Land. Bruchwälder sind vorwiegend mit Erlen bewachsen; außerdem kommen vor: Pappeln, Eschen, Weiden, verkrüppeltes Nadelholz und Moorsträucher. Am ausgedehntesten kommen sie vor in den weiten Urstromtälern Norddeutschlands. Ohne den Eingriff des Menschen wären die meisten unserer Seen mit einem Gürtel von Erlenbruchwäldern umsäumt. In den Senken der Norddeutschen Tiefebene unterbrechen sie die Heide und den Kiefern- und Buchenwald, im Berglande liegen sie an Bachläufen oder an quelligen Abhängen.

Die Ausbildung der Erlenbruchwälder ist abhängig von den Schwankungen des Grundwasserspiegels. Man unterscheidet zwei Formen: Erlensumpfmoor und Erlenstandmoor.

Der Boden des Erlensumpfmoors steht jahraus jahrein, auch den ganzen Sommer hindurch, unter Wasser. Die Erlen drängen sich auf Bulten zusammen, die als zahlreiche Inseln aus dem Wasser hervorragen. Die Krautschicht setzt sich in der Hauptsache aus Sumpfpflanzen zusammen.

Der Boden des Erlenstandmoors steht nur im Winter und Frühjahr unter Wasser, im Sommer und Herbst liegt er trocken. Sumpfpflanzen kommen daher nur noch stellenweise vor, die Waldpflanzen stellen sich ein, unter ihnen vor allem die Himbeere in dichten Beständen.

15. Die Zusammensetzung der Pflanzendecke der Erlenbruchwälder.

Eine Bestandsaufnahme aus dem westlichen Teil des Großen Moorbruches im Kreise Labiau in Ostpreußen zeigt folgende Zusammensetzungen:

1. Im Erlensumpfmoor.

Leitpflanze: Schwarzerle.

Vorherrschende Pflanzen der Krautschicht: Blasensegge, Rispige Segge, Wasserschwertlilie.

Begleitpflanzen: Sumpf-Kratzdistel, Sumpflabkraut, Bittersüß, Kappen-Helmkraut, Sumpfvergißmeinnicht, Gilbweiderich, Sumpfziest, Wasserfeder, Ölsenich, Merk, Sumpfdotterblume, Gelbe Wiesenraute, Große Brennessel, Flußampfer, Flatterbinse, Sumpfsegge, Rohrartiges Glanzgras, Wasserschwaden, Froschlöffel, Wald-Frauenfarn. Bestimmungstabellen S. 481 ff.

2. Im Erlenstandmoor.

Leitpflanze: Schwarzerle.

Weitere Holzgewächse: Faulbaum, Zitterpappel, Graue Weide. Vogelbeere, Alpen-Johannisbeere, Himbeere, Grauerle, Moorbirke, (Moorbirke *Betula pubescens*: Strauch oder Baum, 2—15 m hoch; Rinde: kalkweiß, quer abblätternd oder braungrau- und weißgefleckt, nicht abblätternd; junge Zweige meist behaart; Blätter eiförmig bis rauten-eiförmig, mit abgerundeten Seitenecken, kurz zugespitzt, meist doppeltgesägt, anfangs weichhaarig, später oberseits meist kahl, unterseits in den Aderwinkeln bleibend bärtig. Moorbrüche, sumpfige und torfige Stellen in Wäldern, seltener auf trockenem Boden.)

Krautschicht: Große Brennessel, Flatterbinse, Rasenschmiele und andere.

16. Das Tierleben der Bruchwälder.

Siehe: 1. Tierleben des Laubwaldes. S. 103. — 2. Tierleben der Gewässer. S. 509.

17. Auenwälder.

Aue ist die allgemeine Bezeichnung für das Schwemmland der Flüsse. Wälder auf diesem Schwemmland heißen Auenwälder. Sie liegen in den weiten Überschwemmungsgebieten der norddeutschen Stromtäler, an den zahlreichen Altrheinen der Oberrheinischen Tiefebene, an der Donau und ihren Nebenflüssen usw.

Die Auenwälder stehen unter anderen Standortsbedingungen als die Bruchwälder. Der Boden des Bruchwaldes steht während der ganzen feuchten Jahreszeit völlig unter Wasser und trocknet nur im Hochsommer etwas ab. Der Boden des Auewaldes hingegen wird nur bei starkem Hochwasser überflutet, das ist im letzten Jahrhundert in der Rheinebene etwa zehnmal geschehen. Solche Bäume und Sträucher, die gegen Nässe empfindlich sind, meiden daher den Auewald. So geht z. B. die Buche nicht in die feuchten Gebiete des Auewaldes. Das ist auf dem Kühkopf, einem der schönsten Auenwälder am Oberrhein, gut zu beobachten. Seine tiefliegenden Randgebiete werden von jedem Hochwasser überschwemmt, hier halten sich nur verschiedene Weidenarten, die bis an den Kopf unter Wasser stehen; ihre Stämme werden durch den Eisgang stark beschädigt. Trotzdem schließen sie sich in dichten Beständen zu einer Weidenau zusammen. Der Niederwuchs ist hier arm. Wo der Boden sich allmählich durch Schlammablagerungen und Blattfall erhöht, geht die Weidenau in den reinen Auewald über, der die üppigste und artenreichste deutsche Waldform darstellt. Der Mannigfaltigkeit der Pflanzenwelt entspricht der Arten- und Stückreichtum der Vögel. Es ist möglich, auf dem Kühkopf bei einem einzigen Begang während der Brutzeit gegen 140 Vogelarten festzustellen.

18. Die Zusammensetzung der Pflanzendecke der Auenwälder.

1. Die Weidenau.

An Weiden kommen vor: Purpurweide, Silberweide, Korbweide Mandelweide u. a. Bestimmungstabelle S. 712.

2. Die Hochwaldschicht.

Pappelarten S. 20. — Weidenarten S. 712. — Ulmenarten S. 21. — Ahornarten S. 24. — Trauben- und Süßkirsche, Birnbaum S. 22. — Stieleiche S. 23. — Im übrigen siehe Bäume des Laubwaldes S. 20.

3. Die Strauchschicht.

Sauerdorn (Berberitze), Brombeere, Pfaffenhütlein, Faulbaum, Kreuzdorn, Weißdorn, Schwarzdorn, Kornelkirsche, Hornstrauch, Schwarzer Holunder, Schneeball, Liguster, Hopfen, Heckenkirsche, Teufelszwirn, Waldgeißblatt. Bestimmungstabelle S. 29. — In den Rhein- und Donauwäldern kommt auch ganz vereinzelt der Weinstock *Vitis vinifera var. silvestris* vor, der vielleicht die Stammform der Weinrebe ist.

4. Die Krautschicht.

Frühblüher S. 7. — Waldblumen S. 36 ff.

19. Das Tierleben der Auenwälder.

Siehe: 1. Das Tierleben des Laubwaldes S. 103. — 2. Das Tierleben der Gewässer S. 509.

20. Flachmoor — Hochmoor.

Das Moor ist eine natürliche Bildungs- und Lagerstätte von Torf mit einer Mächtigkeit von mehr als $1/3$ m. Ist die Mächtigkeit geringer, so spricht man von anmoorigem Boden. Auf dem Moor siedeln Pflanzengesellschaften von bestimmter Zusammensetzung.

Ihrer Entstehung und ihrem Aufbau nach sind zweierlei Moore zu unterscheiden: 1. Hochmoor (Heidemoor, Moosmoor, Sphagnummoor), 2. Niedermoor (Flachmoor, Wiesenmoor). Die Oberfläche des Hochmoores ist gewölbt, die Oberfläche des Niedermoores ist flach.

Das Hochmoor bildet sich durch das Wachstum der Torfmoose (Sphagnum-Arten). Die Bildung geht von einer Stelle aus und schreitet ringförmig weiter. In der Mitte ist daher das Hochmoor am ältesten, hier sind die Torfschichten am mächtigsten, nach den Rändern hin keilen sie aus. Daraus erklärt sich die uhrglasförmige Aufwölbung des Hochmoores. Alles Wasser des Hochmoores entstammt den Niederschlägen aus der Luft.

Das Flachmoor ist aus der Verlandung eines Gewässers entstanden, das allmählich abnimmt und schließlich ganz verschwindet. Die

Pflanzenleben. 599

Verlandung schreitet dabei in der Regel vom Ufer her nach der Mitte zu weiter. Eine andere Form der Flachmoorbildung geschieht in folgender Weise. Das Gewässer wird vom Rande her durch Pflanzen überwachsen, die ihre Ausläufer vorstrecken und zur Bildung eines Schwingrasens führen, der dem Wasser aufliegt und durch Ablagerung von Pflanzenresten verstärkt wird. Beim Betreten geraten solche Decken in schwingende Bewegung und heißen daher Schwingrasen oder Schwappmoor. Die Feuchtigkeit des Flachmoores entstammt dem Bodengewässer.

Unterschiede zwischen Flachmoor und Hochmoor:

Flachmoor.	Hochmoor.
1. Oberfläche flach, erhebt sich kaum über den Grundwasserspiegel.	1. Oberfläche meist gewölbt, Grundwasserspiegel im Moor stark über denjenigen der Umgebung erhöht.
2. Seitliche Ausbreitung nur bei Verlandung von Gewässern.	2. Zentrifugal nach allen Seiten wachsend.
3. Die Vernässung wird durch Grundwasser hervorgerufen.	3. Vernässung durch atmosphärisches Wasser.
4. Entstehung unabhängig vom Klima.	4. An niederschlagreiches Klima gebunden.
5. Moorwasser enthält meist relativ viel Mineralstoffe (über 15 Teile auf 100000 Teile Wasser).	5. Moorwasser sehr mineralsalzarm (etwa 3 Teile auf 100000 Teile Wasser).
6. Boden nährstoffreich, reagiert meist neutral oder schwach sauer.	6. Boden sehr nährstoffarm, reagiert stark sauer.
7. Anspruchsvolle, raschwüchsige Blütenpflanzen.	7. Anspruchslose, langsamwüchsige Blütenpflanzen.
8. Pflanzen meist pilzfrei (die Erle hat Wurzelknöllchen).	8. Pflanzen oft mit Mykorrhiza (Pilzwurzel, Pilze sind mit höheren Pflanzen vergesellschaftet).
9. Torf aschenreich (über 10% Asche).	9. Torf aschearm (etwa 2% Asche).
10. Entwässerung oft schwer.	10. Entwässerung meist leicht.
	(Nach Walter.)

21. Die Bildung eines Hochmoores.

Das Hochmoor baut sich wesentlich anders auf als das Flachmoor. Es verdankt seine Entstehung dem Wachstum der Torfmoose (Sphagnum-Arten), die eine besonders große Wasseraufnahmefähigkeit besitzen. Sie vertragen keine lange und starke Austrocknung und gedeihen daher nur in niederschlagsreichen Gebieten, wo die Verdunstung gering ist. Das Niederschlagswasser wird von den Torfmoosen kapillar zurückgehalten und fließt nur langsam ab. Die dadurch herbeigeführte Durchnässung der nächsten Umgebung schafft den Moosen erweiterte Ansiedelungsmöglichkeit, woher es sich erklärt, daß das Hochmoor von innen nach außen wächst. Im Zentrum des Moores liegen daher die ältesten und somit auch die dicksten Torfschichten, am Rande die jüngsten und schwächsten. Je älter das Hochmoor wird, um so mehr erhöht es sich in der Mitte, wodurch das Gefälle und der Wasserablauf am Rande stärker wird. Es trocknet daher jetzt hier stärker aus, wodurch sich nun die seitliche Ausbreitung verlangsamt. Auf diese Weise bilden sich eine Hochfläche und ein steiles Randgehänge heraus. Von der Hochfläche her fließt das Wasser in Rinnen oder Rüllen nach dem Rande zu ab in eine grabenförmige Vertiefung, den Lagg, der sich rings um das Moor hinzieht. Auf der Hochmooroberfläche bilden sich die Bulten, die oft in wellenförmigen Erhebungen parallel zum Rande stehen. Die kleinen Einsenkungen auf der Hochfläche heißen Schlenken. Wenn sich mehrere vereinigen, entstehen Kölke oder Blänken.

Diese Form der Hochmoorbildung kommt in Gebieten mit Seeklima vor. Der Entstehung nach unterscheidet man die folgenden Entwicklungstypen:

1. Das Hochmoor geht aus einem Flachmoor mit folgenden Zwischenstufen hervor: Flachmoor $\longrightarrow$ Erlenbruchwald $\longrightarrow$ Birken-Kiefern-Wald $\longrightarrow$ Hochmoor.

    (Abb. Durchschnitt durch einen verlandenden See mit drei Torflagern, deren Gewicht die darunter liegende Schlammschicht nach dem See hin wegdrückt.)

2. Das Flachmoor erhebt sich über den Grundwasserspiegel, die obersten Bodenschichten werden durch Niederschläge stark ausgelaugt und dadurch nährstoffarm. Hochmoorpflanzen siedeln sich an, aus dem Flachmoor wird ein Hochmoor.

3. Ein nährstoffarmes Gewässer verlandet, es siedeln sich von vornherein nur anspruchslose Hochmoorpflanzen auf dem Verlandungs-

boden an, weil andere nicht fortkommen. Das führt zur Hochmoorbildung.
4. Hochmoore können durch Versumpfung von Wäldern entstehen. So die größten Hochmoore Ostpreußens, die Hochmoore der Rhön, des Schwarzwaldes, des Erzgebirges und der Voralpen.
5. Wenn es auf nährstoffarmen Sandböden zur Vernässung kommt, wie z. B. in Buntsandsteingebieten oder in Dünentälern, kann die Hochmoorbildung einsetzen.

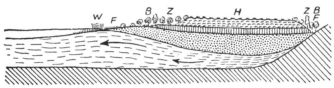

§§§ *Seeboden* ≡≡ *Schlammschicht* ⋯ *Flachmoortorf* ||||| *Zwischenmoortorf* ▨▨ *Hochmoortorf* W = *Wasserpflanzengesellschaft*, F = *Flachmoor*, B = *Bruchwald*, Z = *Zwischenmoorwald*, H = *Hochmoor*.

22. Die Wachstumsverhältnisse im Hochmoor.

Außer an Torfmoosen ist das Hochmoor arm an Pflanzen. Nur anspruchslose Pflanzen siedeln sich hier an. Ihre Lebensbedingungen sind bestimmt: 1. durch den nährstoffarmen, sauren Boden, 2. durch die Gliederung der Hochmooroberfläche, 3. durch das mehr oder weniger starke Wachstum der Torfmoose an den verschiedenen Stellen, 4. durch den verschiedenen Feuchtigkeitsgrad des Moores auf seiner Hochfläche und an den Rändern, an den Blänken und Rüllen und auf den Bulten, 5. durch die Kaltgründigkeit des Bodens.

Zu 1. Die Blütenpflanzen des Hochmoores wachsen langsam, weil das Niederschlagswasser, das ihnen in der Hauptsache nur zur Verfügung steht, keine Nährstoffe enthält. Auch die Moorsträucher machen einen kümmerlichen Eindruck.

Zu 2. Das Hochmoor ist durch seine Hochfläche mit ihren Bulten, Schlenken, Kölken und Rüllen sowie durch den mehr oder weniger steilen Abfall seiner Ränder vielfach gegliedert. Dadurch bilden sich nasse, feuchte und verhältnismäßig trockene Stellen heraus. Bei einem Begang des Moores sieht man deutliche Unterschiede in der

Besiedelung. Auf trockenen Bulten z. B. kann das Torfmoos in seinem Wachstum völlig zurückbleiben, an seiner Stelle stehen dann die Polster von *Polytrichum*-Arten (Frauenhaar), *Hypnum* (Schlafmoos), *Dicranum* (Besenmoos) oder auch Flechten.

Zu 3. Das Torfmoos wächst an den ihm zusagenden Stellen derart stark, daß nur solche Pflanzen dagegen aufkommen können, die die Fähigkeit besitzen, ihre unterirdischen Teile von Jahr zu Jahr nach oben zu verlagern. Zieht man z. B. ein Sonnentau-Pflänzchen aus einem Sphagnum-Polster heraus, so kann man an der gegliederten Grundachse die jährlichen Zuwachszonen deutlich wahrnehmen. Man mache den Versuch mit einem kleinen Fichtenstämmchen! Das Torfmoos hat die Fichte bis fast obenhin eingeschlossen; sie zeigt an ihrem überwucherten Stammteil zahlreiche Adventivwurzeln, unten ist das Stämmchen entrindet und stirbt ab. Die Birke besitzt diese Fähigkeit nicht, sie stirbt ab, wenn das Moos 25—30 cm des Stammes einhüllt. Die Kiefer verträgt 30—40 cm. — Die Verlegung der Grundachsen in immer höhere Lagen hält mit dem Zuwachs des Moores Schritt. Man kann danach den jährlichen Zuwachs der Torfmoose bestimmen, indem man die Anzahl der Zuwachszonen einer Sonnentau-Pflanze feststellt. Bei jungen Fichten oder Kiefern zählt man die Jahresringe am Grunde des Stämmchens.

Zu 4. An den nassen Schlenken gedeiht das Torfmoos derart üppig, daß seine Polster sich wie Teppiche ausbreiten, während es in den trockenen Lagen sein Wachstum verlangsamt. Es ist völlig von den Wasserverhältnissen abhängig. Ein trockener Bult mitten im Moor hat oft auf seiner Kuppe einen Bestand von Heide *Calluna vulgaris*, während an seinem Hange das Torfmoos erst dort wuchert, wo die Feuchtigkeit beginnt.

Zu 5. Moorboden ist im allgemeinen ein kalter Boden. Er hat eine schlechte Wärmeleitung, die Tageswärme wird nur langsam aufgespeichert, wohl aber wird in klaren Nächten durch Ausstrahlung des dunklen Bodens viel Wärme abgegeben. Viele Moore sind Frostherde. Sie tauen erst spät im Frühjahr auf, die im Sommer aufgespeicherte Wärme bleibt bis tief in den Winter hinein erhalten. Die Hauptwachstumszeit der Pflanzen fällt daher in den Nachsommer.

23. Das Torfmoos.

Moose sind bekannt. Torfmoose (*Sphagnaceen*) kennzeichnen sich schon als solche durch ihren Standort in Torfsümpfen und morastigen Wäldern. Sie sind ziemlich große, weißliche Moose, deren schwammige Polster auffallen. Ihre helle Farbe rührt von großen, leeren, lufthaltigen Zellen her, die nach außen geöffnet sind. Vermöge dieser porösen Zellen saugen sich die Moose mit Wasser voll und speichern es auf. Dadurch werden sie zu den wichtigsten Torfbildnern.

Das Torfmoos (*Sphagnum*) hat ein Stämmchen, das sich reichlich verzweigt. Ein Teil der Zweige wächst aufwärts und bildet das gipfelständige Köpfchen; ein anderer Teil wächst abwärts und umhüllt den unteren Teil des Stämmchens; diese sind peitschenförmig gestreckt. Ein Zweig unter dem Gipfel entwickelt sich alljährlich ebenso stark wie der Muttersproß, der dadurch gegabelt erscheint. Die Stämmchen sterben allmählich von unten her ab, dadurch werden die Tochtersprosse zu selbständigen Pflanzen. Diese ungeschlechtliche Form der Vermehrung erklärt die dichten Bestände der Torfmoose.

Die Fähigkeit der Torfmoose, Wasser zu speichern, ist außerordentlich groß. Sie können das 20 fache ihrer Trockenmasse an Wasser aufnehmen, das Frauenhaar, *Polytrichum*, ein Trockenlandmoos, hingegen nur das 3,7 fache, die Seggen-Arten das

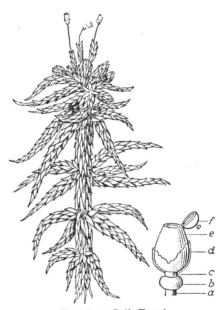

Nebenfigur: Reife Kapsel.
a Fruchttragender Zweig mit verdicktem Ende *b*; *c* Stiel der Kapsel; *e* Kapsel; zerrissene Haube; *f* Deckel, der sich abtrennt.

3 fache und Schilf das 2,3 fache. Drücke ein Torfmoospolster aus! Durch diese Wasseraufnahmefähigkeit werden die Torfmoose instand gesetzt, die Hochmoore zu bilden.

24. Die Zusammensetzung der Pflanzendecke des Hochmoores.

Der Pflanzenbestand des Hochmoores setzt sich anders zusammen als der des Flachmoores. Nur wenige Pflanzen kommen in beiden Mooren gemeinsam vor. Bestimmungstabellen S. 481 ff.

Pflanzen, die sowohl im Hochmoor als auch im Flachmoor vorkommen:

Fichte — Moorbirke, *Betula pubescens* — Kriechweide, *Salix repens* — Seerose, *Nymphaea* — Teichrose, *Nuphar* — Blutauge, *Comarum palustre* — Fieberklee, *Menyanthes trifoliata* — Wasserschlauch, *Utricularia* — Schmalblättriges Wollgras, *Eriophorum polystachium* — einige Seggen-Arten, z. B. *Carex rostrata* — einige Moose.

Einjährige Pflanzen des Hochmoores:

Einjährige Pflanzen fehlen im Hochmoor. Sie können bei seiner Armut an Nährstoffen ihre Entwicklung in einer Vegetationsperiode nicht vollenden. Nur der Halbschmarotzer Wiesenwachtelweizen, *Melampyrum pratense*, findet sich hier ein. Die insektenfressenden Pflanzen hingegen sind ziemlich häufig: Sonnentau-Arten und Wasserschlauch.

Typische Hochmoorpflanzen:

1. Auf sehr nassen Standorten:

Torfmoos, *Sphagnum* — Schnabelsimse, *Rhynchospora alba* — Blumenbinse, *Scheuchzeria palustris*: Stengel bis 20 cm hoch, Blätter wechselständig, schmal-lineal, rinnig, am Grunde scheidig. Blüten zu 3—6 in lockerem Stand, die unteren lang-, die oberen kurzgestielt; Blütenhülle gelblichgrün; Staubblätter 6.

2. Auf mäßig feuchten Standorten:

Gränke, *Andromeda polifolia* — Moosbeere, *Vaccinium oxycoccus* — Sonnentau-Arten *Drosera* — Wenigblütige Segge, *Carex pauciflora* — Scheidiges Wollgras, *Eriophorum vaginatum*.

3. Auf trockenen Standorten:

Bergkiefer, *Pinus montana* (Alpennähe) — Sandkiefer, *Pinus silvestris* — Moorbirke, *Betula pubescens* — Zwergbirke, *Betula nana* — Trunkelbeere, *Vaccinium uliginosum* — Glockenheide, *Erica tetralix* (Nordwestdeutschland) — Schellbeere, Zwergbrombeere, *Rubus chamaemorus*: Blätter nierenförmig, meist 5—7lappig; Stengel bis 15 cm hoch, krautig, einjährig, stachellos, kurzhaarig, einblütig;

Blüten weiß, Früchte zuerst rot, dann orangegelb. Nordostdeutschland.

4. Auf ganz trockenen Standorten:

Bäume, Zwergsträucher — Heide, *Calluna vulgaris* — Moose: Frauenhaar, *Polytrichum* — Strauchflechten: Becherflechte, *Cladonia,* Renntierflechte, *Cladonia rangiferina*, Isländisches Moos, *Cetraria islandica* (oben breitlappig verzweigt).

5. Ganz oben am Gehänge der Rüllen:

Porst, *Ledum palustre* (Nordostdeutschland) — Heide, *Calluna vulgaris* — Strauchflechten, *Cladonia*. — Ährenlilie, *Narthécium ossifragum:* Blätter schwertförmig; Blüten traubig, gelb, außen grünlich; bis 30 cm hoch. Nordwestdeutschland.

6. Tiefer am Gehänge der Rüllen:

Blumenbinse, *Scheuchzeria palustris* — Scheidiges Wollgras, *Eriophorum vaginatum* — Flaschen-Segge, *Carex rostrata.*

7. Im Bett der Rüllen:

Schilf, *Phragmites communis* — Schmalblättriges Wollgras, *Eriophorum polystachium* — Wiesen-Segge, *Carex goodenoughii* — Sumpfdotterblume, *Caltha palustris* — Fieberklee, *Menyanthes trifoliata* — Blutauge, *Comarum palustre* — Sumpf-Weidenröschen, *Epilobium palustre.*

8. Am Rande des Hochmoores:

Hier herrscht eine ähnliche Verteilung wie in den Rüllen.

25. Moorgräser.

Im Moor wachsen nur wenige Arten Süßgräser. Sie haben nur geringen Futterwert, sind hart und rauh wie die Sauergräser und eignen sich nur zur Streu.

I. **Schilfartige,** $1^{1}/_{2}$—$2^{1}/_{2}$ m hohe Gräser mit großer Rispe.

A. **Ährchenachse am Grunde der Blüten behaart.**

a) Ährchen 3—7blütig. Rispe groß und ausgebreitet, nach der Blütezeit zusammengezogen, überhängend, meist rotbraun, selten hellbraun. (S. 496.)

Schilf.
Phragmites commúnis

b) Ährchen 1blütig, mit 2 Hüllspelzen.

Reitgras.
Calamagróstis.

1. Rispe schlaff, braunrot. Granne aus einer Ausrandung der Spelze hervortretend. Blätter schmal, grasgrün. Bis $1^{1}/_{4}$ m hoch.

Wiesen-Reitgras.
C. lanceoláta.

2. Rispe steif-aufrecht, schmal, vor und nach der Blütezeit dicht zusammengezogen, violett oder rotbräunlich. Granne unterhalb der Mitte des Rückens der Spelze entspringend, gerade. Blätter unterseits grasgrün, glänzend, oberseits graugrün, matt. Bis 1 m hoch.

Übersehenes Reitgras.
C. neglécta.

B. **Ährchenachse kahl.** Ährchen 1 blütig, mit 4 Hüllspelzen, ohne Grannen. (S. 496.)

Rohrartiges Glanzgras.
*Phálaris
arundinácea.*

II. **Gräser nicht schilfartig.**

A. **Ährengräser.** Ähre sehr locker, Ährchen einzeln an der Spindel. (S. 200.)

Borstengras.
Nardus stricta.

B. **Rispengräser.**

a) Ährchen 1 blütig, Rispe locker, nach der Blüte zusammengezogen, Rispenäste rauh. Blätter borstenförmig zusammengefaltet. Mit kurzen Ausläufern. Bis $^2/_3$ m hoch. (S. 655.)

Hunds-Straußgras.
Agróstis canína.

b) Ährchen 2 blütig. Untere Spelze 2 spitzig oder 4 zähnig, mit grund- oder rückenständiger Granne, die zuweilen schwach gedreht oder gekniet sein kann.

Schmiele.
Deschámpsia.

1. Granne undeutlich gekniet. Pflanze dichtrasig, bis 1$^1/_4$ m hoch. (S. 69.)

Rasen-Schmiele.
D. caespitósa.

2. Granne deutlich gekniet, die Spelze weit überragend, am Grunde bräunlich. Rispe reichährig, länglich, grünviolett, ihre Äste nicht geschlängelt. Blätter flach oder zusammengefaltet. Blatthäutchen spitz. Pflanze in kleinen, dichten Rasen, bis $^1/_2$ m hoch.

**Zweifarbige
Schmiele.**
D. discolor.

Rispe nicht reichährig, violett überlaufen, mit aufrecht abstehenden, meist geschlängelten Ästen. (S. 69.)

Wald-Schmiele.
D. flexuósa.

c) Ährchen 2—5 blütig, meist 3 blütig. Halm oberwärts blatt- und knotenlos. (S. 69.)

Pfeifengras.
Molínia coerúlea.

26. Die Rasenschmiele.

Die Rasenschmiele, *Deschámpsia caespitósa* (S. 69), ist ein gemeines Gras, das vom Flachlande bis in die Schneestufe der Hochgebirge verbreitet ist. Wir treffen sie an in Flachmooren, Erlenstandmooren und Sumpfwiesen, an Gräben und Feldwegen, auf Waldwegen, Waldwiesen und Alpenweiden. Sie ist an den dichten, festen Polstern und an den hohen Halmbüscheln mit den pyramidenförmigen, großen Rispen, deren Äste waagerecht abstehen, leicht zu erkennen. Die Blattspreiten haben oberseits kräftige, scharf gekielte, rauhe Rippen, die durch ein farbloses Gewebe miteinander verbunden sind und sich beim Trocknen einrollen.

Die Rasenschmiele wächst an trockenen Stellen. Die von ihr besiedelten feuchten oder nassen Standorte sind im Sommer oft trocken gelegt. Es mag auch sein, daß die Pflanze dem Moor- und Sumpfboden doch nicht so viel Wasser zu entziehen vermag, wie zu ihrer regelmäßigen Versorgung erforderlich ist; denn sie zeigt den Bau einer Trockenlandpflanze, wie übrigens noch sehr viele andere Gewächse auf Torfboden. Das Blatt der Rasenschmiele hat eine überaus einfache, überraschend sinnvolle Einrichtung zur Regelung des Wasserhaushaltes. Die Abbildung zeigt einen Querschnitt durch ein Blatt. Rollblätter haben: Kopfgras, Schwingel, Heidekraut u. a.

S = verkieselte Spitzen der Blattrippen. Man fahre mit dem Finger über die Rippen hinweg: einmal vom Blattgrunde nach der Blattspitze zu, sodann umgekehrt (Lupe!). In den Spitzen ist Kieselsäure abgelagert, sie stehen wie die Zähne einer Säge. Das Weidevieh meidet dieses Gras, es frißt um die Polster herum.

B = Blasenzellen. Diese Zellen enthalten kein Blattgrün, sie sind als farbloser Gewebestreifen in der Tiefe der Rillen zu erkennen. Steht der Pflanze hinreichend Wasser zur Verfügung, so sind die Blasenzellen prall gefüllt und spreizen die Rippen auseinander. Damit kann die Verdunstung durch die Spaltöffnungen einsetzen, die in der Oberhaut der Rippen liegen. Wenn jedoch in Trockenzeiten die Pflanze die Wasserabgabe möglichst einschränken muß, entleeren sich die dünnhäutigen Blasenzellen zuerst (schrumpfen): die Rippen legen sich aneinander und das ganze Blatt rollt sich von den beiden Seiten her zusammen. Damit aber werden die Spaltöffnungen verdeckt und müssen ihre Tätigkeit je nach dem Grad der Zusammenrollung entweder einschränken oder einstellen. Die Blasenzellen wirken bei diesem Vorgang der Verdunstungsregelung als Gelenke.

F = Festigungsgewebe. Man versuche ein Blatt zu zerreißen, schütze aber die Hand dabei durch ein Tuch.

L = Leitungsgewebe. Es liegt mit seinen größeren Gefäßen inmitten des Assimilationsgewebes (A), um dieses ausreichend zu versorgen. Kleinere Leitungsbahnen liegen in der Nähe der Blasenzellen und stehen offensichtlich mit im Dienst der Verdunstungsregelung.

27. Grasartige Pflanzen der Moore und Sümpfe: Binsen, Simsen, Seggen.

(Vgl. 202, 657.)

Das Moor ist die Heimat der Riedgräser (*Cyperaceen*) und Binsen (*Iuncaceen*), die oft in dichten Beständen weite Strecken überziehen.

Merkmale:

Halm hohl, rund, durch Knoten in Abschnitte gegliedert. Blätter wechselständig, am Grunde mit einer meist gespaltenen Scheide, die den Halm umgibt. Blüten mit trockenhäutigen Spelzen, in Ährchen vereinigt; die Ährchen zu Ähren oder Rispen vereinigt. (S. 428.) **Gräser.** *Gramineen.*

Halm nicht hohl (Ausnahme: Schneidgras, *Cladium*!), meist 3kantig (in einigen Fällen rund), ohne Knoten, beblättert oder unbeblättert. Blätter 3zeilig, rund oder rinnig, Blattscheiden meist nicht gespalten. Blüten mit nur je einer Spelze, in Ährchen vereinigt; die Ährchen zu Ähren, Rispen, Trauben, Köpfchen oder Büscheln vereinigt. (Scheingräser, Halbgräser, Sauergräser. S. 428.) **Riedgräser.** *Cyperaceen.*

Halm nicht hohl, rund, ohne Knoten, blattlos oder beblättert. Blätter stielrund. Blüten mit 6 trockenhäutigen Blättchen, zu Büscheln (Spirren) vereinigt. (Nahe verwandt: Simsen oder Hainsimsen, *Luzula*. S. 202.) **Binsen.** *Juncaceen.*

Die größeren Arten der Riedgräser sind auffällige Pflanzen mit vielerlei volkstümlichen Namen, die aber nicht einheitlich auf dieselbe Pflanze angewandt werden. Ihre Bestimmung ist nicht einfach, sie geschieht in den wissenschaftlichen Bestimmungswerken nach den Blütenverhältnissen, also nach schwer erkennbaren und leicht vergänglichen Merkmalen. Die nachfolgende Bestimmungstabelle stellt die leicht erkennbaren Dauermerkmale voran, um den Habitus (äußere Gestalt) hervorzuheben.

Bestimmung.

1. **Halm stielrund** (oder doch rundlich).

I. Halm mit Blättern.

    A. Halm unverzweigt, hohl.

        Bis 2 m hohe, graugrüne Sumpfpflanze. Blätter breit-lineal, oberseits scharf gekielt, mit 3kantiger Spitze, an den Rändern stark rauh, schneidend. Blütenrispe groß, end- und seiten-

Pflanzenleben. 609

ständig. Seen- und Torfsümpfe. Zerstreut. **Schneidgras.** *Cládium maríscus.*

B. Halm, unverzweigt, nicht hohl.

a) Blütenstand büschelig-kopfig, endständig oder langgestielt, seitenständig (Jede Blüte mit einer Spelze!). Blätter
schmal-lineal-rinnig. In lockeren Horsten, oft in großen
rasigen Beständen, die an ihrer hellen **Schnabelsimse.**
Farbe weithin zu erkennen sind. (S. 612.) *Rhynchóspora.*

1. Ährchen weißlich, zuletzt rötlich. Deckblätter etwa so
lang wie das Ährchenbüschel. Bis $^1/_2$ m **Weiße**
hoch. **Schnabelsimse.** *Rh. alba.*

2. Ährchen braun. Deckblätter viel länger **Braune**
als das Ährchenbüschel. Bis $^1/_4$ m hoch. **Schnabelsimse.** *Rh. fusca.*

b) Blütenstand rispig, endständig. (Jede **Binse.**
Blüte mit 6 Blättchen!) Blätter stielrund. *Juncus.*

α) Kleine, bis $^1/_4$ m hohe Pflanze, Halm fadenförmig, an den
Gelenken wurzelnd, oft niederliegend **Niedrige Binse.**
oder im Wasser flutend. Blütenstand oft *J. supínus.*
mit Blättertrieben.

β) Höhere Pflanzen, $^1/_4$—1 m hoch. Blütenstand stark rispig
verzweigt.

§ Blütenhüllblättchen spitz oder stachelspitzig.

1. Nur die äußeren Blütenhüllblätter stachelspitzig, die
inneren stumpf, alle gleich lang. Blüten dunkelbraun. Halm
bis oben beblättert. Früchte stark **Glanz-Binse.**
glänzend! *J. lamprocárpus.*

2. Alle Blütenhüllblätter zugespitzt und begrannt, die
inneren länger, an der Spitze zurückgebogen. Blätter glatt,
nur trocken fein gestreift. Blütenhüll- **Waldbinse.**
blätter lederbraun, kürzer als die Frucht. *J. silváticus.*

Blätter stark gestreift. Blütenhüll-
blätter glänzend schwarzbraun, so lang **Schwarze Binse.**
wie die Frucht. *J. atrátus.*

§§ Alle Blütenhüllblätter stumpf.

1. Blütenhüllblätter bleich, weißlich oder gelblich, so lang
wie die Frucht. Äste des Blütenstandes **Sumpf-Binse.**
zurückgebogen. *J. obtusiflórus.*

2. Blütenhüllblätter dunkelrotbraun, kürzer als die Frucht.
Äste des Blütenstandes meist schräg auf- **Alpen-Binse.**
recht. Bis $^1/_2$ m hoch. *J. alpínus.*

C. **Halm am Grunde büschelig verzweigt.** Blätter fadenförmig. Blütenstand mit aufrechten, gestreckten Ästen.
Blütenhüllblätter lanzettlich, schmalhäutig berandet, länger
als die strohgelbe oder grünliche Frucht. Sehr häufig, gesellig
an feuchten Orten, auf Waldwegen, an
Gräben und Straßenrändern. Bis $\frac{1}{3}$ ($\frac{1}{2}$)m
hoch. (S. 658.)

Kröten-Binse.
J. bufónius.

II. **Halm ohne Blätter.** Blätter grundständig.

A. **Halm sehr hoch,** 1—3 m hoch, bis $1\frac{1}{2}$ cm dick. Blütenstand scheinbar seitlich oben aus dem Halm hervorbrechend
(in Wirklichkeit bildet das stielrunde Hüllblatt die Spitze
des Halms).

1. Halm grasgrün, bis 3 m hoch, dick. Spelzen glatt.
Früchte 3kantig. Häufig, sehr gesellig
an sumpfigen Gewässern. (S. 498.)

See-Simse.
Scirpus lacústris.

2. Halm graugrün, dünner, bis $1\frac{1}{2}$ m hoch. Spelzen rauh
punktiert. Früchte 2kantig. Weniger
häufig.

Rauhe Simse.
Sc. tabernaemontáni.

B. **Halm niedriger.**

a) **Blütenstand in einer einzelnen endständigen Ähre.**
α) Oberste Blattscheide mit sehr kurzer Blattspreite! Halm
starr aufrecht. Sehr dichtrasig in festen
Polstern. Bis $\frac{1}{3}$ m hoch. (S. 618.)

Rasiges Haargras.
Trichóphorum caespitósum.

β) Blattscheiden nur unten am Halm,
röhrig, völlig ohne Blattspreite.

Sumpfbinse.
Heleócharis.

1. Halm steif aufrecht, dunkelgrün, bis
$\frac{2}{3}$ m (oft 1 m) hoch. Gesellig im Schlamm.
(S. 498.)

Sumpfbinse.
H. palústris.

2. Halm aufrecht, oft niederliegend, gestreift, bis $\frac{1}{2}$ m hoch.
Dichtrasig, sehr verbreitet zwischen
Torfmoos der Heidemoore.

Vielstengelige Sumpfbinse.
H. multicáulis.

b) **Blütenstand in einem schwarzbraunen endständigen
Köpfchen,** aus mehreren Ährchen zusammengesetzt. Spelzen 2zeilig. In
starren, dichtrasigen Horsten.

Kopfsimse.
Schoenus.

1. Hüllblatt (unter dem Köpfchen) das Köpfchen weit über-
ragend. Köpfchen aus 5—10 Ährchen zusammengesetzt.
Blätter halb so lang wie der blattlose
Halm. Bis $\frac{1}{2}$ m hoch.

Schwarze Kopfsimse.
Sch. nigricans.

Pflanzenleben. 611

2. Hüllblatt das Köpfchen kaum überragend. Köpfchen aus 2—3 Ährchen zusammengesetzt. Blätter viel kürzer als der blattlose Halm. Bis ⅓ m hoch.

Rostbraune Kopfsimse.
Sch. ferugíneus.

c) **Blütenstand in seitenständigen, rispigen Büscheln** (in Wirklichkeit ist der Blütenstand von dem Deckblatt, das den Halm fortsetzt, zur Seite gedrängt).

Binse.
Juncus.

α) Blütenstand vielblütig. Pflanzen dichtrasig. Bis ³/₄ m hoch.

1. Halm glänzend, meist lebhaft grün, sehr zart gestreift. Mark des Halms zusammenhängend (Aufspalten!). Scheiden (am Grunde des Halms!) gelb oder braun, matt. Blütenstand locker, flatterig.

Flatter-Binse.
J. effúsus.

2. Halm matt, graugrün, erhaben gestreift, mit zusammenhängendem Mark. Grundständige Scheiden rotbraun bis gelbrot, glanzlos. Blütenstand meist gedrängt oder geknäuelt.

Knäuel-Binse.
J. Leersii.

3. Halm matt, bläulichgrün, stark gefurcht, mit fächerigunterbrochenem Mark. Grundständige Scheiden schwarzbraun, glänzend. Blütenstand meist locker, struppig.

Blaugrüne Binse.
J. glaucus.

β) Blütenstand etwa in der Mitte des Halms wenigblütig. Pflanzen lockerrasig. Halm dünn (1 mm dick), sehr zart gestreift, glänzend, bis ½ m hoch. Mark spinnwebig. Grundständige Scheiden meist strohfarben, schwach glänzend.

Fadenförmige Binse.
J. filifórmis.

d) **Blütenstand in endständigen, rispigen Büscheln.** Grundständige Blätter rinnig, ihre Scheiden den Halm noch eine Strecke weit hinauf umfassend.

1. Blütenstand locker, doldig, von den 2 untersten Deckblättern weit überragt. Blätter aufrecht. Pflanze gelbgrün, dicht rasenbildend, bis ⅓ m hoch. Hie und da auf festgetretenen Wegen, Lehm, Torf, Heiden, meist gesellig (ähnlich wie Krötenbinse). (S. 658.)

Zarte Binse.
J. ténuis.

2. Blütenstand fast doldig, starr aufrecht, von den Deckblättern nicht überragt. Blätter borstenartig, starr abstehend. Kleinere, sehr dichte, feste Rasen, bis ⅓ m hoch.

Sperrige Binse.
J. squarrósus.

Grupe, Naturkundl. Wanderbuch.

2. Halm deutlich zusammengedrückt.

Halm graugrün, bis 40 cm hoch, etwas unter der Mitte mit 1- oder 2rinnigen, fangscheidigen Blättern. Blütenstand locker rispig, vom untersten laubartigen Deckblatt meist überragt. Gesellig an Straßenrändern, Waldwegen, feuchten Wiesen und Triften. (S. 658.)

Zusammengedrückte Binse.
J. compréssus.

3. Halm 3kantig.

Halm stumpf oder scharf 3kantig, bis oben hin oder nur im unteren Teil beblättert.

I. Blütenstand in Ähren.

    A. Spelzen 2zeilig dachig gestellt.

        a) Eine endständige Ähre (3 cm lang). Halm oben stumpf 3kantig, rauh. Blätter gekielt, am Rande rauh. Unter der Ähre ein langes, laubartiges Deckblatt. Gesellig auf sumpfigen Wiesen, nassen Feldwegen, Viehweiden und an Ufern. Bis ⅓ m hoch.

        Flaches Quellried.
        Blysmus compréssus.

        b) Mehrere endständige Ähren, doldig angeordnet. Oberste Blätter dicht unter dem Blütenstand, lang und schmal. Bis ½ m hoch.

        Cypergras.
        Cýperus.

        1. Halm scharf 3kantig. Spelzen schwarzbraun mit grünem Rückenstreif.

        Schwarzbraunes Cypergras.
        C. fuscus.

        2. Halm stumpf 3kantig. Spelzen gelblich mit grünem Rückenstreif.

        Gelbliches Cypergras.
        C. flavéscens.

    B. Spelzen allseitig dachig gestellt. Entweder: nur ein einziges endständiges Ährchen, oder: mehrere Ähren von verschiedenem Aussehen, die endständigen anders als die seitenständigen.

        Halm ganz oder nur im unteren Teile beblättert. Blätter grasartig, flach, rinnig oder borstenförmig, am Rande häufig rauh. Zahlreiche Arten. Oft in großen Beständen. (S. 613.)

        Segge.
        Carex.

II. Blütenstand büschelig-kopfig, endständig oder langgestielt seitenständig. (Halm stielrund oder stumpf 3kantig). S. 609

Schnabelsimse.
Rhynchóspora.

III. Blütenstand rispig verästelt, endständig. (S. 498.)

Simse.
Scirpus.

    1. Stengel stumpf 3kantig, hohl, glatt, bis 1 m hoch. Blätter lang und schmal. Blütenstand mehrfach zusammengesetzt,

Pflanzenleben. 613

mit langen (bis 20 cm) Ästen. Spelzen
stumpf, auf dem Rücken etwas gekielt.
Sumpfwiesen, Ufer. (S. 203.)

Wald-Simse.
Sc. silváticus.

2. Stengel meist scharf 3kantig, bis 90 cm
hoch. Spelzen stumpf, nicht gekielt.
Sonst wie vorige.

Wurzel-Simse.
Sc. rádicans.

3. Stengel scharf 3kantig, oberwärts rauh, bis 1,20 m hoch.
Blätter sehr schmal, etwa $1/2$ cm breit. Blütenstand klein,
einfach zusammengesetzt, kürzer als die Deckblätter. Spelzen
ausgerandet, in der Ausrandung stachel-
spitzig. Sümpfe, Ufer, Gräben. (S. 610.)

Meer-Simse.
Sc. maríttmus.

4. Halm 4kantig.

Halm zart, fadenförmig, meist nicht $1/2$ cm dick, 2—10 cm hoch.
Ohne Blätter. Grundständige Scheiden oft purpurn gefärbt. End-
ständiges eiförmiges Ährchen. In lockeren Rasen an Ufern, in Gräben,
auf feuchten sumpfigen Wiesen. Zuweilen unter
Wasser, dann bis 30 cm lang. (S. 610.)

Nadel-Sumpfbinse.
Heleócharis
aciculáris.

28. Sumpf-, Moor- und Wiesenseggen.

(Vgl. Waldseggen S. 71 und Heideseggen S. 584.)

1. Einährige.

Grasartige Pflanzen vom Aussehen zierlicher Ährengräser. Stengel
stielrund oder stumpf-kantig, nur unten beblättert, bis 30 cm hoch.
Beachte: Stengel ohne Knoten (Gräser mit Knoten!).
Blätter sehr schmal, borstlich oder stumpf-kantig.
Eine einzige Ähre an der Spitze des Stengels.
Beachte: Jede Blüte mit nur 1 Spelze. (Gräser jede Blüte mit
mehreren Spelzen.) Auf Hoch- und Flachmooren und feuchten
Wiesen.

a) Ähren nur mit Staubblättern oder nur mit Stempeln.

1. Stengel einzeln, glatt, mit dünnen, braunen Ausläufern.
Blätter borstlich-rinnig, straff aufrecht,
wenig rauh. Spelzen rostbraun. Bis 20 cm
hoch. April—Mai.

Sonder-Segge.
Carex dióeca.

2. Stengel zahlreich, in dichten, festen Horsten, oberwärts rauh.
Blätter 3kantig, stark rauh. Spelzen rostbraun. Früchte zu-
letzt abwärts gerichtet. Bis $1/3$ m hoch.
April—Mai.

Davall's-Segge.
C. Davalliana.

b) Ähren oben mit Staubblüten, unten mit Stempelblüten.
1. Narben 2. Stengel dünn, stielrund, glatt, bogig aufsteigend. Blätter sehr schmal, fast borstlich. Ähren walzlich, bis 2 cm lang. Früchte glänzend dunkelbraun, an den Enden verschmälert, zuletzt herabgeschlagen. Bis 20 cm hoch, Mai—Juni. **Floh-Segge. *C. pulicáris.***

2. Narben 3. Stengel dünn, 3kantig, glatt. Untere Blätter schmalborstlich, obere flach, 1 mm breit. Ähre bis 2 cm lang, an der Spitze mit 1 männlichen, darunter mit 2—4 weiblichen Blüten. Spelzen gelb, abfallend. Frucht strohgelb, herabgeschlagen. Bis 20 cm hoch. Juni bis Juli. **Wenigblütige Segge. *C. pauciflóra.***

2. Gleichährige.

I. Pflanze mit weithin kriechendem unterirdischem Stengel, der Ausläufer treibt, aus denen die oberirdischen Stengel hervorkommen, die daher einzeln stehen. (Siehe Heideseggen, S. 584.)

Stengel bis $2/3$ m hoch, bis oben hinauf beblättert, unter der Ähre scharf 3kantig und rauh, Blätter rinnig, am Rande rauh. Ähre rotbraun, mit 6—20 Ährchen, die undeutlich 2zeilig stehen; mittlere Ährchen meist nur mit Staubblüten, obere und untere nur mit Stempelblüten. Mai—Juni. **Zweizeilige Segge. *C. dísticha.***

II. Pflanze ohne Ausläufer, in dichten Rasen, in festen Horsten oder Bülten.

A. Jedes Ährchen an der Spitze mit Staubblüten, am Grunde mit Stempelblüten.

1. Stengel geflügelt 3kantig, mit vertieften Seitenflächen, an den Kanten sehr rauh, bis 80 cm hoch. Blätter bis 1 cm breit, an den Rändern stark rauh. Ähre dicht. Spelzen rotbraun, mit grünem Kiel. Früchte sperrig abstehend. Mai—Juni. **Fuchs-Segge. *C. muricáta.***

2. Stengel dick, 3kantig, mit ebenen Seitenflächen, bis 1 m hoch. Blätter bis 6 mm breit, scharf rauh. Blütenstand rispig, grauschimmernd. Mai bis Juni. **Rispige Segge. *C. paniculáta.***

B. Jedes Ährchen am Grunde mit Staubblüten, an der Spitze mit Stempelblüten. Stengel nur im unteren Teil beblättert.

Pflanzenleben. 615

a) Blätter kürzer als der Stengel, bis 2 mm breit, starr. Stengel steif aufrecht oder gebogen, sehr dünn, bis $^1/_2$ m hoch. Ährchen 3—5, kugelig. Früchte sperrig, sternförmig abstehend. Mai bis Juni.

Igel-Segge.
C. stelluláta.

b) Blätter länger oder so lang wie der Stengel, sehr weich und schlaff.

1. Grasgrüne, feste Horste. Stengel scharf 3kantig, schlaff, bis $^3/_4$ m hoch. Blätter bis $^1/_2$ cm breit, rauh. Ährchen 8—12, eiförmig-länglich, in ährigem Blütenstande. Spelzen bräunlich, weißhäutig berandet. Früchte zuletzt abstehend. Mai—Juni.

Verlängerte Segge
C. elongáta.

2. Graugrüne, dichte Rasen. Stengel scharf 3kantig, rauh, steif, bis $^1/_2$ m hoch. Blätter bis 3 mm breit, graugrün, rauh. Ährchen 5—6, eiförmig-länglich, grünlich-grau, in ährigem Blütenstande. Spelzen weißlich, zuletzt gelb, mit grünem Kiel. Früchte eiförmig, fein gestreift. Mai—Juni.

Weißgraue Segge.
C. canéscens.

3. Verschiedenährige.

I. Früchte mit einem deutlichen, 2zähnigen oder 2spaltigen Schnabel.

A. Früchte behaart. Schnabelzähne innen sehr rauh. (S. 585.)

Behaarte Segge.
C. hirta.

B. Früchte kahl.

a) Nur eine einzige Staubähre an der Spitze des Stengels. Weibliche Ähren kugelig oder eiförmig. (S. 73.)

Gelbe Segge.
C. flava.

Weibliche Ähren lang, zylindrisch, über 4 cm lang, dünn gestielt, zuletzt überhängend. Männliche Ähre dünn, rotbraun. Stengel scharf 3kantig, oben sehr rauh, bis 1 m hoch. Blätter $^1/_2$—$1^1/_2$ cm breit, am Rande scharf rauh, gelbgrün. Früchte dünn, glänzend, nervig, sperrig abstehend. Pflanze lebhaft hellgrün, zuletzt gelbgrün, rasig. Juni.

Cypergrasähnliche Segge.
C. pseudocýperus.

b) Mehrere Staubähren an der Spitze des Stengels. Pflanze mit Ausläufern. Früchte kahl.

α) Früchte viel länger als die Spelzen, aufgeblasen, hellgrün. Spelzen stumpf.

1. Stengel stumpf 3kantig, glatt, bis $^3/_4$ m hoch. Blätter bis 4 mm breit, graugrün. Stempelähren walzlich. Früchte kugelig, plötzlich in den langen Schnabel verschmälert, waagerecht abstehend. Mai bis Juni.

Flaschen-Segge.
C. rostráta.

2. Stengel scharf 3kantig, an den Kanten rauh, bis $^2/_3$ m hoch. Blätter 6—8 mm breit, grasgrün. Stempelähren eiförmig-länglich. Früchte allmählich in den Schnabel übergehend. Mai—Juni.

Blasen-Segge.
C. vesicária.

β) Früchte kürzer als die Spelzen oder nur wenig länger. Spelzen zugespitzt. Stengel scharf 3kantig, oberwärts rauh.

1. Blätter blaugrün, bis 1 cm breit, am Rande zurückgerollt und scharf rauh. Grundständige Scheiden purpurn, stark netzfaserig. Weibliche Ähren 2—3, dünn walzlich, aufrecht, dichtfrüchtig, bis 8 cm lang. Bis $1^1/_4$ m hoch. Mai—Juni.

Sumpf-Segge.
C. acutiformis.

2. Blätter graugrün, 1—3 cm breit, mit tiefer Mittelrinne. Weibliche Ähren 3—4, walzlich, bis 10 cm lang, die unteren lang gestielt und hängend, die oberen sitzend. $^1/_2$—2 m hoch. Mai—Juni.

Ufer-Segge.
C. ripária.

II. Früchte ohne Schnabel oder mit einem kurzen Schnabel, der an der Spitze etwas ausgerandet oder kurz 2zähnig ist.

A. Früchte behaart, dicht weißfilzig. (S. 73.)

Filzige Segge.
C. tomentósa.

B. Früchte kahl.

a) Narben 2. Stengel am Grunde mit blattlosen Scheiden.

α) Pflanzen in dichten Rasen, ohne Ausläufer.

1. Stengel steif aufrecht, scharf 3kantig, oberwärts scharf rauh, bis 1 m hoch. Blätter graugrün, bis 5 mm breit. Grundständige Scheiden gelbbraun. Männliche Ähren 1—3, walzlich, bis 5 cm lang. Weibliche Ähren 2—4, lang zylindrisch, sitzend oder kurz gestielt. Spelzen schwarzbraun, mit grünem Mittelnerv. Frucht grün. Pflanze in dichten, festen, oft stockwerkartig aufgebauten Horsten. April bis Mai.

Steife Segge.
C. Hudsónii.

2. Stengel schlank, dünn, scharf 3kantig, rauh, bis $^3/_4$ m hoch. Blätter bis 3 mm breit, starr, fein rauh. Scheiden purpurrot. Männliche Ähre 1. Weibliche Ähren 1—3, aufrecht, walzlich. Früchte gelbgrün. Pflanze gelblich grün, in dichten Polstern.

Rasige Segge.
C. caespítósa.

β) Pflanzen nicht in dichten Rasen, mit kriechenden Ausläufern. Stengel am Grunde mit Blättern, ohne blattlose Scheiden.

1. Stengel scharf 3kantig, steif gebogen, bis ¹/₂ m hoch, Blätter bis 5 mm breit, starr aufrecht, häufig zusammengefaltet, graugrün, rauh. Männliche Ähre 1, weibliche Ähren 2—4, aufrecht, kurz zylindrisch. Pflanze sehr veränderlich. April—Mai.   Wiesen-Segge.
C. Goodenoúghti

2. Stengel scharf 3kantig, steif aufrecht, rauh, bis 1¹/₂ m hoch. Blätter bis 1 cm breit und 1,80 m lang, grasgrün, Unterseits scharf gekielt, rauh. Männliche Ähren 1—3. Weibliche Ähren 3—5, schlank walzenförmig, bis 15 cm lang, anfangs stahlblau und aufrecht, später überhängend. April—Mai.   Scharfe Segge.
C. grácilis.

b) Narben 3.

1. Blätter behaart, schlaff. Spelzen bleich. (S. 73.)   Bleiche Segge.
C. palléscens.

2. Blätter kahl. Stengel undeutlich 3kantig, glatt, bis ¹/₂ m hoch. Männliche Ähre 1, zylindrisch, starr aufrecht. Weibliche Ähren 1—2, walzlich, sehr lockerblütig. Spelzen schwärzlich, mit grünem Mittelstreifen. Früchte kugelig, mit kurzem Schnabel, graugrün oder rot überlaufen. Deckblätter laubblattartig. Pflanze graugrün. April—Juni.   Hirse-Segge.
C. panícea.

29. Gräser mit weißwolligen Köpfen: Wollgras und Haargras.

Wollgras und Haargras sind echte Moorbewohner. Durch ihre weißwolligen Köpfe weithin auffällig und daher im Volke allgemein bekannt. In fast jeder Landschaft, die Moore aufweist, führen sie einen andern Namen: Wullgras, Bettfedern, Lämmerschwanz, Schäfchen, Kätzchen . . .

A. Blütenstand mehrköpfig, zuletzt überhängend.   Wollgras.
Erióphorum.

1. Stengel rundlich. Stiele der Köpfchen glatt. Köpfchen zu 3—5. Blätter lineal, rinnig-gekielt. Bis ¹/₂ m hoch.   Schmalblättriges Wollgras.
E. polystáchium.

2. Stengel stumpf 3kantig. Stiele der Köpfchen rückwärts rauh. Köpfchen zu 5—12. Blätter flach, an der Spitze 3kantig. Bis ¹/₂ m hoch.   Breitblättriges Wollgras.
E. latifólium.

B. Blütenstand einköpfig, aufrecht.

   1. Stengel unten rundlich, oben 3 kantig, bis $^2/_3$ m hoch. Köpfchen rundlich, 2 cm lang. Blätter borstenförmig-rinnig. Obere Blattscheiden aufgeblasen, ohne Blattfläche.   *Scheiden-Wollgras.* *E. vaginátum.*

   2. Stengel 3 kantig, dünn, rauh, bis $^1/_3$ m hoch. Köpfchen länglich, $^1/_2$ cm lang. Halm nur mit Blattscheiden, die oberste mit einer kurzen Blattspreite. In dichten Beständen und zur Zeit der Fruchtreife weithin als schneeweiße Flecken auffällig. (S. 610.)   *Alpen-Haargras.* *Trichóphorum alpínum.*

30. Das Tierleben im Hochmoor.

Der nährstoffarme Boden des Hochmoores trägt nur eine spärliche Pflanzendecke mit geringer Stofferzeugung. Daher ist auch die Tierwelt hier nur arm an Arten- und Stückzahl vertreten. (Vergleiche: Tierleben in der Heide, S. 586.)

31. Die Kreuzotter.

Körpermerkmale: S. 299.

Auf moorigem Boden sind die Kreuzottern häufig schwarz gefärbt und heißen in dieser Abart „Höllennattern". Sie müßten jedoch richtig Höllenottern heißen, da sie keine Nattern sind. Diese schwarzen Kreuzottern auf Moorboden sind fast ausnahmslos Weibchen.

Männchen: Durchweg heller und lebhafter getönt und gezeichnet als die düsteren Weibchen; Schwanz schlanker als beim Weibchen und an der Wurzel verdickt.

Färbungen: Sehr veränderlich, Grundton schwankt zwischen hellgrau, olivenbraun, gelblichgrau, graublau, hellrotbraun, blau schwarz. Die rotbraunen Stücke heißen Kupferottern, die blauschwarzen Höllennattern.

Größe: Ausnahmsweise bis 80 cm lang, diese Stücke sind dann immer Weibchen, die Männchen bleiben um wenigstens 10 cm kürzer.

Sicherstes Kennzeichen: Tiefbraunes oder schwarzes Zickzackband auf dem Rücken, das nur in ganz seltenen Fällen fehlt.

Wird die Kreuzotter gereizt, so rollt sie sich in einer Spiralzum „Teller" zusammen; dabei zieht sie den Kopf in die Mitte des Tellers zurück und haut bei jedem Angriff mit weitaufgerissenem

Rachen blitzschnell auf den Angreifer ein. Durch einen festen Leder-
schuh dringt ihr Giftzahn nicht. In Mooren soll man nicht barfuß
gehen!

32. Moorfrosch und Springfrosch.

Körpermerkmale: S. 530.

Vorkommen.

Moorfrosch: Linné benannte alle braunen Frösche mit dem gemeinsamen Namen: Brauner Grasfrosch, *Rana temporária*. Vor
einigen Jahrzehnten wurden zwei gut in sich gekennzeichnete
Formen abgesondert: der Moorfrosch und der Springfrosch. Der
Moorfrosch bewohnt die sumpfigen und feuchten Gebiete des deutschen Tieflandes. In die trockneren Gebiete der Gebirge geht er
nicht. Seine westliche Verbreitungsgrenze ist der Rhein, die er nur
im Elsaß und in der Schweiz überschreitet.

Springfrosch: Er fällt sofort durch seine ungewöhnlich weiten,
bis 2 m langen Sprünge auf. So weit springt kein anderer Frosch.
Seine Gestalt ist deutlich schlanker als die des Grasfrosches und
Moorfrosches. Sein Verbreitungsgebiet: Frankreich, Italien, Donau-
länder, Ostalpenländer, Umgebung von Wien, Böhmen, Schweiz,
an einigen Stellen in Innerdeutschland. Er scheint durch die beiden
Tore bei Passau und Belfort einzuwandern. In der Oberrheinischen
Tiefebene kann man ihn antreffen. Ich fand ihn in der Gegend von
Oppenheim am Rhein und im Frankfurter Stadtwald. Er geht gleich-
falls nicht ins höhere Gebirge, bevorzugt aber einen trockneren Boden
als der Moorfrosch.

33. Vögel des Hochmoores.

Siehe: Tierleben des Heidemoores, S. 586, und Sumpfvögel,
S. 509. Insbesondere: Großer Brachvogel und Bruchwasserläufer.

AN STRASSEN UND WEGEN.

Pflanzenleben.

1. Landstraßen.

Pflanzenwuchs und Tierleben des Feldes sind vollkommen dem Einfluß der menschlichen Arbeit, der Kultur unterworfen, das Feld ist eine Kulturformation. Mehr unabsichtlich ist die Wirkung auf das Tier- und Pflanzenleben der menschlichen Siedelungen: der Straßen, Wege, Dorfplätze, Schuttstellen, Rinnsteine, Hecken und Zäune. Um das, was hier lebt, kümmert sich der Mensch wenig oder gar nicht. Mag es wachsen! Er schenkt ihm erst dann Beachtung, wenn für ihn ein Nutzen oder Schaden ersichtlich wird. Alle diese Stellen heißen Ruderalstellen (*Rúdera* = Schutt, Trümmer), die Pflanzen dieser Plätze sind Ruderalpflanzen (Salpeterpflanzen!). Auch die Pflanzen des Wegrandes gehören dazu.

Die Pflanzenwelt der Wegränder ist sehr mannigfaltig: manches ist hier heimisch, anderes drängt sich aus benachbarten Wiesen, Äckern oder Wäldern herzu. Den stärksten Einfluß, sei es auf Straßenbäume oder Kräuter, übt der Verkehr aus. Überall sieht man seine Wirkungen. Darum bietet gerade die Landstraße gute und leichte Gelegenheit für Beobachtungsschulung.

2. Straßenbäume.

I. Blätter einfach.

A. Blätter am Grunde schief, Blatthälften also ungleich.

1. Blätter herzförmig, am Grunde ausgebuchtet, Rand schwach gezähnt, Seitenrippen stark verzweigt. (S. 622.) — Linden. *Tilia.*

2. Blätter elliptisch, am Grunde ausgezogen, Rand kräftig gesägt, Seitenrippen unverzweigt, fast gerade und parallel verlaufend. (S. 21 u. 731.) — Ulmen. *Ulmus.*

Pflanzenleben. 621

B. Blätter am Grunde gerade, Blatthälften also gleich.

a) Obstbäume: Apfel, Birne, Kirsche.

b) Keine Obstbäume.

1. Blätter rundlich und am Rande gesägt oder auch fast dreieckig; Blüten in langen, hängenden Kätzchen; Samen mit weißen Wollhaaren, oft in Massen **Pappeln.** unter den Bäumen. (S. 734.) *Pópulus.*

2. Blätter elliptisch, am Rande gesägt; Blüten in weißen Trugdolden; Früchte **Mehlbeere.** scharlachrot. (S. 732.) *Pirus ária.*

II. Blätter gelappt.

A. Blätter regelmäßig gelappt, 5 lappig.

1. Blätter sehr groß, tief 5 lappig; Stamm mit heller Rinde, deren Borke sich im Spätsommer in kleinen oder großen Platten ablöst und den Stamm buntscheckig macht; Blüten und Früchte in Kugeln, die an langen **Platane.** Stielen hängen (,,Juckpulver"). *Plátanus.*

2. Blätter kleiner als bei Platane, breit, handförmig 5 lappig; Früchte mit 2 Flügeln **Ahorn.** (,,Nasen!") (S. 736.) *Acer.*

3. Blätter noch kleiner, 5 lappig, an der **Silberpappel.** Unterseite silberweiß. (S. 738.) *Pópulus álba.*

B. Blätter unregelmäßig gelappt, jederseits mit 3—4 zugespitzten Lappen; unteres Lappenpaar größer, tief eingeschnitten, fast waagerecht abstehend; am Grunde schwachherzförmig, lang gestielt. Blüten in vielblütigen Doldenrispen. Frucht fleischig, rundlich, braun, **Elsbeere.** lange hart bleibend. (S. 23, 750.) *Pirus torminális.*

C. Blätter elliptisch, nur am Grunde gelappt.

Blätter lang elliptisch, unten tief gespalten oder gefiedert, nach der Spitze zu gesägt; weiße Blüten- **Bastard-Eberesche.** dolden, scharlachrote Früchte. (S. 750.) *Pirus hýbrida.*

III. Blätter gefingert.

Blätter 5—9 zählig gefingert. (S. 740.) **Roßkastanie.** *Áesculus hippocástanum.*

622 An Straßen und Wegen.

IV. Blätter gefiedert.

A. Am Grunde des Blattes 2 stechende Dornen, die mehrere Jahre ausdauern.

Blatt mit 9—17 eirunden Fiederblättchen; Blüten weiß, in hängenden Trauben; Früchte glatte Hülsen (wie Erbse!). **Robinie.** (Falsche Akazie.) *Robínia pseudacácia.*

B. Am Grunde des Blattes keine Dornen.

1. Blatt mit 5—9 Fiederblättchen, deren Rand schwach gesägt; Blüten in Kätzchen; Früchte in grüner Schale (Nüsse). **Walnuß.** *Júglans régia.*

2. Blatt mit 5—11 sitzenden Fiederblättchen, deren Rand gezähnt ist; Blüten in weißen reichblütigen Trugdolden; Früchte klein, kugelig, scharlachrot. (S. 750.) **Vogelbeere, Eberesche.** *Pirus aucupária.*

3. Blatt mit 7—13 sitzenden, stark zugespitzten Fiederblättchen, deren Rand gesägt; Blüten nackt: in roten Büscheln, vor den Blättern erscheinend; Früchte flach zusammengedrückt, in einen zungenförmigen Flügel verlängert; Knospen schwarz, wie angekohlt. (S. 24, 741.) **Esche.** *Fráxinus excélsior.*

(Weitere Bäume: Park und Anlagen. S. 723.)

3. Lindenarten.

In Deutschland sind zwei Linden einheimisch, die Winterlinde und die Sommerlinde (S. 21.). An Straßen und Alleen werden meist ausländische Arten angepflanzt. — (Siehe S. 165: Milbenhäuschen!)

I. Blätter unterseits grün, bläulichgrün oder graugrün (niemals filzig).

A. Blattzähne mit scharfer Spitze.

1. Blätter bis 10 cm lang, auf der Oberseite glänzend dunkelgrün. Knospen gelbgrün. Junge Zweige kurzhaarig. Juli. **Krim-Linde.** *Tília euchlóra.*

2. Blätter bis 15 cm lang, glänzend. In den Winkeln der Blattnerven an der Unterseite weißliche Bärte. Junge Zweige rot. Juni. **Rotlinde.** *T. rubra.*

3. Blätter bis 20 cm lang, breit eiförmig, am Grunde oft kaum schief. Junge Zweige bräunlich olivgrün. Juni—Juli. **Schwarzlinde.** *T. americána.*

Pflanzenleben. 623

B. Blattzähne nicht mit scharfer Spitze.

a) Blätter kahl, an der Unterseite blaugrün, meist klein. In den Winkeln der Blattnerven bräunliche Bärte. Juli. (S. 21.)

Winterlinde.
T. ulmifólia.

b) Blätter an der Unterseite behaart, größer als die vorigen.

1. Blätter plötzlich zugespitzt. In den Winkeln der Blattnerven weißliche Bärte. Blütenstand meist 3 blütig. Früchte stark 5 kantig. Juni. (S. 21.)

Sommerlinde.
T. platyphýllos.

2. Blätter den vorigen ähnlich, an der Unterseite graugrün. In den Winkeln der Blattnerven weißliche oder gelbliche Bärte. Blütenstand 3—7 blütig. Früchte schwach kantig. Juni.

Holländische Linde.
T. vulgáris.

II. Blätter unterseits weiß oder grauweiß, filzig.

A. Blattstiel lang (er reicht bis zur Mitte der Blattfläche oder über die Mitte hinaus). Äste etwas überhängend. Früchte mit 5 Buckeln. Juli bis August.

Weißlinde.
T. petioláris.

B. Blattstiel kurz (er reicht nicht bis zur Mitte der Blattfläche).

a) Blattstiele (und einjährige Zweige) kahl. Blätter rundlich oder länglich, fein gesägt, 10—20 cm lang. Früchte kugelig, glatt. Juni bis Juli.

Verschiedenblättrige Linde.
T. heterophýlla.

b) Blattstiele (und einjährige Zweige) filzig behaart.

1. Blattzähne mit scharfer Spitze. Blätter bis 30 cm lang. Junge Triebe gelblich graufilzig. Früchte rundlich. Juli.

Mandschurische Linde.
T. mandschúrica.

2. Blattzähne nicht mit scharfer Spitze. Blätter bis 15 cm lang. Junge Triebe grün- bis graufilzig behaart. Früchte länglich, gerippt. Juli bis August.

Silberlinde.
T. tomentósa.

Literatur:

Jost Fitschen, Gehölzflora. Ein Buch zum Bestimmen der in Deutschland und den angrenzenden Ländern wildwachsenden und angepflanzten Bäume und Sträucher. 221 S. Quelle & Meyer, Leipzig.

4. Die beiden Ahornarten an den Landstraßen.

	Spitzahorn, *Acer platanoídes*	Bergahorn, *Acer pseudoplatánus*
Höhe . .	20—25 m	20—25 m
Stamm .	Rinde längsrissig	Rinde längs- u. querrissig, in breiten tafelförmigen Platten abblätternd
Blätter .	5—7lappig, mit stumpfen Buchten. Lappen und Zähne fein zugespitzt	immer 5lappig, m. spitzen Buchten. Blattrand gesägt, Unterseite blaugrün
Blüten .	aufrechte Doldentraube	hängende Traube
Frucht .		

5. Vogelbeerbäume an den Landstraßen.

An den Landstraßen findet man 3 verschiedene Bäume mit roten Früchten (Vogelbeeren).

	Vogelbeere, Eberesche, *Pirus aucupária*	Mehlbeere, *Pirus ária*	Bastard-Eberesche, *Pirus hýbrida*
Blätter .	unpaarig gefiedert, mit 5 bis 11 sitzenden, elliptischen Fiederblättchen	einfach, 6—12 cm lang und 5—8 cm breit, zu beiden Seiten der Hauptader je 7—10 Seitenadern, am Rande klein gelappt oder doppelt gesägt, oberseits glänzend dunkelgrün, unterseits grau oder weißfilzig	Merkmale der beiden vorigen Arten, da eine Kreuzung von ihnen: lang elliptisch, in der unteren Hälfte fiederspaltig oder gefiedert, in der oberen Hälfte eingeschnitten oder scharf gesägt; jederseits 10—12 Seitenadern
Blüten .	weiße, reichblütige Trugdolden	weiße, reichblütige Trugdolden mit weißfilzigen Stielen	weiße, reichblütige Trugdolden
Früchte .	kugelig, scharlachrot, mit 3 Samen	kugelig, scharlachrot, mit 2 Samen	kugelig, ziegelrot, matt

Pflanzenleben.   625

6. Wie man die Straßenbäume an ihrer Form erkennt.

I. Krone hoch, sehr schlank.   **Spitzpappel.**

II. Krone hoch, spitz ausgezogen (Auch die Birne ist am Stiel
    spitz ausgezogen, Wurzelgeflecht tief.)   **Birnbaum.**

III. Krone kugelförmig.

    1. Krone und Stamm haben im Längsschnitt die gleiche Form
       wie Apfel mit Stiel. (Wurzelgeflecht flach.)   **Apfelbaum.**

    2. Große, runde Krone auf kurzem Stamm.   **Kirschbaum.**

    3. Kleine, kugelförmige Krone auf hohem Stamm (an Straßen
       in geschlossenem Stand!).   **Linde.**

    4. Große, runde, starkästige Krone auf kurzem Stamm (im
       Freistand!).   **Linde.**

IV. Krone weit und ausgebreitet.

    1. Ausgebreitete, runde, lockere Krone mit starken Ästen auf
       kurzem, dickem Stamm.   **Walnuß.**

    2. Große, runde, starkästige, lockere Krone
       auf hohem Stamm.   **Pappeln.**

    3. Breite, reichästige, locker belaubte Krone
       auf starkem Stamm.   **Ulme.**

    4. Breite, volle Krone, tief angesetzt, starkästig; Stamm kurz
       und dick, nach rechts drehwüchsig.   **Roßkastanie.**

    5. Krone weit ausgebreitet, bei lockerer Be-
       laubung.   **Platane.**

    6. Große, runde, starkästige, dichtbelaubte Krone auf hohem
       Stamm (an Straßen in geschlossenem
       Stand!).   **Ahorn.**

    7. Krone rund, starkästig, tiefangesetzt (im
       Freistand!).   **Ahorn.**

    Beobachtung: Warum geben manche Bäume viel, andere da-
gegen wenig Schatten? — Man achte auf die Dichte der Belaubung
und auf die Stellung der Blätter.

    Viel Schatten: Roßkastanie, Ahorn … Wenig Schatten: Pappeln,
Platane, Robinie …

7. Geeignete und ungeeignete Straßenbäume.

1. Widerstandsfähig sind: Platanen, Eichen, Spitzahorn.

2. Wenig widerstandsfähig sind: Linden (leiden unter frühem
    Laubfall!), Roßkastanie (leidet unter Sonnenbrand!), Bergahorn

(leidet unter Holzparasiten!), Pappeln (bekommen leicht einen hohlen Stamm!).

3. **Gefahr für den Verkehr:** Pappeln (Zweige windbrüchig!), Roßkastanie, Eiche und Vogelbeere (weil man leicht auf den Früchten ausgleitet!).

4. **Zu dichte Belaubung:** Roßkastanie (nach Regen trocknet die Straße nicht schnell genug ab, bleibt feucht und weich und wird durch den Verkehr schnell beschädigt!).

5. **Dickenwachstum der Wurzel:** Ahorn, Pappel treiben das Straßenpflaster hoch.

Erklärung: a) Die Wasserführung in den Wurzeln geschieht waagerecht, beim Eintritt in den Stamm plötzlich senkrecht. Hier tritt eine Verlangsamung des Saftstromes ein. Damit der Baum genügend versorgt werden kann, werden im letzten Wurzelstück sowohl wie im Fuß des Stammes mehr Leitungsbahnen angelegt. Das bedingt an diesen Stellen vermehrtes Wachstum.

b) Der Baum bildet einen Winkelhebel, dessen einer Hebelarm (die Wurzeln!) in der Erde steckt, während der andere (Stamm und Krone!) frei in die Luft ragt. Der Drehpunkt dieses Hebels liegt dicht über dem Erdboden im Fuß des Stammes. Hier hat der Baum bei Sturm den größten Druck auszuhalten. Darum verdickt sich der Fuß des Stammes und auch das erste Stück der Wurzeln.

6. **Längenwachstum der Wurzel:** Pappeln schicken ihre Wurzeln sehr weit in angrenzende Äcker, treiben hier zahlreiche Schößlinge und behindern das Pflügen.

8. Beschädigungen und Erkrankungen der Straßenbäume.

1. **Beschädigungen durch den Verkehr:** Auto, Wagen, Pferde. Beobachte die Stämme!

2. Beschädigungen sehr junger Bäume durch **Krähen**, die sich auf die dünnen Zweige setzen und sie abbrechen. Schutz: Hohe Stangen mit Querholz, die man in der Krone anbringt.

3. **Frostrisse** (siehe S. 95).

4. **Blitzwunden** (siehe S. 96).

5. Diese Verletzungen verursachen **Holzfäule**.

6. Das **dichte Straßenpflaster** verhindert die Zufuhr von Wasser und Luft zu den Wurzeln. Die Bäume kränkeln.

Pflanzenleben. 627

7. Aus undichten Rohrleitungen dringen Gas und Abwässer und verunreinigen den Boden, aus dem die Wurzeln ihre Nahrung saugen.

8. Wenn in Großstadtstraßen das grelle Sonnenlicht von dem blanken Asphalt und von den weißen Häuserwänden zurückgeworfen wird, so trifft es vielfach die Unterseite der Blätter, die die Spaltöffnungen tragen. So wird nun das Blatt von oben und unten erwärmt und gewaltsam zu vermehrter Verdunstung getrieben. Vorzeitiger Laubfall ist die Folge.

9. In großen Städten und Industriegegenden leiden die Bäume unter Rauch und giftigen Gasen. (Schweflige Säure.)

9. Windwirkungen an Straßenbäumen.

1. An offenen Landstraßen, namentlich solchen, die über kahle Höhenrücken führen, sind Stamm und Krone der Bäume nach einer Richtung geneigt.

2. An der Windseite sind Äste und Zweige kurz, an der abgewendeten Seite länger.

    Grund: An der Windseite ist die Verdunstung stärker; im Winter ist hier Glatteis an Stamm und Zweigen; durch den Wind leidet diese Seite unter Zweigbruch. Daher bleibt sie im Wachstum zurück.

3. Auf der Wetterseite sind Stamm und Zweige mit Moosen und Flechten besetzt. Warum?

10. „Überpflanzen".

1. An den Wundstellen der Bäume tritt Fäulnis ein, es bildet sich Mulm, durch Wind oder Vögel gelangen Samen hinein, die keimen. So entstehen „Überpflanzen".

2. Bäume, die häufig Überpflanzen tragen: Kopfweiden, Robinien...

3. Überpflanzen, die durch Wind an ihren Standort gelangten: Birke, Ahorn, Ulme, Esche, Löwenzahn, Disteln ... (Fliegende Früchte!)

    Überpflanzen, die durch Vögel verbreitet werden: Stachelbeere, Eberesche, Holunder, Vogelkirsche.

11. Straßenbäume als charakteristische Linien im Landschaftsbild.

1. In baumlosen Gegenden, bei Schnee oder Hochwasser sind Straßenbäume eine deutliche Wegemarkierung. Nenne ein Beispiel dafür in deiner Heimat!

2. Das Straßennetz mit seinen Baumreihen bildet einen wesentlichen Zug im Gepräge der Landschaft. Vergleiche daraufhin die verschiedenen Gebiete deiner Heimat!

3. In manchen Gegenden sind die Landstraßen, namentlich solche aus der Zeit Napoleons, nicht am Fuß eines Höhenrückens entlang, sondern oben auf der Erhebung angelegt. Als Straßenbaum hat man die hohe Spitzpappel gepflanzt. Solche Straßenzüge beherrschen geradezu das Landschaftsbild. Gibt es eine solche Straße in deiner Heimat?

12. Vom wirtschaftlichen Nutzen der Straßenbäume.

1. Welche Straßenbäume sind in deiner Heimat vorherrschend? Suche den Grund dafür zu ermitteln!

2. Obstbäume findet man nur an Straßen außerhalb der Ortschaften. Warum nicht in Dörfern und Städten?

3 Welche Obstsorten werden an den Straßen deiner Heimat angepflanzt? Suche den Grund dafür zu ermitteln!

4 Vergleiche, ob die Obstbäume an den Landstraßen besser oder schlechter gepflegt sind als die in den Bauerngärten. Vergleiche auch den Ertrag!

5. Sind die Feldwege deiner Heimat mit Obstbäumen bepflanzt?

13. Glänzender Belag auf Ahornblättern.

Beobachtung.

Auf den Blättern von Ahorn, Linde, Holunder und anderen Laubhölzern sieht man im Frühling und Sommer oft einen glänzenden Belag. Er ist klebrig und schmeckt süß.

Untersuchung.

Auf den Blättern halten sich Blattläuse auf, gelegentlich auch wohl Schildläuse. Sie spritzen den Saft in Form kleiner Tröpfchen in solchen Mengen aus ihrem After, daß das ganze Blatt davon wie

Pflanzenleben. 629

mit einer Tauschicht überzogen wird. Oft sogar regnet dieser Honig-
tau so stark vom Baume hernieder, daß der Boden davon durch-
feuchtet wird. Hält man ein Glas (Brille) darunter, so sieht man bald
die feinen Spritzer darauf.

Die Blattläuse stechen das Blatt an und entziehen ihm den Zucker-
saft. Oft sind die Blätter mit einer dicken, schmierigen Schicht
überzogen, die das Blatt am Atmen, Assimilieren und Verdunsten
hindert.

14. Gelb- und gelbweißblühende Pflanzen des Wegrandes: Korbblüter.

I. Alle Blüten zungenförmig. Beispiel: Löwenzahn.

   A. Früchte mit Pappus.

     a) Pappus mit gefiederten Haaren (Abb. S. 456).

     1. Stengel beblättert.

     α) Fiederchen des Pappus ineinander verwebt.

° Blütenstiele oben keulenförmig verdickt, hohl. Blätter
lang lanzettlich, ganzrandig. Hüllblätter
10—12, länger als die Blüten. Stengel   **Großer Bocksbart.**
bis ³/₄ m hoch.   *Tragopógon májor.*

°° Blütenstiele gleich dick, nur unter dem Köpfchen etwas
verdickt. Blätter lang lanzettlich, ganzrandig. Hüllblätter 8,
etwa so lang wie die Blüten. Stengel bis   **Wiesen-Bocksbart.**
³/₄ m hoch.   *Tragopógon praténsis.*

β) Fiederchen des Pappus frei.

   Äußere Hüllblätter abstehend, alle mit steifhaarigem
Mittelstreifen. Blätter länglich, am Rande wellig, buchtig
gezähnt, die oberen sitzend. Ganze
Pflanze steifborstig, widerhakig. Bis   **Bitterich.**
60 cm hoch. (S. 443.)   *Picris hieracioídes.*

2. Stengel nicht beblättert.

° Stengel unverzweigt, stets einköpfig, bis 30 cm hoch.
Blätter länglich-lanzettlich, gezähnt oder
fiederspaltig. Pflanze kurzhaarig. Rand-   **Rauher
Löwenzahn.**
blüten außen oft blaugrün gestreift.   *Leóntodon hispidus.*

°° Stengel ästig, zwei- bis mehrköpfig, bis 45 cm hoch.
Grundblätter lang, buchtig gezähnt oder   **Herbst-Löwenzahn.**
fiederspaltig. Randblüten außen rot ge-   *Leóntodon
autumnális.*
streift.

630   **An Straßen und Wegen.**

b) Pappus mit einfachen Haaren (Abb. S. 456).

1. Stengel beblättert.

α) Pflanzen mit Milchsaft.

° Pappus gestielt. Stengel nicht hohl, bis $1^1/_4$ m hoch. Blätter sitzend, den Stengel umfassend, fast senkrecht gestellt, buchtig-fiederspaltig. Unterseite der Mittelrippe mit Stacheln. [Achte auf die Stellung der Blätter: Blattrand der Sonne zugewendet (Kompaßpflanze!). — Ritze die Haut: Milchsaft. Achte auf das Ein-   **Stachel-Lattich.** trocknen des Saftes: Wundverschluß.]   *Lactúca scariola.*

Stengel hohl, bis $^3/_4$ m hoch. Untere Blätter mit geflügelten Stielen, leierförmig-fiederteilig.   **Mauer-Lattich.** Köpfchen klein, meist 5blütig. (S. 692.)   *Lactúca murális.*

°° Pappus sitzend. Stengel röhrig, bis $1^1/_2$ m hoch. Blätter sitzend, schrotsägig-fiederspaltig,   **Gänsedistel.** stachelspitzig gezähnt.   *Sonchus.*

β) Pflanzen ohne Milchsaft.

° Blätter nie fiederspaltig. Pappus mit steifen, zerbrechlichen Haaren (mit dem Finger drauf-   **Habichtskraut.** stoßen!). (S. 442.)   *Hierácium.*

°° Blätter meist fiederspaltig. Pappus   **Pippau.** mit weichen, biegsamen Haaren. (S. 442.)   *Crepis.*

2. Stengel nicht beblättert.

Stengel (Schaft) bis 30 cm hoch. Blätter schrotsägeförmig oder fiederspaltig. (Andere   **Gemeiner Löwenzahn.** Namen: Kuhblume, Butterblume,   *Taráxacum* Kettenblume.)   *officinále.*

B. Früchte ohne Pappus.

Stengel bis 1 m hoch, rispig verzweigt, mit wenigen, kleinen Blütenköpfen. Untere Blätter   **Rainkohl.** leierförmig, mit sehr großem Endzipfel,   *Lámpsana* obere lanzettlich. (S. 683.)   *commúnis.*

II. Alle Blüten röhrig. Beispiel: Kornblume.

A. Früchte mit Pappus.

Stengel bis 30 cm hoch. Blätter buchtig-fiederspaltig, kahl oder filzig. Blätter des Hüllkelches an   **Gemeines Kreuzkraut.** der Spitze schwarz.   *Senécio vulgáris.*

B. Früchte ohne Pappus.

a) Blütenkörbchen meist einzeln am Ende des Stengels und der Zweige.

Pflanzenleben. 631

1. Blätter gegenständig.

Körbchen klein, rund, meist zu 2. Blätter kurzgestielt, eiförmig, gesägt. Stengel bis ¹/₂ m hoch. (S. 356, 696.)

Knopfkraut.
Galinsóga parviflóra.

2. Blätter wechselständig.

Körbchen rund, kurzgestielt. Scheibenblüten vierzähnig. Blätter doppelt bis 3fach fiederteilig. Stengel bis 30 cm hoch. Wohlriechend. (S. 361, 683.)

Strahllose Kamille.
Matricária
suavéolens.

b) Blütenkörbchen in Rispen. Körbchen länglich-eiförmig, gelboder rotbraun, filzig. Blätter fiederteilig, unterseits filzig. Stengel ästig, oft dunkelrot, bis 2 m hoch. [Blätter und Blüten reiben: Geruch, Geschmack? Eine nahe Verwandte ist Wermut.]

Gemeiner Beifuß.
Artemísia vulgáris.

c) Blütenkörbchen in Trugdolden.

Körbchen halbkugelig, sehr zahlreich. Blätter doppelt fiederteilig, Zipfel gesägt. Stengel bis 1¹/₄ m hoch. [Blätter und Blüten reiben: Geruch?] (S. 485.)

Rainfarn.
Tanacétum vulgáre.

III. **Scheibenblüten röhrig, Randblüten zungenförmig.**

Beispiele: Margarete, Gänseblümchen, Sonnenblume.

A. **Früchte mit Pappus.**

a) Stengel steckt fast ganz in der Erde. Blütenschaft ohne Laubblätter. Blüten vor den Blättern erscheinend. Blätter rundlich, herzförmig, eckig, Unterseite weißfilzig. Blüten-schaft mit lanzettlichen Schuppenblättern, meist rötlich, bis 20 cm hoch, mit einer Blüte. Blüte-zeit im März und April.

Huflattich.
Tussilágo fárfara.

b) Stengel mit Laubblättern. Blüten nach den Blättern erscheinend.

1. Hüllkelch 1reihig.

Blätter graugrün, leierförmig-fiederteilig. Stengel bis 1 m hoch, oben verästelt, mit zahlreichen Körbchen, die eine endständige, dichte Doldentraube bilden. (Andere Arten Kreuzkraut S. 45, 275.)

Jakobs-Kreuzkraut.
Senécio Jacobáea.

2. Hüllkelch mehrreihig, dachig.

Blätter sitzend, wollig behaart. Stengel bis 30 cm hoch, reichästig, oben zottig. Körbchen klein, Strahlblüten

632 An Straßen und Wegen.

kaum länger als die Scheibenblüten. **Kleines Flohkraut.**
(S. 484.) *Pulicária vulgáris.*

B. Früchte ohne Pappus.

a) Stengel ohne Blätter.

Blätter in grundständiger Rosette, spatelförmig, 1 nervig.
Strahlblüten weiß, unterseits oft rot. Hüllkelch 2 reihig.
Blütenschaft 1 köpfig, bis 15 cm hoch. **Gänseblümchen.**
Maßliebchen, Marienblümchen. *Bellis perénnis.*

b) Stengel mit Blättern.

1. Blätter gegenständig.

α) Strahlblüten gelb. Hüllkelch 2 reihig. Früchte verkehrt-
eiförmig, Zähne rückwärts-stachelig. Stengel oft schwarzbraun. [Achte auf die Kleider, wenn du **Zweizahn.**
die Pflanzen streifst!] (S. 316, 485.) *Bidens.*

β) Strahlblüten weiß, meist 5. Hüllkelch **Knopfkraut.**
1 reihig. (S. 631.) *Galinsóga parviflóra.*

2. Blätter wechselständig.

α) Blütenboden mit Spreublättchen. **Hundskamille.**
Scheibe gelb, Strahl weiß. Blätter fieder- *Ánthemis.*
teilig. (S. 361.)

β) Blütenboden ohne Spreublätter.

° Hüllblätter wenigreihig, fast gleich lang. Scheibe gelb,
Strahl weiß. Blätter 2—3 fach fieder- **Kamille.**
teilig. (S. 361.) *Matricária.*

°° Hüllblätter vielreihig, die äußeren kürzer. Scheibe gelb,
Strahl weiß. Blätter ungeteilt oder ein- **Margarete,**
fach fiederteilig. Stengel bis 60 cm **Wucherblume.**
hoch, 1 köpfig oder mit wenigen 1 köpfigen *Chrysánthemum*
Ästen. (S. 443.) *leucánthemum.*

15. Verletzte Blütenschafte des Löwenzahns rollen sich spiralig auf.

Beobachtung.

An Landstraßen und Wegen wird der Blütenschaft des Löwenzahns häufig verletzt. Er rollt sich dann von oben oder unten her
spiralig auf.

Kinder spalten den Schaft mehrfach auf und werfen ihn in
Wasser. Er rollt sich zu merkwürdigen Gebilden spiralig auf.

Pflanzenleben. 633

Erklärung.

Die Gewebe der Schaftwandung sind gespannt, und zwar das Gewebe der Außenseite im Zug, das der Innenseite im Druck. —Diese Längsspannungen lassen sich bei vielen Pflanzen gut beobachten: Rhabarber, Huflattich, Pestwurz, Primeln, Sonnenblume ... Löst man die Oberhaut ab, so rollt sie sich auf.

Daß die Markseite des Stengelgewebes sich in Druckspannung befindet, läßt sich an einem Stengelstück der Sonnenblume deutlich nachweisen. Löst man den Markzylinder vorsichtig von dem fleischigen Gewebe ringsum, so tritt er ein Stück aus dem Stengelrohr hervor, er wird länger, vorher war er zusammengedrückt.

16. Gelb- und gelbweißblühende Pflanzen des Wegrandes: keine Korbblüter.

I. Pflanzen mit Milchsaft. (Haut ritzen!) (S. 691.)

 A. Milchsaft gelb.

  Stengel ästig, bis 1 m hoch. Blätter buchtig-fiederspaltig. Blüten doldig.   **Schellkraut.** *Chelidónium május.*

 B. Milchsaft weiß.

  1. Dolde 3—5strahlig.

  α) Dolde 3strahlig, Strahlen 2teilig. Drüsen an den Blütenhüllen mondförmig, 2hörnig. Blätter ganzrandig. Stengel bis 30 cm hoch. **Garten-Wolfsmilch.** *Euphórbia péplus.*

  β) Dolde 5strahlig, Strahlen 3teilig. Drüsen an den Blütenhüllen nicht mondförmig. Blätter vorn gesägt. Stengel bis 30 cm hoch. **Sonnenwendige Wolfsmilch.** *Euphórbia helioscópia.*

  2. Dolde vielstrahlig. Strahlen wiederholt 2teilig. Drüsen auf den Blüten mondförmig, 2hörnig.

  α) Blätter sitzend, lineal, unter 5 mm breit. Blätter der Äste von halber Breite. Stengel bis $^1/_2$ m hoch. **Zypressen-Wolfsmilch** *Euphórbia cyparíssias.*

  β) Blätter in einen kurzen Blattstiel verlaufend, lanzettlich, über 5 mm breit. Blätter der Äste so breit wie die Stengelblätter. Stengel bis $^1/_2$ m hoch. **Esels-Wolfsmilch.** *Euphórbia ésula.*

634 An Straßen und Wegen.

II. Pflanzen ohne Milchsaft.

A. **Blätter quirlständig. Krone radförmig, 4 Staubblätter.**

1. Blätter mit einem stark hervortretenden Nerv, zu 6—12 im Wirtel. Stengel rund, bis ½ m hoch. (S. 437.) — **Echtes Labkraut.** *Gálium vérum.*

2. Blätter mit drei deutlichen Nerven, zu 4 kreuzständig. Blüten in den Blattachseln. Stengel rauhhaarig, bis ½ m hoch. (S. 276.) — **Kreuz-Labkraut.** *Gálium cruciátum.*

B. **Blätter nicht quirlständig.**

a) **Blätter ungeteilt.**

1. Staubblätter 5. Krone radförmig, 5lappig. Pflanzen bis 1½ m hoch. Blätter meist wollig behaart. Blüten in langen Ähren: Königskerze. (S. 637.) — **Wollkraut, Königskerze.** *Verbáscum.*

2. Staubblätter 8. Blüten groß, in langen Ähren. Blätter elliptisch. Stengel bis 1½ m hoch. Blüten in langen Ähren, öffnen sich abends. (S. 198, 696,) — **Zweijährige Nachtkerze.** *Oenothéra biénnis.*

3. Staubblätter 10. Kelch und Krone 5zählig. Stengel dicht beblättert, bis 20 cm hoch. Blätter klein, dick, fleischig. — **Fetthenne, Mauerpfeffer.** *Sédum.*

4. Staubblätter 4, davon 2 lang und 2 kurz. Blüten (Löwenmäulchen) groß, in reichblütiger Traube. Krone mit langem Sporn. Blätter lineal-lanzettlich, sämtlich sitzend. Stengel bis ½ m hoch. (S. 360.) — **Frauenflachs, Echtes Leinkraut.** *Linária vulgáris.*

5. Staubblätter 6 (4 lang und 2 kurz). Krone klein, Kronblätter mit den Kelchblättern abwechselnd kreuzständig.

α) Blätter länglich-lanzettlich, ganzrandig oder geschweift-gezähnt, oberseits mit 3spaltigen Haaren besetzt. Stengel bis ½ m hoch. (S. 358.) — **Acker-Schotendotter.** *Erýsimum cheiranthoídes.*

β) Siehe S. 359. Ackersenf und Hederich.

6. Staubblätter 12—18. Griffel 3. Kelchblätter 4, Kronblätter 4. Blätter schmal-lanzettlich, vorn 3spaltig. Stengel steif aufrecht, bis über 1 m hoch, mit vielen gelblichen Blüten ringsum dicht besetzt. (S. 279.) — **Färber-Wau.** *Reséda lutéola.*

Kelchblätter 6, Kronblätter 6. Blätter 3 spaltig oder fast doppelt 3 spaltig. Krone hellgelb. Bis 40 cm hoch.

Gelbe Resede.
Reséda lútea.

7. Staubfäden zahlreich, am Grunde verwachsen, bis 5 Bündel. Kelch und Krone 5 zählig. Blätter klein, länglich-elliptisch, durchscheinend punktiert (gegen das Licht halten!). Stengel rund, mit zwei gegenüberstehenden Leisten besetzt, bis 1 m hoch. (S. 441.)

Tüpfel-Hartheu, Johanniskraut.
Hypericum perforátum.

b) Blätter geteilt: gelappt oder gefiedert.

1. Staubblätter 12—18, Griffel 2. Krone 5 blättrig. Kelch verwachsen-blättrig mit 5 teiligem Saum. Blätter unterbrochen gefiedert. Stengel bis ³/₄ m hoch. (S. 438.)

Kleiner Odermennig.
Agrimónia eupatória.

2. Staubblätter 20 und mehr, die auf dem Kelchrande stehen. Griffel zahlreich. Krone 5 blättrig.

α) Stengel aufrecht, bis ¹/₂ m hoch, mehrblütig. Blätter unterbrochen-leierförmig-gefiedert, obere Blätter 3 zählig. [Wurzel reiben: Nelkengeruch.] (S. 438.)

Echte Nelkenwurz.
Géum urbánum.

β) Stengel meist niederliegend. Blätter gefingert oder gefiedert.

Fingerkraut.
Potentilla.

Blätter unpaarig gefiedert, seidenhaarig, weiß, scharf gesägt. Stengel kriechend, bis 50 cm lang, an den Knoten wurzelnd.

Gänse-Fingerkraut.
P. anserina.

Blätter gefingert, 3—5 zählig. Blättchen länglich, gesägt. Blüten einzeln oder zu zwei. Stengel kriechend, bis ¹/₂ m lang, oft wurzelnd. (S. 438.)

Kriechendes Fingerkraut.
P. réptans.

Blätter gefingert, 5 zählig, am Rande umgerollt, unterseits silberweiß oder graufilzig. Blüten in Trugdolden. Stengel verzweigt, filzig, aufsteigend, bis 30 cm hoch.

Silber Fingerkraut.
P. argéntea.

Blätter gefingert, untere 5- und 7 zählig. Blättchen am Rande lang behaart, an jeder Seite mit 3—4 Zähnen. Stengel bis 15 cm lang, sehr ästig.

Frühlings-Fingerkraut.
P. verna.

3. Staubblätter 20 und mehr, die auf dem Blütenboden stehen.

α) Stengel aufrecht, bis $^3/_4$ m hoch. Ohne Ausläufer. Untere Blätter 5teilig, obere 3teilig. Blüten- **Scharfer Hahnenfuß.** stiele nicht gefurcht. (S. 439.) *Ranúnculus ácer.*

β) Stengel aus liegendem Grunde aufsteigend, bis 40 cm hoch. Mit kriechenden Ausläufern. **Kriechender** Grundblätter 3zählig. Blütenstiele ge- **Hahnenfuß.** furcht. (S. 439.) *Ranúnculus répens.*

4. Staubblätter 6, davon 4 lang und 2 kurz. Kronblätter 4, Kelchblätter 4. Kreuzblütler. Frucht eine Schote.

α) Stengelblätter am Grunde pfeilförmig-stengelumfassend. Untere Blätter leierförmig, gefiedert oder fiederspaltig; die oberen verkehrt-eiförmig, vorn gezähnt. **Gemeines** Krone doppelt so lang wie der Kelch. **Barbarakraut.** Blüten in Trauben. Stengel bis $^1/_2$ m hoch. *Barbaraéa vulgáris.*

β) Stengelblätter gestielt oder am Grunde verschmälert, nicht umfassend.

° Alle Blätter oder doch die oberen un- **Ackersenf.** geteilt. (S. 359.) *Sinápis arvénsis.*

°° Alle Blätter fiederspaltig bis gefiedert.

† Schoten ungeschnäbelt, stielrund. Klappen der Schoten 3nervig. Samen in jedem Fache 1reihig. **Rauke.** Blätter meist behaart. Bis 1 m hoch. *Sisýmbrium.* (S. 684.)

†† Schoten deutlich geschnäbelt, ihre Klappen 1nervig.

Klappen flach. Samen in jedem Fache **Rampe.** 2reihig. Blätter meist kahl. (S. 684.) *Diplotáxis.*

Klappen gewölbt. Samen in jedem **Hundsrauke.** Fache 1reihig. Blätter meist behaart. *Erucástrum.* (S. 684.)

5. Staubblätter 10, davon 9 verwachsen, 1 frei. Krone 5blättrig, entfernte Ähnlichkeit mit einem Schmetterling. Schmetterlingsblüte. Beispiel: Erbse. Frucht eine Hülse, Beispiel: Erbse 280.

α) Blätter gefiedert.

° Blätter ohne Endblättchen: paarig gefiedert. Stengel kantig, weichhaarig, schlaff, verzweigt, bis $^3/_4$ m hoch. Blättchen 1paarig. Blüten in Trauben **Wiesen-Platterbse.** mit 5—10 Blüten. (S. 441.) *Láthyrus praténsis.*

°° Blätter mit Endblättchen: unpaarig gefiedert. Viele aufsteigende Stengel, bis 30 cm hoch. Kelch **Wollklee, Wundklee.** bauchig, mit langen, weißen Haaren! *Anthýllis vulnerária.*

Stengel liegend oder aufsteigend, bis 20 cm hoch. Blättchen 11—15. Blüten in Dolden, 4—8blütig, **Hufeisenklee.** hängend. Hülsen hufeisenförmig gebogen! *Hippocrépis comósa.*

β) Blätter 3zählig.

° Blüten in lapffnggestielten koörmigen Dolden. Stengel kantig, hart, aufsteigend oder niederliegend, bis 30 cm hoch. Blüten meist zu 5 in einem Köpf- **Hornklee, Schotenklee** chen. *Lotus corniculátus.*

°° Blüten in verlängerten Trauben. Stengel bis $1^1/_4$ m hoch. Hülse kurz, rundlich, 1—3samig, kahl, zuletzt gelbbraun. (Wenn Hülse schwarz und weichbehaart: **Echter Steinklee.** Hoher Steinklee, *M. altissimus.*) (S. 441.) *Melilótus officinális.*

°°° Blüten in Köpfchen.

Köpfchen sehr klein, locker, hellgelb, 5—15blütig. Fahne zusammengefaltet, nicht gefurcht. Stengel **Kleiner Klee.** niederliegend, bis 30 cm lang. *Trifólium dúbium.*

Köpfchen größer, gedrungen, goldgelb, später bräunlich, 20—40blütig. Fahne ausgebreitet, ge- **Feldklee.** furcht. Stengel niederliegend, bis 30 cm. *Trifólium campéstre.*

17. Das Schellkraut wächst oft an Mauern oder auf Bäumen.

Beobachtung.

Wir sehen das Schellkraut oft an Mauern oder als „Überpflanze" (S. 627) auf Bäumen wachsen. Wie kommt es dahin?

Untersuchung.

Der Samen des Schellkrautes trägt ein weiches, ölhaltiges Anhängsel (*Elaiosom*), das von den Ameisen gern gefressen wird. Sie schleppen die Samen in ihren Bau und verzehren die Anhängsel. Dabei bleiben die Samen selber unbeschädigt und werden verbreitet. Untersuche die reifen Samen mit der Lupe! — Auch an den Samen anderer Pflanzen findet man solche Anhängsel: Veilchen, Lerchensporn, Bienensaug . . .

18. Königskerzen.

Die Königskerzen sind auffällige Pflanzen an Wegrändern und sonnigen Hügeln. Sie werden über $1^1/_2$ m hoch. Ihr langer kerzenartiger Blütenstand leuchtet weithin. Meist sind sie dichtwollig behaart, daher heißen sie auch Wollkraut. Das Wollkleid verhindert eine zu starke Verdunstung des Wassers durch die Blätter. Schon bei schwacher mikroskopischer Vergrößerung ist der feine Bau der Haare zu erkennen. Auf der Zunge verursachen sie ein unangenehmes Jucken. Die Pflanze wird von Weidetieren nicht gefressen. Wer bei Regenwetter an einer Königskerze vorbeikommt, achte darauf, wie die Blätter das Wasser nach dem Stengel zu ableiten und es so der Wurzel zuführen.

Im ersten Jahr bildet die Pflanze eine sehr filzige Blattrosette, die überwintert.

Krone verwachsen-blättrig mit 5 Zipfeln, davon 3 groß und 2 klein. Staubblätter 5. Blütezeit Juli bis September.

I. Blätter herablaufend, beiderseits wollig-filzig.

   A. Blätter von Blatt zu Blatt herablaufend, beiderseits weißwollig.

      1. Die 2 längeren Staubfäden 4mal so lang wie ihre Staubbeutel. Krone 1½—2 cm breit, trichterförmig. Blüten in gipfelständiger Ähre. — **Echte Königskerze.** *Verbáscum thapsus.*

      2. Die 2 längeren Staubfäden 2mal so lang wie ihre Staubbeutel. Krone 3 bis 5 cm breit, flach. — **Großblumige Königskerze.** *V. thapsifórme.*

   B. Blätter nur wenig herablaufend, beiderseits gelblich-filzig.

      1. Die 2 längeren Staubfäden 4mal so lang wie ihre Staubbeutel. (Felsige Orte am Mittelrhein und an der Mosel.) — **Berg-Königskerze** *V. montánum.*

      2. Die 2 längeren Staubfäden 2mal so lang wie ihre Staubbeutel. — **Filz-Königskerze** *V. phlomoídes.*

II. Blätter nicht herablaufend, nicht wollig-filzig.

   A. Blüten dunkelviolett, langgestielt, einzeln in den Blattachseln, Blätter unterseits weichhaarig, oberseits glänzend. (Fehlt im Westen.) — **Violette K.** *V. phoeníceum.*

   B. Blüten gelb.

      a) Staubfäden mit roter Wolle.

      1. Blüten einzeln in den Blattachseln. Blätter kahl. — **Schabenkraut.** *V. blattária.*

      2. Blüten zu 2—5 in den Blattachseln. Blätter unterseits dicht behaart. Stengel oben kantig. — **Schwarze K.** *V. nigrum.*

Pflanzenleben.

639

b) Staubfäden mit weißer Wolle.

1. Stengel und Äste oben scharfkantig.
Blätter unterseits mehlig bestäubt, oberseits fast kahl.

Mehlige K.
V. lychnitis.

2. Stengel und Äste stielrund. Blätter unterseits weiß-
flockig, oberseits grauflockig. In der
Rheingegend.

Flockige K.
V. pulveruléntum.

19. Einfache Versuche am Stengel der Königskerze.

Versuche.

1. Schlage mit einem Stocke mehrere Male kräftig an den unteren
schon ausgewachsenen Stengelteil der Königskerze und achte
dabei auf die Spitze! — Sie neigt sich über.

2. Wiederhole den Versuch an älteren und jüngeren Pflanzen! —
Wenn der obere Teil des Stengels noch wächst, tritt die Krüm-
mung schon nach einem oder einigen Schlägen ein. Ist der Stengel
jedoch oben schon verholzt, gelingt der Versuch nicht so schnell.

3. Führe die Schläge stets in gleicher Richtung aus! — Die Spitze
neigt sich nach einer bestimmten Seite. Nach welcher?

4. Schlage den Stengel (immer den unteren, schon verholzten Teil)
von verschiedenen Seiten her an! — Die Spitze neigt sich unregelmäßig, einmal hierhin, einmal dorthin.

5. Greif den Stengel unten mit der Hand und schüttele ihn kurz
und kräftig wie einen Obstbaum! — Der Gipfel neigt sich.

Erklärung.

Die Erschütterung erfolgt zunächst in dem unteren Teil des
Stengels, der bereits ausgewachsen ist. Sie pflanzt sich nach oben
fort bis in jenen Teil, dessen Gewebe noch wächst und daher noch
leicht dehnbar und wenig elastisch ist und daher den Stößen nach-
gibt wie etwa Ton oder Teig. — Nach einiger Zeit richtet sich die
Spitze wieder auf. (S. 342. Wie der Roggenhalm sich aufrichtet.)

Erschütterungsbewegungen sind zu beobachten: Kanadisches
Berufskraut, Springkraut, Fingerhut, Blutweiderich . . .

20. Rotblühende Pflanzen des Wegrandes mit Stacheln oder Dornen.

A. Blätter 3zählig. Äste mit Dornen. Schmetterlingsblütler.

1. Stengel aufsteigend oder aufrecht, 1- oder 2reihig behaart.
bis 60 cm hoch. Äste dornig. Blüten meist einzeln in

640 An Straßen und Wegen.

den Blattachseln. Hülse länger als der **Dornige Hauhechel.**
Kelch. *Onónis spinósa.*

2. Stengel niederliegend, am Grunde wurzelnd, ringsum behaart,
bis 60 cm hoch. Äste mit vereinzelten **Kriechende**
Dornen oder dornenlos. Hülse kürzer als **Hauhechel.**
der Kelch. *Onónis répens.*

B. Blätter nicht 3zählig, stachelig gezähnt. Korbblütler.

a) Blütenboden tief wabig gefächert, Vertiefungen ähnlich wie Bienenzellen. Ränder der Gruben
gezähnt. Stengel bis 1½ m hoch, durch die **Eselsdistel.**
herablaufenden Blätter breit geflügelt. *Onopórdon*
Köpfchen groß, einzeln. (S. 256, 690.) *acánthium.*

b) Blütenboden nicht wabig gefächert. Mit Spreuborsten.

α) Pappus mit einfachen Haaren. (S. 253.)

1. Köpfchen meist einzeln, groß, nickend. Hüllblätter am
Grunde zurückgebrochen. Blätter beider-
seits grün. Stengel mit dornigen Flügeln, **Nickende Distel.**
bis 1 m hoch. *Cárduus nutans.*

2. Köpfchen meist einzeln, oder zu 2, aufgerichtet. Hüllblätter angedrückt oder zurückgekrümmt,
nicht zurückgebrochen. Blätter unterseits **Stachel-Distel.**
kurzhaarig. Stengel stachelig geflügelt, *Cárduus*
bis 1 m hoch. *acanthoídes.*

3. Köpfchen gehäuft, auch einzeln. Hüllblätter angedrückt
oder zurückgekrümmt, nicht zurückgebrochen. Blätter unterseits wollig-filzig. Blütenstiele stachelig **Krause Distel.**
geflügelt. Stengel bis 1½ m hoch. *Cárduus crispus.*

β) Pappus mit gefiederten Haaren. (S. 254.)

1. Blätter oberseits von kleinen Stacheln rauh, herablaufend,
tief fiederspaltig. Köpfchen groß, eiförmig, **Lanzettliche**
einzeln. Stengel stark ästig, behaart, durch **Kratzdistel.**
die herablaufenden Blätter geflügelt, bis *Cirsium*
1½ m hoch. *lanceolátum.*

2. Blätter oberseits nicht mit Stacheln, oft am Stengel etwas
herablaufend, fiederspaltig oder ungeteilt.
Köpfchen klein, eiförmig, zahlreich. **Acker-Kratzdistel.**
Stengel bis 1½ m hoch. *Círsium arvense.*

21. Rotblühende Pflanzen des Wegrandes ohne Stacheln und Dornen.

I. Blätter ungeteilt.

A. Blätter wechselständig.

a) Korb mit Röhrenblüten. Ohne Pappus.

Stengel bis 80 cm hoch, an der Spitze verästelt. Obere Blätter ungeteilt, lanzettlich bis lineal; untere Blätter oft buchtig oder fiederspaltig. Blättchen des Hüllkelches mit trockenhäutigen Anhängseln. (S. 287.)

Gemeine Flockenblume. Centauréa jacéa.

b) Korb mit Röhrenblüten. Mit Pappus.

Stengel bis 1½ m hoch. Blätter sehr groß, unterseits weißwollig-filzig. Hülle des Körbchens mit hakigen Hüll blättchen.

1. Köpfe groß, kahl, in traubigen Dolden. Alle Hüllblätter mit hakenförmiger Spitze. (S. 49.)

Große Klette. Arctium lappa.

2. Köpfe klein, kahl, in traubigen Rispen. Alle Hüllblätter mit hakenförmiger Spitze.

Kleine Klette. Árctium minus.

3. Köpfe klein, dicht wollig verfilzt, in traubigen Dolden. Innere Hüllblätter mit gerader Spitze.

Filzige Klette. Árctium tomentósum.

B. Blätter gegenständig.

a) Staubblätter 8 (S. 488).

Staubblätter 12—18 (S. 488).

Weidenröschen, Blutweiderich.

b) Staubblätter 10, Griffel 2.

Stengel bis 1 m hoch. Blätter elliptisch, mit 3—5 deutlichen Nerven. (Wurzelstock schäumt zerschnitten mit Wasser geschüttelt.) (S. 489).

Seifenkraut. Saponária officinális.

c) Staubblätter 4, davon 2 länger. Krone deutlich 2lippig.

α) Kelch 2lippig. Krone 2lippig.

1. Blüten mit großen Deckblättern.

° Staubblätter seitlich unter der Oberlippe der Krone hervorragend. Kelch schief gespalten, 5zähnig. Stengel bis ½ m hoch. Starker Geruch! (S. 50).

Echter Dost. Origanum vulgáre.

°° Staubblätter liegen gleichlaufend unter der Oberlippe. Blätter gestielt, eiförmig, ganzrandig, gezähnt oder fiederspaltig. Stengel bis 30 cm hoch. (S. 448.)

Kleine Brunelle.
Brunélla vulgáris.

2. Blüten ohne Deckblätter.

Staubblätter seitlich unter der Oberlippe hervortretend. Blätter lineal, ganzrandig, unterseits drüsig-punktiert. Stengel bis 30 cm hoch. Gewürzhafter Geruch! (S. 286.)

Feld-Thymian.
Thymus serpýllum.

β) Kelch 5zähnig. Krone 2lippig.

1. Staubblätter seitlich unter der Oberlippe hervortretend. (Siehe oben!)

Echter Dost.
Oríganum vulgáre.

2. Staubblätter nicht seitlich unter der Oberlippe hervortretend.

° Oberlippe flach. Unterlippe sehr gewölbt. Blüten rötlich oder weißlich. Blätter gestielt, herzförmig, gesägt, unterseits graufilzig. Stengel 1m hoch. Starker Geruch, wie Baldrian! (S. 685.)

Echtes Katzenkraut.
Népeta catária.

°° Oberlippe gewölbt.

△ Unterlippe mit Zahn auf beiden Seiten des Mittellappens. Stengel an den Gelenken knotig verdickt und steifhaarig. Mehrere Arten von 10—70 cm Höhe. (S. 362.)

Hohlzahn.
Galeópsis.

△△ Unterlippe ohne Zahn.

* Blumenkrone innen ohne Haarring. Stengel einfach, 1 m hoch. Blätter eiförmig, am Grunde herzförmig, untere lang, obere kurz gestielt. Blütenstand endständig in dichter Scheinähre. (Zweiter Name: Betonie.) (S. 362.)

Gemeiner Ziest.
Stachys officinális.

** Blumenkrone innen mit Haarring.

☐ Unterlippe mit drei stumpfen Zipfeln.

† Alle 3 Lappen gleich oder fast gleich. Stengel 1 m hoch. Untere Blätter handförmig-fünfspaltig, gezähnt, obere 3lappig, ganzrandig. (S. 685.)

Löwenschwanz, Herzgespann.
Leonúrus cardíaca.

†† Mittellappen größer.

∩ Blüten gestielt, in Quirlen. Stengel 1 m hoch. Blätter eiförmig, stumpf-gesägt. Kelchzähne lang begrannt. Unangenehmer Geruch! (S. 685.)

Schwarznessel.
Ballóta nigra.

∩∩ Blütenquirle nicht gestielt.

Pflanzenleben. 643

Mehrere Arten von 10—100 cm Höhe. Stengel ästig.
Blätter gestielt oder sitzend, lanzettlich
oder herzförmig, gekerbt, gesägt, behaart.
(S. 362.)

Ziest.
Stachys.

☐☐ Unterlippe mit 2 seitlichen, spitzen Zipfeln. Die
2 Seitenzipfel sehr klein, zahnförmig.
(Siehe S. 366.)

Bienensaug.
Lámium.

γ) Kelch 4zähnig, Krone 2lippig.
° Oberlippe zusammengedrückt, schwach ausgerandet. Staubbeutel an der Spitze zottig. Blätter läng-
lich, entfernt gesägt. Bis 50 cm hoch.

Roter Augentrost.
Euphrásia serótina.

°° Oberlippe vorgestreckt, braun; Krone fast kugelig olivengrün; Unterlippe mit 3 kurzen Lappen.
Stengel scharf-4kantig, bis 1 m hoch.

Knotige Braunwurz.
Scrophulária nodósa.

C. Blätter grundständig, grasartig, schmal, höchstens
3 mm breit, 1nervig. Stengel kahl, bis
40 cm hoch. Blüten in dichten Köpfchen.

Gemeine Grasnelke.
Arméria vulgáris.

II. Blätter geteilt.

A. Staubblätter 10, am Grunde verwachsen, davon zuweilen 5 ohne Staubbeutel. Griffel 5. Frucht mit langem
Schnabel. Kelch und Krone mit 5 Blättern.

a) Blätter gefiedert. 5 Staubfäden ohne Staubbeutel. Fruchtschnabel bei der Reife korkzieherartig
gedreht. Stengel bis 40 cm hoch. (S. 365.)

Reiherschnabel.
Eródium cicutárium.

b) Blätter handförmig gelappt. Alle 10 Staubblätter mit
Staubbeutel. Fruchtschnabel bei der Reife bogenförmig
zurückrollend.

1. Blätter 3—5zählig. Blättchen doppelt-
fiederspaltig. Stengel mit roten Gelenken,
bis 50 cm hoch. Übler Geruch! (S. 364.)

Ruprechtskraut.
Gelánium
Robertiánum.

2. Blätter 5—7spaltig, bis zum Grunde geteilt, mit linealen
Zipfeln.

α) Stengel abstehend-behaart, bis 30 cm hoch. Früchtchen
abstehend behaart. Krone so lang wie
der Kelch. Blütenstände kurz, nicht
länger als ihr Stützblatt.

Schlitzblättriger
Storchschnabel.
Gelánium
disséctum.

β) Stengel angedrückt-behaart, bis 60 cm hoch. Früchtchen
meist kahl. Krone länger als der Kelch.
Blütenstände lang, länger als ihr Stützblatt.

Stein-
Storchschnabel.
Gelánium
columbínum.

G r u p e , Naturkundl. Wanderbuch.   21

3. Blätter 5—9spaltig, etwa bis zur Hälfte geteilt. Stengel weichhaarig, bis 30 cm hoch. Kronblätter tief eingeschnitten. **Weicher Storchschnabel.** *Geránium molle.*

B. **Staubblätter viele, in eine Röhre verwachsen.** Staubfäden oben gespalten. Kelch und Krone 5teilig.

a) Stengelblätter tief geteilt. Untere Blüten einzeln in den Blattwinkeln.

1. Blüte wohlriechend, nach Moschus duftend. Früchte rauhhaarig. Stengel rauh, mit einfachen Haaren, bis $1/_2$ m hoch. (Siehe unten!) **Moschus-Malve.** *Malva moscháta.*

2. Blüte geruchlos. Früchte kahl, feinquerrunzlig. Stengel rauh, mit Sternhaaren, bis $3/_4$ m hoch. **Siegmarswurz.** *Malva álcea.*

b) Stengelblätter handförmig gelappt. Blüten zu 2 oder mehr in den Blattwinkeln.

1. Fruchtstiele aufrecht. Kronblätter 3—4mal länger als der Kelch, mit Längsstreifen. Stengel niederliegend bis aufrecht, rauhhaarig, bis 1 m hoch. **Wilde Malve.** *Malva silvéstris.*

2. Fruchtstiele abwärts gebogen. Kronblätter 2—3mal länger als der Kelch. Stengel niederliegend oder aufsteigend, rauhhaarig, bis $1/_2$ m lang. **Weg-Malve.** *Malva neglécta.*

C. **Staubblätter 10, davon 9 verwachsen, 1 frei. Krone 5blättrig. Schmetterlingsblüte.**

a) Blätter 3zählig. Blüten in kugeligen Köpfchen, am Grunde von Blättern umhüllt. (S. 347.) **Roter Wiesenklee.** *Trifólium praténse.*

b) Blätter gefiedert.

1. Blüten in kopfförmigen Dolden, 10—20blütig. Fahne rot, Flügel und Schiffchen weißlich. Blättchen 11—23. Stengel hohl, niederliegend oder aufsteigend, bis $3/_4$ m hoch. (S. 281.) **Bunte Kronwicke.** *Coronílla vária.*

2. Blüten in Trauben.

α) Blätter paarig gefiedert, am Ende mit einer Wickelranke. Blättchen 1paarig, länglich. Nebenblätter lineal. Traube mit etwa 5 Blüten, dunkelrot, wohlriechend. Stengel kantig, kahl, verästelt, kletternd, bis 1 m hoch. Wurzelstock dünn, mit Knollen. (S. 365.) **Erdnuß, Knollige Platterbse.** *Láthyrus tuberósus.*

β) Blätter unpaarig gefiedert, mit einem Endblättchen. Blättchen 13—25. Blüten rosa. Stengel bis ⅔ m hoch. (S. 347.) **Esparsette.** *Onobrýchis viciaefólia.*

Pollenkörner der Malven.

Das Pollenkorn an den Staubblättern einer Blüte ist eine Zelle. Es ist in der Regel so klein, daß man es durch Vergrößerungsgläser sichtbar machen muß, wenn man es sehen will. Die Pollenkörner der Malven (auch von Gurken und Kürbis) kann man mit freiem Auge erkennen.

22. Blaublühende Pflanzen des Wegrandes.

I. **Blätter ungeteilt.**

A. **Blätter gegenständig.**

a) Blüten lila, in Köpfchen mit gemeinschaftlicher Hülle, vom Aussehen einer Korbblüte. Krone 4—5 spaltig. Staubblätter 4. Blätter länglich-eiförmig, sitzend, am Grunde breit verwachsen. [Oft Wasser in dem Blattbecher. Insektenfalle!] Stengel, Mittelrippe der Blätter und Hüllblätter stachelborstig. Stengel bis 1½ m hoch. (S. 54.) **Gemeine Karde.** *Dipsacus silvéster.*

b) Blüten nicht in Köpfchen.

α) Staubblätter 4 (2 lang, 2 kurz).

1. Krone deutlich 2 lippig. Kelch gleichmäßig 5 zähnig. Blüten in Scheinquirlen in den Achseln der Blätter. Blätter nierenförmig, gekerbt. Stengel kriechend, bis 60 cm lang. (S. 448.) **Gundermann.** *Glechóma hederácea.*

2. Krone undeutlich 2 lippig. Oberlippe kurz, 2 lappig. Unterlippe 3 spaltig. Blüten in Scheinquirlen. Grundblätter lang gestielt, spatelförmig. Mit beblätterten kriechenden Ausläufern. Stengel bis 30 cm hoch. (S. 56.) **Kriechender Günsel.** *Ájuga reptans.*

β) Staubblätter 2.

1. Krone deutlich 2 lippig. Kelch eiförmig-glockig, 2 lippig. Kelchzähne stachelspitzig. Grundblätter rosettig, kerbig-gesägt, am Grunde herzförmig, ungeteilt oder 3 lappig. Stengel bis 60 cm hoch. (S. 446.) **Wiesen-Salbei.** *Sálvia praténsis.*

2. Krone radförmig, 4 teilig, mit ungleichen Zipfeln. Kelch 4-, zuweilen 5 teilig. Blüten in Trauben oder einzeln. Stengel bis 30 cm hoch. (S. 447.) **Ehrenpreis.** *Verónica.*

646   **An Straßen und Wegen.**

B. Blätter wechselständig.

a) Blüten in Körbchen oder Köpfchen.

1. Blüten in Körbchen mit Zungenblüten. Ohne Pappus. Hüllkelch mit 5blättrigem Außenkelch. Körbchen 2—3 beisammen. Grundblätter rosettig, schrotsägig. Obere Blätter halb stengelumfassend, lanzettlich.   **Wegwarte.** Stengel ästig, rauh, bis 1 m hoch.   *Cichórium íntybus.*

2. Blüten in endständigen, langgestielten, dichten, halbkugeligen Köpfchen. Kelch und Krone mit 5 Zipfeln. Staubblätter 5. Blätter lanzettlich bis lineal, am Rande wellig. Stengel am Grunde ästig und rauhhaarig,   **Schaf-Skabiose.** oben blattlos und kahl. (S. 447.)   *Jasióne montána.*

b) Blüten nicht in Körbchen oder Köpfchen. Staubblätter 5.

α) Ganze Pflanze rauhborstig. Krone trichterig.

1. Schlund der Krone durch Schuppen geschlossen.

° Schlundschuppen sammetartig. Kronröhre gerade. Blüte violett bis blau. Blät-   **Echte Ochsenzunge.** ter lanzettlich, ganzrandig. Stengel bis   *Anchúsa officinális.* ³/₄ m hoch. (S. 687.)

°° Schlundschuppen rauhhaarig. Kronröhre (Hals!) knieförmig gebogen. Blätter lanzettlich, am   **Krummhals.** Rande ausgeschweift-gezähnt. Stengel   *Lycópsis arvénsis.* ästig, bis 30 cm hoch. (S. 370.)

2. Schlund der Krone durch kleine   **Schwarzwurz.** pfriemliche Schuppen geschlossen. Krone   *Sýmphytum officinále.* walzig-glockig. (S. 493.)

3. Schlund der Krone ohne Schuppen, offen.

Krone mit unregelmäßigem, 5lappigem Saum. Staubblätter ungleich, weit aus der Krone hervorragend. Blüten in blattwinkelständigen, einseitigen Ähren, erst   **Natterkopf.** rötlich, dann blau. Blätter lanzettlich.   *Échium vulgáre.* Stengel bis 1 m hoch. (S. 687.)

β) Pflanzen nicht rauhborstig.

1. Krone 1blättrig, glockig, mit 5Zipfeln.   **Glockenblume.** (Siehe S. 250.)   *Campánula.*

2. Krone 5blättrig, mit Sporn. (Siehe   **Veilchen.** S. 291.)   *Víola.*

II. Blätter geteilt.

   A. Blätter handförmig gelappt, 5—9spaltig.

       Kelch und Krone 5zählig. Staubblätter 10, am Grunde verwachsen. Griffel 5.

Pflanzenleben. 647

1. Krone groß, viel länger als der Kelch. **Wiesen-Storchschnabel.** Blätter 7teilig. Stengel bis ³/₄ m hoch. *Geránium praténse.*

2. Krone klein, Kronblätter schwach ausgerandet, lila. Oft 5 Staubblätter ohne Staubbeutel. Blätter 5—9spaltig, meist gegenständig. Stengel ausgebreitet, ästig, kurzhaarig, bis 45 cm hoch. **Kleiner Storchschnabel.** *Geránium pusíllum.*

B. Blätter fiederspaltig oder gefiedert.

  a) Blätter wechselständig.

    Blattstiel in einer Ranke endigend, Blätter also paarig gefiedert. Blüten Schmetterlingsblüten, violett. Stengel schlaff. (S. 309.) **Wicke.** *Vicia.*

  b) Blätter gegenständig.

    α) Blüten in Köpfchen (vom Aussehen einer Korbblüte, Einzelblüte jedoch mit 4 Staubblättern).

    1. Blütenboden mit Spreublättern. Krone meist 5spaltig. Außenkelch gefurcht, mit trockenhäutigem Saum. Randblüten strahlend. Stengelblätter leierförmig, obere fiederspaltig. Stengel unten kahl, oben rauh. Bis 60 cm hoch. (S. 447.) **Tauben-Skabiose.** *Scabiósa columbária.*

    2. Blütenboden ohne Spreublätter, mit Haaren. Krone 4spaltig. Außenkelch nicht gefurcht. Randblüten strahlend. Obere Blätter fiederspaltig, untere meist ungeteilt. Stengel mit langen, steifen Haaren. Bis 80 cm hoch. (S. 447.) **Acker-Skabiose.** *Knaútia arvénsis.*

    β) Blüten in endständigen, dünnen Ähren. Kelch 5spaltig. Krone röhrig, mit 5spaltigem, fast 2lippigem Saum. Staubblätter 4, davon 2 länger. Blätter fiederspaltig eingeschnitten, die unteren in den Blattstiel verschmälert, die mittleren 3lappig, die oberen sitzend. Stengel 4kantig, bis 1 m hoch. **Eisenkraut.** *Verbéna officinális.*

C. Blätter 3zählig. (S. 347, 449.) **Luzerne.** *Medicágo sativa.*

23. Weißblühende Pflanzen des Wegrandes.

I. Blätter ungeteilt und quirlständig.

  1. Stengel durch rückwärts gerichtete Stacheln rauh, 4kantig, bis 1¹/₄ m hoch, niederliegend oder mittels der Borsten kletternd. Früchte mit hakigen Borsten [bleiben an den Kleidern hängen!]. Krone radförmig, 4spaltig. Staubblätter 4. (S. 351.) **Kletten-Labkraut.** *Gálium aparíne.*

648   An Straßen und Wegen.

2. Stengel nicht borstig-rauh, 4kantig, meist zahlreich. Blätter meist zu 8, stachelspitzig, 1nervig, vorn verbreitert. Blüten in lockeren Rispen. *Gemeines Labkraut.* Kronzipfel haarspitzig. — *Gálium mollúgo.*

II. Blätter ungeteilt und gegenständig.

A. Staubblätter 4, davon 2 länger. Krone lippig.

a) Griffel 1. 4 Früchtchen im Kelche. Lippenblüter.

1. Siehe Weißer Bienensaug. S. 366.

2. Siehe Katzenkraut. S. 642.

3. Siehe Gemeiner Hohlzahn. S. 642.

b) Griffel 2. Samen in einer Kapsel im Kelche. Rachenblüter. Siehe Augentrost. S. 271.

B. Staubblätter 10.

a) Kelch verwachsen-blättrig, mit 5 Zähnen.

α) Griffel 3.

1. Kelch aufgeblasen, mit 20 Nerven, die netzartig miteinander verbunden sind. Kronblätter 2spaltig. Blüten oft 2häusig. Blätter lanzettlich. Stengel verzweigt, bis ¹/₂ m hoch, kahl. *Taubenkropf, Blasiges Leimkraut. Siléne infláta.*

2. Kelch nicht aufgeblasen, mit 10 Nerven. Kronblätter 2spaltig, unterseits oft grünlich. Blüten in Rispen, nickend. Untere Blätter lanzettlich, obere lineal. Stengel einfach, oben oft klebrig, bis ²/₃ m hoch. (S. 436.) *Nickendes Leimkraut. Siléne nútans.*

β) Griffel 5.

Kelch röhrig bis bauchig. Kronblätter tief 2spaltig, mit langem Nagel. Kapsel mit 10 Zähnen. Obere Blätter lanzettlich, untere länglich. Stengel behaart, bis ³/₄ m hoch. [Blüte öffnet sich am Nachmittag.] (S. 436.) *Weiße Lichtnelke. Melándryum album.*

b) Kelch freiblättrig.

α) Griffel 3.

° Kronblätter tief gespalten.

1. Stengel rund, niederliegend, einzeilig behaart. Blätter eiförmig. (Siehe S. 352.) *Vogelmiere. Stellária média.*

2. Stengel 4kantig, bis 30 cm hoch. Blätter lineal-lanzettlich, sämtlich sitzend, rauh. Kronblätter bis zur Mitte gespalten, doppelt so lang wie der Kelch. *Sternmiere. Stellária holóstea.*

Pflanzenleben.

°° Kronblätter nicht gespalten.

1. Stengel einfach, bis 20 cm hoch. Blätter länglich, spitz. Blüten in einfacher, endständiger Dolde. (S. 352.)

Spurre.
Holósteum umbellátum.

2. Stengel sehr ästig, bis 12 cm hoch. Blätter eiförmig, zugespitzt. Blüten einzeln in den Blattwinkeln. Kelchblätter 3nervig. (S. 352.)

Quendel-Sandkraut.
Arenária serpyllifólia.

β) Griffel 5.

° Kronblätter tief gespalten.

Stengel bis 20 cm hoch. Blätter lineal-lanzettlich, sitzend. Kronblätter doppelt so lang wie die Kelchblätter. Rasenbildend. (Andere Arten ähnlich gebaut.) (S. 267.)

Acker-Hornkraut.
Cerástium arvénse.

°° Kronblätter nicht gespalten.

1. Blätter mit häutigen Nebenblättern, pfriemlich, quirligbüschelig, unterseits mit einer Längsfurche. Stengel ästig, schlaff, liegend, bis 50 cm hoch. (S. 351.)

Feld-Spark.
Spérgula arvénsis.

2. Blätter ohne Nebenblätter, lineal, stachelspitzig, kahl, am Grunde scheidig verwachsen. Stengel niederliegend, am Grunde wurzelnd, etwa 5 cm hoch. (S. 659.)

Liegendes Mastkraut.
Sagína procúmbens.

III. **Blätter ungeteilt und wechselständig.**

A. **Blüten in Körbchen.**

1. Blüten mit Pappus. Körbchen sehr klein, zahlreich in länglicher Rispe. Blätter lineal-lanzettlich, borstig-gewimpert. Stengel stark verzweigt, bis 1 m hoch. [Im 17. Jahrhundert aus Nordamerika (Kanada) eingeschleppt; vermehrt sich durch Samen sehr rasch, heute gemein: Große Samenmengen, Pappus, Ausbreitung durch Wind.] (S. 681, 696.)

Kanadisches Berufskraut.
Erígeron canadénsis.

2. Blüten ohne Pappus. Blätter ungeteilt, lineal-lanzettlich, sitzend, bis zur Mitte dicht gesägt, dann entfernt gesägt. Strahlblüten etwa 10, weiß. Scheibenblüten gelblich-weiß. Bis 80 cm hoch.

Sumpf-Garbe.
Achilléa ptármica.

B. **Blüten nicht in Körbchen.**

a) Staubblätter 5.

α) Stengel windend oder niederliegend. Krone groß, trichterigglockig.

650   An Straßen und Wegen.

1. Vorblätter (dicht unter der Blüte!) groß, den Kelch bedeckend. Blüten einzeln in den Blattwinkeln. Blätter pfeilförmig mit abgestutzten Öhrchen. Win   **Zaun-Winde.**
dend, bis 3 m hoch. (S. 492.)   *Convólvolus sépium.*

2. Vorblätter klein, von der Blüte entfernt. Blüten einzeln
oder zu 2 in den Blattwinkeln, weiß oder   **Acker-Winde.**
rötlich. Blätter spieß- oder pfeilförmig.   *Convólvolus*
Stengel windend, bis ²/₃ m hoch. (S. 352.)   *arvénsis.*
β) Stengel nicht windend.

1. Pflanze stark rauhhaarig. Blüten in den Blattwinkeln,
klein, Krone trichterig, mit langer Röhre.
Blätter schmal-lanzettlich. Stengel ein   **Acker-Steinsame.**
fach oder oben verzweigt, bis ¹/₂ m hoch.   *Lithospérmum*
(S. 279.)   *arvénse.*

2. Pflanzen nicht rauhhaarig.

§ Krone radförmig. Staubblätter oben kegelförmig zusammenschließend. Blüten klein. Beeren
schwarz. Blätter buchtig gezähnt bis   **Schwarzer**
ganzrandig. Stengel von unten auf ästig, **Nachtschatten.**
bis 80 cm hoch. Giftig! (S. 681.)   *Solánum nigrum.*

§§ Krone trichterig. Staubblätter sich oben nicht zusammenlegend. Blüten groß, einzeln, endständig und in den Gabelungen. Frucht mit Stacheln. Blätter eiförmig, ungleichbuchtig gezähnt. Stengel ästig, bis 1 m   **Stechapfel.**
hoch. Sehr giftig! (S. 681.)   *Datúra stramónium.*

b) Staubblätter 6, davon 4 länger; Kelch und Krone
4blättrig: Kreuzblütler.

α) Frucht ein Schötchen: ebenso breit oder fast so breit
wie lang.

1. Kronblätter 2spaltig. Blätter nur in grundständiger
Rosette, lanzettlich, gezähnt oder ganz   **Hungerblümchen.**
randig. Stengel blattlos, bis 10 cm hoch.   *Erophila verna.*

2. Kronblätter nicht gespalten. Blätter auch stengelständig.
§ Fächer der Schötchen 1samig. Stengelblätter am Grunde
pfeilförmig, den Stengel umfassend.   **Kresse.**
Pflanzen behaart. (S. 682.)   *Lepídium.*

§§ Fächer der Schötchen 2- oder mehrsamig.
° Schötchen 3eckig-verkehrt-herzförmig **Hirtentäschelkraut.**
(wie ein Handtäschchen!). Stengel ein   *Capsélla bursa*
fach oder ästig, bis 50 cm hoch. (S. 353.)   *pastóris.*

Pflanzenleben. 651

°° Schötchen fast kreisrund, flachgedrückt, rundum breit geflügelt, mit vielsamigen Fächern. Stengelblätter sitzend, am Grunde pfeilförmig, buchtig gezähnt. **Acker-Hellerkraut.** Stengel kantig, bis 40 cm hoch. (S. 682.) *Thlaspi arvénse.*

β) Frucht eine Schote: sehr viel länger als breit.

1. Stengelblätter sitzend, den Stengel umfassend, eiförmig-lanzettlich, ganzrandig. Krone gelblich-weiß. Stengel unten rauhhaarig, schlank, **Turmkraut.** *Turrítis glabra.* bis 1½ m hoch. (S. 39.)

2. Stengelblätter gestielt, breit-herzförmig, grob gezähnt. [Blätter reiben: Knoblauchgeruch!] **Knoblauchsrauke.** Stengel bis 1 m hoch. (S. 682.) *Alliária officinális.*

c) Staubblätter 8. (Blüten jedoch sehr klein und unscheinbar, daher schwer zu zählen!)

Häufigste Wegpflanze, kommt bis auf den festgetretenen Weg, ja bis zwischen die Pflastersteine. Daher ihr Name: Wegtritt. Blüten winzig, weiß oder rötlich, in den Blattachseln. Blätter lineal bis lanzettlich, sitzend. Stengel knotig, meist niederliegend, sehr verästelt, bis 50 cm lang. [Pflanze sehr veränderlich, je nach ihrem Standort!] **Vogel-Knöterich.** *Polýgonum aviculáre.* (S. 352, 687.)

IV. **Blätter geteilt.**

A. **Blätter 3zählig. Kleeblatt. Schmetterlingsblüte.**

1. Stengel kriechend, wurzelnd, bis 40 cm lang. Köpfchenstiele aufrecht. Blättchen verkehrt-eiförmig, fein gezähnt. Köpfchen nach dem **Weißklee.** *Trifólium repens.* Abblühen braun. (S. 436.)

2. Stengel aufrecht, ästig, bis 1¼ m hoch. Blättchen scharf gesägt, obere lanzettlich, untere eiförmig. Flügel der Blüte so lang wie das Schiffchen, kürzer als die **Weißer Steinklee.** *Melilótus albus.* Fahne. Hülsen runzlig. (S. 637.)

B. **Blätter 3zählig.** (S. 41.) **Erdbeere.** *Fragária.*

C. **Blätter gefiedert.**

Stengel aufrecht, zottig behaart, bis 50 cm hoch. Blätter im Umriß länglich bis lineal, 2—3fach fiederteilig, mit zahlreichen (mille = 1000) Zipfeln. Körbchen in Trugdolden: Korbblütler. Strahlenblüten etwa 5, **Schafgarbe.** *Achilléa millefólium.* waagerecht abstehend, halb so lang wie der Hüllkelch. [Blätter reiben: Geruch?]

21*

24. Doldenpflanzen des Wegrandes.

(Beachte den Unterschied zwischen Dolde und Trugdolde!
Schafgarbe hat eine Trugdolde.) (Abb. S. 433.)

I. **Blätter dornig gezähnt.**

Pflanze von distelartigem Aussehen, sparrig ausgebreitet, weiß-grün. Untere Blätter 3zählig, doppelt-fiederspaltig, gestielt; obere Blätter 3—5spaltig, stengelumfassend. Stengel $^1/_3$ m hoch. Blütenstand köpfchenartig. Blüten weiß oder graugrün.

Feld-Männertreu.
*Erýngium
campéstre.*

II. **Blätter nicht dornig gezähnt.**

A. **Blätter einfach gefiedert. Fiederblättchen gelappt.**

1. Blüten gelb oder grünlich. Blätter oberseits glänzend. Blättchen länglich, am Grunde tief eingeschnitten, an der Spitze grob gesägt. Doldenstrahlen 8—10. Stengel bis 1 m hoch, tiefgefurcht. [Wurzel ausziehen: aromatischer Geruch, angenehmer Geschmack, fleischig. Angebaut als Küchengewächs.]

Pastinak.
Pastináca satíva.

2. Blüten weiß. Blätter scharf rauhhaarig, einfach gefiedert oder tief fiederspaltig; Blattscheiden aufgeblasen; Fiederblättchen gelappt. Randblüten größer, tief 2spaltig. Frucht flach, mit häutigem Rand. Stengel bis $1^1/_2$ m hoch, hohl, gefurcht, steifhaarig. (S. 64, 434.)

Wiesen-Bärenklau.
*Heracléum
sphondýlium.*

3. Siehe auch Bibernelle, (S. 434.)

B. **Blätter mehrfach gefiedert.**

a) **Frucht mit Borsten oder Stacheln.**

1. Blätter doppelt gefiedert. Blättchen länglich, eingeschnitten-gesägt. Dolde langgestielt. Krone rötlich oder weiß. Frucht dicht mit einwärts gekrümmten Stacheln besetzt. Stengel bis $1^1/_3$ m hoch. [Gehe dicht an der Pflanze vorbei und streife die Früchte mit den Kleidern: sie bleiben hängen (,,Bettlerläuse"), Ausbreitung durch Tiere.] (S. 64, 316.)

Kletten-Kerbel.
Tórilis anthríscus.

2. Blätter 2—3fach gefiedert. Blättchen fiederspaltig, mit lanzettlichen, stachelspitzigen Zipfeln. Krone der Mittelblüte oft schwarzrot. Dolden nach dem Verblühen zusammengezogen. Frucht mit zahlreichen Stacheln. Stengel bis $1^1/_3$ m hoch, steifhaarig. [Wurzel ausziehen: Geruch? Geschmack?

Die wilde Möhre ist die Stammform unserer angebauten Gartenmöhre.] (S. 434.)

Möhre.
Daucus caróta.

b) **Frucht ohne Borsten und Stacheln.**

α) **Hüllchen fehlend.**

1. Untere Blätter doppelt 3zählig, obere einfach 3zählig. Blättchen länglich, scharf-gesägt. Dolde groß, flach; ohne Hülle und Hüllchen. Stengel bis 1 m hoch, tief gefurcht. [Blätter als Wildgemüse gebraucht.]

Giersch, Geißfuß.
Aegopódium podagrária.

2. Blätter 2—3fach gefiedert. Blättchen am Blattstiele kreuzweise gestellt. Dolde 8—10strahlig; ohne Hülle und Hüllchen. Stengel bis 1 m hoch, ausgebreitet ästig. [Frucht zerbeißen: Geschmack ?] (S. 434.)

Wiesen-Kümmel.
Carum carvi.

β) **Hüllchen vielblättrig.**

° Hülle vorhanden, meist 5blättrig, zurückgeschlagen. Hüllchenblätter am Grunde verwachsen. Dolden 10- bis 20strahlig. Blätter 3fach gefiedert, oberseits dunkelgrün, unterseits heller. Fiederchen stachelspitzig. Blätter reiben! (Geruch.) Stengel kahl, gerillt, unten oft braunrot gefleckt, bis fast 2 m hoch.

Gefleckter Schierling.
Cónium maculátum.

°° Hülle fehlend.

1. Dolden 8—15strahlig, alle gestielt. Blätter 2—3fach gefiedert. Blättchen tief-fiederspaltig. Dolden zahlreich. Hüllblättchen meist 5, zurückgeschlagen. Frucht glatt, glänzend, etwa so lang wie der Stiel. Schnabel gefurcht, von $^1/_5$ der Fruchtlänge. Stengel bis 1½ m hoch, unten rauhhaarig. (S. 66.)

Wald-Kerbel.
Anthriscus silvéstris.

2. Dolden 3—7strahlig, teils gestielt, teils sitzend. Blätter 3fach gefiedert. Blättchen mit länglichen, stachelspitzigen Zipfeln. Dolden blattgegenständig. Frucht rauh. Schnabel kahl, von $^1/_3$ der Fruchtlänge. Stengel bis $^2/_3$ m hoch, rund, kahl. (S. 65.)

Hecken-Kerbel.
Anthriscus vulgáris.

3. Dolde 10—20strahlig. (Nachtrag S. 334) **Hundspetersilie.**

C. **Blätter 3zählig.**

Grundblätter einfach und 3zählig. Stengelständige Blätter auf den Blattscheiden sitzend: 3zählig, das mittlere Blättchen 3spaltig, die seitlichen 2—3spaltig. (Man ziehe ein Blatt vom Stengel ab!) Die einzelnen Blättchen sichelförmig, scharf-gesägt. Hülle und Hüllchen vielblättrig. Dolde weiß, Stengel stark verästelt, rund, fein gerieft, bis $^3/_4$ m hoch. (S. 354.)

Sichelmöhre.
Falcária vulgáris.

D. Blätter einfach. Untere Blätter länglich, in den Blattstiel verschmälert, obere lanzettlich, sitzend. Dolden 4—8strahlig. Hülle und Hüllchen aus mehreren lanzett-lichen Blättchen bestehend. Krone gelb. Bis 1 m hoch. (S. 273.)   **Sichel-Hasenohr.** *Bupléurum falcátum.*

25. Drei Wegericharten.

	Großer Wegerich, *Plantágo májor*	Mittlerer Wegerich, *Plantágo média*	Spitzwegerich, *Plantágo lanceoláta*
Schaft . .	stielrund	stielrund	gefurcht
Blatt . .	eirund	elliptisch	lanzettlich
Ähre . .	sehr lang, mit weißrötlichen Blüten	viel kürzer als die vorige, mit silberigen Blüten	sehr kurz

Beobachtung: Zerreiße einen Blattstiel vom Großen Wegerich und beobachte den Bau und den Verlauf der Gefäßbündel, die als lange, weiße Fäden heraushängen! Desgleichen Spitzwegerich, Mittlerer Wegerich, Vogelmiere.

26. Gräser des Wegrandes.

(S. 428.)

I. **Ährengräser:** Ährchen ohne Stiel auf der Spindel. Beispiele: Roggen, Weizen, Gerste.

A. **Eine einzige Ähre an der Spitze des Halmes.**

a) Ährchen einzeln auf den Zähnen der Spindel.

1. Ährchen mit der schmalen Seite der Spindel zugekehrt. Ähre wie gewalzt, bis 20 cm lang. Halm glatt, bis 50 cm hoch.   **Englisches Raygras.** *Lólium perénne.*

2. Ährchen mit der breiten Seite der Spindel zugekehrt, Ähre 4kantig, bis 10 cm lang. Blätter oberseits rauh, oft mit einzelnen langen Haaren. Halm bis $\frac{1}{2}$ m hoch.   **Gemeine Quecke.** *Agropýrum répens.*

b) Ährchen zu 2—4 auf den Zähnen der Spindel. Niedriges Gras, bis 40 cm hoch, vom Aussehen der Gerste. Ähre 8—10 cm lang, 6zeilig. Ährchen lang begrannt.   **Mäusegerste.** *Hórdeum murínum.*

Pflanzenleben. 655

B. Mehrere fingerartig zusammengestellte Ähren an der Spitze des Halmes.

1. Ähren meist zu 5 (4—6), oft violett überlaufen. Blattscheiden und Blätter behaart. Halm bis ½ m hoch, aufsteigend. Ganze Pflanze oft blutrot überlaufen. **Blut-Hirse.** *Pánicum sanguinále.*

2. Ähren meist zu 3 (2—4), oft violett überlaufen. Blattscheiden und Blätter kahl. Halm bis 30 cm, niederliegend. **Faden-Hirse.** *Pánicum lineáre.*

II. Ährenrispengräser: Ährchen mit kurzem Stiel auf der Spindel, daher das Aussehen einer Ähre (Scheinähre).

A. Scheinähre walzenförmig.

1. Hüllspelzen am Grunde verwachsen. Untere Spelze auf dem Rücken begrannt, daher die ganze Scheinähre rundum begrannt und bleichgrün. Halm bis 80 cm hoch. **Wiesen-Fuchsschwanz** *Alopecúrus praténsis.*

2. Hüllspelzen am Grunde frei. Untere Spelze unbegrannt. Scheinähre grün. Halm bis 80 cm hoch. **Wiesen-Lieschgras.** *Phléum praténse.*

B. Scheinähre nicht walzenförmig.

1. Scheinähre einseitswendig, lineal, bürstenförmig, mit kammartigen Deckblättern. Ährchen 2—5blütig. Halm steif aufrecht, bis ½ m hoch. **Kammgras.** *Cynosúrus cristátus.*

2. Scheinähre länglich-rundlich, am Grunde verschmälert, locker. Ährchen 1 blütig. Halm bis ½ m hoch. [Pflanze reiben: Angenehmer Geruch nach Waldmeister.] **Ruchgras.** *Anthoxánthum odorátum.*

III. Rispengräser: Ährchen mit langem Stiel auf der Spindel. Beispiel: Hafer.

A. Ährchen 1blütig.

Gras mit lockerer Rispe, deren sehr zarte Äste in vielarmigen Quirlen stehen. Ährchen ohne Grannen, 3 mm groß, von der Seite zusammengedrückt, an haarfeinen Stielen, violett überlaufen. Hüllspelzen ungleich. Halm bis 80 cm hoch. (S. 606.) **Rotes Straußgras.** *Agróstis vulgáris.*

B. Ährchen 2- bis vielblütig.

a) Hüllspelzen so lang oder fast so lang wie das ganze Ährchen.

α) Hohe Gräser, Halm $1/2$—$1^1/_4$ m hoch.

1. Blätter oberseits glatt. Rispe gleichseitig, während der Blütezeit ausgebreitet, zuweilen violett überlaufen. Untere Spelze der unteren Blüte mit langer, geknieter Rückengranne.
Wiesenhafer.
Arrhenatérum elátius.

2. Blätter oberseits sehr rauh, mit stark hervortretenden Nerven. Rispe breit pyramidenförmig, mit waagerecht abstehenden Ästen. Ährchen bräunlichweiß. Granne so lang wie die Spelze. Nur an feuchten Wegrändern.
Rasenschmiele.
Deschámpsia caespitósa.

β) Niedriges Gras, Halm $1/_4$—$1/_2$ m hoch. Ganze Pflanze behaart: obere Stengelknoten, Blattscheiden, Blätter beiderseits kurz behaart; Halm unten langwollig. Rispe abstehend, meist rötlich überlaufen.
Wolliges Honiggras.
Holcus lanátus.

b) Hüllspelzen kurz, das Ährchen nur am Grunde umfassend.

α) Rispe in dicken Knäueln.

Hohes Gras, bis $1^1/_4$ m hoch. Blattscheiden rückwärts rauh. Rispe einseitswendig, mit dicken, rauhen Ästen.
Knäuelgras.
Dáctylis glomeráta.

β) Rispe nicht in Knäueln.

° Deckspelzen am Rücken gekielt.

§ Untere Rispenäste einzeln oder zu 2. Rispe locker, meist einseitswendig. Halm etwas zusammengedrückt, bis 25 cm hoch.
Jähriges Rispengras.
Poa ánnua.

§§ Untere Rispenäste meist zu 3—5.

1. Halm stark zusammengedrückt, zweischneidig, am Grunde geknickt, bis 40 cm hoch. Rispe einseitswendig, Rispenäste rauh.
Zusammengedrücktes Rispengras.
Poa compréssa.

2. Halm rund oder schwach zusammengedrückt.

* Mit langen Ausläufern. Blatthäutchen kurz, gestutzt. Halm schwach zusammengedrückt, glatt, bis 1 m hoch.
Wiesen-Rispengras.
Poa praténsis.

** Ohne lange Ausläufer. Blatthäutchen lang, spitz. Halm rund, etwas rauh, bis 1 m hoch.
Raues Rispengras.
Poa triviális.

°° Deckspelzen am Rücken gewölbt.

Pflanzenleben. 657

§ Spelzen ohne Granne.

Ährchen seitlich zusammengedrückt, rundlich, am Grunde herzförmig, hängend, daher die Rispen zitternd. Halm bis ¹/₂ m hoch. **Zittergras.** *Briza média.*

§§ Spelzen mit Granne.

1. Rispenachse 4 kantig. Rispenäste an zwei gegenüberliegenden Seiten der Achse angewachsen, daher 2 seitswendig.

* Die untere Hüllspelze 3—5 nervig, die obere 7—9 nervig. Ganze Pflanze weichhaarig, graugrün. Halm bis ¹/₂ m hoch. **Welche Trespe.** *Bromus hordeáceus.*

** Die untere Hüllspelze 1 nervig, die obere 3 nervig.

Halm von oben bis unten kahl. Rispe aufrecht, locker, später überhängend. Rispenäste rückwärts sehr rauh. Spelze mit deutlichen Nerven. Granne länger als die Spelze. Halm bis ¹/₂ m hoch. **Taube Trespe.** *Bromus stérilis.*

Halm oben kurzhaarig. Rispe überhängend. Rispenäste glatt, kurzhaarig. Spelzen mit undeutlichen Nerven. Granne so lang wie die Spelze. Halm bis ¹/₂ m hoch. **Dach-Trespe.** *Bromus tectórum.*

2. Rispenachse meist 3 kantig. Rispenäste an 2 Seiten der Achse angewachsen, daher einseitswendig.

* Grundblätter zusammengefaltet. Blatthäutchen mit zwei Öhrchen, die den Halm umfassen. Rispe kurz. Halm bis ¹/₂ m hoch. (S. 202.) **Schaf-Schwingel.** *Festúca ovína.*

** Alle Blätter flach. Blatthäutchen ohne 2 Öhrchen. Rispe einseitswendig. Untere Rispenäste zu 2, an einem Ast meist nur 1 Ährchen, am anderen 3—4. Ährchen 5—10blütig. Deckspelze mit 5 Nerven. Halm bis 1 m hoch. **Wiesen-Schwingel.** *Festúca elátior.*

27. Grasähnliche Pflanzen (Binsen) am Wegrande.

An und auf Wegen wachsen drei Binsen, die durch ihre dichten Bestände auffallen. Alle drei Arten werden bis 30 cm hoch. Auf lehmigen Feld- und Waldwegen zieht sich oft weithin ein dichter Bestand an dem festgetretenen Fußpfad entlang. Es ist meist die Zarte Binse. Sie nimmt den schmalen Grenzsaum zwischen Gras und Fußpfad ein. Die Samen bleiben leicht an den Schuhen kleben und werden dadurch verbreitet. Tiefliegende, feuchte Wegestellen werden von der Krötenbinse und der Zusammengedrückten Binse besiedelt. Kennzeichen der Binsen S. 202.

658 An Straßen und Wegen.

Zur Bestimmung:

1. Stengel blattlos. Blätter nur grundständig, umfassen den Stengel eine Strecke weit hinauf. Unterstes Deckblatt den Blütenstand weit überragend (Deckblätter stehen oben, im oder dicht unter dem Blütenstand). Blütenhüllblättchen lanzettlich zugespitzt, etwas länger als die Frucht. Pflanze dicht- **Zarte Binse.**
rasig. (S. 611.) *Juncus ténuis.*

2. Stengel etwa in der Mitte mit 1 rinnigem, schmal-linealem Blatt. Blütenhüllblätter etwa $1/2$ so lang wie die **Zusammengedrückte** Frucht. Stengel zusammengedrückt, unter- **Binse.** irdischer Stengelteil kriechend. (S. 612.) *Juncus compréssus.*

3. Stengel beblättert. Blätter rinnig, fadenförmig. Innere Blüten-hüllblätter etwas länger, die äußeren erheblich **Kröten-Binse.** länger als die Frucht. (S. 610.) *Juncus bufónius.*

28. Pflanzen zwischen Pflastersteinen.

Die Pflänzchen zwischen den Pflastersteinen der Straßen sind meist sehr stark verkümmert und daher schwierig zu bestimmen. Ihre Bestimmung geschieht besser an anderen Standorten. An diesem Platze handelt es sich vorwiegend um ein Wiedererkennen.

I. Zarter, grüner Belag: **Algen oder Vorkeime von Moosen.**

II. Moose:

a) Sehr dichte, silbergrüne Rasen mit verzweigten Stämmchen; Stengelblätter winzig klein, löffelförmig; Schopfblätter lanzettförmig, lang zugespitzt; Büchse **Silbergraues** eiförmig, hängend, 1 mm lang, gelblich **Birnmoos.** oder rotbraun. *Bryum argénteum.*

b) Dichte, blaßgrüne Rasen mit knospenförmigen Stämmchen; Blätter eiförmig, zugespitzt, mit Mittelrippe; Büchse auf rutenartig gebogenem Stiel, der bei trockenem Wetter stark gedreht ist, Büchse weinkerngroß, mit flachgewölbtem, orangerotem Deckel. Standort: Auf **Drehmoos, Wetter-** Schuttstellen, Brandstellen im Walde, **prophetenmoos.** Dächern, Mauern, Höfen, zwischen *Funária* Pflastersteinen. *hygrométrica.*

III. Gräser:

Ein niedriges Gras mit etwas zusammengedrückten Halmen; Rispe meist einseitswendig und sparrig; Rispenäste glatt und

Pflanzenleben. 659

herabgeschlagen; das einzelne Ährchen 3- bis 7blütig; blüht das ganze Jahr. **Jähriges Rispengras.** *Poa ánnua.*

IV. Krautpflanzen:

    A. Mit rosettenförmigen Blättern.

        1. Blätter breit-eirund, mit 3—5 Nerven, die beim Zerreißen als zähe, weiße Fäden aus dem Blattfleisch heraushängen. **Wegerich.** *Plantágo major.*

        2. Blätter fiederspaltig oder mit großen schrotsägeförmigen Zähnen. Blüte gelb (Butterblume); Frucht mit Haarkrone (Laterne ausblasen). **Löwenzahn.** *Taráxacum vulgáre.*

        3. Grundblätter fiederspaltig, obere ganzrandig, stengelumfassend; Stengel verzweigt oder einfach; Kreuzblüte, Krone weiß; Frucht dreieckig verkehrt-herzförmig, einer kleinen Tasche ähnlich. **Hirtentäschelkraut.** *Capsélla bursa pastóris.*

    B. Ohne Rosette.

        1. Ein sehr zähes Kraut mit dicht am Boden liegendem, sehr ästigem, vielknotigem Stengel; Blätter kurzgestielt, klein und elliptisch; Blüten unscheinbar mit 8 Staubblättern. **Vogelknöterich.** *Polýgonum aviculáre.*

        2. Sehr zarte Pflänzchen in moosartigen Polstern. (S. 649.) **Liegendes Mastkraut.** *Sagína procúmbens.*

Beobachtungen:

In sehr belebten Straßen: Die Pflanzen können nicht aufkommen.

In Straßen mit geringerem Verkehr: Hier und da vermag sich ein Pflänzchen zu halten.

In Seitenstraßen mit wenig Verkehr: Der Pflanzenbestand nimmt zu.

Auf verlassenen Höfen: Es siedeln sich noch mehr Arten an, die Pflanzen selbst werden höher.

Sehr holperiges Pflaster: In den tieferen Fugen vermögen die Pflanzen sich besser zu halten als in flachen Fugen.

Am Rand der Landstraße: Die Pflanzen kriechen vom Wegrand vor.

Im Straßengraben dicht daneben: Pflanzen, die unter den Fußtritten von Menschen und Tieren ein verkümmertes Aussehen haben, zeigen unter natürlichen Lebensbedingungen einen normalen Wuchs.

660 An Straßen und Wegen.

Versuch: Man versuche, diese Pflanzen an den verschiedenen Standorten auszuziehen und beobachte ihre Wurzeln. Man zerreiße sie
und vergleiche ihre verschiedene Festigkeit.

29. Pflanzen, die man am Geruch erkennt.

(Siehe auch S. 140!)

Daß die Blüten duften, ist jedermann bekannt. Aber auch Blätter,
Früchte und Wurzeln haben oft einen derartig auffälligen Geruch,
daß man viele Pflanzen daran sofort erkennen kann. Reibt man die
Blätter und Früchte zwischen den Fingern oder zerschneidet man
die Wurzel, so wird der Geruch noch deutlicher.

Diese Pflanzen riechen nicht nur stark, sie schmecken auch meist
gewürzhaft. Sie enthalten flüchtige oder ätherische Öle, die sich in
der warmen Sonne, oft jedoch auch schon bei gewöhnlicher Temperatur verflüchtigen und ihre Duftstoffe verbreiten. Auf Papier lassen
sie keinen Fettfleck zurück. Sie sind leicht brennbar. (Siehe Diptam,
Nr. 10.)

Die wichtigsten ätherischen Öle sind: Rosenöl, Nelkenöl, Lavendel-
öl, Pfefferminzöl, Zitronenöl, Knoblauchöl, Senföl . . .

Die meisten der nachfolgenden Pflanzen wachsen am Wege, einige
in der Wiese, können jedoch auch am Wege vorkommen.

1. **Doldenpflanzen,** *Umbelliferen.* Sie enthalten in allen Teilen
   ein ätherisches Öl, daher sind unter ihnen viele Gewürzpflanzen.
   Reibe die Blätter: Kerbel, Schierling, Kälberkropf.
   Reibe die Frucht: Kümmel.
   Zerschneide die Wurzel: Wilde Möhre, Pastinak.

2. **Korbblütler,** *Compositen.* Reibe die Blätter und Blüten!
   Echte Kamille, Hundskamille, Rainfarn, Schafgarbe, Wermut,
   Pestwurz.

3. **Lippenblütler,** *Labiaten.* Fast alle haben in ihren krautigen
   Teilen Duftstoffe. Reibe die Blätter!
   Thymian, Katzenkraut, Minze, Salbei, Schwarznessel, Taub-
   nessel . . .

4. **Rosengewächse,** *Rosaceen.*
   Nelkenwurz (Wurzel), Wiesenknopf (Blüten), Rose (Blätter,
   Blüten).

5. **Nachtschattengewächse,** *Solanaceen.*
   Bilsenkraut: Alle Teile der Pflanze, besonders aber die Wurzel,

enthalten ein narkotisches Gift, das Hyoscyamin. Unangenehmer, betäubender Geruch.

Stechapfel: Samen und Blätter enthalten ein narkotisches Gift, das Daturin.

6. Kreuzblütler, *Cruciferen.* Die grünen Teile enthalten ein scharfes ätherisches Öl, die Samen ein fettes Öl (das zur Ölbereitung dient: Rüböl). Meerrettich (Wurzel), Kresse (Blätter), Knoblauchsrauke (Blätter), Brunnenkresse (Blätter).

7. Storchschnabelgewächse, *Geraniaceen.*
Ruprechtskraut: Ganze Pflanze von üblem Geruch. (Die nahe verwandte Pelargonie, eine Topfpflanze, hat oft wohlriechende Blätter.)

8. Gänsefußgewächse, *Chenopodiaceen.*
Stinkender Gänsefuß. Geruch nach faulen Heringen.

9. Gräser, *Gramineen.* Heugeruch!
Ruchgras: Würziger Geruch nach Waldmeister.

10. Diptam, eine Pflanze, die auf Kalkboden, in Bergwäldern, Gebüschen und an sonnigen Hügeln wächst. Zahlreiche Drüsen an Blättern und Blüten sondern ein stark duftendes Öl ab, das sich weit in der Umgebung ausbreitet. Bei Sonnenschein und völliger Windstille läßt es sich entzünden. (S. 54.)

Tierleben.

1. Straßenvögel.

Es gibt eigentlich nur 2 Straßenvögel: Haussperling und Haubenlerche. Hier sollen diejenigen Kleinvögel noch hinzugenommen werden, die von der Landstraße aus gut zu beobachten sind. Dabei ist nur an solche Straßen gedacht, die von Bäumen begleitet sind uud durch Feldgelände führen.

Die beiden Sperlinge.

1. Weiße Wangen ohne schwarzen Fleck. Scheitel grau. Flügel mit 1 weißen Querbinde. (Männchen mit braunem **Haussperling.** Nacken, Weibchen nicht.) *Passer doméstlcus.*

2. Weiße Wangen mit schwarzem Fleck. Scheitel rostbraun. Flügel mit 2 weißen Querbinden. (Männchen **Feldsperling.** und Weibchen gleichgefärbt.) *Passer montánus.*

Beobachtungen: Welcher Sperling ist häufiger? Welcher ist größer? Wo nistet der Haussperling? Wo der Feldsperling? Was fressen sie? Welcher Sperling richtet den Schaden in Getreidefeldern an?

5 Finken.

Buchfink, Grünfink, Hänfling, Distelfink, Girlitz. Alle sind von etwa Sperlingsgröße und haben einen starken, kegelförmigen Schnabel.

1. Brust weinrot, Scheitel stahlblau, weiße Flügelbinden, grüner Bürzel. Sperlingsgröße. Gesang: nach dem Rhythmus „Tititi, 's ist Frühjahr".

   Lockruf: Pink pink.   **Buchfink.**
   Fluglaut: Jüb jüb.   *Fringilla coélebs.*
   „Regenruf": Triehf.

2. Ganzer Vogel gelbgrün, am Flügel hellgelber Fleck. Schwanz dunkel gesäumt, an den Seiten gelb. Genau Sperlingsgröße.

   Auffälligster Ruf: ein langgezogener Kreischlaut, der in der Mitte ansteigt

   Häufiger Lockruf: ein klingelndes Gickgickgick. Es klingt oft täuschend ähnlich einer aus Weidenruten ge-   **Grünfink.**
   flochtenen Kinderrassel, in der kleine Metall-   *Chloris chloris.*
   plättchen klingen.

3. Kopf schwarzweißrot. Gelbe Binde im schwarzen Flügel. Kaum Sperlingsgröße.

   Auffälligster Ruf: Didlit. Daher der Name: Stigelit oder Stieglitz.

   Gesang: Eine Zusammensetzung solcher Didlit-Motive.

   Beobachtungen: Wie Distelfinken auf   **Distelfink.**
   Disteln und anderen hohen Unkräutern nach   *Carduélis carduélis.*
   Sämereien suchen.

4. Brust und Scheitel (bei alten Männchen im Hochzeitskleid) karminrot, Rücken zimtbraun, Schwanz und Flügel mit hellem Rande. Kaum Sperlingsgröße.

   Auffälligster Ruf: Gegege.

   Fluglaute: Ebenso gegege, daran leicht zu   **Hänfling.**
   erkennen.   *Acánthis cannábina.*
   Gesang: Sehr mannigfaltig.

   Beobachtungen: Unruhig sich umhertreibende Vögel, die vom Nistorte aus viel Ausflüge ins Freie machen und nach Sämereien suchen.

Tierleben. 663

5. Ganzer Vogel gelbgrün. Bürzel und Brust gelb. In Gestalt und Färbung einem wildfarbigen Kanarienvogel ähnlich, nur kleiner. Weit unter Sperlingsgröße.

Gesang: Einförmig, schnurrend, ohne merkliche Hebungen und Senkungen, lückenlos vorgetragen: Etwa: ^{zisi}sisisisi^{zisisisi}sisisisi. Daher der Name: Ziserinchen. Der Vogel singt auch häufig bei Platzwechsel, indem er fledermausartig um Baumkronen fliegt.

Girlitz.
Serinus serinus.

3 Ammern.

Schnabel ebenfalls kegelförmig.

1. Einfarbig lerchengrau. Fast Starengröße.

Gesang: Von Telegraphendrähten oder Straßenbäumen herab, oft auch von niederem Gesträuch oder vom Boden: Zickzickzick terrriiiii. Ruhiger, träger Vogel.

Grauammer.
Emberiza calándra.

2. Kopf, Hals und Unterseite gelb. Oberseite rötlichgrau. Bürzel rostrot. Sperlingsgröße, aber schlanker.

Gesang: ßißißißißißi. „Wie hab' ich dich so lieb!" „Es ist, es ist noch früh."

Goldammer.
Emberiza citrinélla.

3. Kopf und Hals grau. Gesicht und Kehle blaßgelb. Rücken rotbraun, schwarz gestrichelt. Unterseite hellrosafarben.

Gesang: Jif jif jif$_{tjör tjör}$ oder sri sri sri$_{sri sri}$. Ähnlich wie bei Goldammer, die letzten Töne tiefer. In Zeichen: — — — · · · · ·

**Gartenammer,
Ortolan.**
Emberiza hortulána.

3 Meisen.

1. Oberseite gelbgrün. Brust gelb, mit schwarzem Längsstrich. Kopf schwarz mit weißer Wange.

Gesang: ^{Di}didi ^{Di}didi = „Spitz die Schar! ^{Spitz} die Schar!" oder: „Schin$_{kendieb}$! ^{Schin}kendieb!"

Kohlmeise.
Parus májor.

2. Oberseite gelbgrün. Unterseite gelb. Kopfplatte, Flügel und Schwanz hellblau. Wange weiß mit schwarzem Augenstrich. Unter Sperlingsgröße.

Gesang: ^{zizi}zirrrrr.

Blaumeise.
Parus caerúleus.

3. Oberseite graubraun. Unterseite hell. Scheitel schwarz. An der Kehle ein kleiner schwarzer Fleck.

Gesang: Jifft jifft jifft jifft.

Graumeise.
Parus palústris.

664 An Straßen und Wegen.

Beobachtungen: Am besten im ersten Frühling, dann sind alle Meisen am lebhaftesten. Nahrung: vorwiegend Insekten, deren Eier, Raupen und Puppen, die sie von Bäumen absuchen. Sie leiden daher auch im Winter keine Not, nur wenn die Bäume mit Glatteis überzogen sind, tritt Mangel ein. Nest: in Höhlen.

Die beiden Rotschwänze.

1. Schwanz rostrot. Rücken aschgrau. Kopf, Hals und Brust schwarz. Flügel mit weißem Spiegel. Sperlingsgröße.   **Hausrotschwanz.**
Auffälliger Lockton: ^{Fid}zeckzeck ^{Fid}zeckzeck.   *Erithacus tytis.*

2. Schwanz rostrot. Rücken bläulichgrau. Brust rostrot, Kehle schwarz, Stirn weiß. Kaum Sperlingsgröße.   **Gartenrotschwanz.**
Auffälliger Lockton: Fu^{id}ticktick.   *Erithacus phoenicurus.*

Weibchen vom Hausrotschwanz aschgrau mit braunen Flügeln, vom Gartenrotschwanz graubraun.

Beobachtungen: Beide Rotschwänze können nicht still sitzen, fortwährend müssen sie knicksen, wobei der Schwanz nach unten zitternde Bewegungen macht. Sie laufen hastig und ruckweise, verhalten einen Augenblick, als ob sie auf etwas warteten, und stoßen wieder vor. Nahrung: Insekten. Nest: Mauerlöcher, auf Balken in Gartenlauben, der Gartenrotschwanz in Baumlöchern. ·

Segler und Schwalben.

Schnell fliegende Vögel, die bei oberflächlicher Beobachtung nicht weiter unterschieden, sondern gemeinsam als Schwalben bezeichnet werden.

Bestimmung im Fluge:

I. Einfarbig schwarz. Ohne Weiß! (S. 405.)   **Segler.**

II. Mehrfarbig. Mit Weiß! (S. 405.)   **Schwalben.**

  1. Unterseite weiß. Oberseite blauschwarz. Schwanz tief gegabelt.   **Rauchschwalbe.**

  2. Unterseite weiß. Oberseite blauschwarz. Bürzel weiß. Schwanz schwach gegabelt.   **Mehlschwalbe.**

  3. Unterseite weiß, mit brauner Brustbinde. Oberseite graubraun. Schwanz ausgerandet.   **Uferschwalbe.**

Beobachtungen: Alle 4 sind gewandte Flieger. Doch zeigt ihr Flug deutliche Unterschiede. Welche?

Schwalben über dem Wasser, über einer Viehherde, auf der Wiese beim Grasmähen, über Getreidefeldern: sie jagen Insekten nach.

Segler in den Straßen, über Feldern: Insektenjagd.
Ankunft der Segler im Frühjahr: 20. bis 25. April.
Ankunft der Schwalben?
Abzug der Segler: Ende Juli, Anfang August.
Abzug der Schwalben?

Die Haubenlerche.

Die Haubenlerche ist der eigentliche Straßenvogel. Erkennungsmerkmal: Kopf mit spitzer Federhaube, die niedergelegt werden kann.

Beobachtungen: Durchsucht den Straßenschmutz offener Landstraßen nach Nahrung. Kommt als Wintergast tief in die Ortschaften. Singt im Sitzen leise, im Fluge laut. Gesang sehr weich, mit Lockrufen untermischt. Ist beim Singen in der Luft leicht von der Feldlerche zu unterscheiden:

Feldlerche:	Haubenlerche:
Gesang sehr lang und anhaltend, keinerlei Unterbrechung.	Mit längeren oder kürzeren Pausen.
Gesang laut und jubelnd.	Weich, mit Pfeiflauten.
Reine Liedreihen.	Mit Lockrufen untermischt.
Flattert erst einige Meter still empor, ruft dabei oft auch mehrfach ihr Trlitriii und beginnt darauf sogleich ihr Lied, noch ehe sie Baumhöhe erreicht hat.	Lied beginnt erst, nachdem der Vogel ziemliche Höhe erreicht hat.
Hoch in der Luft ruhiger Flug in steigenden Spiralen.	Unruhiger Flug mit schlappen Flügelbewegungen.

2. Vögel, die vor uns über den Weg laufen.

I. Vögel, die schreiten oder laufen. Beispiel: Gänse und Enten; der Vogel setzt ein Bein vor das andere. Es sind die Vögel des offenen Landes, die Bodenvögel.

1. Sehr große Vögel mit hohen Beinen und langem Hals, meist in Wiesen oder am Wasser: Fischreiher, Storch.
2. Mittelgroße Vögel: Raben, Dohlen, Wildtauben, Rebhuhn, Wachtel, Star.
3. Kleine Vögel von Sperlingsgröße: Bachstelzen, Feldlerche, Haubenlerche, Pieperarten.

666 An Straßen und Wegen.

II. **Vögel, die hüpfen.** Beispiel: Sperling; der Vogel springt mit beiden Beinen zugleich. Es sind Vögel, die nur gelegentlich auf die Erde kommen und sich meist auf Bäumen aufhalten, **Baumvögel.**

   1. Vögel von Taubengröße: Eichelhäher, Spechte.

   2. Vögel von Amselgröße: Schwarzamsel, Singdrossel, Pirol, Würger.

   3. Vögel von Sperlingsgröße: Sperling, Grünfink, Distelfink, Hänfling, Girlitz, Dompfaff, Zeisig, Ammern, Meisen, Schmätzer, Rotkehlchen, Hausrotschwanz, Gartenrotschwanz.

III. **Vögel, die gehen und zwischendurch hüpfen:** Elster, Buchfink, Bergfink, Schneefink, Braunelle.

(Um diese Tabelle nicht mehrfach bringen zu müssen, wurden außer den Straßenvögeln noch andere mit hineingenommen.)

3. Käfer, die vor uns über den Weg laufen.

I. **Schnell laufende Käfer.**

   1. Die Flügeldecken bedecken den ganzen Hinterleib. Farbe: schwarz, violett oder metallisch-grün.   **Laufkäfer.** Lauf: sehr schnell und anhaltend.   *Carabiden.*

   2. Die Flügeldecken bedecken den Hinterleib nur teilweise, die letzten 3 oder 4 Hinterleibsringe bleiben unbedeckt. Farbe der Flügeldecken: gelb, braun, bläulich oder blauschwarz. Körper schlank. Lauf: schnell, ruckweise, bei   **Kurzdeckflügler.** Störung mit gehobenem Hinterleib (Ab-   *Staphyliniden.* schreckung).

II. **Ruhige Käfer.**

Auffälligstes Merkmal:

   1. Fühler sehr lang, nach hinten zurückgebogen, 11gliedrig. Das 1. Fühlerglied sehr groß und kräftig, das 2. kurz. An Wegen meist der Grasbock   **Bockkäfer.** oder Wegbock.   *Cerambyciden.*

   2. Kopf in einen Rüssel verlängert. Fühler gekniet, am Ende keulenförmig verdickt, in eine Grube des Rüssels eingefügt. Körper eiförmig und sehr hartschalig. An Wegen häufig eine staubgraue Art und eine glänzend schwarze   **Rüsselkäfer.** Art mit gelben Flecken.   *Curculioniden.*

   3. Hinterleib dick angeschwollen. Blauschwarzer Käfer, bis 4,5 cm lang. Flügeldecken grob gerunzelt, stark verkürzt, so daß ein

	Tierleben. **667**

großer Teil des Hinterleibes unbedeckt bleibt. Beim Anfassen läßt der Käfer aus den Gelenken einen gelbroten Saft austreten.   *Ölkäfer, Malwurm. Méloe proscarabáeus.*

4. Mist-, Dung- und Aaskäfer. Siehe: Käfer, die an Kuhfladen leben.

Beobachtung: Suche im Frühling, wenn du den Ölkäfer antriffst, auf Blumen nach seinen Larven! Sie sind etwa 2 mm lang, von eidechsenähnlicher Gestalt, gelb gefärbt und sitzen truppweise in den Blüten verborgen. Hier lauern sie den anfliegenden Bienen auf, heften sich an deren behaarten Körper und lassen sich in den Bienenstock tragen. Meist sind es Einsiedlerbienen, die überfallen werden: Pelzbienen, Schmalbienen, Mauerbienen, Hornbienen, Erdbienen (S. 671). Im Nest verlassen die Larven die Biene. Sie verzehren zunächst die frischgelegten Eier und dann den eingetragenen Pollen, machen ihre Verwandlung durch und bleiben während des Winters dort in Ruhe. Im Frühjahr wird die Entwickelung zum Käfer vollendet, der darauf den Bienenbau verläßt. -— Wer einen Ölkäfer findet, sehe sich um, ob in der Nähe nicht Grabbienen ihre Röhren haben. Oft sind *Halictus*-Kolonien nicht weit entfernt. (S. 672.)

Literatur:

Edmund Reitter, *Fauna germanica.* Die Käfer des Deutschen Reiches. 5 Bände. Lutz, Stuttgart.

E. Hofmann, Der Käfersammler. 141 S. Hoffmann, Stuttgart.

4. Käfer, die an Kuhfladen leben.

I. Käfer, deren Flügeldecken den ganzen Hinterleib bedecken.

  A. Käfer von mehr als 12 mm Größe.

    a) Käfer mit einem Horn auf dem Kopfe. Leib glänzend-schwarz. Horn lang und einspitzig = Männchen, Horn kurz und zweispitzig = Weibchen.   *Mondhornkäfer. Copris lunáris.*

    b) Käfer ohne Horn auf dem Kopfe. Glänzende Käfer mit bläulichem Schimmer. Körper hochgewölbt.   *Mistkäfer, Roßkäfer. Geotrúpes.*

    α) Flügeldecken ohne Längskerbung, aber fein punktiert. Häufig in Wäldern.   *Frühlings-Roßkäfer. Geotrúpes vernális.*

An Straßen und Wegen.

β) Flügeldecken mit Längskerbung.

1. Zwischenräume glatt. **Gemeiner Roßkäfer.** *Geotrúpes stercorárius.*

2. Zwischenräume deutlich gerunzelt. **Wald-Roßkäfer.** *Geotrúpes silváticus.*

3. Zwischenräume abwechselnd schmal und breit. **Veränderlicher R.** *Geotrúpes mutátor.*

B. Käfer unter 12 mm Größe (2—10 mm).

1. Käfer mit großem Halsschild, der fast so groß ist wie der ganze Hinterleib; Körper niedergedrückt und breit. **Kotfresser.** *Onthóphagus.*

2. Käfer mit kleinerem Halsschild, der etwa halb so groß ist wie der Hinterleib; Körper oben gewölbt und gestreckt. **Dungkäfer.** *Aphódius.*

3. Sehr kleine Käfer von kaum 2—3 mm Größe, mit hochgewölbtem, kugeligem Körper. Auf den Flügeldecken deutliche Punktstreifen. **Dungtastkäfer.** *Cércyon.*

II. Käfer, deren Flügeldecken den Hinterleib nicht ganz bedecken.

1. Die Flügeldecken lassen nur die Spitze des Hinterleibes frei; der Körper ist linsenartig zusammengedrückt, sehr hart und glänzend; der Kopf kann in den großen Brustschild zurückgezogen werden. **Stutzkäfer.** *Híster.*

2. Die Flügeldecken lassen mehr als die Hälfte des Hinterleibes frei, der oft steil emporgehoben wird; der Körper ist schlank und gestreckt. **Kurzdeckflügler.** *Staphylínus.*

Literatur:

Für genauere Bestimmung siehe Reitter, Fauna germanica, Bd. II. und Hofmann.

J. H. Fabre, Bilder aus der Insektenwelt. Franckh'sche Verlagsanstalt, Stuttgart.

5. Fliegen und Mücken an Kuhfladen.

Unter den mancherlei niederen Tieren, die sich am Kuhdünger, am Pferde- und Menschenkot und am Aas einstellen, sind die Fliegen und Mücken am auffälligsten. Sie finden hier nicht nur ihre Nahrung, sondern sie legen hier auch ihre Eier ab. — Merkmale der Fliegen und Mücken: S. 417.

I. Fliegen.

A. Große Fliegen: Größer als Stubenfliege, diese 6—8 mm.

1. Hinterleib mit schachbrettartigen grauschwarzen Schillerflecken. Kopf rötlich. Ganzer Körper rauhborstig, grauweißlich. Flügeladern braunschwarz. **Graue Fleischfliege.** *Sarcóphaga carnária.* 10—14 mm lang.

2. Hinterleib glänzend blau, weißschillernd, mit schwärzlichen Querbinden. Körper behaart; Schüppchen schwarz, weiß gerandet. 9—13 mm lang. Fliegt mit scharfem Summton, daher Brummer. Legt ihre Eier (Geschmeiß) an Fleisch, Käse, Aas, Dung. Gemein. **Schmeißfliege.** *Callíphora vomitória.*

3. Körper metallischgrün, schmal. Sitzen selten auf dem Dünger, schweben darüber, um die Eier abzulegen. Lebhafte Fliegen, sonnen sich gern auf Blättern. Über 10 mm lang. **Goldfliegen, Metallfliegen.** *Geosárgus.*

4. Körper grünglänzend, hellgoldig, von der Gestalt der Stubenfliege, aber etwas größer, bis 10 mm lang. (S. 477.) **Goldfliege.** *Lucília caesar.*

B. Fliegen von der Größe der Stubenfliege.

1. Hinterleib mit rotgelber (♂) oder weißgelber (♀) dichter Behaarung. Beine rostgelb. Flügel am Vorderrande rostgelb, mit schwarzem Punkt auf der Mitte. 8 mm lang. **Mistfliege.** *Scatóphaga stercorária.*

2. Körper aschgrau. Behaarung nicht so dicht wie bei der vorigen. Flügel mit schwarzem Punkt auf der Mitte. 7—9 mm lang. **Kotfliege.** *Scatóphaga merdária.*

C. Kleine Fliegen: Kleiner als Stubenfliege.

1. Körper schwarz oder schwarzbraun. Hinterschenkel und Fußglieder verdickt. Flügel groß. Träge Tiere, scharenweise am Kot. Erregen beim Fangen in der Hand ein Kältegefühl. Bis 4 mm lang. **Düngerfliegen.** *Bórborus.*

2. Körper glänzendschwarz. Die abstehenden, schlanken Flügel sind in ständiger zitternder Bewegung. In Scharen an Kot und Dünger. Bis 3 mm lang. **Schwingfliege.** *Nemópoda stercorária.*

II. Mücken.

Auffällig durch die weißlich leuchtenden, schmal zusammen gelegten Flügelchen. Fühler vielgliedrig, kurz. In großen Scharen An tierischen Abgängen, auf Misthaufen, Klosettanlagen, an Stallwänden und -fenstern. Etwa 3 mm lang.

Dungmücken.
Scatopse.

6. Was man an Aas findet.

I. **Fliegen.** (S. 669.)

II. **Wespen und Hornissen.**

Sie fressen von dem Aas oder stellen den Insekten nach.

Gemeine Wespe.
Vespa vulgáris.

III. **Schmetterlinge.**

1. Große Schmetterlinge mit schillernden Flügeln; auf den Hinterflügeln eine kräftige weiße Binde, auf den Vorderflügeln zerstreute weiße Flecke. (S. 261.)

Schillerfalter.

2. Großer kräftiger Schmetterling, der mit flach ausgebreiteten Flügeln gewandt fliegt; den Schwebeflug unterbricht er mit kurzen Schlägen. Flügelrand gezackt, mit einer Reihe von Augenflecken. Hinterflügel mit gelbweißer Binde, Vorderflügel mit zerstreuten hellen Flecken. (S. 261.)

Großer Eisvogel.

IV. **Ameisen,** die manche Leichen vollkommen skelettieren.

V. **Käfer.**

A. **Käfer, die über 1 cm groß sind.**

1. Schwarzer Käfer von 2—3 cm Größe, dessen Flügeldecken die letzten 3 oder 4 Hinterleibsringe frei lassen; Seitenrand der Flügeldecken rötlich.

Deutscher Totengräber
Necróphorus germánicus.

2. Die schwarzen Flügeldecken tragen zwei rotgelbe, gezackte Querbinden, von denen die vordere breiter ist.

Gemeiner Totengräber.
Necróphorus vespíllo.

3. Einfarbig schwarze Käfer von 1—2 cm Größe und eiförmiger Gestalt, manche Arten mit Längsrippen auf den Flügeldecken.

Aaskäfer.
Silpha.

B. **Käfer, die unter ½ cm groß sind.**

Tierleben. 671

Kleine, einfarbig schwarze Käferchen von einigen Millimetern Größe. Eine der häufigsten Arten mit einem roten Punkt auf jeder Flügeldecke. **Glanzkäfer.** *Nitidula bipunctata.*

7. Was man im Pferdekot finden kann.

1. Mitunter einen sehr langen, glatten, bleichen Wurm.
   Pferdespulwurm. *Ascaris megalocephala.*
2. Bohnengroße, braune Puppen.
   Magenbremse. *Gastrophilus.*
3. Große, blauschwarze Käfer. (S. 667.)
   Mistkäfer, Roßkäfer. *Geotrúpes.*

8. Bienen, die in Erdlöchern leben.
(Vergleiche: S. 416!)

Wir gehen auf einem festgetretenen Fußwege. Unser Blick fällt auf winzige Erdhäufchen, die stellenweise so zahlreich sind, daß man sie nicht übersehen kann. Alle sind kegelförmig, an der Spitze haben sie eine strohhalmdicke Öffnung. Man wird sogleich an Vulkane mit erloschenen Kratern erinnert. Bei einigen ist der Eingang verschlossen.

Wenn wir einen Augenblick verweilen, sehen wir auch die Bewohner. Sie fliegen, ohne sich viel durch uns stören zu lassen, aus und ein. Der Unkundige hält sie zunächst für Fliegen. Wir stellen jedoch fest: Sie haben 4 Flügel, einen behaarten Körper und vor allem — sie tragen Pollen ein, denn ihre „Körbchen" (an den Hinterschenkeln) sind gefüllt mit dem gelben Staub. Also das sind Bienen.

Wir haben eine Gruppe der Erdbienen vor uns. Sie haben noch zahlreiche Verwandte, die gleichfalls in Erdlöchern leben. Da ihre Bestimmung nur nach dem Geäder der Flügel möglich ist, wollen wir einige an ihren Lebensgewohnheiten kennenlernen.

Alle diese Bienen sind Einsiedlerbienen, sie leben nicht wie die Honigbienen oder wie die Hummeln gesellig in volkreichen Staaten. Sie graben Röhren in die Erde und legen darin ihre einfachen Nester an. Darum heißen sie auch Grabbienen. Diese Bauten sind leicht an dem Bauschutt zu erkennen, der vor dem Flugloche aufgehäuft liegt.

Mit einem Grashalm läßt sich die Richtung und Tiefe eines Rohres leicht feststellen. Will man den Bau genau kennenlernen, so muß man ihn aufgraben. Das Rohr führt in gerader Richtung in den Boden oder biegt unten um, es ist unten einfach oder verzweigt. In der Tiefe liegen Pollenkugeln, die als Larvenfutter dienen. Alle Grabbienen sind fleißige Blütenbestäuber.

An Straßen und Wegen.

I. Wir finden die Nester auf festgetretenen Fußwegen und Plätzen.

1. Mehrere oder viele Nester beieinander. Bauschutt kegelförmig, oben mit einer Öffnung. Biene: Hinterbeine auffällig langbehaart, mit „Hosen". Flugzeit Mai bis August. Besuchte Blüten: Kratzdistel, Bitterich, Ferkelkraut, Thymian. (Man sehe sich in der Umgebung danach um!) **Hosenbiene.** *Dasypoda.*

2. Nester zahlreich, an festen Plätzen, oft auf steinigen Wegen zwischen den Steinen. Biene: klein, letzter Hinterleibsring mit einer kahlen Längsfurche. Flugzeit Juni bis August. Besuchte Blüten: Habichtskräuter. **Schmalbiene.** *Halictus.*

3. Auf sandigen Wegen. Biene schwarz. Flugzeit Juni bis August. Besuchte Blüten: Habichtskräuter. **Trugbiene.** *Panúrgus.*

II. Wir suchen die Nester am Wegrande, in losem Erdreich oder im Sandboden.

1. Die 1 cm weite Röhre ist mit abgeschnittenen Blattstücken ausgefüllt. Flugzeit Juni bis August. **Blattschneidebiene.** *Megáchile.*

2. Die Neströhre ist schief eingegraben, die Wand geglättet. Man warte die Rückkehr der Biene ab und achte auf die Hinterbeine. Sind die „Höschen" blau, so ist es die Skabiosenbiene, die den blauen Pollen der Skabiosen einsammelt. Sind die „Höschen" rot, so ist es die zweifarbige Erdbiene, die den Pollen der roten Taubnessel sammelt. Flugzeit im Frühling. **Erdbiene.** *Andréna.*

3. Die Neströhre ist geglättet, am Ende verzweigt sie sich in mehrere Zellen. Bienen behaart und hummelähnlich. Flugzeit im Frühling. **Pelzbiene.** *Anthóphora.*

9. Wespennester im Erdboden.
(Vergleiche: S. 589!)

An begrasten Wegrändern oder Ackerrainen sieht man oft, daß Wespen in Erdlöchern verschwinden. Sie haben in verlassenen Mäuselöchern oder Maulwurfsgängen ihr Nest. Ein Vorübergehender hat den Beweis hinterlassen, daß er von den gleichen Trieben beherrscht war wie der alberne Dorfköter, der ein Nest auskratzte.

An mehreren Stellen liegen zerstörte Nester umher, zahlreiche Wespen haben bei der Gegenwehr ihr Leben lassen müssen.

Beobachtungen:

Wir graben ein solch halb aufgebrochenes Nest aus und machen folgende Feststellungen:

1. Die Waben sind von einem mehrschichtigen Mantel umgeben. Er besteht aus einer löschblattartigen, grauen Masse.

2. Unter dem Nest ist stets eine Vertiefung im Boden: es ist die Abfallgrube der Wespenwohnung.

3. Es sind mehrere runde Waben vorhanden, die einen Durchmesser von 10—25 cm haben können. Lege die Waben übereinander! Die kleinste gehört oben hin, die größten in die Mitte, unten sind wieder kleinere.

4. Die Waben sind durch Säulen voneinander getrennt.

5. Zähle die Zellen der einzelnen Waben — wenn du soviel Zeit hast! Es sind Tausende.

6. Vielleicht läßt sich das Flugloch noch auffinden.

7. Ein Teil der Waben ist leer, die meisten sind belegt.

Eine Rechnung:

1. Miß mit einem Grashalm die Tiefe einer Zelle! Miß auch die Tiefe der Randzellen! Stelle die durchschnittliche Tiefe fest!

2. Denke dir nun die sämtlichen Zellen der Länge nach hintereinander gelegt! Multipliziere: 3 cm × 10 000 = 30 000 cm = 300 m. Eine solche Leistung kann nur ein alberner Dorfköter vernichten — und solche Menschen, die sich in der freien Natur ebenso benehmen!

Welche Wespe bewohnte das Nest?

I. Hinterleib vorherrschend gelb. Grundfarbe schwarz, mit gelben Zeichnungen am Kopf, Mittel- und Hinterleib.

1. Kopfschild gelb mit 3 schwarzen Punkten. Hinterer Augenrand ganz gelb. Rückenteil des 1. Hinterleibsringes mit 1 oder 3 schwarzen Flecken. **Deutsche Wespe.** *Vespa germánica.*

2. Kopfschild gelb mit schwarzen Längsstreifen. Hinterer Augenrand gelb, von einem schwarzen Fleck unterbrochen. Rückenteil des 1. Hinterleibsringes vorn mit einer schmalen, schwarzen Binde. **Gemeine Wespe.** *Vespa vulgáris.*

II. Hinterleibsgrund vorherrschend rot.

Hinterer Teil des Brustrückens zottig behaart.

Rote Wespe.
Vespa rufa.

Diese drei Wespen bauen Erdnester. Die deutsche und die gemeine
Wespe gehören zu unseren häufigsten Wespen, sie sind es, die uns
durch ihre Naschhaftigkeit oft recht lästig werden.

Literatur:

H. Friese, Die Bienen, Wespen, Grab- und Goldwespen. 188 S.
8 Farbtafeln. Franckh'sche Verlagsanstalt, Stuttgart.

10. Wespennester in Bäumen.

In Laubwäldern, Parkanlagen und Obstgärten sieht man gelegentlich im Gezweig eines Baumes eine lockere, kopfgroße Kugel mit
löschpapierartigen, grauen Hüllen. Meist sind Zweige und Laub mit
hineingebaut, der Wind kann ihr kaum etwas anhaben. Es ist ein
Wespennest. Vor der Spalte eines hohlen Baumes fliegen auffällig
große, braunrote Wespen. Drinnen ist ein Hornissennest.

Eine Untersuchung.

Das Wespennest sitzt am Obstbaum. Die schönsten Früchte sind
angefressen. Das Obst ist reif, es muß abgenommen werden. Wir
müssen das Nest vorher entfernen. Nach Sonnenuntergang, wenn alle
Tiere eingeflogen sind, ziehen wir eine große Papiertüte oder einen
dichten Beutel mit Äther über das Nest. Wenn die Wespen abgetötet
sind, lösen wir das Nest aus dem Gezweig. (Man kann das Obst
auch abnehmen, ohne die Wespen zu töten.)

1. Der Mantel ist mehrschichtig. Er hat außen große, dachziegelig
   gelagerte Schuppen mit spitzen Zipfeln. Das Flugloch ist unten.
   Wir tragen seitlich so viel von der Hülle ab, daß wir einen Einblick
   in das Innere gewinnen.

2. Im Inneren sind mehrere Waben übereinander geschichtet. Sie
   sind durch kurze Säulen so weit voneinander getrennt, daß die
   Wespen dazwischen Platz haben.
   Die Zellen sind nach unten gerichtet.

Von welcher Wespe ist das Nest?

I. Das Nest sitzt im Gezweig eines Baumes. Es ist einfarbig grau.

1. Nest groß, mehr breit als hoch. Mantel mehrschichtig, außen mit großen, dachziegelartig gelagerten Schuppen.

Wespe: In Größe und Färbung der Hornisse ähnlich. Die drei Punktaugen auf dem Scheitel stehen nahe am Hinterrand des Kopfes!

Mittlere Wespe.
Vespa média.

2. Nest groß, fast kugelförmig. Mantel außen ohne vorstehende Schuppen, daher mehr glatt. Nest in Waldbäumen.

Wespe: Klein. Kopfschild gelb, zuweilen mit einem schwarzen Punkt. Waldbewohner.

Waldwespe.
Vespa silvéstris.

II. **Das Nest sitzt im hohlen Stamm, nie im Freien.** (Auch in Mauerlöchern, verlassenen Bienenkörben oder unter dem Balkenwerk alter Gebäude, wo man den Bau dann leicht einsehen kann.)

Bis zur Größe eines Kartoffelkorbes. Mantel mehrschichtig, sehr brüchig, außen mit muschelförmigen Schuppen, die hell- und dunkelstreifig sind. Waben fest und derb.

Wespe: Größte deutsche Wespe. Weibchen 30 mm, Männchen 24 mm, Arbeiter 22 mm lang. Grundfarbe braunrot. Hinterleib und Kopf mit gelben Zeichnungen. Die drei Punktaugen auf dem Scheitel stehen vom Hinterrand des Kopfes weit entfernt! (Siehe Mittlere Wespe!)

Hornisse.
Vespa crabo.

Wie das Wespennest gebaut wird.

In Obst- und Weinbaugegenden sind die Wespen zahlreich. In der Nähe eines Nestes stehen sicher Bohnenstangen, Rebenstäbe, Planken, Zaunlatten, Bretter, Balken, Telegraphenstangen oder ähnliche alte Hölzer. Auf ihrer Oberfläche findet man feine Risse, oft in großer Menge. Es sind Nagespuren der Wespen. Sie nagen mit ihren kräftigen Oberkiefern die graue, verwitterte Schicht ab, zerkauen die Fasern, vermengen den Brei mit ihrem Speichel und bereiten auf diese Weise Papier daraus. Die Wespen verstanden diese Kunst eher als der Mensch. Die kleineren Wespenarten nehmen nur die Verwitterungsschichten alter Hölzer. Die Hornissen dagegen nagen außerdem junge Eschen und Erlen an, die dadurch in ihrem Wachstum oftmals geschädigt werden. Sie nagen zudem bis in das helle Splintholz hinein. Daher erklärt es sich, daß die Wespennester einfarbig grau sind, die Hornissennester dagegen grau und hell gestreift.

G r u p e , Naturkundl. Wanderbuch.

Wespennester in Häusern.

Auf Hausböden, in Scheunen und Ställen hängen oft Wespennester an Balken oder Dachleisten. Ist das Nest groß, außen hell- und dunkelstreifig, so gehört es der Hornisse. Alle Nester der übrigen Wespen sind mehr oder weniger einfarbig grau. Es kommt vor — wenn auch nur selten —, daß die gemeine oder auch die deutsche Wespe in Häuser bauen. Ihre Nester sind meist groß.

Die sächsische Wespe baut gern und oft in Häuser. Ihr Nest ist klein und mit nur einem Stiele aufgehängt. Der Mantel ist anders gebaut als bei den übrigen Nestern. Er besteht aus mehreren, vollständig getrennten Hüllen. Die äußere ist unten weit offen und hängt wie eine Glocke über der Nestkugel. Das Flugloch sitzt unten. Im Inneren ist nur eine Wabe.

11. Beobachtungen an Bretterwänden und Holzzäunen.

Auf Wanderungen werfe man gelegentlich einen Blick auf Bretterwände, Holzzäune, Telegraphenstangen, Bohnenstangen, Obstbaum- und Weinstockpfähle.

Verbräunung und Vergrauung des Holzes.

Frisches Holz ist gelb. Wenn es längere Zeit dem Licht ausgesetzt ist, wird es braun. Der Regen macht das gebräunte Holz grau.

An Lauben, Balken und Holzhäusern kann man oft ganz deutlich sehen, daß altes Holz, das vor Regen geschützt war, braun geblieben ist, während das gleichaltrige, das dauernd vom Regen getroffen wurde, vergraute.

Bei der Bräunung und Vergrauung wird das Lignin (Holzstoff) der Holzzellen zerstört, nur die Zellulose bleibt erhalten. Die Zellen lösen sich aus ihrem Verbande und bilden eine lockere Schicht, die um so tiefer wird, je weiter die Vergrauung fortschreitet. An altem vergrautem Holz kann man diese Schicht leicht abschaben.

Nagespuren in vergrautem Holz.

Die vielen kleinen Nagespuren, die man oft darin sieht, stammen von Wespen und Hornissen. In den Wein- und Obstbaugegenden am Rhein, einem wahren Wespenparadies, findet man kaum einen einzigen alten Pfahl, der von den Wespen unbenagt geblieben ist.

12. Kleintiere, die unter Steinen leben.

I. Regenwürmer. (S. 422.)

Man achte auf die Unterschiede in Größe und Färbung! Danach lassen sich folgende Arten feststellen.

A. **Würmer mit durchscheinendem Körper, denen der braunrote Farbstoff fehlt. Bis 6 cm lang.**

1. In festem Boden fleischrot oder graublau.
2. In Sandboden vorwiegend grau.
3. In feuchtem Boden an Bachufern grau.
4. In stark gedüngtem Boden hellgelb und stark riechend.

Kleiner Regenwurm.
Eisénia rósea.

B. **Würmer, deren Rücken wegen des braunroten Farbstoffes undurchscheinend ist.**

1. Sehr großer Wurm, bis 36 cm lang; der ganze Rücken braunrot; Gürtel vom 32. bis 37. Ring.

Großer Regenwurm.
Lámbricus hercúleus.

2. Eine kleinere Art, bis 12 cm lang; ganzer Rücken rotbraun, Bauch heller; Gürtel weiter vorn, vom 27. bis 32. Ring.

Roter Regenwurm.
Lúmbricus rubéllus.

3. Noch kleinere Art, bis 9 cm lang; ganzer Körper fleischfarben, jeder Ring mit einem purpurfarbigen Querstreifen.

Dungwurm.
Eisénia fóetida.

Beobachtungen: Von welchem Regenwurm sind die Kriechspuren auf nassen Wegen nach Regennächten? — Welche Arten kommen aus den Löchern hervor, wenn man auf den Erdboden klopft? — Oft stürzen Regenwürmer in großer Hast aus ihren Löchern hervor. Grabe nach, ob du die Ursache feststellen kannst! — Laß einen Wurm über Zeitungspapier kriechen und achte auf das feine Geräusch, das dabei entsteht. Versuche, ob du die Ursache feststellen kannst! (Lupe!) — In den Wurmröhren stecken oft Strohhalme, Vogelfedern, Blätter u. a. Untersuche!

II. Nacktschnecken. (S. 168.)

1. Eine bis 7 cm lange Schnecke von sehr wechselnder Farbe, oft weiß, meist grau bis dunkelgrau mit unregelmäßigen dunklen Flecken und Strichen; Sohle gelblichweiß; Hinterteil des Körpers lang und spitz ausgezogen; das Tier zieht sich bei der Berührung von hinten nach vorn zusammen. (S. 422.)

Ackerschnecke.
Limax agréstis.

2. Eine bis 15 cm lange Schnecke von roter, dunkelbrauner oder auch schwarzer Farbe. Körper vorn und hinten abgerundet;

678   An Straßen und Wegen.

Haut stark runzelig; das Tier zieht sich bei der Berührung von vorn nach hinten kurz zusammen.

Wegschnecke.
Arion empiricórum.

III. Gehäuseschnecken. (S. 175.)

1. Gehäuse schlank und spindelförmig mit 9—14 Windungen, 1—2 cm lang.

Schließmundschnecke.
Clausilia.

2. Gehäuse winzig klein, meist unter 3 mm, bei einigen Arten etwas größer, eiförmig, auch tonnenförmig, wie ein Bienenkorb.

Tönnchenschnecke.
Pupa.

3. Gehäuse flach gedrückt, Schalenrand scharf; dunkelbraun und quergestreift; Mundsaum weiß.

Steinpicker.
Helix lapicida.

IV. Vielfüßige Tiere. (S. 170.)

1. Schwarzbraun bis glänzend schwarz gefärbte Tiere, oft auch blau oder grau bereift; Körper bis 5 cm lang, walzenförmig und langgestreckt, harthäutig; mit 30—70 Ringen, an jedem Ringe 2 Paar kurze Beine; der Körper kann spiralig eingerollt werden.

Tausendfuß.
Julus.

2. Braun bis braungelb gefärbte Tiere; Körper 2—3$\frac{1}{2}$ cm lang, flachgedrückt; ebenfalls mit sehr vielen Ringen, an jedem Ringe nur 1 Paar Beine; das hinterste Beinpaar nach hinten gerichtet, anders gebaut als die übrigen, lang nachschleppend.

Steinkriecher.
Lithóbius forficátus.

3. Kleine, meist graue Tiere, deren Körper oben gewölbt und unten flach ist; mit 14 Fußpaaren; einige Arten rollen sich bei Berührung zu einer erbsengroßen, harten Kugel zusammen.

Asseln.
Isopóden.

4. Raupen mit 16 Füßen. Graue, nackte Raupen; Erdraupen, viele Arten.

Eule.
Agrótis.

Häufig: Saateule, *Agrótis ségetum.*

Raupe: Bis 5 cm lang, dick, walzenförmig, nackt, fettglänzend, grau und braun gestreift, mit blasser Rückenlinie, mit dunklen Wärzchen, Kopf hellbraun mit 2 dunklen Strichen. Schädling an Graswurzeln, Getreide, Raps, Kohlarten und Salat.

V. Achtfüßige Tiere.

Spinnen.

Tierleben. 679

VI. Sechsfüßige Tiere: Käfer.

A. Flinke, schnell laufende Käfer, die beim Aufheben des Steines sich sofort durch eilige Flucht zu retten suchen.

1. Käfer mit stummelförmigen Flügeldecken, die den Hinterleib, der oft steil emporgerichtet wird, nicht ganz bedecken. — **Kurzdeckflügler.** *Staphylinus.*

2. Käfer, deren Flügeldecken den Hinterleib vollständig bedecken. — **Laufkäfer.** *Cárabus.*

B. Träge, langsame Käfer, die beim Aufheben des Steines liegenbleiben und durch Totstellen sich zu retten suchen.

Die meisten dieser Käfer haben einen eiförmigen, oder fast kugeligen Körper: Rüsselkäfer, Pillenkäfer, Goldhähnchen. Eine dieser Familien ist schlank gebaut: Schnellkäfer. (S. 329.)

VII. Ameisen. (S. 237 u. 301.)

Viele Ameisenarten leben gern unter großen, flachen Steinen, die dem Erdboden fest aufliegen.

A. Das Stielchen zwischen Brust und Hinterleib ist eingliedrig.

1. Große Arten, 4—9 mm. — **Waldameisen.** *Formica.*

2. Kleine Arten, 2—5 mm. — **Wegameisen und Heideameisen.** *Lásius.*

B. Das Stielchen zwischen Brust und Hinterleib ist zweigliedrig. — **Knotenameisen.** *Myrmica.*

Literatur:

Gustav Jäger, Deutschlands Tierwelt nach ihren Standorten eingeteilt. 2 Bände. Kröner, Stuttgart. (Als Nachschlagebuch zu empfehlen.)

Cornel Schmitt, Wege zur Naturliebe. Gesammelte Werke. **Datterer,** Freising-München. (Gute Anleitung zu Beobachtungen.)

AUF SCHUTTPLÄTZEN.

1. Auf Schuttplätzen.

Schon seit Urzeiten gibt es in der Nähe menschlicher Siedelungen Abfallplätze. Vor den Großstädten nehmen sie heute einen weiten Raum ein. Unter den Abfällen sind viele organische Stoffe, die dem Boden Stickstoffverbindungen in reichem Maße zuführen. Er ist oft besser gedüngt als mancher Acker. Daher sammeln sich auf den Schuttplätzen zahlreiche Pflanzen an, die hier üppig gedeihen.

Wer die ausgedehnten Schuttplätze am Rande der Großstädte aufmerksam beobachtet, kann feststellen:

1. Ein Teil der Pflanzen weicht vor dem andringenden Schutt zurück. Sie sind schuttscheu.
2. Andere Pflanzen hingegen nehmen alsbald den Schutthaufen in Besitz, sie entwickeln sich hier üppiger als an jedem andern Platz. Sie sind schuttliebend.
3. Zwischen diesen beiden Gruppen gibt es zahlreiche andere Pflanzen, die den Schutt weder scheuen noch lieben. Sie geraten vom nahen Wegrand, vom Acker oder von der Wiese aus zufällig auf den Schutthaufen und bleiben dann kürzere oder längere Zeit dort — bis sie im Kampfe mit den eigentlichen Schuttpflanzen erliegen.

Die nachfolgenden Tabellen enthalten nur die eigentlichen Schuttpflanzen. Wenn die zu bestimmende Pflanze durch diese Tabellen nicht ermittelt werden kann, so nehme man die Tabellen für Weg-, Acker- oder Wiesenpflanzen zu Hilfe. Man wird auf diese Weise bald den Blick für die oben angegebenen Unterschiede gewinnen.

2. Was man aus einem Brennesselbestand ablesen kann.

Ein Schutthaufen ist sehr reich an Nährstoffen, namentlich an Nitraten (Salze der Salpetersäure, Stickstoffverbindungen). Die Brennessel ist eine ausgesprochene Nitratpflanze. Auf Schutthaufen sieht man oft üppige Bestände.

Entwicklung der Brennessel	Nitratgehalt in 1 l frischem Boden
225 cm hoch	107,9 mg
200 ,, ,,	225,87 ,,
160 ,, ,,	79,78 ,,
100 ,, ,,	50,04 ,,
80 ,, ,,	40,98 ,.
abwesend	37,19—1,37 mg

(Aus Walter.)

Pflanzenleben. 681

3. Schuttpflanzen mit weißen Blüten.

I. **Blüten in Dolden.** (Gefleckter Schierling, betäubender Kälberkropf, Wald-Kerbel, Giersch, Bärenklau, Hundspetersilie. S. 652.)

II. **Blüten in Körbchen.** Alle Blüten röhrenförmig, mit Haarkrone. Körbchen sehr klein, in länglicher Rispe. Blätter länglich, gewimpert. Stengel ästig, bis 1 m hoch. (S. 649, 696.)

Kanadisches Berufskraut. *Erigeron canadénse.*

III. **Blüten nicht in Dolden oder Körbchen.**

A. **Blätter quirlständig, zu 6—8.** Stengel rückwärts rauh. (S. 351.)

Klebkraut. *Gálium aparíne.*

B. **Blätter gegenständig.**

1. Blätter ganzrandig, eiförmig. Kronblätter 2spaltig. Stengel schlaff, stark verzweigt, mit einer Haarleiste, bis 30 cm hoch. (S. 648.)

Vogel-Miere. *Stellária média.*

2. Blätter gesägt, herz-eiförmig. Krone lippig. Stengel aufrecht, 4kantig, bis 60 cm hoch. (S. 366.)

Weiße Taubnessel. *Lámium album.*

C. **Blätter wechselständig.**

a) Krone verwachsen-blättrig, mit 5 Zipfeln. Staubblätter 5, mit den Kronzipfeln abwechselnd.

Nachtschattengewächse. *Solanaceen.*

α) Krone radförmig. Staubbeutel zusammengeneigt. Frucht eine Beere.

° Blüten einzeln. Kelch zur Zeit der Fruchtreife sehr groß, scharlachrot. Blätter länglich. Frucht kugelig, orangerot. Bis 60 cm hoch.

Judenkirsche. *Phýsalis alkekéngi.*

°° Blüten traubig. Staubbeutel an der Spitze mit 2 Löchern, aufspringend. (Wie die Blüte der Kartoffel!) Blätter eiförmig oder 3eckig, buchtig gezähnt. (S. 353, 650.)

Nachtschatten. *Solánum.*

1. Pflanze fast kahl, höchstens mit zerstreuten Haaren. Reife Beeren schwarz oder grünlichgelb. (S. 759.)

Schwarzer N. *S. nigrum.*

2. Pflanze fast zottig behaart. Reife Beeren gelb. (S. 755.)

Zottiger N. *S. villósum.*

β) Krone trichterig. Staubbeutel nicht zusammengeneigt. Frucht eine stachelige Kapsel. Blätter eiförmig, ungleich buchtig gezähnt, kahl. Stengel ästig, bis 1 m hoch. Sehr giftig! (S. 650.)

Stechapfel. *Datúra stramónium.*

b) **Krone freiblättrig. Kronblätter 4.
Kelchblätter 4. Staubblätter 6** (davon
4 lang und 2 kurz).

Kreuzblütler.
Cruciféren.

α) Früchte mehrmals länger als breit: Schote. Blätter herzförmig, buchtig gezähnt, die unteren
nierenförmig. (Blätter reiben! Lauchgeruch.) Bis 1 m hoch. (S. 306, 651.)

Knoblauchsrauke.
Alliária officinális.

β) Früchte etwa so lang wie breit: Schötchen.
° **Stengelblätter herz- oder pfeilförmig umfassend.**

1. Schötchen fast kreisrund, geflügelt, tief **ausgerandet**
Blätter grasgrün, gezähnt. (Reiben!
Widerlicher Geruch!) Stengel kantig, bis
40 cm hoch. (S. 353.)

Acker-Hellerkraut.
Thlaspi arvénse.

2. Schötchen 3eckig-verkehrt-eiförmig.
(S. 353.)

Hirten-Täschelkraut.
*Capsélla
bursa pastóris.*

°° **Stengelblätter nicht umfassend.** Schötchen rundlich, ausgerandet, sehr schmal geflügelt, auf abstehenden Stielen.
Blätter fiederspaltig bis doppelt gefiedert; die oberen lineal
und ganzrandig. Krone gelblichweiß, oft
fehlend. (Unangenehmer Geruch!) Bis
30 cm hoch. (S, 353, 650.)

Schuttkresse.
Lepídium ruderále.

Die Nachtschattengewächse (*Solanaceen*) sind ausgesprochene
Schuttpflanzen. Sie lieben einen nitratreichen (stickstoffhaltigen)
Boden und gehören daher zu den nitrophilen (stickstoffliebenden)
Pflanzen.

4. Schuttpflanzen mit gelben Blüten.

I. **Blüten in Körbchen.**

A. **Strahlblütige ohne Haarkrone** (Beispiel: **Sonnenblume**). Scheibe gelb, Strahlen weiß. Blätter wechselständig,
mehrfach fiederteilig. (S. 361.) (Häufig
auf Schutt: Stinkende Hundskamille.)

Kamillen.

B. **Röhrenblütige mit Haarkrone** (Beispiel: **Distel**).

1. Hüllkelch einreihig, mit kurzem Außenkelch und schwarzen
Spitzen. Blätter fiederteilig, spinnwebig-
wollig. (S. 356.)

Gemeines Kreuzkraut.
Senécio vulgáris.

2. Hüllkelch dornig. Blätter herablaufend,
stachelspitzig. Pflanze graufilzig. (S.691.)

**Sommer-
Flockenblume.**
Centauréa solstitiális.

Pflanzenleben. 683

3. Hüllkelch mehrreihig. Scheibenblüten 4zähnig. Blätter 2—3fach fiederteilig. (S. 361, 631.)

Strahllose Kamille.
Matricária suavéolens.

C. **Zungenblütige mit Haarkrone** (Beispiel: Löwenzahn).
1. Blätter stachelig gezähnt. (S. 691.)

Gänsedistel.
Sonchus.

2. Blätter nicht stachelig gezähnt. Körbchen wenigblütig. (S. 630.)

Lattich.
Lactúca.

D. **Zungenblütige ohne Haarkrone.** Körbchen sehr klein. Blätter mit großem Endlappen. (S. 630.)

Rainkohl.
Lámpsana commúnis.

II. **Blüten nicht in Körbchen.**
A. **Blätter gegenständig.** Stengel an den Gelenken knotig verdickt und steifhaarig. Krone lippig. Mittelzipfel der Unterlippe violett. (S. 360.)

Bunter Hohlzahn.
Galeópsis speciósa.

B. **Blätter wechselständig.**
  a) Pflanzen mit Milchsaft.
  α) Milchsaft weiß. (S. 691.)

Wolfsmilch.
Euphórbia.

  1. Blüten in Dolden. (S. 692.)

  2. Blüten einzeln. (S. 692.)

Gelber Hornmohn.
Gláucium flavum.

  β) Milchsaft gelb. (S. 692.)

Schellkraut.
Chelidónium majus.

  b) Pflanzen ohne Milchsaft.
  α) Blätter zusammengesetzt: 3zählig. (S. 359.)

Steifer Sauerklee.
Óxalis stricta.

  β) Blätter einfach.

  1. Staubblätter 5. Krone glockig-trichterig, trübgelb mit violetten Adern. Blätter buchtig gezähnt, klebrig-zottig, die oberen stengelumfassend. Stengel klebrig-zottig, bis 60 cm hoch. Sehr giftig!

Bilsenkraut.
Hyoscýamus niger.

  2. Staubblätter 12—18. Kronblätter meist 5. Blüten zahlreich, in dichtem Stand um den steif aufrechten Stengel. (S. 634.)

Färber-Wau.
Reséda lutéola.

  3. Staubblätter 6 (davon 4 lang und 2 kurz). Kronblätter 4, Kelchblätter 4.

Kreuzblütler.
Crucíferen.

  ° Früchte mehrmals länger als breit: Schote. Stengelblätter gestielt oder am Grunde verschmälert (nicht umfassend).

  △ Alle Blätter oder doch die oberen ungeteilt, ganzrandig bis buchtig gezähnt.

684 Auf Schuttplätzen.

§ Schoten geschnäbelt.

. Kelch anliegend. Schoten quer eingeschnürt. Krone hellgelb, geadert. Untere Blätter leierförmig, **Hederich.**
steifhaarig. (S. 359.) *Ráphanus raphanístrum.*

.. Kelch abstehend. Schoten nicht eingeschnürt. Krone goldgelb. Untere Blätter leierförmig, steif- **Acker-Senf.**
haarig. (S. 359.) *Sinápis arvénsis.*

§§ Schoten nicht geschnäbelt, 4 kantig, ihre Klappen 1 nervig.
Blätter länglich, ganzrandig oder ge- **Acker-Schotendotter.**
zähnt. Krone goldgelb. (S. 634.) *Erýsimum cheiranthoídes.*

△△ Alle Blätter geteilt bis gefiedert.

§ Schoten ungeschnäbelt, ihre Klappen **Rauke.**
3 nervig. (S. 636.) *Sisýmbrium.*

. Blätter einfach fiederteilig, mit großem, spießförmigem
Endblättchen. Schoten dem Stengel dicht
angedrückt, an der Spitze verschmälert. **Wegerauke.**
Bis 60 cm hoch. *S. officinále*

.. Blätter 2—3 fach gefiedert, mit linealen
Zipfeln. Schoten abstehend, dünn. Bis **Besen-Rauke.**
1 m hoch. *S. Sóphia.*

§§ Schoten deutlich geschnäbelt.

. Schnabel flach, 2 schneidig. Schotenklappen mit 3 kräftigen
Nerven. Untere Blätter leierförmig, steif **Acker-Senf.**
haarig. (S. 359.) *Sinápis arvénsis.*

.. Schnabel kegelförmig oder walzlich.
Blätter meist kahl. Schotenklappen
flach. Samen in jedem Fache 2 reihig. **Rampe.**
(S. 636.) *Diplotáxis.*

Blätter meist behaart. Schotenklappen
gewölbt. Samen in jedem Fache 1 reihig. **Hundsrauke.**
(S. 636.) *Erucástrum.*

°° Früchte etwa so lang wie breit: Schötchen bírnförmig,
mit stark vorspringendem Rande. Blätter länglich, mit pfeilförmigem Grunde sitzend, aufrecht, be- **Kleinfrüchtiger Dotter.**
haart. Bis 60 cm hoch. *Camelína microcárpa.*

5. Schuttpflanzen mit roten Blüten.

I. Blätter gegenständig.

A. Krone 2 lippig. Staubblätter 4 (2 lang, **Lippenblütler.**
2 kurz). Stengel 4 kantig. *Labiáten.*

Pflanzenleben. 685

a) Blätter unten 5spaltig, am Grunde herzförmig; obere 3lappig, am Grunde keilförmig. Blüten zahlreich. Krone rosa, außen zottig. Bis 1 m hoch. (S. 642.)

Herzgespann.
Leonúrus cardíaca.

b) Blätter nicht gelappt.

α) Oberlippe flach, Kelch 5zähnig, stachelspitzig. Blüten sehr dicht, rötlich (oder weiß). Unterlippe rot punktiert. Blätter eiförmig, sägezähnig, unterseits graufilzig. Bis 80 cm hoch. Oft Zitronengeruch! (S. 642.)

Katzenkraut.
Népeta catária.

β) Oberlippe gewölbt. Kelch 5zähnig.

1. Unterlippe mit großem Mittellappen und spitzen Seitenzipfeln. Blüten klein, purpurrot. Kronröhre gerade, innen mit Haarring. Bis 30 cm hoch. (S. 366.)

Rote Taubnessel.
Lámium purpúreum.

2. Unterlippe mit 3 stumpfen Lappen.

. Kronröhre innen mit einem Haarring, an der gleichen Stelle außen eine Einschnürung. Kelch trichterförmig, mit 10 hervortretenden Nerven. Blüten einseitswendig, bläulichrot. Blätter eiförmig, kerbig gesägt. Stengel ästig, behaart, bis 1 m hoch. (S. 642.)

Schwarznessel.
Ballóta nigra.

.. Kronröhre ohne Haarring. Unterlippe mit 2 hohlen Höckern. Krone rot, Unterlippe am Grunde gelb gefleckt. Blätter länglich, am Grunde verschmälert. Stengel an den Gelenken knotig verdickt und steifhaarig, bis 60 cm hoch. (S. 362.)

Gemeiner Hohlzahn.
Galeópsis tétrahit.

B. Krone 5blättrig. Staubblätter 10, am Grunde verwachsen. Blätter gelappt oder gefiedert.

Storchschnabelgewächse.
Geraniacéen.

a) Blätter handförmig gelappt. Meist alle 10 Staubblätter mit Staubbeuteln. (S. 643.)

Storchschnabel.
Geránium.

b) Blätter gefiedert. Nur 5 Staubblätter mit Staubbeuteln. (S. 643.)

Reiherschnabel.
Eródium.

II. Blätter wechselständig.

A. Blüten in Körbchen. Alle Blüten röhrenförmig.

a) Blätter stachelig gezähnt. (S. 640.)

Disteln.

b) Blätter nicht stachelig gezähnt. Hüllblätter (des Körbchens) mit hakiger Spitze. (S. 641.)

Klette.
Árctium.

686   Auf Schuttplätzen.

B. **Blüten nicht in Körbchen.**

a) Staubblätter 5. Krone trichterförmig, braunrot. Schlund mit gewölbten Schuppen. Blätter länglich, graufilzig, die oberen halb stengelumfassend. Stengel verzweigt, bis 60 cm hoch. Ganze Pflanze rauhhaarig.   **Hundszunge.** *Cynoglóssum officinále.*

b) Staubblätter viele, auf dem Blütenboden. Kronblätter 4. Kelchblätter 2. Blätter fiederteilig. Pflanze mit Milchsaft (S. 692).   **Mohn.**

c) Staubblätter viele, in eine Röhre verwachsen, die den Stempel umgibt. Kronblätter 5. Blätter handförmig gelappt. (S. 644.)   **Malve.** *Malva.*

d) Staubblätter 2, aber dreiteilig, daher 2 Bündel darstellend. Blätter 2—3fach fiederspaltig. (S. 365.)   **Erdrauch.** *Fumária.*

6. Schuttpflanzen mit blauen Blüten.

I. **Pflanze rauhhaarig.** Blätter wechselständig, meist ganzrandig. Blüten in Wickeln. Krone röhrig, mit 5 lappigem Saume. Staubblätter 5.   **Rauhblättrige Gewächse.** *Borraginéen.*

A. **Schlund der Krone durch Schuppen geschlossen.**

a) Stengel mit rückwärts gerichteten Stacheln, niederliegend, bis 60 cm lang. Kelch nach der Blütezeit stark vergrößert, buchtig gezähnt. Blüten in den Blattachseln, zu 1—3, klein, violett.   **Schärfling.** *Asperúgo procúmbens.*

b) Stengel ohne rückwärts gerichtete Stacheln.

α) Krone radförmig, groß, 1½ cm breit, mit spitzen Zipfeln, blau. Schlundschuppen ausgerandet. Stengel ästig, bis 60 cm lang. Gartenpflanze, oft auf Schutt verwildert. (S. 369.)   **Boretsch.** *Borrágo officinális.*

β) Krone trichterig oder stieltellerförmig.

° Früchtchen mit widerhakigen Stacheln besetzt, 3kantig. Krone stieltellerförmig, hellblau. Blätter angedrückt behaart. Bis 30 cm hoch.   **Igelsame.** *Láppula myosótis.*

°° Früchtchen ohne Stacheln.

1. Kronröhre gebogen. Krone klein, hellblau. Schlundschuppen rauhhaarig. Stengel ästig, bis 30 cm lang. (S. 646.)   **Krummhals.** *Lycópsis arvénsis.*

2. Kronröhre gerade. Krone groß, violett bis blau. Schlund-

Pflanzenleben. **687**

schuppen sammetartig. Bis 80 cm hoch.   **Ochsenzunge.**
(S. 370.)   *Anchúsa officinális.*

B. Schlund der Krone ohne Schuppen, offen. Krone
mit ungleichen Zipfeln, anfangs violett, dann blau. Staubblätter und Griffel aus der Blüte hervor-   **Natterkopf.**
ragend. Stengel steif aufrecht, bis 1 m   *Échium vulgáre.*
hoch. (S. 646.)

II. Pflanze nicht rauhhaarig. Blätter wechselständig, länglich,
meist buchtig gezähnt. Krone glockig, hellblau, am Grunde weiß,
Kelch nach der Blütezeit aufgeblasen, 5 kantig. Blüten einzeln
in den Blattachseln, überhängend. Bis 1 m   **Giftbeere.**
hoch. Zierpflanze, auf Schutt verwildert. *Nicándra physaloídes.*

7. Schuttpflanzen mit grünen Blüten.

I. Blätter gegenständig.

                                  Brennessel.
  1. Pflanzen mit Brennhaaren. (S. 690.)   *Úrtica.*

  2. Pflanzen ohne Brennhaare. Stengel 4 kantig, ästig, bis 50 cm
    hoch. Blätter länglich (die der weiblichen Pflanze dunkler).
    Pflanze 2 häusig: männliche Blüten lang gestielt, in Knäueln;
    weibliche Blüten kurz gestielt, zu 2—3 in **Schutt-Bingelkraut.**
    den Blattachseln. (S. 374.)   *Mercuriális ánnua.*

II. Blätter wechselständig.

  A. Blätter am Grunde mit einer tütenförmigen Scheide,
    die den Stengel an den Knoten umgibt.

    a) Blütenhülle 6 teilig. Staubblätter 6.   **Ampfer.**
    Frucht 3 kantig. (S. 490.)   *Rumex.*

    1. Untere Blätter stumpf, herzförmig, mittlere herzförmig-
    länglich, obere lanzettlich. Innere Blüten- **Stumpfblättriger A.**
    hüllblätter mit Zähnen. Bis 1¼ m hoch. *R. obtusifólius.*

    2. Alle Blätter lanzettlich, spitz, wellig kraus, die unteren
    am Grunde fast herzförmig. Innere Blüten-   **Krauser A.**
    hüllblätter mit Schwielen. Bis 1 m hoch. *R. crispus.*

    b) Blütenhülle 5 teilig, innen gefärbt,   **Knöterich.**
    Staubblätter 8. Frucht 3 teilig. (S. 374.) *Polýgonum.*

    α) Blüten einzeln oder zu mehreren in den Blattachseln.
    Stengel meist niederliegend, ästig, bis **Vogel-Knöterich.**
    50 cm lang. (S. 352.)   *P. aviculáre.*

    β) Blüten in dichten, walzenförmigen Scheinähren, rosa, weiß
    oder grünlich.

688   Auf Schuttplätzen.

1. Scheiden eng anliegend, lang gewimpert. Blätter lanzettlich, oft schwarz gefleckt. Stengel an den Knoten wenig verdickt, ästig, bis 1 m hoch.   **Floh-Knöterich.** *P. persicária.*

2. Scheiden locker, kurz gewimpert. Blätter lang zugespitzt, unterseits auf den Nerven angedrückt behaart. Stengel an·den Knoten stark verdickt, ästig, bis 1 m hoch.   **Ampfer-Knöterich.** *P. lapathifólium.*

B. **Blätter am Grunde ohne Scheide.**

   a) Blüten in Körbchen. Alle Blüten röhrenförmig, ohne Haarkrone. Körbchen 1 häusig: die männlichen vielblütig, in Knäueln am Ende der Zweige; die weiblichen 2 blütig, am Ende der Zweige, in Knäueln in den Achseln der oberen Blätter. Blätter 3 lappig. Bis 1 m hoch.   **Spitzklette.** *Xánthium.*

1. Stengel am Grunde mit 3 teiligen, gelben Dornen. Blätter am Grunde keilförmig, unterseits weißfilzig.   **Dornige Spitzklette.** *X. spinósum.*

2. Stengel ohne Dornen. Blätter am Grunde herzförmig, nicht filzig.   **Echte Spitzklette.** *X. strumárium.*

   b) Blüten in Knäueln oder Ähren.

α) Blätter vorn stumpf, ausgerandet, in der Ausrandung stachelspitzig, eiförmig, lang gestielt. Stengel liegend, kahl, bis 45 cm lang.   **Roter Heinrich.** *Albérsia blitum.*

β) Blätter spitz.

° Blütenstand mit stechenden Deckblättchen, fuchsschwanzähnlich. Blätter länglich-eiförmig. Stengel aufrecht, oft an der Spitze zurückgebogen, kurzhaarig, bis 80 cm hoch.   **Rauhhaariger Amarant.** *Amarántus retrofléxus.*

°° Blütenstand nicht stechend.

1. Blüten zwitterig: Staubblätter 5. Blütenhülle zur Fruchtzeit zuweilen fleischig und rot. Blätter meist mit mehligem Überzug, dreieckig oder rautenförmig. Bis 1½ m hoch.   **Gänsefuß.** *Chenopódium.*

△ Blätter ganzrandig.

§ Blätter dreieckig-spießförmig, seitliche Lappen spitz. Blütenstände sehr lang, nur am Grunde beblättert. Pflanze mehlig bestäubt, etwas klebrig. Bis 60 cm hoch.   **Guter Heinrich.** *Ch. bonus henrícus.*

§§ Blätter rauten-eiförmig. Blütenstände geknäuelt, am Ende

Pflanzenleben.   689

der Äste rispig angeordnet. Pflanze mehlig bestäubt, nach faulen Heringen riechend. An Mauern, zwischen Pflastersteinen, auf Schutt. Bis 30 cm hoch.

Stinkender G.
Ch. vulváría.

△ △ Blätter gezähnt.

§ Blätter mehlig bestäubt, glanzlos, klein gezähnt.

. Blätter länglich, in den Blattstiel verschmälert, unterseits blaugrün und mehlig bestäubt. Blütenstände nicht beblättert. Blütenstiele und Blütenhülle nicht mehlig bestäubt. Bis ½ m hoch.

Grauer G.
Ch. glaucum.

.. Blätter ei-rautenförmig, eiförmig-lanzettlich oder länglich lanzettlich, meist spitz, ungleich gezähnt oder fast ganzrandig. Blütenstiele und Blütenhülle mehlig bestäubt. Bis 1 m hoch.

Weißer G.
Ch. album.

§§ Blätter nicht mehlig bestäubt, glänzend. (Nur junge Blätter mit Staub.)

. Blätter am Grunde herzförmig, buchtig gezähnt, mit langer Spitze, Blütenstände geknäuelt, un-beblättert, am Ende der Zweige. Bis 80 cm hoch.

Unechter G.
Ch. hýbridum.

.. Blätter rautenförmig, spitz, grob gezähnt, lang gestielt, dunkelgrün, unterseits kahl oder schwach mehlig bereift. Blütenstände blattlos, locker in kleinen Rispen. Stengel ästig, bis ½ m hoch.

Mauer-G.
Ch. murális.

2. Blüten entweder nur mit Staubblättern oder nur mit Stempeln (1 häusig oder 2 häusig). Blätter meist gezähnt. Bis 1½ m hoch.

Melde.
Átriplex.

. Untere Blätter 3 eckig, spießförmig oder eiförmig, gezähnt, die übrigen lanzettlich. Fruchthülle 3 eckig, ganzrandig oder gezähnt. Stengel ausgebreitet-ästig, bis 80 cm hoch.

Spieß-Melde.
A. hastátum.

.. Untere Blätter länglich-lanzettlich, fast spießförmig, oft gezähnt, die übrigen lanzettlich oder lineal. Fruchthülle mit vorspringenden Seitenecken. Stengel unten gespreizt-ästig, bis 1 m hoch.

Ausgebreitete Melde.
A. pátulum.

Die Gänsefußgewächse (*Chenopodiacéen*) sind ausgesprochene Schuttpflanzen. Sie lieben salzreiche Standorte und gehören daher zu den Halophyten (*hals* = Salz, *phyton* = Pflanze).

8. Schuttpflanzen, die brennen und stechen.

I. **Pflanzen, die brennen.** Brennhaare an Blättern und Stengeln.

Blätter gegenständig. Blüten in Rispen, grün. — **Brennessel.** *Úrtica.*

1. Blätter länglich-herzförmig, zugespitzt, grob gesägt. Blütenrispen hängend, länger als der Blattstiel. Bis 1½ m hoch. — **Große Brennessel.** *U. dioéca.*

2. Blätter rundlich, nicht zugespitzt, eingeschnitten gesägt. Blütenrispen aufrecht, kürzer als der Blattstiel. Bis ⅔ m hoch. — **Kleine Brennessel.** *U. urens.*

II. **Pflanzen, die stechen.**

A. **Stechende Blätter.** Blüten in Körbchen. — **Korbblütler.** *Compositen.*

a) Alle Blüten röhrenförmig, mit Haarkrone.

° Blütenboden mit bienenzellenartigen Vertiefungen. Körbchen einzeln, groß, rot. Hüllblätter dornig, spitz. Blätter breit, buchtig gezähnt, dornig, spinnwebig-wollig. Stengel durch die herablaufenden Blätter breit geflügelt, wollig, bis 1½ m hoch. (S. 640.) — **Eselsdistel.** *Onopórdon acánthium.*

°° Blütenboden nicht bienenzellenartig vertieft.

△ Pappus mit einfachen Haaren. Blüten purpurn. (S. 640.) — **Distel.** *Cárduus.*

α) Hüllblätter am Grunde eingeschnürt, an dieser Stelle zurückgeknickt. Körbchen nickend. Blätter fiederteilig. Bis 1 m hoch. — **Nickende Distel.** *C. nutans.*

β) Hüllblätter am Grunde nicht eingeschnürt, aufrecht oder zurückgebogen.

1. Körbchen meist einzeln. Blätter tief fiederspaltig. Bis 1 m hoch. — **Stachel-Distel.** *C. acanthoídes.*

2. Körbchen meist gehäuft. Blätter buchtig gezähnt, bis fiederspaltig, unterseits wollig-filzig. Bis 1⅓ m hoch. — **Krause Distel.** *C. crispus.*

△△ Pappus mit gefiederten Haaren. Körbchen zahlreich, klein, rot, auf filzigen Stielen. Blätter meist wellig kraus. Bis 1½ m hoch. (S. 640.) — **Acker-Kratzdistel.** *Cirsium arvénse.*

b) Alle Blüten zungenförmig, gelb, mit Haarkrone. Blätter sitzend, stengelumfassend. Stengel meist ästig. — **Gänsedistel.** *Sonchus.*

Pflanzenleben. 691

1. Blätter am Grunde pfeilförmig, weich, stachelspitzig ge- zähnt. Bis 1 m hoch. Früchte quer- Gemeine Gänsedistel. runzlig. *S. oleráceus.*

2. Blätter am Grunde herzförmig, derb, mit stechenden Zähnen. Früchte nicht querrunzlig. Bis Rauhe Gänsedistel. ⅔ m hoch. *S. asper.*

B. **Stechender Blütenstand.**

1. Blüten in Körbchen, gelb. Obere Hüllblätter mit einem langen Dorn. Blätter herablaufend, die Sommer- unteren fiederteilig, gestielt, die oberen Flockenblume. lineal, sitzend, ganzrandig, stachelspitzig. *Centauréa solstitialis.* Bis 80 cm hoch. (S. 287, 682.)

2. Blüten in langen fuchsschwanzähnlichen Ständen, grün, mit spitzen, stechenden Deckblättchen. Rauhhaariger Blätter länglich-eiförmig, zugespitzt. Amarant. Stengel aufrecht, an der Sptize oft zu- *Amarántus* rückgebogen, bis 1 m hoch. *retroflexus.*

3. Blüten in Scheinquirlen, rot oder weiß. Gemeiner Hohlzahn. Lippenblüte. (S. 642.) *Galeopsis tétrahit.*

9. Schuttpflanzen mit Milchsaft.

I. **Milchsaft weiß.**

A. **Blüten in Körbchen. Alle Blüten zungenförmig, mit Haar- krone. (Beispiel: Löwenzahn.)**

a) Stengel blattlos, mit einem Körbchen. Löwenzahn, Butterblume, Kettenblume. *Taráxacum.*

b) Stengel beblättert.

α) Blätter stachelig gezähnt, sitzend, Gänsedistel. stengelumfassend. Blüten gelb. (S. 691.) *Sonchus.*

1. Blätter am Grunde pfeilförmig, weich, stachelspitzig gezähnt. Früchte querrunzelig. Bis 1 m Gemeine Gänsedistel. hoch. *S. oleráceus.*

2. Blätter am Grunde herzförmig, derb, mit stechenden Zähnen. Früchte nicht querrunzlig. Bis Rauhe Gänsedistel. ⅔ m hoch. *S. asper.*

β) Blätter nicht stachelig gezähnt. Hüllkelch dachig. Frucht geschnäbelt, zusammengedrückt. Blätter Lattich. fiederspaltig. Blüten gelb. *Lactúca.*

692 Auf Schuttplätzen.

1. Blätter fast senkrecht gestellt (meist in Nord-Süd-Richtung: Kompaßpflanze.) Mittelrippe des Blattes unterseits stachelig gezähnt. Bis 1¼ m hoch. (S. 630.) — **Stachel-Lattich.** *L. scaríola.*

2. Blätter mit großem Endzipfel. Körbchen meist 5blütig. Bis 80 cm hoch. (S. 630.) — **Mauer-Lattich.** *L. murális.*

B. Blüten nicht in Körbchen.

  a) Blüten in Dolden, gelb. (S. 633.) — **Wolfsmilch.** *Euphórbia.*

  1. Dolde 3strahlig. Strahlen 2teilig. — **Garten-Wolfsmilch.** *E. peplus.*

  2. Dolde 5strahlig. Strahlen 3teilig. — **Sonnenwendige W.** *E. helioscópia.*

  3. Dolde vielstrahlig. Blätter lineal, sitzend. — **Zypressen-W.** *E. cyparíssias.*

  4. Dolde vielstrahlig. Blätter lanzettlich, kurz gestielt. — **Esels-Wolfsmilch.** *E. ésula.*

  b) Blüten einzeln. Kronblätter 4, Kelchblätter 2. Staubblätter viele, auf dem Blütenboden. (S. 365.) — **Mohngewächse.** *Papaveracéen.*

  α) Kapsel keulenförmig, mit vielen Fächern, mit zerstreuten Borsten besetzt. Krone scharlachrot. Blätter fiederteilig, behaart. Bis 30 cm hoch. — **Sandmohn.** *Papáver argemóne.*

  β) Kapsel länglich, schotenförmig, 2klappig. Milchsaft farblos. — **Hornmohn.** *Gláucium.*

  1. Blüten gelb. Stengel kahl, bis 60 cm hoch. — **Gelber Hornmohn.** *G. flavum.*

  2. Blüten rot, mit schwarzem Fleck. Stengel behaart, bis 50 cm hoch. — **Roter Hornmohn.** *G. corniculátum.*

II. Milchsaft gelb.

  Blüten doldig, gelb. Blätter fiederspaltig. Stengel ästig, bis 1 m hoch. (S. 633.) — **Schellkraut.** *Chelidónium majus.*

10. Ein Versuch mit dem Milchsaft der Wolfsmilch.

Die Milch von Tieren sieht weiß aus. Unter gewissen Bedingungen kann sie ihre Farbe ändern.

Man trübe ein Glas Wasser durch einige Tropfen Milch. Hält man ein weißes Blatt Papier hinter das Glas, so erscheint das Milchwasser grau; hält man aber ein schwarzes Blatt hinter das Glas, so erscheint das Milchwasser blau.

Diese Erscheinung (Phänomén), daß ein trübes Medium vor einem hellen Hintergrund grau, vor einem dunklen Hintergrund blau erscheint, nennt Goethe das Urphänomen.

Tupft man einen Tropfen (nicht zu groß) vom Saft der Wolfsmilch auf ein schwarzes Papier, so erscheint er nicht etwa weiß, wie man erwarten sollte, sondern blau. Stelle solche Versuche mit dem Milchsaft anderer Pflanzen an!

Literatur: H. Molisch, Botanische Versuche ohne Apparate. 200 S. Fischer, Jena.

AN EISENBAHNDÄMMEN.

1. An Eisenbahndämmen.

Eisenbahnen sind Verkehrswege. Daher hat der Pflanzenbestand an den Eisenbahndämmen Ähnlichkeit mit dem an den Landstraßen. Er ist je nach der Lage des Dammes verschieden zusammengesetzt.

1. **Ruderalflora.** Alle Weg- und Schuttpflanzen finden sich auch an Bahndämmen ein, namentlich dort, wo Straßen berührt werden.

2. **Adventivflora.** Durch den Güterverkehr werden die Samen ausländischer Pflanzen an den Bahndämmen ausgestreut. Manche finden geeignete Lebensbedingungen und siedeln sich an. Mehrere von diesen Einwanderern haben sich in ihrer neuen Heimat sehr stark vermehrt.

3. **Flora des benachbarten Geländes.** Liegt der Bahndamm im Walde, so ist er reich mit Waldpflanzen bewachsen. In der Wiese drängen sich Wiesenpflanzen in großer Zahl heran und im bebauten Felde die Ackerunkräuter.

Eine richtige Feldpflanze (Mohn, Kornblume, Rade) wandert nicht in den Wald ein, und eine Waldpflanze (Maiglöckchen, Aronstab) zieht nicht hinaus aufs Feld. Für diese sind Sonderbestimmungstabellen möglich, nicht aber für die Pflanzen an Eisenbahndämmen, weil sich hier eine zu gemischte Gesellschaft einfindet. Man benutze also die Tabellen des entsprechenden Geländes.

2. Wandernde Pflanzen.

Auch Pflanzen können wandern, sie selbst allerdings nicht, wohl aber ihre Früchte und Samen. In Deutschland leben viele wandernde Pflanzen. Jede hat ihre besondere Wandergeschichte.

Das Frühlings-Kreuzkraut *Senécio vernális* kam im 18. Jahrhundert bei Angerbach in Ostpreußen vor. Von dort aus ist es in den letzten hundert Jahren bis nach Westdeutschland gewandert. 1820 im Memelgebiet, an der Weichsel und in Oberschlesien. 1840 in Posen. 1850 an der Oder. 1859 bei Berlin. 1860 an der Elbe. 1864 Baden. 1886 Bad Kreuznach. 1904 Pfalz.

Niemand hat diese Pflanze absichtlich von Ostdeutschland nach Westdeutschland gebracht. Sie hat ihr Verbreitungsgebiet selbst vergrößert. Das einzige Mittel, das ihr dazu diente, ist der mit einem

Pflanzenleben. **695**

Haarschopf versehene Same, der leicht vom Winde erfaßt und verbreitet werden kann. Da sie auf dem Acker wächst, mag auch unabsichtlich der Mensch zu ihrer Verbreitung beigetragen haben.

Es wandern:
Tollkirsche *Atrópa belladónna*, Färber-Wau *Reséda lutéola*, Gelber Wau *Reséda lútea*, Gaspeldorn *Ulex europáeus*, Esparsette *Onobrýchis viciaefólia*, Rampe *Diplotáxis tenuifólia* und *D. murális*, Pfeil-Kresse *Lepídium draba*, Buschiger Erdrauch *Fumária vaillánti*, Waldrebe *Clemátis vitálba*, Jelängerjelieber *Lonícera caprifólium* u. a.

Verbreitungsmittel.

1. Der Wind. Er trägt Flügelfrüchte (S. 93) und Samen mit Haarkronen (S. 456) weit hinweg.
2. Das Wasser. Bäche und Flüsse führen Früchte und Samen vom Gebirge in die Ebene.
3. Die Tiere. Durch das Fell oder die Federn werden Früchte und Samen verschleppt. Unverdaute Samen genießbarer Früchte werden mit dem Kot der Tiere an oft weit entfernten Plätzen abgesetzt. (S. 316.)
4. Der Mensch. Viele Nutz- und Zierpflanzen führt der Mensch aus fremden Ländern ein, die Verbreitung geschieht absichtlich. Durch Handel und Verkehr werden oft unabsichtlich Samen verschleppt. Pflanzen, die auf diese Weise in unsern einheimischen Pflanzenbestand geraten, sind „eingewanderte Pflanzen" oder Adventivpflanzen (Advent = Ankunft).

3. Eingewanderte Pflanzen.

Im Pflanzenbestand Deutschlands gibt es zahlreiche eingewanderte Pflanzen. Sie sind hineingekommen durch den internationalen Eisenbahnverkehr, durch die Einfuhr australischer Wolle, russischen und ungarischen Getreides, sowie durch den Verkehr mit Amerika und den Tropen. Am neuen Standort sind die Lebensbedingungen entweder günstig oder ungünstig. Die Mehrzahl der Ankömmlinge geht zugrunde. Für tropische Pflanzen sind die Sommer zu kurz. Sie gelangen kaum zur Blüte. In naßkalten Jahreszeiten faulen die Samen, zudem ist meist der Winter zu streng. Oft halten sie ein oder auch zwei Jahre aus, dann verschwinden sie wieder. Nur eine geringe Zahl hält aus. Erfolgt die Einwanderung nicht in der Richtung der Längengrade (also von Süd nach Nord), sondern in der Richtung der Breitengrade (Ost-West), so treffen die Einwanderer annähernd die gleichen klimatischen Verhältnisse an und können sich im Konkurrenzkampf mit den übrigen Pflanzen leichter halten. Durch diese Einschleppung ist das Florenbild Deutschlands an manchen Plätzen stark verändert worden.

I. Eingewanderte Kräuter, die sich durch Samen vermehren.

A. Ausdauernde und 2jährige Käuter.

Nachtkerze, *Oenothéra biénnis*. An Bahndämmen entlang. 1614 aus Nordamerika eingewandert. (S. 634.)

Vielblättrige Lupine, *Lupinus polyphýllus*. Blättchen 13 bis 15. Bis 1¹/₂ m hoch. Als Wildfutter gebaut, das verwildert und stellenweise eingebürgert. Aus Südeuropa. (S. 346.)

Luzerne, *Medicágo sativa*. Saatpflanze aus Südeuropa. Verwildert an Wegen und Eisenbahndämmen. (S. 346.)

Zaunrübe, *Bryónia alba* und *B. dioéca*. Kam als Zier- und Arzneipflanze aus Südosteuropa zu uns. Die Wurzel diente als Alraune (Liebestrank). Das Verschwinden der Pflanze an manchen Orten deutet an, daß der Wurzel noch heute nachgestellt wird. (S. 305.)

Zarte Binse, *Juncus ténuis*. An Wegen. Blätter rinnig, aufrecht, nur grundständig. Stengel blattlos, bis 25 cm hoch. Blütenstand endständig, kürzer als seine Hüllblätter. Aus Nordamerika. Zuerst 1824 in Antwerpen. Bis 1851 in Deutschland an vier völlig getrennten Plätzen: Hamburg, Kassel, Lausitz, Schwaben. 1870 bei Zerbst. 1890 bei Berlin. Heute in starker Verbreitung. Die Samen bleiben leicht am Schuhwerk kleben. (S. 658.)

B. Einjährige Kräuter. Meist Ackerunkräuter.

Knopfkraut, *Galinsóga parviflóra*. Ackerunkraut aus dem tropischen Südamerika. Sehr empfindlich gegen Frost, aber Samen unempfindlich, behalten mehrere Jahre ihre Keimfähigkeit bei, daher die rasche Verbreitung. Um 1800 im Berliner Botanischen Garten. 1807 aus diesem verwildert. Pfarrer Budow in Pommern ließ sich 1807 Samen aus Berlin schicken. Bald waren seine Gärten voll von dem Unkraut. Bei Osterode in Ostpreußen wurde es seit der Franzosenzeit bemerkt, daher der Name Franzosenkraut. 1860 war es in Norddeutschland ein lästiges Unkraut, gegen das man Polizeivorschriften erließ. Heute gehört es in der Umgebung Frankfurts mit zu den häufigsten Acker- und Gartenunkräutern. (S. 356.)

Kanadisches Berufskraut, *Erigeron canadénsis*. Ackerunkraut aus Nordamerika. Liebt sandige Plätze. Vermehrt sich durch seine ungeheuren Samenmassen, die mit einem Haarschopf versehen sind, schneller als irgendeine einheimische Pflanze. (S. 352.)

Pflanzenleben. **697**

Strahllose Kamille, *Matricária suavéolens.* Weg- und Schutt-
pflanze, die sich an Wegen entlang schnell ausbreitet. Wurde zuerst in botanischen Gärten gezogen. 1852 bei Berlin als Ruderal-
pflanze. (S. 631.)

Von solchen eingewanderten Kräutern, die sich durhc Samen
vermehren, kennt man mehr als 60.

II. **Angepflanzte oder eingeschleppte Kräuter, die sich
ungeschlechtlich vermehren.**

Erdbirne, *Heliánthus tuberósus.* Verwandt mit Sonnenblume.
Körbchen aufrecht, bis 14 cm breit (bei der Sonnenblume *H. ánnuus*
Körbchen nickend, bis 40 cm breit). Aus Nordamerika. Als Viehfutter
und Wildfutter angebaut wegen der Knollen, die auch als Gemüse
gegessen werden. Verwildert durch die Knollen an Schuttstellen.

Meerrettich, *Cochleária armorácia.* Seit alters als Kulturpflanze
angebaut. Bei uns nie mit Samen, Vermehrung erfolgt durch Adventivknospen der Wurzeln. Verwildert an Ackerrainen, Zäunen und
Flußufern. (Name: Rettich für Pferde, Mähren. Daher Mährrettich!)

Ferner:

Osterluzei *Aristolóchia clematítis*, Liebstöckel *Levísticum officinále.*

III. **Wasserpflanzen, die sich ungeschlechtlich vermehren.**

Wasserpest, *Helódea canadénsis* (S. 501). Aus Nordamerika.
Bei uns nur Pflanzen mit Stempelblüten, daher nur ungeschlechtliche
Vermehrung möglich. 1836 Irland. 1842 Schottland. 1847 England.
Von hier aus in die botanischen Gärten des Festlandes. Von da aus
in die Hände der Aquarienliebhaber. 1859 setzte sie der Lehrer Boß
in Charlottenburg in Gräben bei Sanssouci aus, ebenso der Kantor
Buchholz in Eberswalde. 1863 massenweise in der Havel. 1867 in
der Oder bis Stettin. Verbreitung durch Wasservögel, die Stengel-
stücke mit ihrem Gefieder verschleppten. In Skandinavien bis zum
67° n. Br. In Italien bis Neapel. Neuerdings Rückgang. 1908 bei
Frankfurt a. M. noch sehr häufig, 1929 nur noch sehr selten. Grund:
vielleicht eine allmähliche Abnahme der Vermehrungskraft auf un-
geschlechtlichem Wege.

Zwergfarn, *Azólla caroliniána.* Aus Nordamerika. Seit 1878 bei
uns eingewandert. Bildet auf der Oberfläche des Wassers eine dicke
rote Schicht. Nach eigenen Beobachtungen durch Wasservögel verschleppt. Nicht ständig, nach harten Wintern verschwunden. In
Holland ständig. (S. 506.)

IV. **Gehölze.**

In den Anlagen und Parken der Großstädte stehen heute mehr ausländische Bäume und Sträucher als einheimische. Auch in den Wäldern
pflanzt man vielfach fremde Hölzer an und versucht sie einzubürgern.

GARTENGELÄNDE.

1. Gartengelände.

In manchen Gegenden Deutschlands gibt ein ausgedehnter Obstbau der Landschaft ein besónderes Gepräge. In diesem Wanderbuch soll nur auf die Baumblüte und einige Schädlinge aufmerksam gemacht werden. Auffällig sind auch die mancherlei Krankheitserscheinungen an Obstbäumen. Darüber unterrichtet ausführlich: Prof. Dr. Lüstner, Die wichtigsten Krankheiten und Feinde der Obstbäume, Beerensträucher und des Strauch- und Schalenobstes. 2. Aufl. 201 S. Verlag Ulmer, Stuttgart.

Zur Bestimmung der Gartenunkräuter benutze man die Tabellen aus dem Kapitel „Das Feld". (S. 351.) Als weitere Literatur diene:

Prof. Dr. Lüstner, Krankheiten und Feinde der Gemüsepflanzen. 2. Aufl. 91 S. Verlag Ulmer, Stuttgart.

Die Vögel des Gartengeländes lassen sich nach der Tabelle des Kapitels „Park und Anlagen" (S. 762 ff.) bestimmen.

2. Beginn der Baumblüte in Frankfurt am Main.

Siehe nebenstehend.

3. Baumblüte.

Die Baumblüte gibt manchen Gegenden Deutschlands im Frühjahr das Gepräge. Zuerst blüht das frühe Steinobst (Pfirsich und Aprikose): die Landschaft färbt sich rot. Dann folgen die übrigen Steinobstsorten und die Birnen: das Obstgelände liegt unter Blütenschnee. Den Schluß bildet die Apfelblüte: die Fluren leuchten rotweiß.

I. Krone rot oder rötlich.

  A. Griffel 1 (Steinobst: ein Samen).

    a) Blüten bleibend rot.

    1. Blüten meist einzeln, selten zu 2. Kelchblätter stark wollig. Blätter lanzettlich, scharf gesägt.

        Pfirsich.
        Prunus pérsica.

Beginn der Baumblüte in Frankfurt am Main.

(Angaben nach Dr. Julius Ziegler.)

	Erste Blüte		Vollblüte		Blütenfarbe	In deiner Heimat?
	Frühester Tag	Mittlere Zeit	Frühester Tag	Mittlere Zeit		
1. Mandel	3. III.	1. IV.	5. III.	3. IV.	Frühes Steinobst: rot	
2. Pfirsich, Spalier . .	4. III.	1. IV.	26. III.	12. IV.		
3. Aprikose, Spalier . .	8. III.	27. III.	18. III.	9. IV.		
4. Aprikose, frei . . .	8. III.	3. IV.	20. III.	13. IV.		
5. Pfirsich, frei . . .	19. III.	14. IV.	2. IV.	21. IV.		
6. Süßkirsche	21. III.	13. IV.	5. IV.	19. IV.	Steinobst und Birnen: weiß	
7. Sauerkirsche . . .	17. III.	18. IV.	9. IV.	24. IV.		
8. Pflaume	22. III.	14. IV.	2. IV.	21. IV.		
9. Mirabelle	25. III.	16. IV.	2. IV.	22. IV.		
10. Reineclaude . . .	1. IV.	17. IV.	7. IV.	23. IV.		
11. Birne	30. III.	16. IV.	8. IV.	25. IV.		
12. Zwetsche	5. IV.	24. IV.	10. IV.	26. IV.		
13. Apfel	8. IV.	26. IV.	23. IV.	7. V.	Apfel: rosa	

2. Blüten meist zu 2, selten einzeln. Kelchblätter schwach wollig. Blätter lanzettlich, am Grunde drüsig gesägt. **Echte Mandel.** *Prunus commúnis.*

b) Blüten rot oder weiß.

α) Kelchröhre walzig. Blätter lanzettlich, kahl, fein gesägt. **Zwergmandel.** *P. nana.*

β) Kelchröhre glockig.

1. Blüten meist gefüllt, rosa, zuweilen weiß. Blätter lanzettlich, gesägt, zuweilen an der Spitze fast 3 lappig. **Mandelbäumchen.** *P. tríloba.*

2. Blüten nicht gefüllt, erst rötlich, später weiß. Kelch purpurn. Blätter rundlich eiförmig, oft herzförmig, zugespitzt, doppelt gesägt, kahl, langgestielt. **Aprikose.** *P. armeníaca.*

B. Griffel mehrere, bis 5 (Kernobst: mehrere Samen).

a) Blüten einzeln an der Spitze der Zweige.

1. Kelchzipfel kürzer als die Kronblätter, gezähnelt. Blüten einzeln, groß, rötlich-weiß. Blätter eiförmig, ganzrandig oder an der Spitze gezähnelt, unterseits filzig. **Quitte.** *Cydónia vulgáris.* (S. 729 Scheinquitte.)

2. Kelchzipfel länger als die Kronblätter, ganzrandig. Blüten groß, blaß-rötlich oder weiß. Blätter länglich lanzettlich, ganzrandig oder an der Spitze gezähnelt, unterseits filzig. **Mispel.** *Méspilus germánica.*

b) Blüten in Büscheln. Kronblätter länglich oder oval. Griffel am Grunde verwachsen. Blätter eiförmig, gesägt, etwa doppelt so lang wie der Stiel. **Apfelbaum.** *Pírus malus.*

II. Krone weiß, ohne roten Anflug.

A. Griffel 1 (Steinfrucht: ein Samen).

a) Blüten einzeln oder zu 2—3.

α) Blüten fast sitzend. Kelch purpurn, am Grunde sammethaarig. **Aprikose.** *Prunus armeníaca.*

β) Blüten deutlich gestielt: Pflaumen.

° Junge Zweige behaart, Blütenstiele weichhaarig. Kronblätter fast rund, bis 15 mm lang. Blätter breit-elliptisch oder verkehrt-eiförmig, unterseits zerstreut behaart. (Früchte kugelig, grün mit roten Backen: Reineclaude; Früchte kugelig gelblich oder grünlich: Mirabelle.) **Haferpflaume.** *P. insitícia.*

°° Junge Zweige kahl.

Pflanzenleben. 701

1. Blüten meist einzeln, weiß. Blütenstiele kahl. Blätter elliptisch, bis 6 cm lang. (Eine Abart mit roten Blättern und zuweilen auch rötlichen Blüten: *P. pissárdi*.)

Kirschpflaume.
P. cerasífera.

2. Blüten meist zu 2, grünlich-weiß. Blütenstiele behaart. Blätter elliptisch, gekerbt-gesägt, unterseits weichhaarig.

Zwetsche.
P. doméstica.

b) Blüten in kleinen Büscheln, langgestielt: Kirschen.

1. Baum. Blütenbüschel am Grunde ohne Laubblätter. Blätter etwas runzelig, länglich, gesägt, unterseits weichhaarig. Blattstiele oft mit 2 Drüsen.

Süßkirsche.
P. ávium.

2. Baumartig. Äste aufrecht oder aufstrebend. Blütenbüschel am Grunde von 1—2 grünen Blättern umhüllt. Blätter eiförmig, glatt, ohne Drüsen.

Sauerkirsche.
P. cérasus.

3. Strauch. Äste und Zweige dünn, schlaff, überhängend. Blütenbüschel am Grunde von 1—2 grünen Blättern umhüllt. Blätter derb, lederartig, glänzend. Blattstiele mit 1—2 Drüsen.

Strauchkirsche.
P. ácida.

B. Griffel mehrere, bis 5 (Kernobst: mehrere Samen).

1. Blätter einfach. Blüten in Büscheln. Staubbeutel rot.

Birnbaum.
Pirus commúnis.

2. Blätter gefiedert. Fiederblättchen scharf gesägt. Blüten in Ebensträußen. Kronblätter am Grunde wollig.

Speierling.
Pirus doméstica.

4. Schädliche Insekten an Obstbäumen.

I. Wir werden in den Monaten April bis Juni auf starken Blattfraß aufmerksam und bestimmen die Raupe.

1. Spannerraupe in zusammengezogenen Blättern, gelbgrün, weißliche Längslinien, oben warzige Erhöhungen.

Kleiner Frostspanner.
Operóphthera (Cheimatóbia) brumáta.

2. Raupe dunkelbraun, weiße und rote Striche, braun behaart, gesellig.

Goldafter.
Eupróctis chrysorrhóea

3. Raupe schwarz, gelb gestreift, blaue und rote borstig behaarte Warzen, dicker Kopf. Bei Tage in Rissen.

Schwammspinner.
Lymántria (= Ocnéria) dispar.

702 Gartengelände.

4. Raupe hellblau, rot und gelb gestreift und punktiert, blauer Seitenstreif, Kopf blaugrau mit zwei schwarzen Punkten.

Ringelspinner.
Malacósoma
(= *Gastrópacha
neústria.)*

II. **Wir werden auf Gespinste aufmerksam und bestimmen die Raupen. (S. 154.)**

1. Im Gespinst sind zusammengezogene Blätter, Blattstiele fest an den Zweig gesponnen. In den „Raupennestern" überwintern die Raupen. (Siehe oben!)

Goldafter.

2. Das Gespinst ist meist in einer Astgabel. Raupen siehe oben!

Ringelspinner.

III. **Wir werden im Mai oder Juni auf Fäden aufmerksam, an denen sich je eine kleine Spannerraupe zur Erde herabläßt. Sie verpuppt sich im Boden. Im Frühwinter erscheinen die Schmetterlinge: geflügelte Männchen und ungeflügelte Weibchen. Die Weibchen klettern am Baumstamm hoch, werden oben befruchtet und legen ihre Eier an Baumknospen ab.** Fang der Weibchen vor der Befruchtung und Eiablage durch Leimringe an den Stämmen.

**Kleiner
Frostspanner.**

IV. **Wir werden auf weiße Wolle an der Rinde des Apfelbaumes aufmerksam. Wir zerdrücken sie zwischen den Fingern, sie läßt einen roten Fleck zurück. Die Blutlaus gehört zu den Wolläusen. Die „Wolle" wird aus den Hinterleibsringen abgeschieden und dient als Schutz. Das Tier** saugt an der Rinde des Baumes.

Blutlaus.
Schizoneúra lonígera.

5. Spinnen in Gärten.

I. An Sträuchern.

a) Radnetze von Gartenkreuzspinne (vgl. Nadelwald S. 242.) Kürbisfarbener Kreuzspinne (vgl. Laubwald S. 173). Herbstspinne (vgl. Feld S. 421).

b) Baldachinnetz von Weberspinne (vgl. Laubwald S. 173).

II. An Obstbäumen.

a) Unter alter Rinde Sackspinnen (vgl. Nadelwald S. 242).

b) Auf Klebringen Flugspinnen des Altweibersommers, darunter viel Erigone (vgl. Feld S. 421).

III. An niedrigen Pflanzen.

Zwischen Zweigen und Blättern niedriger Pflanzen ein Fadengewirr von netzartig verbundenen, lockeren Fäden, oft mit Kuppel in diesem Gewebe. Darin sitzen durchweg kleinere Spinnen mit kugelförmigem Hinterleib. Reihe von 6—10 Borsten auf der Unterseite der Füße des 4. Beinpaares verschaffte den Spinnen den Namen „kammfüßige" Spinnen. So bringen es diese Spinnen fertig, mit Hilfe der Hinterfüße ihr Opfer, das sich in dem lockeren Gewebe verfangen hat, mit Klebfäden zu bewerfen.

Kugelspinnen.
Theridium.

IV. In Gewächshäusern.

In Gewächshäusern unter anderen eine Kugelspinne aus wärmeren Ländern. Hinterleib höher als lang und breit, Oberseite braun mit dunklen Punkten und Flecken. Am Ende der kurzen Längsbinde in der vorderen Hälfte des Hinterleibs treffen 2 schräge, gebogene, helle Linien von den Seiten in einem spitzen Winkel zusammen. Beine lang mit schmalen Ringen.

Kugelspinne.
Theridium tepidariórum

V. Unter Blüten.

Unter Blüten, besonders von doldenartigen Blütenständen. Vgl. *Misumena calycina* (Wiese S. 479) und andere.

Krabbenspinnen.
Thomisídae.

VI. Am Zaun.

a) Vollständiges Radnetz, sehr weitmaschig. Die äußerst flachgedrückte Spinne sitzt unter loser Rinde (vgl. Wiese S. 479).

Schatten-Kreuzspinne
Aránea sexpunctáta.

b) Radnetz, von dem ein Sektor (Kreisausschnitt) frei geblieben ist, besonders gut bei Tau und Reif zu beobachten. Eine kleinere Kreuzspinnenverwandte. Scheitelaugen mit den größeren Stirnaugen im Rechteck.

Zille.
Zilla.

VII. In Mauerfugen.

In Mauerfugen Kolonien von Röhrenwohnungen. Die reinweiße Decke um den Höhleneingang und das tadellose Kreisrund fallen auf. Schwaches Ziehen an dem dicken Gewebe lockt oft die Spinne heraus.

Spinnen mit nur 6 Augen, die in 3 Gruppen stehen. Oberkiefer kräftig, mit sehr langen Gifthaken. Körper walzig. Kurze, starke Beine.

Röhrenspinnen.
Dysdéridae.

IN PARK UND ANLAGEN.

Pflanzenleben.

1. Das Tier- und Pflanzenleben der menschlichen Siedlungen.

In der Nähe seiner Siedlungen hat der Mensch das Tier- und Pflanzenleben in seinen natürlichen Formen zurückgedrängt. Am deutlichsten ist das im Bereich der Großstadt zu erkennen. Die Pflanzengemeinschaften, die ihr das Gepräge geben, sind Parks und Anlagen. Ihre Zusammensetzung ist künstlich, gewollt. Die Vorherrschaft haben die einheimischen und ausländischen Holzgewächse. Die Mannigfaltigkeit der Anlagenformen hat ein reiches Vogelleben zur Folge. Holzgewächse und Vögel sind das Stück Natur, das dem Großstädter verblieben ist. Damit sei die nachfolgende ausführliche Darstellung dieser beiden Gebiete gerechtfertigt.

Literatur:

F. Wolter, Spaziergänge im Park. 94 S. Herausgegeben vom Deutschen Lehrerverein für Naturkunde, Zweigverein Berlin.

Fitschen, Gehölzflora. Bestimmungsbuch. Quelle & Meyer, Leipzig.

Klein, Ziersträucher und Parkbäume. Winter, Heidelberg.

Otto Feucht, Parkbäume und Ziersträucher. 100 S. Strecker & Schröder, Stuttgart.

A. Voigt, Deutsches Vogelleben. 126 S. Teubner, Leipzig.

O. Schnurre, Die Vögel der deutschen Kulturlandschaft. 136 S. Elwert, Marburg.

Pfalz, Naturgeschichte für die Großstadt. 2 Bde. Teubner, Leipzig.

2. Wann beginnen die Vorfrühlingsblüher zu blühen?

Die Vorfrühlingsblüher der Anlagen und Friedhöfe blühen von Weihnachten bis April, also vor dem Laubausbruch der Bäume. Es sind teils einheimische, teils ausländische Pflanzen. In dem Frankfurter Stadtgebiet setzt die Blütezeit frühzeitig ein, da hier die Winter meist milde sind. In der nachfolgenden Übersicht sind die Vorfrühlingsblüher des Frankfurter Stadtgebietes nach ihrer Blütezeit

Pflanzenleben. 705

geordnet. Die Angaben sind entnommen: Julius Ziegler, Pflanzen-phänologische Beobachtungen zu Frankfurt am Main (Sonder-abdruck aus dem Bericht der Senckenbergischen Naturforschenden Gesellschaft 1891). Ein Teil der Beobachtungen reicht bis in das Jahr 1830 zurück. Aus den Beobachtungen vieler Jahre wurde das Mittel gezogen. (e. Bt. = erste offene Blüte, Vbt. = Vollblüte, M. aus J. = Mittel aus Jahren.)

Name	e. Bt.	Vbt.	M. aus J.	In deiner Heimat?
1. Schwarze Nieswurz . *Helléborus niger*	13. X.		11	
2. Winterblume . . . . *Chimonánthus fragans*	8. I.	8. II.	16	
3. Haselstrauch . . . . *Córylus avellána*	6. II.	5. III.	30	
4. Winterling . . . . . *Eránthis hiemális*	13. II.	21. III.	17	
5. Schneeglöckchen . . *Galánthus nivális*	27. II.	12. III.	26	
6. Gelber Safran . . . *Crocus lúteus*	3. III.	17. III.	28	
7. Frühlings-Knotenblume . . . *Leucóium vernum*	4. III.	13. III.	21	
8. Leberblümchen . . . *Anemóne hepática*	9. III.	23. III.	18	
9. Sibirische Meer-zwiebel . . . . . Blaustern *Scilla sibírica*	10. III.	30. III.	16	
10. Gelber Hartriegel . Kornelkirsche *Cornus mas*	10. III.	29. III.	24	
11. Seidelbast . . . . . *Daphne mezéreum*	13. III.	28. III.	6	
12. Blauer und weißer Safran . . . . . *Crocus*	17. III.	28. III.	17	

706   In Park und Anlagen.

Name	e. Bt.	Vbt.	M. aus J.	In deiner Heimat?

13. Wohlriechendes
    Veilchen . . . . .
    Viola odoráta
	17. III.	2. IV.	20	

14. Busch-Windröschen . *Anemóne nemorósa*	24. III.	13. IV.	17	
15. Hohe Schlüsselblume *Prímula elátior*	25. III.	12. IV.	20	
16. Küchenschelle . . . *Anemóne pulsatílla*	28. III.	5. IV.	5	
17. Scharbockskraut . . *Ranúnculus ficária*	28. III.		21	
18. Salweide . . . . . *Salix cáprea*	28. III.	7. IV.	9	
19. Hohler Lerchensporn *Corýdalis cava*	29. III.	10. IV.	8	
20. Huflattich . . . . . *Tussilágo fárfara*	30. III.	7. IV.	6	

21. Lungenkraut . . . .
    *Pulmonária
    officinális*
	30. III.		11	

3. Mittlere Wärme der Wintermonate.

	Mittlere Monatswärme °C					Mittlere Jahreswärme
	Dezbr.	Januar	Februar	März	April	
In Frankfurt a. M.	0,9	0,2	2,0	4,8	9,7	9,6
In deiner Heimat?						

Auch im kältesten Monat, im Januar, sinkt die mittlere Monatswärme nicht unter 0°. (Ergebnis der Messungen von 1857 bis 1892. Frankfurt am Main hat milde Winter, daher setzt die Blütezeit der Vorfrühlingsblüher schon früh ein.

4. Sträucher, die im Vorfrühling blühen.

A. Blüten gelb. (Noch ohne grünes Laub!)
    1. Blüten mit 6zipfligem Kronensaum und 2 Staubblättern. Grüne, rutenförmige Zweige. Strauch aus Ostasien, bis 1½ m hoch. Blütezeit Weihnacht bis März.
                         Nacktblütiger Jasmin.
                               *Jasmínum
nudiflórum.*

Pflanzenleben. 707

2. Blüten mit 4spaltiger Krone, die unten röhrig ist; 2 Staubblätter. Zweige überhängend oder aufrecht. Blüten erscheinen **vor der Laubentfaltung** (bei den übrigen Arten während der Laubentfaltung). Strauch aus Ostasien, bis 3 m hoch. Blütezeit März, April. (S. 727.)   **Goldglöckchen.** *Forsýthia suspénsa.*

3. Blüten mit 4 Kelch-, 4 Kronen- und 4 Staubblättern. Blüten in einfachen Dolden, die von einer 4blättrigen Hülle umgeben sind. Großer Strauch zuweilen baumartig. Blütezeit März, April. (S. 725.)   **Gelber Hornstrauch, Hartriegel, Kornel(lus)kirsche.** *Cornus mas.*

4. Siehe auch S. 742, 757!   **Mahonia.** *Mahónia aquifólium.*

B. **Blüten rot.** (Noch ohne grünes Laub!)

1. Niedriger Strauch. Blüten sitzend, zu 2—3 zusammen, an den Seiten der Zweige, stark duftend, rosa, Staubblätter 8. Höhe bis 1 m. Bast sehr zähe. Durch Abreißen wird der Strauch scheußlich zugerichtet. Vielerorts ausgerottet, darum gesetzlich geschützt. Giftig! Blütezeit März, April. (S. 10.)   **Seidelbast.** *Dáphne mezéreum.*

2. Niedriger Strauch, 20—50 cm hoch. Blüten in etwas einseitswendiger Traube. Krone fleischfarben. Staubblätter 8. Blätter zu 4 quirlig. April.   **Frühlings-Heide.** *Eríca cárnea.*

5. Kräuter, die im Vorfrühling blühen.

A. **Blüten gelb.**

  a) Staubblätter 3.

    Blüte glockig, 6teilig, alle Zipfel gleich. Blätter lineal, mit weißem Mittelnerv. Februar, März.   **Gelber Safran, Krokus.** *Crocus lúteus.*

  b) Staubblätter 5.

    α) Blütenschaft lang. Blütenstand doldig

    1. Blumenkrone dottergelb, am Schlunde mit 5 orangegelben Flecken. Wohlriechend. März, April. (S. 7.)   **Duftende Schlüsselblume.** *Prímula officinális.*

    2. Blumenkrone schwefelgelb, am Schlunde mit einem dottergelben Ringe. Wenig riechend. März, April.   **Hohe Schlüsselblume.** *Prímula elátior.*

    β) Blütenschaft sehr kurz oder Dolden grundständig. Blumenkrone blaßschwefelgelb. Blätter allmählich in den Blattstiel verschmälert. März, April.   **Erd-Schlüsselblume.** *Prímula acáulis.*

Grupe, Naturkundl. Wanderbuch.

708   In Park und Anlagen.

c) Staubblätter zahlreich, auf dem Blütenboden.

α) Blätter mehrfach geteilt.

1. Blumenkrone talergroß, 12—16blätt- **Frühlings-Teufels-** rig, glänzend-gelb. Blätter 2—3fach fieder- **auge, Adonisröschen.** teilig. März, April. *Adónis vernális.*

2. Blumenkrone pfenniggroß, meist 6blättrig. Stengel 1- bis 3blütig. Blätter handförmig, 3—5teilig, mit eingeschnittenen Zipfeln. Dicht unter der Blüte 3 quirl- **Gelbes Windröschen.** ständige Blätter, ebenso gestaltet wie die *Anemóne* Grundblätter. März, April. *ranunculoídes.*

3. Blumenkrone pfenniggroß. Stengel 1blütig. Blüte von sternförmiger Hülle umgeben. Blätter langgestielt, herzförmig-rundlich, 5—7teilig, mit linealen Zipfeln. **Winterling.** Februar, März. *Eránthis hiemális.*

β) Blätter ungeteilt.

Kronblätter 6—9, länglich-rund, glänzend gelb. Stengel niederliegend, in den Blattachseln oft mit Brutzwiebeln. Blätter rundlich-herz- **Scharbockskraut.** förmig. März, April. *Ranúnculus ficária.*

d) Staubblätter zahlreich, auf dem Kelchrand. Blütenteile 5zählig. Blätter 5—7zählig. Stengel sehr **Frühlings-** ästig, rasig ausgebreitet. März, April. **Fingerkraut.** *Potentílla verna.*

e) Blüten in Körbchen, Korbblütler. Stengel ohne Laubblätter, nur mit Schuppen, filzig, 10—25 cm hoch, 1köpfig. Blätter erscheinen erst später, groß, rundlich-herzförmig, eckig gezähnt, unterseits **Huflattich.** weiß-fiizig. Febuar, März. *Tussilágo fárfara.*

B. Blüten blau oder violett.

a) Blütenhülle 6teilig, Staubblätter 3. **Blauer Safran, Krokus,** Blätter lineal, mit weißem Mittelnerv. *Crocus grandiflórus. Cr. neapolitánus.*

b) Blütenhülle 6teilig, Staubblätter 6.

1. Blütenhülle glockenförmig, blau. (S. 8.) **Blaustern.** *Scilla.*

2. Blütenhülle sternförmig ausgebreitet, **Schneestolz.** blau, nach dem Grunde zu weißlich. *Chionodóxa luciliae.*

c) Blütenhülle mehrteilig, Staubblätter zahlreich auf dem Fruchtboden.

1. Blätter 3lappig, Lappen eiförmig, ganzrandig. Blüten blau, zuweilen rötlich oder **Leberblümchen.** weiß. *Anemóne hepática.*

Pflanzenleben. 709

2. Blätter 5teilig, jedes Blättchen keilförmig und wieder 2—6teilig, am Rande doppelt gesägt. Blüten violett-purpurn, innen bleichgrün. **Purpurne Nieswurz.** *Helléborus purpuráscens.*

3. Blätter 3fach-fiederteilig mit linealen Zipfeln, rauhhaarig-zottig. Blüten hellviolett. Gesetzlich geschützt! (S. 292.) **Gemeine Kuhschelle.** *Anemóne pulsatilla.*

d) Blütenhülle röhrig mit 5lappigem Saum, Kelch 5zähnig. Staubblätter 5.

Grundständige Blätter 1½mal so lang wie breit, weißlich gefleckt, rauhhaarig. Blütenkrone erst rot, dann blauviolett. **Gebräuchliches Lungenkraut.** *Pulmonária officinális*

C. Blüten weiß.

a) Blütenhülle 6teilig, Staubblätter 6.

α) Die inneren Zipfel der Blütenhülle viel kürzer als die äußeren.

1. Blätter 2—3 cm breit, lebhaft grün. Die äußeren Zipfel der Blütenhülle bis 2 cm lang, spatelförmig, die inneren Zipfel mit einem grünen Fleck. Heimat im Kaukasus. **Breitblättriges Schneeglöckchen.** *Galánthus latifólius.*

2. Blätter etwa 2 cm breit, graugrün. Blütenhülle fast halbkugelförmig, die inneren Zipfel in der unteren Hälfte grün. Heimat Kleinasien. **Elwessches Schneeglöckchen.** *Galánthus Elwési.*

3. Blätter unter 2 cm breit, graugrün. halbkugelförmig, die inneren Zipfel mit einem gelben oder grünen Fleck um die Bucht. Mehrere Abarten. Heimisch im Osten Deutschlands, im Westen nur in Gärten oder verwildert. **Gemeines Schneeglöckchen.** *Galánthus nivális.*

β) Die inneren Zipfel der Blütenhülle so lang wie die äußeren, an der Spitze verdickt und grün. (S. 7.) **Frühlings-Knotenblume.** *Leucóium vernum.*

b) Blütenhülle 6teilig, Staubblätter 3. Blätter lineal, mit weißem Mittelnerv. **Weißer Safran, Krokus.** *Crocus albiflórus.*

c) Blütenhülle sechs- oder mehrteilig, Staubblätter zahlreich auf dem Fruchtboden.

1. Grundblätter 3zählig, Blättchen gelappt oder bis zum Grunde geteilt. **Busch-Windröschen.** *Anemóne nemorósa.*

710   In Park und Anlagen.

    2. Grundblätter 7—9 teilig, fußförmig. Stengel unten blatt-
los, oben mit 2—3 ovalen Blättchen und **Christrose, Nieswurz.**
1—2 Blüten.   *Helléborus niger.*

  d) Krone rachenförmig, oberes Kronblatt am Grunde gespornt;
    die 6 Staubfäden in zwei Bündel verwachsen.

        Blätter doppelt 3zählig, mit 2—3zipfe- **Hohler Lerchensporn.**
        ligen Blättchen. Blüten in Trauben.   *Corýdalis cava.*

D. Blüten rot oder purpurn.

  a) Blüten in Körbchen.

      Blüten vor den Blättern erscheinend, Körbchen strauß-
artig angeordnet, Schaft und Hüllblätter rot überlaufen,
Blüten fleischfarben, zweihäusig oder   **Pestwurz.**
zwitterig oder gemischt, meist röhrig.   *Petasítes officinális.*

  b) Blüten nicht in Körbchen

    α) Blüten mit Kelch und Krone.

    1. Krone röhrig, mit 5lappigem Saum, im Schlunde bärtig
behaart. Staubblätter 5. Blätter ungeteilt.   **Lungenkraut.**
Ganze Pflanze rauhhaarig.   *Pulmonária.*

    2. Krone rachenförmig, oberes Kronblatt gespornt. Staub-
blätter 6, in 2 Bündel verwachsen. Blätter doppelt 3zählig.
Stengel einfach, mit 2 Blättern.

    ° Blüten rot oder weiß, Deckblätter oval, **Hohler Lerchensporn.**
ungeteilt, Knollen hohl. (S. 9.)   *Corýdalis cava.*

    °° Blüten stets rot, Deckblätter fingerig   **Gefingerter**
                                    Lerchensporn.
geteilt, Knollen nicht hohl. (S. 9.)   *Corýdalis sólida.*

    3. Krone 5blättrig, Staubblätter 10. Blüte in einer dichten,
überhängenden Rispe, rosenrot.
Schaft dick, braunrot. Blätter sehr groß, **Dickblättriger Stein-**
                                   brech, Bergenia.
verkehrt eiförmig, dick, gezähnt, lang- *Saxífraga crassifólia.*
gestielt.

    β) Blüten nicht in Kelch und Krone geschieden. Viele Staub-
blätter auf dem Blütenboden.

    1. Stengel einfach, blattlos, nur mit 2 oder 3 eiförmigen
Deckblättern. Grundblätter 7—9 teilig,   **Christrose,**
lederig. Blüten zu 1 oder 2, weiß oder röt- **Schwarze Nieswurz.**
lich.   *Helléborus niger.*

    2. Stengel ästig, von unten an beblättert, 2- bis mehrblütig.
Blüten innen grünlich, am Rande rötlich, **Stinkende Nieswurz.**
glockenartig zusammengeneigt.   *Helléborus foétidus.*

Pflanzenleben.

E. Blüten mehrfarbig.

1. Blau-weiß: siehe Krokus.
2. Blau-rot: siehe Lungenkraut.
3. Rot-weiß: siehe Lerchensporn u. Christrose.
4. Rot-grün: siehe Stinkende Nieswurz.

6. Kätzchenträger.

Die meisten unserer einheimischen Laubbäume tragen zur Blütezeit keine farbigen Blüten mit Staubgefäßen und Stempeln (wie
der Apfelbaum), bei ihnen stehen vielmehr männliche und weibliche
Blüten getrennt.

Beispiel: Haselstrauch. (S. 311.)

Männliche Blüten: Sie hängen wie Lämmerschwänze schlaff
von den Zweigen herab und stäuben zur Zeit der Pollenreife. Sie
heißen Kätzchen, in manchen Gegenden auch Lämmer oder
Schäfchen.

Weibliche Blüten: Sie stehen dicht an den Zweigen und sind
in kleine Knospen eingeschlossen, zur Blütezeit (Februar, März) ragt
aus der Spitze der Knospe ein Büschel roter Narben hervor. (Sorgfältig danach suchen!) (Abb. S. 311.)

Bestäubung: Die vom Wind bewegten Kätzchen entleeren den
Staub in dichten Wolken, der auf die roten Narben gelangt und die
Befruchtung herbeiführt. Die Nüsse stehen also im Herbst dort, wo
im Frühjahr die weiblichen Blüten standen. (Siehe auch: einhäusig
und zweihäusig. S. 314!)

I. Die Kätzchen erscheinen vor der Belaubung.

**A. Männliche Kätzchen schlaff hängend, walzenförmig,
bis fingerlang. (Abb. S. 712!)**

a) Sträucher.

Blütezeit: Februar—März.

Weibliche Kätzchen: Ein Büschel roter Narben an der
Spitze kleiner Knospen.

Standort: Hecken, Zäune, Waldränder, Unterholz im
Mittelwald.

Beachte: Sind noch vorjährige Blätter unter dem Strauch?
Rundlich-herzförmig, zugespitzt, am
Rande scharf doppelt gesägt.

Haselnußstrauch.
Córylus avellána.

b) Bäume.

1. Männliche Kätzchen langgestielt, gelblich, zu mehreren
am Ende der Zweige.

Silberpappel
M männl. Kätzchen.
W weibl. Kätzchen.

Blütezeit: Februar—März.

Weibliche Kätzchen: Etwas von der Zweigspitze zurückstehend, klein (3—4 mm), eiförmig, mit roten Narben zwischen den Deckschuppen.

Standort: Feuchte Plätze, Bach- und Flußufer.

Beachte: Auf dem Baume sitzen meist noch die vorjährigen, dunkelbraunen, eiförmigen, 1 bis 2 cm langen Fruchtzapfen.

Das Holz färbt sich an der Luft tief gelbrot. Achte auf Bruchstellen! **Erlen.** *Alnus.*

2. Männliche Kätzchen kurzgestielt, rötlich.

Blütezeit: März—April. (Schwarzpappel und Kanadische Pappel blühen später.)

Weibliche Kätzchen: Ähnlich wie die männlichen, lang, schlaff hängend.

Beachte: Knospen groß, spitz und stechend. — Oft liegen noch vorjährige Blätter unter den Bäumen.

Versuche danach die einzelnen Arten zu bestimmen! (S. 734.) **Pappeln.** *Pópulus.*

B. Männliche Kätzchen aufrecht, gedrungen, oval oder walzig, gerade oder leichtgekrümmt. **Weiden.** (Abb. 713!) *Salix.*

a) Kätzchen an den Zweigen sitzend, vor den Blättern erscheinend, März—April.

1. Männliche Kätzchen oval, gelb; weibliche Kätzchen zylindrisch.

Niedrige Bäume und Sträucher. Suche nach vorjährigen Blättern: hervortretendes Adernetz. **Salweide.** *S. cáprea.*

2. Männliche Kätzchen oval, gelb; weibliche Kätzchen ebenfalls oval, nur etwas kleiner. Meist strauchartig, 2—4 m hoch, seltener als Baum. Suche nach vorjährigen Blättern: sehr lang und schmal, bis 12 cm lang, 2 cm breit, am Rande zurückgerollt. **Korbweide.** *S. viminális.*

3. Männliche Kätzchen dick, walzig, 4 cm lang, 2 cm dick, gelb; weibliche Kätzchen dünner und etwas länger, leicht gebogen.

Bis 10 m hoher Baum. Suche nach vorjährigen Blättern: lanzettlich, lederartig, bis 10 cm lang, unterseits starker Mittelnerv, vorn scharf zugespitzt. **Schimmelweide.** *S. daphnoides.*

4. Männliche Kätzchen dünn, walzig, bis 4 cm lang, gebogen, rot; oft gegenständig; weibliche Kätzchen von gleicher Form, nur kleiner.

Meist Sträucher von 1—6 m Höhe, auch Baum bis 10 m hoch. Suche nach vorjährigen Blättern: bis 10 cm lang, 1 cm breit, nach dem Stiele zu lang verschmälert. **Purpurweide.** *S. purpúrea.*

b) Kätzchen auf kurzen Seitenzweigtrieben sitzend, diese Kurztriebe mit kleinen Blättern. Blütezeit: April—Mai.

1. Männliche Kätzchen dünn, walzig, bis 3 cm lang, leicht gekrümmt, gelb; weibliche Kätzchen von gleicher Form, nur länger. Große Sträucher oder kleine Bäume. Suche nach vorjährigen Blättern: sehr lang und schmal, bis 12 cm lang und 1 cm breit, unterseits weißgrau. **Grauweide.** *S. cinérea.*

2. Männliche Kätzchen dünn, walzig, bis 7 cm lang, gerade oder gebogen, gelb; weibliche Kätzchen von gleicher Form, nur etwas kleiner. Die Kätzchen erscheinen vor oder während der Belaubung.

Große Bäume, oft als Kopfweiden gezogen. Blätter: lanzettlich, bis 10 cm lang, silberweiß. **Silberweide.** *S. alba.*

3. Männliche Kätzchen dünn, walzig, bis 5 cm lang, leicht gebogen, gelb; weibliche Kätzchen etwas größer. Die Kätzchen erscheinen mit den Blättern.

Bäume bis 15 m hoch. Blätter lang und schmal, bis 15 cm lang, lang zugespitzt, beiderseits glänzend grün und kahl. Die einjährigen Zweige lassen sich an ihrer Einfügung leicht abbrechen, sie knacken dabei, weil sie sehr spröde sind. (Knackweide!) **Bruchweide.** *S. frágilis.*

4. Männliche Kätzchen dünn, walzig, bis 8 cm lang, leicht gebogen, gelb, auf 2 cm langen Stielen; weibliche Kätzchen kleiner.

Grauweide
M männl. Kätzchen.
W weibl. Kätzchen.

714 In Park und Anlagen.

auf 4 cm langen Stielen. Die Kätzchen erscheinen vor oder während der Belaubung. Meist Sträucher, seltener Bäume. Blätter: lang und schmal, bis 8 cm lang, kahl, oberseits dunkelgrün, unten heller. **Mandelweide.** *S. amygdálina.*

II. **Die Kätzchen erscheinen während oder nach der Belaubung.**

A. **Männliche Kätzchen schlaff hängend.**

a) Männliche Kätzchen walzenförmig (wie Haselkätzchen)

α) Blätter einfach.

1. Männliche Kätzchen am Ende der Zweige (endständig); weibliche Kätzchen aufrecht, 2 cm lang, dünn, grün, auf kurzen Seitentrieben. Stamm weiß! Blütezeit März—April. **Birke.** *Bétula.*

2. Männliche Kätzchen seitenständig; weibliche Kätzchen endständig, lockere Ähren mit roten Narben. Stamm gedreht! Blütezeit April bis Mai. **Weißbuche, Hainbuche.** *Carpinus bétulus.*

β) Blätter gefiedert.

1. Blätter mit 7—9 Fiederblättchen. Blütezeit April—Mai. **Walnuß.** *Juglans régia.*

2. Blätter mit 11—23 Fiederblättchen.

° Seitliche Knospen sitzend oder kurzgestielt.

• Fiederblättchen gestielt. **Graue Walnuß.** *Juglans cinéria.*

•• Fiederblättchen sitzend. **Schwarze Walnuß.** *Juglans nigra.*

°° Seitliche Knospen langgestielt. Blättchen gesägt. **Flügelnuß.** *Pterocárya.*

b) Männliche Kätzchen in langgestielten, rötlichen Knäueln. Weibliche Kätzchen kurzgestielt, straff aufrecht, in den Blattachseln an der Spitze der Zweige. Blütezeit April—Mai. **Rotbuche.** *Fagus silvática.*

c) Männliche Kätzchen in langen, hängenden Schnüren. Weibliche Blüten an den Zweigspitzen, rötlich (wenn gestielt: Stieleiche! wenn sitzend: Traubeneiche). Blütezeit Mai—Juni. **Eichen.** *Quercus.*

B. **Männliche Kätzchen straff aufrecht.**

a) Blätter 10—20 cm lang, lanzettlich, am Rande stachelspitzig gezähnt. Männliche Kätzchen 10—20 cm lang, in rundlichen gelben Knäueln; weibliche Kätzchen in sitzenden, grün-

Pflanzenleben. 715

lichen Knäueln. Hoher Baum, nur in **Edelkastanie.**
SW-Deutschland. Blütezeit Juni—Juli. *Castánea satīva.*

b) Blätter höchstens halb so lang, nicht lanzettlich, nicht
stachel-spitzig gezähnt.

1. Kätzchen an den Zweigen sitzend.

Männliche Kätzchen oval bis kurz walzig, gelb, bis 3 cm
lang; weibliche Kätzchen bis 6 cm lang, dünn. Blütezeit
April.

Meist Sträucher von ¹/₂—2 m Höhe. Blätter breit eiförmig, beiderseits kahl, nach dem Trock- **Schwarzweide.**
nen schwarz. *Salix nigricans.*

2. Kätzchen auf kurzen Seitentrieben sitzend, diese **Kurz-**
triebe mit kleinen Blättern.

Männliche Kätzchen auf 6 cm langen Zweigen, Kätzchen
selbst bis 7 cm lang, bogig, gelb; weibliche Kätzchen ebenso-
lang. Blütezeit Mai—Juni.

Mittelhoher Strauch oder Baum bis 10 m Höhe. Blätter
bis 10 cm lang, breit eiförmig, kurz und **Lorbeerweide.**
scharf zugespitzt. *Salix pentándra.*

Siehe auch: Silberweide, Bruchweide und Mandelweide!

7. Die Salweide liefert das erste Bienenfutter.

Die Salweide ist im Vorfrühling die beste und oft auch die einzige
Bienennährpflanze. Sie erzeugt große Mengen Blütenstaub, den die
Bienen mit Honig und Wasser vermischen und zur Aufzucht der Brut
verwenden.

Eine gute Königin legt im Februar und März 7000 bis 8000 Eier.
Zur Aufzucht der Larven sind rund 64000 Pollenladungen erforderlich. Jede Ladung mag gegen 100000 Pollenkörner enthalten.
18 Pollenladungen müssen die Bienen einbringen, um eine einzige
Zelle zu füllen. Ein fleißiges Volk trägt im Vorfrühling 0,375 kg
Pollen ein. Die heimkehrenden Bienen tragen von der Salweide oft
bis 4 mm dicke Pollenhöschen heim, von anderen Pflanzen nur 2 mm
dicke.

Reichliches Futter im Vorfrühling regt die Brutpflege kräftig an
und schafft starke Völker. Wenn dann später die Beerensträucher
und Obstbäume blühen, sind die Bienen so zahlreich, daß eine aus-
giebige Bestäubung erfolgen kann.

Der durch die Bestäubung unserer Kulturpflanzen geleistete Nutzen
der Bienen ist um ein Vielfaches größer als der Honigertrag.

8. Nadelhölzer der Parkanlagen und Friedhöfe

I. Blätter nadelförmig, einzelstehend, wechselständig.

A. Nadeln am Grunde in einen sehr kurzen Stiel verschmälert; flach, dunkelgrün, scheinbar zweizeilig.

a) Nadeln auf der Unterseite mit zwei weißen Streifen; Bäume einhäusig.

1. Nadeln mit 2 Harzgängen (bei Lupenbetrachtung des Querschnitts zu erkennen), bis 3 cm lang, Stielchen schräg abstehend; Rinde braun, im Alter rissig. Zapfen hängend, etwa 9 cm lang; Deckschuppen zwischen den Fruchtschuppen herausragend, dreispitzig. Bis 80 m hoch. [Nadeln zerreiben: würziger Duft!] — **Douglastanne.** *Pseudotsúga Douglásii.*

Kommt mit blaugrauen, *f. caésia*, blaugrünen, *f. glauca*, und weißblauen Nadeln, *f. argéntea*, vor. (*f. = forma*, Form.)

2. Nadeln mit 1 Harzgang in der Mitte der Unterfläche, stumpf, bis 2 cm lang; Stielchen anliegend; Zapfen etwa 2 cm lang, hellbraun, Deckschuppen zwischen den Fruchtschuppen versteckt. Bis 50 m hoch — **Hemlockstanne, Schierlingstanne.** *Tsuga.*

α) Nadeln bis 15 mm lang, $1\frac{1}{2}$—2 mm breit, vorn schmäler als am Grunde. — **Kanadische Hemlockstanne.** *Tsuga canadénsis.*

β) Nadeln bis 20 mm lang, gleichbreit. — **Mertens-Hemlockstanne.** *Tsuga Mertensiána.*

b) Nadeln auf der Unterseite ohne weiße Streifen, nur etwas heller grün als die Oberseite, bis 30 mm lang, $2\frac{1}{2}$ mm breit, ohne Harzgang, Bäume zweihäusig, Rinde rotbraun, abblätternd; Zweige durch die herablaufenden Nadeln kantig; Früchte nußähnlich mit offenem, fleischigem, rotem Samenmantel; meist strauchförmig, als Baum bis 15 m hoch. — **Eibe.** *Táxus baccáta.*

B. Nadeln flach, mit scheibenartig verbreitertem Grunde den Zweigen aufsitzend, Blattnarben daher kreisrund, flach; reife Zapfen aufrecht, beim Samenausfall lösen sich die Fruchtschuppen von der Spindel einzeln ab. Beim Trocknen haften die Nadeln an den Zweigen. — **Tanne.** *Ábies.*

a) Nadeln auf beiden Seiten mit zwei weißlichen Streifen.

1. Nadeln bis 15 mm lang, ringsum abstehend, abgestumpft, mit sehr breiter Ansatzfläche. — **Spanische Tanne.** *Ábies pinsápo.*

2. Nadeln bis 8 cm lang, zweizeilig, grün oder weißblau. **Gleichfarbige Tanne.** *Ábies cóncolor.*

b) Nadeln nur auf der Unterseite mit zwei weißlichen Streifen; Oberseite dunkelgrün mit Längsrinne.

Edel-Tanne, Weiß-Tanne.

1. Nadeln an nichtblühenden Zweigen zweizeilig. *Ábies pectináta.*

2. Nadeln zum größten Teil aufgerichtet. **Nordmanns-Tanne.** *Ábies Nordmanniána.*

C. Nadeln vierkantig, selten flach, einem kurzen, braunen Stielchen aufsitzend, Blattnarben höckerförmig erhaben, der entnadelte Zweig daher rauh, raspelartig; reife Zapfen abwärtshängend, nach dem Samenausfall als Ganzes abfallend. Beim Trocknen fallen die Nadeln von den Zweigen ab. **Fichte.** *Picea.*

a) Nadeln flach.

1. Zweige braun behaart, Nadeln ziemlich stumpf, bis 15 mm lang. **Serbische Fichte.** *Picea omórica.*

2. Zweige kahl, Nadeln scharf zugespitzt. **Sitka-Fichte.** *Picea sitchénsis.*

b) Nadeln vierkantig.

1. Junge Zweige behaart, rotbraun, Nadeln bis 12 mm lang, dunkelblaugrün. Zapfen bis 3 cm lang. **Schwarz-Fichte.** *Picea nigra.*

2. Junge Zweige kahl, Nadeln hellbläulich-grau, stumpf zugespitzt, bis 18 mm lang, Zweige rötlich, Zapfen bis 5 cm lang. **Schimmel-Fichte.** *Picea alba.*

3. Junge Zweige kahl oder etwas kurzhaarig, Nadeln grün oder selten blaugrün, auf der Unterseite der Seitenzweige nach links und rechts verteilt, auf der Oberseite aufrecht abstehend. Zweige rotbraun, Zapfen bis 16 cm lang. **Gemeine Fichte.** *Picea excélsa.*

4. Junge Zweige kahl, Nadeln hellgrün, stechendspitz, allseitig um den Zweig gestellt, Zweige gelbbraun, Zapfen bis 12 cm lang. **Stachel-Fichte.** *Picea políta.*

5. Junge Zweige kahl, Nadeln grün, blau- oder silberweiß, stechendspitz, allseitig um den Zweig gestellt, Zweige hellbraun. **Stech-Fichte.** *Picea pungens.*

D. Nadeln ohne Stielchen, Ansatzstelle nicht verbreitert, der Rinde unmittelbar aufsitzend.

1. Nadeln allseitig abstehend, pfriemlich zugespitzt, etwas
gebogen, grau- oder grasgrün, 2 cm lang, in 5 Reihen angeordnet; Zapfen rundlich, 2 cm im
Durchmesser, Fruchtschuppen an der   **Sicheltanne.**
Spitze lappig.   *Cryptoméria*
                                         japónica.

2. Nadeln wenig abstehend, halbstielrund-pfriemlich, am
Grunde mit der Achse verwachsen, höchstens 1 cm lang,
oberseits mit 2 Furchen, Zapfen bis 7 cm
lang; Stamm rasch an Stärke ab-   **Mammutbaum.**
nehmend, kegelförmig.   *Sequóia gigantéa.*

E. Nadeln mit verschmälertem Grunde sitzend (ungestielt), flach, hellgrün, weich, plötzlich zugespitzt, zweireihig, bis 20 mm lang, im Herbste mit den diesjährigen
Trieben abfallend; Rinde braun, Zweige
schwach glänzend; Zapfen bis 3 cm lang,   **Sumpf-Zypresse.**
eiförmig.   *Taxódium distichum.*

II. Blätter nadelförmig, zu 2 bis 5 an rückgebildeten
Kurztrieben, in der Jugend von einer   **Kiefer.**
gemeinsame Scheide umgeben.   *Pinus.*

a) Kurztriebe mit 5 Nadeln.

1. Junge Triebe mit gelblichem Filz, Knospen nicht harzig,
rundlich; Nadeln bis 10 cm lang, aufrecht,
steif; Zapfen eiförmig, stumpf, 6—8 cm   **Zirbelkiefer.**
lang; Samen flügellos.   *Pinus cémbra.*

2. Junge Triebe kahl; Knospen harzig, länglich zugespitzt;
Nadeln 6—12 cm lang, graugrün, weich, stumpfgespitzt;
Zapfen an kurzem Stiel hängend, dünn,   **Weymouthskiefer.**
10—15 cm lang.   *Pinus stróbus.*

3. Nadeln bis 18 cm lang, auseinanderfallend, mehr hängend;
Zapfen bis 25 cm lang, meist mit tränen-
artigen Harztropfen besetzt; sonst wie   **Tränenkiefer.**
vorige.   *Pinus excélsa.*

b) Kurztriebe mit 3 Nadeln, junge Zweige
bräunlich-grün, Nadeln etwa 20 cm lang;   **Gelbkiefer.**
Zapfen bis 10 cm lang.   *Pinus ponderósa.*

c) Kurztriebe mit 2 Nadeln.

1. Nadeln auf der unteren (flachen) Seite meergrün, auf der
oberen (gewölbten) Seite dunkelgrün, 4—5 cm lang. Rinde

Pflanzenleben. 719

rotgelb, im Alter grau, höckerig rissig; Zapfen glanzlos, ei-kegelförmig, auf gekrümmtem Stiele abwärtshängend.

Gemeine Kiefer.
Pinus silvéstris.

2. Nadeln auf beiden Seiten dunkelgrün, 2—5 cm lang, auf der Oberseite rinnig. Stamm meist vom Grunde an ästig, aufsteigend, Äste lang, Rinde grau; Zapfen glänzend, aufrecht.

Bergkiefer.
Pinus montána.

3. Stamm aufrecht, im Alter mit schirmförmiger Krone. Rinde grünlichbraun bis schwarzgrau; Nadeln dunkelgrün mit weißgelber, hornartiger Stachelspitze, 8—14 cm lang; Zapfen eiförmig, 5—8 cm lang, rechtwinklig abstehend, glänzend, fast stiellos.

Schwarzkiefer
(Österreichische K.)
Pinus larício
(P. austríaca).

III. **Blätter nadelförmig, an einjährigen Trieben einzeln, an älteren zu dichten Büscheln gehäuft, die an knopfigen Kurztrieben stehen.**

a) Sommergrün, Nadeln weich, stumpf, flach; Zapfen sitzend, eiförmig, aufrecht abstehend, bis 3 cm lang, Fruchtschuppen nicht abfallend.

Lärche.
Lárix.

1. Nadeln beiderseits hellgrün, 15 bis 30 mm lang, Triebe graugelb.

Gemeine Lärche.
Lárix decídua.

2. Nadeln unterseits blauweiß, 18 bis 35 mm lang, Triebe rotbraun.

Japanische Lärche.
Lárix leptolépis.

b) Immergrün, Nadeln 4kantig; Zapfen an der Spitze etwas eingedrückt, 5—10 cm lang, 4—7 cm dick; Fruchtschuppen einzeln abfallend.

Zeder.
Cédrus.

1. Wipfel in der Jugend überhängend, im Alter ist die Krone schirmförmig, Nadeln dunkelgrün, bis 35 mm lang.

Libanon-Zeder.
Cédrus libáni.

2. Wipfel stets aufrecht; Äste schräg nach oben, Nadeln bis 25 mm lang, meist blaugrün.

Atlas-Zeder.
Cédrus atlántica.

IV. **Blätter sämtlich oder doch an den blütentragenden Zweigen kreuz-gegenständig oder zu dreien quirlständig, bisweilen nadelförmig, am häufigsten schuppenförmig.**

a) Blätter sämtlich nadelförmig, dreizeilig, graugrün, die Oberseite mit breiten, weißlichen Streifen; die Frucht ist eine

In Park und Anlagen.

schwarze Zapfenbeere mit blauem Reif. **Echter Wacholder.** *Juniperus commúnis.*
Meist strauchig, schlank, bis 10 m Höhe.

b) Blätter teils nadel-, teils schuppenförmig, Zweige vierkantig oder rund[1]).

1. Nadelblätter meist 3 mm lang, oberseits mit weißlichen Streifen; in der Regel sind die Blätter kurz schuppenförmig, anliegend, mit Drüsengrube; Früchte nickend, etwa 7 mm im Durchmesser, blau bereift. In der Regel strauchig mit niederliegendem Stamm. Die rundlichen Zweige haben beim Zerreiben einen unangenehm harzigen Geruch. (S. 755.) **Sadebaum.** *Juniperus sabína.*

2. Nadelblätter etwa 8 mm lang, Schuppenblätter zugespitzt, blaugrün; Früchte aufrecht oder waagrecht, etwa 3 mm im Durchmesser, blaubereift. Bäume bis 30 m Höhe. Zweige vierkantig, geruchlos. [Holz für Bleistifte.] (S. 755.) **Rote Zeder.** *Juniperus virginiána.*

c) Blätter in der Regel schuppenförmig; Zweige flach, mit mehr oder weniger deutlicher Ober- und Unterseite, daher die kantenständigen Blätter anders gestaltet als die flächenständigen.

1. Zweige bis 8 mm breit, oberseits glänzendgrün, unterseits bläulichweiß, die Achse durch die breiten schuppigen Blätter vollständig verdeckt. Zapfen kugelförmig. **Hiba.** *Thujópsis dolabráta.*

2. Zweige bis 2 mm breit, beiderseits grün, glänzend, flächen- und kantenständige Blätter in gleicher Höhe, daher die Triebe quirlig beblättert, die Achsenglieder zwischen den einzelnen Blättern verhältnismäßig lang, bis 4 mm; Zweige durch die sich nicht berührenden Kantenblätter gefurcht. **Fluß-Zeder.** *Libocédrus decúrrens.*

3. Zweige bis 3 mm breit; oberseits tragen die Flächenblätter eine Längsrinne mit Öldrüse; unterseits mit weißen Flecken oder Linien, die in ihrer Anordnung zur Unterscheidung der Arten dienen; Zapfen kugelig, holzig, bis 1 cm Durchmesser, die einzelnen Schuppen sich nicht deckend, schildförmig. **Halb-Zypresse.** *Chamaecýparis.*

---

[1] Die in der folgenden Übersicht aufgeführten Vertreter der Zypressenfamilie haben in der Regel schuppenförmige Blätter. Die Keimpflanze beginnt aber oft mit nadelförmigen Blättern, und auf älteren Pflanzen finden sich zuweilen Zweige, die zu dieser Form zurückschlagen. Werden solche Jugendformen als Stecklinge weitergezüchtet, so entstehen vielfach Formen, die auch im Alter nur nadelförmige Blätter tragen (Gattung: *Retinospóra*).

4. Zweige bis 3 mm breit, Zapfen länglich, eiförmig; Schuppen lederartig, blattähnlich, sich dachziegelig deckend.

° Zweige steil aufgerichtet; Ober- und Unterseite ziemlich gleich, grün, Flächenblätter mit rinnenartig eingesenkter Öldrüse; Zapfen aufrecht, aus sechs Fruchtschuppen gebildet, blaubereift. **Morgenländischer Lebensbaum.** *Thuja orientális.*

°° Zweige oben dunkelgrün, unterseits heller. Flächenblätter mit erhabener Öldrüse. Zapfen hängend. **Abendländischer Lebensbaum.** *Thuja occidentális.*

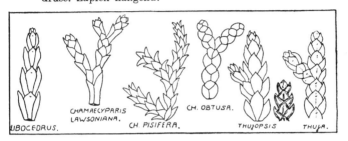

9. Windende oder kletternde Holzgewächse.

I. Blätter einfach.

A. Blätter gegenständig.

Blätter elliptisch, die unteren in den Blattstiel verschmälert, die oberen zu einem rundlichen, scheibenförmigen Blatt verwachsen, das vom Stengel durchbohrt ist. Blüten in endständigen Köpfchen und blattwinkelständigen Quirlen, weißlich, mit verlängerter, rachenförmiger Kronröhre und fünfspaltigem Saum, Staubgefäße 5; Beere rot, ein- oder mehrfächerig. Stengel windend. (S. 752.) **Jelängerjelieber.** *Lonicera caprifólium.*

B. Blätter wechselständig, einzeln.

a) Blätter rundlich.

1. Blätter ganzrandig, sehr groß, 10—25 cm breit, rundlicheiförmig, tief herzförmig ausgebuchtet; Blüten einzeln oder zu 2, einem Pfeifenkopf ähnlich, mit flachem, dreilappigem Saum, grünlichbraun, Staubgefäße 6, Narben 6; Kapsel sechsfächerig. Stengel windend. **Pfeifenstrauch.** *Aristolóchia sipho.*

2. Blätter eirundlich, immergrün, lederartig. **Efeu.**

b) Blätter vier- bis fünflappig, eckig, immergrün, glänzend, lederartig, die obersten und die der blühenden Zweige ungelappt, eirundlich; Blüten in Dolden, fünfzählig, grünlich; Beere fünf- oder zehnfächerig; schwarz; Strauch mit Haftwurzeln kletternd.

Efeu.
Hédera helix.

C. Blätter wechselständig, in Büscheln.

Blätter länglich, ganzrandig, in den Blattstiel verschmälert. Äste rutenförmig, überhängend, kantig, oft dornig. Blüten zu 1—5, lila, wohlriechend. Beere rot. (S. 751.)

Teufelszwirn, Bocksdorn.
Lýcium halimifólium.

II. Blätter zusammengesetzt; gefiedert oder gefingert.

A. Blätter gefiedert.

á) Blätter mit Nebenblättern, die weit über die Hälfte mit dem Blattstiel zusammengewachsen sind (vgl. S. 32 u. 163).

Rose.
Rosa.

b) Nebenblätter fehlend oder frei.

1. Blätter wechselständig, unpaarig gefiedert, mit 7 bis 13 kurzgestielten, ganzrandigen Blättchen; Blüten in end- oder achselständigen Trauben, hängend, blau, violett oder weiß, Schmetterlingsblüte. Hülse flach. Stengel windend.

Falsche Glyzine, Wistarie.
Wistária chinénsis.

2. Blätter gegenständig, unpaarig gefiedert oder dreizählig, Blättchen ganzrandig, geteilt oder gezähnt; Blüten einzeln oder in meist wenigblütigen Blütenständen; Blütenhülle einfach (ohne Kelch), gefärbt, Staubgefäße zahlreich, Griffel 4 bis viele; Früchte einsamig.

Waldrebe.
Clématis vitálba.

(Von der Angabe einzelner Arten wird abgesehen, da die in Gärten usw. angepflanzten Waldreben fast durchweg Bastarde sind.)

B. Blätter dreizählig oder gefingert.

a) Blätter gegenständig, ohne Ranken. Siehe oben.

Waldrebe.
Clématis vitálba.

b) Blätter wechselständig, mit Ranken, deren Enden häufig zu Haftscheiben verbreitert sind; Blütenblätter getrennt, einzeln abfallend, Blüten meist fünfzählig. Mark der zweijährigen Zweige weiß, Rinde ungestreift, Blütenstand doldenrispig.

Jungfernrebe.
Parthenocissus.

1. Ranken mit zwei bis fünf stark verlängerten Verzweigungen, Haftscheiben fehlend oder nur schwach ent-

wickelt, junge Zweige grün; Blätter fünf-, selten dreizählig, Blättchen scharf gesägt, unterseits grün.

Wilder Wein.
P. vitácea.

2. Ranken mit 5 bis 12 Verzweigungen, deren Enden in Haftscheiben verbreitert sind, junge Zweige hellrot, Blätter fünf- oder siebenzählig, Blättchen elliptisch oder eiförmig, grobkerbig gesägt oder gezähnt, mit breiten, plötzlich zugespitzten, meist etwas abgerundeten Zähnen, oberseits dunkelgrün, unterseits weißlich-grün.

Jungfernrebe.
P. Engelmánni.

Hierher gehört auch die an Mauern häufig angepflanzte Jungfernrebe (*P. Veitchi*) mit dreiteiligen oder dreilappigen, glänzenden Blättern, die nach dem Laubausbruch und im Herbst lebhaft rot gefärbt sind.

10. Laubhölzer der Parkanlagen mit einfachen Blättern — Die Blätter sind ganzrandig und gegenständig.

I. Blattfläche sehr groß, 10—30 cm lang, 8—22 cm breit, am Grunde herzförmig; Stiel bis 15 cm lang, Blüten in Rispen, glockig, Saum ungleich fünfzipfelig, weiß mit gelben Streifen und purpurnen Tupfen, Kapseln bis 40 cm lang, bohnenartig; breit verästelter Baum, 5—15 m hoch.

Trompetenbaum.
Catálpa bignonioídes.

II. Blattfläche höchstens 10 cm lang, 6 cm breit.

A. Blätter lederartig, klein, bis 3 cm lang, 1,5 cm breit, sitzend, eiförmig oder elliptisch; Blüten achselständig, gelblich-grün, Staubbeutel herz-pfeilförmig. Strauch oder Baum.

Buchs.
Buxus sempervirens.

B. Blätter nicht lederartig, größer, beiderseits kahl.

a) An demselben Strauch gelappte und ganzrandige Blätter. (S. 760.)

Schneebeere.
Symphoricárpus racemósus.

b) Blätter nie gelappt.

1. Die Ansatzstellen der Blattstiele stoßen nicht zusammen. Blattstiel 0,5—2 cm lang. Blüten in reichblütigen Rispentrauben, meist vierzählig; Krone mit langer Röhre; Staubbeutel 2, im oberen Teil der Röhre eingefügt; Frucht eine Kapsel; Baum oder Strauch.

Flieder.
Syringa.

Die bei uns gezogenen Flieder sind meist Bastarde. Am häufigsten sind: Spanischer Flieder, *Syrínga vulgáris*, Blätter am Grunde herzförmig, Blüten blau, lila oder weiß; Persischer Flieder, *Syrínga pérsica*, Blätter lanzettlich, Blüten lila oder weiß; Chinesischer Flieder, *Syrínga chinénsis*, Blätter eiförmig, Blüten rötlich-lila.

2. Die Ansatzstellen der Blattstiele stoßen nicht zusammen. Blattstiel höchstens 4 mm; Blüten weiß; Frucht eine meist schwarze Beere, sonst wie *Syrínga*.Sträucher.
Rainweide, Liguster.
Ligústrum.

α) Kronröhre etwa so lang wie die Kronlappen, Blätter lanzettlich, sehr veränderlich.
Gemeiner Liguster.
Ligústrum vulgáre.

β) Kronröhre doppelt so lang wie die Kronlappen, Kelch behaart, Blätter eiförmig, bis 7 cm lang, wintergrün.
Elblättriger Liguster.
Ligústrum ovalifólium.

γ) Kronröhre wie vorige, Kelch kahl, Zweige kurzzottig, Blätter elliptisch, vorn meist abgerundet, bis 9 cm lang, 4 cm breit.
Ibota-Liguster.
Ligústrum ibóta.

3. Die Ansatzstellen der Blattstiele stoßen zusammen. (Zu erkennen an der Verdickung zwischen den Stielen.. Mit dem Fingernagel prüfen!) Blätter hell- bis bläulichgrün, oben dunkelgrün, kurzgestielt (1,5—2 cm), eiförmig bis eilanzettlich, zugespitzt, am Grunde gerundet bis leicht herzförmig; einjährige Zweige kahl, hohl; Blüten fünfzählig, zweiblütig, Kelch klein, fünfzählig, Blütenkrone glockig oder röhrig, Saum zweilippig, dunkelrot bis weiß; Fruchtknoten am Grunde miteinander verwachsen, Frucht eine mehrsamige, rote, selten gelbe Beere. (S. 752.)
Tatarische
Heckenkirsche.
Lonícera tatárica.

C. Blätter nicht lederartig, wenigstens auf der Unterseite behaart.

a) Blätter unterseits weißfilzig, eiförmig, zugespitzt, 8 cm lang, 5 cm breit, oberseits rauh, lebhaft grün, unten grau, Stiel 0,8 cm; junge Zweige filzig; Blüten braunrot, mit starkem Erdbeerduft.
Gewürzstrauch.
Calycánthus flóridus.

b) Blätter unterseits angedrückt behaart, breit elliptisch, mit bogig gekrümmten Nerven; Blüten in Dolden oder Doldentrauben, vierzählig; Steinfrucht zweifächerig.
Hartriegel.
Córnus.

Pflanzenleben. **725**

1. Blüten gelb, vor den Blättern erscheinend, Dolden mit vierblätteriger Hülle; Steinfrucht länglich, rot; baumartig. (S. 707, 752.) **Kornelkirsche.** *Córnus mas.*

2. Blüten grünlich-weiß, nach den Blättern erscheinend, Doldentrauben ohne Hülle; Zweige im Herbst blutrot; Steinfrucht kugelig, blau-schwarz; Sträucher. **Blutroter Hartriegel.** *Córnus sanguínea.*

3. Steinfrucht schneeweiß, sonst wie vorige. **Weißer Hartriegel.** *Córnus alba.*

11. Laubhölzer der Parkanlagen mit einfachen Blättern – Die Blätter sind ganzrandig und wechselständig.

I. Zweige dornspitzig, Blätter lineallanzettlich, unterseits mit silberweißen Schülfern; Blüten zweihäusig, die männlichen kätzchenartig, die weiblichen glockig, zweiteilig, gelblich; Staubgefäße 4; Frucht orangerot, braun punktiert. Meist strauchartig. (S. 751.) **Sanddorn.** *Hippóphaës rhamnoídes.*

II. Zweige dornenlos.

A. Blätter mit herzförmigem Grunde, rundlich, kahl, 7 cm im Durchmesser; Schmetterlingsblüte rosa-violett,· vor den Blättern erscheinend, in Büscheln, die unmittelbar aus Stamm und Ästen herauswachsen (und nicht an Zweigen sitzen). Baum bis 7 m Höhe. **Judasbaum.** *Cércis siliquástrum.*

B. Blätter am Grunde abgerundet oder verschmälert.

a) Blätter sehr groß, über 10 cm lang und 6 cm breit; Blüten groß, ohne besonderen Kelch, Blütenblätter weiß oder rötlich; Staubgefäße und Fruchtknoten zahlreich, Blüten vor oder mit den Blättern erscheinend. Knospen einschuppig. Sträucher oder Bäume. **Magnolie.** *Magnólia.*

1. Äußere Blütenblätter kürzer als die inneren, außen rot oder ganz purpurn, aufrecht. (S. 750.) **Rote Magnolie.** *Magnólia obováta.*

2. Alle Blütenblätter gleichlang, weiß, glockig zusammenneigend. **Lilien-Magnolie.** *Magnólia yulan.*

b) Blätter kleiner, bis 6 cm lang und 3 cm breit.

1. Blätter langgestielt (2—3 cm), Grund fast plötzlich in den Stiel zusammengezogen, 5 cm lang, 3 cm breit; Blüten in

endständigen Rispen, klein, meist unfruchtbar, ihre Stiele verlängern sich nach dem Abblühen und sind dicht mit violetten Härchen bekleidet.

Perückenstrauch.
Cótinus coggýgria.

2. Blätter kurzgestielt (Stiel bis 9 mm).

α) Blätter höchstens doppelt so lang wie breit, derb, grün, kahl oder nur wenig behaart; Blüten klein, weiß oder rosa, Kronblätter 5, aufrecht oder ausgebreitet, eiförmig, Staubgefäße zahlreich (20), Griffel 2—4. Sträucher. (S. 753.)

Zwergmispel.
Cotoneáster.

° Blätter im Mittel 5 cm lang, 2,3 cm breit, unterseits mehr oder weniger gelbgraufilzig, gewimpert; Blüten nickend, blaßrot; Früchte scharlachrot.

Zugespitzte Zwergmispel.
Cotoneáster acumináta.

°° Blätter kaum 1,5 cm lang, unterseits hellgrün, fast kahl; Früchte mennigrot; waagrecht ausgebreiteter, niederliegender, zweizeilig beblätterter Strauch.

Niederliegende Zwergmispel.
Cotoneáster horizontális.

Siehe auch Bocksdorn, *Lýcium*, S. 722!

β) Blätter mehrmal länger als breit, lanzettlich (4 cm lang, 1 cm breit), beiderseits silberig-schülferig; Blüten in Büscheln, mit 4—5spaltiger Blütenhülle, diese mit dem Fruchtknoten verwachsen, innen rotgelb, wohlriechend.

Schmalblätterige Oelweide
Elaeágnus angustifólia.

12. Laubhölzer der Parkanlagen mit einfachen Blättern — Die Blätter sind gesägt, gezähnt oder gekerbt und gegenständig.

I. Blätter langgestielt (Stiel bis 4 cm), Stiel mindestens halb so lang wie die Blattfläche, diese 6 cm lang, 4 cm breit, am Rande gezähnt; Blütenstand rispig; Kelch frei, fünfspaltig, Blütenblätter meist 5, länger als der Kelch, Staubgefäße meist 8; Frucht mit 2 aufrechten Flügeln. (Es kommen auch am Grunde gelappte Blätter vor.)

Tatarischer Ahorn.
Acer tatáricum.

II. Blätter kurzgestielt, Stiel vielmal kürzer als die Blattfläche, bis 2,5 cm lang.

A. Blätter lederartig, derb, immer grün.

1. Oberseits glänzendgrün, elliptisch, vorn abgerundet;

Pflanzenleben. 727

Blüten grünlichweiß, vierzählig; Früchte rötlich, Samenmantel orangegelb. Aufrechter, kahler Strauch.

Japanischer Spindelbaum.
Evónymus japónica.

2. Ähnlich, aber mit wurzelnden oder klimmenden Zweigen und häufig mit bunten Blättern.

Niederliegender Spindelbaum.
Evónymus rádicans.

3. Blätter lederartig, dick, immergrün, glatt und glänzend, meist gelb gefleckt, bis 20 cm lang. Blüten weiß. Früchte rot. Bei uns meist in Kübeln gezogen, doch auch frei stehend.

Goldblatt.
Aucúba japónica.

B. **Blätter nicht lederartig.**

a) Blätter nur in der oberen Hälfte gesägt, eiförmig bis elliptisch, Stiel bis 2 cm lang, Kelch vierteilig, Krone glockig, vier- bis fünfzipfelig, gelb, an beschuppten Kurztrieben, vor den Blättern erscheinend, Staubgefäße 2, Sträucher. (S. 707.)

Goldglöckchen.
Forsýthia.

1. Stengelglieder stets hohl, Wuchs anfangs aufrecht, Zweige später überhängend, Blätter an Langtrieben manchmal dreispaltig. Triebe gelb oder bräunlich.

Hängendes Goldglöckchen.
Forsýthia suspénsa.

2. Stengelglieder mit gefächertem Mark; Wuchs aufrecht; junge Triebe grün, später gelbbraun.

Dunkelgrünes Goldglöckchen.
Forsýthia viridíssima.

(Angepflanzt ist meist der Bastard zwischen beiden.)

b) Blätter rings gesägt.

1. Einjährige Zweige grün, rundlich, kahl; Blätter beiderseits lebhaft grün, meist doppelt gesägt, bis 14 cm lang, fast kahl; Stiel bis 1 cm lang; Blüten einzeln, endständig, weiß vierzählig; Staubgefäße zahlreich; Frucht nußartig, mit harter, glänzend schwarzer Schale. Strauch. (S. 757.)

Scheinkerrie.
Rhodotýpus kerrioides.

2. Einjährige Zweige grau, sternfilzig behaart; Blätter aus meist herzförmigem Grunde oval oder eilänglich, fein- und dichtgezähnt, oberseits tiefgrün, zerstreut sternhaarig, unterseits dicht graufilzig, 7 cm lang, 5 cm breit; Blütenstand trugdoldig, Blüten fünfzählig, weiß; Früchte 1 samige Beeren, zusammengedrückt, erst rot, dann glänzend schwarz. Strauch. (S. 736.)

Wolliger Schneeball.
Vibúrnum lantána.

3. Einjährige Zweige tief braunrot bis purpurrot, zweijährige Zweige kastanienbraun; Blätter kahl, zuweilen achselbärtig, elliptisch, kurz zugespitzt, entfernt gezähnt; der Haupt-

728 In Park und Anlagen.

nerv teilt sich dicht über dem Grunde in 3 bis 5 stärkere Nerven; Blüten weiß, stark duftend. Kelch vier- bis fünfteilig, Krone vier- bis fünfblätterig, Staubfäden zahlreich, Griffel mit vier- oder fünfteiliger Narbe. Kapsel vier- bis fünfklappig. (Falscher Jasmin.)

Pfeifenstrauch.
Philadélphus coronárius.

4. Einjährige Zweige gelbbraun, zweistreifig, Streifen zottig behaart; zweijährige Zweige grau, rund; Blätter eiförmig, mit aufgesetzter Spitze, oberseits sattgrün, unterseits heller, zerstreut behaart, Nerven unterseits kurzzottig, filzig; Rand feingesägt, Blüten in armblütigen Trugdolden, röhrig-glockig, fünflappig, rosa oder weiß; Kelch fünfzipfelig, Staubgefäße 5. Kapsel zweiklappig.

Weigelie.
Diervíllea flórida.

Die angepflanzten Weigelien sind meist Bastarde.

5. Einjährige Zweige bräunlich, sternhaarig, zweijährige graubraun, abblätternd, rundlich; Blätter länglich eiförmig, ober- und unterseits mit mehrstrahligen Haaren besetzt; Rand fast dornig gezähnt; Blüten in wenigblütigen, traubigen Trugdolden, fünfzählig, Staubgefäße 10, Staubfäden meist gezähnt, Griffel 3—5.

Deutzie.
Déutzia.

α) Blattunterseite fast kahl, Oberseite stärker behaart, Haare oberseits 3- bis 4-, unterseits 5strahlig; Blätter ei-lanzettlich; Blüten weiß.

Zierliche Deutzie.
Déutzia grácilis.

β) Blattunterseite stärker behaart als die Oberseite, Haare oberseits 5- bis 7-, unterseits 10- bis 15strahlig; Blätter länglich eiförmig; Blüten weiß oder rosa, auch gefüllt.

Rauhe Deutzie.
Déutzia scabra.

13. Laubhölzer der Parkanlagen mit einfachen Blättern —
Die Blätter sind gesägt, gezähnt oder gekerbt und wechselständig.

I. Blätter immergrün, lederartig, derb.

1. Blätter eiförmig, wogig buchtig und meist dornig gezähnt, glänzendgrün; Blüten achselständig, gebüschelt, weißlich; Kelch klein, meist vierzähnig, Krone radförmig, meist vierteilig, Staubgefäße vier, Narben meist vier; Steinbeeren rot. (S. 750.)

Stechpalme.
Ilex aquifólium.

Pflanzenleben. 729

2. Blätter elliptisch, zugespitzt, eben, entfernt gezähnt oder ganzrandig; Blüten in vielblütigen gestreckten Trauben, klein, weiß, der Kirschblüte ähnlich. **Kirschlorbeer.** *Prunus laurocérasus.*

II. Blätter nicht immergrün, nicht lederartig.

A. Sträucher oder Bäume mit Dornen.

a) An den Langtrieben befinden sich dreiteilige, seltener einfache Dornen, in deren Achseln kurze Zweige stehen, die ungeteilte, fein sägezähnige Laubblätter und traubige Blütenstände tragen. Blüten gelb, sechszählig; Früchte beerenartig, länglich, rot. Kulturform mit braunen Blättern. (S. 751.) **Berberitze, Sauerdorn.** *Bérberis vulgáris.*

b) In den Blattachseln befinden sich einfache Dornen.

1. Blätter elliptisch, im Mittel 3 cm lang, 1,5 cm breit, oberseits glänzend sattgrün, unterseits glänzend hellgrün, gekerbt oder gesägt, nur in der Jugend grau behaart; einjährige Zweige braunrot; Blütenstand trugdoldig, reichblütig; Blüten fünfzählig, Staubgefäße viele; Blumen weiß; Früchte rot. Wintergrüner Strauch von etwa 2 m Höhe. **Feuerdorn.** *Pyracántha coccínea.*

2. Blätter elliptisch, im Mittel 6 cm lang, 3,5 cm breit, kahl, oberseits glänzend dunkel-, unterseits hellgrün, Rand sehr fein gezähnt; Dornen bis 2 cm lang; einjährige Zweige braun- oder olivengrün, nur in der Jugend zottig behaart; Blüten in büschelförmigen Ständen, vor den Blättern erscheinend, leuchtend rot, fünfzählig; Staubgefäße viele. Strauch, 0,5—3 m hoch. (S. 700.) **Japanische Scheinquitte.** *Chaenómeles japónica.*

3. Blätter ei- oder verkehrt-eiförmig, keilförmig in den Blattstiel verschmälert, ziemlich grob gesägt, seltener eingeschnitten, glänzend dunkelgrün; Dornen 6—14 cm lang; Blütenstand traubig, ebenstraußartig, Blüten fünfzählig, Staubgefäße viele, Griffel zwei; Früchte rot. **Weißdorn.** *Cratáegus.*

α) Einjährige Zweige hell- oder graubraun; Dorn schlank, zuweilen leicht gebogen, braun oder grau, etwa 6 cm lang; Blätter verkehrt ei-länglich, im Mittel 5 cm lang, 1,5 cm breit. Meist baumartig. **Hahndorn.** *Cratáegus crusgalli.*

β) Einjährige Zweige glänzend orange- bis purpurbraun, Dorn glänzend purpurbraun, bis 12 cm lang; Blätter ei-

730   In Park und Anlagen.

förmig, selten etwas gelappt, im Mittel 8 cm lang, 6 cm breit. Meist strauchartig. (S. 749.)

Langdorniger Weißdorn.
Cratáegus macracántha.

B. Sträucher oder Bäume ohne Dornen.

a) Blätter kurzgestielt, Blattfläche mehr als sechsmal so lang wie der Stiel.

1. Blätter buchtig oder entfernt klein gezähnelt, seltener ganzrandig, im Mittel 8 cm lang, 5 cm breit.

Buche.
Fágus silvática.

Kommt mit den verschiedensten Blattformen, z. B. mit tief eingeschnittenen oder mit fast linealischen Blättern vor. Im Park findet sich häufig die Abart mit blutroten Blättern, Blutbuche *f. purpúrea.* (*f.* = *forma,* Form.)

2. Blätter fein gekerbt oder ganzrandig, unterseits feinfilzig. Blattstiel ½ cm lang. Blüten weiß, kurzgestielt. Frucht oben flach.

Mispel.
Méspilus germánica.

3. Blätter ziemlich grob gesägt.

α) Zweige, auch die älteren, glänzend grün, rutenförmig, feingestreift, kahl; Blätter schmal eiförmig, im Mittel 8 cm lang, 3 cm breit, mit vorgezogener Spitze; Rand fast lappig gesägt; Blüten einzeln an seitlichen Kurztrieben, gelb, meist gefüllt. Strauch bis 2 m Höhe.

Kerrie.
Kérria japónica.

β) Zweige nur in der Jugend grün, höhere Bäume und Sträucher.

° Blattgrund mehr oder weniger tief herzförmig, Blätter nur wenig länger als breit.

△ Blätter am Grunde mit 3—5 Hauptnerven, oberseits rauh, tiefgrün, unterseits leicht rauh-kurzhaarig, im Mittel 12 cm lang, 10 cm breit; Blüten getrennten Geschlechts, männliche Blüten meist vierzählig, wie die weiblichen in kätzchenförmigen Ständen, die weiblichen vereinigen sich durch den fleischig werdenden Kelch zu einer brombeerähnlichen Frucht.

Maulbeere.
Morus.

§ Blattgrund tief herzförmig, weitläufig gesägt, seltener gelappt; weibliche Blütenstände sitzend oder kurz gestielt, Narben rauhhaarig; Früchte schwarz. (S. 756.)

Schwarze Maulbeere.
Morus nigra.

§§ Blattgrund flach herzförmig, Blätter zarter als v., grob gesägt, häufiger gelappt, weibliche Blütenstände ungefähr so

Pflanzenleben. 731

lang wie ihr Stiel; Narben mit kurzen Warzen; Früchte weißlich. (S. 760.) **Weiße Maulbeere.** *Morus alba.*

△△ Blätter mit 1 Hauptnerv und 5—8 Seitennerven, mit mehr oder weniger abgesetzter Spitze, unregelmäßig doppelt gesägt bis gelappt; männliche Blüten in hängenden Kätzchen, mit zwei Vorblättern und vier zweiteiligen Staubgefäßen. Weibliche Blüten knospenähnlich; Narben lang, rot. Blüten vor den Blättern erscheinend. Frucht nußartig mit teils tiefgeteilter, teils schlauchförmiger Hülle. **Haselnuß.** *Córylus.*

§ Einjährige Zweige mehr oder weniger längsrissig; ältere Zweige korkig berindet; Fruchthülle offen, in zahlreiche, lang die Frucht überragende Zipfel zerschlitzt.

Baum bis 20 m hoch, bei uns meist niedriger; ist nicht aus *avellana* baumartig gezogen. **Baum-Hasel.** *Córylus colúrna.*

§§ Einjährige Zweige glatt; ältere Zweige nicht korkig berindet; Fruchthülle offen, aus zwei getrennten, kurz geschlitzten Blättern gebildet, die kürzer als die Frucht sind. Blätter oft rotbraun gefärbt (Bluthasel). **Haselnußstrauch.** *Córylus avellána.*

°° Blattgrund niemals herzförmig, abgerundet oder in den Blattstiel verschmälert.

△ Blätter mit einem Hauptnerv.

§ Blätter jederseits mit mehr als 8 Seitennerven, diese in die Blattzähne eintretend.

| Untere Blatthälfte ungleich; Blätter zweizeilig, häufig in eine Spitze vorgezogen, Rand scharf und meist doppelt gesägt; Blüten mit einfacher, glockenförmiger Blütenhülle, diese vier-, fünf- oder achtspaltig, Staubgefäße 4 bis 12, Frucht ringsum breit geflügelt, einsamig. (S. 21.) **Ulme, Rüster.** *Ulmus.*

1. Blattstiel 4—6 mm, Nüßchen um die eigene Länge vom oberen Rand entfernt; einjährige Zweige meist borstig behaart, olivgrün oder rotbraun, Knospen braun, rostrot behaart, Blätter unterseits mehr oder weniger behaart; Rinde flach langrissig, Fruchtknoten und Frucht vollständig kahl. **Bergulme.** *Ulmus montána.*

2. Blattstiel 0,8—1,5 cm, Nüßchen im oberen Teil der Frucht, einjährige Zweige meist kahl, glänzend rotgelb bis rotbraun, Knospen dunkelbraun, zerstreut behaart; Blätter unterseits

nur achselbärtig; Rinde anfangs glatt, braungrau, später meist dick korkig, tief kurzrissig. Frucht-knoten und Frucht kahl. **Feldulme.** *Ulmus campéstris.*

3. Blattstiel unter 8 mm, Nüßchen in der Mitte der Frucht, einjährige Zweige kahl, glänzend oliv- oder rotbraun; Blätter unterseits mehr oder weniger weichbehaart, kaum achsel-bärtig, mehr oder weniger hell- oder graugrün. Borke braun-grau, in flachen, dünnen Schuppen sich ablösend. Fruchtknoten und Frucht deut-lich bewimpert. **Flatterulme.** *Ulmus effúsa.*

|| Blätter am Grunde gleichhälftig.

1. Blätter groß, im Mittel 10—18 cm lang, 4—8 cm breit, oberseits saftgrün, unterseits zuweilen etwas filzig, länglich-lanzettlich, mit etwa 1,5 cm langen Nebenblättern. Blattrand mit langzugespitzten, ziemlich starren Sägezähnen. Männ-liche Blüte in langen, aufrechten, ährenähnlichen Ständen. Weibliche Blütenstände meist dreiblütig. Griffel meist 6. Früchte in der Regel einsamig, mit zäher Schale, Nuß. Frucht-hülle stachelig, meist vierklappig. Baum bis 30 cm hoch. **Edelkastanie.** *Castánea vésca.*

2. Blätter 5—10 cm lang, 3—5,5 cm breit, elliptisch, zu-gespitzt, oberseits kahl, unterseits wenigstens auf den Nerven zerstreut behaart und achselbärtig; Nebenblätter vorhanden, hinfällig. (Siehe S. 23.) **Weißbuche.** *Carpínus bétulus.*

3. Blätter 6—12 cm lang, 8—9 cm breit, beiderseits zu-gespitzt, unterseits dicht weißfilzig, oberseits bis auf die etwas behaarten und Drüsen tragenden Nerven fast kahl; Nebenblätter hinfällig. Blüten in reichblühenden Dolden-trauben, fünfzählig, Staubgefäße zahlreich, einem fleischigen Ring der Kronröhre eingefügt, Fruchtknoten und Griffel 1—5; die Fruchtknoten verwachsen unter sich und mit dem fleischig werdenden Fruchtboden zu einer 2—3fächerigen, roten Beerenfrucht. (S. 624, 750.) **Mehlbeere.** *Pirus ária.*

§§ Blätter jederseits mit 3—5 Seitennerven (wenn mehr, dann treten sie nicht in die Blattzähne ein). Blätter stets kleiner, Nebenblätter fehlend oder winzig, Blüten weiß oder rot, in traubigen oder trugdoldigen Blütenständen; Kelch und Krone in der Regel fünfzählig, Staubgefäße zahlreich, Frucht-knoten meist fünf; Früchte an der Bauchnaht aufspringende

Balgkapseln mit zwei oder mehreren Samen. Meist Sträucher. **Spierstrauch.** *Spiráea.*

Die Spierstauden finden sich in zahlreichen Arten und ihren Bastarden in Gärten und Anlagen.

△ △ Blätter mit 3—5 Hauptnerven.

Blätter lang zugespitzt, am Grunde oft schief; Blüten teils männlich, teils zwitterig; erstere in büscheligen oder traubigen Blütenständen, letztere meist einzeln; Kelchblätter meist frei, 4 oder 5; Staubgefäße 3—8, Griffel zweispaltig; Früchte kugelig mit harter innerer Schale. Meist Bäume. **Zürgelbaum.** *Celtis.*

1. Blätter schief-eiförmig, geschwänzt zugespitzt, 4—15 cm lang, 1,5—6 cm breit, oben meist rauh, unterseits mehr oder weniger weich behaart. **Südlicher Zürgelbaum.** *Celtis austrális.*

2. Blätter schiefeiförmig, kürzer zugespitzt, Spitze ganzrandig, 6—12 cm lang, 3—6 cm breit, oberseits glänzendgrün, unterseits heller, auf den Nerven behaart. **Amerikanischer Zürgelbaum.** *Celtis occidentális.*

b) Blätter langgestielt, Blattfläche höchstens viermal so lang wie der Stiel.

α) Blätter mit 3—5 Hauptnerven.

° Blattgrund in der Regel schief, herzförmig; Blätter meist mit 5 Hauptnerven, Blüten in 2—13 blütigen Trugdolden mit großen Deckblättern; Kelch und Krone fünfblättrig, Staubgefäße zahlreich, Griffel 1, mit fünfspaltiger Narbe; Frucht nüßchenartig, gewöhnlich ein- oder zweisamig. (S. 622.) **Linde.** *Tilia.*

1. Blätter unterseits filzig, auffallend langgestielt, Grund flach-herzförmig. **Silberlinde.** *Tilia argéntea.*

2. Blätter unterseits kurzhaarig, Nerven weich behaart, schmutzigweiß gebartet, Blattstiele etwa ½ der Blattfläche. **Sommerlinde.** *Tilia platyphýllos.*

3. Blattunterseite kahl, blau-graugrün, rostfarbig gebartet, oberseits lebhaft dunkelgrün; Blattstiel ½—⅓ der Fläche. **Winterlinde.** *Tilia ulmifólia.*

T. ulmifólia × *platyphýllos* = *T. intermedia.*

°° Blatthälften gleichartig, Blattgrund selten etwas herzförmig, meist abgestutzt oder verschmälert, in der Regel drei Hauptnerven. Blüten in Kätzchen; Kätzchenschuppen lang

734 In Park und Anlagen.

bewimpert; Staubgefäße 15—30; Fruchtknoten frei, hinter jeder Schuppe einer, Griffel mit 2—4 Narben; Samen am Grunde mit einem Haarschopf.

Pappel.
Pópulus.

1. Blätter knorpelig gezähnt, kahl, oberseits glänzend, dreieckig, rautenförmig; Blattstiel zusammengedrückt; junge Zweige ledergelb, rundlich, ohne Korkrippen; Rinde rissig werdend; Krone ausgebreitet, locker.

Schwarz-Pappel.
Pópulus nígra.

Ändert ab mit aufrechten Ästen, eine lange kegelförmige Krone bildend.

Pyramiden-Pappel.
Pópulus itálica.

2. Blätter am Rande behaart, unterseits mit flaumig behaarten Nerven und breit gedrücktem, flaumigem Blattstiel, junge Zweige in der Jugend durch Korkrippen kantig; Krone ei-kegelförmig, sperrig.

Rosenkranz-Pappel.
Pópulus monilífera.

3. Blätter eiförmig bis elliptisch, zugespitzt, länger als breit, feingesägt, kahl, unterseits grauweiß mit starken braungelben Netzadern; Blattstiel rund; Äste abstehend, kurz, dick, rötlichbraun.

Balsam-Pappel.
Pópulus balsamífera.

4. Bllätter groß, herzförmig dreieckig, fast breiter als lang, ungleich gezähnt mit behaartem Blattstiel und Blattrand, oberseits kahl, dunkelgrün, unterseits weißlich-flaumig. Blattstiel rund; Rinde wie bei der vorigen, lange glatt bleibend.

Weißliche Pappel.
Pópulus cándicans.

5. Blätter fast kreisrund, ausgeschweift stumpf gezähnt, an der Spitze stumpf oder zugespitzt. Blattstiele dünn, lang, zusammengedrückt, daher das ständige Zittern der Blätter beim geringsten Luftzug.

Zitterpappel.
P. trémula.

β) Blätter mit einem Hauptnerv.

° Die Seitennerven treten in die Blattzähne ein.

1. Blattgrund herzförmig. (Siehe S. 310.)

Hasel.
Córylus.

2. Blattgrund keilförmig; Blätter rautenförmig bis dreieckig lang zugespitzt, doppelt gesägt, kahl; Blüten in Kätzchen. (Siehe S. 22.)

Weiß-Birke.
Bétula verrucósa.

°° Die Seitennerven treten nicht in die Blattzähne ein.

§ Blätter rotgefärbt, 4—6 cm lang, eiförmig, zugespitzt, unterseits auf den Nerven etwas behaart; Blüten meist einzeln, 5zählig, Griffel 1, im vertieften Blütenboden sitzend; Staubgefäße zahlreich; Blütenblätter rötlich.

Kirschpflaume.
Prunus cerasífera,
var. pissárdi.

Pflanzenleben. 735

§§ Blätter grün.

1. Blattstiel meist zweidrüsig; Seitennerven fast senkrecht auf dem Hauptnerv stehend; Blätter elliptisch, fein und scharf gesägt, Spitze kurz abgesetzt, 6—10 cm lang, 3—6 cm breit; Blütenstand traubig, überhängend, Blüten weiß, duftend, sonst wie vorige; Steinfrucht glänzend schwarz, kugelig. (S. 756.)   **Traubenkirsche.** *Prunus padus.*

2. Blattstiel ohne Drüsen, Seitennerven steil aufgerichtet; Blätter 6—8 cm lang, 3—5 cm breit, schmal elliptisch, zugespitzt, auf der dunkleren Oberseite kahl, auf der helleren Unterseite wenigstens der Hauptnerv kurz behaart, Rand eng kerbsägig; Blütenstand doldentraubig; Blüten fünfzählig, Staubgefäße zahlreich, Blütenboden mit dem Fruchtknoten verwachsen, Griffel meist 5; Blütenblätter beim Aufblühen dunkel-, später hellrosa; Apfelfrucht bis $2^1/_2$ cm Durchmesser, von dem bleibenden Kelch gekrönt.   **Prächtiger Apfel.** *Malus spectábilis.*

3. Blätter aus rundlichem Grunde breit-elliptisch, zugespitzt, im Mittel 5,5 cm lang, 3,5 cm breit, Blattzähne grannenspitzig, Blüten in der Knospe dunkelrot, später hellrot bis weiß, Frucht bis 1 cm dick, Kelch abfallend; sonst wie vorige.   **Blütenreicher Apfel.** *Malus floribúnda.*

14. Laubhölzer der Parkanlagen mit einfachen Blättern — Die Blätter sind gelappt und gegenständig.

A. Blätter mit zahlreichen fächerförmig angeordneten, gabelig verzweigten Nerven; in der Regel zweilappig, an Langtrieben oft ungelappt; Blüten zweihäusig, einzeln aus den Blattwinkeln mit den Blättern erscheinend; männliche Blüten in lockeren Kätzchen, weibliche Blüten mit zwei Samenanlagen, die auf einer längeren Achse stehen; Samen steinfruchtartig.   **Gingko.** *Gingko bíloba.*

B. Blätter mit einem Hauptnerv; gelappte und ungelappte, rundlich-elliptische, ganzrandige Blätter an einem Strauch. Blüten in kurzen Ähren oder gebüschelt, 4- bis 5-zählig, Blütenkrone glockig oder röhrig, Staubgefäße 4 bis 5; Frucht eine zweisamige, saftige, weiße Beere.   **Schneebeere.** *Symphoricárpus racemósus.*

C. Blätter mit drei bis fünf Hauptnerven.

a) Blätter mit fadenförmigen Nebenblättern, Blattstiele mit 2—4 vertieften Drüsen, in der Regel dreilappig, mit buchtig gezähntem Rand; Blüten in dichten Trugdolden; Krone fast glockenförmig, fünfspaltig, Griffel fehlend, Narben 3, äußere Blüten strahlend, unfruchtbar; Steinfrucht einsamig. (S. 727.)

Schneeball.
Vibúrnum ópulus.

b) Blätter ohne Nebenblätter, Blattstiele drüsenlos; Kelch frei, vier- bis fünfteilig, gefärbt, am Grunde mit einer drüsigen Scheibe, um welche die 5 oder 4, seltener 9 Blütenblätter stehen, Staubgefäße meist 8, seltener 5—15, Griffel 1, mit zwei Narben; Fruchtknoten zweifächerig; Früchte geflügelt, plattgedrückt.

Ahorn.
Acer.

1. Blätter groß, handförmig fünflappig, mit spitzen, ungleich grob sägezähnigen Lappen, unten meist graugrün; Blüten gelbgrün, in hängenden, verlängerten, am Grunde zusammengesetzten Trauben; Fruchtflügel fast parallel, Borke abschuppend.

Berg-Ahorn.
Acer pseudoplatánus.

2. Blätter kleiner, mit lang-, fast haarförmig zugespitzten Zähnen, gelblichgrün; Blüten gelbgrün, in aufrechten Doldentrauben, Fruchtflügel weit auseinandergespreizt, Borke schwärzlich, längsrissig.

Spitz-Ahorn.
Acer platanoídes.

3. Blätter drei- bis fünflappig, Lappen spitz, ungleich eingeschnitten gezähnt, unterseits grauweißlich, oberseits glänzend grün, Blüten in fast sitzenden Knäueln, blumenblattlos, Kelch trichterig glockig, rötlichgelb; Fruchtflügel aufrecht. Borke abschuppend

Silber-Ahorn.
Acer sacharínum.

4. Blätter unterseits blaugrün; Blüten in Büscheln, gestielt Blütenblätter vorhanden, Kelch purpurn; Fruchtflügel auf recht, wenig spreizend; Borke nicht abschuppend.

Roter Ahorn.
Acer rubrum.

5. Blätter drei- bis fünflappig, ziemlich klein, Lappen stumpf, meist ganzrandig, der mittlere kurz dreilappig; Blüten gelbgrün, in aufrechten Doldentrauben; Blätter unterseits sowie die Blatt- und Blütenstiele weich behaart; Fruchtflügel waagrecht abstehend. Meist strauchartig, mit oft korkiger Rinde.

Feld-Ahorn.
Acer campestre.

Pflanzenleben. 737

15. Laubhölzer der Parkanlagen mit einfachen Blättern — Die Blätter sind gelappt und wechselständig

I. Zweige mit meist nackten Dornen, Blätter fast fiederteilig gelappt, mit spitzen, auswärts gerichteten Lappen, unterseits bläulich-grün, Nebenblätter meist stark entwickelt, bleibend.
Blüten in Scheindolden, meist reichblütig; Blüten weiß oder
rot, mit fünf Blütenblättern, 10—15 Staub- **Eingriffeliger Weiß-**
gefäßen und einem behaarten Griffel. Stein- **dorn (Rotdorn).**
früchte rot. Blüten oft gefüllt. (S. 749, 750.) *Crataegus monógyna.*

II. Zweige dornenlos.

    A. Blätter mit einem Hauptnerv.

        a) Blattbuchten abgerundet.

        α) Blattstiel mindestens halb so lang wie die Blattfläche.

        1. Blätter vierlappig, ganzrandig, bis 24 cm lang, in der
Regel breiter als lang, kahl, oberseits glänzend-grün, unterseits heller oder blaugrün, Stiel etwa so lang wie die Blattfläche; Herbstfärbung goldgelb; Blüten tulpenähnlich, innere
Blütenhüllblätter gelbgrün oder schwefel- **Tulpenbaum.**
gelb, mit orangefarbiger Zeichnung. *Liriodéndron*
                              tulipifera.

        2. Blätter vorwiegend drei- oder fünflappig, mit Neben-
blättern, Lappen teils ganzrandig, teils mehr oder weniger
buchtig gezähnt; Blüten in kugeligen Köpfchen, die einzeln
oder zu mehreren an einer langen Spindel sitzen; Borke in
großen Stücken abblätternd, so daß die **Platane.**
gelbliche Rinde zutage tritt. *Plátanus acerifólia.*

        β) Blattfläche mindestens dreimal so lang wie der Blattstiel,
Blätter mit sechs und mehr Lappen, mit Nebenblättern;
Blüten einhäusig; männliche Blüten in hängenden, fädigen
Kätzchen, mit 6—12 Staubgefäßen; weibliche Blüten einzeln, an besonderen, meist armblütigen Blütenstielen, Griffel
flach; Frucht nußartig, mit ihrem Grunde **Eiche.**
in einer becherartigen Hülle sitzend. *Quércus.*

        Außer den beiden in unseren Wäldern einheimischen Eichen
(Sommer- und Wintereiche, siehe S. 23) werden zahlreiche
ausländische Arten angepflanzt. Die wichtigsten sind:

        1. Blattlappen in eine Grannenspitze von höchstens 1 mm
Länge ausgezogen; Blattstiel mit borstigen, filzigen, bleibenden Nebenblättern, Herbstfärbung gelbbraun; Zweige furchig-

kantig, mehr oder weniger filzig; Frucht sitzend oder kurz-gestielt, bis 3 cm lang, $^1/_2$—$^2/_3$ frei;   **Zerr-Eiche.**
Becher filzig.   *Quércus cerris.*

2. Blattlappen in eine längere Granne ausgezogen, Blatt-buchten sehr tief, fast bis zur Blattrippe reichend, jederseits in der Regel drei Blattlappen, Herbstfärbung glänzend schar-lachrot; Blattstiel ungefähr 3 cm lang;   **Scharlach-Eiche.**
Eicheln etwa 2 cm lang, zur Hälfte frei.   *Quércus coccínea.*

3. Blattbuchten weniger tief, etwa $^1/_4$ der Blattbreite; Blätter jederseits mit 4—6 Blattlappen, anfangs rot, später oben stumpfgrün, Herbstfärbung orange bis scharlachrot oder braunrot; Eicheln etwa 3 cm lang, $^3/_4$ **Rot-Eiche.**
frei. (S. 94.)   *Quércus rubra.*

b) Blattbuchten spitz.

1. Blätter dreilappig, im oberen Drittel am breitesten, mittlerer Lappen lang und schmal vorgezogen, Rand grob gesägt, oberseits tiefgrün, unterseits heller oder graublau, mehr oder weniger behaart; Blüten hellrosa, 2,5—3,5 cm Durchmesser, meist gefüllt, Kirschblüte. Aufrechter, schlank verzweigter Strauch. Es kommen auch   **Mandelbäumchen.**
kaum gelappte Blätter vor.   *Prunus triloba.*

2. Blätter am Grunde mit zwei Fiederblättchen, schmal-elliptisch mit etwa 10 Nervenpaaren, oberseits sattgrün, unterseits mehr oder weniger weißgrau-filzig, Blüten fünf-zählig, zahlreiche Staubgefäße, zwei bis   **Bastard-Mehlbeere.**
drei Griffel. (S. 760.)   *Pirus hýbrida.*

3. Blätter drei- bis fünflappig, im unteren Drittel am breitesten, rings gesägt, eiförmig, Mittellappen breit; Blüten weiß, in Doldentrauben, fünfzählig, 20 bis   **Blasenspiere.**
40 Staubgefäße, 2—5 teilweise ver-   *Physocárpus*
wachsene Griffel, Frucht ist eine Balg-   *opulifólia.*
kapsel.

B. **Blätter mit drei bis fünf Hauptnerven, die am Ende des Blattstieles ihren Anfang nehmen.**

a) Blätter unterseits schneeweiß-filzig, drei- bis fünflappig, rundlich-eiförmig, Lappen ganzrandig;   **Silberpappel.**
Blüten in Kätzchen.   *Pópulus alba.*

b) Blätter kahl oder mehr oder weniger behaart, niemals weißfilzig.

Pflanzenleben. 739

α) Blattbuchten abgerundet.

1. Pflanzen mit Milchsaft. (Siehe S. 730 u. 756.)
Maulbeere.
Mórus.

2. Pflanzen ohne Milchsaft. (Siehe S. 737).
Platane.
Plátanus acerifólia.

β) Blattbuchten spitz.

§ Blätter dreilappig, Mittellappen lang vorgezogen, länger als die Seitenlappen; Blüten einzeln in den Blattwinkeln, fünfzählig, mit Kelch und Außenkelch; Staubgefäße verwachsen, Griffel fünf bis viele; Blüten weiß, rot oder violett, auch gefüllt.
Elbisch.
Hibiscus syriacus.

§§ Blätter drei- und fünflappig; Mittellappen nicht länger als die Seitenlappen.

° Einjährige Zweige hellbraun, mit deutlich erkennbaren Längslinien. (Siehe S. 738.)
Blasenspiere.
Physocárpus opulifólia.

°° Einjährige Zweige gelbgrau oder rot, Blüten in Trauben, vier- und fünfzählig, mit zwei mehr oder weniger verwachsenen Griffeln; Frucht eine Beere.
Johannisbeere.
Ribes.

1. Blüten in aufrechten Trauben; grünlich, Fruchtknoten und Kelch kahl; einjährige Zweige kahl, hell-gelbgrau; Blätter klein; Beere rot, fade, schleimig.
Alpen-Johannisbeere.
Ribes alpínum.

2. Blütentrauben mehr oder weniger zurückgebogen, Blüten lebhaft gelb, Kelchbecher röhrig-glockig; einjährige Zweige mit drüsigen Haarresten, sonst glänzend gelbgrau; Blätter beiderseits mehr oder weniger glänzend hellgrün, anfangs fein behaart, am Rande gewimpert, Beeren schwarz-violett.
Goldgelbe Johannisbeere.
Ribes áureum.

3. Einjährige Zweige stumpfrot, ebenso wie die Blätter dicht weichhaarig; Blüten rosenrot oder weiß; Beere klein, blauschwarz, bereift, sonst wie vorige.
Blutrote Johannisbeere.
Ribes sanguíneum.

Häufig angepflanzt findet sich der Bastard *R. áureum* × *sanguineum* = *R. Gordoniánum*, Gordons J., der durch seine gelbroten Blüten auffällt.

Grupe, Naturkundl. Wanderbuch.

24

16. Laubhölzer der Parkanlagen mit zusammengesetzten Blättern — Die Blätter sind dreizählig oder gefingert.

I. Blätter dreizählig.

a) Blätter wechselständig.

1. Blättchen ganzrandig, unterseits seidig behaart. Blüten in hängenden Trauben, goldgelb, Schmetterlingsblüte. (S. 43.)
Goldregen.
Cýtisus labúrnum.

2. Blättchen ganzrandig, mit durchscheinenden Punkten, 7—10 cm lang. Blüten grünlich-weiß, in endständigen Doldenrispen. Früchte ringsum geflügelt.
Lederblume.
Ptélea trifoliáta.

b) Blätter gegenständig.

α) Zweige vierkantig, grün. Blättchen ganzrandig. (Siehe S. 706.)
Jasmin.
Jasmínum.

β) Zweige rund.

1. Das mittlere Blättchen viel größer als die seitlichen. Zweige hohl. Einjährige Zweige oliv-gelb oder rötlich. An demselben Strauch auch einfache Blätter. (Siehe S. 707.)
Goldglöckchen.
Forsýthia suspénsa.

2. Das mittlere Blättchen etwa so groß wie die beiden seitlichen. Blütentrauben überhängend. Blüten weiß. Staubgefäße 5. Früchte bis 5 cm lang.
Dreizählige Pimpernuß.
Staphyláea trifoliáta.

II. Blätter fünf- bis neunzählig gefingert, gegenständig,
langgestielt; Blättchen verkehrt-eiförmig, kurz zugespitzt, in der oberen Hälfte gesägt; Blüten in aufrechtem Strauß; Kelch röhrig, fünfzählig, Kronblätter 4—5, Staubgefäße 7—8, Griffel 1; Frucht eine lederartige Kapsel mit 1 bis 3 Klappen sich öffnend.
Roßkastanie.
Áesculus.

1. Kronblätter 5, abstehend, weiß, rot oder gelb gefleckt, Staubfäden niedergebogen, meist 7; Knospen klebrig; Kapsel stachelig.
Gemeine Roßkastanie.
Aesculus hippocástanum.

2. Kronblätter 4, gerade vorgestreckt, Staubfäden gerade, 5—8, Kapsel stachellos, Blätter fünfzählig, Kronblätter schmutzigpurpurn, Blütenblätter am Rande drüsig gewimpert, Blättchen mehr oder weniger deutlich gestielt.
Rotblühende Roßkastanie.
Aesculus pávia.

Pflanzenleben. 741

3. Blütenblätter am Rande behaart und drüsig gewimpert, sonst wie vorige (*A. hippocastanum × pavia*).

Rote Roßkastanie.
Aesculus rubicúnda.

4. Kelch und Kronblätter blaßgelb, Blättchen deutlich gestielt, unterseits weichhaarig.

Gelbe Roßkastanie.
Aesculus flava.

17. Laubhölzer der Parkanlagen mit zusammengesetzten Blättern — Die Blätter sind gefiedert und gegenständig.

A. Mark der jungen Zweige sehr groß, Holzmantel dünn. Blätter mit 5—7 Blättchen.

1. Junge Zweige mit Höckern. (S. 747.) Blätter meist mit 5 Blättchen; Blättchen länglich bis eiförmig, mit abgesetzter Spitze, gesägt. Es kommen auch fast doppelt gefiederte Blätter vor (*f. laciniátus*). Blüten in Doldenrispen, ebenstraußförmig, fünfzählig, gelblichweiß. Früchte glänzend- **Schwarzer Holunder.** schwarz, meist dreifächerig. *Sambúcus nigra.*

2. Junge Zweige glatt. Blätter 5—7zählig. Blättchen eng und fein gezähnt. Blütenrispen hängend. **Gefiederte Pimpernuß.** Blüten weiß. Staubblätter 5. Früchte rund. *Staphyláea pinnáta.*

B. Mark der jungen Zweige nicht stärker als der Holzteil.

a) Blätter mit 3—5 Blättchen; diese elliptisch-lanzettlich, entfernt gezähnt, kahl; bei dreizähligen Blättern ist das Endblättchen mehr oder weniger gelappt; Blüten langgestielt, hängend; die männlichen in Büscheln, ohne Kronblätter, die weiblichen in Trauben. Frucht mit fast **Eschen-Ahorn.** parallel gerichteten Flügeln. *Acer negúndo.*

b) Blätter mit 7—13 Blättchen; Blättchen gesägt, länglichlanzettlich, zugespitzt; Blüten teils zwitterig, teils eingeschlechtlich, Kelch verwachsenblättrig oder fehlend, Blumenkronblätter frei oder mit den Staubgefäßen zusammenhängend, häufig fehlend. Früchte geflügelt. **Esche.** (S. 24 u. 622.) *Fráxinus.*

1. Blätter meist mit 11—13 Blättchen; Zweige kahl, Blättchen unterseits mehr oder weniger behaart, Knospen schwarz; Kelch und Krone fehlend, Flügel der **Hohe Esche.** Frucht 2—3 cm. *Fráxinus excélsior.*

742   In Park und Anlagen.

2. Blätter meist mit 5—9 Blättchen; Blättchen an der Unterseite am Mittelnerv bräunlich behaart; Knospen silbergrau; Blüten vorwiegend zwitterig, mit schmalen weißen Kronblättern; Blütenstand bis 15 cm lang. **Blumenesche.**
Fruchtflügel 2—3 cm. *Fráxinus órnus.*

18. Laubhölzer der Parkanlagen mit zusammengesetzten Blättern — Die Blätter sind gefiedert und wechselständig.

I. **Blätter oder Zweige durch Dornen oder Stacheln bewehrt.**

A. **Blättchen dornig gezähnt, lederig, oberseits glänzend-grün;** Blüten in vielblütigen Trauben, Blüten gelb, sechszählig; Frucht eine kugelige, dunkelblaue Beere mit hellem Reif. Strauch mit bräunlicher, **Mahonie.**
rissiger Rinde und gelblichem Holz. *Mahónia aquifólium.*

B. **Stengel und Blattstiele mit gekrümmten Stacheln besetzt;** Nebenblätter mit dem Blattstiel bis weit über die Mitte verwachsen; Blüten regelmäßig, Kelch fünfspaltig, häufig mit gelapptem oder zerschlitztem Rand, Kronblätter in der Regel 5, häufig durch Umbildung der Stáubfäden zahlreich; Staubfäden zahlreich, Fruchtknoten viele; Schließfrüchte zahlreich, von der fleischig werdenden, gefärbten Kelchröhre eingeschlossen (Hagebutten-   **Rose.**
frucht). In zahlreichen Formen gezogen. *Rosa.*

C. **Zweige mit Dornen; Nebenblätter frei oder fehlend.**
a) Dornen groß und verzweigt, besonders am Stamm stark entwickelt, Blätter zum Teil doppelt gefiedert, Blüten strahlig, nicht schmetterlingsartig, klein, grünlich, in achselständigen oder seitlichen, traubigen **Gleditschie.**
Blütenständen. Frucht eine große, viel- *Gleditschia.*
samige, lederige Hülle.

1. Blättchen 4—8paarig, mehr oder weniger oval-rhombisch, etwa zweimal so lang wie breit, 3,5 : 1,7 cm, Grund mehr oder weniger keilig, am Ende mehr **Chinesische**
oder weniger spitz, Hülse ungefähr 15 cm **Gleditschie.**
lang. *Gleditschia chinénsis.*

2. Blättchen 8—14paarig, länglich, zwei- bis dreimal so lang wie breit; 3 : 1,1 cm, Grund mehr oder weniger rundlich,

Pflanzenleben. 743

sich nach der Spitze verschmälernd; Hülse bis 40 cm lang, sichelförmig oder gedreht.

Dreidornige Gleditschie.
Gleditschia triacánthos.

b) Dornen einfach, Blätter stets einfach gefiedert; Schmetterlingsblüten, weiß, rötlich oder purpurn in achselständigen Trauben; Hülsen mehr oder weniger sitzend flach, zweiklappig.

Robinie.
Robinia.

1. Junge Zweige drüsig-klebrig, fein- und schwachdornig. Blüten violett-rosa.

Klebrige Robinie.
Robinia viscósa.

2. Junge Zweige rotborstig behaart, ohne Dornen, Bluten groß, rosa.

Borstige Robinie.
Robinia hispida.

3. Junge Zweige wenig behaart, mit gut entwickelten Dornen, Blüten weiß oder blaßrosa.

Gemeine Robinie.
Robinia pseudacácia.

Vielfach findet sich auch eine Spielart mit nur einem Blättchen oder mit 1—2 Paar kleineren Blättchen.

Einblättrige Robinie.
Robinia monophýlla.

II. **Pflanzen ohne Dornen und Stacheln.**

A. **Blättchen völlig ganzrandig.**

a) Junge Zweige mit gefächertem Mark; Blätter drei- bis vierpaarig, Blättchen ganzrandig oder undeutlich gezähnt, wohlriechend, derbhäutig, 10 : 6 cm, meist kurzgestielt; Blattstiel bis 25 cm; männliche Blüten in hängenden Kätzchen, weibliche Blüten zu 1—3; Steinfrucht groß, mit grüner, fleischiger Hülle.

Walnuß.
Juglans régia.

b) Mark ungefächert.

α) Blätter paarig gefiedert, 4—5 Paare; Blättchen elliptisch, mit Spitzchen, 12—15 mm lang; Schmetterlingsblüte, gelb, ein- und zweiblütig; Hülse gerade, mehr oder weniger drehrund.

Erbsenstrauch.
Caragána arboréscens

β) Blätter unpaarig gefiedert.

1. Blättchen etwa dreimal so lang wie breit, schmal-eiförmig, kurz begrannt, 11—15; Blüten gelblichweiß, in großen, mehrfach zusammengesetzten Rispen; Hülse zwischen den Samen perlschnurartig eingeschnürt, ein- bis fünfgliedrig, bis 9 cm lang, kahl, fleischig.

Schnurbaum.
Sóphora japónica.

2. Blättchen etwa 1½mal so lang wie breit, an der Spitze herzförmig ausgerandet, 7—11; Mark grün, Schmetterlings-

744   In Park und Anlagen.

blüten in wenigblütigen, achselständigen Trauben, leuchtend schwefelgelb, auf der Fahne mit rotbrauner Zeichnung; Hülse häutig, aufgeblasen.

Blasenstrauch.
Colútea arboréscens.

3. Blättchen etwa zweimal so lang wie breit, elliptisch, an der Spitze abgerundet oder mit aufgesetztem Spitzchen, Blättchen, je nach der Art 9 bis 21; Nebenblätter häufig zu Dornen umgewandelt. (Siehe S. 743.)

Robinie.
Robínia.

B. Blättchen gekerbt, gesägt oder gelappt.

a) Pflanzen mit Milchsaft, Blätter sehr groß, bis 40 cm lang; Blättchen 11—31, lang zugespitzt, scharf gesägt, oberseits mattgrün, unterseits blaugrau oder weißlich, Nerven behaart, 10 : 3 cm, Herbstfärbung scharlachrot. Blüten klein, in dichtblütigen Rispen, grün oder rötlich; die aufrechten, roten, kolbenartigen Fruchtstände sehr zierend.

Essigbaum.
Rhus týphina.

b) Pflanzen ohne Milchsaft.

α) Mark der jungen Zweige gefächert; Blätter groß, bis 40 cm lang, Blättchen 11—25, auf dem Mittelnerv behaart, 10 : 3,8 cm; Blüten und Frucht vgl. Walnuß.

Walnuß.
Júglans.

1. Seitliche Knospen sitzend.

° Blättchen im Alter oberseits kahl; Frucht kugelig, kahl, Nuß schwarz, hartschalig.

Schwarznuß.
Júglans nígra.

°° Blättchen oberseits behaart; Frucht länglich, dicht klebrig behaart.

Butternuß.
Júglans cinérea.

2. Seitliche Knospen langgestielt. Blättchen gesägt. Früchte erbsengroß, mit rundlichen Flügeln.

Flügelnuß.
Pterocárya.

° Blättchen 15—23, kahl, dunkelgrün. Baum vom Boden an vielstämmig.

Kaukasische F.
Pt. caucásica.

°° Blättchen 11—21, auf dem Mittelnerv bräunlich behaart, graugrün. Baum einstämmig.

Japanische F.
Pt. rhoifólia.

β) Mark der Zweige nicht gefächert.

1. Blättchen tief gekerbt bis gelappt, sieben- bis fünfzehnzählig, am Grunde mehr oder weniger tief fiederschnittig, 9 : 5 cm; Blattstiel bis 35 cm lang; Blüten in großen, end-

ständigen Rispen, bis 40 cm hoch, Kelch
fünfzählig, Blütenkrone drei- bis vierzählig, gelb; Frucht eine trockenhäutige,
aufgeblasene Kapsel.

Koelreuterie.
Koelreutéria paniculáta.

2. Blättchen am Grunde jederseits mit mehreren drüsigen
Öhrchen, in der Regel unpaarig gefiedert (nicht selten fehlt
jedoch das Endblättchen), 13—25zählig; oberseits lebhaft-,
unterseits hell-graugrün, beiderseits leicht drüsig, bis 13:5 cm;
Blätter bis 90 cm lang; Blüten klein, grünlich, betäubend
duftend, in großen, reichverzweigten
Rispen. Frucht beidendig geflügelt,
Samen quer in der Mitte.

Götterbaum.
Ailánthus glandulósa.

3. Blättchen rings scharf und kurz gesägt, elf- bis siebzehn-
zählig, oberseits satt- oder hellgrün, unterseits grünlich oder
grauweißlich, bis 6 : 2,5 cm, Blattstiel 10—22 cm lang;
Blüten in reichblütigen Doldentrauben, gelblichweiß, fünfzählig, unangenehm duftend; Frucht
rundlich, rot. (S. 624, 750.)

Vogelbeere, Eberesche.
Pirus aucupária.

19. Abgeworfene Zweige.

1. Unter hohen Pappeln findet man oft einzelne oder auch viele
Zweige verschiedener Größe. Es sieht zunächst aus, als seien sie
gewaltsam abgebrochen oder vom Sturm heruntergerissen.
2. Untersuche sie an der Bruchstelle! Sie ist glatt und feucht, kegelförmig zugespitzt, also nicht gewaltsam gebrochen.
3. Wenn möglich, suche in der Baumkrone nach den Abwurfstellen.
(Z. B. an Bäumen, die dicht an hohen Häusern stehen, wo sie
vom Fenster aus untersucht werden können.)
4. Die Pappel stößt diese Zweige selbst ab, ähnlich wie im Herbst
das Laub.
5. Die Krone wird durch den Zweigabwurf lockerer, Licht und Luft
können besser eindringen. (Der Baum tut mit sich selbst, was der
Gärtner mit Schere und Säge an Obstbäumen vornimmt.)
6. Achte auf diese Selbstreinigung bei Eiche, Esche, Ulme, Bergahorn
und Kiefer!

20. Dornen oder Stacheln?

1. Namen: Weißdorn, Rotdorn, Schwarzdorn, Kreuzdorn, Sauerdorn (Berberitze), Christusdorn (Gleditschie) — Stachelbeere.
2. Versuche, vom Weißdornzweig den Dorn und vom Stachelbeer-
zweig den Stachel abzulösen!

746 In Park und Anlagen.

3. Ergebnis: a) Der Dorn läßt sich nicht ablösen, er kommt aus dem Holz, ist mit Rinde überwachsen und ist ein kurzer, starrer, in eine stechende Spitze auslaufender Zweig. b) Der Stachel läßt sich ablösen, er kommt aus der äußeren Rindenschicht und ist ein Gebilde der Oberhaut.
4. Untersuche jetzt, ob die Rose Dornen oder Stacheln hat! Beurteile das Sprichwort: Keine Rose ohne Dornen!
5. Untersuche, ob folgende Pflanzen Dornen oder Stacheln haben: Wilder Apfelbaum, junge Zwetschenschößlinge, Brombeere, Stechginster, Robinie, Dornige Hauhechel!

21. Ein Ahornschößling.

1. Suche im Gebüsch einen beschatteten Ahornschößling von etwa $^1/_2$—1 m Höhe!
2. Achte auf die Anordnung der Blätter und die verschiedene Länge der Blattstiele!
3. Betrachtest du den Schößling von oben, so siehst du deutlich, wie jedes einzelne Blatt durch Stellung und Länge des Blattstieles in den vollen Lichtgenuß gesetzt wird.
4. Dasselbe läßt sich auch an Ahornzweigen beobachten.

22. Ungleichblättrigkeit.

Roßkastanien und Ahorn haben gegenständige Blätter. An waagerecht gerichteten oder stark geneigten Zweigen stehen zwei Blätter in der senkrechten und die beiden folgenden in der waagerechten Achse. Das senkrecht gestellte Schwesternpaar ist ungleich: das obere Blatt auffällig klein und das untere auffällig groß. Das waagerecht gestellte Schwesternpaar dagegen ist gleich.

Diese Erscheinung heißt Ungleichblättrigkeit (*Anisophyllie*; anisos = ungleich, Phyllon Blatt, Laub). Sie ist bedingt durch die Richtung des Zweiges. Belichtung und Schwerkraft wirken auf die beiden waagerecht gestellten Schwesterblätter gleichmäßig ein, auf die senkrecht gestellten verschieden.

Man unterscheidet eine Anzahl verschiedener Formen der Ungleichblättrigkeit.

23. Rindenporen.

1. Beobachte einen Holunderzweig! Die Rinde ist mit einer Menge kleiner Höckerchen bedeckt. Streiche mit dem Finger darüber!

Pflanzenleben. 747

2. Betrachte diese Höckerchen durch eine Lupe! Sie sehen aus wie wulstig aufgeworfene Lippen oder wie winzige Brötchen mit einem Längsriß. Sie sind also oben offen, es sind Rindenporen.
3. Schabe die Rindenporen vorsichtig ab und beobachte die Wundstelle durch die Lupe! Sie stehen mit den tieferen Rindenschichten und dadurch mit dem Holzteil des Zweiges in Verbindung und sind Luftgänge.
4. Schäle ein Stück Rindenhaut ab und halte es gegen das Licht!
5. Stamm, Äste und Zweige sind mit einem Rindenmantel umgeben, der kein Wasser durchläßt. (Aus der Rinde der Korkeiche macht man Flaschenstopfen!) Mache dir die Aufgabe und die Bedeutung der Rindenporen klar!
6. Bäume mit sehr deutlichen Rindenporen: Birke und Pappel tragen die dunklen Poren auf der weißen Rinde. Wenn Zweige und Äste in die Dicke wachsen, werden die Poren zu schwarzen Streifen auseinandergezogen.

24. Blattmosaik.

1. Der flach auf dem Boden ausgebreitete, dunkelgrüne Efeuteppich überzieht große Flächen. Die fünflappigen Blätter mit ihren langen Stielen stellen sich so ein, daß sie sich gegenseitig das Licht nicht wegnehmen, sie fügen sich wie die Steinchen eines Mosaiks ineinander. So kann dieses „Blattmosaik" im Schatten der Bäume wie auch an trüben Wintertagen noch genügend Licht zum Assimilieren auffangen.
2. Schöne Beispiele für Blattmosaik: Wilder Wein (*Parthenocissus vitácea*) und Japanischer Kletterwein (*Parthenocissus Veitchi*) an Hauswänden. Störe die Blattanordnung und beobachte, wie sie sich wiederherstellt! Auch das Blattwerk der Buchen (siehe Abb. S. 748), Linden und Ahorne zeigt ausgeprägte Muster.
3. An älteren Efeustöcken, die an Bäumen oder Mauern emporklettern und ihre Triebe in stärkere Belichtung schieben, zeigen sich auffällige Formveränderungen der Blätter. Stelle eine möglichst lange Reihe von solchen Blättern zusammen! Beginne mit den fünflappigen und suche alle Übergänge bis zu den länglicheiförmigen!
4. Ergebnis: Die Schattenzweige tragen gelappte, die Lichtzweige länglich eiförmige Blätter

24*

748 In Park und Anlagen.

5. Stelle fest, welche Zweige Blüten und Früchte tragen!
6. Untersuche einen kletternden Stengel und sieh, wie er sich mit seinen Haft- und Klammerwurzeln an Baumstämmen und Mauern festhält! Löse ein Stückchen Rinde ab und stelle fest, wo die Haftwurzeln entspringen!

25. Pflanzen mit roten Früchten.

1. Viele Bäume und Sträucher sind vom Spätsommer bis tief in den Winter hinein durch ihre roten Früchte auffällig. Man unterscheidet echte Früchte und falsche Früchte. Die echte Frucht entwickelt sich aus dem Fruchtknoten. Falsche Früchte (Scheinfrüchte und Sammelfrüchte) sind Vereinigungen mehrerer Früchte, sie bilden scheinbar eine einzige Frucht, zu ihrer Bildung tragen außer dem Fruchtknoten noch andere Teile der Blüte bei. Beispiel für eine echte Frucht: Kirsche.

Pflanzenleben.

Beispiel für eine **Scheinfrucht**: Hagebutte.

Beispiel für eine **Sammelfrucht**: Himbeere.

Beere: Außen eine Fruchthaut, innen eine saftige Schicht (Weinbeere).

Steinfrucht: Außen eine Fruchthaut, darunter eine fleischige Schicht, im Innern eine harte Schicht (Kirsche).

2. Im Volksmund heißen fast alle roten Früchte auf Bäumen und Sträuchern **Vogelbeeren**. Viele von ihnen sind (namentlich im Winter!) ein beliebtes Vogelfutter. Da die Kerne meist unverdaut mit dem Kot wieder abgehen, tragen die Vögel zur Verbreitung dieser Bäume und Sträucher bei. Siehe Kapitel: Überpflanzen S. 627!

3. **Giftig**: Die Früchte von Seidelbast, Eibe, Heckenkirsche, Faulbaum, Kreuzdorn, Schneeball, Pfaffenhütlein.

4. Man ziehe die Tabellen zum Bestimmen nach Blättern zu Rate.

26. Bäume mit roten und bräunlichen Früchten.

I. Nadelbaum.

Es gibt nur einen Nadelbaum mit roten, beerenartigen Früchten. Samenreife August—Oktober. Giftig!

Eibe.
Taxus baccata.

II. Laubbäume. (Im Winter meist blattlos!)

A. Mit Dornen. (Siehe S. 745.)

a) Früchte mit 1 Steinkern. Vom Spätsommer bis in den Winter, eßbar. Blätter fast fiederteilig gelappt. (S. 737.)

Eingriffliger Weißdorn.
Crataegus monogyna.

b) Früchte mit 2, selten 3 Steinkernen.

1. Dorn schlank, zuweilen leicht gebogen, braun oder grau, bis 6 cm lang. Blätter verkehrt eilänglich. Früchte vom Spätsommer bis in den Winter. (S. 729.)

Hahndorn.
Crataegus crusgalli.

2. Dorn glänzend purpurbraun, bis 12 cm lang. Blätter eiförmig, selten gelappt. Früchte vom Spätsommer bis in den Winter. (S. 730.)

Langdorniger Weißdorn.
Crataegus macracantha.

B. Ohne Dornen.

a) Blätter der unteren Zweige dornig gezähnt, der oberen meist ganzrandig und lorbeerblattähnlich, lederartig, immergrün.

Früchte erbsengroß, mit 4—5 Steinkernen. Früchte vom Herbst bis tief in den Winter. Von Vögeln gefressen. (S. 728.)

Stechpalme.
Ilex aquifólium.

b) Blätter nicht dornig gezähnt, nicht immergrün.

α) Früchte einzeln oder zu 2.

Früchte erbsengroß, vor der Reife rot, später schwarz, enthalten bis 3 Samen. Nicht essen! Früchte vom Spätsommer an. Blätter elliptisch. Zweige weiß getüpfelt. (S. 31, 752, 756,)

Faulbaum.
Frángula alnus.

β) Früchte meist zahlreich in dichten Dolden.

1. Früchte mit 1 Stein, kugelig, schwarzrot, eßbar. Fruchtreife: Sommer. Rinde in der Jugend glatt, glänzend, löst sich ringförmig in bandartigen Streifen ab. Blätter elliptisch, am Rande grob gesägt. Vereinzelt in Wäldern, namentlich an Waldrändern, viel in Anlagen. Stammpflanze aller Süßkirschen. (S. 756.)

Vogelkirsche.
Prunus ávium.

2. Früchte 2samig, kugelig länglich, 1 cm dick, $1\frac{1}{2}$ cm lang, scharlachrot; Fleisch gelb, nach Frost süßsäuerlich schmekkend. Früchte bis tief in den Winter, Vogelfutter. Blätter elliptisch, am Rande doppelt gesägt oder kleingelappt. (S. 624 u. 732.)

Mehlbeere.
Pirus ária.

3. Früchte meist 3samig, kleiner und zahlreicher als die der Mehlbeere.

Blätter gefiedert, mit 5 bis 11 sitzenden Fiederblättchen. Früchte bis tief in den Winter. Vogelfutter. (S. 622, 745.)

**Vogelbeere,
Eberesche.**
Pirus aucupária.

Blätter in der unteren Hälfte gefiedert oder tief eingeschnitten, in der oberen Hälfte weniger tief eingeschnitten. Früchte bis tief in den Winter. Vogelfutter. (S. 621, 738.)

Bastard-Eberesche.
Pirus hýbrida.

4. Früchte mit hartem Kerngehäuse, lange hart, zuletzt teigig, dann eßbar, gern von Wachholderdrosseln gefressen; 1 cm groß, kugelig, erst rötlichgelb, dann braun mit weißen Punkten. Blätter am Grunde herzförmig, tiefgelappt. (S. 23, 621.)

Elsbeere.
Pirus torminális.

γ) Früchte in zapfenartigen Gebilden vereinigt. (S. 725.)

Magnolia.

Pflanzenleben. **751**

27. Sträucher mit roten Früchten.

I. Strauch mit Nadeln.

Es gibt nur ein Nadelholz mit roten, beerenartigen Früchten. Die Eibe kommt als Baum und als Strauch vor. (S. 29.)

Eibe.
Taxus baccáta.

II. Sträucher mit Laubblättern. (Im Winter meist blattlos.)

A. Sträucher mit Dornen. (S. 745.) Untersuche auch die Spitzen der Zweige!

a) Dornen meist 3teilig (zuweilen einfach oder 5teilig). Früchte länglich, in kleinen Trauben, säuerlich, eßbar. (S. 31 u. 729.)

Berberitze, Sauerdorn.
Bérberis vulgáris.

b) Dornen einfach.

α) Die Zweigspitzen endigen in einen Dorn.

Früchte einsamig, erbsengroß, orangegelb, eßbar. Blätter sehr schmal, unterseits silberweiß. (S. 725.)

Sanddorn.
Hippóphaës rhamnoídes.

β) Die Zweigspitzen endigen nicht in einen Dorn, Dornen nur seitenständig.

1. Äste kantig, dünn, teils überhängend, teils aufrecht. Blätter länglich lanzettlich. Früchte länglich, giftig. Anlagen, Zäune. (S. 722.)

Teufelszwirn, Bocksdorn.
Lycium halimifólium.

2. Äste rund, aufrecht.

§ Frucht mit 1 Steinkern, eßbar. (S. 747.)

§§ Frucht mit 2—3 Steinkernen, eßbar.

. Dorn schlank, leicht gebogen, bis 6 cm lang, braun oder grau. (S. 729.)

.. Dorn bis 12 cm lang, glänzend purpurbraun.

Eingriffliger Weißdorn
Crataegus monogyna.

Hahndorn.
Crataegus crusgálli.

Langdorniger Weißdorn.
Cr. macracántha.

B. Sträucher mit Stacheln. (S. 745.)

1. Frucht die bekannte Hagebutte. Eßbar.

Wilde Rose.
Rosa spec.

2. Frucht die bekannte Himbeere. Eßbar. Blätter 3—7zählig gefiedert, unterseits meist weißfilzig.

Himbeere.
Rubus idaeus.

3. Frucht die bekannte Brombeere, eßbar; erst rot, später schwarz. Blätter 3—7zählig gefingert.

Brombeere.
Rubus spec.

752 In Park und Anlagen.

C. Sträucher ohne Dornen und Stacheln.

a) Blätter dornig gezähnt, immer- **Stechpalme.**
grün. (S. 728, 750.)   *Ilex aquifólium.*

b) Blätter nicht dornig gezähnt, Sträucher im Winter blattlos. (Wenn keine Blätter da sind, so achte man auf die Stellung der Knospen: ob gegenständig oder wechselständig!)

α) Stengel aufrecht, windend.

1. Blätter gegenständig, die oberen am Grunde verwachsen, so daß es scheint, als wäre der Stengel **Garten-Geißblatt.** hindurchgewachsen. Früchte am Ende **Jelängerjelieber.** der Zweige, kopfig zusammengedrängt. *Lonicera* An Gartenlauben. (S. 721.) *caprifólium.*

2. Blätter gegenständig, die oberen am Grunde nicht verwachsen. Früchte am Ende der Zweige, **Wald-Geißblatt.** kopfig zusammengedrängt. An Wald- *Lonicera* rändern, in Hecken. (S. 30.) *periclýmenum.*

3. Blätter wechselständig, 3teilig, länglich, eiförmig, am Grunde oft herzförmig, die oberen spießförmig. Früchte in langgestielten Wickeln, stehen je einem **Bittersüß.** Blatt gegenüber, eiförmig. Giftig! (S. 491.) *Solánum dulcamára.*

β) Stengel aufrecht, nicht windend.

§ Früchte einzeln oder zu 2—3.

1. Früchte paarweise, am Grunde etwas **Heckenkirsche.** verwachsen. Blätter gegenständig. (S. 30.) *Lonicera xylósteum.*

2. Früchte Doppelbeeren, glänzendrot. Blätter gegenständig, elliptisch, lang zugespitzt. Blüten rot. **Alpen-Geißblatt.** Bis 1,80 m hoch. Bayrischer Wald, Alpen, *Lonicera alpigéna.* auch angepflanzt.

3. Früchte Doppelbeere, scharlachrot. Blätter gegenständig, herz-eiförmig. Blüten rot oder weiß. Bis **Tataren-Geißblatt.** 2,50 m hoch. Stammt aus Sibirien, zu- *Lonicera tatárica.* weilen verwildert. (S. 724.)

4. Früchte einzeln oder paarweise, bis zu 3 Samen, vor der Reife rot, später schwarz. Zweige weiß **Faulbaum.** getüpfelt! Blätter wechselständig. *Frángula alnus.*

5. Früchte einzeln oder paarweise, länglich, eßbar. Fruchtreife: September. Blätter gegenständig. **Kornelkirsche.** Junge Zweige grün. (S. 725.) *Cornus mas.*

6. Preißelbeere. (S. 220.)

§§ Früchte zahlreich, 2, 3 und mehr oder in dichten Büscheln.

° Blätter einfach.

Pflanzenleben. 753

1. Früchte gehäuft, dicht am Stamm, einsamige Beeren von Erbsengröße, giftig. Blätter in Büscheln, schmal. (S. 10.)

Seidelbast.
Daphne mezéreum.

2. Früchte in dichten Trugdolden, erst rot, später schwarz, eiförmig, zusammengedrückt, ungenießbar. Blätter gegenständig, eiförmig, oben runzelig. (S. 31, 758.)

Wolliger Schneeball.
Vibúrnum lantána.

3. Aufrechte Fruchtstände mit wenigen runden, 1 cm großen, wohlschmeckenden Früchten. Blätter eiförmig länglich, 4 bis 8 cm lang, am Rande doppelt gezähnt, am Blattgrunde ganzrandig, oberseits dunkelgrün, unterseits blaßgrün, mit 4 bis 7 Seitennerven.

Zwerg-Eberesche.
Pirus chamaeméspilus.

4. Fruchtstände mit 1—5 Steinfrüchten. Blätter elliptisch, unterseits weißfilzig. Sparrige Sträucher, $\frac{1}{2}$—$1\frac{1}{2}$ m hoch. (S. 726.)

Zwergmispel.
Cotoneáster.

5. Früchte fleischig, von einer 4 lappigen, roten Kapsel umgeben, giftig. Blätter gegenständig. Junge Zweige 4 kantig, grün. (S. 30.)

Pfaffenhütlein.
Evónymus europáeus.

°° Blätter gelappt.

1. Früchte kugelig in hängenden Trauben, eßbar.

Johannisbeere.
Ribes spec.

2. Früchte oval, in endständigen Dolden, ungenießbar. Blätter ähnlich wie Ahornblätter, gegenständig. (S. 31.)

Gemeiner Schneeball.
Vibúrnum ópulus.

°°° Blätter gefiedert.

Früchte in dichten eiförmigen Ständen. Fiederblätter meist 5 zählig. Mark der Zweige gelbbraun. (S. 33.)

Roter Holunder,
Traubenholunder.
Sambúcus racemósa.

γ) **Stengel niederliegend oder kriechend.**

1. Stengel niederliegend, stark verästelt, $\frac{1}{3}$—$\frac{2}{3}$ m. Blätter umgekehrt eirund, ganzrandig, immergrün, lederig, netzaderig, unterseits blaßgrün. Sandige, trockene Nadelwälder und Heiden Norddeutschlands. Frucht erbsengroß, eßbar.

Bärentraube.
Arctostáphylos uva ursi.

2. Stengel fadenförmig, kriechend. Blätter eiförmig, am Rand umgerollt, immergrün, unterseits blaugrün. Torfsümpfe. Frucht rot, zuweilen weiß, nicht giftig. (S. 582.)

Moosbeere.
Vaccínium oxycóccus.

754   In Park und Anlagen.

28. Kräuter mit roten Früchten.

A. Stengel kletternd, windend.

1. Blätter handförmig gelappt. (Blüten zweihäusig: auf einer Pflanze nur Blüten mit Staubblättern, auf einer anderen nur solche mit Stempeln; Früchte also nur auf den Pflanzen mit weiblichen Blüten.) An Zäunen und Hecken. Giftig! (S. 305, 759.) **Rotbeerige Zaunrübe.** *Bryónia dioéca.*

2. Blätter herzförmig, zugespitzt, langgestielt. Blütentrauben in den Blattwinkeln, später die Fruchtstände. Beeren gehäuft. Bis 2 m hoch. Zäune, Gebüsch, Wälder. Westdeutschland. (S. 59.) **Schmeerwurz.** *Tamus commúnis.*

3. Blätter länglich-eiförmig, die obersten oft spießförmig. (S. 752.) **Bittersüß.** *Solánum dulcamára.*

B. Stengel nicht kletternd.

a) Blätter längsnervig; oft schon vergangen, wenn die Pflanze Früchte trägt.

α) Blätter grundständig.

1. Blätter spieß- oder pfeilförmig, oft braun gefleckt. Beeren an dem bis 60 cm hohen Schaft dicht gehäuft (wenn der Fruchtstand noch vollständig), scharlachrot. Giftig! (S. 12.) **Aronstab.** *Arum maculátum.*

2. Blätter elliptisch. Beeren an dem bis 25 cm hohen Schaft in lockerer Reihe hängend (wenn noch vollständig). Giftig! (S. 40.) **Maiblume.** *Convallária majális.*

β) Blätter stengelständig.

1. Blätter tief herzförmig, spitz, wechselständig, meist nur zwei an dem bis 15 cm hohen Stengel. Beeren an der Spitze des Stengels traubig (wenn Fruchtstand noch vollständig), glänzend, zuletzt rot. **Schattenblume.** *Majánthemum bifólium.*

2. Blätter schmal-lanzettlich, quirlständig. Beeren an dem bis 60 cm hohen, kantigen Stengel aus den Blattwinkeln heraus hängend, anfangs rot, später schwarzblau. Giftig! (S. 38, 759.) **Quirlblättrige Weißwurz.** *Polygónatum verticillátum.*

3. Blätter herzförmig-stengelumfassend, wechselständig. Stengel zickzackig gebogen, einfach oder ästig, reich beblättert, bis 1 m hoch. Blüten grünlichweiß. Beere länglich, blattwinkelständig, Fruchtstiel um den Stengel herum gebogen. Feuchte Wälder und Wiesen der höheren Gebirge. **Knotenfuß.** *Stréptopus amplexifólius.*

Pflanzenleben. 755

b) Blätter schuppenförmig, sehr klein (Längsnervigkeit schwer zu erkennen). Stengel bis 1½ m hoch, stark verästelt, Äste wieder stark verzweigt und sehr fein. Ganze Pflanze von pyramidenförmigem Wuchs. Oft mit zahlreichen roten Beeren wie übersät. In Gärten, auf Feldern, auf sandigen Triften und an Ufern verwildert.

Spargel.
Aspáragus officinális.

c) Blätter netznervig.

1. Blätter eiförmig, spitz, langgestielt, die oberen zu 2. Stengel ¼—½ m hoch. Die kugelige, orangerote Beere von einem scharlachroten, aufgeblasenen Kelch umgeben. Auf Schuttplätzen, in Weinbergen, oft angepflanzt.

Judenkirsche.
Physalis alkekéngi.

2. Blätter eiförmig oder fast 3eckig, am Rande buchtig, stumpfzähnig. Stengel 10—80 cm hoch, stumpfkantig, behaart. Beere gelb oder mennigrot. Giftig! Auf Schuttplätzen, Acker- und Gartenland. (S. 681.)

Zottiger Nachtschatten.
Solánum villósum.

29. Bäume mit schwarzen Früchten.

I. **Nadelbäume.**

a) Blätter nadelförmig, stechend. Kleine Bäume mit kegelförmiger oder unregelmäßiger Krone. Früchte im ersten Jahre grün, klein und eiförmig, im zweiten Jahre bläulich schwarz, erbsengroß und kugelig; eßbar.

Wacholder.
Juniperus commúnis.

b) Blätter schuppenförmig.

1. Niedriger, 2—3 m hoher Baum, Stamm niederliegend, Äste aufsteigend. Früchte kugelig, an kurzen Stielen hängend, giftig. (S. 720, 756.)

Sadebaum.
Juniperus sabína.

2. Baum von 5—15 m Höhe. Früchte eiförmig, an kurzen Stielen, aufrecht.

Virginische Zeder.
Juniperus virginiána.

II. **Laubbäume. (Im Winter blattlos!)**

A. **Mit Dornen. (S. 745.)**

Dornen an den Zweigspitzen. Blätter gegenständig, mit bogig laufenden Seitennerven. Früchte in Büscheln, erbsengroß, mit meist vier Steinen, giftig. (S. 31.)

Kreuzdorn.
Rhamnus cathártica.

B. Ohne Dornen.

   a) Blätter einfach.

   α) Früchte mit Stein.

   1. Früchte zu 1—3 in den Blattachseln, erst rot, dann schwarz, kugelig, giftig. Rinde der Zweige mit auffälligen, weißen Tüpfeln. (S. 31, 752.)   **Faulbaum.** *Frángula alnus.*

   2. Früchte zu 2 oder in Büscheln, rot oder schwarzrot, eßbar. Rinde löst sich ringförmig in bandartigen Lappen vom Stamme ab. Stammpflanze aller Süßkirschen. (S. 750.)   **Vogelkirsche.** *Prunus ávium.*

   3. Früchte zahlreich, in langen, hängenden Trauben, erbsengroß, glänzend schwarz, bittersüß. Blätter scharf gesägt, mit 2 Drüsen am Blattstiel.   **Traubenkirsche.** *Prunus padus.*

   4. Früchte in kleinen, hängenden Trauben, erbsengroß, Geschmack herbe. Blätter klein, eiförmig, Blattstiele ohne Drüsen. Junge Zweige riechen nach Waldmeister. (S. 193, 759.)   **Weichselkirsche. Steinweichsel.** *Prunus máhaleb.*

   β) Früchte ohne Stein.

   Früchte himbeerähnlich, schwarzrot, eßbar. Blätter wechselständig, eirund oder herzförmig, ungeteilt oder 3 lappig, beiderseits rauh (S. 760.)   **Schwarzer Maulbeerbaum.** *Morus nigra.*

   b) Blätter gefiedert.

   Früchte zahlreich, in endständigen Sträußen, eßbar. Blätter unpaarig gefiedert. Zweige mit dickem, weißem Mark.   **Schwarzer Holunder.** *Sambúcus nigra.*

30. Sträucher mit schwarzen Früchten.

I. Sträucher mit Nadeln.

   1. Blätter nadelförmig, stechend. Wuchs des Strauches schlank, kegelförmig. Früchte erbsengroß, hängend, eßbar.   **Wacholder.** *Juníperus commúnis.*

   2. Blätter schuppenförmig. Strauch niederliegend. Früchte erbsengroß, hängend, giftig. (S. 755.)   **Sadebaum.** *Juníperus sabína.*

   3. Blätter nadelförmig, am Rande umgerollt, unterseits weiß gekielt. Stengel liegend, dicht beblättert, bis 50 cm lang. (S. 582.)   **Rauschbeere, Krähenbeere.** *Émpetrum nigrum.*

II. Sträucher mit Laubblättern. (Im Winter meist blattlos. Man achte dann auf die Stellung der Knospen!)

Pflanzenleben. 757

A. Mit Dornen. (S. 745.)

1. Früchte in Büscheln, mit 4 Steinen, erbsengroß, giftig. Blätter gegenständig, mit bogig laufenden Seitennerven. Dornen an den Zweigspitzen. (S. 31.)

Kreuzdorn.
Rhamnus cathártica.

2. Früchte einzeln oder zu 2, mit 1 Stein, von dem das Fleisch sich nicht ablöst, Geschmack sehr herbe, erst nach Frost genießbar. Blätter wechselständig. Seitenzweige rechtwinklig abstehend, in einem Dorn endigend.

Schwarzdorn.
Schlehe.
Prunus spinósa.

B. Mit Stacheln. (S. 745.)

Frucht die bekannte Brombeere, erst rot, dann schwarz, eßbar. Blätter 3—7zählig gefingert. Viele Arten.

Brombeere.
Rubus.

C. Ohne Dornen und Stacheln.

a) Blätter stachelspitzig gezähnt, immergrün, unpaarig gefiedert. Früchte in kurzen Trauben, schwarz, blau bereift.

Mahonie.
Mahónia aquifólium.

b) Blätter nicht stachelspitzig gezähnt.

α) Stengel kletternd oder auf dem Boden kriechend.

1. Früchte in dichten, halbkugelförmigen, aufrechten Ständen, erbsengroß, im ersten Herbst grün, im zweiten Jahr schwarz, giftig. Blätter der fruchttragenden Zweige eirundlich, die andern gelappt.

Efeu.
Hédera helix.

2. Früchte in den Blattachseln, Blätter fast quirlständig, lineal, am Rande umgerollt, lederig, immergrün. (S. 756.)

Rauschbeere,
Krähenbeere.
Émpetrum nigrum.

β) Stengel nicht kletternd und nicht kriechend.

§ Früchte einzeln oder zu 2—3.

° Kleinsträucher von ½—¾ m Höhe.

1. Äste scharfkantig. Blätter eiförmig, fein gesägt, beiderseits hellgrün. Frucht eßbar.

Wald-Heidelbeere.
Vaccinium myrtillus.

2. Äste stielrund. Blätter ganzrandig, unten blaugrün. Torfige Heiden, Moorboden. Frucht eßbar. (S. 583.)

Sumpf-Heidelbeere,
Trunkelbeere.
Vaccinium uliginósum.

°° Höhere Sträucher, 1—4 m hoch.

1. Früchte einzeln, Blätter lang zugespitzt, sehr fein und scharf gezähnt, unterseits weichhaarig. Zweige grün. (S. 727.)

Scheinkerrie.
Rhodotýpus kerrioídes.

758   In Park und Anlagen.

2. Früchte zu 2, an langen Stielen hängend, so groß wie Schlehen, ungenießbar. Blätter gegenständig, länglich elliptisch.

Schwarzes Geißblatt, Heckenkirsche. *Lonícera nigra.*

3. Früchte Doppelbeere, etwas über erbsengroß, schwarz, blau bereift. Blätter gegenständig, rundlich oder eiförmig, 2—8 cm lang. Blüten weißgelb. Bis 1,30 m hoch. Bayrischer Wald, Alpengebiet

Blaufrüchtiges Geißblatt, Heckenkirsche. *Lonícera coerúlea.*

4. Früchte 2—3, kugelig, erbsengroß, mit dem grünen Kelch an der Spitze, blau bereift, wohlschmekkend. Blätter 2—4 cm lang, oval, am Rande fein gekerbt.

Felsenmispel. *Amelánchier vulgáris.*

5. Früchte 2—3, erst rot, dann schwarz, in den Blattachseln. Nicht essen! Blätter gegenständig. Zweige weiß getüpfelt. (S. 31.)

Faulbaum. *Frángula alnus.*

§§ Früchte zahlreich, in dichten Fruchtständen.

° Fruchtstände in Dolden.

1. Blätter einfach, gegenständig. Zweige zweikantig, im Winter blutrot. Fruchtdolden am Ende der Zweige, mit erbsengroßen, blauschwarzen Steinfrüchten. (S. 192.)

Roter Hartriegel. *Cornus sanguínea.*

2. Blätter einfach, gegenständig, elliptisch, fein gezähnt, unterseits sternhaarig. Junge Zweige graufilzig. Früchte erst rot, später violett-schwarz, oft noch bis zum Aufbruch der neuen Blütendolden vorhanden. (S. 753.)

Wolliger Schneeball. *Vibúrnum lantána.*

3. Blätter gefiedert. Mark der Zweige dick und weiß. Fruchtdolden endständig mit kleinen, schwarzvioletten Früchten, eßbar.

Schwarzer Holunder. *Sambúcus nigra.*

4. Blätter gefiedert, am Grunde mit eiförmigen, gesägten Nebenblättern (bei dem Schwarzen H. keine Nebenblätter!). Fruchtdolden stets aufrecht, mit drei Hauptstrahlen, giftig. Stengel krautig, sterben im Herbst ab. (S. 195.)

Zwerg-Holunder, Attich. *Sambúcus ébulus.*

°° Fruchtstände in Trauben oder Rispen.

1. Früchte in aufrechter Rispe, am Ende des Zweiges, mit schwarzen, zuweilen auch grünen Beeren. Vogelfutter. Blätter elliptisch, ganzrandig, gegenständig.

Liguster, Rainweide. *Ligústrum vulgáre.*

Pflanzenleben. 759

2. Früchte in langen hängenden Trauben, erbsengroß, glänzend schwarz, bittersüß. Blätter scharf gesägt, mit 2 Drüsen am Blattstiel. (S. 756.) **Traubenkirsche.** *Prunus padus.*

3. Früchte in kleinen hängenden Trauben, erbsengroß, Geschmack herbe. Blätter klein, eiförmig. Blattstiele ohne Drüsen. Junge Zweige riechen nach Waldmeister! (S. 756.) **Weichselkirsche, Steinweichsel.** *Prunus máhaleb.*

31. Kräuter mit schwarzen Früchten.

I. **Stengel kletternd, 2—3 m lang.**

Blätter tief-herzförmig, 5lappig. [Blüten einhäusig: auf derselben Pflanze zweierlei Blüten, solche mit Staubblättern und solche mit Stempeln.] An Zäunen und Hecken. Giftig. (S. 754.) **Schwarzbeerige Zaunrübe.** *Bryónia alba.*

II. **Stengel nicht kletternd.**

A. **Stengel ¹/₂—1¹/₂ m hoch, strauchartig.**

1. Blätter eiförmig, kurzgestielt, in den Stiel verlaufend, obere Blätter zu 2, davon 1 kleiner. Sehr giftig! (S. 249.) **Tollkirsche.** *Atrópa belladónna.*

2. Blätter gefiedert. Siehe **Zwergholunder.** (S. 758.)

B. **Stengel niedrig, ¹/₄—¹/₂ m hoch.**

a) Blätter längsnervig.

α) Blätter wechselständig, 2reihig, eiförmig oder elliptisch.

1. Stengel kantig. (S. 38.) **Salomonssiegel.** *Polygónatum officinále.*

2. Stengel rund. (S. 39.) **Vielblütige Weißwurz.** *Pol. multiflórum.*

β) Blätter quirlständig.

1. Blätter zu 3—7 quirlständig, lanzettlich. (S. 38, 754.) **Quirlblättrige Weißwurz.** *Pol. verticillátum.*

2. Blätter meist zu 4, quirlständig, elliptisch, fast sitzend. Giftig! (S. 58.) **Einbeere.** *Páris quadrifólia.*

b) Blätter netznervig.

1. Stengel und Äste scharfkantig. Blätter eiförmig oder fast dreieckig, ganzrandig oder seicht buchtig-gezähnt. Beere reif schwarz, seltener grün oder gelblich. Giftig. Auf Schuttplätzen, Acker- und Gartenland. (S. 681.) **Schwarzer Nachtschatten.** *Solánum nigrum.*

2. Stengel ästig, bis 60 cm hoch. Blätter 3zählig-doppelt-

gefiedert; Blättchen länglich, gesägt. Beere glänzendschwarz, rundlich-eiförmig. (S. 41.) **Christophskraut.** *Actaea spicata.*

3. Siehe auch Zahnwurz. (S. 40!)

32. Pflanzen mit weißen Früchten.

1. Baum. Blätter schief-herzförmig, ungleich gezähnt, oberseits glatt, Früchte schmutzigweiß, mit violettem Anflug. (S. 730, 756.) **Weißer Maulbeerbaum.** *Morus alba.*
2. Strauch. Blätter gegenständig, eirund, ganzrandig, unterseits blaugrün. Frucht kirschgroß. „Knallerbsen." **Schneebeere.** *Symphoricarpus racemosus.*
3. Sträucher, angepflanzt, zuweilen verwildert. Blätter gegenständig, bogennervig, unterseits behaart. Verschiedene ausländische Arten. **Hartriegel.** *Cornus.*
4. Schmarotzerpflanze auf Bäumen. Stengel gabelästig. Blätter länglich, lederartig, immergrün. Frucht erbsengroß, glänzend, mit zähem, schleimigem Fleisch. **Mistel.** *Viscum album.*

33. Die Mistel.

Auch einem ungeübten Beobachter fallen im Winter die grünen, runden Büsche im kahlen Geäst der Laubbäume auf. Es ist die Mistel *Viscum album*, die in manchen Gegenden noch zahlreich vorkommt. Sie erreicht oft einen Durchmesser von mehr als 1 m und kann kaum übersehen werden. Seit Jahren werden ihre Zweige auf den Weihnachtsmärkten und in Blumenläden als Weihnachtsschmuck verkauft. Die Mistel ist ein Halbschmarotzer. Sie hat sich in ihrer Lebensweise verschiedenen Wirtspflanzen angepaßt. Danach unterscheidet man drei Arten: 1. Laubholzmistel (*Viscum album*) auf Apfelbäumen, Pappeln, Ahorn, Linde, Robinie... 2. Föhrenmistel (*Viscum laxum*) auf Föhren oder Kiefern. 3. Tannenmistel auf Tannen.

Wie kommt die Mistel auf den Baum? Die Frucht ist eine erbsengroße, weiße Beere, die im Winter reift und von Drosseln gern gefressen wird. Der Same liegt in einem zähen Schleim, der den Kot der Vögel klebrig macht. Wird der Kot auf Bäumen abgesetzt, so klebt er mit den unverdauten Samen leicht an der Rinde fest. Auch

Pflanzenleben. 761

am Schnabel der Vögel bleibt der Same leicht hängen und wird an
Ästen und Zweigen abgestrichen. Bei der Keimung weicht die Rinde
auf, ein Senker wächst hindurch bis auf das Holz, in das er aber
nicht eindringt. Dann bilden sich die grünen Blätter. In jedem neuen
Jahr wächst der frische Jahresring um den Senker herum. Auf die
Weise steckt er zuletzt tief im Holz. Da die Mistel ihre Senker in
den jüngsten Holzschichten hat, also in denjenigen, die den Saftstrom führen (S. 483), so fehlt es ihr nie an Wasser und den aus den
Bodensalzen gelösten Nährstoffen. Die Luftnahrung dagegen kann
die Mistel mit ihren grünen Blättern selbst aufnehmen. Darin schädigt
sie den Baum nicht. Sie ist ein Halbschmarotzer.

Durch Polizeiverordnungen wird verfügt, daß die Obstbäume von
Misteln freizuhalten sind. Auf den großen Laubbäumen unserer Anlagen sollte man sie jedoch wachsen lassen. Unseren Vorfahren war
sie eine heilige Pflanze.

Literatur:

Franz Söhns, Unsere Pflanzen. Ihre Namenerklärung und ihre
Stellung in der Mythologie und im Volksaberglauben. Teubner,
Leipzig.

O. Burck, Mistelbäume. In Natur und Museum. Band 58, Heft 12,
1928. Senckenbergische Naturforschende Gesellschaft zu Frankfurt am Main.

34. Barbarazweige.

Am St. Barbaratag (4. Dez.) schneidet man in vielen Gegenden
Zweige von frühblühenden Sträuchern und stellt sie im warmen
Zimmer in Wasser, damit sie zu Weihnachten oder Neujahr blühen
und ein Stück Vorfrühling in die Wohnung bringen. Dazu sind nur
solche Sträucher geeignet, die ihre Blüten im Frühling vor den
Blättern entfalten: Weide, Schlehe, Hartriegel, Schneeball, Goldglöckchen, Weigelie, Traubenkirsche, Süßkirsche, Sauerkirsche,
Aprikose, Mandel, Japanische Quitte ... Man schneidet die Zweige
so schräg wie möglich, damit eine große Schnittfläche entsteht, durch
die viel Wasser aufgenommen werden kann. Das Wasser muß gleichmäßig warm sein. Damit es nicht fault, setzt man etwas Holzkohle
hinzu. In trockener Stubenluft sind die Zweige von Zeit zu Zeit
zu besprengen. Fast jedes Jahr am Barbaratag kann man in den
Tageszeitungen einen Hinweis auf diese Sitte finden. Nach einer
Mahnung, beim Schneiden der Zweige vernünftig zu verfahren, sucht
man vergebens. Sehr geeignet als Barbarazweige sind die Abfall-
reiser beim Schnitt der Obstbäume und Sträucher.

Tierleben.

1. Vögel der Städte und Dörfer.

Gebäude, Gärten, Anlagen, Parke, Friedhöfe.

Vorbemerkung: Es handelt sich hier um eine Bestimmung im Freien. Dabei sind die Angaben für Balgbestimmungen, bei denen man den toten Vogel vor sich liegen hat, nicht zu verwerten. Man präge sich die Größe der folgenden fünf bekannten Vögel fest ein: Krähe, Haustaube, Amsel, Star, Haussperling. Durch vielfaches Vergleichen wird man darin Sicherheit gewinnen.

In die nachfolgende Bestimmungstabelle wurden fast sämtliche Vögel aufgenommen, die in dem Gartengelände, den Parken und auf den Friedhöfen des Frankfurter Stadtgebietes vorkommen. Vögel der Teiche siehe S. 513!

2. Vögel von Krähengröße.

Rabenkrähe: Länge 47—50 cm, Flügel 30 cm, Schwanz 20 cm.

A. **Über Krähengröße.**

Oberseite rotbraun, mit kleinen Flecken. Unterseite heller, mit schwärzlichen Schaftstrichen. Um die Augen ein Federkranz: „Schleier".

Am Tage nur auffällig, wenn der Platz durch das Geschrei der Kleinvögel verraten wird.

> **Waldkauz.**
> *Syrnium alúco.*

B. **Krähengröße: Rabenkrähe.**

> **Krähen.**

C. **Deutlich unter Krähengröße.** (Siehe auch Taubengröße!)

a) Auffällig durch den langen Schwanz. Schwarz mit rotgrünem Schiller. Schulter, Unterrücken, Unterbrust und Innenseite der Flügel weiß.

Flug: Nach mehreren langsamen Flügelschlägen folgen schnellere.

Stimme: Ein rauhes Schackschack.

> **Elster.**
> *Pica pica.*

b) Ohne langen Schwanz.

1. Oberseite bläulichgrau. Unterseite weiß, mit schwarzgrauen Querwellen. Schwanz mit fünf dunklen Querbinden.

Ruf: Gigigigigigi.

> **Sperber (Weibchen).**
> *Accipiter nisus*

Tierleben. 763

2. Blaugrau, Unterseite heller. Am Halse jederseits ein weißer Querfleck. Außenrand der Flügel weiß. Rucksen: gru gruh gru grugru. Beim Abflug klatschende Flügelschläge.

Ringeltaube.
Colúmba palúmbus.

3. Vögel von Taubengröße.

Haustaube: Länge 32 cm, Flügel 21 cm, Schwanz 11 cm.

A. Deutlich über Taubengröße. (Siehe auch Krähengröße!)

a) Einfarbig schwarz. Kopf und Hals und Unterseite schwarzgrau.
Rufe: Gjä, gjäk; hell und auffällig.
Aufenthalt: An Türmen, gesellig.

Dohle.
Lycos monédula.

b) Mehrfarbig.

1. Graurötlich. Flügeldecken mit schwarzen, blauen und weißen Querbinden. Gefieder des Kopfes hollenartig.
Abfliegender Vogel: Schneeweißer Bürzel.
Stimme: Ein laut kreischendes Gräh.

Eichelhäher.
Gárrulus glandárius.

2. Oberseite rostgelb mit dunklen Flecken. Unterseite heller, mit dunklen Schaftflecken. Auf dem Kopfe 2 Ohrbüschel.

Am Tage nur auffällig, wenn sie durch das Geschrei der Kleinvögel verraten wird. Sie sitzt dann wohl regungslos auf einem dicken Ast, dicht am Stamm.

Waldohreule.
Ásio otus.

3. Oberseite aschgrau. Unterseite rostgelb. Gesicht weiß, um die Augen rötlich. Der Federkranz („Schleier") im Gesicht dreieckig-herzförmig.
Rufe: Abends während des Fluges Chrüid.
Aufenthalt: Auf Kirchenböden, in Scheunen.

Schleiereule.
Strix flámmea.

4. Oberseite bläulichgrau. Unterseite weiß, mit braunen Querwellen. Brustseiten rostrot. Schwanz mit 5 dunklen Querbinden.
Ruf: Gigigigi.

Sperber (Männchen).
Accípiter nísus.

5. Oberseite rostrot, mit schwarzen Tropfenflecken. Unterseite gelblich, mit schwarzen Längsflecken.
Männchen: Kopf und Schwanz aschblau, letzterer mit schwarzer Binde vor der weißen Spitze.

764 — In Park und Anlagen.

Weibchen: Kopf rostrot, schwarzgefleckt; Schwanz mit 10 schwarzen Querbinden.

Aufenthalt: An Türmen.

Flug: Über Feldern auf der Mäusejagd hält er sich längere Zeit mit schnellen Flügelschlägen an einer Stelle, er „rüttelt" (Rüttelfalk).

Turmfalk.
Cérchneis tinnúnculus.

B. Taubengröße: Haustaube.

1. Oberseite rostbraun, mit dunklen Flecken. Unterseite hell. An den Halsseiten 2 kleine, schwarzweiße Spiegel. Der ausgebreitete Schwanz an der Spitze mit weißem Saum.

Turteltaube.
Turtur turtur.

Rucksen: Turr $^{turr\ turr}$ turr $_{turr}$ turr turr.

2. Oberseite olivengrün. Unterseite gelbgrün. Scheitel bis in den Nacken rot.

Ruf: Ein weithin schallendes Glückglückglückglück. Die Reihe fällt nur am Ende etwas ab.

Grünspecht.
Picus viridis.

C. Deutlich unter Taubengröße.

Oberseite olivengrün. Unterseite graugrün. Männchen mit rotem Stirnfleck. Weibchen ohne jegliches Rot.

Ruf: Ein weithin schallendes, stark abfallendes Glüglüglüglüglüglüglü.

Grauspecht.
Picus canus viridicánus.

Man kann das mit dem Munde nachpfeifen!

4. Vögel von Amselgröße.

Amsel: Länge 25 cm, Flügel 12 cm, Schwanz 10 cm.

A. Amselgröße: Schwarzamsel.

1. Ganzer Vogel einfarbig leuchtend-gelb. Flügel schwarz.

Ruf: Klangvoll pfeifend Li$_u$ki$_u$.

Pirol.
Oriolus oriolus.

2. Oberseite grün. Unterseite hell, mit dunklen Flecken.

Weibchen vom Pirol.

3. Oberseite graubraun, mit hellen Tropfenflecken. Unterseite hell, mit braunen Längsflecken. Schwanz mit hellen Querbinden.

Rufe: Ku^{wit} oder ^{giw}huk oder guhk
Auch am Tage zu hören. (Totenvogel.)

Steinkauz.
Athéne nóctua.

Tierleben. 765

4. Oberseite aschgrau. Unterseite weiß. **Großer Würger.**
Stirn weiß. Schwarzer Augenstrich. *Lánius excúbitor*

B. **Deutlich unter Amselgröße.**

1. Oberseite olivengrau. Unterseite hell, mit dunklen Flecken.
Gesang: Laut wie Amselgesang. Klang-
volle, wechselreiche Strophen, die sich **Singdrossel.**
nachpfeifen lassen. *Turdus músicus.*

2. Oberseite schwarzweiß. Unterseite weiß. After rot. Hinterkopf rot.
Rufe: Kurz und scharf Spick. Ferner: Kikikikikikik.
Trommeln: Ein weithin schallendes **Großer Buntspecht.**
knarrendes Arrrrrrrrr. *Dendrócopos májor.*

3. Oberseite schwarzweiß. Unterseite weiß. **Weibchen vom**
After rot. Hinterkopf weiß. **Großen Buntspecht.**

4. Oberseite aschgrau. Unterseite weiß, wein-
rot überhaucht. Stirn schwarz. Schwarzer **Schwarzstirn-Würger.**
Augenstrich. *Lánius minor.*

5. Vögel von Stargröße.

Star: Länge 20 cm, Flügel 10 cm, Schwanz 7 cm.

A. **Deutlich über Stargröße. (Siehe auch Amselgröße!)**
Siehe: Singdrossel und Großer Buntspecht.

B. **Stargröße: Star.**
Oberseite schwarzweiß. Brust weiß. Bauch und After rosen-
rot. Ganzer Oberkopf rot.
Rufe: Gägägägägä, bei Platzwechsel.
Paarungsruf: Im März und April, wie Angstgeschrei. (Siehe
S. 118!)
Trommeln: Viel seltener als beim Großen **Mittelspecht.**
Buntspecht und schwächer. *Dendrócopos .médius.*

C. **Deutlich unter Stargröße. (Siehe auch Sperlingsgröße!)**

1. Ganzer Vogel einfarbig rauchschwarz. Gewandter Flieger,
den man niemals sitzen sieht. **Segler.**
Rufe: Srisrisri, im Fluge. *Cýpselus apus.*

2. Oberseite glänzend blauschwarz. Unterseite rötlichweiß.
Stirn und Kehle rostrot. Schwanz tief ge- **Rauchschwalbe.**
gabelt. *Hirúndo rústica.*
Gesang: Zwitschern.

766 In Park und Anlagen.

3. Oberseite hellgrau, schwarz gestrichelt. Vom Scheitel bis zum Hinterrücken ein dunkler Längsstreifen. Unterseite gelbweiß, mit dunklen Flecken. Hals rostgelb, mit feinen Querlinien.

Ruf: Gjägjägjä^{gjägjägjägjägjägjä}gjägjägjä. Eine weiche Rufreihe, die rasch steigt, in der Mitte auf gleicher Höhe aushält und am Schluß wieder abfällt. Man pfeife die Reihe zwischen den Zähnen durch!

Wendehals.
Jynx torquílla.

4. Oberseite schwarz. Schulter weiß. Scheitel und Nacken ziegelrot. Unterseite weiß.

Rotkopf-Würger.
Lánius senátor.

6. Vögel von deutlich über Sperlingsgröße.

Haussperling: Länge 15 cm, Flügel 8 cm, Schwanz 5 cm.

Haubenlerche: Länge 18 cm, Flügel 10 cm, Schwanz 7 cm.

A. Vogel mit spitzer Federhaube auf dem Kopf. Oberseite erdgrau. Unterseite hell.
   Aufenthalt: Straßen, Lagerplätze.
   Lockruf: Diedidrieh.

Haubenlerche.
Galerída cristáta.

B. Vögel ohne Federhaube.
   a) Vogel mit auffällig langem, wippendem Schwanz. Oberseite aschgrau. Unterseite weiß. Oberkopf schwarz, Stirn weiß. Schwanz schwarz.

   Rufe: Zie^{wit!} oder Zississ!

Weiße Bachstelze.
Motacílla alba.

   b) Vögel ohne auffällig langen Schwanz.
   1. Gefieder der Unterseite rot oder rötlich. Beide Vögel mit auffällig dickem Schnabel.
   α) Oberseite kastanienbraun. Unterseite rötlich. Kopfplatte stahlblau, Kinn schwarz. Flügel mit weißer Binde. Schwanz mit weißer Spitze.

   Ruf: Ein sehr scharfes, helles Zick aus hohen Bäumen.

Kirschkernbeißer.
Coccothraústes coccothraústes.

   β) Oberseite aschgrau. Unterseite scharlachrot. Scheitel, Flügel und Schwanz schwarz. (Beim Weibchen Unterseite blaugrau.)

   Lockton: Ein weiches, wehleidiges Diü, das man leicht nachpfeifen kann.

Dompfaff, Gimpel.
Pýrrhula pýrrhula.

   2. Gefieder der Unterseite nicht rot.

α) Oberseite rotbraun. Unterseite weiß. Brust rostfarben. Kopf aschgrau. Ein schwarzer Augenstreif!

Stimme: Harte, kurze Gä, oder: Ein weiches, heiseres Gwäh.

Neuntöter.
Lánius collário.

β) Oberseite rötlichgrau, mit dunklen Flecken. Unterseite, Kopf und Hals gelb. Bürzel rostrot.

Gesang: Dididididi „Wie hab ich dich so lieb".

Goldammer.
Emberíza citrinélla.

Siehe auch Vögel von Stargröße: Segler, Wendehals, Rauchschwalbe.

7. Vögel von Sperlingsgröße.

Das Körpergefieder ist mehrfarbig. Die Mehrfarbigkeit ist auf weite Entfernung zu erkennen.

Haussperling: Länge 15 cm, Flügel 8 cm, Schwanz 5 cm.

I. Vogel mit auffällig langem Schwanz. Oberseite schwarz. Unterseite weiß. Kopf weiß oder mit schwarzem Streif vom Auge rückwärts.

Rufe: Hohe Pfeiflaute tititi.

Zetern: Ein schnurrendes Zerrrr.

Schwanzmeise.
Aegíthalos caudátus.

II. Vögel ohne auffällig langen Schwanz.

A. Vögel mit rotem Schwanz.

1. Oberseite aschgrau. Unterseite hellgrau. Kopf, Hals und Brust schwarz.

Lockruf: Fid~ze~ fid~zezeze~.

Lied: Eine kurze, zweiteilige Strophe. Im ersten Teil 4—5 reine Anschläge, im zweiten Teil ein gepreßtes, stotterndes, rauhes Knetschen.

Hausrotschwanz.
Eríthacus títys.

2. Oberseite blaugrau. Bauch weiß. Brust rotbraun. Kehle schwarz, Stirn weiß.

Lockruf: Fu~id~teckteckteck.

Gesang: Kurze Liedstrophen, fast jede anders. Nur der Anfangstakt ist ziemlich gleichförmig, er beginnt fast stets mit drei hohen Pfeiflauten.

Garten-Rotschwanz.
Eríthacus phoenícurus.

B. Vögel ohne roten Schwanz.

a) Vögel mit roter Brust.

1. Oberseite olivenbraun. Unterseite hell. Stirn und Brust gelbrot.

768 In Park und Anlagen.

Lockton: Scharfe Zick, oft mehrfach nacheinander.
Gesang: Kurze Liedstrophen, ruhig vorgetragen. Eigentüm-
lich: sehr hohe, unschöne Pfeiflaute und
abwärts gerichtete, wunderbar perlende   **Rotkehlchen.**
Tonketten.   *Erithacus rubécula.*

2. Kopf, Nacken und Hals blaugrau. Rücken rotbraun.
Bürzel gelbgrün. Ganze Unterseite braunrot. Flügel mit zwei
weißen Querbinden.
Lockton: Pink! Oder Fink fink!
„Regenruf": Trief.   **Buchfink.**
                                          Fringilla coelebs.
Gesang: „Fritze Fritze magst du
Krü_{zebeeren}?"

3. Oberseite zimtbraun, dunkel gefleckt. Unterseite weißlich.
Brust und Scheitel karminrot.
Lockton: Gegege, auch im Fluge.   **Hänfling.**
Gesang: Fast jede Liedstrophe anders, *Acánthis cannábina.*
das Gegege wird oft eingefügt.

b) Vögel ohne rote Brust.

α) Gefieder zweifarbig: schwarzweiß.

1. Ganze Unterseite reinweiß. Oberseite blauschwarz. Bürzel
weiß. Schwanz gegabelt.   **Mehlschwalbe.**
Fluglaute· Tzrt tzrt.   *Hirúndo úrbica.*

2. Ganze Unterseite reinweiß. Oberseite schwarz. Stirn und
Flügel mit weißem Fleck.
Gesang: Fast alle Liedchen des fleißigen **Trauerfliegenfänger.**
Sängers beginnen mit dem Rhythmus   *Muscicapa*
Tiwutiwutiwu.   *atricapilla.*

3. Unterseite weiß, mit schwarzen Längsflecken. Rücken
schwarz und weiß gebändert. Flügel mit fünf weißen Querbinden.   **Kleinspecht.**
Ruf: Ein quiekendes gikgikgikgikgik.   *Dendrócopos minor.*

β) Gefieder dreifarbig: schwarz (oder graublau)-weiß-gelb.

1. Oberseite gelb-grün. Unterseite gelb. Wangen weiß. Schei-
tel, Kehle, Brust schwarz.
                                          Kohlmeise.
Gesang: „Spitz die Schar!"   *Parus májor.*
Zetern: Schäschäschäschä.

2. Oberseite graublau. Unterseite rostgelb. Kehle weiß.
Stimme: Weithin schallendes Pfeifen aus hohen Baumkronen tu^{it} tuit. Auch wohl ^{wi}e ^{wi}e ^{wi}e.
Auffällig: Der Vogel kann an Baum-
stämmen auch kopfunter abwärts laufen!

Kleiber.
Sitta caesia.

8. Vögel von Sperlingsgröße.

Das Körpergefieder ist mehr oder weniger einfarbig. Die geringe
Mehrfarbigkeit ist auf weite Entfernung nicht zu erkennen. Die
folgenden 11 Vögel sind für das ungeübte Auge schwer zu unterscheiden, für das geübte weist ihr Gefieder noch gute Unterschiede
auf.

Haussperling: Länge 15 cm, Flügel 8 cm, Schwanz 5 cm.

I. Vögel mit gefärbter Kopfplatte.

   1. Kopfplatte rostrot! Oberseite graubraun. Unterseite hellgrau.
     Schwarzer Backenfleck. Weißer Hals-
     ring! Zwei weiße Flügelbinden. (S. 404.)

Feldsperling.
Passer montánus.

   2. Kopfplatte schwarz! Oberseite olivengrau. Unterseite hell.
     (Weibchen braune Kopfplatte!)
     Gesang: Liedstrophen mit klangvollen Flötentönen, oft laut
     und voll wie Amselgesang. Meist oben
     in den Bäumen.

Plattmönch.
Sýlvia atricapílla.

II. Vögel ohne gefärbte Kopfplatte.

   A. Brust mit deutlichen Fleckenstreifen.

     1. Oberseite graubraun, mit dunklen Flecken. Unterseite
     hell, mit dunklen Fleckenstreifen!

     Gesang: Meist auf der Spitze eines Baumes vorgetragen,
     oft indem der Vogel sich dabei ein Stück in die Luft erhebt.
     Er läßt sich im Gleitfluge singend wieder herab, meist auf
     seinen alten Sitz.
     Rhythmus: wiswiswiswiswiswis$_{zia}$$_{zia}$zia-
     zia$_{zia}$.

Baumpieper.
Anthus triviális.

     2. Oberseite mausgrau, Unterseite und Stirn mit Flecken-
     streifen!

     Auffällig: Fliegt von seinem Sitz in kurzen, gewandten
     Ausflügen auf den Fliegenfang und kehrt sogleich mit eigen-

tümlichem Flügelschlagen auf den alten Platz zurück. Singt fast nie und wenn, dann nur leise zwitschernd.

Grauer Fliegenschnäpper.
Muscicapa grisola.

B. Brust ohne Fleckenstreifen.

a) Gefieder deutlich gelbgrün.

1. Schnabel dick! Oberseite oliven-gelbgrün. Unterseite gelb. Flügelrand gelb.
Auffällig: Durch sein „Schwunschen", das man oft aus der Spitze hoher Bäume hört: Schiiiiiji. Das Sch ist mit i tönend zu sprechen.

Grünfink.
Chloris chloris.

2. Schnabel dünn! Oberseite olivengrün-grau. Unterseite schwefelgelb.
Gesang: Mit viel Abwechslung. Ein immer wiederkehrendes, auffälliges, scharf herausgesungenes Motiv: sisisî. Man pfeife es durch die Zähne, nicht mit den Lippen!

Garten-Laubsänger.
Hippoláis icterina.

b) Gefieder einfarbig grau oder graubraun.

α) Die braune Farbe herrscht vor.

1. Oberseite rostgrau. Unterseite schmutzig-weiß. Großes Auge! Spitzer Schnabel! Etwas größer als Haussperling, weil hochbeinig. Benimmt sich am Boden beim Futtersuchen wie Rotkehlchen.
Gesang: Auffällig durch Abwechslung, Wohllaut und Kraft. Die Nachtigall singt immer in niedrigem Gebüsch, nie von hohen Bäumen herab.
Lockton: Ein tiefes Knarren; karrr.
Außerdem ein aufwärts gezogener Pfeifton: hu^it.

Nachtigall.
Erithacus luscinia.

2. Oberseite braungrau. Unterseite weißlich. Flügel rostbraun!
Gesang: Nach dem Rhythmus Didudidóidida. Am besten an Dornhecken zu beobachten, wenn der Vogel sich zwitschernd ein Stück in die Luft erhebt.
Locktöne: Harte Tze tze. Weiche woid woid oder wäd wäd.

Dorngrasmücke.
Sylvia commúnis.

β) Die graue Farbe herrscht vor.

1. Oberseite olivgrau. Unterseite schmutzig-gelblichweiß. Eintönige Färbung. Gesang: Der versteckt lebende Vogel wird fast nur durch seinen sehr guten Gesang auffällig, der meist

aus niederem Gebüsch ertönt. Langanhaltende, wohlklingende, volltönende Tonreihen, die in schnellem **Gartengrasmücke.** Fluß vorgetragen werden. *Sýlvia símplex.*

2. Oberseite aschgrau. Unterseite hell. Weiße Kehle! Dunkler Augenstreif!

Gesang: Meist aus Gebüsch oder aus dem unteren Teil der Baumkronen. Erster Teil der Strophe ein rauhes, kunstloses Gezwitscher; zweiter Teil ein lautes, schnelles, gleichmäßig klapperndes ticke ticketicketicketicke- **Zaungrasmücke.** ticke. *Sýlvia currúca.*

3. Oberseite bräunlich. Unterseite heller. Kopf und Brust blaugrau! Schnabel dünn.

Gesang: Nur im ersten Frühling. Kurze zarte Liedstrophe, die meist von der Spitze eines niedrigen **Heckenbraunelle.** Baumes herab ertönt. *Accéntor moduláris.*

9. Vögel von deutlich unter Sperlingsgröße.

Haussperling: Länge 15 cm, Flügel 8 cm, Schwanz 5 cm.
Zaunkönig: Länge 10 cm, Flügel 5 cm, Schwanz 3 cm.

I. Ein Vogel, der an Stämmen und Ästen der Bäume gewandt aufwärts klettert. Oberseite rindenbraun. Unterseite weiß. Schnabel lang, spitz und etwas gekrümmt. **Haus-Baumläufer.**

Gesang: Kurzes Liedchen nach dem *Cérthia* Rhythmus ti ti tirroíti. *brachydáctyla.*

II. Nicht an Baumstämmen kletternd.

A. Vogel mit spitzer, emporgezogener Haube. Oberseite braungrau. Unterseite weiß. Kehle schwarz. Wangen weiß. Schwarzer Augenstrich.

Gesang: Frisch und kräftig nach dem **Haubenmeise.** Rhythmus zizi$_{\text{gürrrrrrr.}}$ *Parus cristátus.*

B. Vögel ohne Haube.

a) Kopf ebenso gefärbt wie das übrige Gefieder.

1. Einfarbig graugrüne Oberseite, helle Unterseite. Beide Vögel fast gleich groß und gleich gefärbt. Unterscheidung sehr leicht durch den Gesang.

α) Gesang: Dilm$_{\text{delm}}$dilm$_{\text{delm}}$dilm$_{\text{delm}}$ **Weidenlaubvogel.** *Phyllóscopus* oder Zip$_{\text{zap}}$zip$_{\text{zap}}$zipzapzip$_{\text{zap.}}$ *collýbita.*

Grupe, Naturkundl. Wanderbuch.

β) Gesang: Ähnlich wie Buchfinkenschlag, nur viel weicher und wiegend. Nach dem Rhythmus Didi dīe düe düe déa déa déidada. Man übe diese Reihe recht geläufig ein und lege ihr dann das „Fit" des Sängers unter: Fit fit fit fit fit fit fit fit fit fit fit fit.

Fitislaubsänger.
Phylloscopus
tróchilus.

2. Einfarbig gelbgrün. Stirn, Bürzel und · Unterseite gelber.

Gesang: Nach dem Rhythmus Zisi sisisisi sisisisi sisisisi sisisisisisi sisi. Alle Töne sehr nahe beieinander, einförmig abschnurrend.

Auffällig: Fledermausartiger Balzflug um Baumkronen, wobei das Liedchen gezwitschert wird.

Girlitz.
Serínus serínus.

3. Einfarbig braun. Aufrecht getragener Schwanz!

Gesang: Eine frisch herausgeschmetterte Strophe mit einem Roller in der Mitte.

Schnurrlaut: Zerrrrrr. Oft aus niederem Gesträuch zu hören.

Zaunkönig.
Troglodytes
troglodytes.

b) Kopf anders gefärbt als das übrige Gefieder.

1. Kopfplatte einfarbig schwarz! Schwarzer Kinnfleck. Rücken braungrau. Unterseite weiß.

Gesang sehr verschieden. Häufig so: Jife jife jife.

Graumeise.
Parus palústris.

2. Oberkopf hellblau, Wangen weiß, mit schwarzem Augenstrich! Rücken grüngelb. Unterseite gelb. Flügel und Schwanz blau.

Gesang: Häufig nach folgendem Rhythmus: Zizi zizi zirrrrrrzirrrrr.

Zetern: Zerrretetet.

Blaumeise.
Parus caerúleus.

3. Kopf schwarz-weiß-rot! Rücken bräunlich. Unterseite weißlich. Flügel schwarz, mit gelber Binde.

Fluglaut: Didlit ditlit! Oder stiglit.

Gesang: Abwechslungsreich, meist ist das Didlit deutlich herauszuhören.

Distelfink, Stieglitz.
Carduélis carduélis.

4. Goldgelber Scheitelstrich!

α) Umgebung des Auges weiß mit schwarzem Augenstrich!

Rufe: Sehr feine hohe sisi-Laute, wie Mäusefiepen. Meist aus Fichtendickicht.

Gesang: Kurzes, feines Liedchen von etwa 10 gleich-
hohen Tönen, ohne Hebungen und Senkungen, nur der letzte Ton fällt ab.

Feuerköpfiges Goldhähnchen.
Régulus ignicapíllus.

β) Umgebung des Auges nicht auffällig gezeichnet!
Rufe: Sehr hohe, feine sisi-Laute, wie Mäusefiepen. Meist aus Fichtendickicht.

Gesang: Kurzes, feines Liedchen mit deutlicher Auf- und Abwärtsbewegung der Töne, gegen das Ende zu eilender und stärker.

Gelbköpfiges Goldhähnchen.
Régulus régulus.

10. Dorffledermäuse.

In Deutschland leben gegen anderthalb Dutzend Fledermausarten. Einige leben nur in Ortschaften, andere nur an Gewässern
und wieder andere nur im Walde. Es gibt aber außer diesen, die sich
an ihren Standort halten, andere Arten, die ihre Jagdreviere weiter
ausdehnen. Daher: Vergleiche (S. 124, 526).

I. Große Fledermäuse.

1. **Gemeine Fledermaus**, Riesenfl. *Vespertilio murinus*. Spannweite 38 cm, Körperlänge 7 cm. Flug gemächlich, meist geradeaus, kehrt oft plötzlich in schneller Wendung nach der Beute
um; weit ausholende Flügelschläge. Fliegt um Gebäude und
Mauern, in Straßen und Alleen, an Waldrändern. Flughöhe 4 bis
6 m. Kennzeichen: Großer Körper, große Ohren, im Fluge hoch
aufgerichtet. mit der Spitze nach vorn. März bis Oktober. Erst
bei starker Dämmerung. In ganz Deutschland. Häufig.

2. **Spätfliegende Fledermaus**, *Vesperúgo serótinus*. Spannweite
35 cm, Körperlänge 6½ cm. Kürzer und schlanker als vorige.
Flug langsam und niedrig, in später Abenddämmerung, um Türme
und Dächer, an Alleerändern. In ganz Deutschland. Sehr häufig.

3. **Große Hufeisennase**, *Rhinólophus férrum-equinum*. Spannweite
33 cm, Körperlänge 6 cm. Flug schwerfällig und niedrig, um
Mauern, Kirchen, Schlösser, in Gärten. Spät abends nach Einbruch der Dunkelheit. Kommt nördlich nur bis zum Harz vor.
Selten.

II. Kleine Fledermäuse.

1. **Langohrige Fledermaus**, Großohr, *Plecótus aurítus*. Spannweite 24 cm, Körperlänge 4—5 cm. Flug ziemlich hoch, über hohe
und mittelhohe Bäume, um Obstbäume und Buschwerk, schwebt

und rüttelt häufig an bestimmten Stellen, wo Beute ist. April bis
September. In später Dämmerung. Ortschaften, Alleen, Gärten,
Wege, Waldränder. In ganz Deutschland. Häufig.

2. **Kleine Hufeisennase,** *Rhinólophus hipposidérus.* Spannweite
22 cm, Körperlänge 4 cm. Flug langsam, ungewandt, tief, spät
abends nach Eintritt der Dunkelheit. In und um Ortschaften.
Häufiger als große Hufeisennase, geht weiter nördlich.

3. **Zwergfledermaus,** *Vesperúgo pipistréllus.* Spannweite 16 cm,
Körperlänge 3—3,7 cm. Kleinste Fledermaus! Flug meist tief,
3 m hoch (doch auch hoch, S. 124), nicht zu schnell, aber unruhig,
in flinken, kurzen Wendungen. Um Gebäude, Ställe, durch Tor-
bogen und offene Hallen, um Buschwerk, in Straßen, Hohlwegen,
Gärten, auch im Walde und an Gewässern. Ab Februar, oft schon
an warmen Januartagen; die erste im Frühjahr, die letzte im
Spätjahr. Meist vor Einbruch der Dämmerung. In ganz Deutschland. Sehr häufig.

Alle Fledermäuse sind Insektenvertilger. Sie stehen unter
Naturschutz!

11. Spinnen in Gebäuden.

I. Im Inneren.

a) **Eckennetze,** d. h. waagerechte, engmaschige Lappennetze mit
trichterförmiger Wohnröhre am hinteren Ende. Hinterleib
schmutzig-gelb mit 3 Reihen Winkelflecken. 2 Spinnwarzen
sind lang und erscheinen wie 2 Schwänzchen. An ihnen kann
man beobachten, daß die Spinnwarzen wie Finger bewegt werden.
Sehr lange, stark behaarte und bestachelte   **Winkelspinne.**
Beine.   *Tegenária.*

Die Brustplatten der verschiedenen Tegenaria-Arten unterscheiden sich durch verschieden helle Fleckung.

b) **Weitmaschiges Netz** aus schlaffen Fäden, die sich unregelmäßig kreuzen.

An der Unterseite hängt, den zylindrischen Hinterleib nach
oben gerichtet, eine Spinne mit auffallend langen (das erste
Beinpaar 47 mm!) und dünnen Beinen, so daß sie fast einem
Weberknecht ähnelt. (Diesem fehlen aber die Spinnwarzen.
Kopfbrust und Hinterleib sind bei ihm nicht getrennt.) Hinterleib ockergelb, jederseits der verästelten Mittellinie eine Reihe
grauer Flecken.

Tierleben.

Bei der geringsten Erschütterung setzt sich die Spinne durch rasches Beugen und Strecken der Beine in schnelle, zitternde Bewegung, daß man die Spinne kaum wahrnehmen kann. (Auch von anderen Spinnen beobachtet.)

Zitterspinne.
Pholcus.

c) **Waagerechtes, lockeres Fangnetz.** Die Spinne selbst fällt durch ihren kurz-ovalen, oben flachen Hinterleib auf, dessen kastanienbraune Oberseite normalerweise vorn einen weißen Saum und in der Mitte eine Reihe weißer Flecken zeigt.

Fettspinne.
Steátoda bipunctáta.

d) **Nur im Keller.**

1. Röhrenförmige Wohnung; eine Spinne, die kein Fangnetz verfertigt.

    Der langgestreckte Hinterleib der sechsäugigen Spinne zeigt auf der Oberseite eine dunkle Mittelbinde.

    Kellerspinne
    Segéstria.

2. Gespinst in Mauerspalten; mit Fangnetz aus einfachen Stützfäden und gekräuselten Fangfäden, das in der ganzen Fläche befestigt ist. Gegen die Fensterscheibe erkennt man den bläulichen Schein des Gewebes, während es, mit Staub überzogen, auffällig grau erscheint.

    Die mittelgroße Spinne ähnelt der Winkelspinne, hat aber kürzere Beine.

    Finsterspinne.
    Amauróbius.

II. An Haus- und Bretterwänden.

An sonniger Haus- und Bretterwand wie auch an Weinbergsmauern und Felsen ein Vertreter aus der großen Familie der Springspinnen. Die Spinne springt oft spannenweit nach Fliegen, stürzt aber niemals ab, da sie stets vorher einen Sicherheitsfaden anheftet. Von den 8 in 3 Reihen stehenden Augen fallen die 4 vorderen durch ihre Größe auf. Die Füße tragen Büschel von Hafthaaren, die schnelle Bewegung auf glatter Fläche gestatten. Die schwarzweiße Zeichnung des Hinterleibs verschafft dieser Springspinne den Namen

Harlekin- oder Zebraspinne.
Sálticus scénicus.

Verordnung
zum Schutze der wildwachsenden Pflanzen und der nichtjagdbaren wildlebenden Tiere.

(Naturschutzverordnung vom 18. März 1936.)

In der Fassung vom 16. März 1940.

Auf Grund der §§ 2, 11, 19, 21, 22 und 26 des Reichsnaturschutzgesetzes vom 26. Juni 1935 (Reichsgesetzbl. I S. 821) und des § 16 der Durchführungsverordnung vom 31. Oktober 1935 (Reichsgesetzbl. I S. 1275) wird folgendes verordnet:

I. Abschnitt.
Schutz der wildwachsenden Pflanzen.

Allgemeine Schutzvorschriften.

§ 1.

(1) Es ist verboten, wildwachsende Pflanzen mißbräuchlich zu nutzen oder ihre Bestände zu verwüsten; hierzu gehören besonders die offensichtlich übermäßige Entnahme von Blumen und Farnkräutern, das böswillige und zwecklose Niederschlagen von Stauden und Uferpflanzen, das unbefugte Abbrennen der Pflanzendecke und dergleichen, auch wenn dabei im einzelnen Fall ein wirtschaftlicher Schaden nicht entsteht.

(2) Diese Vorschriften gelten, unbeschadet der Bestimmungen des § 14, nicht für den Fall, daß Pflanzen oder Pflanzenteile bei der ordnungsmäßigen Nutzung des Bodens, bei Kulturarbeiten oder bei der Unkraut- und Schädlingsbekämpfung vernichtet oder beschädigt werden, soweit nicht besondere Schutzvorschriften dem entgegenstehen.

§ 2.

(1) Es ist verboten, ohne Erlaubnis der zuständigen höheren Naturschutzbehörde standortsfremde oder ausländische Gewächse in der freien Natur auszusäen oder anzupflanzen.

(2) Dieses Verbot gilt nicht für das Aussäen oder Anpflanzen von Gewächsen in Gärten, Parken, Friedhöfen, auf Versuchsfeldern oder zu sonstigen land- und forstwirtschaftlichen Zwecken.

§ 3.

(1) Es ist verboten, ohne Erlaubnis der obersten Naturschutzbehörde öffentliche Aufrufe oder Aufforderungen zum Bekämpfen oder Ausrotten wildwachsender Pflanzen zu erlassen, abzudrucken oder zu verbreiten.

(2) Unberührt von dieser Vorschrift bleiben Aufrufe oder Aufforderungen zur Unkraut- und Schädlingsbekämpfung.

Vollkommen geschützte Pflanzenarten.

§ 4.

Es ist, unbeschadet der Vorschrift des § 1 Abs. 2, verboten, wildwachsende Pflanzen der folgenden Arten zu beschädigen oder von ihrem Standort zu entfernen:

1. Straußfarn, *Struthiopteris germanica Willd.*,
2. Hirschzunge, *Scolopendrium vulgare Smith*,
3. Königsfarn, *Osmunda regalis L.*,
4. Federgras, *Stipa pennata L.*,
5. Lilien, *Lilium*, alle einheimischen Arten (einschließlich Türkenbund),
6. Schachblume, *Fritillaria meleagris L.*,
7. Schwertel, Siegwurz, *Gladiolus;* alle einheimischen Arten,
8. Orchideen, Knabenkräuter, *Orchidaceae*, die folgenden Gattungen und Arten:

    Frauenschuh, *Cypripedium calceolus L.*,
    Waldvögelein, *Cephalanthera*,
    Kohlröschen, Brändlein, *Nigritella*,
    Kuckucksblume, *Platanthera*,
    Fliegen-, Bienen-, Hummel- und Spinnenblume, *Ophrys*
    Dingel, *Limodorum abortivum (L.) Swartz*,
    Riemenzunge, *Himantoglossum hircinum (L.) Spr.*,
9. Pfingstnelke, Felsennelke, *Dianthus caesius Smith*,
10. Berghähnlein, *Anemone narcissiflora L.*,
11. Alpen-Anemone, Teufelsbart, *Anemone alpina L.*, einschließlich ihrer gelben Abart *Anemone sulphurea L.*,
12. Großes Windröschen, *Anemone silvestris L.*,
13. Akelei, *Aquilegia*, alle einheimischen Arten,
14. Küchenschelle, *Pulsatilla*, alle einheimischen Arten,
15. Frühlingsadonisröschen, *Adonis vernalis L.*,
16. Weiße und Gelbe Seerosen, *Nymphea* und *Nuphar*, alle einheimischen Arten,
17. Diptam, *Dictamnus albus L.*,

778 Verordnung.

18. Seidelbast, Steinrösl, *Daphne,* alle einheimischen Arten,
19. Stranddistel oder Seestrand-Mannstreu und Blaudistel oder
    Alpen-Mannstreu, *Eryngium maritimum L.,* und *E. alpinum L.,*
20. Alpenveilchen, *Cyclamen europaeum L.,*
21. Aurikel, Petersstamm, *Primula auricula L.,* und alle rot-
    blühenden Arten der Gattung *Primula,*
22. Gelber Fingerhut, *Digitalis ambigua Murr.* und *Digitalis lutea L.,*
23. Enzian, *Gentiana,* die folgenden Arten:
    Stengelloser Enzian, *Gentiana acaulis L.,* mit den beiden
    Unterarten *Gentiana Clusii P. u. S.* und *Gentiana Kochiana
    P. u. S.,*
    Gefranster Enzian, *Gentiana ciliata L.,*
    Lungen-Enzian, *Gentiana pneumonanthe L.,*
    Gelber Enzian, *Gentiana lutea L.,*
24. Edelweiß, *Leontopodium alpinum L.,*
25. Edelrauten, *Artemisia,* alle Hochgebirgsarten.

Teilweise geschützte Pflanzenarten.

§ 5.

Es ist, unbeschadet der Vorschrift des § 1 Abs. 2, verboten, die
unterirdischen Teile (Wurzelstöcke, Zwiebeln) oder die Rosetten
wildwachsender Pflanzen der folgenden Arten zu beschädigen oder
von ihrem Standort zu entfernen:
1. Maiglöckchen, *Convallaria majalis L.,*
2. Meerzwiebel, *Scilla,* alle einheimischen Arten,
3. Wilde Hyazinthe, *Muscari,* alle einheimischen Arten,
4. Gemeines Schneeglöckchen, *Galanthus nivalis L.,*
5. Großes Schneeglöckchen, Märzenbecher, *Leucoium vernum L.,*
6. Grüne und Schwarze Nieswurz oder Christrose, Schneerose,
   Helleborus viridis L. und *Helleborus niger L.,*
7. Alle rosetten- und polsterbildende Arten oder Gattungen
    Leimkraut, *Silene,*
    Hauswurz, *Sempervivum,*
    Steinbrech, *Saxifraga,*
    Mannsschild, *Androsace*
8. Himmelschlüssel, Primel, alle nicht in § 4 genannten Arten.

Verkehr mit geschützten Pflanzen.

§ 6.

Es ist verboten, Pflanzen oder Pflanzenteile der nach § 4 geschützten Arten sowie die nach § 5 geschützten Pflanzenteile frisch
oder trocken mitzuführen, zu versenden, feilzuhalten, ein- und aus-

zuführen, sie anderen zu überlassen, zu erwerben, in Gewahrsam zu nehmen oder bei solchen Handlungen mitzuwirken.

§ 7.

(1) Wer durch Anbau im Inland gewonnene Pflanzen geschützter Arten oder Teile von solchen zu Handelszwecken anbietet oder befördert, hat sich über ihre Herkunft auszuweisen.

(2) Als Ausweis gilt:

1. für den Erzeuger eine von der Ortspolizeibehörde ausgestellte Bescheinigung, aus der hervorgeht, welche Arten und Mengen geschützter Pflanzen er in seinem Betriebe anbaut,
2. für Wiederverkäufer eine vom Verkäufer ausgestellte, mit genauer Zeitangabe versehene Bescheinigung über den rechtmäßigen Erwerb der Pflanzen.

(3) Die nach Abs. 1 zum Führen eines Ausweises Verpflichteten haben diesen bei sich zu tragen und den Aufsichtsbeamten auf Verlangen vorzuzeigen.

(4) Zum Nachweis der Herkunft der Pflanzen oder Pflanzenteile geschützter Arten sind auch die Inhaber von Betrieben verpflichtet, die solche Pflanzen gewerblich verarbeiten.

(5) Im Ausland durch Anbau gewonnene Pflanzen und Pflanzenteile geschützter Arten müssen bei der Einfuhr von einem Ursprungsschein oder einer Handelsrechnung oder einer ähnlichen Bescheinigung begleitet sein. Nach der Einfuhr gelten auch für diese Pflanzen oder Pflanzenteile die Vorschriften der Absätze 1, 3 und 4 und des Absatzes 2 Nr. 2 entsprechend.

§ 8.

(1) Lehrmittelgeschäfte, Naturalien- und Herbarienhändler, botanische Tauschstellen und -vereine müssen über die in ihrem Besitz befindlichen frischen oder getrockneten Pflanzen geschützter Arten, auch wenn es sich um angebaute Pflanzen handelt, ein Aufnahme- und Auslieferungsbuch nach folgendem Muster führen:

Lfd. Nr.	Eingangstag	Bezeichnung des im Bestand vorhandenen oder übernommenen Gutes nach Art und Zahl	Name und genaue Anschrift des Einlieferers oder der sonstigen Bezugsquelle	Abgangstag	Name und genaue Anschrift des Empfängers, Käufers oder Art des sonstigen Abgangs
1	2	3	4	5	6

780 Verordnung.

(2) Das Buch muß dauerhaft gebunden und mit laufenden, von der Ortspolizeibehörde beglaubigten Seitenzahlen versehen sein. Die Eintragungen sind unverzüglich mit Tinte oder mit Tintenstift vorzunehmen. In dem Buche darf nichts radiert und nichts unleserlich gemacht werden; es ist den zuständigen Aufsichtsbeamten und den Beauftragten für Naturschutz auf Verlangen vorzuzeigen.

Sammeln von Pflanzen.

§ 9.

(1) Wer wildwachsende Pflanzen nichtgeschützter Arten (Blumen, Heilkräuter, Farne u. dgl.) oder Teile von solchen für den Handel oder für gewerbliche Zwecke sammelt, muß einen von der zuständigen Ortspolizei- oder Forstbehörde ausgestellten, für das Kalenderjahr gültigen Erlaubnisschein mit sich führen, aus dem hervorgeht, für welche Örtlichkeiten das Sammeln erlaubt ist und welche Pflanzenarten zum Sammeln freigegeben sind. Vor dem Ausstellen des Erlaubnisscheins ist der zuständige Beauftragte für Naturschutz zu hören.

(2) Die folgenden Arten dürfen zum Sammeln für den Handel oder für gewerbliche Zwecke nicht freigegeben werden:

1. Rippenfarn, *Blechnum spicant (L.) Smith,*
2. Schlangenmoos, Bärlapp, *Lycopodium,* alle einheimischen Arten,
3. Eibe, *Taxus baccata L.,*
4. Wacholder, *Juniperus communis L.,* mit Ausnahme der Beeren,
5. Meerzwiebel, *Scilla,* alle einheimischen Arten,
6. Gemeines Schneeglöckchen, *Galanthus nivalis L.,* und Großes Schneeglöckchen, Märzenbecher, *Leucoium vernum L.,*
7. Narzissen, *Narcissus,* alle einheimischen Arten,
8. Grüne und Schwarze Nieswurz oder Christrose, Schneerose, *Helleborus viridis L.* und *Helleborus niger L.,*
9. Schwertlilie, *Iris,* alle einheimischen Arten,
10. Händelwurz, *Gymnadenia,* und Knabenkraut, *Orchis,* alle einheimischen Arten,
11. Gagelstrauch, *Myrica Gale L.,*
12. Trollblume, *Trollius europaeus L.,*
13. Eisenhut, *Aconitum,* alle einheimischen Arten,
14. Leberblümchen, *Hepatica triloba Gil.,*
15. Sonnentau, *Drosera,* alle einheimischen Arten,
16. Hülse, Stechpalme, *Ilex aquifolium L.,*
17. Geißbart, *Aruncus silvester Kost.,*
18. Eichenblättriges Wintergrün, *Chimaphila umbellata (L.) Nutt..*

19. Sumpfporst, Mottenkraut, *Ledum palustre L.*,
20. Alpenrosen, alle Arten, *Rhododendron ferrugineum L.* und *Rhododendron hirsutum L.* und *Rhodothamnus chamaecistus (L.) Rchb.*,
21. Himmelschlüssel, *Primula*, alle nicht im § 4 genannten Arten,
22. Enzian, *Gentiana*, alle nicht im § 4 genannten Arten,
23. Tausendgüldenkraut, *Erythraea.* alle einheimischen Arten,
24. Echter oder Gelber Speik, *Valeriana celtica L.*,
25. Bergwohlverleih, *Arnica montana L.*,
26. Stengellose Eberwurz, Silberdistel, Wetterdistel, *Carlina acaulis L.*

Im Ausnahmefall kann das Sammeln nach Abs. 1 von Pflanzen der unter Nrn. 4, 13, 16, 19, 21, 23, 25 und 26 genannten Arten in Gegenden, wo sie häufig vorkommen, von der höheren Naturschutzbehörde zeitweilig freigegeben werden.

(3) Für das Anbieten oder Befördern angebauter Pflanzen der im Abs. 2 genannten Arten gelten die Vorschriften des § 7.

Schmuckreisig.

§ 10.

(1) Es ist verboten, von Bäumen oder Sträuchern in Wäldern, Gebüschen oder an Hecken Schmuckreisig unbefugt zu entnehmen, gleichgültig, ob im einzelnen Fall ein wirtschaftlicher Schaden entsteht oder nicht.

(2) Als Schmuckreisig gelten Bäume, Sträucher, Bündel von Zweigen, die geeignet sind, als Grünschmuck von Innenräumen aller Art, von Gebäuden, Straßen, Plätzen und Fahrzeugen, zu Girlanden, zur Kranzbinderei oder als winterliches Deckreisig verwendet zu werden, z. B. Weihnachtsbäume, Pfingstmaien, Zweige von Nadelbäumen, Laubbäumen und Sträuchern, besonders auch kätzchentragende Weiden-, Hasel-, Espen-, Erlen- und Birkenzweige, Zweige der Felsenbirne u. dgl.

§ 11.

(1) Wer Schmuckreisig zu Handelszwecken mit sich führt, befördert oder anbietet, hat sich über den rechtmäßigen Erwerb auszuweisen.

(2) Als Ausweis gilt:
1. wenn das Schmuckreisig vom Nutzungsberechtigten des Grundstücks, auf dem es gewachsen ist, angeboten oder befördert wird, eine Bescheinigung der Ortspolizeibehörde, aus der hervorgeht,

welche Baum- und Straucharten und welche Mengen davon auf dem Grundstück genutzt werden,

2. wenn das Schmuckreisig aus einem fremden Grundstück entnommen wurde, eine mit genauer Zeitangabe versehene Bescheinigung des Nutzungsberechtigten oder der amtliche Verabfolgungszettel. Für Wiederverkäufer gilt § 7 Abs. 2 Nr. 2.

(3) Die Ausweise sind von ihren Inhabern mitzuführen und den Aufsichtsbeamten auf Verlangen vorzuzeigen.

(4) Die oberste Naturschutzbehörde kann die für Handelszwecke bestimmte Entnahme von Schmuckreisig aus wildwachsenden Beständen und den Handel damit für bestimmte Gebiete und Zeiträume einschränken oder untersagen.

II. Abschnitt.
Schutz der nichtjagdbaren wildlebenden Vögel.
Allgemeine Schutzvorschriften.
§ 12.

(1) Die einheimischen nichtjagdbaren wildlebenden Vogelarten, mit Ausnahme der im § 15 genannten Arten, sind geschützt.

(2) Es ist verboten:

1. Vögeln dieser Art nachzustellen oder sie mutwillig zu beunruhigen, insbesondere sie zu fangen oder zu töten,

2. Eier, Nester oder andere Brutstätten geschützter Vögel zu beschädigen oder wegzunehmen.

(3) In der Zeit vom 1. Oktober bis Ende Februar ist es erlaubt, Nester der Kleinvögel zu entfernen. Der Eigentümer und der Nutzungsberechtigte und ihre Beauftragten dürfen auch zu anderen Zeiten Vogelnester an oder in Gebäuden beseitigen, sofern die Nester keine Jungvögel enthalten.

§ 13.

Es ist verboten:

1. Vogelleim, Leimruten, Schlingen zum Vogelfang oder andere Vogelfanggeräte, die den Vogel weder unversehrt fangen noch sofort töten, herzustellen, aufzubewahren, anzubieten, feilzuhalten, zu befördern, anderen zu überlassen, zu erwerben oder bei solchen Handlungen mitzuwirken,

2. Vögel zu blenden, geblendete Vögel zu halten, zu befördern, anderen zu überlassen, zu erwerben, in Gewahrsam zu nehmen oder bei solchen Handlungen mitzuwirken,

Verordnung. 783

3. tote, verletzte oder kranke Vögel zur Nachtzeit an Leuchttürmen oder Leuchtfeuern aufzusammeln,

4. Fischreusen zum Trocknen aufzustellen oder aufzuhängen, ohne sie mit einer Vorrichtung zu versehen, die das Entschlüpfen sich darin verfangender Vögel ermöglicht,

5. Kinder beim Beseitigen von Nestern (§ 12 Abs. 3 Satz 2) oder beim Fangen von Vögeln (§ 15) zu beteiligen.

§ 14.

(1) In der freien Natur ist für die Zeit vom 15. März bis zum 30. September verboten:

1. Hecken, Gebüsche und lebende Zäune zu roden, abzuschneiden oder abzubrennen,

2. die Bodendecke auf Wiesen, Feldrainen, ungenutztem Gelände, an Hängen und Hecken abzubrennen,

3. Rohr- und Schilfbestände zu beseitigen.

(2) Das Verbot des Absatzes 1 gilt nicht für behördlich angeordnete oder zugelassene Kulturarbeiten oder Maßnahmen zur Unkraut- und Schädlingsbekämpfung.

(3) Die untere Naturschutzbehörde kann in besonders kalten oder feuchten Jahren den Beginn der Verbotsfrist des Absatzes 1 bis spätestens 1. April ansetzen.

Ungeschützte Arten.

§ 15.

(1) Nicht geschützt sind die folgenden Arten:

1. Nebelkrähe, *Corvus cornix L.*,

2. Rabenkrähe, *Corvus corone L.*,

3. Saatkrähe, *Corvus frugilegus L.*,

4. Eichelhäher, *Garrulus glandarius (L.)*,

5. Elster, *Pica pica (L.)*,

6. Feldsperling, *Passer montanus (L.)*,

7. Haussperling, *Passer domesticus (L.)*.

(2) Es ist jedoch verboten, den Vögeln der im Abs. 1 genannten Arten in folgender Weise nachzustellen:

1. zur Nachtzeit,

2. mit Leim, Schlingen, Tellereisen, Pfahleisen oder Selbstschüssen oder mit Vorrichtungen, die den Vogel weder unversehrt fangen noch sofort töten,

3. unter Benutzung geblendeter Lockvögel,

784 Verordnung.

4. mit großen Schlag- oder Zugnetzen, mit beweglichen, tragbaren, über den Boden, das Niederholz oder das Röhricht gespannten Netzen,

5. mit Hilfe künstlicher Lichtquellen,

6. unter Anwendung von Giftstoffen oder betäubenden Mitteln, unbeschadet der Vorschrift des § 35 Abs. 4 der Verordnung zur Ausführung des Reichsjagdgesetzes vom 27. März 1935 (Reichsgesetzbl. I S. 431).

(3) Als Nachtzeit im Sinne des Absatzes 2 Nr. 1 gilt die Zeit von einer Stunde nach Sonnenuntergang bis zu einer Stunde vor Sonnenaufgang.

Maßnahmen gegen unbeaufsichtigte Katzen.

§ 16.

(1) Den Grundstückseigentümern, den Nutzungsberechtigten oder deren Beauftragten ist gestattet, fremde, unbeaufsichtigte Katzen, die während der Zeit vom 15. März bis 15. August und solange der Schnee den Boden bedeckt, in Gärten, Obstgärten, Friedhöfen, Parken und ähnlichen Anlagen betroffen werden, unversehrt zu fangen und in Verwahr zu nehmen. In Verwahr genommene Katzen sind pfleglich zu behandeln.

(2) Der Fang ist der zuständigen Ortspolizeibehörde und, wenn der Eigentümer oder Halter der Katze bekannt ist, auch diesem binnen 24 Stunden anzuzeigen. Holt der Eigentümer oder Halter die Katze nicht innerhalb weiterer drei Tage gegen Zahlung eines Aufbewahrungsgeldes von einer Reichsmark für jeden angefangenen Tag ab, so ist die gefangene Katze an die Ortspolizeibehörde abzuliefern, die sie auf Kosten des Eigentümers oder Halters tötet oder sonst unschädlich macht; einer vorherigen Mitteilung an den Betroffenen bedarf es nicht. Wird eine Katze, deren Eigentümer oder Halter bekannt ist, innerhalb eines Kalenderjahres mehr als zweimal in Verwahr genommen, so ist sie nach Satz 2 unschädlich zu machen.

(3) In Hausgärten und in unmittelbarer Nachbarschaft bewohnter Gebäude ist das Anlocken der Katzen durch Köder verboten.

Fang von Stubenvögeln.

§ 17.

(1) Für die Zwecke der Stubenvogelhaltung kann die höhere Naturschutzbehörde einzelnen Personen alljährlich gestatten, eine beschränkte Anzahl Vögel der in folgender Liste genannten Arten in

Verordnung. 785

bestimmten Bezirken zu fangen. Der Fang kann für die Zeit vom 15. September bis zum 15. November zugelassen werden, soweit nicht im Abs. 2 Abweichendes bestimmt ist.

Körnerfresser.

1. Kirschkernbeißer, *Coccothraustes coccothraustes* (*L.*),
2. Grünling, Grünfink, Grünhänfling, *Chloris chloris* (*L.*),
3. Stieglitz, Distelfink, *Carduelis carduelis* (*L.*),
4. Erlenzeisig, Zeisig, *Carduelis spinus* (*L.*),
5. Bluthänfling, Rothänfling, *Carduelis cannabina* (*L.*),
6. Birkenzeisig, Leinfink, Tschätscher, *Carduelis linaria* (*L.*),
7. Dompfaff, Gimpel, *Pyrrhula pyrrhula* (*L.*),
8. Kreuzschnabel, Gattung *Loxia L.*,
9. Buchfink, *Fringilla coelebs L.*,
10. Bergfink, *Fringilla montifringilla L.*,
11. die Ammern der Gattungen *Emberiza ,L.*, *Calcarius Bchst.* und *Plectrophenax Stejn.*, mit Ausnahme der Zaunammer, *Emberiza cirlus L.*, der Zippammer, *Emberiza cia L.*, und der Gartenammer, *Emberiza hortulana L.*

Weichfresser.

12. Die Grasmücken, Gattung *Sylvia Scop.*, mit Ausnahme der Sperber-Grasmücke, *Sylvia nisoria* (*Bchst.*), und der Zaungrasmücke, Klappergrasmücke, Müllerchen, *Sylvia curruca* (*L.*),
13. Gartenspötter, *Hippolais icterina* (*Viell.*),
14. Rotkehlchen, *Erithacus rubecula* (*L.*),
15. Seidenschwanz, *Bombycilla garrulla* (*L.*),
16. Rotrückiger Würger, Neuntöter, Dorndreher, *Lanius collurio L.*
17. Baumpieper, *Anthus trivialis* (*L.*),
18. Haubenlerche, *Galerida cristata* (*L.*), und Heidelerche, Baumlerche, *Lullula arborea* (*L.*),
19. Star, *Sturnus vulgaris L.*,
20. Gartenrotschwanz, *Phoenicurus phoenicurus* (*L.*).

(2) Für Vögel der unter Nr. 12, 13, 16 und 20 genannten Arten kann der Fang nach Abs. 1 für die Zeit vom 15. August bis zum 15. September, für Vögel der unter Nr. 15 genannten Art für die Zeit vom 15. Dezember bis zum 15. Januar gestattet werden.

(3) Wer den Vogelfang ausüben will, muß der höheren Naturschutzbehörde ein polizeiliches Leumundszeugnis beibringen und nachweisen, daß er die erforderlichen Kenntnisse in der Vogelkunde, im Vogelfang sowie in der Vogelhaltung besitzt und mit den in Betracht

786 Verordnung.

kommenden gesetzlichen Bestimmungen vertraut ist. Die Erlaubnis ist jederzeit widerruflich. Der Fangberechtigte muß den ihm erteilten Ausweis mit sich führen und ihn auf Verlangen den Aufsichtsbeamten und den Beauftragten für Naturschutz vorzeigen. Der Ausweis ist auf Anfordern zurückzuliefern. Die Vorschriften dieses Absatzes gelten entsprechend auch für die Leiter von Ausstellungen lebender Vögel.

(4) Die höhere Naturschutzbehörde bestimmt die beim Fang zugelassenen Fangarten und -geräte, jedoch sind Ausnahmen von den Verboten des § 15 Abs. 2 Nr. 1 bis 3, 5 und 6 nicht zulässig.

§ 18.

(1) Die nach § 17 gefangenen Vögel sind, soweit sie nach Zahl und Art der Fangermächtigung entsprechen, unverzüglich mit den amtlich vorgeschriebenen Fußringen (Abs. 2) zu versehen. Etwa mitgefangene überzählige Vögel sind am Fangort sogleich wieder freizulassen.

(2) Die für die Stubenvogelhaltung bestimmten Fußringe dürfen nur auf amtliche Bestellung hergestellt werden. Nähere Vorschriften über ihre Herstellung und Ausgabe erläßt die oberste Naturschutzbehörde. Jede mißbräuchliche Verwendung der amtlich ausgegebenen Fußringe ist verboten.

(3) Der Fänger hat eine mit laufenden Nummern versehene Liste nach vorgeschriebenem Muster zu führen, in die alle beringten Vögel unter Angabe ihrer Art, ihres Geschlechtes, der Nummern der verwandten Fußringe, des Fangtages unverzüglich einzutragen sind. Die Weitergabe oder der sonstige Abgang der gefangenen Vögel ist in der Liste zu vermerken. Die Naturschutzbehörden und die Beauftragten für Naturschutz können die Fangliste jederzeit einsehen; diese ist bis zum 1. Februar der höheren Naturschutzbehörde einzureichen.

(4) Für den Fang geschützter Vögel anderer als der im § 17 Abs. 1 genannten Arten bedarf es einer besonderen Genehmigung nach § 29 Abs. 1.

Haltung, Beförderung und dergleichen.

§ 19.

(1) Geschützte Vögel, die sich beim Inkrafttreten dieser Verordnung im Privatbesitz befinden, müssen bis zum 30. April 1938 mit den amtlich vorgeschriebenen Fußringen (§ 18 Abs. 2) versehen sein. Vom Halter selbstgezüchtete Vögel sind vor erlangter Flugfähigkeit zu beringen.

Verordnung. 787

(2) Für das Halten von geschützten Vögeln anderer als der im § 17 Abs. 1 genannten Arten ist vom 1. Oktober 1936 ab eine besondere Erlaubnis nach § 29 Abt. 1 erforderlich; diese Vögel sind ebenfalls nach § 18 Abs. 2 zu. beringen.

(3) Vom 1. Oktober 1936 ab ist es verboten, geschützte Vögel, soweit sie nicht mit den amtlich vorgeschriebenen Fußringen (§ 18 Abs. 2) versehen sind, mitzuführen, zu versenden, zu befördern, sie — ebenso wie ihre Bälge, Federn, Nester, Eier (auch Eierschalen) — feilzuhalten, anderen zu überlassen, zu erwerben, in Gewahrsam zu nehmen oder bei solchen Handlungen mitzuwirken.

(4) Die Einfuhr geschützter Vögel ist nur mit Erlaubnis der obersten Naturschutzbehörde, und zwar in der Zeit vom 1. Oktober bis Ende Februar, gestattet; die Vögel sind vor der Einfuhr zu beringen.

(5) Die Ausfuhr geschützter Vögel ist nur mit Erlaubnis der obersten Naturschutzbehörde zulässig.

(6) Der Reichsforstmeister kann im Benehmen mit den beteiligten Reichsministern nähere Vorschriften für die Haltung von Stubenvögeln erlassen.

Vorschriften für Händler und dergleichen.
§ 20.

(1) Zoologische Handlungen und Lehrmittelgeschäfte, Naturalienhändler, Präparatoren und Ausstopfer müssen über die in ihrem Besitz oder Gewahrsam befindlichen lebenden und toten Vögel geschützter Arten, deren Bälge, Eier (auch Eierschalen) und Nester ein Aufnahme- und Auslieferungsbuch nach dem Muster des § 8 Abs. 1 führen. § 8 Abs. 2 gilt entsprechend.

(2) Geschützte Vögel, die sich beim Inkrafttreten dieser Verordnung im Besitz oder Gewahrsam von Händlern u. dgl. befinden, müssen bis zum 15. August 1936 mit den amtlich vorgeschriebenen Fußringen (§ 18 Abs. 2) versehen sein.

Vogelhege, Vogelwarten.
§ 21.

(1) Für die aus wirtschaftlichen Gründen gebotene Vogelhege insbesondere für das Anbringen von Niststätten, die Anlage. von Vogelschutzgehölzen und die Winterfütterung, kann der Reichsforstmeister im Benehmen mit den beteiligten Reichsministern besondere Vorschriften erlassen.

Verordnung.

(2) Die Bezeichnungen „Vogelwarte", „Vogelschutzwarte" und ähnliche Namen dürfen nur mit Genehmigung der obersten Naturschutzbehörde geführt werden.

Ausnahmen.
§ 22.

(1) Zum Abwenden wesentlicher wirtschaftlicher Schäden kann die untere Naturschutzbehörde Maßnahmen zum Bekämpfen von Dohlen, Staren, Grünlingen und Bluthänflingen gestatten. Wenn aus zwingenden Gründen das vorherige Einholen der Erlaubnis nicht möglich war, so ist die getroffene Maßnahme unverzüglich der unteren Naturschutzbehörde nachträglich anzuzeigen.

(2) Sofern der Eisvogel an künstlich angelegten Fischbrutteichen nachweislich wesentlichen wirtschaftlichen Schaden anrichtet, kann dem Eigentümer, dem Nutzungsberechtigten oder deren Beauftragten von der unteren Naturschutzbehörde eine befristete Erlaubnis zu seiner Tötung erteilt werden.

(3) Vögel, die nach den Absätzen 1 und 2 erlangt sind, sowie deren Bälge und Federn dürfen nicht in den Handel gebracht werden.

III. Abschnitt.
Schutz der übrigen nichtjagdbaren wildlebenden Tiere.
Allgemeine Vorschriften.
§ 23.

(1) Zum Schutze der übrigen nichtjagdbaren wildlebenden Tiere ist verboten:

1. sie ohne vernünftigen, berechtigten Zweck in Massen zu fangen oder in Massen zu töten,
2. ohne Erlaubnis der obersten Naturschutzbehörde öffentliche Aufrufe oder Aufforderungen zum Bekämpfen oder Ausrotten solcher Tiere zu erlassen, abzudrucken oder zu verbreiten.

(2) Gebietsfremde oder ausländische nichtjagdbare Tiere dürfen nur mit Erlaubnis der obersten Naturschutzbehörde in der freien Natur ausgesetzt oder angesiedelt werden.

Geschützte Tierarten.
§ 24.

(1) Die folgenden Tierarten sind geschützt:

I. Säugetiere.

1. Igel, *Erinaceus europaeus L.*,
2. die Spitzmäuse, *Soricidae*, alle Arten, mit Ausnahme der Wasserspitzmaus, *Neomys fodiens Pall.*,
3. die Fledermäuse, *Chiroptera*, alle Arten,
4. Siebenschläfer, *Glis glis L.*,
5. Haselmaus, *Muscardinus avellanarius L.*,
6. Baumschläfer, *Dryomys nitedula Pall.*,
7. Gartenschläfer, *Eliomys quercinus L.*

II. Kriechtiere, Reptilien.

8. Sumpf-Schildkröte, *Emys orbicularis L.*,
9. Mauer-Eidechse, *Lacerta muralis Laur.*,
10. Smaragd-Eidechse, *Lacerta viridis Laur.*,
11. Zaun-Eidechse, *Lacerta agilis L.*,
12. Berg-Eidechse, *Lacerta vivipara Jacq.*,
13. Blindschleiche, *Anguis fragilis L.*,
14. Ringelnatter, *Tropidonotus natrix L.*,
15. Würfelnatter, *Tropidonotus tessellatus Laur.*,
16. Schlingnatter, Glatte Natter, *Coronella austriaca Laur.*,
17. Äskulapnatter, *Coluber longissimus Laur.*

III. Lurche, Amphibien.

18. Feuersalamander, *Salamandra maculosa Laur.*,
19. Alpensalamander, *Salamandra atra Laur.*,
20. die Kröten und Unken, alle Arten der Gattungen *Bufo, Alytes, Pelobates* und *Bombinator*,
21. Laubfrosch, *Hyla arborea L.*,
22. die Frösche, mit Ausnahme des Wasser- oder Teichfrosches, *Rana esculenta L.*, und des Gras- oder Taufrosches, *Rana temporaria L.*

IV. Kerbtiere, Insekten.

23. Segelfalter, *Papilio podalirius L.*,
24. Apollofalter, *Parnassius*-Arten,
25. Hirschkäfer, *Lucanus cervus L.*,
26. Rote Waldameise, *Formica rufa L.*,
27. Wiener Nachtpfauenauge, *Saturnia puri Schtff.*,
28. Alpenbock, *Rosalia alpina L.*,
29. Puppenräuber, *Calosoma sycophanta L.*.
30. Pechschwarzer Wasserkäfer, *Hydrous piceus L.*

790 Verordnung.

(2) Es ist verboten, Tiere dieser Arten:

1. mutwillig zu töten oder sie zum Zwecke der Aneignung zu fangen sowie Puppen, Larven, Eier, Nester oder Brutstätten der unter IV. genannten Kerbtierarten zu beschädigen, zu zerstören oder zum Zwecke der Aneignung wegzunehmen,

2. lebend oder tot — einschließlich der Eier, Larven, Puppen und Nester der geschützten Insektenarten — mitzuführen, zu versenden, feilzuhalten, auszuführen, anderen zu überlassen, zu erwerben, in Gewahrsam zu nehmen oder bei solchen Handlungen mitzuwirken,

3. im ganzen oder in Teilen gewerblich zu verarbeiten.

(3) Das Aneignen einzelner Tiere der im Abs. 1 unter Nr. 11, 13, 14 und 18 bis 22 genannten Arten zur eigenen Haltung ist gestattet; das gleiche gilt für Nr. 1 in der Zeit vom 1. Oktober bis Ende Februar. Für einzelne Gebiete kann die höhere Naturschutzbehörde die vorstehenden Ermächtigungen aufheben.

(4) Das Verbot des Absatzes 2 Nr. 3 erstreckt sich auch auf die folgenden Tierarten:

1. alle einheimischen Tagfalter, *Rhopalocera*, mit Ausnahme der weißflügeligen Weißlingsarten,

2. alle einheimischen Schwärmer, *Sphingidae*, Ordensbänder, Gattung *Catocala*, und Bärenspinner, *Arctiidae*,

3. alle Rosen- oder Goldkäfer, Gattungen *Cetonia* und *Potosia*.

(5) Das Verbot des Absatzes 2 Nr. 3 gilt auch für eingeführte Tiere der im Abs. 4 genannten Arten.

(6) Es ist verboten, Weinbergschnecken in der Zeit vom 1. März bis zum 31. Juli zu sammeln.

(7) Das unbefugte Fangen von Maulwürfen auf fremden Grundstücken ist verboten; die untere Naturschutzbehörde kann den Fang dieser Tiere für gewisse Zeiten völlig verbieten.

Vorschriften für Händler und dergleichen.

§ 25.

Zoologische Handlungen und Lehrmittelgeschäfte, Naturalienhändler, Präparatoren und Ausstopfer müssen über die in ihrem Besitz befindlichen lebenden und toten Tiere der im § 24 Abs. 1 genannten Arten, deren Bälge, Puppen, Larven, Eier und Nester ein Aufnahme- und Auslieferungsbuch nach dem Muster des § 8 Abs. 1 führen. § 8 Abs. 2 gilt entsprechend.

Verordnung. 791

Sondervorschriften.
§ 26.

(1) Maßnahmen zum Bekämpfen von Schädlingen und Ungeziefer oder zur Förderung der Bodenkultur werden durch die Vorschriften des § 23 Abs. 1 nicht berührt.

(2) Richtet der Gartenschläfer in Gewächshäusern, Obstgärten und Weinbergen oder auf sonstigen genutzten Flächen wesentlichen wirtschaftlichen Schaden an, so ist der Eigentümer oder Nutzungsberechtigte befugt, ihn zu fangen oder zu töten.

(3) Aus besonderen Gründen, vor allem zu wissenschaftlichen und unterrichtlichen Zwecken und zum Halten von Tieren in Aquarien und Terrarien, können die zuständigen Naturschutzbehörden für bestimmte Personen auf begründeten Antrag Ausnahmen von den Vorschriften des § 24 zulassen. In jedem Falle ist hierfür ein auf den Namen lautender amtlicher Ausweis auszustellen.

IV. Abschnitt.

Gemeinsame Vorschriften.
Ausstellungen, Verlosungen.
§ 27.

Öffentliche Ausstellungen und Verlosungen lebender Tiere der durch diese Verordnung geschützten warmblütigen Arten bedürfen der Zustimmung der höheren Naturschutzbehörde. Schaufensterauslagen werden durch diese Vorschrift nicht berührt.

Vereinswesen.
§ 28.

Der Reichsforstmeister regelt im Benehmen mit den beteiligten Reichsministern das Vereinswesen auf dem Gebiete des Naturschutzes, einschließlich des Vogelschutzes und der Haltung der durch diese Verordnung betroffenen Tiere. Er kann insbesondere Verbände und Vereine, die sich mit solchen Aufgaben befassen, errichten, verbinden, auflösen sowie ihre Satzungen ändern und ergänzen. Für einen Schaden, der hierdurch entsteht, wird eine Entschädigung nicht gewährt.

Ausnahmen.
§ 29.

(1) Die oberste Naturschutzbehörde und mit ihrer Ermächtigung die höheren Naturschutzbehörden können zum Abwenden wesent-

licher wirtschaftlicher Schäden, zu Forschungs-, Unterrichts-, Lehr-
oder Zuchtzwecken u. dgl. Ausnahmen von den Vorschriften dieser
Verordnung zulassen.

(2) Die Leiter und die wissenschaftlichen Hilfskräfte staatlicher
naturwissenschaftlicher Anstalten können für Forschungs- und Unter-
richtszwecke:

1. Pflanzen und Pflanzenteile der nach den §§ 4 und 5 geschützten
   Arten in begrenzter Zahl von ihrem Standort entnehmen,
2. einzelne Tiere der nach § 24 Abs. 1 geschützten Arten fangen.

Strafen.

§ 30.

(1) Wer den Vorschriften dieser Verordnung vorsätzlich oder fahr-
lässig zuwiderhandelt, wird mit Haft und mit Geldstrafe bis zu
150 Reichsmark oder mit einer dieser Strafen bestraft.

(2) Wird die Tat gewerbs- oder gewohnheitsmäßig begangen, oder
liegt sonst ein besonders schwerer Fall vor, so wird die Tat mit Ge-
fängnis bis zu zwei Jahren und mit Geldstrafe oder mit einer dieser
Strafen bestraft.

(3) Entwendungen und vorsätzliche Beschädigungen sowie die Teil-
nahme und die Begünstigung in bezug auf solche Taten sind nach den
Vorschriften dieser Verordnung nur strafbar, wenn der Wert des ent-
wendeten Gutes oder des angerichteten Schadens 20 Reichsmark
nicht übersteigt; andernfalls kommen die im Reichsstrafgesetzbuch
hierfür angedrohten Strafen zur Anwendung.

(4) Wer es unterläßt, Jugendliche unter 18 Jahren, die seiner
Aufsicht unterstehen, von einer Zuwiderhandlung gegen die Vorschriften dieser Verordnung abzuhalten, wird ebenfalls nach Abs. 1
bestraft.

Einziehung.

§ 31.

(1) Neben der Strafe kann auf Einziehung der beweglichen Gegenstände, auf die sich die Tat bezieht, oder die zur Begehung der Tat
gebraucht oder bestimmt waren, erkannt werden, und zwar ohne
Unterschied, ob die Gegenstände dem Täter gehören oder nicht.

(2) In amtliche Verwahrung genommene Gegenstände können,
wenn ihr Verderb zu befürchten ist, schon vor der Rechtskraft der
Entscheidung über ihre Einziehung verwertet werden. Sie sind der
zuständigen Naturschutzstelle für gemeinnützige Zwecke zu über-
weisen.

Verordnung.

(3) Kann keine bestimmte Person verfolgt oder verurteilt werden, so kann auf Einziehung selbständig erkannt werden, wenn im übrigen die Voraussetzungen hierfür vorliegen.

Weitergehende Bestimmungen.
§ 32.

Unberührt durch die Vorschriften dieser Verordnung bleiben die für Naturschutzgebiete, Naturdenkmale oder sonstige Landschaftsteile getroffenen Sonderbestimmungen.

Inkrafttreten der Verordnung.
§ 33.

Diese Verordnung tritt mit dem Tage ihrer Verkündung in Kraft.

Berlin, den 18. März 1936.

Erklärung einiger Fachausdrücke.

1. Die unterirdischen Teile der Pflanze.

a) **Wurzel:** niemals mit Blättern, Blattresten oder Blattnarben.
   Haupt- oder **Pfahlwurzel:** Fortsetzung des Stengels. Beispiel: Möhre.
   Neben- oder **Seitenwurzeln:** seitliche Verzweigungen der Hauptwurzel. Beispiel: Distel.

b) **Wurzelstock, Knolle, Zwiebel:** unterirdischer Stamm mit Blättern oder Blattschuppen.
   Wurzelstock: wurzelähnlich. Beispiel: Buschwindröschen.
   Knolle: kugelig verdickt. Beispiel: Kartoffel.
   Zwiebel: stark verkürzt, mit Blättern. Beispiel: Küchenzwiebel.

2. Der Stamm.

Stamm: holzig und ausdauernd. Beispiel: Eiche.
Stengel: krautig und meist nach einem Jahr absterbend. Beispiel: Kartoffel.
Halm: hohl, durch Knoten gegliedert. Beispiel: Roggen.
aufrecht: senkrecht stehend. Beispiel: Saubohne.
niederliegend: der Länge nach am Boden liegend. Beispiel: Vogelmiere.
kriechend: der Länge nach am Boden liegend, dabei an mehreren Stellen Wurzeln treibend. Beispiel: Pfennigkraut.
aufsteigend: unten niederliegend, oben aufrecht. Beispiel: Wiesenklee.
windend: mit dem Stengel sich um fremde Körper herumlegend. Beispiel: Winde.
kletternd: mit Ranken (Erbse, Wicke), Stacheln (Klettenlabkraut) oder Haftwurzeln (Efeu) sich an fremden Körpern festhaltend.
Ausläufer: Seitenzweige am Grunde des Stengels, die auf (Erdbeere) oder in der Erde (Kartoffel) fortkriechen und an den Knoten Wurzeln tragen.

3. Das Blatt. (Siehe Tafeln der folgenden Seiten!)

♂: männlich.
♀: weiblich.

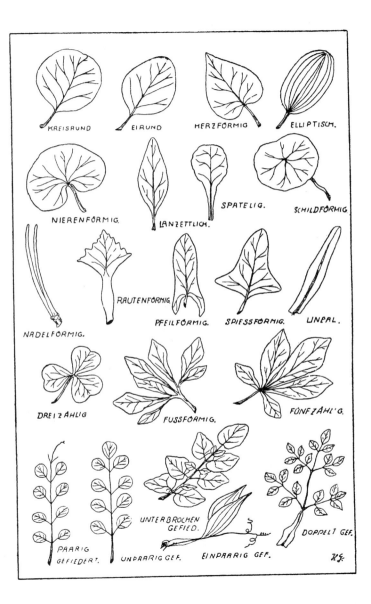

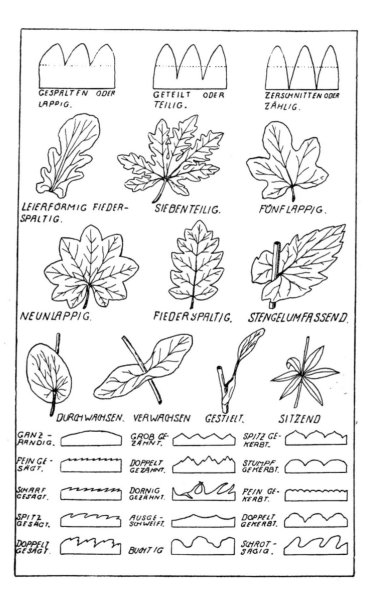

(zu Seite 105)

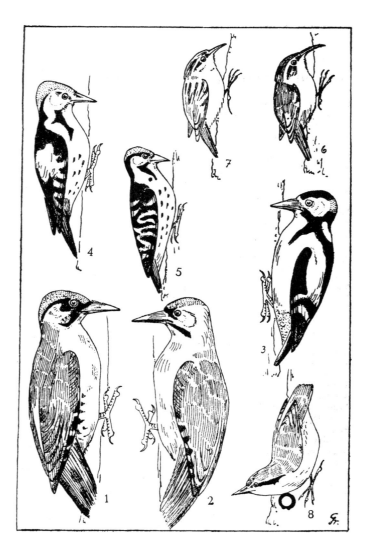

Klettervögel (zu Seite 125)

Namenverzeichnis der Pflanzen (deutsch).

Abbiß s. Teufelsabbiß.
Ackerhellerkraut 353, 651, 682.
Ackerklee 354.
Ackerkrummhals s. Krummhals.
Ackerröte 368.
Ackersenf 359, 636, 684.
Ackerskabiose 54, 289, 368, 447, 647.
Ackersteinsame 353, 650.
Ackerwinde 352, 364, 650.
Adlerfarn 206.
Adonisröschen 280, 708.
Ahorn *24*, 158, 193, 621, 624, 726, *736*.
Ahornrunzelschorf 158.
Akazie s. Robinie.
Akelei 55.
Alant 275.
Algen 508.
Alpenmaßlieb 39.
Alpenveilchen 52.
Amarant 375, 688, 691.
Ampfer 58, 200, 374, 490, 687.
Anemone 292, 708.
Apfelbaum 700, 735.
Aprikose 700.
Armleuchter 502.
Arnika 443.
Aronstab 12, 58, 754.
Arve 186.
Astflechte 218.
Aucuba 727.
Augentrost 271, 278, 362, 643.
Azolla 506, 697.

Bachbunge 490.
Baldrian 487.
Ballote s. Schwarznessel.
Balsampappel 734.
Bandflechte 218.

Barbarakraut 636.
Bärenklau 64, 304, 434, 652.
Bärenlauch 40, 141.
Bärenschote 47, 281.
Bärentraube 220, 582, 753.
Bärlapp *213*f., 220.
Bartflechte 218.
Bärwurz 435.
Bastardeberesche 621, 624, 750.
Bastardmehlbeere 738.
Bauernsenf 351.
Becherflechte 219.
Becherpilz 87.
Beifuß 285, 631.
Beinwell s. Schwarzwurz.
Berberitze 31, 190, 313, 729, 751.
Bergahorn 24, 98, 102, 736.
Bergenia 710.
Bergkiefer 186, 719.
Bergklee 270.
Bergsilge 197, 274.
Bergulme 21, 731.
Berle 494, 503.
Berufskraut 197, 247, 352, 649, 681, 696.
Besenginster 34, 43, 194, 220, 582.
Betonie s. gem. Ziest.
Bibernelle 64, 274, 434.
Bienensaug s. Taubnessel.
Bilsenkraut 683.
Bingelkraut 58, 374, 687.
Binse 202, 222, 433, *609*, *611*, 657f.
Birke 22, 100, 102, 158, 583. 596, 714, 734.
Birkenpilz 81.
Birnbaum 701.
Birnenstäubling 86.
Birnmoos 212, 658.

800   Namenverzeichnis der Pflanzen (deutsch).

Bisamkraut 7.
Bitterich 355, 443, 629.
Bitterklee 487, 493.
Bittersüß 491, 752, 754.
Blasenfarn 206.
Blasenspiere 738f.
Blasenstrauch 744.
Blätterpilze 78ff.
Blaustern 708.
Blumenbinse 604f.
Blumenesche 742.
Blutauge 487.
Blutbuche 730.
Bluthasel 731.
Bluthirse 655.
Blutweiderich 445, 488.
Blutwurz 46, 247, 282.
Bocksbart 442, 629.
Bocksdorn 722, 751.
Bohnenstrauch s. Goldregen.
Boretsch 369, 686.
Borstendolde s. Klettenkerbel.
Borstengras 200, 584, 606.
Borstenhirse 377.
Bovist 86, *455*.
Brandpilze 344.
Braunwurz 488, 643.
Brennessel 309, 680, 687, 690.
Brombeere 33, 164, 220, 354, 751, 757.
Brunelle 56, 248, 271, 290, 448, 642.
Brunnenkresse s. Wasserkresse.
Brunnenmoos 505.
Brustwurz 65, 495.
Buche 158, 714, 730.
Buchenfarn 206.
Buchs 723.
Buschwindröschen 6, 7, 41, 307, 709.
Butternuß 744.
Butterpilz 82.

Champignon 78, 454.
Christophskraut 41, 760.
Christrose s. Nieswurz.
Cypergras 612.

Dachtrespe 657.
Deutzie 728.
Dickfußröhrling 81, 90.
Diptam 54.
Disteln 49, 248, *253*, 283, 364, 640, 690.
Doldenpflanzen *64*, 246, 269, *273*ff., 354, *433*, *494*, *652*.
Dost 50, 286, 641f.
Dotter 359, 684.
Dotterblume 47, 484.
Douglastanne 716.
Drehmoos 658.
Dreizahn 69, 201, 296, 584.
Dürrwurz 275.

Eberesche 24, 100, 194, 621, 624, 745, 750, 753.
Eberwurz 276.
Edelgarbe 270.
Edelkastanie 715, 732.
Edeltanne 186, 717.
Efeu 32, 191, 220, 722.
Egerling s. Feldchampignon.
Ehrenpreis *57*, 199, 223, 289, *370*, *446*f., *490*.
Eibe 29, 186, 716, 749, 751.
Eibisch 739.
Eiche *23*, 100, 102, 159, 714, 737f.
Eichenfarn 206.
Eichengallen 155.
Eierbovist 87, 455.
Eierschwamm 78.
Einbeere 58, 759.
Eisenhut 47, 55.
Eisenkraut 647.
Ellerling 455.
Elsbeere 23, 194, 621, 750.
Engelsüß s. Tüpfelfarn.
Engelwurz s. Brustwurz.
Enzian 277, 285, 289, *293*, *449*.
Erbsenstrauch 743.
Erbsenwicke 48, 282.
Erdbeere *41*, 246, 269.
Erdbirne 697.

Namenverzeichnis der Pflanzen (deutsch). 801

Erdnuß 365, 644.
Erdrauch *365*, 686.
Erle 20, 22, 102, 160, 712.
Esche 24, 98, 102, 622, *741*f.
Eschenahorn 741.
Eselsdistel 256, 640, 690.
Esparsette 284, 347, 446, 645.
Espe s. Zitterpappel.
Essigbaum 744.

Fahnwicke 281.
Färberscharte 285, 445.
Farne 203ff.
Faulbaum 31, 193, 750, 752, 756, 758.
Federmoos 210.
Feigwurz s. Scharbockskraut.
Felberich s. Gilbweiderich.
Feldahorn 24, 193, 736.
Feldchampignon 454.
Feldklee 281, 440, 637.
Feldkresse 353.
Feldthymian 286, 642.
Feldulme 21, 732.
Felsenahorn 193.
Felsenmispel 758.
Felsnelke 286.
Ferkelkraut 355.
Feste 44, 356, 485.
Fetthenne 634.
Feuerdorn 729.
Feuerlilie 44, 49.
Fichte 186, *717*.
Fichtenspargel 195.
Fieberklee 487, 493.
Filzkraut 270, 352.
Fingerhut 63, 222, 246, 249, 278.
Fingerkraut 41, 46, 247, 267ff., 280, *282*, 360, 438, 484, 486, 635, 708.
Finkensame 359.
Flachmoos 209.
Flaschenstäubling 86, 455.
Flattergras 68.
Flatterulme 21, 732.
Flaumhafer 296.

Flechte 216.
Flieder 192, 723f.
Fliegenpilz 88.
Flockenblume 49, 54, 249, 285, *287*f., 445, 641, 682, 691.
Flohkraut 484, 632.
Flugbrand 344.
Flügel-Johanniskraut 483.
Flügelnuß 714, *744*.
Flughafer 377.
Flußampfer 490.
Flußzeder 720.
Föhre s. Kiefer.
Franzosenkraut 696.
Frauenfarn 208.
Frauenflachs 360, 634.
Frauenmantel 58, 374.
Frauenschuh 62.
Frauenspiegel 364, 369.
Froschbiß 506.
Froschlöffel 492.
Frühlingsheide 199, 581, 707.
Frühlingshungerblümchen s. Hungerblümchen.
Frühlingsknotenblume 7, 305, 709.
Frühlingsplatterbse 53.
Fuchsschwanz 377, 655.
Futterwicke s. Saatwicke.

Gabelzahnmoos 212.
Gagel 583.
Gallenröhrling 81.
Gamander 51, 198, 277, 285.
Gänseblümchen 443, 632.
Gänsedistel 355, 485, 630, 683, *690*f.
Gänsefingerkraut 486.
Gänsefuß 375, *688*.
Gänserauke 353.
Garbe 270, 437, 493, 649.
Gartenwolfsmilch 373, 692.
Gaspeldorn s. Stechginster.
Gauchheil 363, 369.
Geißbart 42.
Geißblatt 30, 752, 758.

Namenverzeichnis der Pflanzen (deutsch).

Geißfuß 40, 66, 304, 354, 653.
Gelbkiefer 718.
Gemswurz 45.
Gerste 336.
Getreide 336 ff.
Gewürzstrauch 724.
Giersch s. Geißfuß.
Giftbeere 687.
Gilbweiderich 46, 483.
Gingko 735.
Ginster *43*, 582.
Gipskraut 199, 363.
Glanzgras 496, 606.
Glatthafer s. Wiesenhafer.
Gleditschie 103, 742.
Gleisse s. Hundspetersilie.
Glockenblume 56, 248, *250 f.*,
    290, 369.
Glockenheide 199, 581.
Glyzine 722.
Goldblatt s. Aucuba.
Goldglöckchen 707, 727, 740.
Goldhaar 276.
Goldklee 280.
Goldnessel 46, 223, 308.
Goldregen 43, 194, 740.
Goldrute, 45, 275.
Goldstern 44, 268, 357, 438.
Götterbaum 745.
Gränke 582.
Gräser 66, 200, 295, 376, 428,
    583, 605, 654.
Graslilie 196, 273.
Grasnelke 287, 643.
Grauerle 22.
Grundfeste 442, 485.
Gundelrebe s. Gundermann.
Gundermann 56, 248, 369, 448,
    645.
Günsel *56*, 277, 290, 448, 645.
Guter Heinrich 688.

Haargerste 68.
Haargras 610, 618.
Haarstrang 275, **433.**
Habichtpilz 82.
Habichtskraut 44, 442.

Hafer 296, 336.
Haferpflaume 700.
Haftdolde 354.
Hahndorn 729, 749, 751.
Hahnenfuß 41, 47, 280, 358, 439,
    484, 636.
Hahnenkamm 360, 439.
Hainbuche 23, 100, 102, 160,
    714, 732.
Hainlattich 44.
Hainmiere 37.
Hainmoos 209.
Hainrispengras 70.
Hainsalat s. Hainlattich.
Hallimasch 80.
Händelwurz 453.
Hartheu 48, 278, 441, 483, 635.
Hartriegel 30, 192, 707, 725, 758,
    760.
Haselstrauch 10, 32, 193, 311,
    711, 731.
Haselwurz 58, 222.
Hasenbovist 86, 456.
Hasenlattich 49.
Hasenohr 87, 273, 654.
Hasensegge 72, 585.
Hasenstäubling 86, 456.
Hauhechel, 283, 640.
Heckenborstendolde s. Kletten-
    kerbel.
Heckenkerbel 65, 66, 304, 653.
Heckenkirsche 30, 192, 724, 752,
    758.
Heckenrose 32.
Hederich 353, 359, 684.
Heide 30, 198, 220, 581 f., 707.
Heidecker s. Blutwurz.
Heidelbeere 31, 194, 198, 757.
Heidenelke 286.
Heilwurz 274.
Hellerkraut 353, 651, 682.
Helmkraut 491.
Hemlockstanne 716.
Herbstlöwenzahn 442.
Herbstzeitlose 444.
Herzblatt 435.

Namenverzeichnis der Pflanzen (deutsch). 803

Herzgespann 642, 685.
Hexenbesen 164.
Hexenkraut 37.
Hiba 720.
Himbeere 33, 164, 194, 751.
Hirschbrunst 145.
Hirschwurz 274.
Hirse 376, 655.
Hirtentäschelkraut 353, 650, 659, 682.
Hohlzahn 51, 249, 306, 360, 362, 642, 683, 685, 691.
Holunder 33, 195, 741, 756, 758.
Holzapfelbaum 22, 191.
Holzbirnbaum 22, 190.
Honiggras 69, 430, 656.
Honigklee s. Steinklee.
Hopfen 308f.
Hopfenklee 440.
Hornblatt 507.
Hornklee 280, 440, 485, 637.
Hornkraut 267, 272, 352, 649.
Hornmohn 683, 692.
Hornstrauch s. Hartriegel.
Hornzahn 213.
Hufeisenklee 281, 637.
Huflattich 349, 356, 631, 708.
Hühnerdarm s. Vogelmiere.
Hülse s. Stechpalme.
Hundsflechte 218.
Hundskamille 357, 632.
Hundspetersilie 305, 334, 355, 653, 681.
Hundsrauke 359, 636, 684.
Hundsveilchen 55.
Hundswürger s. Schwalbenwurz.
Hundszahn 376.
Hundszunge 686.
Hungerblümchen 267, 351, 650.

Igelkolben 498.
Igelsame 686.
Immergrün 57, 223.
Inkarnatklee 346.

Jakobskreuzkraut 275, 631.
Jasione 55.

Jasmin, echter 706, 740.
Jasmin, falscher, s. Pfeifenstrauch.
Jelängerjelieber 721, 752.
Johannisbeere 32, 194, *739*, 753.
Johanniskraut 48, 247, 483, 635.
Judasbaum 725.
Judenkirsche 681, 755.
Jungfernrebe 722f.

Kälberkropf 66, 305, 495.
Kalmus 499.
Kamille *361*, 631, 683.
Kammgras 295, 429, 655.
Karde 54, 248, 645.
Karthäusernelke 286.
Kartoffelbovist 141.
Kastanie, echte, s. Edelkastanie.
Kastanie, Roß-, s. Roßkastanie.
Katharinenmoos 213.
Katzenkraut 642, 685.
Katzenpfötchen 197f., 270, 286.
Kerbel 64, 65, 66, 653.
Kerrie 730.
Kettenblume s. Löwenzahn.
Keulenschmiele 201, 377, 584.
Kiefer 186, *718*f.
Kirsche 194, 701.
Kirschpflaume 701, 734.
Kirschlorbeer 729.
Klappertopf 360, 439.
Klebkraut s. Klettenlabkraut.
Klee *52*f., 222, 270, *280*ff., 284, *637*, 651.
Klette 49, *641*.
Klettenkerbel 64, 304, 652.
Klettenlabkraut 38, 246, 307, 351, 647f., 681.
Knabenkraut 60, 452.
Knäuel 374.
Knäuelgras 70, 296, 430, 656.
Knautie s. Skabiose.
Knieholz 186.
Knoblauchsrauke 39, 306, 651, 682.
Knollenblätterpilz 88.
Knopfkraut 356f., 631f., 696.

804 Namenverzeichnis der Pflanzen (deutsch).

Knorpelkraut 374.
Knotenfuß 754.
Knöterich *374*, 444, 489, 490, 651, *687*.
Koelreuterie 745.
Kohl-Kratzdistel 437.
Kohl 358.
Königskerze 198, 222, 247, 278, 634, *637*.
Kopfgras 295.
Kopfsimse 610f.
Korallenwurz 62.
Kornblume 369.
Kornelkirsche 6, 8, 30, 192, 707, 725, 752.
Kornrade 363.
Krähenbeere 220, 582, 756f.
Kratzdistel 49, 248, *254*, 283, 364, 640, 690.
Krause Glucke 87.
Krebsschere 506.
Kresse 485, 486, 650.
Kreuzblume 279, 287, 290, 449.
Kreuzdorn 31, 190, 755, 757.
Kreuzkraut *45*, 247, 356f., 484, 630, 682.
Kreuzlabkraut 45, 276, 308.
Kriechweide 583.
Krokus 707ff.
Kronwicke 33, 53, 249, 281, 446, 644.
Krummhals 370, 646, 686.
Krummholz 186.
Krümmling 355.
Kuckucksblume 61, 435, 453.
Kuckuckslichtnelke 445.
Kuhpilz 82.
Kuhschelle 268, *292*, 709.
Kümmel 434, 653.
Kunigundenkraut s. Wasserdost.

Labkraut *38*, 45, 246f., 271, 276, 308, 435, 437, 493, 634.
Laichkraut 503, 504.
Lammkraut 356.
Landkartenflechte 216.

Lärche 185, *719*.
Laserkraut 65, 274.
Latsche 186.
Lattich 630, 683, 691.
Lauchhederich s. Knoblauchsrauke.
Läusekraut 446.
Lebensbaum 721.
Leberblümchen 9, 222, 268, 708.
Lederblume 740.
Legföhre 186.
Leimkraut 200, 272, 436, 648.
Lein 271, 436.
Leinkraut 368, 634.
Lerchensporn 7, *9*, 40, 52, 305, 710.
Lichtnelke 272, 306, 351, 363, 436, 445, 648.
Lieschgras 201, 295, 429, 655.
Liguster 30, 192, 220, 724, 758.
Linde 21, 98, 102, 160, 620, *622*, 733.
Lolch 376, 429.
Lorchel 84.
Löwenmaul 361.
Löwenschwanz 642.
Löwenzahn 355, 441f., 629f., 659, 691.
Lungenkraut 9, 52, *57*, 223, 709.
Lupine 346, 696.
Luzerne 346, 696.

Mädesüß 272, 494.
Magnolie 725, 750.
Mahonie 707, 742, 757.
Maiblume 40, 754.
Maiglöckchen s. Maiblume.
Maipilz 455.
Malve 284, *644*, 686.
Mammutbaum 718.
Mandel 700, 738.
Mannagras 497.
Männertreu 273, 652.
Mannsschild 196.
Margarete s. Wucherblume.
Maronenpilz 82.

Namenverzeichnis der Pflanzen (deutsch). 805

Mastkraut 351, 649, 659.
Maßholder s. Feldahorn.
Maßliebchen s. Gänseblümchen.
Mauerlattich 44, 355, 630, 692.
Maulbeere 730, 739, 756, 760.
Mauerpfeffer 634.
Mauerraute 208.
Mäusegerste 654.
Mäuseschwänzchen 373.
Meerrettich 697.
Meersimse 498.
Meerzwiebel 8.
Mehlbeere 32, 193, 621, 732, 750.
Meier 270.
Meisterwurz 434.
Melde 375, 689.
Merk 494, 503.
Miere 37, 272, 351, 492.
Milchlattich 54.
Milchlinge 80.
Milchstern 267, 351, 435.
Milzfarn 208.
Milzkraut 8.
Minze 369, 489, 491.
Mirabelle 700.
Mispel 700, 730.
Mistel 760.
Mohn 365, 686, *692*.
Möhre 354, 434, 653.
Mondviole 52.
Moorbirke 596.
Moorlabkrut 493.
Moos *208*ff., 215, 220, *505*.
Moosbart 218.
Moosbeere 582, 753.
Moosglöckchen 198.
Morchel 84.
Moschuskraut s. Bisamkraut.
Moschusmalve 644.
Mutterkorn 343.

Nabelmiere 272, 306.
Nachtkerze 198, 279, 634, 696.
Nachtschatten 353, 650, *681*, 755, 759.
Nadelkerbel 354.

Natterkopf 290, 370, 646, 687.
Natternfarn 594.
Nelke 199, 363.
Nelkenhafer 584.
Nelkenwurz 46, 248, 308, 438, 635.
Nestwurz 62, 196.
Nieswurz 41, 709f.

Ochsenzunge 646, 687.
Odermennig 46, 247, 308, 438, 635.
Ölweide 726.
Ölsenich 495.
Orchideen 43, 58, *59*, 62, *452*.
Osterluzei 307, 313, 697.

Pappel 20f., 23, 100, 102, 161, 621, 712, *734*, 738.
Parasolpilz 80.
Pastinak 652.
Pechnelke 286, 445.
Perlgras 68, 69, 295.
Perückenstrauch 726.
Pestwurz 39, *49*, 349, 483, 486, 710.
Pfaffenhütlein 30, 192, 753.
Pfeifengras 69, 201, 584.
Pfeifenkopfmoos 505.
Pfeifenstrauch 721, 728.
Pfeilkraut 492.
Pfeilkresse 353.
Pfennigkraut 437, 483.
Pferdebohne s. Saubohne.
Pferdesaat 494.
Pfifferling 78.
Pfirsichbaum 698.
Pflaumenbaum 701.
Pfriemengras 296.
Pilze 78, 454.
Pimpernuß 740f.
Pippau s. Feste.
Platane 102, 621, 737, 739.
Platterbse *53*, 284, 290, 636, 644.
Porst 220, 582.
Portulak 359.

Preißelbeere 220, 582.
Primel s. Schlüsselblume.
Purpurklee 53, 284.
Pyramidenpappel 102, 734.

Quecke 68, 376, 654.
Quellried 612.
Quendel *50*, 56, 286.
Quitte 700.

Ragwurz 62, 453.
Rainfarn 276, 485, 631.
Rainkohl 44, 356, 630, 683.
Rainweide s. Liguster.
Rampe 359, 636.
Rapünzchen 368.
Rasenschmiele 69, 606, 656.
Rauke 39, 636, 684.
Rauschbeere s. Krähenbeere.
Raygras 429, 654.
Rebendolde s. Pferdesaat.
Rehpilz 82.
Reiherschnabel 365, 643, 685.
Reineclaude 700.
Reitgras 68, 605.
Renntierflechte 219.
Reseda 279, 634, 683.
Riedgras s. Segge.
Riesenbovist 86, 455.
Rindsauge 45.
Rippenfarn 203, 222.
Rispengras 70, 296, 377, 656, 659.
Rißpilz 90.
Rittersporn 370.
Robinie 25, 102, 191, 622, *743*.
Roggen 336.
Röhrenpilze 81 ff.
Rohrkolben 497, 498.
Rose 32, 163, 742, 751.
Rosenkranzpappel 734.
Rostpilz 163.
Roßkastanie 103, 621, *740*.
Roßkümmel 273, 495.
Rotahorn 736.
Rotbuche 20, 98, 102, 714.

Rotdorn 737.
Roteiche 23, 738.
Roter Heinrich 375, 688.
Rothäubchen 81.
Rothäuptchen s. Rothäubchen.
Rotzeder 720.
Ruchgras 201, 295, 429, 584, 655.
Ruhrkraut 270.
Ruprechtskraut 364, 643.
Rüster s. Ulme.

Saatwicke 346.
Sadebaum 720, 755f.
Safran s. Krokus.
Salbei 289, 446, 645.
Salomonssiegel 38, 759.
Salweide 6, 10, 22, 98, 193, 712.
Sanddorn 725, 751.
Sandkraut 272, 352, 649.
Sandmohn 365, 692.
Sandnelke 197.
Sandpilz 82.
Sanikel 51, 64.
Satanspilz 90.
Saubohne 346.
Sauerampfer 200, 374, 444.
Sauerdorn s. Berberitze.
Sauerklee 40, 359, 683.
Seerose 504.
Seesimse 498, 610.
Segge *71* ff., 203, 222, 433, *584*, *613*.
Seide 349.
Seidelbast 10, 63, 193, 707, 753.
Seifenkraut 489, 641.
Semmelpilz 84.
Senf, Acker-, s. Ackersenf.
Senf, weißer 359.
Serradella 347.
Sesel 274.
Sichelmöhre 273, 354, 653.
Sicheltanne 718.
Siebenstern 38.
Siegmarswurz 644.
Silau 433.
Silberahorn 736.

Namenverzeichnis der Pflanzen (deutsch) 807

Silberdistel 276.
Silberlinde 623.
Silberpappel 23, 102, 621, 738.
Silge 65, 435.
Simse 202f., 222, 433, 610, *612*.
Sitkafichte 717.
Skabiose 54, 248, 289, 447, 646f.
Sockenblume 222.
Sommereiche s. Stieleiche.
Sommerlinde 21, 102.
Sommerwurz 280, 350.
Sonnenröschen 278.
Spargel 755.
Spargelbohne 441.
Spark 197, 351, 649.
Spärkling 363.
Speierling 195, 701.
Speisemorchel 84.
Spierstaude 194, 494, 733.
Spindelbaum 30, 192, 727.
Spitzahorn 24, 98, 102, 736.
Spitzklette 688.
Spitzmorchel 84.
Spitzpappel s. Pyramidenpappel.
Spitzwegerich 654.
Springkraut 46.
Spurre 267, 272, 352, 649.
Stachelfichte 717.
Stachellattich 630, 692.
Stachelpilze 82ff.
Staubbrand 344.
Stäublinge 84.
Stechapfel 650, 681.
Stechfichte 717.
Stechginster 29, 43, 190, 220, 581.
Stechpalme 190, 220, 728, 750, 752.
Steinbrech 39, 436, 710.
Steinklee 436, 441, 637, 651.
Steinkraut 268, 279.
Steinpilz 81.
Steinsame 272, 279, 287, 290, 353, 650.
Steinweichsel 756, 759.
Sternmiere 37, 306, 436, 648.
Sternmoos 210.

Stiefmütterchen 358.
Stieleiche 23, 100.
Stinkbrand 344.
Stinkmorchel 140.
Stoppelpilz 84.
Storchschnabel 55, 284, 364, 445, 449, 487, *643*, 647, 685.
Straußfarn 204.
Straußgras 430, 606, 655.
Streifenfarn 208.
Strenze 64.
Strohblume 197, 276.
Sturmhut 55.
Sumpfbinse 433, 498, 610.
Sumpfdotterblume 47, 438, 484.
Sumpffeste 44, 485.
Sumpfgänsedistel 485.
Sumpfgarbe 493, 649.
Sumpfhornklee 485.
Sumpfkresse 486.
Sumpfkreuzkraut 484.
Sumpflabkraut 493.
Sumpfmiere 492.
Sumpfprimel 493.
Sumpfschachtelhalm 497.
Sumpfstorchschnabel 445, 487.
Sumpfvergißmeinnicht 448, 491.
Sumpfwolfsmilch 484.
Sumpfwurz 62, 453.
Sumpfziest 488.
Sumpfzypresse 718.
Suppenpilz 454.
Süßgras s. Schwaden.
Süßkirsche 194.

Schachtelhalm *75*, 222, 349, *497*.
Schafgarbe 270, 437, 651.
Schafschwingel 202, 584, 657.
Scharbockskraut 8, 47, 307, *439*, 708.
Schärfling 686.
Scharlacheiche 738.
Schattenblume 38, 754.
Schaumkraut 42.
Scheibenflechte 216.
Scheinkerrie 727, 757.

Scheinquitte 729.
Schellbeere 604.
Schellkraut 307, 633, 637, 683, 692.
Schierling 65, 304, 494, 495, 653.
Schierlingstanne 716.
Schildfarn 204.
Schildflechte 218.
Schildkraut 359.
Schilf 496, 605.
Schillergras 201, 295, 584.
Schimmelfichte 717.
Schirmpilz 80.
Schlafmoos 209f., 505.
Schlangenkraut 492.
Schlangenmoos s. Bärlapp.
Schlauchpilz 163f.
Schlehe 6, 31, 190, 757.
Schlüsselblume 7, 8, 11, 268, 437, 707.
Schmerling 82.
Schmerwurz 59, 754.
Schmiele 69, 606, 656.
Schnabelmoos 505.
Schnabelsimse 609, 612.
Schneeball 31, 192f., 727, 736, 753, 758.
Schneebeere 192, 723, 735, 760.
Schneeglöckchen 6, 305, 709.
Schneestolz 708.
Schneidgras 497, 609.
Schnurbaum 743.
Schöllkraut s. Schellkraut.
Schotendotter 358, 634, 684.
Schotenklee 637.
Schriftflechte 216.
Schuppenröhrling 84.
Schuppenwurz 9, 280, 349.
Schuttkresse 682.
Schwaden 496.
Schwalbenwurz 37, 271.
Schwanenblume 486.
Schwarzdorn 31, 190, 757.
Schwarzerle 20, 98.
Schwarzfichte 717.
Schwarzkiefer 719.

Schwarzkümmel 370.
Schwarznessel 642, 685.
Schwarznuß 744.
Schwarzpappel 21, 102, 734.
Schwarzwurz 436, 493, 646.
Schwertlilie 288, 483.
Schwingel 70, 297, 657.

Tanne 186, *716*.
Tannenwedel 502.
Taubenkropf 648.
Taubenskabiose 447, 647.
Taubnessel 51, 223, 306, 362, *366*, 643, 681, 685.
Tausendblatt 502.
Tausendgüldenkraut 52, 285, 444.
Tausendkorn 374.
Taxus s. Eibe.
Teichfaden 502.
Teichlinse 507.
Teichrose 504.
Teichschachtelhalm 497.
Teichsimse s. Seesimse.
Teufelsabbiß 289, 448.
Teufelsauge 280, 708.
Teufelsbart 292.
Teufelskralle 55.
Teufelszwirn 722, 751.
Thujamoos 209.
Thymian 286, 642.
Tintenpilz 455.
Tollkirsche 63, 249, 759.
Torfmoos 602.
Totentrompete 87.
Tragant 47, 281.
Tränenkiefer 718.
Träubel 288, *288*, 368.
Traubeneiche 23.
Traubenholunder 195, 753.
Traubenhyazinthe s. Träubel.
Traubenkirsche 194, 735, 756, 759.
Trespe 70, 297, 377, 432, 657.
Trollblume 439.
Trompetenbaum 723.
Trunkelbeere 583, 757.

Namenverzeichnis der Pflanzen (deutsch). 809

Tulpe 44, 437.
Tulpenbaum 737.
Tüpfelfarn 206, 222.
Türkenbund 49.
Turmkraut 39, 651.

Ulme *21*, 100, 102, 162, 620, *731*.

Veilchen 248, 268, 290, *291*.
Vergißmeinnicht *57*, 199, 279, 290, *372*, 448, *491*.
Vierling 267, 272.
Vogelbeere s. Eberesche.
Vogelkirsche 750, 756.
Vogelknöterich 352, 375, 651, 659, 687.
Vogelmiere 352, 648, 681.
Vogelnest s. Nestwurz.

Wacholder 29, 185, 581, 720, 755 f.
Wachtelweizen *46*, 197 f., 278, 360 f.
Waldbingelkraut 58.
Waldgeißblatt 30, 191, 752.
Waldkerbel 66, 304, 435, 653.
Waldklee 53, 284.
Waldkresse 486.
Waldlabkraut 38, 246.
Waldmeister 38, 223.
Waldplatterbse 53, 282.
Waldrebe 33, 191, 722.
Waldschachtelhalm 75.
Waldschmiele 69, 201, 584, 606.
Waldseggen 71, 73.
Waldsimse 203, 498.
Waldveilchen 55.
Waldvöglein 61.
Waldziest 50, 249.
Walnuß 103, 622, 714, 743, *744*.
Wandflechte 218.
Wasserampfer 490.
Wasserdarm 492.
Wasserdost 49, 487.
Wasserfeder s. Sumpfprimel.
Wasserfenchel 495.

Wasserhahnenfuß 503, 504.
Wasserknöterich 504.
Wasserkresse 486.
Wasserliesch 486.
Wasserlinse 508.
Wassermoos 505.
Wassernabel 64.
Wassernuß 502, 504.
Wasserpest 501, 697.
Wasserpfeffer 489.
Wasserschierling 495.
Wasserschlauch 507.
Wasserschwaden 496.
Wasserstern 502, 504.
Wassersüßgras s. Schwaden.
Wau 279, 634, 683.
Wegerich *654*, 659.
Wegwarte 369, 646.
Weichselkirsche 193, 756, 759.
Weide 32, 162, *712*, 715.
Weidenröschen *52*, 199, 249, **444**, *488*.
Weiderich 488.
Weigelie 728.
Wein, echter 598.
Wein, wilder 723.
Weinbergslauch 198, 364.
Weißbirke 22, 100, 102, 734.
Weißbuche s. Hainbuche.
Weißdorn 32, 191, 729, 737, 749, 751.
Weißklee 270, 436, 651.
Weißmoos 210.
Weißtanne s. Edeltanne.
Weißwurz 38, 39, 754, 759.
Weizen 336.
Wermut 631.
Wetterprophetenmoos 658.
Weymouthskiefer 718.
Wicke 48, 53, 248, 280 ff., 284, 290, *309*, 360.
Widerton 212.
Wiesenbocksbart 442.
Wiesenflockenblume 445.
Wiesenfuchsschwanz 429, 655.
Wiesenhafer 296, 430, 656.

Wiesenklee 53, 284, 346, 445, 644.
Wiesenknopf 446.
Wiesenknöterich 444.
Wiesenkreuzblume 449.
Wiesenlein 271, 436.
Wiesenlieschgras 429, 655.
Wiesenplatterbse 282, 441, 636.
Wiesenraute 486.
Wiesenrispengras 297, 430.
Wiesensalbei 289, 446, 645.
Wiesenschaumkraut 449.
Wiesenschwingel 432, 657.
Wiesenstorchschnabel 449.
Wimperflechte 218.
Winde 313, 492, 650.
Windhalm 377.
Windröschen 8, 41, 47, 267f.,
290, 308, 708.
Wintereiche s. Traubeneiche.
Wintergrün 40, *196*, 199f., 223.
Winterlieb 199, 223.
Winterlinde 21, 98, 102.
Winterling 708.
Wirbeldost 50.
Wirrzöpfe 164.
Wistarie s. Glyzine.
Wohlverleih 443.
Wolfsmilch 197, *373*, 484, *633*,
683, *692*.
Wolfstrapp 492.
Wollgras 617.

Wollklee 636.
Wollkraut s. Königskerze.
Wollziest 50.
Wucherblume 357, 443, 632.
Wundklee 281, 440, 636.
Wurmfarn 204.

Zahnwurz 40, 42, 52.
Zaunrübe 305, 696, 754, 759.
Zaunwinde 305, 492, 650.
Zeder 719, 755.
Zerreiche 738.
Ziegenbart. 87.
Ziest *50*, 277, 286, 360, 362, 642.
Zirbelkiefer 186, 718.
Zittergras 297, 432, 657.
Zitterpappel 20, 100, 102, 734.
Zürgelbaum 733.
Zweiblatt 62, 200, 454.
Zweizahn 485, 632.
Zwenke 66, 295.
Zwergbirke 583.
Zwergbrombeere s. Schellbeere.
Zwergbuchs s. Kreuzblume.
Zwergfarn 697.
Zwergholunder 195, 758.
Zwergmispel 726, 753.
Zwergwacholder 185.
Zwetschenbaum 701.
Zypresse 718, 720.
Zypressenwolfsmilch 307.

Namenverzeichnis der Pflanzen (latein.).

Abies 186, *716*, 717.
Acer *24*, 98, 102, 158, 193, 621,
624, 726, *736*, 741.
Achillea 270, 437, 493, 649, 651.
Aconitum 47, 55.
Acorus 499.
Actaea 41, 760.
Adenostyles 49.
Adonis 280, 708.
Adoxa 7.

Aegopodium 40, 66, 304, 354, 653.
Aera 584.
Aesculus 103, 621, *740*.
Aethusa 305, 334, 355, 653, 681.
Agrimonia 46, 247, 308, 438, 635.
Agropyrum 68, 376, 654.
Agrostemma 363.
Agrostis 377, 430, 606, 655.
Ailanthus 745.
Ajuga *56*, 277, 290, 448, 645,
Albersia 375, 688.

Namenverzeichnis der Pflanzen (lateinisch).

Alchemilla 58, 374.
Alectorolophus 360, 439.
Alisma 492.
Alliaria 39, 306, 651, 682.
Allium 40, 141, 198, 364.
Alnus 20, 22, 98, 102, 160, 712.
Alopecurus 377, 429, 655.
Alsine 351.
Alyssum 268, 279, 359.
Amanita 88.
Amarantus 375, 688, 691.
Amblytegium 505.
Amelanchier 758.
Anagallis 363, 369.
Anchusa 646, 687.
Andromeda 582.
Androsace 196.
Anemone 7, 8, 9, 41, 47, 222, 267, 290, *292*, 307, 308, 708, 709.
Angelica 65, 495.
Antennaria 197, 270, 286.
Anthemis 357, *361*, 632.
Anthericum 196, 273.
Anthirrhinum 361.
Anthoxanthum 201, 295, 429, 584, 655.
Anthriscus 65, 66, 304, 435, 653.
Anthyllis 281, 440, 636.
Aposeris 44.
Aquilegia 55.
Archangelica 495.
Arctium 49, *641*.
Arctostaphylos 220, 582, 753.
Arenaria 272, 352, 649.
Aristolochia 307, 697, 721.
Armeria 286, 643.
Armillaria 80.
Arnica 443.
Arnoseris 356.
Arrhenatherum 430, 656.
Artemisia 285, 631.
Arum 12, 58, 754.
Aruncus 42.
Asarum 58, 222.
Asparagus 754.
Asperugo 686.

Asperula 38, 223, 271.
Aspidium 204, 206.
Asplenium 208.
Aster 276.
Astragalus 47, 281.
Astrantia 64.
Athyrium 208.
Atriplex 375, 689.
Atropa 63, 249, 759.
Aucuba 727.
Avena 296, 377, 430.
Azolla 506, 697.

Ballota 642, 685.
Barbaraea 636.
Bellidiastrum 39.
Bellis 443, 632.
Berberis 31, 190, 729, 751.
Berula 494, 503.
Betula 22, 100, 102, 158, 583, 596, 714, 734.
Bidens 485, 632.
Blechnum 203, 222.
Blysmus 612.
Boletus 81, 82, 90.
Borragineen 686.
Borrago 369, 686.
Bovista 87, *455*.
Brachypodium 66, 67, 295.
Brachythecium 210.
Brassica 358.
Briza 297, 432, 657.
Bromus 70, 297, 377, 432, 657.
Brunella 56, 248, 271, 290, **448**, 642.
Bryonia 305, 696, 754, 759.
Bryopogon 218.
Bryum 212, 658.
Buphthalmum 45.
Bupleurum 273, 654.
Butomus 486.
Buxus 723.

Calamagrostis 68, 605.
Calamintha *50*, 56, 286.
Calla 492.

Callitriche 502.
Calluna 30, 198, 220.
Caltha 47, 438, 484.
Calycanthus 724.
Camelina 359, 684.
Campanula 56, 248, *250*, 290, 369.
Cantharellus 78.
Capsella 353, 650, 659, 682.
Caragana 743.
Cardamine 42, 449.
Carduus 49, *253*, 283, 364, 640, 690.
Carex *71*, 203, 222, 433, *584,613*.
Carlina 276.
Carpinus 23, 100, 102, 160, 714, 732.
Carum 434, 653.
Castanea 715, 732.
Catalpa 723.
Catharinea 213.
Caucalis 354.
Cedrus 719.
Celtis 733.
Centaurea 49, 54, 249, 285, *287*, 369, 445, 641, 682, 691.
Cephalanthera 61.
Cerastium 267, 272, 352, 649.
Ceratodon 213.
Ceratophyllum 507.
Cercis 725.
Chaenomeles 729.
Chamaecyparis 720.
Chaerophyllum 66, 305, 495.
Chara 502.
Chelidonium 307, 633, 683, 692.
Chenopodium 375, *688*.
Chimaphila 199, 223.
Chionodoxa 708.
Chondrilla 355.
Chrysanthemum 357, 443, 632.
Chrysosplenium 8.
Cichorium 369, 646.
Cicuta 495.
Circaea 37.
Cirsium 49, *253*, 283, 364, 437, 640, 690.

Cladium 497, 609.
Cladonia 219.
Clavaria 87.
Claviceps 343.
Clematis 33, 191, 722.
Cochlearia 697.
Colchicum 444.
Colutea 744.
Comarum 487.
Coniferen 219.
Conium 65, 304, 494, 653.
Convallaria 40, 754.
Convolvulus 305, 352, 364, 492, 650.
Coprinus 455.
Coralliorrhiza 62.
Cornus 8, 30, 192, 707, 725, 752, 758, 760.
Coronilla 33, 53, 249, 281, 446, 644.
Corydalis 7, *9*, 40, 52, 305, 710.
Corylus 10, 32, 193, 711, *731*.
Corynephorus 201, 377, 584.
Cotinus 726.
Cotoneaster 726, 753.
Crataegus 32, 191, *729*, 737, 749, 751.
Craterellus 87.
Crepis 44, 356, 442, 485.
Crocus 707, 708, 709.
Cryptomeria 718.
Cuscuta 349.
Cyclamen 52.
Cydonia 700.
Cynodon 376.
Cynoglossum 686.
Cynosurus 295, 429, 655.
Cyperus 612.
Cypripedium 62.
Cystopteris 206.
Cytisus 43, 194, 740.

Dactylis 70, 296, 430, 656.
Daphne 10, 63, 193, 707, 753.
Datura 650, 681.
Daucus 354, 434, 653.

Namenverzeichnis der Pflanzen (lateinisch). **813**

Delphinium 370.
Dentaria 40, 42, 52.
Deschampsia 69, 201, 584, 606, 656.
Deutzia 728.
Dianthus 197, 199, 286.
Dicranum 212.
Dictamnus 54.
Diervillea 728.
Digitalis 63, 246, 249, 278.
Diplotaxis 359, 636.
Dipsacus 54, 248, 645.
Doronicum 45.
Drosera 604.

Echium 290, 370, 646, 687.
Elaeagnus 726.
Elaphomyces 145.
Elymus 68.
Empetrum 220, 582, 756, 757.
Epilobium *52*, 199, 249, 444, *488.*
Epimedium 222.
Epipactis 62, 453.
Equisetum *75*, 222, 349, *497.*
Eranthis 708.
Erica 198f., 581, 707.
Erigeron 197, 247. 352, 649, 681, 696.
Eriophorum 617.
Erodium 365, 643, 685.
Erophila 267, 351, 650.
Erucastrum 359, 636, 684.
Eryngium 273, 652.
Erysimum 358, 634, 684.
Erythraea 52, 285, 444.
Eupatorium 49, 487.
Euphorbia 197, 307, *373*, 484, *633*, 683, *692.*
Euphrasia 271, 278, 362, 643.
Evernia 218.
Evonymus 30, 192, 727, 753.

Fagus 20, 98, 102, 158, 714, 730.
Falcaria 273, 354, 653.
Festuca 70, 202, 297, 432, 584, 657.

Filago 270, 352.
Filipendula 272, 494.
Fontinalis 505.
Forsythia 707, 727, 740.
Fragaria *41*, 246, 269.
Frangula 31, 193, 750, 752, 756, 758.
Fraxinus 24, 98, 102, 622, *741.*
Fumaria *365*, 686.
Funaria 658.

Gagea 44, 268, 357, 438.
Galanthus 305, 709.
Galeopsis 51, 249, 306, 360, 362, 642, 683, 685, 691.
Galinsoga 356, 357, 631, 632, 696.
Galium *38*, 45, 246, 271, 276, 307, 308, 351, 435, 437, 493, 634, 647, 681.
Genista *43*, 582.
Gentiana 277, 285, 289, *293*, *449.*
Geraniaceen 685.
Geranium 55, 284, 364, 445, 449, *643*, 647, 685.
Geum 46, 248, 308, 438, 635.
Gingko 735.
Glaucium 683, 692.
Glechoma 56, 248, 369, 448, 645.
Gleditschia 103, 742.
Glyceria 496, 497.
Gnaphalium 270.
Graphis 216.
Gymnadenia 453.
Gypsophila 199, 363.
Gyromitra 84.

Hagenia 218.
Hedera 32, 191, 220, 722.
Heleocharis 433, 498, 610.
Helianthemum 278.
Helianthus 697.
Helichrysum 197, 276.
Helleborus 41, 709, 710.
Helodea 501, 697.
Heracleum 64, 304, 434, 652.
Herniaria 374.

814   Namenverzeichnis der Pflanzen (lateinisch).

Hibiscus 739.
Hieracium 44, 442.
Hippocrepis 281, 637.
Hippophaës 725, 751.
Hippuris 502.
Holcus 69, 430, 656.
Holosteum 267, 272, 352, 649.
Hordeum 654.
Hottonia 493.
Humulus 308, 309.
Hydnum 82, 84.
Hydrocharis 506.
Hydrocotyle 64.
Hygrophorus 455.
Hylocomium 209.
Hyoscyamus 683.
Hypericum *48*, 247, 278, 441, 483, 635.
Hypnum 209, 505.
Hypochoeris 355.

Ilex 190, 220, 728. 750, 752.
Impatiens 46.
Inocybe 90.
Inula 275.
Iris 288, 483, 595.

Jasione 55, 646.
Jasminum 706, 740.
Juglans 103, 622, 714, 743, *744*.
Juncus 202, 222, 433, *609*, *611*, 658.
Juniperus 29, 185, 581, *720*, 755.

Kerria 730.
Knautia 54, 248, 289, 368, 447, 647.
Koeleria 201, 295, 584.
Koelreuteria 745.

Labiaten 684.
Lactariae 80.
Lactuca 44, 355, 630, 683, 691.
Lamium 46, 51, 223, 306, 308, 362, *366*, 643, 681.
Lampsana 44, 356, 630, 683.

Lappula 686.
Larix 185, *719*.
Laserpitium 65, 274.
Lathraea 9, 349.
Lathyrus *53*, 282, 284, 290, 365 441, 636, 644.
Lecanora 216.
Ledum 220, 582.
Legousia 364, 369.
Lemna 508.
Leontodon 442, 629.
Leonuris 642, 685.
Lepidium 353, 650, 682.
Lepiota 80.
Leucobryum 210.
Leucoium 7, 305, 709.
Libocedrus 720.
Ligustrum 30, 192, 724, 758.
Lilium 44, 48.
Limnobium 505.
Linaria 360, 368, 634.
Linnaea 198.
Linum 271, 436.
Listera 62, 200, 454.
Lithospermum 272, 279, 287, 290, 353, 650.
Liriodendron 737.
Lolium 376, 429, 654.
Lonicera 30, 191, 721, 724, 752 758.
Lotus 280, 440, 441, 485, 637.
Lunaria 52.
Lupinus 346, 696.
Luzula 202, 222.
Lychnis 445.
Lycium 722, 751.
Lycoperdon 86, *455*, 456.
Lycopodium 213.
Lycopsis 370, 646, 686.
Lycopus 492.
Lysimachia 46, 437, 483.
Lythrum 445, 488.

Magnolia 725, 750.
Mahonia 707, 742, 757.
Majanthemum 38, 754.

Namenverzeichnis der Pflanzen (lateinisch). 815

Malachium 492.
Malus 735.
Malva 284, *644*, 686.
Marasmius 454.
Matricaria *361*, 631, 683.
Medicago 346, 440, 449, 696.
Melampsora 163.
Melampsorella 164.
Melampyrum *46*, 197, 278, 360, 361.
Melandryum 272, 306, 351, 363, 436, 445, 648.
Melica 68, 69, 295.
Melilotus 436, 441, 637, 651.
Mentha 369, 489.
Menyanthes 487, 493.
Mercurialis 58, 374, 687.
Mespilus 700, 730.
Meum 435.
Milium 68.
Mnium 210.
Moehringia 37, 272, 306.
Molinia 69, 201, 584, 606.
Moenchia 267, 272.
Monotropa 195.
Morchella 84.
Morus 730, 739, 756, 760.
Mulgedium 54.
Muscari 268, *288*, 368.
Myosotis *57*, 199, 279, 290, *372*, 448, *491*.
Myosurus 373.
Myrica 583.
Myriophyllum 502.

Nardus 200, 584, 606.
Neottia 62, 196.
Nepeta 642, 685.
Nicandra 687.
Nigella 370.
Nuphar 504.
Nymphaea 504.

Oenanthe 494, 495.
Oenothera 198, 279, 634, 696.
Onobrychis 284, 347, 446, 645.

Ononis 283, 640.
Onopordon 256, 640, 690.
Ophioglossum 594.
Ophrys 62, 453.
Orchideen 43, 48, 58, *59*, *452*.
Orchis 60, 452.
Origanum 50, 286, 641, 642.
Ornithogalum 351, 435.
Ornithopus 347.
Orobanche 350.
Oxalis 40, 359, 683.
Oxytropis 281.

Panicum 376, 655.
Papaver 365, *692*.
Papaveraceen 692.
Paris 58, 759.
Parmelia 218.
Parnassia 435.
Parthenocissus 722, 723.
Pastinaca 652.
Pedicularis 446.
Peltigera 218.
Peucedanum 197, 274, 433, 434, 495.
Petasites 39, *49*, 349, 483, 486, 710.
Peziza 87.
Phalaris 496, 606.
Phallus 140.
Philadelphus 728.
Phleum 201, 295, 429, 655.
Phragmites 496, 605.
Physalis 681, 755.
Physocarpus 738, 739.
Phyteuma 55.
Picea 186, *717*.
Picris 355, 443, 629.
Pimpinella 64, 274, 434.
Pinus 186, *718*.
Pirola 40, *196*, 199f., 223.
Pirus 22, 23, 24, 32, 100, 190, 193 f., 621, 624, 700, 701, 732, 738, 745, 750, 753.
Plagiothecium 209.
Plantago *654*, 659, 739.

816   Namenverzeichnis der Pflanzen (lateinisch).

Platanthera 61, 435, 453.
Platanus 102, 621, 737.
Poa 70, 296, 377, 430, 656, 659.
Polycnemum 374.
Polygala 279, 287, 290, 479.
Polygonatum 38, 39, 754.
Polygonum 352, *374*, 444, 489,
    504, 651, 659, *687*, 759.
Polypodium 206, 222.
Polytrichum 212.
Populus 20, 21, 23, 100, 102, 161,
    621, 712, *734*, 738.
Portulaca 359.
Potamogeton 503, 504.
Potentilla 41, 46, 247, 267, 280,
    282, 360, 438, 484, 486, 635, 708.
Prenanthes 49.
Primula *7*, 8, 268, 437, 707.
Prunus 31, 190, 193, 698, *700*,
    729, 734, 738, 750, 754, 759.
Psalliota 78, 454.
Pseudotsuga 716.
Ptelea 740.
Pteridium 206.
Pterocarya 714, *744*.
Pulicaria 484, 632.
Pulmonaria 9, 52, *57*, 223, 709.
Pyracantha 729.

Quercus *23*, 24, 100, 102, 159,
    714, *737*.

Ramalina 218.
Ranunculus 8, 41, 47, 280, 307,
    358, 439, 484, 503, 636, 708.
Raphanus 353, 359, 684.
Reseda 279, 634, 683.
Retinospora 720.
Rhamnus 31, 190, 755, 757.
Rhizocarpon 216.
Rhodotypus 727, 757.
Rhus 744.
Rhynchospora 609, 612.
Rhynchostegium 505.
Rhytisma 158, 163.
Ribes 32, 194, *739*, 753.
Robinia 25, 102, 191, 622, *743*.

Roripa 485, 486.
Rosa 32, 163, 742, 751.
Rubus *33*, 164, 194, 220, 354, 751.
Rumex 58, 200, 374, 444, 490, 687.

Sagina 351, 649, 659.
Sagittaria 492.
Salix 10, 22, 98, 162, 193, 533,
    712.
Salvia 289, 446, 645.
Sambucus 33, 195, 741, 753, 756,
    758.
Sanguisorba 446.
Sanicula 51, 64.
Saponaria 489, 641.
Sarothamnus 34, 43, 194, 220, 582.
Saxifraga 39, 436, 710.
Scabiosa *55*, 289, 447, 647.
Scandix 354.
Schoenus 610.
Scilla 8, 708.
Scirpus 203, 433, 498, 610, *612*.
Scleranthus 374.
Scleroderma 141.
Scleropodium 210.
Scrophularia 488, 643.
Scutellaria 491.
Sedum 634.
Selinum 65, 435.
Senecio *45*, 247, 275, 356, 357,
    484, 630, 631, 682.
Sequoia 718.
Serratula 285, *445*.
Seseli 274.
Sesleria 295.
Setaria 377.
Sherardia 368.
Sieglingia 69, 201, 296, 584.
Silaus 433.
Silene 200, 272, 436, 648.
Siler 273.
Sinapis 359, 636, 684.
Sisymbrium 636, 684.
Sium 494, 503.
Solanaceen 681.
Solanum 353, 491, 650, *681*, 752,
    754, 755, 759.

Namenverzeichnis der Pflanzen (lateinisch). 817

Solidago 45, 275.
Sonchus 355, 485, 630, 683, *690, 691.*
Sophora 743.
Sparassis 87.
Sparganium 498.
Spergula 197, 351, 649.
Spergularia 363.
Sphagnum 602.
Spiraea 194, 733.
Spirodela 507.
Stachys *50,* 249, 277, 286, 360, 362, 488, 642.
Staphylaea 740, 741.
Stellaria 37, 272, 306, 352, 436, 492, 648, 681.
Stenophragma 353.
Stipa 296.
Stratiotes 506.
Streptopus 754.
Strobilomyces 84.
Struthiopteris 204.
Succisa 289, 448.
Symphytum 436, 493, 646.
Symphoricarpus 192, 723, 735, 760.
Syringa 192, 723, 724.
Scheuchzeria 604f.
Schoenus 610f.

Tamus 59, 754.
Tanacetum 276, 485, 631.
Taphrina 164.
Taraxacum 355,441,630,659,691.
Taxodium 718.
Taxus 29, 186, 716, 749, 751.
Teesdalia 351.
Teucrium 51, 198, 277, 285.
Thalictrum 486.
Thlaspi 353, 651, 682.
Thuidium 209.
Thuja 721.
Thujopsis 720.
Thymus 286, 642.
Tilia 21,98,102,160,620,*622,*733.
Tilletia 344.
Torilis 64, 304, 652.

Tragopogon 442, 629.
Trapa 502, 504.
Tricholoma 455.
Trichophorum 610, 618.
Trientalis 38.
Trifolium *52,* 270, *280,* 284, 346, 354,436,440,445,*637,*644,651.
Trollius 439.
Tsuga 716.
Tulipa 44, 437.
Tunica 286, 363.
Turritis 39, 651.
Tussilago 349, 356, 631, 708.
Typha 497, 498.

Ulex 29, 43, 190, 220, 581.
Ulmus *21,* 100, 102, 162, 620,*731.*
Umbelliferen *64,* 246, 269, *273,* 354, *433, 494, 652.*
Urtica 309, 687, 690.
Usnea 218.
Ustilago 344.
Utricularia 507

Vaccinium 31, 194, 198, 220, 582, 583, 753, 757.
Valeriana 487.
Valerianella 368.
Verbascum 198,247,278,634,*637.*
Verbena 647.
Veronica *57,* 199, 223, 289, *370, 446, 490.*
Viburnum 31, 192, 727, 736, 753, 758.
Vicia 48, 53, 248, 282, 284, 290, *309,* 346, 360.
Vinca 57, 223.
Vincetoxicum 37, 271.
Viola 55, 248, 268, *291,* 358.
Viscaria 286, 445.
Viscum 760.
Vogelia 359.

Wistaria 722.

Xanthium 688.
Xanthoria 218.
Zanichellia 502.

Namenverzeichnis der Tiere (deutsch). 819

Braunelle 135.
Braunkehlchen 462f.
Breitohr 124.
Bremse 419.
Bruchwasserläufer 512.
Bruchweißkehlchen 524.
Brückenspinne 566.
Buchdrucker 240.
Buchengallmücke 158.
Buchenmotte 155.
Buchenrotschwanz 148, 150.
Buchensichelflügel 150.
Buchenspringrüsselkäfer 150.
Buchenwickler 146.
Buchenwollaus 164.
Buchfink 104, 107, 112, 132, 228, 323, 403, *662*, 768.
Buckelfliege 331f.
Buckelspinne 242.
Buntkäfer 329.
Buntspecht 114, 116, 122, 126f., 229, 233, 765.
Büschelmücke 561.
Buschschnecke 326.
Bussard 114, 128, 396.

Dachs 142, 144.
Damwild 178.
Deckelschnecke 570.
Dickkieferspinne 567.
Dickkopf 540.
Distelfink 104, 108, 132, 317, 403, *662*, 772.
Döbel 542.
Dohle 122, 763.
Dolchwespe 411.
Dompfaff 104, 108, 133, 322, 766.
Dorngrasmücke 136, 258, 318, 323, 402, 462, 770.
Drahtwurm 425.
Dreieckspinne 242.
Drosselrohrsänger 522, 524, 525.
Düngerfliege 669.
Dungkäfer 668.
Dungmücke 670.
Dungtastkäfer 668.
Dungwurm 423, 677.

Edelmann 330.
Edelmarder 142, 165.
Egel 572.
Egelschnecke 169, 171.
Eichelbohrer 146.
Eichelhäher 114f., 129, 145 f., 321, 763.
Eichenblatteule 155.
Eichenbock s. Heldbock.
Eichenerdfloh 150.
Eichengallwespe 159.
Eichenprozessionsspinner 149f., 155.
Eichenwickler 153, 327.
Eichhörnchen 120, 129, 142, 145f., 230, 232f.
Eidechse 259f.
Eintagsfliegen 544, 545, 552, 562.
Eisfalter 261.
Eisvogel 521, 670.
Eisvogel (Schmetterling) 261.
Ellritze 542.
Elster 119, 122, 129, 762.
Engerling 426.
Enten 515.
Erbsenmuschel 572.
Erdbiene 671f.
Erdhummel 415.
Erdkröte 529, 531, 533.
Erdmaus 388f.
Erdmilbe 172.
Erdraupen 426, 678.
Erlenzeisig 228, 323.
Eulen 393.

Fadenmolch 535.
Fasan 115, 139, 143, 145, 321, 460, 465.
Feldflüchter 464.
Feldheuschrecke 471.
Feldlerche 323, 401, 409, 461.
Feldmaus 389.
Feldschwirl 466.
Feldsperling 318, 322, 403f., 661, 769.
Feldspinne 262.
Feldspitzmaus 325.

820 Namenverzeichnis der Tiere (deutsch).

Feldtaube 464.
Feldwespe 417.
Fichtenborkenkäfer 240.
Fichtenlaus 236.
Fichtenzapfenzünsler 233.
Finken 662.
Fischadler 394, 509f.
Fische 535ff.
Fischegel 573.
Fischotter 142f.
Fischreiher 115, 130, 140, 143, 464f., 509f., 521.
Fitislaubsänger 104, 111, 113, 136, 772.
Flachstrecker 242.
Fledermaus 121, 124f., 401, 526, 773f.
Fleischfliege 331, 669.
Fliegen 330, 477, 544, 669.
Fliegenlarven 561.
Fliegenschnäpper 127, 133, 770.
Flohkrebs 565.
Florfliegen 545.
Floßspinne 567.
Flußaal 535.
Flußbarsch 540.
Flußkrebs 564.
Flußmuschel 572.
Flußneunauge 535.
Flußperlmuschel 572.
Flußschwirl 466.
Forelle 538.
Forleule 150, 235.
Frösche 528ff.
Frostspanner 149f., 701.
Fuchs 120, 141f., 144f.
Fuchs (Schmetterling) 150.

Gabelweihe 128, 395f.
Gallmilbe 158, 160ff.
Gallmücke 158, 160ff.
Gallwespe 158ff., 412.
Gartenammer 137, 406, 663.
Gartenbaumläufer 108, 126.
Gartengrasmücke 104, 112f.,135, 322, 771.
Gartenhummel 415.

Gartenkäfer 329.
Gartenkreuzspinne 243.
Gartenlaubsänger 104, 112f.,133, 770.
Gartenrotschwanz 104, 110, 113, 127, 664, 767.
Gartenschläfer 168.
Gartenspötter s. Gartenlaubsänger.
Geburtshelferkröte 529, 532.
Gelbrand 554..
Gespinstmotte 154f.
Getreiderohrsänger 407, 410.
Gieben 544.
Gimpel s. Dompfaff.
Girlitz 259, 663, 772.
Glanzkäfer 329, 476, 670.
Glatte Natter 299.
Gnitzen 418.
Goldafter 154, 701.
Goldammer 104, 107, 134, 317, 323, 403, 663, 767.
Goldfliege 330, 477, 669.
Goldhähnchen 131; 229, 773.
Goldkäfer s. Rosenkäfer.
Goldwespe 411.
Grabwespe 416, 590.
Grasfrosch 529, 530.
Grasmücken 135f., 770f.
Grauammer 318, 403, 406, 409, 462, 663.
Graugans 514.
Graumeise 104, 106, 663, 772.
Grauspecht 118, 123, 126f., 143, 145, 764.
Greifspinne 262.
Grieslauge 542.
Grille 472.
Groppe 540.
Großohr 125.
Gründling 540.
Grünfink 104, 107, 132, 323, 403, 662, 770.
Grünspecht 117, 123, 125, 127, 143, 145, 764.
Güster 544.

Namenverzeichnis der Tiere (deutsch). 821

Haarmücke 172.
Habicht 116, 128, 229, 395, 397.
Habichtsfliege 331.
Häher s. Eichelhäher u. Tannen-
häher.
Halmfliege 331.
Halmwespe 413.
Hamaus 389.
Hamster 389, 422.
Hänfling 104, 107, 135, 317, 322,
403, 662, 768.
Hase 142, 144, 146f., 184, 386.
Hasel 542.
Haselmaus 134, 146f.
Haselnußbohrer 146, 328.
Haselnußwickler 327.
Häsling 542.
Häubchenmuschel 572.
Haubenlerche 401, 409, 665, 766.
Haubenmeise 104f., 771.
Hausmarder 324.
Hausmaus 388.
Hausrotschwanz 664, 767.
Haussperling 318, 322, 403f.,661.
Hausspitzmaus 325.
Hecht 534, 540.
Heckenbraunelle 113, 135, 228,
771.
Heermännchen 324.
Heideameise 679.
Heidelerche 137, 257, 402.
Heldbock 173.
Herbstspinne 422.
Heringsmöwe 518.
Hermelin 324.
Heufalter 261.
Heuschrecke 471.
Heuschreckensänger 466.
Himmelsziege 465.
Hirsch 121, 141f., 144ff., 176.
Hohltaube 123, 230.
Höllennatter 618.
Holzameise 240.
Holzfliege 331.
Holzwespe 413.
Hornisse 146, 148, 670, 675.

Hosenbiene 672.
Hummel 410ff., *413*ff.
Hummelfliege 332, 478.
Huschspinne 262.

Igel 143.
Iltis 143, 324.

Junikäfer 150, 329f.

Käfer 146, 149f., 170, 172f.,
327, 475, 666.
Käferlarven 233.
Käfermilbe 172.
Kammolch 534.
Kammschnecke 570.
Kampfläufer 511.
Kaninchen 142, 144f., 147, 422.
Karausche 534, 540.
Karpfen 534, 540.
Katze 165.
Kaulkopf 590.
Kellerspinne 242.
Kernbeißer 766.
Keulenwespe 413.
Kiebitz 460, 510, 511.
Kiefernblattwespe 235, 413.
Kieferneule s. Forleule.
Kiefernharzgallenwickler 237.
Kiefernlaus 236.
Kiefernmarkkäfer 231.
Kiefernprozessionsspinner 234.
Kiefernspanner 150, 235.
Kiefernspinner 234.
Kirschkernbeißer 766.
Kleiber 104, 114, 118, 127, 146,
769.
Kleinspecht 116, 126f., 768.
Knäckente 516, 523.
Knoblauchskröte 530, 533.
Knotenameise 302, 479, 679.
Köcherfliegen 545, 561.
Kohlmeise 104, 106, 228, 323,
663, 768.
Kolbenwasserkäfer 555, 562.
Kolkrabe 121.

Kormoran 130, 517.
Kornweihe 396.
Kotfliege 669.
Kotfresser 668.
Krabbenspinne 479, 703.
Krähen 122, 321, 392.
Kramtsvogel s. Wacholderdrossel.
Kranich 407f., 459, 509f.
Krebse 564ff.
Kreuzkröte 528, 531, 533.
Kreuzotter 300, 618.
Kreuzschnabel 133, 233.
Kreuzspinne 174, 243, 334, 422,
    480, 566, 703.
Kriebelmücke 418.
Krickente 516, 523.
Kristallschnecke 175.
Kröten 528ff.
Kuckuck 113f., 117f., 123, 138,
    464.
Kugelfliege 331.
Kugelmuschel 572.
Kugelspinne 703.
Kühling 542.
Kuhstelze s. Schafstelze.
Kupferotter 618.
Kurzdeckflügler 170, 172, 328,
    426, 666, 668, 678.

Labyrinthspinne 243, 480.
Lachsfische 536.
Lachmöwe 518, 519.
Lärchenlaus 236.
Laube 544.
Laubfrosch 528, 529.
Laubheuschrecke 471.
Laubschnecke 175, 326.
Laufkäfer 170, 172, 426, 666, 678.
Lehmwespe 416.
Leistenmolch s. Fadenmolch.
Lerchen 137.
Lerchenfalk 128, 395.
Libellen 545ff., 562.
Löffelente 515.

Magenbremse 420, 671.
Maikäfer 149, 330.

Maivogel 261.
Maiwurm 667.
Mandelkrähe s. Blauracke.
Marder 142, 165, 324.
Marienkäfer 328.
Mauereidechse 259.
Maulwurf 390, 401, 424.
Mäuse 143, 145f., *388*, 401.
Mäusebussard 114, 128, 229,
    396f.
Mehlschwalbe 405, 768.
Meisen *105*, 127, 146, *663*, 772.
Merlin 395.
Metallfliege 331, 669.
Milan 128, 395f., 511.
Milben 165, 172.
Minierraupen 146, 151f.
Misteldrossel 132, 227, 230, 322.
Mistfliege 669.
Mistkäfer 424, 667, 671.
Mittelspecht 118, 126f.
Moderlieschen 542.
Molch 534.
Mönchsgrasmücke 104, 110, 135.
Mondhornkäfer 667.
Möne 542.
Moorfrosch 529, 530, 619.
Moosmilbe 172.
Mopsfledermaus 124.
Motten 150, 155.
Möwe 518.
Mücken 544, 669.
Mückenlarven 561f.
Muscheln 571f.

Nabelschnecke 175.
Nachtigall 104, 111, 120, 134,
    770.
Nachtschwalbe 120f., 139.
Nacktschnecken 168ff.
Napfschnecke 568.
Nase 542.
Natter 299.
Nebelkrähe 122, 392.
Nerfling 542.
Neunauge 535.

Namenverzeichnis der Tiere (deutsch). 823

Neuntöter 135, 318, 463, 767.
Nonne 148, 150, 234.
Nußhäher s. Tannenhäher.

Ohrwurm 170.
Ölkäfer 667.
Orfe 542.
Ortolan s. Gartenammer.

Pappelblattkäfer 141, 149.
Pappelbock 150.
Pelzbiene 417, 672.
Perlgrasfalter 261.
Perlmutterfalter 261.
Pferdeegel 573.
Pferdelausfliege 419.
Pferdespulwurm 671.
Pfeifente 516.
Pieper 137, 258, *323*, 402, 462, *588*.
Pinselkäfer 330, 476.
Pirol 104, 111, 113f., 122, 130, 228, 764.
Plattegel 573.
Plattfisch 544.
Plattmönch 113, 769.
Plötze 542.
Posthörnchen 568.
Prachtkäfer 329, 476.
Prozessionsspinner 149, 155.

Quermaul 542.

Raape 544.
Rabenkrähe 122, 129, 392.
Radspinne 261, 421, 566.
Ralle 510, 523.
Rapfen 544.
Rappe 544.
Rasenameise 302, 424, 479.
Raubameise 238, 301.
Raubfliege 331, 333.
Raubvögel 128, *393*, 408, 463.
Raubwürger 131, 317.
Rauchschwalbe 323, 405, 765.
Rauhfußbussard 394.

Raupen 143, 146.
Raupenfliegen 478.
Rebhuhn 139, 322, 406, 409, 460, 465.
Regenbogenforelle 538.
Regenpfeifer 520.
Regenwürmer 423, 676f.
Reh 115, 120, 141f., 144, 146f., 177.
Reiher s. Fischreiher.
Ricke (♀ Reh) 177.
Riesenameise 239, 301.
Rießling 542.
Rinderbremse 420.
Ringamsel 122.
Ringdrossel s. Ringamsel.
Ringelkrebse 565.
Ringeltaube 123, 129, 229, 321, 464, 763.
Ringelnatter 527.
Ringelspinner 702.
Rispenfalter 261.
Rohrammer 525.
Rohrdommel, große 513, 524.
Rohrdommel, kleine 512.
Röhrenspinne 703.
Röhrenwurm 575.
Rohrsänger 522, 524, *525*.
Rohrspinne 566.
Rohrweihe 396, 460, 512.
Rollegel 573.
Rosengallwespe 163.
Rosenkäfer 330, 476.
Roßameise 239, 301.
Roßkäfer 667f., 671.
Rotauge 534, 542.
Rötelmaus 388.
Rotdrossel 322.
Rotfeder 534, 542.
Rotfußfalk 396.
Rotkehlchen 104, 108, 110, 112, 137, 228, 322, 768.
Rotspecht 122.
Rotschenkel 512.
Rotschwänze 664, 767.
Rückenschwimmer 559.

Namenverzeichnis der Tiere (deutsch).

Rüsselkäfer 150, 153, 173, 233.
327, 666.
Rüßling 542.

Saatgans 514.
Saatkrähe 122, 130, 392.
Sackspinne 242, 480, 566.
Säger 515.
Saibling 536.
Samtfalter 261.
Samtmilbe 172.
Sandotter 301.
Sandwespe 411, 590.
Seeadler 394.
Seejungfer 549.
Seeschwalbe 518, 520.
Segler 402, 405, 664, 765.
Siebenschläfer 168.
Silbermöwe 518.
Singdrossel 104, 109, 112, 131,
322, 765.
Singfliege 331f., 477.
Sklavenameise 302.
Smaragdeidechse 259.
Spannerspinne 242.
Spechte *117*f., 123, 125f., 146,
229, 233.
Spechtmeise s. Kleiber.
Speckmaus 124.
Speier 542.
Sperber 116, 128, 229, 395, 397,
762f.
Sperlinge 661.
Spießente 516.
Spinnen 171, *17*3f., 242, *261*f.,
421, 479, 566, 702, 774.
Spitzkopfotter 480.
Spitzmaus *167*, 325, 400.
Springfrosch 529, 530, 619.
Springschwanz 557.
Springspinne 261.
Sprosser 521.
Spulwurm 671.
Stachelbeerblattwespe 413.
Stachelkäfer 477.
Star 104, 109, 127, 322.

Stechfliegen 417.
Stechmücken 417, 561.
Steinadler 394.
Steinbeißer 536.
Steinfliegen 545, 552, 562.
Steinhummel 415.
Steinkauz 127, 394, 464f., 764.
Steinkriecher 678.
Steinmarder 142, 165, 324.
Steinpicker 175, 678.
Steinschmätzer 463.
Stichling 538.
Stieglitz s. Distelfink.
Stockente 515, 523.
Storch 459, 509.
Streifenmolch s. Teichmolch.
Strickerspinne 566.
Strömer 542.
Stutzkäfer 668.
Sumpfhuhn 461, 517.
Sumpfohreule 394, 511.
Sumpfrohrsänger 407, 522, 525.
Sumpfschnecke 570.

Schafstelze 403, 462, 520.
Scharbe s. Kormoran.
Schaumzirpe 474.
Scheckauge 261.
Scheckenfalter 261.
Scheermaus 389.
Schellente 517.
Schilfkäfer 553.
Schilfrohrsänger 524.
Schillerfalter 261, 670.
Schlafmäuse 167f.
Schlammfliege 478, 561.
Schlammpeitzker 535.
Schlammschnecken 534, 568f.
Schlangen 299, 480, 527.
Schlankjungfer 546, 549, 562.
Schleie 534, 540.
Schleiereule 394, 763.
Schließmundschnecke 169, 171,
175, 326, 677.
Schlingnatter s. Glatte Natter.
Schlupfwespe 412.

Namenverzeichnis der Tiere (deutsch). 825

Schmalbiene 417, 672.
Schmaljungfer 546, 550, 562.
Schmeißfliege 669.
Schmerle 536.
Schmetterlinge 150, 261.
Schmuckfliege 331f.
Schnaken 419.
Schnatterente 516.
Schnecken *169*f., 175, 325f., *568*f.
Schneckenegel 573.
Schneider 544.
Schnellkäfer 173, 329, 476.
Schnirkelschnecken 170f.
Schönjungfer 546, 549.
Schreiadler 394.
Schwalben 402, 405, 664.
Schwammspinner 701.
Schwan 514.
Schwanzmeise 104f., 130, 767.
Schwarzbauch 542.
Schwarzkehlchen 589.
Schwärzling 261.
Schwarzspecht 115, 117, 122, 125, 127, 229.
Schwebfliege 331f., 477.
Schwefelkäfer 477.
Schwimmkäfer 554, 564.
Schwimmschnecke 570.
Schwimmwanze 559.
Schwingfliege 332, 669.
Schwirl 466.

Tafelente 516.
Tannenhäher 123.
Tannenlaus 236.
Tannenmeise 138, 229.
Tanzfliege 333, 478.
Tapezierspinne 262.
Tarantelspinne 244.
Tauben 123, 464.
Taucher 518.
Taumelkäfer 554, 557, 564.
Tausendfuß 171, 678.
Teichfledermaus 526.
Teichfrosch 528.

Teichhuhn 461, 512, 517, 523.
Teichläufer 556.
Teichmolch 535.
Teichmuschel 572.
Teichrohrsänger 522, 524, 525.
Tellerschnecken 534, 568.
Tönnchenschnecke 169, 171, 175, 677.
Totengräber 670.
Trappe 459f.
Trauerfliegenfänger 104, 113, 127, 768.
Trauermantel 261.
Trauermücke 172.
Trauerschweber 332.
Trichterwickler 327.
Triel 587.
Trugbiene 672.
Turmfalk 116, 128, 229, 395, 397, 764.
Turmschnecke 169, 171, 326.
Turmschwalbe s. Segler.
Turteltaube 119, 123, 129, 464, 764.

Uferfliegen 552.
Uferläufer 521.
Uferschnepfe 511.
Uferschwalbe 405.
Uhu 393.
Ukelei 544.
Unken 529, 531, 533.

Viehbremse 420.
Viper 299f.

Wacholderdrossel 119, 322.
Wachtel 406, 409, 460, 465f.
Wachtelkönig 465.
Wadenstecher 419.
Waffenfliege 562.
Waldameise 237, 301, 424, 679.
Waldbaumläufer 109, 127, 228.
Waldgärtner s. Kiefernmarkkäfer.
Waldfledermäuse 124.

Waldkauz 120f., 127, 394, 762.
Waldlaubsänger 136.
Waldmaus 167, 388.
Waldohreule 120f., 129, 394, 763.
Waldportier 261.
Waldschnepfe 120f., 139.
Waldschwirrvogel 104, 111, 113.
Waldspitzmaus 167, 325.
Waldwühlmaus 147, 167, 388.
Walker 330.
Wanderfalk 395.
Wandermuschel 572.
Wanzenspinne 242.
Wasserameisenlöwe 545.
Wasserassel 565.
Wasserfledermaus 526.
Wasserflorfliegen 545, 562.
Wasserfrosch 529, 530.
Wasserhuhn s. Bläßhuhn.
Wasserjäger 556, 567.
Wasserjungfer 546, 551, 562.
Wasserkäfer 553ff.
Wasserläufer (Insekt) 556.
Wasserläufer (Vogel) 511.
Wasserralle 460, 512, 517, 523.
Wasserratte 389.
Wasserschmetterlinge 545.
Wasserschnecken 568.
Wasserschneider 556.
Wasserspinne 567.
Wasserstar 521.
Wassertreter 567.
Wasserwanzen 558, 559.
Weberspinne 174, 243, 566.
Wechselkröte 531.
Wegameise 302, 424, 479, 679.
Wegbienen 425.
Wegschnecke 169, 171, 677.
Wegwespe 411.
Weichkäfer 329, 477.
Weidenbohrer 141.
Weidenlaubvogel 104, 110, 113, 134, 771.
Weihen 396, 398, 510.
Weinbergschnecke 325.
Wendehals 117, 127, 766.

Weepp *410*ff., 589, 670, *672*ff.
Wessenbussard 396f.
Wickler 154f.
Widderbock 327.
Widderchen 261.
Wiedehopf 114, 123.
Wiesel 143, 324.
Wiesenameise 238, 302, 479.
Wiesenknarrer 460, 464f., 512.
Wiesenpieper 323, 462.
Wiesenschmätzer s. Braunkehlchen.
Wiesenstelze s. Schaf- oder Kuhstelze.
Wiesenweihe 396, 460.
Wildgans 407f.
Wildkatze 165.
Wildschwein 142ff.
Wolfspinne 174, 243, 480.
Wollaus 164.
Wühlmaus 147.
Wühlratte 424.
Würfelnatter 527.
Würger 131, 135, 317, *319*, 460, 765f.

Zauneidechse 260.
Zaungrasmücke 136, 323, 771.
Zaunkönig 104, 108, 228, 772.
Zehrwespe 412.
Zeisig 228, 323.
Ziegenmelker s. Nachtschwalbe.
Zierbock 327.
Ziesel 407, 422.
Zikaden 472.
Zille 703.
Zippe s. Singdrossel.
Zirpen 472.
Zornnatter 300.
Zuckmücke 332f., 561.
Zwergfledermaus 124, 527.
Zwergmaus 388, 410.
Zwergrohrdommel 512.
Zwergspinne 174, 244.
Zwergspitzmaus 167.
Zwergtaucher 518, 524.

Namenverzeichnis der Tiere (lateinisch).

Abramis 542.
Acanthis 107, 135, 317, 403, 662, 768.
Accentor 135, 228, 771.
Accipiter 116, 128, 395, 397, 762, 763.
Acrocephalus 407, 410, 522, 524.
Aegithalos 105, 130, 767.
Aeschna 550.
Aeschniden 546, 550, 562.
Agalena 243, 480.
Agrion 549.
Agrioniden 546, 549, 562.
Agriotes 425, 678.
Agroeca 262.
Agrotis 426.
Alauda 401, 461.
Alburnus 544.
Alcedo 521.
Alytes 532.
Amaurobius 775.
Amphimallus 330.
Ammophila 591.
Anas 515, 516, 523.
Anax 550.
Ancylus 568.
Andrena 672.
Andricus 159.
Anguilla 535.
Anguis 260.
Anisoptera 549.
Anodonta 572.
Anser 514.
Anthobium 328.
Anthophagus 328.
Anthophora 417, 672.
Anthoscopus 522.
Anthrenus 328, 476.
Anthus 137, 258, 402, 462, 588, 769.
Apanteles 474.
Apatura 261.
Aphodius 668.

Apiden 412.
Aplexa 570.
Apoderus 327.
Aquila 394.
Arachnoiden 171.
Aranea 174, 243, 261, 421, 422, 480, 566, 703.
Archibuteo 394.
Ardea 115, 130, 140, 464, 465, 509, 521.
Ardetta 512.
Argynnis 261.
Argyramoeba 332.
Argyroneta 567.
Arianta 326.
Arion 169, 171, 677.
Arvicola 388, 389.
Ascaris 671.
Asellus 565.
Asilus 333.
Asio 129, 394, 511, 763.
Aspius 544.
Astur 116, 128, 395, 397.
Athene 394, 464, 465, 764.
Attelabus 153, 327.
Attidae 261.
Atypus 262.

Baetis 552.
Balaninus 328.
Barbus 540.
Beris 331.
Bibio 333.
Biorrhiza 159.
Blastophagus 231.
Blicca 544.
Bombinator 531.
Bombus 415.
Bombyliiden 332, 478.
Borborus 669.
Botaurus 513, 524.
Braconiden 474.
Bubo 393.

Bucculatrix 150, 152.
Budytes 462, 520.
Bufo 531.
Buliminus 169, 171, 326.
Bupalus 235.
Buprestiden 329, 476.
Buteo 114, 128, 396, 397.
Bythinia 570.

Calliphora 669.
Calopterygiden 546, 549.
Calopteryx 549.
Camponotus 239, 301.
Canthariden 329, 477.
Caprimulgus 139.
Carabiden 170, 172, 426, 666.
Carabus 678.
Carassius 540.
Carduelis 108, 132, 317, 403, 662, 772.
Carinogammarus 565.
Cerambyciden 327, 476, 666.
Cerambyx 173.
Ceratopogon 418.
Cerchneis 116, 128, 395, 396, 397, 764.
Cercyon 668.
Cephus 413.
Certhia 108, 109, 126, 127, 228, 771.
Cervus 141.
Cetonia 330, 476.
Chalcididen 412.
Charadrius 520.
Cheimatobia 149, 701.
Chermes 236.
Chilopoden 171.
Chilotrema 175.
Chimabacche 155.
Chironomus 332, 333, 561.
Chloris 107, 132, 403, 662, 770.
Chlorops 331.
Chondrostoma 542.
Chrysididen 411.
Chrysogaster 477.
Chrysomeliden 328.

Chrysomitris 228.
Chrysomyia 330.
Chrysops 420.
Ciconia 459, 509.
Cimbiciden 413.
Cinclus 521.
Circus 396, 460, 463, 512.
Clausilia 169, 171, 175, 326, 677.
Clavicornia 328.
Cleriden 329.
Cloeon 544, 552.
Clubiona 174, 242, 480, 566.
Clytus 327.
Cobitis 535, 536.
Coccinelliden 328.
Coccothraustes 766.
Coenonympha 261.
Coluber 300.
Columba 123, 129, 229, 464, 762.
Colymbus 518, 524.
Copris 667.
Coracias 119, 123, 230.
Cordulegaster 550.
Cordulia 551.
Corethra 561.
Coriarachne 242.
Corixa 559.
Coronella 299.
Corsicium 152.
Corvus 121, 129, 130, 392, 763.
Cossus 141.
Cottus 540.
Coturnix 460, 465, 466.
Crex 460, 464, 465, 512.
Cricetus 389.
Crocidura 325.
Crystallus 175.
Cteniopus 477.
Cuculus 114, 117, 118, 123, 138, 464.
Culex 419, 561.
Curculioniden 173, 327, 666.
Cyclosa 242.
Cygnus 514.
Cynipiden 412.
Cynips 159.

Namenverzeichnis der Tiere (lateinisch). 829

Cyprinus 540.
Cypselus 402, 405, 765.

Dasychira 148.
Dasyneura 161, 163.
Dasypoda 672.
Delichon 405.
Dendrocopos 114, 116, 118, 122,
    126, 765, 768.
Dendrolimus 234.
Dichonia 155.
Didymomyia 161.
Dioctria 331.
Diplolepís 159.
Diplopoden 171.
Dipteren 544.
Dolichopus 477.
Dolomedes 567.
Donacia 553.
Drassidae 262.
Dreissensia 572.
Drepana 150.
Dryocopus 115, 117, 122, 125.
Dysderidae 703.
Dytisciden 554, 564.

Echinomyia 478.
Eisenia 423, 676, 677.
Elateriden 173, 329, 476.
Eliomys 168.
Elvetria 237.
Emberiza 107, 134, 137, 317,
    318, 403, 406, 462, 525, 663,
    767, 768.
Empidinen 478.
Empis 333.
Epeira s. Aranea.
Ephemera 552.
Ephemeriden 545, 552, 562.
Erebia 261.
Eriogaster 148.
Eriophyes 158, 160, 161, 163.
Eriosoma 162.
Eristalis 478, 561.
Erithacus 108, 110, 111, 134,
    137, 228, 521, 525, 664, 767, 770.

Esox 540.
Eulota 326.
Euproctis 154, 701.
Euura 162, 163.

Falco 128, 395.
Felis 165.
Forficula 170.
Formica 237, 301, 424, 679.
Formiciden 412.
Fringilla 107, 132, 228, 403, 662,
    768.
Fruticicola .175, 326.
Fulica 517, 523.

Galerida 401, 766.
Gallinago 461, 464, 465, 510, 511.
Gallinula 461, 512, 517, 523.
Gamasus 172.
Gammarus 565.
Garrulus 114, 115, 129, 763.
Gasterosteus 538.
Gastropacha 702.
Gastrophilus 420, 671.
Geosargus 669.
Geotrupes 667, 668, 671.
Gerris 556.
Glossosiphoniden 573.
Gnaphalodes 236.
Gnorimus 330.
Gobaishia 162.
Gobio 540.
Gomphus 550.
Gracilaria 155.
Grammoptera 327.
Grus 459, 509.
Gryllus 472.
Gyriniden 554, 564.
Gyrinus 557.

Haematopoda 419.
Haemopis 573.
Haliaetus 394.
Halictus 417, 672.
Haltica 150.
Harmandia 161.

830 Namenverzeichnis der Tiere (lateinisch).

Hartigiola 158.
Helicodonta 175.
Helix 170, 171, 325, 678.
Herpobdella 573.
Hippobosca 419.
Hippolais 133, 770.
Hirudo 573.
Hirundo 405, 765, 768.
Hister 668.
Holopogon 331.
Hoplia 329, 476.
Hydrochelidon 519.
Hydrometra 556.
Hydrophiliden 555, 562.
Hyla 529.
Hypoderma 420.
Hyponomeuta 154, 155.
Hyptiotes 242.
Hypudaeus 147, 167, 388.

Ichneumoniden 412.
Idus 542.
Ips 240.
Isopoden 678.
Iteomyia 163.

Julus 678.
Jynx 117, 766.

Lacerta 259f.
Lachnus 164.
Lamellicornia 329.
Lanius 131, 135, 317, 318, 319, 460, 463, 765, 766, 767.
Larus 518, 519.
Lasioptera 164.
Lasius 240, 302, 424, 479, 679.
Lauxania 331.
Lepídoptera 562.
Leptothorax 301.
Lepus 147.
Lestes 549.
Leucaspius 542.
Leucíscus 542.
Libellula 551.
Libelluliden 546, 551, 562.
Limax 169, 171, 422, 677.

Limenitis 261.
Limnaea 568, 569.
Limosa 511, 512.
Linyphia 174, 243, 261.
Lithobius 678.
Lithocolletis 152.
Locusta 471.
Locustella 466.
Lonchaea 331.
Lophyrus 413.
Loxia 133.
Lucília 477, 669.
Lullula 137, 257, 402.
Lumbricus 423, 677.
Lycaena 261.
Lycos 122.
Lycosa 174, 243, 480.
Lyda 235.
Lymantria 148, 234, 701.
Lynyphia 566.
Lyrurus 587.

Malacosoma 702.
Margaritana 572.
Megachile 417, 672.
Melasoma 141, 149.
Meligethes 329, 476.
Melitaea 261.
Meloe 667.
Melolontha 149, 330.
Mergus 515.
Meta 422.
Micrommata 262.
Micryphantidae 174, 244.
Mikiola 158.
Milvus 128, 395, 396, 511.
Misumena 479.
Molge 534.
Mordelliden 477.
Motacilla 402, 403, 520, 766.
Mus 167, 388, 410.
Muscardinus 134, 147.
Muscicapa 133, 768, 770.
Musculium 572.
Mustela 165, 324.
Mutilliden 412.

Namenverzeichnis der Tiere (lateinisch). 831

Myoxus 168.
Myrmeleon 592.
Myrmica 302, 479, 679.

Naucoris 559.
Necrophorus 670.
Nemopoda 669.
Nepa 558.
Nepticola 152.
Neritina 570.
Neuroterus 159, 160.
Nitidula 670.
Notonecta 559, 560.
Nucifraga 123.
Numenius 461, 464, 511, 512.
Nymphula 545.
Nyroca 516, 517.

Ocneria 701.
Oedicnemus 587.
Odonaten 545.
Odynerus 416.
Onthophagus 668.
Operophthera 701.
Oriolus 111, 114, 122, 130, 228, 764.
Ortalis 331, 332.
Ortygometra 461, 517.
Osmylus 545.
Otis 459, 460.

Pachygaster 331.
Pachygnatha 567.
Pachyta 327.
Palingenia 552.
Palloptera 332.
Pandion 394, 509, 510.
Panolis 235.
Panurgus 672.
Pararge 261.
Parus 105, 106, 138, 228, 663, 768, 771, 772.
Passer 403, 404, 661, 769.
Patula 175.
Pauropus 171.
Pavoncella 511.

Pediaspis 158.
Pelobates 530.
Pemphigus 161.
Perca 540.
Perdix 139, 460, 465.
Perliden 562.
Pernis 396, 397.
Petromyzon 535.
Phalacrocorax 130.
Phasia 478.
Phasianus 115, 139, 460, 465.
Philaenus 474.
Philodromus 242.
Pholcus 775.
Phora 331, 332.
Phoxinus 542.
Phryganiden 545, 561.
Phyllopertha 150, 329.
Phylloscopus 110, 111, 134, 136, 771, 772.
Physa 569.
Pica 119, 122, 129, 762.
Picus 117, 118, 123, 125, 126, 764.
Pipiza 331, 332, 477.
Pirata 556, 567.
Pisaura 567.
Piscicola 573.
Pisidium 572.
Planorbis 568.
Platycnemis 549.
Platypeza 332.
Platystoma 331.
Plea 560.
Plecopteren 545, 552.
Plecotus 125, 773.
Podura 557.
Polistes 417.
Polyergus 301.
Polymitarcys 552.
Polyphylla 330.
Pontania 162, 163.
Potamanthus 552.
Potamobius 564.
Pratincola 462, 463, 589.
Psammochariden 411.
Pteroniden 413.

Pupa 169, 171, 175, 677.
Putorius 324.
Pyrrhocorax 122.
Pyrrhula 108, 133, 766.

Rallus 460, 512, 517, 523.
Rana 530, 619.
Ranatra 559.
Regulus 131, 229, 773.
Rhabdophaga 162, 163.
Rhinolophus 773, 774.
Rhodeus 542.
Rhodites 163, 164.
Rhynchaenus 150, 152.
Rhynchites 153, 327.
Riparia 405.

Salmo 536.
Salticiden 261.
Salticus 775.
Saperda 150.
Sarcophaga 331, 669.
Sargus 331.
Satyrus 261.
Saxicola 463.
Scardinius 542.
Scatophaga 669.
Scatopse 670.
Schizoneura 702.
Sciara 172.
Sciurus 129.
Scoliden 411.
Scolopax 139.
Scolopendrella 171.
Segestria 242, 775.
Serinus 259, 663, 772.
Serricornía 329.
Sialis 545, 562.
Silpha 670.
Simulium 418.
Siriciden 413.
Sitta 106, 114, 118, 127, 769.
Sorex 167, 325.
Spatula 515.
Spermophilus 407.
Sphaerium 572.

Sphegiden 411, 416.
Squalius 542.
Staphyliniden 170, 172, 328, 426, 666, 668.
Staphylinus 668, 678.
Steatoda 775.
Stenobothrus 471.
Stomoxys 419.
Stratiomys 477, 562.
Sterna 519, 520.
Strix 394, 763.
Sturnus 109.
Succinea 568.
Sylvia 110, 112, 135, 258, 318, 402, 462, 769, 770, 771.
Synotus 124.
Syrnium 394, 762.
Syrphiden 332.
Syrphus 331, 477.

Tabanus 420.
Tachea 325.
Tarentula 244.
Tegenaria 774.
Telestes 542.
Tenthrediniden 413.
Tetragnatha 566.
Tetramorium 302, 424, 479.
Tetraneura 162.
Thanasimus 241.
Thaumatopoea 149, 155, 234.
Theridium 703.
Thomisdae 703.
Thymallus 536.
Tinca 540.
Tischeria 151.
Tortrix 153, 154, 155.
Totanus 511, 512.
Trichius 330, 476.
Trigonaspis 159.
Tringoides 521.
Troglodytes 108, 136, 228, 772.
Trombidium 172.
Tropidonotus 527, 528.
Trutta 536, 538.
Trypeta 332.

Namenverzeichnis der Tiere (lateinisch). 833

Trypetinen 478.
Turdus 106, 109, 115, 119, 122,
131, 227, 230, 765.
Turtur 119, 123, 129, 464, 764

Unio 572.
Upupa 114, 123.

Vallonia 175.
Valvata 570.
Vanellus 460, 510, 511.
Vanessa 150, 261.
Velia 556.
Vespa 148, 670, 673, 675.

Vesperugo 124, 527, 773, 774.
Vespertilio 125, 526, 527, 773.
Vespiden 411, 670.
Viciparus 570.
Vipera 300, 480.
Volucella 478.
Vulpes 141.

Zamenis 300.
Zilla 703.
Zygaena 261.
Zygiobia 160.
Zygoptera 549.

Namenverzeichnis der Tiere (deutsch).

Aal 535.
Aaskäfer 670.
Ackerschnecke 422, 677.
Aland 542.
Alandblecke 544.
Alet 542.
Alpendohle 122.
Alpenmolch 534.
Alve 544.
Amazone 301.
Ameisen *237*ff., *301*f., *424*, *479*, 679.
Ameisenjungfer 592.
Ameisenlöwe 591.
Ammer 525, *663*.
Amsel 104, 106, 112, 115, 122, 131, 145, 321.
Äsche 536.
Äskulapnatter 300.
Asseln 678.
Atlasspinne 174.
Auerhahn 143.

Bachamsel 521.
Bachforelle 538.
Bachläufer 556.
Bachneunauge s. Flußneunauge.
Bachsaibling 536.
Bachstelze 322, 402, 520, 766.
Baldachinspinne 261, 566.
Bambeli 544.
Bänderschnecke 325.
Barbe 540.
Barsch 533, 540.
Bartfledermaus 527.
Bartgrundel 536.
Baumfalk 128, 395.
Baumläufer 104, 108, 771.
Baumpieper 137, 258, 323, 402, 769.
Baumschläfer 168.
Baumschnecke 326.
Bekassine 461, 464f., 510ff.

Bergeidechse 260.
Bergmolch 534.
Bergstelze 520.
Bernsteinschnecke 568.
Beutelmeise 522.
Biene 410ff.
Bienenameise 412.
Biesfliege 420.
Bilche s. Schlafmäuse.
Binsenrohrsänger 524, 526.
Birkenwollafter 148, 150.
Birkhahn 143, 587.
Bitterling 542.
Blasenschnecke 569f.
Bläßhuhn 512, *517*, 523.
Blatthornkäfer 329, 476.
Blattkäfer 328.
Blattlaus 161f.
Blattschneidebiene 417, 672.
Blattwespe 162f., 413.
Blaukehlchen 525.
Bläuling 261.
Blaumeise 104f., 322, 663, 772.
Blauracke 119, 123, 230.
Blei 542.
Blicke 544.
Blindbremse 420.
Blindschleiche 260.
Blütenbock 327, 476.
Blütenkäfer 328, 476.
Blutegel 573.
Bluthänfling s. Hänfling.
Blutlaus 702.
Bockkäfer 327, 476, **666**.
Bohrfliege 332.
Borkenkäfer 240.
Borkenkäferwolf 241.
Brachpieper 588.
Brachsen 542.
Brachvogel 461, 464, 511f.
Brandmaus 388.
Brassen 542.